Zu diesem Buch

Nach dem Roman-Welterfolg «Amber», der Millionenauflagen erreichte, schrieb Kathleen Winsor mit elementarer Erzählkraft ein Buch von überwältigender Lebensfülle, dessen stürmischer Atem zwei der ereignisreichsten und aufwühlendsten Jahrzehnte amerikanischer Vergangenheit wieder zum Leben erweckt. Die Geschichte beginnt im Herbst des Jahres 1861 in der Goldgräberstadt Virginia City, die wochentags, wenn die Männer mit umgeschnalltem Colt auf ihren Claims schürfen und die Frauen sich verstecken, wie ausgestorben daliegt und sonntags vom hektischen Treiben in ihren Kneipen, Tingeltangels, Läden, Spielsälen und Bordellen vibriert. Sie endet am 21. Dezember 1881, jenem schicksalhaften Tag, an dem der erste Eisenbahnzug in Butte eintrifft und die Erschließung Montanas vollendet. In dieser Zeitspanne bewegt sich die Erzählung zwischen den primitiven Camps auf den Goldfeldern des eben im Rausch eroberten Nordwestens und den feudalen Residenzen der New Yorker High Society jener Jahre hin und her.

«Spannungsgeladen von Anfang bis Ende. Mit diesem Buch im Koffer kann man gut auch etliche Regentage überstehen» (Süddeutscher Rundfunk). – «Wer dieses Buch richtig zu lesen weiß, wird neben einer lebendigen Schilderung auch einen tiefen Einblick in den amerikanischen Volkscharakter finden» («Darmstädter Echo»).

Kathleen Winsor, geboren in Minnesota, wuchs in Kalifornien auf und studierte an der University of California in Berkeley. Sie ist mit einem Rechtsanwalt verheiratet und lebt in Washington.

Kathleen Winsor

Rauher Osten – wilder Westen

Roman

Deutsch von
Gerda v. Uslar und
Gisela Stege

rororo

Rowohlt

Die amerikanische Originalausgabe erschien unter dem
Titel «Wanderers Eastward, Wanderers West» bei Random
House, Inc., New York
Umschlagentwurf Manfred Waller

Veröffentlicht im Rowohlt Taschenbuch Verlag GmbH,
Reinbek bei Hamburg, Januar 1981

Gesamtherstellung Clausen & Bosse, Leck
Printed in Germany
1080-ISBN 3 499 14671 1

Für Paul

Vor langer Zeit verlor ich einen Hund, ein rotbraunes Pferd und eine Turteltaube, und ich bin immer noch auf der Suche nach ihnen. Mit vielen Wanderern habe ich über sie gesprochen, ihnen ihre Merkmale beschrieben und die Rufe, auf die sie hörten. Einige sind mir begegnet, die das Bellen des Hundes gehört hatten, das Trappeln des Pferdes und die sogar die Taube hinter einer Wolke hatten verschwinden sehen, und sie alle schienen so ängstlich darauf bedacht, die Tiere wiederzufinden, als hätten sie sie selbst verloren.

Henry David Thoreau

Erster Teil

1

Fremde, die während der Woche hierherkamen, hätten meinen können, sie seien in einer plötzlich von allen Einwohnern geräumten großen Stadt. Man sah nur wenige Frauen auf den Straßen und kaum Männer. Kinder schien es hier überhaupt nicht zu geben. Nur gelegentlich auftauchende Hunde und Pferde gaben dem Fremden das beruhigende Gefühl, daß Virginia City nicht völlig ausgestorben war.

Aber leer oder nicht, auf jeden Fall waren genügend Restaurants, Läden und Saloons vorhanden für die 15 000 Menschen, die, wie es hieß, in der Goldgräberstadt wohnten. Einige Häuser waren neu und sauber, aber die meisten Einwohner schienen in windschiefen Blockhütten, in Zelten oder einer Art Unterschlupf aus geflochtenen Weidenzweigen zu hausen, bei denen Whiskyfässer als Schornsteine und Mehlsäcke als Fenster Verwendung gefunden hatten.

An Sonntagen war jedoch von Leere und Stille nichts mehr zu spüren. Dann strömten die Männer, die wochentags auf ihrem Anteil Land Gold geschürft hatten, schon frühmorgens voll freudiger Erregung in Kneipen und Tingeltangel, in Läden, Spielsäle und Bordelle, oder sie standen unruhig und unbehaglich in den Straßen herum, wanderten ziellos hin und her und warteten auf irgendeine Zerstreuung. Kinder erschienen und setzten sich schwatzend auf den Rand der Bürgersteige, und auch die Frauen kamen aus ihren Verstecken hervor.

Männer ratterten in Mietkutschen von einem Ende der Stadt zum anderen oder sprengten auf kleinen Indianerponies in den Bergen umher. Einzeln oder in Gruppen schlenderten sie durch die Straßen. Die Männer sahen alle gleich aus, ob sie nun schon seit mehreren Monaten hier lebten oder gerade erst angekommen waren – ihre unterschiedliche Herkunft war durch ein einheitliches Kostüm verdeckt: lange Bärte, langes Haar, dunkle, sonnengebräunte Gesichter, schwarze, staubige Hüte. Und jeder schleppte ein ganzes Arsenal von Pistolen mit sich herum und hatte ein Messer im Stiefelschaft stecken, als müsse er jeden Augenblick sein Leben verteidigen, oder doch wenigstens dazu bereit sein. Die wenigen Neuankömmlinge erkannte man an ihrem raschen, nervösen Schritt und den ängstlichen Blicken. In ein oder zwei Wochen würden auch sie sich dem Sonntagsgewimmel angepaßt haben und ebenso begierig sein auf die Erlebnisse, die eine Goldgräberstadt zu bieten hat, wie alle anderen.

Ochsenkarren knarrten mit quietschenden Rädern durch die Straßen, und ganze Wagenkolonnen, ebenfalls von Ochsen gezogen, kamen vorüber. Die Fuhrleute gingen nebenher und ließen ihre Peitschen knallen, daß es wie Pistolenschüsse klang. Hier und da sah man einen Indianer, manchmal auch einen Chinesen, der sich seinen Zopf um den Kopf gewickelt hatte, um ihn vor den Taschenmessern der kleinen Jungen in Sicherheit zu bringen. Ein Mexikaner trieb eine Koppel Mustangs vor sich her und lenkte die Tiere mit gellenden Rufen geschickt zwischen den Wagen hindurch. Aber überwiegend sah man bärtige Männer mit schwarzen Hüten, schwarzen Hosen und roten oder blauen Flanellhemden, hörte die verschiedensten Dialekte: aus Missouri, Vermont, Georgia, Louisiana und New York oder noch entfernter – aus Australien, Deutschland, Wales oder Irland.

Ab und zu tauchte eine gut gekleidete Hure auf. Vor *ehrbaren* Frauen, die den Blick fest auf den Bürgersteig vor sich gerichtet hielten, teilte sich die Menge wie die Ackererde vor der Pflugschar; denn hier in den Bergen haftete einer Frau noch ein gewisser Reiz der Neuheit an. Sogar jungen Mädchen, die sich ohne Begleitung zeigten, begegnete man mit solcher Ehrerbietung, als seien sie überhaupt nicht vorhanden. Wie Geistererscheinungen glitten sie mit neugierigen Augen zwischen den Männern hindurch, und diese traten mit schuldbewußter Eilfertigkeit beiseite und wandten die Blicke ab, weil sie fürchteten, die Mädchen könnten in ihren Augen jene hungrige Sentimentalität entdecken, die sie stets beim Anblick eines Kindes zu überkommen pflegte.

Ein mageres, junges Ding mit sorgenvoller Miene, das leise und leicht in flachen schwarzen Schuhen dahinhuschte, schien dem Kindesalter kaum entwachsen – sie mochte vielleicht vierzehn oder fünfzehn Jahre alt sein. Die Kleine schien jemanden zu suchen, oder sie tat zumindest so. Hin und wieder blieb sie stehen, spähte in einen Laden oder in ein Tingeltangel und setzte ihren Weg dann fort. Einmal fragte sie ein Mann, ob er ihr behilflich sein könne, ob sie sich vielleicht verlaufen habe. Aber sie schenkte ihm kaum einen Blick, sondern lächelte nur unbestimmt, schüttelte den Kopf und ging weiter, immer mit dem gleichen, fernen, sehnsüchtigen Ausdruck.

Sie kam an Stallungen und Lebensmittelgeschäften vorüber, an Restaurants, aus denen es ranzig roch wie in allen Grenzerküchen, sah eine Menschenmenge um einen Prediger versammelt und seinen Ausführungen ernsthaft, zum Teil auch ironisch lauschen. Endlich entdeckte sie ein bekanntes Gesicht; und obgleich sie vielleicht lieber jemand anderem begegnet wäre, blickte sie im Vorbeigehen mit unterwürfigem Lächeln zu der Frau auf und murmelte mit fast abergläubischer Ehrfurcht: «Guten Tag, Mrs. Honeybone.»

Mrs. Honeybone würdigte sie keiner Antwort, sondern verzog nur das Gesicht, sah auf sie hinunter und hob drohend die Faust. Das Mädchen begann zu laufen, und als es sich noch einmal umblickte, war Mrs. Honeybone schon weit entfernt: Die Gestalt in dem abgetragenen schwarzen Cape mit der bauchigen Tasche voller Perlen, Nadeln und Mundharmonikas, die sie verkaufte, schritt rüstig aus und bedachte alle Vorübergehenden mit drohenden Gesten.

«Weiß Rick, daß Sie hier sind, Miss Nella?» Ein Mann stand vor ihr und lächelte sie fröhlich an. Sie blickte erschrocken auf und wollte mit einem ärgerlichen Achselzucken ihren Weg fortsetzen. Aber er begann, wie selbstverständlich, als hätte sie ihn dazu aufgefordert, neben ihr herzugehen. «Glauben Sie, es wäre Ihrem Bruder recht, wenn er wüßte, daß Sie ganz allein hier in der Stadt herumlaufen?»

«Ich suche Rick», antwortete sie schnippisch. «Ich muß ihm etwas geben.»

Er lachte auf, denn er schien diese Erklärung nicht sehr glaubhaft zu finden. Es war ein gesundes, humorvolles Lachen. Immerhin war er etwa acht oder neun Jahre älter als das Mädchen und außerdem so groß, daß sie neben ihm noch kindlicher wirkte als sonst. «Dann kann ich Ihnen vielleicht behilflich sein. Ich habe ihn eben erst gesehen.»

«Ich werde ihn schon ohne Ihre Hilfe finden, Zack Fletcher.»

Er verdarb ihr die Freude am Umherschlendern, und sicher wußte er das, aber es schien ihn nicht zu stören. Er war noch an ihrer Seite, als sie an der nächsten Ecke durch einen im Verkehr steckengebliebenen Wagen aufgehalten wurden und sich plötzlich einem Mann und einer Frau gegenübersahen, die aus dem Wagen auf sie herabschauten.

Die Frau trug ein gelbes Seidenkleid, dessen großer, tiefer Ausschnitt einem Ballkleid alle Ehre gemacht hätte. Da sie im Sonnenlicht saß, glänzten ihr Gesicht und ihre Schultern von Schweiß, und in der durchsichtigen Bergluft sah ihr rotes Haar fast rosa aus. Der Mann neben ihr trug trotz der Hitze einen schwarzen Bärenfellmantel. Während der Kutscher fluchend auf die Pferde eindrosch, zog der Mann seine schwarzen, buschigen Augenbrauen zusammen und erwiderte Zack Fletchers Gruß mit einem kurzen Nicken.

«Guten Tag, Mrs. Matches. Guten Tag, Mr. Flint.»

Mrs. Matches bedachte Fletcher mit einem vertraulichen Lächeln und wollte eben das Wort an ihn richten, als sie das junge Mädchen bemerkte. Sie betrachtete es ernsthaft, und ihr Lächeln verschwand. Sie wandte den Kopf ab und versagte es sich sogar zurückzublicken, als der

Wagen endlich anfuhr. Nella ging weiter, und Zack hielt sich unentwegt an ihrer Seite. Offenbar war er der Ansicht, daß sie männlichen Schutz brauchte, ob sie es nun wollte oder nicht. Als sie sich seine Begleitung mit scharfen Worten verbat, blieb er zwar ein paar Schritte zurück, aber jedesmal, wenn sie sich verstohlen umwandte, sah sie ihn hinter sich. Die Hände in den Taschen, schlenderte er dahin und tat, als interessiere er sich für etwas, was drüben auf der anderen Straßenseite vorging.

Plötzlich bog ein leichter schwarzer Wagen um die Ecke, mit solchem Schwung, daß die Menschen erschrocken beiseite sprangen. Nella sah, daß Mrs. Danforth im Wagen saß, eine Frau, die sie allerdings nie anzusprechen gewagt hätte. Überrascht sah Nella sie an und fragte sich, was ihr wohl zugestoßen sein mochte; denn für gewöhnlich wirkte Mrs. Danforth gelassen und fast abwesend. Aber heute schien sie etwas erlebt zu haben, das ihr die innere Ruhe geraubt hatte. Was mochte es sein? Während Mrs. Danforth ihren Wagen geschickt durch den Verkehr lenkte, betrachtete Nella aufmerksam ihre Kleidung: ein dunkelrotes Seidenkleid mit weißem Spitzenkragen und Spitzenmanschetten, dazu ein roter Samthut. So etwas wollte Nella auch tragen, wenn sie ihren blauen Baumwollkitteln und den weißen Strümpfen entwachsen wäre.

Als Mrs. Danforth ihren Blicken längst entschwunden war, stand Nella immer noch da und dachte an das Haus, das weiße Fachwerkhaus mit den grünen Fensterläden hinter einem niedrigen weißen Zaun, in dem Mrs. Danforth lebte. Man zeigte es Neuankömmlingen als Beweis dafür, daß Virginia City begann, eine zivilisierte Stadt zu werden. Nella hatte gehört, daß es in dem Haus einen hölzernen Fußboden gab und einen Teppich und Möbel aus Nußbaumholz. Im Geiste stellte Nella sich manchmal vor, daß diese vornehme Dame, die Frau eines der wenigen Ärzte der Goldgräberstadt, eines Tages aus dem Haus treten würde, während Nella gerade davor stand, und das Mädchen zu sich einlud. Bisher hatte Mrs. Danforth allerdings noch nie Notiz von ihr genommen.

Von irgendwoher ertönten Rufe, und Menschen rannten hastig vorbei. Vor Troy's Casino hatten sich ein paar Leute angesammelt, die Rufe wurden lauter und steigerten sich zu Schreien der Wut und Erregung. Da wich die Menge ein wenig zur Seite, um einem Mann Platz zu machen, der die Stufen herabtaumelte und auf dem Bürgersteig zusammenbrach. Ein anderer beugte sich torkelnd über ihn, versetzte ihm noch einen heftigen Fußtritt in die Rippen und stolperte dann die Straße hinab. Er war noch nicht weit gekommen, als er plötzlich vornüberkippte und hinfiel. Auch um ihn sammelten sich ein paar Leute und berieten, was man mit ihm anfangen solle. Schließlich wurden beide Männer an Armen und Beinen hochgehoben und in Troy's Casino zurückgebracht. Jetzt befahl Nella Zack Fletcher mit drohend erhobenem Finger, er solle endlich aufhören, ihr zu folgen.

«So gehen Sie doch schon», forderte sie energisch. «Sie machen mich ganz verrückt.»

Er zuckte die Achseln, bat sie mit einer Verbeugung um Entschuldigung, daß er sie belästigt habe, und verschwand tatsächlich in Troy's Casino. Als sie jedoch näher trat, um zu sehen, was aus den beiden Männern geworden war, erschien er wieder in der Türöffnung. Und diesmal war er es, der ihr mit dem Finger drohte und dabei in lautes, fröhliches Gelächter ausbrach, das sie veranlaßte, Hals über Kopf in entgegengesetzter Richtung davonzurennen.

Zwei Häuserblocks weiter sah sie sich vorsichtig um und überzeugte sich, ob sie ihren Begleiter wirklich losgeworden war. Dann schlenderte sie gemächlich weiter, spähte hier und da in ein Haus und blieb schließlich am Rand des Bürgersteigs stehen, um mit gleichgültiger Miene die Vorübergehenden zu betrachten. Plötzlich sah sie zu ihrer Freude zwei ihr bekannte Männer, die langsam auf sie zuritten.

Die beiden lebten in einer Blockhütte, die kaum eine Viertelmeile von der ihren und Ricks entfernt war. Nella hatte die Männer während der letzten Monate häufig gesehen, wenn sie am frühen Morgen zu ihren Schürfstellen wanderten. Mit der Zeit hatte sie sich auf diese Begegnungen gefreut und förmlich auf sie gewartet. Das Lächeln der beiden Männer und die Art, wie sie vor ihr den Hut zogen und sich leicht verneigten, hatte sie stets mit einer gewissen Genugtuung erfüllt. Es lag so viel Ehrfurcht und Würde in ihrem Gruß, als gelte er einer anerkannt schönen Frau. Nella kannte auch die Namen der beiden Männer: Matthew und Peter Devlin. Sie wußte, daß es Brüder waren und daß sie aus New York stammten. Gelegentlich hatten sie ein paar Worte miteinander gewechselt, und die Männer hatten Nella bemitleidet, daß sie so viel allein war.

Beide hatten funkelnde schwarze Augen, schwarzes Haar und kurzgestutzte Bärte, und beide waren groß, fast gleich groß. Nur wirkte Matt robuster und kräftiger als sein Bruder, der, wie Nella fand, manchmal etwas düster blickte und nicht so rasch einen lächelnden Morgengruß bereit hatte wie sein Bruder. Sie trafen Nella meist beim Blumenpflücken an oder wenn sie Ricks Hemden zum Trocknen über die Sträucher neben der Blockhütte hängte. Matt war ihr der liebere von beiden. Ihn sah sie immer zuerst an und freute sich im voraus auf sein tröstliches, warmes Lächeln. Aber auch für Pete fühlte sie eine geheime Sympathie, und sie fragte sich oft, worüber er wohl so viel nachdenken müsse und warum er immer so still und sorgenvoll aussah.

Sie blickte den beiden Männern, die jetzt auf sie zuritten, fröhlich entgegen und hob die Hand, damit sie sie in dem Gewimmel nicht übersahen. Matt bemerkte sie als erster, er lächelte ihr in seiner üblichen

Art zu und lüftete den Hut. Da sah auch Pete zu ihr hinüber und lächelte, und Nella machte einen Knicks. Sie glühte vor Stolz, daß sie von zwei so imponierenden Männern erkannt und gegrüßt wurde.

Hinter den Männern ritten zwei Jungen, die etwa Nellas Alter haben mochten. Der eine sah Matt sehr ähnlich, der andere hatte hellbraune Haare und Augen und ein fröhlich strahlendes Gesicht. Ihnen folgten zwei kleinere Jungen, die konzentriert mit gerunzelter Stirn ritten, sichtlich bemüht, einen würdigen, männlichen Eindruck bei ihrem Einzug in die Stadt zu erwecken. Wahrscheinlich kommen sie aus Fort Benton, überlegte Nella. Sie wußte, daß einige Männer dort hingeritten waren, um ihre Familien vom Schiff abzuholen. Obgleich die vier Jungen so erstaunt und ungläubig um sich blickten wie alle Neulinge, sah man ihnen an, daß sie entschlossen waren, die Dinge so zu nehmen, wie sie sie vorfanden, und sich durch nichts einschüchtern zu lassen.

Dem berittenen Trupp folgte ein mit Fässern und Kisten beladener Wagen, den eine hübsche junge Frau lenkte. Neben ihr saß zu Nellas grenzenlosem Entzücken ein Mädchen ihres eigenen Alters, das eine braun gefleckte Katze so fest an sich drückte, als zweifle es an der Anhänglichkeit des Tieres.

Das Mädchen blickte Nella mit einem so strahlend fröhlichen Lächeln an, daß diese verblüfft und verwundert zurückstarrte. Als Nella sich schließlich gefaßt hatte und das Lächeln erwidern wollte, war der Wagen bereits vorüber, und der kleine Zug verschwand in Richtung Nevada City.

Dort hatten in letzter Zeit drei Männer ein großes Blockhaus neben der Hütte errichtet, die Peter und Matthew Devlin bewohnten. Nella war ein paarmal hingegangen, hatte beim Bau zugesehen und darüber nachgegrübelt, welche Bewandtnis es wohl mit diesem leeren Haus haben mochte, hier, an einem Ort, wo jedes Zelt, jede Hütte und jede Unterkunft besetzt war. Jetzt hatte sie die Lösung des Rätsels gefunden.

Ein Weilchen schaute sie noch hinter dem Zug her, der sich mühsam seinen Weg durch die enge Straße bahnte. Dann begann sie, ihm langsam und in gebührender Entfernung zu folgen. Nella war überzeugt, daß das Mädchen ihr mit seinem strahlenden Lächeln das Versprechen einer unverbrüchlichen Freundschaft hatte geben wollen. Gewiß war sie ebenso glücklich wie Nella, daß hier in dieser fremden Stadt ein Mädchen ihres eigenen Alters lebte.

Nella war so damit beschäftigt, den Zug nicht aus den Augen zu verlieren, daß sie ihren Bruder erst bemerkte, als sie mit ihm zusammenstieß. Mit scheuem, um Verzeihung bittendem Lächeln blickte sie zu ihm auf. Er war ärgerlich.

«Was zum Teufel machst du denn hier? Ich habe dir doch gesagt, du sollst zu Hause bleiben.»

«Ich bin nur ein bißchen spazierengegangen, Rick.»

Er packte sie beim Handgelenk und zog sie hinter sich her. Wie immer, wenn sie ihm nicht gehorcht hatte, sah er wütend und furchteinflößend aus. «Komm mit! Du gehst jetzt nach Hause und bleibst gefälligst da. Verstanden?»

Er zerrte sie zu der Stelle, wo sein sanft nickendes Pony angebunden war, und gleich darauf saß Nella seitwärts hinter ihm. Sie schlang die Arme um seinen Leib, und das Tier trottete langsam los.

Bald hatten sie den Wagen eingeholt, und wieder lächelte das Mädchen ihr zu. Es hatte dichtes dunkles Haar und eine sonnengebräunte Haut und sah fast aus wie eine kleine Zigeunerin. Diesmal schickte Nella ein Lächeln zurück, aber *ihr* Lächeln war scheu und zögernd, und schließlich wandte sie den Kopf ab. Trotzdem hatte sie das Gefühl, als habe das Mädchen mit ihr gesprochen und ihr deutlich zu verstehen gegeben, daß sie sich bald wiedersehen würden.

Als sie an den vier Jungen vorüberritten, blickte Nella in die entgegengesetzte Richtung. Sie hörte Rick respektvoll sagen: «Guten Tag, Mr. Devlin. Guten Tag, Sir.» Ihr Pony begann rascher zu traben, und als sie in einiger Entfernung von dem Trupp waren, bekam Nella plötzlich Mut und winkte zurück. Mit dieser Geste, so schien ihr, hatte sie die Freundschaft besiegelt.

«Wer ist wohl der Vater von dem Mädchen?»

«Es sollen alles Matts Kinder sein, wie ich gehört habe.»

«Jetzt, wo sie so nahe bei uns wohnen, habe ich wenigstens jemand, mit dem ich reden kann.»

«Abwarten. Mach dir bloß nicht zuviel Hoffnung.»

Schweigend ritten sie weiter. Rick war mürrisch und dachte über irgend etwas nach. Endlich bogen sie von der Hauptstraße ab und ritten den Hügel hinauf zu den Blockhütten und Zelten, die verstreut zwischen den Kiefern standen. Wenige Minuten später hatten sie ihre Hütte erreicht. Nella sprang vom Pony und schaute zu ihrem Bruder auf.

«Was soll ich jetzt machen, Rick?»

«Bring das Haus in Ordnung.»

«Das habe ich heute morgen schon getan.»

«Dann lies dein Buch.»

«Das kann ich schon auswendig.»

«Dann lies eben nicht, verdammt noch mal! Aber jedenfalls bleibst du zu Hause.»

Bei den letzten Worten wies er mit dem Finger auf sie und blickte sie mit zusammengekniffenen Augen an. Das war auch so eine neue Angewohnheit von ihm – man hatte den Eindruck, als visiere er dauernd an einem Flintenlauf entlang.

«Tu, was du willst. Aber bleib hier und kümmere dich nicht um andere Leute. Und jetzt hinein mit dir.» Er machte eine ungeduldige Geste. «Oder muß ich dich einschließen?»

«Natürlich nicht. Soll ich Abendessen für dich zurechtmachen?»

«Ich esse in der Stadt.»

«Wann kommst du nach Hause?»

«Woher soll ich das wissen? Irgendwann.»

«Irgendwann», wiederholte sie in sanftem, vorwurfsvollem Ton.

Er kam ihr so schmächtig und hilflos vor, wie er da mit verlegenem Stirnrunzeln vor ihr stand, den schwarzen, viel zu großen Hut auf dem Kopf. Liebevoll, aber auch ein bißchen mitleidig lächelte sie zu ihm auf, zu diesem tapferen Mann, der er in seiner eigenen Vorstellung war. Aber er wendete mit einem kurzen Ruck am Zügel sein Pony und sprengte davon. Als er fort war, seufzte sie auf – erleichtert, weil sie ihn nicht mehr sah, aber zugleich traurig, weil sie wieder allein war. Dann setzte sie sich auf die Türschwelle und träumte von ihrer neuen Freundin.

Wenn das fremde Mädchen erst einmal wüßte, wieviel Nella an dieser Freundschaft gelegen war und wieviel Bewunderung sie ihm entgegenbrachte, würde es bestimmt nett zu ihr sein. Nella versuchte sich vorzustellen, wie es sein würde, wenn die ersten schwierigen Augenblicke überwunden wären, wenn sie das Mädchen erst einmal angesprochen und ihm erzählt hätte, woher sie, Nella, stammte und weshalb sie ganz allein mit ihrem neunzehnjährigen Bruder zusammen lebte. Dann malte sie sich aus, wie sie in die Familie der neuen Nachbarn aufgenommen würde und am Leben dieser Menschen teilnehmen oder sich nach Belieben zurückziehen könnte.

Sie beschloß, am nächsten Morgen, sobald die Männer bei der Arbeit waren, hinunterzugehen und sich vorzustellen. Aber gleich darauf fühlte sie sich wieder entmutigt, denn schon beim bloßen Gedanken an dieses Unternehmen überkamen sie Angst und lähmende Schüchternheit.

Plötzlich sprang sie auf; sie war fest entschlossen, all ihren Mut zusammenzunehmen und sofort zu den Leuten zu laufen, um ihnen zu sagen, daß sie als Nachbarin gekommen sei, um sie zu begrüßen und in dieser Bergstadt willkommen zu heißen. Sie machte sich auf den Weg, aber sie ging nur zögernd. Nach einiger Zeit bog sie von der Hauptstraße ab und schlug einen Umweg ein, der sie, falls sie inzwischen nicht ganz den Mut verlor, auch in die Nähe jenes Hauses führen würde.

Wenige Minuten später sah sie, aus dem schützenden Kieferndickicht heraus, die beiden Blockhäuser der Devlins vor sich – das kleine, in dem die beiden Brüder bisher gewohnt hatten, und das große, neue. Der Wagen stand vor dem Haus; die Männer und die älteren Jungen waren damit beschäftigt, die Fässer und Kisten aufzuhämmern, während die kleineren zwischen Wagen und Haus hin und her liefen und Stühle, Lampen und Bettzeug schleppten. Von der Frau und Nellas Freundin war nichts zu sehen.

Unruhig wanderte Nella hin und her. Sie hoffte, das fremde Mädchen werde sich zeigen, weil sie dann bestimmt den Mut finden würde, hinzugehen und es anzusprechen. Da schickte ihr ein gütiger Zufall das braunscheckige Kätzchen der Ankömmlinge. Das Tierchen huschte an ihr vorbei, und Nella begann rufend und schmeichelnd hinter ihm herzujagen. Gerade wollte sie es greifen, als es einen Baumstamm hinaufflitzte, sich auf einem Ast zusammenduckte und mit seinen gelben Augen zu ihr herunterblinzelte. Wieder streckte Nella die Hand aus, und wieder verschwand das Kätzchen. So spielten sie ein paar Minuten miteinander. Das Tierchen entzog sich immer wieder im letzten Augenblick Nellas Zugriff, und diese jagte es immer eifriger und leidenschaftlicher. Sie glaubte, es sei die erste Probe ihrer Freundschaft, wenn sie die Katze einfing und zurückbrachte. Zuletzt warf sie sich völlig erschöpft und dem Weinen nahe ins hohe Gras, und da kam die Katze vorsichtig durch die Halme auf sie zugeschritten und erlaubte ihr, sie zu streicheln. Schließlich rollte sie sich mit zufriedenem Schnurren auf Nellas Schoß zusammen, und Nella fühlte das kleine Herz gegen ihre Hand pochen.

Gerade waren Nella und die Katze zu einem harmonischen Einverständnis gelangt, als von unten die Stimme des Mädchens erklang: «Shekel, Shekel, komm her! Pussi, pussi, pussi! Na, warte nur! Wenn ich dich kriege . . .»

Die Katze wurde unruhig, und Nella preßte das Tier an sich und stand auf. Sie ging auf das Mädchen zu und fragte mit ihrer hellen, hohen Stimme: «Ist das deine Katze?»

Die andere rannte auf sie zu, riß die Katze an sich und schüttelte sie. Nach einem kleinen Klaps drückte sie sie stürmisch an sich und berührte mit den Lippen die kleinen, spitzen Ohren. «Wie hast du sie erwischt? Diese Katze ist hundert Dollar wert, mußt du wissen. Bevor wir wegfuhren, hat mein Vater geschrieben, wir könnten alles andere zu Hause lassen, aber um Gottes willen nicht die Katze. Ja, genau das hat er geschrieben.» Jetzt erst wandte sie ihre Aufmerksamkeit von der Katze ab. Sie schaute Nella an, und wieder glitt das bezaubernde Lächeln über ihr Gesicht. «Oh, du bist es. Entschuldige bitte. Vielen Dank. Ich war so aufgeregt und erschrocken, daß ich Shekel am liebsten umgebracht hätte.»

Aufmerksam betrachteten sie einander. Nella trat einen Schritt zurück, als wolle sie sich dem Blick der schwarzen Augen entziehen, die so drängend und forschend auf ihr Gesicht gerichtet waren. Wie temperamentvoll das Mädchen war! Sein Ausdruck wechselte so rasch – vom Ärger über die verschwundene Katze zur Erleichterung über das Wiederfinden, von unbeschwertem Lachen zu wachsamer Aufmerksamkeit –, daß Nella verwirrt und verlegen die Augen niederschlug. Sie fühlte sich förmlich betäubt von soviel Heiterkeit und Kraft. Aber das Mädchen redete so lebhaft und vertraulich weiter, als läge ihm viel daran, Nella zu gefallen.

«Ich heiße Lisette Devlin, und die Leute, mit denen du mich vorhin gesehen hast, gehören alle zu meiner Familie. Wir sind erst heute angekommen, aber das weißt du ja. Wir sind Neulinge», fügte sie hinzu, «oder vielmehr wir anderen sind Neulinge. Mein Vater und Onkel Pete leben schon fast zwei Jahre hier.» Bei diesen Worten lächelte sie ein wenig und warf Nella einen raschen Blick zu.

Nella hatte inzwischen festgestellt, daß das Mädchen hübscher war als sie und daß es offenbar gewöhnt war, seinen Kopf durchzusetzen. Diese Entdeckung beruhigte sie ein wenig: Wenn ihre Freundin hübscher war als sie, konnte Nella stolz auf diese Freundschaft sein, und wenn sie dazu noch eigenwillig war, um so besser, denn dann würde sie stets alle Entscheidungen für sie beide treffen.

Als Nella nichts sagte, fuhr Lisette fort: «Mein Vater kam hierher, als er nach seiner Verwundung aus der Armee der Union entlassen wurde. Er ist in den Krieg gezogen, weil er glaubte, es gäbe ein heilloses Durcheinander, wenn der Süden wirklich ein selbständiger Staat würde.» Sie lachte stolz. «Und was bist du? Gehörst du zu den Yankees oder zu den Rebellen?»

«Ich bin weder das eine noch das andere.»

«Was? Aber eines von beiden muß man doch sein. Woher seid ihr denn gekommen?»

«Aus St. Louis», erwiderte Nella schüchtern. Warum hatten der Vater oder der Onkel dem Mädchen nicht gesagt, daß es hier in den Bergen nicht üblich war, andere nach ihrer Vergangenheit zu fragen?

«St. Louis, das ist ein Rebellenstaat», rief Lisette und trat ein paar Schritte zurück. «Mein Vater wäre beinahe von einem Rebellen getötet worden.»

Nella hatte solche Angst, Lisette werde sie jetzt allein lassen, daß sie auf sie zulief, die Hand ausstreckte und flehend Lisettes Arm berührte. «Bitte, geh nicht weg! Bitte, unterhalte dich weiter mit mir!»

«Wie viele Sklaven habt ihr gehabt?»

Nella lachte und schlug beide Hände vors Gesicht, so daß Lisette sie erschrocken anblickte. «Wir haben nie Sklaven gehabt, wir waren arm.»

«Ach, das tut mir leid», sagte Lisette zögernd. «Du weinst doch nicht etwa?»

Nella ließ die Hände wieder sinken, um zu zeigen, daß sie nicht weinte. «Mein Vater wurde vor drei Jahren von einem Yankee getötet.» Sie sagte das in einem Ton nachlässiger Gleichgültigkeit, denn ihr war, als sei dies alles unendlich lange her, ja, als habe sie ihren Vater kaum gekannt.

«Ach, deshalb siehst du so traurig aus», flüsterte Lisette. «Dann mußt du uns ja hassen.» Sie blickte Nella so ängstlich und teilnehmend an, daß diese hoffte, Lisette werde nie herausfinden, wie ihr Vater wirklich umgekommen war – nämlich bei einem Guerilla-Streifzug über die

Grenze von Kansas. Denn dann würde Lisette vermutlich meinen, das sei nur die gerechte Strafe für seine Sünden.

«Nein, ich hasse die Yankees nicht. Jedem anderen an seiner Stelle wäre es ebenso ergangen.»

«Du bist ja eine Philosophin», sagte Lisette ein wenig spöttisch. «Wenn *mein* Vater getötet worden wäre, hätte ich jeden Rebellen bestimmt am liebsten mit meinen Händen zerfleischt.» Sie ballte die Faust, öffnete sie jedoch sogleich wieder. «Ach, laß uns nicht über den Krieg reden», meinte sie lächelnd. «Du hast mir noch nicht einmal gesagt, wie du heißt.»

«Nella Allen.»

«Nella Allen, das klingt hübsch.» Sie überlegte einen Augenblick. «Nella ... das ist Allen von rückwärts gelesen. Wie witzig von deinen Eltern.» Sie schien ganz entzückt über diese Entdeckung. Aber Nella starrte sie so erschrocken und verwirrt an, als hätte man sie eines Verbrechens bezichtigt. «Hat das noch niemand sonst bemerkt?»

«Doch, ein paar Leute schon. Findest du es sonderbar?»

«Aber nein, gar nicht. Was soll daran sonderbar sein? Mir gefällt es.» Von der Blockhütte hörte man plötzlich Geigenspiel, und die Mädchen lauschten aufmerksam. Lisettes Miene wurde nachdenklich und ernsthaft. «Das ist Onkel Pete. Wie ich seine Musik vermißt habe!»

«Ich habe ihn schon ein paarmal spielen hören, wenn ich abends hier spazierengegangen bin. Seine Musik ist schön – aber so traurig.»

Lisette streichelte die Katze und seufzte. «Er ist traurig. Aber er hat auch Grund dazu.» Sie blickte Nella wieder an. «Ich bin dreizehn Jahre. Wie alt bist du?»

«Fünfzehn.»

Lisette schien zuerst beeindruckt und fragte dann ein wenig mißtrauisch: «Wirklich? Du siehst jünger aus.»

«Ich weiß», sagte Nella in einem Ton, als müsse sie sich entschuldigen.

«Ich wollte, ich wäre auch schon fünfzehn, oder noch älter. Aber im Oktober werde ich vierzehn. War das vorhin dein Bruder?»

«Ja, das war Rick. Wir sind seit letzten Juli hier.» Nun hatte Nella sich ihrer Ansicht nach das Recht erworben, auch etwas zu fragen: «Diese Jungen vorhin, waren das alles deine Brüder?»

«Ja, alle», versicherte Lisette. «Morgan ist sechzehn und Jonathan fünfzehn. Dann komme ich und dann Douglas – der ist neun – und zum Schluß Robert, der ist erst sieben. Schwestern habe ich nicht.» Sie lachte leise und stolz. «Sind sie nicht hübsch?»

«O ja. Das seid ihr alle.» Nella mußte es sagen, obgleich das Mädchen vor ihr vermutlich nichts für Schmeicheleien oder gar untertänige Redensarten übrig hatte. Und plötzlich verspürte sie den Wunsch, wegzulaufen, zurück in ihre Blockhütte. Sie wollte allein sein und versuchen, über diese Begegnung nachzudenken, die ihr so ungeheuer bedeutungsvoll vorkam. Auch wollte sie in Ruhe überlegen, was sie Lisette alles vorgelogen hatte und was für Antworten sie auf die nächste Herausforderung parat haben müßte. «Es ist schon fast dunkel», sagte sie.

«Lisette», rief eine Männerstimme. «Wo bist du?»

«Das ist mein Bruder. Komm, du sollst ihn kennenlernen. Er kann dich nach Hause bringen. Hier bin ich, Morgan!»

«O nein, das geht nicht», protestierte Nella. Sie machte kehrt und lief überstürzt davon. Als sie sich umwandte, konnte sie Lisette nur noch undeutlich erkennen: eine kleine Gestalt, neben der jetzt eine größere stand. «Auf Wiedersehen!» rief sie zurück. «Ich muß nach Hause. Rick wartet bestimmt schon auf mich.»

«Komm morgen wieder her!» Lisette hob den Arm und winkte ihr zu. Dann ging sie mit ihrem Bruder den Hügel hinab, und Nella, die lauschend stehengeblieben war, hörte, wie Lisette fast zärtlich lachte und sagte: «Komisches Mädchen. Scheu wie ein Kaninchen – aber hübsch ist sie!»

2

Jenny Danforth lehnte sich zurück, um das Bild zu betrachten: einen Strauß weißer und lila Veilchen in einem Zinnbecher. Sie kniff die Augen ein wenig zusammen, als vergleiche sie das Bild mit einem imaginären Blumenstrauß, tauchte dann den Pinsel ins Wasser und fügte noch ein paar geschickte Striche hinzu. Während sie weitermalte, warf sie hin und wieder einen Blick durchs Fenster, obgleich draußen nichts zu sehen war außer den Ochsenkarren, die den ganzen Sommer hindurch in endloser Prozession durch Virginia City zogen und Vorräte für den Winter heranbrachten, wenn die Straßen zugeschneit und unpassierbar sein würden.

In dem kleinen Wohnzimmer standen Nußbaummöbel und eine Garnitur mit Roßhaarpolsterung. In der Mitte, auf dem gemusterten Teppich, war ein Tisch, auf dem verschiedene Bücherstapel lagen. Vor dem Fenster hingen doppelte weiße Musselingardinen, so daß auch jetzt um die Mittagsstunde Dämmerlicht im Raum herrschte, als sei es schon später Nachmittag.

Die Tür zum Schlafzimmer war geschlossen; ein Speisezimmer gab es nicht im Haus, nur die Küche und dahinter einen Anbau, in dem das Sprechzimmer des Doktors war. Dort stand ein Operationstisch, und in den Schränken lagen unzählige Instrumente und Flaschen. Es wäre Jenny lieber gewesen, wenn dieses Sprechzimmer in einem anderen Teil der Stadt gelegen hätte. Sie ging auch nur selten zum Aufräumen hinein und vermied es sorgfältig, tief zu atmen, da der Chloroformgeruch ihr Schwindel verursachte. Wenn sie dann nach oberflächlich getaner Arbeit rasch wieder hinausging, hatte sie jedesmal das Gefühl, als sei sie einem drohenden Verhängnis entronnen und wäre um ein Haar selber auf diesem Tisch gelandet und den verbissenen, ein wenig unbeholfenen Bemühungen ihres Mannes ausgeliefert gewesen. Der Doktor kümmerte sich nicht groß darum, daß an den Laken auf dem Operationstisch und an Instrumenten noch Blut von etlichen Patienten klebte. Es gab hier in den Bergen nur wenig Ärzte, und von den wenigen betätigten sich die meisten noch als Goldgräber, so daß man Dr. Danforth allgemein mit einer fast abergläubischen Verehrung begegnete, weil er sich damit abgab, Knochenbrüche zu richten, Furunkel zu öffnen, Wunden zu vernähen, Kugeln herauszuoperieren, Kinder auf die Welt zu bringen oder eine der geheimnisvollen Medizinen zu verschreiben, die in seinem Arzneischrank standen.

Jenny legte den Pinsel beiseite, trat vor den Spiegel, der über dem Sofa hing, und betrachtete aufmerksam ihr Gesicht, das jeden, der es zum erstenmal sah, mit Staunen erfüllte. Die schwarzen Brauen über den hellgrünen Augen verliefen an den äußeren Enden ein wenig schräg. Die Haut war auffallend rein und weiß und das glatte schwarze, durch einen Mittelscheitel geteilte Haar tief im Nacken zu einem Knoten geschlungen. Wenn Jenny nicht gerade lächelte, wirkte ihr Gesicht fast ein wenig hochmütig und abweisend. Überall hier in den Bergen kannte man die Frau von Dr. Danforth. Die einen hatten sie in irgendeiner der Städte kennengelernt, in denen sie gelebt hatten; andere, die gern Geschichten von Mord, Lynchjustiz und schönen Frauen erzählten oder erfanden, hatten nur von ihr gehört. Es tröstete Jenny wenig, daß man sie um ihre Schönheit beneidete. Nachdem sie ein paar Augenblicke in den Spiegel geschaut hatte, wandte sie sich mit einem Achselzucken ab.

Wenn ich klüger gewesen wäre oder mehr Glück gehabt hätte, dachte Jenny Danforth, wäre ich nicht mit siebenundzwanzig Jahren in diese Hölle hier im Westen verbannt – auf der Flucht, wie so viele andere, die hierher gekommen sind, vor meinem eigenen Mißgeschick! Denn hier spielte das, was vor acht Jahren in einer kleinen Stadt in Ohio geschehen war, keine Rolle. Kein Mensch wußte davon, keiner außer dem Doktor, und der hatte ihr längst vergeben.

Sie war zu ihm gegangen und hatte ihn gebeten, eine Abtreibung vorzunehmen, weil ihr Mann, wie sie ihn nannte, sie verlassen hatte. Aber er hatte ihr die Bitte abgeschlagen und erklärt, es sei ein Verbrechen, das Kind einer so schönen Frau zu töten. Ein paar Wochen später hatte er sie geheiratet. Sie hatten das Kind, ein Mädchen, zu ihrer Schwester in Pflege gegeben und waren nach Westen gezogen; erst nach San Francisco, wo sie etwa fünf Jahre lebten, dann, als der Doktor sein Glück in einer der neuen Goldgräberstädte versuchen wollte, nach Florence, Oro Fino und Bannack. Von dort waren sie vor einem Jahr nach Virginia City gekommen, wo gerade das erste Gold gefunden worden war. Jenny hatte sich noch immer nicht mit der Wendung, die ihr Leben genommen hatte, aussöhnen können; sie fühlte sich zwar verpflichtet, dem Doktor dankbar zu sein, wußte aber andererseits sehr gut, daß er sie nicht nur aus blinder Verliebtheit geheiratet hatte.

Denn zu jener Zeit war seine Praxis bereits stark zurückgegangen, weil er trank. Als sie sich kennenlernten, hatte er in ihr vielleicht so etwas wie einen rettenden Engel erblickt, jemanden, dem er helfen konnte und der ihm half, eine Frau, die er anbetete und die ihm dankbar sein mußte. Sie hatte schon oft gedacht, daß die Vereinbarung, die sie getroffen hatten, für Andrew Danforth in mancher Hinsicht günstiger war als für sie.

Jenny setzte sich wieder vor die Staffelei, betrachtete lächelnd ihr Bild und versuchte, hier und da eine kleine Korrektur anzubringen. Plötzlich beugte sie sich, wie auf ein Warnsignal, vor, schob die Gardinen auseinander und spähte mit angehaltenem Atem hinaus. Vor dem Gartentor hielt ein leichter Wagen, in dem diese rothaarige Person, Milly Matches, mit einem Mädchen saß, das ein lila Seidenkleid trug und sich einen grünen Schal um den Kopf gebunden hatte. Die beiden redeten miteinander, und es sah fast so aus, als stritten sie und als weigere das Mädchen sich, zum Doktor zu gehen. Aber schließlich stieg sie aus, und Milly Matches fuhr weiter.

Jenny öffnete die Tür und rief dem Mädchen entgegen: «Sie können nicht bei Tag hierherkommen!»

Das Mädchen hatte inzwischen das niedrige Gartentor aufgehakt und kam mit raschen Schritten auf das Haus zu. Jenny wollte sich schon zurückziehen, zögerte dann aber doch, weil sie das Blut sah, das von der Stirn des Mädchens zum Kinn hinunterlief. Mit einer flehenden Geste streckte das Mädchen ihr die Hand entgegen; die Handfläche war ebenfalls blutverschmiert.

«Ist der Doktor zu Hause? Bitte, lassen Sie mich herein.»

Mit einer schnellen Bewegung trat das zitternde, wimmernde Mädchen an Jenny vorbei ins Haus und sah mit entsetzten Augen um sich. Jenny murmelte, sie werde dem Doktor Bescheid sagen, ging rasch ins Schlafzimmer und schloß die Tür hinter sich. Andy lag in Hemd und Hose auf dem Bett und schlief fest. Er erwachte auch nicht, als Jenny ihn an der Schulter packte und schüttelte. Erst als sie sein Gesicht mit einem nassen Tuch abwischte, öffnete er blinzelnd die Augen, schloß sie jedoch sofort wieder und seufzte tief und sorgenvoll.

«Wie spät ist es denn, Jenny?»

«Fast neun Uhr.»

Während er sich mühsam aufzurichten versuchte, bürstete Jenny bereits seinen Rock ab und redete leise und aufmunternd auf ihn ein. «Da draußen ist ein Mädchen aus Milly Matches' Haus. Sie ist fürchterlich zugerichtet. Du mußt sie dir ansehen, Andy.» Sie hielt ihm den Rock hin und tat, als bemerke sie den kläglichen, um Verzeihung bittenden Blick nicht, den er ihr über die Schulter zuwarf. Dann ging sie zurück zu dem Mädchen, das jetzt auf dem Fußboden kniete, mit beiden Händen den um ihren Kopf geschlungenen grünen Schal umklammerte und hin und her schwankte.

Jenny trat auf sie zu und sagte leise: «Es tut mir leid, es tut mir so leid!» Aber das Mädchen warf ihr nicht einen einzigen Blick zu, es schien die Anwesenheit der Frau gar nicht zu bemerken.

Einen Augenblick später kam Andy, noch etwas unsicher auf den Beinen, aber im schwarzen Rock und mit ordentlich gebundener Krawatte.

«Ich hole dir schnell einen Kaffee», sagte Jenny zu ihm, ging in die Küche und goß eine Tasse ein. Als sie damit zurückkam, hörte sie, wie der Doktor mit leiser, beruhigender Stimme auf das Mädchen einsprach.

«Ich bin Dr. Danforth, meine Liebe. Lassen Sie doch einmal sehen. Was fehlt Ihnen denn?»

Mit einer unwilligen Geste wies er den Kaffee zurück. Als er sich dem Mädchen nähern wollte, kroch dieses auf allen vieren von ihm weg, quer durch das Zimmer, und starrte ihn so entsetzt an, als erwarte es jeden Augenblick einen neuen Überfall. Dabei stöhnte es und redete unzusammenhängendes Zeug. Schließlich ließ es ihn doch näher kommen und sagte: «Er hat gesagt, er wollte etwas zur Erinnerung haben, nur ein kleines Andenken. Und ich dachte, er macht Spaß. Aber dann fing er an zu schneiden . . .» Der Schal fiel zu Boden und enthüllte eine halbmondförmige klaffende Wunde oben auf ihrem Kopf. «Ich wollte weglaufen, aber ich konnte nicht. Ich konnte mich nicht rühren, der Schweinehund hat mich festgehalten.»

Jenny wandte sich um und rannte durch die Hintertür in der Küche auf die Straße. Sie wollte weg, zur Stadt. Sie blieb nicht ein einziges Mal stehen und warf keinen Blick zurück. Endlich kam sie in die Mietsstallung, in der es dunkel und heiß war und stark nach Pferdemist roch. In dem schmiedeeisernen Ofen flackerte ein helles Feuer. «Ich brauche meinen Wagen, schnell bitte, ich habe es eilig», sagte sie zu dem Mann, der gemächlich auf sie zutrat.

«Ja, Mrs. Danforth, sofort.»

Der Mann musterte Jenny neugierig, während sie unruhig im Stall umherwanderte. An der Tür blieb sie stehen, starrte hinaus und schloß dann die Augen, um das Bild eines nackten Mädchens auszulöschen, das sich verzweifelt gegen einen Mann wehrte, der ein Messer in der Hand hielt. Dann wieder sah sie Andy im Sprechzimmer sitzen, einen Mann, der nach Gebirgswhisky roch und so konzentriert wie eine Frau am Stickrahmen am Schädel der jungen Hure herumnähte. Bei dieser Vision konnte sie nur mit Mühe ein schrilles, irres Gelächter unterdrücken.

Hals über Kopf fuhr sie los und lenkte den Wagen an der nächsten Ecke einen steilen Hügel hinan aus der Stadt heraus. Neben der Straße standen Blockhütten bunt durcheinander zwischen aufgeworfenen Erdhügeln, und etwas weiter oben kam sie an arbeitenden Männern vorüber, die gruben und hackten, schwere Handkarren vor sich her schoben, Erde in die Gräben schaufelten oder Steine aus dem Fels stemmten. Es wurde kaum ein Wort gesprochen, und alle schwitzten in der heißen Sonne. Denn Goldwaschen war eine harte, körperliche Arbeit, wie alle diejenigen überrascht feststellen mußten, die hierherkamen und meinten, man könne die Goldklumpen einfach auflesen, wie ein müßiger Spaziergänger am Strand Muscheln aufliest.

Als Jenny etwa eine Meile gefahren war, hielt sie den Wagen an und blieb mit geschlossenen Augen sitzen. Sie fühlte sich schwach und elend und zitterte noch am ganzen Leibe. Nach ein paar Minuten rief sie einen jungen Burschen zu sich heran, der in der Nähe arbeitete und wie alle Neulinge in der Erde herumhackte wie ein Huhn auf dem Mist.

«Würden Sie wohl bitte einen Augenblick herkommen?» fragte sie mit so viel Zärtlichkeit in der Stimme, daß er sofort seine Hacke fallen ließ und wie in Trance auf sie zuging.

«Ma'am?»

«Heiß heute, nicht wahr?» Er lächelte sie ein bißchen töricht an und nickte. «Dürfte ich Sie wohl um einen Gefallen bitten?»

«Gern.»

«Sehen Sie die Männer da drüben, direkt unter dem Hang?»

«Ja.»

«Auch den Mann mit dem roten Hemd, dem schwarzen Hut und der schwarzen Hose, der Steine aus dem Graben holt? Würden Sie wohl zu ihm gehen und ihm sagen, ich müßte ihn sprechen?»

«Ja, Ma'am.» Er setzte sich sofort in Bewegung, als sei ihre Bitte eine ungewöhnliche Gunst.

Er lief rasch, sprang gewandt über die Steinhaufen und war bald darauf bei dem Mann. Die beiden sprachen kurz miteinander, und als der Junge sich auf den Rückweg machte, stieg sie aus dem Wagen und blieb neben ihm auf der Straße stehen. Wie jedesmal bei diesen Begegnungen spürte sie eine ängstliche Erwartung.

«Er kommt», meldete der Junge, und Jenny schenkte ihm ein Lächeln, das ihr Gesicht erstaunlich veränderte und es von einem Augenblick zum anderen fröhlich und offen erscheinen ließ.

Erst als er schon beinahe vor ihr stand, ging sie ihm einen Schritt entgegen. «Matt, bitte sei nicht böse, daß ich gekommen bin. Es ist etwas Schreckliches passiert. Ich bin ganz außer mir. Eines der Mädchen von Milly Matches ist vorhin zu Andy gekommen, mit einem Schnitt auf dem Kopf – so.» Sie fuhr mit der Hand an ihrem Haaransatz entlang. «Jemand hat versucht, sie zu skalpieren.»

Ungläubig und entsetzt starrte er sie an. «Sind denn feindliche Indianer hier in der Nähe?»

«Es war kein Indianer, Matt.» Plötzlich wurde sie so ruhig, als sei diese Nachricht ohne Belang oder nur ein Vorwand, um ihn wiederzusehen. Sie hatte sich während der letzten Monate manche absonderliche Geschichte ausgedacht, um ihn zu sehen. Sie war so versunken in den Anblick seines dunklen, sonnenverbrannten Gesichts mit den schwarzen, glänzenden Augen, den dichten Brauen, der kühnen, kräftigen Nase und den sinnlichen Lippen, daß sie seine Fragen kaum hörte und fast das Gefühl hatte, als spräche er von einem Unglücksfall, von dem sie nichts wußte. Schließlich fragte sie gleichgültig: «Sie werden ihn doch hoffentlich hängen, was?»

Mit einem traurigen und zugleich spöttischen Lächeln sah er sie an und schüttelte den Kopf. «Aber Jenny, du lebst doch lange genug in den Bergen, um es besser zu wissen. Keinen Finger werden sie rühren, denn diese kleine Hure geht sie nichts an.»

«Aber das, was ihr geschehen ist, geht sie etwas an. Wenn ein Mann eine Büchse Goldstaub gestohlen hat oder auch nur in den Verdacht gerät, sind sie schnell genug mit dem Hängen bei der Hand!» Er antwortete nicht, und sie standen einander still gegenüber und sahen sich mit müden sorgenvollen Gesichtern an. Schließlich seufzte sie und berührte seinen Arm, zog ihre Hand aber gleich wieder zurück. «Ach, Matt, ich bin so unglücklich.»

«Das tut mir leid, Jenny.»

«Wenn ich heute nicht hergekommen wäre – wann hätten wir uns dann wiedergesehen? Jetzt sind es schon zweieinhalb Monate.»

«Du hast mir gesagt, du wolltest mich nicht mehr sehen, wenn sie da wären», erinnerte er sie freundlich.

«Aber du hättest wissen müssen, daß ich es nicht so gemeint habe. Eine verliebte Frau weiß nicht, was sie sagt.» Sie legte den Kopf schief und sah mit sehnsüchtigem Lächeln zu ihm auf. Plötzlich trat in ihre Augen ein gespannter, ängstlicher Ausdruck. «Bist du froh, daß sie da sind?»

«Ja», antwortete er langsam. «Ja, Jenny, das bin ich.»

«Ich habe sie damals gesehen, gleich am ersten Tag, und Erma Finney hat mir erzählt, daß sie sich mit deiner Frau angefreundet hat. Sie ist sehr hübsch, Matt.»

Matt lächelte. «Erma kam gleich am nächsten Morgen.»

«Wahrscheinlich meint sie, deine Frau müßte alles erfahren, nicht wahr?»

Sein Lächeln wurde breiter. «Was könnte Erma schon von uns erzählen? Nein, Jenny, sie wird nichts erfahren, das weißt du. Ermas Mann ist viel zu sehr an meiner Freundschaft interessiert.»

«Allerdings. Ein achtzehnprozentiges Interesse, um es genau zu sagen.» Mit einemmal schien sie ärgerlich zu sein, wandte sich ab und ging ein paar Schritte auf den Wagen zu. «Entschuldige, daß ich gekommen bin.» Sie hielt inne und sah ihn mit einem schwermütigen, nachdenklichen Ausdruck an, der ihrem ungewöhnlich schönen Gesicht noch einen zusätzlichen Zauber verlieh. «Ich schäme mich, Matt, aber die ganze Zeit habe ich mir mehr leid getan als Marietta.»

Sie senkte beim Sprechen den Kopf und blickte dann zur Seite. Ihm war, als sehe er sie wieder durch die Bäume auf sich zukommen, an dem frühen Morgen vor zwei Jahren, als er zur Blockhütte des Doktors gegangen war und niemanden dort angetroffen hatte. Ein vorüberkommender Mann hatte mit dem Finger auf sie gezeigt und gesagt: «Da ist sie. Das ist Mrs. Danforth.»

Er war auf sie zugelaufen und hatte gefragt: «Können Sie mir sagen, wo der Doktor ist? Mein Bruder hat sich verletzt. Ich glaube, der Knöchel ist gebrochen.»

Sie hatte kurz zu ihm aufgeblickt und dann den Kopf geneigt – eine Bewegung, die ihm so anmutig vorkam und so tief ins Herz drang, daß er überzeugt war, sich bis zu seinem Tode daran zu erinnern. «Ich zeige Ihnen, wo er ist.» Er ging hinter ihr her, erschrocken und erregt, und dachte kaum mehr an Pete, der jetzt fluchend an der Schürfstelle auf ihn wartete und sich mit einer Flasche Gebirgswhisky über den Schmerz hinweghalf. Leicht und rasch schritt sie dahin und sprach kein Wort. Ihr langer Rock begleitete schwingend die Bewegung ihrer Hüften.

Schließlich blieb sie stehen und hob den Arm. «Da hinten ist er, am Rand der Lichtung. Können Sie ihn sehen?»

Er konnte ihn nicht sofort entdecken und blieb ein Weilchen mit zusammengekniffenen Augen stehen. Dann drehte er sich zu ihr um, genau in der Sekunde, als sie den Blick von seinem Gesicht abwandte und, als schäme sie sich ihres Interesses, schnellen Schrittes zurückzugehen begann. «Vielen Dank, Mrs. Danforth», rief er hinter ihr her. Zugleich fiel ihm ein, warum er hergekommen war, und er lief ein wenig schuldbewußt auf die Lichtung zu. Als er sich noch einmal umdrehte und zurückschaute, war sie verschwunden.

Von diesem Tag an hielt er ständig nach ihr Ausschau. Er war überzeugt gewesen, jetzt, mit sechsunddreißig Jahren, ein nüchterner, besonnener Mann zu sein, der Verantwortung trug und voller Pläne steckte, die ihn vollauf beschäftigten. Und er hatte es für unwahrscheinlich gehalten, daß irgend etwas – sei es eine Frau oder sonst ein Erlebnis – ihn noch erschüttern könnte. Aber jetzt mußte er zu seiner Bestürzung feststellen, daß ihn jedesmal, wenn er sie sah oder auch nur zu sehen erwartete, eine fast kindliche, peinliche Verwirrung überkam. Hin und wieder begegnete er ihr im sogenannten Zentrum der Stadt, aber sie war stets in Begleitung ihres Mannes oder einer Frau und schien sich seiner nicht zu erinnern.

Ihr Verhalten überraschte und ärgerte ihn ein wenig. Es kam ihm gar nicht in den Sinn, daß sie ihn damit bewußt herausfordern wollte – bis zu dem Tag, an dem er sie in Josiah Webbs Blockhütte sah.

Der Zufall, der hier im Westen oft Männer mit gleichen Interessen einander finden ließ, hatte ihn und Pete in St. Louis mit Josiah Webb und Lemuel Finney zusammengeführt. Zu viert hatten sie dasselbe Schiff flußaufwärts genommen, und als sie fünf Wochen später in Fort Benton anlangten, hatte sich eine Art Partnerschaft herausgebildet, und sie beschlossen, in das neue Minencamp von Bannack zu ziehen und nicht, wie sie ursprünglich vorhatten, nach Florence. Ein paar hundert Männer wuschen hier Gold und bauten Schleusen, und von einigen hieß es sogar, sie seien bereits zu Reichtum gelangt.

An jenem Tag war Jenny mit ihrem Mann in die Blockhütte gekommen, in der er, Webb und Finney saßen, Zigarren rauchten und den Mormonenwhisky tranken, den es hier überall in den Bergen gab. Sie sprachen über ihre Pläne, Gräben zu ziehen und Wasser zu verkaufen, Landanteile aufzukaufen, eine Genossenschaft zu bilden und eine Bank zu gründen. Alle drei hatten die Hüte auf dem Kopf behalten und die Füße auf ein Mehlfaß gelegt, das ihnen als Tisch diente. Es war früh am Sonntagnachmittag, und sowohl Jenny wie der Doktor waren gekleidet, als lebten sie in einer Stadt im Osten und kämen gerade aus der Kirche. Jenny, in einem schwarzen Seidenkleid und einem schwarzen Strohhut mit Rosen unter dem Rand, sah sehr elegant aus. Sie stützte die behandschuhten Hände so fest auf die Hüften, als erwarte sie, daß man ihr ein Opfer darbringe.

Die drei Männer sprangen auf, setzten hastig und etwas schuldbewußt die Gläser ab, legten die Zigarren beiseite und rissen die Hüte vom Kopf. Während Lem Finney die Vorstellung übernahm, wanderten Jennys grüne Augen lächelnd von einem Gesicht zum anderen, als freue und amüsiere sie sich über die Bestürzung der Männer.

«Mr. Devlin kenne ich schon. Geht es Ihrem Bruder wieder besser?»

Er beschrieb Petes Beschwerden ausführlicher als nötig, stand dann neidisch dabei, als sie mit Webb und Finney plauderte, und war wütend auf sich, weil er jedesmal, wenn sie ihm einen Blick zuwarf, in Verwirrung geriet. Ihre mutwillige, spöttische Miene sagte ihm, daß sie es darauf anlegte, ihn verlegen zu machen, und daß sie sich über den Erfolg freute. Zugleich machten ihre Blicke ihn unaussprechlich glücklich.

Während der nächsten Wochen sah er sie ein paarmal, aber es ergab sich nie ein Anlaß, mit ihr zu sprechen. Er selber war viel zu unbeholfen, eine solche Gelegenheit herbeizuführen.

So wurde es Dezember, bevor er auf dem ersten großen Ball der Stadt wieder mit ihr zusammentraf. Es war jeder eingeladen, der sich willkommen glaubte und gewillt war, fünf Dollar in Goldstaub zu bezahlen. Er hatte sich für diese Gelegenheit das Haar schneiden lassen und trug, wie die meisten Männer, ein blaues Flanellhemd, eine schwarze Krawatte, eine schwarze Hose und schwarze Stiefel. Er stand mit Pete an der Wand und rauchte eine Zigarre. Der Fußboden des Saales war hartgestampfter Lehm, und die großen, blakenden Kerzen in den zinnernen Wandleuchtern verbreiteten mattes Licht. An einem Ende des Raums standen Stühle für die beiden Musikanten, die den Takt mit den Füßen klopften und hingebungsvoll auf ihren Instrumenten fiedelten, während die Tänzer herumwirbelten und die schwingenden Röcke der Frauen über den Fußboden fegten. Es herrschte eine ausgelassene Atmosphäre, als seien sie alle stolz darauf, daß es ihnen gelungen war, hier in der Wildnis ein so großartiges Fest zu feiern. Da jedoch etwa zwölfmal soviel Männer wie Frauen da waren, standen die meisten Männer an den Wänden und beobachteten das Fest mit sehnsüchtiger oder verdrießlicher Miene. Manch einer verließ den Saal, um sich draußen einen Schluck zu genehmigen oder enttäuscht den Teil der Goldgräberstadt aufzusuchen, wo es auch für ihn Frauen gab.

Man sah, wie bärtige Männer sich ernst vor zehn- und zwölfjährigen Mädchen verneigten und sie um die Ehre eines Tanzes baten. Einige dieser jungen Damen tanzten so selbstsicher, als hätten sie bereits eine lange Ballerfahrung hinter sich.

Matt beobachtete ein hübsches, braunhaariges, etwa zwölfjähriges Mädchen und bekam Heimweh. Er dachte an Lisette und an Marietta und fing an, wie so oft, darüber nachzugrübeln, ob es recht von ihm gewesen war, sie zu verlassen. Er war aus Überzeugung in den Krieg gezogen. Pete hatte zwar erklärt, nur ein Narr nehme an einem Krieg teil, den keine der beiden Parteien gewinnen könne und in dem es nichts Vernünftiges zu verfechten gebe, aber Matt hatte sich auf seine patriotischen Gefühle berufen, die seiner Ansicht nach jeder Mann haben sollte, und hatte sich sofort nach Ausbruch des Krieges freiwillig gemeldet. Vier Monate später war er verwundet worden. Als er sich einigermaßen erholt hatte, waren Pete und er losgezogen, nach Westen, in die Grenzgebiete. Viele Männer zogen nach Westen – es war, als habe der Krieg sie ruhelos und unzufrieden gemacht und ihnen die Fähigkeit genommen, weiterhin brav zu Hause zu sitzen.

Sie hatten eine gutgehende Anwaltspraxis gehabt und besaßen Geld genug, um ein neues Unternehmen starten zu können. Pete hatte keinen Grund, in New York zu bleiben, denn seine Frau und sein kleiner Sohn waren vor einigen Jahren gestorben, und er hatte nicht wieder geheiratet. Beim Abschied hatte Matt Marietta versprochen, daß er sie später nachkommen lassen würde, falls es ihnen gefallen sollte und er ein bißchen Glück gehabt hätte. Andernfalls würde er in einem Jahr wieder zurückkommen. Das war jetzt sieben Monate her.

Da öffnete sich die Tür, ein Windstoß fegte in den Saal, blähte die Röcke der Frauen und blies ein paar Kerzen aus. Herein kamen vier

Personen. Als erste Jenny Danforth, ein wenig fröstelnd, aber mit lachender Miene, sprühender, als man sie je gesehen hatte, so als habe sie diese Seite ihres Wesens für ganz besondere Gelegenheiten aufgehoben. Nach ihr kam Erma Finney, unschlüssig und mit abweisender Miene. Sie blieb an der Tür stehen und sah sich prüfend um, als wolle sie erst mal herausfinden, ob hier nicht zu viel Ausgelassenheit und zu wenig Sittsamkeit herrsche. Hinter den beiden Frauen betraten Lemuel Finney und der Doktor den Saal; dann wurde die Tür geschlossen. Verstohlen beobachteten die Männer Mrs. Danforth, die sich vom Doktor den Mantel abnehmen ließ, sich über das Haar strich, in dem sie einen kleinen Wacholderzweig befestigt hatte, und dann mit strahlendem Lächeln auf die tanzenden Paare zuging.

Plötzlich stieg in Matt der Gedanke auf, daß das Schicksal an Jenny Danforth nicht vorbeigegangen war, daß sie trotz aller förmlichen Zurückhaltung die Sorge ebenso gut kannte wie Glück, Kummer und Hoffnung. Und nun, da er soviel von ihr wußte, kam es ihm vor, als seien sie einander nicht mehr fremd.

«Was zum Teufel hat eine solche Frau hier draußen am Arsch der Welt zu suchen?» murmelte Pete vor sich hin.

Empört wandte Matt sich ihm zu, aber er sah in Petes Gesicht nichts als Neugier und Bewunderung. «Hast du eigentlich bemerkt, daß der Doktor nicht ganz nüchtern war, als er dir neulich den Knöchel eingerenkt hat?» fragte er Pete.

«Wenn man hier in der Wildnis lebt! Aber was macht *sie* hier?»

«Sie ist eben eine gute Ehefrau», erwiderte Matt. Wieder suchte er Jenny mit den Blicken. Er war entzückt von ihrer Anmut und gleichzeitig von einem fast herausfordernden Stolz erfüllt über die Aufmerksamkeit, die sie überall erregte, und über die Scharen von Männern, die sich während der Tanzpause um sie drängten.

«Die unumstrittene Schönheitskönigin unserer Berge», bemerkte Pete mit skeptischem Lächeln. «Glaubst du, daß sie sich etwas daraus macht?»

Matt antwortete nicht. Erschrocken fragte er sich, ob Pete etwa an Jenny Danforth interessiert war. Als der nächste Tanz begann, blickte er ihn forschend an. Aber Petes Gesicht war so sorgenvoll und traurig wie immer, seit Lorena und der Kleine gestorben waren. Nein, sagte sich Matt, Pete Devlin ist ein Ehrenmann, der entschlossen zu seinen Grundsätzen steht und viel mehr moralische Skrupel hat als ich. Es war fast undenkbar, daß Pete der Frau eines anderen nachstellen könnte, denn in seinen Augen war eine ehrbare Frau ebenso selbstverständlich tugendhaft wie ein lockeres Mädchen liederlich, und er wäre nie auf die Idee gekommen, daß eine Vermischung dieser beiden Typen möglich und sogar recht reizvoll wäre. Es würde Pete auch nie einfallen, Matt einen solchen Gedanken zu unterschieben.

Pete war immer noch bei Mrs. Danforth. Er beantwortete seine Frage selber: «Ich glaube nicht, daß es ihr etwas ausmacht. Sie verachtet dieses Nest. Sie verachtet die Kerle, die mit ihr tanzen, und wahrscheinlich auch den Doktor. Der Kerl ist mindestens fünfundzwanzig Jahre älter als sie.» Ungehalten lauschte Matt seinen Worten; denn er hätte nie gedacht, daß Pete sich so viele Gedanken über Jenny machen würde. Er spürte, daß ihm die Röte ins Gesicht stieg und der Kragen ihm zu eng wurde. Plötzlich hatte er das dringende Bedürfnis, zu Jenny hinüberzustürzen und mit ihr zu tanzen. Oder wegzugehen und Pete mit sich zu ziehen. «Sie hält anscheinend viel von sich. Wenn jemand so gut aussieht, hat er auch das Recht dazu», sagte Pete noch.

«Kann sein», stimmte Matt mürrisch zu.

Plötzlich gab er sich einen Ruck und ging mit großen Schritten über den Tanzboden auf die Gruppe zu, die Jenny umringte. Er verbeugte sich steif und förmlich, als habe er ihr die offizielle Botschaft vom Ausgang einer Schlacht oder dem Sturz einer Regierung zu überbringen und flehe sie an, einen Hilfstrupp zur Rettung der Unglücklichen auszusenden. «Mrs. Danforth, ich hoffe, Sie haben nicht vergessen, daß Sie mir diesen Tanz versprochen haben?»

«Habe ich das? Das hatte ich vergessen. Ach ja», fügte sie mit einem raschen Blick auf die Umstehenden hinzu, «Mr. Devlin hat ein besseres Gedächtnis als ich.»

Ein langsamer spanischer Walzer begann, eine Sarabande; Jenny hob die Arme, sah ihn jedoch nicht an. Ihr Gesicht war wieder still und geheimnisvoll geworden. Während sie mehrere Male rund um den Saal tanzten, verschlang Matt sie förmlich mit angstvollen, fast demütigen Blicken. Aber – war es nun Verwirrung oder Trotz – sie hielt ihr Gesicht abgewandt. Sie waren gerade in der Nähe der Tür, als diese wieder aufsprang und der hereinfahrende Windstoß alle veranlaßte, sich umzudrehen und zu sehen, wer da gekommen war. Auf der Schwelle stand Milly Matches und lächelte ihnen vertraulich zu. Hinter ihr erschien Jeremy Flint in seinem schwarzen Bärenfellmantel, betrunken und herausfordernd.

Die Musik brach ab, und nach einigen Augenblicken des Schweigens begannen die Frauen empört miteinander zu tuscheln.

Jeremy Flint hatte seinen Freunden angekündigt, daß er mit Milly Matches auf dem Ball erscheinen und jeden Tanz mit ihr tanzen werde, falls die anderen zu feige sein sollten, Milly aufzufordern. Er hielt als Eintrittsgeld einen Beutel Goldstaub hoch und schwenkte ihn vielsagend hin und her. Milly Matches sah schon nicht mehr so zuversichtlich aus wie vor einem Augenblick; und plötzlich setzten sich einige Männer in Bewegung, die sich offenbar spontan zusammengetan hatten, um die Angelegenheit zu regeln.

Sie sprachen leise und ruhig auf Jeremy Flint ein, und dieser antwortete anfangs ebenso leise. Aber dann schrie er auf einmal, daß es durch den ganzen Saal hallte: «Verdammt noch mal, es fällt mir gar nicht ein, wieder zu gehen! Das ist eine öffentliche Veranstaltung, und hier ist euer dreckiges Eintrittsgeld. Mrs. Matches ist eine ebenso ordentliche Frau wie jede andere!» Da schloß die Gruppe sich dichter zusammen und drängte ihn zurück. Andere Männer traten hinzu, und mit einemmal war der Kreis um Jeremy Flint und Milly Matches so eng geworden, daß man sie beide nicht mehr sah.

Matt wandte sich an Jenny. «Mrs. Danforth, bitte, erlauben Sie mir, Sie zu besuchen.»

Sie antwortete nicht, weil sie immer noch zur Tür hinüberblickte, wo sich jetzt mindestens zwanzig Männer zusammendrängten; und er stellte überrascht fest, daß in ihrem Blick eine gewisse Belustigung, aber auch ein wenig Grausamkeit lag.

«Schert euch zur Hölle, ihr gottverdammten Heuchler!» brüllte Jeremy Flint. «Das vergesse ich euch nicht, darauf könnt ihr euch verlassen. Ich werde euch ...» Seine Stimme ging in einem Murmeln unter, denn jetzt wurde die Tür geöffnet, und die Gruppe drängte Mrs. Matches und Jeremy Flint vor sich her. Als die Tür wieder geschlossen war, schrien einige Frauen empört auf und fragten, wie so etwas habe passieren können, warum niemand daran gedacht habe, eine Wache an die Tür zu stellen.

«Haben Sie mich nicht gehört?» fragte Matt Mrs. Danforth.

«Kommen Sie am Sonntag um ein Uhr zum Essen», murmelte sie und wandte sich dann dem nächsten Tanzpartner zu.

Matt hatte ihre Antwort mit einer solchen Spannung erwartet, daß seine Muskeln schmerzten. Nun wandte er sich mit einem Ruck um und ging auf Pete zu. Plötzlich blieb er stehen, denn er sah zu seiner Überraschung auf dem Gesicht seines Bruders ein höhnisches Grinsen und glaubte einen Augenblick, daß Pete sich über ihn lustig mache. Aber dann wurde ihm klar, daß Petes Lächeln nicht ihm, sondern Jeremy Flints mißlungenem Versuch galt. «Komm, gehen wir einen trinken», sagte er zu seinem Bruder.

Sie verließen den Saal und schlenderten die Straße entlang. Matt war wütend; er hatte sie so demütig gebeten, sie besuchen zu dürfen, und sie lud ihn ein, mit ihr und ihrem Mann zu Mittag zu essen! Er würde nicht hingehen, das schwor er sich, und er würde ihr nie wieder Gelegenheit geben, sich auf seine Kosten zu amüsieren!

«Weißt du», begann Pete in diesem Augenblick, «das Gesicht von Erma Finney werde ich mein Leben lang nicht vergessen. Sie war von Kopf bis Fuß selbstgerechte Intoleranz! Aber so sind die anständigen Frauen», fügte er philosophisch hinzu, «sie töten jeden Sinn für mutwillige Streiche schon im frühesten Kindesalter in sich ab.»

Als Matt das hörte, fühlte er sich ein wenig wohler. Er lächelte vor sich hin und dachte, daß Jenny Danforth sich diesen Sinn offenbar noch recht lebendig erhalten hatte.

Als der Sonntag gekommen war, zog er das blaue Flanellhemd und die schwarze Hose wieder an, dazu den schweren Offiziersmantel, den er immer noch trug, und machte sich auf den Weg zum Haus der Danforths. Es stand in einer Gruppe neuer Blockhütten, die gerade noch rechtzeitig vor Einbruch des Winters fertig geworden waren. Unterwegs wunderte Matt sich über sich selber: Wie hatte er sich einbilden können, sie werde ihm einen anderen Vorschlag machen?

Als er auf das Haus zuging, fiel ihm plötzlich ein, daß der Doktor möglicherweise nicht da war, weil vielleicht einer seiner Patienten den guten Einfall gehabt hatte, nach ihm zu schicken. Aber er war zu Hause. Er begrüßte ihn an der Tür und wirkte so sehr wie ein vornehmer Gelehrter, daß Matt sich kaum mehr vorstellen konnte, wie er aussah, wenn er betrunken war.

Jenny war noch nicht im Wohnzimmer. Es roch nach Rehbraten und starkem Kaffee, und während Matt voll hungriger Erwartung diese Düfte in sich aufnahm, schenkte der Doktor ihm einen Drink ein. «Heute nacht hat es schon wieder einen Toten gegeben», bemerkte er dabei. «Haben Sie es gehört?»

«Nein. Was ist denn passiert?»

«Wieder eine von diesen Streitigkeiten.» Der Doktor schüttelte den Kopf. «Aber wenn wir uns einbilden, sie knallen sich nur gegenseitig ab, sind wir schön auf dem Holzweg. Ich kenne diese Kerle schon von Florence und Oro Fino her! Ich weiß, warum sie hier sind! Sie tauchen überall auf, wo es Gold gibt. Und dann warten sie in aller Ruhe ab, bis es sich für sie lohnt, einen umzulegen.»

Matt sah Dr. Danforth nachdenklich an. Der Doktor war nicht der erste, der diese Prophezeiung aussprach. Aber da erschien Jenny. Sie trug dasselbe hellgrüne Taftkleid mit dem großen weißen Leinenkragen und der schwarzen Samtschleife wie auf dem Ball. Sie schüttelte ihm lächelnd die Hand, wirkte dabei aber etwas unsicher und fast verlegen und ging rasch wieder hinaus, nachdem sie verkündet hatte, das Essen werde in wenigen Minuten fertig sein.

«Aber was können wir tun?» fragte der Doktor. «Nichts. Man kann nur hoffen, daß jeder auf sich selber aufpaßt.»

Matt war etwas verdutzt und zog ein finsteres Gesicht, weil ihm plötzlich klarwurde, daß die Worte des Doktors über diese Verbrechen auf jeden, also auch auf ihn gemünzt sein konnten. Denn schließlich war auch er mit räuberischen Absichten hierhergekommen, und er ärgerte sich jetzt über die Wachsamkeit des Doktors. Oder hatte Andrew Danforth ihm andeuten wollen, daß ein Mann mit einer schönen Frau ebenso vor Räubern auf der Hut sein mußte wie einer, der einen großen Beutel mit Goldstaub versteckt hat? Matt musterte sein Gegenüber argwöhnisch, aber der Doktor hatte offenbar keinerlei Hintergedanken gehabt.

«Ja, hier muß jeder sich selber schützen», stimmte Matt zu. «Die Behörden sind weit. Wir sind nur auf uns selber angewiesen.»

«Und man weiß nie, wem man trauen kann. Man weiß nicht, wer imstande wäre, einen einer Kleinigkeit wegen umzubringen.» Dr. Danforth blickte in sein Glas. «Das passiert überall. Eines Tages werden wir es auch hier erleben. Jeder muß selbst herausbekommen, wer sein Freund ist und auf wen er zählen kann. Das ist nicht leicht.»

Matt spürte, wie sein Herz heftiger klopfte. «Nein», bestätigte er und sah den Doktor so eindringlich an, als wolle er auf der Stelle versuchen, es herauszufinden. «Das ist nicht einfach.»

3

Der Winter war mild. Solange das Wasser nicht gefroren war, arbeiteten die Männer weiter auf ihren Schürfstellen. Als der Frost einsetzte, bauten sie neue Schleusen, reparierten ihre Blockhütten und machten Pläne für die kommende Saison.

Matt und Pete und Josiah Webb und Lemuel Finney hatten so viel Glück bei ihren Vorhaben und waren so beschäftigt, daß sie sich um die ständigen Streitereien und Schießereien gar nicht kümmerten und hofften, daß die Desperados bis zum Frühjahr aus der Gegend verschwunden sein würden. Bis dahin müsse man seinem guten Stern vertrauen, meinten sie, und allen Kugeln aus dem Wege gehen. Lem Finney eröffnete ein Geschäft und füllte sein Lager mit Whisky, Mehl, Kaffee und Speck – den vier Artikeln, die in einem Goldgräbercamp lebenswichtig waren. Außerdem gründeten sie eine Gesellschaft zur Beschaffung von Maschinen für ein Quarzhüttenwerk und machten in einer Ecke von Finneys Laden eine Art Bank auf, wo sie Geld zum Zinssatz von fünf Prozent im Monat verliehen. Meist übernahmen sie dann das Eigentum ihrer Schuldner, weil diese ihr Geld am Spieltisch verloren oder in einem Bordell ausgegeben hatten.

Bei diesen Geschäften hatten sie so viel Erfolg, daß Lemuel Finney oft sagte: «Ein Mann, der hier nicht reich wird, ist entweder vom Pech verfolgt oder ein Dummkopf.»

Lemuel Finney hatte in einer kleinen Stadt im nördlichen Connecticut einen Laden gehabt. Er war ein magerer, nicht sehr großer Mann mit einem pfiffigen, schlauen Gesicht, der die Angewohnheit hatte, seine blauen Augen zusammenzukneifen, sobald ihm eine Idee durch den Kopf schoß, was in regelmäßigen Abständen geschah. Dann lächelte er und rieb sich mit einem trockenen, raschelnden Geräusch die Hände. Jedesmal wenn er Matt und Pete sah, präsentierte er ihnen eine neue

Idee, sprach von Abenteuern, auf die sie sich sofort einlassen müßten, bevor jemand anderer auf den Gedanken käme. Matt, Pete und Josiah Webb hörten sich Lems Ausführungen stets an und diskutierten sie ernsthaft; denn die meisten seiner Pläne waren zwar unausführbar, aber manche erwiesen sich als so clever und gewitzt, wie der ganze Mann war.

«Man muß diesen Schweinehund wirklich bewundern», sagte Pete. «Ein typischer Neuengländer: schlägt aus seiner Unwissenheit mehr Kapital als andere aus ihrem Wissen.»

Erma Finney, die nach Matts Ansicht so aussah, als habe das Schicksal sie zur alten Jungfer bestimmt – dabei hatte das Ehepaar zwei Kinder, die im Osten zur Schule gingen –, Erma war Jennys ständige Begleiterin und betrachtete sich offenbar auch als ihre Beschützerin. Denn eine Frau wie Jenny Danforth brauchte nach Ermas Auffassung unbedingt einen Menschen, der sie schützte und behütete, nicht nur vor den Männern, sondern auch vor ihrem eigenen ungestümen Temperament.

Jenny hatte Matt nicht wieder zum Essen eingeladen, aber er kam ziemlich oft an ihrem Haus vorüber und sah sie gelegentlich mit Mrs. Finney oder einer anderen Frau sprechen. Einmal, an einem ungewöhnlich warmen Tag, saß sie auf dem kleinen Balkon vor einer Staffelei und war so vertieft in das Bild, das sie malte, daß er sich vom Pferd aus dreimal sehr ehrerbietig verbeugen mußte, ehe sie aufblickte. Mit flüchtigem Lächeln hob sie die Hand, winkte herüber und wandte sich wieder ihrer Arbeit zu. Zuerst freute sich Matt, daß er sie gesehen hatte, dann ärgerte er sich über ihre beiläufige und, wie ihm schien, abweisende Art, und schließlich mußte er lachen, weil diese Frau, die er kaum kannte, nun schon seit Monaten seine Gedanken beherrschte. Alles an ihr erschien ihm bedeutungsvoll – die Kleider, die sie trug, ihre Bewegungen, ihr Gang, der Ton ihrer hellen und doch seltsam verhangenen Stimme, ja selbst ihr Parfum, das die Luft um sie mit Veilchenduft erfüllte. Ihrem Mann gegenüber verhielt sie sich freundlich und, trotz des Altersunterschiedes, fast mütterlich. Matt versuchte herauszufinden, ob sie ihn liebte oder nicht und aus welchem Grund die beiden geheiratet haben mochten. Wenn seine Arbeit ihn nicht so unablässig in Anspruch genommen hätte, wäre er in Gefahr geraten, sich hoffnungslos in diese Leidenschaft zu verstricken.

Es kam ihm so vor, als verberge sie Geheimnisse, die er erforschen müsse, und als sei es für ihn und seine Selbstachtung von entscheidender Wichtigkeit, diese Frau zu besitzen. Ihr schien jedoch nichts an einem solchen Experiment zu liegen, und er mußte sich wohl damit abfinden, daß ihre Beziehungen auf höfliche Verbeugungen seinerseits und Lächeln ihrerseits beschränkt blieben und er nie mehr von ihr wissen würde, als er im Augenblick wußte.

Allmählich kam ihm sein Interesse an ihr absurd vor; es schien ihm eine Verirrung zu sein, keine Untreue. Als im Frühjahr die ersten Zeitungen und Briefe eintrafen, darunter auch einige von Marietta, gab ihm dieser Gedanke einen gewissen Trost.

Der Anblick von Mariettas Handschrift und die zärtliche Fröhlichkeit, die aus ihren Briefen sprach, erweckten in ihm die Erinnerung an seine Liebe zu ihr und an das Leben, das sie sich gemeinsam aufgebaut hatten. Er und Pete lasen ihre Briefe wieder und wieder, sprachen über all die Neuigkeiten von zu Hause und wurden dabei ganz krank vor Heimweh und Sehnsucht, wie junge Burschen.

«Morgan will also als Freiwilliger in den Krieg ziehen», sagte Pete kopfschüttelnd. «Du lieber Gott, er ist doch erst fünfzehn!»

«Das wird er nicht tun. Ich habe ihm beim Abschied gesagt, er sei nun der Familienvorstand und dürfe uns nicht im Stich lassen.»

Pete saß mit vorgestreckten Beinen auf einem Stuhl und blickte Matt nachdenklich an. Die Familie seines Bruders schien ihm genauso am Herzen zu liegen, als sei es seine eigene. «Und Lisette schreibt, sie hätten jetzt ein Kätzchen, das sie mitbringen wollten. Sag mal, willst du sie wirklich herkommen lassen?»

«Wenn wir hierbleiben, natürlich.»

«Morgan soll aber nächstes Jahr ins College.»

«Glaubst du wirklich, das College lockt ihn mehr als dies hier? Laß uns doch mal ehrlich sein, Pete: Du bist zwar offensichtlich immer noch der Ansicht, wir hätten hier nichts zu suchen, aber, Herrgott noch mal, schließlich haben wir hier in einem Jahr mehr Geld gemacht als in den Staaten in fünf Jahren! Und das Leben hier ist doch großartig, oder nicht?»

«Großartig für Männer und Pferde», erwiderte Pete. «Aber die Hölle für Ochsen und Frauen.»

Pete sah um sich, als wolle er seinem Bruder zum Bewußtsein bringen, wie dieses großartige Leben in Wirklichkeit aussah und wie wenig Marietta und Lisette in eine solche Umgebung paßten. Die Hütte, die sie sich in ein paar Stunden zusammengehauen hatten, nachdem sie monatelang auf Büffeldecken im Freien geschlafen hatten, bestand aus rohen, mit Lehm verputzten Balken. Bei Unwettern sickerte überall schlammiges Wasser durch. Auf dem Lehmboden lagen ungegerbte Kuhhäute, die beim Trocknen einen fürchterlichen Gestank verbreiteten, vor der Fensterhöhlung hing ein Mehlsack und vor der Tür eine Wagenplane. Der Raum war so eng, daß sie sich zwischen den Hacken und den anderen Schürfinstrumenten, den Flinten und Kochtöpfen und Petes Geige kaum noch rühren konnten, und beim Essen liefen ihnen die Ratten über die Füße. Manchmal verscheuchten sie sie mit einem Fußtritt, meist beachteten sie sie gar nicht mehr. Ihre Mahlzeiten bestanden aus Pfannkuchen und Bohnen, Wildfleisch und Kaffee. Wenn sie jedoch ihre mit Gebirgswhisky gefüllten Gläser hoben, prosteten sie sich nach alter

Gewohnheit immer noch mit dem Trinkspruch zu: «Hier läßt sich's leben.»

«Gut», sagte Matt, «warten wir noch ein Weilchen. Man verläßt nicht gern einen Ort, an dem man Glück hatte – und wir haben verdammt viel Glück hier gehabt.»

Sie lasen die Zeitungen und liehen sie gegenseitig aus, bis die Blätter nur noch Fetzen waren. Man sprach über die unglückliche Lage, in die Amerika geraten war, über die Schlachten, die der Norden verloren hatte, und über die allgemeine Verzweiflung, daß der Krieg immer noch kein Ende nehmen wollte. Man diskutierte über das Wehrpflichtgesetz, die Proklamation zur Sklavenbefreiung und die Goldspekulationen. Und alle hatten das Gefühl, als seien dies die Probleme eines anderen Landes, ja, sogar eines anderen Zeitalters.

Und dann kam es so, wie Andrew Danforth prophezeit hatte: Sie merkten, daß auch für sie hier im Westen die Lage recht bedrohlich geworden war. Während des Winters trieb sich ein großer Teil der Bevölkerung in Kneipen, Spielsälen und Bordellen herum. Es wurde wild geschossen; und manch einer war ganz offen darauf aus, einen umzulegen oder wenigstens zu verwunden, weil dieser – wie Dr. Danforth es ausgedrückt hatte – inzwischen genug Gold aus der Erde herausgeholt hatte, um ein lohnendes Objekt zu sein. Andere arbeiteten; sie gruben Schächte, versuchten Quarzhüttenwerke anzulegen oder waren zwölf bis fünfzehn Stunden am Tag beim Dammbau. Als der Frühling kam, hatten manche von ihnen mehrere tausend Dollar zusammengebracht, und dieser Besitz bedeutete Freude und Sorge zugleich, denn niemand hatte einen Ort, an dem er sein Geld sicher aufbewahren konnte, und die Möglichkeit, es aus der Gebirgsgegend wegzuschaffen, war mit einigen Gefahren verbunden.

Ein paar der Männer, die sich vor Monaten auf den Weg in die Staaten gemacht hatten, waren nie dort angekommen, wie die Zurückbleibenden aus Briefen erfuhren. Wohl oder übel mußte man sich zu der Einsicht bekehren, daß die Desperados nun auch in diese Gegend gekommen waren und die Berge unsicher machten. Keiner gab zu, daß er erschrocken oder gar besorgt war, aber jeder traf verschärfte Vorsichtsmaßnahmen. Beim Schlafen lagen die Pistolen jetzt stets griffbereit, man sprach leiser, wenn Fremde in der Nähe waren, und mancher wurde selbst Freunden und sogar Partnern gegenüber mißtrauisch.

«Ich habe eine Idee», verkündete Matt eines Morgens, als die beiden Brüder vor der Blockhütte standen und sich das Gesicht wuschen. Matts Worte drangen nur undeutlich durch das Handtuch, mit dem er kräftig Haare und Bart bearbeitete. «Ist mir mitten in der Nacht eingefallen», fügte er hinzu, als sei er jetzt noch erstaunt über diese plötzliche Erleuchtung.

«Was denn?» Pete war in die Hütte getreten, und Matt mußte durch den Mehlsack vor dem Fenster mit ihm sprechen; er war aber ganz froh, daß Pete ihn nicht sehen konnte.

«Wir tappen völlig im dunkeln, worauf diese verdammten Schufte es abgesehen haben und was sie über uns wissen. Wir haben nicht mal eine Ahnung, wer sie überhaupt sind. Nur in einem Punkt können wir sicher sein: Sie werden sich wahrscheinlich nicht an einer anständigen Frau vergreifen.»

Pete klapperte mit den Pfannen und machte Feuer. «Das brauchen sie ja auch nicht. Worauf willst du hinaus?»

Matt erschien in der Türöffnung. «Wir könnten doch Mrs. Danforth bitten, den Bankier für uns zu spielen.» Er stellte sich mit gespreizten Beinen und eingeknickten Knien vor ein Regal, auf dem eine Spiegelscherbe stand, und kämmte sich das Haar. «Was hältst du davon?»

«Gute Idee. Fragt sich nur, ob sie es tut?»

«Wir können es ja versuchen. Kommst du mit?»

«Wozu? Dann denkt sie höchstens, wir seien Abgesandte einer Kommission.»

Pete lächelte. Plötzlich durchströmte Matt ein ganz unvernünftiges Glücksgefühl, und er fragte sich, warum er nicht längst auf diese Idee gekommen war. «Ich gehe am besten so gegen Mittag hin», sagte er ruhig. «Und ich werde sie bitten, nicht mit dem Doktor über die Sache zu sprechen.»

«Der alte Bursche ist doch unser bester Verbündeter, der bringt mehr Männer um, als er heilt.»

Die beiden lachten, denn es traf tatsächlich zu, daß die Raufbolde, wenn sie sich von Dr. Danforth behandeln ließen, nur langsam genasen und daß manch einer von ihnen schon das Zeitliche gesegnet hatte.

Den ganzen Vormittag arbeiteten sie mit den drei Männern, die sie vor einiger Zeit als Hilfskräfte eingestellt hatten. Matt hütete sich, seine Ungeduld zu zeigen. Als Pete ihm gegen Mittag im Vorbeikommen zuraunte: «Vergiß deine Besprechung nicht!», fuhr Matt hoch, schnippte mit den Fingern und setzte sich in Bewegung. Er hoffte, er hatte seine Rolle gut gespielt und nicht übertrieben.

Strahlend legte er den Weg zum Haus des Doktors zurück. Doch als er an die Tür klopfte und wartete, war ihm recht beklommen zumute. Nach wenigen Sekunden öffnete Mrs. Danforth ihm die Tür und sah ihn mit einem leichten Lächeln an, das ihn ärgerte, weil es seiner Ansicht nach darauf hindeutete, daß sie erwartet hatte, ihn früher oder später hier zu sehen.

«Der Doktor ist nicht zu Hause, Mr. Devlin.»

«Ich weiß. Dürfte ich trotzdem hereinkommen? Ich möchte etwas mit Ihnen besprechen.»

Sie zögerte, neigte dann aber den Kopf mit der gleichen gewährenden Geste, die ihn schon einmal bezaubert hatte, und trat zur Seite.

Das kleine Zimmer war peinlich sauber und erschien ihm, verglichen mit der kümmerlichen Behausung, in der er und Pete lebten, geradezu luxuriös. Bewundernd blickte er sich um.

«Ist jemand krank?» fragte sie. «Oder hat sich wieder jemand verletzt?»

«Nein, es ist niemand krank. Ich wollte Sie um einen Gefallen bitten.»

Jenny erschien ihm heute ganz anders als sonst. Sie trug ein Morgenkleid aus einem geblümten blaßgelben Baumwollstoff, hatte die Ärmel bis zu den Ellbogen hochgeschoben und den Kragen aufgeknöpft und blickte ihn mit dem zerstreuten Ausdruck einer Frau an, die mitten in einer wichtigen Tätigkeit – etwa beim Hausputz oder beim Blumenpflanzen – gestört worden ist.

«Gut», sagte sie, «dann kommen Sie mit in die Küche. Der Doktor hat mir heute morgen vier Eier gekauft.» Sie ging vor ihm her, trat an eine Schüssel und nahm zwei Eier heraus, um sie ihm zu zeigen – als ob er vergessen haben könnte, wie Eier aussehen. «Eier aus Salt Lake City, eben angekommen. Sie kosten pro Stück drei Dollar.» Wieder neigte sie den Kopf, und diesmal wirkte die Geste so mitleiderregend, daß er sich seiner zudringlichen Tagträume schämte. «Wissen Sie, ich will damit einen Kuchen backen», erklärte sie ihm zutraulich. «Aber eigentlich sollte es niemand wissen – außer Andrew und mir.» Sie forderte ihn auf, Platz zu nehmen, goß ihm aus der Kanne auf dem kleinen, eisernen Herd – einem der wenigen Herde, die den Weg hierher ins Gebirge gefunden hatten – eine Tasse Kaffee ein und wandte sich wieder ihrer Arbeit zu. Mit der Sorgfalt und Genauigkeit eines Apothekers maß sie Zucker und Mehl ab und schlug die Eier auf, und er fühlte sich beim Zusehen so behaglich und zufrieden, daß er gar keine Neigung mehr verspürte, die Sache mit ihr zu besprechen, um derentwillen er hergekommen war, sondern sich ganz dem Genuß seiner Stimmung überließ. Schließlich hob sie den Kopf und sah ihn an. «Sie wollten mich etwas fragen?»

«Ja, Mrs. Danforth. Sie haben sicher auch gehört, daß es in letzter Zeit immer wieder zu Raubüberfällen gekommen ist und daß ein paar Männer umgebracht wurden, die bestimmt keine Rowdies und Raufbolde waren.»

Jenny nickte und beschäftigte sich weiter mit ihrem Kuchen.

«Mein Bruder und ich haben bei unseren Schürfungen ziemlich viel Glück gehabt, und das wissen diese Kerle wahrscheinlich auch. Deshalb wollten wir Sie fragen, Mrs. Danforth, ob Sie wohl bereit wären, unseren Goldstaub in Verwahrung zu nehmen.»

Sie schien belustigt, entweder durch seine Bitte oder durch seinen Gesichtsausdruck, der so ernst und flehend war, als habe er eine ganz andere Gunst von ihr erbeten. «Das will ich gern tun, Mr. Devlin. Ich fühle mich geschmeichelt, daß Sie beide mir so viel Vertrauen entgegenbringen. Schließlich sind wir uns hier alle fremd, und keiner kann sagen, wer ehrlich ist und wer nicht.» Sie zog die Augenbrauen in die Höhe. «Wie sind Sie gerade auf mich gekommen?»

«Weil ich in Sie verliebt bin.» Nun, da die Worte heraus waren, war er selbst überrascht. Er hatte nicht die Absicht gehabt, sie auszusprechen, und hätte nicht einmal mit Sicherheit sagen können, ob sie zutrafen oder ob er sie damit nur hatte beruhigen wollen. Sie lächelte und ging auf die Tür zu. Als sie an ihm vorüberkam, streckte Matt die Hand aus und strich mit den Fingern leicht über ihren Arm.

Sie ging ins Zimmer, und Matt folgte ihr. Dabei rieb er seine Finger fast genüßlich gegeneinander, und ihm fiel ein, daß man ihm kürzlich erzählt hatte, wie die Indianer ein wildes Pferd zähmen: Sie strichen zärtlich und geduldig immer wieder langsam über Kopf, Beine und Flanken des Tieres, bis es sich dem Menschen schließlich freiwillig unterwarf. Dann konnte das Pferd ohne Schwierigkeiten und Gefahr geritten werden.

«Sie sollten Virginia City lieber wieder verlassen, Mr. Devlin. Hier findet man alle Nachteile der Zivilisation.»

«Sie leben nicht gern hier?»

«Ich verabscheue diesen Ort.» Das sagte sie ganz ruhig und blickte dabei aus dem Fenster, so daß er Gelegenheit hatte, ihr Gesicht zu studieren, das ihm trotz des jetzt bitteren, haßerfüllten Ausdrucks als das schönste Gesicht erschien, das er je gesehen hatte. «Es ist ein lautes, schmutziges, gefahrvolles, häßliches kleines Nest. Was tun wir hier? Was tun Sie hier?»

Matt steckte die Hände in die Taschen und wippte langsam auf Sohlen und Absätzen hin und her. Er suchte so ernsthaft nach einer Antwort auf die Frage, als hätte er selber sie sich noch nie gestellt. «Ja», sagte er, «einer Frau muß es wohl so vorkommen. Aber für einen Mann ist es ein bißchen anders. Wir verstehen, was die Frauen hier so abscheulich finden, und wissen selber, wie es hier aussieht; wir kennen auch die Gefahren. Aber entweder übersehen wir das, oder wir mögen es. Schmutz macht uns nicht viel aus, und Gefahr ist für Männer ein Anreiz. Ich glaube nicht, daß Geld etwas damit zu tun hat. Am Anfang, wenn man sich überlegt, ob man wirklich alles im Stich lassen und sich hierher aufmachen soll, spielt es natürlich eine große Rolle. Aber schließlich ist Reichtum ein Ziel, gegen das nichts einzuwenden ist. Vielleicht lockt uns die Möglichkeit, herauszufinden, wer man eigentlich ist, mehr als alles andere. Hier gibt es keine Ausflüchte, keine Verstellung wie zu Hause.» Er kniff ein wenig die Augen zusammen. «Ich bin hergekommen, weil mir mit einemmal klarwurde, während ich darauf wartete, daß dieses Loch in meinen Gedärmen ausheilt, daß ich keine Lust mehr hatte, Verträge aufzusetzen und Leute vor Gericht zu vertreten. Als ich wieder aufstehen konnte, wurde mir übel beim Anblick der reichen Kerle, die irgendwelchen Schund verkauften, und der Soldaten, die auf den Straßen daherstolzierten und sich Diamanten in die Zähne gesteckt hatten. Da war es für mich höchste Zeit, wegzukommen. Aber», fügte er hinzu, «ich hatte es natürlich schon seit Jahren vorgehabt.»

Eine Zeitlang sprachen sie nichts und blickten sich nur an, als fragten sie sich, wie weit sie diesem seltsamen Gefühl selbstverständlicher Verbundenheit trauen und ihrer Sehnsucht nachgeben dürften. Mitten in diesem Schweigen hörten sie ein Klopfen an der Tür.

Jenny öffnete, und Erma Finney kam freundlich lächelnd herein, als sei sie eingeladen und werde erwartet. Mrs. Finney war klein, und Matt hätte nicht sagen können, ob sie eigentlich hübsch war oder nicht. Ihm waren nur ihre runden graublauen Augen aufgefallen, die unverhältnismäßig weit vorstanden, weil Erma sie – wie Matt fand – allzuviel und angelegentlich auf alle Nachbarn und Nachbarinnen gerichtet hielt.

Artig, wie ein Junge in der Tanzstunde, lächelte Matt sie an und tat, als freue er sich, sie hier zu sehen. Genau wie auf dem Ball sah Mrs. Finney sich prüfend um, als wolle sie die moralische Zimmertemperatur messen. Jenny erklärte, sie müsse nach ihrem Kuchen sehen, und verabschiedete Matt mit den Worten: «Ich schicke Ihnen den Doktor, sobald er nach Hause kommt, Mr. Devlin.»

«Oh, ist wieder jemand verletzt, Mr. Devlin?»

Matt ging rückwärts aus der Tür, als dränge Erma ihn hinaus. «Einer von unseren Leuten hat sich in den Fuß gehackt.»

«Ist es schlimm?»

«Nein, ich glaube nicht.» Und dann mit erhobener Stimme: «Vielen Dank, Mrs. Danforth. Wiedersehen.»

Jenny trat hinter Erma und hob grüßend die Hand, als er davonging. Er fluchte leise vor sich hin und fand, die guten Frauen seien die Geißel der Erde.

Matt bat seinen Bruder, den Goldstaub zu Mrs. Danforth zu bringen. Einmal wollte er in Petes Augen nicht allzu eifrig erscheinen, zum anderen war er überzeugt, daß Erma Finney, die nahe bei den Danforths wohnte, den Ereignissen in ihrer üppigen Phantasie bereits vorgegriffen hatte und ihn und Jenny für ein Liebespaar hielt. In der Erinnerung kam es ihm vor, als habe sie ihn mit anklagenden, vorwurfsvollen Blikken, aber auch mit unverhüllter Neugier betrachtet. Diese Vorstellung machte ihn so wütend, daß er jedesmal laut fluchte, wenn er in den nächsten Tagen an Mrs. Finney dachte. Pete gegenüber mußte er dann vorgeben, er habe eine schmerzende Blase am Fuß.

Als Pete zu Mrs. Danforth ging, um den Goldstaub abzuliefern, konnte Matt seine Rückkehr kaum erwarten. Er bildete sich ein, sein Bruder bliebe länger als nötig, und als er ihn endlich erblickte, begrüßte er ihn, als sei er von einer langen Reise heimgekehrt. Forschend sah er ihn an, und im gleichen Augenblick wurde ihm bewußt, daß in seinem Herzen ebensoviel Mißtrauen wohnte wie in dem von Mrs. Finney.

«Alles in Ordnung?»

«Alles in Ordnung. So sicher wie die Staatsbank. Sie schickt dir ein Geschenk.»

«Ein Geschenk?»

«Ein Stückchen Kuchen.» Pete zog ein sauber eingewickeltes Päckchen aus der Tasche und gab es Matt. Der schlug das Papier vorsichtig auseinander und sog gierig den köstlichen Duft ein. Nachdem sie sich fast ein Jahr ausschließlich von Pfannkuchen, Wildbraten und Bohnen ernährt hatten, waren der Anblick und der Geruch des Kuchens eine seltene Köstlichkeit. Er wollte schon hineinbeißen, doch dann hielt er inne.

«Und was ist mit dir?»

Pete hatte seine Geige zur Hand genommen, zupfte an den Saiten und lauschte gespannt. «Ich habe auch ein Stück bekommen.» Er lachte. «Nun iß schon, bevor die Ratten drangehen.» Er begann ein Lied zu spielen, das er oft zu Hause gespielt hatte.

Matt saß auf der Türschwelle, aß bedächtig den Kuchen und redete sich ein, daß diesem Stück wundertätige Kräfte innewohnten, während das Stück, das Jenny seinem Bruder gegeben hatte, nur ein ganz gewöhnliches Stück Kuchen gewesen sei.

Er hoffte, Pete würde ihm noch etwas von dem Besuch bei Jenny Danforth erzählen, war jedoch entschlossen, keine Fragen zu stellen. Nach einigen Minuten, als es fast dunkel geworden war, legte Pete die Geige weg, und die beiden Brüder begannen sich für die Nacht fertigzumachen. Dabei sprachen sie über einen Schürfanteil, den ein Mann, der wieder nach Hause fahren wollte, ihnen angeboten hatte. Vor dem Einschlafen sagte Matt sich noch einmal zur eigenen Beruhigung, daß Pete Mrs. Danforth zwar bewundern mochte, aber gewiß nie auf den Gedanken kommen würde, ihr näherzutreten.

Einige Tage später stellte er zu seiner eigenen Überraschung fest, daß er die Wahrheit gesagt hatte, als er Jenny Danforth erklärte, er sei in sie verliebt. Diese Entdeckung erschreckte ihn zwar, aber andererseits fühlte er sich plötzlich versöhnt mit sich selber. Denn bisher hatte er gemeint, es ginge ihm lediglich darum, aus einer Art Wettkampf als Sieger hervorzugehen.

Er stand vor Finneys Laden, der mit Kisten und Fässern, Schaufeln und Hacken vollgepackt war und in dem die Speckseiten so tief herunterhingen, daß man förmlich darunter durchkriechen mußte, und redete mit Lem, der ihm händereibend und mit geheimnisvoller Miene die letzten Nachrichten zuflüsterte. «Diesmal eine wirkliche – etwas ganz Ungeheuerliches, wenn man den Berichten glauben kann. Die Männer, die hergekommen sind, um Vorräte einzukaufen, tun so geheimnisvoll, wie man es sonst nicht mal bei Goldgräbern gewohnt ist. Der Kerl, der mir davon erzählt hat – ich habe es übrigens nur aus ihm herausholen können, weil er mir noch fünftausend schuldet und im Augenblick nicht zurückzahlen kann –, sagt, es sei ein dickes Ding.»

Matt, der es eilig hatte, wegzukommen, starrte abwesend die Straße entlang. «Aber Lem, du kennst doch Goldgräber! Sobald sie irgendwo in den Bergen ein Stückchen farbige Erde sehen, glauben sie, sie hätten eine Goldgrube entdeckt. Wo ist es denn?»

«In Alder Gulch. Etwa achtzig Meilen von hier. Wir könnten in einem Tag da sein.»

Matt lächelte, denn Lem Finney war natürlich in diesen Zeiten ebensowenig wie jedem anderen daran gelegen, eine solche Reise allein zu unternehmen. «Mal sehen, Lem, ich werde mit Pete reden.»

«Aber du mußt sofort mit ihm reden. Wenn es wirklich eine Goldader ist, müssen wir rechtzeitig da sein.»

Matt kniff die Augen zusammen und spähte die Straße entlang, wo er eine Frau entdeckte, die aussah wie Jenny Danforth. Sie ritt in entgegengesetzter Richtung davon, und Matt schlug Lem auf die Schulter, rief ihm zu: «Ich spreche sofort mit ihm. Also dann bis später», schwang sich in den Sattel und galoppierte davon.

Es war tatsächlich Jenny, die offenbar einen kleinen Spazierritt unternahm und jetzt auf die Berge zusprengte. Er hielt sich in geringer Entfernung hinter ihr. Aber obgleich sie das Trappeln des Pferdes hinter sich hören mußte, warf sie keinen Blick zurück. Vielleicht nahm sie an, der Fremde reite zufällig hinter ihr her und werde irgendwann eine andere Richtung einschlagen. Während er sich fragte, ob sie nicht vielleicht ganz genau wisse, wer hinter ihr war, riß sie ihr Pferd herum und schlug einen Weg ein, der in die Stadt zurückführte. Offenbar hatte sie hier, außerhalb der Stadt, doch Angst bekommen. Er ritt gerade einen flachen, grasbewachsenen Hügel hinauf, winkte ihr mit seinem Hut zu und rief: «Mrs. Danforth, ich bin es, Matt Devlin!» Plötzlich kam ihm dieses Flucht- und Verfolgungsspiel so unsinnig vor, daß er sein Pferd anhielt und ihr lächelnd und kopfschüttelnd nachblickte, während sie weitergaloppierte. Er hatte die Jagd aufgegeben, empfand es aber als hart und ungerecht, daß es ihm an diesem Frühlingstag mit dem klaren Himmel und dem frischen Wind nicht gelungen war, ein paar Worte mit ihr zu wechseln. Er kämpfte noch mit sich, ob er die Verfolgung wiederaufnehmen solle, als sie plötzlich anhielt, sich umwandte und einen Arm hob. Er hörte, daß sie in fragendem Ton seinen Namen rief.

«Ich wußte nicht, wer da hinter mir herritt», sagte sie, als er neben ihr hielt. Sie wirkte jedoch keineswegs unruhig, sondern sehr selbstsicher, als sie lächelnd die Augenbrauen in die Höhe zog und es ihm überließ, ihren Worten Glauben zu schenken oder nicht. «Haben Sie schon von der Goldmine in Alder Gulch gehört?»

«Ja, vor ein paar Minuten. Gerade als ich Sie entdeckte.»

Sie trug keinen Hut, und ihr Haar war wie stets durch einen Mittelscheitel geteilt und tief im Nacken zu einem kunstvollen Knoten geschlungen. Ihre Haut wirkte im Sonnenlicht noch weißer als sonst, nur an ihren Schläfen schimmerten ein paar feine blaue Äderchen, in denen ihm die Lösung all der Rätsel zu liegen schien, über die er so lange Zeit nachgegrübelt hatte.

Sie waren weit und breit allein in der hügeligen Landschaft, über deren wogendes Gras der Wind strich. Und ob sie sich nun zufällig getroffen hatten oder nicht — eines war sicher: Hier würde sie nicht einmal Erma Finney entdecken.

Matt setzte sich bequem im Sattel zurecht und sprach mit ihr über die neue Goldader, als gebe es kein anderes Thema auf der Welt. «Lem Finney hat es mir erzählt. Was haben Sie gehört?»

«Heute morgen kam ein Mann zum Doktor und sagte, es sei die reichste Goldader, die man hier je entdeckt hätte – ein paar Leute sollen sich schon fertigmachen, um sofort loszuziehen.»

«Manche Leute sitzen immer auf dem Sprung – sobald sie ein Gerücht hören.»

«Mein Mann will morgen mit einer Gruppe von Männern hin, die schon insgeheim ihre Ausrüstung zusammenstellen. Von morgen abend an wird es in unserer Stadt sicher leer werden. Glauben Sie nicht? So etwas habe ich schon oft erlebt: Fast über Nacht, binnen weniger Tage, ist eine Stadt verschwunden und eine andere entstanden. Und in der neuen Stadt wohnen fast dieselben Menschen wie in der alten, und wenn der Boden goldhaltig genug ist, kommen Tausende von anderen dazu. Gott weiß, wo sie herkommen.» Während sie sprach, schaute sie lächelnd über die wogende Grasfläche und warf ihm von Zeit zu Zeit einen Blick zu, als wolle sie sehen, ob er ihr auch zuhöre. «Vielleicht werden wir alle reich.» Lebhaft wandte sie sich ihm zu. «Was würden Sie dann tun? Wieder nach New York ziehen?»

Matt lachte leise, denn er spürte den herausfordernden Unterton in ihrer Frage. Während er hier saß und sie mit den Blicken verschlang, dachte sie offenbar nach Frauenart schon weiter, nicht an die Freude, die sie erwartete, sondern daran, was sie früher oder später werde dafür bezahlen müssen. Und das konnte er ihr letzten Endes auch nicht ersparen, was für Versicherungen und Lügen er ihr jetzt auch anbieten mochte. Daran konnte er ebensowenig etwas ändern wie an seiner Liebe zu Marietta und seinen Kindern, die ihm in diesem Augenblick genauso real erschien wie immer, vielleicht sogar, überlegte er mit einem Anflug von Ironie, noch ein wenig realer.

«Nein», antwortete er. «Ich würde nicht nach Hause fahren, sondern meine Familie herkommen lassen, sobald es mir sicher und ungefährlich genug erscheint.»

In ihren grünen Augen blitzte es boshaft. Offenbar hatte sie reiflich über das, was zwischen ihnen beiden geschehen würde, nachgedacht und war – das begriff er in diesem Augenblick – schon fast eine Gefangene ihrer Liebe, die dem Kommenden mit Ungeduld, aber auch mit Angst entgegensah. Ihr Zögern war nicht Kälte oder Heuchelei, sondern Mißtrauen gegenüber der Zukunft. «Sie sind also nicht hergekommen, weil Sie Ihrer Familie entfliehen wollten?»

Matt lachte. «Nein. Männer können ihren Frauen ebensogut zu Hause entfliehen, und das tun sie auch. Ich werde hierbleiben.»

«Und nie wieder zurückgehen?» Ihre Frage klang ungläubig.

«Wahrscheinlich nicht – wenn mich das Glück hier nicht verläßt.»

Nachdenklich blickte sie über die Landschaft, aber dann lachte sie leise. «Ich weiß, wie alt Ihre Kinder sind und wie sie heißen. Ich weiß, daß Sie und Ihr Bruder von Pennsylvania aus nach New York gegangen sind, um Rechtswissenschaften zu studieren, und daß Sie sich entschlossen haben, dort zu bleiben. Ich weiß, daß Ihre Frau mit Mädchennamen Morgan hieß und daß sie zwei Schwestern hat, Susan und Ceda. Ich weiß, daß Ceda nicht geheiratet hat, obgleich sie Gelegenheit dazu gehabt hätte. Und daß Susan mit einem Mann verheiratet ist, der im Begriff steht, reich zu werden, oder doch hofft, es bald zu sein.» Sie öffnete ihre Hände. «Sehen Sie, wieviel ich über Sie weiß? Ich habe nicht einmal danach fragen müssen.»

«Das alles hat Ihnen sicher Erma Finney erzählt, ob Sie es wollten oder nicht.»

«Ja.»

«Aber über Sie hat mir niemand etwas erzählt. Wo stammen Sie her, und warum sind Sie hier?»

Sie sah ihn mit klarem, offenem Blick an und legte den Kopf ein wenig zur Seite. «Wir kommen aus Ohio, und warum wir hier sind, wissen Sie wahrscheinlich.»

Matt errötete. «Verzeihen Sie bitte.» Er beugte sich zu ihr und legte seine Hand auf die ihre. «Ich bin verliebt in Sie, Jenny, glauben Sie mir das?»

Rasch zog sie ihre Hand weg, und in ihr Gesicht trat ein vorwurfsvoller, fast ärgerlicher Ausdruck. «Eben haben Sie mir noch erzählt, daß Sie nicht hergekommen sind, um Ihrer Frau zu entfliehen. Erinnern Sie sich nicht?»

«Doch. Und das ist auch die Wahrheit. Aber es ist ebenso wahr, daß ich in Sie verliebt bin.»

Sie sah ihn mißtrauisch an, als wisse sie, daß er dafür selber keine vernünftige Erklärung habe.

Er lächelte sie an. «Frauen verstehen sich besser auf diese geheimnisvollen Dinge – lösen Sie das Rätsel für mich.»

Und plötzlich war er überzeugt, daß sie diese Gelegenheit ebenso bewußt herbeigeführt hatte wie er. Rasch blickte er sich um, ob niemand in Sichtweite war, und beugte sich zu ihr. Aber als er gerade ihren Mund berühren wollte, wandte sie sich ab und schob ihre Fingerspitzen zwischen sein Gesicht und das ihre.

«Nein, ich brauche etwas mehr Zeit.»

«Das war ungeschickt von mir.» Er streichelte ihr Gesicht. «Verzeihung.»

«Ich habe immer noch Angst vor Ihnen. Wahrscheinlich glauben Sie es nicht, aber es ist wahr.»

Zum Abschied streckte sie ihm die Hand entgegen, als sei sie die Hausherrin und er ein ungebetener Gast. Dann wandte sie ihr Pferd und ritt davon, ohne sich noch einmal umzublicken.

Er sah ihr nach, bis sie in einen Seitenweg einbog. Dann ritt er los und dachte dabei so angestrengt über eine plausible Entschuldigung für sein spätes Kommen nach, daß er bereits zwei, drei Gruppen berittener Männer passiert hatte, ehe ihm klarwurde, daß diese Leute mit Sack und Pack nach Alder Gulch zogen. Da gab er seinem Pferd die Sporen und sprengte im Galopp zur Stadt.

Pete und Lem Finney und Josiah Webb standen ein paar Schritte von den Lohnarbeitern entfernt und sprachen eifrig aufeinander ein. Er lief zu ihnen und hoffte im stillen, daß diese drei wachen, mißtrauischen Burschen seine Entschuldigungsgründe nicht allzu scharf unter die Lupe nehmen würden. Aber bevor er den Mund aufmachen konnte, sagte Pete: «Wir haben auf dich gewartet, Matt.»

«Es ist alles abgemacht», fiel Lem ihm ins Wort. «Morgen früh um vier ziehen wir los.»

«Ja», fügte Josiah Webb hinzu. «Es wäre sinnlos, länger zu warten.»

Erleichtert stellte Matt fest, daß die drei viel zu beschäftigt waren, um sich Gedanken darüber zu machen, wo er gesteckt haben mochte. Plötzlich fühlte er sich von ihrer Erregung angesteckt und war von wildem Tatendrang erfüllt, wie alle Männer, die erfahren, daß man irgendwo auf Gold gestoßen ist. Eine solche Nachricht machte selbst die Vernünftigsten zu Wahnsinnigen, die Visionen zu sehen und Prophezeiungen zu hören glaubten, deren Sinne sich verwirrten und deren Rivalitätsgefühle angestachelt wurden, bis sie einander nicht mehr erkannten und kaum noch wußten, wer sie selber waren.

«Stündlich ziehen Leute los», erzählte Lem. «Mein Laden ist völlig ausverkauft. In ein paar Tagen wird es die reine Massenflucht sein. Deshalb müssen wir hin, solange wir uns noch ein paar Landanteile sichern können. Vielleicht ist es diesmal der große Coup – das, was uns alle hergelockt hat.»

4

Alder Gulch war, wie die Männer rasch herausfanden, tatsächlich der Inbegriff dessen, was sie alle in die Berge gelockt hatte. Zwei Wochen nachdem die erste Nachricht durchgesickert war, war Bannack fast menschenleer.

In Alder Gulch wurden Weidenbüsche abgebrannt und Fichten und Föhren gefällt. Man grub und schaufelte in der Erde, schlug Zelte auf, flocht sich nach Indianerart notdürftige Unterkünfte aus Weidenzweigen, klopfte schlecht und recht ein paar Blockhütten zusammen, richtete sich unter überhängenden Felsen ein, die man mit Tüchern drapiert hatte, oder ließ sich vorübergehend in einer flachen Mulde nieder. In weniger als einem Monat war wieder eine häßliche kleine Stadt entstanden, die ständig wuchs, da Tag für Tag Hunderte von neuen Menschen ankamen. Sie fuhren auf Dampfbooten und Flußkähnen den Missouri herauf oder ritten quer durch den halben Kontinent von Kalifornien, Nevada und Salt Lake City hierher. Es war, als habe sich die Kunde von den neuen Goldfunden auf geheimnisvolle Weise wie ein Lauffeuer über die Berge verbreitet. Vier Wochen nachdem die Entdecker sich in Bannack mit Vorräten eingedeckt hatten und dabei jedem, den sie trafen, das Geheimnis unter dem Siegel strengster Verschwiegenheit anvertrauten, war man allgemein der Ansicht, daß dies die größte je entdeckte Goldmine sei und daß die Welt noch nichts Ähnliches gesehen habe.

Kilometerlang zogen sich die hölzernen Wasserrinnen, die auf gabelförmigen Stützen ruhten, durch die Felder; Wasserräder drehten sich knarrend, und zur Nacht war das ganze Tal hell von Lagerfeuern. Die Stadt zählte bereits etwa zehntausend Einwohner, und die Bevölkerungszahl stieg von einer Woche zur anderen um ein- bis zweitausend Menschen an.

Bald waren die leichten Stoffzelte durch Holzbauten ersetzt, einige sogar mit falschen Fassaden. Die Hänge der Hügel waren mit Blockhütten übersät und die Straßen von Wagen blockiert, die auf ihre Entladung warteten. Die neuerbauten Hotels und Lebensmittelgeschäfte, die Kneipen, Tingeltangel und Bordelle hatten zu jeder Tages- und Nachtzeit mehr Kunden, als sie bedienen konnten. In den Straßen herrschte ein dichtes Gedränge von Männern in altmodischen Anzügen und von Neulingen, die ihr Staunen und Entsetzen hinter dunklen Brillengläsern zu verbergen suchten. Sie alle bewegten sich so sicher, als wüßten sie ganz genau, was sie hier suchten und wo sie es finden könnten, obgleich in Wirklichkeit die meisten von ihnen nicht die geringste Ahnung hatten. Aber sie wollten sich um keinen Preis die Unsicherheit oder den Schrekken anmerken lassen, der sie beim Anblick von soviel tatendurstiger Begeisterung befiel. Die kleine Gruppe aus Bannack fühlte sich den Neulingen gegenüber erhaben und überlegen wie eine Adelskaste.

Im Goldgräbercamp schienen nur Millionäre zu leben, denn zuerst war niemand bereit, etwas von seinen Landanteilen zu verkaufen. Aber Lem Finney ließ sich dadurch nicht irremachen. «Bei den meisten», versicherte er Matt und Pete, «ist die Begeisterung nur ein Strohfeuer, wenn das abgebrannt ist, kann man sie zu allem überreden. In ein paar Wochen werden die besten Anteile auf dem Markt zu haben sein, vielleicht sogar schon früher.»

«Wenn wir nicht aufpassen, kauft Lem Finney alles für sich», meinte Matt zu Pete, als Lem weg war.

Aber sie schmunzelten dabei und machten sich weder um Lem Finney noch um sonst etwas ernstliche Sorgen. Denn sie hatten so viel Glück gehabt, daß sie allmählich glaubten, das Schicksal habe es ganz besonders gut mit ihnen gemeint, als es sie hierher in den Westen ziehen ließ, und werde sie nicht im Stich lassen.

Während der nächsten Wochen arbeiteten sie auf ihren Landanteilen, verhandelten, kauften neue Anteile und ritten ein paarmal nach Bannack, obgleich es jetzt sehr gefährlich war, die Reise durch die Schluchten und über die Berge allein anzutreten. Mancher Mann, der heil in Alder Gulch oder in Bannack ankam, erzählte, daß er von maskierten Männern auf Pferden, die mit Decken verhängt waren, angehalten und durchsucht worden sei und daß die Burschen ihn ermahnt hätten, das nächste Mal gefälligst mehr Goldstaub bei sich zu haben, weil sie ihn andernfalls umbringen würden.

Matt und Pete eröffneten, unabhängig von Finney, mitten in der Hauptstraße in einem großen Zelt eine eigene Bank, und bald galt die Firma Devlin Brothers als eine achtbare, vertrauenerweckende Institution, weil sie in den zehn Monaten ihres Bestehens in Bannack und jetzt hier in Virginia City gleichbleibend kapitalkräftig geblieben war. Mitte Juli beschlossen sie, statt ihrer Behelfsunterkunft an einer günstigen Stelle eine Blockhütte zu errichten. Das Land dafür hatten sie einem Goldgräber abgekauft, der innerhalb von zwei Monaten 10 000 Dollar aus der Erde geholt hatte und schnellstens nach Hause wollte.

«Wer hier bleibt, 10 000 Meilen von allem entfernt, was das Leben lebenswert macht, der muß verrückt sein», hatte er den beiden erklärt. «Also dann, gehabt euch wohl und viel Glück, Jungens. Ich mache, daß ich hier wegkomme, solange es noch Zeit ist.»

Sie blickten ihm kopfschüttelnd nach und lächelten, als wüßten sie um Geheimnisse des Lebens, die er nie würde erraten können. «Hoffentlich schafft er es, der arme Hund. Aber ich würde keine Wette darauf eingehen.»

Matt stimmte seinem Bruder zu. Doch obgleich auch er kaum glaubte, daß Joe Warfield ungefährdet in seinen Heimatort in Wisconsin kommen würde, und obgleich er wußte, daß die Gefahren von Tag zu Tag größer wurden, weil die Straßenräuber immer frecher und zahlreicher wurden, zweifelte er nicht daran, daß er selber jederzeit wohlbehalten nach Wisconsin, Bannack oder sonst wohin gelangen könne, selbst wenn er durch ein ganzes Heer von Straßenräubern reiten müßte. Die vielen Glücksfälle, die er in letzter Zeit erlebt hatte, und sein ganz privater Sieg über Jenny Danforth hatten ihn davon überzeugt, daß er unverletzlich sei. Als er ein paar Tage nach ihrer Ankunft in Virginia City nach Bannack zurückreiten wollte, um seine und Petes Habseligkeiten zusammenzupacken und nach Möglichkeit ein paar Männer zur Arbeit anzuwerben, gab ihm Dr. Danforth, der ganz selig über seine Erfolge in der neuen Stadt war, einen Brief an seine Frau mit.

«Sagen Sie ihr, ich müßte vorerst hierbleiben, weil ich benötigt werde», hatte Andy gesagt. Und Matt hatte ihn fast zärtlich angelächelt und sich nicht enthalten können, ihm dankbar auf die Schulter zu klopfen. «Das stimmt sogar», hatte Andy hinzugefügt. «Heute morgen sind zwei Männer angeschossen worden, und sie sind noch recht übel dran.»

Pete war die Reise ganz und gar nicht recht. «Mußt du denn unbedingt nach Bannack? Du weißt doch, daß eine ganze Menge Leute unterwegs spurlos verschwunden sind!»

Matt lachte. «Ich habe nicht die Absicht, den üblichen Weg zu nehmen. Außerdem gibt es im ganzen Gebirge kein Pferd, das es mit Rattler aufnehmen könnte.»

«Hoffentlich nicht», sagte Pete düster.

Je näher die Reise rückte, desto fröhlicher und zuversichtlicher wurde Matt. Er hatte nur die eine Sorge, daß Pete darauf bestehen könnte, mit ihm zu reiten, und legte sich schon ein paar überzeugende Gegenargumente zurecht. Wegen der Kapuzenmänner auf ihren gut getarnten Pferden zerbrach er sich nicht den Kopf. «Man muß auch ein bißchen auf sein Glück vertrauen», erklärte er Pete zuversichtlich.

«Natürlich.» Pete musterte ihn so aufmerksam, daß Matt plötzlich Angst hatte, sein Bruder wisse sehr genau, warum er, unbekümmert um alle Gefahren, so wild darauf war, nach Bannack zu reiten.

«Aber Pete, bisher ist doch noch kein einziger Freimaurer umgebracht worden.» Die seltsame Logik dieses Einwands brachte sie beide zum Lachen.

Die Reise verlief ohne Zwischenfälle; entweder wußten die Leute – wer immer sie auch sein mochten –, daß er keinen Goldstaub bei sich hatte, oder sie hatten ihn nicht entdeckt, weil er nicht den üblichen Weg nahm, sondern aufs Geratewohl kreuz und quer ritt. Er selber glaubte fest, daß ihm in dieser vom Glück begünstigten Zeit seines Lebens einfach kein Unheil zustoßen konnte, selbst wenn er es herausforderte.

Er traf erst gegen Mitternacht in Bannack ein. Die meisten Kneipen waren dunkel, und Milly Matches' Haus war leer, denn sie hatte sich als eine der ersten der neuen Völkerwanderung angeschlossen. Viele

Blockhütten waren verlassen und ihre Besitzer offenbar so Hals über Kopf davongestürmt, daß sie sich nicht einmal die Mühe gemacht hatten, die Türen zu schließen. Er kam an Jennys Haus vorüber, das ebenfalls dunkel dalag, schaute kurz in die Blockhütte, in der er und Pete gewohnt hatten, und ritt noch einmal um die ganze Stadt, schwankend, im Grunde aber längst entschlossen, was er tun wollte.

Kurz darauf machte er sich zu Fuß auf den Weg. Er ging mit raschen, gleichmäßigen Schritten durch die unheimlich stillen Straßen, klopfte leise an ihre Tür, nannte seinen Namen und wiederholte ihn noch einmal etwas lauter, als keine Antwort kam. Erst später wurde ihm klar, daß er von dem Augenblick an, als er ihr Haus betreten hatte, bis zu dem, als er es wieder verließ und sie ihm ihr «Gott helfe uns» zuflüsterte, frei von jener linkischen Verlegenheit gewesen war, die er so gefürchtet hatte. Er hatte das Gefühl gehabt, als hätten sie beide schon viele solcher Begegnungen erlebt.

Er ging, bevor es hell wurde, und sagte ihr beim Abschied, er werde gegen Mittag wiederkommen, um den Brief des Doktors abzuliefern und Erma Finney durch ihr offensichtlich unschuldiges Verhalten aus der Fassung zu bringen. Sie lächelte traurig, als bereue sie jetzt schon, sich dieses leidenschaftliche Vergnügen gestattet zu haben, dem sie jedoch ebensowenig hatte entsagen können wie er. Dann strich sie mit dem Handrücken leicht über sein Gesicht, küßte ihn und ließ ihn den gleichen leisen Seufzer hören, der ihm ein paar Stunden zuvor verraten hatte, daß sie sich ihm unterworfen hatte und glücklich war.

Ihm war nicht nach Schlafen zumute; deshalb ging er in seine Blockhütte und durchstöberte den Kram, den sie dagelassen hatten, die Stiefel, Blechbüchsen, leeren Flaschen, Büffelhäute und Wolldecken. Er fand Petes Geige, die er ihm mitzubringen versprochen hatte. Und die ganze Zeit über war ein ungläubiges Staunen in ihm, und er fühlte sich ein bißchen schwindlig, als sei er nicht ganz bei sich. Er wollte dieses sonderbare Gefühl loswerden und nahm einen Schluck aus der Flasche, die er sich mitgenommen hatte. Dann ging er wieder in die Stadt, um herauszufinden, ob alle Kneipenbesitzer weggegangen waren oder ob vielleicht doch noch einer hiergeblieben war, bei dem er ein Frühstück bekommen konnte.

Er verbrachte den Vormittag mit der Abwicklung seiner geschäftlichen Angelegenheiten und schlenderte gegen Mittag zu Jennys Haus mit einem so zufriedenen Besitzerstolz, daß er wußte, es werde ihm nie mehr möglich sein, in Jenny die Frau von Andrew Danforth zu sehen.

Es überraschte ihn nicht sonderlich, Erma Finney und Reba Church, eine andere von Ermas «Schützlingen», hier anzutreffen. Er begrüßte die Frauen freundlich, überreichte Jenny den Brief und nahm dankend die Einladung zu einer Tasse Kaffee an. Während Jenny den Brief laut vorlas, beobachtete er sie und fand, sie beide seien ein großartiges Verschwörerpaar, von der Natur dazu geschaffen, alle Erma Finneys der Welt hinters Licht zu führen. Gleichzeitig stellte er mit Genugtuung fest, daß er ein weit größerer Halunke war, als er selbst vermutet hatte.

«Aber es ist doch sehr gefährlich, allein zu reisen, Mr. Devlin», sagte Erma, nachdem er seine Botschaften von Lem Finney und Silas Church ausgerichtet hatte und im Begriff war, sich zu verabschieden. «Ich wundere mich, daß Sie ein solches Risiko auf sich nehmen.»

«Ich hatte hier dringende Angelegenheiten zu erledigen, Mrs. Finney», erklärte Matt ernst. «Ich mußte herkommen.»

Mrs. Finney warf ihm daraufhin einen so forschenden Blick zu, daß er sich unter allen möglichen Entschuldigungen schnellstens empfahl – unter zu vielen, wie ihm später klarwurde, als er darüber nachdachte, wie in aller Welt es bloß möglich sei, soviel Prüderie über Tausende von Meilen mit sich zu schleppen, ohne daß sie einen Knacks bekam oder in ihren Grundfesten erschüttert wurde.

Spät in der folgenden Nacht, als er sich in der Nachbarschaft umgesehen und vergewissert hatte, daß alles schlief, betrat er Jennys Haus noch einmal. Er war nun völlig davon überzeugt, daß Jenny Danforth eine mystische, magische Bedeutung für ihn hatte, daß hier etwas im Spiele war, was nichts mit ihrer Schönheit zu tun hatte und was er weder mit seinem Verstand noch mit seinem Willen beeinflussen konnte. Engumschlungen lagen sie in der dunklen Stille und strebten von einem fast unerträglichen Entzücken zum anderen, bis sie glaubten, so erschöpft zu sein, daß sie sich in Zukunft nichts mehr würden geben können. Aber dieses Gefühl einer unüberwindlichen Gefahr löste sich in ruhiges, sattes Wohlbehagen auf, und das Unheil, wie es auch aussehen mochte, ging an ihnen vorüber. Während sie traumversunken beieinander lagen, hörte Matt sich leise und nachdenklich murmeln: «Es ist wahr – die Gegenwart ist mächtiger als die Vergangenheit, wie diese Vergangenheit auch gewesen sein mag.»

Von diesem Zeitpunkt an glaubte er noch fester daran, daß ihm nichts geschehen und sich nichts seinem Willen widersetzen könne, daß er einen Punkt erreicht habe, an dem seine Fähigkeiten und Gaben zur höchsten Entfaltung gekommen seien. Das war alles, was ein Mann vom Leben erwarten konnte, fand er, es war mehr, als die meisten Menschen erreichten.

Vier Tage nach seiner Abreise, wie er es Pete versprochen hatte, war er wieder zurück in Virginia City, so wohlgelaunt und voller Stolz, daß er Petes Berichten über die letzten Mordtaten fast ungläubig lauschte. Einen Tag zuvor hatte man einen Toten auf der Straße nach Bannack gefunden, und in der vergangenen Nacht war ein Mann in Troy's Casino erschossen worden. Von beiden wußte man, daß sie kurz vorher ihre Landanteile zu Geld gemacht hatten.

«Na und?» meinte Matt. «Was sollen wir tun? Uns verstecken? Ich bin ein ganz guter Schütze und du auch. Wenn sie sich an uns wagen sollten, würden wir ihnen ganz schön zu schaffen machen.»

«Aber Matt, ist das alles, was du dazu zu sagen hast? Soll es ruhig die anderen treffen, wenn wir nur heil davonkommen!»

«Nein. Aber ich finde, wir sollten uns wegen einer Handvoll Halunken nicht gleich in die Hosen machen.»

«Das nächste Mal reite ich nach Bannack. Und wir sollten nicht *öfter* hin als unbedingt nötig. Wir sollten auch nicht mehr allein reiten. Es wird wirklich von Tag zu Tag gefährlicher. Ehe wir uns versehen, haben die Kerle uns alle abgeknallt, und dann können sie selber die Hand auf das verdammte Land hier legen.»

«Das werden sie nicht tun. Sie brauchen jemanden, der die Schmutzarbeit für sie macht.»

Aber er versprach Pete, in Zukunft nicht öfter nach Bannack zu reiten als unbedingt nötig und vorsichtiger bei der Wahl der Männer zu sein, denen sie vertrauen wollten. «Finney und Webb sind in Ordnung, das wissen wir», sagte Matt. «Und Jeremy Flint wahrscheinlich auch. Vielleicht kann man auch Silas Church und Floyd Hart noch trauen. Aber das wären alle.»

Lächelnd fügte Pete hinzu: «Und Andy Danforth!» Als Matt ihn erschrocken ansah, fuhr er fort: «Weißt du, was vorgestern passiert ist?»

Matt schüttelte den Kopf.

«Der Doktor wurde zu einem von diesen Kerlen gerufen – und was tut er? Er sägt ihm ein Bein ab! Als er es mir erzählte, sagte er: ‹Der Schweinehund wird sich nie wieder als Straßenräuber betätigen.› Und ich will verdammt sein, wenn er dabei nicht ein so frommes Gesicht gemacht hat wie ein Diakon, der einen Kirchenchor dirigiert.»

Bald kamen auch Jenny Danforth, Erma Finney, Reba Church und mehrere andere Frauen in Begleitung ihrer Männer in Virginia City an. Aber die schönen Ausreden, die Matt sich ausgedacht hatte, um sie besuchen zu können, nützten ihm wenig. Jenny wohnte während der ersten Wochen in einem Zelt in den Fichtenhainen südlich der Stadt, und Erma Finney hatte sich kaum hundert Yards von ihr entfernt etabliert, so daß Matt und Jenny sich nur flüsternd unterhalten konnten und nicht wagten, einander zu berühren. Noch bot die Erinnerung ihren Gedanken genügend Nahrung, und einmal würde die Zeit kommen, in der sie sie auffrischen konnten. Bis dahin mußte Matt sich eben anderen Dingen zuwenden.

Im August wurde eine Postlinie zwischen Bannack und Virginia City eingerichtet, und damit begannen die Überfälle auf die Postkutschen. Trotzdem fanden sich immer wieder Männer, die sich unbekümmert in die Kutschen setzten, als führen sie und ihre Reisegefährten einem angenehmen Abenteuer entgegen. Keiner von ihnen schien daran zu zweifeln, daß die Postkutsche, in der er selber saß, ungefährdet ihr Ziel erreichen würde.

«Diesmal bin ich dran», sagte Matt gegen Ende August. «Aber ich werde das Geschäft in Bannack jetzt endgültig auflösen. Ich habe es satt, eine wandernde Goldmine zu sein.»

«Dann fahr doch gar nicht mehr hin», schlug Pete vor. «Auf 3000 Dollar kommt es uns jetzt nicht mehr an.»

«Das hat es nie getan. Aber ich finde es sinnlos, wenn wir uns dieser Burschen wegen totstellen und vor lauter Angst nicht mehr zu rühren wagen. Jedenfalls bin diesmal ich dran und werde es mit Finneys Trick versuchen: Das meiste werde ich verstecken und nur so viel in einem Beutel bei mir tragen, daß die Kerle zufrieden sind, wenn sie was von mir haben wollen.»

Matt machte die Reise zusammen mit Finney, der darauf bestanden hatte mitzufahren, weil ihm ein Drittel der Landanteile in Bannack gehörte. Sie kamen gut hin und brachen vor Sonnenaufgang wieder auf. Einige Stunden ging es glatt, und alle zehn oder zwölf Meilen legten sie eine kurze Pause ein, um die Pferde zu wechseln. Der Wagen schwankte, schaukelte und holperte durchs Land, und die Insassen wurden hin und her geschüttelt, stießen mit den Köpfen zusammen, entschuldigten sich und ließen eine Flasche von Hand zu Hand gehen. Man lachte über jeden Witz und über jede Bemerkung und schenkte der Gegend, durch die sie fuhren, keine Aufmerksamkeit mehr. Auf einmal wurde der Wagen langsamer und hielt. Matt schob das Fenster hinunter, steckte den Kopf hinaus und sah sich einer doppelläufigen Flinte gegenüber. Ein Mann, dessen Kopf und Schultern von einer Kapuze bedeckt waren, hielt sie ihm vor die Nase und rief fröhlich: «Aussteigen, Herrschaften! Und Hände hoch dabei. Jeden Schweinehund, der die Hände nicht hochnimmt, knallen wir ab.»

Einer der Männer im Wagen wollte nach seiner Pistole greifen, aber Matt hielt ihn rasch am Handgelenk fest. «Seien Sie doch vernünftig, die haben uns hier auf einem Haufen wie Hennen in einem Korb. Ich steige zuerst aus.» Mit einem Blick gebot er ihnen, nicht zu schießen, weil er als erster daran glauben müßte, hob die Hände und stieg aus dem Wagen. Aufmerksam musterte er den Mann, der die Flinte auf ihn gerichtet hielt, konnte aber weder ihn noch sein Pferd identifizieren, weil die Kapuze, der weite Umhang und die Decken sie unkenntlich machten. In einiger Entfernung sah er vier ähnlich verkleidete Männer, die jetzt alle ihre Flinten anlegten, als Matts Reisegefährten mit erhobenen Händen und weit weniger zuversichtlichen Mienen als vor ein paar Minuten die Kutsche verließen.

«Los, berappen», befahl einer der Reiter, dessen Stimme Matt irgendwie bekannt vorkam. Er wies auf Matt. «Du da, durchsuch sie und sieh zu, daß du ordentliche Arbeit leistest.»

Matt sah zögernd um sich, als sich aber alle fünf Flinten auf ihn richteten, trat er zu Lem und sagte bedrückt: «Tut mir leid, wo ist dein Beutel?»

«Brauchst dich nicht zu entschuldigen, Matt. Er steckt in meiner Manteltasche, du mußt den Saum auftrennen.»

Matt griff in Lems Tasche, trennte den Saum auf, holte den Beutel heraus und händigte ihn dem ihm am nächsten stehenden Mann aus. Dieser wog ihn abschätzend in der Hand und warf ihn dann dem Mann zu, dessen Stimme Matt erkannt zu haben glaubte. Aber der schien unzufrieden.

«Wir hatten was Besseres von dir erwartet», herrschte er Lem an.

«Tut mir leid, meine Herren.»

«Das nächste Mal enttäuschst du uns gefälligst nicht, sonst kriegst du es zu spüren.» Dann wandte er sich an Matt: «Weitermachen!»

Matt ging von einem seiner Reisegenossen zum anderen, trennte Mantelsäume auf, zog ihnen die Stiefel aus und warf den fünf Männern die Beutel zu. Die Kerle wogen den Inhalt jedes Beutels mißbilligend in der Hand ab und kamen zu dem Schluß, daß es diesmal keine gute Tagesausbeute sei, sondern ein sehr enttäuschendes Ergebnis. Vielleicht, meinten sie, hätten sie doch die falsche Kutsche erwischt, obgleich sie alle Umstände vorher gründlich ausgekundschaftet hatten. Als Matt zu dem letzten Reisenden kam, der mit schneeweißem Gesicht, am ganzen Körper zitternd, dastand und beteuerte, er habe überhaupt nichts bei sich, ging der Anführer der Räuber drohend auf ihn zu und schrie ihn wütend an:

«Das ist eine Lüge, du Mistkerl. Wir wissen genau, was du mithast. Zieh ihn aus.»

Matt wandte sich dem Schreihals zu.

«Ausziehen, habe ich gesagt», brüllte er.

«Scher dich zum Teufel», sagte Matt kalt.

Der Mann hob sein Gewehr und legte auf Matt an. Für einen Augenblick war diesem, als stünde er neben sich selber und sähe seiner eigenen Erschießung zu. Nach ein paar Sekunden setzte der Mann die Waffe ab und sagte: «Dich nehmen wir uns demnächst noch mal besonders vor.» Dann wies er herrisch auf einen der anderen Passagiere. «Durchsuch du ihn!»

Matt fühlte, daß sein Haar schweißnaß war. Aber sein Herz schlug noch, obgleich er einen Augenblick daran gezweifelt hatte. Gleichgültig beobachtete er, wie dem Mann die Hose abgeknöpft wurde, daß sie zu Boden fiel und der Ärmste, eine klägliche und zugleich komische Gestalt, in rotwollenem Unterzeug dastand. Er zitterte jetzt noch heftiger und gestand fast weinend: «Es ist in meinen Stiefeln.» Dann hob er erst den einen und dann den anderen Fuß und ließ sich die Stiefel ausziehen. Matts eigener Geldbeutel enthielt Goldstaub im Wert von mehreren hundert Dollar – den Betrag, den er, ebenso wie Lem, dafür bestimmt hatte, sich eine sichere Reise zu erkaufen.

Die Räuber befahlen ihnen, wieder in die Kutsche zu steigen. Aber der Mann in dem wollenen Unterzeug konnte dem Befehl nicht nachkommen, ohne die Hände herunterzunehmen. Nachdem er es mehrfach erfolglos versucht hatte, gestattete der Räuberführer ihm, die Hose hochzuziehen und einzusteigen. «Los, abhauen», befahl er dem Kutscher, und die Reisenden warnte er noch einmal mit erhobener Stimme: «Wenn es einem von euch einfallen sollte, zu schießen, machen wir Hackfleisch aus euch.»

Einen Augenblick starrten sie noch auf die Flintenläufe, die ihren Gesichtern so nahe waren, daß ein einziger Schrotschuß sie alle verwundet hätte, dann waren sie wieder unterwegs. Der Wagen schwankte und holperte noch heftiger als zuvor, und sie hörten, wie der Kutscher fluchend seine Pferde antrieb und mit der Peitsche knallte. Lem Finney schenkte Matt ein anerkennendes Lächeln, weil dieser sich von den Kerlen nicht hatte ins Bockshorn jagen lassen. Dann rieb er sich die Hände und meinte: «Ziemlich geschäftstüchtige Leute, was? Und auf ihre Weise recht geschickt.»

Aber die anderen Passagiere hatten offensichtlich keine philosophische Ader und warfen Lem finstere Blicke zu. Der Mann, den sie ausgezogen hatten, knöpfte seine Hose wieder fest und zog die Stiefel an. Matt überlegte, daß der Mann sicher aus den Bergen verschwinden würde, sobald er sich soweit beruhigt hätte, zu begreifen, wie lächerlich er sich gemacht hatte. Nach einer Weile wanderte die Flasche wieder von Hand zu Hand, und sie unterhielten sich mit gedämpfter Stimme, als seien die Wegelagerer noch mitten unter ihnen.

«Ich habe einen von diesen Kerlen erkannt», raunte Lem Matt leise zu.

«Welchen?»

«Den, der die Flinte hier ins Fenster gehalten hat. Er ist Barbier und arbeitet bei Kellogg.»

«Und der Bursche, der die Bande anzuführen scheint, gibt beim Pharao in Troy's Casino die Karten aus», sagte Matt.

«Siehst du, mit der Zeit kriegt man raus, wer sie sind. Von ein paar anderen habe ich auch schon munkeln hören. Ich erzähle dir ein andermal davon.»

Am Sonntag gingen Matt und Pete in die Stadt, denn Matt wollte sich noch einmal die Stimme des Mannes am Pharaotisch anhören und sie mit der vergleichen, die er noch im Ohr hatte. Unterwegs stellte er fest, daß die Geschichte von dem Überfall auf die Postkutsche und von seiner unerschrockenen Haltung den Räubern gegenüber in der ganzen Stadt bekannt war. Männer hielten ihn an, schüttelten ihm die Hand und klopften ihm herzlich auf die Schulter. Überrascht, aber auch erfreut sagte Matt grinsend zu seinem Bruder: «Das ist offenbar die einfachste Art, ein Held zu werden.»

Troy's Casino war ein rechteckiger, aus Baumstämmen errichteter Raum mit einem Zeltdach und festgestampftem Lehmboden. Drinnen waren zwölf oder fünfzehn Spieltische und eine Bartheke, um die sich die Männer in mehreren Reihen drängten. Tranlampen, die von den Deckenbalken fast bis zur Höhe von Petes und Matts Köpfen herabhingen, verbreiteten ein so mattes Licht, daß die Männer selbst bei Tageslicht die Augen zusammenkneifen mußten, um ihre Karten zu erkennen. Auf einem Podest sägten drei Geiger auf ihren ungestimmten Instrumenten herum und stampften dabei mit den Füßen. Schankburschen rannten umher, und all die vielfältigen Gerüche und Geräusche schienen sich zu einer fast undurchdringlichen Wand zusammenzuschließen.

Pete bahnte sich einen Weg zur Bartheke, während Matt an einem Spieltisch neben der Tür, an dem er seinen Kartenausteiler entdeckt hatte, stehenblieb, das Spiel beobachtete, einen Einsatz machte und zuhörte, wie die Nummern ausgerufen wurden. Der Mann bemerkte Matt erst nach einiger Zeit. Er warf ihm einen unsicheren Blick zu, fuhr jedoch im Spiel fort. Kurz darauf ging Matt zu Pete an die Bartheke.

«Stimmt. Das ist der Kerl.»

Während sie ein Glas tranken und sich mit den Umstehenden unterhielten, kam Green Troy lächelnd auf sie zu.

«Meinen Glückwunsch, Mr. Devlin. Ich höre, Sie haben Mut bewiesen.»

Matt zog die Augenbrauen hoch und schnitt eine Grimasse. Es war nicht ganz klar, ob er damit andeuten wollte, daß seine Heldentat nicht der Rede wert oder daß ihm Green Troys Meinung gleichgültig sei.

Green Troy, der schon mit in Bannack und zuvor in Florence und Oro Fino gewesen war, besaß den besuchtesten Spielsaal des Goldgräbercamps und war einer der reichsten Einwohner, obgleich er noch keine dreißig Jahre alt war. Über seine Vergangenheit kursierten zwei verschiedene Geschichten: Nach der einen war er in einem Freudenhaus von St. Louis aufgewachsen und hatte, schon bevor er zwanzig Jahre alt war, 40 000 Dollar beim Pharao gewonnen. Nach der anderen war er der Sohn eines Pflanzers, dessen Besitzungen zu Beginn des Krieges verwüstet worden waren. Matt und Pete waren zu der Ansicht gekommen, daß Green Troy die zweite Fassung seiner Lebensgeschichte zu bevorzugen schien, denn er sprach mit leiser Stimme, spielte nicht und trank nicht und trug so gut geschnittene Anzüge, wie man sie hier in den Bergen nur bei Berufsspielern und englischen Touristen sah. Die tiefen Falten um seine Augen gaben seinem Gesicht einen tiefbekümmerten Ausdruck, als grüble er ständig über die grauenhaften Dinge nach, die er zu sehen bekommen hatte. Aber natürlich sprach ihn niemand darauf an, warum er bereits zu einer Zeit, in der noch nicht eine einzige Pflanzung verwüstet worden war, einen Spielsaal in Elk City betrieben hatte.

«Mein Angestellter Arch Bigelow sagt mir, Sie hätten vergessen, Ihren Pharao-Gewinn mitzunehmen. Er hat ihn für Sie aufbewahrt.»

Matt ging zum Spieltisch zurück und wartete einige Minuten, während Arch Bigelow die Nummern ausrief. Arch schien ihn nicht zu bemerken, aber als Matt sich ungeduldig zum Gehen wandte, winkte Bigelow schnell einen anderen Kartenausteiler heran, der ihn ablösen sollte, und folgte Matt. Als er ihn erreicht hatte, drückte er ihm einen Beutel in die Hand und sagte: «Hier ist Ihr Gewinn. Ich habe dem Chef gesagt, Sie hätten ihn vergessen.» Matt entdeckte, daß er denselben Beutel in der Hand hielt, den man ihm vor ein paar Tagen abgenommen hatte. Er starrte Bigelow verblüfft an. «Sind Sie nicht vielleicht mit der falschen Gesellschaft gereist?» fragte Bigelow leise. «Wir könnten noch einen guten Mann gebrauchen.»

«Du elendes Schwein, dich sehe ich noch eines Tages baumeln.»

Bigelow zuckte lächelnd die Achseln. «Ihr wißt offenbar nicht, mit wem ihr es zu tun habt. Aber Sie wissen genug, um den Mund zu halten.»

Noch immer verdutzt und ärgerlich, aber auch irgendwie belustigt, ging Matt zur Bartheke zurück. «Dieser Mistkerl hat doch tatsächlich versucht, mich anzuwerben.» Er schüttelte den Kopf. «Der ist so unverschämt wie ein Zuhälter aus Kansas City!»

Als sie zur Tür gingen, löste sich Green Troy wie ein Gespenst aus den Rauchschwaden, die in dem trübe beleuchteten Raum hingen, und kam auf sie zu. «Hat Bigelow Ihnen Ihren Gewinn ausgehändigt? Sind Sie zufrieden? Guten Abend, meine Herren. Sie sehen, ich führe ein anständiges Haus.»

Ein paar Wochen später, an einem Sonntag nachmittag, wurden Matt und Pete in Dr. Danforths neuerrichtete Blockhütte eingeladen. Matt sah bereits voraus, wie er steif würde dasitzen müssen, während Erma Finney bei jedem Wort, das er an Jenny richtete, die Ohren spitzte. Die anderen Frauen würden angeregt miteinander plaudern, und die Männer würden in mühsam unterdrückter Wut leise davon sprechen, daß man kurz vor der Stadt schon wieder einen Toten gefunden habe. Der Mann hatte einen Strick um den Hals, an dem man ihn von der Straße fortgeschleift hatte, und Gesicht und Schultern waren so von Elstern zerhackt gewesen, daß er ausgesehen hatte wie ein wurmstichiger Apfel.

Matt ging nur widerstrebend hin. Seit seinem ersten Ritt nach Bannack, vor fast sechs Monaten, war er mit Jenny nie mehr als ein paar Minuten allein gewesen. Und jedesmal, wenn er sie bei diesen Sonntagnachmittagsgesellschaften sah, war er von Verlegenheit und Schuldbewußtsein übermannt worden. Darum zögerte er auch diesmal so lange wie möglich und traf erst eine halbe Stunde nach der festgesetzten Zeit ein, als alle anderen Gäste schon versammelt waren. Aber zu seinem Erstaunen mußte er feststellen, daß weder Jenny noch eine der anderen Frauen da waren, sondern nur Lem Finney, Josiah Webb, Jeremy Flint, Silas Church, Floyd Hart, Dr. Danforth und drei andere Männer, die er nur flüchtig kannte. Sie lehnten behaglich in ihren Sesseln, rauchten Zigarren und hatten etwas zu trinken vor sich stehen.

Matt und Pete schüttelten den Anwesenden die Hände, nahmen die Gläser, die Dr. Danforth ihnen reichte, und setzten sich ebenfalls. Da stand Lemuel Finney auf, trat vor den Kamin und begann mit ruhiger, klarer Stimme zu sprechen.

«Meine Herren, wir sind alte Freunde, wir kennen uns und vertrauen einander. Deshalb sind wir heute hier zusammengekommen. Wir alle sind von weit her gekommen und haben weder Kosten noch Mühen gescheut – aus einem einzigen Grund: Wir haben Reichtum gesucht und haben ihn im Überfluß gefunden. Wir alle haben Hoffnungen und Pläne und dürfen annehmen, sie auch zu verwirklichen – wenn wir am Leben bleiben. Wenn wir uns jetzt nicht zu einem Entschluß durchringen, kann einer von uns der Nächste sein, den man als Toten in die Stadt zurückbringt. Die Straßenräuber glauben, sie hätten uns jetzt völlig in der Hand; sie erschießen jeden Tag Männer, nicht nur des Geldes wegen, sondern ohne Grund, nur so zum Spaß. Das muß ein Ende haben. Wir müssen alles daransetzen, diesem Treiben schnellstens Einhalt zu gebieten. Wir schlagen vor, meine Herren», bei diesen Worten beugte er sich vor, «ein Komitee zu bilden, das ohne Verzug die Arbeit aufnimmt. Wir leben hier ohne den Schutz der Gesetze, darum müssen wir eigene Gesetze aufstellen, um nicht unterzugehen. Wenn wir uns einig sind, können wir sofort zur Tat schreiten.»

Matt trat auf Finney zu und schüttelte ihm die Hand. Auf dieses Zeichen hin erhoben sich auch die anderen. Es gab ein allgemeines Händeschütteln, und dann nahmen alle wieder Platz.

«Gut. Und jetzt zur Sache. Wir brauchen vor allem einen reichlichen Vorrat an Stricken und genügend Männer, die wissen, wie man den richtigen Knoten schürzt.» Lems kleine Hände beschrieben rasch die Bewegung des Henkers, der eine Schlinge knüpft. «Und dann – kann das Fest beginnen.»

Bald darauf wurde die erste Gerichtsverhandlung in Gegenwart von fast zweitausend Goldgräbern abgehalten. Sie dauerte vier Tage. Zum Schluß wurden zwei Männer gehenkt, aber zwei andere ließ man laufen, und es gab so viel Verwirrung, so viele Drohungen und mürrische Bemerkungen, daß selbst diejenigen, die darauf bestanden hatten, jeden Prozeß ordnungsgemäß zu führen, zugeben mußten, daß ein solches Vorgehen unter diesen Umständen nicht durchführbar sei.

«Geschworenenausschüsse sind für so was nicht geeignet», erklärte Lem Finney. «Da sitzen immer ein paar zu ehrenhafte Männer drin, die mit jedem Verbrecher Mitleid empfinden. Wir müssen die Dinge auf unsere Weise erledigen. Ich schlage vor, daß in den nächsten Tagen ein paar Dutzend Männer losziehen und Jagd auf die Burschen machen. Allmählich fangen sie an, sich zu verstecken.»

«Ich bin dabei», sagte Matt.

«Ich auch», erklärte Pete. Und als Matt ihn anblickte, schüttelte Pete den Kopf und sagte: «Ich weiß, es ist nicht in Ordnung, aber die Burschen haben uns keine andere Wahl gelassen.»

5

Zack Fletcher war eines Tages an ihrer Schürfstelle aufgetaucht, hatte ein Weilchen dagestanden und ihnen mit liebenswürdigem, zurückhaltendem Lächeln neugierig bei der Arbeit zugesehen und – als sie ihm keine Aufmerksamkeit schenkten – gefragt: «Können Sie noch eine Hilfe gebrauchen?»

Er war größer als Matt und Pete, und seine Brust und seine Schultern waren so breit und mächtig, daß die harte Arbeit des Goldwaschens für ihn eigentlich nur eine mühelose, nette Beschäftigung sein konnte. Aber da sie diesen Mann noch nie zuvor gesehen hatten, musterten sie ihn argwöhnisch und versuchten herauszufinden, ob sich hinter den blauen Augen, die sie so ehrlich und offen ansahen, irgendwelche Geheimnisse verbergen mochten. Schließlich fragte Matt: «Wo kommen Sie her?»

«Von drüben. Von der anderen Seite. Ich bin mit einem Ochsenzug rübergekommen und habe keinen Cent in der Tasche.» Die letzten Worte sagte er so, als mache ihm die Tatsache, kein Geld zu haben, nichts aus, sondern sei lediglich eine Erklärung dafür, daß er um Arbeit fragte.

«Haben Sie schon mal Gold gewaschen?»

«Nein. Aber das lerne ich schnell.»

Die beiden Brüder wechselten einen Blick, und dann sagte Pete: «In Ordnung. Wir nehmen Sie. Zehn Dollar pro Tag.»

Mit einem überraschten Pfiff und gerunzelter Stirn hatte Zack Fletcher sich einverstanden erklärt und seither mit Begeisterung, Eifer und guter Laune bis zu vierzehn Stunden am Tag gearbeitet. Als das Wetter kalt wurde, forderten ihn die beiden auf, mit in ihre Blockhütte zu kommen, wo er auf dem Fußboden, in ein Büffelfell gehüllt, schlafen konnte. Von sich selber hatte er ihnen nur erzählt, daß seine Eltern von Kentucky nach Missouri gezogen waren, als er fünf Jahre alt war, daß er jetzt zweiundzwanzig war und daß er bei den Grenzstreitigkeiten mitgekämpft habe. Matt schloß daraus, daß er zu den Rebellen gehörte. Von Zeit zu Zeit erwähnte er irgendwelche Streiche und Eskapaden, und obgleich er so unpersönlich davon sprach, daß man fast den Eindruck hatte, er habe diese Dinge nicht selber gesehen oder erlebt, sondern nur von ihnen gehört, kamen Matt und Pete zu der Ansicht, daß er nicht so unerfahren war, wie sein Alter vermuten ließ.

Er hatte, wie Pete es ausdrückte, den Gang eines Leoparden und die Gestalt eines Gladiators. Und er verrichtete spielend die Arbeit von drei Männern. «Ich mag den Burschen», erklärte Pete eines Tages. «Der ist in Ordnung.»

«Sieht so aus. Aber wir wollen ihm lieber nichts erzählen, was er nicht unbedingt wissen muß.»

Eines Abends jedoch, als sie dasaßen und ihre Pistolen reinigten – eine Tätigkeit, die jetzt einen großen Teil ihrer Freizeit in Anspruch nahm –, sagte Zack wie zufällig: «Ich würde mich übrigens gern an dieser Jagd beteiligen. Ich kann schießen.»

Matt und Pete sahen sich überrascht an, denn das «Wachtkomitee», wie es sich nannte, hatte bisher großen Wert darauf gelegt, daß seine Existenz geheim blieb.

Zack Fletcher warf ihnen einen kurzen Blick zu und wandte sich dann mit stillem Lächeln wieder seiner Pistole zu.

«Woher wissen Sie denn was davon?»

«Ach, man hört so hier und da etwas.» Schweigend arbeiteten sie weiter, bis Fletcher plötzlich aufsprang. «Was war das?»

Matt blies das mit Schmalz gespeiste Lämpchen aus, und sie lauschten gespannt. Schwere Schritte näherten sich der Hütte. Sofort warfen sich die drei Männer auf den Boden, und Matt rief: «Wer ist da? Stehenbleiben!»

«Nicht schießen, Mr. Devlin», tönte flehend eine Jungenstimme. «Ich bin es, Billy Church.» Die drei lachten erleichtert auf. Pete zündete das Lämpchen wieder an, und Matt öffnete die Tür. Silas Churchs zehnjähriger Sohn stand draußen und starrte ihn verstört an. «Gott sei Dank, daß Sie nicht geschossen haben.»

Matt legte ihm den Arm um die Schultern. «Tut mir leid, mein Junge. Aber du weißt ja, es sind aufregende Zeiten.»

«Ja, ich weiß», seufzte Billy und wischte sich über die Stirn. Dann fuhr er gewichtig fort: «Mr. Devlin, ich habe eine Botschaft für Sie.» Er sah Matt dabei mit einem Blick von Mann zu Mann in die Augen. «Es darf aber niemand anders hören.»

Matt ging mit Billy ein paar Schritte vor die Hütte und beugte sich zu dem Jungen hinunter. Billy flüsterte ihm hinter der vorgehaltenen Hand zu: «Es ist von Mrs. Danforth. Sie sagt, sie muß Sie sofort sprechen. Aber sie will nicht, daß es jemand weiß.»

Matt richtete sich schnell auf. «Ist etwas mit dem Doktor passiert?»

«Das weiß ich nicht. Aber sie läßt Ihnen sagen, Sie sollten so schnell wie möglich kommen. Ich glaube, sie hat geweint. Jedenfalls war sie ziemlich aufgeregt.»

Matt ging in die Hütte, nahm seinen Mantel vom Haken, murmelte: «Macht euch keine Sorgen, bin bald wieder da» und war draußen, ehe Pete eine Frage stellen konnte.

Jenny öffnete ihm die Tür, bevor er geklopft hatte. Sie hatte tatsächlich geweint, und als sie Matt sah, schlug sie die Hände vors Gesicht und wandte sich ab.

Er schlang die Arme um sie und drückte sie an sich. «Jenny», flüsterte er leise, «Jenny, was ist denn?»

Eine Weile brachte sie keinen Ton heraus. Dann seufzte sie tief und erzählte mit ganz normaler Stimme, als spräche sie von etwas, das einem anderen zugestoßen sei: «Vor einer Stunde kamen zwei Männer – ich hatte sie noch nie gesehen – und sagten, ein Freund von ihnen läge mit erfrorenen Füßen auf Dempseys Ranch und Andy müsse mit ihnen kommen und ihn behandeln. Andy sagte, er werde morgen kommen, heute sei es zu spät, kein vernünftiger Mensch reite heutzutage mit Fremden in den Bergen umher. Darauf zogen die beiden ihre Pistolen und erklärten, es bliebe ihm keine Wahl, er müsse sofort kommen. Da ist er mitgeritten.» Wie ein verängstigtes Kind, das nicht mehr aus noch ein weiß, ließ sie sich in einen Sessel fallen. «Sie werden ihn umbringen, Matt. Du weißt doch, wie unvorsichtig er war. Überall hat er damit herumgeprahlt, daß ein paar der Kerle nach seiner Behandlung gestorben sind.»

«Haben die beiden sonst noch etwas gesagt?»

«Sie haben zu mir gesagt, ich solle mir keine Sorgen machen, es werde ihm nichts geschehen. Aber sie brauchten ihn, sie müßten ihn unbedingt mitnehmen.» Jenny legte den Kopf auf ihre Knie, und ihr Körper wurde von Schluchzen geschüttelt.

Erstaunt blickte Matt auf sie herab und spürte, wie sich eine leichte, häßliche Eifersucht in seinem Herzen zu regen begann. Andrew Danforth war für ihn zu einer so bedeutungslosen Null zusammengeschrumpft, daß er angenommen hatte, Jenny müsse ebenso empfinden.

«Ich werde hinreiten.»

Aber da stürzte Jenny auf die Tür zu und versperrte ihm den Weg. «Sollen sie dich auch noch umbringen?»

«Ich gehe nicht allein. Ich nehme Pete mit – und vielleicht noch ein paar Freunde.»

«Warum nicht gleich das ganze Komitee?» Jenny ging unruhig auf und ab. «Wenn Andy stirbt, werde ich den Rest meines Lebens allein sein. Weißt du das?» Als sie dicht an ihm vorüberkam, blickte Matt in ihr Gesicht und staunte über diese unbekannte Frau, die plötzlich aus Jenny Danforth geworden war. Und mit einemmal fühlte er sich mehr abgestoßen von ihr, als es ihn je zu ihr hingezogen hatte. «Bitte, verzeih mir, Matt», sagte Jenny. «Aber du weißt doch, wenn diese Leute sagen, sie nehmen ihn mit zu Dempsey, dann sind sie ganz bestimmt nicht dort.»

«Nein, das glaube ich auch nicht. Aber vielleicht haben sie diesmal doch die Wahrheit gesagt.»

«Sie sahen nicht aus wie jemand, der die Wahrheit sagt.»

Er lächelte. «Weißt du so genau, wann jemand die Wahrheit sagt?»

«Du hast recht. Bei einem Mann ist es nicht leicht festzustellen.» Wieder warf sie ihm einen um Verzeihung bittenden Blick zu und flüsterte: «Ich weiß nicht mehr, was ich sage. Mir ist, als würde ich verrückt. Was willst du tun?»

«Ich werde zu Pete und Lem gehen und erzählen, was geschehen ist. Und dann werden wir versuchen, ihn zu finden.»

«Aber das ist doch Wahnsinn. Willst du überall an die Tür klopfen und fragen, ob Dr. Danforth dort sei?»

«Jenny, was sollen wir denn deiner Ansicht nach tun? Was möchtest du?»

«Das weiß ich nicht. Ich habe dich nicht hergebeten, weil du ihn suchen sollst, sondern weil ich Angst hatte. Als Andy mit den beiden fortritt, wußte ich, daß ich ihn nicht wiedersehen würde.»

«Sie werden ihm nichts tun. Vielleicht brauchen sie wirklich seine Hilfe. Sie haben schon so viele Morde auf dem Gewissen, daß sie nicht unnötig noch einen begehen werden. Ich bin ganz sicher, daß ihm nichts geschehen wird.»

Sie lächelte. «Du bist sicher. Weißt du was, Matt? Als Andy fort war, fing ich an, dich in Gedanken zu beschimpfen, weil ich wußte, daß ich allein bleiben würde, falls sie ihn umbringen. Ich wußte, daß du mich nicht beschützen würdest. Verachtest du mich jetzt deswegen?» Sie lächelte ein wenig, aber so wehmütig, daß er rasch auf sie zutrat. Er sehnte sich danach, sie zu trösten, wagte es aber nicht. Dann hielt er sie plötzlich doch in den Armen, und einige Augenblicke lang sprach keiner von beiden ein Wort. Schließlich murmelte Jenny: «O Matt, ich liebe dich so sehr.» Sie zogen sich hinter die schützenden Vorhänge des Alkovens zurück und vergaßen Andy Danforth und alle Gefahren, die ihnen drohen mochten – bis Matt plötzlich erwachte und aufsprang.

Er begann sich anzuziehen und redete dabei hastig auf Jenny ein, die ihn nur fragend und nachdenklich anblickte und es komisch zu finden schien, wie er im Zimmer hin und her hastete. «Mein Gott, es ist schon halb drei. Jenny, bitte, steh auf. Zieh dich an. Sie können jede Minute hier sein.»

Jenny streckte sich gähnend und fuhr sich mit den Fingern durchs Haar. «Wer kann jede Minute hier sein?»

«Die Männer, die Andy zurückbringen. Oder jemand, der nach mir sucht, Pete vielleicht. Zum Teufel, ich weiß nicht, wer», stieß er ungeduldig hervor. Er stand vor einer Schüssel und goß sich mit beiden Händen Wasser ins Gesicht. «Sie dürfen dich doch nicht so finden, Jenny, bitte.»

Da begann sie sich anzuziehen, langsam und nachlässig, als bequeme sie sich nur dazu, um ihm einen Gefallen zu tun.

Während sie hin und her ging und ein Kleidungsstück nach dem anderen aufnahm, öffnete Matt die Tür einen Spalt breit, schob vorsichtig den Lauf seiner Pistole durch und spähte hinaus. Es schneite. Über der Erde lag eine glatte weiße Decke, in der keine einzige Fußspur zum Hause führte. Damit war ihre Schuld offenbar und wartete nur auf den ersten Besucher, der sie entdeckte.

Er machte die Tür wieder zu, verriegelte sie und starrte zu Boden. Er rieb sich mit der Hand über das Kinn und verwünschte seine Dummheit. Jenny, die unterdessen ihr Kleid zuknöpfte und ihre Schuhe anzog, warf ihm einen belustigten Blick zu, trat dann vor den Spiegel und begann ihr Haar zu bürsten.

«Es schneit», berichtete er ihr in einem so schicksalsschweren Ton, als verkünde er ihr sein Todesurteil. Zu seinem Entsetzen wandte Jenny sich bei diesen Worten um und lachte.

«Es schneit! O Matt, die Sünde stellt einen wirklich vor ausgefallene Probleme, was?» Er sah sie gereizt an. Frauen standen in einem sonderbaren Widerstreit mit den Gesetzen dieser Welt: Sie wurden hysterisch, wenn kein Grund dazu vorlag, und frivol, wenn sie eigentlich hätten verzweifeln müssen. «Weißt du», fuhr sie fort, «ich könnte mir denken, daß die Straßenräuber in diesem Augenblick vor genau dem gleichen Problem stehen.»

Er setzte sich und grübelte über alle möglichen Entschuldigungsgründe nach, die sich ihm anboten. Bei näherer Betrachtung mußte er jedoch einen nach dem anderen als unglaubhaft verwerfen. Jenny hatte inzwischen ihren Haarknoten geschlungen, wieder aufgemacht und noch einmal geschlungen, bis er zu ihrer Zufriedenheit ausfiel. Dann setzte sie sich ihm gegenüber, legte die Hände in den Schoß und blickte ihn gehorsam und ernst an, schien aber immer noch gelegentlich gegen ihre Lachlust ankämpfen zu müssen. «Ich gehe jetzt», sagte er. «Wir müssen uns nur noch darüber klarwerden, wer hier im Schnee aus dem Haus gegangen und vor Einsetzen des Schneefalls gekommen ist. Zum Teufel, wir haben ja noch nicht einmal bemerkt, wann es angefangen hat. Nein, ich bleibe», entschied er dann. «Und wenn Andy zurückkommt, sagen wir ihm die Wahrheit.»

«Die Wahrheit?»

Matt warf ihr einen warnenden Blick zu. «Wir werden ihm erzählen, daß du Angst gehabt und nach mir geschickt hast und daß ich hiergeblieben bin, um ... dich zu trösten.» Er mußte unwillkürlich lächeln.

Dann saßen sie beide still und nachdenklich da. Jenny rührte sich nicht, aber Matt sprang von Zeit zu Zeit auf, warf einen Blick durch die Tür auf die Schneelandschaft draußen und knallte sie dann mit einem Fluch wieder zu.

«Wir wollen nur hoffen, daß es nicht gerade Erma ist, die als erste kommt», meinte Jenny.

«Jenny, ich bitte dich, mach dich nicht über mich lustig. Du sagtest vorhin, ich würde dich nicht beschützen. Und bei Gott, ich habe es auch nicht getan.»

Er sah so verzweifelt und so unzufrieden mit sich selber aus, daß sie ernst wurde, zu ihm hinüberging und seine Hand berührte. «Andy wird mir glauben. Ja, Matt», fügte sie mit naivem, verwundertem Lächeln hinzu, «er vertraut mir.»

Matt sah zu ihr auf. Sie wirkte zufrieden und war es vielleicht auch, denn nun hatte sie zwei Männer, die sich verpflichtet fühlten, sie zu beschützen, während sie noch vor kurzem geklagt hatte, sie habe niemanden.

In diesem Augenblick klopfte es leise an die Tür. Matt stand auf und hielt seine Pistole schußbereit, als erwarte er, daß im nächsten Augenblick eine ganze Bande von Straßenräubern hereinstürzte.

«Wer ist da?» rief Jenny.

«Hier ist Green Troy, Mrs. Danforth. Ich muß den Doktor sprechen.»

«Der ist nicht da, er ist bei einem Patienten.»

«Aber es ist ein dringender Fall, Mrs. Danforth. Bitte, sagen Sie mir, wo ich ihn finden kann.»

«Das weiß ich nicht. Er ist schon seit einiger Zeit fort.»

«Kann ich Sie dann sprechen, Mrs. Danforth?»

«Nein, leider nicht. Bitte, gehen Sie.»

«Kann ich dann vielleicht mit Mr. Devlin sprechen?»

Jenny schrie unwillkürlich auf, während Matt die Tür öffnete und seine Pistole auf Green Troys hübschen Mantel richtete, eine Geste, die Troy veranlaßte, lächelnd einen Schritt zurückzuweichen. «Das brauchen Sie nicht, ich bin allein. Darf ich hereinkommen?»

Troy trat ein, blickte sich gleichgültig und, wie immer, ein wenig verwirrt um und versuchte durch Blinzeln die Schneeflocken aus seinen dichten, blonden Wimpern zu entfernen. «Ihr Mann ist in Sicherheit, Mrs. Danforth», begann er. «Es ist ihm nichts zugestoßen – was Sie offenbar befürchtet hatten. Er ist nur nicht ganz nüchtern, aber das kann man ihm nicht übelnehmen. Es ist ziemlich kalt, und er hat etwas getrunken, um sich warmzuhalten.» Er sprach ohne jede Anzüglichkeit, als habe er weder aus der unberührten Schneedecke vor dem Haus noch aus der späten Stunde irgendwelche Schlüsse gezogen. «Kommen Sie doch mit, Mr. Devlin», wandte er sich an Matt, «und bringen Sie Dr. Danforth nach Hause.»

Ärgerlich stellte Matt fest, daß er Green Troy in die Falle gegangen war und sich mehr oder weniger als sein Gefangener betrachten mußte. Er warf Jenny einen hilflosen Blick zu, zog seinen Mantel an, der schwer wie Blei auf ihm lastete, und verbeugte sich förmlich vor Jenny, die hochaufgerichtet und ruhig dastand. Auch Green Troy verbeugte sich, und die beiden Männer verließen das Haus.

Als sie auf die gesattelten Pferde zugingen, fragte Matt: «Woher wußten Sie, daß Sie mich hier finden würden?»

«Ich war zuerst bei Ihrer Hütte, aber die war leer. Ihr Bruder und dieser Bursche, der für Sie arbeitet, waren fort. Ich nehme an, sie waren beim Komitee; denn vor ein paar Stunden ist eine Gruppe von Ihren Leuten in die Berge geritten. Dann bin ich, auf den Rat einer Freundin hin, zu Mrs. Danforth gegangen.» Er blickte Matt lächelnd an. «Sie möchten natürlich wissen, wer diese Freundin ist. Aber vorher möchte ich Ihnen eine Frage stellen. Ich hörte, daß im Komitee auch über mich gesprochen worden ist. Stimmt das?»

«Es stimmt.»

«Dann muß ich mich wohl darauf gefaßt machen, daß man mich eines Tages zum Verhör holen wird? Was wirft man mir denn vor?»

«Ich bin nicht das Komitee, sondern nur einer von Hunderten. Was zum Teufel wollen Sie von mir, Troy?»

«Sie sollen dem Komitee klarmachen, daß ich ein Spieler bin und kein Straßenräuber. Ich habe mit diesen Kerlen nichts zu schaffen.»

«Aber einer davon ist bei Ihnen angestellt.»

«Tatsächlich? Wer?»

«Arch Bigelow.»

Sie waren schon ein ganzes Stück weitergeritten, ehe Troy antwortete. «Arch Bigelow stammt aus einer der besten Familien in den Südstaaten.»

«Ich weiß. Die meisten der Straßenräuber hier stammen aus den besten Familien der Südstaaten. Und die Huren sind alle Waisenkinder und kommen aus adeligen Familien.»

«Bigelow ist ein junger Bursche. Er ist erst neunzehn. Vielleicht ist er in schlechte Gesellschaft geraten. In diesem Alter . . .» Troy redete, als seien Matt und er zwei alte Männer, die verstehen müßten, daß die Jugend Versuchungen ausgesetzt sei, die sie selber längst vergessen hatten. Sie ritten jetzt durch die dunkle, menschenleere Hauptstraße; nur im Stadtzentrum brannten noch ein paar Lichter. «Bis zu dem Unfall heute abend hatte ich keine Ahnung, womit er seine freie Zeit verbringt.»

«Unfall?»

Troy fuhr sich mit dem Zeigefinger quer über den Hals. «Ein betrunkener Gast hat im Streit das Messer gezogen.»

«Tot?»

«Nein, keineswegs. Nur eine kleine Schnittwunde. Aber sie mußte behandelt werden, deshalb haben wir den Doktor geholt.»

Matt zog die Augenbrauen hoch. «Ach so», sagte er.

«Dann hielten wir es doch für besser, wenn auch *Sie* dabei wären. Denn man hört so allerlei davon, daß der Doktor etwas eigenartige Gewohnheiten hat, wenn er einen verdächtigen Patienten vor sich zu haben glaubt. Dieser Junge verdient es nicht zu sterben, und wir wollten sichergehen, daß keine Fehler passieren.» Troy zog plötzlich die Zügel an, und sie hielten vor Milly Matches' zweistöckigem Blockhaus. Mit liebenswürdigem Lächeln und sichtlich erheitert über die staunende Miene seines Begleiters, schwang Troy sich aus dem Sattel, band sein Pferd fest und wartete auf Matt.

«Wohnt er hier bei Milly?»

«Bigelow hat während der letzten Wochen mit Gussie hier gelebt.»

Sie standen im dichten Schneetreiben auf dem Bürgersteig und blickten einander an. «Wir werden Dr. Danforth gegenüber natürlich nicht erwähnen, daß ich Sie in seinem Haus angetroffen habe.» Und mit bestrickendem Lächeln fügte er hinzu: «Es war übrigens Millys Idee, daß Sie dort sein könnten.»

«Ich bin ein Schweinehund.»

«Aber nein. Nur ein Mann. Und eben darauf versteht sich Milly, deshalb ist sie so erfolgreich.» Mit fröhlichem Lachen, als habe er einen guten Witz gemacht, öffnete er die Tür.

Matt war wütend, er folgte ihm und hatte das Gefühl, von Troy an einer Leine hinter ihm hergezogen zu werden.

In Milly Matches' neuem Haus in Virginia City war er noch nicht gewesen. Der Raum, den er betrat, war dem in Bannack sehr ähnlich: sparsam möbliert, vor den Fenstern gelbe Samtvorhänge, deren rostig aussehende goldene Fransen auf den Fußboden aufstießen, ein großer Spiegel mit einem Rahmen aus vergoldeten Amoretten an einer der weißgekalkten Wände und ihm gegenüber ein riesiges Porträt von Milly. Der Künstler hatte sie nackt auf einem ungemachten Bett liegend dargestellt; mit einer Hand umfaßte sie wie unabsichtlich eine ihrer schweren Brüste, und ihr manchmal rosa, manchmal orangefarben schimmerndes Haar lag wie ein Schleier um ihren Körper. Sie schien zu schlafen. Auf ihrem Gesicht lag ein so verzücktes Lächeln, daß manche von Millys Kunden dieses Bild als ein sehr gelungenes Reklameschild bezeichneten. Aus unerfindlichen Gründen hatte der Künstler eine gelbe Vase mit häßlichen Blumen neben das Bett gestellt, die aussahen, als seien sie aus Eisen, und um den Stengel einer dieser Blumen wand sich eine Schlange, deren Kopf auf die liegende Frau zuzuschnellen schien. Die Augen des Tieres leuchteten gierig, und seine Zunge zitterte nahe vor Millys Lippen. Manche hielten die Schlange für eine humorvolle Anspielung, andere meinten jedoch, es gehöre nicht recht in dieses sonst so friedliche Paradies. Auf jeden Fall war das Bild im ganzen Gebirge bekannt und nährte die Legende, die sich um Millys Person rankte.

Es hieß, sie sei die Tochter eines Geistlichen und in frühester Jugend von einem Mann verführt worden, der sie verlassen hatte, als sie schwanger war. Tatsache war, daß viele Goldwäscher sie schon von Oro Fino, Elk City und Florence her kannten und daß Milly ihnen mitsamt ihren Mädchen von einer Fundstelle zur anderen treu ergeben gefolgt war. Die Männer erzählten, daß Milly Matches, obgleich sie schon dreiunddreißig Jahre alt war, noch nichts von ihren sinnlichen Reizen eingebüßt hätte und daß sie ein genauso gewitzter Geschäftsmann sei wie einer von ihnen.

Andy Danforth saß auf dem Sofa unter Millys Bild. Er hatte den Mantel ausgezogen und die Ärmel aufgekrempelt. Auf seinem Hemd und den Unterarmen sah man Blutflecke. Er hielt ein Glas in der Hand, starrte hinein und schien nicht bemerkt zu haben, daß sich die Tür geöffnet hatte. Als er schließlich aufblickte, wandte er sich bekümmert an Matt und sagte: «Ja, Matt, da bin ich nun.»

Matt ging auf ihn zu und klopfte ihm beruhigend auf die Schulter. Es ging ihm, wie so oft: Er konnte einfach nicht glauben, daß Andy Jennys Ehemann war, seine Phantasie weigerte sich, die beiden miteinander in Verbindung zu bringen. Andy Danforth war für ihn jetzt nur ein Freund, der ein bißchen zuviel getrunken hatte und nach Hause gebracht werden mußte. «Alles in Ordnung, Andy?» fragte er fürsorglich.

Andy nickte seufzend.

Da öffnete sich die Tür zum nächsten Zimmer, und Milly kam hereingesegelt. Sie trug einen gelben Morgenrock, und ihr Haar, das heute mehr orange als rosa wirkte, umwallte ihre Schultern und fiel ihr auf den Rücken. «Matt! Wie nett, daß du dich endlich mal hier blicken läßt.» Sie schüttelten sich die Hände, während Green Troy mit ernster Miene erklärte, er habe ein Weilchen gebraucht, um das richtige Haus zu finden.

Milly erkundigte sich, ob sie etwas trinken wollten, und während Matt und Troy ihre Mäntel an den Ständer hängten, goß sie jedem ein Glas ein, brachte es ihnen und blieb dann neben Matt stehen. Sie betrachtete ihn mit einem klugen, forschenden Lächeln. Troy bot Matt eine Zigarre an, half ihm sie anzuzünden, schenkte dem Doktor noch ein Glas ein und war sichtlich darum bemüht, es allen gemütlich zu machen. Da ertönte aus dem Nebenraum Arch Bigelows hohe Stimme.

«Hallo, Devlin. Willkommen, alter Bursche. Kommen Sie doch rein, ich möchte mit Ihnen sprechen.»

Arch Bigelow lag mit Hose und Stiefeln bekleidet auf Milly Matches' zerwühltem Bett. Sein Hemd war über der Brust aufgeknöpft, und um den Hals lag ein blutgetränkter Verband. Arch war bleich und offenbar recht schwach, um seine Lippen lag ein törichtes Lächeln, und er wirkte auf Matt wie ein dummer Junge, der so betrunken ist, daß er gar nicht merkt, in welch schwieriger Lage er sich befindet.

Gussie lag in einem Musselinnachthemd neben ihm. Sie hatte sich mehrere Kissen in den Rücken gestopft und nickte Matt lächelnd zu. Er kannte sie schon aus Millys Haus in Bannack; obgleich sie schielte, war sie bei den Goldwäschern sehr beliebt, denn sie hatte große, schaukelnde Brüste, schmale Hüften und Oberschenkel, so hart wie die Schneiden einer Schere. An diese Einzelheiten konnte Matt sich gut erinnern, weil er einmal zugesehen hatte, wie Gussie und ein anderes Mädchen, beide splitternackt, mit einigen ihrer Kunden im Besuchszimmer Bockhüpfen gespielt hatten.

«Wissen Sie», sagte Green Troy vertraulich zu Matt, als sei diese Angelegenheit für sie beide von gleicher Wichtigkeit, «wir müssen ihn wegbringen, bevor sie herkommen und nach ihm suchen. Wir wissen, daß er auf der Liste steht.»

Matt vermutete, daß sie diese Information von Jeremy Flint hatten, sagte aber nichts.

«Der Junge ist viel zu nett; er verdient es nicht, daß man ihn aufhängt wie einen Hund.»

«Ganz meine Meinung. Man sollte ihn lieber in seinem eigenen Fett braten! Er hat zwei Männer umgebracht, wenn nicht noch mehr.»

«Das ist eine gemeine Lüge», schrie Bigelow und versuchte sich aufzurichten. Aber Gussie hielt ihn fest, und ein Blick von Troy brachte ihn zum Schweigen.

«Er muß hier weg, sobald der Doktor ihn für transportfähig erklärt. Nach Möglichkeit noch bevor es hell wird. Sie sollen uns sagen, welchen Weg er nehmen soll, wo er am wenigsten darauf gefaßt sein muß, jemandem vom Komitee zu begegnen.»

«Ich weiß nicht, wohin die geritten sind. Ich weiß nur, daß sie wegwollten und daß ich eigentlich mitreiten sollte. Als ich zuletzt mit ihnen sprach, waren sie sich noch nicht schlüssig, welche Gegend sie aufs Korn nehmen sollten. Warum fragen Sie nicht den Mann, der Ihnen die anderen Auskünfte geliefert hat?»

«Aber Matt», erklärte Milly sachlich. «Du gehörst schließlich zum Exekutivkomitee.»

Und Jeremy Flint nicht, dachte Matt.

«Dann bist *du* also der Ansicht, er sollte *alle* Straßen meiden, ja?»

Matt mußte lachen. Milly stimmte ein, und auch Green Troy zwang sich ein leichtes Lächeln ab, um zu zeigen, daß er die Komik der Situation erfaßte. Dann meinte Matt achselzuckend mit einem Blick auf Bigelow: «Das beste wäre es schon. Aber ich bezweifle, ob er es überhaupt durchhält – mit oder ohne Komitee. Er scheint mir nicht in der richtigen Verfassung zu sein.»

Während der letzten Minuten hatte Bigelow, den Kopf gegen Gussies Brust gelehnt, mit offenem Mund dagelegen, als sei er ohnmächtig oder gar tot. Doch bei Matts letzten Worten richtete er sich mühsam auf und sagte: «Mir geht's gut. Wer behauptet hier das Gegenteil? Ich bin so zäh wie jeder andere! Gebt mir ein Pferd, und ich reite los. Sofort.» Er fiel zurück und schloß die Augen. Gussie legte ihren Kopf auf seine Brust und streichelte wimmernd sein Gesicht. Milly betrachtete sie mit verächtlichem Lächeln.

«Immer so sentimental, diese kleinen Huren!»

«Dann wäre nur noch eine Kleinigkeit zu regeln, Mr. Devlin», sagte Green Troy. «Bigelow braucht Ihr Pferd.»

«Verdammt noch mal, Troy, das ist zuviel verlangt. Ich werde dem Komitee meinetwegen erzählen, daß Sie ein ehrenhafter Spieler sind und daß Bigelow doch nicht der Kerl war, den ich damals erkannt zu haben glaubte – aber damit ist Schluß.»

Troy lächelte wehmütig. «Seine einzige Chance ist ein gutes, schnelles Pferd, und Sie wissen selber, daß heute nacht kein anderes verfügbar ist. Ich gebe Ihnen 500 Dollar in Goldstaub oder trete Ihnen meinen Anteil an der Schürfstelle ab, die mir und Milly je zur Hälfte gehört. Wir beide werden noch hier in dieser Stadt wohnen, wenn die Aufregungen von heute längst vorbei und vergessen sind. Und ich möchte mich gut mit Ihnen stellen. Verstehen Sie?»

Milly hakte sich bei Matt ein und lehnte sich an ihn. Sie sah mit ihrem berühmten Lächeln zu ihm auf, mit weitgeöffnetem Mund und zusammengekniffenen Augen, einem Lächeln ohne jedes Gefühl, und sagte: «Nimm den Anteil, Matt. Du kannst ja Pete erzählen, du hättest diesen Handel im Suff abgeschlossen.» Sie wies auf einen Tisch, auf dem Papier und Feder bereit lagen, und Matt kritzelte seinen Namen unter den Kaufvertrag. Während Milly ihm zusah, strich sie mit einer Geste fast gleichgültiger Bewunderung über eine ihrer Brüste.

«Danke, Mr. Devlin, und nun warten Sie bitte einen Augenblick. Ich möchte, daß der Doktor sich Arch noch einmal ansieht», sagte Troy.

«Wenn der Doktor noch sehen kann», bemerkte Milly.

Ernst und würdevoll führte Green Troy den Doktor zum Krankenbett. Währenddessen stand Matt wartend im Besuchszimmer und starrte auf den Boden. Er ärgerte sich darüber, daß er, der sich für einen besonnenen Menschen gehalten hatte, das Opfer der Leute geworden war, die er sich selber als Opfer ausersehen hatte. Schließlich wandte er sich an Milly.

«Sag mal, wann seid ihr eigentlich auf die Idee gekommen, im Haus des Doktors nach mir zu suchen? Habt ihr ihn schon mit dieser Absicht hierhergebracht, oder ist es euch erst später eingefallen?»

«Aber Matt», protestierte Milly. «Über so heikle Dinge spricht man nicht.»

«Wer hat dir gesagt, daß ich dort sein könnte?»

«Niemand. Ich habe einmal beobachtet, wie ihr beide auf der Straße miteinander gesprochen habt, und da wußte ich alles.»

Matt lächelte. Milly nötigte ihm Bewunderung ab, aber ganz war er doch noch nicht überzeugt. «Hast du wirklich nichts über uns gehört?»

«Das brauchte ich gar nicht.» Im Schlafzimmer hörte man Gussie jammern. Als der Doktor und Troy in der Tür erschienen, fragte Milly: «Wie geht es ihm?»

«Ausgezeichnet», versicherte ihr Troy. «In etwa zwei Stunden kann er losreiten.»

Milly brachte sie zur Tür und winkte ihnen zum Abschied zu. Nachdem Troy gemeinsam mit Matt dem Doktor in den Sattel geholfen hatte, verabschiedete auch er sich und ging schnell von dannen.

Schweigend ritten sie nebeneinander her. Von Zeit zu Zeit streckte Matt die Hand aus, um seinen Gefährten zu stützen. Schließlich sagte Andy: «Matt, wir wollen Jenny nicht erzählen, wo wir waren, ja? Wir wollen uns irgend etwas ausdenken.»

«Wir werden ihr sagen, man hätte uns in eine Blockhütte geholt. Ich werde es ihr schon plausibel machen.» Gleichzeitig sagte er sich, er täte gut daran, alle Lügen einmal säuberlich zu sortieren.

Doch das Problem löste sich schließlich von selber ...

Pete und Zack Fletcher kamen mehrere Tage nicht nach Hause, und Matt schloß sich einem anderen Trupp an, der in den Bergen umherritt und die Männer jagte, die jetzt, gemessen an ihrer bisherigen Großspurigkeit, mit erstaunlich wenig Geschick um ihr Leben rannten. Das Komitee stöberte sie in entlegenen Blockhütten auf, und die meisten bekannten sich willig zu ihren Verbrechen und wurden am nächsten Baum aufgeknüpft. In weniger als drei Wochen hängte das Komitee vierundzwanzig Mann, wenn nicht – wie die Männer vom Komitee unter sich zugaben – noch ein paar mehr. Doch dadurch lebten die ehrbaren Bürger von Virginia City jetzt einigermaßen in Sicherheit.

Als alles vorüber war, versuchten sie, das Morden so schnell wie möglich zu vergessen. Denn die meisten von ihnen waren innerlich entsetzt bei dem Gedanken daran, wieviel Freude ihnen das Töten gemacht hatte, wie wenig Mitleid sie aufgebracht hatten und welche unheimlichen Haß- und Rachegefühle sie beherrscht hatten.

Matt und Pete sprachen wenig über diese Dinge. Und was den Verkauf von Rattler betraf, so gab Pete sich mit der Erklärung zufrieden, daß Matt ihn für den Anteil an einer Schürfstelle hergegeben hatte. Als ein Junge, der für Milly Botengänge besorgte, den Vertrag überbrachte, in dem Matthew Devlin und Milly Matches als gemeinsame Eigentümer einer hundert Fuß tiefen und zwanzig Fuß breiten Schürfstelle genannt wurden, sagte Pete nur amüsiert: «Milly ist eine ehrenhafte Frau.»

«Oder sie hat Humor», erwiderte Matt. Denn in Daylight Gulch, wo Matts neuer Landanteil lag, hatte bisher noch kein Mensch ans Schürfen gedacht, und erfahrene Goldwäscher waren überzeugt, daß sich daran nie etwas ändern würde.

Die Männer wandten sich wieder ihren Winterbeschäftigungen zu: sie sägten Holz, reparierten alte Schleusen und bauten neue. Im Februar begründeten Matt und Pete mit Lem Finney und Josiah Webb eine Gesellschaft, die Probeschürfungen in der Felsschlucht vornehmen sollte. Gelegentlich bekam Matt Green Troy und auch Milly Matches zu Gesicht, aber allmählich begann er die peinliche Geschichte, die ihm da passiert war, zu vergessen, und in kurzer Zeit würde er kaum noch begreifen, daß er sie sich so zu Herzen genommen hatte.

Jenny hingegen war der Ansicht, man habe sie in Verruf gebracht, und wollte sich durch keine noch so feierliche Versicherung beruhigen lassen.

«Aber Jenny», beschwor Matt sie. «In Erma Finneys Augen mag es vielleicht von Bedeutung sein, ob wir beide uns lieben oder nicht. Aber Green Troy, Milly Matches und Jeremy Flint ist so etwas vollkommen gleichgültig. Sie brauchten meine Hilfe und haben ein Druckmittel gefunden, um mich gefügig zu machen. Du kannst mir glauben, daß ich auch nicht gerade glücklich darüber bin. Aber heute können sie mit ihrem Wissen nichts mehr anfangen.»

«Und eines Tages können sie es vielleicht doch wieder.» Jenny zog die Augenbrauen hoch, als wolle sie ihm zu verstehen geben, daß er durch diese Geschichte eine größere Verantwortung ihr gegenüber habe. Und dieser Ansicht war er selber.

Mit der ersten Post im Frühling traf Mariettas Brief ein, in dem sie ihm mitteilte, daß sie mit dem Zug von New York nach Chicago fahren würden und von dort nach Iowa, wo die Eisenbahnstrecke endete. In Iowa wollten sie einen Wagen nach St. Louis mieten und von dort mit dem Schiff den Missouri aufwärts nach Fort Benton fahren. Sie würden also auf dem gleichen Weg nach Virginia City kommen wie vor zwei Jahren Matt und Pete. Aus Mariettas Brief war nicht zu ersehen, ob sie sich davor fürchtete, mit fünf Kindern, Möbeln und einem riesigen Ballast an Gepäckstücken eine so weite Reise zu unternehmen. Ebensowenig war zu erkennen, ob die lange Trennung Zweifel an Matts Treue in Marietta erweckt hatte.

Matt konnte sich nicht entschließen, Jenny von der bevorstehenden Ankunft seiner Familie in Kenntnis zu setzen. Er redete sich ein, er müsse den richtigen Zeitpunkt dafür abwarten, und verwünschte gleichzeitig seine Feigheit, weil ihm keine Gelegenheit geeignet erschien. Als Jenny eines Tages in ihrem neuen Buggy, einem Geschenk ihres Mannes, den Bau des neuen Doktorhauses beobachtete, trat Matt auf sie zu, weil er meinte, dies sei ein günstiger Augenblick, es ihr zu sagen.

Jenny schilderte ihm eifrig, wie das Haus aussehen würde, sprach von den neuen Möbeln, die bald aus San Francisco kommen würden, und sah dabei so glücklich und ahnungslos aus, daß er schon wieder glaubte, er könne es doch nicht übers Herz bringen. Aber plötzlich hörte er sich sagen: «Irgendwann im Juni wird meine Familie hier eintreffen.»

In Jennys Gesicht trat ein angespannter, nachdenklicher Ausdruck. Dann wandte sie sich ihm lächelnd zu und sagte: «So? Nun, wir wußten ja, daß sie früher oder später kommen würden. Wirst du sie in Benton abholen?»

«Ja.»

Da nahm sie die Zügel auf und trieb ihr Pferd mit einer leichten Handbewegung an. Als der Buggy sich in Bewegung setzte, sagte sie zu ihm: «Dann möchte ich dich nicht mehr wiedersehen», und fuhr unbekümmert los, während Matt verwundert hinter ihr her starrte – verwunderter, als wenn sie in Tränen ausgebrochen wäre. Später kam er zu der Ansicht, daß ihre letzten Worte ernst gemeint waren; denn wann immer sie sich trafen, versuchte sie, ihn zu übersehen, oder schenkte ihm jenes reservierte Lächeln aus der ersten Zeit ihrer Bekanntschaft, das ihn wieder zu einem Fremden stempelte.

Er hatte sich deshalb ihrem Wunsch gefügt und weder vor noch nach seiner Reise nach Benton einen Versuch unternommen, sie allein zu sehen. An dem Nachmittag, als sie mit der Geschichte von dem Mädchen aus Milly Matches' Haus zu ihm kam, sah er sie das erste Mal wieder und betrachtete sie mit dem gleichen freudigen Staunen, das er schon bei ihrer ersten Begegnung empfunden hatte.

«Es ist so heiß, nicht?» klagte sie. «Bei dieser Hitze wird mir immer ganz übel. Ich sehe das Mädchen immer noch vor Andy knien mit dieser entsetzlichen Wunde auf dem Kopf.» Sie fuhr mit dem Taschentuch über ihr feuchtes Gesicht und den Hals und schloß die Augen. Dann sah sie ihn wieder an und lächelte wehmütig, als schäme sie sich ihrer boshaften Gedanken. «Sei mir nicht böse, Matt. Natürlich mußt du dich freuen, daß du deine Familie hier hast. Ist das dort dein Sohn, der mit Zack Fletcher arbeitet?»

Matt nickte. «Ja, das ist Morgan. Er und Fletcher haben sich sehr angefreundet. Und Jonathan arbeitet mit Pete.»

«Erma hat mir erzählt, daß ihr jetzt vierundzwanzig Mann beschäftigt.»

«Fünfundzwanzig. Gestern haben wir wieder einen eingestellt. Es kommen jetzt dauernd neue Leute. Aber die meisten haben keine Ahnung von der Goldwäscherei.» Jetzt unterhielten sie sich, wie ihm schien, so unbefangen wie gute Nachbarn und waren sogar imstande, sich belustigt und verständnisvoll anzulächeln. «Ach, da ist ja meine Tochter mit ihrer Freundin.» Zwei junge Mädchen in leichten Sommerkleidern ritten über die Hügelkuppe und verhielten ihre unruhig tänzelnden

Pferde, um ein paar Worte mit Zack Fletcher und Morgan zu sprechen. «Sie reiten jeden Nachmittag aus und machen uns einen Besuch. Ein hübsches Ding, die kleine Allen. Kennst du sie?»

«Nein. Sie hat mir immer leid getan, und ich habe mir oft vorgenommen, sie einmal anzusprechen. Aber dann habe ich es doch nie getan. Ich freue mich, daß sie eine Freundin gefunden hat.»

Als Matt lachte, standen Zärtlichkeit und Stolz in seinem Gesicht. «Ja, die hat sie wirklich gefunden. Lisette hat die kleine Allen geradezu adoptiert, und sie verschenkt ihre Freundschaft nicht wahllos.»

Die Pferde setzten sich wieder in Bewegung, und Jenny wandte sich rasch ab, um in ihren Buggy zu steigen. «O Matt, da kommen sie – mein Gott, nein, ich kann sie nicht sehen.»

«Ich wollte dich mit Lisette bekannt machen.»

«Nein, bitte nicht. Nicht heute nachmittag.» Sie sah ihn verstört an. «Ein andermal, ja?»

«Warum denn nicht heute? Erma hat schon so viel von dir erzählt, daß sie alle neugierig darauf sind, dich kennenzulernen.» Eindringlich fügte er hinzu: «Sei doch vernünftig, Jenny. Was kann denn schon passieren?»

«Das weiß ich nicht, ich möchte ihr nur jetzt nicht begegnen.» Aber dann drehte sie sich doch wieder um und sah den beiden Mädchen entgegen.

Die beiden, die eine dunkelhaarig, die andere so blond, daß die Sonne ihr Haar fast silbern schimmern ließ, ritten auf sie zu und hielten ihre Pferde vor ihnen an. Während Matt die Vorstellung übernahm, blickte Lisette mit leuchtenden, fragenden Augen zwischen Jenny und ihrem Vater hin und her.

«Wo seid ihr denn heute gewesen?» fragte Matt sie.

«Ach, überall.» Lisette machte mit dem Arm eine weitausholende, alles umfassende Geste. «Und jetzt wollen wir noch diesen Weg hier entlangreiten und dann nach Hause. Auf Wiedersehen, Mrs. Danforth. Ich habe mich sehr gefreut, Sie kennenzulernen.» Nella wiederholte diesen Satz, und Jenny nickte lächelnd zuerst der einen und dann der anderen zu. Die beiden galoppierten den Hügel hinunter und ließen Matt und Jenny, verwirrt von soviel Tatkraft und Überschwang, zurück.

«Wie jung sie sind», meinte Jenny mit leisem Lachen. «Und wie hübsch deine Tochter ist. Eine richtige kleine Schönheit. Aber hat sie mich nicht ein bißchen sonderbar angesehen?»

«Nein, wieso denn?» versicherte Matt hastig. Er fühlte sich erleichtert, daß dieses Zusammentreffen, das er ein wenig gefürchtet hatte, sich so unerwartet ergeben hatte und ohne unangenehme Zwischenfälle verlaufen war. «Das ist Lisettes Art. Sie hat dich bewundert.»

Nun, da die Mädchen verschwunden waren, wandte Jenny sich Matt langsam wieder zu und sah ihn forschend an, als suche sie in seinem

Gesicht die Spuren der Liebe und des Stolzes, die Lisettes Auftauchen darauf hinterlassen hatte. Schließlich sagte sie: «Es ist wahr, trotz allem – die Gegenwart ist mächtiger als die Vergangenheit, wie diese Vergangenheit auch ausgesehen haben mag.»

Matt runzelte abwehrend die Stirn. Dann nahm er seinen breitkrempigen schwarzen Hut vom Kopf und hielt ihn so demütig vor sich wie ein Bettler, der ein Almosen erfleht. «Jenny, ich will es dir lieber jetzt gleich sagen.» Er sah sie so ernst und beschämt an, als müsse er ihr ein schreckliches Verbrechen beichten. «Meine Frau ...» Er stockte und suchte nach passenderen Worten, platzte dann aber doch in hartem, fast herausforderndem Ton damit heraus: «Jenny, Marietta ist schwanger.»

6

Lisette und Nella saßen am späten Nachmittag in der Sonne und tuschelten und wisperten. Von Zeit zu Zeit prusteten sie vor Lachen. Dann unterhielten sie sich wieder ernsthaft und nickten nachdenklich über die bemerkenswerten Einsichten, die sie sich mitzuteilen hatten – ein anscheinend unerschöpflicher Vorrat, der ihnen während der letzten drei Monate noch nicht ein einziges Mal ausgegangen war. Dabei säumten sie Taschentücher. Wie alles im Devlinschen Haushalt war auch das eine Arbeit, die Nella wichtig und interessant schien. Das Kätzchen Shekel, das Mutterfreuden entgegensah, lag schlafend zu Lisettes Füßen und bewegte hin und wieder im Schlaf seine Schwanzspitze. Erma Finney und Reba Church waren bei Marietta zu Besuch. Sie tranken im Haus Tee. Überall ringsum herrschte reges Treiben: die Frauen wuschen Wäsche, die Männer kehrten von der Arbeit zurück, und etwas weiter weg spielte eine Schar Kinder Sicherheitskomitee.

«Gebt mir noch einen Schluck Whisky!» krähte eine helle kleine Stimme. Nella und Lisette wechselten einen nachsichtigen, lächelnden Blick und beugten sich dann wieder über ihre Näharbeit. Der Junge stand auf einer Kiste und hatte ein Seil um den Hals, das an einem niedrigen Ast befestigt war. «Ich will meine Frau sehen.»

«Wir lassen keine Frauen auf den Hinrichtungsplatz», erklärte ein kleines Mädchen mit fester Stimme.

«Dann gebt mir wenigstens ein Paar Mokassins. Ich habe geschworen, nicht in meinen Stiefeln zu sterben.»

«Mutter findet es schrecklich, wenn Kinder Sicherheitskomitee spielen», sagte Lisette. «Sie meint, dann träumten sie nachts schlecht.» Kaum hatte sie diese Worte ausgesprochen, als sie ihre Freundin erschrocken ansah. «O Nella», rief sie. «Wie gedankenlos von mir!»

Denn Nella, die oft bei den Devlins übernachtete, hatte einmal mit ihrem Stöhnen und Seufzen die ganze Familie geweckt. Sie hatte mit

Lisette in einem Bett geschlafen, und als man sie wachrüttelte, war sie erschreckt hochgefahren und hatte völlig verwirrt um sich geblickt und nur stammeln können, daß sie von einem toten Mann geträumt habe, der wieder lebendig geworden sei. Später hatte sie jedoch Lisette erzählt, daß sie *vier* tote Männer nebeneinander in einer Blockhütte hatte hängen sehen und zwei weitere, die tot auf der Erde lagen. «Ihre Gesichter waren ganz blau», hatte Nella berichtet, als Lisette Einzelheiten hören wollte. «Und ihre Augen sahen so aus, als wären sie noch lebendig. Die Stricke lagen neben ihnen, und sie hatten tiefe rote Striemen am Hals. An mehr kann ich mich nicht erinnern, Lisette. Bitte, frag mich nicht weiter.»

Als Lisette sich jetzt bei ihr entschuldigte, lächelte Nella sie schüchtern an. «Ich habe jetzt kaum noch schlechte Träume.»

«Das kommt daher, weil du bei uns bist.»

«Ich weiß», sagte Nella mit weichem Lächeln und beschäftigte sich so ausschließlich damit, eine Nadel einzufädeln, als hielte nur das sie davon ab, Lisette zu sagen, wie dankbar sie ihnen war. Dabei wäre sie jedoch bestimmt in Tränen ausgebrochen.

«Es muß eine aufregende Zeit gewesen sein», meinte Lisette. Die Jagd auf die Wegelagerer war erst neun Monate her, aber Lisette kam es vor, als seien das Ereignisse in einer weit zurückliegenden Vergangenheit gewesen. «Glaubst du nicht auch? Ich will Vater einmal danach fragen. Aber er wird mir bestimmt antworten, von solchen Dingen brauchte ich nichts zu wissen.» Lisette biß mit ihren kräftigen Zähnen einen Faden durch. «Es gibt so allerhand, von dem er meint, es schicke sich nicht für mich.» Mit nachdenklicher Miene nähte sie weiter. «Nella», begann sie dann. «Wenn ich dir ein Geheimnis erzähle – würdest du es für dich behalten?» Sie blickte hoch und heftete den dunklen Blick auf ihre Freundin.

«Aber natürlich, Lisette.»

«Ehrenwort?» Lisette beugte sich zu ihr hinüber und flüsterte: «Ich glaube, meine Mutter bekommt ein Baby.» Die beiden Mädchen sahen einander an. Lisette nickte noch einmal bestätigend. «Neulich ist sie zu Dr. Danforth gegangen. Ich habe zufällig gehört, wie mein Vater sie fragte, ob sie dort gewesen sei – und dabei war sie nicht krank.» Lisette lehnte sich zurück und spreizte alle Finger. «Genauso war es, bevor Douglas und Robert geboren wurden. Daran kann ich mich noch gut erinnern. Aber warum erzählen sie es uns nicht? Ob sie sich genieren?»

Nella runzelte die Stirn über Lisettes Mißtrauen. «Sie werden es schon tun, wenn es an der Zeit ist.»

«Willst du eigentlich heiraten?» Lisette platzte so schnell mit der Frage heraus, daß Nella zusammenzuckte.

«Natürlich. Du nicht?»

«Das weiß ich nicht. Einen Mann möchte ich schon haben, aber mir ist noch nicht klar, was ich von der Ehe erwarte. Verehrer sind etwas anderes als Ehemänner. Als ich das neulich meiner Mutter sagte, antwortete sie: ‹Allerdings, Lisette. Allerdings.›» Wieder streifte Lisette ihre Freundin mit einem forschenden Blick. «Was hat sie wohl damit gemeint?»

Nellas Gesicht wurde zurückhaltend. «Meine Mutter hat immer gesagt, kein Mädchen würde heiraten, wenn es vorher wüßte, wie es in der Ehe zuginge.»

«Aber so schlimm kann es doch nicht sein», protestierte Lisette. Ihre Stimme klang aber nicht sehr überzeugt, als sie langsam hinzufügte: «Mein Vater und meine Mutter lieben sich. Das weiß ich.» Und mit zärtlichem Gesichtsausdruck hielt sie ein fertiges Taschentuch in die Höhe und prüfte, ob es auch gut geworden war. Dann legte sie es flach auf ihren Schoß und zupfte an den Ecken herum.

Lisettes augenblickliche, fast sehnsüchtige Sanftheit paßte gar nicht zu ihrer sonstigen fröhlichen, unbekümmerten Art. Nella faßte Mut und beugte sich zu ihrer Freundin hinüber: «Lisette, du bist das glücklichste Mädchen, das ich je gesehen habe. Weißt du, was ich an dem Tag dachte, als ich euch alle hier in die Stadt einziehen sah? Du wirst es nie erraten. Ich weiß noch genau: Du hieltest Shekel im Arm und hast mich angelächelt, als freutest du dich, mich zu sehen. Erinnerst du dich?»

Lisette sah sie nachdenklich an. «Ja, ich erinnere mich. Und ich *habe* mich auch gefreut, denn ich wußte, daß wir beide Freundinnen sein würden.»

«Aber wie konntest du das wissen? Ich habe es so gehofft, aber du wußtest es. Ich hatte damals gerade wieder *Ivanhoe* gelesen – das war meine einzige Beschäftigung, wenn Rick mich allein zu Hause ließ –, und da kam es mir vor, als wäret ihr die normannischen Eroberer und wir alle die Sachsen, über die ihr von nun an herrschen würdet. Ja, denk nur, Lisette, genau das habe ich gedacht.»

«Nella, wie süß du bist!» Lisettes Augen waren feucht, und sie blinzelte und schnüffelte ein wenig. Dann nähte sie ein paar Stiche, blickte aber gleich darauf wieder hoch. «Und wer ist dein Ivanhoe?»

«Ich habe keinen Ivanhoe.» Nellas weiße Haut verfärbte sich. Das Blut stieg ihr in Hals und Ohren. Lachend schlug Lisette die Hände zusammen.

«O Nella, ich necke dich so gern, aber ich meine es nicht böse.» Sie berührte Nellas Arm. «Du bist die beste Freundin, die ich habe und je haben werde. Weißt du das? Wenn du mit vier Brüdern aufgewachsen wärst, wüßtest du, daß Necken nur ein Zeichen der Zuneigung ist. Neckt Rick dich denn nie?»

«Nein, eigentlich nicht», sagte Nella nach einem leichten Zögern. «Er hat zuviel zu tun.»

Die Mädchen beugten sich wieder über ihre Arbeit. Als bald darauf

Mrs. Finney und Mrs. Church aus dem Haus traten und sich von Marietta verabschiedeten, erhoben sich die beiden Mädchen und sahen artig zu den Frauen hinüber, bis Mrs. Finney auch ihnen zulächelte und ein Abschiedswort rief, das die Mädchen mit einem Knicks beantworteten. Erma Finney und Mrs. Church fuhren davon. Lisette sah ihnen mit gerümpfter Nase nach. Als sie sich umwandte, sah sie sich ihrer Mutter gegenüber, die sie lächelnd beobachtet hatte.

«Warum mag ich sie eigentlich nicht?» fragte Lisette. «Ich weiß es auch nicht. Aber es ist nun mal so. Magst du sie, Nella?»

Nella zuckte die Achseln, antwortete aber nicht. Sie war auch jetzt noch, drei Monate nach Ankunft der Devlins, zurückhaltend, scheu und unsicher und lebte ständig in Angst, daß man sie eines Tages aus ihrem neuen Heim wieder verbannen werde. Sie war jetzt fast jeden Tag hier, und jeder, außer ihr, war davon überzeugt, daß ihre Aufnahme in den Familienkreis eine klare, beschlossene Sache war.

«Was hat denn Mrs. Finney heute wieder auszusetzen gehabt?» erkundigte sich Lisette.

Marietta lächelte schalkhaft – Lisette hatte diesen Schalk von ihr geerbt –, aber auch ein wenig nachdenklich und mitleidig. Sie hatte offenbar viele Dinge erfahren, die zwei jungen Mädchen noch fremd und sonderbar erscheinen mußten. «Mrs. Finney hat gesagt, ich würde staunen, wenn ich wüßte, wie unglaublich sich manche Leute hier in Virginia City benehmen.» Marietta schien diesem Gedanken noch einen Augenblick nachzuhängen, dann lachte sie leise und setzte sich zu den Mädchen, um einen Unterrock für Lisette zu nähen.

«Mrs. Finney ist eine niederträchtige Person», erklärte Lisette und kniff die Augen zusammen, während sie eine Nadel einfädelte. «Es gibt überhaupt eine Menge niederträchtiger Frauen in der Welt – mehr niederträchtige Frauen als niederträchtige Männer, finde ich.»

«Wir wollen nicht über Mrs. Finney herziehen», bat Nella. «Erzählen Sie uns lieber eine Geschichte, Mrs. Devlin.»

Marietta lächelte ihr zu, und diesmal war ihr Lächeln so frei und gerade wie ein fröhlicher Blick von Lisette. Nella bewunderte wieder einmal Mrs. Devlins glatte Haut und ihr rot in der Sonne schimmerndes Haar. Die leuchtende Wärme dieser Frau war für Nella der Inbegriff der Schönheit, und sie lebte ständig in Angst, daß man ihr diesen Anblick eines Tages wieder entziehen könnte. «Was möchtest du hören, Nella? Eine von den Geschichten, die ich schon mal erzählt habe, oder eine neue?»

Nella überlegte sich diese Frage reiflich. «Ja, welche . . .» murmelte sie dann, während Lisette sie lächelnd betrachtete. «Die von . . . nein, die . . . oh, Mrs. Devlin, am liebsten möchte ich eine neue hören. Und du, Lisette?»

«Ich kenne sie schon alle. Erzähl Nella doch die Geschichte von Ururgroßmutter Bannatyne. Aber sie wird dich zum Weinen bringen, Nella», warnte sie. «Es ist die traurigste Geschichte in unserer Familie. Nicht wahr, Mutter?»

«Das hängt davon ab, ob man sie für wahr hält oder nicht.»

«Mir ist es gleich, ob die Geschichte wahr ist oder nicht», erklärte Nella so entschlossen, daß Lisette auflachte. «Ich glaube sie sowieso.»

Die beiden Mädchen saßen an jedem Nachmittag eine Stunde beisammen und nähten und plauderten. Meist gesellte sich auch Marietta zu ihnen und erzählte ihnen Geschichten von den Vorfahren der Morgans und der Devlins und noch anderer Familien, deren Namen Nella aber gleich wieder vergaß. Für Nella gewannen diese Ahnen, die die Welt so leidenschaftlich geliebt hatten, fast so etwas wie Leben.

«Sie hieß Rebecca Taggart», begann Marietta mit leiser, sanfter Stimme. «Sie kam im Alter von sieben oder acht Jahren mit ihren Eltern nach Amerika – ich glaube, es war 1718 –, nachdem die Engländer es ihnen unmöglich gemacht hatten, länger in Ulster zu leben. Sie gingen zuerst nach Boston. Doch da sie als Presbyterianer den in Massachusetts lebenden Puritanern auch nicht willkommen waren, zogen sie weiter nach Pennsylvania. Als Rebecca etwa fünfzehn Jahre alt war – sie war sehr hübsch und lebhaft –, kam eines Tages ein wandernder Porträtmaler in ihr Haus, der eine Miniatur von ihr malte. Es ist das Bildchen, Nella, das du in Lisettes Schlafzimmer gesehen hast. Die beiden verliebten sich ineinander und heirateten. Nach einigen Jahren war er berühmt genug geworden und ging nach New York, genau wie heutzutage so viele Leute, um dort sein Glück zu versuchen. Zu jener Zeit hatten sie schon drei oder vier Kinder, aber Rebecca war immer noch schön. Ein Kaufmann, der sie in New York kennenlernte, wollte sie überreden, ihre Familie zu verlassen, und als Rebecca ihn abwies, entführte sie der Kaufmann. Er war ein reicher, mächtiger Mann und brachte sie an einen Ort außerhalb der Stadt, wo sie mit ihm leben mußte. Ihr Mann geriet vor Wut und Eifersucht ganz außer sich. Als er nach ein paar Monaten den Ort ausgekundschaftet hatte, wo sie lebten, fuhr er hin und tötete sie beide. Zuerst erstach er den Kaufmann und dann seine Frau.»

Nella stieß einen Schrei aus und griff sich mit beiden Händen an den Hals. Als Marietta und Lisette sie erstaunt ansahen, wurde sie rot, senkte den Kopf und murmelte: «Entschuldigung, ich wollte wirklich nicht schreien. Aber ich konnte mich nicht beherrschen.»

Mit ernster Miene drückte ihr Marietta die Hand. «Es tut mir leid, daß ich dich erschreckt habe, Nella. Wir kennen diese Geschichten schon so gut, daß wir uns gar nicht mehr vorstellen können, wie sie auf einen Fremden wirken müssen.»

«Warum hat er denn nicht nur den Kaufmann getötet?»

«Ja», sagte Marietta. «Manche Leute erzählen die Geschichte auch anders; sie sagen, Rebecca sei ihm freiwillig gefolgt.»

«Das glaube ich nicht», erklärte Lisette. «Sie sieht nicht aus wie eine Frau, die ihrer Familie wegläuft. Nein, Nella», versicherte sie ihrer Freundin, «der Kaufmann hat sie bestimmt entführt, und ihr Mann hätte eigentlich gehängt werden müssen. Aber die Geschworenen haben ihn begnadigt.»

«Du bist ebenso *seine* Urenkelin wie *ihre,* Lisette.»

«Er war ein Mörder, da kann man sagen, was man will.» Lisette schauderte. «Ein Mörder in unserer eigenen Familie! Eigentlich hätten wir dir diese Geschichte gar nicht erzählen dürfen, Nella. Was meint Vater eigentlich?»

«Vater glaubt, daß sie dem Kaufmann freiwillig gefolgt ist», lächelte Marietta.

«So? Und was war mit seiner eigenen Urgroßmutter – dieser Quäkerin? Die in der Kirche ihren Mantel abnahm und vor der ganzen Gemeinde splitternackt dastand?»

Nella setzte sich kerzengerade hin, blickte von Marietta zu Lisette und konnte ihr Entsetzen kaum verbergen. «Warum hat sie denn das getan?»

«Sie wollte für eine Sünde büßen, Nella», beruhigte Marietta sie freundlich.

«Was für eine Sünde?»

Lisette lächelte. «Na, was wird das wohl für eine Sünde gewesen sein, Nella?»

«Lisette, so eine Bemerkung gehört sich nicht für dich. Und damit du es nur weißt, Nella: Sie wurde dafür ausgepeitscht. Aber jetzt wird es Zeit, daß wir das Abendessen zurechtmachen.» Damit raffte Marietta ihre Näharbeit zusammen und ging ins Haus. Die beiden Mädchen brachten die Stühle, die Tassen und Teller und die Teekanne hinein, die sie für ihr Nachmittagsnähstündchen mit ins Freie genommen hatten. An der Tür faßte Lisette Nellas Arm.

«Jetzt bist du empört, Nella, nicht wahr?» flüsterte sie ängstlich. «Jetzt hältst du uns für eine unehrenhafte Familie.»

«Aber natürlich nicht, Lisette. Wie könnte ich Menschen, die ich so liebe, für unehrenhaft halten.»

Lisettes Gesicht bekam einen spitzbübischen, fast boshaften Ausdruck. «Aber vielleicht sind wir es sogar ein bißchen. Ich könnte dir noch andere Geschichten erzählen ... Geschichten von Piratengespenstern und Tomahawks, die durch das Wohnzimmerfenster fliegen. Und von einem Mädchen, das sich eines Nachmittags mit seinem Vetter auf dem Dachboden einschloß und dann ein Baby bekam. Was hältst du davon?» Lisettes schwarze Augen blitzten herausfordernd, und Nella starrte ihre Freundin hilflos an.

Aber trotz Lisettes Neckereien, trotz der Fragen, die Nella oft nicht beantworten konnte, und trotz ihrer Schüchternheit und Zaghaftigkeit –

vor allem, wenn Matt und Pete und die beiden ältesten Söhne zugegen waren – gewöhnte sich Nella allmählich an das Leben mit den Devlins.

An Lisettes vierzehntem Geburtstag hatte sie schon so viel Selbstvertrauen gewonnen, daß sie Lisette aus der Küche schickte, um mit Marietta das Festessen vorzubereiten, daß sie flüsternd mit Robert und Douglas beriet, was sie Lisette schenken sollten, und bei Tisch sogar eine kleine Rede hielt und Lisette ihr eigenes Geschenk überreichte. Es war ein Medaillon, für das sie Rick Geld abgeschmeichelt hatte. Sie klatschte vergnügt in die Hände und sang zu Petes Musik, tanzte mit Matt, Morgan, Jonathan und Zack Fletcher, und als es Zeit war, zu Bett zu gehen, war sie so erfüllt von den Erlebnissen des Tages, daß sie nicht einschlafen konnte. Sie war auch verwirrt, weil sie an diesem Abend entdeckt hatte, daß sie sich in Morgan, Lisettes ältesten Bruder, verliebt hatte – obgleich sie es natürlich schon an jenem Nachmittag gewußt hatte, an dem Lisette sie spitzbübisch gefragt hatte, wer ihr Ivanhoe sei.

Vielleicht hatte sie sich nur in ihn verliebt, weil sie in die ganze Familie verliebt war. Morgan war ein Jahr älter als sie und bot sich ihr gewissermaßen als natürlicher Partner an. Möglicherweise hätte sie sich aber auch sonst in ihn verliebt. Denn in seinem Gesicht spiegelten sich kraftvolle Intensität, die sie angenehm und verwirrend fand, und – wenn er von Marietta oder Lisette sprach – Zärtlichkeit, an der teilzuhaben sie sich sehnte.

Wenn sie abends in ihre Blockhütte zurückgegangen war, hatte Morgan sie stets begleitet. Ein paarmal war Lisette mitgekommen, und einmal sogar auch Zack Fletcher. Meist waren Morgan und sie jedoch allein gegangen, und es war auf dem ganzen Weg kein Wort gefallen. Nella hatte manchmal ein wenig nervös vor sich hin gesummt, aber es war ihr nicht gelungen, Morgan zum Reden zu bringen; deshalb hoffte sie insgeheim, Morgans Zunge sei gelähmt, weil er so verliebt in sie war.

Eines Abends hatte sie sich zu ihrer eigenen Überraschung an der Tür umgewandt und ihn gefragt, ob er noch ein paar Minuten mit hereinkommen wolle. Aber er hatte sie nur mißbilligend angesehen, den Kopf geschüttelt, «Gute Nacht, Nella» gesagt und war davongegangen. Er schien nicht einmal zu hören, als sie in flehendem Ton hinter ihm herrief: «Ich meinte doch nur für eine Minute!»

Als sie ihm danach das nächste Mal bei Tisch gegenübersaß und während einer Unterhaltung mit Robert hochblickte, sah sie, daß Morgans Augen, die noch dunkler waren als Lisettes, beobachtend auf ihr ruhten. Sofort begann Lisette, der nichts entging, ihrem Bruder etwas zuzutuscheln. Das war eine Ungehörigkeit, für die sie oft gerügt wurde; sie entschuldigte sich stets, beging jedoch im nächsten Augenblick den gleichen Fehler.

Nicht lange nach Lisettes Geburtstag, als Nella Marietta in der Küche beim Abwaschen half und Lisette das Wohnzimmer zum viertenmal an diesem Tag fegte, hörte Nella, wie Lisette mit ihrem Bruder über sie und ein anderes Mädchen sprach. Nella vergewisserte sich mit einem Blick, daß Marietta beschäftigt war, und stellte sich mit gespitzten Ohren neben die Tür und lauschte.

«Erinnert sie dich an Suky?» hörte sie Lisette fragen.

«Kein bißchen.» Morgans Stimme klang abwehrend. «Sie ist doch nur fünf Fuß groß und außerdem – nein, sie hat überhaupt keine Ähnlichkeit mit Suky.»

«Sie ist blond und hübsch, und sie hat die gleiche stille, verschlossene Art.»

Morgan lachte laut auf. «Suky ist von Natur aus still, Nella nur, weil sie verschüchtert ist. Nella hat auch nicht Sukys strenge Würde.»

«Sukys strenge Würde! O Morgan, manchmal redest du wirklich fürchterlichen Unsinn. Ich werde nie vergessen, wie sie sich anstellte, als wir wegzogen.» Lisettes Stimme wurde zornig. «Sie tat so verzweifelt, daß man hätte glauben können, sie brächte sich um aus Liebe zu dir. Aber sie wird sich nie umbringen – schon gar nicht aus Liebe zu einem Mann! Sie stirbt höchstens, wenn sie sich eines Tages selbst zuwider ist. Sieh mich nicht so wütend an; du weißt genau, daß du mir keine Angst einjagen kannst. Warum verteidigst du sie auch immer!»

«Vielleicht tue ich das nur, um sie vor dir in Schutz zu nehmen, Lisette.»

Nach einer Weile sagte Lisette: «Sei vorsichtig mit Nella, Morgan. Halte sie nicht zum Narren und tu nichts, was sie verletzen könnte.»

Wieder lachte Morgan auf, und Nella wandte sich von der Tür ab. Sie war ganz entsetzt über die Entdeckung, daß es noch ein anderes Mädchen in Morgans Leben gab, und zugleich tief beschämt, weil sie hatte hören müssen, daß sie, Nella, nicht die strenge Würde dieses Mädchens besaß. «Wie kommst du auf den Gedanken, ich könnte deine Freundin verletzen?» hörte sie Morgan noch fragen. Und dann Lisettes Antwort: «Ich fürchte, sie könnte dir Anlaß dazu geben.»

Stöhnend preßte sich Nella die Hände auf die Ohren und erklärte Marietta, sie habe plötzlich einen scharfen Stich verspürt, nichts Schlimmes, es sei schon vorbei.

Es kostete sie große Selbstbeherrschung, Lisette nicht zu fragen, wer Suky sei. Nach ein paar Tagen, als die beiden Mädchen sich vor dem Zubettgehen gegenseitig das Haar bürsteten, konnte sie sich aber nicht mehr zusammennehmen.

«Suky?» wiederholte Lisette. «Dann hast du offenbar gehört, als ich mit Morgan über sie sprach. Hoffentlich haben wir nichts gesagt, was nicht für deine Ohren bestimmt war.»

«Ich war nur neugierig. Du hast ihren Namen bisher noch nie erwähnt.»

Lisette bürstete Nellas Haar und zögerte ein wenig, bevor sie antwortete: «Suky ist unsere Kusine, Susan Ching; sie hat in New York in unserer Nähe gewohnt. Sie und Morgan sind gleichaltrig; aber um die Wahrheit zu sagen, Suky und ich mögen uns nicht, wir konnten uns nie ausstehen. Darüber amüsiert sich die ganze Familie, obgleich ich die Sache, soweit sie mich betrifft, durchaus nicht komisch finde. Natürlich tut sie so, als bemerke sie es überhaupt nicht. Ich bin nur ihre kleine Kusine, viel zu jung, um schon mitzuzählen.» Lisette gab Nella die Haarbürste, setzte sich auf die Bettkante und faltete die Hände, die von den Rüschen an den Ärmeln ihres weißen Nachthemds fast völlig verdeckt waren. Nella wollte gerade anfangen, ihr Haar zu bürsten, als Lisette sich mit Verschwörerlächeln zu ihr umwandte. «O Nella, wenn Morgan sich doch bloß in dich verlieben wollte! Wie gern würde ich Suky das schreiben!» Dann drehte sie den Kopf wieder nach vorn, und Nella begann, ernst und nachdenklich, das Haar ihrer Freundin zu bürsten. Sie war glücklich, weil sie der Zustimmung Lisettes sicher sein konnte, aber auch peinlich berührt, daß ihre Freundin sie so nüchtern beobachtete und über sie sprach, als sei sie Shekel oder das zu erwartende Baby, von dem sie nun alle wußten. Gelegentlich fühlte sie sich versucht, Lisette zu fragen, was diese von Zack Fletcher hielte. Aber dann fehlte ihr doch der Mut dazu, denn sie fürchtete, Lisette würde antworten, das ginge sie nichts an, und ihr vielleicht sogar das Haus verbieten. Lisette hatte nämlich die Gewohnheiten eines verzogenen, etwas verwöhnten Mädchens: Sie war aufrichtig, wenn sie Lust dazu hatte, verschlossen, wenn ihr das richtiger erschien, und außerordentlich launenhaft. Manchmal war sie unvermutet dankbar, manchmal boshaft und hochfahrend und dann wieder einschmeichelnd. Nie konnte Nella voraussagen, wie Lisette in der nächsten Minute sein würde. Manchmal unterhielt sich Lisette kokett und spöttisch mit Zack, fragte ihn, woher er stamme und warum er nichts von sich erzähle, an anderen Tagen übersah sie ihn völlig und nahm es Morgan sogar übel, wenn dieser ihr vorwarf, sie sei unhöflich gegen seinen Freund.

«Ich traue ihm nicht», erklärte sie. «Zack ist wie ein wildes Tier, das nicht mag, wenn man es streichelt.»

«Dann darfst du ihn auch nicht reizen», meinte Morgan. Und Lisette gab sich eine Weile Mühe, es nicht zu tun.

Nella hatte jedoch bemerkt, daß Zack immer wenn er sich unbeobachtet glaubte, Lisette so aufmerksam ansah, als sei sie eine neue Spezies, deren Lebensgewohnheiten er studiere. Dabei zeichneten sich Zärtlichkeit und Überraschung in seinen forschenden Blicken ab. Aber Zack Fletcher war schon dreiundzwanzig Jahre alt, und Nella meinte, in seinen Augen seien sie gewiß alle noch Kinder.

Eines Sonntags gegen Ende Oktober unternahmen die vier einen weiten Ritt, um das Hügelgelände jenseits der Schürfstellen zu erkunden.

Lisette und Zack ritten voran, Nella und Morgan folgten. Nella ritt auf Morgans Pferd Puzzle, das er ihr für die Nachmittagsausflüge mit Lisette zur Verfügung gestellt hatte.

Als sie die Stadt verließen und in der freien Natur am Rande der Hügelkette entlangritten, wurden sie ausgelassen und fröhlich. Der Wind zerzauste ihnen das Haar, die Sonne schien warm, und die Pferde galoppierten leichtfüßig und schnell die schmalen Pfade entlang. Lisette ließ ihr Pferd alle möglichen Kunststücke machen, und Zack tat, als sei er starr vor Staunen; doch dann vollführte er mit seinem eigenen Pferd die tollsten Sprünge und zwang es dann in eine Hockstellung, während er absprang und Lisette beim Absteigen half.

Nella, deren langes Haar ihr um die Schultern wehte, stellte mit einem kurzen Seitenblick fest, daß Morgan sie beobachtete. Sie nahm allen Mut zusammen und sagte: «Das letzte Mal, als ich hier war, blühten dort unten weiße Veilchen, und der ganze Abhang war bedeckt mit blühenden wilden Rosen. Damals wünschte ich mir, es wäre jemand bei mir, dem ich es zeigen könnte.»

«Das werden wir bestimmt noch einmal zusammen sehen», versicherte Morgan ihr so ernst, als sei dies ein Versprechen, das sie beide verpflichte. Nella fühlte sich ganz verwirrt vor Glück.

Schließlich machten sie Rast. Zack und Morgan breiteten Decken über das hohe, trockene Gras, trugen Zweige und ein paar größere Äste für das Feuer zusammen und begannen den Vorratskorb auszupacken, während Lisette und Nella, die eine den Arm um die Taille der anderen geschlungen, umherspazierten und dabei leise und vertraulich miteinander plauderten.

Zack kniete gerade am Boden und wollte das Feuer entzünden, als Lisette auf ihn zusprang und rief: «Das sollten wir lieber nicht tun. Wenn nun Indianer in der Nähe sind?» Zack blickte mit spöttischem Schmunzeln zu ihr hoch, und als Lisette zu Morgan und Nella hinübersah, bemerkte sie, daß die beiden sie amüsiert anlächelten. «Na gut, dann macht das Feuer an. Aber hoffentlich werden wir nicht skalpiert!»

«Zack hat bei den Indianern gelebt», erklärte Morgan. «Er weiß es schon zu verhindern.»

Zack brachte das Feuer in Gang, blieb davor hocken und goß etwas Öl hinein, als es zu schwelen begann. «Stimmt das wirklich?» fragte Lisette. «Sie haben bei den Indianern gelebt?»

«Eine Zeitlang.»

Lisette zog ein ärgerliches Gesicht, denn sie war nicht ganz sicher, ob die anderen sie zum besten hielten. Hier im Westen versuchte jeder, sich eine möglichst abenteuerliche Vergangenheit zuzulegen, um den Neulingen, und ganz besonders deren Frauen, zu imponieren. «Stimmt es, daß die Indianer alle Frauen, die sie gefangennehmen, mißhandeln?» fragte Lisette.

Zack warf Morgan einen Blick zu. Der bedeutete ihm jedoch nur lächelnd und mit einem Achselzucken, daß er diese Frage schon selber beantworten müsse. «Ja, sie mißhandeln alle, die sie nicht umbringen», sagte Zack langsam. «Und manchmal sogar auch die noch.» Lisette schrie entsetzt auf, und Zack sah wieder zu Morgan hinüber, als wolle er ihn um Entschuldigung bitten. «Wahrscheinlich hätte ich das nicht sagen sollen. Aber sie hat mich gefragt.» Dann wandte er sich ernst an Lisette: «Auf jeden Fall sollte man ihnen aus dem Wege gehen – das ist der beste Rat, den ich euch geben kann.»

«Ich will nichts mehr davon hören! Das werde ich nie vergessen können, so gern ich es auch möchte – genau wie den toten Mann, den wir letzten Monat gesehen haben.» Erschrocken wandte sie sich an Nella. «O Nella, entschuldige! Was habe ich jetzt angestellt!»

«Welcher Mann?» fragte Morgan.

Nella berührte seinen Arm. «Bitte, erzähl es nicht deinen Eltern. Wir sind hingegangen, um ihn anzusehen, als er gehängt worden war. Aber wir haben uns geschworen, nie einem Menschen davon zu erzählen.»

«Und jetzt habe ich das Versprechen gebrochen», fiel Lisette zerknirscht ein. «Aber die anderen sind auch alle hingegangen, Morgan. Der Lehrer hat Robert und Douglas und die ganze Klasse mitgenommen. Es sollte ihnen eine Lehre sein.»

«Ich weiß. Aber Nella hätte nicht hingehen sollen, und du auch nicht.»

Lisette ging ein paar Schritte beiseite und tat, als sei sie völlig in die Betrachtung der Wolken vertieft. Zack bereitete Kaffee, und ein paar Minuten lang sprach keiner ein Wort. Als Lisette sich schließlich umwandte, schlenderten Nella und Morgan auf das Flußufer zu, und Zack starrte sie verlegen grinsend an. Sie ging zu ihm. «Als ich davon hörte, mußte ich einfach hin – ich konnte nicht anders. Ich kann es nicht erklären, und es hat auch keinen Sinn, wenn ich es versuche.»

«Die Frauen, die hierher in den Westen kommen», sagte Zack langsam, «müssen sich schon an ein paar Dinge gewöhnen, die sie im Osten nie zu sehen bekämen. Es sterben nun einmal nicht alle Männer im Wohnzimmer in ihrem Sonntagsstaat.»

Morgan und Nella waren schon ein ganzes Stück entfernt. Lisette zögerte einen Augenblick, setzte sich dann aber doch nieder, um Zack Fletcher zu beweisen, daß er sie nicht einschüchtern konnte, gleichgültig, ob er mit Indianern zusammen gelebt hatte oder nicht.

«Wie viele Männer haben Sie schon getötet?»

«Mit den bloßen Händen?» Er streckte seine großen Hände aus und spreizte seine Finger, so daß die Daumen fast im rechten Winkel von den Handflächen abstanden.

«Morgan sagt, Sie seien bei den Border Ruffians, den Grenzern, gewesen. Stimmt das?«

«Ja, ein paar Monate lang.»

«Sie sind ein Rebell», sagte sie anklagend, und einen Augenblick später fügte sie hinzu: «Aber Sie scheinen uns Yankees nicht zu hassen.»

«Ich glaube nicht an Haß; ich fühle keinen.» Er starrte nachdenklich ins Feuer und stocherte mit einem langen Stock darin herum. Dann warf er ein paar Zweige darauf und fügte eine Handvoll Fichtennadeln hinzu, als befolge er ein Rezept. Der Kaffee kochte jetzt und verbreitete einen aromatischen Duft.

«Mein Vater war im Krieg. Das wissen Sie doch?» Zack nickte, und Lisette, die das Gefühl hatte, ihn trösten zu müssen, sagte freundlich: «Der Süden soll jetzt so gut wie besiegt sein. Glauben Sie das?»

«Ich fürchte, es stimmt. Am Anfang sah alles so einfach aus – und jetzt ist Atlanta gefallen.» Er schob seinen schwarzen Hut aus der Stirn, blinzelte durch den Rauch zu ihr hinüber und zuckte die Achseln.

«Es tut mir leid», sagte Lisette und legte dabei mehr Zärtlichkeit in ihre Stimme, als sie eigentlich beabsichtigt hatte. «Das heißt, es tut mir leid, daß Sie verloren haben – nicht, daß wir gewonnen haben.» Dabei legte sie den Kopf zur Seite, als lausche sie ihren eigenen Worten. Und als er Kaffee einschenkte und ihr eine Tasse brachte, lächelte sie ihn an.

Schon bei ihrer ersten Begegnung hatte Lisette den Eindruck gehabt, daß Zack Fletcher irgend etwas Aufrührerisches an sich hatte und daß eine Frau ihn bändigen müsse. Er schien sich allen Bräuchen der menschlichen Gemeinschaft zu entziehen und nicht die geringste Neigung zu haben, Tätigkeiten auszuüben, die andere Menschen für sinnvoll hielten, oder auch nur Interesse dafür aufzubringen. Da in diesem Augenblick niemand da war, der Lisette gesagt hätte, es sei unhöflich, Fragen zu stellen, fragte sie weiter: «Haben Sie keine Familie? Kein Zuhause?»

«Doch. Ich bin fortgelaufen.»

«Fortgelaufen? Als Sie noch jung waren? Ich meine, noch jünger?»

Zack schien ein Lächeln zu unterdrücken. Ja, es kam ihr so vor, als müsse er schon eine ganze Zeit gegen seine Lachlust ankämpfen. Offenbar fand er sie amüsanter, als sie sich hatte geben wollen. «Im Grenzgebiet laufen neun Zehntel aller Männer von zu Hause weg. Können Sie sich vorstellen, wie es ist, wenn man in einer Familie aufwächst, in der die Mutter jedes Jahr ein neues Kind bekommt und der Vater eine Farm hat, auf der mehr Unkraut wächst als sonst etwas? Wissen Sie, wie es ist, wenn man dauernd Magenschmerzen hat vor Hunger und sich die meiste Zeit auf den Piers von St. Louis herumtreibt? Ich glaube, in so einer Lage würden Sie auch davonlaufen.»

«Das tut mir leid.» Sie streckte ihm impulsiv die Hand hin; aber als Zack ihre Hand nur fragend anblickte, zog sie sie wieder zurück.

«Mich braucht keiner zu bedauern. Ich habe in den letzten zwölf oder dreizehn Jahren Dinge erlebt, die ich nicht gegen die beste Goldmine im Grenzgebiet eintauschen möchte. Ich streife gern allein umher, und manchmal mag ich dann wieder Menschenmengen und Lärm und auch das, was Mädchen wohl als den Sündenpfuhl der Goldgräbercamps bezeichnen – diese Orte, wo Männer so gern hingehen. Ich kann Ihnen nicht begreiflich machen, was ich meine, und ich will es auch gar nicht erst versuchen. Aber Sie haben mich nun mal gefragt, und so sieht die Antwort aus. Sind Sie jetzt zufrieden?» Er warf ihr einen kühlen Blick zu, und Lisette richtete sich kerzengerade auf.

«Danke, ja.»

Zack zerbrach ein paar dünne Zweige und schichtete sie zu einem kleinen Hügel, den er aufmerksam betrachtete, als könne er seine Zukunft daraus lesen. Nach einer Weile schüttelte er den Kopf und sagte nachdenklich: «Wenn man Ihnen erst einmal eine feinere Bildung beigebracht hat, wird Ihnen das vermutlich alles reichlich grob vorkommen.»

«Über meine Bildung brauchen Sie sich keine Gedanken zu machen», sagte Lisette von oben herab. «Die habe ich nämlich bereits. Ich bin in Connecticut in einem sehr guten Institut gewesen, wo ich Französisch, Musik, Tanzen und dramatische Kunst studiert habe. Worüber lächeln Sie?»

«Habe ich gelächelt? Dann war es unabsichtlich. Wissen Sie, Männer lächeln oft nur, weil sie etwas sehen, was sie glücklich macht.» Dieses Geständnis schien ihm peinlich zu sein; aber Lisette fühlte sich durch seine Worte geschmeichelt und in ihrer Weiblichkeit bestätigt. «Sie haben also Französisch, Musik und dramatische Kunst studiert. Aber das ist ja eigentlich noch keine Bildung; das sind nur so kleine gesellschaftliche Tricks, die für ein Mädchen ganz nützlich sein mögen und es reizvoller machen. Und alles, was ein Mädchen für Männer reizvoll macht, ist ein Vorteil. Aber wirkliche Bildung und Erziehung kann ein Mädchen nur durch einen Mann bekommen.»

Lisette hatte seinen Worten so hingegeben gelauscht, daß sie nicht sofort auf seine letzte Bemerkung reagierte. Nach einem Augenblick fuhr sie ihn an: «Was fällt Ihnen ein, so mit mir zu sprechen?» Sie wollte aufstehen, aber er hielt sie zurück.

«Wenn Sie jetzt weglaufen, wird Ihr Bruder Sie fragen, was geschehen ist. Was wollen Sie ihm antworten? Daß ich Sie beleidigt hätte? Du lieber Gott, sind die jungen Damen von heute mißtrauisch!» Er ließ sich neben ihr nieder, legte sich auf den Rücken, verschränkte die Arme unter dem Kopf und schlug die Beine übereinander. «Ich habe Sie nicht beleidigt, das wissen Sie ganz genau.» Er drehte sich zu ihr und sah sie an. Dann zog er sich den Hut über die Augen. «Solange Sie mit mir zusammen sind, wird Ihnen nichts geschehen, woran Ihr Bruder oder Ihre Eltern Anstoß nehmen könnten. Es gibt kaum einen Menschen, den ich so achte und verehre wie Ihren Vater. Er ist ein großartiger Mann.

Und Ihr Bruder auch, so jung er ist. Lassen Sie den hier draußen nur noch ein paar Jahre älter werden, und Sie werden überrascht sein. Sie werden ihn nicht wiedererkennen.»

«Ich hoffe, das wird nicht geschehen.» Lisette sah zu Morgan und Nella hinüber, die am Ufer entlanggingen. Hin und wieder hörte sie Nellas helles Lachen, das ebenso zart und zerbrechlich wirkte wie Nella selbst. «Ich will nicht, daß er sich verändert.»

«Aber das wird er. Hier in den Bergen wird man schnell erwachsen.»

«Ich möchte nicht, daß sich etwas verändert. Ich möchte, daß wir alle genauso bleiben, wie wir jetzt sind.» Sie blickte ihn an, sah, daß er nicht lächelte, und fragte: «Ist das nicht möglich?»

«Nein», antwortete er entschieden. «Das ist nicht möglich.» Er zog seinen Hut noch weiter übers Gesicht.

«Ja, ich weiß», seufzte Lisette. Wieder sah sie zu Nella und Morgan hinüber. Die beiden unterhielten sich, und Nella hatte die Hände hinter dem Rücken verschränkt und warf den Kopf zurück, so daß ihr das Haar wie ein durchsichtiger Schleier bis zu den Hüften reichte. Lisette wunderte sich, daß die beiden, die sonst kaum ein paar Worte miteinander wechselten, plötzlich so gesprächig waren. «Ich möchte wissen», sagte sie wie zu sich selbst, «ob Morgan in Nella verliebt ist. Hat er mit Ihnen darüber gesprochen?»

Zack setzte sich mit einem Ruck auf; aber als Lisette sich ihm zuwandte, schüttelte er den Kopf: «Nein. Kein Wort.» Er schenkte Kaffee ein, stellte eine Tasse neben Lisette und streifte sie dabei mit einem zärtlichen und zugleich neugierigen Blick. «Glauben das alle Mädchen? Ich meine, glauben Mädchen, daß wir uns darüber unterhalten, ob wir verliebt sind und in wen?»

«Es heißt doch, Männer sprechen immer über Frauen.»

Zack schlug sich aufs Knie und lachte so laut auf, daß Lisette ihn vorwurfsvoll anblickte. Daraufhin verstummte er und schien sogar etwas verlegen über seinen Lachanfall. Rechtfertigend und fast ohne Spott sagte er: «Männer verlieben sich nicht wie Mädchen nur aus Freude oder Spaß.»

Während Lisette über diese Worte nachdachte, beobachtete sie ihn aufmerksam und ein wenig verwirrt, da es ihr plötzlich schien, als säße er sehr nahe bei ihr, obgleich er sich nicht bewegt hatte. «Und warum verlieben sich Männer?»

«Männer verlieben sich nur, wenn es nicht zu vermeiden ist. Vorher nicht. Und ganz bestimmt suchen sie nicht nach jemandem, in den sie sich verlieben könnten.»

Lisette mißfiel der Ton, in dem Zack diese Bemerkung machte. Er schien zu bestätigen, was sie bisher über Zack gedacht hatte – daß er nämlich ein verantwortungsloser und im Grunde unmoralischer Mensch war. Denn ihrer Meinung nach mußte jeder Mann von Moral einsehen, daß es seine Pflicht war, sich zu verlieben und die daraus entstehenden Konsequenzen für den Rest des Lebens auf sich zu nehmen. Sie hätte Zack gern eine Lektion erteilt, wußte aber, daß sie im Augenblick nicht dazu imstande war; denn Zack strömte so viel körperliche Kraft, Überlegenheit und Unabhängigkeit aus, daß sie sich ihm gegenüber sehr jung und unsicher fühlte. Deshalb verschanzte sie sich hinter einer würdevollen Haltung und ignorierte seine Herausforderung – falls es überhaupt eine gewesen war.

Eine Weile wechselten sie kein Wort mehr miteinander. Lisette, die Nella und ihren Bruder ein bißchen sehnsüchtig beobachtete, sah plötzlich, daß Morgan Nellas Hand ergriff, sich impulsiv zu ihr hinabbeugte und sie küßte, bevor Nella zurückweichen konnte. Dann lief Nella auf Lisette und Zack zu und winkte Morgan, ihr zu folgen. Als die beiden vor ihr standen, wandte Lisette sich ab und tat, als habe sie den Kuß nicht gesehen. Zack erhob sich, um das Feuer zu schüren, und als Lisette ihm einen flüchtigen Blick zuwarf, sah sie, daß er ihr zulächelte.

«Sie sind noch sehr jung, Lisette, aber ein sehr hübsches junges Mädchen.»

7

Nella ging in ihre Blockhütte, kam aber einen Augenblick später wieder heraus und stellte sich mit einer fast schützenden Gebärde vor die Tür. «Rick ist da», erklärte sie Morgan, Zack und Lisette. «Ich muß ihm Abendbrot machen.» Sie wollte schon wieder hineingehen, drehte sich dann aber noch einmal um und sagte: «Das Picknick war sehr schön – vielen Dank.»

Außer Rick waren noch zwei Männer da; der eine war Abel Hawker, den Nella kannte, aber nicht mochte. Er war etwa in Ricks Alter und hielt sich für einen der rauhesten Burschen im Gebirge – für einen «Kerl mit Rinde», wie diese jungen Männer sich selber bezeichneten. Sie genossen es, wenn ihr Auftauchen in einem Bordell oder in einer Kneipe bei den anderen Gästen Angst und Schrecken hervorrief. «Hallo», winkte er ihr zu, erhob sich jedoch nicht, sondern blieb auf dem unteren Wandbett liegen und starrte zur Decke.

Der andere Gast war Green Troy. Er stand auf und verbeugte sich, als Rick ihn vorstellte, setzte sich dann wieder und betrachtete Nella nachdenklich, die auf einem Stuhl an der Wand Platz genommen hatte. Rick lief unruhig hin und her, blieb plötzlich vor ihr stehen, stampfte mit dem Fuß auf – wie immer, wenn er sie einschüchtern wollte – und fragte: «Was haben sie über mich gesagt, deine Freunde?»

«Nichts, Rick. Wir haben gar nicht über dich gesprochen.»

«Sag die Wahrheit!» schrie Rick sie an.

Auch Abel Hawker zog ein mißtrauisches Gesicht.

Nur Green Troy sagte: «Brüllen Sie doch Ihre Schwester nicht so an, Allen.»

«Es ist etwas geschehen», sagte Nella leise. Ihre Stimme klang so entschieden, als spreche sie nur eine längst feststehende Tatsache aus. «Rick ist in Schwierigkeiten, nicht wahr?» Sie wandte sich an Green Troy. «Habe ich recht, Mr. Troy?»

«Nein, Miss Nella, ich würde nicht sagen in Schwierigkeiten; Rick ist nur in einer etwas prekären Lage.»

Nella blickte seufzend auf ihre im Schoß verschränkten Hände. «Ach, Rick, ich wußte, daß so etwas kommen würde. Ich habe dich gewarnt.»

«Geh doch zum Teufel mit deinen Warnungen!»

«Hören Sie, Allen. Ich habe meine Zeit nicht gestohlen», unterbrach ihn Green Troy nüchtern. «Es sind da so einige Gerüchte über Ihren Bruder und Hawker in Umlauf, Miss Nella. Sie entsprechen selbstverständlich nicht der Wahrheit. Aber die Herren vom Wachtkomitee scheinen mißtrauisch geworden zu sein; deshalb halten wir es für angebracht, daß die beiden eine kleine Reise machen, bis die Luft wieder rein ist. Sie könnten doch sicher so lange zu Ihren Freunden gehen, nicht wahr?»

Nella schloß die Augen. «Nein, das kann ich nicht. Wenn Rick unter Verdacht steht, werden sie mich nicht bei sich haben wollen.»

«Vielleicht wissen sie nichts davon. Mir ist die ganze Geschichte auch nur auf Umwegen zu Ohren gekommen. Sie können ja sagen, Ihr Bruder sei unterwegs, um ein paar Probeschürfungen vorzunehmen.» Green Troy lächelte. «Wenn Ihre Freunde Fragen stellen, brauchen Sie doch nicht zu antworten. Falls Sie jedoch eine verdächtige Bemerkung hören sollten, Miss Nella, müssen Sie mich sofort informieren. Davon könnte das Leben Ihres Bruders abhängen.»

«Sehr richtig», fiel Rick ein.

Nella sah ihn traurig an. Rick genoß seine Lage ganz offensichtlich. Er fühlte sich bedeutend in der Rolle eines Mannes, gegen den vielleicht in diesem Augenblick ein Mordplan ausgeheckt wurde.

Die drei Männer traten vor die Blockhütte und unterhielten sich draußen noch ein paar Minuten mit gedämpfter Stimme. Dann gingen Troy und Abel Hawker fort, und Rick machte sich sofort daran, seine Pistolen zu reinigen und zu überprüfen, während Nella Vorräte für ihn packte, wie Green Troy es ihr befohlen hatte: Zwieback und Sardinen, damit die beiden kein Feuer zu machen brauchten, ferner eine Decke und Munition. Nellas Fragen setzte Rick nur mürrisches Schweigen entgegen.

Als alles vorbereitet war, lief Rick unruhig in der Hütte hin und her, von Zeit zu Zeit warf er einen Blick durchs Fenster, stampfte mit dem Fuß auf und schnippte mit den Fingern. Nach einigen Stunden endlich erklärte er, nun sei es Zeit. Er nahm die zusammengerollte Decke und die Vorräte, die Nella gepackt hatte, und wandte sich zur Tür, offenbar entschlossen, seine Schwester ohne ein Wort des Abschieds zu verlassen. Doch dann blieb er noch einmal stehen und sagte: «In dem Beutel da ist ein bißchen Goldstaub. Damit kannst du eine Weile auskommen. Und wenn du Hilfe brauchst, geh zu Green Troy. Der ist mir nämlich genauso zu Dank verpflichtet wie ich ihm – aber du brauchst ihm nicht zu erzählen, daß ich das gesagt habe. Ja – das wär's also.»

Nella faßte seinen Arm. «Rick, bitte, sag mir, daß du nichts Schlechtes getan hast.»

Rick zögerte einen Augenblick und ging dann hinaus. Nella lehnte sich gegen die Tür. Sie weinte, hatte aber dabei das Gefühl, als habe sich das alles vor langer Zeit ereignet und als sei es nicht ihr geschehen, sondern irgend jemand anderem.

Während der nächsten Tage tat sie, als gebe es die Devlins nicht. Sie brachte es nicht über sich, zu ihnen zu gehen und ihnen eine erfundene Geschichte über die Abwesenheit ihres Bruders aufzutischen. Sie aß wenig und wurde noch dünner. Sie machte sich kein Feuer, obgleich das Wetter sich verschlechterte und es sehr kalt wurde, lag die meiste Zeit in eine Büffeldecke gewickelt auf dem Bett und wartete. Aber wenn man sie gefragt hätte, worauf sie wartete, hätte sie keine Antwort gewußt. Zuweilen empfand sie sogar eine gewisse Dankbarkeit und Erleichterung, weil sie sich so plötzlich von allen Mühen und Lasten befreit sah.

Eines Morgens jedoch wurde sie durch heftiges Klopfen an der Tür aufgeschreckt; Lisette, die sich vergeblich bemühte, die Tür von außen zu öffnen, rief mit lauter Stimme: «Nella, Nella, antworte mir doch! Bist du da?» Als Lisettes Rufen nicht aufhörte, erhob sich Nella, ging in ihre Büffeldecke gewickelt zur Tür und öffnete. Die beiden Mädchen starrten einander überrascht an, als sähen sie sich zum erstenmal. Schließlich fragte Lisette verwundert: «Aber Nella, was ist denn mit dir? Ist Rick nicht da?»

«Nein.»

«Darf ich hereinkommen?» Sie schlüpfte durch die Tür. «Du hast nicht einmal ein Feuer und bist nicht angezogen. Bist du krank?» Sie packte Nella bei den Schultern und blickte ihr ängstlich und vorwurfsvoll ins Gesicht.

«Nein, ich bin nicht krank.»

«Warum hast du dich nicht mehr blicken lassen? Wir fürchteten, es würde Rick nicht recht sein, wenn wir hierherkämen. Aber heute morgen beim Frühstück haben wir dann schließlich einen Familienrat abgehalten, und ich bekam den Auftrag, herauszufinden, was los ist. Wir dachten, mir würde Rick wahrscheinlich nichts tun. Aber wenn einer von meinen Brüdern gekommen wäre, hätte er vielleicht geschossen.» Sie lachte fröhlich. «Wo ist er denn?»

«Er macht irgendwo Probeschürfungen.» Die Lüge kam ihr so selbstverständlich über die Lippen, als glaube sie selbst daran.

«Und dich hat er hier ganz allein gelassen? Ein feiner Bursche! Pack schnell deine Sachen zusammen, Nella, und komm mit zu uns. Jawohl, das mußt du», wiederholte sie und schüttelte ihre Freundin ein wenig. «Mutter hat gesagt, ich soll dich mitbringen. Sie will dich gern bei uns aufnehmen.»

«Hat sie das wirklich gesagt?»

«Natürlich. Nun mach schon. Was wollen wir mitnehmen?» Und schon begann Lisette, Kleider von den Haken an der Wand zu nehmen und Unterröcke und Nachthemden zusammenzusuchen. Ein paar Minuten später war Nella angezogen, und die beiden Mädchen rannten so rasch den Hügel vor der Blockhütte hinab, als seien sie auf der Flucht.

Marietta nahm Nella in die Arme, küßte sie und versicherte ihr, sie könne so lange bei ihnen bleiben, wie sie wolle. Und obgleich Nella wußte, daß diese Einladung nur so lange galt, bis ihre Freunde herausbekommen hatten, was für eine Lügnerin sie war, fühlte sie sich in diesem Haus doch sofort wieder so behaglich und zufrieden, daß ihr jetzt erst klarwurde, was sie in den vorhergehenden Tagen entbehrt hatte – auch wenn sie geglaubt hatte, sie brauche das alles nicht mehr.

Als Robert und Douglas aus der Schule heimkehrten, begrüßten sie Nella mit Freudengeheul, und als der Zeitpunkt näherrückte, an dem auch die anderen nach Hause kommen sollten, gingen die beiden Mädchen in Lisettes Zimmer, um sich zu waschen, die Haare zu bürsten und neue Bänder hineinzuflechten. Dabei plauderten sie miteinander. «Morgan hat dich vermißt, Nella», flüsterte Lisette ihr zu. «Glaub mir, er war ganz traurig.»

Matt und Pete kamen als erste, unmittelbar darauf Zack, Morgan und Jonathan. Lisette stand auf der Schwelle zum Schlafzimmer, und Nella hatte sich hinter ihr versteckt. Als die Männer im Zimmer waren, trat Lisette mit einer schwingenden Geste zur Seite, und Nella stand lächelnd vor ihnen. «Guten Abend, Mr. Devlin. Guten Abend, Onkel Pete. Hallo, Zack. Hallo, Jonathan, Morgan.»

Matt drückte sie kräftig an sich. «Willkommen bei uns, Nella.» Pete küßte sie, Zack und Jonathan schüttelten ihr die Hand, und als sie schließlich vor Morgan stand, wurde sie rot, machte einen Knicks und sah so verwirrt um sich, daß Lisette den Arm um sie legte, sie in die Küche zog und ihrem Bruder im Weggehen bedeutungsvoll zunickte.

Nach ein paar Tagen war Nella froh, daß Rick fort war. Nun, da sie in der Familie lebte, nach der sie sich so gesehnt hatte, nicht mehr als staunender Zuschauer, sondern als Mitglied, war ihr, als habe es Rick nie gegeben, als habe sie sich nur eingebildet, einen Bruder zu haben.

Die beiden vorhergehenden Winter waren ungewöhnlich mild gewesen, so daß niemand auf die Überraschung gefaßt war, die die folgenden Monate brachten. Schon vor Weihnachten hatte es zu schneien begonnen; bald waren die Wege unpassierbar, die Bäche und Flüsse gefroren, und die Goldwäscher mußten aufhören zu arbeiten. Das Camp war wie ausgestorben; der Schnee lag so hoch, daß die Männer schmale Pfade von einer Blockhütte zur anderen schaufeln mußten. In der Stadt drängte man sich in den Läden, an den Bartheken und Spieltischen. Manch einer von diesen Leuten würde im Frühjahr keinen Dollar mehr in der Tasche haben.

Zack und Morgan arbeiteten weiter an den Schürfstellen, sägten Holz und reparierten Rinnen und Schleusen. Von Zeit zu Zeit unterhielten sie sich darüber, was sie im kommenden Frühjahr tun wollten. «Ich habe kein Sitzfleisch», erklärte Zack. «Wenn ich irgendwo zu lange bin, werde ich unruhig. Aber du mußt dich selbst entscheiden. Dein Vater hat einen Haufen Geld verdient, deshalb bist du hier wahrscheinlich besser dran als anderswo.»

Die Firma Devlin Brothers arbeitete inzwischen mit einem Kapital von 100 000 Dollar. Matt und Pete besaßen die Hauptanteile, die anderen hatten sie an Lemuel Finney, Jeremy Flint, Josiah Webb, Silas Church und einige andere Männer verkauft, die sie von Bannack her kannten. Die meiste Zeit verbrachten die Brüder in ihrem Stadtbüro; nur gelegentlich sah man sie, dick eingemummelt und den Hut tief ins Gesicht gezogen, durch die Straßen eilen. Sie waren von unermüdlicher Tatkraft besessen und hatten den Kopf stets voller Pläne.

Auf einer Sitzung des Exekutivkomitees hatten sie gehört, daß Rick Allen und Abel Hawker sich in Helena aufhielten, und man hatte erwogen, ob man ein paar Männer losschicken solle, die den beiden beibrachten, daß es ebenso verwerflich war, unechten Goldstaub in Umlauf zu bringen, wie Postkutschen auszurauben. Aber einige Mitglieder meinten, nun sei es Zeit für eine ordentliche Rechtsprechung, und Matt machte geltend, daß man ohnehin keine Beweise, sondern nur einen Verdacht hätte. «Wir stehen heute vor einer ganz anderen Situation als vor wenigen Monaten. Außerdem lebt Allens Schwester in meinem Haus, und ich möchte diese Sache nicht auf mein Gewissen laden. Unternehmt, was ihr wollt, aber laßt Pete und mich aus dem Spiel.»

Die anderen zogen nachdenklich an ihren Zigarren, und Silas Church erklärte, daß weder Allen noch Hawker der Mühe wert seien. «Ich mag niemanden mehr umbringen, mein Bedarf ist gedeckt», sagte er.

«Meiner auch», stimmte Josiah Webb ihm bei. «Außerdem werden die beiden sich schon von allein den Kopf einrennen.» Die meisten schlossen sich dieser Ansicht an, und dabei ließ man es bewenden.

Matt und Pete empfanden geradezu Besitzerstolz, wenn sie beobachteten, wie Nella mit jedem Tag glücklicher und zufriedener wurde. Sie spielte mit den beiden jüngeren Buben, sang, wenn Pete die Geige zur Hand nahm, und zuweilen, fand Matt, waren ihre Gesten und ihr Mienenspiel geradezu bezaubernd für einen Mann. Doch von diesem Talent machte sie nicht oft Gebrauch, jedenfalls nie, wenn Marietta oder Lisette im Zimmer waren. Ein wenig wunderte sich Matt darüber, aber dann ärgerte er sich über sich selbst wegen seines Mißtrauens.

Eines Abends, als Nella mit Marietta und Lisette in der Küche war, hörte Matt lautes Schluchzen. Als er erschrocken hinüberging, sah er, wie Marietta Nella in den Armen hielt, während Lisette mitleidig über Nellas Haar streichelte und mit flehender Stimme ihren Namen murmelte.

Lisette ging mit ihrem Vater ins Wohnzimmer und flüsterte ihm verzweifelt zu: «Ich bin dran schuld. Wir haben uns ganz ernst unterhalten, und dann habe ich ihr das Motto auf der Uhr gezeigt. Ich dachte, sie hätte es schon mal gelesen. Sie blieb eine ganze Weile vor der Uhr stehen und starrte sie an – ja, und dann ist das passiert.»

Matt ging zu dem Tisch zurück, an dem die anderen saßen, und als sie ihn fragten, was geschehen sei, zog er ein ratloses Gesicht. «Es hat offenbar was mit dem Motto auf der Uhr zu tun.»

«Jede Stunde verwundet», zitierte Robert langsam. «Die letzte tötet.» Er überlegte kurz und wandte sich dann an Douglas. «Mich macht das nicht traurig – dich etwa?»

Allem Anschein nach wurde Nella Allen von zwar etwas unklaren, aber durchaus realen Ängsten geplagt, die möglicherweise nicht alle mit ihrem Bruder zusammenhingen. Matt hoffte nur, daß keine davon seinen ältesten Sohn betraf. Aber ein Mann konnte nur eine begrenzte Anzahl Probleme gleichzeitig meistern, und er hatte zur Zeit Probleme, die ihm dringender erschienen.

Als der Winter immer kälter wurde, war das Mehl schließlich so knapp, daß der Sack 27 Dollar kostete. Lem Finney, der Anfang September eine ganze Schiffsladung aus Salt Lake City bekommen und in seinem Lager gestapelt hatte, rieb sich bei jedem neuen Schneesturm zufrieden die Hände. «Na, was habe ich euch gesagt?» meinte er zu Matt und Pete. «Wenn dieses Wetter bis zum April anhält, zahlen sie mir für einen Sack noch fünfhundert.»

«Ja», meinte Pete spöttisch, als die Brüder wieder auf der Straße standen. «Dabei würde er jeden erschießen, der zu behaupten wagte, Lem sei auch so eine Art Straßenräuber. Aber für seine Freunde hat er ja, Gott sei Dank, immer etwas da.»

«Für den entsprechenden Preis.»

«Seien wir froh, daß wir ihn bezahlen können. Die Kinder können nicht einen ganzen Winter nur von Fleisch leben. Und Marietta auch nicht.»

Matt machte sich große Sorgen um Marietta. Er war gespannt und ängstlich, als erwartete sie ihr erstes Kind. Dr. Danforth, der von Zeit zu Zeit zur Untersuchung kam, versicherte ihm, daß alles in Ordnung und, was noch wichtiger war, daß Marietta zuversichtlich und ruhig sei. Er versprach ihm, nötigenfalls mit einer leichten Chloroformnarkose nachzuhelfen, und fragte ihn schließlich schmunzelnd, ob er sich noch immer nicht an das Kinderkriegen gewöhnt habe. Jedesmal, wenn Matt Andy sah, kämpfte er gegen den Wunsch an, ihm zu sagen, er hoffe, ihn zum gegebenen Zeitpunkt nüchtern vorzufinden. Und als er den Doktor eines Tages auf der Straße traf, faßte er sich wirklich ein Herz und hielt ihn an.

«Andy», begann er langsam, «Sie sind ein verdammt guter Arzt. Das wissen Sie selber.»

Andy wollte gerade sein Licht ein wenig unter den Scheffel stellen, als er plötzlich begriff, worauf Matt hinauswollte. «Machen Sie sich keine Sorgen, Matt», sagte er. «Ich werde Sie nicht im Stich lassen. Dazu haben wir beide schon zuviel miteinander durchgestanden.»

Trotzdem zwang Matt dem Doktor fast bei jeder Begegnung dieses Versprechen erneut ab, denn er konnte sich nicht von dem Gefühl befreien, daß mit dieser Geburt eine besondere Gefahr für Marietta verbunden war. Da es für diese Befürchtung keine vernünftige Erklärung gab, kam er schließlich zu der Ansicht, daß er unbewußt Angst davor hatte, Marietta werde für seine Sünden mit Jenny Danforth büßen müssen.

Er mied Jenny, wo er konnte, und war so mißtrauisch gegen sich selber, daß er jedesmal, wenn er ihrer auch nur von fern ansichtig wurde, das nächstbeste Haus betrat. Dabei fühlte er sich wie ein feiger Heuchler und war überzeugt, daß Jenny sein Verhalten verachtete.

«Matt», fragte Pete ihn eines Tages, «hältst du es eigentlich für richtig, daß Morgan und Jonathan hier draußen im Westen bleiben?»

«Du meinst, sie sollten lieber wieder in die Staaten zurückkehren und zur Schule gehen? Das wollen sie aber nicht. Ich habe mit ihnen darüber gesprochen.»

«Sind sie alt genug, um solche Entscheidungen selber zu treffen?»

«Ich weiß nicht, wie alt man sein muß, um selbständig zu entscheiden. Aber ich glaube nicht, daß Morgan sich für ein Kind hält.»

«Das glaube ich auch nicht.»

Sie sahen einander schuldbewußt an und schienen das gleiche zu denken: daß das Leben im Westen, das ihnen selber so zusagte, junge Männer entweder in Schurken verwandelte, wie dies bei Rick Allen der Fall gewesen war, oder zu der Ansicht brachte, daß harte Arbeit nur etwas für Männer über dreißig sei. «Denkst du an die kleine Allen? In der Sache können wir nichts tun. Sie hat die beiden besten Aufpasserinnen, die man sich wünschen kann. Wenn *die* sie nicht vor meinem sechzehnjährigen Sohn beschützen können, dann kann es keiner.» Matt zog nachdenklich an seinem Zigarrenstummel. «Ich gebe zu, er ist schneller erwachsen geworden, als ich erwartet hatte.»

«Er braucht etwas, womit er sich beschäftigen kann. Morgan hat Müßiggang nie gemocht.»

«Ich habe mir überlegt, ob ich ihm nicht meinen Anteil an der Schürfstelle von Daylight Gulch anbieten soll.» Matt fühlte sich immer noch ein bißchen unbehaglich, wenn von dieser Schürfstelle die Rede war, aber Pete war nie mißtrauisch geworden. Eifrig beugte Matt sich vor: «Ich werde ihm ein Angebot machen.» Er schlug begeistert mit der Hand auf die Schreibtischplatte. «Ja, bei Gott, morgen werde ich es tun! Wenn er eigene Entscheidungen treffen will, dann werde ich ihm Gelegenheit dazu geben.»

Am nächsten Morgen nach dem Frühstück forderte er Morgan zu einem Spaziergang auf. Hals und Gesicht in wollene Schals gehüllt, so daß nur die glänzenden schwarzen Augen sichtbar waren, stapften die beiden zwischen den vereisten Schneewänden dahin, die höher waren als die im Sommer aufgeworfenen Stein- und Erdhügel. Ihre Nasen röteten sich, ihre Augen begannen zu tränen, aber sie marschierten weiter. Nach einiger Zeit fragte Matt, was Morgan sich für das Frühjahr vorgenommen habe. Belustigt, aber etwas wehmütig dachte er dabei, das größte Rätsel im Leben eines Mannes sei sein erstgeborener Sohn, verglichen damit seien die Rätsel, die die Frauen den Männern aufgeben, geradezu simpel.

«Zack und ich wollten es einmal mit eigenen Probeschürfungen versuchen», erklärte Morgan. «Vielleicht in Helena oder in Silver Bow City. Dort soll es noch ein paar gute Goldminen geben.»

«Nichts im Vergleich mit dem Boden hier.»

«Ja, aber hier sind keine guten Landanteile mehr zu kriegen – und wenn einmal einer auf den Markt kommt, legt sofort eine Gesellschaft die Hand darauf. Die können mehr bieten als wir.»

«Ich weiß. So ein Stück Boden sichern sich dann die Brüder Devlin, Lem Finney oder Josiah Webb oder irgendein anderer von den hiesigen Leuten, die genug Geld in der Tasche haben.» Sie sahen sich lächelnd an, und einen Augenblick war es Matt fast peinlich, daß er seinem Sohn gegenüber diesen Vorteil hatte. «Wenn ihr entschlossen seid, wegzugehen, will ich es euch nicht ausreden. Aber bevor du dich dazu entschließt, möchte ich dir ein Angebot machen: Ihr könnt meinen Anteil an einem Claim haben, der zur Hälfte mir gehört. Mein Partner und ich haben noch nicht viel damit unternommen, und vielleicht ist das Land auch gar nichts wert, aber ein endgültiges Urteil kann man sich erst bilden, wenn man ein paar Monate dort geschürft hat. Man hat mir für den Anteil zweitausend Dollar in bar, weitere zweitausend in sechs Monaten und ein Drittel des Gewinns geboten.»

Matt warf Morgan einen raschen Blick zu und merkte, daß er Morgan diesen Anteil geradezu aufdrängen wollte und daß er im Augenblick nicht den Sohn in ihm sah, sondern nur den Geschäftsmann. Diese Entdeckung überraschte ihn zwar ein wenig, bestärkte ihn aber nur in der Überzeugung, daß Morgan, falls er ernsthaft nach Unabhängigkeit strebte, sich diese Unabhängigkeit auch verdienen mußte. «Natürlich kann das Angebot zu hoch sein, und meiner Meinung nach ist es das auch, aber ich kann diese Summe bekommen, weil manche Leute glauben, ich hätte immer Glück. Und weiß Gott, das habe ich ja auch gehabt. Ich bin bereit, dir, oder auch dir und Zack, meinen Anteil für achtzehnhundert Dollar in bar, weiteren achtzehnhundert in sechs Monaten und einer Gewinnbeteiligung in Höhe von dreiunddreißig Prozent zu verkaufen.» Matt blieb stehen und steckte sich mit einiger Mühe eine Zigarre an. «Ich war immer der Ansicht, daß ein Mann seinen Sohn nicht mehr wie ein Kind behandeln sollte, wenn er kein Kind mehr ist.»

«Vielen Dank, Sir», antwortete Morgan, und Matt glaubte hinter dem Wollschal ein leichtes Lächeln zu sehen. «Wenn du uns den Anteil als Geschenk angeboten hättest, dann hätte ich ihn nicht genommen, und Zack auch nicht. Ich habe den größten Teil des Geldes, das du mir in diesem Sommer gezahlt hast, gespart und besitze etwa zwölfhundert Dollar, aber Zack hat keine zwölf Cent. Mit anderen Worten, wenn wir dein Angebot annehmen, müßten wir uns ein paar hundert Dollar leihen.»

«Du kannst die Summe von uns zu einem Zinssatz von zwei Prozent im Monat bekommen. Normalerweise nehmen wir fünf Prozent.» Nun schlug Matt wieder einen Ton an, als müsse er sich rechtfertigen. «Du wirst bei diesem Geschäft nicht über Nacht zum Kapitalisten, Morgan.»

Morgan sah ihn an, und seine Augen funkelten lustig. «Das habe ich auch nicht erwartet. Aber ich danke dir trotzdem für den Hinweis. Ich werde die Sache mit Zack besprechen und dir dann Bescheid sagen.»

Einige Tage später kam Morgan zu ihm und eröffnete ihm mit ernstem Gesicht: «Zack und ich haben uns die Sache überlegt. Wenn wir die Wahl haben, uns auf einer Schürfstelle lahmzuschuften, die uns nur zur Hälfte, oder auf einer, die uns allein gehört, dann ist uns die zweite Möglichkeit lieber. Sobald die Straßen passierbar sind, wollen wir losziehen und uns etwas suchen.»

«Gut. Aber ich würde dir vorschlagen, diesen Entschluß vorläufig für dich zu behalten. Es hat keinen Sinn, deine Mutter jetzt schon aufzuregen. Und Lisette braucht es auch noch nicht zu wissen.»

«Ganz meine Meinung.» Sie tauschten ein verständnisinniges Lächeln aus, von Mann zu Mann, denn sie wußten beide, daß Lisette Morgans Selbständigkeitsdrang viel weniger Verständnis entgegenbringen würde als Marietta. Und solange Lisette nicht wußte, daß Morgan fortgehen würde, wußte es natürlich auch Nella Allen nicht.

Der Gedanke an Nella spukte in letzter Zeit immer wieder in Morgans Kopf herum. Abends, wenn er ins Bett ging, steigerten sich diese Gedanken förmlich zu Qualen. Er beobachtete Nella, sobald er sicher war, daß Lisette ihn nicht ertappte, und er horchte jedesmal auf, wenn unerwartet Nellas leises, verhaltenes Lachen erklang. Wenn sie das Essen zubereitet hatte, aß er es mit besonderer Andacht. Allmählich bekam er Angst, diese Symptome könnten bedeuten, daß er in Nella verliebt war.

Dieser Gedanke erschreckte ihn und machte ihn mürrisch und abweisend. Denn Liebe mußte seiner Ansicht nach zur Ehe führen. Und er hatte sich nun einmal vorgenommen, nicht zu heiraten. Früher hatte er allerdings den Wunsch gehabt, seine Kusine Suky zu heiraten. Aber jetzt schämte er sich dieser Schwäche und hoffte, auch Suky werde vergessen, daß sie darüber gesprochen hatten. Wenn er sich weigerte, mit Zack Fletcher in das Haus von Milly Matches zu gehen – denn er war überzeugt, daß seine Familie davon erfahren würde –, schämte er sich seiner Unschuld und hatte das Gefühl, daß Zack ihn verachtete. Der Gedanke an Nella Allen bedrängte ihn immer heftiger, aber er glaubte fest, daß es ihm nie gelingen werde, sie allein zu sehen. Die Klippen und Gefahren des Lebens in einer großen Familie waren für ihn unüberwindlich.

Eines Nachmittags jedoch, als er nach Hause kam, fand er Nella allein in der Küche, wo sie abwesend aus dem Fenster sah. Als er von hinten an sie herantrat und die Arme um sie legte, drehte sie sich mit einer schnellen Bewegung um und überraschte ihn durch ihre sichtliche Bereitwilligkeit. Ihre Lippen teilten sich, ihre Arme schlossen sich fest um ihn. Und als er sie schließlich wieder losließ, sah sie mit einem verzückt fragenden Blick zu ihm auf, berührte mit den Fingerspitzen seinen Mund und ließ dieses leise Lachen hören, das ihn so sehr an Suky erinnerte, obgleich sie sonst in jeder Hinsicht das Gegenteil von Suky war. «Ich hatte gerade an dich gedacht, Morgan.»

Er deutete diese Worte als Zeichen ihrer weiblichen Klugheit und Einfühlungsgabe – Eigenschaften, die bei ihr zu finden er so sehr hoffte, weil sie ein Gegengewicht zu seiner Unwissenheit und den damit verbundenen Qualen waren. Als er sie noch einmal küssen wollte, kamen Douglas und Robert. Er ließ sie los und ging schnell aus der Küche, überzeugt, daß sogar die kleinen Buben ihre schuldbewußten Gesichter bemerkt hatten. Aber später fiel ihm ein, daß Nella sich heiter und ungezwungen benommen und die beiden gefragt hatte, wie es in der Schule gewesen sei und was sie gern essen würden. Er wunderte sich darüber, daß eine so junge Frau in Sachen der Liebe schon so erfindungsreich sein konnte und einen so sicheren Instinkt entwickelte, wenn es darum ging, sich zu schützen.

Er dachte daran, wie weich und anschmiegsam ihr Körper gewesen war, und machte sich beschämt klar, daß es gerade ihre Verletzlichkeit war, die ihn so zu ihr hinzog. Es war fast, als erwarte er, daß dieses sanfte, fügsame junge Mädchen ihm die Zuversicht schenken würde, die er doch nur hatte, wenn sie nicht bei ihm war.

Diese Überlegungen machten ihn so verdrießlich, daß Lisette ihm eines Tages zuflüsterte: «Was hast du bloß in letzter Zeit, Morgan? Nella glaubt schon, du magst sie nicht mehr. Warum forderst du sie nicht einmal zum Spazierengehen auf? Unterhalte dich doch mal mit ihr und sei ein bißchen nett. Sie betet dich an.» Morgan war so überrascht, daß er Lisette mit einem mißtrauischen Blick streifte, weil er glaubte, sie mache sich über ihn lustig. Aber Lisette meinte es offenbar ernst. Sie gab ihm einen kleinen Klaps auf die Hand und sagte: «Erzähl ihr aber nicht, daß ich mit dir darüber gesprochen habe.»

Er wartete noch ein wenig ab, und als Lisette ihn noch einmal mahnte, brummte er, er sei ein vielbeschäftigter Mann und seine Zeit sei eigentlich zu kostbar, um sie zu verplempern. Aber dann zuckte er die Achseln und erklärte: «Wenn sie unbedingt will, werde ich ihr den Gefallen tun.»

Nachdem sie einmal einen kurzen Spaziergang unternommen hatten, machte Nella den Vorschlag, in ihre Blockhütte zu gehen; dabei erklärte sie, sie habe Rick versprochen, die Hütte für den Fall seiner Rückkehr stets sauber und in Ordnung zu halten. Morgan überlegte, daß es nicht seine Sache sei, sie darauf aufmerksam zu machen, daß bei diesem Wetter weder Rick Allen noch sonst jemand im Gebirge umherziehen könne. Und da sie es war, die diesen Vorschlag machte, mußte sie auch wissen, was sie erwartete, wenn sie zusammen dort hingingen.

Nachdem er Feuer gemacht und seinen Mantel abgelegt hatte, sah Nella ihn mit einem seltsam demütigen und zugleich einladenden Lächeln an. Und als er zu sprechen begann – denn er hatte sich ein paar besonders kühne Komplimente zurechtgelegt –, legte sie ihm einen Finger auf den Mund, nahm seinen Arm und zog ihn zu dem Wandbett, auf das sie hinsank, die Beine öffnete und seine Hand führte. Als sie dann später still dalagen und Morgan ihren Rücken und ihre Schenkel streichelte, war er so erfüllt von Stolz, Seligkeit und dankbarer Erleichterung, daß er sicher war, sich trotz aller Vorsätze in sie verliebt zu haben. Plötzlich stützte er sich auf die Ellbogen und sah sie etwas mißtrauisch und neugierig an.

Sie wandte seufzend den Kopf ab. «Ich weiß, was du jetzt denkst.»

Er aber begann erneut, sie zu küssen, und flehte sie an: «Nein, Nella, ich schwöre es dir bei Gott – ich dachte nur daran, daß ich dich liebe.» Nella lag regungslos da und nahm seine Küsse wie ein Geschenk hin, das sie nicht verdient hatte. Wieder redete er auf sie ein und versuchte sie zu überzeugen, weil er selber das unbehagliche Gefühl hatte, einen Verlust erlitten zu haben.

Endlich setzte sie sich auf, hob die Arme und wand sich die Haare um den Kopf. Dann glitt sie von ihm fort und wich geschickt seitwärts aus, als er nach ihr greifen wollte. «Eines Tages werde ich dir erzählen, warum Rick und ich hierhergekommen sind.» Er nahm sie in die Arme, und wieder fühlte sich ihr Körper so leicht und zart an, daß ihm war, als müsse er in seinen eigenen Körper eindringen, wenn er ihn nur fest genug an sich preßte. Doch obgleich er ihr ein Lächeln und das Eingeständnis ihres Glücks abzuschmeicheln versuchte, sah sie plötzlich wieder genauso sehnsüchtig und unsicher aus wie an jenem Tag, als sie Lisette um ihre Freundschaft gebeten hatte.

Die Entdeckung, daß sie keine Jungfrau mehr war, hatte ihn überrascht. Aber am meisten wunderte er sich darüber, daß niemand zu erraten schien, was geschehen war; denn er war überzeugt, daß man ihnen beiden ihre Schuld und ihre Verzückung deutlich vom Gesicht ablesen könne. Doch als ihm klarwurde, daß niemand Verdacht schöpfte, wurde er im Bewußtsein dieser Freiheit immer kühner, bis er schließlich an nichts anderes mehr denken konnte.

Nella begann, trotz all seiner Versuche, sie daran zu hindern, von ihrer Familie zu erzählen. Sie berichtete vom Tod ihres Vaters bei einem Guerilla-Streifzug, von ihrer Armut und den Bemühungen ihrer drei älteren Brüder, die Familie durchzubringen. Sie erzählte, daß erst der eine Bruder davongelaufen war und dann der andere, bis schließlich nur noch ihre Mutter, sie selbst und Rick zurückblieben.

«Meine Mutter ist vor zwei Jahren gestorben. Da waren wir ganz allein – und damals fing Rick an, mich zu hassen. Übrigens heiße ich auch nicht Allen, sondern Malachy. Mein Vorname ist nicht Nella, sondern Nola. Den Namen Nella Allen habe ich mir selber ausgedacht.»

«Er ist sehr hübsch.»

«Aber Morgan, ich habe ihn mir nicht ausgesucht, weil er hübsch ist, sondern weil es der erste Name war, der mir einfiel. Nicht wahr, du erzählst niemandem etwas davon? Auch Lisette nicht.»

«Bestimmt nicht», versicherte Morgan, fast beleidigt, daß sie ihm dieses Versprechen eigens abforderte.

Als sie das nächste Mal zusammen waren, erzählte sie Morgan, daß Rick einen Mann getötet habe und daß sie deshalb hierher ins Gebirge gekommen seien. Morgan hatte sich vorgenommen, auf nichts, was sie ihm erzählte, mit Staunen oder gar Mißbilligung zu reagieren. Denn ihm war, als steuere sie zögernd auf ein Geständnis zu, von dem sie fürchtete, es werde ihn entsetzen. Darum nickte er auch jetzt nur und meinte, die Grenzgebiete seien voll von Männern, die zu Hause in irgendeine schlimme Sache verwickelt gewesen seien. «Aber schuld daran war ich», fiel sie ihm ins Wort.

«Nella, um Gottes willen! Du darfst dir doch nicht bei allem, was schiefgeht, die Schuld zuschieben.»

«Nein. Ich nehme die Schuld nur auf mich, wenn ich Anlaß dazu habe.» Sie sah ihn bei diesen Worten nicht an, sondern blickte abwesend in der Blockhütte umher, als frage sie sich, wann sie wohl endgültig hierher zurückkehren müsse. «Rick hat ihn umgebracht, weil er ihn eines Tages – ein paar Monate nach dem Tod unserer Mutter – mit mir überrascht hat. Du weißt, wie ich das meine. Er kam ins Zimmer und fand uns zusammen im Bett liegen. Rick dachte, der Mann hätte mich überfallen, und darum hat er ihn erstochen.» Morgan starrte sie voll ungläubigen Entsetzens an. «Glaubst du es nicht?»

«Doch. Aber warum erzählst du mir das? Mein Gott, Nella, ich hoffe, du hast es sonst noch niemandem erzählt?»

«Natürlich nicht. Meinst du etwa, ich prahle damit herum? Ich habe es dir erzählt, weil ich dich liebe.» Sie ging ein Stück von ihm weg. «Er hieß Jim Holley und war ein Freund von Rick – und ich bildete mir ein, daß ich ihn liebte.» Sie lachte leise. «Jetzt kann ich mich nicht einmal daran erinnern, wie er aussah. Ich habe es oft versucht.»

Morgan sah mit zusammengekniffenen Augen zu ihr hinüber, als versuche er, etwas genauer zu betrachten, was er nicht recht erkennen konnte. «Ich weiß, was du jetzt denkst», sagte Nella. «Wir sind schon eineinhalb Jahre hier, ich war also noch nicht einmal vierzehn, als das passierte. Vielleicht hat Rick ihn deshalb umgebracht. Wenn ich älter gewesen wäre, hätte er statt dessen sicher mich getötet.»

Nach Tagen noch merkte Morgan, daß das Bild von einem Mädchen, ihrem Bruder und seinem Freund einen unauslöschlichen Eindruck auf ihn gemacht hatte. Er konnte Nella kaum ansehen, ohne zugleich dieses Bild vor Augen zu haben. Auch wenn sie nicht zusammen waren, stand es unablässig vor ihm, als wolle es ihn mahnen, für den Rest seines Lebens eine Lehre daraus zu ziehen.

Trotzdem wurde er mit dieser Erfahrung nicht recht fertig. Zwar erschreckte ihn dieses kindhafte Mädchen, das den Tod eines Mannes auf dem Gewissen hatte, nun ein wenig, aber er fühlte sich ebenso stark zu ihr hingezogen wie zuvor. Ihr ging es offenbar genauso. Morgan wußte nicht recht, wie weit er sich ihr gegenüber verpflichtet hatte, und nahm an, Nella werde genau wie alle anderen Mädchen gern bereit sein, als Bezahlung für ihre Liebe den Rest seines Lebens anzunehmen, sofern er dazu bereit war. Aber er fand nicht einmal den Mut, ihr zu sagen, daß Zack und er fortziehen wollten, sobald die Wege wieder passierbar waren. Und bevor er es tun konnte, geriet der ganze Haushalt durch die Geburt des Kindes durcheinander.

Eines Morgens stürzte Matt in aller Frühe aus dem Haus; Lisette bereitete rasch das Frühstück für Robert und Douglas und schickte sie zur Schule. Während die anderen aßen und befangen um sich blickten, lief Lisette hin und her, trug Teller in die Küche und flüsterte ihren älteren Brüdern zu, sie sollten sich beeilen und gehen. Immer wieder legte sie den Arm um Marietta, nahm ihr einen Teller aus der Hand, als sei er zu schwer, strich ihr übers Haar und fragte, wie Marietta sich fühle.

Marietta lächelte. «Aber Lisette, reg dich doch nicht so auf. Dein Vater wollte den Doktor nur möglichst schnell hierhaben, damit er aufpassen kann, daß er nüchtern bleibt. Sobald er mit Dr. Danforth kommt, gehst du mit Nella in Nellas Blockhütte und bleibst dort, bis wir nach euch schicken.»

Am späten Nachmittag kam Jonathan und verkündete ihnen, sie könnten nun nach Hause kommen, und Lisettes Wunsch, eine kleine Schwester zu haben, sei erfüllt. Lisette rannte den Hügel hinunter, rutschte und schlitterte durch den Schnee und stürzte ins Haus, wo ihr Vater, ihr Onkel und Dr. Danforth bei einem kräftigen Trunk zusammensaßen. Ihre Brüder und Zack standen da und lächelten, als sei ihnen ein großes Projekt geglückt, an dem sie alle irgendwie beteiligt waren.

«Darf ich sie sehen?» flüsterte Lisette Matt zu.

«Geh nur hinein. Aber sei leise.»

Auf den Zehenspitzen schlich Lisette ins Schlafzimmer und winkte Nella, ihr zu folgen. «Mutter?»

«Komm nur herein, Liebling. Hier ist sie. Aber sehr hübsch sieht sie noch nicht aus.»

Die beiden Mädchen beugten sich über Marietta und das Baby. Während sie es staunend anstarrten, begann das Kleine zu quäken. Schuldbewußt fuhren sie zurück, als hätten sie das Schreien verursacht. Da erschien Matt auf der Schwelle.

«Kommt jetzt. Es ist genug. Deine Mutter soll ein bißchen schlafen.»

Behutsam beugte Lisette sich über Marietta, um sie zu küssen und eine Träne, die aus ihrem Auge auf den Kopf des Babys gefallen war, zärtlich wegzuwischen. Dann gingen die beiden Mädchen leise hinaus. Im Wohnzimmer herrschte eine seltsam verlegene Stille. Die Jungen wanderten mit den Händen in den Taschen hin und her. Matt half Dr. Danforth in den Mantel, und Morgan stand da und musterte Nella mit eindringlichen Blicken, aus denen sie Neugier und Mißtrauen herauszulesen meinte.

Mehrere Tage lang wurde darüber beraten, wie das neue Schwesterchen heißen sollte; schließlich blieben vier Namen übrig, die ihnen fast gleich gut gefielen. Jonathan verband Lisette die Augen, und sie mußte aus Morgans Hand einen Zettel ziehen. Als sie ihn las, sprang sie triumphierend in die Höhe. «Annabel! Mein Lieblingsname.» Die anderen lächelten, denn sie wußten, daß Pete auf alle Zettel denselben Namen geschrieben hatte.

Noch immer lag dichter Schnee, und die Wege waren unpassierbar. Aber irgendwie sickerte die Nachricht durch, daß Richmond gefallen sei. Die meisten Einwohner der Stadt interessierten sich jedoch mehr für die Tatsache, daß der Sack Mehl nunmehr 100 Dollar kostete, denn viele von ihnen hatten seit Monaten nichts gegessen als ungesalzenes Rindfleisch oder Wild.

Eines Tages lief das Gerücht um, daß sich der Stadt seit fünf Monaten zum erstenmal Ochsenkarren mit Vorräten näherten. Sofort wimmelten die Straßen von lachenden, rufenden und schreienden Menschen. Die Männer schwangen sich auf die Pferde, um den Karren entgegenzureiten, und kamen mit einem Mehlsack quer über dem Sattel zurück. Und dann rollten die schweren Wagen knarrend und quietschend mit rasselnden Ketten in die Stadt. Auf dem Bock hockten die Fuhrleute, häßlich wie Paviane und grimmig anzusehen wie Wölfe. Sie lächelten durch ihr dichtes Bartgestrüpp den neben den Wagen herlaufenden Kindern zu und den Frauen, die in einer Geste des Dankes die Hände falteten. Die Straßen waren frei, die Goldsucher gingen wieder an die Arbeit, in den Bächen begann das Wasser zu rieseln, und der Winter, der kein Ende hatte nehmen wollen, war endlich vorüber.

Auch Morgan und Zack trafen insgeheim Vorbereitungen, um davonzuziehen. Matt erzählte Morgan, daß er mit Marietta darüber gesprochen, daß sie es jedoch abgelehnt habe, die Sache im Familienkreis zu erörtern. «Wenn es dich dazu drängt, mußt du gehen, meint sie. Aber sie weiß nicht, ob sie imstande ist, in Ruhe darüber zu sprechen. Deshalb überläßt sie es dir, deine Schwester und die anderen davon in Kenntnis zu setzen.»

Eine Zeitlang war Morgan unschlüssig, ob er zuerst mit Nella oder mit Lisette sprechen solle. Oder mit beiden zusammen. Als schließlich das Datum der Abreise schon feststand und ihm nur noch drei Tage Zeit blieben, platzte er beim Mittagstisch damit heraus und wurde rot, als seine Brüder vor Staunen den Mund aufrissen, Nella sich kerzengerade aufrichtete und Lisette ihn ungläubig anstarrte. Zack saß mit betretener Miene da und erwartete offenbar, daß man ihm die Schuld an der Sache zuschieben werde. Nach kurzem Schweigen rief Lisette plötzlich: «Morgan, du kannst uns doch nicht jetzt verlassen, wo das Wetter schön wird!»

Alle lachten, und sogar Lisette mußte einstimmen. Nun begannen die drei jüngeren Brüder ihn mit Fragen zu bestürmen, denn in ihren Augen war dies das herrlichste Abenteuer, das einer von ihnen je erlebt hatte. Lisette jedoch sprach weder mit Morgan noch mit Zack ein einziges Wort. Erst als Morgan am Tag der Abreise in die Küche kam, schlang sie weinend die Arme um ihn, während Nella hinausging und den bittenden Blick, den er ihr über Lisettes Kopf hinweg zuwarf, ignorierte.

«Du wirst mich doch nicht mit der Erinnerung an eine weinende Lisette weggehen lassen! Ich komme auch bald wieder, das verspreche ich dir. Bitte!»

«Bald, Morgan? Das kann lange dauern. Und du weißt genau, daß dann alles anders ist. Nie wieder werden wir dieselben sein wie heute.»

Aber sie ließ es zu, daß er die Arme um sie legte und ihr Haar streichelte, bis Zack Fletcher mit bedrückter Miene in der Tür auftauchte, eine Weile verlegen dort herumstand und Morgan schließlich ein Zeichen machte.

«Lisette», sagte er leise.

Lisette fuhr herum. «Daran sind Sie schuld, Zack Fletcher. Warum ziehen Sie nicht allein los und lassen uns Morgan hier?»

«Sieh zu, daß du sie beruhigen kannst, Zack», sagte Morgan und ging hinaus, um Nella zu suchen.

Er fand sie vor dem Haus bei den jüngeren Brüdern, die aufgeregt umherrannten und die Pferde und das Gepäck begutachteten. Am Nachmittag zuvor in ihrer Blockhütte war Nella so ruhig und gefaßt gewesen, daß er beinahe ein wenig beleidigt war. Jetzt fragte er sie leise: «Du wirst doch nicht unglücklich sein?»

«Doch, natürlich.»

«Ich bleibe nicht länger als zwei oder drei Monate weg.»

«Und das ist nicht lange, nicht wahr?» Sie lächelte und zuckte leicht die Achseln.

Inzwischen hatte sich die ganze Familie versammelt, und er begann, allen Lebewohl zu sagen. Fröhlich verabschiedete er sich von seinen neidischen Brüdern, ernst von Matt und Pete, mit einem Verzeihung heischenden Blick von seiner Mutter, die ihm zuflüsterte: «Ich weiß, Morgan, du brauchst nichts weiter zu sagen.» Dann erschien Lisette, die noch immer mit Zack schimpfte.

«Wenn es hier in der Gegend soviel Gold gibt, warum müßt ihr es dann ausgerechnet anderswo suchen?»

«Weil das Gold in dieser Gegend zufällig nicht uns gehört», erklärte Zack ihr geduldig. Er verbeugte sich höflich vor den Erwachsenen, trat dann zurück, wandte sich um und sprang mit einem Satz auf sein Pferd. Morgan küßte Lisette und ging dann rasch an Nella vorbei. Als die beiden den Hügel hinabritten, zog Lisette ihr Taschentuch und winkte ihnen nach. Doch als sie, gefolgt von Douglas, Robert und Jonathan, die fröhlich hinter ihnen herliefen, um die Ecke gebogen waren, lief sie in ihr Schlafzimmer und brach in Schluchzen aus. Sie weinte fast den ganzen Vormittag und wollte sich weder von Marietta noch von Nella trösten lassen.

Lisette hatte sich mit Morgans Weggang noch nicht abgefunden, als nach ein paar Tagen Rick Allen auftauchte, um seine Schwester in die Blockhütte zurückzuholen. Sie sollte ihm wieder den Haushalt führen. Lisette öffnete auf sein Klopfen die Tür, erkannte aber den bärtigen jungen Mann zunächst nicht, der da, die Hände in die Hüften gestützt, vor ihr stand. «Entschuldigung, Miss», sagte er. «Ich bin Rick Allen, Nellas Bruder. Wie ich höre, war sie hier bei Ihnen, während ich unterwegs war. Wo ist sie?» Nella tauchte hinter Lisette auf. «Ach, da bist du ja!»

«Rick», murmelte sie. «Du bist wieder da.»

«Stimmt. Pack deinen Kram und komm nach Hause.» Die beiden Geschwister blickten sich etwas unschlüssig an. Inzwischen war Marietta zu ihnen getreten, und Rick wandte sich ihr zu: «Besten Dank, Mrs. Devlin, daß Sie sich um meine Schwester gekümmert haben. Ich möchte gern die Rechnung für ihren Unterhalt begleichen ...»

«Aber nein, so etwas dürfen Sie nicht sagen! Wir lieben Nella, und sie hat hier gewohnt, weil wir sie gern bei uns haben wollten.»

«Ja», fiel Lisette vorwurfsvoll ein. «Sie haben sie den ganzen Winter allein gelassen. Warum wollen Sie sie wiederhaben? Sie gehört jetzt zu unserer Familie.»

«Sie ist meine Schwester, und ich brauche jemand, der mir den Haushalt führt. Komm, Nella.»

«Sie wird später nachkommen», sagte Lisette und versuchte Rick durch eine würdige Haltung zu beeindrucken. «Sie muß noch ihre Sachen packen.»

«Sie kommt jetzt sofort mit, Miss.»

«Bitte, streitet nicht mit ihm.» Und ebenso rasch, wie Nella vor ein paar Monaten hergekommen war, hatte sie jetzt ihre Sachen gepackt und war hinter ihrem Bruder aufs Pferd gestiegen. Im Davonreiten winkte sie Lisette und Marietta zu.

«Komm morgen früh wieder her!» rief Lisette ihr nach

«Bestimmt. Ich verspreche es.»

Rick hielt sich nicht mit Erklärungen darüber auf, wo er gewesen und warum er zurückgekehrt war. Aber er steckte voller Geschichten über seine Heldentaten, von denen er wortreich zu berichten wußte. «Ich bin zäh», versicherte er ihr. «Einer, der mich reinlegen will, muß sich auf eine schöne Überraschung gefaßt machen. Wenn ich schieße, ziele ich auf den Kopf. Und ich kann in drei Sekunden elf Schuß abgeben.» Er schnippte mit den Fingern: eins, zwei, drei. «Mit mir wird man nicht so leicht fertig.»

Nella hörte sich das verzweifelt an. «Rick, hör doch auf, so zu prahlen.»

«Seit du mich das letzte Mal gesehen hast, hat sich eine Menge verändert. Darauf kannst du dich verlassen. Es liegen da ein paar Burschen im Gebirge herum, denen die Pumas das Fleisch von den Knochen nagen und die Krähen die Augen aushacken, weil sie gedacht haben, Rick Allen wär einer, mit dem sie es aufnehmen könnten. Das ist die reine Wahrheit.»

Nella krümmte sich mit verschränkten Armen, so daß ihr Kopf fast die Knie berührte. «Rick, sag nicht solche Sachen. Ich kann das nicht aushalten.»

«Mag sein, daß ich früher mal ein schüchterner Bengel war. Aber das ist jetzt vorbei. In diesen Bergen gibt es nichts mehr, wovor ich mich fürchte. Nichts – keinen Menschen und kein Tier.»

«Wenn du überall solche Reden führst, wird es dir schlecht bekommen. So was bringt nur Streit.»

«Streit und Kampf sind mein Lebenselement. Kämpfe sind mein täglich Brot. Je blutiger, desto besser.» Damit ging Rick aus der Tür, während Nella mit geschlossenen Augen dasaß, vor sich hin murmelte und sich vor und zurück wiegte. Ja, genau das hatte Rick gewollt, seit sie im Gebirge waren. Immer zäher, roher und brutaler hatte er werden wollen. Und das würde so weitergehen, bis er einmal an den falschen Mann kam.

Darauf sollte Nella nicht lange warten müssen. Eines Nachts wurde sie durch Lärm vor dem Haus aufgeweckt; dann riß jemand die Tür auf, und Abel Hawker rief: «Um Himmels willen, machen Sie Licht! Ihr Bruder ist verletzt.»

Mit zitternden Fingern zündete Nella die Lampe an und sah Rick, gestützt von Abel Hawker und einem anderen jungen Mann. Die beiden waren betrunken, und Rick war entweder betrunken oder bewußtlos. Sie legten ihn auf das Wandbett, und Rick warf stöhnend den Kopf hin und her, während Nella neben ihm kniete und seinen Mantel aufknöpfte. Sie sah auf seinem Hemd einen Blutfleck, der sich rasch vergrößerte.

«Worauf warten Sie noch?» rief sie Hawker zu. «Er braucht einen Arzt!»

«Ja, mag sein», gab Hawker zu, schüttelte aber den Kopf.

«Wie ist das passiert? Hat er Streit gehabt?»

Abel Hawker stand unsicher auf seinen Beinen und lehnte sich gegen das Wandbett. Sein Gesicht war ernst. «Notwehr. Rick und ein anderer Bursche sind sich beim Pokerspiel in die Haare geraten. Troy wollte ihn nicht bei sich behalten, deshalb haben wir ihn hierhergebracht. Das war nicht einfach, bei Gott!»

«Pokerspiel», wiederholte Nella in bitterem Ton, als wolle sie sagen, das sei kein Grund zum Sterben.

«Der ist erledigt», murmelte der andere Mann. «Zieht ihm die Stiefel aus.»

Hawker wollte niederknien, aber Nella stieß ihn weg. «Wagen Sie es nicht, ihn anzurühren!» zischte sie ihm wütend zu. «Wenn er Sie nun hören kann!» Sie nahm Ricks Hand, hielt sie an ihr Gesicht und streichelte sie, während er sich unruhig hin und her wälzte und etwas murmelte. «Du wirst nicht sterben, Rick. Der Doktor wird gleich hier sein.»

«Vorwärts», lallte Rick mühsam. «Ein Mann kann nicht sterben, solange er die Stiefel anhat. Bist du das, Nella?» Nella beugte sich über ihn und legte aufschluchzend die Stirn gegen die seine. «Die haben mich geschafft.» Noch einmal sog er langsam und röchelnd Luft ein. «Ausgespielt.»

Weinend drückte Nella ihren Kopf an seinen, bis Abel Hawker schließlich die Hand auf Ricks Brust legte und sagte: «Es ist aus.»

Langsam richtete sie sich auf und streichelte Ricks Haar. «Ist er tot?»

«Er ist tot», sagte Abel Hawker, und seine Stimme klang fast zärtlich. «Er hat einen schönen Tod gehabt.»

8

Es war Joshua Chings Gewohnheit, sich um sechs Uhr morgens, wenn er aufwachte, alle Pläne noch einmal vorzunehmen, die er am Abend zuvor gemacht hatte, sie zu sortieren und jeden einzelnen erneut zu überdenken. Wenn er sich dann sein Tagesprogramm zurechtgelegt hatte, kleidete er sich an und ging weg, ohne mit Susan, seiner Frau, die entweder schlief oder sich schlafend stellte, auch nur ein einziges Wort gesprochen zu haben. Auch von seinem Sohn, seiner Tochter und von Ceda, Susans Schwester, pflegte er sich nicht zu verabschieden.

Joshua wußte, daß nach seinem Fortgehen in allen Zimmern eine rege Tätigkeit entfaltet werden würde, denn er hatte die nötigen Vorkehrungen getroffen, daß die Frauen jetzt, da sie in einem Hotel lebten und sich nicht um den Haushalt zu kümmern brauchten, den Tag nicht in bloßem Müßiggang verbrachten. Der vierzehnjährige Steven, der fast ebenso energiegeladen war wie sein Vater, würde sich auf den Weg zur Schule machen. Sukys Schulbildung war zwar schon seit einem Jahr abgeschlossen, aber dafür hatte sie eine ganze Reihe von Privatlehrern, die ihr Unterricht in Vortragskunst, Französisch, Klavierübungen und Tanz erteilten, so daß ihr weniger Zeit blieb, mit ihren Freundinnen zu plaudern und sich um ihre Gesundheit zu kümmern, als den meisten anderen jungen Mädchen.

Suky hatte nichts dagegen, daß ihr Vater die Einteilung ihres Tagesablaufs so streng regelte. Sie schien schon als kleines Mädchen instinktiv begriffen zu haben, daß Kenntnisse und Fähigkeiten von großem Nutzen sind und man versuchen mußte, möglichst viel zu lernen. Joshua seinerseits war äußerst angetan von Sukys Gehorsam – obgleich ihm ihre Mutter manchmal sagte, Suky habe bei all ihrer entgegenkommenden Liebenswürdigkeit einen Willen, der schwerer zu brechen sei als ein Eisenzaun. Er schätzte Sukys gelassene Art, sich Kenntnisse anzueignen, die ihre Schönheit nur noch unterstrichen.

Bei seiner Frau und seiner Schwägerin hatte er weniger Erfolg gehabt mit seinen Bemühungen, ihnen Ersatz zu schaffen für die Pflichten, die sie aufgegeben hatten, als sie vor zwei Jahren ins Hotel gezogen waren. Sie verbrachten ihre Tage, soweit ihm bekannt war, mit nichtigen, überflüssigen Beschäftigungen. Sie machten Besuche bei den Frauen seiner Geschäftsfreunde, empfingen an einem Tag in der Woche selber Gäste oder Bittsteller, befaßten sich mit der Instandhaltung ihrer Garderobe, ließen sich neue Kleider machen oder führten endlose Gespräche miteinander – was ihn immer wieder in Erstaunen versetzte, weil Ceda den größten Teil seiner neunzehnjährigen Ehe bei ihnen verbracht hatte. Unlängst hatten sie neuen Gesprächsstoff gefunden: den Ball, den man im Dezember zu geben gedachte, weil man hoffte, daß auf ihm Sukys künftiger Gemahl, wer auch immer er sein mochte, in Erscheinung treten werde. Und aus den Überlegungen über den Ball ergab sich wie von selbst das Thema der Hochzeit, die, abgesehen von der Person des Bräutigams, schon in allen Einzelheiten geplant schien. Sie sprachen so selbstverständlich darüber, als brauche Suky lediglich ihre Wahl unter einer Vielzahl von jungen, hübschen, reichen, wohlerzogenen und leidenschaftlich in sie verliebten Bewerbern zu treffen.

«Aber Susan», hatte Joshua seiner Frau mehr als einmal gesagt, «bedenke bitte, daß solche Männer, falls es sie in dieser Stadt überhaupt geben sollte, entweder schon verheiratet oder darauf bedacht sind, die günstigste Partie zu machen, die sich ihnen bietet.»

«Willst du damit behaupten, daß Suky Schwierigkeiten haben könnte, sich zu verheiraten?» Susan bedachte ihren Mann mit einem kühlen, vorwurfsvollen Blick. Für sie waren Suky und Steven, wie Joshua sehr genau wußte, Mustergeschöpfe und wahre Meisterwerke Gottes.

«Ich spreche nur aus, was du selber weißt. Daß nämlich der Mann, den wir uns für Suky wünschen, nicht leicht zu finden sein wird. Und daß der Preis dieses Mannes sicher nicht gering sein wird. Ich hoffe nur, daß es mir gelingt, ihn zu finden.»

«Du unterschätzt Suky.»

Cedas Entgegnungen auf solche Bemerkungen Joshuas waren noch entschiedener als die von Susan, denn Suky war vom Tage ihrer Geburt an ihr spezieller Liebling, und Sukys Triumphe waren auch die ihren. Immer hatte Ceda Suky als eine große Dame gesehen, die Perlen und Diamanten, die prächtigsten Roben und eine kleine Krone auf dem Kopf trug. Weder Suky noch sonst jemand hatte diesen Traum lächerlich gefunden, denn Suky hatte seit dem Tag, an dem sie ihre ersten Schritte tat, eine geradezu königliche Haltung. Außerdem war es gewissermaßen Familientradition, daß Cedas Träume sich bewahrheiteten – ein Glaube, der noch unerschütterlicher geworden war, nachdem sie den Börsenkrach von 1857 vorausgesagt hatte.

An etwas hatten allerdings offenbar weder Ceda noch Susan, noch Suky selber gedacht: daß nämlich Suky, wenn Joshua es nicht dank seines unermüdlichen Geschäftseifers auf ein Vermögen von fast einer halben Million Dollar gebracht hätte – obgleich von der wirklichen

Höhe dieses Vermögens niemand etwas ahnte –, daß Suky dann, so schön sie war, möglicherweise mit einem jungen Mann hätte vorlieb nehmen müssen, der ihr nichts zu bieten hatte als jene Hoffnungen, die Joshua einst selber gehegt hatte. In diesem Fall würde niemand auf den Gedanken kommen, es sei ihr natürliches Recht, eine glänzende Partie zu machen. Joshua in seinem Ehrgeiz hingegen hatte alle diese Dinge eingeplant. Er hatte das Problem während der letzten Jahre immer wieder überdacht und sich eine private Liste aller in Frage kommenden Heiratskandidaten aufgestellt. Davon hatte er Susan und Ceda und natürlich auch Suky gegenüber nichts erwähnt; denn Susan hatte einmal etwas taktlos bemerkt, es gehöre zu Joshuas unliebsamen Eigenschaften, daß er ein einmal aufgegriffenes Problem unermüdlich und hartnäckig verfolge, es hin und her zerre und darauf herumkaue, bis es endlich gelöst sei. Seit Sukys siebzehntem Geburtstag, seit zwei Monaten also, beschäftigten ihn Sukys Einführung in die Gesellschaft und ihre Heirat mehr als seine eigentliche Arbeit.

Er hatte private Detektivbüros beauftragt, ihm Auskünfte über die Männer zu liefern, mit denen er geschäftlich zu tun hatte, und war im Besitz ausführlicher Berichte über Charakter, Gewohnheiten, Bekanntenkreis, finanzielle Hintergründe und Geheimnisse und Laster all der Männer, die auf seiner Liste standen. Seine Informationen waren so umfassend, daß sie jeden der Betroffenen in Erstaunen versetzt hätten. Auf Grund dieses Materials hatte er betrüblicherweise manchen Kandidaten streichen müssen. Im August, vier Monate vor dem Ball, der mit erschreckender Schnelligkeit näher zu rücken schien, hatte der kritische, vorsichtige Joshua die Namen auf der Liste gesiebt und nochmals gesiebt, bis schließlich nur noch ein junger Mann übrigblieb, der ihm in jeder Hinsicht passend erschien, obgleich er ihn nicht kannte: Philip Van Zandt.

Seit Joshua im Alter von zweiundzwanzig Jahren mit seinen Brüdern Aaron und Samuel nach New York gekommen war, hatte er sich stets ein genaues Bild von den Schwächen der Männer zu verschaffen gewußt, mit denen er zu verkehren gedachte. Philip Van Zandts Schwäche war, daß er leichtsinnige Börsenspekulationen vornahm, obwohl er fast kein Kapital besaß. Die Van Zandts waren eine alte, angesehene Familie und genau nach Joshuas Geschmack. Aber außer ihrem Namen und ihrer Vornehmheit hatte sie nur wenig aufzuweisen. Philip war offensichtlich das einzige Mitglied der weitverzweigten Familie, das sich ein wenig außerhalb der konservativen holländischen Kreise bewegte und einiges Interesse für das elegante Gesellschaftsleben der Stadt zeigte. Joshua nahm an, daß der junge Mann nach einer ehelichen Verbindung Ausschau hielt, wie er selber sie im Sinn hatte.

Vor kurzem hatte Van Zandt einen Sitz an der Börse errungen und durch sein stürmisches Geschäftsgebaren einiges Aufsehen erregt; er handelte, als könne er durch sein drängendes Zupacken einem Geheimnis auf die Spur kommen, das ältere und erfahrene Männer nicht hatten enträtseln können. Aber Philip war auch erst einundzwanzig Jahre alt, zu jung für die Ehe vielleicht, jedoch, wie Joshua meinte, genau im richtigen Alter, um sein Schwiegersohn zu werden.

Denn Joshua hatte nicht die Absicht, Suky mit einem Mann zu verheiraten, der sie entweder durch die Gewalt der Liebe oder durch eine andere Macht beherrschen würde. Und er wollte auch keinen Schwiegersohn, der *ihm* Verdrießlichkeiten bereiten konnte. Philip Van Zandt, ein Mitglied der amerikanischen Aristokratie, sofern es so etwas überhaupt gab, erschien ihm um so annehmbarer, als er unerfahren war, kein Geld hatte und jung genug war, sich von Sukys Schönheit beeindrucken zu lassen.

«Suky», hatte Joshua seine Tochter während der letzten Jahre verschiedentlich ermahnt, «du darfst nie vergessen, was deine Erscheinung für andere Leute bedeutet. Wenn du es vergißt, wird sich bestimmt schnell einer finden, der dich ausnutzt und übervorteilt. Dein Aussehen wird das Leben für dich nicht einfacher machen, aber wenn du es richtig nutzt und keinen Fehler begehst, kann es dir zu einem besseren Leben verhelfen.»

«Du redest, als sei Sukys Schönheit nicht eine Gabe, sondern eine Waffe», hatte Susan eingewandt.

«Sie ist beides. Eine Gabe und eine Waffe. Aber Suky wird erfolgreicher sein, wenn sie sie als Waffe benutzt und sich nicht verzettelt. Wie so viele Leute es mit ihrem Besitz tun. Verstehst du mich, Suky?»

«Ja, Papa. Natürlich.»

Er hatte noch mehr solcher Ratschläge für sie; er hatte für Suky und Steven – besonders aber für Suky – eine ganze Liste von Verhaltensregeln, die er ihnen so oft vorpredigte, daß sie den beiden mit der Zeit in Fleisch und Blut übergegangen sein mußten.

Er ermutigte seine Tochter, nicht nach dem zu streben, was die meisten Frauen ersehnten: nach Glück und Liebe. Er lehrte sie, daß dies nur Dinge von geringem Wert seien und durchaus nicht die wahren Ziele eines lebenswerten Daseins. «Laß andere Frauen sich ruhig damit befassen, ob sie glücklich sind oder nicht. Solange sie das tun, sind sie es nicht. Das Wichtigste im Leben, Suky, sowohl in großen wie in kleinen Dingen, ist es, unfehlbar zu sein. Begeh keinen Fehler, und wenn du es tust, gib es nie zu. Laß andere ihre Irrtümer eingestehen, bezeuge ihnen dein Mitleid, aber gib nie einen eigenen Irrtum zu. Ein Irrtum, den man nicht eingesteht, hört auf, einer zu sein.»

Immer wenn er so zu ihr sprach, lauschte Suky mit gespannter, nachdenklicher Miene und murmelte nur von Zeit zu Zeit: «Ja, Papa.»

Manchmal glaubte Joshua, Suky würde ihn auch verstehen, wenn er diese Dinge nie mit ihr besprochen hätte. Denn sie schien seine Grundsätze voll und ganz zu teilen. Als Suky noch ein Kind war, hatte er schon den Eindruck, daß sie die Welt um sich her beobachtete, um ihren eigenen Platz darin zu entdecken; und das war, wie Joshua wußte, die beste Methode, die Welt zu beherrschen. Inzwischen war Suky zu einem stillen, anmutigen Mädchen herangereift. Sie war größer als die meisten Frauen, hatte eine schlanke, biegsame Figur und eine schmale Taille, die sie sich dadurch erworben hatte, daß sie während der letzten Jahre Nacht für Nacht ein Korsett getragen hatte. Ihre Hände waren lang, ihre Finger fein geformt, ähnlich den seinen. Sie sprach langsam und leise und mit einer Liebenswürdigkeit im Ton, die sie noch anziehender machte, als sie selber zu vermuten schien. Vor allem aber wurden die Menschen durch ihr Gesicht und ihr blondes Haar beeindruckt. Es kam vor, daß Leute sie so selbstvergessen betrachteten, als sei sie ein Gemälde. Sie aber erwiderte die Blicke dieser Menschen ungerührt mit leichtem Lächeln und nahm das Kompliment ihres Interesses wie etwas Selbstverständliches entgegen.

Suky liebte nicht nur ihre Schönheit, sondern alles, was dazu beitrug. Joshua hatte oft erlebt, daß ihre Mutter und ihre Tante sie um Rat fragten, wenn es um Kleider, Möbel, Frisuren oder Schmuck ging, denn Suky besaß einen so vollendeten und unfehlbaren Geschmack, als habe sie sich selber jahrelang genau studiert, um herauszufinden, was zu ihr paßte und was nicht. Und sie besaß in diesen Dingen ein reiferes Urteil als manche Frau, die viel älter war als sie.

Joshuas Lieblingstheorie, der Grundpfeiler seines – und wie er hoffte auch Sukys – Lebens, war die Idee von der natürlichen Aristokratie, der alle Chings angehörten und der er notwendigerweise auch die Devlins hatte zurechnen müssen. Dieser natürlichen Aristokratie gehörten alle Menschen mit einem angenehmen Äußeren an, die Sinn für ihren eigenen Vorteil hatten und ein Gewissen, das weit genug war, alle günstigen Situationen bis zur äußersten Grenze auszunutzen. Wenn Suky diesem Glauben ebenso ergeben war wie er selber – und das schien der Fall zu sein –, dann war weder Philip Van Zandt noch irgendein anderer junger Mann adeligen Geblüts imstande, sie einzuschüchtern. Sobald Joshua sich der Aufgabe entledigt haben würde, einen Mann für Suky zu finden, der sie in die große Welt einführte, durfte er zuversichtlich damit rechnen, ihre Triumphe mitzugenießen, wie Ceda früher die bescheideneren Triumphe der kleinen Suky genossen hatte.

Aus all diesen Gründen beeilte er sich, die Zimmerflucht der Familie jeden Morgen schon zu früher Stunde zu verlassen, einen festen Tagesplan im Kopf, aber wendig genug, diesen Plan den jeweiligen Überraschungen und Gelegenheiten von Wall Street anzupassen. Sein erster Gang galt dem Friseur, wo er sich wohlig im Stuhl zurücklehnte und in Gedanken an den Bildern, die ihm vorschwebten, noch ein paar Retuschen vornahm, da er komplizierte Pläne liebte und überzeugt war, daß ein simpler Plan von Natur aus undurchführbar sei. Einige Minuten später, wenn sein sorgfältig gestutzter blonder Bart gut parfümiert und gebürstet war und seine Wangen in gesunder Frische glänzten, begab er sich raschen Schritts in den Speisesaal, nickte im Vorbeigehen den Männern zu, die er kannte, mit denen er im Augenblick jedoch nicht zu sprechen wünschte, verzehrte ein reichliches Frühstück, trank mehrere Tassen Kaffee und las dabei die drei Morgenzeitungen.

Um 7 Uhr 30 verließ er den Speisesaal, bestieg seinen Wagen, der bereits vor der Tür wartete, gab dem Kutscher Huggens Anweisungen und ließ sich zum anderen Ende der Stadt fahren. Auch diese eine ganze Stunde, die er brauchte, um in sein Büro zu gelangen, nutzte er gut aus und war meist so in Gedanken vertieft, daß er den Lärm und das Durcheinander der Stadt kaum wahrnahm. Hin und wieder blickte er auf, schenkte aber dem, was er sah, keinerlei Aufmerksamkeit und erinnerte sich wohl schwerlich daran, daß diese selben Straßen ihm vor fünfundzwanzig Jahren so ungeheuerlich und erschreckend vorgekommen waren.

Dieser Joshua Ching damals, der ihm jetzt in der Erinnerung eher wie ein junger Neffe und nicht wie er selber erschien, war siebzehn Jahre alt gewesen, als er die Stadt zum erstenmal mit seinen Brüdern während einer Ferienreise besuchte. Alle drei waren, nachdem sie das College absolviert hatten, hierher zurückgekehrt, Joshua, Samuel, der ein Jahr älter war als er, und Aaron, der jüngere Bruder. Jetzt war ihnen die Stadt ebenso vertraut wie die kleine Stadt im Norden des Staates New York, wo sie in einer wohlhabenden Familie von Gutsbesitzern und Zeitungsverlegern aufgewachsen waren. Joshua hatte mehrere Sommer lang auf einer dieser Farmen gearbeitet, was ihm seiner Ansicht nach eine robuste Gesundheit und körperliche Kräfte eingebracht hatte, die ihn befähigten, die mit dem Leben eines Börsenmaklers verbundenen Aufregungen besser zu überstehen als die meisten anderen Männer, die er kannte.

In jenen ersten Jahren in New York hatten er, Samuel und Aaron zwölf bis vierzehn Stunden täglich als Laufburschen für eine Maklerfirma gearbeitet. Und als er dann zweiundzwanzig war, hatte Joshua sich 3000 Dollar geborgt und damit einen Sitz an der Börse gekauft. Er war überzeugt, daß diese Tätigkeit nicht nur seinem Temperament entsprach, sondern die richtige Beschäftigung für einen natürlichen Aristokraten war.

In diesen Jahren hatte es einige Schwierigkeiten gegeben, die er Suky gegenüber lieber nicht erwähnte. Da er auch anderweitig nie mehr darauf zurückgekommen war, beunruhigten sie ihn längst nicht mehr, sondern waren in seiner Vorstellung eine notwendige Station seiner Entwicklung. Samuel hatte damals mit fremdem Kapital spekuliert, das ihm als Vermittler zur Verfügung stand, und Joshua hatte bei einer

Börsenoperation, die darauf abzielte, den Kurs bestimmter Aktiengruppen zu drücken, so mühelos 100 000 Dollar verdient, daß er sich unmittelbar darauf an einem anderen Pool beteiligte, der den Kurs von Eisenbahnaktien drücken sollte. Bei diesem Manöver jedoch hatte er Pech: Er büßte nicht nur seinen eigenen Gewinn wieder ein, sondern verspekulierte auch die Gelder seines Bruders. Auf Grund dieser Erfahrung gelangte Joshua zu der Überzeugung, sie könnten nur dann erfolgreich zusammenarbeiten, wenn einer der Brüder Anwalt wurde. Die Wahl war auf Aaron gefallen.

Eine gewisse Zeit hatte Joshua sich nicht mehr an Spekulationen beteiligt, sondern die Börse nur beobachtet. Sein nächster Versuch brachte ihm dann einen bescheidenen Erfolg; und kurz vor seinem dreißigsten Geburtstag, den er selbst zu einem Wendepunkt in seinem Leben bestimmt hatte, begründeten Joshua und Samuel die Firma Ching & Ching.

Jetzt glaubte er sich seinem Ziel, zu großem Reichtum zu kommen, näher denn je und vertraute darauf, daß er mit scharfem Blick jede Möglichkeit sofort erkennen würde. Er war in der Geschäftswelt zu Hause und hatte einen großen Bekanntenkreis. Nie ließ er einen Mann, der ihm vielleicht eines Tages nützlich sein konnte, aus den Augen, und er stand bei Freunden und Feinden in dem Ruf, ein tüchtiger Kaufmann zu sein. Er konnte auf eine kleine, treue Gefolgschaft von Männern zählen, die an ihn glaubten, weil er ihnen mit seinem Rat zu manchem Verdienst verholfen hatte. Aber es gab auch Leute, die ihn haßten und erklärten, der Teufel selber sei ein ehrenhafter Mann gegen Joshua Ching und jeder, der auf seine Schmeicheleien, seine bestechende Logik und seine Überredungskünste höre, sei der Dumme und müsse sich darauf gefaßt machen, eines Tages nackt und mit leeren Händen dazustehen.

Während der letzten zehn oder zwölf Jahre war Joshua bemüht gewesen, sich mit einem Mann namens Brooks gutzustellen, der ihm zwar keine Börsentips geben konnte und kein Kapital zu investieren hatte, der jedoch als Küster einer der reichsten Kirchengemeinden der Stadt ein geschickter Organisator von Bällen, Empfängen und Leichenfeiern geworden war. Wenn ein plötzlich reich gewordener Mann den Ehrgeiz hatte, einen großen Ball zu geben und Brooks nicht kannte oder ihn nicht überreden konnte, die Sache in die Hand zu nehmen, mußte er von vornherein mit einem Fiasko rechnen. Deshalb hatten Joshua Ching und seine Familie Brooks' Kirche regelmäßig besucht. Als er jetzt mit einem versiegelten Umschlag in der Tasche zu ihm ging und ihm seinen Plan unterbreitete, erklärte Brooks sich sofort bereit, den Ball zu arrangieren.

«Wie viele Personen gedenken Sie einzuladen, Sir?»

«Was würden Sie vorschlagen?»

«Zwischen vier- und fünfhundert, denke ich. Die Leute drängeln sich gern und lassen sich lieber die Kleider zerreißen, als daß sie in einem halbleeren Ballsaal herumstehen.» Er war untersetzt und hatte ein dikkes rotes Gesicht. Damit glich er den Männern, die er von den Häusern seiner Auftraggeber fernhielt. Trotzdem war er der einzige Mensch in New York, der Leute dazu bringen konnte, Einladungen anzunehmen, die sie sonst abgelehnt hätten. Er wußte, wo er junge Männer auftreiben konnte, die man mit schwarzen Anzügen und weißen Krawatten ausstaffieren und als Söhne großer Familien ausgeben konnte. Und er hatte ein ganzes Sortiment von Ausländern mit klingenden Titeln auf Lager. «Vor allem», erklärte er Joshua, «müssen wir uns entscheiden, wo das Fest stattfinden soll. Die Leute sehen in letzter Zeit gern mal etwas Neues – ich würde Delmonico's vorschlagen.»

Joshua, der sich ärgerte, daß er noch keinen eigenen Ballraum hatte, machte eine abwehrende Geste. «Sieht das nicht ein bißchen protzig aus?»

«Aber keineswegs, Sir. Höchstens etwas ungewöhnlich. Seit Beginn des Krieges werden solche Veranstaltungen in immer größerem Stil aufgezogen; und schließlich könnte kein Privathaus in der ganzen Stadt solche Menschenmengen fassen. Nörgler und Konservative gibt es natürlich immer, aber sie kommen aus der Mode. Glauben Sie mir! Wie ist es mit den Dekorationen?»

«Heutzutage verfällt man ja überall auf die ausgefallensten Ideen – Serviermädchen mit brennenden Gaskandelabern auf dem Kopf, Lakaien mit goldenen und silbernen Livreen. Aber solche Kinkerlitzchen mag ich nicht.»

«Selbstverständlich nicht. Für meine Veranstaltungen kommt so etwas auch gar nicht in Frage.» Brooks betrat bei solchen Veranstaltungen zwar nie den Festsaal, sondern nahm nur die Einladungskarten entgegen, prüfte sie und führte die Gäste, wenn das Fest vorüber war, zu ihren Wagen oder besorgte ihnen ein Gefährt – aber trotzdem sprach er nur von ‹seinen Veranstaltungen›.

«Meine Tochter schlägt weißes Gitterwerk vor, mit weißen Rosen, Kerzen und vielen Grünpflanzen.»

«Ausgezeichnet. Das wird sich sehr hübsch machen.»

Joshua nahm ein zusammengefaltetes Blatt Papier aus der Tasche und reichte es Brooks zusammen mit dem versiegelten Umschlag. Brooks legte den Umschlag in eine Schublade und entfaltete die Liste. Während er sie las, trommelte er mit den Fingern auf den Tisch und murmelte ein paar Namen vor sich hin.

«Vielleicht wollen Sie noch einige Personen vorschlagen, die ich übersehen habe.»

«Überlassen Sie mir ruhig alles weitere, Mr. Ching, machen Sie sich keine Sorgen.»

Sie schüttelten sich die Hand, und Joshua ging hochbefriedigt von dannen. Wenn Brooks erst einmal zusagte, sich einer Sache anzunehmen, war das Fest schon so gut wie gelungen. Alles andere, die Ausgaben, ja sogar der Ball selber, war dann von zweitrangiger Bedeutung.

Während der Wagen über das Kopfsteinpflaster ratterte, hielt Joshua sich mit einer Hand am Griff fest und las die Artikel zu Ende, mit deren Lektüre er beim Frühstück begonnen hatte. Sie fuhren über den Broadway, eine Straße mit fünf- und sechsstöckigen Sandsteingebäuden, deren Geschäfte eine Fülle von Silbersachen, Schmuck, Seidenstoffen und Brokat anboten. In wenigen Stunden würden hier elegant gekleidete Frauen ihre Hündchen spazierenführen. Von allen Häusern flatterten Fahnen im Wind, der wolkenverhangene Himmel war mit einem Gewirr von Telegrafendrähten bespannt. Als sie sich dem Zentrum näherten, wurde der Verkehr dichter, und von Zeit zu Zeit gerieten sie in eine Stockung, waren eingekeilt zwischen eleganten Kaleschen, von knochigen Pferden gezogenen Trambahnwagen, Handkarren und Fußgängern. Wilde Rufe, schrille Schreie und Drohungen wurden laut, und gelegentlich fiel sogar ein Schlag, bis das Durcheinander sich unerwartet wieder entwirrte und der Verkehr in jenem schnellen Tempo dahinströmte, das Neuankömmlinge so verwunderte und in Schrecken versetzte.

Fast am Ende des Broadway stieg Joshua noch einmal aus und betrat schnellen Schrittes ein schmales Gebäude mit einem düsteren Treppenhaus. Der muffige Geruch hier war für Joshua so sehr mit der Firma Spinnage & Achroyd verbunden, daß er sich schon manchmal amüsiert gefragt hatte, ob dies vielleicht der typische Geruch der Heimlichkeit und Verstohlenheit sei. Schnell eilte er die Treppen bis zum zweiten Stock hinauf, bildete sich wie gewöhnlich ein, daß die verschleierte Dame, der er begegnet war, ihn erkannt hatte, und betrat einen großen Raum, in dem mehrere Männer und zwei ebenfalls tief verschleierte Frauen auf Bänken längs der Wand saßen.

Eine Tür wurde geöffnet und gleich darauf wieder geschlossen, nachdem zwei Augen kurz durch den Spalt gespäht hatten. In anderen Räumen hörte man Klingeln schrillen, und eine rauhe Stimme flüsterte dem Mann am Schreibtisch etwas ins Ohr. Ob die Atmosphäre der Heimlichkeiten und des Mißtrauens zu einem Detektivbüro gehörte oder nicht, konnte Joshua nicht sagen, aber während all der Jahre, in denen er hier aus und ein gegangen war, hatte sich nie etwas geändert, und zuweilen neigte er zu der Ansicht, daß sogar die Kunden die gleichen geblieben waren: eifersüchtige Ehemänner, eifersüchtige Ehefrauen, Geschäftsleute wie er selber.

Wieder öffnete sich die Tür, Spinnage sah zu ihm hinüber und winkte mit dem Finger. Joshua erhob sich und betrat das Privatbüro. In dem kleinen, dunklen Raum, in dem eine erstickende Hitze herrschte, begrüßte Spinnage ihn mürrisch, und die beiden nahmen am Schreibtisch Platz, auf dem eine häßliche Katze wie ein Briefbeschwerer auf einem Stapel Geschäftspapiere lag. Mit vorgeschobenen Lippen blätterte Spinnage einige Papiere durch, warf einen kurzen Blick auf eines der Blätter, dann auf ein anderes und schob sie beide Joshua zu.

«Lord Giles Haldane ist, wie Sie sehen, kein Lord, sondern ein ganz gewöhnlicher bürgerlicher Engländer.»

Mit einer lässigen Handbewegung schien Spinnage anzudeuten, daß diese Entdeckung seinen Erwartungen entsprach. Joshua las die Papiere sorgfältig durch und legte sie dann mit einem kurzen Nicken wieder auf den Tisch. Etwas enttäuscht, daß die Nachrichten seinen Klienten nicht aus der Fassung gebracht hatten, zog Spinnage die Augenbrauen in die Höhe und wühlte in einem anderen Aktenstapel. Joshua lehnte sich behaglich lächelnd zurück und dachte schadenfroh, was für ein guter Witz es doch sei, daß der Mann, der der Tochter seines Freundes Amos Cottrell den Hof machte, ein Hochstapler war. «Und Mr. Van Zandt?»

«Die Angelegenheit mit Mr. Van Zandt ist sehr schwierig, Sir. Ihre Instruktionen lauteten ja lediglich, daß wir ihn donnerstags und sonntags zwischen fünf Uhr nachmittags und drei Uhr morgens beschatten sollten.» Mit einem leichten Grinsen überreichte Spinnage Joshua einige Seiten, auf denen vermerkt war, an welchen Orten Philip Van Zandt in letzter Zeit in der Stadt gewesen war. Joshua interessierte sich für die Gewohnheiten seines künftigen Schwiegersohnes, falls er es tatsächlich werden sollte, aber noch mehr interessierte er sich dafür, wieviel Geld er besaß, wie er es ausgab und ob sich irgendwelche Anzeichen zeigten, daß er geneigt war, sich zu verloben.

Spinnage & Achroyd berechneten pro Tag zehn Dollar zuzüglich der Spesen, und die Herren Detektive mußten offenbar gut essen, oft trinken und zur Verfolgung ihrer Beute viele Mietdroschken nehmen. Außerdem hatte Joshua festgestellt, daß der Wunsch nach privaten Informationen den Interessenten dazu verlockte, enorme Summen dafür auszugeben.

«Was ist mit Miss Stuart?» fragte er.

Spinnage wies auf eine der Seiten. «Wie Sie sehen, Sir, treffen die beiden sich sehr häufig.» Er nickte ernst. «Schon seit drei Monaten. Das ist für Mr. Van Zandt geradezu ein Rekord. Die Dame muß reizend sein.»

«Das ist sie», stimmte Joshua zu. «Aber impertinent.»

Vor zwei oder drei Wochen hatte Joshua Miss Stuart, die im Opernballett tanzte, einen großen Korb mit weißen Kamelien und einem Kärtchen geschickt, auf dem er ihr seine Bewunderung ausdrückte und sie um ein Rendezvous bat. Er hatte die Karte mit dem Namen Marvin S. Bradshaw unterzeichnet. Miss Stuart hatte geantwortet: «Sehr geehrter

Mr. Bradshaw, wie reizend von Ihnen. Aber ich bin nicht das, was Sie denken. Bedaure. Allegra Stuart. PS: Sie können es bei einigen der anderen Mädchen hier versuchen, aber nicht bei mir.»

«Vielleicht wünschen Sie noch ein wenig mehr über die Herkunft der Dame zu erfahren, Sir?» fragte Spinnage.

«Was für eine Herkunft kann eine Ballettänzerin schon haben? Glauben Sie etwa, ich sei interessiert, zu erfahren, wann die Dame sich von ihrer Pension zur Probe begibt? Denken Sie doch nur an die andere – wie hieß sie doch gleich?» Joshua hatte die Bekanntschaft einer anderen Tänzerin gemacht, mit der Philip ebenfalls befreundet war. Doch als er der Kleinen für die Information, die sie ihm liefern sollte, 500 Dollar bezahlt hatte, verlor Philip plötzlich jedes Interesse an ihr. «Nein, mit dieser Allegra Stuart oder Mademoiselle Alexandrine, wie sie sich auf dem Theaterzettel nennt, möchte ich noch ein wenig warten.»

Spinnage nahm den abschlägigen Bescheid mit gleichmütigem Achselzucken zur Kenntnis. Er kannte Mr. Ching schon seit vielen Jahren und zweifelte nicht daran, daß dieser ihm bald einen neuen Auftrag erteilen werde. Schon nannte Joshua den Namen eines Kommunalpolitikers, über den er einiges erfahren wollte, und erhob sich. Er hatte Spinnage nie die Hand gereicht und behandelte ihn wie einen Ladenbesitzer. Trotzdem folgte Spinnage ihm stets zur Tür und öffnete sie für Joshua. Diesmal verabschiedete er sich mit den Worten: «Warum versuchen Sie es nicht mit einem eindrucksvollen Geschenk, wenn Sie das Mädchen wirklich kennenlernen möchten?»

Joshua sah ihn belustigt an. «Mit was für einem Geschenk kann man Ihrer Ansicht nach auf eine Ballettänzerin Eindruck machen?»

Spinnage sann diesem Problem kurz nach, indem er mit gerunzelter Stirn zu der Katze hinüberschaute. «Ein Chinchillamuff vielleicht?» Er beschrieb mit den Händen eine Form von etwa dreißig Zentimetern im Quadrat. «Eben groß genug, daß sie sieht, Sie meinen es ernst.»

Lächelnd verließ Joshua das Büro, ging die Treppe hinunter und bestieg seinen Wagen, erleichtert, daß er diesen Gang, den er einmal in der Woche unternahm, ohne peinliche Begegnungen hinter sich gebracht hatte. Er beschloß, keinen neuen Versuch zu machen, Miss Stuarts Bekanntschaft zu machen, ehe sich nicht herausgestellt hatte, daß die Neigung, die ihr Van Zandt entgegenbrachte, sich als dauerhafter erwies als seine bisherigen Liebeleien.

Der Wagen näherte sich der Wall Street. Es war noch nicht ganz zehn Uhr, und die engen Straßen mit den dicht nebeneinanderstehenden Häusern waren überfüllt mit Börsenmaklern, die, ebenso wie Joshua, Frack, gestreifte Hose und einen hohen, seidenen Zylinder trugen. Ein paar sehr junge Männer mit steifem Filzhut, dunklem Anzug und einer goldenen Kette quer über der Weste schritten unternehmungslustig daher, weil sie immerhin schon Angestellte mit Handlungsvollmacht waren. Unkundige Besucher der Wall Street staunten immer wieder darüber, daß diese zwanzigjährigen Raufbolde offenbar das ganze Kauf- und Verkaufsgeschäft besorgten, während die maßgebenderen Männer unsichtbar in ihren Büros saßen.

Die Firma Ching & Ching saß noch immer in dem alten Gebäude in der New Street, in dem das Geschäft einst gegründet worden war. Wie bei den meisten erfolgreichen Maklerfirmen waren die Büros klein und kahl. Es gab keine Sessel, sondern nur wacklige Stühle, und nichts hätte auf Reichtum hingedeutet. Sechs fleißige, auf hohen Stühlen hockende Angestellte fertigten oft ganze Prozessionen von Besuchern ab, die zuweilen in einer langen Schlange drei Treppen hinunter bis zur Straße standen. Joshua betrachtete die wenigen reicher ausgestatteten Büros, die es seit kurzem in der City gab, mit tiefem Mißtrauen und genoß die nüchterne, geschäftliche Atmosphäre seiner eigenen Räume, in denen keinerlei verschwenderische Einrichtungsgegenstände – wie Vorhänge oder ein Teppich – die Aufmerksamkeit ablenken konnten.

Die Firma hatte vier Räume. Im ersten saßen die sechs Angestellten in einer Reihe hinter einer Balustrade. Daneben befand sich ein Zimmer für die Kunden, in dem diese – je nach Bedarf – getröstet oder beglückwünscht wurden. In den beiden anderen Zimmern hatten Joshua und Samuel je ein Privatbüro. Wenn sie aus dem Fenster blickten, sahen sie jenseits der Straße in Büros, die den ihren so aufs Haar glichen, daß sie manchmal das unheimliche Gefühl hatten, sich selber in einem fernen Spiegel zu betrachten.

Es war Joshua niemals in den Sinn gekommen, in ein größeres Büro umzuziehen oder die Ausstattung des jetzigen zu verbessern. Er empfand es vielmehr als eine Beruhigung, wenn er Tag für Tag an demselben mit rotem Filz bedeckten Schreibtisch sitzen konnte, in dem Bewußtsein, daß er dort an schlechten und guten Tagen gesessen hatte, niedergeschlagen oder frohlockend, und daß die Firma Ching & Ching schon zwölf ganze Jahre bestand – in einer Stadt, in der eine Maklerfirma sich glücklich schätzte, wenn sie fünf Jahre überdauerte.

Die City war zu jener Zeit ein unsicheres Pflaster; aber Ching & Ching hatte den Börsenkrach von 1857 und die Verluste des ersten Kriegsjahres überstanden. Als im zweiten Kriegsjahr die Aktien um 40 Prozent stiegen, hatte Joshua durch geschicktes Manövrieren an einem einzigen Tag 300 000 Dollar verdient. Und während der letzten zwei Jahre hatte er so viele Aktien erworben und so viele Investitionen getätigt, daß nicht einmal Samuel von allem wußte. Joshua war der Ansicht, daß der Reichtum seines Bruders zwar genauso wachsen sollte wie der seine, jedoch in einem bescheideneren Maßstab.

Joshua hatte die Entwicklung der amerikanischen Nation mit Interesse verfolgt und ein wirtschaftliches Gesetz entdeckt, das seinem Temperament entsprach und mit dem er unter günstigen Umständen eines

Tages sein Glück machen konnte. Die meisten Menschen glaubten, der Weg zum Reichtum führe über ein eigenes Geschäft. Joshua hatte jedoch herausgefunden, daß man viel mehr verdiente, wenn man das Geschäft eines anderen ruinierte, reorganisierte, das Aktienkapital verwässerte und es dann mit Profit wieder verkaufte. Dieses Prinzip hatte er bereits erfolgreich bei einer kleinen Eisenbahngesellschaft und einer Fabrik angewandt. Aber es war ihm bisher nicht möglich gewesen, eine Gesellschaft in die Finger zu bekommen, die groß genug war, seinen Ehrgeiz zu befriedigen. Erst in den letzten Monaten war die Hoffnung in ihm erwacht, daß dieser Glücksfall in der Person von Milton De Groot auf ihn zuzukommen schien.

Vor vielen Jahren, als Joshua in der City und in der Wall Street noch ein Neuling war, hatte er gewöhnlich sein Mittagessen, Biskuits und Käse, in der Spirituosenhandlung von De Groot an der Exchange Street eingenommen. Dabei hatte er reichlich Gelegenheit gehabt, Milton De Groot zu beobachten. Joshua hatte ihn lange für einen dummen, unfähigen Menschen gehalten.

Eines Tages jedoch hatte De Groot sich keineswegs als dumm erwiesen: Als er erfuhr, daß die bundesstaatliche Steuer auf alkoholische Getränke erhöht werden sollte, hatte er jedes Whiskyfaß gekauft, das er auftreiben konnte, und später mit so großem Gewinn wiederverkauft, daß er Besitzer der De Grootschen Brennereien wurde und Joshua sich glücklich schätzte, ihn als Kunden zu haben. De Groot beschäftigte noch vier oder fünf andere Makler und wanderte den ganzen Tag über von einem Büro ins andere. De Groot war jetzt sechsundvierzig Jahre alt, er war ein großer Mann mit mächtigem Körper und einem schwarzen Piratenbart und hatte sein Haar so fest an den Schädel geklebt, daß es wie aufgemalt wirkte. Er roch so unangenehm, daß Joshua nach jeder Unterhaltung mit ihm die Fenster aufriß. Joshua hatte eine überaus empfindliche Nase, die ihm schon manche Pein verursacht hatte. Am schlimmsten aber litt er in dieser Hinsicht unter seinen Zusammenkünften mit De Groot.

Mehrere Male in der Woche, und während der letzten Monate noch häufiger, saßen Joshua und De Groot Seite an Seite in Joshuas Privatbüro auf dem ausgebeulten Sofa. De Groot nippte an einem Glas Absinth, und beide Herren rauchten Zigarren und unterhielten sich über die Gerüchte und Skandale der Wall Street. Jeden Tag gab es hier Unterschlagungen und Betrügereien, und Joshua lauschte bereitwillig allem, was De Groot ihm erzählte. Denn er war überzeugt, daß er eines Tages aus seinem Mund ein Wort von schicksalhafter Bedeutung hören werde. Manchmal aßen sie auch gemeinsam in der Nähe der Börse, bei Delmonico's, zu Mittag und schwelgten in Erinnerungen, während sie kalte, eingelegte Austern, Ochsenfilet mit Champignons und anschließend ein halbes Waldhuhn verzehrten, erlesene Weine tranken und die anderen anwesenden Makler – gutgekleidete, wohlhabende Männer – beobachteten.

Wie Joshua wußte, war De Groot ebenfalls zu der Ansicht gelangt, daß es aussichtsreichere Wege gebe, Geld zu verdienen, als sich gewissenhaft seinem Beruf zu widmen. Und Joshua hoffte, daß sich De Groots Nachlässigkeit mit der Zeit in seiner Firma bemerkbar machen würde und daß sich, wenn er ein bißchen nachhalf, bestimmt ein Richter finden ließ, der einen Treuhänder bestellte. Wer aber würde sich besser zu diesem Amt eignen als Joshua, der mehrere tausend Anteile besaß? Bisher war er allerdings immer noch auf der Suche nach einem Richter, der sich zu einem vernünftigen Preis kaufen ließ, hegte aber allmählich den Verdacht, daß mit den Richtern kein Geschäft mehr zu machen sei.

De Groot hörte sich alle Warnungen zuversichtlich lächelnd an, nickte und streifte Joshua gelegentlich mit einem seltsamen Seitenblick, den er schon seit Jahren an sich hatte. Es gebe in ganz Amerika keine gesündere Firma als die De Grootschen Brennereien, versicherte er Joshua. «So gesund wie dieser Bauch hier», pflegte er zu sagen, indem er sich kräftig draufklopfte. «Das einzige Geschäft, das in guten wie in schlechten Zeiten floriert. Das einzige, das mit dem Lande wächst, gleichgültig, was sonst geschieht.»

Joshua dachte bei sich, daß das wohl stimmen mochte, aber er hätte das gleiche Interesse für jede andere Branche bewiesen, deren Besitzer dazu neigte, sein Kapital für private Zwecke anzugreifen und ungedeckte Verkäufe zu tätigen, mit denen er Profit herauszuschlagen hoffte. Es gab sicher noch mehr Männer, die ihre Firma ähnlich vernachlässigten. Aber De Groot machte obendrein noch den Fehler, einem Freund, dem ein großer Teil des Aktienkapitals gehörte, in seine Verhältnisse Einblick zu gewähren. Allerdings hatte Joshua nicht alle seine Informationen von De Groot persönlich, den größten Teil seines Wissens verdankte er De Groots Laufjungen, den er bestochen hatte, ihn alle Instruktionen lesen zu lassen, bevor er sie ablieferte. Der Junge tauchte oft in Joshuas Büro auf und stellte sich mit fordernd ausgestreckter Hand neben ihn. Joshua rechnete fest damit, daß die De Grootschen Brennereien eines Tages ihm gehören würden.

Die Zeit eilte so rasch, daß es ihm vorkam, als seien die Ballkleider, die Suky, Susan und Ceda sich hatten entwerfen lassen, bereits nach einem Tag fertig. Brooks versicherte, das Fest werde ein großer Erfolg, eine der bemerkenswertesten Veranstaltungen des Winters. Ende Oktober entschloß sich Joshua, einen neuen Versuch zu machen, Allegra Stuart kennenzulernen.

Das Mädchen war bestimmt im Besitz einiger Informationen, die für Joshua wissenswert waren. Denn seiner Überzeugung nach war Philip Van Zandt noch nicht alt genug, um zu wissen, was für Joshua selber zu den festen Grundsätzen gehörte: daß man einer Geliebten niemals etwas anvertrauen dürfe. Als er daher eines Morgens von Spinnage & Achroyd kam, befahl er Huggens, ihn zu Stewart zu fahren, wo er, Spinnages Anregung folgend, einen kleinen Chinchillamuff kaufte. Von dort ließ er sich zur Bleecker Street fahren. Er fühlte sich zwar nicht recht wohl in seiner Haut, sagte sich aber, es sei seine Hauptaufgabe und vordringlichste Pflicht, seine Tochter angemessen zu verheiraten.

Vor zwanzig Jahren waren die Bleecker Street und die umliegenden Straßen eine elegante Wohngegend gewesen, in der nur begüterte Familien ihre Häuser hatten. Doch mit der Zeit war es ein seltsamer Bezirk geworden, in den sich nur noch selten ein Fremder verirrte. Die großen Familien waren fortgezogen, und die Sandsteinhäuser beherbergten jetzt Pensionen für Ballettmädchen und kleinere Schauspielerinnen sowie Wohnungen von Frauen, deren Ehemänner sich nur noch zu seltenen Besuchen blicken ließen.

Der Wagen hielt vor einem vierstöckigen Haus, um dessen Türeingang sich eine Glyzinie rankte. Joshua blickte mißbilligend und argwöhnisch an der Fassade hoch, bevor er mit seinem Päckchen und seinem Stock den Wagen verließ. Doch dann stieg er die Stufen mit jenem entschlossenen Schritt hinauf, mit dem er stets unangenehmen Situationen entgegenzugehen pflegte, und zog an der Klingelschnur. Wenige Augenblicke später sah er sich einer Frau gegenüber, die ihn mit einem Gesicht musterte, das noch mehr Mißtrauen verriet als das seine.

Die Frau starrte ihn so lange schweigend an, daß Joshua schon fast im Begriff war, auf dem Absatz kehrtzumachen und mitsamt dem Chinchillamuff für Miss Stuart wieder zu verschwinden. Aber da öffnete die Frau doch die Tür und ließ ihn in einen altmodischen Salon eintreten, dessen Vorhänge fest zugezogen waren, um die Polstermöbel vor dem Sonnenlicht zu schützen, vielleicht aber auch, um die abgenutzten Stellen auf den Teppichen und Sofas zu verbergen. Joshuas Nase fühlte sich sofort beleidigt durch schlechte Küchendüfte und den Geruch von Gas, das offenbar aus schadhaften Rohrleitungen entwich.

«Ich bin Mrs. Gosnell, die Pensionseigentümerin. Ich hoffe, es ist Ihnen klar, Mr. Bradshaw, daß meine Pensionärinnen anständige Mädchen sind. Einige Herren scheinen sich einzubilden . . .»

«Ich bilde mir nichts dergleichen ein, Mrs. Gosnell», fiel Joshua ihr scharf ins Wort. Doch dann ermahnte er sich zur Zurückhaltung, weil jeder, der in ein unbekanntes Land reist, sich zwangsläufig den Sitten der Einheimischen zu fügen hat. «Dürfte ich nun Miss Stuart sprechen?»

Mrs. Gosnell sog geräuschvoll die Luft durch die Nase, als wolle sie ihm damit sagen, daß ein Gentleman in einem Seidenzylinder ihr noch lange nicht imponieren könne. Doch dann rauschte sie aus dem Zimmer und überließ ihn der Betrachtung der entsetzlichen Möglichkeit, daß er selber vielleicht eines Tages gezwungen sein könnte, in einer solchen Pension zu leben.

Bald darauf erschien Mrs. Gosnell wieder. «Sie wird Sie empfangen. Sie sagt, Sie seien der Regisseur des Balletts. Stimmt das?»

Joshua nickte kurz und wünschte, Miss Stuart hätte sich einen besseren Grund für seinen Besuch ausgedacht. Dann folgte er Mrs. Gosnell über einen Flur, der noch dunkler war als der Salon, zu einer Treppe, deren ausgetretene Stufen bei jedem Schritt knarrten. Auf dem ersten Treppenabsatz kamen sie an einer offenen Tür vorbei. Joshua, der ein Kichern hörte, wandte den Kopf und sah ein hübsches Mädchen in einem lila Kleid und einem lila Hut, das ihn mit wissendem Lächeln anblickte, während zwei andere Mädchen in weißen Umhängen mit offenem Haar über die Seiten einer Zeitschrift hinweg zu ihm hin blinzelten. Langsam stiegen er und Mrs. Gosnell weiter zum zweiten und dann zum dritten Stock empor.

«Das waren drei von meinen Mädchen. In diesem Jahr habe ich dreizehn. Alle sind sehr schön, Tänzerinnen, und alle anständige junge Damen, Mr. Bradshaw.»

«Das möchte ich hoffen, Mrs. Gosnell», erklärte Joshua mit ernster Miene. «Schließlich bin ich ja der Regisseur des Balletts.»

Im dritten Stock führte sie ihn durch einen Korridor zur Vorderfront des Hauses und klopfte dann leicht an die letzte Tür. Mit einer unabsichtlich selbstverständlichen Geste legte sie dann ihr Ohr dagegen und verriet Joshua auf diese Weise, daß sie die Angewohnheit hatte, die Unterhaltungen ihrer Pensionärinnen zu belauschen. «Da sind wir, meine Liebe!» rief sie. «Dürfen wir hereinkommen?»

«Kommen Sie herein, Mrs. Gosnell. Sie wissen doch, ich kann mich jetzt nicht bewegen», ertönte eine Stimme von drinnen.

Der Ton dieser Stimme überraschte ihn, denn er war tief und eindringlich. An Stelle der hellen Jungmädchenstimme, auf die er gefaßt war, hörte er eine kluge, selbstbewußte Frauenstimme. Er hatte wenig Ahnung, wie Allegra Stuart – oder Mademoiselle Alexandrine – aussah. Denn obgleich er einen Platzanweiser einmal gebeten hatte, sie ihm zu zeigen, hatte er die Gestalt im Scheinwerferlicht auf der großen Bühne nur undeutlich wahrgenommen: ein nicht sehr großes Mädchen mit weichgeformten Armen und Beinen, die auf angenehme Art von den allzu muskulösen Gliedern der anderen Tänzerinnen abstachen. Diese Merkmale und dazu das leuchtend blonde Haar und die runden Brüste hatten ihm in jenem Augenblick genügt.

Mrs. Gosnell öffnete die Tür, und er sah in ein großes, seltsam möbliertes Zimmer. Ein schwarzer Pudel sprang ihm bellend entgegen, und ein Papagei stieß einen Warnschrei aus. Am anderen Ende des Raumes stand Allegra Stuart mit dem Rücken zur Tür. Auch sie war, wie die Mädchen, die er unten gesehen hatte, in einen weißen Umhang gehüllt; sie beugte sich mit gespreizten Beinen über eine Waschschüssel.

«Kommen Sie rein, Mr. Bradshaw. Ich färbe gerade mein Haar, aber ich stehe gleich zu Ihrer Verfügung. Sie können die Tür zumachen, Mrs. Gosnell. Er wird nur ein paar Minuten bleiben.» Als Mrs. Gosnell zögerte, drückte Joshua ihr eine Banknote in die Hand, worauf sie widerstrebend das Zimmer verließ. Als sie die Tür geschlossen hatte, murmelte Miss Stuart, die sich jetzt aus einem Schöpflöffel Wasser über den Kopf goß und ihr Haar mit Seifenschaum bearbeitete, wütend: «Diese alte Hexe! Sie läßt uns verhungern und erwartet, daß wir von unserer Moral satt werden. Setzen Sie sich, Mr. Bradshaw.»

Allmählich störte es Joshua, Mr. Bradshaw genannt zu werden. Er ging, gefolgt von dem Hündchen, quer durch das Zimmer, nahm auf dem Rand eines Sessels Platz, legte das Paket mit dem Muff auf seine Knie und deckte den Hut darüber. Dann schaute er sich amüsiert und neugierig um. Die Fenster, die zur Straßenseite hinausgingen, standen offen, obgleich das Wetter kühl war. Die Jalousien waren hochgezogen und die Vorhänge zur Seite geschoben, so daß dieses Zimmer, nach dem Halbdunkel der übrigen Räume des Hauses, von einem geradezu strahlenden Licht erfüllt war.

Er sah ein altmodisches Klavier, viele Fotografien berühmter Schauspieler und Schauspielerinnen und einen hohen Spiegel, vor dem Miss Stuart, wie er annahm, ihre Ballettschritte probierte. An einigen Haken hingen zwei Kleider, eine Krinoline und mehrere gestreifte Unterröcke. Ein imitierter Kaschmirschal lag auf dem Sofa, das der Besitzerin des Zimmers offensichtlich als Bett diente. Aus einer geöffneten Truhe quollen rosa Balletttrikos und andere Kostüme. Auf dem Fußboden stapelten sich Leihbücher, und der Frisiertisch war förmlich überladen mit Flaschen, Büchsen und Schachteln, die als Schminkausstattung für das gesamte Ballett ausgereicht hätten. Der Hund saß jetzt zu Joshuas Füßen und blickte interessiert zu ihm auf. Der Papagei lief unruhig auf seiner Stange hin und her, ließ den Kopf hängen und beäugte griesgrämig den Boden seines Käfigs, als sei er in tiefem Kummer versunken.

«Was führt Sie her, Mr. Bradshaw?» fragte Miss Stuart mit ihrer vollen, herrischen Stimme.

«Schlechte Gesellschaft, bei Gott!» kreischte der Papagei und verfiel sofort wieder in sein trübsinniges Grübeln.

Allegra Stuart lachte auf und ließ dabei eine erstaunlich wohlklingende und, wie ihm dünkte, ein wenig verwirrende Tonfolge hören, die gar nicht zu diesem Mädchen zu passen schien, das sich mit so energischen Bewegungen das Haar trockenrieb. Im nächsten Augenblick begann Allegra Stuart, die Seife ins Auge bekommen hatte, leise zu fluchen und verfiel dabei in einen irischen Dialekt. Während Joshua noch überlegte, daß dieses Mädchen in keiner Weise seinen Erwartungen entsprach, griff sie nach einem Handtuch, schlang es sich um den Kopf, knotete es zusammen und wandte ihm ihr Gesicht zu. «So, Mr. Bradshaw, jetzt sagen Sie mir, bitte, was Sie wünschen.»

Joshua hatte die Angewohnheit, jeden Menschen, den er kennenlernte, zunächst kurz, aber eingehend zu betrachten. Er musterte Miss Stuart also mit offenem Interesse. Sie war klein, hielt sich sehr gerade und reckte den Kopf etwas hochmütig empor. Ihre hellbraunen Augen hatten einen auffallenden Glanz, ihre Brauen waren leicht geschwungen, und ihr Mund zeigte einen Ausdruck, in dem sich Fröhlichkeit und Melancholie so seltsam mischten, daß ihr ganzes Gesicht dadurch zugleich traurig, nachdenklich und humorvoll wirkte. Kein Mann, der dieses Gesicht einmal gesehen hatte, würde es vergessen. Auch Joshua hatte es nicht vergessen.

«Ich kenne Sie», sagte er. «Sie sind das Mädchen, das im letzten Frühjahr beim Bankett der Petroleumaktionäre nackt aus einer Pappmachépastete gekrochen ist.» Sie hatte damals ziemlich unverfroren gewirkt, und Joshua hoffte, ihr mit dieser Erwähnung einen kleinen Schrecken einjagen zu können.

«Nein, nicht ganz nackt. Hatte ich nicht so eine Art Gürtel aus schwarzem Samt um?» Ungerührt sah sie ihn schalkhaft lächelnd an, und Joshua wurde klar, daß es nicht so einfach sein würde, diese selbstsichere junge Frau aus der Fassung zu bringen.

«Wie alt sind Sie?»

«Letzten Monat siebzehn geworden.»

«Du lieber Gott, dann sind Sie ja nicht älter als meine Tochter. Geben Sie öfter derartige Vorstellungen?»

«Nur wenn ich die Miete oder meine Lehre nicht bezahlen kann. Immerhin ist das Theater das halbe Jahr geschlossen, Mr. Bradshaw. Und wenn es geöffnet ist, wird auch nicht immer ein Ballett gegeben.»

«Haben Sie noch andere Möglichkeiten, Ihre Einkünfte aufzubessern?» fragte Joshua sie streng. Obwohl er über ihre Zusammenkünfte mit Philip Van Zandt Bescheid wußte, kam es ihm jetzt geradezu kriminell vor, daß dieses junge Mädchen hüllenlos bei Banketten tanzte und sich dann nachmittags mit einem Mann, der vielleicht sein zukünftiger Schwiegersohn wurde, traf. Er hatte das Gefühl, daß man ihr ins Gewissen reden und sie auf den rechten Weg zurückführen müßte, bevor es zu spät war.

Doch sie quittierte seine Frage nur mit einem ungeduldigen Seufzer. Sie wandte sich ab, ging quer durchs Zimmer zum Spiegel, wobei sie auf ihre nackten Füße blickte, stellte sich davor, nahm das Handtuch ab und begann ihr Haar zu kämmen. «Wenn Sie hoffen sollten, daß ich mit Ihnen ein Verhältnis anfange, muß ich Sie enttäuschen», erklärte sie ihm. «Ich habe für solche Dinge keine Zeit; nur unbedeutende Tänzerinnen, *les canailles*, können es sich leisten, sich derartig zu verzetteln.»

Allegra Stuart gehörte, wie Joshua nunmehr feststellte, in keine der Kategorien gefallener Mädchen, die er bisher kennengelernt hatte. Aber er mußte sie irgendwie einschüchtern, bevor er vom Geschäft zu sprechen begann. «Miss Stuart», bemerkte er, «Sie haben mich abgewiesen, bevor ich noch gefragt habe.»

Sie drehte sich rasch um. «Und was ist das da?» Sie wies mit dem Kamm auf das Päckchen auf seinem Schoß.

«Ich habe Ihnen ein Geschenk mitgebracht, aber nicht, weil ich mit Ihnen schlafen möchte.»

Sie ging auf ihn zu, Joshua erhob sich und überreichte ihr höflich das Päckchen. Schnell riß sie die Verpackung ab.

«Ein Bisam-Muff!» Sie hielt ihn an ihr Gesicht, fuhr mit den Lippen über den Pelz und streckte ihm dann lächelnd die Hand entgegen. «Ich weiß, daß es Chinchilla ist. Vielen Dank, Mr. Bradshaw. Und die Sache hat wirklich keinen Haken?» Sie drehte den Muff um und um und betrachtete ihn von allen Seiten, als suche sie mißtrauisch nach einem verdächtigen Zeichen. Joshua, der sich inzwischen wieder hingesetzt hatte, freute sich, daß er ihr dieses Geschenk gemacht hatte, gleichgültig, ob es sich als nützlich erweisen würde oder nicht. «Sie können rauchen, wenn Sie möchten», sagte sie. «Selah, mein Pudel, mag zwar keinen Zigarrenrauch, aber mich stört er nicht.» Sie warf den Muff in die Truhe und begann wieder ihr Haar zu kämmen.

Joshua zündete sich eine Zigarre an und blickte stirnrunzelnd auf den Hund, der ihn einmal anbellte und dann zur anderen Seite des Zimmers ging. «Sie sind eine sehr kluge junge Dame. Sie tanzen, färben sich Ihr Haar selbst, spielen offensichtlich Klavier, und vermutlich singen Sie auch. Sie scheinen ehrgeizig zu sein.»

Sie wandte sich vom Spiegel ab und sah ihn ernst an. «Nein, ich singe nicht. Damit würde ich mir die Stimme verderben und könnte meine Rolle, wenn ich einmal die Julia spielen sollte, nicht so sprechen, wie ich möchte.» Sie kam wieder auf ihn zu. «Denken Sie daran, wie es Charlotte Cushman gegangen ist», sagte sie warnend.

«Wenn Sie die Julia spielen, Miss Stuart?» fragte Joshua erstaunt, der offenbar eine Überraschung aus anderer Richtung erwartet hatte. Aber ihr Gesichtsausdruck war weich und wehmütig, als wolle sie ihn bitten, sie nicht auszulachen.

«Ich will Schauspielerin werden, Mr. Bradshaw. Eine große Shakespeare-Darstellerin. Ich erwarte natürlich nicht, daß Sie es mir glauben, aber es ist trotzdem wahr.»

«Miss Stuart, dann sagen Sie mir doch, warum Sie damals diese Sache mit der Pastete gemacht haben. Waren Sie das wirklich?»

«Ja, ich war es», bestätigte sie seufzend. «Ehrlich gesagt, nahm ich nicht an, daß irgend jemand da sein könnte, den ich kannte. Ich verdiene dreißig Dollar in der Woche, wenn ich arbeite. Und mein Schauspiellehrer bekommt allein zehn Dollar für jede Stunde. Hier auf dem Bild rechts, das ist er.» Sie wies auf eine Fotografie, die sie ehrfurchtsvoll betrachtete. «Er war ein großartiger Shylock», sagte sie leise, eher zu sich selbst als zu Joshua. «Ich habe ihn natürlich nie auf der Bühne gesehen. Es ist zu lange her. Heute ist er ein alter Mann. Aber er hat mir die Rolle vorgespielt, als wir zusammen gearbeitet haben.»

Joshua betrachtete nachdenklich diese neue Allegra Stuart und fragte sich, wieviel von dieser Leidenschaft wohl ihrer Jugend zuzuschreiben war und wieviel zu ihrem Wesen gehörte. «Sie haben also die Absicht, aus dieser häßlichen Umgebung in eine würdigere zu gelangen?»

«Aber Mr. Bradshaw, wollen Sie mich deshalb verachten?» Sie sagte es so sehnsüchtig, daß Joshua sich beschämt fühlte.

«Nein, eher bewundern. Aber ich muß gestehen, daß Sie mich überrascht haben.»

Mit einer Handbewegung wies sie auf den Raum. «Ihnen kommt das häßlich vor. Aber es ist das größte und teuerste Zimmer im ganzen Haus. Ich finde es gar nicht häßlich. Ich habe hier alles, was ich brauche.» Dabei legte sie den Kopf zur Seite und sah Joshua mit einem Lächeln an, das ihn verwirrte und unsicher machte. «Kennen Sie sich in New York aus, Mr. Bradshaw? Sind Sie jemals in Five Points gewesen?»

Mit einer verächtlichen Handbewegung gab Joshua ihr zu verstehen, daß er zu beschäftigt sei, um Besichtigungsgänge durch die Slums zu unternehmen.

«Können Sie sich vorstellen, wie es ist, wenn man zusammen mit zwanzig anderen Menschen – abgesehen von den Ratten – in einem Keller hausen muß, der nicht größer ist als dieses Zimmer hier? In dem es keine Möbel gibt, außer ein paar Feldbetten, und keine Wände, außer ein paar Lumpen, die hier und dort aufgehängt sind? Oder in einer Wohnung, in der es so dunkel ist, daß man darin mitten am Tag einen Mann ermorden oder ein Mädchen vergewaltigen könnte, ohne daß jemand sieht, wer es gewesen ist? Fast eine halbe Million Menschen leben dort. Mehr als die Hälfte der Bevölkerung von New York.» Sie sprach leise und sah ihn unbewegt an, bis Joshua das Gefühl bekam, daß sie ihn dieser Verbrechen gegen die Menschen von Five Points anklagte. Er spürte, wie sein Gesicht zu brennen begann und ein Schauer seinen Rücken hinablief. «Die Abtritte dort haben keine Türen. Aber wem macht das schon etwas aus? Arme Leute können sich keine Sittsamkeit leisten. Straßenreiniger sind dort die Schweine, aber trotzdem türmen sich die Abfallhaufen, und im Frühling, wenn der Schnee schmilzt, verwandeln sich die Straßen in Bäche aus Schmutz und Unrat.»

«Ich versichere Ihnen, Miss Stuart, daß ich die Armen ebenso bedaure, wie jeder andere es tut.»

Sie warf den Kopf zurück und ließ noch einmal ihr verwirrendes Lachen hören. Dann legte sie den Zeigefinger auf die Lippen, als habe sie ein Geheimnis, und erkundigte sich spöttisch: «Das dreht Ihnen wohl ein bißchen den Magen um, was?» Sie wandte sich ab, ging quer durchs Zimmer und murmelte vor sich hin: «Aber es ist wahr, weiß Gott wahr. So sieht es da unten aus.»

Joshua hatte bemerkt, daß er sie mit der Anspielung auf ihr Auftreten beim Bankett der Petroleumaktionäre nicht in Verlegenheit gebracht hatte. Er nahm aber an, daß eine kleine Geldsumme für sie schon ein Vermögen bedeutete. Als sie sich ihm wieder zuwandte, lag auf ihrem Gesicht jedoch ein ironisches Lächeln, das ihn unwillkürlich warnte. Sie schien über ein fast übernatürliches Maß an Selbstbeherrschung zu verfügen und obendrein über ein Wissen, das nur die Kinder aus den Slums erwerben.

«Wir haben nicht mehr viel Zeit, Mr. Bradshaw. Mrs. Gosnell wird jeden Augenblick an die Tür klopfen. Warum sind Sie hergekommen? Sie wollten mir doch sicher nicht nur diesen Chinchillamuff überreichen?»

«Ich bin gekommen, um etwas mit Ihnen zu besprechen, das Sie vermutlich interessieren wird.»

«Und was ist das? Geld?» Bei diesen Worten streckte sie eine Hand mit fordernd gekrümmten Fingern aus, und auf ihrem Gesicht erschien jener halb tückische, halb unterwürfige Ausdruck, den er oft auf den Gesichtern von bettelnden Kindern gesehen hatte, die sich aus Five Points herausgewagt hatten, um die Damen und Herren in den besseren Stadtteilen zu belästigen. Ob Allegra Stuart nun eine Schauspielerin war oder nicht, auf jeden Fall hatte sie eine ungewöhnliche mimische Begabung. Gleich darauf verschwand der Gesichtsausdruck, als sei er nur ein Trick gewesen, mit dem sie ihn hatte reinlegen wollen. Sie kniete sich in einen Sessel, setzte sich mit aufgerichtetem Oberkörper auf ihre Fersen und legte die Hände auf die Knie. Der weiße Umhang umhüllte sie wie ein Zelt. «Also gut, deswegen sind Sie gekommen. Um wieviel Geld handelt es sich, Mr. Ching?»

9

Joshua hatte sich inzwischen daran gewöhnt, als Mr. Bradshaw angesprochen zu werden, deshalb merkte er im ersten Augenblick gar nicht, daß sie seinen richtigen Namen gesagt hatte. Dann jedoch blickte er erstaunt auf. «Wie bitte?»

«Wenn ich nicht gewußt hätte, wer Sie sind, hätte ich Sie gar nicht empfangen.»

«Sie wissen, wer ich bin?»

«Sie sind Joshua Ching. Oder nicht?»

Joshua holte tief Luft und lächelte. Er war froh, den erfundenen Namen Bradshaw los zu sein, für den er sich nicht einmal einen Beruf ausgedacht hatte, so daß man ihn zum Ballettregisseur abstempeln oder ihm sonst eine untergeordnete Tätigkeit zuschieben konnte. «Ja, der bin ich», sagte er und fühlte auf einmal voll Stolz, daß dieser Joshua Ching ein bedeutender und bekannter Mann war. Bedeutender und bekannter, als er vermutet hatte – wenn ihn schon eine Ballettänzerin kannte, taten es höchstwahrscheinlich noch viele andere Menschen, die nur zu diskret waren, es ihn merken zu lassen. Als er jedoch mit seinen Gedanken so weit gekommen war, meldete sich ein Verdacht. «Sie sagen, Sie hätten gewußt, wer ich bin? Bevor ich heraufkam? Wie haben Sie das erfahren?»

«Ich habe den Jungen, der mir damals die Blumen und die kandierten Früchte brachte, gefragt, wie Sie aussehen, und er hat es mir erzählt. Dann habe ich Sie einem Freund beschrieben, und mein Freund sagte: ‹Nanu, das kann doch nur Joshua Ching sein. Was will denn der von dir?›» Sie lachte fröhlich. Seine Überraschung schien ihr Spaß zu machen, denn nun fuhr sie vertraulich fort: «Ich heiße übrigens auch nicht Allegra Stuart.»

Joshua lehnte sich zurück, zog an seiner Zigarre und musterte sie amüsiert. «Das habe ich auch nicht angenommen.»

«Soll ich Ihnen sagen, wie ich wirklich heiße? Betty Mulligan. Können Sie sich eine Shakespeare-Darstellerin mit einem solchen Namen vorstellen? Allegra Stuart klingt doch viel besser, nicht?»

Sie schien so froh, nicht mehr Betty Mulligan, sondern Allegra Stuart zu heißen, daß Joshua sich zu der Frage verpflichtet fühlte: «Wie sind Sie auf diesen Namen gekommen?»

«Ich habe ihn mir ausgedacht. Sie wissen ja, in Missionsschulen gibt es alle möglichen Bücher.» Sie schien überzeugt, daß er schon einmal in einer Missionsschule gewesen war, um sich anzusehen, wie die barmherzigen Damen die Kinder aus den Slums erziehen. «Eine Weile dachte ich an Deirdre. Aber das ist ein Unglücksname, deshalb entschloß ich mich für Allegra. Allegra bedeutet Glück und Fröhlichkeit. Das ist doch ein besseres Vorzeichen, finden Sie nicht auch?»

«Ich hoffe, daß er sich bewahrheitet», erwiderte Joshua mit galantem Ernst – nicht nur, weil es seine Gewohnheit war, seine Partner vor Beginn eines Geschäfts sanft und höflich zu behandeln, sondern weil er dieses Mädchen, das ihm fast wie ein Kind erschien, amüsant und rührend fand. «Und woher haben Sie den Namen Stuart?»

«Mrs. Stuart war die Dame, die mich aus der Missionsschule holte und in ihr Haus aufnahm. Ich habe von meinem neunten bis zu meinem vierzehnten Lebensjahr bei ihr gewohnt, dann bin ich weggelaufen. Aber daran war nicht sie schuld. Sie war nett zu mir und wollte, daß ich einen Beruf lerne, mit dem ich mich anständig ernähren könnte.» Sie verzog das Gesicht zu einem drolligen Lächeln. «Aber dann nahm sie mich mit in die Oper und ins Theater, und von da an konnte ich einem ehrbaren Beruf keinen Geschmack mehr abgewinnen. Nun ja, wenn sie mich in Five Points gelassen hätte, wäre ich heute wahrscheinlich Lumpensammlerin oder Hure. Vielleicht auch Kellnerin in irgendeinem Café.» Einen Augenblick wirkte ihr Gesicht bitter. «Für uns Einwanderer gibt es in Ihrem großen Land nicht viele Möglichkeiten. Offenbar sind alle guten Posten schon vergeben worden, bevor wir herkamen. Wie das kommt, weiß ich auch nicht. Ich war erst drei, als wir nach New York kamen. Mein Bruder und meine Schwester waren ein bißchen älter. Bald darauf ging mein Vater von uns weg und ließ sich nicht mehr sehen – ich kann es ihm nicht übelnehmen –, und etwa zwei Jahre später starb meine Mutter. Sie stürzte sich aus dem Fenster, und als man sie von der Straße heraufbrachte, war sie tot.» Sie erzählte das alles genauso unbeteiligt, wie sie von den Slums gesprochen hatte. «Mein Bruder ist von der Missionsschule fortgelaufen, und meine Schwester ist an den Blattern gestorben.» Sie runzelte die Stirn, seufzte und blickte durchs Fenster.

«Das tut mir leid», sagte Joshua. Er haßte es, von Elend und Unglück zu hören, und hatte die abergläubische Vorstellung, daß diese Dinge ansteckend seien.

«Ja, mir hat es auch lange leid getan, besser gesagt, ich war verdammt unglücklich. Aber ich habe dabei manches gelernt, was die meisten Menschen nie lernen.» Sie blickte ihn jetzt wieder an, und in ihrem Gesicht stand plötzlich eine wilde Entschlossenheit. «Ich weiß, daß es eine Sünde ist, sich wegzuwerfen. Ganz gleich, wer man ist. Und Sie finden vielleicht, daß ich mich weggeworfen habe, als ich diese Sache mit der Pastete gemacht habe. Aber das war nur eine Nebensächlichkeit, völlig bedeutungslos.» Sie wischte die Angelegenheit mit einer leichten Handbewegung weg, und tatsächlich fand auch Joshua die Pasteten-Geschichte mit einemmal völlig unwichtig. «Ich habe gelernt, in allem, was mir zustößt, einen Sinn zu entdecken. Vielleicht kommt das daher, weil ich mit meinem Schicksal, meinem Dämon, allein fertig werden muß. Was meinen Sie dazu, Mr. Ching?»

«Miss Stuart», sagte Joshua ernst, «ich beglückwünsche Sie.»

Wieder sah sie ihn mit ihrem rätselhaften Lächeln an. «Das ist also meine Geschichte. Natürlich ist sie noch lange nicht zu Ende. Vieles wird noch kommen.» In diesem Augenblick klopfte es. Sie sprang auf und lief, gefolgt von dem bellenden Pudel, zur Tür, öffnete sie und trat hinaus. Er hörte, wie sie draußen leise auf Mrs. Gosnell einredete. Gleich darauf kam sie lächelnd zurück. «Noch fünf Minuten, Mr. Ching.»

Joshua hatte sich vorgenommen, ihr heute 100 Dollar anzubieten und ihr für jede Nachricht, die ihn interessieren könnte, mehr zu versprechen. Er wußte nicht recht, wie er anfangen sollte, zweifelte aber nicht daran, daß er einen Weg finden würde, ihr dieses geschäftliche Angebot zu machen, ohne ihren offenbar außergewöhnlichen Stolz zu verletzen.

«Ich bin Geschäftsmann, Miss Stuart», begann er in bescheidenem Ton, «Börsenmakler. Ich verfolge nebenbei aber noch gewisse andere Interessen. Als Geschäftsmann benötige ich nun gelegentlich Informationen, die ich, nun, sagen wir, nicht auf direktem Wege bekommen kann. So muß ich zum Beispiel wissen, wenn ein Mann die Absicht hat, ein Aktienpaket zu kaufen oder zu verkaufen, wann er auf Hausse spekulieren will und wann auf Baisse. Manchmal interessiert es mich sogar, ob er die Absicht hat, sich zu verheiraten, weil Heiraten heutzutage, zumindest wenn Geld eine Rolle dabei spielt, ebenfalls eine Art Geschäft darstellen.» Er warf Allegra einen Blick zu, die inzwischen aufgestanden und ans Fenster getreten war, und fuhr dann nicht ganz so zuversichtlich fort, wie er beabsichtigt hatte: «Zufällig weiß ich, daß Sie einen Mann kennen, an dem ich zur Zeit interessiert bin.»

«Philip Van Zandt», sagte sie.

«Sie begreifen sehr schnell.» Ihr Ton war nicht ermutigend gewesen, und er hoffte, ihr mit dieser Bemerkung zu schmeicheln.

«Wer könnte es sonst sein? Ich kenne keine anderen Herren.»

«Habe ich Sie verletzt?»

«Keineswegs, Mr. Ching. Hat Mr. Van Zandt Ihnen gesagt, daß er mich kennt?»

«Aber nein. Ich habe es zufällig herausgefunden. Bitte, fragen Sie mich nicht, wie. Übrigens kenne ich ihn nicht persönlich.»

«Warum interessieren Sie sich dann so für ihn? Und warum kommen Sie hierher, um mit mir über Geld zu sprechen? Sagen Sie es schnell, bevor ich mich entschließe, nicht mehr hinzuhören.»

«Ich glaube, Sie werden sich alles anhören, was ich Ihnen zu sagen habe. Ich respektiere Ihren Ehrgeiz und bewundere Ihre Entschlossenheit. Aber wenn Sie weiterhin nur im Ballett tanzen und bei Banketten aus Pasteten kriechen, werden Sie damit trotzdem nicht sehr weit kommen. Wenn Sie wirklich Schauspielerin werden wollen, brauchen Sie Zeit zum Arbeiten und ein wenig Unabhängigkeit. Wieviel zahlt Ihnen Van Zandt?»

Sie stampfte mit dem Fuß auf und blickte Joshua wütend an. «Keinen Cent zahlt er mir!» rief sie. «Für was halten Sie mich?»

Joshua stellte erfreut fest, daß sie sich nicht mehr so gut in der Gewalt hatte wie bisher. Er beobachtete sie mit höflichem Interesse, während sie ihn wütend anfunkelte, und erkundigte sich in begütigendem Ton: «Sie sind in ihn verliebt? Nun gut, aber ist er auch in Sie verliebt?» Sie sah ihn trotzig an, gab aber keine Antwort, bis er schließlich sagte: «Nehmen Sie es mir übel, wenn ich Sie frage, seit wann Sie ihn kennen?»

Da lächelte sie verschmitzt. «Seit dem Petroleumbankett. Ich war an dem Abend ein großer Erfolg.»

«Also fünfeinhalb Monate. Dann dürften Sie ihn einigermaßen kennen.»

«Ziemlich gut.»

«Miss Stuart, bitte, setzen Sie sich jetzt hin und hören Sie mir zu. Ich brauche einige Informationen über diesen Mann, da ich die Absicht habe, demnächst ein Geschäft mit ihm zu tätigen. Und ich werde Sie für jede Mitteilung, die Sie mir geben können, gut bezahlen.»

Sie setzte sich nicht, sondern musterte ihn mit verdrossenen, argwöhnischen Blicken. Aus ihrem Verhalten sah Joshua, daß sie zwar Geld brauchte, sich jedoch ärgerte, daß er ihre Romanze entdeckt hatte und ihr auch noch vorschlug, Gewinn daraus zu ziehen.

«Ich verlange nichts von Ihnen, was Mr. Van Zandt schaden könnte – falls Sie sich deswegen Sorgen machen sollten», fuhr er fort. «Im Gegenteil, ich bin an seinem Wohlergehen interessiert. Es ist nichts Unehrenhaftes an der Sache, Miss Stuart. Sie brauchen keine Bedenken zu haben, mein Angebot anzunehmen.»

«Da bin ich anderer Ansicht. Ich finde Spionieren nicht gerade ehrenhaft. Aber vielleicht haben Sie recht, vielleicht brauche ich wirklich keine Bedenken zu haben. Im übrigen wird es Ihnen egal sein, was ich über eine solche Tätigkeit denke.» Sie setzte sich ihm gegenüber und umfaßte ihre Knie mit den Händen. «Wieviel wollen Sie mir heute geben?» Joshua griff in die Tasche, als wolle er nachsehen, wieviel Kleingeld er bei sich hatte, und zog einige Banknoten hervor. Sie schüttelte den Kopf. «Nein, keine Geldscheine, Mr. Ching. So dumm bin ich nicht.»

«Würden Sie einen Scheck von mir annehmen?»

«Einen Scheck nehme ich; aber bevor ich ihn nicht eingelöst habe, werde ich Ihnen nichts sagen.»

Er lächelte anerkennend über ihre weibliche Schlauheit, erhob sich und trat an einen kleinen, mit Papieren und Büchern bedeckten Tisch. Als er sich darüber beugte, sah er einen Zettel, auf dem sie sich Notizen über die Rolle der Julia gemacht hatte. Er stellte einen Scheck über 500 Dollar aus und überreichte ihn ihr. Sie las ihn genau, blies die Tinte trocken und wedelte ihn ein wenig hin und her, während sie Joshua zur Tür begleitete.

«Was für ein Mann ist er?»

«Wie er auf Frauen wirkt, dürfte Sie als Mann wohl kaum interessieren. Meinen Sie nicht, Mr. Ching?»

«Ich bin auch daran interessiert.»

«So? Dann werde ich es Ihnen nächstes Mal erzählen.» Sie winkte mit dem Scheck. «Übermorgen.»

Joshua streckte ihr die Hand hin und glaubte einen Augenblick lang, sie würde sich weigern, sie zu nehmen, denn sie blickte seine Hand an, als frage sie sich, was das solle. Doch dann ergriff sie sie und schüttelte sie flüchtig. «Eines Tages», erklärte sie ihm dabei, «werde ich so etwas nicht mehr nötig haben, dann kann ich nur noch von meinem Talent leben. Darauf gebe ich Ihnen die Hand. Aber jetzt brauche ich Ihre

Hilfe ebenso sehr wie Sie die meine, oder eigentlich noch dringender, denn bei mir ist es wichtiger für die Zukunft.»

Mit liebenswürdigem Lächeln verbeugte sich Joshua und ging hinaus. Er war nicht ganz sicher, ob diese Allegra Stuart sich als nützliche Agentin erweisen würde. Aber irgendeine Information war schließlich besser als gar keine. Selbst wenn sie nur ein vages Bild von Philip Van Zandt entwarf, würde er schon etwas damit anfangen können.

Zwei Tage später empfing sie ihn abermals. Sie trug wieder den weißen Umhang und entschuldigte sich damit, daß sie das einzige gute Kleid, das sie besitze, schonen müsse. Sie schien sich inzwischen mit diesem seltsamen Handel abgefunden zu haben und gab sich so fröhlich, als seien sie zwei alte Jungfern, die beim Tee über eine gemeinsame Freundin klatschten. Dabei sah sie ihn aber dauernd mit einem undurchsichtigen Lächeln an, so daß er sich fragte, ob sie vielleicht doch nur einen Scherz mit ihm mache.

«Also fangen wir an. Erstens ist er sehr eitel.»

«Das sind alle hübschen jungen Männer.»

«Dann ist er hochfahrend und eingebildet.»

Joshua lachte. «Das ist bei einem Van Zandt nur natürlich.

«Er ist ein Schwächling.»

«Beurteilen Sie ihn nicht zu scharf?»

«Und rachsüchtig und grausam.»

«Und trotzdem sind Sie verliebt in ihn?» Joshua lächelte zweifelnd.

«Mr. Ching, Sie wollen doch von mir Informationen über Philip Van Zandt und nicht über Allegra Stuart haben, nicht wahr? Trotz allem ist er übrigens so bezaubernd, daß jede Frau und die meisten Männer ihm seine Fehler nur allzu gern vergeben. Und er weiß sehr genau, was sein Name den Eltern bedeutet, die darauf bedacht sind, ihren Töchtern einen strahlenden Schimmer zu verleihen.» Sie nickte ihm spöttisch zu. «Darum geht es Ihnen doch in Wirklichkeit, nicht wahr? Sie sagten, Ihre Tochter sei genauso alt wie ich.»

«Macht Ihnen das etwas aus?»

«Mich wird er sowieso nicht heiraten. Was sollte es mir also ausmachen, wen er heiratet? Er hat kein Geld, das wissen Sie.» Sie zog eine Augenbraue in die Höhe, als wundere sie sich, daß diese Häufung von Fehlern ihn noch nicht entmutigt habe. «Aber andererseits kann ein unbemittelter Sohn nicht viel Anspruch auf Selbständigkeit erheben, nicht wahr?»

«Warum so scharf, Miss Stuart?»

«Wahrscheinlich bin ich eifersüchtig. Sie sind so besorgt um Ihre Tochter. Ist sie hübsch?»

«Sie ist eine Schönheit.»

«Oh.» Sie überdachte diese Antwort einen Augenblick, wurde dann wieder geschäftlich und sprach weiter über Philip. Als Joshua ging, sagte sie ihm, sie hätte das Gefühl, für ihre Bezahlung noch nicht genügend geleistet zu haben, und versprach, ihn zu benachrichtigen, falls sie noch etwas erfahren würde, was für ihn von Interesse sein könnte.

Der 21. Dezember rückte mit geradezu schreckenerregender Geschwindigkeit heran, und ehe Joshua es sich versah, war der große Tag gekommen. Am späten Nachmittag, als Susan und Ceda sich bereits frisieren ließen, schlief Suky zwei Stunden tief und fest und wachte so ruhig und erfrischt auf, als stünde ihr nichts Aufregenderes bevor als das übliche Abendessen im Speisesaal des Hotels. «Dieses Mädchen hat eiserne Nerven», erklärte Susan.

«Sie ist vernünftig», verbesserte Joshua sie.

«Erschreckend vernünftig.»

Joshua wirkte ebenso gelassen wie Suky. Während der Friseur sich mit Suky beschäftigte, kleidete er sich an und verließ mit seinem Sohn Steven das Hotel. Die Frauen sollten später nachkommen. Er hatte für jede von ihnen der weiten Röcke wegen einen eigenen Wagen bestellt. Die Zofe Maxine sollte sie begleiten, um den Damen bis zur letzten Minute behilflich zu sein.

Brooks, der Joshua zuversichtlich lächelnd erwartete, versicherte ihm, daß alles zu seiner Zufriedenheit verlaufen werde. Joshua besichtigte den Ballsaal, der in eine Laube verwandelt schien. Zwischen den Blättern waren Hunderte von weißen Rosen mit Draht befestigt, und anstelle der Kronleuchter, deren grelle Lampen auch auf die hübschesten Gesichter unvorteilhafte Schatten werfen würden, sah man überall Leuchter mit weichem, flackerndem Kerzenlicht. Riesige Spiegel an den Wänden würden alles, was hier geschah, vielfältig zurückwerfen und ein bezauberndes Bild dieses ersten großen Auftretens der Familie Ching zeichnen. Joshua war so erfreut, daß er den annähernd 12 000 Dollar, die er für den Abend ausgab, nicht einen Gedanken widmete.

Die Tafelaufsätze im Speisesaal waren gefüllt mit Treibhausfrüchten. Reservekerzen für die Leuchter lagen bereit, und ganze Batterien von Champagnerflaschen warteten darauf, getrunken zu werden. Als Joshua erschien, betrachteten ihn die Diener mit aufmerksamen Blikken. Um Mitternacht würden sie Platten mit heißen Austern, kaltem Truthahn, Wildpasteten, kleinen Kuchen und ausgesuchten Delikatessen herumreichen und dazu, auf Sukys Vorschlag, Tassen mit heißer Suppe nach französischer Mode. Diese Leckerbissen waren für die vornehmsten Mägen der Stadt bestimmt.

Susan und Ceda trafen ein und begrüßten einander, als hätten sie nie erwartet, sich wiederzusehen. Joshua, der sie aufmerksam beobachtete, stellte fest, daß sie in diesem Rahmen völlig anders wirkten als zu Hause, wo sie ihm ebenso selbstverständlich erschienen wie das Mobiliar der Räume.

Susan war sechsunddreißig Jahre alt und stand somit nach Joshuas Ansicht nicht gerade im besten Frauenalter. Außerdem hatte sie den Nachteil, seine Frau zu sein – ein Mensch also, den er zu gut kannte und der ihn zu gut kannte und der dieses Wissen nicht immer sehr taktvoll einsetzte. Heute abend aber wirkte sie wie eine Fremde für ihn, eine hübsche blonde Frau, die er gern kennengelernt hätte. Ihr Haar war kunstvoll frisiert und wirkte weich und voll. Der Friseur mußte zu geheimnisvollen Mitteln gegriffen haben, um eine derartige Wirkung zu erzielen. Ihr Kleid, das ihn 1500 Dollar gekostet hatte, war aus weicher grüner Seide, die ihre Gestalt bei jeder Bewegung wie Wellen umspielte; sein Schnitt betonte auf diskrete Weise Susans körperliche Vorzüge: die glatten vollen Schultern und Brüste, die auch ihre Schwestern Ceda und Marietta hatten. Mit anerkennendem Blick ging Joshua auf sie zu und küßte sie. Susan lächelte ihm stolz und ein wenig selbstgefällig über diese gelungene Überraschung entgegen. Unwillig stellte er fest, daß seine Frau nie die Kunst der Schmeichelei begreifen werde, und wandte sich Ceda zu, um ihr ein paar höfliche Worte über ihr Aussehen zu sagen. Ceda strahlte ihn dankbar an, was Susan nie getan hätte. Aber Susan war auch nicht wie Ceda von seinem guten Willen abhängig und ließ ihn das gelegentlich fühlen.

Die Musiker, die hinter Fahnen und Spalieren auf einer Empore saßen, stimmten ihre Instrumente. Steven wanderte lächelnd umher, und Joshua fragte, weil es schon fast elf Uhr war, nach Suky.

«Sie ist mit Maxine im Ankleidezimmer», antwortete Susan.

«Soll ich nachsehen, ob alles in Ordnung ist?» fragte Ceda und wollte schon gehen. Aber Joshua hielt sie zurück.

«Nicht nötig, Ceda. Sie wird sicher gleich kommen. Wir wollen sie nicht nervös machen.»

An der Tür entstand eine Bewegung, und die drei lachten erleichtert auf, als sie Joshuas Brüder mit ihren Frauen und die beiden erwachsenen Kinder von Samuel erblickten. Die Frauen begutachteten sofort gegenseitig ihre Kleider, und Susan behandelte, wie Joshua bemerkte, ihre Schwägerinnen Harriet und Amelia mit oberflächlicher Höflichkeit. Susan hatte immer das Gefühl gehabt, von den beiden bemitleidet zu werden, weil sie einen so vielbeschäftigten Mann hatte, der früh am Morgen das Haus verließ und erst spät am Abend heimkam und jeden Sonntag in seinem Büro verbrachte. Jetzt konnte sie ihnen einmal beweisen, wie gut Joshua diese Jahre genutzt hatte.

Unmittelbar darauf kam eine regelrechte kleine Armee auf die Gastgeber zu: Männer in schwarzen Anzügen mit weichen Krawatten und Frauen in weiten Röcken mit langen, wippenden Locken, die ihnen bis auf die Schultern fielen, und mit Diamant- und Perlengehängen aus grünen, blauen und gelben Edelsteinen aller Größen und Formen. Es waren vier Makler mit ihren Familien, die Joshua nur flüchtig kannte.

Zwar hätte er lieber andere als erste Gäste begrüßt, aber er war froh, daß das Fest endlich in Gang kam; insgeheim hatte er schon befürchtet, der Ballsaal werde die ganze Nacht leer bleiben, die Musiker würden nur für sie spielen und das Truthahnfleisch werde von den Kellnern verzehrt werden müssen. Merkwürdig befangen, worauf er nicht gefaßt war, hörte Joshua sich selber reden, sah die Männer sich verbeugen, die Frauen lächelnd den Kopf neigen – dann war die Lawine an ihm vorbeigerollt, und er war wieder er selbst.

«Na also», sagte er zu Susan. «Es hat angefangen.» Er fühlte sich plötzlich so schwach und unsicher auf den Beinen, als sei er gerade von einer schweren Krankheit genesen.

Suky war schon da. Sie hatte den Raum offenbar hinter den ersten Gästen betreten und war an ihm vorbeigegangen. Er machte sich in einem Anfall von Zerknirschung Vorwürfe, daß er seiner Familie diese schreckliche Zeremonie auferlegt und dafür ungeheuere Summen ausgegeben hatte; er und seine ganze Familie würden hier dem erbarmungslosen Urteil der Gesellschaft ausgesetzt sein. Doch nun beruhigte ihn Sukys Anblick.

Sie unterhielt sich mit ihren Vettern, die sie sich im Laufe der Jahre zu getreuen Dienern herangezogen hatte. Sie schien die Rolle, die ihr heute abend zugedacht war, gelassen zu spielen: die Rolle der bezaubernden jungen Tochter des Hauses, die darauf achtete, daß ihre Freundinnen Tanzpartner hatten, bevor sie selber tanzte. Sie kümmerte sich um die Mädchen, die sie nie zuvor gesehen hatte, mit derselben liebenswürdigen Fürsorge wie um ihre Bekannten und Verwandten. Joshua beobachtete seine Tochter, die in einiger Entfernung von ihm stand, mit kritischer Bewunderung. Wenn Suky sprach, lag ein sanftes Lächeln auf ihrem Gesicht, aber nie verzog es sich zur Grimasse wie bei so vielen jungen Mädchen, die besonders faszinierend wirken wollten. Sie verstand es, ihre Augen, ihren Mund und alle Muskeln ihres Gesichts so zu beherrschen, daß sie ständig ein Bild lieblicher Gelassenheit bot. Joshua hatte den Verdacht, daß sie eine kühle Natur war und ihre Gefühle ebenso in der Gewalt hatte wie ihr Gesicht. Er hoffte, daß diese Vermutung zutraf, denn dann war der stärkste Feind einer Frau – ihre eigene Leidenschaftlichkeit – keine Gefahr für sie.

Sie sah sehr anmutig aus, wie sie dort in ihrem weißen Tüllkleid stand, das die Schultern freiließ. Der Kopf auf dem schmalen, langen Hals war hochgereckt, und aus der hohen Frisur, die sie heute zum erstenmal trug, fielen zwei lange, gedrehte Locken bis auf die Taille herab, was Suky vorzüglich stand. Maxine hatte einen Kranz aus weißen Rosen gebunden, der ihren Kopf wie ein Diadem umgab. Als einzigen Schmuck trug sie das Perlenarmband, das der Vater ihr zu ihrem siebzehnten Geburtstag geschenkt hatte. Obgleich Joshua jede Sentimentalität haßte, wurde er doch für einen Augenblick fast wehmütig bei dem Gedanken an Susans einstige Schönheit, die in ihrer Tochter nun wiederauflebte.

Der Tanz begann, und die lebhafte, fröhliche Atmosphäre sagte Joshua, daß das Fest ein Erfolg zu werden versprach. Auch in der Wall Street hatte er stets ein sicheres Vorgefühl für schlechte und gute Tage bewiesen. Er glaubte nicht, daß er Brooks den Erfolg verdankte, denn alle diese Menschen wären auch ohne Brooks heute abend hierhergekommen. Joshua blieb mit Susan und Ceda in der Nähe der Tür stehen. Steven, der bei ihnen stand, hielt sich so gerade wie der Zögling einer Militärakademie, verbeugte sich mit eleganten, knappen Bewegungen und redete die Gäste mit «Sir» und «Madame» an, aber in so vorwurfsvollem Ton, als mißbillige er ihre Teilnahme an einer so frivolen Festlichkeit. Steven sah seinem Vater sehr ähnlich und hatte auch viele seiner Eigenschaften geerbt. Nie gab er sich liebenswürdig oder devot, und er schien schon seit langem den Entschluß gefaßt zu haben, mit sittlichem Ernst und unermüdlichem Arbeitseifer durchs Leben zu gehen.

Ein Walzer erklang, dieser gefährliche Tanz aus Deutschland, vor dem man junge Mädchen warnte, weil er ihrer Gesundheit abträglich sein sollte. Mit einemmal war der ganze Ballsaal erfüllt von weitgebauschten Röcken, die umeinander wirbelten wie treibende Ballons. An den Wänden saßen ältere Damen in schweren Seidenkleidern und plauderten und fächelten sich Kühlung zu. Immer länger wurde die Prozession, die an Joshua vorbeizog: Damen in leuchtenden Kleidern mit blumen- oder federgeschmückten Frisuren, Männer, die Joshua überraschte und anerkennende Blicke zuwarfen, aber schnell von dem allgemeinen Wirbel angesteckt wurden und sich beeilten, in den Kreis der Tanzenden zu gelangen.

Suky, die nun auch gern tanzen wollte, warf Joshua einen flehenden Blick zu. Er wandte sich an seinen Sohn: «Tanze mit deiner Schwester, Steven.»

Der gutgedrillte Steven begab sich prompt zu seiner Schwester, machte eine Verbeugung vor ihr und führte sie mit überraschender Selbstverständlichkeit auf die Tanzfläche.

Um zwölf Uhr wurde der Speisesaal geöffnet, und Joshua, der nun keine neu ankommenden Gäste mehr an der Tür zu begrüßen hatte, tanzte einmal mit Susan, einmal mit Ceda und begann ein wenig umherzuschlendern. Hier und da blieb er stehen, um ein paar Worte mit Bekannten zu wechseln, und hielt dabei ständig Ausschau nach Philip Van Zandt.

«Ihre Tochter ist bezaubernd», versicherten ihm einige der Damen. Joshua stellte erfreut fest, daß die Jüngeren es etwas zu eifrig betonten, während den Älteren etwas von jener Bewunderung anzumerken war, die Ceda für ihre Nichte empfand.

«Das schönste Gesicht, das ich in Amerika gesehen habe», erklärte

Lord Giles Haldane. Joshua betrachtete ihn aufmerksam; er hatte die Absicht, später, wenn Seine Lordschaft noch einige Gläser Champagner getrunken hatte, ein paar Worte mit ihm zu wechseln.

«Habe ich das nicht immer gesagt?» fragte ihn Jemima, Amos Cottrells Tochter, triumphierend. Jemima, die in Sukys Alter stand und jahrelang ihre beste Freundin gewesen war, bewunderte Suky genau in dem Maße, wie diese es von ihr erwartete, und hatte ein geradezu grenzenloses Vertrauen zu ihr – vielleicht weil sie ahnte, daß Suky nicht die Absicht hatte, ihr Giles Haldane wegzunehmen. Jetzt zog Jemima ihren Verehrer mit sich, um ihn Suky vorzustellen, und ließ Joshua und Amos Cottrell allein.

«Wirklich ein gelungenes Fest! Ich gratuliere dir, alter Junge.»

Amos Cottrell war ein kleiner, dicker Mann mit kahlem, rundem Schädel und Pausbacken, die ständig frisch rasiert aussahen. Er war etwa zur gleichen Zeit wie Joshua ohne Geld und ohne nennenswerte Bildung nach New York gekommen. Auf Grund einer Zeitungsanzeige hatte er einen Posten als Botenjunge bei einem Börsenmakler gefunden und war von da aus in rascher Folge zum kleineren Angestellten, zum Hauptangestellten und schließlich zum Geschäftspartner des Firmeninhabers aufgestiegen. Bei Kriegsausbruch war er genau wie Joshua ein wohlhabender Mann gewesen, der jede sich bietende Chance wahrnahm und gewinnbringende Verträge mit der Armee über Schweinefleischlieferungen abgeschlossen hatte. Zwei Jahre später besaß er drei Millionen, doch bald darauf verlor er wieder zwei davon, als er, ohne auf die Siege der Union zu achten, in Gold auf Hausse spekulierte. Joshua versicherte Amos von Zeit zu Zeit, daß die große Gelegenheit, auf die sie beide warteten, sich ihnen eines Tages bestimmt bieten werde.

Als sie jetzt plaudernd beisammenstanden und die Tanzenden beobachteten, lauschte Joshua Amos' Schilderungen seiner letzten Börsenmanöver mit nachdenklichem Gesicht. «Amos», fragte er ihn plötzlich, «würdest du einer kleinen Gruppe beitreten, die eine Firma übernehmen soll, die vor die Hunde zu gehen droht?»

«Natürlich würde ich das, Joshua. Aber wieviel Geld ist dafür nötig, und um welche Firma handelt es sich?»

«Das sind ein bißchen viel Fragen auf einmal, Amos. Darüber reden wir später, ja?» Er wollte sich abwenden, aber Amos bekam Angst, er könne eine Chance verpassen.

«Wann wollen wir die Sache besprechen? Ich bin im Augenblick ein bißchen knapp bei Kasse.»

«Vorläufig brauchen wir kein Geld. Im übrigen ist es keine Sache, die im Augenblick akut ist, Amos. Es wird ziemlich viel Zeit und Geduld erfordern. Aber du wirst es nicht bereuen.»

«Vielen Dank, daß du an mich gedacht hast, Joshua. Ich hoffe bald mehr darüber zu hören.»

«Das wirst du, Amos. Ich benachrichtige dich, wenn die Angelegenheit etwas weiter gediehen ist. Vorläufig ist die Frucht noch grün und keineswegs genießbar.»

Er zog die Augenbrauen in die Höhe, und Amos lächelte verständnisvoll. Joshua ging um die Tanzfläche herum in den Speisesaal, wo er Suky mit Lord Haldane fand. Er forderte seine Tochter zum Tanz auf. «Sei ein bißchen abweisend zu diesem jungen Mann, damit deine Freundin nicht eifersüchtig wird», murmelte er ihr zu, als sie ihm folgte. «Ich wünsche keine Mißstimmung zwischen dir und Jemima Cottrell.»

Sie tanzten eine Quadrille, die Joshuas Geschmack mehr entsprach als ein Walzer.

«Es ist herrlich, Papa! Und ich bin so glücklich. Noch nie bin ich so glücklich gewesen.»

«Sei nicht zu liebenswürdig zu den Leuten, das hast du nicht nötig. Und tanz nicht so oft. Du weißt, das zeugt von schlechtem Geschmack.»

«Aber Papa, ich habe doch gar nicht viel getanzt.»

In diesem Augenblick sah Joshua Philip Van Zandt, der eben den Saal betrat – recht spät, wie Joshua dachte, denn es war fast zwei Uhr. Er kam mit William Talbot, den Joshua nur flüchtig kannte, und dessen Frau. Joshua verfolgte Philip mit den Blicken, als die drei langsam durch den Saal wanderten und hier und da stehenblieben, um Freunde zu begrüßen. Sie wirkten dabei, wie Joshua schien, etwas herablassend und belustigt, als seien sie nur gekommen, um sich auf Kosten der anderen zu amüsieren. Diese Beobachtung machte Joshua so wütend, daß er sich nur mit Mühe beherrschen konnte. Als Suky ihn etwas fragte, hörte er gar nicht zu. Sie beendeten den Tanz, ohne noch ein Wort miteinander zu sprechen, und Joshua nahm seine Tochter fest am Arm und führte sie zu Ceda, die sich mit Mrs. Cottrell unterhielt.

«Setz dich hierher, Suky, und warte auf mich», befahl er ihr mit einem bedeutungsvollen Blick. Bevor sie ihn fragen konnte, wie lange sie warten solle, war er auf und davon, um Philip Van Zandt zu suchen. Philip tanzte gerade mit einem Mädchen, das Joshua noch nie zuvor gesehen hatte; sie schien irgendwie durch Brooks' Abwehrkette geschlüpft zu sein, denn ihr Ausschnitt war etwas zu tief und ihr Lächeln etwas zu breit. Als Philip den Arm um sie legte, schloß sie für einen Augenblick die Augen. Unruhig beobachtete Joshua die beiden und hoffte nur, Philip Van Zandt werde es sich nicht einfallen lassen, das Fest mit dem Mädchen zu verlassen, bevor er ihm Suky vorgestellt hatte. Er war in ziemlich schlechter Laune, als Giles Haldane zu ihm trat.

«Ein schönes Fest, Sir. Schöne Frauen, ausgezeichnete Musik . . .»

«Sagen Sie», unterbrach Joshua ihn, während er Philip ständig im Auge behielt, «wie lautete eigentlich Ihr Name, bevor Sie ihn in Haldane geändert haben?»

Lord Haldane stockte der Atem. Joshua wandte sich ihm zu und musterte ihn mit einem so strengen Blick, als sei Seine Lordschaft ein ungezogener Junge, dem man eine Rüge erteilen mußte, weil er älteren Leuten einen Streich gespielt hatte. «Wie meinen Sie das, Sir?» fragte Giles Haldane.

«Lassen wir das. Ich habe Freunde in England, von denen einige heute abend hier sind.» Mit schreckensweit geöffneten Augen blickte Giles Haldane um sich. «Von mir droht Ihnen keine Gefahr, junger Mann. Wenn Sie mit dem kleinen Schwindel durchkommen – *ich* lege Ihnen keinen Stein in den Weg. Sie haben die Absicht, sich demnächst mit Jemima Cottrell zu verloben?»

«Wieso, Sir, ich habe noch nicht ...»

«Ihr Vater und ich sind Freunde und zuweilen auch Geschäftspartner. Ich dachte, das wüßten Sie. Spitzen Sie die Ohren, junger Mann, vielleicht können Sie gelegentlich etwas Interessantes hören.»

«Mr. Cottrell bespricht seine Geschäfte nicht mit mir, Sir.»

«Ich dachte, Sie seien Geschäftsmann? Legen Sie Ihr Familienvermögen nicht in Investitionen an? Dabei fragen Sie doch sicher gelegentlich Amos Cottrell um Rat?»

«Eigentlich nicht, Sir. Ehrlich gesagt: Ich habe kein Geld für Investitionen.»

«Natürlich haben Sie welches», sagte Joshua kurz. «Ich bin jeden Morgen ab neun Uhr in meinem Büro.» Mit einem Nicken wandte er sich ab und ging davon, zufrieden bei dem Gedanken, heute abend wieder ein kleines Teilstück eines Geschäfts erledigt zu haben. Schließlich bestanden auch die größten Manöver in der Wall Street aus vielen kleinen einzelnen Zügen, die genau ineinander passen mußten wie die Steine eines Mosaiks.

Der Tanz war vorüber, und Joshua folgte Philip Van Zandt, der seine Tänzerin zu einer älteren Dame führte, einige Augenblicke dort verweilte und, als er sich umwandte, beinahe mit Joshua zusammengestoßen wäre. Beide Männer traten einen Schritt zurück und machten sich bekannt.

«Ich bedauere, Sie erst jetzt begrüßen zu können, Mr. Ching. Aber ich bin mit den Talbots gekommen, und die mußten noch anderswo einen Augenblick hereinsehen.»

Joshua machte eine beschwichtigende Geste und lächelte eine Spur liebenswürdiger, als es seine Gewohnheit war.

«Ich freue mich sehr, Sie hier zu sehen.»

Er betrachtete Philip genau und fand, daß all die Eigenschaften, von denen Allegra Stuart gesprochen hatte, durchaus zu ihm paßten. Philip sah nicht ganz so jung aus, wie er war. Aber auf Joshua wirkte er trotzdem fast unanständig jung. Er war etwa ein Meter achtzig groß, schlank, hatte breite Schultern, die er sich, Allegras Aussage zufolge, mühsam durch Turnübungen mit Hanteln und anderen Geräten erworben hatte, und ein hübsches, schmales, leicht gebräuntes Gesicht. Durch den Schnurrbart wollte er zweifellos ein wenig eindrucksvoller wirken. Aus seinen blitzenden blauen Augen sprachen Humor und Gesundheit. Auf naive, gewiß nicht unbewußte Weise schien er mit sich selber sehr zufrieden zu sein. Wäre er nicht Philip Van Zandt gewesen, hätte Joshua sicher manchen Fehler an ihm entdeckt.

«Haben Sie meine Tochter Suky schon kennengelernt?»

«Noch nicht, Sir. Aber ich wäre dankbar, wenn Sie mich ihr vorstellen würden.»

Joshua führte ihn zu dem Platz, wo er Suky bei Ceda und Mrs. Cottrell zurückgelassen hatte. Als er ihr Philip vorstellte, bemerkte er wohlgefällig, daß dieser überrascht zurückfuhr, wie es Joshuas Ansicht nach jeder Mann bei Sukys Anblick tun sollte.

Philip entschuldigte sich höflich für sein spätes Erscheinen und bat Suky um den nächsten Tanz. Als Joshua ihnen nachblickte, wie sie auf die Tanzfläche zuschritten, sagte er sich, daß zumindest dieser Teil seines Vorhabens gelungen sei. Nachdem er sie aus den Augen verloren hatte, trat er zu William Talbot und dessen Frau, die sich mit einem anderen Ehepaar unterhielten.

William Talbot gehörte zu den Männern, um dessen Freundschaft Joshua sich bemühte. Talbot war jedoch nicht leicht zu gewinnen, er war außerordentlich arrogant, was ihm allerdings eher zustand als Joshua. Denn Talbot hatte eine renommierte Firma ererbt und eine noch bessere daraus gemacht. Seine Wechselbank in der City florierte in guten wie in schlechten Zeiten. Er war etwa fünfzig Jahre alt, sehr groß und hielt sich ein wenig gebückt. Sein ausgeprägter Kopf und die scharfblikkenden Augen vermittelten einen Eindruck außerordentlicher Strenge und Härte, so daß Joshua unwillkürlich an die Inkarnation eines wilden, gefährlichen Raubvogels oder eines riesenhaften Insekts dachte. Während sie miteinander sprachen, musterte er Joshua mit klugen, aber gleichgültigen Blicken, ein untrügliches Zeichen dafür, daß es diesem Joshua Ching bisher noch nicht gelungen war, sein Wohlwollen zu erwerben.

«Wirklich ein reizendes Fest, Mr. Ching», versicherte Mrs. Talbot ihm.

Aber Joshua fiel auf, daß sie die Gäste und die Dekorationen mit einer Miene betrachtete, als suche sie nach Anzeichen dafür, daß diese Chings sich durch irgendeine Geschmacklosigkeit lächerlich gemacht hatten. Joshua hatte sofort eine tiefe Abneigung gegen diese Frau.

Sie war viel jünger als ihr Mann, und Joshua wußte, daß sie ihn erst vor wenigen Jahren, nach dem Tode seiner ersten Frau, geheiratet hatte. Coral Talbot galt als Schönheit, eine jener verheirateten Schönheiten, die letzthin in Mode gekommen waren. Wenn Joshua nicht durch ihre mitleidlose, amüsierte Neugier verstimmt gewesen wäre, hätte auch er sie gewiß bewundert. Fraglos war sie eine berechnende Frau, die nur an sich und ihre gesellschaftliche Stellung dachte und nicht gewillt war, Rivalinnen neben sich zu dulden. Sie trug ein Ballkleid aus roter Seide, und in ihrem schwarzen Haar, an ihren Armen, ihrem Hals und ihren Ohren schimmerten Diamanten, die, wie Joshua rasch überschlug, etwa 150 000 Dollar wert waren.

«Sind Sie neu in New York, Mr. Ching?»

«Keineswegs, Mrs. Talbot. Meine Brüder und ich sind vor fast fünfundzwanzig Jahren aus Troy hierhergekommen, und die Familie meiner Frau ist seit 1814 in New York ansässig.»

«Ach?» Sie warf ihrem Mann einen Blick zu, als wolle sie ihn fragen, wie es komme, daß sie nie von dieser Familie gehört habe.

«Wir haben immer sehr zurückgezogen gelebt», fuhr Joshua fort.

«Ach so. Ich verstehe.» Sie lächelte ein wenig. «Aber dieses Fest heute abend ist wirklich sehr gelungen.»

Joshua musterte sie ungeniert von Kopf bis Fuß und gelobte sich dabei, daß er eines Tages auf gleicher Stufe mit ihr stehen werde, ohne dabei irgendwelche eigenen Interessen zu opfern. «Verbindlichsten Dank, Mrs. Talbot.»

Die Musik verstummte, und Suky kam an Philips Seite auf sie zu. Joshua, der ihre Hand nahm und sie vorstellte, triumphierte innerlich, als er den Gesichtsausdruck sah, mit dem Mrs. Talbot Suky musterte. Suky selber stand ganz ruhig und hochaufgerichtet da und erwiderte Mrs. Talbots Blick mit nachdenklichem Ernst.

«Das ist Ihre Tochter?» fragte Mrs. Talbot überrascht. «Wie hübsch Sie sind, meine Liebe – und so schüchtern.» Sie blickte zu ihrem Mann und zu Philip. «Aber ich glaube, wir müssen jetzt gehen. Ist es nicht schon schrecklich spät?» Damit wandte sie sich um, und die beiden Männer folgten ihr, während Suky und Joshua nebeneinander stehenblieben und ihnen nachsahen.

«Sie mochte mich nicht leiden, nicht wahr?»

«Möglich», räumte Joshua ein. «Aber du mußt sehr liebenswürdig zu ihr sein, wenn du ihr wieder einmal begegnest. Du weißt, wer diese Leute sind.»

Gegen halb vier wurde zwar immer noch getanzt, aber es herrschte nicht mehr eine solche Fülle. In einer Ecke des Speisesaals fand Joshua Milton De Groot, der etwas verloren herumstand und auf die vorbeiwirbelnden Tänzer blickte. Er hatte zuviel getrunken und begrüßte Joshua mit gekränkten, herausfordernden Blicken. «Irgendein Schweinehund will mir eins auswischen, Joshua.»

«Wie kommst du auf diese Vermutung?»

«Es ist keine Vermutung, verdammt noch mal. Ich weiß es. Irgendwelche kleinen Aktionäre gehen vor Gericht – jetzt sind es schon fünf. Diese Mistkerle wollen etwas gegen mich in Gang bringen.»

«Mit welcher Begründung denn?» fragte Joshua empört.

«Schlechte Geschäftsführung, behaupten sie. Keine Dividende. Sie berufen sich auf diese gottverdammte Geschäftsordnung.»

«So etwas kommt immer einmal vor. Kümmere dich nicht darum. Warum regst du dich über solche Leute auf, Milton?»

De Groot wippte auf den Füßen vor und zurück und starrte in sein leeres Glas. «Die De Grootschen Brennereien», murmelte er. «Bei Gott, diese Kerle sollen sich wundern.» Er wandte sich Joshua zu. «Aber wer steckt dahinter? Wer ist dieser Schweinehund, der sich einbildet, er könnte die De Grootschen Brennereien in die Tasche stecken? Kannst du dir das vorstellen, Joshua?»

«Ich wollte, ich wüßte es, Milton. Wenn ich etwas erfahre, lasse ich es dich wissen. Aber an deiner Stelle würde ich mir keine Sorgen machen. Hast du dich gut amüsiert heute?»

«Sehr gut, Joshua. Sehr, sehr gut.»

Gegen halb fünf Uhr gingen auch die letzten Gäste, und die Musiker packten ihre Instrumente zusammen. Die Rosen waren verwelkt, und die Blätter der grünen Ranken hingen schlaff herab. Zimmerleute erschienen und begannen die Spaliere und die Empore für die Musiker abzubauen. Susan und Ceda, die mit Joshua, Steven und Suky in der Mitte der leeren Tanzfläche standen, blickten einander an, als fragten sie sich, wo sie sich eigentlich befanden und wie sie hierher gekommen seien.

«Es war ein großer Erfolg», erklärte Ceda mit jämmerlicher Stimme und begann zu weinen.

«Aber Ceda», sagte Susan ärgerlich. «Um Gottes willen, hör auf! Können diese Leute denn nicht noch einen Augenblick warten?» stöhnte sie, als die Handwerker weiterhämmerten und die Rosen herabrissen.

«Papa», flüsterte Suky, «ich bin eine Schönheit, nicht wahr?»

Joshua lächelte. «Eine Schönheit zu sein ist sehr einfach, fast zu einfach für dich.»

Aber Suky schien ihn nicht zu hören, und plötzlich, während Steven sich hinsetzte und die Arme verschränkte und Ceda immer heftiger schluchzte, begann sie ganz allein im Walzerschritt über den Fußboden zu gleiten. Sie tanzte um die Zimmerleute und die Rosen herum und schwebte mit dem gleichen verzückten Lächeln, das die ganze Nacht auf ihrem Gesicht gelegen hatte, durch den Saal. Susan flehte ihren Mann an: «Joshua, bitte, ruf sie. Ich bin in meinem Leben noch nicht so müde gewesen wie heute. Können wir nicht endlich nach Hause gehen?»

10

Philips Zimmer an der West Twenty-fourth Street war mit Möbeln vollgestopft. Allegra fand das schön. Sie mochte keine leeren Räume, weil sie sie zu sehr an ihre Kindheit in den Slums von New York erinnerten.

«Eines Tages», hatte Philip zu ihr gesagt, «wird dein Geschmack besser sein.»

Da es Philip Van Zandt war, der ihren Geschmack bemängelte, glaubte sie ihm. Sie nahm jedes seiner Worte als bare Münze und war fest davon überzeugt, daß er die große Liebe ihres Lebens sei. Ein paar Monate lang war sie tief beeindruckt gewesen von der Tatsache, daß Philip Van Zandt ihr Briefchen, Blumen, Süßigkeiten und einen imitierten Kaschmirschal geschenkt hatte – den sie übrigens für echt hielt, bis eines der Mädchen bei Mrs. Gosnell lächelnd sagte, sie hoffe, Allegra habe nicht zuviel Geld dafür ausgegeben. Sie hatte mehr Gedanken und Mühe darauf verwandt, Philip zu gefallen, als auf ihr Ziel, eine gute Shakespeare-Darstellerin zu werden. Als sie ihm diesen Plan schließlich eingestand, tat sie es nicht mit der prahlerischen Selbstverständlichkeit, mit der sie ihn Joshua Ching verkündet hatte, sondern fast schüchtern.

Er hatte sie zärtlich und ein wenig mitleidig angelächelt und ihr übers Kinn gestreichelt. «Du weißt ja gar nicht, was du sagst.» Und nach einem Augenblick sagte er: «Wenn du es wirklich ernst damit meinst, kann ich dir nur den einen Rat geben: geh nach England.»

«Wie denn? Ich muß doch Geld verdienen, und das kann ich nur hier.»

Philip hatte gelacht, sie geküßt und das Gesprächsthema gewechselt. Einige Wochen darauf, als sie etwas verspätet vom Schauspielunterricht zurückkam, wartete Philip ärgerlich in ihrem Zimmer auf sie und lief nervös hin und her. Und als sie ihm den Grund ihrer Verspätung sagte, hatte er erwidert: «Ich habe dich schon einmal darauf aufmerksam gemacht, daß Amerikaner nur ausländische Schauspieler schätzen. Wenn du dir diesen Gedanken nicht aus dem Kopf schlagen kannst, dann sieh zu, daß du Ausländerin wirst.»

Sie hatte über diesen Satz nachgegrübelt und war allmählich zu der Überzeugung gelangt, daß darin der Schlüssel zu ihrem künftigen Erfolg verborgen lag. Denn alles, was mit Philip Van Zandt zusammenhing, seine Ratschläge, seine kritischen Bemerkungen, sein Lächeln, seine Liebkosungen, seine stürmischen Umarmungen und das schnelle Wiederaufflackern seiner Begierde, war für Betty Mulligan geradezu geheiligt.

«Geh nach England», redete sie sich zu, «werde Ausländerin.» Und als sie einen Augenblick über diese Worte nachdachte: «Wieso? Ich bin doch Ausländerin. Na gut, ich muß sehen, was sich machen läßt.»

Aber wie sie nach England gelangen und wovon sie dort leben sollte, hatte Philip ihr nicht gesagt. Und sie fand nicht den Mut, ihn danach zu fragen, aus Angst, er könne glauben, sie wolle ihn um Geld bitten. «Ich werde mich um dich kümmern», hatte er ihr am Anfang versichert, war dann aber nie wieder darauf zurückgekommen, und sie wußte nicht, was er damit gemeint hatte.

Sie nahm an, daß ein Van Zandt zu reich war, um sich vorstellen zu können, daß es Menschen gab, die kein Geld hatten. Und sie glaubte sicher, daß er sie eines Tages mit einem großen Geschenk überraschen würde, mit einer Diamanthalskette vielleicht. Manchmal hatte sie nach der Vorstellung mit den anderen Ballettmädchen auf der Straße gestanden und die Zuschauer bestaunt, die aus dem Theater kamen. Dabei hatte sie gelegentlich die eine oder andere Dame mit einer solchen Halskette gesehen. Ihre Freundinnen wußten nichts von Philip und auch nichts von ihren Auftritten bei großen Banketten. Joshua Ching hatte sie als Freund ihres Bruders bezeichnet, was die anderen mit nachsichtigem Lächeln aufgenommen und ihr dann versichert hatten, sie brauche sich eines so gut aussehenden Liebhabers nicht zu schämen.

«Herrgott noch mal, es ist aber die Wahrheit! Er ist ein Freund meines Bruders und bringt mir Geld von ihm. Mein Bruder ist ein bedeutender Mann.»

Wenn die anderen sie dann lachend fragten, warum ihr Bruder ihr das Geld nicht selber brächte, rannte Allegra wütend die Treppe hinauf in ihr Zimmer und sagte sich, es sei sinnlos, ihre Zeit mit diesen kleinen Ballettänzerinnen zu vergeuden, die nicht über die Grenzen ihres eigenen trostlosen Lebens hinauszublicken vermochten.

Sie hatte das Leben um sich aufmerksam beobachtet und ihre Lehren daraus gezogen. Die anderen Mädchen träumten von einem glücklichen Zufall. Sie warteten so geduldig und gläubig auf diesen Glücksfall, daß Allegra sie nur bedauern konnte. Allerdings dachte sie nicht im Traum daran, den Mädchen ihre eigene Entdeckung mitzuteilen, daß nämlich Glücksfälle bei weitem nicht so häufig waren wie Unglücksfälle. Glück war für Allegra bestenfalls ein unzuverlässiger und nicht immer ungefährlicher Bundesgenosse.

Der einzige Glücksfall, den sie bisher erlebt hatte, war die Begegnung mit Mrs. Stuart in der Missionsschule. Und selbst diese Schicksalswende hatte sie wahrscheinlich weniger dem Glück als dem Instinkt eines neunjährigen Mädchens zu verdanken, das die Hilfsbereitschaft dieser Dame gespürt hatte. Mrs. Stuart hatte sie gelehrt, sich sauber zu halten und ihr Haar zu waschen. Sie hatte ihr beigebracht, wie man Messer und Gabel gebrauchte, und hatte sie ermahnt, sich den irischen Dialekt abzugewöhnen. Das war Allegra leichter gefallen, als höfliche Umgangsformen zu lernen.

Allegra war davon überzeugt, daß der glücklichste Teil ihres Lebens bereits hinter ihr lag. Die fünf Jahre in dem kleinen, niedrigen Zimmer bei Mrs. Stuart, das ihr allein gehörte und nur gelegentlich von Mrs. Stuart betreten wurde, erschienen ihr als der Inbegriff allen Glücks. In jenem Zimmer hatte sie alles nachgemacht, was sie in den Dienstbotenräumen und auf der Straße gesehen hatte. Sie hatte oft verzückt auf der Straße gestanden und die Frauen beobachtet, die in den Kutschen vorüberfuhren, und ihr Lächeln studiert, das Allegra weit kostbarer vorgekommen war als ihre seidenen Gewänder und blumengeschmückten Hüte. Denn in den Slums verzogen die Frauen zwar hin und wieder das Gesicht zu einem Grinsen, aber sie lächelten nie. Meistens standen sie mürrisch in den Torwegen und schienen nichts, was um sie herum vorging, zu bemerken. Allegra hatte genau aufgepaßt, wie die vornehmen Damen gingen, wie sie ihre Röcke hielten und ihre Schals drapierten, sie hatte auf den Ton ihrer Stimmen gelauscht, und wenn sie genug gesehen und gehört hatte, war sie in ihr Zimmer zurückgekehrt, um alle Gesten vor dem Spiegel auszuprobieren.

Sie hätte länger bei Mrs. Stuart bleiben und viel dort lernen können. Aber als einer der Bediensteten, der nicht viel älter war als sie, sich in sie verliebte und sie in ihrem Zimmer und schließlich sogar in ihrem Bett besuchte, bekam sie Angst, daß Mrs. Stuart dieses Verhältnis entdecken könne, und lief davon. Ihr kleiner Liebhaber war von einem anderen Diener verraten und Hals über Kopf entlassen worden. Zuweilen dachte sie noch zärtlich an ihren linkischen, aufgeregten jungen Verführer, der so verängstigt gewesen war, daß er ihr Bett völlig mit Schweiß durchtränkt hatte. Manchmal stellte sie sich vor, daß er eines Tages am Bühneneingang stehen werde, wenn sie nach einer triumphalen Vorstellung das Theater verließ. Noch hübscher wäre es gewesen, sich vorzustellen, wie Philip Van Zandt demütig vor dem Theater stand, um einen Blick von ihr zu erhaschen. Aber sie glaubte nicht, daß Philip je demütig sein werde.

Philip schien von Natur aus allen feineren Empfindungen gegenüber unzugänglich. Er wußte nichts von Mitleid oder Verlegenheit und lebte in der fröhlichen Gewißheit, daß er alles bekommen konnte, was er haben wollte. «Ich bin ein armer Mann, Allegra», erklärte er ihr eines Tages. Sie glaubte, er wolle sich dafür entschuldigen, daß er ihr bisher nur Süßigkeiten und einen imitierten Kaschmirschal geschenkt hatte, und lächelte skeptisch. «Glaubst du mir nicht? Es ist wirklich wahr.»

«Für dich sieht Armut anders aus als für mich», erwiderte sie fast ärgerlich, da seine Klagen ihr kindisch erschienen.

«Mag sein. Aber im Vergleich zu den Leuten, die ich kenne, bin ich arm. Und das ist schlimm. Du bist in der Erwartung aufgewachsen, nie etwas zu besitzen. Ich hingegen habe immer sehr viel vom Leben erwartet.» Während er so redete, wanderte er im Zimmer hin und her. Allegra, die sich gerade anzog, fragte sich ängstlich, ob sie wohl noch Zeit habe, zu Fuß zur Akademie zu gehen, oder ob sie einen Omnibus nehmen müsse. Spöttisch sah sie zu ihm hinüber. «Nun ja, wir warten eben beide noch auf unser Glück, nicht wahr?» sagte er.

«Dein Glück ist nahe – denk doch an all die Väter, die nach dir Ausschau halten.»

«Aber die meisten sind nicht nach meinem Geschmack. Immerhin ist ein Van Zandt heutzutage ein seltener Artikel.» Nachdenklich und mit herabgezogenen Mundwinkeln beobachtete er, wie Allegra vor dem Spiegel ihren schwarzen Samthut in die Stirn und dann wieder nach hinten rückte, bis er zu ihrer Zufriedenheit saß. Sie trug, wie stets, wenn sie mit Philip zusammen war, ihr hübschestes Kleid. Oder vielmehr das hübschere von den beiden, die sie besaß. Es war ein kleinkariertes, schwarz-weißes Taftkleid, das ihren Oberkörper eng umschloß und dessen Rock sich über einer Krinoline bauschte. Der große weiße Leinenkragen wurde von einer schwarzen Taftschleife zusammengehalten, und die langen, engen Ärmel endeten in weißen Leinenmanschetten. Dieses Kleid hätte bestimmt die Billigung von Mrs. Stuart gefunden. Aber Philip Van Zandt hatte nie eine Bemerkung darüber verloren, und sie hatte sich deshalb schon gelegentlich gefragt, ob dieses für sie so wunderbare Gewand nicht vielleicht nur ein ganz gewöhnliches Kleid sei.

Sie wandte sich vom Spiegel ab, legte den schwarzwollenen Umhang um die Schultern, griff nach ihrem Pompadour und eilte zur Tür. Denn sie hatte plötzlich Angst, daß sie zu spät kommen und die Vorstellung ohne sie beginnen würde. Beinahe hätte sie das Zimmer ohne ein Wort des Abschieds verlassen; doch als Philip zu sprechen begann, blieb sie ängstlich stehen und warf ihm einen schuldbewußten Blick zu. Lächelnd ging er auf sie zu, als genieße er ihre Angst und seine eigene Sicherheit.

«Wie spät ist es?» fragte sie.

«Noch nicht ganz sieben.»

«Fast sieben? Du lieber Gott, ich komme zu spät! Ich werde entlassen. Bitte, halt mich nicht auf, Philip!»

Er legte die Arme um sie und küßte sie. Und als sie sich losmachen wollte, sagte er: «Wenn du dir einmal ein anderes Kleid kaufst, versuch es mit einem fliederfarbenen – du wirst überrascht sein, wie gut das zu deinem Haar paßt.»

«Gut, Fliederfarbe», murmelte sie abwesend. «Lebwohl, Philip.» Sie wollte die Treppe hinabeilen, wandte sich aber dann rasch noch einmal um und lief auf ihn zu, denn plötzlich hatte sie mehr Angst, ihn verletzt zu haben, als zu spät zu kommen. «Ich muß weg. Bitte, sei nicht böse, Philip. Ich liebe dich.» Er ging mit ihr bis zur Tür und lachte dabei so fröhlich und unbekümmert, daß sie wieder ein wenig beschämt war. Bestimmt fand er es lächerlich, daß sie ihre Stellung im Ballett so ernst nahm.

«Du bist ein sonderbares kleines Mädchen», sagte er. «So selbständig und dabei so hilflos.» Diese Bemerkung machte sie noch unsicherer, so daß sie keine Erwiderung wagte. Endlich ließ er sie los. «So, und nun lauf und komm nicht zu spät.»

«Nein, das werde ich nicht», versicherte sie ihm. Sie war jetzt überzeugt, daß es ihre eigene Schuld war, wenn sie den Anfang des Balletts versäumte. Sie hastete die Treppen hinunter und auf die Straße, wo sie sich erleichtert fühlte, weil sie wieder frei war, frei von ihm. Denn jedesmal, wenn sie mit ihm zusammen war, hatte sie das Gefühl, als nehme er einen wichtigen Teil ihres Wesens in Besitz und vergesse dann, ihn zurückzugeben. Aber das schien eben der Sinn der Liebe. Und sie war bereit, sich allem zu fügen, Glück und Unglück auf sich zu nehmen und sich schrankenlos preiszugeben, obgleich sie wußte, daß sie früher oder später einen furchtbaren, nie wieder heilenden Schmerz erleiden würde.

Als Joshua Ching ihr 500 Dollar gegeben hatte, glaubte sie zuerst, dieser Reichtum werde ihr Leben völlig verwandeln. Aber als sie die Schulden bei ihrem Schauspiellehrer, bei Mrs. Gosnell, bei einigen ihrer Kolleginnen und bei der Schneiderin, von der das karierte Taftkleid stammte, bezahlt hatte, war von ihrem Reichtum nicht mehr viel übrig. Und mit dem Geld schwand ihr Schatz an Informationen über Philip Van Zandt. Sie hatte ihn Joshua Ching mittlerweile so eingehend beschrieben, daß ihr nur wenig Hoffnung auf eine neue Zahlung blieb. Hin und wieder sah Joshua morgens auf seinem Weg in die Stadt bei ihr herein, und sie versuchte jedesmal, ihn glauben zu machen, sie könne ihm ein neues Geheimnis verkaufen. Aber dann merkte sie selber, wie unwichtig ihre Mitteilungen klangen.

«Er hat meiner Tochter schon zwei Besuche gemacht», erzählte Joshua Ching ihr an einem Januarmorgen. «Hat er Ihnen gegenüber etwas davon erwähnt?»

Allegra hatte ihre Wäsche gewaschen. Auf der Leine, die quer durch das Zimmer gespannt war, hingen nasse Unterröcke, Höschen und Hemden. Allegra war in ihren weißen Umhang gehüllt, stopfte einen Strumpf und dachte wütend, daß dieser vornehme Herr auf die Empfindungen eines Ballettmädchens wirklich keine Rücksicht nehme. «Nein, das hat er nicht», erwiderte sie und stopfte ohne aufzublicken weiter. «Aber wenn Sie glauben, daß er um die Hand Ihrer Tochter anhalten wird, dann sind Sie im Irrtum, Mr. Ching.»

«Vielleicht wird er es doch tun.»

«Er ist arm. Oder hält sich wenigstens für arm.»

«Können Sie herausbekommen, wieviel er besitzt?»

Jetzt steckte sie die Nadel in ein Kissen. «Ich weiß, wieviel er hat: sein Haus – das ist alles.» Sie spreizte die Finger. «Er will es mir nächstens einmal zeigen. Sind Sie interessiert daran, zu erfahren, wie es dort aussieht?»

«Selbstverständlich.»

«Schulden Sie mir dann nicht vielleicht noch eine kleine Summe?»

Joshua Ching lachte. «Miss Stuart, 500 Dollar sind eine Menge Geld; ich glaube, diese Zahlung berechtigt mich, zu erfahren, wie es in seinem Haus aussieht. Schließlich haben Sie noch nicht viel für diese Summe getan. Oder sind Sie anderer Ansicht?»

«Ich habe Ihnen alles erzählt, was ich über ihn weiß. Ich habe ihn umgestülpt und Stück für Stück auseinandergenommen.» Mit raschen Bewegungen mimte sie ein Kind, das seine Stoffpuppe zerreißt. Dann drohte sie mit erhobenem Finger dem Papagei, der zu kreischen begann.

«Sie haben mir zum Beispiel nicht erzählt, daß er letzte Woche bei Harry Hill war.»

«Hab ich nicht gewußt. Wer hat Ihnen das gesagt?»

«Nun, Miss Stuart, ich vertraue Ihnen zwar, aber ich habe noch andere Quellen. Paßt es Ihnen nicht, daß er zu Harry Hill gegangen ist? Immerhin ist das eine der Sehenswürdigkeiten unserer Stadt.»

«Ich kenne Harry Hill auch.» Sie beobachtete lächelnd, wie Joshua sich interessiert vorbeugte.

«Tatsächlich? Wie gut?»

«Nicht sehr gut, falls Sie *das* meinen sollten. Er ist mit meinem Bruder befreundet.»

«Haben Sie wirklich einen Bruder, Miss Stuart?»

«Ich habe einen Bruder, ja. Er ist Politiker.»

«Politiker ist ein weiter Begriff. Was für eine Art von Politiker?»

«Darüber kann ich Ihnen nichts sagen, Mr. Ching. Bedenken Sie bitte, daß Ihre 500 Dollar nichts mit meinem Bruder zu tun haben.»

Joshua erhob sich, griff in die Tasche und zog einige Geldscheine hervor. Während Allegra ihn mißtrauisch beobachtete, sah er die Scheine unschlüssig an und wollte sie wieder in die Tasche stecken, als erinnere er sich daran, daß sie Banknoten damals empört abgelehnt hatte. Doch in diesem Augenblick sprang sie auf und hielt ihm die Hand hin. Er gab ihr zwei Fünfzig-Dollar-Scheine. «Wenn Sie etwas über einen Brennereibesitzer namens Milton De Groot erfahren könnten, würde es mich interessieren. Es dürfte Ihnen nicht unbekannt sein, daß es in den Slums eine Menge illegaler Brennereien gibt. Vielleicht ist Ihr Bruder in der Lage, Informationen über die Firma De Groot zu bekommen. Wie heißt er? Mulligan?»

«Ursprünglich hieß er Brian Mulligan. Aber jetzt nennt er sich Hoke O'Neil. Er hat seinen Namen geändert, als er aus der Missionsschule fortgelaufen ist, weil er Angst hatte, man könnte ihn wieder einfangen und zurückbringen.»

Mr. Ching schien den Namen Hoke O' Neil noch nie gehört zu haben. Nachdem er das Zimmer verlassen hatte, öffnete Allegra noch einmal die Tür und sah, daß er etwas auf einen Notizblock kritzelte und diesen dann in die Tasche steckte. Er legte grüßend einen Finger an den Hutrand und stieg die Treppe hinunter, völlig ungerührt über die Enthüllung ihres gegenseitigen Mißtrauens.

Allegra sah Hoke nur noch selten, aber die Geschwister standen doch noch in loser Verbindung. Nachdem Hoke seinerzeit aus der Missionsschule ausgerissen war, hatte er sich zu einem Raufbold entwickelt. Auch jetzt noch rühmte er sich seiner ‹Heldentaten›, worunter er eingeschlagene Zähne, gebrochene Knochen, blutige Nasen, blaue Augen, eingedrückte Rippen und zerquetschte Zehen verstand. Er prahlte überall mit geradezu ekstatischem Vergnügen damit herum und genoß die Angst, die er seiner Umgebung dadurch einflößte.

Da er jedoch nicht nur kräftig zuschlagen konnte, sondern weder trank noch schwatzhaft war, hatte er die Aufmerksamkeit der tonangebenden Männer im sogenannten «Bloody Sixth», im blutigen 6. Stadtviertel, erregt, die ihn zu ihrem Bezirkshelfer machten. Es wurde seine Aufgabe, Demokraten zur Wahlurne zu schleppen und Wähler, die ihre Stimme gegen Tammany abgaben, bewußtlos zu schlagen. In letzter Zeit hatte er sich öfter gerühmt, daß Oliver Foss sein Freund sei, daß Oliver ihm vertraue und ihm wichtige Geheimarbeiten übertrage. Nachts fand man Hoke gewöhnlich bei Harry Hill auf der Houston Street, in dem berühmtesten Unterhaltungslokal der Stadt, in dem Politiker, Börsenmakler, Richter und Ärzte ebenso verkehrten wie Taschendiebe, Preisboxer, Zuhälter, Matrosen, Diebe, Einbrecher und die hübschesten Huren.

Allegra war einige Male dort gewesen. Einmal hatte sie Hoke gebeten, herauszufinden, wer dieser Marvin S. Bradshaw war, der ihr Briefe schrieb und Geschenke schickte, meist wollte sie sich etwas Geld von ihm leihen, was meist mißlang, weil Hoke ebenso arm war wie sie selber.

An diesem Abend huschte sie schnell aus dem Theater, bevor jemand sie fragen konnte, wo sie hin wolle. Sie band sich einen dichten Schleier vors Gesicht, weil sie sich nicht abgeschminkt hatte, und stieg in eine Droschke. Während der Wagen durch die schmutzigen Straßen ratterte und sie sich am Haltegriff festhielt, starrte sie angewidert aus dem Fenster. Vor dem Lokal sprang sie schnell aus dem Wagen und sagte dem Kutscher, daß sie in spätestens einer Stunde wieder da sein werde. Dann betrat sie selbstbewußt das Gebäude, ging mit schnellen Schritten an der Bartheke vorbei, eilte die Treppen hinauf zum zweiten Stock und befahl einem Kellner mit herrischer Miene, er solle ihr Hoke O'Neil holen.

Die Wände des großen Raumes waren mit Anschlägen bedeckt, auf denen die Gäste eindringlich ermahnt wurden, sich hier aller vulgären, obszönen, gemeinen, unanständigen oder gotteslästerlichen Ausdrücke zu enthalten. Harry Hill legte großen Wert auf das Ansehen seines Etablissements. Hier konnte man weder Séparées mieten, noch brauchte man fürchten, beraubt zu werden, und wenn eine der gutgekleideten jungen Prostituierten einmal zuviel trank, bedeutete man ihr, daß sie sich hier nicht wieder blicken lassen dürfe. Das war härter als eine Gefängnisstrafe, denn aus dem Gefängnis kamen diese Mädchen leicht wieder heraus, besonders wenn sie einen wohlwollenden Untersuchungsrichter hatten. Bei Harry Hill durften sie aber nie wieder erscheinen.

Ein Mann forderte Allegra zum Tanzen auf. Als sie ablehnte, packte er sie am Arm, und sie schlug ihm ins Gesicht. Im gleichen Augenblick tauchte Harry Hill auf: «Was ist denn hier los? Ach, Sie sind es, Miss Stuart.» Harry Hill führte sie in eine Ecke des Raumes und herrschte unterwegs ein paar Mädchen, die träge herumsaßen, so heftig an, daß diese sich rasch aus dem Staube machten und zur Tanzfläche begaben. «Ihr Bruder ist hier. Ich habe ihn erst vor ein paar Minuten gesehen. Hallo!» Er schnippte mit den Fingern. «Holen Sie Hoke O'Neil her. Setzen Sie sich, Miss Stuart. Was möchten Sie trinken?»

«Champagner.»

«Ausgezeichnet.» Er klatschte in die Hände. «Eine Flasche Cliquot. Wie geht es Ihnen, Miss Stuart?» Er nahm neben ihr Platz, hörte jedoch keine Sekunde auf, die Tanzfläche zu beobachten und Befehle zu erteilen. Währenddessen trommelte Allegra lächelnd mit den Fingern auf die Tischplatte und versicherte sich, daß dies ein guter Abend sei, daß alle Vorzeichen günstig stünden und daß sie keinerlei Veranlassung habe, in die schlechte Stimmung zurückzufallen, in der sie vorhin gewesen war. «Da ist Ihr Bruder.» Harry Hill sprang auf, und im nächsten Augenblick war er verschwunden, und man hörte nur noch seine befehlende Stimme.

Hoke küßte Allegra auf die Wange, setzte sich ihr gegenüber an den Tisch. Dann runzelte er die Stirn und starrte sie an, als traue er seinen Augen nicht. «Was hast denn du da auf dem Gesicht?»

«Schminke. Ich hatte es so eilig herzukommen. Übrigens habe ich auch nicht dicker aufgetragen als die da.» Sie wies zu den Mädchen auf der Tanzfläche hin.

«Das ist etwas anderes.»

Sie schüttelte lächelnd den Kopf. «Hoke, du bist ein echter Ire.»

Hoke war etwa einen Meter fünfundsiebzig groß, breit und muskulös und verfügte über eine Wendigkeit, die jeden Mann, der sich mit ihm anlegte, in Staunen versetzte. Er hatte das gleiche braune Haar, das Allegra gehabt hatte, bevor sie es blond färbte. Seine Augen waren blau und sehr hell, hatten aber einen so eigenartigen Glanz, daß es aussah, als trüge er Glaskugeln im Kopf. Sein Nasenbein war einmal bei einer Auseinandersetzung zertrümmert worden, so daß er zu Allegras Kummer nun eine schiefe Nase hatte. Sein eines Ohr war geschwollen, und zwei tiefe Narben zogen sich quer über die Stirn und über die eine Wange vom Ohr bis zum Kinn. Seine Finger waren so oft gebrochen, daß jeder jetzt gewissermaßen seine individuelle Form hatte. Er wirkte kampflustig und gutgelaunt, hochfahrend und freundlich, zäh, kräftig und brutal. Nichts an ihm wies auf Kleinlichkeit oder Gemeinheit hin, und Hinterlist und Grausamkeit waren ihm unbekannte Begriffe.

Allegra betrachtete ihn einen Augenblick, wie er da vor ihr saß – in schwarzem Gehrock und Seidenzylinder, die er sich vor einiger Zeit als offizielle Uniform zugelegt hatte. Traurig dachte sie, daß dieser narbige Mann mit den harten Fäusten, der soviel älter aussah als dreiundzwanzig, in geradezu erstaunlicher Weise alle irischen Tugenden und Fehler in sich vereinte und daß jeder, der ein Urteil über ihn fällte, damit auch ganz Irland verurteilte. Hoke hatte sich seinen irischen Dialekt keineswegs abgewöhnt und nahm es ihr sogar übel, daß sie es getan hatte. Er sah darin einen Verrat an ihrem gemeinsamen Erbe. Ebensowenig war er damit einverstanden, daß sie sich Allegra Stuart nannte, statt den ehrbaren Namen Betty Mulligan zu tragen.

«Du hast ein hübsches Kleid an. Hoffentlich hast du es auf anständige Weise erworben.»

«Natürlich habe ich das, Hoke.»

«Was zum Teufel ist das?» fragte er, als der Kellner eine Flasche Champagner öffnete. «Nimm das Zeug weg, so etwas kann ich mir nicht leisten.»

«Heute bezahle ich, Hoke. Wir müssen etwas feiern. Nein, mach dir keine Sorgen. Ich habe das Geld auf ehrbare Weise verdient.» Sie hob ihr Glas, trank einen Schluck und lächelte ihn über den Rand hinweg an. «Ich habe jemandem einen Gefallen getan.»

«Hoffentlich brauchst du dich nicht zu schämen, wenn ich dich frage, was für ein Gefallen das war.»

«Trink ruhig, Hoke. Ich erzähl es dir gleich. Gieß mir noch ein Glas ein.»

«Nicht so schnell, Betty. Du bekommst einen Schwips.»

«Nein, den bekomme ich nicht. Außerdem habe ich draußen eine Mietdroschke stehen, mit der ich nach Hause fahre.»

«Eine Mietdroschke?» Er sprang auf und stieß beinahe den Tisch um, so daß sie eben noch rechtzeitig die Flasche ergreifen und in Sicherheit bringen konnte. «Verdammt noch mal! Jetzt erzähl mir aber, was eigentlich los ist. Sitz nicht so rum und grins mich an – was hast du angestellt?»

«Erinnerst du dich noch an den Mann, dessen Namen du für mich herausfinden solltest?»

«Joshua Ching.»

«Ja. Dem habe ich einen Gefallen getan, und er hat mir dafür etwas

Geld gegeben. Nein, nicht was du denkst, Hoke – ich habe ihm nur ein paar Einzelheiten über eines der Mädchen bei Mrs. Gosnell erzählt.» Sie wedelte mit einer Banknote vor seiner Nase herum. «So, trinkst du jetzt mit mir? Auf uns Mulligans, Gott segne uns. Wir sind alle beide noch am Leben, und das will schon etwas heißen.»

Hoke grinste und stieß mit ihr an. «Na ja, gut. Und was willst du hier, Betty? Ich kann es nicht leiden, wenn du hierher kommst.»

«Allegra, verdammt noch mal. Oder soll ich dich Brian nennen?»

«Schon gut. Warum hast du dir auch einen so verrückten Namen ausgesucht.»

«Mir gefällt er. Hör mal zu, Hoke, ich glaube, ich hätte die Möglichkeit, ein schönes Stück Geld zu verdienen, wenn du mir helfen willst. Vielleicht so viel, daß ich nach England gehen und dort lernen kann, bis ich ein Engagement bekomme.»

«Wieviel?» Er steckte sich eine Zigarre an, sog kräftig daran und hüllte sich in eine Rauchwolke.

«Möglicherweise tausend Dollar.»

Hoke wandte sich zur Seite, warf einen Arm über die Stuhllehne und schlug die Beine übereinander. Während er weitersprach, blickte er vorsichtig zu den Nebentischen, um festzustellen, ob ihnen niemand zuhörte. «Tausend Dollar sind nicht genug.»

«Aber damit könnte ich nach England fahren.»

«Und was ist mit meiner Hälfte?»

«Deine Hälfte? Ich habe nicht gesagt, daß ich dir die Hälfte abgeben will, Brian Mulligan.»

«Warum sollte ich mich dann für dich anstrengen?» fragte er leise und höflich. «Ich bin ein vielbeschäftigter Mann und habe mehr Eisen im Feuer, als ich verkraften kann.»

Allegra sah zur Tanzfläche. Ihr war plötzlich, als müsse sie in Tränen ausbrechen. So ging es ihr manchmal, wenn sie ärgerlich war oder glaubte, daß ihre letzte Hoffnung dahin sei. «Ich habe geglaubt, du würdest mir gern helfen.»

Hoke lächelte sie an und lehnte sich, die Zigarre zwischen den Zähnen, die Hände in den Taschen, mit weitgespreizten Knien auf seinem Stuhl zurück. «Nun hör mal schön zu.» Er hob eine Hand und machte ein ernstes Gesicht. «Du willst schließlich etwas von mir. Ich habe dich um nichts gebeten und kann mich auch nicht erinnern, das je getan zu haben. Wenn du der Meinung bist, daß in dem Geschäft ein Tausender steckt, kann ich dir sagen, daß mindestens fünf drinstecken – wenn nicht noch mehr.» Jetzt kippte er mitsamt seinem Stuhl wieder nach vorn, lehnte sich über den Tisch und begann auf sie einzureden: «Sei doch vernünftig, Allegra. Die Sache kann uns beiden Geld bringen. Aber sie bringt uns nichts, wenn ich nicht mitmache. Das weißt du so gut wie ich. Du kannst froh sein, mich als Partner zu haben. Sieh es doch mal so!»

Sie seufzte. «Erzähl mir was über Oliver Foss.»

Er rückte seinen Stuhl zu ihr heran. «Da drüben ist er – sieh jetzt nicht gleich hin –, der kleine Kerl, mit dem Harry eben redet. Das ist Oliver Foss. Der Boss vom Bloody Sixth. Weißt du, was der vor fünf Jahren gemacht hat? Da hat er sich einen Namen an den Rattenlöchern gemacht, Oliver konnte mit seinen Zähnen mehr Ratten totbeißen als jeder Foxterrier.» Allegra stöhnte entsetzt auf, und Hoke fuhr schnell fort: «Aber das tut er nicht mehr. Seit er ein wichtiger Mann geworden ist, hat er damit aufgehört. Foss mag mich leiden, weil ich ihm bei der letzten Wahl mehr Wähler zum zweitenmal an die Urne geschleppt habe als jeder andere Bursche im Bezirk. Ich hab mich für ihn abgeschuftet, und das weiß er zu schätzen.»

«Weißt du, ob Foss einen Mann namens Milton De Groot kennt?»

«Natürlich. Ich kenne Milton De Groot übrigens auch oder habe ihn zumindest schon mal gesehen. Er war neulich abends mit Foss hier. Ein Brennereibesitzer. Siehst du, Allegra, ich bin genau der Mann, den du brauchst. Und was hat De Groot mit unseren fünftausend Dollar zu tun?»

«Weiß ich nicht. Sieh zu, daß du so viel wie möglich über ihn herausbekommst. Dann wollen wir weitersehen.»

«Wer ist an ihm interessiert?»

«Glaubst du wirklich, daß ich dir das erzählen werde?»

Er blinzelte sie verschmitzt an. «Ich kann es mir schon denken.»

«Geh jetzt rüber und frag ihn nach De Groot. Ich warte hier.»

«Betty, von Politik verstehst du nichts. Solche Sachen kann man nicht übers Knie brechen, man muß den richtigen Zeitpunkt abwarten. Dafür brauche ich ein paar Tage Zeit, wenn nicht sogar zwei bis drei Wochen.»

Hoke begleitete seine Schwester zu der Droschke und nickte ihr, als sie einstieg, noch einmal vielsagend zu. «Ich werde mich um die Sache kümmern, Allegra. Überlaß das ruhig mir. Wir Mulligans halten zusammen. Verlaß dich drauf.»

Als Joshua Ching das nächste Mal zu ihr kam, hatte sie noch immer nichts von ihrem Bruder gehört. Aber sie hatte inzwischen viele Stunden mit schwierigen Berechnungen zugebracht, so daß sie genau wußte, wie sie ihren Anteil an dem erwarteten Gewinn verwenden würde. Sie war so fest überzeugt, daß es ihr gelingen werde, aus dieser Stadt, die ihr so widerwärtig war, herauszukommen, daß sie Joshua mit einem geradezu spöttischen Behagen ihren Besuch in Philips Haus schilderte.

«Wenn Ihre Tochter ihn wirklich heiraten sollte, müssen Sie das ganze Haus vom Keller bis zum Boden umbauen lassen. Es gibt kein einziges Badezimmer dort, die Teppiche sind abgetreten, die Öfen funktionieren nicht. Und es ist kein einziges Möbelstück da, das nicht mindestens vierzig Jahre alt ist.» Sie fuhr sich mit der Hand von rückwärts in die

Haare, neigte den Kopf nach vorn und lächelte ihn an, als sei sie ganz entzückt von dieser Situation.

Joshua Ching betrachtete sie nachdenklich und sagte: «Das scheint Ihnen Spaß zu machen, nicht wahr?»

«Ehrlich gesagt, ja.»

«Glauben Sie, daß Van Zandt, wenn ihm die Wahl freistünde, lieber *Sie* heiraten würde?»

«Das möchte ich annehmen.»

«Nun, Miss Stuart, werden Sie auch noch so zuversichtlich sein, wenn ich Ihnen verrate, daß er von Zeit zu Zeit in demselben Zimmer, in dem er mit Ihnen zusammenkommt, eine andere Frau trifft? Eine Mrs. Talbot übrigens», fügte er hinzu. Wenn dieses kleine Biest sich entschließen würde, Mrs. Talbot zu erpressen, um so besser.

Allegra öffnete den Mund, schloß ihn rasch wieder, atmete einmal tief ein und erhob sich. «Das glaube ich Ihnen nicht.»

Joshua Ching ging zur Tür und verabschiedete sich mit seiner üblichen kurzen Verbeugung. Allegra blieb mitten im Zimmer stehen und starrte wie betäubt vor sich hin. Im nächsten Augenblick warf sie sich schluchzend vor Wut und Scham auf den Boden.

Zu der nächsten Verabredung mit Philip Van Zandt ging sie mit dem wilden Entschluß, mit ihm zu brechen und ihm eine Szene zu machen, die ihm dauernd im Gedächtnis bleiben sollte. Sie kam zu früh, schloß die Tür auf und lief wutbebend im Zimmer hin und her. Als sein Schlüssel sich im Schloß drehte, zuckte sie erschrocken zusammen. Aber als er hereinkam, lächelte sie. Er ging ein paar Schritte auf sie zu, hielt inne, betrachtete sie neugierig und legte Hut und Stock auf den Tisch.

«Ist irgend etwas nicht in Ordnung?»

Mit einer Miene und einer Haltung, die drohend sein sollten, ging sie ihm entgegen. «Du hast gesagt, du wärst in mich verliebt, Philip.»

«Das bin ich.»

«Und bist du vielleicht zufällig noch in eine andere Frau verliebt? In diese Mrs. Talbot, oder wie sie heißt?»

Er runzelte die Stirn, tat überrascht und lachte. «Woher hast du denn das erfahren?»

Die Rede, die sie sich zurechtgelegt hatte, war plötzlich wie weggewischt aus ihrem Kopf. «Du hast mich für eine Hure gehalten, nicht wahr?» schrie sie ihn an. «Du wußtest, daß ich Geld brauchte. Aber da ich dich nie darum gebeten habe, dachtest du, du könntest ein paar Dollar sparen. Ich habe nie einen Cent von dir angenommen. Nichts als diesen lumpigen Kaschmirschal. Und den kannst du zurückhaben, ich trage ihn sowieso nicht mehr – selbst wenn er echt wäre!» Sie warf ihm den Schal zu, den sie sich von den Schultern gerissen hatte, und rannte an ihm vorbei. Während er ihn auffing, war sie schon draußen. Zitternd, aber froh bei dem Gedanken an sein verblüfftes Gesicht rannte sie die Treppe hinunter.

Sie hatte schon den ersten Absatz erreicht und wollte gerade weiterlaufen, als sie seine Stimme vernahm. «Einen Augenblick!» Sie schaute nach oben und sah, wie er sich über das Geländer neigte und zu ihr herunterblickte. Sein Lächeln empörte sie mehr, als wenn er eine Pistole in der Hand gehabt hätte. «Wolltest du das hier?»

Sie warf noch einmal einen kurzen Blick nach oben und sah einige Banknoten durch die Luft zu sich herabflattern. Tapfer ging sie weiter, fest entschlossen, ihm zu zeigen, daß er sie falsch beurteilt hatte. Aber dann begann sie doch, gegen ihren Willen, die Scheine aufzusammeln und in ihre Tasche zu stopfen. Sie fühlte sich entsetzlich verlegen dabei, kam sich klein, niedrig und gemein vor. Aber sie mußte es tun. Als ein paar Scheine auf den Treppenabsatz über ihr fielen, stieg sie hinauf, um sie zu holen. Philip brach in ein schallendes Bühnenlachen aus. Aber sie sammelte jede einzelne Banknote auf, bevor sie eine freche, ordinäre Geste zu ihm machte – eine Geste, für die sie bereits in der Missionsschule bestraft worden war. Gleich darauf war sie aus dem Haus.

Sie blickte die Straße auf und ab und suchte verzweifelt nach einem Platz, wo sie sich verstecken konnte. Sie glaubte, er werde im nächsten Augenblick aus dem Haus treten und sein Geld zurückfordern. Es war mitten am Nachmittag, und die Straße war nicht sehr belebt. Einige Kinder beobachteten sie überrascht und interessiert, als sie ein paar Schritte in die eine Richtung lief, sich dann umwandte und in entgegengesetzter Richtung davonrannte. Ab und zu warf sie einen Blick über die Schulter zurück und bog an der Ecke des Häuserblocks nach Süden ab, in der Hoffnung, ihrem Verfolger durch dieses geschickte Manöver zu entwischen. Dabei warf sie allen Passanten im Vorbeilaufen so ängstliche, flehende Blicke zu, als wolle sie sie bitten, ihr beizustehen. Schließlich waren ihre Kräfte erschöpft, sie blieb stehen und lehnte sich keuchend an eine Mauer. Da erst wurde ihr klar, daß sie vor ihrer eigenen Phantasie davongelaufen war, denn Philip Van Zandt wäre bestimmt nie auf der Straße hinter ihr hergelaufen und hätte die Aufmerksamkeit der Leute erregt.

Langsam setzte sie ihren Weg fort, und auf ihrem Gesicht erschien ein schlaues Lächeln. «Das nächste Mal werde ich es klüger anfangen», gelobte sie sich.

11

Den ganzen Sommer hindurch zogen die Goldgräber in den Bergen umher, steckten Claims ab, bohrten Löcher in die Erde, und jeder hoffte, einen goldenen Berg zu finden, den er in aller Ruhe abbauen konnte.

Morgan Devlin und Zack Fletcher folgten den lockenden Gerüchten von Camp zu Camp, bis sie im Spätherbst nach Butte kamen und hier mit zwei- bis dreihundert Mann und ein paar Frauen und Kindern vom ersten Schnee überrascht wurden. Damit war die kleine Sommerreise, als die Morgan die Expedition bisher angesehen hatte, jäh zu Ende.

Nun hockten er und Zack, in Büffelmäntel gehüllt, in ihrer Blockhütte und krochen so nahe an die Feuerstelle, daß zuweilen die Spitzen ihrer Stiefel ansengten. Draußen fiel Schnee. Manchmal schneite es tagelang ohne Unterbrechung, der Wind aus den Bergen pfiff durch das Tal, und die Wölfe schlichen in den Straßen umher, manchmal so unverschämt nahe, daß man sie um die Blockhütten schleichen hörte. Meistens starrten die beiden Männer schweigend ins Feuer. Sie hatten sich wenig zu sagen, denn als im Laufe der Wochen die Vorräte knapper wurden, nahm der Hunger einen immer größeren Teil ihrer Gedanken in Anspruch.

Das Camp war von der Welt abgeschlossen. Wenn dieser Winter wieder so hart war und so lange dauerte wie der letzte, würde man nicht genug Vorräte haben. Morgan und Zack waren genauso sorglos gewesen wie die meisten anderen, sie hatten mit einem milden Winter gerechnet und waren noch Wochen nach dem Frosteinbruch von dem gleichen Optimismus erfüllt wie alle Goldgräber. Aber mit der Zeit wurde es schwierig, Mehl, Salz, Kartoffeln oder Bohnen in dem einzigen Lebensmittelgeschäft des Ortes zu bekommen. Es gehörte Bruno Favorite, einem ungewöhnlich kleinen Mann, der auch Whisky ausschenkte und einige Pharao- und Pokertische aufgestellt hatte.

Da fast alle Bewohner dieses unglückseligen Camps ebensowenig für den Winter vorgesorgt hatten wie Bruno Favorite, wurde das Leben immer trostloser. Man konnte sich kaum vorstellen, daß nur siebzig Meilen entfernt Helena lag, eine lebendige kleine Stadt mit drei- bis viertausend Einwohnern, in der sie im Sommer gewesen waren. Dort waren Schürffelder für 10 000 Dollar verkauft und Blockhütten für 200 Dollar im Monat vermietet worden. Virginia City war so unvorstellbar fern, daß Morgan seit dem Tag, an dem Zack und er losgezogen waren, noch keine Nachricht von seiner Familie erhalten hatte. Hier in diesem Camp gab es nur etwa hundert niedrige Blockhütten mit Lehmfußböden, die zu beiden Seiten der breiten Hauptstraße lagen, aber kein Tingeltangel, keine Kneipe, kein Lokal wie das von Green Troy und schon gar kein elegantes Bordell mit gelben Samtvorhängen wie das Haus von Milly Matches. Die einzige Prostituierte, die hier überwinterte, war eine Waschfrau, die sich entschlossen hatte, ihr Einkommen mit Hilfe der unverheirateten Goldgräber ein wenig aufzubessern.

Ihr Name lautete Queen Victoria Butler. Sie war im Spätherbst mit drei Goldsuchern und einer anderen Frau im Camp aufgetaucht und hatte eine kleine Blockhütte bezogen, wo sie alsbald begann, die

Hemden und Unterhosen der Goldgräber zu waschen. Die Männer, die ihre Wäsche bei ihr waschen ließen, schätzten sie auf ungefähr vierzig Jahre. Sie sah genauso aus, wie man sich eine Waschfrau vorstellt: kräftig, mit rotem Gesicht, ein paar fehlenden Zähnen und kurzem, ungepflegtem Haar. Ihre großen Brüste hingen schlaff herunter, und sie roch, als wasche sie zwar die Kleider ihrer Kunden, aber nie sich selber. Aber diese Mängel störten niemanden. Und als man eines Tages gewahr wurde, daß die einzige Prostituierte des Camps nach Helena abgereist war, trauerte man ihr sogar ein wenig nach.

«Was ist das bloß für ein lausiges Camp hier! Weder was für den Magen noch was fürs Bett.»

«Daß die Goldgräberei eine harte Sache ist, hab ich immer gewußt. Aber auf solche Entbehrungen war ich verdammt nicht gefaßt. Und das soll einen ganzen Winter dauern?»

«Ein trostloses Nest. Kein bißchen Unterhaltung, kein anständiges Futter, keine Frau. Wer soll das aushalten?»

«Es gibt eine Frau», erklärte Bruno Favorite bei solchen Gesprächen mit bedeutungsvollem Grinsen.

«Wen denn?» fragte ein Mann, der daraufhin von allen Seiten mit mitleidigen Blicken bedacht wurde. Es gab immer einen, der dumme Fragen stellen mußte. Besonnenere Männer hielten den Mund.

«Queen Victoria Butler», antwortete Bruno Favorite und verzog das Gesicht zu einer Grimasse, die schallendes Gelächter hervorrief.

«Das soll eine Frau sein? Dieses Dreckstück? Besten Dank!»

«Hör mal, so redet man nicht von einer ehrenwerten Dame, die unsere Hemden wäscht.»

Zunächst riefen Bruno Favorites Bemerkungen Überraschung und Empörung hervor. Aber kaum zwei Wochen später konnte man beobachten, daß Queen Victoria Butler mit einemmal mehr Kunden hatte als je. Man sah Männer mit geradezu lächerlich kleinen Wäschebündeln in ihre Hütte gehen und andere, von denen man wußte, daß sie seit dem Tage ihrer Ankunft noch nicht das Hemd gewechselt hatten, plötzlich ihre Sachen zum Waschen hinbringen.

Als Morgan und Zack einmal ihre Wäsche hintrugen, stellten sie erstaunt fest, daß Queen Victoria Butler geradezu kokett geworden war. Sie stand an einem derben Tisch, der ihr als Bügelbrett diente, und ihr Gesicht glänzte von Schweiß, während sie das schwere Eisen hin- und herschob. Sie lächelte die beiden flüchtig an und schwenkte den Körper herum, so daß ihre Brüste in schaukelnde Bewegung gerieten.

«Ihr seid zwei hübsche junge Burschen», sagte sie. Dann wandte sie ihnen den Rücken, bückte sich, um ein neues Bügeleisen von der Feuerstelle zu nehmen, und präsentierte ihnen ihre ungeheuere Kehrseite, die Morgan und Zack mit Staunen und Entsetzen betrachteten. Endlich richtete sie sich wieder auf und setzte mit einer schwungvollen Bewegung das Eisen auf den Tisch. «Fühlt ihr euch nicht manchmal ein bißchen einsam?»

«Nein, Madam», antwortete Zack.

«Das könnte ich auch nicht behaupten, Madam», stimmte Morgan zu. Dann verließen die beiden hastig das Blockhaus und sahen sich überrascht an, als sie von außen die Tür schlossen.

Zack schüttelte den Kopf. «Nein», sagte er, als spräche er zu sich selber. «Ausgeschlossen. Völlig ausgeschlossen!»

Morgan war erleichtert. Denn wenn Zack ihm erklärt hätte, daß verzweifelte Männer zu verzweifelten Mitteln greifen müßten, hätte er sich vielleicht verpflichtet gefühlt, diese Herausforderung anzunehmen. So war es auch gewesen, als sie in Helena ein Bordell besucht hatten. Morgan hatte sich damals bei dem Gedanken an Nella, die er erst wenige Tage zuvor verlassen hatte, höchst unbehaglich gefühlt. Aber er war doch mitgegangen, denn er wollte sich selber beweisen, daß er unabhängig war – nicht nur von Nella, sondern auch von seiner Mutter und Lisette. Außerdem hatte er von diesem Erlebnis einen inneren Wandel erwartet und gehofft, er werde seiner Familie von nun an nicht mehr mit der sehnsüchtigen Anhänglichkeit eines Knaben, sondern mit der liebevollen Nachsicht eines Mannes gegenüberstehen.

Zu seiner Enttäuschung merkte er, daß er keineswegs mit einem Schlag zum Mann geworden war. Er vermißte seine jüngeren Brüder und das heitere Geplauder seiner Mutter und seiner Schwester. Und immer stand Nellas Bild vor ihm, ob er wachte oder schlief. Als Kälte und Hunger seinen Kräften zuzusetzen begannen, überließ er sich der Erinnerung an Nella immer häufiger, um Trost und Zuversicht daraus zu schöpfen. In der kalten, kahlen Blockhütte, deren Decke so niedrig war, daß Zack und er nicht aufrecht darin stehen konnten, und in der ständiges Halbdunkel herrschte, weil die Kerzen so knapp waren, wurde Nella Allen für Morgan zu einer Idealgestalt. Er nahm sich fest vor, mit Anbruch des Frühlings – sofern der Frühling wirklich einmal kommen und er noch am Leben sein sollte – zu ihr zurückzukehren.

Als der Winter nicht enden wollte und Kälte und Hunger sich immer drückender bemerkbar machten, zweifelte Morgan, genau wie viele andere, ob er überleben werde. Zack hatte ähnliche Befürchtungen, aber die beiden sprachen nicht darüber, sondern taten so, als freuten sie sich, ihren Mut und ihre Ausdauer unter Beweis stellen zu können.

Anfang Dezember starb ein sechsjähriges Mädchen. Bisher hatte man vermieden, über das Los der Frauen und Kinder nachzudenken, und hatte sich einreden wollen, daß diese ebenso selbstverständlich durchhalten würden wie die Männer. Aber dann hatte dieses Kind eine Lungenentzündung bekommen, die hier in den Bergen fast immer tödlich ausging, und war binnen drei Tagen gestorben.

Die Leichenfeier fand in der Blockhütte der Eltern statt. Da kein

Priester im Camp war, sprach einer der Goldgräber die Gebete, während draußen im dichten Schneetreiben die ganze Bevölkerung des Camps in bestürztem Schweigen dastand. Sie hatten in dem hartgefrorenen Boden kein Grab schaufeln können und deshalb, nach Indianersitte, den Sarg auf eine Art Plattform gestellt. Dabei kam ihnen zum erstenmal ihre aussichtslose Lage zum Bewußtsein, in die sie durch eigene Dummheit geraten waren, weil sie versäumt hatten, sich genügend auszurüsten. Vielleicht wollte es das Schicksal, daß sie alle hier zugrunde gingen – und gerade die Hilflosesten und Unschuldigsten zuerst. Bei dieser Erkenntnis gerieten sie in Verzweiflung. Der Tod des Kindes hatte ihre letzte Kraft gebrochen, und keiner wagte mehr zu behaupten, daß dieser Winter auch nicht schlimmer sei als irgendein anderer Winter im Gebirge.

Für Straßenräuber war das Camp nicht reich genug. Trotzdem trug jeder Mann stets ein Paar Pistolen bei sich und hatte ein Messer im Stiefelschaft stecken. Es kam oft zu Streitereien, und die Männer schossen aufeinander, als seien Pistolen ein Kinderspielzeug. Glücklicherweise fügten sie sich nur selten ernstlichen Schaden zu. Zack Fletcher hatte sich so schnell hier behauptet, daß weder er noch Morgan von den anderen behelligt wurden.

Im Sommer hatte Zack seinen Freund unermüdlich im Pistolenschießen unterwiesen und ihm beigebracht, wie er den Griff abschleifen mußte, damit der Abzug leicht funktionierte. Er hatte ihm gesagt, daß man nie aus der Hüfte schießen durfte, wie es einige Narren taten, sondern daß man den Lauf über den Unterarm legen oder sich hinknien mußte. «Hier in den Grenzbezirken ist kein Platz für Amateure», hatte Zack immer wieder erklärt und die Schießübungen so lange fortgesetzt, bis Morgan der Meinung war, er habe längst genug gelernt.

Als keine Aussicht mehr bestand, daß bis zum Frühjahr noch Vorräte eintreffen würden, hatten sie aufgehört, ihre Kugeln zu verschwenden, und begonnen, immer mehr Zeit in Favorites Hütte beim Pokern zu verbringen. Die Einsätze waren niedrig, aber darum nahm keiner das Spiel weniger ernst. Den Hut in den Nacken geschoben, die Zigarre zwischen den Zähnen, saßen sie da und schärften ihre Menschenkenntnis, was man nach Zacks Meinung nirgends besser konnte als beim Pokern.

Allmählich merkte Morgan, daß er nicht mehr das Gefühl hatte, seine Familie verlassen zu haben und unbedingt zu ihr zurückkehren zu müssen. Auch an Nella Allen dachte er jetzt nicht mehr mit Schuldbewußtsein, sondern nur noch mit jener offenen Begierde, die ihn anfänglich so verwirrt hatte. Nach einiger Zeit konnte er sich sogar vorstellen, daß er Nella eines Tages ganz und gar vergessen könnte, wenn er hier einem anderen hübschen Mädchen begegnete.

Ende Februar waren auch die Fleischvorräte zusammengeschmolzen. Als Buckshot Carter eines Tages verkündete, er habe ein Rehkitz geschossen, und einige Freunde zu dem Schmaus einlud, war die Freude groß. Alle brachten begeisterte Trinksprüche auf Buckshot aus, als habe er eine Goldmine entdeckt. Spät am Nachmittag versammelten sie sich in Carters Blockhütte: Zack und Morgan, Bruno Favorite und Henry Halloway, der von seiner Familie wegen seiner labilen Gesundheit in den Westen geschickt worden war, Carters Frau ‹Tanzendes Kaninchen›, die eine Indianerin war, Mrs. Butler und ein Mann, der sich Dog McGuirk nannte und sich immer aufführte, als sei er der wildeste und verruchteste Bursche im ganzen Camp.

Carters Blockhütte war so klein, daß die Gäste darin nicht umherlaufen konnten, sondern stillsitzen mußten. Einige hatten auf dem unteren Wandbett Platz genommen, andere hockten auf mitgebrachten Kisten. Alle hatten sich mit Messern, Tellern und einem Blechbecher versehen, und einige hielten sogar eine Gabel in der Hand. Zuerst herrschte eine steife, nervöse Atmosphäre, als habe man alle höflichen Umgangsformen, die man je gelernt hatte, vergessen. Eingeschüchtert saßen die Männer auf ihren Kisten, sahen Queen Victoria Butler an, die ihnen wohlwollend zugrinste, oder warfen einen scheuen Blick auf ‹Tanzendes Kaninchen›, die in einem schmutzigen rosa Seidenkleid herumhantierte. Carter hatte ihr dieses Kleid Anfang des Sommers geschenkt, und sie hatte es seitdem jeden Tag getragen, nachdem sie die Schleppe abgetrennt und die Armlöcher erweitert hatte, um sich freier bewegen zu können.

Buckshot Carter ging von einem zum anderen, füllte die Becher mit Whisky und erkundigte sich, ob der Braten nicht verlockend rieche. Er entschuldigte sich, daß er kein Salz habe auftreiben können. Mit einemmal tauten die Gäste auf, lachten aus vollem Hals, zogen ihre Mäntel aus, als es wärmer im Raum wurde, und kamen allmählich zu der Überzeugung, daß dies eine der nettesten Gesellschaften sei, die sie je mitgemacht hatten. Plötzlich fanden sie, daß Queen Victoria Butler auf ihre Weise eine gute alte Seele und ‹Tanzendes Kaninchen› eigentlich eine recht hübsche Indianerfrau sei, wenn man sich einmal an ihren etwas sonderbaren Wildgeruch gewöhnt hatte.

Endlich wurde der Braten verteilt, und die Gäste reichten ihre Teller hin. Plötzlich herrschte Schweigen in der Blockhütte. Alle aßen hungrig und ließen sich gern nachfüllen, als Buckshot ihnen noch eine Portion anbot. Binnen zehn Minuten war das Rehkitz verzehrt. Die Männer zündeten ihre Zigarren an, klopften sich zufrieden den Bauch, lobten die Kochkunst ihrer Gastgeberin und erklärten, Buckshot sei ein wahrer Freund, den sie bestimmt nicht vergessen würden, wenn sie einmal in der Lage seien, sich zu revanchieren.

Da räusperte sich Buckshot und hob die Hand. «Meine Herren», begann er feierlich. «Und meine Damen», fügte er dann mit einer Verbeugung zu Mrs. Butler und seiner Squaw hinzu. «Leidensgenossen in diesem Land der ewigen Kälte und des ungesalzenen Fleisches! Es ist mir ein Vergnügen, Ihnen mitteilen zu können, daß dieses köstliche junge Reh, das Sie soeben mit viel Genuß verzehrt haben, noch gestern in einem Wolfspelz um unser Camp geschlichen ist.» Ungläubig starrten sie alle ihren Gastgeber an, sie hielten ihn für betrunken. Aber Carter blickte sie strahlend der Reihe nach an und fuhr fort: «Sie glauben mir nicht, meine Herren? Wollen Sie den Worten eines Freundes keinen Glauben schenken? Der Pelz hängt draußen vor meiner Tür, Sie können ihn sich selbst ansehen. Und das, was dringesteckt hat, haben Sie soeben verzehrt.»

«Was?» schrie McGuirk. «Du hast es gewagt, uns einen alten, stinkenden ...?»

«Aber McGuirk», fiel Zack ein, «wo bleibt Ihr Humor? Hat Ihnen das Fleisch etwa nicht geschmeckt?»

«Es hat mir geschmeckt, weil ich dachte, es wäre ...»

Buckshot brach in ein lautes Lachen aus, und die Indianerfrau holte den steifgefrorenen Wolfspelz herein. Die Männer stampften lachend mit den Füßen auf und klatschten in die Hände. Nur Mrs. Butler saß blaß und mit gequälter Miene da und stürzte schließlich aus der Tür, gefolgt von Henry Halloway, der ihr fürsorglich den Mantel nachtrug.

Am nächsten Morgen hatte jeder im Camp von Buckshot Carters Festessen gehört, und die Geschichte wurde so oft erzählt, daß mindestens fünfzig Menschen glaubten, sie seien selber dabeigewesen. Die Frauen waren ein wenig entrüstet, daß Carter mit dem Hunger seiner Freunde Scherz getrieben hatte. Aber die Männer waren ihm dankbar, daß er ihnen Gesprächsstoff geliefert hatte, an dem sie sich ergötzen konnten.

Einige Tage später kam Henry Halloway, dessen Gesundheit sich keineswegs gebessert hatte, bleich und mager zu Zack, um ihm seine erfrorenen Füße zu zeigen und ihn zu fragen, was er dagegen machen könne. Zack stand in dem Ruf, mehr Erfahrung zu haben als die anderen, und mancher Mann hielt ihn auf der Straße an, trat bei Favorite an seinen Tisch oder kam in die Blockhütte, um seinen Rat über erfrorene Nasen und Ohren, Schneeblindheit, Magenkrämpfe, Fleischwunden oder irgendeines der anderen Leiden einzuholen, mit denen man sich hier draußen herumzuplagen hatte.

Henry zog die Stiefel aus und zeigte Zack seine Füße, die dick angeschwollen und fast lila waren. Morgan wandte sich sofort ab und streifte Zack mit einem fragenden Blick. Aber dieser starrte nachdenklich auf Henrys Füße, als sehe er nur die üblichen Frostbeulen, die man mit einer Salbe aus Schießpulver und Igelfett bestreichen konnte.

«Wie lange hast du das schon?»

«Seit acht Tagen. Zuerst dachte ich, es würde besser; aber jetzt scheint es schlimmer zu werden. Die Schmerzen hören überhaupt nicht mehr auf. Ich weiß nicht, wie ich wieder in meine Stiefel kommen soll.»

«Die ziehst du auch besser nicht mehr an.» Zacks Stimme klang freundlich und gleichmütig. «Leg dich hin und ruh dich ein Weilchen aus, Henry. Ich werde mir die Sache inzwischen überlegen.»

Damit ging er aus der Hütte. Morgan folgte ihm. Einige Augenblicke standen sie schweigend da und sahen einander an. Schließlich schüttelte Zack den Kopf.

«Kannst du was für ihn tun?»

«Nein. Nicht das Geringste. Wir haben ja nicht einmal einen Doktor im Camp.»

In dieser Nacht blieb Henry Halloway bei ihnen. Im Laufe des nächsten Tages kamen mehrere Männer in ihre Blockhütte, die sich Henrys Füße ansahen, ihr Entsetzen zu verbergen suchten und ihm Mut zusprachen. Jeder von ihnen stellte sich vor, wie es wäre, wenn er selber hilflos hier läge und zu den Gesichtern der Umstehenden aufblicken müßte, krank und allein, mit der traurigen Aussicht, hier an diesem weltabgeschiedenen Ort unter Fremden sterben zu müssen. Die meisten brachten das einzige mit, was ihm vielleicht noch Linderung verschaffen konnte — einen Rest ihres Whiskys. Es gab weder Chloroform noch Äther im Camp.

Aber Henry wollte nichts trinken. Er schien zu glauben, daß er sich wach halten müsse, um seinen Zustand mit den anderen zu besprechen und sie um Rat zu fragen. Als seine Schmerzen gegen Abend immer schlimmer wurden, begann er doch zu trinken. Er lag da, starrte auf das Wandbett über sich, die Füße auf eine Kiste gelegt, die Zack ihm hingeschoben hatte. Mehr hatte er nicht für Henry tun können.

Spät am Abend erschien eine Frau. Sie klopfte leise und blieb einen Augenblick zögernd in der offenen Tür stehen, während die in der Hütte versammelten Männer sie ärgerlich anstarrten, weil sie ihr die Neugier, die die Frau offenbar hergetrieben hatte, übelnahmen. Mit langsamen Schritten kam sie näher und blickte dabei von einem der Männer zum anderen, als wolle sie jeden einzelnen um Erlaubnis bitten. Dann trat sie an das Wandbett, betrachtete Henry Halloway mit mitleidigen Blicken und wandte sich schließlich an Zack, der neben ihr stand und sich anscheinend noch immer verzweifelt den Kopf darüber zerbrach, was man mit Henry anfangen solle.

«Was gedenken Sie zu tun?» fragte die Frau.

Als Henry Halloway die Augen öffnete und sie sah, erschien auf seinem Gesicht ein Hoffnungsschimmer. «Mrs. Nichols, Sie sind da! Vielen Dank, daß Sie gekommen sind. Was sollten wir Ihrer Ansicht nach tun?» Er hatte von Anfang an über seine Krankheit gesprochen, als sei sie ein Problem, das nicht nur ihn, sondern jeden Bewohner des Camps angehe.

Die Frau kniete nieder, legte ihre Hand auf Henrys Stirn, strich leicht über sein Gesicht und fragte ihn leise: «Könnten Sie es aushalten, wenn man Sie operieren würde?»

Henry starrte sie hilflos an; er suchte nach einer Antwort und sagte schließlich: «Das weiß ich nicht. Glauben Sie, daß es sein muß?» Er betrachtete sie mit angstvollem Blick, als erwarte er, daß ein Wunder geschehe.

Mrs. Nichols erhob sich und blickte wieder zu Zack Fletcher auf. «Das ist die einzige Chance, die ihm bleibt.»

«Aber wir glauben nicht, daß er es übersteht. Wir haben schon heute nachmittag darüber beraten.»

«Wenn wir ihn so liegen lassen, ist er morgen früh tot.» Fast unhörbar hatte ihr Mund diese Worte geformt. Sie nickte bestätigend, als wolle sie jeden der hier anwesenden Männer mit der Verantwortung dafür belasten.

Die Männer begannen nervös miteinander zu sprechen und warfen immer wieder einen Blick auf Henry, der mit geschlossenen Augen dalag, als sei er bewußtlos oder viel zu sehr mit seinen Schmerzen beschäftigt, um ihnen noch Aufmerksamkeit zu schenken.

Die Meinungen gingen hin und her, bis Mrs. Nichols schließlich sagte: «Auf Wiedersehen, meine Herren. Lassen Sie es mich wissen, wenn ich Ihnen helfen kann.» Damit öffnete sie die Tür und ging hinaus. Die Männer in der Hütte sahen sich unschlüssig an.

«Vielleicht sollten wir es versuchen.»

«Tut es, wenn ihr wollt. Aber es ist Mord», erklärte einer der Männer und verließ die Hütte.

Zack beugte sich über das Bett. «Jetzt mußt du entscheiden, Henry», sagte er. «Wir wissen nicht, was wir machen sollen.»

Henry sah stumm zu ihm auf. Dann begann es in seinem Gesicht zu zucken, und zum Entsetzen aller brach er in Tränen aus. Er schluckte und würgte und preßte seine Hände vor den Mund. Die Männer blickten einander an oder starrten zu Boden, einige von ihnen beobachteten gebannt, wie Henry sich zusammenkrümmte und die Knie anzog, um seine Füße zu berühren. Dann lag er wieder still und sah sie verzweifelt an. «Ich glaube, da ist nicht mehr viel zu retten», murmelte er. «Wenn ihr meint, ich hätte noch eine Chance, dann ... dann soll es mir recht sein. Zack, glaubst du, daß ich durchkomme?»

«Das weiß ich nicht, Henry. Aber es besteht die Möglichkeit. Ich hoffe es.»

Henry drehte den Kopf zur Wand. «Also, dann gut. Macht zu, daß wir es hinter uns haben.»

Sie gaben Henry noch mehr Whisky, und nun trank er ihn in vollen

Zügen in sich hinein. Sie beschlossen, ihn auf den Fußboden zu legen, und als kein anderer den nötigen Mut aufbrachte, erklärte Zack, daß er die Amputation vornehmen werde.

«Vielleicht möchte er noch einen Brief schreiben», meinte einer der Männer.

Halloway schüttelte den Kopf. «Nein, danke. Meine Leute brauchen das nicht zu wissen.»

Die Männer legten ihn auf den Fußboden und knieten sich neben ihn. Morgan stemmte ein Knie auf Henrys Brust und hielt einen seiner Arme fest. Als Morgan sah, wie Zack sich über Henry beugte, schloß er die Augen und biß die Zähne zusammen. Er fühlte, wie der Schweiß ihm übers Gesicht rann und seine Kleider durchdrang. Und dann spürte er ein Aufbäumen, das ihm anzeigte, daß Zack begonnen hatte zu schneiden. Er öffnete die Augen nicht, er stemmte sich nur noch schwerer auf Henrys Brust. Und als er hörte, wie die Säge sich in den Knochen bohrte, begann er zu beten. Er hörte das Stöhnen der anderen Männer und das schwache Wimmern, das aus Henrys Mund drang. Während es in seinen Ohren dröhnte, betete er unentwegt weiter. Und sprach wieder und wieder im Flüsterton die ersten Worte des Vaterunsers, bis Henry tief aufseufzte, seine Muskeln anspannte, als wolle er sich erheben, und dann schlaff zusammensank.

12

Coral Talbot hielt sich für die glücklichste Frau der Welt. Sie entstammte einer Familie, die durch den Chinahandel reich geworden war, und war die einzige Tochter neben einer großen Schar von Brüdern. Mit siebzehn Jahren hatte Coral Hallam in eine Familie eingeheiratet, die noch reicher war als ihre eigene. William Talbot war damals achtunddreißig Jahre alt gewesen und seit fünf Jahren Witwer. Die beiden Kinder seiner ersten Frau waren auch gestorben, so daß Coral keine Rivalen vorfand, die ihr Williams Gefühle streitig machen konnten. Ein Jahr nach der Hochzeit hatte sie eine Tochter zur Welt gebracht und zwei Jahre darauf einen Sohn. Damit hätte Coral vielleicht das Gefühl gehabt, ihrem Gatten gegenüber ihre Pflicht erfüllt zu haben, wenn der kleine Junge, den sie nach dem Vater genannt hatten, nicht vor drei Jahren im Alter von sechs Jahren gestorben wäre.

Sie hatte das Kind abgöttisch geliebt und geglaubt, es werde später einmal ihr Ebenbild, jedoch mit allen Vorrechten und Fähigkeiten eines Mannes ausgestattet sein. Felice, das Töchterchen, war ihr weniger ans Herz gewachsen. Dafür vergötterte William dieses Kind und bot ihm damit reichliche Entschädigung für die Gleichgültigkeit, die es vielleicht von seiten der Mutter spüren mochte. Aber Coral sah nun einmal ihre eigene Schönheit durch Felice bedroht, eines Tages, wenn sie selber alt, Felice jedoch noch jung sein würde. Zumindest würde es der Welt so scheinen, obgleich der Altersunterschied zwischen ihnen beiden nur achtzehn Jahre betrug.

Sie hatte von Anfang an versucht, Felice durch ihre Schönheit und Strenge einzuschüchtern. Felice war jetzt elf Jahre alt und hatte sich zu einem gefügigen, gehorsamen Kind entwickelt, das nichts von der Willensstärke und Entschlossenheit seiner Eltern geerbt zu haben schien. Warum die Götter, die Coral sonst so günstig gesonnen waren, ihr ausgerechnet den Sohn genommen hatten, war und blieb das unlösbare, grausame Rätsel ihres sonst so strahlend heiteren Lebens.

Möglicherweise war ihr dieses Opfer als Zeichen dafür abverlangt worden, daß sie noch einem Kind das Leben schenken sollte. Das hatte eigentlich nicht in ihrer Absicht gelegen. Doch welche geheimnisvollen Erklärungen sich hinter dieser Katastrophe auch immer verbergen mochten, fest stand, daß in Coral ein geradezu gieriger Mutterschaftstrieb erwacht war, wie sie es weder vor der Geburt von Felice noch vor der des kleinen William verspürt hatte. Das schien ihr auch der Grund dafür zu sein, daß sie sich eine Reihe von Liebhabern genommen hatte. Allerdings wurde damit nicht erklärt, warum sie diese Gewohnheit bereits vor dem Tod des Knaben angenommen hatte. Sie sagte sich, sie brauche diese Männer, um ihre wilde Sinnlichkeit zu befriedigen und zugleich eine geheime Rache an William zu nehmen.

Der Zwiespalt zwischen den beiden war von sehr simpler Art und datierte schon aus der ersten Zeit ihrer Ehe: Sie waren wie zwei Ringer, die ständig miteinander kämpften und von denen jeder den anderen unterwerfen wollte. Trotzdem war Coral stolz auf William. Sie hätte sich nie einen anderen Mann gewünscht, denn er war nicht nur ihr liebster Gegner, der Mann, der ihr Kraft gab, sondern auch der lebende Beweis dafür, daß die Welt einer Frau, die einen solchen Mann errungen hatte, Ehrerbietung schuldete. Und das tat die Welt auch.

Jedesmal, wenn William einen Raum betrat, in dem bereits andere Männer versammelt waren, fühlte sie mit Wohlgefallen, daß er allen anderen überlegen war. Er war jetzt fünfzig Jahre alt und keineswegs besonders hübsch. Sein glattrasiertes Gesicht begann ein wenig knochig zu werden, und das dunkle, schüttere Haar wich aus seiner Stirn zurück. Aber in seiner hohen, schlanken, leicht nach vorn geneigten Figur drückten sich Macht und Unerbittlichkeit aus. Er behandelte jeden, der unter ihm stand – und das traf seiner Ansicht nach auf alle zu –, mit ironischer Verachtung. Er kleidete sich elegant, und seine schmalen, klugen, scharfblickenden blauen Augen hefteten sich mit eindringlich fragender Skepsis auf jedes Gesicht. All dies machte für Corals Gefühl ihre Beziehungen zu anderen Männern bedeutungsvoller, als wenn sie einen nur mittelmäßigen Ehemann hätte betrügen müssen.

Coral Talbot besaß ihrer eigenen Überzeugung nach vieles, wofür sie dankbar sein mußte. Sie sah diesen Besitz jedoch als ihr rechtmäßiges, gesichertes Eigentum an. Obgleich sie schon seit ihrem fünfundzwanzigsten Geburtstag Angst vor dem kommenden Alter verspürte und voraussah, daß sie nie einen befriedigenden Ersatz für die Huldigungen finden würde, die ihr in der Jugend zuteil wurden, konnte sie jetzt, mit fast dreißig, noch nicht feststellen, daß die Jahre ihre Reize vermindert hätten. Das verrieten ihr sowohl ihr Spiegelbild als auch die Augen der Männer, die sie zum erstenmal in großer Toilette bei einem Fest erblickten oder später, nur mit ihrem Schmuck bekleidet, im Schlafzimmer sahen.

Ihr Körper war geschmeidig, ihre Muskeln straff und ihr Fleisch fest. Und mit ihren schweren Brüsten, der schmalen Taille und den runden Hüften schien sie eine Frau zu sein, die immer üppiger, immer strahlender, immer begehrenswerter wurde. Es schien fast, als werde ihre Schönheit durch ihr Bedürfnis, Männer anzulocken und zu erobern, noch gesteigert.

Vielleicht fand sie es schade, daß all diese Köstlichkeiten nur einem einzigen Mann vorbehalten sein sollten. Jedenfalls empfand sie bei ihren Eroberungen die gleiche Befriedigung, die ein Bildersammler beim Kauf von Gemälden empfindet. Und ebenso wie ein Sammler war auch sie ständig auf der Suche nach immer kostbareren, erleseneren Objekten.

Als sie Philip Van Zandt kennenlernte, hatte sie ihn zunächst keineswegs als möglichen Liebhaber betrachtet. Da er sieben Jahre jünger war als sie, kam ihr der Gedanke, daß er vielleicht eines Tages ein passender Ehemann für Felice sein könnte. Sie erwähnte es William gegenüber und fügte hinzu: «Schließlich muß man allmählich an ihre Zukunft denken.»

«Es ist noch viel zu früh», widersprach William ihr. «Wie kannst du bei einem kleinen Mädchen, das noch mit Reifen spielt, schon an eine Ehe denken?»

«Das tue ich natürlich auch nicht. Aber sie bleibt nicht immer ein kleines Mädchen, das mit Reifen spielt.»

«Einerlei», entgegnete William. «Dieser Mann wird vermutlich längst verheiratet sein, bevor Felice erwachsen ist.»

Jetzt, da Coral selbst in Philip verliebt zu sein glaubte, verstand sie ihren ehemaligen Wunsch, ihn mit Felice zu verheiraten, überhaupt nicht mehr. Sie war fast eifersüchtig auf ihre eigene Tochter, wie sie auf jedes Mädchen, das er heiraten könnte, eifersüchtig war. Sie und Philip hatten sich während der letzten Monate häufig in einem mit altmodischen Nußbaummöbeln ausgestatteten Schlafzimmer in der West Twenty-fourth Street getroffen. Und in dem dunklen Bett mit den geschnitzten Trauben und Rosen hatte er ihre anspruchsvollen Wünsche erfüllt. Er fand sie so leicht erregbar, daß er sie im Handumdrehen in einen Zustand höchsten Entzückens versetzen konnte, der ihr schließlich sieghafte Schluchzer entlockte, worauf er sich zu ihrer Empörung eine Zigarre ansteckte, in einen Morgenrock gehüllt im Zimmer auf und ab ging und von anderen Dingen plauderte.

«Ich habe kürzlich an der Börse verloren», bemerkte er eines Tages, während er am Fenster stand und hinausschaute. «Und vorgestern hatte ich beim Pharaospiel ziemliches Pech.»

Coral, der es nicht paßte, daß er in diesem Augenblick für etwas anderes als sie Interesse hatte, machte ein teilnahmsloses Gesicht und sich anzog. «Du erwartest doch nicht, daß ich dir etwas leihe?»

Philip lachte auf. Und der Ton seines Lachens zeigte ihr, daß er genau das erwartet hatte. «Aber Coral, du weißt doch, daß mir so etwas nie einfallen würde. Warum machst du dich über mich lustig? Ich finde es keineswegs angenehm, ein armer Mann zu sein. Wenn mir nur mal jemand einen guten Börsentip gäbe – das ist alles, was ich brauche.»

Coral trat vor den Spiegel, um ihren kleinen Zobelhut aufzusetzen. Dann nahm sie den Zobelmuff, ging ein paar Schritte durchs Zimmer und sagte im Vorübergehen: «Talbot spricht nie über Börsenangelegenheiten mit mir, Philip. Das habe ich dir schon einmal gesagt. Lebwohl.» Als sie schon fast an der Tür war, hielt er sie am Arm fest.

«Du bist doch nicht ärgerlich?»

«Natürlich bin ich das!»

«Wann sehen wir uns wieder?»

Mit einem Achselzucken verließ sie das Zimmer und lief die Treppe hinunter. Noch lächelnd in der Erinnerung an sein Gesicht, das zuletzt so demütig und flehend ausgesehen hatte, bestieg sie ihren Wagen, der sofort losfuhr, um sie zum anderen Ende der Stadt zu bringen.

Als sie eine ruhigere Gegend passierten, hatte Coral plötzlich das Gefühl, daß ihnen ein Wagen folgte. Sie drehte sich um, spähte durch das Rückfenster und bemerkte dieselbe Mietdroschke, die vorhin, als sie ihren eigenen Wagen bestieg, etwa zwanzig Meter entfernt vor einer Haustür gestanden hatte. Sie befahl dem Kutscher, an die Bordkante heranzufahren und zu halten. Er tat es. Und als sie durch das Rückfenster blickte, hielt der Mietwagen ebenfalls. Wieder ließ sie anfahren, und wieder setzte sich auch das andere Gefährt in Bewegung.

Nun bog ihr Wagen in die Fourteenth Street ein, wendete und rollte in die Einfahrt zu ihrem Haus, einem vierstöckigen Sandsteinbau mit einer flachen Freitreppe und einer kleinen Rasenfläche hinter dem schwarzen Eisenzaun. Das Haus war erleuchtet, die Jalousien waren herabgelassen. Als sie auf die Stallungen zurollten, die hinter dem Haus auf einem angrenzenden Grundstück lagen, sprang Coral aus dem Wagen, noch ehe der Diener ihr behilflich sein konnte, riß eine Peitsche aus dem Gestell und lief die Auffahrt zurück zur Straße.

Neben der Mietdroschke sah sie im Dunkeln undeutlich einen Mann stehen, der den Kutscher bezahlte. Wuterfüllt und von einem überströmenden Machtgefühl unwiderstehlich vorwärtsgezogen, stürzte sie auf diesen Mann zu, und bevor sie wußte, was sie eigentlich wollte, hatte sie mit der Peitsche ausgeholt und ließ die Schnur mit einem pfeifenden Geräusch herabsausen. Es war William, der vor ihr stand. Als er sich umwandte, schlug sie wieder zu und traf ihn so heftig, daß er taumelte.

Noch einmal schwang sie den Arm zurück, aber ehe sie erneut zuschlagen konnte, hatte der Diener ihr die Peitsche aus der Hand gewunden. Stimmen schrien auf, darunter auch ihre eigene, Fenster wurden hochgeschoben, und aus allen Richtungen ertönten Schritte. Nur William stand reglos und schweigend da und starrte sie an.

«Es hat mich jemand verfolgt!» schrie sie. «Laßt ihn nicht entkommen.»

«Madam, um Gottes willen, das ist doch der Herr!»

Entsetzt stürzte Felice aus dem Haus und lief auf ihren Vater zu. «Bist du verletzt?» fragte sie ihn verzweifelt.

Nun ging auch Coral langsam auf ihn zu. Ihre ekstatische Wut war vergangen, und sie fühlte sich müde und elend. «William, William, mein Gott», flüsterte sie, «was habe ich getan?»

William nahm die schluchzende Felice in den Arm und sagte liebevoll: «Nur ein kleiner Unfall, Felice.»

«Hat das Pferd dich gebissen? Ich hatte schon immer Angst vor diesem Pferd . . .»

«Geh jetzt hinein, Felice», sagte William leise zu ihr; und widerstrebend löste sie sich von ihm und gehorchte.

Er schritt auf das Haus zu, und Coral folgte ihm. Sie flehte ihn an, etwas zu sagen, bat ihn, ihr zu versichern, daß es wirklich nur ein Unfall gewesen sei, sagte, sie sei vor Schrecken ganz außer sich gewesen und habe ihn in der Dunkelheit nicht erkannt. Als sie an der Haustür war, blieb er stehen und sah sie an, als könne er ihre geheimsten Gedanken mit einem Blick lesen.

«Glaubst du mir, William?»

«Warum solltest du mich anlügen?»

Sie betraten die Halle, wo sich der Butler mit verlegenem Gesicht herumdrückte. Er wußte nicht, ob er sich nach den Verletzungen seines Herrn erkundigen oder sie ignorieren sollte, da Mr. Talbot ja geleugnet hatte, verwundet zu sein. Schweigend nahm er Williams Hut in Empfang. Noch ehe Coral ihren Mann mit weiteren Bitten bestürmen konnte, hatte dieser sich abgewandt und ging auf die Bibliothek zu. Sie stieg die Treppe hinauf und hatte dabei das Gefühl, daß aus allen Winkeln und Ecken neugierige Dienstbotenaugen auf sie gerichtet waren. Sie hielt den Kopf sehr gerade und zwang sich dazu, ein hochmütiges, würdevolles Gesicht zu machen.

Wie so viele Häuser an der Fifth Avenue und ihren Nebenstraßen war auch dieses mit alten französischen Sesseln, Sofas und Tischen, dikken Teppichen, großen, dunklen Gemälden und vielen Spiegeln ausgestattet. Über den vergoldeten Wänden waren Freskengemälde an den Decken, vor den Fenstern hingen grüne Samtvorhänge und standen mit Rosen und Lilien gefüllte Silbervasen. Der ganze Zuschnitt des Hauses zeigte deutlich, daß die Menschen, die hier wohnten, ihren Besitz als Selbstverständlichkeit betrachteten und nicht erwarteten, daß andere davon besonders beeindruckt waren.

Im zweiten Stock ging Coral durch den Flur zu ihren eigenen Zimmern. Ihre Zofe starrte ihr ängstlich und so hilflos entgegen, als sei ihnen allen etwas Grauenhaftes widerfahren und man müsse nun so tun, als habe dieser Vorfall sich nie ereignet. Trotzdem schien das ganze Haus von einer nervösen und fast obszönen Neugier erfüllt. Coral befahl dem Mädchen, ihr ein Kleid für das Abendessen herauszulegen, betrat dann ihr Badezimmer und preßte die Hände an die Schläfen. Ohne sonderliche Überraschung stellte sie fest, daß ihr Gesicht wie im Fieber glühte. Sie betrachtete ihr Spiegelbild und versuchte sich vorzustellen, was William, wenn er sie jetzt sähe, wohl aus diesem Gesicht herauslesen würde. In Gedanken begann sie nach einleuchtenden Begründungen zu suchen und ihm zu erklären, daß er sie nicht tadeln dürfe, weil sie versucht habe, sich zu schützen, denn sie habe sich tatsächlich in Gefahr geglaubt. «Du weißt ja selbst, wie es heutzutage in der Stadt zugeht, William. Überall treiben sich Mörder und Diebe herum, und jeden Tag werden Frauen überfallen . . .»

Während sie darüber nachgrübelte, wie er den Ort ihres Stelldicheins hatte ermitteln können, ging sie ins Ankleidezimmer zurück. Als sie ihre eigene Gestalt im Spiegel sah, erschrak sie.

«Van Zandt – natürlich! Dieser verdammte Idiot muß damit herumgeprahlt haben.» Aber im nächsten Augenblick schüttelte sie den Kopf. «Nein, nein, das ist ausgeschlossen. Ein solcher Narr ist er nicht; und außerdem hat er selber Angst vor William. Es muß jemand anderes gewesen sein», murmelte sie vor sich hin. Als an der Tür leichtes Klopfen ertönte, schrak sie zusammen. Doch dann lachte sie, ärgerlich über sich selber. Es war nicht Williams Art, anzuklopfen. Es konnte nur Felice sein. «Herein!» Die Tür öffnete sich langsam, und Felice sah ängstlich durch den Türspalt. «Komm doch herein, Liebling! Was willst du?»

Felice trat ins Zimmer, schloß die Tür hinter sich und lehnte sich mit dem Rücken dagegen. Sie atmete schnell, hielt den Kopf ein wenig gesenkt und richtete ihre Augen aufmerksam auf Coral. Es lag nichts Anklagendes in ihrer Miene, sondern eher eine abgrundtiefe Verzweiflung, die Coral ein wenig komisch und zugleich lächerlich vorkam. Sie wandte sich wieder ihrem Frisiertisch zu, tauchte ein Stäbchen in Rosenwasser und *kohl* und zog rund um ihre Augen eine schwarze Linie, die sie an den Winkeln ein wenig schräg verlaufen ließ. Corals Hand war ruhig, und einige Augenblicke lang konzentrierte sie sich völlig auf diese Arbeit. Dann nahm sie einen Handspiegel, um ihre Frisur zu begutachten, und blickte schließlich wieder zu Felice hinüber, die sich während der ganzen Zeit nicht gerührt hatte.

«Was hast du denn, Felice?»

Coral hatte sich stets gezwungen, Felice gegenüber korrekt und liebenswürdig zu sein. Sie hatte Felice selten bestraft und fast nie in scharfem Ton zu ihr gesprochen, ihre Erziehung aber völlig dem Vater überlassen, sowie den Privatlehrern, Kindermädchen und Gouvernanten, die William engagierte. Diese hatten Felice mit einer solchen Fülle an Wissensstoff vollgestopft, daß Coral gelegentlich kopfschüttelnd zu ihrem Mann sagte, wenn er sein Erziehungsprogramm nicht mäßige, werde Felice sich eines Tages zu einem Blaustrumpf oder, was noch schlimmer wäre, zu einer allzu energischen, unweiblichen Frau – dem Schrecken aller Männer – entwickeln. William war jedoch entschlossen, diesem einzigen Kind, das ihm geblieben war, eine vollkommene Ausbildung angedeihen zu lassen. Felice lernte daher Latein und Geometrie ebenso wie Griechisch und Französisch, das sie so fließend sprach wie ihre Muttersprache, da es der Gouvernante nicht gestattet war, sich in einer anderen Sprache mit ihr zu unterhalten. Sie hatte Mal- und Zeichenunterricht und mußte drei Stunden täglich am Klavier sitzen und Tonleitern üben. Wenn dabei eine der Münzen, die man ihr auf die Handrücken gelegt hatte, herunterfiel, schlug die Klavierlehrerin ihr auf die Finger. Außerdem hatte Felice Sprechunterricht, las die Bücher, die ihr Vater für sie aussuchte – Shakespeare, Thackeray und Emerson –, und mußte lange Passagen daraus auswendig lernen, die er regelmäßig abhörte. William hatte aber auch für eine sportliche Betätigung gesorgt. Felice ritt, lief Schlittschuh und war eine gute Bogenschützin. Zu ihrem vierzehnten Geburtstag hatte William ihr ein Trabergespann versprochen, das sie selber kutschieren sollte.

Ob Felice sich bei diesem strengen Stundenplan glücklich fühlte, ahnte Coral nicht; sie hielt es jedoch für unwahrscheinlich. Aber das war eine Frage, die Felice mit ihrem Vater ausmachen mußte.

Jetzt trat Felice auf sie zu und sagte traurig: «Mutter, die Dienstboten sagen so schreckliche Dinge! Die schrecklichsten Dinge, die ich in meinem ganzen Leben gehört habe.»

«Felice, ich habe dir doch verboten, in die Dienstbotenzimmer zu gehen.» Coral besprühte ihr Haar und ihre Schultern mit dem schweren Moschusparfum, das jedem, der sich ihr näherte, wie eine Wolke entgegenschlug.

«Ich war nicht dort, Mutter. Ich bin die Treppe hinuntergegangen und habe gehört, wie sie in der Halle miteinander sprachen. Sie sagten, du hättest gewußt, daß es Vater war, und du hättest es absichtlich getan.» Felice begann zu weinen. «Ich weiß, daß es nicht wahr ist. Aber so etwas dürfen sie doch nicht sagen. Ich habe solche Angst, daß Vater es hören könnte. Kannst du ihnen nicht verbieten, so zu reden?»

«Ich wundere mich über dich, Felice», erwiderte Coral. «Wie kannst du dich über das Geschwätz von Dienstboten nur so aufregen?» Und als Felice immer noch erschrocken und bestürzt mit gesenktem Kopf vor ihr stand, legte Coral ihr die Hand unters Kinn und hob ihr Gesicht zu sich empor.

Felice war für ihr Alter sehr groß und ziemlich mager. Sie hielt sich kerzengerade, wie ihr Vater es ihr geboten hatte, und pflegte oft mit auf dem Rücken verschränkten Händen umherzugehen, um nicht unversehens in eine zwanglosere Haltung zu verfallen. Ihre Augen waren, ebenso wie Corals, groß und schwarz, und das dunkelbraune Haar, das im Nacken von einer Samtschleife zusammengehalten wurde, fiel ihr bis auf die Hüften hinab. Sie war eine zierliche, elegante und anmutige Erscheinung. Manchmal war Coral fast stolz auf ihre Tochter. Aber meist blieb Felice ihr ein Rätsel, denn für ein elfjähriges Mädchen hatte sie eine außergewöhnlich zurückhaltende Würde und Ernsthaftigkeit an sich. Jetzt richtete sie ihre Augen gespannt auf die Mutter. Coral küßte sie auf die Wange und legte ihr den Arm um die Schultern.

«Komm, Felice, Vater wartet sicher schon auf uns. Und versprich mir, nicht mehr an diese Dinge zu denken.»

Während sie in die Halle hinabstiegen, ließ Coral die Hand auf Felices Schulter liegen und lächelte ihr aufmunternd zu. Doch Felice erwiderte das Lächeln nicht, ihr Gesicht blieb ängstlich und sorgenvoll. Als die beiden das Wohnzimmer betraten, verdarb Felice das von Coral so schön inszenierte Bild der Eintracht ein wenig, indem sie die Stirn runzelte und sich auf die Unterlippe biß. William stand im Abendanzug in der Mitte des Zimmers. Er hatte ein Whiskyglas in der Hand und begrüßte die beiden, als sei dies ein Abend wie jeder andere. Coral lächelte ihn an und hoffte nur, daß dieses Lächeln nicht allzu flehend ausgefallen war, denn dafür würde William sie mehr verachten als für alles, was sie ihm angetan hatte. Sie wandte sich zu Felice und strich ihr leicht mit dem Finger über die Stirn.

«Du sollst die Stirn nicht so runzeln, Kleines. Das ist nicht gut, davon bekommst du später Falten. Was auch geschieht, du mußt immer daran denken, daß du hübsch aussehen mußt. Nicht wahr, William?»

Er nickte bestätigend, und Felice glättete ihre Stirn. Die Füße brav nebeneinandergesetzt, die Hände gefaltet, blieb sie stehen und blickte ihre Eltern aufmerksam an. Als der Diener meldete, daß das Essen serviert sei, füllte William sein Glas noch einmal, und Coral begann im Zimmer umherzugehen und die Gemälde zu betrachten, als sehe sie sie zum erstenmal. Sie rückte eine Vase zurecht, klappte ihren Fächer auf und zu und ordnete einen Rosenstrauß. Sie wußte, daß William eine Strafe für sie ersonnen hatte und dies schon im voraus genoß. Aber das ließ sie sonderbar gleichgültig, sie achtete vielmehr darauf, ihm zu beweisen, daß er sie nicht einschüchtern konnte, gleichgültig, was er ihr auch antat.

Einige Minuten sprach keiner ein Wort. Plötzlich trank William mit einem Zug sein Glas aus, bot Coral den Arm und führte sie ins Speisezimmer. Felice folgte ihnen mit schleppenden Schritten. Wie üblich nahmen sie ihre Plätze mit feierlichem Ernst ein. Es war nichts Ungewöhnliches, daß sie sich an diesem Abend wenig zu sagen hatten, denn sie sprachen bei Tisch normalerweise kaum ein Wort. Nur wenn sie Gäste hatten, diskutierte William über politische und Börsenfragen, und Coral plauderte angeregt über Theaterstücke und Opern, Musik, Bücher und die neueste Mode. An solchen Abenden aß Felice mit ihrer Gouvernante im Kinderzimmer.

Der Diener trug einen Gang nach dem anderen auf, und Coral zwang sich, etwas zu essen, obgleich schon der Anblick der Speisen ihr widerstand. William fragte Felice nach ihren Unterrichtsstunden, und sie gab bereitwillig Auskunft. Dabei kämpfte sie jedoch so sichtlich mit den Tränen, daß William, in dem Bemühen, sie zu trösten, immer zärtlicher mit ihr redete und ihre Antworten lobte, obgleich er sonst die Ansicht vertrat, daß Lob auch dem vernünftigsten jungen Mädchen zu Kopf steigen müßte.

Coral trank gern einige Gläser Wein bei Tisch, aber sie hielt sich zurück, weil William nicht wünschte, daß sie in Felices Gegenwart trank. Er hatte ihr empfohlen, in ihrem Zimmer zu trinken, wenn sie das Bedürfnis dazu verspüre. Das Essen schien sich noch länger hinzuziehen als gewöhnlich, so daß sie sich schon fragte, ob die Dienstboten die Situation vielleicht ausnutzten, um eigene Zwistigkeiten auszutragen. Während sie am Tisch saß, wuchs in ihr das Entsetzen über das, was sie getan hatte. Sie konnte es immer weniger begreifen und fühlte sich schließlich sich selber so entfremdet, daß sie an die Coral Talbot von vorhin nur mit Empörung und Verachtung denken konnte. Nach fast zwei Stunden begaben sie sich endlich wieder ins Wohnzimmer, wo Coral sich sofort auf Felice stürzte, sie ans Klavier zog und sie fast demütig bat, eine Chopin-Etüde zu spielen.

Felice warf ihrem Vater einen fragenden Blick zu, und als dieser nickte, setzte sie sich hin und spielte perlend und fehlerlos eine Etüde. Sie machte ihrer Musiklehrerin alle Ehre. Als sie geendet hatte, drückte Coral sie voll überströmender Begeisterung an sich und streichelte ihr Haar, während Felice, bestürzt über diese ungewöhnlichen Liebesbezeigungen, steif dasaß und vor sich hin starrte, als wage sie nicht, ihre Mutter anzusehen.

«Felice, es ist Zeit für dich, zu Bett zu gehen», sagte ihr Vater.

Sichtlich erleichtert sprang sie auf, küßte zuerst ihre Mutter und dann ihren Vater und verließ, zierlich einen Fuß vor den anderen setzend, das Zimmer. Dabei reckte sie das Kinn hoch, so daß ihr Hals sehr lang erschien, und machte ein völlig ausdrucksloses Gesicht, so daß sie wie eine Schlafwandlerin in einem Theaterstück wirkte.

William steckte sich eine Zigarre an, und Coral blieb in dem Sessel neben dem Klavier sitzen. Nach wenigen Minuten spürte sie eine sonderbare Angst. Sie duckte sich zusammen, als erwarte sie einen Schlag. Schließlich erhob sie sich. «Ich möchte jetzt zu Bett gehen, William.» Und da jede Entschuldigung, die sie vorbringen würde, gleich töricht klingen mußte, setzte sie hinzu: «Ich habe Kopfschmerzen.» Dabei lächelte sie ihn leicht an und wollte eben zur Tür hinausgehen, als seine Stimme sie zurückhielt.

«Ich komme in einer halben Stunde zu dir.»

Als Coral ihr Schlafzimmer betrat, machte die Zofe gerade das Bett zurecht und warf ihrer Herrin einen scheuen, verlegenen Blick zu. Coral ließ sich stehend auskleiden, streifte ihr langes weißes Nachtgewand über den Kopf, bevor sie das letzte Stück ihrer Unterwäsche auszog, und setzte sich dann vor den Frisiertisch. Das Mädchen löste ihre kunstvolle Frisur, bearbeitete ihr Haar mit kräftigen Bürstenstrichen und flocht es dann zu einem langen Zopf. Dabei verhielt sie sich ungewöhnlich fürsorglich und verließ das Zimmer erst, als Coral es ihr befahl. Coral blieb noch ein Weilchen vor dem Spiegel sitzen, war jedoch von dem Bild, das sich ihr bot, nicht so angetan wie sonst. Sie wußte nicht, was sie William sagen sollte, und kam zu dem Entschluß, daß es sinnlos war, sich irgend etwas zurechtzulegen. Sie konnte jetzt nicht mehr verstehen, warum sie nicht die Geistesgegenwart gehabt hatte, aus ihrem Wagen zu steigen und freudige Überraschung über sein Auftauchen zu heucheln.

Mit klopfendem Herzen sah sie, wie die Tür aufging. Als William auf sie zukam, blickte sie ihm unsicher entgegen und bemühte sich, ihrem Gesicht einen hochmütigen und abweisenden Ausdruck zu geben. Sie wollte gerade den Mund öffnen, um etwas zu sagen, als er ihr eine harte, schallende Ohrfeige versetzte. Sie schrie auf, und er schlug sie noch einmal. Sie wollte zurückweichen, doch wieder trafen zwei harte Schläge ihr Gesicht. Als sie zu schreien versuchte, schloß seine Hand sich über ihrem Mund und preßte ihr die Zähne zusammen. Dann versetzte er ihr erneut einen Schlag, so daß sie taumelte und gefallen wäre, wenn er sie nicht beim Arm gepackt und aufs Bett geschleudert hätte. Sie schlug die Hände vors Gesicht und zog die Knie an, um ihren Leib zu schützen. Er riß ihre Hände weg, und während sie versuchte, sich zu wehren, sah sie über sich sein Gesicht, das nicht mehr innere Bewegung verriet als vorhin beim Essen oder beim Anhören von Felices Klavierspiel.

«Sei still», sagte er in gleichmütigem Ton. «Laß das Gewimmer, sonst kann man dich draußen hören. Tu nicht so, als hätte ich dich verletzt. Du wirst dich bald genug davon erholen. Hör zu: Ich habe heute beobachtet, wie er das Haus betreten hat, und kurz darauf sah ich dich hineingehen. Du hast zweieinhalb Stunden mit ihm verbracht. Die Hauswirtin hat mir gesagt, daß er oft dort hinkommt. Gewöhnlich mit einer anderen Frau. Versuche nicht, es zu leugnen oder abzustreiten, daß du wußtest, daß ich in dem Wagen saß. Ich will dir lediglich klarmachen, daß ich euch beide umbringen werde, wenn du dich noch einmal mit ihm triffst. Weißt du das jetzt?»

Sie starrte ihn an und sagte, am ganzen Körper zitternd: «Ich weiß es.»

Er richtete sich auf und wandte sich zum Gehen. Als sie sicher war, daß er ihr nichts mehr tun würde, sprang sie vom Bett hoch, lief hinter ihm her und schleuderte ihm entgegen: «Ich hasse dich!» Sie hütete sich aber, diese Worte laut zu schreien, denn sie fühlte sich überall von lauschenden Ohren umgeben. Als er stehenblieb, lief sie schnell wieder zurück zum Bett, wie ein Kind, das im entscheidenden Augenblick den Mut verliert.

«Das macht nichts», sagte er und verließ das Zimmer.

Coral stürzte zur Tür, schloß sie ab und lehnte sich mit dem Rücken dagegen. Dann rannte sie ins Ankleidezimmer zum Spiegel und war entsetzt, wie häßlich sie aussah. Sie drehte den Kopf von einer Seite zur anderen, öffnete den Mund, überprüfte ihre Zähne, betrachtete den Haaransatz und hob das Kinn, um nach einem nicht wiedergutzumachenden Schaden zu suchen. Doch obgleich ihre Haut fleckig und die Lippen geschwollen waren, entdeckte sie keine Entstellung, die nicht in wenigen Tagen verschwunden sein würde.

13

Joshua ging jetzt ganz ungezwungen in Mrs. Gosnells Pension ein und aus. Wenn er das Haus betrat, drückte er der Wirtin mit kühlem Lächeln einen Geldschein in die Hand. Und wenn er auf der Treppe jemandem begegnete, tat er, als sehe er die betreffende Person überhaupt nicht. Er war überzeugt, daß die Umstände sich in einem geradezu schwindelerregenden Tempo zu seinen Gunsten entwickelten. Deshalb war er auch ständig unterwegs, um seine Pläne Stück für Stück zu verwirklichen.

Susan und Ceda waren von dem Erfolg des großen Balles enttäuscht gewesen. Vielleicht war dies auch bei Suky der Fall, aber sie äußerte sich mit keinem Wort darüber. Das ärgerte Joshua mehr als seine eigene Enttäuschung; denn ihm wäre es lieber gewesen, wenn seine Familie die Schwierigkeiten, auf die sie beim Eintritt in diese neue Welt gestoßen waren, nicht bemerkt hätte. Susan erhielt viele Briefe und Karten, und mehrere junge Männer stellten sich mit Blumen und Bonbonnieren ein, um Suky ihre Aufwartung zu machen. Aber sie waren nach Joshuas Ansicht uninteressant, und darum ermutigte er sie auch nicht zum Wiederkommen.

«Du wirst noch eine alte Jungfer aus ihr machen», erklärte Susan ihm vorwurfsvoll.

«Unsinn. Ich werde nie zulassen, daß meine Tochter eine alte Jungfer wird», versicherte Joshua. «Warte nur ab.»

Eines Sonntagnachmittags erschien Philip Van Zandt, saß eine halbe Stunde, den Hut auf den Knien und den Spazierstock neben sich, im Salon und unterhielt sich mit Susan, Ceda und Joshua, während Suky, eingedenk der Mahnung ihres Vaters, keinem Besucher zu viel Aufmerksamkeit zu schenken, still vor sich hin blickte und an etwas anderes zu denken schien.

«Mr. Van Zandt ist ein sehr wohlerzogener junger Mann», bemerkte Joshua ein paar Tage später, da Suky ihn gar nicht mehr erwähnt hatte.

«Ja, sicher ist er das.»

«Interessiert er dich nicht?»

«Wie kann ich mich für einen Mann interessieren, der sich nicht für mich interessiert, Papa?»

Damit, überlegte Joshua, hatte sie zweifellos recht. Denn das erste, was eine Frau, und ganz besonders eine schöne Frau, bei einem Mann beachtet, ist nicht der Mann selber, sondern die Art, wie er auf sie reagiert. Und erst auf Grund dieser Feststellung konnte sie entscheiden, ob er ihr gefiel.

Ceda legte ihren Arm um Suky. «Denk an meinen Traum, Suky. Ich weiß ganz genau, daß es dir bestimmt ist, einen Mann zu heiraten, der deine Erwartungen bei weitem übertrifft. Du glaubst mir doch, nicht wahr, mein Herzchen?»

Suky neigte den Kopf und sah Ceda mit einem Lächeln an, das Joshua überraschte, da es Weisheit und zugleich eine Andeutung von Spott zu enthalten schien, der zu fein war, als daß Ceda ihn hätte bemerken können. «Natürlich glaube ich dir, Tante Ceda. Wir wissen doch, daß deine Träume sich immer bewahrheiten.»

«Wenn es nicht Mr. Van Zandt ist, wird es ein anderer junger Mann sein, der uns vielleicht sogar noch besser gefällt.»

Joshua ging Cedas Naivität auf die Nerven. Aber er gab sich nicht die Mühe, den Frauen auseinanderzusetzen, daß die Welt nicht ganz so einfach war, wie sie glaubten. Ihn beschäftigte lediglich die Frage, wie hoch der Preis war, den er zahlen mußte, um seiner Tochter diesen Ehemann zu verschaffen, der alle ihre Erwartungen übertreffen würde. Wenn er Allegra Stuart Glauben schenken konnte, steckte Philip bis zum Hals in Schulden, hatte Gott und die Welt angeborgt und trotz allem seine unbesonnenen Börsenmanöver nicht aufgegeben. Nach Joshuas Ansicht mußte er bald so weit sein, daß er jeden Rettungsanker dankbar ergreifen würde. An einem Abend im Januar trafen die beiden Männer sich in einem privaten Speiseraum bei Delmonico's zum Essen. Zunächst unterhielten sie sich über politische Tagesfragen – die allgemeine Unzufriedenheit mit dem Präsidenten und die wachsende Unverfrorenheit Tammany Halls – und gelangten bei diesem Gespräch über Austern und Schildkrötensuppe schließlich zu einer Hammelkeule mit Kapernsoße.

Joshua lauerte darauf, daß Philip Sukys Namen erwähnen werde. Als er es jedoch endlich tat, erkundigte er sich nur kurz nach ihrem Befinden und fragte unmittelbar darauf nach ihrer Mutter und ihrer Tante, als bedeuteten ihm die drei Frauen gleich viel oder wenig. Da glaubte Joshua, nun sei keine Zeit mehr zu verlieren. «Irgend jemand, ich weiß allerdings nicht mehr, wer es war», begann er nachdenklich, «sagte mir kürzlich, Sie wollten sich demnächst verheiraten? Meinen Glückwunsch!»

Philip lachte und machte eine wegwerfende Geste. «Nein, nein, Mr. Ching», sagte er. «Derjenige, der Ihnen das erzählt hat, war im Irrtum.» Er lächelte Joshua dabei an, wie Männer zu lächeln pflegen, die der Meinung sind, nur Frauen hätten es eilig, sich zu verheiraten. «Es stimmt allerdings, daß meine Schwestern mich gern verheiratet sähen. Sie haben mir für diesen Zweck auch schon eine kleine Kusine zweiten Grades zugedacht.» Wieder lächelte Philip, und Joshua schien es, als wolle er damit andeuten, daß man bei Ballettänzerinnen weit mehr Vergnügen finde.

«Aber früher oder später werden Sie sie natürlich doch heiraten.» Philip blickte rasch auf, und diesmal lächelte Joshua. «Die kleine Kusine zweiten Grades.»

Jetzt zog Philip eine ernste Miene, oder er bemühte sich zumindest darum. Für Joshua überwog die Leichtfertigkeit in diesem hübschen Gesicht, dem weder Glück noch Unglück etwas anzuhaben schienen und das vielleicht sogar vom Alter unangetastet bleiben würde. «Nein. Ich fürchte, ich werde sie enttäuschen müssen, sosehr ich sie auch liebe – meine Schwestern, meine ich. Wenn ich einmal heiraten sollte, werden sie mit meiner Wahl bestimmt nicht einverstanden sein.»

Joshua zog die Augenbrauen in die Höhe. «Wollen Sie sich denn über die Einwände Ihrer Schwestern hinwegsetzen?»

Diese altmodische Bemerkung brachte Philip zum Lachen. «Natürlich nicht! Das kann ich gar nicht. Aber die Guten haben zu wenig darauf geachtet, was in den letzten zehn Jahren vorgegangen ist. Sie stellen sich immer vor, es sei alles noch genauso wie in ihrer Kindheit. Heutzutage muß man sich eben zu neuen Ansichten bekehren. Familien wie die meine müssen sich entweder Geld erheiraten, oder sie sind zum Untergang verurteilt. Meine Schwestern wollen das nur noch nicht glauben.»

«Ja, ich verstehe», sagte Joshua. Er klingelte nach der Rechnung und erklärte Philip kurzangebunden, er müsse noch zu einer Sitzung. «Dann kann ich Ihnen nur Glück wünschen, Mr. Van Zandt», sagte er zum Abschied.

«Besten Dank, Sir», erwiderte Philip. Als sie sich die Hand schüttelten und einander gute Nacht wünschten, kam es Joshua so vor, als sei Philip überrascht und enttäuscht, daß die Unterhaltung einen so abrupten Abschluß gefunden hatte. Aber Philips unheilbarer Leichtfertigkeit stand Joshuas Geschäftsleidenschaft gegenüber. Er rechnete damit, daß Philip in ein paar Tagen oder Wochen kommen und um Sukys Hand anhalten werde – ob nun wegen ihrer Schönheit oder in der Hoffnung, an Joshuas künftigen geschäftlichen Erfolgen teilhaben zu können, war ihm egal. Da Philip erklärt hatte, er habe es mit dem Heiraten nicht eilig, hielt Joshua es für das Beste, ihm Zeit für ein paar weitere Fehlspekulationen an der Börse zu gönnen.

Etwa um diese Zeit berichteten ihm Spinnage & Achroyd, daß Philip in demselben Haus auf der West Twenty-fourth Street noch eine andere Frau treffe. Und Joshua hörte zu seinem Erstaunen, daß diese Frau Mrs. William Talbot war – obgleich er meinte, die Beziehungen zwischen den beiden schon an jenem Abend erraten zu haben, als Philip mit dem Ehepaar den Ballsaal betrat. Hocherfreut über die Gelegenheit, eine kleine Rache mit seinem eigenen Vorteil zu verknüpfen, schrieb Joshua einen kurzen anonymen Brief an William Talbot, den er durch einen Stiefelputzer überbringen ließ. An jenem Tag lächelte er immer wieder vor sich hin, wenn er an die Szene dachte, die diese Nachricht vermutlich im Hause Talbot auslösen würde.

Kurz darauf herrschte jedoch in seinem eigenen Hause Bestürzung: Amos Cottrell zeigte die Verlobung seiner Tochter Jemima mit Lord Giles Haldane an. Ceda bekam einen Weinkrampf, Susan gab ihm ganz offen die Schuld daran, daß Jemina nun vor Suky heiraten würde, und selbst Suky schien durch diese Hochzeit, bei der sie eine der Brautjungfern sein sollte, recht niedergeschlagen. Sie konnten es alle nicht fassen, daß die unscheinbare Jemima, die nicht einmal besondere Geistesgaben besaß, um ihre äußeren Mängel auszugleichen, die Frau eines englischen Adeligen werden sollte. Aber Joshua konnte seine Familie nicht einmal mit dem Hinweis trösten, daß Haldane ebensowenig ein Lord war wie er selber.

Joshua erschienen diese Dinge geringfügig und unwichtig im Vergleich zu seinen Plänen mit Milton De Groots Firma. Diese Pläne erforderten, wie alle größeren Unternehmungen, Umsicht und Mut, eine genaue Einschätzung der Umstände und präzise zeitliche Berechnungen.

Joshua hatte Amos Cottrell und noch einen anderen Makler, Lorenzo

Flagg, in die Interessengemeinschaft aufgenommen. Flagg war ein großer, außergewöhnlich hagerer Mann mit kohlschwarz gefärbtem Kinnbart und hohem, gewölbtem Schädel, auf dem nicht ein einziges Haar wuchs. Er hatte im Jahre 1849 ein Schiff ausgerüstet und war gerade rechtzeitig in Kalifornien angelangt, um die Ladung zu einem Preis loszuschlagen, der ein Vielfaches der Einkaufskosten betrug. Anschließend hatte er seinen Partner dann noch um den Gewinnanteil betrogen – ein Glanzstück an Gerissenheit, dessen er sich zuweilen rühmte. Damit hatte er den Grundstock zu seinem Vermögen gelegt, obgleich er erst 1857, als er bei den großen Kursstürzen auf Baisse spekulierte, reich genug wurde, um Joshuas Interesse an seiner Karriere zu wecken.

Mit der in der Wall Street üblichen Vorsicht waren die Mitglieder des Pools übereingekommen, daß jeder eine Bareinlage von einer Million Dollar erbringen müsse, die in einem Banktresor deponiert wurde und dort so lange bleiben sollte, bis die Interessengemeinschaft wieder aufgelöst wurde. Joshua war mehrere Wochen hindurch vollauf damit beschäftigt, Aktien zu verkaufen und Anleihen von seinen Brüdern aufzunehmen, so daß er schlecht schlief und Milton De Groot zu hassen begann.

Im April hatte Joshua die erste Zusammenkunft mit Hoke O'Neil. Dieser hatte ihm durch seine Schwester mitteilen lassen, daß er bereit sei, sich mit ihm zu unterhalten. Als Joshua vor der Pension von Mrs. Gosnell vorfuhr, bemerkte er sechs oder acht junge Leute in schwarzen Rökken, Hosen und Zylindern, die auf der anderen Straßenseite standen und ihn beobachteten, während er aus dem Wagen stieg und das Haus betrat. Langsamer als gewöhnlich stieg er die Treppen hinauf und überlegte, daß es vielleicht doch ein Fehler von ihm gewesen war, Allegra Stuarts Bekanntschaft gesucht zu haben. Vor ihrer Tür blieb er einen Augenblick stehen, weil er hoffte, ein paar Worte der Unterhaltung drinnen zu erhaschen. Doch da das Gespräch in Allegras Zimmer entweder im Flüsterton geführt wurde oder die Anwesenden schwiegen, entschloß Joshua sich endlich und klopfte an. Der Hund begann zu bellen, der Papagei kreischte seine Begrüßungsworte, und dann tat sich die Tür auf, und ein junger Mann stand auf der Schwelle und grinste ihn an.

«Hoke O'Neil. Erfreut, Sie kennenzulernen.»

Allegra, die heute zum erstenmal ein Kleid trug, kam rasch durch das Zimmer und stellte die beiden einander vor. Sie machte dabei jedoch ein so trotziges Gesicht, daß Joshua vermutete, er habe die beiden bei einem Streit überrascht. «Treten Sie näher, Mr. Ching», rief sie mit spöttischer Gastfreundlichkeit. «Sie wollten meinen Bruder kennenlernen – hier ist er.»

Joshua blickte Hoke einen Augenblick an und trat dann ans Fenster.

Die jungen Männer lehnten jetzt an einer Hausmauer und spähten die Straße hinauf und hinab, als sei diese Gegend für sie neu und interessant. «Sind das Ihre Freunde?» Allegra und Hoke schauten einander lachend an. Dann öffnete Hoke das Fenster und ließ einen langen, durchdringenden Pfiff hören. Als sich die Köpfe der jungen Männer emporwandten, machte er ihnen ein Zeichen, das Joshua das Gefühl gab, in eine noch viel schlimmere Falle getappt zu sein als De Groot.

«Das ist meine Bibelklasse», erklärte ihm Hoke. «Ein Mann in meiner Position kann es sich nicht leisten, ohne Leibwache seinen eigenen Bezirk zu verlassen.»

«Ich verstehe», sagte Joshua nachdenklich und betrachtete mißbilligend die Narben auf O'Neils Kinn und Stirn, seine zerknitterte schwarze Hose und die glänzenden, ausdruckslosen Augen. Unwillkürlich fragte er sich, ob dieser Mann tatsächlich Allegra Stuarts Bruder war oder ob die beiden ihm einen Bären aufbinden wollten.

«Ich kann Ihnen *behilflich* sein, Mr. Ching», sagte Hoke jetzt, «ich kann Ihnen aber auch ziemliche Unannehmlichkeiten bereiten. Ich schlage vor, wir setzen uns erst einmal und besprechen die Sache.»

Joshua setzte sich auf das Sofa, und Hoke nahm einen Stuhl, den er so nahe heranzog, daß ihre Knie sich fast berührten. «Ich bin ein Freund von Oliver Foss», erzählte er mit wichtigtuerischer Miene.

«Das weiß ich schon.»

«Aber wissen Sie auch, *wie* gut wir befreundet sind?»

Joshua war schon immer der Ansicht gewesen, daß es viel zu viele irische Einwanderer gebe. Jetzt empfand er geradezu Haß gegen jeden Iren, der in dieses Land gekommen war, um die gebürtigen Amerikaner auszubeuten. «Was man so Freunde nennt.»

Hoke begann mit einem Zahnstocher in seinen Zähnen zu bohren und lehnte sich so weit in seinem Stuhl zurück, daß Joshua fürchtete, er werde jeden Augenblick hintenüberkippen. Hoke sah seine Schwester an und zog eine Grimasse. Allegra blieb jedoch mit ärgerlichem Gesicht stehen und blickte ausdruckslos zu den Männern hin. «Betty ist böse», erklärte Hoke.

«Allegra!» schrie sie ihn an.

«Gut. Also Allegra», sagte Hoke. «Jedenfalls ist sie verdammt ärgerlich. Sie findet es nicht nett, einen Mann aus seiner eigenen Firma hinauszumanövrieren, damit ein anderer sie übernehmen kann.»

«Aber das ist im Geschäftsleben nun mal so, meine Liebe. Warum zerbrechen Sie sich darüber den Kopf?»

«Das versuche ich ihr ja auch zu erklären. Aber sie hat da ihre eigenen Ansichten. Jedenfalls haben Allegra und ich es satt, arm zu sein. Wir brauchen Geld. Und jetzt wollen wir Ihre Sache einmal genauer untersuchen, Mr. Ching. Sie sind der Ansicht, daß De Groot seinen Kopf in eine Schlinge gesteckt und Ihnen das Ende des Seils in die Hand gegeben hat. Er verschleudert seine eigenen Aktien, entnimmt Firmengelder zu privaten Zwecken, druckt neue Obligationen, wenn es ihm gerade in den Sinn kommt, und verwandelt sie in Aktien. Er betreibt Dumping mit denen, die auf dem Markt sind, und wundert sich, wenn sie verschwunden sind und er neue drucken muß. Er kauft Fusel von den Brennereien in den Slums und verhökert ihn unter seinem Firmennamen. Er spekuliert auf eigenes Risiko und vergißt, daß ein Mann, der sich mehr auflädt, als er tragen kann, damit rechnen muß, daß seine Freunde sich zusammentun und ihn fertigmachen. Seine Makler erteilen ihm schlechte Ratschläge, aber er befolgt sie trotzdem und ist überzeugt, mit dem nächsten guten Börsentip alles wieder ins reine zu bringen.» Hoke streckte die Beine aus, rutschte nach vorn, bis sein Stuhl das Gleichgewicht wiedererlangt hatte, und beobachtete Joshua mit verschlagener Genugtuung.

«Das ist mir alles bekannt.» Joshua hatte sich vorgenommen, keinerlei Überraschung über das zu zeigen, was dieser Ire ihm sagen würde.

«Wissen Sie, daß De Groot herausgefunden hat, wer an dem Pool beteiligt ist?»

«Das bezweifle ich.»

«Ach, das bezweifeln Sie? Sie und noch zwei andere – Cottrell und Flagg.»

«Nun, selbst wenn er es weiß, kann er nichts dagegen machen.»

Mit einem Ruck setzte Hoke sich aufrecht und schlug sich krachend aufs Knie. «O ja, das kann er! Deshalb sitze ich nämlich hier. Sie können wählen, was Sie tun wollen: Entweder einigen Sie sich mit mir und Foss, oder Sie versuchen allein herauszukriegen, was De Groot vorhat.»

«Warum sollte ich Ihnen beiden trauen?»

«Weil Ihnen nichts anderes übrigbleibt.» Einen Augenblick lang schien Hoke seine günstige Lage mit grausamer Freude auszukosten. Doch dann wurde er wieder ernst und geschäftlich. Er beugte sich vor und wies mit gekrümmtem Zeigefinger auf Joshua. «Und jetzt will ich Ihnen auch sagen, warum: De Groot ist, wie Sie ja selber wissen, ein Schweinehund, und ein ungeschickter dazu. Er hat den Fehler gemacht, bei einer der letzten Wahlen den falschen Kandidaten zu unterstützen und sich ihm mit Haut und Haaren zu verschreiben. Seitdem wartet Foss nur auf so eine Gelegenheit wie diese. Außerdem will Oliver Geld sehen, und ich auch.» Er nickte. «Und Allegra auch.»

«Wieviel verlangen Sie?»

Hoke verzog das Gesicht und deutete mit einer wegwerfenden Geste an, daß der Betrag, den er fordern wollte, eigentlich zu klein war für einen so großen Dienst. «Foss will zehn. Der Richter muß zwanzig bekommen, und ich will fünf.» Allegra schnellte herum, und Hoke fügte hinzu: «Die Hälfte davon geht an meine Schwester.»

«Wer ist der Richter?»

«Kümmern Sie sich nicht darum. Er wird da sein, wenn Sie ihn brauchen. Wir kassieren eine Hälfte im voraus und die andere, sobald Ihnen die Geschäftsaufsicht zuerkannt ist.»

Joshua sah ihn einen Augenblick an. «Wann und wo wollen Sie das Geld haben?»

«Ich komme morgen früh in Ihr Büro. Mit meiner Bibelklasse.»

Joshua wandte sich zum Gehen, und Hoke folgte ihm. An der Tür schüttelten die beiden Männer sich die Hände, und Joshua warf Allegra einen Blick zu, die immer noch schweigend, mit trotzigem Gesicht in der Ecke des Zimmers stand.

Zu Joshuas Erleichterung schenkte ihm Hokes Bibelklasse keinerlei Beachtung, als er in seinen Wagen stieg. Als Hoke am nächsten Morgen zu ihm kam, ließ er sie auf der Straße zurück. Er setzte sich Joshua gegenüber und zählte die Scheine, indem er immer wieder den Zeigefinger anleckte und vor sich hin murmelte. Als er alle Umschläge zweimal durchgezählt hatte, steckte er sie in die Manteltasche, nahm sich eine Zigarre aus der Kiste auf Joshuas Schreibtisch und begann so leise zu sprechen, daß Joshua sich vorbeugen mußte, um ihn zu verstehen. «De Groot rechnet damit, daß Sie ihn unter Geschäftsaufsicht stellen lassen wollen, und hat deshalb Vorsichtsmaßnahmen getroffen. Er hat ein eigenes Konsortium gegründet, und sobald er vermutet, daß Sie losschlagen wollen, wird er sich zurückziehen und behaupten, sein Bankier hätte die Lagerquittungen. Dann ist er aus dem Spiel, und Sie können sich untereinander die Köpfe einschlagen.»

«Wer ist in seinem Konsortium? Und wer ist der Bankier?»

«Sachte, sachte, eins nach dem anderen. Seine Lagerhäuser liegen in meinem Bezirk; wenn er sich entschließt, sie zu räumen, werden wir es erfahren. Außerdem rechnet er damit, daß meine Jungens das Zeug für ihn wegschaffen.» Hoke erhob sich. «Na also, Mr. Ching, wenn ich und Foss nicht wären, würde De Groot Ihnen ein schönes Schnippchen schlagen, was?»

«Nun ja, er würde es uns vielleicht ein bißchen schwermachen.»

Hoke lächelte. «Er würde Ihnen diese Geschäftsaufsicht gründlich versalzen. Also, bis später. Sie hören wieder von mir.»

Wie Hoke O'Neil versprochen hatte, hörte Joshua hin und wieder von ihm. An dem Tag, an dem Jemima Cottrell Lord Giles Haldane heiratete, erhielt er einen von Allegra geschriebenen, aber mit Hokes Namen unterzeichneten Zettel mit der Botschaft, daß er unbedingt im Büro auf Hoke warten solle. Als Hoke um vier Uhr noch nicht erschienen war, schickte Joshua seinen Wagen los, um die Abendanzüge für sich und seine Brüder zu holen.

Es war fast halb sieben Uhr, als Hoke kam. Joshua lief, schon im Abendanzug, nervös hin und her und sah im Geiste leere Lagerhäuser, beiseite geschaffte Quittungen und De Groots hämisch grinsendes Piratengesicht vor sich. Als er Hoke erblickte, ging er rasch auf ihn zu. «Was ist schiefgegangen, O'Neil?»

«Gar nichts. Alles in schönster Ordnung, genau wie ich's vorhergesagt habe. De Groot will seine Lager heute nacht räumen.»

«Heute nacht?» Joshua trat einen Schritt näher. «Und wo ist Ihr Richter?» fragte er leise.

«Ich habe ihn mitgebracht.»

«Wir kommen zu spät, Joshua», drängte ihn Samuel. «Amos wird es uns übelnehmen.»

Hoke kam wieder herein und schob stolz seinen Richter vor sich her. «Das ist Seine Ehren, Richter Azariah Gill.»

Der schwarzgekleidete Richter, der einen schwarzen Hut auf dem Kopf und schwarze Handschuhe an den Händen hatte, musterte Joshua mit feierlichem Argwohn, nahm dann seinen Hut ab, strich sorgfältig seine Stirnlocke zurecht, ließ sich Samuel und Aaron vorstellen und erklärte die Gerichtssitzung für eröffnet.

Hoke saß mit verschränkten Armen da und kniff die Augen so zusammen, daß es aussah, als schlafe er. Joshua ging unruhig auf und ab und drehte seine Uhrkette um den Finger, während Azariah Gill mit unbewegter Miene Aarons Ausführungen lauschte. Aaron setzte ihm die Gründe dafür auseinander, warum er für seinen Klienten Joshua Ching die Zuerkennung der Geschäftsaufsicht über die De Grootschen Brennereien beantrage. Im Laufe dieses Vortrags zog Richter Gill ein Stöckchen aus seiner Tasche, schnippelte daran herum und schob die kleinen Holzspäne zu einem sauberen Häufchen auf Joshuas Schreibtisch zusammen. Von Zeit zu Zeit stellte er eine Frage, überdachte kurz die Antwort und gab Aaron dann ein Zeichen, fortzufahren. Plötzlich steckte er Messer und Stöckchen wieder in die Tasche.

«Der Gerichtshof ist zu der Ansicht gelangt, daß Mr. Joshua Ching gute und ausreichende Beweise für die Unfähigkeit Mr. Milton De Groots erbracht hat, die unter dem Namen De Grootsche Brennereien bekannte Firma zu leiten. Das Gericht überträgt daher Mr. Joshua Ching die Geschäftsaufsicht über die genannte Firma. Mr. Aaron Ching wird in seiner Eigenschaft als Anwalt ersucht, eine entsprechende Verfügung zu unterbreiten.»

«Ich habe die Verfügung schon vorbereitet, Euer Ehren.»

Der Richter begann die Verfügung zu studieren, runzelte die Stirn und las sie noch einmal, während Hoke gähnte und Joshua fand, daß die Richter der Tammany-Partei ihre Würde ein wenig zu auffällig hervorkehrten. Endlich setzte Azariah Gill seinen Namen unter das Papier, schlug mit der flachen Hand darauf, als wolle er sein Siegel daruntersetzen, und verabschiedete sich mit einer kurzen Verbeugung. Hoke schlenderte hinter ihm her.

«Die andere Hälfte ist morgen früh fällig», sagte Joshua zu ihm. «Nachdem wir die Bücher eingesehen haben.»

Auf der Fahrt in die Wohnviertel verlor Joshua kein Wort mehr über die De Grootschen Brennereien. Aaron und Samuel, die Joshuas abergläubische Überzeugung kannten, daß man durch Reden jeden Plan zunichte machen kann, saßen schweigend im Wagen und überließen Joshua seinem Triumph und seinem Haß auf Milton De Groot. Hin und wieder wich Joshuas Freude jedoch dem verzweifelten Gedanken, Foss und Hoke O'Neil könnten ihn betrogen haben und die De Grootschen Lagerhäuser würden in diesem Augenblick geräumt und am kommenden Morgen sei von dem ganzen herrlichen Plan nichts mehr übrig als ein Haufen Quittungen, die auf eine fingierte Firma ausgestellt seien.

Sie kamen an der Kirche vorbei, vor der ein paar Männer und Frauen noch immer auf ihre Wagen warteten, und fuhren weiter zu Amos Cottrells Haus an der Twenty-ninth Street. Hier fanden sie Reihen von Wagen vor und eine Menschenmenge, die sich hinter den von Brooks gespannten Absperrseilen drängte. Die Leute reckten neugierig die Hälse und machten unverschämte Bemerkungen über die Gäste, die den Wagen entstiegen.

«Das ist ja unglaublich!» murmelte Joshua, der sich einen Weg zu Brooks gebahnt hatte. «Warum lassen Sie diese Kerle nicht einsperren? Haben Sie Mrs. Ching und Miss Morgan gesehen?»

«Sie sind schon im Haus, Sir. Miss Ching und die anderen Brautjungfern ebenfalls.» Es war ein heißer Abend, und Brooks' Gesicht glänzte von Schweiß. «Tut mir leid, Sir. Aber gegen diese Leute kann ich nichts unternehmen. Sie wissen ja, wie das heute ist – kein Respekt mehr.»

Joshua preßte ärgerlich die Lippen zusammen und schloß sich der Prozession an, die ins Haus strömte. Alle Stockwerke waren hell erleuchtet, die Fenster standen offen, und als die Musik begann, ertönte auf der Straße lauter Beifall. Als Joshua endlich ins Haus gelangt war, bemerkte er, daß es fast völlig ausgeräumt war und nur noch Blumen und Menschen zu enthalten schien. Er blickte sich suchend um, als er aber weder Susan noch Ceda entdecken konnte, stellte er sich in die Reihe, die sich langsam auf Amos Cottrell zubewegte. Amos stand mit strahlendem Lächeln da wie ein wohlwollender Kobold und stellte – als könne er sich an dem Wohlklang dieser Worte nicht satt hören – immer wieder feierlich vor: «Meine Tochter, Lady Haldane, mein Schwiegersohn, Lord Haldane. Mein Sohn und meine Tochter, Lord und Lady Haldane, Lord und Lady Haldane.»

Jemima strahlte vor Stolz, während Lord Haldane, wie Joshua meinte, zwar müde, aber erleichtert aussah. Joshua küßte Jemima, die ihm mit scheuem Lächeln zuflüsterte: «Sehen Sie sich nur Suky an. Sie ist heute schöner als je.»

«Nicht so schön wie du, meine Liebe.»

Joshua warf Amos einen bedeutungsvollen Blick zu. Aber Amos hatte die Interessengemeinschaft und den Vertrag mitsamt den hinterlegten drei Millionen Dollar völlig vergessen. Er hätte jeden, der ihm jetzt etwas von gerichtlichen Verfügungen oder Geschäftsaufsicht erzählt hätte, nur verständnislos angeblickt.

Suky, die ebenso wie die anderen Brautjungfern ein weißes Tüllkleid trug, sah so verzückt aus, als sei dies ihre eigene Hochzeit. Als Jemima den Tanz eröffnen sollte, blickten die beiden Mädchen sich plötzlich mit Tränen in den Augen an.

«O Jemima, meine Süße!» sagte Suky mit sanfter, anmutiger Bewunderung. «Auch wenn du jetzt eine Lady Haldane bist, so bleibst du doch immer meine beste Freundin.»

Sie küßten sich, achteten dabei jedoch sorgsam darauf, ihre Frisur nicht zu beschädigen und Jemimas Schleier nicht zu zerknittern. Während Joshua im stillen seine Tochter bewunderte, deren Taktgefühl nie versagte, hörte er Lord Haldanes flüsternde Stimme: «Um Gottes willen, Sir, haben Sie irgendwelche Redereien gehört? Sagen Sie es mir.»

«Nicht viele», erwiderte Joshua und wandte sich ab, um Susan zu suchen.

Er fand sie und Ceda im unteren Stockwerk, wo die Hochzeitsgeschenke ausgestellt waren. Sie wanderten mit anderen Gästen um die Tische und begutachteten die goldenen und silbernen Bestecke und Tafelaufsätze. Einige Gäste hatten sich in den Garten gewagt, zogen sich jedoch vor den neugierigen Blicken der Zuschauer bald wieder zurück.

Susan nahm die Erklärung ihres Mannes, er sei im Büro aufgehalten worden, mit ungläubiger Miene entgegen. Aber Ceda begann sofort die Hochzeitszeremonie zu beschreiben und versicherte ihm, Suky habe die Aufmerksamkeit aller Anwesenden erregt. «Du hättest sehen sollen, wie sie durch das Kirchenschiff ging, Joshua! Was für eine Braut wird sie eines Tages sein!»

In diesem Augenblick sah Joshua, daß Milton De Groot den Raum betrat, sich mit einem schnellen, suchenden Blick umsah und dabei das Gesicht so zusammenkniff, daß seine Augenbrauen fast den Backenbart berührten, und sich sofort wieder zum Gehen wandte. Joshua meinte, De Groot habe ihn damit herausfordern wollen, und verließ, ohne ein Wort der Entschuldigung, seine Damen. Von jähem Kampfeswillen erfüllt, ging er hinter ihm her. Als er in der Halle De Groots Hinterkopf nur wenige Meter vor sich erblickte, rief er ihn mit lauter Stimme an. De Groot wandte den Kopf, beobachtete aus den Augenwinkeln, wie Joshua näherkam, und drehte sich, als Joshua hinter ihm stand, mit einem Ruck um, so daß sie sich Auge in Auge gegenüberstanden.

Sie schüttelten sich die Hand und musterten sich mit mißtrauischen Blicken. Während sie über die Hochzeit, die Geschenke und die Menschenmenge auf der Straße plauderten, spürte Joshua jenes Gefühl grenzenloser Macht in sich aufsteigen, das jeden seiner Siege begleitete. Er fühlte sich so unbesiegbar, daß er nur mitleidige Verachtung für Männer übrig hatte, die unbesonnen genug waren, sich einzubilden, Joshua Ching überlisten zu können.

Am nächsten Morgen war er bereits vor sechs Uhr in seinem Büro und saß längst über dem Hauptbuch, als um acht seine Angestellten kamen. Dann zog er sich in sein Privatbüro zurück und erklärte, er wünsche nicht gestört zu werden. Falls Milton De Groot komme, solle man ihn nicht vorlassen. Er sei lediglich für Mr. O'Neil zu sprechen. Während der nächsten drei Stunden wanderte er unablässig auf und ab und wurde immer unsicherer. Schließlich war er fest davon überzeugt, daß De Groot womöglich Hoke O'Neil, Azariah Gill und Oliver Foss einen höheren Preis gezahlt hatte als er selber. Als Hoke um elf Uhr erschien, stand Joshua, die Hände in den Jackentaschen geballt, hinter seinem Schreibtisch und starrte ihm entgegen, unfähig, ihm auch nur einen guten Morgen zu wünschen.

«Die Sache ist erledigt», erklärte Hoke und schnippte mit den Fingern, worauf zwei Mitglieder seiner Bibelklasse hereinmarschierten, die einen mit Geschäftsbüchern und Quittungen der De Grootschen Brennereien gefüllten Korb schleppten. Ihnen folgten zwei andere junge Männer mit einem anderen Korb. Nachdem sie ihre Last abgesetzt hatten, gingen sie wieder hinaus, und Hoke nahm sich eine von Joshuas Zigarren und steckte sie an. «Die Ankündigung ist heraus. Der Gerichtsdiener ist da, und De Groot ebenfalls. Vorläufig ist er mehr überrascht als wütend. Aber wenn er entdeckt, daß seine Bücher weg sind, wird sich das wahrscheinlich ins Gegenteil verkehren.» Joshua, der inzwischen den Inhalt der Körbe inspiziert hatte, griff aufs Geratewohl drei Bücher heraus und schlug sie auf. «Als ich wegging, sagte De Groot gerade, er werde den Fall vor Gericht bringen, und wenn es ihn den letzten Cent koste. Er werde nicht zulassen, daß irgendein Schweinehund die Firma an seiner Stelle leite.» Dann wandte Hoke sich den Geldscheinen zu und begann sie murmelnd zu zählen, während Joshua sich in De Groots Geschäftsbücher vertiefte. Als er aufsah, war Hoke gegangen.

Die Nachricht machte in der Wall Street schnell die Runde: Männer, die Joshua schon seit Jahren kannten, grüßten ihn jetzt ehrerbietig und stießen einander an, wenn Joshua entschlossenen Schrittes daherkam und die Aufmerksamkeit, die er erregte, nicht zu bemerken schien. Knapp eine Woche später ließ sich Philip Van Zandt in seinem Büro melden, um, wie er sagte, ein Konto zu eröffnen. Bei dieser Gelegenheit beklagte er sich bei dem erstaunten Joshua, daß er während der letzten Tage zweimal seine Aufwartung habe machen wollen, aber jedesmal den Bescheid erhalten habe, Miss Suky sei nicht zu Hause.

14

Erst spät im April überzog sich das Tal mit einem grünen Schleier, und die Wolken, die sechs Monate lang den Himmel verdeckt hatten, wichen zurück und gaben den Blick auf die Gipfel der Berge frei. Der Wind trug den Geruch von Erde und wildwachsenden Blumen heran, bald schmolz auch das Wasser in den Flußläufen, und die Menschen machten sich wieder an die Arbeit.

Es kamen neue Männer mit ihren Frauen und Familien ins Camp, und zwei Prostituierte bezogen Blockhütten, die während des Winters freigeworden waren. Queen Victoria Butler verlor ihre Kundschaft und erlebte eine weitere Enttäuschung, als ein Chinese aus Utah eintraf, der die Sachen der Goldwäscher noch besser und billiger wusch als sie. Die Männer, die sich während des Winters um Mrs. Butler geradezu gerissen hatten, waren jetzt viel zu beschäftigt, um sich ihre Klagen anzuhören. Schon vor Sonnenaufgang war das ganze Tal voll wirbelnder Geschäftigkeit. Die Männer hackten den felsigen Boden auf und legten Goldwaschrinnen an, und Ochsengespanne holperten mit dem Geröll von entfernteren Schürfstellen vorbei. Wenn die Sonne unterging, wanderten sie kilometerweit zurück in ihre Blockhütten, und überall aus den Schornsteinen und von den Campfeuern stiegen dünne Rauchfahnen in die Höhe. Zur Nachtzeit versank die ganze Siedlung in tiefem Schweigen.

Eines Tages fragte Zack, ob es nicht besser sei, nach Virginia City zurückzugehen. «Das Erz hier ist nicht viel wert, Morgan. Zuviel verdammtes Silber dazwischen. Vielleicht sollten wir doch lieber zurückgehen und bei deinem Alten arbeiten.»

Morgan und Zack saßen an dem wackligen Tisch in ihrer Blockhütte, verzehrten Bohnen mit gekochten Speckscheiben und wischten mit Brot gierig die Soße auf. Nachdem sie sich monatelang von ungesalzenem Rindfleisch ernährt und nur gelegentlich – gegen Skorbut – ein Gericht aus rohen Kartoffeln und Essig geleistet hatten, fielen sie jetzt mit wahrem Wolfshunger über jede Mahlzeit her. Sie schienen zu fürchten, daß sich das Essen, bevor sie es hinuntergeschlungen hatten, vor ihren Augen in ein Trugbild verwandeln könne. Jetzt gab es auch wieder Whisky und Tabak im Camp, und keiner dachte daran, sich über die hohen Preise zu beschweren.

Obgleich Morgan selber daran gedacht hatte, nach Hause zurückzukehren, setzte er Zack jetzt umständlich auseinander, daß sie hier bleiben sollten. «Wir haben in diesem lausigen Winter hier zwar nur knapp zweitausend verdient, aber du mußt bedenken, daß wir ziemlich spät angefangen haben.»

«In Virginia City wäre die Arbeit vielleicht lohnender.»

«Wenn wir zurückgehen, sieht es so aus, als hätten wir keinen Unternehmungsgeist. Kaum ein Jahr weg und gleich wieder nach Hause, bloß weil der Winter hart war?»

«Wenn das deine Meinung ist, soll es mir recht sein. Mir gefällt's hier.»

Es traf wirklich zu, was sie Bruno Favorite kürzlich zu einem Neuling hatten sagen hören: Das Leben in den Bergen war genau das Richtige für einen jungen Mann. «Keiner von diesen Burschen», sagte Bruno, indem er auf den Tisch wies, an dem Morgan und Zack eines Sonntagvormittags mit Carter und McGuirk beim Pokern saßen, «keiner von denen ist älter als fünfundzwanzig, und zwei von ihnen sind sogar erst knapp achtzehn. Wenn man jung genug ist, gefällt einem das Leben hier draußen besser, als es in Wirklichkeit ist.»

Ein paar Wochen später, gegen Ende Juni, kam Lily Jones. Es war Sonntag morgen, eine Zeit also, zu der kein Neuankömmling unbemerkt blieb, geschweige denn ein Mädchen, das im Herrensitz auf einem schwarzen Pony ritt und rechts und links von zwei finsterblickenden, schwerbewaffneten Männern flankiert wurde. Die Bewohner von Butte kauften gerade ihre Lebensmittel ein und lauschten den Versteigerungen, die bei Bruno Favorite stattfanden, lehnten plaudernd an den Häusern und erwarteten von diesem Tag nicht mehr als von jedem anderen. Plötzlich erschienen drei Gestalten, die langsam auf der Mitte der Straße ritten und dem Aufsehen, das sie allenthalben erregten, keinerlei Beachtung zu schenken schienen. Nur das Mädchen warf hin und wieder einen Blick auf die Gesichter, die aus den Türen und Fenstern zu ihr herüberglotzten.

Einer der Männer steckte den Kopf in die Tür zu Favorites Gaststube und rief: «Hallo, das dürft ihr nicht verpassen! Da draußen ist was los.» Und als keiner der Spieler sich rührte, setzte er hinzu: «Erstklassiges lebendiges Weiberfleisch.»

Die Männer, die an der Theke standen, drängten zur Tür, und McGuirk stand auf, um zu erkunden, was los sei. Er sah die Straße hinunter und machte dann eine energische Kopfbewegung, die die anderen veranlaßte, sich ebenfalls zu erheben. Sie waren gerade an der Tür, als die drei Reiter ihre Pferde langsam in ruhigem Schritt vorbeilenkten. Das Mädchen trommelte dabei nach Indianerart mit ihren Mokassins gegen die Flanken ihres Pferdes.

Sie trug Lederhosen und ein rotes Flanellhemd, ein Aufzug, der das tiefe Interesse der Männer erregte, weil sie dadurch erkennen konnten, daß ihr Körper schlank, flachbäuchig und schmalhüftig war. Die kleinen Brüste wippten im Takt der gemächlichen Schritte des Ponys. Die Zuschauer waren so vertieft in den Anblick ihres Körpers, daß sie das Gesicht des Mädchens fast nicht angesehen hätten. Aber Carter stieß den Mann, der neben ihm stand, mit dem Ellbogen an und sagte: «Hübsch ist sie auch noch!»

«Tatsächlich.»

Sie war fröhlich und gesund, etwa zwanzig Jahre alt und blickte voller Selbstvertrauen und Zuversicht in die Welt. Dadurch wirkte sie hübscher, als sie vielleicht nach strengen Maßstäben war. In ihrem Gesicht lag ein kecker Zug, und ihre Augen, die blau oder grün zu sein schienen, blickten die Umstehenden so offen und unbekümmert an wie ein Kind, das gern bewundert werden möchte. Gesicht, Hals und Unterarme waren sonnengebräunt, und wenn sie den Kopf wendete, flog ihr hellbraunes Haar, das wenige Zentimeter über den Schultern glatt abgeschnitten war, wie eine schwere seidene Quaste von einer Seite zur anderen.

Carter rief plötzlich überrascht: «Den einen von diesen Kerlen, den da drüben, auf der anderen Seite, kenne ich. Wenn er seinen Namen nicht geändert hat, ist das Gaius Jenkins. Er war im Jahre achtundfünfzig in Kansas. Ein ganz gefährlicher Patron.» Es hörte sich an, als freue er sich, daß hier in diesem Camp, wo erst wenige Männer umgebracht worden waren, ein authentischer Bösewicht auftauchte.

«Der schießt nie zweimal auf denselben Mann», versicherte er. Und als Zack skeptisch lächelte, beharrte er beleidigt: «Sieh ihn dir doch an. Das reinste Arsenal auf zwei Beinen.»

Die drei Reiter waren jetzt vorüber, und die Männer begutachteten noch den geraden Rücken des Mädchens und seine schmale Taille. Dann sahen sie sich gegenseitig an, zuckten die Achseln und kehrten zu ihrem Spiel zurück. Kurz darauf brachte ein junger Bursche die Nachricht, daß die Ankömmlinge vier Meilen hinter der Stadt ihr Lager aufgeschlagen hätten und dabei seien, sich das Abendessen zu kochen. Einer der Männer, sagte der Bursche, habe einen Stein nach ihm geworfen, und als er trotzdem näher gegangen sei, eine Pistole gezogen und auf ihn gerichtet.

«Das ist Jenkins», erklärte Carter triumphierend.

Bevor die Woche um war, wußte man auch die Namen der beiden anderen. Das Mädchen war Lily Jones, und die beiden Männer hießen Gaius Jenkins und Charles Hamilton. Von Jenkins erzählte man, er trüge ein paar Ohren in seiner Westentasche. Der Lauf seines Revolvers wies jedenfalls mehrere Kerben auf, ein sichtlicher Beweis dafür, daß Carter die Wahrheit gesagt hatte. Hamilton war etwas jünger und sah nicht ganz so düster aus wie Jenkins. Aber auch er schien ein Menschenhasser zu sein, so daß man die beiden für Straßenräuber hätte halten können, wenn nicht das Mädchen gewesen wäre, das dem Auftreten der drei etwas Komödiantenhaftes verlieh.

Der junge Bursche, der ihnen am ersten Tag gefolgt war, schlich sich noch einmal zu ihnen und berichtete, daß ihre Zelte aus Kartoffelsäcken und alten Hemden bestünden. Im übrigen deute nichts darauf hin, daß sie die Absicht hätten, sich als Goldgräber zu betätigen, denn er hatte unter ihrer Ausrüstung weder Hacken noch Waschpfannen entdecken können.

Morgans Gedanken wanderten immer wieder zu dem Mädchen. Er fragte sich, woher sie wohl kommen mochte, wie ihr wirklicher Name lautete – denn Lily Jones klang allzu unecht –, auf welche Weise sie zu Jenkins und Hamilton gestoßen war und zu welchem von beiden sie gehörte. Er versuchte sich vorzustellen, wie angenehm es für einen Mann sein mußte, ein Mädchen zu haben, das an diesem Abenteuerleben so sichtlich Gefallen fand. «Was meinst du?» fragte er Zack schließlich. «Was mag ein solches Mädchen hier wollen?»

«Welches Mädchen?»

«Lily Jones. Hast du sie ganz vergessen?»

«Die vergißt man nicht so leicht. Und was sie hier tut, kann sie ebensogut woanders tun.»

Morgan hatte sich in Gedanken so viel mit Lily Jones beschäftigt, daß er sie gewissermaßen für sich beanspruchte. Er fühlte sich durch die geringschätzige Art, in der Zack sie eine Hure nannte, ohne den Beweis dafür erbringen zu können, fast beleidigt. In dieser Hinsicht hatte er eine weitherzigere Haltung und fand, daß dieses Mädchen das Recht habe, heute dem einen Mann zu gehören und morgen einem anderen und sich Männern gegenüber ebenso wenig festzulegen brauche, wie ein Mann sich Frauen gegenüber festlegte. Schließlich war sie kein gewöhnliches Mädchen, sondern sie führte das gleiche Leben wie ein Mann, war den gleichen Gefahren ausgesetzt und verdiente den gleichen Grad an Respekt, den sie sich gegenseitig zollten.

Am folgenden Sonntag kamen Lily Jones und die beiden Männer nicht in den Ort. Man hatte es allgemein erwartet, und es waren mehr Menschen unterwegs als gewöhnlich. Diejenigen, die sie noch nicht gesehen hatten, fühlten sich gewissermaßen betrogen. Als die Fremden sich nicht blicken ließen, wich die heitere, angeregte Stimmung, die zunächst geherrscht hatte, einer enttäuschten Empörung.

Während der nächsten Tage blieben die Fremden fast ständig in ihrem Lager und veranstalteten dort Schießübungen. Das Mädchen, so hieß es, konnte ebensogut schießen wie die Männer. Diejenigen, die hinausgegangen waren und die Übungen aus sicherer Entfernung beobachtet hatten, brachten alarmierende Nachrichten über die Geschicklichkeit der drei mit nach Hause. Die Fremden waren plötzlich mit einem Nimbus des Unheimlichen umgeben, so als stellten sie eine Bedrohung für Leben und Eigentum der Einwohner des Camps dar. Bald sahen die ersten Siedler es als Ehrensache an, die Eindringlinge, die sich so von ihnen abschlossen, einmal etwas näher unter die Lupe zu nehmen.

Als die Männer am nächsten Sonntagmittag bei Favorite zusammenkamen, sprachen sie nur über diese Frage und ließen kein anderes Thema mehr aufkommen.

«Woher, zum Teufel, nehmen sie das Recht, in unser Camp zu kommen und so zu tun, als seien wir überhaupt nicht da?»

«He, Bruno, was haben sie zu dir gesagt?»

«Zu mir? Ach so. Sie erklärten, Jenkins hätte das beste Pferd im ganzen Gebirge.»

Auf diese Behauptung hin johlten die Männer vor Entrüstung.

«Wir werden diesen Schweinehund herausfordern!» schrie Carter. «Ich habe ein gutes Pferd. Du auch, Devlin. Und du auch Fletcher. Bei Gott, wir haben alle erstklassige Pferde.» Die anderen sahen ihn mit ruhigem, überlegenem Lächeln an und fuhren fort, ihre Einsätze zu machen. Aber Carter randalierte immer weiter. «Los, laßt uns hingehen!» Plötzlich lief er aus der Tür, sprang auf sein Pferd und galoppierte in Richtung auf das Lager der Fremden davon.

«Da geht er hin», bemerkte McGuirk gelassen. «Wenn er zurückkommt, wird er aussehen wie ein Sieb.»

«Vielleicht weiß seine Squaw ein schmackhaftes Rezept für Menschenfleisch.»

Als Carter nach einer Stunde immer noch nicht blutend und ohne Pferd in die Gaststube gehinkt war, sagte McGuirk nachdenklich: «Wißt ihr, mir ist eben eingefallen, daß wir uns den Neuen gegenüber eigentlich nicht sehr nachbarlich verhalten. Sie erwarten doch wahrscheinlich, daß wir ihnen einen Besuch machen. Statt dessen sitzen wir hier, denken nur an uns selber und kümmern uns nicht darum, ob sie sich möglicherweise einsam fühlen, sich langweilen und nach unserer Gesellschaft sehnen.»

«Natürlich – das ist es! Wir haben sie beleidigt.»

Sie teilten Gewinn und Verlust nach dem Stand des Spiels auf, kauften vier Flaschen Whisky und als Geschenk für Lily Jones eine Flasche Champagner, die Bruno Favorite aus seinem Eisschuppen holte, und machten sich zum Lager der Fremden auf.

Der Nachmittag war heiß, der Wind drückte das Gras und die Wildblumen zu Boden, und der breite Talkessel zwischen den Hügeln und dem großen Spitzkegel des Berges, der sich im Norden aus der Ebene erhob, bot ein so schönes Bild, daß sie sich gar nicht mehr vorzustellen vermochten, wie diese Landschaft im Winter ausgesehen hatte.

«Niemand da.»

«Wahrscheinlich haben sie Carter weggebracht, um ihn zu beerdigen. Wir kommen gerade zur Leichenfeier zurecht.»

Sie ritten näher, riefen und schwenkten die Flaschen als Zeichen ihrer friedlichen Absichten. Auf einmal erschienen das Mädchen und drei Männer. Jenkins und Hamilton hoben ihre Gewehre, und Carter stand als Geisel zwischen ihnen. Die Gruppe hielt in einiger Entfernung, und als einer von ihnen hinüberrief, sie seien als Freunde gekommen, senkten Jenkins und Hamilton endlich ihre Gewehre und winkten den

Männern, sie sollten näher kommen. Dabei blickten sie ihnen jedoch immer noch mißtrauisch entgegen und schienen das Gefühl zu haben, einer Art Belagerung ausgesetzt zu sein.

Lily Jones stand lächelnd da und ließ ihren schlauen, forschenden Blick von einem Gesicht zum anderen wandern. Dann drehte sie sich zu Jenkins um und murmelte: «Nun tu doch schon die Artillerie weg, um Gottes willen! Siehst du denn nicht, daß sie ein Friedensangebot mitgebracht haben?» Und mit einer fröhlichen Begrüßungsgeste hob sie die Hand an den Rand ihres Hutes.

«Hallo», erwiderte Zack ernst. Sie ließen ihre Pferde noch ein paar Schritte näher herangehen und hörten, wie Carter Jenkins anflehte, in Gegenwart einer Dame keinen Streit vom Zaun zu brechen.

«Nun steigt schon ab», rief Lily Jones ihnen zu. «Meine Freunde sind nicht sehr zivilisiert.»

«Sehr liebenswürdig von Ihnen, Ma'am.»

Sie warf den Kopf zurück und lachte, als hätte sie dieses Wort nie zuvor gehört und wüßte nicht, was es bedeutete.

«Sie heißt Lily Jones», sagte Jenkins und funkelte die Männer drohend an. «Ich bin ihr Vetter, und Hamilton ist ihr Stiefbruder.»

Sie murmelten höflich, daß Bruno Favorite ihnen das bereits mitgeteilt habe. Zack schwang sich als erster vom Pferd, wobei er die beiden scharf im Auge behielt, und die anderen folgten seinem Beispiel. Er trat vor, nannte seinen Namen und stellte seine Freunde vor, die sich dem Mädchen ziemlich nervös und befangen näherten. Lily schüttelte ihnen allen lächelnd die Hand und wiederholte jedesmal mit einem kurzen Nicken ihren Namen.

Morgan wartete, bis alle anderen vorgestellt waren, und trat als letzter auf Lily zu, weil er hoffte, daß er dem Mädchen dann vielleicht besonders auffiel. Aber als er dann vor ihr stand, war er so schüchtern und befangen, daß sein Herz wie rasend klopfte und dunkle Flecken vor seinen Augen tanzten. Das war die gerechte Strafe für seine unehrerbietigen Gedanken, fand er.

Sie lächelte strahlend, enthüllte dabei ihre schönen, gleichmäßigen Zähne und sah ihm mit einem offenen, forschenden Blick ins Gesicht, als er ihre warme, kleine und ein wenig schwielige Hand ergriff. Auf ihrer Nase und ihren Wangen sah er ein paar Sommersprossen; ihre Augen waren mehr grün als blau, mit einem Netz feiner Linien in den Winkeln, die bewiesen, daß sie ihr Leben zum großen Teil im Freien verbracht hatte. Das Haar war von der Sonne ungleichmäßig ausgeblichen. Das ganze Mädchen kam ihm vor wie ein bissiger kleiner Prahlhans, der ihm ebenso gefiel wie er ihn reizte. Rasch trat er beiseite und gesellte sich zu den anderen. Als er an Zack vorbeikam, streifte er ihn mit einem ängstlichen, trotzigen Blick, denn er fürchtete Zack Fletcher könne seine Gedanken lesen, bevor er sich selbst ihrer bewußt war.

Als Belohnung für Carters Aufklärerdienste durfte er die Geschenke übergeben. Lily nahm den Champagner mit einem Freudenschrei in Empfang und erklärte, sie wolle ihn trinken, bevor er warm werde. Sie ging zu einem der Zelte, kam mit einem Blechbecher zurück, ließ den Korken knallend aus der Flasche fliegen, hob den Männern, die noch immer dicht beisammenstanden, den Becher entgegen und leerte ihn in einem Zug.

Jenkins stand schweigend dabei und starrte in die Gesichter seiner Besucher, als habe man ihm Verbrecher vorgeführt, aus denen er einen bestimmten heraussuchen müsse.

«Wie wir hören, sind die guten Schürfstellen hier alle in festen Händen», sagte er schließlich. «Stimmt das?»

«Das Tal ist vom Silverbow bis nach Butte abgesteckt.»

Jenkins zog die Mundwinkel herab, und McGuirk riet ihm: «Kaufen Sie hier keinen Grund und Boden. Dieses Camp hat keine Zukunft. In einem Jahr ist alles erledigt.»

«Das hatten wir auch nicht vor», erwiderte Jenkins unfreundlich. «Halten Sie uns für Neulinge?»

Zack, der langsam ärgerlich wurde, sagte: «Wie wir hören, haben Sie sich gerühmt, ein sehr schnelles Pferd zu haben.»

«Das stimmt auch.»

«Wollen Sie sich auf ein Wettrennen mit uns einlassen?»

Jenkins zuckte die Achseln. «Das wäre nicht fair.»

Die anderen sprangen auf, begannen aufgeregt durcheinander zu reden und wollten schon die ersten Wetten abschließen. Lily goß inzwischen den Rest des Champagners in ihren Becher und trank ihn aus. Jenkins und Hamilton gingen zu den Pferden der Männer und betrachteten die Tiere prüfend. «Wer von Ihnen will gegen mein Pferd reiten?» fragte Jenkins.

«Sie können wählen», erwiderte Zack. «Jeder von uns kann Sie schlagen.»

Hamilton lachte höhnisch. «Nehmen Sie den Mund nur nicht so voll.»

«Wir können ja losen.»

«Nein. Einen Augenblick», fiel Jenkins ein und hob die Hand. «Mein Jockey soll entscheiden.»

«Haben Sie einen Zwerg mitgebracht?»

«Lily ist mein Jockey.»

«Lily!» riefen die Männer entsetzt, schüttelten die Köpfe und protestierten mit heftigen Gesten.

«Gegen ein Mädchen reite ich nicht.»

«Ein Mädchen können wir nicht schlagen, und wir können uns auch nicht von ihr schlagen lassen. Das ist kein richtiges Wettrennen.»

«Dann tut es eben nicht, wenn ihr so gottverdammte Gentlemen seid. Aber sie steht ebenso ihren Mann wie jeder von euch.»

Sie musterten Lily verstohlen, die neben Jenkins stand und auf den Absätzen ihrer Stiefel wippte. «Was ist denn los mit euch, Jungens?» fragte sie vorwurfsvoll. «Habt ihr noch nie etwas von Frauenrechten gehört?»

Sie blickte von Zack zu Morgan, und von ihm zu Carter, McGuirk und den anderen, und musterte sie alle von Kopf bis Fuß, so daß sie alle verlegen wurden und sich unbeholfen vorkamen. Dann wandte sie sich um und sagte: «Ich reite gegen Devlin.»

Zack wurde zum Bankhalter bestimmt. Er eröffnete seine Kasse auf dem Boden eines Fasses und notierte die Wetten auf dem Rand eines Briefes, den McGuirk in seiner Tasche fand. Dann kamen sie überein, ihre Waffen alle auf einen Haufen zu werfen, damit keiner danach greifen konnte, ohne von den anderen bemerkt zu werden. Ihre Hüte, Stiefel und Hemden warfen sie obenauf. Das Programm, das sie vor sich hatten, würde nicht nur für diesen Nachmittag, sondern für den ganzen Rest der Woche ausgereicht haben. Carter und Hamilton steckten die Bahn ab, während Lily sich mit soviel abergläubischem Brimborium für den Wettkampf rüstete wie ein Indianer, der Anstalten macht, sich auf den Kriegspfad zu begeben.

Sie zog die Stiefel aus, warf den Hut weg und band sich ein blaues Taschentuch um den Kopf. Sie lief ein paar Meter in die eine Richtung, dann in die andere, spreizte die Finger, ballte sie plötzlich zur Faust und reckte sie zur Sonne hoch. Als sie merkte, daß Morgan sie beobachtete, zog sie ein ärgerliches und zugleich ängstliches Gesicht, als hätte er den Zauber gebrochen. Aber dann ging sie auf ihn zu und verkündete ihm: «Ich werde Sie schlagen.»

Er lächelte. «Haben Sie mich deshalb ausgesucht?»

Sie sah ihn durchdringend an. Er erwartete ein weiteres Spottwort, aber sie seufzte nur tief. «Wollen Sie wissen, warum ich Sie ausgesucht habe?» Sie blickte sich um, als wolle sie sich vergewissern, daß keiner zuhörte. «Damit Sie mich nicht vergessen.»

Er warf den Kopf zurück und lachte belustigt auf. «Das könnte ich sowieso nicht.»

«Natürlich will ich Sie auch besiegen.»

Zack hatte darauf bestanden, daß sie ohne Sattel ritten – ein kleiner Ausgleich für die achtzig Pfund Gewichtsunterschied zwischen den beiden Reitern. Nachdem Lily Jenkins und Hamilton die Hand geschüttelt hatte, griff sie in die Mähne ihres Pferdes und sprang mit der Gelenkigkeit einer Zirkusreiterin auf. Die Männer tauschten bedeutungsvolle Blicke und nickten einander zu. Als die beiden sich am Start aufstellten, zeichnete sich auf Lilys Gesicht eine solche verbissene Konzentration ab, als erwarte sie, von Jenkins verprügelt zu werden, falls sie verlieren sollte.

McGuirk feuerte den Startschuß ab, und Morgans Pferd gewann

rasch einige Meter Vorsprung. Doch dann begann Lily, die fast flach auf ihrem Pferd lag und mit den nackten Füßen unablässig seine Flanken bearbeitete, aufzuholen. Als sie Morgan überholte, warf sie ihm einen so wilden, erregten Blick zu, daß er erschrak. Während er noch überrascht in ihr verzerrtes Gesicht sah, schnitt sie ihm den Weg ab, so daß sein Pferd stolperte und ihn beinahe über den Kopf hinweg abgeworfen hätte. Bevor er sich wieder gefaßt hatte, war sie schon mehrere Meter vor ihm.

Er holte sie ein, und eine Zeitlang ritten sie Seite an Seite und beobachteten einander voller Mißtrauen. Als sie um das Mal am Ende der Bahn bogen, versuchte sie es noch einmal mit dem gleichen Trick: Sie drängte sein Pferd ab und hatte diesmal so viel Erfolg, daß sie zwei Pferdelängen Raum gewann. Dann versetzte sie ihrem Tier plötzlich einen triumphierenden Schlag auf die Vorderhand und begann zu fluchen, als spreche sie eine Zauberformel. Wenige Sekunden später hatte sie fast zehn Meter vor ihm die Ziellinie passiert. Sie ritt noch ein Stückchen weiter, wendete ihr Pferd und trabte zurück, während sie eine Hand wie zum Gruß in die Höhe warf. Jenkins und Hamilton liefen auf sie zu, um sie zu beglückwünschen. Aber sie stieg nicht ab, sondern sagte, sie wolle ihr Pferd noch ein wenig im Schritt gehen lassen.

Morgan blickte seine Freunde schuldbewußt an. Sie betrachteten ihn neugierig, als fragten sie sich, wie einem Mann wohl zumute sein mochte, der von einem Mädchen geschlagen worden war. «Es tut mir leid, sie hat mich geschlagen», erklärte er, da er fürchtete, sie könnten denken, er habe sie aus Galanterie oder Verliebtheit gewinnen lassen. «Ich schwöre bei Gott, sie hat mich ehrlich geschlagen.»

«Das hat Sie überrascht, was?» fragte sie und lächelte dabei so stolz und begeistert, daß die anderen ihr nun auch gratulierten. Sie beugte sich vor, um die Hände der Männer zu schütteln, die ihr versicherten, es sei ihnen eine Ehre, ihr Geld an Jenkins und Hamilton verloren zu haben. «Sie können wirklich reiten, Miss Jones! Wahrhaftig, eine großartige Reiterin sind Sie.» Lily nickte ohne falsche Bescheidenheit und blickte mit einem verschmitzten Lächeln zu Morgan hinüber.

Die anderen bereiteten schon lärmend das nächste Rennen vor. Diesmal wollte sich Carter mit Hamilton messen. Sie schienen Morgans Demütigung und ihre Verluste bereits vergessen zu haben. Morgan und Lily bewegten ihre schwitzenden Pferde und grüßten sich im Vorbeireiten jedesmal mit einem kurzen Nicken. Schließlich versuchte Morgan ein Lächeln, das, wie er hoffte, wohlwollend und amüsiert wirkte. Erstaunt zog sie die Augenbrauen in die Höhe.

Als sie das nächste Mal aneinander vorbeikamen, saß sie seitlich mit hochgezogenem Knie auf ihrem Pferd, als rekele sie sich in einem bequemen Sessel. Sie hatte ihr Tuch abgenommen, so daß der Wind ihr Haar in die Höhe blies und ihr die Strähnen über Wangen und Stirn fielen. Dabei sang sie mit heller Kinderstimme die obszönen Verse von *Joe Bowers.* Plötzlich lenkte sie ihr Pferd zu Morgan. «Sie denken über mich nach, nicht wahr?» Und indem sie den Kopf ein wenig schräg legte, fügte sie hinzu: «Halten Sie mich für ein schlechtes Mädchen?»

Morgan lachte, sagte aber gleich darauf mit ernstem Gesicht: «Nein, das tue ich nicht. Ich finde nur, Sie machen sich das Leben ziemlich schwer.»

«Wie meinen Sie das?»

«Nun, weil Sie sich kleiden wie ein Mann, weil Sie mit Männern umherziehen und das Leben eines Mannes führen.»

«Das soll ein schweres Leben sein?» fragte sie spöttisch lachend. «Es ist verdammt viel leichter als das Leben einer Frau. Das kann ich Ihnen versichern.»

«Aber auf die Dauer können Sie doch nicht so weiterleben.»

«So? Kann ich das nicht?» Sie reckte ihren Oberkörper hoch, so daß ihr Hemd sich über den Brüsten spannte. «Ich werde es aber tun.»

«Sie sind noch jung, deshalb halten Sie es für möglich», erklärte Morgan. «Wie alt sind Sie?»

«Nächsten Monat werde ich neunzehn.»

«Sieben Monate älter als ich.»

Sie lächelte herablassend. «Ja, wenn es auf die Jahre ankommt.»

«Und Ihnen gefällt dieses Leben?»

«Natürlich», erwiderte sie rasch. «Ihnen etwa nicht?»

Er lächelte. «Ja, mir gefällt es auch. Falls Sie wirklich der Ansicht sind, daß wir beide das gleiche Leben führen.»

«Mein Leben ähnelt dem Ihren mehr als Sie zugeben wollen.» Sie schlug ein Bein über das andere, stützte ihre Ellbogen auf die Knie und machte ein so ernstes Gesicht, als wolle sie ihm ein Geheimnis mitteilen. «Ihr Männer glaubt immer, daß eine Frau nichts anderes im Kopf hat als Kleider und Frisuren. Und daß sie dauernd nur an den gottverdammten Hausputz und ans Kinderkriegen denkt. Nicht wahr? Ich bin verheiratet gewesen, ich weiß, wovon ich rede!» Morgan warf Jenkins einen Blick zu, aber sie zog eine Grimasse. «Nein, nicht mit diesem Pavian. Mein Mann war ein Gentleman – wenigstens habe ich mir das zuerst eingebildet. Vor drei Jahren fuhr ich ihm dann nach Frisco nach, aber dort ging es ihm so gut, daß er keine Zeit für mich hatte. Dafür hatte ein Freund von ihm Zeit für mich und nahm mich mit nach Sacramento. Dann kam eines zum anderen, bis ich schließlich hier gelandet bin. Mit Jenkins und Hamilton.»

«Wollen Sie hier schürfen?»

«Ich könnte schon ein bißchen von der gelben Medizin gebrauchen.» Sie machte das indianische Zeichen für Geld, indem sie die rechte Hand vor die rechte Brust hielt und Daumen und Zeigefinger zu einem Ring zusammenlegte. «Sie soll ein Allheilmittel gegen jedes Leiden sein.»

Nach diesen Worten versetzte sie ihrem Pferd einen Tritt, so daß es davonsprengte. Sie ritt zu der Gruppe der anderen, sprang ab und widmete Morgan von nun an keinerlei Aufmerksamkeit mehr. Sie schwatzte mit den Männern, trank jedesmal, wenn die Flasche an ihr vorbeikam, einen Schluck, und bevor der Nachmittag zu Ende ging, hatte sie in einem zweiten Rennen McGuirk geschlagen. Aber inzwischen war die Sympathie der Männer so einhellig auf ihrer Seite, daß es McGuirk schlecht bekommen wäre, wenn er gewonnen hätte.

Plötzlich waren sie alle der Ansicht, daß es Zeit sei, aufzubrechen. Sie schnallten ihre Pistolen um, zogen die Stiefel an, knöpften die Hemden zu, schwangen sich auf ihre Pferde und ritten winkend und rufend im Dämmerlicht des Abends davon.

Morgan verlor kein Wort über das Wettrennen und war froh, daß Zack ihn nicht fragte, worüber er sich mit Lily Jones unterhalten habe. Als sie einige Tage später abends von der Arbeit heimkehrten und ihre Blockhütte betraten, hörten sie eine flüsternde Stimme: «Nicht erschrekken. Ich bin's, Lily.»

Morgan entzündete eine Kerze, und sie sahen das Mädchen in einer Ecke kauern. Sie erhob sich lächelnd. «Ich bin's nur.»

«Wo sind Jenkins und Hamilton?»

Sie spreizte die Finger. «Weg.»

Zack zog ein ärgerliches Gesicht. «Erzählen Sie uns doch keine Märchen! Was soll das? Warum sind Sie hergekommen?»

«Ich wollte Sie bitten, mir zu helfen. Die beiden sind weg. Einfach abgehauen. Sie haben mich nackt und bloß sitzenlassen. Sogar meinen Goldstaub haben sie mitgenommen – alles, was ich bei den Rennen gewonnen hatte. Glauben Sie mir nicht?»

«Nein», erwiderte Zack. «Ich traue weder diesen beiden Vögeln noch Ihnen.»

«Aber es ist wahr. Sie haben mich hier zurückgelassen. Ich bin ganz allein.»

«Und was erwarten Sie von uns? Sollen wir für Sie sammeln gehen?»

«Ich möchte gern bei Ihnen bleiben – nur ein Weilchen, bis ich mich von dem Schrecken erholt habe.»

Lily und Zack starrten sich an wie zwei Gegner. Doch da mischte Morgan sich ein: «Warum soll sie nicht ein paar Tage bei uns wohnen?»

Zack zwang sich ein Lächeln ab. «Na gut, verdammt noch mal. Läßt sich kaum was gegen einwenden.»

Sie wartete einen Augenblick, ob er seine Meinung noch einmal ändere, dann hob sie beide Hände und neigte den Kopf zum Zeichen des Dankes. «Ich wußte, daß Sie Gentlemen sind. Und wie kann ich mich nützlich machen?»

«Sie können das Abendessen für uns kochen», sagte Zack. «Und morgen können Sie sich dranmachen und unsere Blockhütte aufräumen. Die hat's nötig, denn Morgan und ich sind keine besonders guten Hausfrauen.» Er steckte die Daumen in den Hosengurt und trommelte mit den Fingern gegen seine Hüften. «Wer weiß, vielleicht wäre das gar kein so schlechtes Abkommen.»

Mit einem Stirnrunzeln gab sie ihm zu verstehen, daß er sich in ihrem Unglück nicht noch über sie lustig machen solle. Dann machte sie sich unverzüglich an die Arbeit, und Zack und Morgan gingen hinaus, um sich zu waschen. Während sie sich Wasser ins Gesicht gossen, bis Haare, Bärte und Hemden durchweicht waren, murmelte Zack: «Ich glaube nicht ein Wort von dem, was das kleine Biest sagt.»

Morgan betrachtete das Mädchen bereits als sein Eigentum und hielt es darum für richtig, es nicht nur zu verteidigen und zu beschützen, sondern auch zu rechtfertigen. «Meinst du, sie hätten sie als Lockvogel hergeschickt?» fragte er. «Aber was sollten sie damit erreichen wollen?»

«Vielleicht sind sie ja wirklich weg. Aber paß auf: Die kommen wieder – und dann werden sie hier abräumen wollen.»

«Zack, was ist denn mit dir los? Du urteilst über das Mädchen, ohne etwas von ihm zu wissen.»

Sie wandten sich einander zu, und Morgan bemerkte mit Unbehagen, daß auf Zacks Gesicht Mitleid und Spott lagen. Mißtrauisch starrten sie einander an. Aber plötzlich warf Zack den Kopf zurück, schlug sich auf den Schenkel, brach in schallendes Gelächter aus. Damit war die Gefahr eines Streits zunächst einmal gebannt. Als sie dort standen und über das Tal schauten, in dem überall aus den Hütten kleine Rauchsäulen in die Luft stiegen, fühlten sie sich außerordentlich behaglich bei dem Gedanken, daß drinnen in ihrer Hütte ein Mädchen die Arbeit verrichtete, die sie sonst selber hätten tun müssen. Schweigend standen sie ein paar Minuten nebeneinander und sogen den Rauch ihres eigenen Herdfeuers ein, bis Lily mit dem Ruf: «Essen!» an die Tür trat. Erwartungsvoll gingen sie hinein.

Sie sah ihnen fragend entgegen. Aber als sie merkte, daß Zack und Morgan offenbar beschlossen hatten, ihre Gesellschaft und die damit verbundenen Bequemlichkeiten dankbar hinzunehmen, überzog ihr Gesicht sich mit einem strahlenden, glücklichen Lächeln. Sie setzten sich wie drei alte Freunde an den Tisch, auf dem Bohnen, Speck und Kaffee standen.

Lily begann die abenteuerlichsten Geschichten aus ihrem Leben zu erzählen, und die beiden Männer lauschten ihr mit ernstem Interesse, ohne zu lächeln oder sich Blicke zuzuwerfen. «Das war gerade, bevor ich von den Indianern gefangen wurde», sagte sie lässig, wischte ihren Teller mit einer Brotkruste sauber und steckte sie in den Mund. Dann blickte sie hoch, um zu sehen, ob sie damit vielleicht zu sehr aufgeschnitten hatte, und setzte rasch hinzu: «Ich war damals allerdings erst vier

Jahre und wurde bald wieder ausgelöst – nach einer großen Schlacht.» Sie erzählte, was sie bei den Indianern erlebt hatte und wann sie endgültig von zu Hause ausgerückt war – mit vierzehn Jahren, als Junge verkleidet. «Verlaßt euch drauf, ich habe meine Zeit nicht über einem Stickrahmen und beim Aquarellmalen verbracht.» Sie reckte sich, setzte sich rittlings auf den Stuhl und schlug sich kräftig gegen die Rippen. «Ich bin zäh wie Hickoryholz und hart wie Quarz», versicherte sie ihnen, winkelte ihren rechten Arm an und beugte sich zu Morgan hinüber. «Fühlen Sie mal!» Er lächelte, und sie beugte sich noch näher zu ihm. «Na los, fühlen Sie schon!» Morgan streckte die Hand aus und tippte leicht mit der Fingerspitze an ihren Armmuskel. «Nein, nicht so!» rief sie. «Richtig fest fühlen.» Da packte er ihren Arm und drückte ihn. Sie hatte nicht übertrieben. Sie war wirklich zäh wie Hickoryholz. Aber als sie Zack das gleiche Angebot machte, schüttelte der den Kopf.

«Schon gut.» Er erhob sich. «So, nachdem Sie uns genügend gewarnt haben – wie wollen wir es mit dem Schlafen halten?»

«Nehmen Sie mein Wandbett», bot Morgan ihr an. «Ich schlafe auf dem Fußboden.»

«Nein», widersprach Lily. «Das tue ich nicht. Ich will nicht, daß einer von Ihnen ein Opfer für mich bringt, denn ich habe mich Ihnen schließlich aufgedrängt. Ich werde auf dem Boden schlafen.»

Nach einer kurzen Verlegenheitspause verließen Morgan und Zack die Hütte. Als sie wieder hereinkamen, lag Lily in eine Decke gewickelt auf einem der Büffelfelle auf dem Boden. Sie bliesen das Licht aus. Am nächsten Morgen, als sie aufwachten, hockte Lily bereits fertig angezogen vor dem Herd, briet Speck, kochte Kaffee und winkte ihnen fröhlich zu. Als sie sich draußen gewaschen hatten und in die Hütte zurückkehrten, stand das Frühstück schon auf dem Tisch. Dann gingen sie zur Arbeit, und Lily winkte ihnen lächelnd von der Tür aus nach. Als Morgan sich noch einmal umwandte, sah er sie mit der gleichen wilden Entschlossenheit wie damals beim Rennen den festgestampften Lehmboden vor der Hütte fegen.

«Wenn sie heute abend noch da sein sollte, machst du am besten einen kleinen Spazierritt mit ihr», meinte Zack. «Dann kann ich inzwischen unseren Goldstaub ausgraben und anderswo verstecken.»

«Wenn sie es darauf abgesehen haben sollte, wird sie jedes Versteck entdecken. Sie hat ja den ganzen Tag Zeit zu suchen.»

«Ich werde das Versteck eben immer wieder wechseln – falls sie bleiben sollte.»

«Das wird sie bestimmt. Sie scheint uns lieber zu mögen als die beiden anderen. Mach dir keine Sorgen, Zack. Ich übernehme die Verantwortung. Ich mag das Mädchen, und außerdem tut sie mir leid.»

«Herrgott, wie kann dir ein solches Mädchen leid tun? Du weißt genau, wo die mal enden wird.»

«Möglich. Aber vorläufig ist sie noch nicht soweit.»

Sie war natürlich noch da, als sie von der Arbeit zurückkehrten. Die Blockhütte war aufgeräumt, das Essen war fertig, und Zack konnte kein Anzeichen dafür entdecken, daß sie nach dem versteckten Goldstaub gesucht hatte. «Es ist noch zu früh», meinte er. «Sie weiß, daß wir ihr noch nicht trauen.» Morgan wollte Zack nicht widersprechen. Sein Freund mochte zwar alle Geheimnisse des Lebens im Gebirge kennen, aber von den Frauen schien er wenig Ahnung zu haben, glaubte Morgan.

Die Nachricht, daß Lily zu ihnen in die Blockhütte gezogen war, verbreitete sich mit Windeseile im Camp. Bald erschien – genau wie seinerzeit beim Tod von Henry Halloway – Mrs. Nichols, um Lily ihre Hilfe anzubieten. Sie tauchte bei Zack und Morgan an der Schürfstelle auf, und die beiden Männer hielten in ihrer Arbeit inne, zogen die Hüte und begrüßten sie mit so arglosen Gesichtern, daß Mrs. Nichols sich gezwungen sah, zunächst von etwas anderem, über die verschiedenen Schürfmethoden und die ungewöhnliche Fliegenplage in diesem Sommer, zu sprechen. Schließlich kam sie aber doch auf ihr Thema.

«Wie ich höre, ist Miss Jones von ihrem Vetter und ihrem Stiefbruder im Stich gelassen worden?»

«Ja, Ma'am.»

«Ach so. Deshalb haben Sie sie bei sich aufgenommen.»

«Ja, Ma'am.»

Zack steckte die Hände in die Taschen und wartete offensichtlich auf eine lange, erbauliche Rede, während Morgan Mrs. Nichols kühl ansah und sie damit für einen Augenblick aus der Fassung brachte. Doch dann fuhr sie fort: «Wir wollen Ihre ehrbaren Motive natürlich nicht in Zweifel ziehen, aber wir sind der Ansicht, daß sogar in einem Ort wie diesem ein junges Mädchen eines gewissen Schutzes bedarf. Darum möchten wir ihr unser Heim anbieten. Sie kann bei mir und meinem Mann wohnen oder, wenn sie will, bei Mrs. Collins oder einer der anderen verheirateten Frauen.»

«Warum reden Sie nicht mit ihr selber, Mrs. Nichols?» fragte Morgan, während Zack sich abwandte und mit ungewöhnlich lautem Gepolter Steinbrocken in den Kasten der Waschschleuse zu schaufeln begann. «Setzen Sie ihr Ihre Ansicht doch auseinander und fragen Sie sie, was sie dazu meint!»

«Na, gut. Das werde ich tun.»

Als sie nach Hause kamen, saß Lily mit gekreuzten Beinen auf der Türschwelle. Sie hielt den kleinen, dreieckigen Spiegel in der Hand, das einzige, was sie außer einer Mundharmonika aus dem gemeinsamen Leben mit Jenkins und Hamilton gerettet hatte, und war so vertieft in ihren eigenen Anblick, daß sie die Männer erst bemerkte, als sie nur noch ein paar Schritte von ihr entfernt waren. Dann sprang sie mit einem Freudenschrei auf und lief ihnen entgegen. «Heute waren die Missionare hier. Mrs. Nichols, Mrs. Collins und noch zwei andere. Sie wollen, daß ich Röcke anziehe, mir die Haare wachsen lasse und aufhöre, Zigarren zu rauchen. Außerdem soll ich nicht mehr im Herrensattel Rennen reiten, nicht fluchen und nicht Poker spielen. Jawohl», schloß sie lachend. «Sie wollen, daß ich so werde wie sie.»

«Und was haben Sie ihnen geantwortet?»

«Ich habe gesagt, ich wäre froh, daß ich mich nur noch um zwei Männer zu kümmern brauchte, denn ich sei gerade erst aus einem Freudenhaus in Frisco ausgerissen. Hier ist übrigens ein Brief für Sie.» Sie zog einen Umschlag aus der Tasche und überreichte ihn Morgan, während sie berichtete, daß heute die erste Post eingetroffen sei und sie diesen Brief abgeholt habe. «Ich wollte ihn schon lesen. Aber ich hatte Angst, daß Sie böse würden und mich hinauswerfen könnten.»

Er riß den Umschlag auf, und Lily lehnte sich zutraulich an ihn, während Zack in die Hütte ging und ein so ängstliches Gesicht machte, als erwarte er zu hören, daß das Sicherheitskomitee nach ihm fahnde. Als er wieder herauskam, reichte Morgan ihm den Brief. «Da, lies ihn, wenn du willst. Lisette läßt dich grüßen. Das Baby kann schon laufen und sprechen. Mein Vater und Pete und Lem Finney bauen ein Silberhüttenwerk. Nellas Bruder ist, bald nachdem wir fortgezogen sind, umgebracht worden – und Nella selber hat sich seit mehr als einem Jahr nicht mehr blicken lassen.»

15

Zack mußte zugeben, daß sie dank Lilys Fürsorge jetzt ein viel behaglicheres Leben führten; Lily hatte sich der beiden energisch angenommen und kümmerte sich um alles. Aber Zack konnte sich nicht enthalten, Morgan darauf hinzuweisen, daß sie es mit Gaius Jenkins und Charles Hamilton vermutlich genauso gemacht hatte.

Lily schien sich sehr für Morgans Familie zu interessieren. Offenbar nahm sie den Brief, den Morgan erhalten hatte, tagsüber mehrfach vor, denn beim Abendbrot erkundigte sie sich immer wieder nach der Bedeutung einiger Stellen, die ihr unklar geblieben waren, oder sie äußerte sich zu einigen darin angeschnittenen Fragen. «Devlin, ich finde, Ihre Familie sollte doch nach Helena ziehen», erklärte sie ihm eines Abends. «Ich glaube nämlich, daß Virginia City bald erledigt ist. Stellen Sie sich bloß vor, sie haben dort jetzt ein Theater, Tanzschulen und Kirchen, geben Französischunterricht und veranstalten Schlittenpartien und Austernessen! Das klingt so gottverdammt vornehm, daß ich das große Kotzen kriegen könnte. Aber Ihre Schwester Lisette findet das sicher großartig, was?»

«Wahrscheinlich. Sollte sie das Ihrer Meinung nach nicht tun?»

«Ach, was kümmert es mich! Ich finde es nur schade, zu sehen, wie schnell sich das Leben hier draußen verändert. Passen Sie auf, es dauert nicht mehr lange, dann ist das hier alles vorbei.» Mit einer weitausholenden Geste wies sie auf die Blockhütte mit ihrer zusammengewürfelten Einrichtung und das Tal dahinter, das weit und dunkel im Zwielicht dalag. «Eines Tages», sagte sie feierlich, «werden die Missionare den ganzen Zauber an sich reißen, und Mrs. Nichols und Mrs. Collins und die anderen – die anständigen Frauen mit den reinen, gottverdammten, verkniffenen Seelen – werden sich über das Grenzland ausbreiten wie eine Sonnenfinsternis. Dann werden wir uns verblüfft ansehen und uns fragen, wie, in drei Teufels Namen, so etwas passieren konnte. Aber es wird passieren.» Zum erstenmal wirkte sie sorgenvoll, von ihrer vitalen Heiterkeit, die die Männer für unerschöpflich und unzerstörbar gehalten hatten, war nichts mehr zu spüren. «Es wird geschehen – und kein Mensch in der Welt wird es aufhalten können.»

Morgan erhob sich und verbeugte sich vor ihr. «Sie haben sich jedenfalls redlich darum bemüht, es aufzuhalten. Mein Glückwunsch.»

«Jetzt lachen Sie mich wieder aus.»

«Nein, bestimmt nicht. Dieses Leben ist schon für einen Mann hart genug; ich verstehe nicht, wie Sie es ertragen. Ich weiß auch nicht, ob Sie es noch lange aushalten werden, aber ich bewundere Ihren Mut.»

«Ich kann Ihnen genau sagen, wie lange ich es aushalte: mein ganzes Leben! Ich werde *nie* ein Duckmäuser werden – so wahr mir Gott helfe.» Und sie schlug mit der Faust auf den Tisch.

Zack, der mit nachsichtigem Lächeln zugehört hatte, streckte die Arme hoch und öffnete den Mund zu einem geräuschvollen Gähnen. Sie wandte sich angriffslustig zu ihm. Aber im gleichen Augenblick warf er den Kopf zurück und stieß einen Rebellenruf aus – einen unheimlichen, wilden Schrei, gellend und erschreckend, der die Blockhütte mit Entsetzen zu füllen schien. Als beide ihn anstarrten, brach Zack den Schrei plötzlich ab und begann zu lachen. Mit einem Ruck erhob er sich und ging hinaus.

«Was für ein Schrei!» flüsterte sie, rieb sich mit den Händen die Arme und kroch in sich zusammen. «So etwas habe ich noch nie im Leben gehört.» Sie warf Morgan einen unsicheren Blick zu. «Er hat sich lustig über mich gemacht, nicht wahr? Ich weiß, daß ich manchmal ein bißchen zu laut krähe. Ich nehme mir immer vor, es nicht wieder zu tun. Aber ich kann nichts dagegen machen. Ich setze mich hin, plustere mich auf, und schon fange ich an.» Sie lachte leise; dann sahen sie sich beide fragend an, überrascht, daß sie allein waren. Plötzlich packte Morgan sie an den Schultern und zog sie hoch.

«Wenn er jetzt zurückkommt?»

«Der kommt nicht so bald.»

Sie machte sich los. «Woher wissen Sie das? Habt ihr um mich gelost?»

Er küßte sie, und obgleich sie sich zuerst gegen seine Brust und seine Schultern stemmte, war ihr Mund willig. Bald gab sie sich ihm mit einer ungeduldigen Gier hin, die der seinen gleichkam. Sie war selbstsüchtig, aber ein ebenso guter Kamerad wie in allem. Sie bewegte sich unter ihm so gelenkig, lebhaft und kräftig und war so auf ihr eigenes Vergnügen bedacht, daß er sich, als es vorüber war, fragte, ob er ihr sagen solle, daß er sie liebe. Aber dann gelangte er zu der Überzeugung, daß sie schließlich bekommen hatte, was sie haben wollte. Diese Überlegung stimmte ihn glücklich und erfüllte ihn mit einer warmen, dankbaren Zärtlichkeit. Mehr denn je wunderte er sich darüber, daß Zack mißtrauisch gegen ein Mädchen sein konnte, das so klar, einfach und ehrlich war. Aber vielleicht hatte Zack sie für sich selber haben wollen und war nur eifersüchtig.

Falls Zack wirklich eifersüchtig war, ließ er es sich nicht anmerken – weder als er nach Hause kam und die beiden beim Cribbagespiel vorfand, noch am nächsten Tag, als er und Morgan bei der Arbeit waren. Nach dem Abendessen erklärte er, daß er zu Favorite müsse, um ein Pokerspiel zu beenden, das sie am Vortag abgebrochen hätten. Als er ging, blickte Lily ihm lächelnd nach. «Fletcher ist gutmütiger, als ich dachte.» Sie wandte sich Morgan zu. «Hoffentlich ist er nicht böse. Schließlich war das seine Hütte, bevor ich kam. Und jetzt scheint er zu glauben, daß sie es nicht mehr ist.» Sie öffnete die Lippen. «Ich hatte schon Angst, daß er nicht weggehen würde.»

Trotz allem machte er sich tagsüber ihretwegen noch immer Sorgen. Wenn sie nach Hause kamen und Lily vor dem Herd hockte und das Abendbrot zubereitete, fürchtete er stets, sie könne angefangen haben, über ihr Märtyrerleben nachzugrübeln, wie es seiner Ansicht nach alle Frauen taten. Doch Abend für Abend begrüßte sie Zack und Morgan mit solcher Begeisterung, als habe sie gefürchtet, die beiden würden nicht mehr zurückkommen. Nie hatte sie schlechte Laune, nie sah sie ihn beleidigt oder spöttisch an, nie erwartete sie Schmeicheleien von ihm; sie war stets fröhlich und verständnisvoll. Und wenn sie zufrieden und schläfrig neben ihm lag und seine Schultern und seine Brust streichelte, flüsterte sie keine sentimentalen Zärtlichkeiten, sondern sprach von der Hitze, von dem Ritt, den sie am Nachmittag unternommen hatte, oder von einem Besuch, den ‹Tanzendes Kaninchen›, die einzige Frau, die mit ihr sprach, ihr gemacht hatte.

Als Lily zum erstenmal mit den beiden zu Favorite ging, forderten die Männer sie zu einem Pokerspiel auf. Von da an nahm sie — genau wie seinerzeit im Lager von Jenkins – an allem teil, was die Männer unternahmen. Sogar Zack hörte auf, sie zu necken, und lauschte interessiert den Geschichten, die sie erzählte. Wenn er sie gelegentlich auf eine

Unstimmigkeit hinwies, leugnete sie, je eine abweichende Version erzählt zu haben, und behauptete, das müsse er von anderer Seite gehört haben.

«Ich bin schließlich weithin bekannt», versicherte sie den beiden. «Ich bin die bekannteste Frau in Kansas und Missouri. Ihr könnt fragen, wen ihr wollt – von Lily Jones haben sie alle schon gehört.» Sie klopfte energisch mit dem Finger auf den Tisch. «Aber das genügt mir nicht. Eines Tages werde ich berühmt sein. Wartet nur ab.»

«Berühmt für was?» fragte McGuirk.

«Berühmt um meiner selbst willen.»

Die anderen unterdrückten ein Lächeln und spielten weiter. Mit der Zeit waren sie bereit, zu glauben, daß Lily Jones, sofern ihr nichts zustieß, möglicherweise wirklich eines Tages berühmter sein würde als irgendeiner von ihnen.

«Ich werde berühmt sein, weil ich Mumm in den Knochen habe», sagte sie. «Bei euch langt es ja nur zum Fluchen.» Sie lächelten gutmütig und blickten in ihre Karten, denn Lily hatte ihre Beleidigung mit so sanfter Gelassenheit vorgebracht, daß jeder, der dagegen anging, sich nur zum Narren gemacht hätte. «Einer ist allerdings eine Ausnahme.» Sie blickte um sich. «Einer von euch wird reich sein. Das ist Devlin. Wenn Fletcher zu Geld kommt, ist es reiner Zufall. Und ihr anderen werdet alle nicht älter als dreißig.»

«Wer will schon älter werden?» fragte Carter.

«Wenn ich je zu Geld komme», sagte Zack, «dann ist es kein Zufall, sondern ein ganz verdammtes Wunder. Und Devlin? Mag sein, daß es bei ihm anders ist – da bin ich nicht sicher.»

«Ich auch nicht», stimmte Morgan zu und meinte es ebenso ehrlich, wie Carter es gemeint hatte, als er behauptete, keine zehn Jahre mehr leben zu wollen.

Morgan verwandte viel Zeit darauf, im Camp umherzustreifen und mit den anderen Goldgräbern zu sprechen. Einige von ihnen waren erfahrene Leute, die nicht nur hergekommen waren, um genug Gold für ihre Lebensmittel und Spielschulden herauszuschinden, sondern sich ernsthaft mit der Goldgräberei beschäftigten und wenig Interesse für Kartenspiele und Pistolenschießen aufbrachten.

Sie unterhielten sich gern mit Morgan und nahmen ihn mit in ihre Schächte, um ihm zu zeigen, was sie gefunden hatten. Sie behaupteten steif und fest, daß Butte – und nicht Virginia City oder Helena oder eines der anderen hundert Goldgräbercamps, die es jetzt in den Grenzbezirken gab – eines Tages die Welt in Staunen versetzen werde. Ein paar Männer hatten versuchsweise einen Schmelzofen gebaut, und Amos Muspratt hatte ein genaues Verzeichnis der verschiedenen Fundstellen angelegt und beabsichtigte, eine Ladung Erz nach Baltimore zu verschiffen, weil es im Westen keine Hüttenwerke gab.

Morgan besuchte Amos oft und ließ sich von seinen Plänen erzählen. Amos war fest davon überzeugt, daß er eines Tages, wenn die Eisenbahnlinien bis zur Grenze ausgebaut sein würden, ein reicher Mann war.

Der Sommer verging schnell. Schon waren die Nächte wieder kalt, die Blätter der Espen färbten sich gelb und die der amerikanischen Pappeln orange. Die Wildgänse begannen nach Süden zu ziehen. Die meisten Bewohner des Camps hatten beschlossen, den Winter über hierzubleiben, und hofften, daß er milder werden würde als der vorhergehende. Auf jeden Fall hatten sie sich besser auf ihn vorbereitet.

Morgan und Zack hatten beschlossen, in Butte zu bleiben, ohne Lily nach ihrer Ansicht zu fragen. Morgan war sicher, daß sie sich seiner Entscheidung fügen und ebenfalls bleiben werde. Sie lebte nun fast drei Monate mit ihnen zusammen. Gelegentlich fragte er sich, was sie tun werde, wenn er, wie dies früher oder später der Fall sein würde, nach Virginia City zurückkehrte. Er schob diesen Gedanken jedoch immer wieder von sich, denn die gegenwärtige Situation erschien ihm in vieler Hinsicht so angenehm, wie er es sich nur wünschen konnte.

«Da ist etwas, das du eigentlich wissen solltest», sagte Zack eines Tages zu ihm, als sie vor einem Platzregen in einem Wäldchen nahe ihrer Schürfstelle Zuflucht gesucht hatten.

«Was denn?»

«Ich ändere doch von Zeit zu Zeit das Versteck für unser Gold – nur um sicherzugehen. Und was meinst du, was ich dabei entdeckt habe?» Zack schien es peinlich zu sein, dieses Thema anzuschneiden, und er fuhr schnell fort: «Mir fiel eine Stelle auf, die frisch umgegraben war. In der südöstlichen Ecke unserer Hütte, direkt neben der Wand. Als ich nachsah, fand ich eine Blechbüchse mit drei Beuteln. Goldstaub für mindestens tausend Dollar.»

Morgans Gesicht wurde dunkelrot. «Wo ist das Zeug jetzt?»

«Ich hab's wieder eingegraben. Aber als ich das nächste Mal nachsah, war es weg.»

«Warum hast du mir das nicht gleich erzählt?»

«Das solltest du eigentlich wissen, Morgan. Du hast das Mädchen schließlich gern. Aber weißt du noch, als sie zu uns kam, behauptete sie, völlig blank zu sein, und hat uns um Hilfe gebeten. Dabei ist sie alles andere als blank. Sie ist eine ganz gute Partie.» Zack grinste, als wolle er seinen Freund ein wenig trösten. «Wir hätten ihr eigentlich was für Kost und Logis abknöpfen sollen.»

«Da soll mich doch der Henker holen – sie hat uns angelogen! Ich werde mit ihr reden!»

Nach dem Abendessen, als sie zusammensaßen und rauchten, begann Morgan Lily mit finsterer Miene von dem Fund zu erzählen, den Zack gemacht hatte. Einen Augenblick sah sie Zack feindselig an. Dann warf sie einen Blick auf Morgan, um den Grad seines Ärgers und seines Mißtrauens abzuschätzen, lehnte sich bequem auf ihrem Stuhl zurück und fragte, mit gespreizten Knien, die Daumen in die Taschen ihrer Hose gehakt, mit ruhiger Stimme: «Na und? Tut es euch leid, daß ich nicht blank bin?»

«Du hast uns gesagt, du wärst blank. Aber darauf kommt es jetzt nicht an. Woher hast du das Gold? Zack sagt, es sind drei Beutel.»

Sie nickte und wurde plötzlich so sachlich, als wäre sie ein Bankier und die beiden hätten sie um ein Darlehen gebeten. «Richtig. Drei. Meiner, der von Jenkins und der von Hamilton.» Trotzig, mit leicht spöttischem Lächeln, sah sie die Männer an. «Und was wollt ihr jetzt tun? Mit mir nach Helena reiten und mich dem Sicherheitskomitee übergeben?»

«Wie bist du zu dem Gold gekommen?» fragte Morgan.

«Das geht euch nichts an. Ich habe es, und damit basta.»

«Hast du die beiden vielleicht überfallen und ausgeraubt?» Morgan lächelte ironisch.

Mit funkelnden Augen starrte sie erst Morgan und dann Zack an, sprang plötzlich auf und ging mit wütenden Schritten in der Hütte hin und her. Schließlich blieb sie mit einem Ruck vor Zack stehen: «Das Gold gehört mir. Ihr bekommt es nicht. Ich wußte, daß du danach gesucht hast; deshalb habe ich es anderswo vergraben. Keine Unze bekommst du davon, kein Quentchen, nicht so viel!» Sie hielt Zack zwei zusammengepreßte Finger vor die Nase, um ihm die winzige Menge anzudeuten, die sie ihm nicht zu geben gewillt war.

Morgan fing an zu lachen. «Lily, hör doch um Himmels willen damit auf. Wir wollen ja deinen Goldstaub gar nicht. Wir wollen bloß wissen, ob deine Freunde jetzt hinter ihrem Gold her sind.»

«Ja, darum geht es. Diese Schweinehunde bringen uns sonst noch eines Nachts alle drei im Schlaf um!» fiel Zack ein.

«Ach, darüber macht ihr euch Sorgen?» Ein verschmitztes Lächeln erschien auf ihrem Gesicht. «Die kommen nicht wieder. Ich habe an alles gedacht.»

«Großartig von dir», meinte Zack. «Aber vielleicht erzählst du uns mal, *was* du dir da ausgedacht hast?»

Sie zögerte kurz, denn sie wußte offensichtlich nicht, ob sie den beiden ihr Geheimnis anvertrauen könne. Plötzlich breitete sie mit einer triumphierenden Geste die Arme aus. «Ich habe auf ein Stück Papier 3–7–77 geschrieben und den Zettel an ihre Bettdecke gesteckt.» Mit hellem, entzücktem Lachen wirbelte sie durch den Raum. «Ihr hättet bloß die Gesichter von den beiden sehen sollen!» frohlockte sie. «Die dachten doch, das Sicherheitskomitee persönlich hätte ihnen einen Besuch abgestattet.» Aber als Morgan und Zack keine Miene verzogen, blieb sie plötzlich stehen. «Was ist denn los? Findet ihr das nicht komisch? Auf diese beiden Kerle brauchte ich keine Rücksicht zu nehmen: Die warteten nur auf eine Gelegenheit, mich im Stich zu lassen. Ich habe einmal gehört, wie sie darüber redeten. Da mußte ich mich eben selber schützen!» schrie sie mit hochrotem Gesicht und fuchtelte dabei mit den Händen in der Luft herum. Dann stürzte sie aus der Hütte und schlug die Tür so heftig hinter sich zu, daß die Wände wackelten.

Morgan brütete wütend vor sich hin und kam zu der bitteren Erkenntnis, daß Zack den Charakter ihrer lieben Hausgenossin richtiger beurteilt hatte als er. Zack sagte kein Wort; er war wohl der Ansicht, daß diese Lehre auch ohne nähere Erläuterung deutlich genug war. Als Morgan nach einiger Zeit zum Fenster hinüberblickte, bemerkte er, daß sie von draußen hereinsah, den Kopf aber schnell zurückzog.

«Komm rein!» rief er.

Langsam öffnete sie die Tür und steckte den Kopf durch den Spalt. Dann schlüpfte sie schnell herein und setzte sich den beiden gegenüber, die Füße brav nebeneinander gestellt, die Hände züchtig gefaltet.

«Was gedenkst du eigentlich zu tun, wenn deine Freunde zurückkommen und ihren Goldstaub haben wollen?» fragte Zack sarkastisch. «Willst du ihnen liebenswürdig entgegengehen und ihnen ihr Eigentum nebst fünf Prozent Zinsen aushändigen?»

Sie schob die Lippen vor, als wolle sie etwas Schnippisches antworten, drehte sich dann jedoch zu Morgan um, weil sie zu erwarten schien, daß er ihre Partei ergriff. Aber Morgan war noch schlechter gelaunt als Zack. Deshalb erklärte sie mit der Unschuldsmiene völliger Aufrichtigkeit: «Ich habe es getan, weil ich die beiden haßte. Vor allem Jenkins. Er hat mich geschlagen, wenn er betrunken war, und hat schreckliche Dinge mit mir gemacht, die ich euch gar nicht erzählen kann.» Ein verstohlener Blick auf Zacks Gesicht sagte ihr, daß dieser ihr kein Wort glaubte; sie wandte sich wieder an Morgan: «Ich habe es getan, um die beiden loszuwerden, damit ich zu euch gehen konnte.»

Mit einem raschen Blinzeln warnte Morgan seinen Freund davor zu lachen, woraufhin Zack sich gedankenvoll das Kinn rieb und stirnrunzelnd seine Zigarre betrachtete.

«Sie werden nicht wiederkommen», flüsterte sie mit sanfter Stimme.

«Warum bist du so sicher?»

«Das Komitee ist hinter Jenkins her. Deshalb ist er auch schon aus Virginia City weggegangen. Er war bei einer Bande, die eine Kutsche ausgeraubt und den Fahrer umgebracht hat. Wenn er betrunken war, hat er damit herumgeprahlt. Und das ist nicht der einzige Mann, den er auf dem Gewissen hat. Da war noch einer in Helena . . .»

«Die Aufzählung kannst du dir sparen», fiel Zack ein. «Uns ist es völlig egal, wen er bisher getötet hat, uns interessiert nur, wen er in Zukunft töten könnte.» Dabei schlug er sich auf die Brust und warf Morgan einen bedeutsamen Blick zu.

Lily pfiff verächtlich durch die Zähne. «Ihr seid viel bessere Schützen als die beiden. Wenn ich euch nicht so gut kennte, würde ich schwören, daß ihr Angst habt vor Jenkins und Hamilton. Aber das kann nicht wahr sein.»

Zack ging zur Tür. «Ich wollte, es wären nur Jenkins und Hamilton, vor denen wir Angst haben müßten.»

«Zack Fletcher, du willst doch damit nicht etwa andeuten, daß ich ...»

«Dir würde ich nicht so weit trauen, wie ich eine Katze am Schwanz herumschwingen kann.» Damit ging Zack hinaus. «Morgan», rief Lily vorwurfsvoll, «willst du wirklich zulassen, daß er so etwas über mich sagt?»

Morgan stand auf. Als er an ihr vorbeikam, faßte sie nach seinem Arm, ließ ihn aber wieder los. Er ging hinter Zack her, der leise pfeifend den Weg entlangschritt.

«Zack.»

Zack blieb stehen und wartete, bis Morgan ihn eingeholt hatte.

«Sollen wir sie rausschmeißen?»

«Sie ist deine Freundin, nicht meine.»

«Du glaubst, sie steckt mit Jenkins und Hamilton unter einer Decke?»

«Ich glaube, sie steckt nur unter ihrer eigenen Decke. Aber wenn Jenkins wiederkommt und seinen Goldstaub haben will, dann lege ich meine Hand nicht dafür ins Feuer, daß wir auf sie zählen können.»

«Ich auch nicht», stimmte Morgan ihm mit finsterer Miene bei. Bei jedem Schritt wurde er ärgerlicher. Er war schon drauf und dran, zurückzugehen und ihr zu sagen, sie solle sofort verschwinden und sich nie wieder sehen lassen, als Zack ihm auf die Schulter klopfte.

«Hör zu, Devlin. Wir werden uns doch nicht von einem neunzehnjährigen Mädchen ins Bockshorn jagen lassen. Teufel noch mal, was sind wir denn eigentlich, Männer oder grüne Jungs?»

Auf dem Rückweg zur Blockhütte nahm Morgan sich fest vor, sich nie wieder von ihr zum Narren halten zu lassen. Aber die Sache hatte auch eine gute Seite, fand er, denn nun brauchte er sich keine Sorgen mehr darum zu machen, was aus Lily werden sollte, wenn er nach Hause zurückkehrte. Beim Eintreten schlug er mit der Faust gegen die Tür. Lily saß am Tisch und hatte eine Bratpfanne vor sich stehen, aus der sie mit den Fingern aß. Sie sah nervös zu den Männern auf, als sie jedoch ihre amüsierten Gesichter bemerkte, lächelte sie, beugte den Kopf über die Pfanne und aß weiter. Von diesem Augenblick an verlor keiner von ihnen mehr ein Wort über diese Angelegenheit.

Zack, der alle paar Tage nach einem neuen Versteck für seinen und Morgans Goldstaub suchte, überlegte schon, ob er Bruno Favorite oder einen anderen ihrer Freunde bitten sollte, die Beutel für sie aufzubewahren. Aber er glaubte nicht, daß er einem von ihnen wirklich trauen konnte. Sie besaßen jetzt Gold für fast viertausend Dollar; das meiste davon hatten sie in diesem Sommer herausgewaschen. Sie hatten Lily erzählt, sie hätten Pech, die Schürfstellen ringsum brächten guten Ertrag, aber ihre eigene sei praktisch wertlos; aber Lily schenkte, nach Zacks Meinung, diesen Worten ebensowenig Glauben wie er der Behauptung Morgans, daß Lily ihnen beiden nie so einen Streich spielen würde wie Jenkins und Hamilton, weil sie sie gut behandelten.

Sie hatten kaum bemerkt, daß es fast Weihnachten war. Mrs. Nichols hielt Morgan eines Tages an, während er mit Lily und Zack auf ihre Blockhütte zuritt. Zack und Lily ritten weiter, und Lily blickte sich mit mißbilligender Miene um.

«Ich möchte Ihren Freunden gegenüber nicht unhöflich erscheinen», erklärte Mrs. Nichols ihm liebenswürdig, «aber Mr. Nichols und ich und noch ein paar von den besseren Leuten im Camp wollen am Weihnachtstag ein geselliges Beisammensein veranstalten und würden uns freuen, wenn Sie und Mr. Fletcher uns auch die Ehre geben würden.»

«Besten Dank, Mrs. Nichols», antwortete Morgan mit ehrerbietiger Miene. «Aber wir haben uns selber zu diesem Tag Gäste eingeladen.» Damit verbeugte er sich, und Mrs. Nichols blieb nichts anderes übrig, als verärgert abzuziehen.

«Was wollte sie denn?» rief Lily ihm entgegen. «Möchte sie dich wieder zum Christen machen? Da kann sie ebensogut einem toten Pferd Psalmen vorsingen.»

«Sie hat uns zu einer Gebetsversammlung am Weihnachtstag eingeladen.»

Zacks Gesicht verzog sich zu einer entsetzten, ungläubigen Grimasse.

«Ich habe ihr gesagt, wir wollten selbst eine veranstalten.»

Sie griffen den Plan begeistert auf, stellten eine Gästeliste zusammen, besprachen Speisefolge und Dekorationen und setzten bestimmte Summen zum Kauf von Schnaps und Champagner fest. Sie erwogen sogar die Möglichkeit, Musik oder sonst etwas Unterhaltsames für die Gäste zu beschaffen. Als sie bei der Blockhütte anlangten, war der Plan fertig. Alle stimmten darin überein, daß man Mrs. Nichols nicht dankbar genug sein konnte für diese glänzende Anregung.

Am folgenden Abend verkündete Lily, daß sie die Einladungen bereits überbracht hätte und daß alle, mit einer Ausnahme, zugesagt hätten. Nur Queen Victoria Butler hatte es abgelehnt, an der Gesellschaft teilzunehmen. «Diese alte Kröte hat mich angesehen, als hätte ich die Pocken. Und dann sagte sie – so wahr mir Gott helfe – doch tatsächlich, sie könnte es nicht über sich bringen, den Weihnachtsabend in Gesellschaft von Sündern zu verbringen.»

Froglip Sadie und Rowdy Jane hingegen, die beiden neuen Prostituierten des Camps, hatten Lily in ihre Blockhütte gebeten, ihr Kaffee vorgesetzt, eine Zigarre mit ihr geraucht und ihr versichert, daß sie in ihren schönsten Gewändern erscheinen würden. Die einzige weitere Frau, die teilnehmen sollte, war ‹Tanzendes Kaninchen›. An Männern waren eingeladen: Bruno Favorite, McGuirk und einige andere, mit denen Morgan und Zack während der letzten anderthalb Jahre Poker gespielt, getrunken, geritten, gefischt und gejagt hatten.

Die älteren und seriöseren Goldgräber wie Amos Muspratt waren nicht eingeladen worden, weil sie vermutlich dämpfend auf die allgemeine Fröhlichkeit gewirkt hätten.

Am Abend vor Weihnachten begaben Morgan und Zack sich in die öffentliche Badeanstalt des Ortes, wo sie sich zum erstenmal seit Monaten Haare und Bärte schneiden ließen. Dort fanden sie Carter, McGuirk und die anderen vor, die zu dem gleichen Zweck hergekommen waren und in fröhlicher Vorfreude eine Flasche von Hand zu Hand gehen ließen. Lily hatte sich zu Hause Wasser für ihr Bad heißgemacht und stolz verkündet, daß sie sich von Froglip Sadie ein Kleid geliehen habe. Da sich jedoch niemand Lily in Röcken oder in einer Krinoline vorstellen konnte, hatten sie energisch protestiert, bis Lily ihnen versprach, ihnen eine so unangenehme Überraschung zu ersparen.

«Aber ich will wenigstens ein Band im Haar tragen. Bringt mir rote und grüne Bänder mit. Alles, was ihr bekommen könnt. Ich brauche sie für die Dekoration.»

Lily und ‹Tanzendes Kaninchen› hatten Fichtenzweige an die Hüttenwände genagelt, und als die Männer mit den Bändern zurückkehrten, schnitt Lily sie auseinander und schmückte die Zweige mit Schleifen. Als dieses Werk zu ihrer Zufriedenheit ausgefallen war, band sie noch eine rote und eine grüne Schleife, die sie in ihr Haar stecken wollte.

Um vier Uhr am Weihnachtsnachmittag trafen die Gäste ein. Sie banden ihre Pferde rings um die Blockhütte fest und brachten Stühle, Gabeln und Zinnbecher mit. Einige hatten sich vorsichtshalber schon zu Hause einen Rausch angetrunken.

Drei Männer hockten sich auf das untere Wandbett, zwei kletterten auf das obere und ließen ihre Füße mit den schweren Stiefeln bedrohlich nahe an den Köpfen der unten Sitzenden herunterbaumeln. Teller und Becher wanderten leer hinunter und wurden voll wieder hinaufgereicht. Zack und Morgan saßen mit gekreuzten Beinen auf dem Fußboden. Froglip Sadie und Rowdy Jane, beide in tiefausgeschnittenen Kleidern und mit Samtbändern um den Hals, hatten auf Stühlen Platz genommen, lächelten unentwegt und bemühten sich um eine affektierte Vornehmheit, die sie aber immer weniger beibehalten konnten. Von Zeit zu Zeit brachen sie in rauhes, johlendes Gelächter aus, das sie jedoch gleich wieder zu ersticken suchten. Dann sahen sie sich fröhlich um, musterten einen der Männer nach dem anderen und schienen dabei Gedanken nachzuhängen, die keiner von ihnen erraten hätte.

‹Tanzendes Kaninchen› half Lily, das Essen zu servieren. Sie öffnete eine Champagnerflasche mit so unbekümmertem Schwung, daß der Korken mit einem Knall herausfuhr, der alle nervös machte. Daraufhin übernahmen Morgan und Zack das Flaschenöffnen. Das Essen war, wie alle übereinstimmend erklärten, großartig und konnte sich durchaus mit den besten Dinners messen, die es auf den Mississippidampfern gab. Man aß heiße Bohnensuppe, Wildbraten, Apfelpastete und Kaffee. Und dazu so viel Champagner und Brandy, wie jeder trinken konnte. Nachdem Zack und Morgan sich entschlossen hatten, diese Weihnachtsgesellschaft zu geben, hatten sie auch alles darangesetzt, sie zu dem üppigsten, glänzendsten und fröhlichsten Fest zu machen, das je in Butte gefeiert worden war.

Als einer der Männer eine Geige zur Hand nahm und ein Weihnachtslied zu spielen begann, wurde von allen Seiten heftig protestiert. «Laß uns bloß damit in Ruhe!» hieß es. «Die Religion hat bei uns nichts zu melden, alter Junge.» So spielte er statt dessen *Joe Bowers* und *Dying Californian.* Doch der größte Teil seiner Musik ging in den rufenden, lachenden Stimmen unter. Es begann ein allgemeines Kreischen und Singen, dazwischen wurden lallende Flüche laut, die keinen störten und von denen keiner sagen konnte, auf wen sie gemünzt waren. Hier und dort gellte ein Jauchzer oder ein Empörungsschrei auf.

Lily schien sich eine Zeitlang besser in der Gewalt zu haben als die meisten Anwesenden. Doch nach etwa zwei Stunden hockte sie sich auf den Fußboden, lehnte den Kopf gegen Morgans Bein und schloß die Augen. McGuirk schlief ein, Froglip Sadie tanzte eine Gigue und erbot sich danach, ihre Kleider auszuziehen. ‹Tanzendes Kaninchen› sank in einer Ecke zusammen, blieb dort sitzen und starrte wütend zu Carter hinüber, kroch ein paarmal zu ihm, um ihre Faust vor seiner Nase zu schütteln, und zog sich dann brummelnd in ihre Ecke zurück.

Morgan, der ein Glas nach dem anderen trank, begriff zum Schluß ebensowenig wie die anderen, was hier vor sich ging. Er hatte nur noch einen verschwommenen Eindruck von einem dunklen Raum, der nach und nach, als die Kerzen verloschen, immer dunkler wurde. Er hörte die kreischende Fiedel, sah, wie eine der Huren quer über dem unteren Bett lag und zwei Männer sich auf sie wälzten; hatte kurz darauf das unklare Gefühl, daß zwischen den Frauen ein Streit ausgebrochen war, den Carter mit ein paar kräftigen Schlägen schlichtete, und gestattete sich, langsam und beseligt – und, wie er meinte, höchst elegant – in einen sanft dahinströmenden Abwesenheitszustand zu verfallen, in dem er das Stadium vollkommenen Friedens und Glücks erreicht zu haben schien.

Die Weihnachtsgesellschaft ging ohne größere Zwischenfälle oder ernstere Verletzungen vorüber. Die Teilnehmer hörten nicht auf, davon zu erzählen. Den ganzen Winter über kamen sie immer wieder darauf zurück, und als der Frühling anbrach, schien es allen, als habe sich das vor vielen, vielen Jahren ereignet – zu einer Zeit, in der sie alle noch jung und glücklich gewesen waren. Denn der Winter brachte ihnen Sorgen und harte Entbehrungen. Und er zog sich so lange hin, daß sie verzagt und müde wurden und ihnen alle Lebensfreude genommen schien.

«Ja, das war noch etwas», erzählten sie einander. «Verdammt, das war das Beste, was wir je erlebt haben!»

Lily, Morgan und Zack wurden freudig begrüßt, wo sie sich sehen ließen. Man feierte sie wie Helden und beglückwünschte sie für ihren großartigen Einfall, diesem gottverlassenen Camp ein Weihnachten zu bescheren, in dem sich – wie Bruno Favorite es ausdrückte – die besten Züge eines Bacchanals mit der Befolgung des Gebots der christlichen Nächstenliebe gepaart hatten. Die Dekorationen wurden immer verschwenderischer beschrieben, Weine und Schnäpse steigerten sich in der Erinnerung um Gallonen, und das Essen nahm so an Quantität und Qualität zu, daß Delmonico's, das feinste Restaurant von New York, sich glücklich geschätzt hätte, ein solches Mahl servieren zu dürfen. Die geistvollen Reden der Gäste, die freundschaftliche Stimmung, die Schönheit der Damen, die ansteckende Fröhlichkeit, die Scherze – das alles verklärte sich so in der Erinnerung, daß Menschen, die nicht dabeigewesen waren, sich überhaupt keine Vorstellung von der Schönheit dieses Festes machen konnten. Die Gäste schlossen sich zu einer Art Brüderschaft zusammen und wurden schließlich Mitglieder eines Kults.

Zweiter Teil

16

Es war nicht leicht für Lisette, über die Kränkung hinwegzukommen, daß ihre beste Freundin dazu ausersehen worden war, beim Festzug am Vierten Juli die Figur der Columbia darzustellen. Georgina Hart hatte die begehrte Rolle erhalten, weil sie groß war und blondes Haar hatte, das ihr in langen Wellen bis zur Gürtellinie fiel.

«Reden wir nicht mehr davon», sagte Lisette verärgert. «Ich will gar nicht die Columbia sein. Auch wenn ihr mich dazu zwingen würdet. Im Gegenteil: Ich freue mich, daß ich für die Columbia nicht groß genug bin.»

«Ich weiß», seufzte Georgina. «Wie ich dich darum beneide, daß du so klein bist und so schönes rotes Haar hast!»

Lisette fuhr zu ihr herum, so daß Georgina erschrocken einen Schritt zurücktrat. «Mein Haar ist nicht rot, sondern braun, Georgina Hart! Wie oft soll ich das noch sagen. Sieh es dir doch an – nennst du das rot?»

Georgina und Rachel beugten sich prüfend über Lisettes Kopf, tauschten einen Blick und zuckten die Achseln. «Ach, natürlich, es ist ja braun», sagte Georgina leichthin. «Sei mir nicht böse, Lisettchen. Ich rede oft dummes Zeug, ohne es zu wollen.»

Rachel Finney war vor anderthalb Jahren mit ihrem Bruder Jacob nach Virginia City gekommen. Seit dem Tag ihrer Ankunft war sie Lisettes Bewunderin und unzertrennliche Gefährtin. Anfänglich hatte Lisette gemeint, Gott habe ihr Rachel zum Trost für den Verlust von Nella Allen geschickt. Aber dann mußte sie feststellen, daß Rachel Finney ebensowenig imstande war, einem Menschen Trost zu geben wie ihre Mutter Erma Finney. Daher vermied Lisette es, Nellas Namen in Gegenwart der neuen Freundin zu erwähnen.

Lisette hatte das Gefühl, daß sie durch Nella Allens Verschwinden mit einem Schlag erwachsen geworden war. Obgleich sie noch nicht sechzehn Jahre und ein Jahr jünger als Rachel und Georgina war, kamen ihr die beiden unglaublich jung und einfältig vor. Sie konnten keines der Probleme lösen, die auch in ihrem Leben auftauchten, ja, sie schienen sich dieser Probleme nicht einmal bewußt zu sein. Offenbar waren sie nie gezwungen gewesen – wie Lisette –, selber eine Antwort zu finden, die andere ihnen nicht geben konnten oder wollten.

Nella war nach Ricks Tod zu ihnen zurückgekehrt, hatte sie aber wenige Tage später eines frühen Morgens mit der Begründung verlassen, daß sie ihrem Bruder versprochen habe, einem seiner Freunde eine Botschaft zu überbringen. Seit jenem Tag hatten sie Nella nicht wiedergesehen.

Lisette war damals am späten Nachmittag zu Nellas Blockhütte gegangen. Aber dort war keine Spur von ihr zu entdecken, die Hütte war verschlossen und sah aus, als sei seit Ricks Tod kein Mensch mehr dort gewesen. Erschrocken, als habe sie einen Mord entdeckt, war Lisette nach Hause gelaufen.

«Sie wird wiederkommen», hatte Matt seine Tochter getröstet.

«Aber wo ist sie? Warum hat sie uns verlassen?»

Beim Abendessen saß Lisette schweigend und traurig da. Sie grübelte darüber nach, ob Nella gegangen sei, weil sie eine neue Freundin gefunden hatte, vielleicht eine, die sie nicht dauernd neckte. In den folgenden Nächten weinte und schluchzte Lisette immer wieder so heftig, daß Marietta zu ihr ging und sich auf ihre Bettkante setzte. Aber auch Marietta konnte ihr keinen Trost geben, denn sie wußte selber nicht, ob Nella wiederkommen werde.

«Sie ist bestimmt krank», erzählte Lisette ihrem Vater. «Sie fühlte sich schon einige Zeit nicht gut. Aber ich dachte, das sei der Schock über Ricks plötzlichen Tod. Sie war krank und hatte Angst, es könnte ansteckend sein. Deshalb ist sie weggelaufen – aus Rücksicht auf uns! Vielleicht ist sie tot.» Bei diesen Worten warf sie sich ihrem Vater in die Arme und schluchzte so wild, daß sie zu würgen begann und ihre Mutter sie zu Bett brachte wie früher als kleines Mädchen, wenn sie zuviel gegessen hatte.

Sie lag ganz still, als Marietta die Tür hinter sich zumachte und das Licht löschte. Und mit einemmal wußte sie, was für eine Krankheit Nella hatte. Denn wie sonst konnte sie den Ausdruck auf dem Gesicht ihres Vaters erklären, als sie ihm von Nellas Krankheit erzählte – und aus welchem anderen Grund hätte Nella sie verlassen können?

Sie dachte an die langen Spaziergänge, bei denen Nella und Morgan sich immer abgesondert hatten und verschwunden waren, an die ärgerliche Ungeduld, die so oft auf Morgans Gesicht gelegen hatte, und an Nellas scheue, flehende Blicke. Sie hatte das alles romantisch gefunden und so getan, als bemerke sie es nicht. Aber hin und wieder hatte sie es den beiden doch übelgenommen, daß sie so völlig ineinander versunken waren. Jetzt verstand sie alles. Der Kummer über ihre Entdeckung und ihre Empörung nahmen sie so mit, daß die Eltern am nächsten Tag Dr. Danforth holten, der feststellen sollte, was Lisette fehlte. Aber Dr. Danforth erklärte, sie trauere, wie es in ihrem Alter nur natürlich sei, um den Verlust ihrer kleinen Freundin, und er verschrieb ihr ein paar Tassen heißen Salbeitee.

Während der nächsten Monate setzte Lisette ihrem Vater Tag für Tag mit Fragen zu. Ein leichtes, anklagendes Lächeln auf den Lippen, sah sie ihn mit glänzenden Augen an. «Ob sie ein Freudenmädchen geworden ist?»

«Nein, Lisette, das ist sie bestimmt nicht.»

«Aber vielleicht hat man sie gewaltsam in so ein Haus gebracht? Vielleicht hat irgendein altes Weib ihr etwas eingegeben und sie mitgenommen?»

Matt lachte – etwas verlegen, wie ihr schien. Vielleicht war er aber nur verlegen, weil er nicht erwartet hatte, daß seine Tochter von solchen Dingen überhaupt etwas wußte.

«Ich habe dir doch gesagt, daß sie zu ihrer Tante gezogen ist. Du bekommst sicher bald einen Brief von ihr.»

«Das hätte sie uns vorher gesagt.»

«Lisette, ich weiß, sie war deine Freundin. Aber sie war trotzdem ein unbesonnenes junges Ding; als ihre Tante nach ihr schickte, ist sie eben hingefahren, ohne weiter an uns zu denken.»

«Das sieht Nella nicht ähnlich.»

«Es ist trotzdem so gewesen, mein Herzchen. Der Freund ihres Bruders hat es mir erzählt. Du machst ein Geheimnis aus Dingen, die im Grunde ganz einfach sind.»

«Und es steckt doch ein Geheimnis dahinter», erklärte Lisette eigensinnig. Als der Vater ihr einen forschenden Blick zuwarf, wurde sie rot und wandte sich rasch ab. Seitdem fiel es ihr schwer, über Nella Allen zu sprechen. Sie hatte das Gefühl, daß hier entweder eine Verschwörung bestand und man von ihr erwartete, daran teilzunehmen, oder daß sie unversehens und unrechtmäßig einem Geheimnis auf die Spur gekommen war, das sie sehr sorgfältig hüten mußte, damit niemand dadurch zu Schaden kam.

Es war ein warmer Tag am Anfang des Sommers. Die Heckenrosensträucher, die noch vor kurzem wie große Stacheldrahtknäuel ausgesehen hatten, waren über und über mit rosa Blüten bedeckt. Ein leichter Wind fuhr den Mädchen durch die Haare. Sie hatten das Thema gewechselt, als sei der Festzug am Vierten Juli schon längst vorbei und vergessen, und erörterten jetzt die Frage, ob man eine ihrer Freundinnen zu der Gesellschaft einladen solle, die Rachels Eltern anläßlich ihres siebzehnten Geburtstags zu geben beabsichtigten.

«Meine Mutter findet, daß Anna Grace Burgess kein nettes Mädchen ist», sagte Rachel, «weil sie sich für Jungen interessiert.»

«Woher weiß deine Mutter das denn?» fragte Lisette mit unschuldiger Miene.

«Meine Mutter hat ein gutes Auge für so etwas. Sie hat Anna Grace an dem Abend beobachtet, an dem es das Austernessen gab. Damals ist Anna Grace mit Homer Grimes hinausgegangen und erst nach zehn Minuten wiedergekommen.»

Lisette schnalzte mit der Zunge. «Und was haben die beiden nach Ansicht deiner Mutter die ganze Zeit getan?»

«Meine Mutter hat keine Ahnung, was sie getan haben. Aber du wirst zugeben müssen, daß das sehr unpassend von Anna Grace war.»

Lisette fuhr mit der Hand durch das Gras, pflückte einen Halm ab und kaute darauf herum. «Auf jeden Fall war es dumm von Anna Grace, deine Mutter merken zu lassen, daß sie mit deinem Verehrer hinausging.» Lisette und Georgina brachen in ein fröhliches, aber etwas geziertes Lachen aus, und ihre Augen funkelten vor höhnischer Grausamkeit.

«Er ist nicht mein Verehrer, Lisette. Wie kannst du nur so etwas Schreckliches sagen», widersprach Rachel.

«Schreckliches?» Lisette und Georgina sahen einander an.

«Schämst du dich seiner, Rachel, mein Herzchen?» Georgina beugte sich besorgt zu Rachel hinüber und wollte ihre Hand fassen. Aber Rachel zog schnell ihre Finger zurück. «Das solltest du nicht! Findest du nicht auch, Lisette?»

«Schämst du dich seiner, weil er so große Lücken zwischen den Zähnen hat? Dafür ist er immerhin Schriftleiter bei Mr. Mercer.»

«Mr. Mercer, Lisette?» fragte Georgina erstaunt.

«Allerdings – Mr. Mercer. Wie soll ich ihn denn sonst nennen?»

«Stimmt es, daß er um deine Hand angehalten hat?»

Lisette packte Georginas Handgelenk. «Wer hat dir das erzählt?» fragte sie mit drohender Stimme. «Sag es mir, Georgina Hart. Auf der Stelle! Sag mir, wer dir das erzählt hat!»

Georgina sah sie flehend an, gestand dann aber: «Rachel hat es mir erzählt.»

«Jawohl», bestätigte Rachel, als Lisette wütend zu ihr herumfuhr. «Mein Bruder hat mir gesagt, daß Mr. Mercer entweder um deine Hand angehalten hat oder daß er es tun wird, sobald er den Mut dazu aufbringt. Es ist doch kein Geheimnis, daß er ganz verrückt nach dir ist, Lisette. Das weiß doch jeder.»

Lisette begann zu lachen. «Ralph Mercer soll nach mir verrückt sein? Ich kenne ihn ja kaum. Außerdem will ich noch nicht heiraten, ganz gleich, wer mir einen Antrag macht. Du etwa, Georgina?»

Georgina errötete, denn sie machte sich, wie Lisette sehr genau wußte, Hoffnungen auf Lisettes Bruder Jonathan. «Nein, so schnell noch nicht. Nicht, bevor ich mit der Schule fertig bin.»

«Heiraten», flüsterte Lisette und tat, als schaudere es sie. «Wie viele Babies willst du bekommen, Georgina?»

«Lisette, kannst du nicht endlich mal über etwas anderes sprechen?» rief Rachel. «Verehrer und Babies, und Babies und Verehrer. Das ist wohl alles, woran ihr beide denken könnt.»

Lisette blickte Georgina an, und beide lächelten achselzuckend und ein wenig mitleidig über Rachels Aufregung. Sie lenkten das Gespräch auf den neuen Tanzlehrer, brachten Rachel aber auch damit in Verwirrung, weil sie behaupteten, er sei gefährlich und faszinierend, und Georgina fand sogar, er sei einfach göttlich.

«Georgina, das ist Blasphemie!»

«Mein Gott, Rachel», rief Lisette, «wie hältst du es nur aus, immer so tugendhaft zu sein? Bist du wirklich so, oder machst du uns nur etwas vor?»

«Wenn hier jemand den anderen etwas vormacht, Lisette, dann dürftest du es wohl sein. Ich habe in letzter Zeit oft bemerkt, daß du es darauf anlegst, mich zu schockieren. Ich weiß nur noch nicht, warum du das tust.»

«Wirklich?» fragte Lisette überrascht und nachdenklich. «Kann sein. Vielleicht tue ich es nur, weil ich gern wissen möchte, ob wir uns alle über die gleichen Dinge aufregen. Es ist so schwierig, herauszufinden, wann man recht hat und wann nicht. Findest du nicht auch?»

«Überhaupt nicht, Lisette. Ich bin überrascht, daß du auf solche Gedanken kommst.»

«Aber hast du denn nie erlebt, daß ein Mensch, den du sehr gern hast, etwas tut, das schlecht ist oder unrecht – und daß du diesen Menschen dann trotzdem noch liebst?»

Rachel antwortete zunächst gar nicht. Als Lisette sie ansah, bemerkte sie in Rachels Augen einen argwöhnischen Blick und machte sich erschrocken darauf gefaßt, daß Rachel gleich sagen werde, ihre Mutter wisse auch über die Sache mit Morgan und Nella Allen Bescheid und könne genau sagen, warum Nella weggelaufen sei. Aber Rachel schüttelte nur den Kopf und sagte: «Nein. Wenn ich so etwas je erleben sollte, würde ich den betreffenden Menschen nicht mehr lieben. Jedenfalls nicht, wenn ich wüßte, daß er etwas Schlechtes getan hat.»

Für Rachel traf das zweifellos zu, überlegte Lisette. Denn Rachel Finney würde nie im Zweifel darüber sein, was Recht und Unrecht war, und wäre auch nie geneigt, anderen zu vergeben — vermutlich, weil sie nicht glaubte, daß sie selber einmal der Vergebung bedürfe. Rachel würde genau wie ihre Mutter ihr Leben damit verbringen, die Schwächen und Fehler ihrer Freundinnen auszuspionieren und dann ihre eigene Tugend bewundern, wie andere Frauen ihre eigene Schönheit bewunderten.

Lisette und Georgina flirteten und klatschten gern und freuten sich über ihre Eroberungen. Aber Rachel gab sich nicht die geringste Mühe, einen jungen Mann auf sich aufmerksam zu machen, und sogar Homer Grimes, der vor einigen Monaten mit Ralph Mercer nach Virginia City gekommen war, hatte Rachel erst den Hof gemacht, nachdem Lisette, Georgina und zwei oder drei andere Mädchen ihn hatten abblitzen lassen.

Deshalb war Rachel auch nie von solchen Gedanken geplagt, wie Lisette sie zu ihrer eigenen Überraschung gelegentlich hatte. Rachel litt weder unter jenen unklaren Sehnsüchten, die Lisette sich selbst kaum einzugestehen wagte, noch fühlte sie sich jemals so köstlich und zugleich erschreckend verwirrt, wie Lisette hin und wieder mitten in einem Walzer oder wenn ein junger Mann sie allzu interessiert ansah. Zweifellos würde Rachel eines Tages eine Musterehefrau sein, während Lisette sich manchmal fragte, ob der Mann, der sie einmal heiratete, diesen Schritt nicht früher oder später bereuen würde.

«Manchmal kann ich es kaum abwarten zu heiraten», vertraute sie ihrer Mutter an. «Und dann wieder denke ich, daß es unerträglich sein muß, einen Mann zu haben. Ich möchte wissen, ob Suky sich als verheiratete Frau wohl fühlt.»

Nach fast einem Jahr war ein Brief mit der Nachricht eingetroffen, daß ihre Kusine Susan Ching sich mit Philip Van Zandt verheiratet und auf eine lange Hochzeitsreise nach Europa begeben hatte. «Es war für beide Liebe auf den ersten Blick», hatte Susan geschrieben. «Leider wollten sie nicht länger warten und bestanden auf einer schlichten, formlosen Feier in unserem Appartement – eine große Enttäuschung für Ceda und mich.»

«Das muß es wohl gewesen sein», hatte Lisette gesagt. «Suky wußte doch schon mit zwölf Jahren genau, wie ihr Hochzeitskleid aussehen sollte: weißer Moiré mit einem sieben Meter langen Schleier aus Brüsseler Spitze. Und zwei kleine Pagen in dunkelblauen Samtanzügen sollten die Schleppe tragen. Das hat sie alles aufgegeben, weil sie nicht warten konnte?» Lisette klopfte sich mit dem Briefumschlag gegen die Zähne und grübelte über dieses große Geheimnis nach, das sie nicht enträtseln konnte, weil ihr selber noch ein wichtiger Anhaltspunkt zu fehlen schien. «Susan Van Zandt», murmelte sie. «Ja – nun ist Suky verheiratet.» Sie verzog das Gesicht zu einem spöttischen Lächeln. «Hoffentlich hat sie jetzt endlich hin und wieder mal was anderes im Kopf.»

«Sei nicht so eifersüchtig, Lisette», tadelte Marietta sie. «Das ist eine häßliche Eigenschaft bei einer Frau. Suky hat dir nie etwas getan.»

«Sie ist so eitel.»

«Das bist du auch, Liebling.»

Lisette schrak ein wenig zusammen, lief vor den Spiegel und betrachtete sich. «Bin ich wirklich eitel?»

«Deswegen brauchst du dich nicht zu schämen. Eine Frau, die nicht eitel ist, ist eine Frau ohne Charme.»

«Wie Rachel», sagte Lisette leise, setzte sich und nahm die kleine Annabel auf den Schoß, um ihr das Haar zu bürsten. Dabei dachte sie an ihre Kusine Suky, die nun eine verheiratete Frau war und Morgan wenigstens nicht mehr heiraten konnte.

Manchmal beneidete sie Suky darum, daß sie nun nicht mehr zur Unschuld verdammt war. Dann wieder wunderte sie sich, daß Suky, die ihr immer so kalt und abweisend vorgekommen war, sich damit abgefunden hatte, Nacht für Nacht in einem Zimmer mit einem Mann zu verbringen und sich seinen Launen, wie diese auch immer aussehen mochten, zu fügen. Dies eine bestätigte sogar Rachel über die Ehe: Ehemänner hatten kaum noch Ähnlichkeit mit den galanten jungen Herren, die sie bei Picknicks und Schlittenpartien und in der Tanzstunde trafen. Auch mit den besten schien, sobald die Hochzeitszeremonie vorüber war, eine seltsame, unheimliche Verwandlung vorzugehen – aber Lisette konnte fragen und herumrätseln, soviel sie wollte, worin diese Verwandlung bestand, blieb ihr verborgen.

«Ich glaube, ich weiß es jetzt», hatte sie Georgina eines Tages anvertraut. «Männer haben zwei verschiedene Charaktere. Vor der Ehe hat man keine Ahnung, was für einen Charakter der Mann wirklich hat.»

Georgina hatte über diese Bemerkung gekichert, und Lisette hatte ihr einen schwermütigen Blick zugeworfen und gedacht, daß dieses dumme Mädchen keine Ahnung habe, was für Überraschungen ihr bevorstanden.

«Hast du denn nie Angst?»

«Angst? Vor was denn, Lisette?»

«Vor einem Mann. Vor der Art, wie er dich ansieht.»

Georgina lächelte. «Na ja, vielleicht ein bißchen.»

«Siehst du. Und wie meinst du, wird es sein, wenn das alles kein Spiel mehr ist, sondern Ernst? Wie stellst du dir das vor, Georgina?»

Manchmal war Lisette über die Schamlosigkeit ihrer eigenen Phantasie erschrocken. Und manchmal reagierte sie auf Erlebnisse, die anderen durchaus natürlich und normal erscheinen mochten, so entsetzt, daß sie sich später schämte; denn sobald die Gefahr vorüber war, mußte sie feststellen, daß sie nur in ihrer eigenen Einbildung bestanden hatte.

An den Abend, als sie Ralph Mercer kennenlernte, konnte sie nur mit Qual und Beklommenheit zurückdenken. Für alle anderen war es gewiß nur eine der allwöchentlichen Tanzstunden bei Professor Bundidge gewesen. Und das wäre es für sie zweifellos auch, wenn sie den Raum damals nicht in großer Erregung und mit einer Art Haß auf Georgina betreten hätte. Sie hatte sich nämlich eingebildet, daß der Wettstreit um Ralph Mercer – den sie beide noch nicht kannten – der entscheidende Höhepunkt ihrer Rivalität war.

Jacob Finney hatte die beiden miteinander bekannt gemacht, und Lisette hatte mit einem Lächeln zu Ralph Mercer aufgeblickt, in das sie ihren ganzen Charme zu legen suchte. Sie war so besessen von ihrem Entschluß, ihn zu erobern, daß ihr einen Augenblick lang schwindlig wurde und sie nicht mehr deutlich sehen konnte. Das Lächeln hatte seine Wirkung auf Ralph Mercer nicht verfehlt. Er hatte Lisette als erste zum Tanz aufgefordert, und als er den Arm um sie legte, hatte sie Georgina mit einer triumphierenden Abschiedsgeste zugewinkt.

Unmittelbar darauf aber hatte sie gemerkt, daß ihr die Initiative aus der Hand glitt. Ralph Mercer schien ihr Lächeln auf eigene Weise ausgelegt zu haben, denn er führte sie beim Tanz mit einer solchen Selbstverständlichkeit, als hege er keinerlei Zweifel an seiner Autorität und ihrer Bereitwilligkeit, sich ihm unterzuordnen. Die Musik wurde immer lauter und schneller, und Lisette wirbelte durch den Raum. Sie war wie von Panik erfaßt, weil er ihr stets so nahe blieb. Sie mußte das rasende Tempo innehalten, denn sonst, so bildete sie sich ein, würde sie wie trunken sein und zu Boden stürzen. Sie glaubte, daß die Gesichter, an denen sie vorbeiglitt, sich ihr erschrocken und aufmerksam zuwandten. Vielleicht war dieser Tanz tatsächlich so gefährlich, wie er ihr erschien. Doch als er zu Ende war, dankte ihr Ralph Mercer und ging davon, ehe sie aufhören konnte zu lächeln.

Inzwischen war sie imstande, ihn unbefangen anzusehen, hütete sich aber, die Macht ihres Lächelns noch einmal zu erproben, denn dann würde er vielleicht wirklich, wie ihre Freundinnen glaubten, um ihre Hand anhalten. Und diesmal könnten weder ihre Eltern noch sie es als ein liebenswürdiges Kompliment auffassen, wie sie es bei den drei Heiratsanträgen getan hatten, die Lisette bisher bekommen hatte.

Ralph Mercer war vierundzwanzig Jahre alt. Seine Familie lebte in Albany im Staate New York, wo sie Zeitungen, Banken und Grundstücke besaß. Er hatte die Universität in Princeton besucht, ein Jahr in Europa verbracht und war dann eigentlich nur in den Westen gekommen, weil er das Leben hier einmal gesehen haben wollte, bevor er sich endgültig niederließ, um einen Teil der Familiengeschäfte zu übernehmen. Alder Gulch hatte ihm aber so gut gefallen, daß er hier das *Virginia City Journal* gründete. Nach drei Monaten galt er bei den Eltern aller jungen Mädchen als der begehrenswerteste Junggeselle der Stadt. Lisettes Freundinnen fanden übereinstimmend, daß Ralph Mercer mit seinem ernsten, hübschen Gesicht, seinen guten Manieren und dem vertrauenerweckenden Benehmen selbst dann der begehrenswerteste Junggeselle der Stadt wäre, wenn er kein Geld hätte.

Nach jener Tanzerei bei Professor Bundidge jedoch schienen sowohl die Mädchen wie ihre Eltern sich damit abgefunden zu haben, daß Lisette Devlin ihn erobert hatte, während Lisette selber über diese Möglichkeit erschrockener war, als sie zugeben wollte.

Sie empfand in Ralph Mercers Gegenwart die gleiche undefinierbare Angst, die sie gefühlt hatte, wenn Zack Fletcher sie ansah. Und das erschien ihr um so seltsamer, als sie zugeben mußte, daß sie beide Männer bewunderte. Sie ärgerte sich immer noch, wenn sie daran dachte, wie Zack Fletcher zu ihr gesagt hatte: «Sie sind ein kleines Mädchen, Lisette. Ein sehr hübsches kleines Mädchen.» Es hatte geklungen, als ob er ihr ihre Jugend vorwerfen wollte.

Vielleicht war sie jetzt auch noch nicht erwachsen. Aber wenn sie ihren nackten Körper vorm Schlafzimmerspiegel betrachtete, wurde sie immer wieder von Bewunderung und manchmal auch von Verlegenheit übermannt beim Anblick ihrer schwellenden Brüste und Hüften, des runden Gesäßes, der geschwungenen Linien ihres Bauchs und des schwarzen, spitz zulaufenden Dreiecks zwischen ihren Beinen. Dann stand sie da, legte die Hände um ihre Taille, preßte sie zusammen und streckte ihre Brüste vor – bis sie plötzlich von Scham ergriffen wurde, sich rasch anzog und sich fragte, was für Abgründe wohl in dieser Lisette Devlin stecken mochten, daß sie ein so eitles und lüsternes Geschöpf war.

Aber immer wenn sie sich ihres eigenen Wesens am stärksten bewußt war, empfand sie Ralph Mercers Interesse als lästig und war geneigt, ihn mit neuen Launen zu verwirren. Ihren Freundinnen gegenüber, die ihn aus Eifersucht oft kritisierten, verteidigte sie ihn jedoch immer.

«Mr. Mercer ist göttlich», sagte Georgina, als sie durch den Daylight Gulch wanderten und sie die Hände voller Wildblumen hatte, die sie zu einem Strauß zusammenstellte. «Er sieht nur ein bißchen streng aus.»

«Das finde ich nicht. Er sieht würdig aus.»

«Das ist es ja gerade. Zu würdig. Ich hätte jedenfalls immer Angst, daß er einen Fehler an mir entdeckt.»

Lisette lachte spöttisch. «Vielleicht würde er das auch, Georgina.»

«Ich bewundere Mr. Mercers moralische Würde», erklärte Rachel. Und dieser Ausspruch veranlaßte Georgina und Lisette, sich bedeutungsvoll zuzuzwinkern. Denn Rachel hatte noch nie einen Mann dafür bewundert, daß er gut tanzte, lockiges Haar oder einen leidenschaftlichen Blick hatte.

Aber dann hatte es Lisette auf einmal eilig, von diesem gefährlichen Thema abzukommen. «Wir wollen Mrs. Danforth besuchen», rief sie und begann zu laufen.

Dr. Danforth war vor etwa einem Jahr gestorben; und Lisette, Rachel und Georgina gingen regelmäßig zwei- bis dreimal in der Woche nach der Schule zu Mrs. Danforth, um ein paar Minuten mit ihr zu plaudern. Sie folgten damit einer Weisung ihrer Mütter, die meinten, ihre Töchter absolvierten solche Besuche pflichtschuldig wie Krankenbesuche. Sie ahnten nicht, daß Jenny Danforth für die Mädchen ein Gegenstand fast ehrfurchtsvoller Neugier war. Beim Anblick dieser Frau, deren schwarzer Witwenschleier bis zu den Schuhen fiel, sehnten sie sich noch leidenschaftlicher danach, Witwe zu sein, als einen Ehemann zu haben, und waren überzeugt, daß das Leben kein köstlicheres Schicksal zu bieten habe als das einer jungen, schönen Witwe, die, in schwarze Kreppschleier gehüllt, das Grab ihres Gatten besucht.

Jenny Danforth schien sich stets zu freuen, wenn die Mädchen vor der Tür standen und sie schweigend anstarrten, als fürchteten sie, Jenny könne ihnen den Eintritt in das kleine Haus mit den verdunkelten Zimmern verwehren. Aber wenn sie in Jennys Wohnzimmer saßen, brachten sie kaum ein Wort heraus, beantworteten schüchtern die Fragen, die Jenny an sie stellte, und hatten es plötzlich ungeheuer eilig, wieder fortzukommen. Dabei fieberten sie diesen Besuchen förmlich entgegen. Sie hefteten ihre wachsamen Blicke auf Jenny und ließen sie nicht aus den Augen, sprachen aber so leise, daß Jenny sie oft bitten mußte, ihre Worte zu wiederholen. Und wenn Jenny den Raum verließ, um ein Stück von dem Topfkuchen zu holen, den sie ihnen stets anbot, begannen die Mädchen aufgeregt miteinander zu flüstern, um gleich darauf wieder stumm und steif dazusitzen, wenn Jenny, ein Tablett in den Händen, lächelnd erschien, als wisse sie genau, was ihre jungen Gäste inzwischen getan hatten.

Meistens war es Rachel, die während Mrs. Danforths Abwesenheit irgend etwas Aufregendes tat. Denn kaum war Jenny verschwunden, sprang Rachel auf, schlich auf den Zehenspitzen im Raum umher und spähte in jede Ecke, als wisse sie genau, daß hier wichtige Anhaltspunkte für einen ganz bestimmten Verdacht zu finden seien. Lisette und Georgina blieben sitzen und flüsterten ihr empört zu: «Setz dich, Rachel! Du hast kein Recht, hier herumzuschnüffeln.»

«Seid doch ruhig», gab Rachel dann zurück. «Ich darf mir doch wohl noch die Sachen meiner Gastgeberin ansehen.»

«Aber du hast kein Recht, etwas aufzumachen», flüsterte Lisette wütend, als Rachel den Deckel eines mit Muscheln besetzten Kästchens öffnete, hineinsah, den Deckel wieder zumachte und mit selbstgefälligem Lächeln gerade noch rechtzeitig wieder Platz nahm, weil Mrs. Danforth diesmal rascher zurückkehrte als gewöhnlich.

Lisette sprang auf. «Darf ich Ihnen helfen, Mrs. Danforth?» Sie brachte Georgina einen Teller mit Kuchen, und als sie Rachel ebenfalls einen übergab, stellte sie sich mit dem Rücken zu Mrs. Danforth und zischte leise: «Spionin!»

Rachel zog lächelnd die Augenbrauen in die Höhe und sagte zu Mrs. Danforth in einem artigen, gezierten Ton, den sie Erwachsenen gegenüber immer anzuschlagen pflegte: «Meine Mutter sagt, früher in Bannack hätten Sie diesen Kuchen auch schon gebacken.»

Jenny Danforth lächelte Rachel an: «Ja, das habe ich. In den alten Zeiten, vor fünf Jahren.»

«Das ist erst fünf Jahre her, Mrs. Danforth?» fragte Georgina überrascht.

«Vor fünf Jahren wart ihr alle noch Kinder. Und nun erzählt mir einmal von euren neuen Verehrern. Lisette, Ihre Mutter sagt, Sie hätten schon wieder einen Anbeter.»

Sofort richteten Rachel und Georgina ihre Blicke auf Lisette und fixierten sie so belustigt und skeptisch, als sei sie in der Klasse aufgerufen worden, eine geometrische Aufgabe zu lösen, auf die sie sich nicht vorbereitet hatte. Lisette errötete und starrte in ihre Teetasse. «Aber nein, Mrs. Danforth, das bildet meine Mutter sich nur ein.» Rachel kicherte, und Georgina schüttelte den Kopf, und Lisette gelobte sich, an den beiden Rache zu nehmen, sobald sie wieder allein waren.

Doch als sie endlich mit dem Hinweis, daß sie noch Besorgungen zu machen oder andere Pflichten zu erfüllen hätten, Mrs. Danforths Haus verlassen und ihr vom Bürgersteig aus noch einmal zugewinkt hatten, wandte Lisette sich schnell zu Rachel um, packte sie am Handgelenk und fragte: «Was war da drin?»

«Nichts. Das Kästchen war leer», erwiderte Rachel. Und als Lisette sie mißtrauisch ansah, fügte sie von oben herab hinzu: «Das ist die reine Wahrheit.»

«Der Vorhang hat sich eben bewegt», wisperte Georgina. «Sie beobachtet uns. Manchmal habe ich wirklich Angst vor ihr. Sie ist sicher eine Hexe.»

«Sie ist keine Hexe. Wie kannst du so etwas sagen!» empörte sich Lisette.

«Ihr Mann ist so plötzlich gestorben.»

«Lungenentzündung», erklärte Lisette. «Hier in den Bergen stirbt man schnell daran.»

«Redet doch nicht vom Tod!» bat Georgina. «Wenn man das tut, kommt er zu einem. Sag mal, war die Schachtel wirklich leer? War überhaupt nichts drin?»

«Nicht das Geringste», sagte Rachel und wirkte noch selbstgefälliger als gewöhnlich.

«Aber es war doch eine Briefschatulle», meinte Georgina. Sie warf noch einen Blick zurück auf das Haus mit den grünen Fensterladen und murmelte: «Ihr ist nichts mehr geblieben. Ihr Leben ist vorbei. Die arme, arme Frau.»

«Meine Mutter sagt, wenn jemals die Wahrheit über Mrs. Danforth an den Tag käme, würden die Leute hier ganz hübsch staunen.»

Gereizt fuhr Lisette sie an: «Was meinst du damit, Rachel Finney? Das ist üble Nachrede!»

Lisette war sich nie ganz darüber klargeworden, was für einen Eindruck Jenny Danforth damals auf sie gemacht hatte, als Nella und sie heranritten und Jenny neben Lisettes Vater gestanden hatte. Damals war es ihr so vorgekommen, als hätten die Gesichter der beiden einen abwehrenden, herausfordernden Ausdruck gehabt und als sei ihr Vater entschlossen, Mrs. Danforth zu beschützen und nötigenfalls zu verteidigen. Lisette hatte sich ihm gegenüber plötzlich fremd gefühlt, fast wie ein unwillkommener Eindringling. Später jedoch hatte sie diesen Ausdruck trotz aller Aufmerksamkeit nie wieder in Mrs. Danforths Gegenwart auf seinem Gesicht entdecken können und war daher zu der Ansicht gelangt, daß ihre Phantasie ihr an jenem Tag einen Streich gespielt habe.

«Das ist keine üble Nachrede», versicherte Rachel.

«Du hast angedeutet, daß Mrs. Danforth ...»

«Bitte, bitte, bitte!» rief Georgina und drängte zum Weitergehen. «Jedesmal, wenn wir Mrs. Danforth besuchen, zanken wir uns hinterher. Das letzte Mal ging es um ihren neuen Teppich.»

«Meine Mutter hat es mir angedeutet, Lisette.»

Lisette näherte ihr Gesicht dem Rachels. «Und du hast ihr versprechen müssen, es niemandem weiterzuerzählen, nicht wahr?»

«Natürlich hab ich ihr das versprechen müssen.»

«Dann hast du dein Versprechen eben gebrochen. Was wird deine Mutter dazu sagen?» Lisette wirbelte ihren Rock herum und ging weiter, während Rachel hinter ihr herlief und sie anbettelte, ihrer Mutter nicht zu erzählen, daß sie ihr Versprechen gebrochen hatte. «Du darfst das nie wieder sagen, Rachel! Ich warne dich – sonst erzähle ich es deiner Mutter.» Lisette hob drohend ihren Finger. «Jedenfalls wundere ich mich sehr. Ich dachte, du hättest mehr Charakterfestigkeit.»

17

Das neue Bürohaus, das sie vor einem Jahr an Stelle der alten Blockhütte errichtet hatten, war ein zweistöckiges, solides Gebäude aus Ziegelsteinen. An der Vorderfront war ein Schild angebracht, das in großen schwarzen Buchstaben die Aufschrift DEVLIN BROTHERS trug, und über dem Gehsteig hing eine vergoldete Uhr, deren Zeiger auf zwölf standen, «Wir kaufen Gold», las man auf ihrem Zifferblatt. Während Matt das Vorhängeschloß aufschnappen ließ, erzählte er seinem Sohn Morgan, daß diese Uhr inzwischen zu einem Wahrzeichen in den Grenzbezirken geworden war, zu einem Orientierungspunkt, der Einheimischen wie Fremden gleichermaßen diente.

Er zündete die Kerosin-Hängelampe an und forderte Morgan mit einer Handbewegung auf, hereinzukommen. Morgan sah sich mit neugieriger, fast mißtrauischer Miene um, als müsse er sich erst noch entscheiden, ob er diesen unheimlichen Raum betreten wolle.

Das Büro war, auch als die Lampe brannte, noch dunkel, denn es besaß nur ein Fenster. Mitten im Raum standen zwei Schreibtische, in deren Platten Sinnsprüche, Daten und Initialen eingeritzt waren. Außerdem gab es mehrere Stühle, einen Geldschrank, der bis zur Decke reichte, drei Aktenregale, einen schwarzen Eisenofen und zwei volle Spucknäpfe. Matt steckte die Hände in die Taschen und blickte seinen Sohn lächelnd an, als wolle er sehen, was Morgan von alldem hielt.

Seit Morgan und Zack Fletcher vor vier Tagen zurückgekommen waren, hatten Vater und Sohn noch keine Gelegenheit gehabt, allein miteinander zu sprechen. Matt schien es, als seien er und Morgan durch die zweijährige Trennung Fremde geworden. Er fürchtete fast, diese Entfremdung könne zu einem Dauerzustand werden und von beiden Seiten nicht mehr zu überbrücken sein. Möglicherweise wollte Morgan es so, denn er hatte nichts von seinen Plänen erzählt, hatte nicht einmal gesagt, ob er hierbleiben oder wieder fortziehen wollte. Auch hatte er keinen Grund für ihre Rückkehr angegeben und sie unhöflicherweise nicht einmal mit Heimweh begründet. Sowohl Zack wie er waren sichtlich abgeneigt, darüber zu sprechen, wie es ihnen in Butte ergangen war.

Lisette hatte ebenso bitterlich geweint wie seinerzeit beim Abschied. Und Marietta hatte ihren Sohn schweigend begrüßt und dann, als er sie umarmte, die Augen geschlossen. Der Ausdruck ihres Gesichts in diesem Augenblick hatte Matt ganz unvermutet an den Tag von Morgans Geburt erinnert – damals hatte sie ähnlich ausgesehen. Robert und Douglas staunten die beiden Abenteurer an und wollten von Kämpfen mit Indianern und Bären hören. Als Morgan ihnen nüchtern versicherte, sie hätten weder mit Indianern gekämpft noch Bären getötet, hatten sie für diese falsche Bescheidenheit nur ungläubige Spottworte übrig. Jonathan hatte den beiden schweigend die Hand geschüttelt und sie dabei mißtrauisch gemustert, so daß es fast aussah, als wäre es ihm lieber gewesen, wenn sein Bruder nicht zurückgekehrt wäre. Aber dann hatten sich die beiden Brüder mit verlegener Herzlichkeit geknufft und sich gegenseitig zu ihrem männlichen Aussehen beglückwünscht. Lisette sagte: «Ich bin gespannt, was meine Freundin Georgina Hart zu dir meint.» In diesem Augenblick hatte Jonathan ihm einen drohenden Blick zugeworfen, der die deutliche Warnung enthielt, sich nicht mit seinen Erlebnissen zu brüsten und sie gegen Jonathan auszuspielen, da sonst ihre einstigen kindlichen Prügeleien eine ernstere Fortsetzung finden könnten.

«Habt ihr wenigstens ein bißchen Glück gehabt?» hatte Matt schließlich gefragt. Daraufhin hatte Zack Morgan einen Blick zugeworfen, den dieser mit unbewegtem Gesicht erwiderte.

«Nicht viel. Die anderen hatten mehr Glück als wir.»

Matt hatte keine weiteren Fragen gestellt, denn ihm schien, er sei nicht befugt, in die Geheimnisse seines Sohnes einzudringen. Er war sogar fast überzeugt davon, daß er ihn in nicht ferner Zukunft ganz aus den Augen verlieren werde. Als Morgan am Vorabend zu ihm gesagt hatte: «Ich würde gern einmal privat mit dir sprechen. Kann ich morgen früh zu dir ins Büro kommen?» hatte Matt ihn daher freudig überrascht angesehen.

«Natürlich. Wir gehen zusammen hin, und du kannst von dort aus zusehen, wie deine Schwester im Festzug vorbeifährt. Sie soll die Martha Washington darstellen und ist entschlossen, dieses Kreuz mit Anstand zu tragen.»

«Ich hätte mir auch die Haare färben und die Columbia darstellen können», rief Lisette. Ihre Enttäuschung wurde immer größer, je näher der Festtag rückte. Als sie ihre Kostüme anprobiert hatten und Georgina mehr einer der griechischen Statuen aus Lisettes Bilderalbum glich als der steifen, strengen Göttin ihrer Nation, war Lisette fast außer sich geraten.

Gewöhnlich saßen Matt und Pete schon um sieben Uhr im Büro. Doch da an diesem Tag kaum Geschäfte zu erwarten waren, ging Matt mit seinem Sohn erst gegen neun Uhr hin. Sogar um diese frühe Stunde waren die Straßen bereits überfüllt und die Bürgersteige fast unpassierbar. Johlende, betrunkene Männer galoppierten auf ihren Pferden durch die Stadt, Kneipen und Tingeltangel waren geöffnet und machten gute Geschäfte, und Wagen voll lärmender Männer und Huren, die wie zu einem Ball gekleidet waren, ratterten durch die Straßen. Die ganze Nacht hindurch hatten auf allen Hügeln Freudenfeuer gebrannt, waren Männer durch die Straßen geritten, hatten den Rebellenruf angestimmt und ihre Pistolen abgefeuert. Als am Morgen die Fahne gehißt wurde, hatten sich zwar einige mit den Ellbogen angestoßen, höhnische Gesichter gemacht und etwas vor sich hin gemurmelt, aber keiner hatte versucht, das Hissen der Fahne zu verhindern oder sie herunterzuschießen.

«Heute werden wohl ein paar Männer dran glauben müssen», sagte Matt, als Morgan langsam die Tür schloß. «Der Krieg ist vorüber, aber manchmal kommt es mir gar nicht so vor. Vielleicht wird er nie ganz vorbei sein. Wenn man hört, was die Leute reden, dann sind hier in den Grenzgebieten mehr Südstaatler, als es je in den Bundesstaaten gegeben hat.»

Morgan lächelte, und Matt stellte erfreut fest, daß er sein charakteristisches Lächeln behalten hatte – diesen plötzlichen Übergang von einer fast trotzig herausfordernden Miene zu einer bestrickenden, unbewußten Liebenswürdigkeit. Er hoffte, daß Morgan diese Eigenschaft nie verlieren werde, denn sie konnte ihm die Sympathie der Männer und die Zuneigung der Frauen sichern und ihn vielleicht davor bewahren, zu stolz und unduldsam zu wirken.

Auf Lisettes Bitten hatten sie die hier im Gebirge übliche Festkleidung angelegt: schwarze Hose, schwarzer Gehrock, weißes Hemd und

Seidenkrawatte. Sie hatten sich alle etwas verlegen gemustert, als sie sich in diesem Staat am Frühstückstisch trafen. Aber ihre Reitstiefel, die breitkrempigen schwarzen Hüte und die Pistolen im Gürtel hatten sie nicht vergessen und fühlten sich dank dieser vertrauten Gegenstände doch nicht ganz wie auf einer Maskerade.

Während Morgan umherschlenderte, steckte Matt den Ofen an und machte Kaffee. Dabei beobachtete er seinen Sohn verstohlen, als wage er nicht mehr, diesen jungen Mann, der so sehr darauf bedacht schien, seine Selbständigkeit zu wahren, genauer ins Auge zu fassen. Im Zimmer war es totenstill, nur der Festtagslärm von draußen drang herein. Matt spürte eine wachsende Gereiztheit, denn ihm schien, als ob sich in Morgans Zügen, während er das Büro immer noch einer genauen Betrachtung unterzog, eine gewisse Geringschätzung spiegle. Doch dann sagte er sich, daß Morgan sich ihm gegenüber in einer schwierigen Lage befinde: Er war zu jung, um Matts Autorität zu besitzen, und zu alt, um sich dem Willen seines Vaters widerspruchslos zu unterwerfen.

Matt goß Kaffee in zwei Blechbecher, brachte sie zum Schreibtisch, rückte sich seinen Stuhl zurecht und setzte sich hin. Morgan nahm sich den Stuhl ihm gegenüber, in den die Brüder ihre Kunden zu placieren pflegten, weil das Licht vom Fenster ihnen dann ins Gesicht fiel und Matt oder Pete ihren Ausdruck beobachten konnten, während sie selber im Schatten saßen.

Vater und Sohn sahen sich einen Augenblick an, dann bot Matt Morgan eine Zigarre an und nahm selber eine, während er verwundert feststellte, wie mißtrauisch sie beide geworden waren. «Nun, Morgan, du wolltest mich sprechen?»

Morgan richtete sich auf und machte ein so verschlossenes Gesicht, als hätten die Worte seines Vaters eine Anklage enthalten. «Ja», bestätigte er stirnrunzelnd und schwieg.

«Was gibt es denn?» fragte Matt, plötzlich beunruhigt und fast verärgert.

«Ich wollte dich fragen, ob du weißt, wo Nella Allen ist.»

«Ach so.» Matt nickte langsam. «Du hast dir also Sorgen um sie gemacht.»

Morgans Gesicht war immer noch abweisend. Aber dann sagte er ruhig: «Ja, natürlich.»

«Ich weiß, wo sie ist, und ich werde es dir sagen. Aber weder deine Mutter noch Lisette wissen etwas darüber. Und ich möchte nicht, daß sie es erfahren.» Morgan blickte ihn gespannt an. Er sah aus, als müsse er sich gewaltsam dazu zwingen, nicht vom Stuhl aufzuspringen und zu schreien. Aber er beherrschte sich und blieb still sitzen. «Es geht ihr gut, Morgan», sagte Matt freundlich, denn ihm wurde plötzlich klar, daß seine Beziehung zu Jenny Danforth ihm nicht das Recht gab, andere zu kritisieren.

«Gott sei Dank», flüsterte Morgan; sein Gesicht war schweißbedeckt. Er stürzte seinen Kaffee hinunter und wartete dann wieder mißtrauisch, was sein Vater ihm noch sagen würde.

«Sie lebt mit Green Troy zusammen», sagte Matt.

Morgan sah ihn überrascht an. «Green Troy?»

«Ja, mit Troy, dem Besitzer des Casinos.» Matt lächelte ein wenig. «Ein großer Philanthrop. Er hat die Gewohnheit angenommen, den Kindern auf der Straße Goldnuggets zuzuwerfen. Wenn er wollte, könnte er sich wahrscheinlich zum Bürgermeister wählen lassen.»

Aber Morgan sah ihn immer noch gespannt und ein wenig unglücklich an. «Was tut sie denn bei ihm?»

Matt stand plötzlich auf, ging zum Ofen hinüber, füllte die Tassen noch einmal und beugte sich dann über den Schreibtisch.

«Vielleicht wirst du jetzt verdammt wütend, Morgan, aber ich sage dir trotzdem meine Meinung: Du kannst in dieser Welt tun, was du willst, aber wenn du dich einmal entschlossen hast, dich wie ein Schweinehund zu benehmen, dann sei gefälligst auch nicht tugendhaft entrüstet darüber, daß Leute, auf die du keine Rücksicht genommen hast, sich verletzt fühlen. Du mußt dich mit den Schmerzen abfinden, die du anderen zufügst – ob dir das nun paßt oder nicht –, oder du mußt von vornherein auf das Vergnügen verzichten. Ist das klar?» Matt war richtig erschrocken über die Moralpredigt, die er da hielt. Denn sie klang, als käme sie aus dem Mund eines Mannes, der ohne zu zögern lieber auf sein Vergnügen verzichten würde, als einem anderen Menschen Kummer zu bereiten.

«Ja, das ist klar», bestätigte Morgan. Wieder maßen sie sich mit so haßerfüllten, wütenden Blicken, daß Matt sich einen Moment versucht fühlte, die Faust zu ballen und sie seinem Sohn ins Gesicht zu schlagen. Dann machte er sich plötzlich beschämt klar, daß er seine Selbstverachtung unwillkürlich auf Morgan übertragen hatte. Er klopfte dem Sohn beruhigend auf die Schulter und setzte sich wieder.

«Entschuldige bitte. Ich hatte mir eigentlich vorgenommen, nie den gestrengen Vater zu spielen. Bisher habe ich das ja auch nicht getan. Also, Nella ging zu Troy, der ein Freund – oder richtiger gesagt, ein Auftraggeber – ihres Bruders gewesen war, als sie feststellte, daß sie ein Kind erwartete.» Morgan seufzte, sagte aber nichts. Und Matt fuhr fort: «Er schickte sie zu Dr. Danforth . . .» Er hielt inne und überlegte, ob er Morgan sagen sollte, daß Jenny zu ihm gekommen war und ihn um Rat gefragt hatte. Doch dann sagte er: «Der Doktor hat mit mir gesprochen. Ich hielt es für richtiger, wenn er es machte, und so entschloß er sich dazu. Seitdem ist sie bei Troy. Er behandelt sie gut, soweit ich es beurteilen kann. Er hat Geld – du weißt ja, die Spieler und Huren werden hier draußen reich. Er kauft ihr Kleider und Schmuck, nichts besonders Wertvolles, aber doch genug, um die anderen Mädchen neidisch zu machen. Sie lebt in ihrer eigenen Welt. Es ist unwahrscheinlich, daß deine Mutter oder deine Schwester oder eine ihrer Freundinnen je etwas von ihr zu sehen oder zu hören bekommen. Bisher ist das jedenfalls nicht geschehen.»

«Hast du sie wiedergesehen?»

«Ja, ein paarmal. Sie hat sich nicht sehr verändert, obgleich sie natürlich in diesen Kleidern und mit den aufgesteckten Haaren ein bißchen älter wirkt. Aber jetzt will ich dir noch etwas sagen, und das ist bei Gott wichtig: Halte dich fern von ihr! Ich hatte früher ein paarmal mit Troy geschäftlich zu tun, und du mußt dir darüber klar sein, daß du nicht nur dir selbst, sondern auch anderen ernste Unannehmlichkeiten bereiten kannst, wenn du versuchst, dich Nella wieder zu nähern. Denn er pocht auf seine Besitzerrechte, und wir können nur hoffen, daß er dabei bleibt. Also, laß sie in Ruhe.»

«Gut.» Morgan beugte sich vor. «Du hältst nicht viel von mir. Und damit hast du vielleicht recht. Ich bedauere, daß es so gekommen ist. Aber wahrscheinlich hätte ich genauso gehandelt, wenn ich es vorher gewußt hätte – denn damals erschien mir das alles so ungeheuer wichtig wie nichts anderes in meinem Leben. Jetzt natürlich nicht mehr.» Er breitete die Hände aus. «Deshalb verdiene ich es wohl, wenn du hart über mich urteilst.»

Der Ernst und die Bescheidenheit nach Morgans anfänglich so aufsässiger Haltung überraschten Matt so sehr, daß er kaum noch begreifen konnte, wie zwei Menschen, die sich bisher immer herzlich und nachsichtig gegenübergestanden hatten, einem ernsthaften Zerwürfnis so nahe hatten kommen können. Er schüttelte den Kopf und blickte Morgan nachdenklich und ein wenig traurig an.

«Nein, Morgan, ich denke nicht schlecht von dir. Und ich wollte dir auch keine Moralpredigt halten, obgleich es vielleicht eine geworden ist. Ich habe Nella gegenüber selber ein gewisses Schuldgefühl, weil ich wußte, was zwischen euch vorging, und trotzdem nicht versucht habe, ein Machtwort zu sprechen. Vielleicht hätte ich es tun sollen. Ich weiß es nicht. Nach den Regeln und Vorschriften, unter denen wir eigentlich leben sollen, wäre es meine Pflicht gewesen.» Matt zuckte ratlos die Achseln. In diesem Augenblick öffnete sich die Tür, und Lem Finney steckte den Kopf herein. Matt sprang erleichtert auf. «Komm rein, Lem. Und du auch, Jake. Ihr erinnert euch doch noch an meinen Sohn Morgan? Das ist Jacob Finney.»

Die Männer schüttelten sich die Hände, und als Morgan unauffällig zu Matt hinüberblickte, sah er, daß dieser ihn mit stolzem Lächeln beobachtete. Matt nickte ihm zu. Beide waren über diese Unterbrechung erleichtert und hatten plötzlich zu der alten Zuneigung und dem früheren Vertrauen zurückgefunden. Die gemeinsam überstandene Gefahr hatte sie versöhnt.

Lem Finney betrachtete Morgan mit freundlich abschätzendem Blick. Er staunte sichtlich, wie sehr Morgan sich in der Zwischenzeit verändert hatte. Jacob entsprach, wie Morgan feststellte, durchaus nicht Lisettes Beschreibung, die ihn als einen tolpatschigen Hanswurst hingestellt hatte; er besaß die scharfblickenden Augen seines Vaters und das etwas herablassende Lächeln seiner Mutter und erschien ihm gewandt und selbstsicher.

«Sie kommen gerade aus Butte?» fragte Lem und blickte ihm so forschend ins Gesicht, als könne er darin wichtige Hinweise über den Wert des Camps sehen.

«Ja, Sir. Fletcher und ich sind Anfang Juni dort weggegangen. Die Schürfstellen waren so gut wie erschöpft, und das Camp leerte sich schnell. Meiner Ansicht nach werden gegen Ende des Jahres kaum noch zwei Dutzend Leute dort sein.»

Lem Finney machte ein so enttäuschtes Gesicht, als besäße er selbst in Butte ein paar Schürffelder. «Wie ich hörte, soll das Gold dort von minderer Qualität sein. Aber andererseits spricht man von großen Kupfervorkommen in Butte. Stimmt das?»

«Ja, das stimmt. Nur ist bisher noch kein Hüttenwerk gebaut worden, und wenn man das Erz erst nach Baltimore oder Wales schicken muß, ist der Profit weg. Einer von den Männern dort hat sein Erz an eine Frachtfirma verkauft und nur 28 Cent pro Pfund bekommen.»

Lem Finney schnalzte mißbilligend mit der Zunge und blickte Matt an. «Da könnten wir doch eigentlich ein ordentliches Hüttenwerk hinstellen.»

«Das könnten Sie», sagte Morgan. «Aber leider sind alle Hütten- und Wasserrechte an eine Grundstücksgesellschaft vergeben worden.»

«Diese Schweinehunde. Solche Kerle sind schuld daran, wenn es mit unserem Land nicht vorwärtsgeht. Haben Sie Ihre Anteile dort verpachtet oder verkauft?»

«Verpachtet.»

«Wollen Sie sie verkaufen?»

«Nein, Sir.»

«Warum nicht? Sie sagten doch, sie seien nicht gut.»

«Vorläufig sind sie nicht viel wert. Aber wenn eine Eisenbahn hingelegt wird, wie man allgemein hofft, kann sich das schnell ändern.»

Lem Finney zwinkerte Matt zu. «Er ist der Sohn seines Vaters. Wenn Sie anderer Meinung werden sollten, sagen Sie mir Bescheid, Morgan. Wollen Sie nun hierbleiben?»

«Das weiß ich noch nicht, Sir», antwortete Morgan so kurz angebunden, daß Finney keine weiteren Fragen mehr stellte.

Matt goß Whisky in vier Blechbecher, reichte sie herum und hob seinen Becher hoch. «Auf die Union der Nordstaaten.»

«Auf die Union», stimmte Lem bei. «Heute nachmittag werden wir eine ganze Menge Unruhestifter unter uns haben. Vielen Dank für den Whisky, Matt, ich muß weg – noch einiges erledigen, bevor der Festzug kommt.» Er nickte ihnen mit seinem etwas verkniffenen Lächeln zu und verließ mit Jacob das Büro.

Als sich die Tür öffnete, stellten Matt und Morgan fest, daß der Lärm, den sie vor ein paar Minuten noch kaum bemerkt hatten, inzwischen ohrenbetäubend geworden war. Ununterbrochen gellten Rebellenschreie durch die Straßen, Pistolenschüsse krachten, Pferde und Maulesel wieherten, und irgend jemand ließ eine Ladung Pulver hochgehen, worauf die Menge entsetzt aufschrie. Vater und Sohn nahmen wieder Platz. Matt hatte das bestimmte Gefühl, daß Morgan ihm noch etwas sagen wollte, aber noch mit sich zu kämpfen schien. Um ein bißchen nachzuhelfen, schenkte er seinem Sohn noch einen Whisky ein.

«Pete und ich haben mit Finney, Webb, Hart und drei, vier anderen kürzlich eine neue Gesellschaft gegründet», berichtete er dann. «Wir haben alle Schürfstellen aufgekauft, die wir in die Hände bekommen konnten. Es war zwar etwas voreilig, Maschinen zu kaufen, bevor wir genau wußten, ob genug Erz hier vorhanden ist, aber jetzt wissen wir es. Es überrascht dich vielleicht, zu hören, daß unsere Gesellschaft, die Meridian Gold and Silver Mining Company, über eine Million Dollar Betriebskapital verfügt.» Matt lächelte stolz über die Erfolge, die er vorweisen konnte, und hoffte, seinen Sohn gebührend damit beeindrukken zu können. «Jake hat auch schon einen Anteil bei uns erworben.» Er hielt inne. Morgan beugte sich vor, spreizte die Knie, senkte den Kopf und schien aufmerksam den Fußboden zu betrachten. «Vielleicht möchtest du auch bei uns einsteigen?»

«Vielen Dank. Ich wollte, ich könnte es. Aber ich kann nicht.»

«Warum nicht?»

«Ich habe kein Geld.»

«Du hast kein Geld?» Matt bemühte sich, nicht allzuviel Erstaunen in diese Frage zu legen.

«Nein.»

Morgan hielt seinen Kopf immer noch gesenkt, so daß Matt sein Gesicht nicht sehen konnte. Er war überrascht. Schließlich war Morgan vor zwei Jahren mit Zack Fletcher ausgezogen, um – wie jeder meinte – den Grundstock zu einem Vermögen zu legen, und nun saß er hier, starrte verlegen auf seine Hände und erklärte, er habe kein Geld. Offenbar hatte er nicht die Absicht, ihm zu erzählen, wie das zugegangen war.

«Na gut, Morgan», sagte er schließlich, als sich die Verlegenheit seines Sohnes auf ihn übertrug, «dann schieß mal los. Aber wenn du nicht willst, dann laß es. Ich will dich zu nichts zwingen.»

Morgan hob rasch den Kopf und sah seinen Vater an. Er setzte sich gerade hin und steckte die Hände in die Taschen. «Ich bin nicht hergekommen, um dein Mitleid zu erbitten», sagte er, «sondern weil ich gern das Geld haben möchte, das ich seinerzeit in deinem Geschäft gelassen habe.»

«Das kannst du haben. Zwölfhundert Dollar zu fünf Prozent im Monat. Brauchst du es sofort?» Matts Stimme hatte jetzt wieder einen sarkastischen Unterton. «Ich glaube, es wäre günstiger für dich, dein Geld in unserem Geschäft zu lassen – falls du nicht eine bessere Verwendung dafür hast.»

«Ich muß eine Schuld zurückzahlen.»

Morgan sprang auf. Und als er jetzt zu sprechen begann, tat er es leidenschaftlich und drängend, als wolle er es schnell hinter sich bringen, bevor es ihn reute.

«Ich schulde es Zack Fletcher. Wir haben zwar nicht viel zusammengebracht – obwohl wir verdammt hart gearbeitet haben –, aber es waren immerhin etwa viertausend Dollar, vielleicht auch ein bißchen mehr. Wir hatten den Goldstaub in unserer Blockhütte vergraben. Das hatte sich gut bewährt – bis kurz vor unserer Abreise. Da hat jemand die Beutel gestohlen.» Er wanderte unruhig auf und ab, blieb manchmal stehen und warf seinem Vater einen drohenden Blick zu, als wolle er ihn davon abhalten, zu lachen. Aber Matt hörte ihm ernst zu und schien seinen Bericht weder komisch noch unglaubwürdig zu finden. «Du denkst jetzt wahrscheinlich, wenn unser Goldstaub gestohlen worden ist, ist er uns beiden gestohlen worden, und ich schulde Zack nichts. Aber die Sache lag anders – die Diebin war nämlich meine Freundin, die mit in unserer Blockhütte gelebt hat. Wir wohnten alle drei dort, aber sie war eben mein Mädchen. Ein paar Tage bevor wir wegwollten, verschwand sie, zusammen mit einem Burschen, den wir alle gut kannten, seiner Indianerfrau und unserem Goldstaub.» Verzweifelt breitete Morgan die Arme aus. «Deshalb brauche ich das Geld.» Er blieb stehen und blickte Matt an, als wolle er feststellen, ob sein Vater Mitleid mit ihm habe.

Langsam schüttelte Matt den Kopf und streifte dann bedächtig den langen Aschenkegel von seiner Zigarre ab. «Na schön, Morgan», sagte er. »Ich werde das Geld morgen für dich flüssigmachen. Wir haben im Augenblick nicht viel Bargeld. Es tut mir leid, daß du solches Pech gehabt hast. Mehr läßt sich dazu wohl nicht sagen.»

«Vielen Dank.»

«Und was hast du jetzt vor?»

«Das weiß ich noch nicht genau.»

«Die Schürfstellen hier sind zur Zeit ziemlich unrentabel. Aber wir sind gezwungen, alles zu nehmen, was man uns anbietet. In Helena ist es umgekehrt: da stehen die Claims höher im Kurs als vor zwei Jahren. Für dich ist es das wichtigste, erst einmal festen Boden unter die Füße zu bekommen.» Morgan nickte. Er wirkte jetzt unglücklich und gar nicht mehr herausfordernd. Matt stellte fest, daß das Geständnis seinen Sohn offenbar erleichtert hatte. «Pete und ich wollen in Helena eine Filiale aufmachen, deren Leitung Pete übernehmen wird. Jonathan bleibt hier bei mir. Wir vergrößern uns, das Geschäft floriert, wie du siehst. Wir verdienen genausoviel wie die anderen hier in den Grenzbezirken. Es besteht sogar die Aussicht, daß es eines Tages noch besser für uns aussieht. Ich würde mich freuen, wenn du dich entschließt, bei uns einzusteigen – aber ich will dich nicht drängen. Wenn du mit Pete nach Helena gehen möchtest, laß es mich wissen. Dann können wir über weiteres reden.» Er ging zur Tür. «Gleich muß der Festzug kommen. Den wollen wir uns ansehen.»

Auf dem Bürgersteig drängten sich so viele Menschen, daß sie Milly Matches zunächst gar nicht bemerkten. Sie trug ein schwarz-gelbes Kleid, bahnte sich mit ihrem Sonnenschirm aus schwarzer Spitze einen Weg durch die Menge und bedachte die Männer, die beiseite traten, um sie durchzulassen, mit ihrem berühmten Lächeln. Plötzlich stand sie vor Matt und Morgan. «Ich muß mit dir sprechen», sagte sie zu Matt. «Es dauert nicht lange.»

Sie gingen ins Büro, und Milly nahm vor dem Schreibtisch Platz. Matt ließ sich ihr gegenüber nieder und sah sie aufmerksam an.

«Du wirst es wahrscheinlich nicht für möglich halten, Matt, aber ich werde heiraten. Sieh mich doch nicht so verdammt höflich an. Ich weiß genau, was du denkst: Du bist entsetzt. Wir werden auch nicht hier heiraten. Wir gehen weg, und zwar nicht zusammen, denn vielleicht kommen wir eines Tages hierher zurück. Wenn wir wirklich zurückkommen sollten, wird mich kein Mensch wiedererkennen – darauf kannst du dich verlassen. Dann werde ich aussehen wie eine ehrbare Frau in mittleren Jahren.» Mit vertraulichem Lächeln beugte sie sich zu ihm hinüber. «Ich bin nämlich nicht von Natur rothaarig, mußt du wissen. Und ich werde heilfroh sein, wenn ich es nicht mehr nötig habe, meine Haare zu färben.» Sie lachte, warf den Kopf zurück und schloß die Augen. Matt fragte sich, wie sie mit solch vulgärem Benehmen eine ‹ehrbare Frau› werden wollte. Aber vielleicht hatte sie ja die Absicht, sich dieser Untugend zusammen mit dem rotgefärbten Haar zu entledigen. «Wieviel Geld habe ich jetzt eigentlich bei dir stehen?» fragte sie.

«Vierzehntausendfünfhundert. Du wirst doch nicht etwa heute schon abreisen wollen? Wenn wir zehntausend auszahlen müßten, wären wir blank.»

Milly schrieb einen Scheck aus und schob ihn Matt zu. Dann lehnte sie sich zurück und verschränkte die Arme hinter dem Kopf. «Heute noch nicht. Aber bald. Nächste Woche.»

«Schade, Milly, gerade das, was wir hier in den Grenzgebieten am nötigsten brauchen, ist Geld. Geld und eine Eisenbahn.» Matt lächelte.

«Und jetzt will uns einer unserer wichtigsten Kapitalgeber verlassen. Das bedauere ich sehr.»

Milly seufzte und sagte nachdenklich: «Ja, Matt, was haben wir schon alles zusammen erlebt! Schon damals in Bannack. Für uns Grenzer ist Zeit etwas anderes als für die meisten Menschen, nicht wahr? Wir können uns kaum noch an vorgestern erinnern. Und das, was fünf Jahre zurückliegt, erscheint uns wie ein Traum, oder wie etwas, das wir nur vom Hörensagen kennen.» Sie schüttelte den Kopf. «Aber jetzt, wo die anständigen Leute kommen, wird alles anders werden.» Ihn hatte sie also nie zu den anständigen Leuten gezählt. Aber aus Millys Mund klangen diese Worte wie ein Kompliment. «Was machen wir jetzt mit unseren gemeinsamen Schürfstellen, Matt? Viel haben wir ja nicht herausgewirtschaftet, aber das war ja zu erwarten.»

«Nun ja, besonders gut ist das Land nicht. Aber wir könnten es doch ruhig behalten. Vielleicht macht uns mal einer ein vernünftiges Angebot. Wer übernimmt denn jetzt dein Haus, Milly?»

«Green Troy. Ich habe ihm meine Konzession verkauft und meine Verträge mit den Mädchen auf ihn überschrieben. Mein Gott, was werde ich froh sein, wenn ich nichts mehr mit diesen albernen kleinen Huren zu tun habe! Ich selbst war nie eine Hure, Matt – oder nur für kurze Zeit –, ich war immer Geschäftsfrau, und zwar eine verdammt gute.» Milly stand auf und streckte ihm die Hand hin. «Also dann – ich wollte dir nur mitteilen, daß ich weggehe. Und ich wollte dir auf Wiedersehen sagen.»

Matt ergriff ihre Hand und stellte überrascht fest, daß er dabei das Gefühl hatte, einen alten Freund zu verlieren. Zugleich kam es ihm so vor, als sei nun auch ein wichtiger Abschnitt seines eigenen Lebens zu Ende. «Willst du mir nicht sagen, wen du heiratest?»

«Weißt du das nicht?»

«Ich kann es mir denken, aber ich bin nicht ganz sicher.»

«Dann wollen wir auch nicht weiter darüber sprechen.» Matt beugte sich zu ihr und gab ihr einen flüchtigen Kuß. Milly lachte verlegen, wandte sich ab und ging zur Tür. Doch kaum hatte sie die Schwelle überschritten, als sie hastig kehrtmachte und zurückkam. «Da kommt der Festzug. Du lieber Gott, was würde deine Tochter sagen!»

Er fürchtete, Lisette zu verpassen, und stürzte hinaus. Der Festzug war ihm völlig aus dem Gedächtnis geschwunden, während er trübsinnig an die Vergangenheit gedacht hatte. Aber der Wagen mit Lisette war noch nicht einmal an der Ecke. Gerade rollte ein von weißen Mauleseln gezogener Wagen vorüber, auf dem kleine Mädchen in weißen Kleidern standen und lächelten und winkten, sobald sie jemanden in der Menge erkannten. Dann folgte ein Reitertrupp. Die Männer schienen sich in dem Festzug nicht recht wohl zu fühlen und nickten ihren Freunden ziemlich verlegen zu. Unter ihnen befanden sich Jeremy Flint,

Floyd Hart und Josiah Webb. Lem Finney, Matt und Pete hatten es abgelehnt, am Festzug teilzunehmen, und erklärt, sie wollten den Vorbeiziehenden lieber zujubeln.

Hinter den Reitern, die fast alle dem Sicherheitskomitee angehörten, kam der Wagen mit der Columbia, Uncle Sam, Martha und George Washington. Es folgte eine Musikkapelle, die mit Pauken, Trommeln und Trompeten *Hail, Columbia* spielte. Die Zuschauer brachen in stürmischen Jubel aus und warfen ihre Hüte in die Luft. Der große Staatswagen war mit immergrünem Laub geschmückt, und die sechs Pferde, die ihn zogen, trugen auf den Köpfen Büschel aus rot-, weiß- und blaugefärbtem Gammagras. Georgina Hart stand kerzengerade in ihrem weißen, mit Silberschnüren umwundenen Gewand da. Ihr blondes Haar quoll unter der Krone hervor, die sie tief in die Stirn gerückt hatte. In der einen Hand hielt sie eine goldene Waage, mit der anderen winkte sie huldvoll in die Menge. Gelassen wanderte ihr Blick über die Köpfe der Menschen hinweg, und sie war sichtlich davon überzeugt, in diesem Augenblick den Geist ihres Landes zu verkörpern. Uncle Sam, der einige Jahre jünger war als Georgina, versteckte sich ein wenig schüchtern hinter ihr.

Lisette, die hinten auf dem Wagen stand, fühlte sich in der Rolle als Martha Washington ganz offenbar nicht so glücklich. Matt mußte sich bei ihrem Anblick bemühen, nicht zu lächeln, denn es bestand kein Zweifel, daß diese Rolle nicht zu ihr paßte. Ihr Kostüm wirkte unnatürlich, es schien eher eine Rüstung zu sein als ein Kleid. Sie trug eine weiße Baumwollperücke mit zwei langen Locken aus Roßhaar, die ihr über die eine Schulter hingen. Auf ihrem Gesicht lag ein leichtes, etwas mutwilliges Lächeln, als wolle sie die Menschen fragen, wie sie diese alberne Verkleidung fänden. Als sie ihren Vater sah, lachte sie laut und warf den Kopf mit einem solchen Ruck in den Nacken, daß ihr die Perücke wegrutschte und unter die Menge fiel.

Georgina blickte sich hoheitsvoll um und forschte nach der Ursache des allgemeinen Gelächters. Einige Männer und Jungen krochen auf der Straße umher, und Lisette lehnte sich aus dem Wagen und rief: «Werft sie mir her!» Als ein Mann ihr die Perücke zuschleuderte, fing sie sie auf und setzte sie sich – diesmal ein wenig schief – wieder auf den Kopf. Während der Wagen weiterfuhr, drehte sie sich noch einmal zu ihrem Vater um und lächelte ihm zu.

Milly Matches tauchte eben in der Menge unter, als Morgan lachend ins Büro zurückkam. «Lisette ärgert sich, daß Georgina Hart in allem ihren Kopf durchsetzt. Mutter ist übrigens mit Mrs. Finney und ein paar anderen Frauen im Plantation House. Wollen wir auch hingehen?»

«Geh schon voraus, Morgan. Ich komme nach. Ich habe noch eine kurze Besprechung.»

Matt war plötzlich nervös und aufgeregt. Er versuchte, sich einzureden, daß er seinen Sohn eigentlich nicht angelogen hatte. Er blickte sich im Raum um, als habe er etwas verloren, da er aber nicht wußte, was es war, machte er keine Anstalten, danach zu suchen. Wenig später stürzte er hinaus, schwang sich auf sein Pferd und ritt aus dem Zentrum der Stadt in eine stille Gegend, in der kaum Menschen waren.

Auf einem Hügel stieg er ab, öffnete das niedrige Eisentor des Friedhofs und ging zu der Bank, auf der Jenny saß. Sie wandte ihm den Rücken zu und hielt den Kopf ein wenig gesenkt, als läse sie in einem Buch. Langsam wandte sie sich um und wartete schweigend, bis er neben ihr stand.

Der schwarze Schleier bedeckte ihr Gesicht, und genau wie schon etliche Male zuvor hatte Matt das unheimliche Gefühl, daß er im hellen Sonnenlicht stand, während sie wenige Zentimeter von ihm entfernt auf einem Platz saß, über den tiefe Nacht gefallen war. Doch dann schob sie den Schleier zur Seite, und er spürte erleichtert, wie das verwirrende Gefühl schwand, obgleich das Gesicht, das sie ihm zuwandte, erschreckend weiß aussah.

«Ich wußte, daß du kommen würdest», sagte sie. Ihre Stimme klang sonderbar scharf, so daß er sich innerlich darauf gefaßt machte, etwas Unangenehmes zu hören.

Er setzte sich auf die Bank neben sie, und als er sie anblickte, fiel ihm ein, daß es nur zwei Menschen gab, die sie je zusammen gesehen und gewußt hatten, daß sie ein Liebespaar waren: Milly Matches und Erma Finney. Dr. Danforth hatte bestimmt nie einen Verdacht gehabt, und Marietta wohl auch nicht. Sie hatte ihre Entscheidung also ganz allein treffen können, ohne durch andere zur Tugend angehalten zu werden. Durch diese günstigen Umstände war Jenny Danforth und Matt Devlin so viel Freiheit geblieben, wie sie sich nur wünschen konnten.

Matt hatte seine tugendhaften Vorsätze schon bald nach Annabels Geburt wieder aufgegeben, obgleich Jenny und er nicht oft und meist auch nur zufällig zusammengewesen waren. Gelegentlich besuchte er sie, und dann kam es zuweilen vor, daß sie keine Gäste hatte und auch keine erwartete. Manchmal kam sie zu ihm ins Büro, um ihre Investitionen zu besprechen. Der Doktor war in Geldsachen keineswegs so leichtsinnig gewesen, wie seine Freunde angenommen hatten, und Jenny hatte an die 20 000 Dollar geerbt. Ein paarmal war außer Matt kein anderer im Büro gewesen.

«Wie kommt es wohl», hatte sie ihn vor kurzem gefragt, «daß wir uns nie schuldig gefühlt haben?»

«Gott sei Dank haben wir das nicht getan», erwiderte er, denn er hatte sich inzwischen mit dem Gedanken abgefunden, daß er Jenny Danforth für den Rest seines Lebens lieben würde. Und er hatte es aufgegeben, über die Gründe dafür nachzugrübeln.

Eine Weile saßen sie still auf der Bank, bis Jenny sagte: «Heute findet ein Picknick statt, nicht wahr?»

«Ja. Kommst du auch hin?»

Sie lächelte spöttisch. «Was würde Erma Finney dann wohl sagen?»

«Ist das nicht gleichgültig?»

«Ich komme nicht. Ich kann nicht vergnügt sein. Sogar Kinder fühlen sich in Gegenwart einer Frau in Trauerkleidung bedrückt. Hast du das noch nicht bemerkt?» Sie hielt ihre Hand vor sich, als wolle sie den Ehering und die kleine Granatrosette, die sie in Bannack schon getragen hatte, genau betrachten. «Matt, weißt du, daß Andy jetzt schon fast ein Jahr tot ist?»

«Ich weiß.»

«Dann bin ich bald mehr oder weniger frei, nicht wahr? Ein Trauerjahr sollte eigentlich genügen. Oder meinst du nicht?»

Matt zog die Stirn in Falten und tat, als fühle er sich durch die Sonne geblendet, denn er glaubte, sie wollte ihn durch diese Bemerkung daran erinnern, wie wenig aufrichtig ihre Trauer um Andrew Danforth gewesen war. «Das weiß ich nicht, Jenny. Manche Frauen trauern ihr Leben lang um einen Mann, andere überhaupt nicht.» Ihm schoß der Gedanke durch den Kopf, daß sie – im Falle *seines* Todes – die gleiche Frage an einen anderen Mann gerichtet hätte. Und dieser Anfall von Eifersucht veranlaßte ihn, sie finster anzustarren, was sie jedoch nicht zu bemerken schien.

Plötzlich faltete sie die Hände, wandte sich zu ihm und sah ihm gerade ins Gesicht. «Ich werde wieder heiraten, Matt.»

Er zuckte zusammen und sah sie fassungslos an. «Das glaube ich dir nicht!»

Sie lächelte. «Du hast doch nicht etwa angenommen, daß ich mein Leben lang so weiterleben würde? Ich weiß, andere Frauen tun das, aber ich kann es nicht, Matt. Bei so einem Dasein würde ich mich früher oder später umbringen.»

«Du willst wieder heiraten?» wiederholte er zweifelnd und dachte, sie werde ihm gleich erklären, daß sie das nur gesagt habe, um ihn zu prüfen. Aber er spürte, wie sein Körper erstarrte, und das schien ihm ein böses Vorzeichen zu sein.

«Ja, ich werde Pete heiraten.»

18

Um die Mittagsstunde brannten überall Lagerfeuer, und der Rauch zog in dichten Schwaden durch den Fichtenhain. Einige Familien waren in Wagen zum Picknickplatz gefahren, andere kamen zu Pferde und ließen ihre Tiere im hohen Gras zwischen den gefällten Baumstämmen weiden. Die Frauen packten Körbe aus und breiteten Decken über den Rasen, fanden sich zu kleinen Gruppen zusammen, plauderten und beaufsichtigten die Kinder. Die Männer waren in ernste Gespräche über das Indianerproblem vertieft und ließen dabei die Flaschen von Hand zu Hand gehen.

Marietta saß bei Erma Finney, Reba Church, Cornelia Bream und Blanch Hart, die von allen Seiten Gratulationen empfing, weil ihre Tochter die Columbia so ausgezeichnet dargestellt hatte. Zu Marietta sagten die Frauen, Lisette habe die Rolle der Martha Washington fraglos sehr originell interpretiert.

Georgina hatte ihr Kostüm nur widerstrebend abgelegt. Sie meinte, es entspräche doch dem Sinn des Tages, wenn sie auch zum Picknick als Columbia erschiene. Als Lisette aber ihre weiße Perücke durchs Klassenzimmer schleuderte und ihr zurief: «Dann wundere dich nicht, wenn die Jungen alle lachen», warf Georgina ihr einen verletzten Blick zu und zog wieder ihr blaues Musselinkleid mit der blauen Seidenschärpe an.

Lisette behauptete, den Goldring mit dem kleinen Diamanten verloren zu haben, den Matt ihr zum zehnten Geburtstag geschenkt hatte, und suchte so lange danach, bis alle anderen Mädchen weg waren. Als sie einige Zeit später zwischen Ralph Mercer und Jacob Finney den Hügel heraufgaloppierte, trug sie ein Reitkostüm aus schwarzem Alpaka mit Schlepprock, weißer Seidenkrawatte und einem weißen Schleier, der von ihrem hohen schwarzen Hut herabwehte. Die Mädchen blickten einander verblüfft an, denn Lisette hatte ihnen versichert, sie wolle ein grünes Musselinkleid anziehen, also ein Sommerkleid genau wie die anderen.

Mit strahlendem Gesicht, weil sie wieder einmal der Mittelpunkt der allgemeinen Aufmerksamkeit war, schlenderte sie auf die Gruppe zu, bei der Morgan stand, und flüsterte ihm zu: «Wo ist Zack Fletcher? Er hat mir versprochen, nach dem Festzug zur Schule zu kommen und mit mir hierherzureiten.»

«Du hast doch schon zwei Verehrer – genügt dir das nicht für den Nachmittag?»

Lisette zog die Stirn in Falten und murmelte: «Was hältst du von ihm?»

«Von Fletcher?»

«Nein, natürlich nicht, Morgan. Zieh mich nicht mit Fletcher auf! Aber sieh um Gottes willen jetzt nicht zu ihm hin.» Dabei beugte sie sich nahe zu Morgan und tat, als entferne sie ein Stäubchen von seinem Rock. Als Morgan und Lisette so nebeneinander standen, beide im schwarzen Reitdreß mit weißen Krawatten, mit dunklen, glänzenden Augen und dem gleichen verschwörerischen Lächeln, sahen sie sich unglaublich ähnlich. Beide schienen stolz auf den anderen und sich durchaus der Wirkung bewußt zu sein, die ihr gemeinsames Auftreten hervorrief.

Morgan merkte, daß Lisette von ihm hatte wissen wollen, was er von Ralph Mercer hielt. Diese Frage schien darauf hinzudeuten, daß sie daran dachte, ihn zu heiraten – ein Gedanke, der Morgan so absurd vorkam, als er jetzt seine noch nicht sechzehnjährige Schwester betrachtete, daß er ernsthaft erwiderte: «Ich habe gehört, er ist so gut wie verlobt mit Rachel Finney.»

Lisette stieß einen hellen Schrei aus, legte dann aber schnell die Hand vor den Mund. Als sie daraufhin beide zu lachen begannen und einander voll boshaften Entzückens anblickten, schien endlich alle Fremdheit, die durch die lange Trennung zwischen ihnen aufgekommen war, überwunden zu sein. Morgan war auch Lisette gegenüber verschlossen gewesen und hatte sich bemüht, die alte Vertrautheit nicht gleich wieder aufkommen zu lassen. Er fürchtete, sie könne ihm Nella Allens wegen Vorwürfe machen oder seine Affäre mit Lily Jones herausfinden.

Auf Georgina hatte Morgan, genau wie Lisette es vorausgesagt hatte, großen Eindruck gemacht. Er und Jonathan hatten sich schon ein paarmal zornig angesehen, aber bisher war es Lisette gelungen, den Frieden zwischen den Brüdern aufrechtzuerhalten, indem sie Jonathan zuflüsterte, Georgina fände Morgan langweilig.

Morgan hatte tatsächlich herausgefunden, daß die wirksamste und vielleicht einzige Waffe gegen Frauen darin bestand, sich gleichgültig und gelangweilt zu geben. Nach seinen Erfahrungen mit Nella Allen und Lily Jones glaubte er, für eine Weile von Frauen genug zu haben. Das, was er von diesen beiden nicht gelernt hatte, würde ihm Georgina Hart bestimmt nicht beibringen können. Er war überzeugt, daß Zack ihn verachtete und bis an sein Lebensende verachten würde. Der Verlust von Zacks Achtung erschien ihm weit schlimmer als der Verlust des Geldes, das man ja wieder ersetzen konnte. Schlimmer auch als der Verlust seines Stolzes, den er endgültig verloren zu haben glaubte. Vermutlich war Zack nicht zum Picknick gekommen, weil er ihm damit zu verstehen geben wollte, daß es endgültig aus war zwischen ihnen.

Als Morgan einige Minuten später auf seine Mutter zuging, die im Kreise ihrer Freundinnen saß, sah Marietta mit so unsicherem Lächeln zu ihm auf, daß es ihn ein wenig verwirrte. Während er an der Gruppe der Frauen vorüberging, hörte er, daß sie gerade über Jenny Danforth sprachen.

«Ich hielt es natürlich für richtig, sie auch mit herzubitten», sagte Erma Finney gerade. «Aber ich bin froh, daß sie nicht gekommen ist. Schließlich ist der Doktor erst elf Monate tot.»

«Aber sie hat ihn treu und aufrichtig betrauert», erklärte Cornelia Bream, worauf die anderen Frauen sie fragend ansahen.

«Warum sollte sie das auch nicht?» meinte Erma lächelnd. «Sie hat ihn treu und sehr demonstrativ betrauert. Aber Jenny muß ja immer auffallen, ganz gleich, was sie tut.»

«Ich finde, du bist nicht gerecht, Erma», fiel Marietta ein. «Jenny hat bestimmt nicht den Wunsch, aufzufallen. Es ist gewissermaßen ihr Pech, daß sie überall Neugier erregt. Sie sucht die Beachtung anderer nicht, und sie genießt sie auch nicht.»

Daraufhin sah Erma Marietta so forschend an, daß auch die anderen Frauen aufmerksam wurden. «Du hast Jenny Danforth gern, nicht wahr, Marietta?» fragte Erma so freundlich und mitleidig, als erkundige sie sich nach einer Krankheit.

«Natürlich tue ich das», bestätigte Marietta und lachte. Sie wunderte sich selber, daß dieses Lachen ein wenig künstlich klang.

Dabei hatte sie die Frage ehrlich beantwortet. Es war auch nicht eigentlich die Frage selbst gewesen, die sie aus der Fassung gebracht hatte, sondern Erma Finneys forschender, inquisitorischer Blick. Es hatte eine Zeit gegeben, in der Marietta überzeugt war, daß Jenny und Matt ineinander verliebt waren. Aber jetzt war sie nicht mehr so sicher und glaubte fest, daß sie nie auf diesen Gedanken gekommen wäre, wenn Erma Finney die beiden nicht so offensichtlich bespitzelt hätte. Aber sie hätte nicht sagen können, ob sie ihren Verdacht aus unbewußter Abwehr gegen Erma Finney oder aus Zuneigung zu Jenny aufgegeben hatte. Jedenfalls hatten die beiden Frauen sich angefreundet, und schon diese Freundschaft war für Marietta ein Schutz gegen ihren Argwohn.

«Jenny Danforth ist meine älteste Freundin hier», sagte Erma. «Ich glaube, ich kenne sie besser als eine von euch – obgleich das noch nicht heißen will, daß ich sie gut kenne. Ja», fügte sie nachdenklich hinzu, «Jenny bleibt mir ein Rätsel.» Wieder blickte sie Marietta an. «Sie muß doch einen Grund dafür haben, daß sie sich so zurückhaltend und geheimnisvoll gibt.»

Es war Marietta bei diesen Worten, als greife eine Hand nach ihrem Herzen und presse es zusammen. Doch ein paar Minuten später stand Matt neben ihr und sagte: «Verzeih, daß ich so spät komme. Einer unserer Bankkunden wollte ausgerechnet heute eine große Summe Bargeld haben, und ich hatte Mühe, das Geld zusammenzubekommen.» Marietta fühlte sich plötzlich so erleichtert, als habe Matt sie Jennys wegen verlassen und sei nun zu ihr zurückgekehrt.

Matt ging weiter und trat zu Pfarrer Bream und Jeremy Flint, der sich in wüsten Flüchen über die letzten Ausschreitungen der Indianer erging. Der Pfarrer hörte ihm mit sanfter Miene zu und schien weder die Gotteslästerungen noch sonst ein anstößiges Wort zu bemerken. Auch Pete stand in diesem Kreis, und obgleich Matt sich so gestellt hatte, daß er seinen Bruder ins Auge fassen konnte, empfand er es plötzlich als unmöglich, Pete anzusehen.

Er trank jedesmal, wenn die Flasche zu ihm kam, und hörte sich darüber sprechen, daß die Indianer 200 000 Mann auf die Beine gestellt haben sollten, um die Weißen noch vor Ende des Sommers aus ihren Gebieten zu vertreiben. Die Kaufleute und Bankbesitzer der Grenzbezirke hatten Geld und Ausrüstungsgegenstände gestiftet, um eine Truppe von Freiwilligen auszurüsten. Die Goldsucher waren allenthalben davor gewarnt worden, unbelebte Straßen zu benutzen. Einige Viehfarmen waren von ihren Besitzern verlassen worden, und hier und da hatten die Rothäute Männer getötet und Frauen und Kinder in Gefangenschaft geschleppt. Immer wieder wurden Soldatentrupps aus dem Hinterhalt niedergemacht und Postkutschen sowie Wagenzüge überfallen.

«Schöne Situation», sagte Silas Church. «Wo man hinblickt, brennen und morden diese bemalten Wilden, und nirgends ist eine Armee, die uns schützt.»

Während des Gesprächs hatte Matt plötzlich das Bedürfnis, Pete anzusehen. Er wollte wissen, ob mit seinem Bruder eine Veränderung vorgegangen war, denn in dem Augenblick, als Jenny ihm erzählt hatte, daß sie Pete heiraten würde, war in Matt die Gewißheit erwacht, daß Pete ihr den Heiratsantrag nur aus Bosheit gegen ihn gemacht hatte - oder vielleicht auch aus dem überspannten, ritterlichen Gefühl heraus, Marietta verteidigen zu müssen. Im Geist war Petes Gesicht vor ihm aufgetaucht, und er hatte erschrocken festgestellt, daß es das Gesicht eines völlig fremden Menschen war, eines Mannes, der insgeheim einen Plan geschmiedet hatte und ihn ebenso geheim durchführen wollte und vielleicht eines Tages imstande war, noch andere Pläne zu schmieden, die sich dann möglicherweise gegen ihn, seinen Bruder, richteten.

«Davon hat Pete mir ja nie etwas erzählt», hatte er zu Jenny gesagt. «Wann habt ihr euch dazu entschlossen?»

«Gestern nachmittag, Matt. Ich weiß, daß es dich überrascht, und ich weiß auch, daß du jetzt ärgerlich bist. Du denkst, wir hätten dich irgendwie hintergangen.»

«Nein, nein, das denke ich nicht, Jenny!» protestierte er so schnell, daß sie lächelte. «Ich möchte, daß du glücklich wirst», hatte er unbeholfen hinzugesetzt.

«Aber nicht mit Pete?»

«Ich habe nicht das Recht, so etwas zu sagen oder auch nur zu denken.» Doch dabei verspürte er rasende Eifersucht und eine Wut, die stärker war, als er sie je empfunden hatte. Gegen seinen Willen fragte er: «Liebst du ihn?»

«Ja, Matt, das tue ich. Oder glaubst du etwa, daß es nicht möglich ist, zwei Menschen gleichzeitig zu lieben?»

«Das hast du mir schon lange sagen wollen, nicht wahr?»

Er brannte darauf, ihr noch andere Fragen zu stellen – wie oft sie

Pete gesehen hatte, wann er sich in sie und wann sie sich in ihn verliebt hatte; aber er fühlte sich als Außenseiter und glaubte, dann würde Jenny ihren Triumph erst richtig auskosten.

Sie beugte sich vor und legte ihre Hand auf die seine, als habe sie Mitleid mit ihm. «Ich weiß, woran du jetzt denkst, Matt.» Er blickte sie an. «Nein, das haben wir nicht getan, und er hat mich auch gar nicht darum gebeten.»

«Warum nicht?»

Jenny lachte. «Du solltest eigentlich besser wissen als ich, was für ein Idealist Pete ist.»

«Aber so gottverdammt idealistisch kann er doch nicht sein!»

«Soweit es mich betrifft, schon.»

«Was weiß er über uns?»

«Nichts. Ich bin ganz sicher, Matt. Wenn er etwas wüßte, wäre er nicht imstande, es zu verbergen.»

«Er war immerhin imstande, eine ganze Weile die Tatsache zu verbergen, daß er in dich verliebt ist.»

«Das hat er getan, weil er es für nötig hielt. Immerhin war ich verheiratet. Und als Andy gestorben war, wollte er nicht einer Frau den Hof machen, die gerade Witwe geworden war. Deshalb hat er gewartet.»

«Verdammt gewissenhafter Knabe.» Aber gleich darauf sagte er: «Das hätte ich nicht sagen sollen, verzeih mir bitte.»

Endlich überwand sich Matt und blickte zu seinem Bruder hinüber. Pete hörte Lem Finneys neuester Theorie über die Ausrottung der Indianer zu. Auch er trug, Lisette zuliebe, einen schwarzen Gehrock und eine weiße Seidenkrawatte. Matt stellte ärgerlich fest, daß die ganze verdammte Familie aussah, als sei sie zu einer Hochzeit oder einer Beerdigung zusammengekommen. Eine Weile starrte Matt zu seinem Bruder hinüber; er war wie betäubt vor Haß gegen diesen Mann, der Jenny Danforth bald heiraten, sie zu sich ins Bett holen und sie damit Matt für den Rest seines Lebens rauben würde. Während er seinen Bruder beobachtete, empfand er es als geradezu hinterhältig von Pete, daß dieser seine Absichten vor ihm verheimlicht und auch nicht die leiseste Andeutung gemacht hatte. Matt steigerte sich so in seine Wut hinein, daß er schließlich glaubte, er könne seinen Bruder auf der Stelle umbringen, ohne Gewissensbisse zu haben. Erschrocken wandte er sich um und ging davon, als fürchtete er, es tatsächlich zu tun.

«Warte, bis Pete es dir selber erzählt», hatte Jenny gesagt. «Er möchte es tun, aber er will warten, bis das Trauerjahr vorüber ist. Wir werden auch erst heiraten, wenn er sich ein Haus in Helena gebaut hat.»

«Aha, und dann soll ich wahrscheinlich ein erstauntes Gesicht machen und grinsen wie ein Hampelmann und ihm die Hand schütteln und sagen, er wäre ein verdammt glücklicher Schweinehund.» Er sah sie mit einem Blick an, der wütender war, als er beabsichtigt hatte. Sie beugte sich erneut zu ihm, und in ihrem Gesicht standen Kummer und Zärtlichkeit.

«Liebe ändert sich nicht, Matt. Ich liebe dich seit dem Tag, an dem du in Bannack zu uns kamst und nach dem Doktor fragtest. Und ich werde dich bis zu meinem letzten Tag weiterlieben. Aber ich kann nicht allein leben. Ich kann das Dasein nicht ertragen, wenn ich nicht einen Mann habe, mit dem ich meine Tage verbringen kann. Und ich kann nicht nur von Eifersucht und Warten leben – wie kannst du das von mir verlangen?»

«Das tue ich nicht, Jenny. Bestimmt nicht.»

«Ich werde Pete glücklich machen, das verspreche ich dir. Ich weiß, was ein Mann von seiner Frau erwartet. Ich werde ihn nicht enttäuschen. Pete braucht mehr Liebe, als du ahnst.»

Mit diesen Worten hatte sie sich von ihm fort- und Pete zugewandt. Und als er ging und sie auf dem kahlen Friedhofshügel zwischen den Grabsteinen zurückließ, hatte er tiefste Scham und Selbstverachtung verspürt. Er hatte nicht begriffen, daß Pete in den elf Jahren seit dem Tod Lorenas und seines kleinen Sohnes unerträglich einsam gewesen war. Der Bruder hatte seinen Kummer tief in sich verschlossen, als wolle er ihn vor fremden Augen und Ohren schützen. Keinem Menschen hatte er ihn zeigen wollen, keinem – außer Jenny.

Diese Erkenntnis befreite Matt mit einem Schlag von allem Neid und Haß. Entschlossen ging er zu Pete hinüber und lächelte ihm vertrauensvoll zu und empfand ein ganz neues Gefühl der Verbundenheit mit seinem Bruder. Er wünschte Pete so sehr Glück, daß er sich fast zwingen mußte, ihm Jenny Danforth nicht mit einer feierlichen Rede gewissermaßen als Präsent zu überreichen und dann ein für allemal aus dem Leben der beiden zu verschwinden. Dieser innere Umschwung ließ ihn unwillkürlich lächeln. Während die Männer weitersprachen, warf er Pete hin und wieder einen neugierigen Blick zu und entdeckte jedesmal eine neue gute Eigenschaft an ihm. Schließlich bewunderte er Pete mehr denn je und bedauerte nur, daß er es ihm nicht sagen konnte.

Da hob Pfarrer Bream beide Arme und verkündete, nun sei der Augenblick gekommen, in dem die Kinder, wie man es ihnen versprochen hatte, ihre Knallfrösche und Raketen abschießen, die Wunderkerzen anzünden und ihr geliebtes Feuerwerk veranstalten dürften. Gerade wollten die Kleinen sich mit Freudengeschrei ans Werk machen, als Lemuel Finney sie in so gebieterischem Ton zurückrief, daß sie erschrocken stehenblieben und ihn ansahen.

«Einen Augenblick, Kinder. Ich habe euch noch etwas Wichtiges zu sagen.»

«Aber Mr. Finney!» protestierten die Kinder.

Lem Finney lächelte wohlwollend, schüttelte jedoch den Kopf. «Heute ist ein feierlicher Tag für unsere Nation, meine Damen und Herren», begann er, «ein Tag, an dem wir nicht nur unsere Unabhängigkeit von der britischen Tyrannei feiern, sondern auch den Bestand unseres Staatenbundes, der Norden und der Süden haben zusammengefunden! Möge in Zukunft kein anderer Streit zwischen ihnen entbrennen als der, welcher von beiden unserem gemeinsamen Vaterland die besten Dienste erweisen kann.»

Die Kinder, die sich um ihn drängten, schrien und jubelten, die Männer schwenkten die Hüte, die Frauen sprangen auf, klatschten in die Hände und wischten sich die Augen. Lisette seufzte und stützte mit geschlossenen Augen das Kinn in die Hand. Als Finney in seiner Rede fortfuhr, warf sie hin und wieder einen gespannten Blick in die Runde, schien jedoch nicht zu finden, wonach sie suchte, und schloß wieder die Augen.

Die Menge lauschte schweigend und andächtig. Niemand bemerkte es, als Zack Fletcher plötzlich zwischen den Bäumen auftauchte und vorsichtig auf Morgan zuging. Lisette hatte sich so von Lem Finneys Worten und ihrem eigenen glühenden Patriotismus gefangennehmen lassen, daß sie zusammenzuckte und erschrocken aufschrie, als sie Zack sah. Er warf ihr einen ärgerlichen Blick zu, und einige der Umstehenden drehten sich mißbilligend zu ihnen um.

Zack beugte sich zu Morgans Ohr und flüsterte ihm zu: «Eben bin ich Jenkins und Hamilton in die Arme gelaufen.» Er roch, als sei er scharf geritten und hätte zuvor eine Menge ungewöhnlich schlechten Whiskys getrunken.

Morgans Kopf fuhr herum. Der Ausdruck mürrischen Mißtrauens, der während der letzten drei Wochen auf seinem Gesicht gelegen hatte, war verschwunden. Jetzt blitzten Überraschung und Haß in seinen Augen auf. «Wo?»

«In Troy's Casino.»

Langsam schlichen Morgan und Zack sich davon, während Georgina und Lisette sie beobachteten und fragende Blicke tauschten. Als sie außer Hörweite waren, blieben sie stehen und sahen sich an.

«Um ein Haar hätte dieser Schweinehund auf mich geschossen, wenn Hamilton ihn nicht daran gehindert hätte. Hamilton sagte, sie seien nicht hinter mir her, sondern hinter dir.»

«Warum?»

Lem Finney hatte seine Rede unter Jubel und Beifallsrufen beendet, und man sang *The Star-Spangled Banner*.

«Sie behaupten, du hättest ihren Goldstaub gestohlen», erklärte Zack.

Morgans Gesicht verzerrte sich vor Wut. «Ich? Ihren Goldstaub gestohlen?» fragte er fassungslos, als wüßte er nicht, was die Worte bedeuteten.

«Ruhe, Ruhe! Hör erst mal zu. Die beiden haben Lily in Helena getroffen, und sie hat behauptet, es wäre deine Idee gewesen, ihnen mit dem Zeichen des Sicherheitskomitees einen Schrecken einzujagen. Das Gold hättest du dann später beim Pharaospiel verloren. Jenkins sagt, er hätte dir von der ersten Minute an nicht getraut, und sobald er dich zu fassen bekäme, ginge der Tanz los.»

Morgan war halb wahnsinnig vor Wut, und sein Gesicht verzog sich zu einer bösartigen Fratze.

Zack stieß ihn an und machte ihn darauf aufmerksam, daß Lisette sie beobachtete.

«Wo sind die Kerle?» murmelte Morgan.

«Nicht weit. Da hinten bei den Bäumen. Ich hatte Mühe, sie davon abzuhalten, gleich mitzukommen.»

«Komm, wir gehen.»

Als die beiden sich mit schnellen Schritten entfernten, rief Lisette ihnen nach: «Morgan, Zack, wir wollen gleich essen – geht doch jetzt nicht weg!» Aber ihre Worte gingen unter in dem Lärm, der nach der Nationalhymne ausgebrochen war: Männer feuerten ihre Pistolen ab, und die Kinder schrien und tobten vor Begeisterung. Morgan ging hinter Zack auf die Lichtung zu, auf der die Pferde im Gras weideten.

«Jenkins sagt, er will sich auf fünfzehn Meter mit dir schießen, lieber noch auf zehn. Er schlägt vor, daß ihr eure Magazine leerschießt, und wenn einer von euch dann noch nicht tot ist, kann er seine Ehre als wiederhergestellt betrachten. Aber mach dir keine falschen Hoffnungen: Er will dich umbringen.» Morgan nickte im Gehen, als erkläre Zack ihm die Regeln eines Spiels. Es war ihm tatsächlich nicht bewußt, daß er vor der gefährlichsten Situation seines ganzen Lebens stand. Er empfand keine Furcht, sondern nur eine unerklärliche, erwartungsvolle Freude. «Morgan», mahnte ihn Zack, «denk daran, was ich dir immer gesagt habe: Nimm dir Zeit, schieß nicht übereilt, ziele auf seinen Kopf. Warte hier! Bleib außer Sicht.» Zack trat auf die Lichtung hinaus und rief: «In Ordnung, Jungens, ich hab ihn mitgebracht. Wo seid ihr?»

In einiger Entfernung erhob sich Jenkins, und neben ihm tauchte Hamilton auf. «Kommen Sie raus, Devlin! Wir sind Gentlemen, Sie Schweinehund. Wir überfallen niemanden aus dem Hinterhalt. Wir töten ihn in ehrlichem Kampf.»

Jenkins kam näher, gefolgt von Hamilton, der ein wenig befangen grinste. Da trat Morgan zwischen den Bäumen hervor und stellte sich neben Zack. «Es hat keinen Sinn, große Umstände zu machen», sagte Zack schroff. «Ihr beiden könnt euch nicht leiden, und da ist es verdammt egal, wer im Recht und wer im Unrecht ist.» Er blickte von Morgan zu Jenkins. «Fertig?» Da keiner antwortete, wies er ihnen ihre Plätze an und bemerkte ironisch lächelnd: «Man könnte ja noch ein bißchen Brimborium machen, aber nach meiner Erfahrung zählen Formalitäten nichts, wenn zwei Männer sich gegenseitig umbringen wollen.» Morgan und Jenkins standen Rücken an Rücken, so steif und den Blick so starr vor sich gerichtet, daß man hätte meinen können, sie seien taub und außerstande, sich zu bewegen. «Los jetzt!» rief Zack.

Im selben Augenblick setzten sie sich in Bewegung, mit ernstem Gesicht und abgemessenen Schrittes; dann hielten sie inne und erstarrten wieder zu reglos wartenden Gestalten.

«Fertig!» rief Zack. Sie fuhren auf dem Absatz herum. «Feuer!» Jenkins schoß zuerst. Morgans Schuß löste sich um den Bruchteil einer Sekunde später.

Jenkins machte ein erstauntes Gesicht, stolperte einen Schritt vorwärts und feuerte noch einmal. Morgan hörte undeutlich, daß Zack ihm etwas zurief, und glaubte, er solle noch einmal schießen. Aber er hatte das Gefühl, als habe ihn ein Pferd mit dem Huf in die Brust getreten, und seine rechte Hand hing herab und ließ sich durch keine noch so große Willensanstrengung heben. Er hörte einen Schuß, nahm an, er selber habe, ohne es zu wissen, gefeuert, und sah, wie Jenkins sich langsam um sich selbst drehte, auf ein Knie niederging, wo er einen Augenblick schwankend verhielt, ein wenig nach vorn kippte und dann umsank und auf den Rücken fiel.

Mit unsicheren Schritten taumelte Morgan auf ihn zu. Bevor er selber umfiel, wollte er feststellen, ob er Jenkins getötet hatte oder nicht. Langsam, mit hängenden Schultern, ging er auf ihn zu. Er bemühte sich, teilnahmslos und verächtlich auszusehen, fühlte sich aber so hilflos, als sei er völlig betrunken. Die Umgebung verschwamm vor seinen Augen, aber er war wild entschlossen, Jenkins' Gesicht zu sehen. Ungeduldig wischte er sich die Augen und versuchte, einen klaren Blick zu bekommen. Nach einer endlosen, wie ihm dünkte kilometerweiten Reise kam er an der Stelle an, wo Jenkins, ein Bein ein wenig angewinkelt, auf dem Rücken lag. Wie das Wasser eines Springbrunnens sprudelte das Blut aus seinem Hals. Er hatte die Augen verdreht, und sein Gesicht war schlaff und ausdruckslos. Sein Atem ging stoßweise und unregelmäßig; bald würde er tot sein.

Langsam und vorsichtig kniete Morgan nieder. Immer noch wollte er seinem Freund Zack, wo der auch sein mochte, vortäuschen, daß er sich Jenkins nur etwas aus der Nähe ansehen wollte. Doch dann zog ihn eine unwiderstehliche Kraft tiefer und tiefer, und als er plötzlich Zacks Gesicht über sich sah, stellte er zu seiner eigenen Überraschung fest, daß er neben Jenkins auf dem Rücken lag. «Ich stehe gleich auf», murmelte er Zack mit entschuldigendem Lächeln zu.

Er wollte sich bewegen, aber Zack legte ihm fest beide Hände auf die Schultern und knöpfte mit sonderbar zärtlichem, nachdenklichem Ausdruck Morgans Hemd auf. Von einem übermächtigen Schlafbedürfnis überwältigt, schloß Morgan die Augen und vergaß Zack und Jenkins für einen Augenblick. Aber dann war ihm, als müsse er noch etwas sagen. Er flüsterte: «Sag meinem Vater, daß ich gestorben bin wie ein ...»

«Halt den Mund!» sagte Zack. Sein Gesicht war immer noch weich und freundlich. «Daran wirst du nicht sterben. Lieg still, ich hole den Arzt.»

«Wo ist der andere?» Er konnte sich nicht mehr an den Namen erinnern und hoffte, Zack würde wissen, von wem er sprach.

«Der tut dir nichts, mach dir keine Sorgen. Und beweg dich nicht! Lieg still!» Zack verschwand, und Morgan blieb mit geschlossenen Augen liegen. Er empfand nichts als Dankbarkeit und Gleichgültigkeit, die er für inneren Frieden hielt und die möglicherweise der Beginn seines eigenen Todes waren.

19

Am Sonntagmorgen war es ungewöhnlich still in New York. Man konnte ein ganzes Stück an den gleichförmigen Häuserfassaden der Fifth Avenue entlanggehen, ohne einen Laut zu hören und ohne eine Bewegung zu sehen. Die Barackensiedlung der Squatter, der illegalen Ansiedler, lag zwischen den Felsen am Park bei der Fifty-ninth Street. Auch dort ließ sich niemand blicken, nur ein paar Ziegen und Hunde streiften schnüffelnd zwischen den Abfallhaufen umher, die die Squatter gewöhnlich als Munition gegen Eindringlinge gebrauchten. An den Piers des North und des East River lagen Schiffe aus allen Häfen der Welt. Auch hier herrschte Stille. Die eleganten Spielhäuser und Bordelle auf der East Fourteenth Street und der West Twenty-third Street waren geschlossen, und in der Battery schliefen betrunkene Männer und Frauen unter den Bäumen. Die Kinder aus den Slums waren die ersten, die mit verschlafenen Gesichtern aus den Kellern und Mietskasernen hervorkrochen. Heute, am Sonntag, waren ihre Gesichter gewaschen und ihre Haare gekämmt, und sie standen feierlich und erwartungsvoll zwischen den Abfallhaufen.

Im Laufe des Vormittags eilten ein paar Mädchen in die Kneipen der ärmeren Bezirke, und in den Wohnvierteln tauchten vereinzelte Wagen auf. Wenn das Wetter gut war, sah man auf den Straßen auch ein paar elegant gekleidete Männer und Frauen, die zu Fuß zur Kirche gingen. Junge Männer mit gelben Glacéhandschuhen eilten vorüber, Huren gingen mit sittsam gesenkten Blicken zur Kirche, und bald hallte die ganze Stadt von Glockengeläut und inbrünstig gesungenen Chorälen wider. Männer, Frauen und Kinder lehnten sich bequem in die Kirchenbänke zurück, um eine Stunde lang den Gedanken nachzuhängen, die sie in diesem Augenblick am meisten beschäftigten.

Später, wenn die Damen und Herren nach eifrigem Kopfnicken und gebührendem Hütelüften vor Freunden und Bekannten langsam wieder heimwärts schlenderten und sich in ihre Sandsteinhäuser zurückgezogen hatten, erwachte der Rest der Stadt plötzlich zum Leben. Es war, als hätten die ehrenwerten Herrschaften die anderen durch ihr Verschwinden hervorgelockt. Jedenfalls waren am späten Nachmittag Biergärten und Musikhallen, Freudenhäuser und Spielsäle so überfüllt und voller Lärm, als habe dieser Tag des Müßiggangs die Bewohner der Stadt mit neuer Energie geladen. Am Sonntagnachmittag fanden mehr Prügeleien statt als gewöhnlich, und überall hörte man die Knüppel der Polizisten auf das Pflaster schlagen, um Hilfe herbeizurufen.

An diesem Sonntagmorgen, Ende September, war der ungebärdigere Teil der Stadtbevölkerung noch unsichtbar. Aus den Kirchen strömte die elegante Menge, und ihre Gesichter trugen noch den verklärten Ausdruck, den sie während des Gottesdienstes angenommen hatten, ein Ausdruck, der sie ein wenig betrübt und zweifelnd, aber doch auch geläutert erscheinen ließ. Man blieb noch vor den Kirchenportalen stehen, schwatzte ein wenig, und hier und da klang sogar ein Lachen auf. Allmählich löste sich der Bann der drohenden Verdammnis.

Die Chings, Joshua, Susan und Ceda, standen beisammen und wurden von ihren Brüdern und deren Frauen und Kindern umringt. Joshua, der gestreifte Hosen und einen Gehrock trug und den Zylinder in der Hand hielt, verbeugte sich liebenswürdig lächelnd nach allen Seiten und nahm die Glückwünsche zur Geburt seines Enkelsohnes entgegen, als gebührten sie weit mehr ihm als Philip. Tatsächlich wendeten sich die meisten direkt an Joshua, während Philip mit belustigter, unbeteiligter Miene dabeistand und sich keine Mühe gab, seine Vaterschaft zu betonen.

«Wie soll denn der Kleine heißen?»

«Joshua», antwortete Joshua.

«Joshua Van Zandt. Wie hübsch!» Die Frau, die die Frage gestellt hatte, nickte Philip zu, dieser beantwortete den Gruß mit einer knappen Verbeugung, nahm aber sofort wieder seine abwesende Haltung ein.

Allmählich löste die Menge sich auf. Die Fußgänger schlenderten in verschiedenen Richtungen über die Avenue davon und ermahnten die kleinen Bettlerinnen, nach Hause zu gehen und am heiligen Sonntag nicht auf den Straßen herumzulungern. Auch die Chings gruppierten sich wie zu einer Parade und setzten sich in Bewegung. Voran die vier Kinder, gefolgt von Harriet und Melissa, denen Susan und Ceda folgten. Hinter ihnen gingen die Männer, in ernste Gespräche vertieft, bei denen, wie Joshua feststellte, sowohl seine beiden Brüder als auch sein Schwiegersohn bemüht waren, ihm gegenüber einen ehrfurchtsvollen Ton anzuschlagen.

«Ein außerordentlich tüchtiger Mann!» lautete das allgemeine Urteil über Joshua Ching, der erfreut zur Kenntnis nahm, daß viele Männer, einschließlich dieser drei, der Ansicht waren, er habe in den vergangenen anderthalb Jahren – also seit der Übernahme der De Grootschen Brennereien – durch seine Börsenmanöver und anderweitige Geschäfte runde drei Millionen Dollar verdient. In gewisser Hinsicht erschien ihm dieses Gerücht ebenso befriedigend, wie wenn es auf Wahrheit beruht hätte.

Er wußte sehr genau, welches Bild andere sich von ihm machten, denn schließlich hatte er es selber entworfen. Joshua Ching, so hieß es allgemein, sei unschlagbar im Ersinnen und Durchführen von Plänen. Er habe sich Richter und Politiker gefügig gemacht, er unterhalte ein eigenes Spionagesystem, er habe die Vertrauensleute seiner Geschäftspartner bestochen und seine eigenen in die Büros seiner Feinde eingeschmuggelt.

Bisher, so hieß es weiter, habe er noch nie einen Fehler gemacht, oder zumindest sei der Fehler unbemerkt geblieben und ‹die Leiche verschwunden›. Joshua selbst wußte jedoch besser, wie viele gute Gelegenheiten, die er schon fest im Griff zu haben glaubte, ihm wieder entgangen waren und wie oft er nur mit knapper Not eine Katastrophe hatte vermeiden können. Er wußte auch, daß andere Gefahren auf wunderbare Weise von selbst an ihm vorübergegangen waren. Darum war er im Grunde seines Wesens bescheidener, als er sich gab. Früher, vor langer, langer Zeit, wie ihm schien, hatte er geglaubt, daß Männer, die erfolgreicher waren als er, eben mehr Glück gehabt hatten. Aber jetzt verachtete er dieselben Männer, weil sie nun *ihn* beneideten und sich einbildeten, er habe seine Erfolge dem bloßen Zufall zu verdanken. Er wußte, daß er durch die kleinste Unaufmerksamkeit oder die geringfügigste Fehlkalkulation alles wieder verlieren konnte.

«Du hast Glück gehabt, Joshua», hatte Susan kürzlich zu ihm gesagt. Und im selben Augenblick hatte Joshua zu seiner eigenen Überraschung gefühlt, wie die Wut ihm zu Kopf stieg und sein Gesicht rötete. Er mußte sich eisern beherrschen, sich nicht auf sie zu stürzen und sie anzubrüllen. Er hatte nichts erwidert, aber er hatte diese Beleidigung in das Hauptbuch ihrer Beziehungen eingetragen, in dem die Bilanz sich, ohne daß Susan es wußte, allmählich sehr zu ihren Ungunsten verschob.

Sie waren sich beide mehr oder weniger darüber im klaren, daß sie nicht nur aufgehört hatten sich zu lieben, sondern begonnen hatten, einander zu mißtrauen. Für Joshua war das ein zwar nicht sehr schwerwiegendes, aber nicht wiedergutzumachendes Unglück. In gewisser Weise war ihm diese Entwicklung sogar angenehm, denn dadurch war er weniger häufig gezwungen, Susan anzulügen, und diese schien sich leicht mit seiner Heuchelei abzufinden.

Nach Sukys Heirat, die jetzt ein Jahr und drei Monate zurücklag, war er in das Schlafzimmer seiner Tochter gezogen und hatte es Susan gegenüber höflich damit begründet, daß er sie dann nicht mehr aufwecke, wenn er früh aufstand oder spät nach Hause kam. Vom gleichen Zeitpunkt an hielt er es für selbstverständlich, daß er nie wieder mit ihr schlafen werde, was Susan seiner Ansicht nach mit der gleichen Erleichterung erfüllen würde wie ihn. Gelegentlich spielte Joshua mit dem Gedanken, sich eine nette junge Geliebte zuzulegen, der er eine Wohnung einrichten wollte. Doch bisher hatte er sich damit begnügt, die renommierten Bordelle in der Umgebung des Fifth Avenue Hotel zu besuchen.

Wenn Susan so klug gewesen wäre, wie er eigentlich erwartet hatte, so hätte auch sie ihm Achtung und Ehrerbietung entgegengebracht. Statt dessen ließ sie ihn fühlen, daß sie ihn zu gut kannte und genauso sah, wie er wirklich war, welche Rolle der Außenwelt gegenüber er auch immer spielen mochte. Trotzdem empfand er keine Abneigung gegen sie, obgleich er voraussah, daß auch das eines Tages eintreten konnte. Seiner Ansicht nach waren Susan und er einander nicht mehr und nicht weniger zugetan als jedes andere Paar, das schon mehr als zwanzig Jahre verheiratet war. Es sprach auch für Susan, daß sie ihm Suky geschenkt hatte – und natürlich auch Steven. Aber für das Geschenk dieses Sohnes vermochte er nicht die gleiche Begeisterung aufzubringen.

Joshua hatte Steven auf ein Internat geschickt, um ihn dem Einfluß seiner Mutter und seiner Tante zu entziehen. In den ersten Sommerferien war Steven, der offenbar einige Prügel von seinen Lehrern bezogen hatte, als harter, zynischer junger Mann zurückgekehrt, über den Ceda manche Träne vergoß, während seine Mutter ihn mit einer gewissen Unsicherheit und Fürsorglichkeit behandelte, als sei er krank.

Joshua hingegen sah seine bisherigen Bedenken durch diesen Wandel nur bestätigt. «Er hat sich schneller entwickelt, als ich angenommen hatte», bemerkte er zu Susan. «Ich dachte, es würde vier Jahre dauern, bis sie einen unausstehlichen Snob und Tugendbold aus ihm gemacht haben. Aber er hat es schon in sechs Monaten geschafft. Nächstes Jahr schicke ich ihn nach Deutschland, damit wird seine Erziehung dann abgeschlossen sein.» Susan hatte ihren Mann bei diesen Worten verwundert angesehen und traurig den Kopf geschüttelt; sie kannte diese sarkastische Stimmung an ihm und wußte, daß er seine wahre Meinung hinter frivolen Bemerkungen verbarg.

Joshua machte Susan für die meisten Schwierigkeiten verantwortlich, die er vor Sukys Heirat zu überwinden hatte. Er zweifelte nicht daran, daß Suky heute nicht Mrs. Philip Van Zandt hieße, wenn er weniger geschickt und weniger einflußreich gewesen wäre. Dann gäbe es auch nicht die Firma Van Zandt & Ching, und der jetzt zehn Tage alte Joshua Van Zandt hätte in diesem Fall nie das Licht der Welt erblickt.

Die Schwierigkeiten hatten begonnen, als Joshua eines Morgens beim

Weggehen Ceda begegnete, die auf Zehenspitzen durch den Flur in Sukys Zimmer schleichen wollte. Da so etwas noch nie vorgekommen war und Ceda ein verlegenes, schuldbewußtes Gesicht machte, ging Joshua in Sukys Zimmer, um zu erfahren, was los sei. Er hörte, daß Suky krank war, zu krank, um die Ausfahrt mit Philip Van Zandt zu unternehmen, die Joshua für diesen Nachmittag arrangiert hatte.

Er war ziemlich skeptisch, denn ihm schien, als werde Suky immer dann krank, wenn sie sich über etwas ärgerte, wenn sie Angst hatte oder wenn sie eine Enttäuschung erlebt hatte – das hätte sie aber selbstverständlich nie eingestanden. Trotzdem wurde Joshua jedesmal, wenn er hörte, Suky sei krank, von lähmendem Entsetzen ergriffen und fürchtete, daß es diesmal ernst sein könnte.

Er setzte sich an jenem Morgen auf ihre Bettkante, legte seine Hand prüfend auf ihre Stirn und an ihr Gesicht, fragte sie nach den Symptomen der Krankheit und wann sie sich gezeigt hätten und war bald überzeugt, daß Suky nicht kränker war als er selber. «Laß den Doktor holen», sagte er zu Susan, «und paß auf, daß sie alles einnimmt, was er ihr verschreibt.»

Susan folgte ihm ins Wohnzimmer. «Wir haben Mr. Van Zandt fünf Monate lang nicht zu Gesicht bekommen», sagte sie, «und in der letzten Woche hat er uns dreimal besucht. Wo hat er denn die ganze Zeit gesteckt?»

«Was weiß ich, wo er gesteckt hat, Susan?» Joshua war ärgerlich. «Ich nehme an, er hat einmal geprüft, ob es noch andere Möglichkeiten für ihn gibt.»

«Und jetzt ist er anscheinend zu der Überzeugung gekommen, daß Susan Ching für ihn die beste Möglichkeit ist, ja?»

«Susan, hast du eigentlich die Absicht, meine Pläne zu durchkreuzen?»

«Ach, du hast Pläne? Was würdest du sagen, Joshua, wenn Suky mit deinen Plänen nicht einverstanden wäre?»

«Sie wird damit einverstanden sein.»

Daraufhin hatte Susan spöttisch gelächelt. Doch seiner Meinung nach tat sie das nur, weil alle drei Frauen darüber empört waren, daß Philip Van Zandt Suky nicht schon beim ersten Walzer während des Balls einen Heiratsantrag gemacht hatte. Jedenfalls hatte er nicht die Absicht, seiner Frau zu erzählen, daß Philip nur wieder aufgetaucht war, weil er ihm einen Scheck über 100 000 Dollar gegeben, drei Grundstücke an der Forty-fourth Street und der Fifth Avenue auf ihn überschrieben und sich einverstanden erklärt hatte, ihn in einer neuen Maklerfirma als gleichberechtigten Partner aufzunehmen.

Ein paar Tage später erschien Philip nachmittags in Joshuas Büro und berichtete ihm, mehr verblüfft als ärgerlich: «Mr. Ching, Ihre Tochter will mich nicht heiraten.»

«Aber das ist doch ausgeschlossen!»

«Ich habe heute nachmittag mit ihr gesprochen.» Er lächelte. «Es war wirklich eine Überraschung.»

Joshua erhob sich. «Das muß ein Irrtum sein», erklärte er so brüsk, als sei Philip ein Bankkunde, der seine Börsengewinne falsch eingeschätzt hat. «Sind Sie sicher, daß Sie sie richtig verstanden haben?»

Philip lächelte wieder. «Ganz sicher.»

«Was hat sie gesagt?»

«Sie sagte, sie sei nicht gewillt, zu heiraten. Und als ich fragte, ob sie es sich nicht noch einmal überlegen wolle, sah sie mich so an, Sie wissen schon, wie –» Philip schien anzunehmen, daß Joshua diesen Blick genau kannte – «und sagte, sie glaube es nicht.»

Joshua stand mit verschränkten Armen am Fenster und beobachtete das gegenüberliegende Büro, in dem die Angestellten auf hohen Stühlen vor großen Geschäftsbüchern saßen und ungeduldige Kunden hin und her gingen. Philip rauchte eine Zigarre und war sichtlich der Meinung, daß es nicht seine Sache sei, dieses Problem zu lösen.

Schließlich wandte Joshua sich um. «Ich werde mit ihr sprechen. Vielleicht glaubt sie, daß Sie sie jetzt mehr lieben werden als zuvor. Verstehe einer die Frauen!»

Joshua hatte stets angenommen, daß Susans Bemerkung, Suky sei trotz ihres scheinbar so gefügigen Wesens in Wirklichkeit unbeugsamer als ein Eisenzaun, nur die Äußerung einer Frau war, die auf die Schönheit ihrer Tochter eifersüchtig ist. Als er nun aber mit Suky über Philip sprach, merkte er bald, daß seine Frau nicht übertrieben hatte.

Das Hotelappartement lag im Halbdunkel, und in keinem der Räume brannte Licht. Susan und Ceda befanden sich in Sukys Schlafzimmer; denn Suky war krank. Und solange Sukys Krankheit andauerte, war sie, zumindest für Suky, durchaus echt und quälend. Joshua nahm Platz, fragte Suky mit ungewöhnlicher Zärtlichkeit, wie sie sich fühle, ergriff ihre Hand und fand sie überraschend kalt, obgleich es ein heißer Tag und die Luft im Zimmer zum Ersticken war. Als er dann sagte: «Mr. Van Zandt war heute um vier Uhr in meinem Büro», richtete Susan sich kerzengerade auf, und Ceda schrak zusammen. Aber Sukys Hand lag reglos in der seinen. Es war zu dunkel im Zimmer, als daß er ihren Gesichtsausdruck hätte erkennen können. «Er war sehr bestürzt, Suky.»

Da zog Suky ihre Hand zurück und ließ das vertraute kleine Lachen hören, das er seit ihrer frühesten Kindheit an ihr kannte; es klang, als sei sie verwirrt und ein wenig ungläubig. «Das kann ich mir eigentlich kaum vorstellen.»

Mit einemmal war Joshua überzeugt, daß die drei Frauen ihm nicht die Wahrheit sagten, sondern ein Geheimnis vor ihm hatten. Er rückte seinen Stuhl näher ans Bett und begann in liebevollem Ton: «Hast du mich jemals belogen, Suky?»

«Nein, Papa.»

«Dann sage mir, was du mir jetzt verheimlichst.»

Ceda stieß bei diesen Worten ein leises Keuchen aus, was Susan veranlaßte, aus dem Zimmer zu gehen, weil ihre Schwester alles verdorben hatte. Aber Suky verschränkte gelassen die Arme hinter dem Kopf und ließ sich tiefer in die Kissen gleiten. «Wie hast du das erraten, Papa?»

Joshua lächelte und sog dabei mit vielsagender Miene die Luft ein. «Man konnte es riechen. Nun erzähl mal.» Tatsächlich hatte der schwere Duft der Tuberosen, die in einer Vase neben Sukys Bett standen, ihn daran erinnert, daß er in letzter Zeit öfter derartige Sträuße in Sukys Zimmer vorgefunden hatte.

«Ich möchte einen anderen Mann heiraten», sagte sie. Sie sprach so leise, daß er sich hinabbeugen mußte, um sie zu verstehen. Er fuhr zurück.

«Du kennst doch gar keinen anderen!» Und mit erhobener Stimme rief er: «Susan, komm herein!»

Susan erschien auf der Schwelle.

«Wovon spricht sie?»

«Soll ich es erzählen, Suky?» Und als ihre Tochter nickte: «Also gut, Joshua: Sie hat sich in einen anderen Mann verliebt.»

«Wie heißt er?» Joshua war so wütend, als habe man ihm berichtet, seine Tochter sei mit einem Liebhaber durchgebrannt und die drei Grundstücke, die 100 000 Dollar und seine neue Firma Van Zandt & Ching seien verloren.

«Frederic Hallam.»

«Wo hat sie ihn kennengelernt?»

«Auf Jemima Cottrells Hochzeit.»

«Du lieber Gott, das ist doch erst zwei Wochen her!»

«Er ist verliebt in sie», erklärte Ceda mit verzückter Miene.

Joshua warf ihr einen Blick zu, als wolle er sie fragen, auf Grund welcher Erfahrungen sie solch ein Urteil fällen könne.

«Wie oft hast du ihn gesehen?»

«Zweimal.»

«Ich verstehe», sagte Joshua, beugte sich vor, stützte die Ellbogen auf die Knie und starrte so lange stumm zu Boden, daß die Frauen nervös wurden. Bevor er dann die Lampe neben Sukys Bett entzündete, bemühte er sich, seinem Gesicht jenen Ausdruck echter Sorge zu geben, der, wie er hoffte, die wilde Entschlossenheit, die er in Wirklichkeit fühlte, verbarg. «Hat er um deine Hand angehalten?»

Wieder lachte Suky ihr leises, verwirrtes Lachen. «Aber Papa!» Dabei lächelte sie ihn aus den Augenwinkeln an, als wolle sie ihn darauf aufmerksam machen, daß man für einen Heiratsantrag etwas mehr Zeit benötige. Ihre schlanken Finger begannen mit dem Spitzenbesatz des Kopfkissens zu spielen.

«Und was gedenkst du zu tun, Suky?»

«Ich habe nicht die Absicht, etwas zu tun. Ich werde abwarten.»

Mit der gleichen geballten Intensität, die er seinerzeit auf Milton De Groot verwandt hatte, machte Joshua sich jetzt daran, Suky davon zu überzeugen, daß sie tun müsse, um was er sie gebeten hatte. «Du bildest dir ein, daß Frederic Hallam dich liebt – obgleich du ihn bisher nur zweimal gesehen hast. Die Hallams sind reich, sie brauchen kein Geld. Und wenn sie welches brauchten, könnte ich ihnen bestimmt nicht genug bieten. Wenn Frederic Hallam heiratet, dann nimmt er sicher ein Mädchen aus einer Familie, die ein günstiger Geschäftspartner für die Hallams ist. So werden derlei Dinge heutzutage gehandhabt. Ob es dir nun gefällt oder nicht.»

«Da bin ich anderer Meinung, Joshua.» Joshua wandte sich rasch zu Susan um, die jedoch unbeirrt weitersprach: «Mrs. Talbot war gestern nachmittag mit ihrer Tochter hier und hat Suky zu einer Spazierfahrt abgeholt. Unterwegs haben sie Frederic Hallam getroffen, und er hat sich ihnen angeschlossen. Mrs. Talbot war außerordentlich freundlich zu Suky. Nicht wahr, Liebling?»

Joshua wandte sich wieder seiner Tochter zu. «Wenn du eine Frau wie Coral Talbot merken läßt, daß du in ihren Vetter verliebt bist, begehst du einen Fehler, den du nie wiedergutmachen kannst.»

Suky sah ihn erstaunt an, hörte auf, mit den Spitzen ihres Kissens zu spielen, setzte sich hoch und faltete die Hände in ihrem Schoß. «Wieso könnte Mrs. Talbot mir schaden?»

«Sie kann dich lächerlich machen. Und es gibt nichts Schlimmeres, was einem passieren könnte.»

«Willst du dem armen Kind Angst einjagen?»

«Es gibt in dieser Welt eine Menge Dinge, vor denen man Angst haben muß. Aber wir wollen nicht von unserem eigentlichen Thema, der Frage einer passenden Heirat, abschweifen. Wenn du annimmst, daß Frederic Hallam in dich verschossen ist – oder verliebt, falls dir dieser Ausdruck besser gefällt –, dann hast du vielleicht sogar recht, Suky. Junge Männer verlieben sich leicht in schöne junge Mädchen, das ist fast selbstverständlich. Aber ebenso selbstverständlich geben sie auch auf, wenn sie auf zu große Schwierigkeiten stoßen. Die Hallams bilden sich ein, zur Aristokratie von New York zu gehören, und solche Leute haben keinerlei Sympathie für Neulinge wie mich. Roger Hallam würde nie zulassen, daß sein Sohn die Tochter von Joshua Ching heiratet.»

Suky sah ihrem Vater eine Weile gerade ins Gesicht. Um ihren Mund lag ein leichtes Lächeln, mehr wissend als nachgiebig, und ihre Augenwinkel wurden ein wenig schräg, wie stets, wenn sie unverhofft einen Vorteil zu erspähen schien. «Warum will mich dann Philip Van Zandt heiraten?» fragte sie.

«Er braucht sich nicht um die Wünsche seiner Familie zu kümmern, weil er nichts von ihr zu erwarten hat. Frederic Hallam hingegen hängt von seiner Familie ab. Wenn er seine Familie vor den Kopf stieße, würde ihm nicht viel bleiben. Jedenfalls nicht genug, um für dich noch in Betracht zu kommen, meine Liebe.»

«Auch darin bin ich nicht deiner Ansicht, Joshua», begann Susan wieder.

Aber Joshua warf ihr nur einen kurzen Blick über die Schulter zu und sagte: «Susan, bitte geh jetzt hinaus.»

Susan runzelte die Stirn, zögerte, folgte dann aber Ceda, die schleunigst das Zimmer verlassen hatte. Nun wandte er sich Suky wieder mit jener geduldigen Hartnäckigkeit zu, die sie gewiß kannte und richtig zu interpretieren vermochte. Gleichgültig, wie lange wir miteinander diskutieren werden, sagte diese Miene, am Ende wirst du doch tun, was ich von dir verlange. Während er ihr einen Grund nach dem anderen anführte, warum sie nicht erwarten könne, daß Frederic Hallam sie heiraten werde, und alle Vorteile aufmarschieren ließ, die sie als Mrs. Philip Van Zandt genießen werde, spielte Suky mit den Spitzen ihrer Haare, seufzte von Zeit zu Zeit und machte dabei ein so ironisch-amüsiertes und gleichgültiges Gesicht, daß Joshua verwirrt an seiner Tochter eine Eigenschaft wahrnahm, mit der er selber bisher noch jeden Verhandlungspartner verblüfft hatte. Schließlich bemerkte er zu seinem Entsetzen Tränen in Sukys Augen. «Ich werde nicht glücklich, wenn ich Mr. Van Zandt heirate.»

«Woher willst du das wissen, meine Liebe?»

«Ich weiß es. Und ich weiß auch, daß ich glücklich sein werde, wenn ich Frederic Hallam heirate.»

Er faßte wieder nach ihrer Hand, die immer noch kalt und schlaff war. «Glück ist ein rarer Artikel in dieser Welt, Suky. Und glaube mir, in der Liebe findet man es am seltensten.»

Suky dachte über diese Worte nach, sah ihn an und setzte sich dann plötzlich auf. Sie warf ihr Haar zurück und sagte: «Dann werde ich überhaupt nicht heiraten.»

«Das ist zu unsinnig, als daß man es überhaupt in Erwägung ziehen könnte. Du glaubst jetzt, es gebe nichts Wichtigeres auf der Welt, als einen Mann zu heiraten, in den du verliebt zu sein glaubst. Mein liebes Kind, warum bist du noch nicht auf den Gedanken gekommen, daß durchaus allem kein Grund besteht, warum Frederic dich weniger lieben sollte, wenn du verheiratet bist? Vorausgesetzt natürlich, daß er dich wirklich liebt.»

Suky machte ein überraschtes Gesicht, dachte kurz über seine Worte nach, lachte dann etwas verlegen und drohte ihm mit dem Finger, wie sie es manchmal als Kind getan hatte. «Das kannst du doch nicht ernst meinen, Papa!»

«Natürlich meine ich es ernst», sagte Joshua. Und er dachte dabei, daß sie ihm in einem Jahr, wenn sie etwas welterfahrener wäre, gewiß zustimmen würde.

Suky faltete die Hände, legte die Zeigefinger gegeneinander und berührte ihre Lippen damit, während sie mit geschlossenen Augen über die Worte ihres Vaters nachgrübelte. Dann blickte sie ihn plötzlich an und fragte: «Und was bekomme ich von dir, Papa, wenn ich das für dich tue?»

«Wenn du *was* für mich tust, Suky? Wie kommst du auf diese Idee? Du tust es nicht für mich, sondern für dich.»

«Aber trotzdem ist es etwas, was ich nicht tun möchte.»

Einen Augenblick lang fühlte Joshua sich versucht, von Suky einfach Gehorsam zu verlangen. Doch dann machte er sich klar, daß seine Tochter sein bester Verbündeter war und es durch ihre Heirat noch mehr sein würde. Deshalb versprach er ihr eine lange Hochzeitsreise durch Europa. Sie erklärte sich einverstanden, verlangte aber noch mehr: Sie wollte Maxine, Susans Zofe, mit in ihren Haushalt übernehmen. Wieder gab Joshua nach. Er war sich seit langem darüber klar, daß Frauen instinktiv Erpresser sind und daß dies die ihnen gemäße Art ist, aus ihren Gefühlen Nutzen zu ziehen. So entlockte Suky ihm ein Versprechen nach dem anderen, bis er ihr schließlich erklärte, mehr habe er nicht zu vergeben.

«Aber ich darf doch wenigstens sein Haus neu möblieren?» fragte sie ihn.

«Damit mußt du warten, bis euer erstes Kind geboren ist.»

«Was hat das mit dem Haus zu tun?»

«Wir werden sehen», meinte er.

Die Hochzeitszeremonie war kaum vorüber, als Joshua in Gedanken bereits alle Möglichkeiten erwog, wie er seinem Schwiegersohn das Geld, das er ihm gegeben hatte, und die Grundstücke – auf denen er eines Tages sein eigenes Haus zu bauen gedachte – wieder entreißen könne. Als sie zum Schiff kamen, mit dem das junge Paar seine Hochzeitsreise antreten wollte, hatte Joshua bereits einen fertigen Plan vor Augen, wie er Philip eines Tages dazu bringen könnte – nicht durch Zwang, sondern lediglich infolge Philips unglückseliger Angewohnheit, riskante Börsenmanöver zu starten –, alles wieder zurückzugeben, was er von Joshua bekommen hatte.

«Sieh zu, daß du soviel wie möglich über Kunst lernst», riet Joshua Suky zum Abschied. «Wenn ich mir einmal eine Bildergalerie einrichte, möchte ich die Wände nicht mit den zweitklassigen Werken behängen, die europäische Händler so gern an Amerikaner verkaufen.» Dann beugte er sich zu ihr, küßte sie und murmelte: «Sei glücklich.» Dieser Wunsch stand zwar im Gegensatz zu seiner Theorie, daß Glück nicht das Ziel sei, nach dem ein Aristokrat zu streben habe, aber die Worte waren ihm unversehens herausgeschlüpft.

Suky und Philip waren fast sechs Monate unterwegs. Als sie zurückkehrten, wirkten sie so, daß nach Joshuas Ansicht niemand auf den Gedanken kommen konnte, ihre Heirat sei keine Liebesheirat gewesen. Als sich dann herausstellte, daß Suky in anderen Umständen war, erklärte Joshua ihr unverblümt, wenn das Kind ein Junge würde, müsse er nach seinem Großvater Ching benannt werden. Philip legte die ganze Selbstgefälligkeit eines eitlen Mannes an den Tag, der mit einer auffallend schönen Frau verheiratet ist. Und Joshua empfand es als großes Glück, daß seine Tochter nicht Frederic Hallam geheiratet hatte, dessen Vermögen ihn bestimmt nicht zu einem so angenehmen Schwiegersohn gemacht und der zum Beispiel sicher darauf bestanden hätte, daß sein erster Sohn seinen eigenen Namen erhielt.

Joshua hatte sich mit geradezu gieriger Freude auf sein Enkelkind gestürzt, es stolz und kritisch betrachtet, hatte es in seine Arme genommen und war mit ihm auf und ab gegangen. Jeden Tag erschien er, um den Kleinen zu sehen. Er brachte ihm Geschenke, bewunderte die schräggeschnittenen Augen, die winzige Nase, das feuchte, mit feinem Flaum bedeckte Köpfchen und die Fingernägel, die aussahen wie Seidenpapier. Philip schien zwar erfreut über das Baby, aber es langweilte ihn wohl auch. In jedem Fall schien er sich der Nebenrolle, die er selber bei dieser Geburt gespielt hatte, bewußt zu sein. Denn als sie an diesem Sonntagmorgen aus der Kirche kamen, war es Joshua und nicht Philip, der die meisten Gratulationen entgegennahm und die meisten Fragen nach Sukys Befinden beantwortete. Er versicherte allen Leuten, es gehe ihr ausgezeichnet und sie habe sich glänzend erholt, obgleich dies seiner Ansicht nach nicht ganz zutraf.

Als sie sich Philips Haus näherten, liefen Seth und Evelyn, die beiden jüngsten Vettern, voraus und stürzten um die Wette die Treppe hinauf, um als erste oben anzukommen. Dann schlichen sie sich leise durch die Halle und spähten durch die offene Tür ins Wohnzimmer, wo Suky auf einem Sofa lag und Maxine ihr die Haare bürstete.

«Dürfen wir hereinkommen?» flüsterte Evelyn.

Suky lächelte, und die beiden liefen auf sie zu, blieben jedoch in achtungsvoller Entfernung vor ihr stehen und sahen sie verzückt an.

«Alle haben sich nach dir erkundigt.»

Lächelnd lauschte Suky ihren Berichten, während sie den Pudel Romola, eines der Geschenke Joshuas an seinen Enkel, streichelte. Der Anblick der beiden Kinder erweckte in ihr das Gefühl, daß sie nicht erst neunzehn Jahre alt war, sondern eine alte Frau, die ihr Leben und die wichtigsten Erlebnisse hinter sich hatte und sich ihrer nur noch in kummervollem Selbstmitleid erinnerte.

Die Geburt ihres Kindes hatte sie so überrascht, als habe sie sich erwartungsvoll auf eine Reise begeben und sei plötzlich in ein Zugunglück geraten. Der Chloroformgeruch, die Schmerzen, die ihr, wie sie geglaubt hatte, weit weniger zusetzen würden als anderen Frauen, die verzweiflungsvollen Stunden der quälenden Wehen, in denen sie immer wieder versucht war, aufzugeben und sich selbst und das Kind dem Tode zu überantworten, die tastenden, blutbeschmierten Hände des Arztes, die Schreie, die sie vernahm, ohne sich darüber im klaren zu sein, daß es ihre eigenen waren – das alles würde sie, wie sie glaubte, nie wieder vergessen können, obgleich Susan ihr versicherte, daß es völlig aus ihrem Bewußtsein schwinden werde. Als das Baby nach fast zwanzig Stunden endlich geboren war und der Arzt ihr das kleine, runzlige Geschöpfchen stolz präsentierte, hatte sie den Kopf weggedreht und abwehrend die Hand erhoben. Sie hatte das Kind nur als einen fremden, feindlichen Gegenstand empfunden. Und als es zu schreien begann, hatte sie sich die Ohren zugehalten und gebeten, es wegzubringen, damit sie es nicht mehr hören müsse.

Nachdem Suky geschlafen und sich so weit erholt hatte, daß sie ihren Vater und ihren Mann anzulächeln vermochte, war sie immer noch von tiefer Scham erfüllt, weil sie keinerlei Interesse für ihr Kind verspürte und keineswegs stolz war, es zur Welt gebracht zu haben. Sie fühlte sich leer, als habe man sie gewaltsam einer Sache beraubt, die ihr einst gehört hatte und jetzt nicht mehr gehörte. Dabei war sie sorgsam bedacht, diese Gefühle zu verbergen. Im Grunde hatte sie darauf vertraut, daß das Kind schmerzlos zur Welt käme und daß ihr zärtliches Madonnenlächeln echt und nicht vorgetäuscht sein werde.

Abwechselnd gab sie Joshua, Philip und auch Frederic Hallam die Schuld, der sie nicht gebeten hatte, sich von ihm entführen zu lassen, als er erfuhr, daß sie mit Philip verlobt war. Jedesmal, wenn sie diesem Gedanken nachzuhängen begann, fühlte sie sich versucht, in Tränen auszubrechen, und nur der Gedanke an eine Bemerkung ihres Vaters über Ceda hielt sie davon ab: «Tränen sind der einzige Trost einer alten Jungfer.»

Als nächste betraten Susan und Ceda mit Harriet und Melissa das Zimmer; die beiden kleinen Vettern traten artig beiseite. Die Frauen küßten Suky, streichelten ihr das Haar und fragten sie flüsternd, ob sie sich besser fühle. Suky lächelte ihnen zu und brachte es fertig, eine strahlende Miene aufzusetzen, so daß es fast schien, als gefalle sie sich in ihrer neuen Rolle.

Dann trat Joshua ein, die Röcke teilten sich raschelnd vor ihm. Er stand vor seiner Tochter und betrachtete sie prüfend, ehe er sie auf die Stirn küßte und ihre Hand ergriff. «Ich habe dir eine Überraschung mitgebracht.»

Susan und Ceda sahen sich erstaunt an, denn das war auch für sie eine Neuigkeit. Philip küßte Sukys Wange, doch sie schien es kaum zu bemerken, sondern sah nur gespannt zu ihrem Vater auf.

Joshua griff in die Brusttasche seines Gehrocks und zog ein flaches weißes Seidenetui hervor, das er Suky hinhielt. Es war plötzlich fast unheimlich still im Zimmer, nur die beiden kleinen Vettern flüsterten miteinander, und Philip hustete leise.

Mit sicheren Bewegungen öffnete Suky das Kästchen und zog eine Diamantschnur hervor, an der ein dunkler, birnenförmiger Saphir von der Größe eines Rotkehlcheneis hing. Die Frauen hielten den Atem an, die Brüder zogen die Augenbrauen in die Höhe, Philip tat einen Schritt vorwärts, als wolle er den Wert des Kleinods abschätzen, und Suky saß wortlos da und starrte wie geblendet auf den Schmuck. Sie wirkte, als sehe sie sich bereits in einem weißen Tüllkleid, das kostbare Kollier am Hals, einen Ballsaal betreten.

Als Joshua sich zu ihr beugte, um ihr die Kette umzulegen, murmelte Suky ihm etwas zu, was die anderen nicht hören konnten. Alle drängten sich um Suky, um den Schmuck näher in Augenschein zu nehmen, und Joshua warf Philip einen fast herausfordernden Blick zu.

Lord und Lady Haldane erschienen, und Jemima, die kurz vor der Geburt ihres ersten Kindes stand, gesellte sich zu den Frauen, die Joshuas Geschenk bewunderten, während Lord Haldane sich mit den Männern unterhielt. Amos Cottrell hatte entweder noch nicht entdeckt, daß seine Tochter keinen echten Adeligen geheiratet hatte, oder er war zu starrköpfig, es zuzugeben. Jedenfalls sprach er von seinem Schwiegersohn immer noch als von Lord Haldane, so daß jeder, der geschäftlich mit ihm in Verbindung stand oder es erhoffte, gezwungen war, seinem Beispiel zu folgen.

«O Suky!» rief Jemima. «Es ist, als wäre dieses Kollier ein Teil von dir selber. Das bist du, wie du leibst und lebst: Diamanten und Saphire.»

«Mir wäre es lieber, sie hätte sich einen anderen Vergleich ausgedacht», murmelte Susan.

«Das finde ich nicht», widersprach Ceda. «Ich finde den Vergleich sehr zutreffend.»

«Aber jetzt möchte ich das Baby sehen», erklärte Jemima. «Wo ist der Kleine denn?»

Susan zog an einer Klingelschnur und sagte der eintretenden Zofe, die Amme solle das Kind bringen.

«Aber Madam, er soll doch jetzt gerade ...»

«Das macht nichts», sagte Joshua. «Bringen Sie ihn her!»

Gleich darauf erschien die Amme mit einem gestickten Kissen, auf dem das Baby lag. Es wand sich und schrie, ballte seine Fäustchen, holte nach jedem Schrei keuchend Luft und blickte wütend in die Welt. Der kleine Joshua trug ein weißes, mit Valenciennesspitze besetztes Wollkleidchen, das fast bis auf den Fußboden hinabfiel. Auf seinem Kopf saß ein Spitzenhäubchen, das mit blauen Seidenbändern befestigt war. Suky fand ihn selbst in dieser Aufmachung bemerkenswert häßlich und bezweifelte, daß er jemals hübscher aussehen werde.

Die Frauen stürzten sich auf das Kind, und als dieses immer noch schrie und mit den Fäustchen herumfuchtelte, nahm Joshua der Amme das Steckkissen aus den Armen, ging mit seinem Enkel im Zimmer auf und ab, schnalzte mit der Zunge und redete dem Kleinen gut zu. Zur größten Überraschung der Frauen wurde das Baby plötzlich still und blickte wie hypnotisiert zu seinem Großvater auf. In diesem Augenblick erschien Coral Talbot auf der Schwelle und blickte mit leichtem Lächeln um sich, als wolle sie erraten, ob sie eintreten dürfe oder nicht.

Sie trug ein braunes, mit schwarzen Tressen besetztes Taftkleid und einen kleinen schwarzen Hut und wirkte, wie stets, auf eine diskrete und doch fast aggressive Weise elegant. Ihre schwarzen Augen wanderten von einem Gesicht zum anderen, als kenne sie alle, ohne jedoch jemanden wirklich wahrzunehmen. Dann neigte sie grüßend den Kopf, ging zu Suky, ergriff ihre Hand und fragte, wie sie sich fühle.

«Vielen Dank. Es geht mir schon viel besser», erwiderte Suky schüchtern wie ein kleines Mädchen, denn sie hatte immer noch Angst vor Coral Talbot, jetzt mehr denn je, weil Corals strahlendes Aussehen und ihre gönnerhafte Art Suky noch erschöpfter erscheinen ließen.

Coral betrachtete das Kollier. «Ein ausgezeichneter Saphir, das muß ich sagen.»

Sie wandte sich ab und warf einen kurzen Blick auf das Baby, das Joshua immer noch im Zimmer hin und her trug. Jetzt trat Felice, die ihrer Mutter ins Zimmer gefolgt war, auf Suky zu und machte im Vorbeigehen einen Knicks vor Susan.

Felice begrüßte Suky mit einem Kuß, blieb mit gefalteten Händen neben ihr stehen und sah Suky mit ihren großen schwarzen Augen hingebungsvoll an. Seit jenem Tag, an dem Felice mit Suky und ihrer Mutter die Spazierfahrt gemacht hatte, bei der Frederic Hallam unerwartet aufgetaucht war, hatte Suky keine treuere Freundin als Felice.

Susan mußte immer lächeln, wenn sie sah, wie die beiden sich ernsthaft unterhielten wie Schulfreundinnen. Felice verhielt sich einerseits wie ein zwölfjähriges Mädchen, aber auch wie eine Vertraute, die älter und klüger ist als ihre Freundin.

«Worüber reden Suky und dieses Kind eigentlich immer?» hatte Susan einmal gefragt.

«Das ist ganz gleichgültig», hatte Joshua erwidert. «Denke daran, daß Felices Vater William Talbot heißt.»

Suky hatte ihre Eltern daraufhin mit jenem Lächeln angesehen, das Susan rätselhaft fand, während Joshua glaubte, es leicht durchschauen zu können.

Die Gespräche der beiden drehten sich ausschließlich um Felices Vetter Frederic Hallam. Suky hatte ihn seit dem Tage, als Susan sich geweigert hatte, ihn zu empfangen, weil sie nicht den Mut aufbrachte, ihm zu sagen, daß ihre Tochter verlobt war, nicht mehr gesehen. Daraufhin war Felice mit ihrer Gouvernante erschienen, hatte Suky zu einer Spazierfahrt aufgefordert, und dabei war es wiederum zu einer unerwarteten Begegnung mit Frederic gekommen. Er hatte die Gouvernante gebeten, in seinem eigenen Wagen Platz zu nehmen, und war selber mit Suky und Felice weitergefahren. Diese Begegnung fand drei Tage vor ihrer Hochzeit statt. Suky hatte keinem Menschen davon erzählt. Dieses Geheimnis lieferte Felice und ihr Gesprächsstoff für alle ihre Unterhaltungen, und sie fanden in diesem gemeinsamen Erlebnis so viel Faszinierendes und Aufregendes, daß sie jahrelang davon würden sprechen können.

«O Suky», hatte Felice gesagt, «dieser Ausdruck auf Frederics Gesicht, als du uns damals verließest! Das war das Traurigste, was ich je gesehen habe und je sehen werde!»

Und Suky hatte sie geküßt und geantwortet: «Das glaube ich, mein Herz.» Sie hätte Felice gern gefragt, warum ihr Vetter ihr damals nicht sofort einen Heiratsantrag gemacht hatte, wenn er sie wirklich so liebte. Aber sie war nicht sicher, ob Felice diese Frage beantworten konnte. Und sie wußte auch nicht, ob sie selber die Antwort überhaupt zu hören wünschte.

Die Frauen standen in einer Gruppe beieinander, die Männer hatten sich etwas abgesondert, und zwischen den Vettern war ein Streit ausgebrochen. Coral Talbot und Philip unterhielten sich am Fenster, und Felice saß neben Suky, hatte das Hündchen auf den Schoß genommen und streichelte es. «Er war heute da», flüsterte sie, während ihre schwarzen Augen aufmerksam durch den Raum blickten.

«Wirklich?» Sukys Augen weiteten sich und begannen zu leuchten. Es war eine Reaktion, die sie jedesmal bei der Erwähnung seines Namens bewußt hervorrief, weil Felice enttäuscht gewesen wäre, wenn sie dieses sanfte, leidenschaftliche Leuchten in Sukys Blick nicht gesehen hätte. «Hast du mit ihm gesprochen?»

«Ja.»

«Was hat er gesagt?»

«Er hat gefragt, wie es dir geht.»

«Wie sah er aus?»

«Er trug einen schwarzen Rock, graue Hosen und weiße Handschuhe und hatte eine Gardenie im Knopfloch. Er sah wundervoll aus – aber traurig.»

«Hat er sonst noch etwas gesagt?»

«Er sagte – Suky, er sah mich dabei an, als wolle er mich bitten, es dir zu erzählen, so flehend sah er aus, daß mir ganz schwindlig wurde – er sagte: ‹Ich werde nie anders empfinden, Felice, glaubst du mir das?›»

Suky und Felice blickten sich lange und ernst in die Augen. Dann seufzten sie beide und schüttelten traurig den Kopf. Schließlich fragte Suky: «Hast du ihm gesagt, daß auch ich nie anders empfinden werde?»

«Ja, das habe ich gesagt. ‹Frederic, sie auch nicht›, sagte ich. O Suky, wie traurig ist das alles!»

«Pst», machte Suky, denn Felices Unterlippe begann zu zittern, und ihre schwarzen Brauen zogen sich zusammen. «Ich bin dir so dankbar, Felice. Ohne dich hätte ich ihn ganz verloren.»

«Für dich würde ich alles tun, Suky.»

«Ich weiß. Aber jetzt, mein Herz, mußt du dich auch einmal mit den anderen unterhalten. Deine Mutter sieht schon zu uns herüber.» Die langen Unterhaltungen der beiden hatten auch Mrs. Talbots Neugier erregt. Als sie Felice danach fragte, hatte diese geantwortet, sie spräche mit Suky über die Bücher, die sie gelesen hatten.

Mit einer anmutigen Bewegung erhob sich Felice, wobei sie es ängstlich vermied, zu ihrer Mutter hinüberzublicken. Sie legte das Hündchen wieder auf sein Kissen, ging mit gleitenden Schritten durch das Zimmer und blieb bei der Amme stehen, die eben das Baby wieder hinaustragen wollte. «Mr. Ching», sagte sie, indem sie zuerst auf das Baby und dann in Joshuas Gesicht mit dem blonden Vollbart blickte. «Es wird Ihnen von Tag zu Tag ähnlicher.» Joshua küßte sie lächelnd auf die Stirn. Felice neigte sich über das Kind, wurde plötzlich ernst und nachdenklich und warf Suky einen zögernden Blick zu, den diese jedoch nicht bemerkte, weil sie von ihren Tanten umringt war.

Vom Flur her ertönten die Stimmen von Amos Cottrell und seiner Frau. Mit einemmal wirkte das Zimmer überfüllt und lärmend. Coral Talbot wand sich geschickt zwischen den Menschen hindurch, gab ihrer Tochter mit den Augen einen Wink und verließ den Raum.

Felice stürzte noch einmal zu Suky. «Ich muß jetzt gehen», flüsterte sie ihr verzweifelt zu. «Heute nachmittag sehe ich ihn – ein Familienessen. Ich werde ihm erzählen, daß ich hier war.»

Suky berührte Felices Ärmel. «Aber sag ihm, ich hätte gut ausgesehen.»

«Ich werde ihm sagen, daß du schöner bist als je zuvor», versicherte Felice. Dann lief sie mit schwingenden Röcken aus dem Zimmer und machte von der Schwelle aus noch einen Knicks vor Susan.

20

Wie Zack Fletcher vorausgesagt hatte, starb Morgan nicht. Die Kugel hatte seine Brust gestreift und war in die rechte Schulter gedrungen. Als sie ihn auf einer behelfsmäßigen Bahre den Hügel hinuntertrugen, hatte er so viel Blut verloren, daß seine Haut trotz der Sonnenbräune völlig grau aussah. Matt, Pete und Zack blieben bei ihm, als Dr. Raymond Chaffinch, Andy Danforths Nachfolger, nach der Kugel suchte und sie schließlich auch fand – mehr oder weniger zufällig, wie Zack meinte. Zu diesem Zeitpunkt hatte der Doktor Matt und Pete gegenüber geäußert, daß Morgan nicht viel Aussicht habe, die Verwundung zu überleben.

Nach einigen Tagen jedoch, in denen Morgan ohne Besinnung war und nur hin und wieder zum Bewußtsein erwachte und um Wasser bat, erklärte sich Dr. Chaffinch bereit, Zacks Optimismus zu teilen.

Von keiner Seite wurde der Vorschlag laut, Morgan oder Zack vor Gericht zu bringen, denn alle, die an der Feier zum Vierten Juli teilgenommen hatten, waren Mitglieder des Sicherheitskomitees. Sie alle schworen, daß sie mit angesehen hätten, wie Morgan Devlin und Zack Fletcher unter einem Vorwand fortgelockt und dann von Jenkins und Hamilton überfallen worden seien. Außerdem wollten einige Männer gehört haben, wie Jenkins geprahlt hatte, er wolle, noch bevor der Tag um sei, Morgan Devlin und seinen Freund Zack Fletcher durchlöchern wie ein Sieb.

Wenn man dem Zeitungsbericht im *Virginia City Journal* glauben konnte, waren Morgan und Zack Helden, die ihr Leben aufs Spiel gesetzt hatten, um die Stadt vor zwei Desperados zu retten. Und Jenkins und Hamilton waren Straßenräuber, die schon aus Helena ausgewiesen worden waren, und betrügerische Spieler, die in den Bergen umherzogen und mit ihrem spanischen ‹Monte›-Spiel leichtgläubige Goldgräber hereinlegten und zu ihren Taten von einer berüchtigten jungen Frau namens Lily Jones aufgestachelt wurden, die Männerkleidung trug, seit mehreren Jahren die Grenzgebiete unsicher machte und überall, wohin sie kam, Unglück anrichtete.

Eines Tages, als Zack an Morgans Bett im Wohnzimmer saß, zeigte er ihm diesen Artikel.

«Wer zum Teufel hat das geschrieben?»

«Lisettes Verehrer, dieser Mercer.»

«Woher weiß der etwas über Lily?»

«Das habe ich ihn auch gefragt. Er sagt, er hätte die jungen Burschen in der Stadt gefragt, und sie hätten ihm alle von Lily Jones erzählt. Nur du hast es nicht gewußt, alter Junge. Es war eine berüchtigte Frau, mit der du dich da eingelassen hast.»

«Immerhin ein Trost», meinte Morgan, der immer noch mehr tot als lebendig aussah, «daß ich mich von einer berüchtigten Frau habe zum Narren halten lassen!» Er versuchte zu lächeln, brachte aber nur eine boshafte Grimasse zustande, die Zack peinlich berührte.

Zack beugte sich vor und sah seinen Freund nachdenklich an. Es war das erste Mal, daß einer von ihnen den Namen Lily Jones erwähnte, seit sie damals in ihre Blockhütte zurückgekommen waren und festgestellt hatten, daß Lily fort war. «Sag mal, wem von uns gibst du eigentlich die Schuld?» fragte Zack schließlich leise.

«Mir natürlich. Wem denn sonst?»

«Nun, mir zum Beispiel. Ich hätte unser verdammtes Gold ja auch besser verstecken können. Oder Lily. Im Zweifelsfall schiebt ein Mann die Schuld doch immer der Frau zu, nicht wahr?»

«Was ändert es, wenn wir uns gegenseitig die Schuld zuschieben? Du hast mich gewarnt und hast mir gesagt, daß sie ein schwer verdaulicher Brocken sein würde. Und das war sie, bei Gott!»

Er lächelte, und diesmal fiel sein Lächeln freier und natürlicher aus. Doch dann biß er wieder die Zähne aufeinander und versuchte, sich seine Schmerzen nicht anmerken zu lassen. Er fühlte sich von Zack beobachtet, der darauf zu warten schien, eine Schwäche oder Feigheit an ihm zu entdecken, und fürchtete, dadurch mit einem Schlag aller männlichen Würde verlustig zu gehen, die diese Verwundung ihm möglicherweise eingebracht hatte. Zack war der festen Überzeugung, daß dieser Kampf zwischen ihnen beiden – sein eigenes geduldiges Warten und Morgans Wissen um seine Gegenwart, die er sogar dann gespürt zu haben schien, als er nicht bei Bewußtsein war – die Ursache für Morgans Genesung war.

In den ersten Tagen waren die Frauen, Marietta und Lisette, Jenny Danforth und Erma Finney, Rachel und Georgina und einige, die Zack gar nicht kannte, flüsternd und schluchzend um sein Krankenlager herumgeschwirrt. Zack hatte diesem Treiben wütend zugesehen und gewünscht, er könne sie alle wegscheuchen. Er fragte sich immer wieder, ob sie nicht begriffen, daß diese Wehleidigkeit seinem Freund gefährlich werden konnte.

Oft hatte er Gelegenheit gehabt, Lisette zu beobachten, wenn sie beide stundenlang, ohne ein Wort zu sprechen, an Morgans Bett saßen oder wenn Lisette, nur wenige Meter von ihm entfernt, nähend oder lesend, im Zimmer blieb. Auch sie schien, genau wie er, der Ansicht zu sein, daß ihre Gegenwart Morgan am Leben erhalten könne.

Er wurde bitter und neidisch bei dem Gedanken, daß in Morgans Familie kein Platz für Außenseiter war, und brachte sogar ein gewisses Verständnis für Lily Jones auf, als er darauf kam, daß auch sie diese Zusammenhänge wahrscheinlich erfaßt und sich auf ihre Art dafür gerächt hatte.

Doch dann wieder schämte er sich seiner primitiven Eifersucht, weil er damit zugab, wie niedrig er sich selber einschätzte. Trotz allem beunruhigte ihn der Gedanke an Lisette. Denn ihm kam der vage Verdacht, daß es ein größeres Glück geben müsse, als er es bisher kennengelernt hatte, und daß seine Überzeugung, eine Frau sei wie die andere und in der Erregung des entscheidenden Augenblicks gehe jede Individualität verloren, nicht ganz den Tatsachen zu entsprechen schien.

Gegen diese Qualen gab es nur ein Heilmittel: Fortgehen. Denn Matt, das hatte er durch eines der unfehlbaren Signale erfahren, mit denen Männer sich wortlos verständigen, Matt würde ihm seine Tochter niemals zur Frau geben. Diese Gewißheit machte ihn wütend. Aber dann fiel ihm ein, wie lästig eine häusliche Frau einem Mann werden konnte, der an seiner Freiheit hing. Wenn er bei diesem Punkt angelangt war, lachte er laut auf, so daß Lisette ihm einen raschen, vorwurfsvollen Blick zuwarf.

Als Morgan an jenem Tag den Zeitungsbericht über seinen Zweikampf mit Jenkins las, war Zacks Entschluß bereits gefaßt. Er wartete ungeduldig darauf, abreisen zu können, und fürchtete nur, daß ihn jemand am Weggehen hindern wolle.

«Hat mein Vater dir das Geld gegeben?» fragte Morgan ihn eines Tages.

«Er hat es mir angeboten. Aber ich wußte nicht, ob ich es nehmen sollte.»

«Nun sei doch kein Idiot! Es gehört dir.»

«Wieso? Ich war doch einverstanden, daß das Mädchen dablieb.»

«Ja, du warst einverstanden, daß sie blieb – daß sie bei *mir* blieb. Das Geld steht dir zu. Nimm es.» Als Zack mit einem Achselzucken andeutete, daß er es vielleicht nehmen würde, fuhr Morgan fort: «Weißt du, in den letzten zwei, drei Wochen, oder wie lange ich sonst hier liege, habe ich ziemlich viel nachgedacht. Ich glaube, mein Vater hat recht, wenn er sagt, der schwierigste Weg, zu Gold zu kommen, sei, danach zu graben. Mit den großen Goldadern hier in der Gegend ist ohnehin nichts mehr los. Wenn man jetzt noch reich werden will, muß man sich einer anderen Beschäftigung zuwenden.»

Zack lächelte. «Ich habe auch nachgedacht. Aber ich konnte nicht klären, ob ich überhaupt reich werden möchte.» Matt hatte ihm vorgeschlagen, sein Geld in Waren anzulegen. Es sei gleichgültig, was man in die Gebirgsprovinzen importiere, hatte er gesagt. Man müsse nur gut einkaufen, dann könne man nach ein paar Monaten einen hübschen Gewinn einstreichen. Aber Zack hatte ihm geantwortet, daß er sich zum Kaufmann vermutlich nicht besser eigne als zum Goldgräber. Er hatte einen Widerwillen gegen größere Summen Geldes und eine gewisse Verachtung für Menschen, die ihr Leben damit verbrachten, Geld anzuhäufen, als sei dies die einzige Rechtfertigung für ihr Dasein. «Die Schwierigkeit bei mir ist, daß ich noch nicht weiß, was ich will.»

Morgan nickte, schien einen Augenblick nachzudenken und sah Zack dann aufmerksam an. Zum erstenmal seit Morgans Verwundung sah Zack auf dem Gesicht seines Freundes einen Ausdruck ernster Konzentration. Ihm wurde bei diesem Anblick ein wenig unbehaglich, denn er ahnte die Frage, die er nicht würde beantworten können. «Zack, da ist noch etwas, was ich nicht verstehe. In dem Artikel steht, daß auch Hamilton tot ist. Dann mußt du ihn erschossen haben.» Zack sah Morgan mit so unbewegter Miene an, als befinde er sich im Zeugenstand und wisse, daß die Antwort, die er jetzt gab, zu seiner Verurteilung führen konnte. «Nach den ersten Sekunden wußte ich nicht mehr, was los war», fuhr Morgan fort. «Aber sag mir um Himmels willen jetzt die Wahrheit! Habe *ich* Jenkins getötet, oder *du*?»

Zack lachte laut auf, schlug sich aufs Knie und erhob sich. «*Du* warst es, du Schweinehund! Schlägt dir deshalb das Gewissen?» Er beugte sich über Morgan und sagte ernst: «Dein erster Schuß hat ihn getroffen. Das schwöre ich bei Gott.» Morgan sah ihn bei diesen Worten so erleichtert an, daß er schnell hinausging und sich fragte, ob er vielleicht doch die Wahrheit gesagt hatte. Einen Augenblick nach Morgans erstem Schuß hatte er selbst auf Jenkins geschossen. Aber Morgan brauchte die Gewißheit, Jenkins getötet zu haben, und es war unwahrscheinlich, daß Jenkins wiederauferstand und das Rätsel löste.

Zack setzte sich einen Termin für seine Abreise, verschob ihn aber wieder. Eine Woche später war er endgültig entschlossen, am nächsten Tag wegzugehen. Die Nacht davor verbrachte er mit Gussie, die noch immer in Milly Matches' Haus arbeitete, das seinen Namen behalten hatte, obgleich es an Green Troy übergegangen war.

Gussies schaukelnde Brüste, ihre schmalen Hüften, ihre glatte Haut, ihre leicht schielenden Augen und ihre wohldosierte Sinnlichkeit, mit der sie jeden Kunden glauben machte, daß er ihr der liebste sei, erschienen Zack ein durchaus zufriedenstellender Ersatz für Lisette. Außerdem hatte er ohnehin Angst vor wohlerzogenen Mädchen wie Lisette; denn er hatte schon manches Gerücht darüber gehört, welchen Demütigungen ein Mann ausgesetzt war, bevor er solch eine kapriziöse Jungfrau unter sich zwingen konnte. Und er hatte auch gehört, daß sich die ganze Mühe im Grunde kaum lohnte.

Am nächsten Morgen um zehn Uhr trat er aus Millys Haus auf die Straße und war überzeugt davon, jetzt so völlig von allem Verlangen befreit, so an Körper und Seele befriedigt, so erschöpft und zugleich erholt zu sein, daß für lange Zeit weder Lisette Devlin noch eine andere Frau sein inneres Gleichgewicht würde erschüttern können.

Er wanderte die Straße entlang, erkundigte sich hier und da nach dem Verbleib seines Pferdes und begann schon zu fluchen, weil er glaubte, das Tier sei gestohlen, als er plötzlich ein vertrautes Lachen hörte, aufsah und Lisette auf Morgans Pferd Puzzle erblickte. Natürlich war sie nicht allein, sondern in Begleitung von Georgina Hart. «Wonach suchen Sie denn, Zack?»

Verlegen sah er zu ihr auf und wurde dabei das peinliche Gefühl nicht los, daß er zu groß und zu unbeholfen war, daß seine Hände an den Armen hingen wie die Pranken eines Bären und daß er dringend ein Bad brauchte, weil er nach Whisky und Schweiß stank. Sicher lachte sie über ihn, weil man ihm deutlich ansah, daß er die Nacht mit Gussie verbracht hatte. Er runzelte die Stirn, nahm den Hut ab und fuhr sich mit der Hand durchs Haar. Er hatte vergessen, es zu kämmen, zupfte sich auch hastig den Bart zurecht, seufzte unglücklich, stülpte sich den Hut wieder auf den Kopf und zog ihn tief in die Stirn.

Die beiden Mädchen sahen in ihren schwarzen Reitkostümen und den steifen Hüten frisch und unternehmungslustig aus und sprühten geradezu vor Übermut, wie es Mädchen offenbar stets taten, wenn sie zu Pferde saßen und ein Mann verlegen vor ihnen stand.

«Du lieber Himmel, Zack, was ist denn heute morgen mit Ihnen los? Wo haben Sie übrigens gestern abend gesteckt? Hatten Sie vergessen, daß wir alle zu Georgina gehen und dort Scharaden aufführen wollten?»

«Ja, das hatte ich vergessen», gestand er mürrisch.

Darauf lächelten Lisette und Georgina sich verständnisinnig an, so daß er sich fragte, ob denn die ganze Stadt schon wisse, wo er gewesen war und was er getan hatte. Er konnte sich die anhaltende Heiterkeit der beiden nicht erklären, bis ihm einfiel, daß sechzehnjährige Mädchen immer lustig und zu jedem Spott aufgelegt waren, ohne dafür einen besonderen Anlaß zu haben. Mit einemmal kamen ihm die zehn Jahre, die er älter war als die beiden Mädchen, wie eine schwere Bürde vor.

«Wir hatten schon Angst, Sie seien abgereist», sagte Lisette. Und obgleich ihr Lächeln immer noch unbekümmert war, bemerkte er einen ernsten Ausdruck in ihren Augen. «Morgan meint, genauso würden Sie es machen. Eines Tages würden Sie verschwinden, ohne sich von irgend jemandem zu verabschieden.» Sie beugte sich zu ihm. «Sie müssen mir versprechen, daß Sie das nicht tun werden, Zack! Versprechen Sie es?»

Mehr denn je hatte er das Gefühl, in eine Falle gegangen zu sein. Er glaubte, Lisette wolle ihn nur quälen, um zu sehen, wie er sich wand. Er warf ihr einen warnenden Blick zu, den sie sofort zu verstehen schien, denn sie richtete sich plötzlich auf, sah Georgina an, als wolle sie ihre Freundin auf etwas aufmerksam machen, und sagte dann oberflächlich liebenswürdig: «Ich weiß, was Sie suchen, Zack. Und ich weiß auch, wo er ist. Wir sind eben an ihm vorbeigekommen. Er steht draußen vor Green Troys Etablissement.» Zack grinste belustigt, weil sie zwar wie die meisten anständigen Mädchen das Wort ‹Saloon› nicht in den Mund nahm, aber genau wußte, wem dieses ‹Etablissement› gehörte. «Sie haben ihn vermutlich gestern nacht dort stehenlassen.»

Sie schien zu erwarten, daß er ihr erzähle, wo er gewesen war. Vielleicht hätte er sagen sollen, daß er in Green Troys Lokal gewesen war und ein paar Gläser getrunken hatte. Aber er weigerte sich, eine solche Lüge zu erfinden, und fand, sie habe nicht das Recht, so neugierig zu sein. Er lüftete den Hut und ging. Nach ein paar Schritten wandte er sich um, und als er entdeckte, daß sie ihm über die Schulter nachblickten, ging er wieder zurück. «Kann ich Ihnen irgendwie behilflich sein? Kann ich etwas für Sie nach Hause bringen?»

Sie sah ihn nachdenklich an, als täte es ihr leid, so frech und spöttisch gewesen zu sein, schien aber nicht die Absicht zu haben, sich dafür zu entschuldigen. «Das wäre sehr nett von Ihnen, Zack. Mutter hat mir eine lange Besorgungsliste aufgeschrieben.»

«Wo treffe ich Sie?» Plötzlich war er erfüllt von einem ganz unvernünftigen Eifer, der auch nicht verschwand, als er sich sagte, daß sie es wieder einmal fertiggebracht hatte, ihn in die Rolle des Mannes zu drängen, der sie um eine kleine Gunst bat.

«Im Kaufhaus der Damen.»

«Im Kaufhaus der Damen», wiederholte er, als müsse er sich dieses kostbare Schlüsselwort einprägen. Dann lief er schnell die Straße hinunter, fand sein Pferd, sprang auf und galoppierte zum Kaufhaus der Damen. Dort stieg er ab, band sein Pferd neben Puzzle an und trat mit gebeugtem Kopf durch die niedrige Tür eines der dunklen, staubigen Läden von Lemuel Finney. Als er sich umblickte, sah er zu seinem größten Entsetzen ein etwas angeschmutztes Korsett an einem Nagel direkt über dem Kopf des Verkäufers hängen, eines jungen Burschen, der damit beschäftigt war, die Dinge zusammenzuholen, die auf Lisettes Liste standen. Er und Lisette konnten einander nicht ansehen, ohne gleichzeitig schweigend von dem Vorhandensein des Korsetts Kenntnis zu nehmen.

Lisette lächelte zu ihm hinüber und las weiter die einzelnen Posten ihrer langen Liste vor, während Georgina hin und her schlenderte. Auch Zack stöberte im Laden umher und bemühte sich dabei, die Nähe Lisettes und des Korsetts möglichst zu meiden. Denn er konnte es einfach nicht ansehen, ohne zu spüren, wie die Unruhe, die ihn in der vergangenen Nacht in Gussies Arme getrieben hatte, wieder in ihm aufstieg. Die Tatsache, daß ein so lächerlicher Gegenstand eine solche Macht über ihn erlangen konnte, bewies ihm, daß er wieder einmal den richtigen Augenblick zur Abreise verpaßt hatte.

Als Lisette ihm schließlich zurief, daß sie fertig sei, und sich sogar entschuldigte, weil es so lange gedauert hatte, stürzte er eifrig auf sie zu, riß ihr die Pakete aus der Hand und rannte damit so schnell hinaus wie ein Ladendieb auf der Flucht.

Er belud sein Pferd mit den vielen Päckchen und half den Mädchen beim Aufsitzen. Genau wie er es erwartet hatte, trabten die beiden fröhlich voran, warfen ihm von Zeit zu Zeit einen Blick über die Schulter zu und flüsterten lachend miteinander, während er mürrisch hinter ihnen herritt und meinte, jeder Passant werde ihn für einen Trottel halten.

Vor Jenny Danforths Haus gab es einen Aufenthalt, weil die Mädchen darüber berieten und sich offensichtlich nicht gleich entscheiden konnten, ob sie Jenny einen Besuch abstatten sollten oder nicht. Schließlich ritten sie aber doch weiter, bis zu dem Weg, der zum Haus der Devlins führte.

«Ich würde gern noch ein bißchen weiterreiten», erklärte Lisette, als Zack sie eingeholt hatte. Dabei musterte sie ihn mit einem offenen, kühlen Blick, der den unangenehmen Verdacht in ihm wachrief, daß sie ihn tadeln wollte, weil er etwas Taktloses getan hatte. Als er nicht antwortete, wurde ihr Blick noch kühler und herausfordernder. «Wollen Sie nicht mit mir reiten?»

Daraufhin strahlte Zack sie so dankbar an, daß die beiden Mädchen einen lächelnden Blick tauschten. Und ihm wurde wieder einmal bewußt, daß ein Mann sich keine schlechtere Gesellschaft wünschen kann als die von zwei Frauen. Die Vertreterinnen des schwachen Geschlechts schienen, selbst wenn sie kaum dem Kindesalter entwachsen waren, ein unheimliches Geschick darin zu besitzen, einen Mann seiner männlichen Würde zu berauben und die Verachtung, die er für sie empfand, in Selbstverachtung zu verwandeln.

«Georgina will die Pakete für uns nach Hause bringen.» Zack nickte, während er überlegte, daß er jetzt zum erstenmal mit Lisette allein sein würde – bei hellem Tageslicht zwar und mit Wissen ihrer Familie da Georgina sicher berichten würde, wohin sie geritten waren –, aber doch allein mit ihr, ohne daß ein anderer Mensch hören konnte, was sie sprachen. Die Aussicht erschreckte ihn so, daß er am liebsten erklärt hätte, er habe noch eine Verabredung. Statt dessen blieb er stumm sitzen, bis Lisette ihn fragte: «Wollen Sie Georgina nicht die Pakete geben, Zack?»

«Ja, natürlich!» rief er und belud Georginas Pferd mit all den Bündeln und Päckchen, so daß es aussah, als rüste er sie für eine Goldsucherexpedition aus. Georgina winkte einen Abschiedsgruß, warf Lisette noch ein verschwörerisches Lächeln zu und schlug den Weg zum Haus der Devlins ein. Lisette und Zack wendeten ihre Pferde und ritten den Pfad hinauf, den sie seinerzeit mit Morgan und Nella Allen geritten waren und auf dem man Morgan vor fünf Wochen auf der Bahre heruntergetragen hatte.

Zack nahm sich vor, so wenig wie möglich zu reden, um Lisettes verächtlichem Lächeln zu entgehen.

«Ich habe Georgina gebeten, mit uns zu reiten», sagte Lisette nach einigen Minuten, als Zack noch immer nicht den Mund aufgemacht hatte. «Aber sie wollte nicht mitkommen.»

«Aha», sagte Zack und betrachtete mit sichtlichem Interesse die Häuser, die spielenden Kinder und die Frauen, die ihre Wäsche zum Trocknen aufhängten oder auf den Rasen legten. «Sie wollte nicht mitkommen», wiederholte er nachdenklich.

«Nein. Können Sie sich vorstellen, warum?»

«Nein.»

«Weil sie Morgan besuchen wollte», rief Lisette und lachte dabei so fröhlich und wild auf, daß Zack erschrocken zu ihr hinüberblickte. Er fand es sonderbar, daß ein gesittetes Mädchen, das von seinen Eltern zu christlicher Nächstenliebe erzogen worden war, weder Skrupel noch Mitleid kannte und nicht ein bißchen Bescheidenheit an den Tag legte.

«Ich dachte, Jonathan wäre Georginas Verehrer», stammelte Zack etwas verlegen. Er konnte jetzt nicht mehr umhin, sich an dem Gespräch zu beteiligen, und hoffte nur, daß es nicht zu sehr in die Einzelheiten ginge, da es ihm Morgan gegenüber unfair schien, über ihn zu sprechen, während er hilflos im Bett lag.

«Ja, das war er auch – bis sie Morgan kennenlernte. Ich glaube, wenn Morgans Verwundung nicht dazwischengekommen wäre, hätten Jonathan und er sich längst geprügelt. Aber ich glaube nicht, daß Morgan sich viel aus ihr macht. Glauben Sie es?» Sie sah ihn aufmerksam an und glaubte offenbar, aus seinem Gesichtsausdruck mehr entnehmen zu können als aus seiner Antwort.

«Das weiß ich nicht, Lisette», erwiderte er ernst. «Er hat nie mit mir darüber gesprochen.»

«Ich werde sterben, wenn er Georgina Hart heiratet!»

«Was kümmert es Sie denn, wen er heiraten wird?»

«Ich weiß, das ist seine Sache. Aber in Wirklichkeit geht es auch mich etwas an, und Vater und Mutter und Pete und alle in unserer Familie. Wenn einer von uns nicht den Richtigen oder die Richtige heiratet, dann ist das für uns alle fast so etwas wie ein Verlust. Das halten Sie wahrscheinlich für Unsinn. Aber Sie können es auch nicht beurteilen. Sie haben ja keine Familie.» Sie wandte sich erschrocken zu ihm und legte die Hand vor den Mund. «Verzeihen Sie, das wollte ich nicht sagen.»

«Stimmt, ich habe keine Familie gehabt. Nur ein paar Brüder und Schwestern – zwei davon sind tot, und die anderen haben mich wahrscheinlich längst vergessen. Nein, Sie haben recht. Ich weiß nichts über solche Dinge.»

Sie schien sich nicht sehr über ihre Taktlosigkeit zu schämen, sondern war in Gedanken schon wieder bei Morgan und Georgina Hart. «Ich möchte, daß sie Jonathan heiratet», erklärte sie. «Er betet sie an, und sie passen ausgezeichnet zueinander. Außerdem kann sie dann wenigstens nicht Morgan heiraten.»

Zack lächelte. Unwillkürlich gefiel ihm ihre Selbstsucht und ihre offene Entschlossenheit, den eigenen Weg zu gehen, ohne sich um die anderen zu kümmern. Sie schien überzeugt davon, daß sie immer recht hatte und wußte, was für andere das Beste war.

Als sie das Wäldchen erreichten, erklärte Lisette, sie wolle ein bißchen zu Fuß weitergehen. Ihm kam es so vor, als wolle sie dabei an das Picknick mit Nella denken und an das Fest zum Vierten Juli, das ein so schlimmes Ende gefunden hatte. Zack hätte es lieber gesehen, wenn sie weitergeritten oder sofort umgekehrt wären. Er sah sie eindringlich an, weil er hoffte, sie würde seine Gedanken erraten. Aber sie lächelte und machte nur eine ungeduldige Bewegung, so daß Zack die Achseln zuckte, als wolle er ihr zu verstehen geben, daß sie sich freiwillig in Gefahr begab und ihn später nicht dafür verantwortlich machen dürfe. Er hob sie vom Pferd und ließ sie so schnell wie möglich wieder los. Denn in dem Augenblick, als ihr Gesicht dem seinen so nahe gewesen war, stieg die Unruhe wieder in ihm auf. Er blieb stehen und blickte entschlossen in eine andere Richtung, als sie umherzuschlendern begann und mit ihrer Reitgerte spielerisch das Gras peitschte.

Nach einigen Sekunden drehte er sich langsam zu ihr und sah sie an. Zu seinem Entsetzen ergriff ihn eine Erregung, die immer stärker wurde und bald so mächtig und fordernd war, als habe er nie die Nacht mit Gussie verbracht.

Er lief auf sie zu, verhielt sich aber so leise, daß sie sich erst umdrehte, als er «Lisette!» rief. Die eigene Stimme kam ihm fremd und flehend vor. Sie fuhr erschrocken herum, da sie offenbar annahm, er wolle sie vor einer Gefahr warnen.

Er packte sie und erwartete, daß sie sich wehren und einen jener verzweifelten Verteidigungskämpfe beginnen würde, von denen er gehört hatte. Doch Lisettes Arme umschlossen ihn, und sie hob ihm ihren Mund entgegen. Als seine Hände langsam über ihren Rücken strichen, seufzte sie, und ihre Lippen teilten sich. Selbst jetzt noch zögerte er mißtrauisch und glaubte, daß er sie im nächsten Augenblick loslassen müsse. Doch als der Kuß immer länger dauerte, wurde er von einer jäh aufwallenden Leidenschaft gepackt. Er öffnete die Knöpfe ihrer Jacke, fühlte, wie ihre Brustwarzen sich unter der Berührung seiner Hand hoben, und war nun nicht mehr überrascht über ihr temperamentvolles Entgegenkommen. Er beugte sich über sie; im nächsten Augenblick jedoch spürte er einen betäubenden Schlag auf den Hinterkopf und noch einen im Gesicht. Schon lief Lisette von ihm fort, hielt mit beiden Händen ihren Rock und rannte so schnell, daß sie stolperte, aber gleich wieder auf die Füße kam und weiterrannte.

Zuerst war er so wütend und verblüfft, daß er hinter ihr herlief und sich an ihr rächen wollte. Doch dann blieb er stehen, lachte leise und rief: «Kommen Sie zurück, Sie dummes Ding. Ich tue Ihnen nichts. Ich verspreche es», fügte er spöttisch hinzu, als sie stehenblieb und ihm einen mißtrauischen Blick zuwarf. Mit langsamen Bewegungen knöpfte sie ihre Jacke zu, und es kam ihm fast so vor, als wolle sie ihm gar nicht entwischen. Verwundert schüttelte er den Kopf. Die guterzogenen Mädchen stellten ihn vor Probleme, die er nicht bewältigen konnte.

Vorsichtig kam sie näher, während sie noch immer ihre Jacke zuknöpfte. «Habe ich Ihnen weh getan, Zack? Das täte mir leid. Sie haben mich erschreckt.»

«Ich weiß. Aber dann dürfen Sie eben nicht mit Männern spazierenreiten, die verliebt in Sie sind.»

«Verliebt?» Sie machte ein paar schnelle Schritte auf ihn zu, und Zack mußte unwillkürlich lächeln. Es war doch ein Jammer, daß ein Mädchen mit einem so natürlichen sinnlichen Appetit gezwungen war, gerade auf die Leckerbissen zu verzichten, die es am meisten reizten. Er bückte sich, verschränkte die Finger und deutete ihr mit einem Nikken an, daß sie aufsteigen solle. Aber sie zögerte.

«Gehen Sie an Bord, Lisette!» riet er ihr. «Ich an Ihrer Stelle würde mich ein wenig beeilen, denn meine guten Vorsätze halten nicht lange vor. Aber wir wollen die Fortsetzung lieber Ihrem Mann überlassen.»

Noch einmal nickte er, diesmal fast gebieterisch. Daraufhin setzte sie den Fuß in seine Hände, und er hob sie in den Sattel. Gleich darauf stürzte er zu seinem eigenen Pferd, schwang sich – als führe jede Verzögerung zu einem Verhängnis – in den Sattel und sprengte im Galopp davon. Als sie ihm ängstlich nachrief: «Warten Sie doch auf mich, Zack», lachte er spöttisch auf bei dem Gedanken, daß dieses Mädchen sich die harmloseren Vergnügungen gönnte, aus Angst vor unbekannten Gefahren jedoch die schönsten Freuden verpaßte. Doch dann ärgerte er sich über sich selbst, und er glaubte, daß ein wenig mehr Geduld von seiner Seite ihnen beiden wohl die Erfüllung gebracht hätte.

21

«Ich bin heute nachmittag in Troy's Casino. Besuch mich dort, sonst besuche ich Dich. Lily Jones.»

Ein Junge überbrachte Morgan diese Botschaft, und Morgan schickte ihn damit zu Zack Fletcher. Zack empfing den Jungen ohne sonderliche Begeisterung, denn er versuchte gerade verzweifelt, sich darüber klarzuwerden, wie sein Leben weiter verlaufen sollte. Seit fünf Tagen dachte er darüber nach, war aber immer noch nicht zu einem Resultat gelangt.

Er fand, daß Troy's Casino – das berühmteste Lokal und der bekannteste Spielsalon im ganzen Gebirge – genau der richtige Rahmen für Lily war. Hier würde sie das Publikum finden, das ihre Vorzüge zu würdigen verstand.

Am Nachmittag betrat Zack das Haus, aus dem ihm der vertraute, fast wohltuende Lärm entgegenschlug. Die Luft war dick von Zigarrenrauch, Männer drängten sich um die Spieltische, trampelten mit ihren Stiefeln im Sägemehl auf dem Fußboden herum und sahen fast alle mehr oder weniger so aus wie Zack: bärtig, gut bewaffnet, in Lederanzügen, die vom Fett und vom langen Tragen schwarz geworden waren, oder in roten Hemden und schwarzen Hosen. Die wenigen Spieler, die Gehröcke und mit Diamanten geschmückte Krawattennadeln trugen, wirkten in dieser Umgebung viel zu elegant. Auf einem hohen Stuhl in der Ecke saß ein Mann mit einer doppelläufigen Flinte über den Knien

– ein Symbol für Ordnung und Sicherheit hier in den Bergen. Hinter der Bartheke hatte Troy ein paar große Spiegel anbringen lassen. Am anderen Ende des Raumes zupften und kratzten drei Musiker ununterbrochen auf ihren Geigen und einem Banjo herum, ihre Musik war aber kaum weiter als drei Meter im Umkreis zu hören. Von der Kegelbahn nebenan drang ein Dröhnen, und über all dem Lärm hörte man in regelmäßigen Abständen den Ruf: «Bitte das Spiel zu machen, meine Herren! Bitte das Spiel zu machen!» Hin und wieder verschwand eines der Mädchen mit einem Kunden durch eine Seitentür, hinter der sich eine Reihe von Räumen befanden, die etwa die Größe und Bequemlichkeit einer Kiste hatten. Green Troy hatte durch die ständige Erweiterung seines Unternehmens mit der Zeit eine so in sich geschlossene Welt aufgebaut, daß eigentlich kein Mann Grund hatte, sie zu verlassen, bevor er den letzten Pfennig Geld hiergelassen hatte oder tot war.

Zack blieb stehen und holte tief Luft. Plötzlich glänzten seine Augen, und sein Gesicht entspannte sich. Hier war er zu Hause, hier war er nicht der Eindringling, als der er sich sonst stets, und ganz besonders in den letzten Tagen, in Gegenwart der wohlanständigen Leute fühlte. Seine impulsiven Zärtlichkeiten Lisette gegenüber hatten bei ihm tiefe Selbstverachtung ausgelöst. Endlich glaubte er, erkannt zu haben, was er im Grunde seines Wesens war: ein hemmungsloser Wüstling.

Nur ein einziges Mal war er seitdem im Hause der Devlins gewesen. Sein Schuldgefühl und die Angst, daß an Lisette Spuren seiner Gewalttätigkeit sichtbar sein müßten, daß sie ihre Frische verloren haben könnte und zu altern und dahinzuwelken begann, hatten ihn unwiderstehlich zu ihr hingezogen.

Aber er traf Morgan allein an. Morgan saß angezogen im Sessel und las aufmerksam in einem Buch, das Matt ihm gegeben hatte: Hitchcocks *Lehrbuch der Geologie*. Morgan zumindest schien nichts an Lisette bemerkt zu haben, denn er begrüßte Zack mit breitem Lächeln, warf das Buch beiseite und fuhr sich erleichtert mit der Hand durchs Haar. Die Aussicht auf ein Gespräch schien ihn zu freuen, und er erkundigte sich sofort, was es Neues in der Stadt gebe.

«Am Sonntag war hinten im Hof bei Troy ein Hahnenkampf. Waren massenhaft Leute da.»

Morgan lächelte. «Und wieviel hast du verloren?»

«Nicht viel. Ungefähr hundert Dollar, glaube ich. Der größte Teil von dem Goldstaub liegt noch bei deinem Vater im Büro. Ich traue mir selber nicht so recht.»

Während er das sagte, warf er Morgan einen herausfordernden Blick zu, als wolle er ihn darauf aufmerksam machen, daß diese Worte noch eine andere Bedeutung haben könnten. Doch in diesem Augenblick erschien Lisette in der Tür, und Zack sprang auf, riß sich den Hut vom Kopf und machte eine steife Verbeugung.

«Da sind Sie ja, Zack. Sie haben sich aber lange nicht sehen lassen!» Sie trat ins Zimmer und hob die Hände, um ihr Haar zu ordnen, das sie, wie er bemerkte, auf eine neue und anscheinend höchst komplizierte Art frisiert hatte: Es war zu einer Lockenkrone hochgebürstet, die von einem schwarzen Samtband zusammengehalten wurde. Sie sah so frisch und hübsch aus wie immer, und ihre Augen hatten einen warmen Glanz, der ihn hoffnungsvoll verwirrte.

«Ich hatte zu tun», murmelte er und wandte sich ab.

«Sie wollen doch nicht etwa weg, Zack?»

«Ich bin mit einem Mann verabredet, mit dem ich etwas Geschäftliches besprechen muß», stammelte er und fühlte sich außerstande, sie anzusehen. Morgan blickte lächelnd zwischen seiner Schwester und seinem Freund hin und her, während Zack rückwärts aus dem Zimmer ging. Kaum hatte Zack die Schwelle überschritten, als Lisette neben ihm stand.

«Ich muß Ihnen noch etwas sagen, Zack.»

Er wandte sich langsam zu ihr und spürte gleichzeitig, wie das Verlangen in ihm aufstieg, wie eine verräterische Wärme durch seine Lenden und seinen Leib zog und ihm warnend zu verstehen gab, daß nichts einen anderen Menschen aus ihm machen könne. «Es tut mir leid, Lisette», sagte er. «Es tut mir verdammt mehr leid, als Sie sich vorstellen können.»

«Leid?» Sie lächelte und öffnete dabei die Lippen, so daß er in ihren Mund hineinsehen konnte – es war ein neues Lächeln, das er an ihr noch nicht kannte und auch nicht billigte. Es schickte sich nicht für ein wohlerzogenes Mädchen, solche Hurentricks anzuwenden. Nun blickte sie ihn auch noch so herausfordernd an, daß er unwillkürlich an die Blumen in der Wüste dachte, die sich über Nacht entfalten, als seien sie durch die Berührung einer Hand geöffnet worden. Vielleicht war ihr Verhalten die Spur seiner Untat.

Als sie näher kam, wich er automatisch einen Schritt zurück. «Sie haben gesagt, Sie liebten mich, Zack. Haben Sie es wirklich so gemeint?»

«Nein. Ich habe es nicht so gemeint», erwiderte er schroff; denn er merkte voller Entsetzen, daß sie erwartete, er werde um ihre Hand anhalten. «Das heißt», begann er dann, um seine Grobheit abzuschwächen, «ich habe es doch so gemeint. Aber ich will Sie nicht heiraten.» Er seufzte und fühlte sich kreuzunglücklich, weil sie aussah, als werde sie gleich in Tränen ausbrechen. Da aber seiner Ansicht nach nichts mehr zu sagen war, wandte er sich um und ging. Schon nach wenigen Schritten begann er zu rennen und rannte immer weiter, ohne ein einziges Mal zurückzublicken. Eigentlich hätte er ihr noch erklären müssen, daß er zu stolz war, sich zum Gegenstand eines Familienstreits machen zu lassen, und daß er es nicht ertragen konnte, von ihrem Vater, ihrem Onkel, ihrer Mutter und ihren Brüdern auseinandergenommen und begutachtet zu werden. Doch selbst dieses Eingeständnis wäre ihm beschämend vorgekommen.

Die Begegnung mit Lisette hatte ihn aber wenigstens von der Angst befreit, ihr Schaden zugefügt zu haben. Seine Selbstachtung stieg wieder, er fühlte sich gerechtfertigt, geläutert und lebensfroh und erfüllt von dem Drang, weiterzuziehen, das Land zu verlassen, ohne Richtung und Plan frei umherzuschweifen, wie er es stets getan hatte, keinem anderen verantwortlich als sich selber. Trotzdem war er noch ein paar Tage in der Stadt geblieben, und nun hatte Morgan ihm die Botschaft von Lily Jones zukommen lassen.

Er ging quer durch den Raum, spähte dabei über die Köpfe der Menge hinweg und nickte einigen Männern zu, die er persönlich oder vom Sehen her kannte. Er versuchte herauszufinden, wen er hier als Freund betrachten konnte und wen als Feind. Denn seit dem Tod von Jenkins und Hamilton haftete ihm und Morgan der Ruf an, gefährliche Burschen zu sein, die mit der Pistole umgehen konnten, weniger, weil sie zwei Männer getötet hatten, sondern weil diese Männer in dem Ruf gestanden hatten, gefährlich zu sein.

Zack lächelte bei dem Gedanken, daß er eine gewisse Berühmtheit in der Grenzerunterwelt erlangt hatte, und stellte belustigt fest, daß dieser Ruf ihm ein strotzendes, brutales Machtgefühl gab. Er ging in drohender Haltung durch den Raum und freute sich, in den Augen anderer Männer Angst oder Trotz und Haß zu sehen. Jetzt fand er den Gedanken absurd, daß er je so weit gezähmt sein sollte, um einen guten Ehemann für Lisette oder eine andere Frau abzugeben. Und jeder Ehrgeiz, doch eines Tages zur zivilisierten Gesellschaft gehören zu wollen, war spurlos verschwunden.

Am Ende der Bartheke entdeckte er Lily Jones. Sie war von sechs, acht Männern umringt, lehnte den Rücken gegen die Theke, den schwarzen Hut auf der einen Seite hochgeschlagen, und hielt Hof – genau wie sie es in Butte getan hatte. Sie streifte gerade die Asche von ihrer Zigarre und lachte mit jener fröhlichen Ausgelassenheit, die Zack nie ganz echt erschienen war. Er beobachtete sie eine Weile und fand, daß Lily Jones trotz allem in ihrer Art ein Prachtstück war. Mochte sie auch zehnmal mit dem Goldstaub oder dem Freund eines Mannes oder auch mit beidem durchbrennen, verglichen mit ihr wirkten die anständigen Frauen langweilig und sogar unheimlich, denn das, was Lily stahl, ließ sich leicht ersetzen, anständige Frauen hingegen gaben sich mit nichts weniger zufrieden als mit dem Leben eines Mannes.

In dieser Sekunde erblickte sie ihn. Ungläubig blinzelte sie zu ihm hin und stieß plötzlich einen Indianerkriegsruf aus, den sie von ‹Tanzendes Kaninchen› gelernt haben mußte. Dann lief sie so glückstrahlend auf ihn zu, daß jeder glauben mußte, er sei ihr bester Freund, ihr verlorener Liebhaber oder ein wiedergefundener Verwandter.

«Zack Fletcher!» Sie hob die Arme, doch dann, als sie ihn gerade umarmen wollte, machte sie ein feierliches Gesicht, streckte ihm ihre Rechte hin, und sie schüttelten einander die Hand wie zwei Goldgräber, die einen Vertrag besiegeln wollen. «Hallo.»

«Hallo», erwiderte Zack mit dem gleichen feierlichen Blick. Lily reichte ihm kaum bis zum Kinn. Sie stand breitbeinig vor ihm, die Füße in Mokassins, die Finger über ihre Hinterbacken gespreizt und den Kopf zurückgeworfen, um ihm ins Gesicht sehen zu können. Sie tat, als denke sie tief nach, während sie darauf wartete, daß die Männer ringsum verstummten. Als sie das erreicht hatte, fragte sie leise: «Wie geht es ihm?»

Zack lächelte unwillkürlich, sagte dann aber ernst: «Ganz gut. Noch ein bißchen weich um die Kiemen – er war nämlich mächtig nahe am Abkratzen. Aber jetzt hat er es wohl geschafft.»

Lily runzelte die Stirn, biß sich auf die Lippen, schüttelte langsam den Kopf und seufzte. «Jungens», wandte sie sich dann mit aufrichtigem und zugleich schuldbewußtem Gesicht an die Runde, «wenn Zack Fletcher nicht gewesen wäre, hätte wieder einmal ein braver Mann sein Leben für mich lassen müssen. Dann hätte es seinen Freund Morgan Devlin erwischt, als Jenkins ihn aus dem Hinterhalt überfiel.»

«Aber Lily», begann Zack. Doch sie warf ihm einen warnenden Blick zu, schüttelte den Kopf und wandte sich wieder an die anderen.

«Danken wir Gott, daß Zack Fletcher zur Stelle war, denn Gaius Jenkins hatte geschworen, den Mann umzubringen, der ihm sein Mädchen weggenommen hatte – und wenn er ihn zwanzig Jahre lang verfolgen müßte.» Sie nickte, und die Männer, ob sie ihr nun glaubten oder die Geschichte nur nicht anzweifeln wollten, nickten auch. Da klatschte Lily in die Hände und rief: «Das müssen wir mit Champagner begießen! Findet ihr nicht?»

Der Barmixer ließ die Pfropfen knallen und füllte mit elegantem Schwung die Gläser. Lily hob ihr Glas und rief: «Auf Zack Fletcher und Morgan Devlin, und daß Gott sie beide beschützen möge!» Sie beugte sich näher zu Zack, und nun, da Lily ihre Aufmerksamkeit auf den Mann konzentrierte, der im Kampf um sie Charles Hamilton getötet hatte, rückten die anderen ein wenig zur Seite, gingen weg oder begannen sich zu unterhalten. «Nun sag mir die Wahrheit», flüsterte sie Zack zu. «Wie geht es ihm?»

«Gut. Das hab ich dir doch schon gesagt. Was ist denn los? Wäre es dir lieber, es hätte ihn erwischt?»

«Mein Gott, Fletcher, wie kannst du so etwas sagen! Ich weiß, du hältst mich für ein Biest, weil ich mit eurem Goldstaub durchgegangen bin. Aber was hätte ich sonst tun sollen? Ich wußte, daß er wieder hierher wollte und nicht die Absicht hatte, mich mitzunehmen.» Sie runzelte die Stirn, fuhr mit der Fußspitze im Sägemehl hin und her und zog an ihrer Zigarre. «Außerdem», setzte sie hinzu, «war ich verdammt durchgedreht damals.»

«Bist du immer noch in ihn verliebt, Lily?»

Lily senkte den Kopf und starrte auf ihre Füße, so daß er nur ihren Hut sehen konnte. «Ich glaube, ja», gestand sie, und plötzlich klang ihre Stimme so unglücklich und verloren wie die eines verirrten Kindes. «Ich würde ihn so gern sehen. Kann ich das nicht?»

«Kaum. Er ist eben erst aus dem Gröbsten heraus. Er kann nicht kommen, selbst wenn man hier eine Diamantenmine entdeckt hätte.»

Sie lächelte boshaft. «Dann können wir ihm doch einen Besuch abstatten. Wäre das nicht eine hübsche Überraschung für einen Kranken? Schon gut, Fletcher, du brauchst nichts zu sagen. Aber ich wünschte, ich könnte ihn sehen.»

«Wozu? Sobald er wieder auf den Beinen ist, wird er nach Helena gehen und dort im Geschäft seines Vaters arbeiten. Sein Vater ist in dieser Pfütze hier ein großer Frosch – Bankier, Goldgräber, Grundstücksbesitzer und weiß der Teufel was sonst noch alles. Du hast doch hier eine ganz stattliche Auswahl! Nimm dir einen von denen und vergiß Devlin.»

Sie schien seinen Vorschlag zu überlegen und blickte dann lächelnd zu ihm auf. «Wie, glaubst du wohl, bin ich von Butte hierhergekommen? Denkst du, ich bin allein durchs Gebirge gezogen?»

«Du bist doch damals mit Carter und seiner Squaw losgegangen. Was ist aus denen geworden?»

Mit einer bezeichnenden Geste hob Lily ihre beiden leeren Handflächen. «Als wir eines Morgens aufwachten, war ‹Tanzendes Kaninchen› nicht mehr da. Sie hatte mir schon immer gesagt, daß sie bei der ersten Gelegenheit versuchen wollte, wieder zu ihrem Stamm zurückzugehen. Na, und da ist sie eben verduftet. Carter und ich zogen weiter nach Helena, um uns dort einmal umzusehen. Ich kann dir sagen, *das* ist die Stadt mit der größten Zukunft, nicht Virginia City! Da findest du nicht einmal einen Platz zum Schlafen – einmal haben wir für eine Nacht einen Billardtisch mieten müssen. Aber natürlich sind wir dort Jenkins und Hamilton in die Arme gelaufen. Wir gingen in Murphy's Exchange, und da saßen die beiden direkt hinter der Tür und spielten Pharao. Wir machten uns sofort dünne und wollten wieder raus. Aber da war Jenkins, der immer der Fixere von den beiden war, schon aufgesprungen. Und ehe wir es uns versahen, jagten sie uns die Straße hinunter. Wir mußten mächtig laufen, um den Abstand von ihren Bowiemessern zu halten. Schließlich drängten sie uns in einen Mietstall, setzten uns die Pistole auf die Brust und fragten nach ihren Beuteln. Ja, so war das.» Sie zuckte die Achseln. «Natürlich habe ich sie ihnen gegeben – deine Beutel, die von Devlin und auch die, die ich ihnen damals weggenommen hatte. Kannst du mir das übelnehmen?»

Zack hatte mit gleichgültiger Miene zugehört. Jetzt lehnte er sich zurück und stützte die Hand auf die Hüfte. «Lily, das nenne ich eine geometrische Lüge. Die hat Länge, Breite, Höhe und Dicke.» Mit beiden Händen umriß er die Ausmaße ihrer Lüge. «Als ich Jenkins und Hamilton hier am Vierten Juli traf, sagten sie mir, sie seien hinter Devlin her, weil du ihnen erzählt hättest, es sei *seine* Idee gewesen, das Zeichen des Sicherheitskomitees an ihre Decken zu stecken. Außerdem hast du ihnen gesagt, er hätte das Geld für sich genommen und alles bei Bruno Favorite verloren.»

«Das haben sie behauptet? Und du glaubst natürlich ihnen und nicht mir, Zack Fletcher. Und wagst es noch, mir das ins Gesicht zu sagen! Wo wir uns so gut kennen. Wir haben zusammen in einer Blockhütte gewohnt, und ich habe eure verdammten Hemden gewaschen und euch das Futter gekocht. Und da sagst du mir ins Gesicht, ich sei eine Lügnerin!» Sie rollte die Augen und fuchtelte wütend mit den Händen.

«Nicht so laut! Muß denn jeder wissen, daß ich dich als Lügnerin bezeichnet habe? Du bist eine – wir beide wissen das ganz genau. Ich habe ja eben erst gehört, wie du wieder eine faustdicke Lüge erzählt hast.»

«Was ich hier gesagt habe, ist die reine Wahrheit. So war mir Gott helfe.»

«Nun hör mal zu, Lily. Du weißt so gut wie ich, daß es bei dem Streit mit Jenkins und Hamilton gar nicht um dich ging.»

«Natürlich ging es um mich. Um was denn sonst?»

«Um ihren Goldstaub. Du hast ihn gestohlen und Morgan die Schuld in die Schuhe geschoben. Insofern kann man schon sagen, daß es letzten Endes um dich ging. Aber es stimmt nicht, daß Jenkins wütend darüber war, weil Morgan ihm sein Mädchen gestohlen hatte. Im Gegenteil. Jenkins hat mir gesagt, er sei verdammt froh, daß er dich los wäre, denn man hätte mit dir mehr Scherereien, als du wert bist. Wenn die Sache mit seinem Goldstaub nicht gewesen wäre, hätte er Morgan am liebsten aus Dankbarkeit die Hand geschüttelt.»

Lily hatte sich Zacks Rede schweigend angehört. Als er fertig war, seufzte sie und machte ein bekümmertes Gesicht. «Ich weiß gar nicht, was ich dazu sagen soll. Alle sind gegen mich!»

«Das ist deine eigene Schuld, Lily», erklärte Zack ihr gelassen. «Du bist der geborene Unruhestifter. Das war mir sofort klar, als ich dich zum erstenmal sah – als du auf dem Pferd durch die Stadt rittest und jedem Burschen, der seine Augen auf dich richtete, deine Herausforderung entgegenschleudertest.»

Zacks Behauptung, daß sie der geborene Unruhestifter sei, hatte Lily mit einem Schlag wieder in gute Laune versetzt. Sie sah mit kecken, leuchtenden Blicken zu ihm auf, und um ihren Mund lag das übliche Lächeln. «Was kann ich dafür, wenn die Männer meinetwegen immer in Streit geraten? Jedesmal ist es das gleiche, wo ich auch hinkomme. Dabei tue ich gar nichts dazu.»

«Mich wirst du nie in Schwierigkeiten bringen, darauf kannst du dich verlassen. Ich bin kein Jenkins, kein Hamilton und kein Carter, und nicht einmal ein Devlin. Ich bin auf meine Art genauso ein Gauner wie du. Wo ist übrigens Carter?»

«Tot.»

«Wie ist denn das passiert?»

«Also, Fletcher, dafür kannst du mir nun wirklich nicht die Schuld geben. Nachdem Jenkins und Hamilton uns unseren Goldstaub abgenommen hatten, versetzten wir jeder eine Pistole und fingen an, Pharao zu spielen, um uns nach Möglichkeit wieder eine kleine Grundlage zu schaffen. Ein paar Tage lang spielten wir vorsichtig und waren nur darauf bedacht, uns über Wasser zu halten. Wenn wir genug gewonnen hatten, um uns ein gutes Abendbrot leisten zu können, standen wir auf und gingen essen. Ja, und dabei ist es passiert. Ich ging mit Carter durch die Straße, und er malte sich in den schönsten Farben aus, was er jetzt essen wollte – er redete von Pfirsichtorte und Hirschsteak mit Sauce –, als auf einmal ein Schuß losging. Ich wollte mich gerade umsehen, weil ich wissen wollte, woher der Schuß kam, da hält sich Carter doch an mir fest und hätte mich beinahe zu Boden gezogen. Der Kerl lief auf uns zu, und ich versuchte mich loszumachen, denn ich hatte entsetzliche Angst, daß er den nächsten Schuß auf mich abfeuern würde. Aber Carter hielt sich weiter an mir fest und flehte den Kerl an, er solle nicht auf ihn schießen, während er am Boden läge. ‹Dann steh auf›, sagte der zu ihm, und als Carter mühsam auf die Knie gekommen war und seine Pistole ziehen wollte, schoß der andere wieder, und diesmal traf er ihn mitten in die Stirn. Dann wandte er sich zu mir und sagte: ‹Entschuldigen Sie, Miss, aber wir beide hatten noch eine alte Rechnung zu begleichen.› Damit ging er weg. Wie findest du das?»

«Er ist einfach weggegangen? Und weiter?»

«Sie haben ihn festgenommen. Aber nach ein oder zwei Stunden ließen sie ihn wieder laufen, weil er schwor, daß Carter und er sich in Salt Lake City versprochen hatten, einander umzubringen, sobald sie sich wieder zu Gesicht bekämen. Und er hätte ja gesehen, wie Carter nach seiner Pistole griff. Glaubst du die Geschichte etwa auch nicht?»

«Doch, die glaube ich dir. Davon hattest du ja keinen Vorteil. Und mit wem bist du hergekommen?»

Lily rühmte sich zwar immer, daß sie sich im Grenzgebiet so sicher und frei bewege wie in einem Städtchen in New England, weil ihr Schneestürme, weite Entfernungen, Gebirgskrankheiten, wilde Tiere, Indianer und Schießereien nichts ausmachten. Aber Zack glaubte trotzdem nicht, daß sie allein reiste.

«Mit einem Freund. Dort sitzt er, gleich hinter dir.» Sie hob die

Stimme. «Powell, ich möchte Sie mit einem dieser prächtigen Burschen bekannt machen, von denen ich Ihnen erzählt habe. Er ist der Mann, der am Vierten Juli bei einem Streit um mich Hamilton getötet hat: Zack Fletcher.»

Zack wandte sich um und sah einen etwa dreißigjährigen Mann mit spärlichem Bart. Als er lächelte, sah man mehrere Zahnlücken in seinem Oberkiefer. Der Mann streckte ihm die Hand entgegen. «John Powell ist mein Name. Sehr erfreut, Sie kennenzulernen, Mr. Fletcher. Ich habe schon viel über Sie gehört, nicht nur von Lily.»

Zack kniff argwöhnisch die Augen zusammen, denn er hatte gelernt, anderen Männern ebensowenig zu trauen, wie offenbar sie ihm trauten. «Was haben Sie denn von mir gehört?»

«Daß Sie ein Mordskerl sind.»

Diese Erklärung ließ Zack sich gefallen und bestellte ein paar Drinks.

«Powell reist für eine von den ganz großen Zeitungen», erklärte Lily und gab Zack mit einer Grimasse zu verstehen, daß dies für sie beide eine gute Gelegenheit sei, berühmt zu werden. «Welche ist es noch, Powell?»

«*Tribune. New York Tribune.* Sie haben mich losgeschickt, um eine Artikelserie über das Leben im Westen zu schreiben. Ich bin schon fast sechs Monate unterwegs. Aber so ein Greenhorn, wie Sie vielleicht denken, Mr. Fletcher, bin ich auch wieder nicht. Ich war schon während der Grenzkämpfe in Kansas und Missouri. Damals habe ich auch zum erstenmal von Ihnen gehört.»

Selbst nach mehreren Gläsern war Powell noch nüchtern und lebhaft und lauschte aufmerksam auf jedes Wort, das Zack sagte. Er wollte immer mehr hören und war sichtlich entzückt, daß der Zufall ihn zwei so großartigen Vertretern des Westens wie Lily Jones und Zack Fletcher in die Arme geführt hatte. Lily schien sich durchaus bewußt zu sein, daß hinter jeder Bemerkung und Frage John Powells, hinter jedem beobachtenden Blick der Gedanke an seine Artikelserie stand, in der er vielen tausend, mit weniger Unternehmungsgeist ausgestatteten Lesern von dem Leben im wilderen Teil ihres Landes und von seinen sonderbaren Einwohnern berichten würde. Zack hingegen reizte die Aussicht nicht, in einem Zeitungsartikel genannt zu werden, den er als unbekümmerter Grenzer doch nie zu Gesicht bekommen würde. Er hörte geduldig zu, drängte Powell immer noch ein Glas auf und staunte, daß Powells Widerstandsfähigkeit gegen schlechten Whisky doch größer war, als er angenommen hatte.

«Ich will Ihnen etwas sagen, Powell», erklärte Zack schließlich feierlich. «Spätestens in einem Jahr wird Helena in den Klauen der Bildungsvereine und Damenclubs sein – und dann ist es aus mit Ihrer Grenzerromantik.» Er schnippte mit den Fingern und sah Lily düster an.

«Ja, das ist wahr, Powell», stimmte Lily zu. «Ich kenne den Westen, ich lebe hier, seit ich fünfzehn Jahre alt bin. Und ich kann Ihnen sagen: Die Missionare halten einen ganz schön in Trab! Die anständigen Frauen und ihre Töchter geben sich nicht damit zufrieden, daß sie selber gut sind, sie wollen, daß auch alle anderen durch ihre Lesekränzchen und Wohltätigkeitsgesellschaften bekehrt werden. Fletcher weiß, was ich meine.» Sie grinste. «Nicht wahr?»

Zack warf ihr einen warnenden Blick zu.

Aber Powell lehnte sich zurück, lachte, schlug sich auf die Schenkel und erklärte, darauf müsse er noch einen trinken. «Auf Lily Jones, die typische Grenzerfrau!»

Als Zack sich diesmal weigerte, mit anzustoßen, sah Lily ihn gereizt an, stellte jedoch keine Fragen. «So typisch ist sie nicht, Powell», meinte Zack. «Und dafür können wir alle nur dankbar sein.»

«Aber sie ist so reizend. Ein echtes Naturkind, ein freier Geist. Ich beneide euch beide! Ihr seid vom selben Schlag. Und ich möchte sogar behaupten, daß ich auf all meinen Reisen hier im Westen keine typischeren Vertreter für das Leben in den Grenzgebieten gefunden habe als euch. Ich möchte wetten, daß ihr beide nicht die Absicht habt, wieder nach Hause zurückzukehren, sobald ihr hier euer Glück gemacht habt.»

Zack und Lily platzten vor Lachen und blickten sich an. Dann schlug Lily sich mit beiden Händen auf den Bauch und lachte wieder.

Zack schien es an der Zeit, Powell aus Troy's Casino hinauszubugsieren. Er drängelte sich zur Tür und schob Lily vor sich her, während Powell ihnen folgte und darüber jammerte, daß sie diesen sympathischen Ort verlassen wollten. Ein paar Häuser weiter fand Zack das, wonach er gesucht hatte: einen Ort, an dem man Powell gewissermaßen deponieren konnte. Er drängte Lily über die Schwelle eines Tingeltangel und forderte Powell mit einer Kopfbewegung auf, ihnen zu folgen.

Während Powell sofort lebhaftes Interesse an seiner neuen Umgebung bekundete, beobachtete Zack ihn nachdenklich, denn Powell mit seiner gewissenhaften Neugier schien ihm das grünste Greenhorn zu sein, dem er je begegnet war.

Zack ging zu den Mädchen hinüber, die zwischen zwei Tänzen auf einer Bank saßen und sich das Gesicht, Hals und Achselhöhlen trocken wischten, lehnte sich über das Geländer, das die Mädchen für kurze Zeit von ihren Kunden trennte, und pfiff einmal scharf durch die Zähne. Sofort blickten sie alle zu ihm hin, und eine erhob sich und lief auf ihn zu. Er flüsterte ihr etwas ins Ohr. Sie überlegte kurz, nickte, und Zack kehrte zufrieden zu Powell zurück.

«Ich habe eben etwas für Sie organisiert», sagte er. «Sehen Sie das Mädchen da drüben? Die mit den blonden Haaren und dem blaßgrünen Kleid? Sie heißt Nellie Sullivan und ist eine alte Freundin von mir. Die beste Tänzerin im ganzen Gebirge. Und außerdem ein anständiges Mädchen, das hier bei seiner Mutter wohnt. Gewöhnlich kommt die Mutter als Anstandsdame mit, aber heute ist sie zu Hause geblieben, weil sie die Sommergrippe hat. Wenn Sie also wollen, kommen Sie mit, Powell. Dann können Sie den nächsten Tanz mit ihr tanzen.»

Der Geiger stampfte mit dem Fuß auf und rief: «Bitte aufstellen zum nächsten Tanz!» Während Powell und Nellie Sullivan in einem wilden Walzer davonwirbelten, machten Zack und Lily sich davon. Als er sich noch einmal umdrehte, sah Zack, daß Powell in einem Tempo kreiste, das er vermutlich nicht lange würde fortsetzen können. Und im nächsten Augenblick sah er, wie Powell stolperte und Nellie Sullivan sich bemühte, ihm wieder auf die Füße zu helfen.

«Sie wird ihn mit nach Hause nehmen», sagte Zack. «Dort können wir ihn dann morgen früh auflesen. Falls wir wollen.»

Lily nickte, hakte die Daumen in ihren Hosengurt, und dann schlenderten die beiden plötzlich still und nachdenklich nebeneinander her. Zack sah Lily verstohlen an und überlegte, ob sie wohl mit seinen Absichten einverstanden war oder vielleicht Einwände erheben würde, wenn er mit ihr in ein Hotel ging. Lily betrachtete gleichgültig die Frauen, die in weiten Röcken und fest um die Brust und Schultern gewickelten Schals an ihnen vorübergingen. Die meisten hatten die sorgenvollen Gesichter der Frauen, die schon lange im Westen lebten. Als Zack und Lily eine andere Kneipe betraten und einander an der Theke gegenüberstanden, sagte Zack im Ton eines strengen Vaters, der ein unartiges Kind zurechtweist: «Du hast uns übrigens auch noch andere Lügen aufgebunden, Lily.»

«Ja, wahrscheinlich», räumte sie ein.

«Du bist doch auch nicht mehr zwanzig, wie du behauptet hast?»

«Was zum Teufel geht es dich an, wie alt ich bin, Fletcher?»

«Na, du dürftest ungefähr dreißig sein.»

Sie stieß einen empörten Schrei aus. «Das bin ich nicht! Ich bin sechsundzwanzig.»

«Warum sagst du dann zwanzig? Sechsundzwanzig ist doch kein Unglück. So alt bin ich auch.»

«Ich habe es gesagt, weil er achtzehn war.»

«Er? Ach so, Devlin.»

«Zack, willst du mir etwas versprechen? Willst du es mir feierlich schwören?»

«Na, was ist denn schon wieder?»

«Begrabe mich neben Devlin. Ja?»

Sie sprach so leise und sehnsüchtig, daß er im ersten Augenblick glaubte, er habe sie nicht richtig verstanden. Dann fragte er entrüstet: «Neben Devlin? Zum Teufel, wovon redest du eigentlich, Lily? Er ist doch selber noch nicht mal tot.»

«Ich weiß», flüsterte sie. «Aber wenn er es ist. Wenn wir beide tot sind.»

«Um Himmels willen. Los, komm mit!» Er drängte sie hinaus auf die Straße, und als sie ihn immer noch um dieses Versprechen anflehte, gab er ihr einen kräftigen Klaps auf das Hinterteil und erklärte, es bringe Unglück, über den Tod zu sprechen. «Ihr Frauen scheint überhaupt kein Gefühl für Moral zu haben.» Sie waren stehengeblieben und sahen sich an. «Du hast dein möglichstes getan, um ihn umzubringen mit dieser Geschichte, die du Jenkins und Hamilton erzählt hast. Das weißt du ganz genau. Du hattest nämlich keinen anderen Grund, so etwas zu behaupten. Gibst du das endlich zu oder nicht?»

Er entdeckte auf Lilys Gesicht den gleichen Ausdruck fast wahnsinniger Erregung, den sie seinerzeit während des Wettrennens gehabt hatte. «Ja, es stimmt», rief sie triumphierend. «Ich wollte, daß er stirbt.» Das Eingeständnis schien sie selbst zu überraschen, denn sie senkte plötzlich den Kopf, blickte zur Seite und seufzte. «Aber jetzt will ich es nicht mehr. Ich hasse ihn nicht mehr.» Damit war Zack bedeutsamen Zusammenhängen auf den Grund gekommen, und er hatte das dunkle Gefühl, daß es seine Pflicht und Schuldigkeit sei, Lily zur Verantwortung zu ziehen. Aber gleichzeitig machte er die bedauerliche Entdeckung, daß der Gebirgswhisky seine Wirkung nicht nur auf Powell ausgeübt hatte. Worte, die ihm schon auf der Zunge lagen, waren im nächsten Augenblick aus seinem Kopf verschwunden. Er hatte ihr sagen wollen, daß sie bösartig sei, daß sie für das angerichtete Unheil und den Schaden büßen müsse. Und daß sie mit ihren Lügen zwei Männer auf dem Gewissen habe. Aber er brachte nur ein Kopfschütteln und die erstaunte Frage zustande: «Warum hast du ihn denn gehaßt?»

«Weil er mich nicht geliebt hat.»

Sie gingen weiter, und Lily schob ihren Arm unter seinen. Der Gedanke ließ ihn nicht los, daß er als Morgans Freund die Verpflichtung habe, in dieser ungeheuerlichen Sache etwas zu unternehmen. Aber er hatte keine Ahnung, was er tun sollte. Schließlich fühlte er nur noch dumpfe Gleichgültigkeit. Er zuckte die Achseln und sagte sich, daß es nicht seine Sache sei, alle Rätsel zu lösen und alle Untaten zu sühnen.

Sie gingen weiter und weiter, und es kam ihm so vor, als seien sie schon halb aus der Stadt heraus. Aber er nahm undeutlich wahr, daß sie an endlosen Häuserreihen vorüberkamen und daß Passanten ihnen in einem geradezu schwindelerregenden Tempo entgegenstürzten. «Komm, wir lassen ein Bild von uns machen», hörte er sie auf einmal sagen. «Hast du schon mal eine Fotografie von dir selber gesehen?» Sie standen vor einer Blockhütte, an der ein Schild hing: «Bin nur eine Woche in dieser Stadt.»

Der Fotograf lag schlafend auf einem Feldbett. Als sie ihn anriefen, sprang er beflissen auf, bat sie herein und forderte sie auf, an einem

Tisch Platz zu nehmen. Er baute eine leere Flasche und zwei leere Gläser vor ihnen auf und machte sich mit Feuereifer an die Arbeit. Immer wieder zog er sich unter sein schwarzes Tuch zurück, bat sie, ihre Stühle in dieser oder jener Richtung zu verschieben, hielt zum Schluß ihre Köpfe mit Nackenstützen fest und erklärte, nun dürften sie sich nicht mehr bewegen. Sie hielten beide eine brennende Zigarre in der Hand, hatten den Hut tief ins Gesicht gezogen und starrten mit so wilden Blicken in die Kamera, daß Powell bestimmt von diesem Anblick entzückt gewesen wäre.

Wieder duckte sich der Fotograf unter das schwarze Tuch und rief: «Lächeln! Machen Sie ein glückliches Gesicht!» Sofort gefroren ihre Gesichter zu grimmiger Stumpfheit, und ihre Augen sahen vor Anstrengung ganz glasig aus. Ein leises Klicken ertönte, und dann sprang Lily auf und strich sich mit den Händen über Haar und Kleider, als glaube sie, in Flammen zu stehen oder durch einen Schuß getroffen worden zu sein.

«Wohin soll ich das Bild schicken, Sir?»

«Wann ist es denn fertig?»

«Ich könnte es morgen nachmittag fertig haben.»

«Morgen nachmittag sind wir nicht mehr da», erklärte Zack. Die Bemerkung trug ihm einen anerkennenden Blick von Lily ein.

«Ich könnte es Ihnen nachschicken.»

«Wir haben keine feste Adresse.»

Sie nickte, wagte aber nicht, ihm zu sagen, daß sie das Bild gern an Morgan schicken lassen würde. Da hörte sie Zack leise zu dem Fotografen sagen: «Schicken Sie es an die Firma Devlin Brothers. Adressieren Sie es an Morgan Devlin.»

Lily lächelte, als wolle sie ihn zu diesem gescheiten Einfall beglückwünschen. Dann schlüpfte sie aus der Tür, und als Zack ebenfalls auf die Straße trat, schob sie wieder ihren Arm unter den seinen.

22

Joshua hatte einmal aus Amos Cottrells Mund die Bemerkung gehört, ein erfolgreicher Mann sei derjenige, der das Glück habe, in entscheidenden Situationen seines Lebens auf einen dummen Gegner zu treffen. Obgleich sich diese Behauptung mit Joshuas Erfahrungen deckte, verhielt er sich im Falle De Groot, als sei genau das Gegenteil der Fall. Er lobte Miltons Schlauheit und übertrieb die Schwierigkeiten, die dieser ihm bereitet habe, bevor er in den endgültigen Besitz der De Grootschen Brennereien habe gelangen können.

Während der Monate, in denen Joshua die Geschäftsbücher prüfte und er, Cottrell und Flagg Spekulationskäufe und -verkäufe jeder Art tätigten und alle Profitmöglichkeiten, die der Gesellschaft noch geblieben waren, erschöpften, verbrachte De Groot täglich viele Stunden in Joshuas Privatbüro. Er trank Absinth, jammerte über seine mißliche Lage und flehte Joshua unentwegt an, ihm zu helfen, seine Firma wieder flottzumachen – denn dies sei doch der Grund, weshalb das Gericht Joshua als Treuhänder eingesetzt habe. «Du darfst nicht so ungeduldig sein, Milton», beruhigte Joshua ihn. «Du hast eine ganz hübsche Zeit gebraucht, um in diesen Schlamassel zu geraten, jetzt brauchen wir auch ein Weilchen, um wieder herauszukommen.» Joshua stellte es stets so hin, als sei an dem geschäftlichen Zusammenbruch De Groots kein anderer schuld als De Groot selber. Und mit der Zeit schien De Groot sich dieser Logik zu beugen.

Während dieser Zeit hielt Joshua sich immer nur kurz in seinem eigenen Büro auf und erledigte die meisten Besprechungen in Samuels Büro. Trotzdem ließ er De Groot nicht aus den Augen, denn dieser war ein lebendes Beispiel dafür, wie ein geschäftlicher Zusammenbruch sich auswirkte. Joshua hatte schon von ähnlichen Fällen gehört und selber den einen oder anderen gekannt, der eine Zeitlang gute Geschäfte gemacht und dann infolge irgendeiner unabwendbaren Katastrophe alles wieder verloren hatte. Diese Männer waren entweder ganz von der Bildfläche verschwunden oder nach einigen Jahren wiederaufgetaucht, aber nur, um in den Straßen herumzustehen, durch die sie früher wie die Götter stolziert waren, einen allgemeinen Bankrott vorauszusagen und jedem mit der jammervollen Geschichte ihres Unglücks in den Ohren zu liegen.

Während Joshua De Groot aufmerksam beobachtete, wurde ihm klar, daß solche Männer sich schon vor ihrem endgültigen Untergang von ihrer Angst vor einem Fehlschlag überwältigen ließen. Sie zweifelten an ihren Fähigkeiten, auf die Dauer all die Pläne und Zusammenhänge zu übersehen, die man kennen mußte, um in Wall Street ein reicher Mann zu bleiben. Sie trauten es sich nicht zu, die sich ständig wiederholenden kritischen Situationen und Schreckensmeldungen zu überstehen. Und wenn sie ihr Selbstvertrauen erst einmal verloren hatten, begingen sie die ersten kleinen Fehler, die sich mit der Zeit häuften und schwerer wurden, bis sie eines Tages feststellen mußten, daß sie am Ende waren. Dann war ihr Bankrott eine Tatsache geworden, vor der sie sich nicht mehr zu fürchten brauchten. Auch De Groot machte den Eindruck, als übe sein eigener Bankrott eine seltsame Anziehungskraft auf ihn aus – wie der Tod auf einen unheilbaren Kranken.

Im Spätherbst, als De Groot schon fast sechs Monate hindurch den Sofaplatz in Joshuas Büro besetzt hielt und Joshua, Cottrell und Flagg zu der Ansicht gelangt waren, daß die Spekulationsgeschäfte nunmehr ein Maximum an Profit erbracht hätten, teilte Joshua De Groot mit, es habe sich herausgestellt, daß die De Grootschen Brennereien bankrott seien. De Groot nahm die Nachricht schweigend auf, blickte düster vor sich hin und erklärte, er werde einer Liquidation nicht zustimmen.

Dann kam der Tag, an dem Richter Azariah Gill einen Verkauf der Firma für zehn Prozent ihres ursprünglichen Wertes an Samuel Ching genehmigte. «Tut mir leid, alter Junge», sagte Joshua in herzlichem Ton zu De Groot. «Aber irgend jemand mußte den Laden ja schließlich übernehmen.»

«Und deshalb hast du mir den Gefallen getan.»

Joshua machte eine wegwerfende Geste. «Wenn du es so auffassen willst, Milton.»

Als die beiden Männer sich Auge in Auge gegenüberstanden, empfand Joshua nicht das geringste Mitleid für De Groot. Während der letzten Monate war sein Widerwille gegen Milton geradezu quälend geworden. Trotzdem bemühte er sich, freundlich zu sein. «Du wirst dich wieder aufrappeln, Milton. So etwas passiert jedem einmal.»

«Ich bin entehrt, Joshua. Wer wird mir je wieder vertrauen?»

Joshua überwand sich, trat auf ihn zu und klopfte ihm auf die Schulter. «Niemand ist durch einen Bankrott entehrt, Milton – es sei denn, er gibt sich jeder Kleinigkeit wegen auf. Und die De Grootschen Brennereien sind selbst in ihrem jetzigen Zustand keine Kleinigkeit.» Joshua hatte Mühe, ein Lächeln zu unterdrücken, als er sich so reden hörte.

Drei oder vier Monate später verkündete Samuel Ching in seiner Eigenschaft als neuer Präsident der Gesellschaft, die Überprüfung der Bücher habe ergeben, daß die Einkünfte zu niedrig eingeschätzt worden seien. Er veranlaßte eine reichliche Dividendenausschüttung, die Aktie wurde wieder aktiv, stieg im Wert und wurde eifrig gekauft, und bald rollten von neuem ganze Wagenladungen von Whisky aus den Lagerhäusern der Slums. Sogar die konservativeren Börsenkunden, die sich zunächst zurückgehalten hatten, zeigten sich interessiert. Anfänglich hatte Joshua die Aktie mit größeren Beträgen stützen müssen, als sie tatsächlich wert war, aber nun begann das Geschäft sich für ihn zu rentieren.

De Groot verschwand aus Wall Street und ließ sich auch in Joshuas Büros nicht mehr blicken. Doch als Joshua bei einer seiner regelmäßigen Inspektionen der Lagerhäuser Hoke O'Neil traf, erzählte dieser ihm, daß De Groot am Abend zuvor bei Harry Hill gewesen sei und dort mit Oliver Foss gesprochen habe.

Hoke hatte von seinem Gewinnanteil die ‹Rote Zwiebel› gekauft, und zwar zu einem äußerst günstigen Preis, da er den bisherigen Besitzer durch ein paar nächtliche Überfälle und kleine Brandstiftungen in Schrecken versetzt und aus dem Bezirk verjagt hatte. Als Zeichen seiner neuen Würde hatte er jetzt auch ein eigenes Privatbüro, ein Zimmer in einer Kneipe, in dem er Audienzen gab, Bittstellern seine Unterstützung zusagte, sich die Klagen der Wähler anhörte, künftige Schlachtpläne entwarf und den Lohn für frühere Erfolge einstrich.

Hokes Schwester hatte das Land verlassen, ohne Joshua von ihrer Absicht in Kenntnis zu setzen. Einige Tage nachdem Richter Gill Joshua die Geschäftsaufsicht zugesprochen hatte, erklärte ihm Hoke: «Betty ist weg.»

«Wohin?»

«Nach England.» Hoke grinste hämisch. «Was halten Sie davon?»

«Ich halte es für sehr dumm. Sie hat doch gar kein Geld.»

«Ihrer Ansicht nach hat sie welches. Wir hatten nicht einmal das Schwarze unterm Nagel, deshalb hält Betty sich jetzt für eine reiche Erbin. Jedenfalls ist sie weg. Sie sagte, sie könne die Leute hier nicht leiden und wolle lieber dort leben, wo man nicht nur so täte, als liebe man die Iren.» Hoke bohrte mit einem Elfenbeinzahnstocher – noch ein Luxus, den er sich jetzt gestattete – in seinen Zähnen. «Ja, so ist das mit Betty.»

Als Hoke ihm von De Groots Besuch bei Harry Hill erzählte, hatte Joshua Allegra Stuart längst vergessen. «Sie hätten die beiden sehen sollen! Foss saß da und zog ein Gesicht, als sei das der übelste Betrug, von dem er je gehört hätte, und erklärte De Groot, er habe ja immer gesagt, daß die Börsenmakler üblere Gauner seien als die Politiker.» Hoke lachte schallend auf und schlug sich begeistert aufs Knie. Diese Angewohnheit machte Joshua rasend, aber er lächelte nur gequält, denn er hatte das Gefühl, daß er für Hoke O'Neil noch mancherlei Verwendung haben würde. Er hatte schon angedeutet, daß Hoke und seine Freunde ein hübsches Stück Geld verdienen könnten, wenn sie ihm, Joshua Ching, einen jener städtischen Aufträge zuschanzten, die sie neuerdings so freigebig verteilten. Jetzt war die beste Gelegenheit für Geschäfte dieser Art, denn Joshua glaubte, bald würden die gleichgültigen Bürger von New York erschrocken feststellen, daß ihre Stadt die schmutzigste der Welt war. Schon jetzt türmten sich die Abfallhaufen, und jeden Tag konnte eine Choleraepidemie ausbrechen; die Kais und Dockanlagen waren verwahrlost, und es gab weder Brücken noch ein ausreichendes Kanalisationssystem – dafür aber eine Unmenge von Taschendieben, Strolchen und Gaunern.

«Ich werde daran denken», versprach ihm Hoke. «Aber Sie wissen ja selber, daß in New York heute jeder Geschäfte mit der Stadtverwaltung machen möchte.»

Die Unterhaltung mit Foss schien De Groot neu belebt zu haben. Als Joshua ein paar Tage später in sein Büro kam, fand er ihn dort vor. De Groot schien Joshuas Kommen überhört zu haben, denn er verkündete gerade mit lauter Stimme, er verlange Gerechtigkeit und wolle seine

Firma wiederhaben, sie gehöre ihm und keinem anderen, gleichgültig, an wen Richter Gill sie auch verkauft habe. Dabei wanderte er unruhig hin und her, und als sein schwerer Körper wieder einmal herumfuhr, stand er unerwartet Joshua gegenüber. Sofort machte er ein verzweifeltes Gesicht. «Joshua», rief er, «wie konnte das passieren? Um Gottes willen, sag mir, wer mir das angetan hat!»

Joshua ging an ihm vorüber, ohne ihn einer Antwort zu würdigen, und De Groot blickte beschämt zu Boden. Joshua sagte leise etwas zu einem der Angestellten, und während De Groot noch jammerte und sich das Haar raufte, schloß der Angestellte den Geldschrank auf und brachte seinem Chef einen Stapel neugedruckter Aktien der De Grootschen Brennereien. Joshua nahm sie und hielt sie De Groot schweigend hin. Zuerst wich er entsetzt davor zurück, als gehe von diesen Papieren eine Gefahr aus, doch dann griff er schnell danach und begann sie durchzuzählen.

«Fünfhundert, Milton», sagte Joshua.

De Groot nickte, zählte noch einmal – offenbar, um sich zu vergewissern, daß man ihn nicht betrogen hatte – und warf Joshua, der ihn die ganze Zeit mit abweisender Miene betrachtet hatte, einen scheuen Blick zu. Schließlich preßte er das Aktienbündel an seine Brust und verließ den Raum. Die Männer im Büro hörten, wie er die Treppe hinunterging und von Zeit zu Zeit stehenblieb. Joshua wandte sich um und blickte Samuel lächelnd an.

«Fünfhundert, Joshua. War das nicht ein bißchen reichlich großzügig?»

Joshua ging zum Fenster, um es zu öffnen. «Das Leichentuch ohne die Leiche, Samuel. Was macht das schon aus?»

Joshua konnte sich köstlich bei dem Gedanken amüsieren, daß seine Handlungen manchmal Nebenwirkungen hatten, die sich wie ein Lauffeuer in der Stadt verbreiteten, ohne daß jemand sie mit Joshuas Namen in Verbindung brachte. So etwas erfüllte ihn mit einem fast unheimlichen Machtgefühl, das ihm außerordentlich behagte und ihn in der Überzeugung bestärkte, daß unerforschliche Kräfte zu seinen Gunsten arbeiteten. Seine Macht und sein Einfluß schienen etwas Mystisches zu haben und ihn mit ehrfurchteinflößender Würde zu umgeben. Auch an dem Abend, an dem er Rose Michel zum erstenmal traf, erwartete er, daß diese Eigenschaften ihre Wirkung tun würden.

Joshua Ching war der Ansicht, daß es an der Zeit sei, sich eine Geliebte zu halten. Es sollte eine stadtbekannte Schönheit sein, allerdings nicht von der allerteuersten Sorte. Er hielt es gewissermaßen für eine Pflicht, deren Erfüllung nicht nur seinem Vergnügen diente, sondern vor allem dem Zweck, seinem Leben den entsprechenden Stil zu geben – so wie er später wertvolle Gemälde und erstklassige Pferde kaufen, Häuser bauen und extravagante Feste geben wollte.

Er hatte Susan und Ceda zu einer Vorstellung in *The Black Crook* mitgenommen, obgleich es Männer gab, die ihrer Gattin oder ihrer Tochter den Anblick dieser hundert blonden Mädchen in rosa Trikots und Ballettröckchen nicht gestatten würden. Während der Vorstellung hatte er die Mädchen einer genauen Prüfung unterzogen und schließlich seine Wahl getroffen.

Spinnage & Achroyd hatten bald den Namen des betreffenden Mädchens herausgefunden und konnten ihm Einzelheiten mitteilen. Sie war achtzehn Jahre alt und wohnte in einer Pension in der Bleecker Street, nicht weit entfernt von Mrs. Gosnells Pension. Ihr Vater war, dem offiziellen Lebenslauf zufolge, ein wohlhabender Schiffsbauer, der die Tochter enterbt hatte, weil sie zur Bühne gegangen war. In Wirklichkeit jedoch entstammte das Mädchen einer Arbeiterfamilie in Hartford, war vor drei Jahren allein nach New York gekommen, hatte einige Monate in einem der teureren Bordelle verbracht und war von dort weggezogen, um mit einem Mann zusammen zu leben, der ihrer bald müde wurde. Vor einem Jahr hatte sie eine Anstellung in *The Black Crook* gefunden, wo sie für eines der Mädchen einspringen durfte, das vor Heimweh wieder nach Frankreich zurückgekehrt war.

Diese Vorgeschichte kam Joshua sehr gelegen, denn er konnte sich vorstellen, daß sie sich vermutlich Sorgen um ihre Zukunft machte, weil die Beschäftigung in *The Black Crook* sicher nicht von Dauer sein würde. Außerdem entnahm er dem Bericht, daß sie nicht gewitzt genug war, einem Mann Unannehmlichkeiten zu bereiten, aber andererseits erfahren in den Dingen, die ihn interessierten. Schließlich glaubte er noch, es werde nicht schwierig sein, eine Beziehung zu ihr anzuknüpfen, diese Beziehung ohne große Kosten aufrechtzuerhalten und in ein, zwei Jahren wieder zu lösen.

Er begann die Offensive mit einem wahren Blumenbombardement. Täglich schickte er ihr den gleichen Strauß: rote Rosen, von einer Papierrosette umrahmt und mit einer blauen Seidenschleife geschmückt, deren Bänder einen Meter lang herabhingen. Nach einiger Zeit steckte er ein Kärtchen mit der Aufschrift «Ein Verehrer» an den Strauß – denn er sah noch keine Veranlassung, seinen Namen zu verraten. Er kannte genug Männer, die geringerer Anlässe wegen erpreßt worden waren.

Spinnage & Achroyd legten inzwischen eine genaue Liste an, womit das Mädchen sich beschäftigte, die Joshua aufmerksam prüfte. Sie schien wenig Männer zu kennen, kehrte nach der Abendvorstellung regelmäßig in ihre Pension zurück, machte hin und wieder mit anderen Mädchen aus dem Theater nachmittags einen Geschäftsbummel, kaufte aber wenig, und nahm jeden Abend seinen Blumenstrauß mit ins Theater, wo sie ihn herumzeigte und ihren Freundinnen erzählte, er sei von einem Ölmagnaten aus Pennsylvania, der ihr ein Haus und einen eleganten Wagen versprochen habe, wenn sie sich entschließen würde, das Theater aufzugeben und zu ihm zu kommen. Dann legte sie, wie Joshua etwas verärgert zur Kenntnis nahm, den Strauß achtlos beiseite, rümpfte die Nase und fing an, sich für die Vorstellung zurechtzumachen.

Vorübergehend war Joshua entschlossen, sich nicht mit einem so dummen Mädchen einzulassen, das seine Huldigungen so wenig zu würdigen wußte. Doch nach ein paar Tagen war es ihm egal, was sie mit seinem Strauß machte, und er schickte ihr eine Einladung zum Abendessen, das in einem Séparée des Maison Doré, eines eleganten Restaurants in der Fourteenth Street, stattfinden sollte.

Wie er vorausgesehen hatte, antwortete sie ihm, daß sie an dem betreffenden Abend leider vergeben sei. Auch seinen zweiten Vorschlag lehnte sie ab. Bei der dritten Einladung erklärte sie sich schließlich bereit, ihn zu treffen.

Joshua kam eine halbe Stunde vor der verabredeten Zeit, besprach die Speisenfolge und die Weine mit dem Kellner, bestellte Whisky mit Wasser und steckte sich eine Zigarre an. Er saß mit dem Rücken zur Tür und grübelte über die Möglichkeiten nach, eine Eisenbahnkonzession zu bekommen, von der Lorenzo Flagg kürzlich gesprochen hatte.

Zur Zeit war diese Konzession selbst den Besitzern in Ohio kaum von Nutzen. Wenn man sie jedoch kaufte und William Talbot, der ein Experte auf dem Gebiet des Eisenbahnbaus und seiner Finanzierung war, dazu bringen konnte, eine Gesellschaft zu gründen, würde sich damit ein Vermögen verdienen lassen. Für Joshua war der Begriff Vermögen jetzt mit völlig anderen Zahlen verknüpft als früher: Er dachte nicht mehr an Hunderttausende und auch nicht mehr an ein oder zwei Millionen. Selbst zehn Millionen jagten ihm keinen ehrfürchtigen Schauder mehr ein. Er würde sich erst mit mindestens zwanzig oder besser noch dreißig Millionen zufriedengeben.

Ein leises Klopfen erinnerte Joshua daran, daß er Besuch erwartete. Er wandte sich um und sah Rose Michel in der Tür stehen, seinen Strauß in der Hand und ein zaghaftes Lächeln auf dem Gesicht, als fürchte sie, an der falschen Tür geklopft zu haben oder am falschen Abend gekommen zu sein.

«Miss Michel», sagte Joshua ernst und verbeugte sich förmlich.

Sie trat näher, sah sich mißtrauisch in dem kleinen Raum um, entdeckte jedoch nichts, was auf etwa beabsichtigte Intimitäten hingedeutet hätte, sondern nur einen festlich gedeckten Tisch, einen Gaskandelaber und vier kleine Stühle. Das schien sie zu befriedigen, denn nun senkte sie ein wenig den Kopf und wandte sich mit einem fast schüchternen Lächeln zu Joshua um.

Joshua stellte erfreut fest, daß sie in der Nähe noch hübscher war als auf der Bühne; er fand sie geradezu bezaubernd und anbetungswürdig. Er nahm ihr den grauen Wollmantel mit dem etwas schäbigen Pelzbesatz ab, der so aussah, als habe sie ihn schon alt gekauft. Ihr Kleid jedoch gefiel ihm. Es war aus roter Seide, enthüllte aber ihre glatten Schultern nur so weit, daß nicht einmal Ceda es als unpassend hätte bezeichnen können. Es sah ziemlich teuer aus und war vermutlich ihr bestes Kleid, das sie sorgfältig pflegte und für wichtige Gelegenheiten aufhob.

Während er sie ungeniert betrachtete, sah sie ihn ruhig an und ließ sich mustern, ohne ärgerlich oder verlegen zu werden. Joshua hatte den Eindruck, daß sie zu diesem Essen mit den Erwartungen eines Büroangestellten gekommen war, der sich um einen besseren Posten bewirbt und hofft, ihn zu bekommen. Sie bemühte sich zwar, ihm zu gefallen, war aber weder verzweifelt noch beschämt. Joshua, der sich etwas darauf zugute tat, daß er einem Menschen sofort ansehen könne, ob er besondere oder ungewöhnliche Eigenschaften besaß, war sich augenblicklich darüber klar, daß Rose Michel nichts weiter war als ein hübsches Mädchen, das seine Jugend und Schönheit so teuer wie möglich verkaufen wollte. Ihr Leben würde vermutlich recht traurig verlaufen und vielleicht schon früh in Krankheit oder Armut enden. Möglicherweise würde sie einen armen Mann heiraten und sich damit all die Sorgen aufladen, die sie aus ihrer Kindheit kannte und denen sie gerade hatte entfliehen wollen. Für Joshua war sie gerade das, was er im Augenblick brauchte. Er rückte ihr galant den Stuhl zurecht, goß Champagner ein, setzte sich ihr gegenüber und musterte sie weiter. Dabei lächelte er ihr zu, hütete sich aber, ihr zu zeigen, wie stark sein Interesse an ihr war.

Sie blickte unsicher zu ihm herüber, aber Joshua hatte das Gefühl, daß sein hübsches Gesicht mit dem gepflegten, blonden Bart, seine gutgeschnittene Kleidung und seine ernste, würdevolle Erscheinung ihr gefielen. Er selber war sich dieser Eigenschaften jedenfalls durchaus bewußt. Mit einemmal genoß er diesen Abend, der doch kaum erst begonnen hatte. Er fühlte sich glücklich in dem Bewußtsein, daß er jetzt genug Geld besaß, um Situationen zu beherrschen, die für ärmere Männer schwierig und oft sogar peinlich waren. Früher war er selber manchmal gezwungen gewesen, sich wegen eines kurzen Vergnügens zu demütigen, Phrasen zu erfinden oder um etwas betteln zu müssen, was jeder Hund sich leicht auf der Straße verschaffen konnte.

«Wie ich sehe, haben Sie den Strauß mitgebracht, den ich Ihnen geschickt habe», bemerkte er erfreut.

«Oh, das tue ich immer.» Sie legte den Strauß auf den Tisch. Und dabei bemerkte er, daß sie kleine Hände mit eckigen Fingernägeln hatte, die unentwickelten Hände eines Kindes.

Der Ober brachte die Schildkrötensuppe und füllte sie in die Teller. Joshua sah, daß sie die Bewegungen des Kellners mit gespannter Aufmerksamkeit verfolgte und daß ihre Nase den köstlichen Duft gierig einzusaugen schien. Er selber verspürte zu dieser Stunde kaum noch Appetit, aber bei ihrem Anblick kam ihm zum Bewußtsein, daß sie noch jung genug war, um immer hungrig zu sein. Wie sie vorhin ihn angestarrt hatte, so starrte sie jetzt die Suppe an – mit hingerissenem und zugleich schüchternem Lächeln. Ungeduldig schien sie darauf zu warten, daß der Ober verschwand und sie mit dem Essen beginnen konnten. Als er endlich gegangen war, griff sie rasch zum Löffel, hielt dann aber inne, als erinnere sie sich gerade noch rechtzeitig an ihre guten Umgangsformen, und sah ihn erwartungsvoll an. Er nickte ergeben, und sie löffelten die Suppe. Rose blickte dabei wie gebannt auf ihren Teller, und Joshua dachte spöttisch, daß diese kleine Schlampe in zehn Jahren wie ein Faß aussehen werde.

Trotzdem fand er sie reizend, wie sie eifrig ihren Hunger stillte, mit seligem Ausdruck den ersten Löffel Suppe zum Munde führte und sich von Zeit zu Zeit mit einem raschen Blick vergewisserte, ob er ihr Benehmen auch nicht mißbillige. Joshua begann ihr zu verzeihen, daß sie noch für etwas anderes Interesse hatte als nur für ihn.

Auch das Ochsenfilet mit Champignons sah sie voll sehnsüchtiger Bewunderung an und fiel darüber her, als habe sie seit Tagen nichts zu sich genommen. Immer noch behielt sie die Gewohnheit bei, jeweils nach ein paar Bissen einen flinken Blick zu Joshua hinüberzuwerfen, sagte aber kein Wort, sondern wartete sichtlich darauf, daß er zu sprechen beginne. Auch das verbuchte Joshua als Tugend bei einer Frau, mit der er vermutlich beträchtliche Zeit verbringen würde. Er beschloß daher, nichts zu sagen, bis das Menü beendet war, und inzwischen ihre Gegenwart bewußt zu genießen. Er aß wenig, sah aber wohlwollend zu, wie sie drei Scheiben Fleisch, eine große Portion Bohnen- und Trüffelsalat und zum Nachtisch einen Mandelpudding vertilgte.

Sie war still und schien leicht lenkbar zu sein. Ihr Parfum duftete schwach, aber angenehm. Die braunen Augenwimpern waren lang und gebogen. Als sie gegessen hatte, machte sie ein zufriedenes, glückliches Gesicht, lehnte sich zurück und lächelte ihn an, als wolle sie ihm danken. «Ich esse so schrecklich gern Schildkrötensuppe!» Ihre Stimme klang sanft und ein wenig zu tief. Sie atmete beim Sprechen, so daß jedes Wort klang, als werde es in innerer Erregung gesprochen. Sie nippte vorsichtig an dem Champagner und hatte noch nicht einmal das erste Glas ausgetrunken. Auch das sprach zu ihren Gunsten. «Es war alles großartig», sagte sie jetzt.

«Vielen Dank, Miss Michel. Ich freue mich, daß es Ihnen geschmeckt hat.»

«Die Arbeit im Theater ist anstrengend, sie macht mich immer hungrig.»

«Wie sind Sie denn zum Theater gekommen?»

Sie schlug die Augen nieder und schob die Lippen ein wenig vor. «Ach, ich habe mich zu Hause so gelangweilt. Vater war furchtbar streng – er ist Fabrikant, wissen Sie. Sehr reich.»

«Ich habe gehört, daß Ihr Vater Schiffsbauer ist.»

«Ja. Schiffsbauer, das meinte ich ja.» Sie sah ihn einen Augenblick fest an, lächelte dann und enthüllte dabei blendend weiße Zähne, die sich sehen lassen konnten. «Ja, und dann kam ich nach New York . . .»

«Miss Michel, bitte, fühlen Sie sich durch meine Worte nicht verletzt. Aber Sie können sich den Rest Ihrer Geschichte schenken.»

Ihre Augen öffneten sich weit, ihr Gesicht und ihr Hals röteten sich.

«Ich weiß, woher Sie stammen. Ich habe Erkundigungen über Sie eingezogen.»

«Was!» Sie warf die Serviette auf den Tisch und wollte aufspringen. Aber dann ließ sie nur den Kopf hängen und fragte kläglich: «Wirklich?»

Joshua stellte lächelnd fest, daß sie auch in ihrer Niedergeschlagenheit reizend wirkte. Er freute sich, daß er mit dieser Eröffnung so lange gewartet hatte. Wenn er gleich am Anfang alles gesagt hätte, wäre er um ihren munteren Bericht über ihre Vergangenheit und diesen raschen Zusammenbruch in ausweglose Verlegenheit gekommen. «Ja, natürlich. Ich bin sehr interessiert an Ihnen. Deshalb habe ich mich bemüht, einiges über Sie in Erfahrung zu bringen.»

«Aber wer weiß denn etwas? Ich bin so vorsichtig gewesen und habe es niemandem erzählt.» Sie schlug die Hände vors Gesicht. «Schrecklich! Warum haben Sie das getan? Jetzt werden Sie es überall herumerzählen, nicht wahr?»

«Ich werde es niemandem erzählen. Ich habe Ihnen doch gesagt, Miss Michel, daß ich mich sehr für Sie interessiere.»

Er mußte sich selber eingestehen, daß seine Worte durchaus der Wahrheit entsprachen. Trotz ihrer kleinen Flunkereien fand er sie sanft und zärtlich; ihre feine Haut, das hellblonde Haar und sogar die kleinen, albernen Handbewegungen, die in solch rührendem Widerspruch zu ihrem Wesen standen, erregten in ihm ein heftiges und immer drängenderes Vorgefühl künftiger Freuden. Damals im Theater hatte er sie bewundernd betrachtet, jetzt empfand er ein warmes, ungeduldiges Begehren, das durch die Sinnlichkeit, die sie ausstrahlte, angestachelt wurde. Aber mehr noch erregte ihn ihre Ahnungslosigkeit, daß ihm an ihr gerade nicht *die* Eigenschaften gefielen, die sie hervorzukehren versuchte, sondern diejenigen, über die sie keine Gewalt hatte: ihre Hilflosigkeit, ihr gesunder Appetit, ihr ungeschicktes Bemühen, sich einen romantischen Hintergrund zu geben, und die Bereitwilligkeit, mit der sie sich geschlagen gab.

Der Kellner brachte Eisbecher, kleine Kuchen und eine zweite Flasche Champagner, obgleich sie die erste noch nicht ausgetrunken hatten. Aber sie aß jetzt nichts mehr, sondern blickte ihn mit ernstem, fragendem Gesicht an. Er hatte ihr immer noch nicht seinen Namen genannt, und sie hatte nicht danach gefragt. Dieses Mädchen hatte bisher sichtlich noch nicht viel Glück im Leben gehabt und schien sich für die Zukunft keinen übertriebenen Hoffnungen hinzugeben. Aber Joshua suchte weder Geist noch Unabhängigkeit – Eigenschaften, die schon bei einer Ehefrau lästig genug sind, bei einer Geliebten aber vollends unerträglich. «Mein Name», sagte er langsam, «ist Joshua Ching.»

«Oh», flüsterte sie. «Ich habe schon soviel von Ihnen gehört. Joshua Ching kennt jeder.»

Er sah sie mißtrauisch an. Vielleicht hatte sie die Wahrheit gesprochen, vielleicht war er bekannter, als er annahm. Vielleicht wollte sie ihm auch nur schmeicheln – aber auch das war eine angenehme Eigenschaft an ihr.

«Ich bin natürlich verheiratet», sie nickte, «und habe schon erwachsene Kinder. Um es geradeheraus zu sagen: Ich möchte eine Wohnung für Sie suchen, ein, zwei Dienstmädchen und eine Köchin für Sie engagieren, Ihnen ein paar Kleider kaufen, Ihnen einen Wagen zur Verfügung stellen und Sie besuchen, wenn ich Zeit habe.» Nachdem er seine Absichten so deutlich und präzise formuliert hatte, nickte er. Es wurde allmählich spät, und er mußte am nächsten Tag früh aufstehen.

«Könnte ich beim Theater bleiben?»

«Natürlich nicht. Und um es Ihnen klipp und klar zu sagen: Ich erwarte Treue und werde dafür sorgen, daß diese Erwartung erfüllt wird. Ich habe nicht die Absicht, Geld auszugeben und mich dafür zum Narren halten zu lassen.»

«Natürlich nicht. So etwas würde ich auch nie tun.»

Joshua lächelte. «Doch, sicher. Überlegen Sie sich meinen Vorschlag also gründlich. Jetzt werde ich Sie in Ihre Pension zurückbringen – nein, machen Sie sich keine Sorgen, eine Pension kommt für mich als Rendezvous auch nicht in Frage. Wir werden uns in etwa einer Woche wiedersehen. Ich werde Ihnen Nachricht zukommen lassen. Für die nächsten Abende bin ich bereits verabredet.»

Er stand auf und half ihr in den Mantel, nutzte die Gelegenheit jedoch nicht für eine Zärtlichkeit aus, obgleich sie ihn erwartungsvoll ansah. Sie schien zu glauben, daß in dieser Sache noch etwas gesagt oder getan werden müsse. Sie verließen das Restaurant, er schickte sie in seinem Wagen nach Hause und begab sich selber zu Fuß zum Fifth Avenue Hotel, wo er, erfreut über das Erreichte und erfüllt von einem glücklichen Vorgefühl, gleich zu Bett ging. Wie angenehm, dachte er, daß sie so unkompliziert ist! So lenkbar und gedankenlos! Und dabei hat sie so wunderbar glatte Haut und ein natürliches Verlangen nach Luxus.

Eine Woche später, als er Rose Michel gerade benachrichtigen wollte, daß sein Wagen sie nach der Vorstellung erwarte, kam am späten Nachmittag ein Bote Hoke O'Neils zu ihm und teilte ihm mit, daß am Abend um elf Uhr über den städtischen Auftrag entschieden werden sollte, um den Joshua sich vor fast einem Jahr beworben hatte.

Vor kurzem war Hoke in Joshuas Büro erschienen und hatte ihm erzählt, daß der Gemeinderat demnächst über eine Lizenz zur Lieferung von Sand und Kies an die Stadt beschließen werde. «Die Sache hat mich ganz schön Zeit gekostet», erklärte er. «Ein paar von den Burschen mußten erst dazu gebracht werden, ihre Zustimmung zu geben. Aber sobald ich sie alle zusammentrommeln kann, treffen wir uns im Marquis Club, dem Spielcasino.»

Joshua schüttelte den Kopf. «Das paßt mir nicht. Ich spiele nicht, und schon gar nicht mit hohen Einsätzen.»

«Halten Sie mich eigentlich für einen Schlepper von McDuffs Spielclub?» Hoke grinste. «Mit Glücksspiel habe ich nichts im Sinn. Ich bin der geborene Kämpfer und Politiker. Und das werde ich auch bleiben. Man soll nicht gegen seine Veranlagung angehen. Aber Sie müssen wissen, daß McDuff mit Foss und auch mit mir befreundet ist. Er hat ein paar private Räume, in denen seine Freunde zu einem ruhigen Gespräch zusammenkommen können – da wird nicht gespielt, nur geredet.»

«Gut. Dann werde ich kommen.»

«Versuchen Sie aber nicht, die Preise zu drücken – diese Burschen sind keine Affen, die man mit Erdnüssen kirre machen kann.»

Hokes Botschaften wurden gewöhnlich von einem zehnjährigen Jungen namens Mud Foley überbracht, der sich Hoke in letzter Zeit angeschlossen hatte, ihm auf Schritt und Tritt folgte und Aufträge für ihn erledigte. Die Botschaften waren jedoch, wie Joshua bemerkte, nie schriftlich fixiert. Der Junge, der Hokes Kneipe zu seinem ständigen Quartier auserkoren hatte, trug kaum etwas auf dem Leibe und hatte keine Schuhe an den Füßen, obgleich es schon Mitte November war. Seine Haut sah aus wie hartes Leder, sein Haar war eine graue, gummiähnliche Masse und sein Gesicht so schmutzig, daß die wenigen sauberen Stellen um den Mund herum fast obszön erschienen, und er roch für Joshuas empfindliche Nase wie ein nasser Hund. Mud Foley stürzte in Joshuas Büro, riß einen Lumpen aus der Tasche, kniete sich hin, um Joshuas Schuhe zu polieren, und murmelte seine Botschaft dabei in einem so unverständlichen Gossenjargon, daß Joshua ihn mehrmals auffordern mußte, seine Worte zu wiederholen.

Während er sich in den Marquis Club, einem vierstöckigen Sandsteingebäude auf der West Twenty-fifth Street, nicht weit von der Fifth Avenue, fahren ließ, dachte Joshua darüber nach, was Hoke ihm über Marquis McDuff erzählt hatte. Marquis ließ sich nur selten beim Spiel sehen, sondern leitete das Etablissement von seiner Wohnung im obersten Stock aus. «Sie werden es nicht glauben», hatte Hoke berichtet, «vor sechs Jahren besaß McDuff nichts weiter als ein Zimmer mit zwei Spieltischen in der dreckigsten kleinen Spelunke des ganzen gottverdammten sechsten Bezirks. Das Geheimnis seines Erfolgs? Ja, das ist eine lange Geschichte – und keine ganz klare. Jedenfalls behauptet er, er habe einen Teil seines Vermögens mühsam erarbeitet, einen anderen Teil einem Betrunkenen abgenommen, den er – angeblich – ermordet in den Docks gefunden hat, und einen weiteren einem reichen Trottel, der in einer einzigen Nacht 10 000 Dollar an ihn verloren hat. Übrigens ist Marquis nicht sein richtiger Name, er heißt einfach Mike. Aber irgend jemand hat ihm gesagt, Marquis klinge besser fürs Geschäft.»

Ein Diener nahm Joshua den Mantel ab und führte ihn an verschlossenen Türen vorüber eine Treppe hinauf, die mit einem grünen Samtläufer bedeckt war. Gaswandleuchter verbreiteten mattes Licht, und die Wände waren mit dunklen Gemälden und vielen Spiegeln behängt. Hinter einigen der verschlossenen Türen saßen vermutlich Männer beim Spiel, nüchtern und still, hinter anderen mochte man sich die Zeit in der Bibliothek mit Lesen vertreiben oder geschäftliche Projekte besprechen.

Im vierten Stock klopfte der Diener an eine Tür, die nach kurzer Pause geöffnet wurde. Marquis McDuff, der auf der Schwelle stand, lächelte Joshua erfreut an und schüttelte ihm die Hand. «Guten Abend, Mr. Ching! Bitte, kommen Sie herein. Was möchten Sie trinken?»

McDuff war ein großer Mann mit muskulösen Schultern, die die Jacke seines Abendanzugs zu sprengen schienen. Als er sich leicht verbeugte, hatte man den Eindruck, sein Körper laufe wie in geölten Scharnieren und sei jederzeit federnd gespannt. Er hatte glattes schwarzes Haar und dichte Brauen über schwarzen Augen, die Joshua wachsam ansahen, als habe McDuff auch jetzt noch nicht die Gosse und ihre Gefahren vergessen. Im nächsten Augenblick entspannte er sich und lächelte wieder.

Der Raum war noch eleganter eingerichtet als die Säle in den unteren Etagen. Er hatte eine Wandtäfelung aus Rosenholz, goldgerahmte Spiegel, die bis zur Decke reichten, und vergoldete, mit dunkelgrünem und rotem Brokat bezogene Möbel. Auf Joshua wirkte er wie der Wunschtraum eines Iren. Um den Tisch saßen sechs oder acht Politiker mit hohen Seidenzylindern und Zigarren in den Händen sowie ein hübsches Mädchen, das Joshua neugierig anlächelte und dabei an einem Glas nippte.

Hoke stand auf und kam mit selbstbewußten Schritten auf ihn zu. Er grinste und betätigte mit bemerkenswerter Geschicklichkeit seinen Elfenbeinzahnstocher, den er fast ständig im Mund hatte. Joshua wartete stets darauf, daß er ihn eines Tages verschluckte. «Meine Herren», sagte Hoke, «das ist Mr. Joshua Ching.» Hoke nannte der Reihe nach die Namen der Anwesenden, und die Betreffenden nickten kurz und betrachteten Joshua mit nachdenklicher Aufmerksamkeit, wie Medizinstudenten, die ihre erste Sektion vornehmen sollen. «Sie kennen Oliver Foss.»

Joshua wechselte einen Händedruck mit Foss, dessen schmaler Kopf und Körper wirkten, als seien sie von einer riesigen Walze plattgedrückt worden. Joshua konnte ihn nie ansehen, ohne an Hokes Erzählung über seine einstige Tätigkeit denken zu müssen, und stellte sich immer wieder vor, wie Foss mit seinen langen Zähnen nach Ratten schnappte.

«Richter Gill.» Joshua und Richter Gill begrüßten sich, als hätten sie sich nie zuvor gesehen, obgleich Joshua ihm erst kürzlich 25 000 Dollar, als Anteil an den Urteilsgebühren, gezahlt hatte. Die Ausgabe war ihn hart angekommen, aber er war jetzt auf einer Stufe des Erfolgs angekommen, auf der er dringend einen Richter brauchte. Und Azariah Gill war nun einmal im Augenblick der Richter, der für derlei Geschäfte zu haben war.

«Leon Pumphrey.»

Leon Pumphrey, ein Privatdetektiv, gehörte ebenfalls zum Gefolge von Oliver Foss. Joshua hatte schon manchmal überlegt, ob Pumphrey wohl mit Spinnage & Achroyd in Kontakt stand. Sollte dies der Fall sein, konnte er es jedoch auch nicht verhindern. Aus Pumphreys grobem, stumpfem Gesicht konnte er jedenfalls nicht entnehmen, ob dieser seine Geheimnisse kannte oder nicht.

«Senator Amasa Stirt.» Joshua kannte den Senator, dessen Namen Hoke mit stolzer Betonung aussprach, noch nicht. Vor kurzem erst hatte Joshua sich bei Hoke erkundigt, ob er Beziehungen zur staatlichen Legislative habe, aber Hoke hatte die Frage ausweichend beantwortet. Amasa Stirt mußte demnach eine Neuerwerbung sein.

«Stadtrat Kell und Stadtrat Greaves.» Hoke stellte die beiden vor, als seien sie nicht wichtig genug, einzeln genannt zu werden.

«So», sagte Hoke, «das wäre also unsere Gesellschaft.» Er blickte Oliver Foss fragend an. Foss erteilte ihm offenbar durch ein unmerkliches Heben der Augenbraue den Befehl, sich hinzusetzen und den Mund zu halten, denn Hoke ließ sich sofort auf einem Stuhl nieder, schlug die Beine übereinander und starrte Foss so aufmerksam an, als wolle er den kleinsten Wink befolgen, der sich auf dessen Gesicht abzeichnete.

«Und was ist mit mir?» fragte das Mädchen. «Ich bin Minnie Conway, Mr. Ching.» Joshua verbeugte sich vor ihr, als sei sie eine wichtige Persönlichkeit, während McDuff ein paar Worte murmelte, die sie zu verletzen schienen. «Ich brauche doch nicht hinauszugehen, Mr. Foss? Ich verstehe ja doch nicht, worüber Sie reden. Aber ich langweile mich so, wenn ich immer allein bin.»

«Lassen Sie das arme Kind hierbleiben. Was kann sie schon Schlimmes anrichten?»

«Gut, Oliver, wenn Sie meinen.»

Foss wandte seine Aufmerksamkeit jetzt Joshua zu, und alle anderen bemühten sich augenblicklich, seinen kritisch beobachtenden, mißtrauischen Gesichtsausdruck nachzuahmen. «Mr. Ching, ich höre von O'Neil, daß Sie daran interessiert sind, eine Gesellschaft zu gründen, die das Amt für öffentliche Arbeiten mit Sand und Kies beliefern soll. Ist das zutreffend?»

«Nicht ganz», erklärte Joshua. «Meine Absicht ist es, zwei Gesellschaften zu gründen: eine, die die Stadt mit Sand und Kies für ihre Bauprojekte beliefert, und eine zweite, die die Ausführung einiger dieser Bauprojekte übernehmen soll.»

Foss nickte Gill und Stirt zu, die sein Nicken erwiderten. «Wie steht es mit Ihrem Kapital?»

«Sobald ich die Konzession habe, kann ich jeden erforderlichen Betrag aufbringen. Wir können dann sofort die entsprechenden Pläne entwerfen und vorlegen.»

«Es ist Ihnen sicher bekannt, daß diese Konzessionen sehr begehrt sind – ebenso begehrt wie ein hübsches Mädchen, wie Miss Conway zum Beispiel.» Er lächelte galant; sie kicherte, streckte ihre Brüste ein wenig vor, kroch aber, nach einem nervösen Blick auf McDuff, der warnend die Hand hob, sofort wieder in sich zusammen. «Stadtrat Kell, wie viele Sand- und Kiesgesellschaften sind bei der Kommunalverwaltung um die Erteilung einer Konzession eingekommen?»

«Dreiundzwanzig», bellte Stadtrat Kell verlegen. Er war sichtlich nicht daran gewöhnt, öffentlich um seine Meinung befragt zu werden.

«Dreiundzwanzig, Mr. Ching. Natürlich können wir sie nicht alle berücksichtigen.»

Nachdem sich Oliver Foss durch einige kurze Bemerkungen mit Stirt und Gill verständigt hatte, erklärte er, 40 000 Dollar dürften der angemessene Preis für eine städtische Konzession sein.

«Ich möchte betonen», sagte Joshua, «daß meine Partner und ich nur an einer Dauerkonzession interessiert sind. Andernfalls würde es sich nicht lohnen, zwei neue Gesellschaften zu gründen und zu organisieren.»

«Aber Mr. Ching, eine Dauerkonzession ...»

Nach einstündiger Diskussion hatte Joshua sich damit einverstanden erklärt, daß er und seine Partner, Amos Cottrell und Lorenzo Flagg, je eine Viertelmillion bei einer Bank deponieren würden, von der das Geld abgehoben werden konnte, sobald die Konzession erteilt war. Dabei galt es als stillschweigende Vereinbarung, daß die beiden Gesellschaften nur auf dem Papier existieren und weder Sand und Kies liefern, noch öffentliche Bauaufträge durchführen würden. Man würde Joshua und seinen Partnern statt dessen einen Drei-Millionen-Dollar-Vertrag über bestimmte, näher von der Stadt zu bezeichnende Arbeiten geben, und Joshua würde diese Aufträge weiterleiten und zum niedrigsten Preis erledigen lassen. Ein Drittel dieser drei Millionen sollte an die hier anwesenden Herren, an den Gemeinderat, die Stadträte, den Bürgermeister und andere Männer, die Joshua nie zu Gesicht bekommen würde, ausgezahlt werden.

Als Joshua die Versammlung verließ, war er höchst zufrieden, endlich einen Weg gefunden zu haben, sich an den gewinnbringenden Geschäften der städtischen Verwaltung beteiligen zu können. Doch als dann ein Tag nach dem anderen verging, ohne daß er etwas von Hoke O'Neil hörte, begann er sich Sorgen zu machen. Hatte er sich vielleicht, genauso wie De Groot, übernommen? Sollte er etwa zur Beute eines unbekannten Feindes werden, der diesen Moment ebenso geduldig abgewartet hatte, wie er seinerzeit in der Frage der De Grootschen Brennereien?

Nach einer Woche teilte Hoke ihm endlich mit, daß die Abstimmung über die Konzession stattgefunden hatte und daß Oliver Foss ihn noch einmal zu sprechen wünsche. Diese Aufforderung erschien Joshua als ein so unheilvolles Vorzeichen, daß er sich über die Zuerteilung der Konzession nicht freuen konnte und nicht einmal Cottrell und Flagg davon erzählte.

Bei dem zweiten Treffen, das um elf Uhr ebenfalls in McDuffs Wohnung stattfand, waren nur Hoke, Foss und McDuff anwesend. McDuffs finsterer Gesichtsausdruck und die Atmosphäre ungezügelter Kraft, die von ihm ausging, ließen in Joshua das unbehagliche Gefühl aufkommen, als halte Foss einen Gorilla an einer dünnen Kette.

Die Versammlung begann fröhlich und ausgelassen. McDuff schenkte Champagner ein, und sie tranken auf die Metropolitan Sand and Gravel Company, die Dauerkonzession, auf Tammany Hall und aufeinander, bis Foss schließlich verkündete: «So, und nun zum zweiten Teil unseres Projekts.» Joshua beugte sich gespannt vor und sah Foss höflich, aber forschend ins Gesicht. «Nächste Woche wird nämlich der Gemeinderat über die Vergebung einer Dauerkonzession an eine andere Sand- und Kiesgesellschaft abstimmen – pure Zerstreutheit, Sie verstehen. Es sind heutzutage so viele Dinge zu bedenken.»

«Zum Teufel, Mr. Foss, was soll das heißen?» Joshua warf Hoke einen wütenden Blick zu.

«Sie sind sehr mißtrauisch, Mr. Ching. Sie scheinen anzunehmen, daß Sie in eine Mördergrube gefallen sind. Aber wollen Sie sich bitte daran erinnern, daß wir alle im selben Boot sitzen? Es mag unter Dieben und Mördern zwar keine Ehre geben, aber den Begriff des Eigentums gibt es bestimmt. Also – was ist da zu machen? Wenn für ein und denselben Auftrag zwei Konzessionen erteilt werden, kann man nur noch vor Gericht gehen.»

«Allerdings», bestätigte Joshua düster. Er sah bereits voraus, daß diese Strauchdiebe ihn binnen eines Monats bis auf das letzte Hemd ausgeraubt haben würden.

«Selbstverständlich wird Richter Gill den Fall übernehmen. Aber die Sache wird nicht vor Ablauf von zwei, drei Monaten zur Verhandlung kommen. Deshalb werden wir – O'Neil, McDuff, Sie und ich – vertraglich vereinbaren, daß bis dahin alle Aktien, die wir drucken lassen, *unter* dem Marktpreis ausgegeben werden. Die zweite Konzession wird dann wegen irgendwelcher Formfehler im Schriftsatz widerrufen, die Aktie wird fallen, wir werden weiter ausliefern und ...» Foss spreizte die Hände und lächelte wohlwollend.

Joshua lehnte sich seufzend zurück und fühlte, wie eine Kältewelle seinen schwitzenden Körper durchrann.

«Das letzte Mal haben wir bei einer solchen Manipulation pro Aktie neunundfünfzig Dollar verdient.»

Als Joshua am nächsten Morgen aufwachte, spürte er, daß sein Interesse an Rose Michel wieder erwacht war. Nachdem er gebadet und sich angekleidet hatte, trat er vor den Spiegel, um nach etwaigen Anzeichen des Alters und der Schwäche zu forschen, die einem Mädchen, das ein Jahr jünger war als Suky, nicht entgehen würden. Aber der Anblick seiner breiten Brust, seiner muskulösen Arme und seiner ausgewogenen Figur war so beruhigend, daß er beschloß, eine Botschaft an Rose Michel zu schicken, in der er ihr mitteilen wollte, wo er sie am Abend erwartete.

Er verließ das Theater, bevor die Vorstellung zu Ende war, und bat Philip, die Damen nach Hause zu bringen. Er selber fuhr in einer Mietdroschke zu dem Stundenhotel an der West Twelfth Street, in dem er ein Zimmer bestellt hatte. Trotz seiner Abneigung gegen Stundenhotels hatte er sich dieses eine Mal mit Rose hier verabredet, denn entweder würde er sie danach nie wiedersehen, oder er würde ein Haus für sie mieten.

Wenige Minuten nachdem er dort angelangt war, sah er vom Broadway her seinen Wagen kommen. Als er hielt, ging Joshua rasch darauf zu. Er freute sich auf das Wiedersehen mit Rose und war gespannt, wie es verlaufen würde. Vielleicht stand ihm eine Enttäuschung bevor, vielleicht aber auch – und das hoffte er zuversichtlich – der Anfang zu ungeahnten Freuden.

Als er den Wagenschlag öffnete, sah sie ihm mit ernster, nachdenklicher Miene entgegen; doch dann lächelte sie, und er half ihr aus dem Wagen. Sie gingen die Stufen hinauf, und er klopfte an die Tür. Sie wurde von einer Frau geöffnet, deren Gestalt in dem dunklen Flur kaum zu erkennen war. Als sie eintraten, nahm Joshuas empfindliche Nase angeekelt den muffigen Küchendunst, den Geruch von Gas und kaltem Zigarrenrauch wahr.

«George Smith», murmelte er und wünschte im gleichen Augenblick nie hergekommen zu sein.

«Ja, Sir. Das Zimmer zu zehn Dollar.» Sie streckte die Hand aus, und Joshua reichte ihr den Geldschein. Dann führte sie die beiden eine schmale Treppe hinauf, setzte die Lampe auf den Tisch und schloß die Tür so leise, daß er zunächst gar nicht bemerkte, daß sie bereits gegangen war.

Das Zimmer war mit dunklem Holz getäfelt und enthielt nur wenig Mobiliar. Außer dem frisch bezogenen Bett war nur ein Tisch mit Waschbecken und Waschkrug da, auf dem einige Handtücher lagen, und ein abgetretener Teppich. An der einen Wand hing ein Bild, auf dem ein Hund dargestellt war, der einen Vogel in der Schnauze hielt. Und an der gegenüberliegenden Wand bemerkte Joshua die bekannte Lithographie *Die Lebensalter*, auf dem Kinder, Männer und Greise zusammen in ein kleines Boot gepfercht waren. Dieses Bild störte ihn mehr als alles andere, denn er hatte bei seinem Anblick das Gefühl, als habe der Besitzer des Stundenhotels es nur hierher gehängt, um ihm vor Augen zu führen, wie töricht es von ihm war, mit einem so jungen Mädchen hierherzukommen.

Er starrte verdrossen das Bild an, bis er merkte, daß sie ihn mit eifrigem Ernst betrachtete. Sie hatte fast den gleichen Gesichtsausdruck wie der Hund auf dem anderen Bild. Das rührte ihn so, daß er zu seiner eigenen Überraschung mitleidige Zärtlichkeit und das Bedürfnis empfand, sich bei ihr zu entschuldigen.

«Es tut mir leid.»

«Leid? Aber was denn?»

«Daß dieses Zimmer so häßlich ist.»

Mit einem Blick zur Tür bat sie ihn, zuzuschließen. Als er es getan hatte und sich wieder umwandte, hatte sie ihren Mantel abgeworfen und stand in demselben roten Seidenkleid vor ihm wie am ersten Abend. Sie faltete die Hände und lächelte ihn an, als meine sie, er bedürfe einer Ermutigung. «Soll ich das Licht ausmachen?» fragte sie.

«Nein. Ich möchte Sie sehen.»

Zu seiner Erleichterung blieb sie ohne jede Koketterie ruhig stehen und wartete darauf, daß er näher kam.

Er hatte sich ursprünglich vorgenommen, zunächst eine finanzielle Vereinbarung mit ihr zu treffen. Statt dessen küßte er sie, und wenige Augenblicke später schlüpfte sie aus dem Kleid, verstreute ihre Unterwäsche achtlos über den Fußboden und legte sich aufs Bett. Sie sah zu, wie er sich auszog, und als er sich über sie beugte, streckte sie ihm die Arme entgegen. Ihre Beine umklammerten seinen Rücken, er warf noch einen flüchtigen Blick auf ihr Gesicht, das plötzlich einen ernsten, gespannten, erwartungsvollen Ausdruck hatte. Als er in ihren Körper eindrang, stieß sie einen kurzen, keuchenden Seufzer aus. In diesem Augenblick kam es ihm vor, als habe er sich noch nie so in eine Frau verliebt wie in Rose. Und er verspürte eine geheime Dankbarkeit für das Geschenk ihrer mitschwingenden Erregung.

Trotzdem erklärte er ihr wenig später genau, was er für sie zu tun gedachte und was er nicht tun würde. Und wieder lauschte sie ihm, wie damals beim Abendessen, mit gespannter Aufmerksamkeit, wie eine Schülerin, die sich ihre Lektion genau einprägen möchte. «Ich werde ein kleines Haus für dich mieten, aber keineswegs ein aufwendiges. Ich werde eine Köchin, ein Stubenmädchen und einen Kutscher für dich anstellen, aber keinen Diener.» Sie nickte. «Ich werde dir ein paar Kleider kaufen, jedoch nicht zu viele und auch keinen kostbaren Schmuck. Ich bin kein reicher Mann und kann es mir nicht leisten, Geld zu verschwenden. Ich werde dich besuchen, wenn ich Zeit habe. Ich glaube aber nicht, daß ich öfter als ein- bis zweimal in der Woche kommen werde, denn ich habe viel zu tun. Wenn ich nicht da bin, kannst du du tun, was du willst. Du darfst dich nur nicht mit anderen Männern treffen. Um uns beiden Unannehmlichkeiten zu ersparen, mache ich dich schon jetzt darauf aufmerksam, daß ich deinen Lebenswandel überwachen lassen werde. Wenn du dich nicht an unsere Abmachungen hältst, mußt du das Haus selbstverständlich sofort verlassen. Ich werde mich nicht öffentlich mit dir zeigen, und ich werde nicht mit dir verreisen. Aber ich werde gelegentlich Geschäftsfreunde zu uns einladen und erwarte von dir, daß du dann die Rolle der Gastgeberin übernimmst. Das wirst du doch hoffentlich können?»

«Ich kann es lernen. Ich glaube nicht, daß es sehr schwer ist.»

«Dazu ist nur nötig, daß du immer hübsch aussiehst und liebenswürdig bist, auch wenn dir nicht danach zumute ist.» Als Joshua ihre feierliche, ergebene Miene sah, mußte er unwillkürlich lächeln. «Nun, was meinst du dazu? Willst du unter diesen Bedingungen mit mir leben?»

«Ja. Das möchte ich. Gern.»

«Gut.» Das klang, als habe er soeben eine Besprechung mit Hoke O'Neil oder Oliver Foss abgeschlossen. Eigentlich wollte er noch ein paar zärtliche Worte hinzufügen, sagte aber statt dessen: «Wahrscheinlich werde ich dich nicht lieben, und ich nehme kaum an, daß ich dich sehr glücklich machen werde.»

«Ich erwarte von niemandem, daß er mich glücklich macht.» Sie fuhr mit den Fingern durch sein Haar, und er drückte seine Lippen auf ihren Hals und ihre Brüste. Gleich darauf senkte er sich wieder mit dem ganzen Gewicht seines Körpers auf sie.

23

Ursprünglich hatten Jenny Danforth und Pete Devlin beschlossen, ihre Hochzeit still und nur im kleinen Kreis der Devlins zu feiern. Doch dann wurden immer mehr Pläne gesponnen, bis das Fest sich schließlich zum größten gesellschaftlichen Ereignis des Winters entwickelte.

Pete hatte eines Abends nach dem Essen seinen Entschluß bekanntgegeben, indem er in nüchternem Ton erklärte: «Ich werde übrigens am 23. Dezember Mrs. Danforth heiraten.»

«Was?» hatte Matt gerufen. Dabei hatte er Marietta rasch einen Blick zugeworfen und sich gefragt, ob seine Stimme wohl erschrocken, glücklich, entsetzt, wütend oder – wie er fürchtete – so routiniert geklungen hatte, als habe er diese Reaktion schon so häufig geprobt, daß sie alle Ursprünglichkeit verloren hatte. Aber Marietta hatte ihre Arme um Pete geschlungen und ihn geküßt, während Lisette, den Hochzeitsmarsch aus *Lohengrin* singend, durchs Zimmer wirbelte und im Vorbeitanzen ihre Brüder der Reihe nach küßte.

Matt trat auf seinen Bruder zu und schüttelte ihm die Hand. Aber Morgan, Jonathan und die beiden Jungen drängten sich so schnell dazwischen, daß Pete seinen Gesichtsausdruck nicht erforschen konnte, selbst wenn er es gewollt hätte. «Ich bin so glücklich, so glücklich», murmelte Pete. «Ich war nicht ganz sicher – aber schließlich hat sie jetzt schon über ein Jahr getrauert. Die Leute werden sich doch hoffentlich nicht darüber aufhalten? Weißt du, sie ist so scheu.» Er sagte das zu Marietta, als könne nur eine Frau seine Charakterisierung von Jenny Danforth verstehen. «Sie findet es schrecklich, wenn über sie geredet wird.» Und als ihm dann alle versichert hatten, daß ein Jahr Trauerzeit völlig ausreiche und daß die Entscheidung allein bei ihm und Jenny liege, erklärte Pete, nun müsse er sofort zu ihr und ihr erzählen, wie sehr ihre neuen Verwandten sich auf sie freuten. «Sie machte sich Sorgen deswegen – das kann ich ja jetzt zugeben. Sie sagte, wir hingen alle so aneinander, daß es schrecklich für sie wäre, wenn wir sie nicht leiden könnten – ich meine, wenn ihr sie nicht leiden könntet.»

An der Tür hielt er noch einmal inne. «Matt, komm doch mit! Sonst sagt sie, ich übertreibe.»

Matt spürte, wie ihm die Röte ins Gesicht stieg, und als er antwortete, klang seine Stimme unnatürlich munter und zugleich schroff. «Aber Pete, um Gottes willen! Eine Frau will doch keinen Dritten dabei haben, wenn ihr Bräutigam ihr erzählt, daß seine Familie mit ihr einverstanden ist.» Er lachte und horchte kritisch auf den fremden Ton in seiner Stimme. «Sag ihr, daß wir euch beiden unseren Segen geben und . . .» Er stockte. Er hatte insgeheim eine Rede vorbereitet, und als er sie sich leise einmal selber vorsprach, hatte sie herzlich geklungen, voll teilnehmender Freude. Er hatte sich sogar ein paar scherzhafte Bemerkungen über die Braut ausgedacht, Jenny, die weithin berühmte Schönheit – aber jetzt fiel ihm kein Wort mehr ein.

Als Pete hinausgegangen war, blickte Matt verstohlen zu Marietta hinüber. Doch sie und Lisette begannen soeben einen Plan für das große Fest zu entwerfen.

«Ich hätte heulen können, als er es uns erzählte», rief Lisette. «Er sah so verwirrt und hilflos aus. Wie einsam muß er die ganze Zeit über gewesen sein! Und jetzt wird er wieder glücklich werden.» Aber da kamen ihr doch die Tränen, und sie lief aus dem Zimmer.

«Fletcher», sagte Morgan. «Das nagt an ihr.»

Matt nickte, setzte sich und nahm die Zeitung zur Hand, nachdem er gegen seinen Willen mit einem Blick auf die Uhr festgestellt hatte, wann Pete gegangen war. «Ist Fletcher endgültig aus unserer Gegend verschwunden?»

«Muß er wohl. Ich habe ihn schon fast zwei Wochen nicht mehr gesehen.»

«Das ist gut.»

«Magst du ihn nicht?»

Matt runzelte die Stirn. «Als Mann ist er in Ordnung. Aber nicht als Ehemann für Lisette.»

Ein paar Tage später zogen Pete und Morgan nach Helena, um dort die Filiale der Firma Devlin Brothers einzurichten und den Bau von Petes Haus zu beaufsichtigen. Bis zur Hochzeit waren noch fast vier Monate Zeit, aber die Frauen hatten bereits begonnen, zu beraten und lange Listen zu machen, wie die Speisenfolge des Festessens aussehen sollte, welche Musik man bestellen und sogar welche Kleider man tragen wollte. Marietta war froh, daß Lisette wieder etwas hatte, das ihre Aufmerksamkeit fesselte.

«Immer wenn sie sich unbeobachtet glaubt», sagte Marietta zu Matt, «fängt sie an zu grübeln. Dann sitzt sie da, Annabel auf dem Schoß, und wiegt sich vor und zurück und weint, bis das Haar der Kleinen ganz naß ist von ihren Tränen. Wenn ich sie frage, was sie hat, schüttelt sie nur den Kopf und läuft hinaus. Ich glaube, sie hätte ihn wirklich gern geheiratet, Matt.»

«Meinst du? Das bringe ich schon in Ordnung.»

Nach dem Abendessen rief er Lisette zu sich und zeigte ihr die Fotografie, die der Wanderfotograf in seinem Büro abgeliefert hatte. Lisette betrachtete sie, runzelte die Stirn und kniff die Augen zusammen, denn die beiden Gestalten auf dem Bild waren verwischt und dunkel. «Wer ist das?»

«Zack Fletcher. Erkennst du ihn nicht?»

«Nein. Und die andere da, die Frau? Ist das überhaupt eine Frau?»

«Keine Ahnung.»

«Wann ist das aufgenommen worden?»

«Etwa vor drei Wochen.»

«Also, direkt bevor er von hier wegging.» Sie sah sich das Bild genauer an. «Wahrscheinlich ist er mit ihr weggegangen.» Dann nahm sie die Fotografie zwischen Daumen und Zeigefinger und reichte sie Matt zurück. «Heb das für Morgan auf.»

Ein paar Tage später erzählte Marietta ihrem Mann, daß Lisettes Tränen versiegt seien. Sie sei plötzlich lustig und ausgelassen und begegne Ralph Mercer, Jacob Finney und ihren anderen Verehrern so keck und herausfordernd, daß die wohl bald die Geduld mit ihr verlieren würden. Außerdem sei sie voller Tatendrang und so erpicht auf jegliche Arbeit, daß sogar Jenny Danforth gemeint habe, Lisette habe sicher eine schwere Enttäuschung in der Liebe hinter sich.

«Ich bin froh darüber», sagte Matt. «Das beste, was er tun konnte, war, sie zu enttäuschen. Einmal ist besser als tausendmal.»

«Aber es tut mir weh, wenn ich sie so unglücklich sehe. Vielleicht hast du dich doch geirrt, Matt. Vielleicht hätte er sich geändert, wenn er sie geheiratet hätte.»

«Bilde dir das bloß nicht ein. Die Ehe ändert keinen Mann.» Diese Bemerkung überraschte ihn selber, genau wie viele andere, die er in diesen Tagen machte. Seine Worte klangen ungewollt bedeutungsvoll, und er konnte nur hoffen, daß Marietta sie nicht so empfunden hatte.

Pete und Morgan kamen erst am Abend vor der Hochzeit aus Helena zurück. Am nächsten Morgen nach dem Frühstück, als alle aus dem Raum gingen, winkte Lisette ihren Bruder ans Fenster und hielt ihm die Fotografie vors Gesicht. Morgan schmunzelte.

«Ja, das sieht ihm ähnlich!»

«Morgan», seufzte Lisette traurig, «du sollst mich nicht aufziehen! Du weißt doch, daß ich ihn ... na ja, vielleicht habe ich ihn nicht wirklich geliebt, aber er mich. Jedenfalls hat er es mir gesagt. Wer ist diese Frau?»

«Sie heißt Lily Jones.»

«Was ist das bloß für eine Frau, die Männerkleidung trägt, Zigarren raucht und Whisky trinkt, als zöge sie mit einer Herde Ochsen durch die Gegend?»

Morgan lachte.

Aber Lisette fuhr ärgerlich fort: «Wo wohnt sie, und wovon lebt sie? Solche Frauen wie die habe ich schon auf der Straße gesehen. Aber du weißt ja, was man von ihnen sagt.»

«Und was macht dir das aus? Er ist weg.»

Um halb fünf Uhr war das Wohnzimmer sauber gefegt und geschrubbt, und Lisette, Georgina und Rachel Finney hatten es mit Tannen- und Fichtenzweigen geschmückt und überall im Raum Tannenzapfenkränze mit Kerzen verteilt. An den Wänden hingen Tannengirlanden, so daß das ganze Zimmer duftete wie ein Wald und ebenso dunkel war. Es brannten nur Kerzen und das Holzfeuer im Kamin.

Die Männer und die beiden Jungen trugen schwarze Anzüge und weiße Seidenkrawatten und unterhielten sich mit Pfarrer Bream über die Gesellschaft für Bauhölzer, in die sie kürzlich Geld investiert hatten. Selbst Pete schien sich so benehmen zu wollen, als sei dies nur der Auftakt zu einer der üblichen Abendgesellschaften. Marietta, Erma Finney und Cornelia Bream, die in Kürze ihr erstes Kind erwartete, saßen in schimmernden Seidenkleidern beisammen und tuschelten leise, während aus der Gruppe der Männer hin und wieder ein verlegenes Lachen aufklang.

«Ich bin sehr glücklich über diese Hochzeit», erklärte Erma Finney. «Das ist genau das Richtige für die beiden. Sie hätten natürlich noch ein bißchen länger warten können. Aber ich kenne Jenny und glaube, sie hat lange genug gewartet.» Sie warf Marietta einen raschen Blick zu, aber diese sah zu Matt hinüber, der ihnen den Rücken zuwandte und nichts gehört zu haben schien. «Was Jenny Danforth am nötigsten braucht, sind Kinder, für die sie sorgen kann.»

«Das weiß sie, Erma», fiel Marietta rasch ein. Und die beiden tauschten einen schnellen Blick über Cornelia Bream hinweg, die etwas unruhig auf dem Stuhl hin und her rutschte und an den Falten ihres Rocks herumzupfte.

Robert hatte an der Tür Aufstellung genommen und spähte dauernd die Straße entlang. Plötzlich verkündete er mit aufgeregter Stimme: «Da kommen sie.»

Ein leises Murmeln erhob sich. Aber als die Tür sich öffnete und Jenny Danforth mit Lemuel Finney auf der Schwelle stand, wurde es mit einem Schlag still. Jenny sah sich schüchtern lächelnd um.

Marietta ging ihr entgegen, um ihr den Mantel abzunehmen, und die beiden Frauen lächelten sich so verlegen an, als begegneten sie sich zum erstenmal, und zwar aus einem Anlaß, der für beide von großer, wenn auch verschiedener Bedeutung war. Lem Finney, der Jenny abgeholt hatte, stampfte unterdessen mit den Füßen auf und erklärte, dies sei der kälteste Tag des Jahres und es scheine noch kälter zu werden.

Jenny wandte sich langsam um; obgleich sie lächelte, wirkte ihr Gesicht abwartend und fast verängstigt, als glaube sie, es könnten Personen anwesend sein, die ihr übelwollten oder ihre Gegenwart mißbilligten. Einige Augenblicke blieb es so still, als habe Jennys Auftauchen sie alle überrascht und als hätten sie sie nie zuvor gesehen.

Jennys Erscheinung war auch tatsächlich ungewohnt, denn sie trug zum erstenmal seit anderthalb Jahren keine Trauerkleidung, und obgleich ihr Kleid ausgesprochen dezent war, wirkte sie dadurch geradezu herausfordernd anders. Das Kleid war aus lila Seide, hatte lange Ärmel und umschloß eng ihren Hals, während der weite Rock nach hinten gerafft war. Jennys Gesicht war noch weißer als gewöhnlich, und ihre Lippen waren so blaß, daß sie kaum mehr Farbe zu haben schienen als ihre Wangen. Ihr schwarzes Haar fiel weich vom Mittelscheitel herab und war zu einem tiefen Knoten geschlungen, in dem sie seitlich einen kleinen Wacholderzweig befestigt hatte. Matt, der sich sofort daran erinnerte, daß sie auch an dem Ballabend in Bannack einen solchen Zweig getragen hatte, glaubte, sie wolle ihm damit zu verstehen geben, daß er nun nicht mehr an sie denken dürfe. Da hatte er das Gefühl, sie endgültig verloren zu haben.

Mit einemmal lief Lisette auf Jenny zu, schlang die Arme um sie und küßte sie.

«Sie dürfen keine Angst haben, liebe Mrs. Danforth! Sie machen ja ein Gesicht, als trauten sie uns nicht.» Fröhlich wandte Lisette sich an die anderen. «Sieht sie nicht wundervoll aus in diesem Kleid? O Mrs. Danforth, wie glücklich ich bin!» Jenny lächelte ihr zu und streichelte ihr die Wange. Ihre Unsicherheit schwand, und plötzlich schienen alle im Raum ihre Verlegenheit überwunden zu haben.

Nun trat Pfarrer Bream mit energischen Schritten vor, stellte sich mit dem gleichen Lächeln, das er auch auf der Kanzel aufzusetzen pflegte, vor den Kamin und schlug langsam das Gebetbuch auf. Pete und Jenny standen vor ihm, und Lem Finney war an Jennys Seite getreten. Im hinteren Teil des Raumes saßen die Frauen in einer Reihe, unter ihnen auch Marietta mit Annabel auf dem Schoß. Matt stand mit seinen vier Söhnen hinter ihr. Als Pfarrer Bream zu sprechen begann, wurden alle Gesichter feierlich und nachdenklich. Sogar das Baby lauschte schweigend und ernst.

«Geliebte im Herrn. Wir haben uns heute hier vor Gottes Angesicht versammelt ...»

Bei diesen eindringlichen Worten wurde Lisette plötzlich von solcher Rührung übermannt, daß sie leise aufschluchzte. Als sich jedoch eine Hand – die Hand ihres Vaters oder die Morgans – beruhigend auf ihre Schulter legte, richtete sie sich wieder auf, wischte die Tränen weg, und die Feier nahm ihren Fortgang.

Pete streifte den Ring über Jennys Finger, und die Stimme des Pfarrers verkündete: «So erkläre ich euch nach Gottes Gebot für Mann und Frau. Was Gott zusammenfügt, das soll der Mensch nicht scheiden.»

Als Lisette aufspringen wollte, um als erste ihre Glück- und Segenswünsche anzubringen, legte sich wieder eine Hand auf ihre Schulter, um sie zurückzuhalten. Als sie sich diesmal umwandte, sah sie, wie Morgan den Kopf schüttelte, um ihr zu bedeuten, daß es noch nicht an der Zeit sei. Daraufhin warf sie einen verstohlenen Blick auf ihren Vater und stellte fest, daß er nicht zu Pete und Jenny hinsah, sondern mit einem Ausdruck vor sich hin starrte, als habe er soeben etwas erlebt, das ihn aufs tiefste getroffen hatte. Rasch wandte Lissette den Kopf ab. Es war ihr peinlich, wider Willen entdeckt zu haben, was Jenny Danforth ihrem Vater bedeutete. Aber Jenny war jetzt nicht mehr Jenny Danforth, und gleichgültig, was zwischen ihr und ihrem Vater gewesen sein mochte, jetzt war es vorüber.

Nachdem Pete ihr den Ring an den Finger gestreift hatte, herrschte atemlose Stille im Raum. Jenny und Pete standen regungslos da und blickten Pfarrer Bream an, als warteten sie darauf, aus seinem Bann entlassen zu werden. Er lächelte und nickte Pete ermutigend zu. Als Pete sich daraufhin Jenny zuwandte, bemerkte er auf ihrem Gesicht

Tränen und das verängstigte, unsichere Lächeln von vorhin. Sie blickten einander an, und einige Sekunden lang schien Pete mit hilfloser Verwirrung zu kämpfen. Als er dann seine Hand unbeholfen an ihr Gesicht hob, lachte Jenny, warf den Kopf zurück und trat einen Schritt auf ihn zu. Da schlang Pete seine Arme um sie und küßte sie mit glühender, fast trotziger Leidenschaft.

Bei dieser glücklichen Lösung der schwierigen Situation seufzte Lisette erleichtert auf und rief übermütig: «Onkel Pete, heb dir noch etwas für deine Flitterwochen auf!»

In dem Durcheinander, das nun folgte, wurden Küsse getauscht, Glückwünsche gerufen, man klatschte in die Hände, und hier und da klang ein verlegenes Lachen auf. Die Mäntel wurden hereingeholt, Hüte herausgesucht, und auf einmal hatten es alle furchtbar eilig, zur Folger Hall zu fahren, wo die Freunde warteten.

Nachdem Jenny und Pete weg waren, stürzte Matt eifrig hin und her, half den Frauen beim Einsteigen und schwang sich als letzter der Männer auf sein Pferd; der Zug setzte sich mit solcher Eile in Bewegung, als wollten sie alle dem nach Fichtenzweigen duftenden Haus, das jetzt dunkel hinter ihnen lag, entfliehen. Nicht einmal Marietta hätte später sagen können, ob Matt ein versöhntes oder ein unglückliches Gesicht gemacht hatte. Nur Lisette dachte hin und wieder bestürzt an den Ausdruck, den sie während der Trauzeremonie auf seinem Gesicht gesehen hatte.

Jenny wandte sich im vorderen Wagen um, winkte und lächelte sie strahlend an. Dann schmiegte sie sich wieder an Pete, der die Pferde zu rascherem Lauf antrieb.

Folger Hall war ein zweistöckiges, im vergangenen Jahr errichtetes Gebäude, in dem öffentliche und private Bälle und Festlichkeiten sowie die großen Versammlungen der Freimaurer stattfanden. Aber auch die Tanzstunden wurden hier abgehalten, und wenn wandernde Schauspielertruppen in der Gegend waren, gaben sie hier ihre Vorstellungen. Als die Familie eintraf, war der Saal voller Gäste, die Jenny und Pete mit fröhlichen Rufen willkommen hießen. Genau wie das große Zimmer im Haus der Devlins war auch hier der Raum mit Fichten- und Wacholderzweigen geschmückt. In allen Wandleuchtern brannten Kerzen, und auf einem winzigen Podest an der Schmalseite des Saales saßen drei Musiker eng zusammengepfercht und spielten den Hochzeitsmarsch, als das Brautpaar den Raum betrat.

Die Männer stürzten sich mit geradezu aggressiver Herzlichkeit auf Pete. Er stand hochaufgerichtet, und seine schwarzen Augen schienen noch mehr zu glänzen als sonst. Jenny umarmte die Frauen und ließ sich von den Männern auf die Wange küssen, die überrascht feststellten, daß sie plötzlich weicher und wärmer wirkte als zuvor. Als sie schließlich mit Lem Finney den Tanz eröffnete, warf sie Pete einen zärtlichen

Blick zu, an den sich diejenigen, die ihn auffingen, noch lange erinnerten.

Matt tanzte zuerst mit Marietta und dann mit den Frauen seiner verschiedenen Geschäftspartner und war ängstlich bemüht, weder zu Pete noch zu Jenny hinzuschauen. Wenn einer von beiden in sein Blickfeld geriet, wandte er sich abrupt um und schob seine erstaunten Tanzpartnerinnen hastig vor sich her.

Seit dem Augenblick, in dem er den Saal betreten hatte, verfolgte ihn die Vorstellung, daß alle Männer hier, seine alten Freunde aus Bannack und den ersten Tagen in Virginia City, sich genüßlich ausmalten, wie Jenny und Pete bald zusammen in einem Bett liegen würden. Er war wie besessen von diesem Gedanken, und jedes Lächeln erschien ihm wie ein höhnisches Grinsen, und jeder Blick, den er auffing, kam ihm verstohlen und anklagend vor. Er begann im Saal umherzustreichen, gesellte sich bald der einen, bald der anderen Gruppe zu und erwartete, einen seiner alten Freunde bei einer anzüglichen Bemerkung zu ertappen. Es war ihm keineswegs klar, was er in einem solchen Fall tun würde. Aber nichts von dem, was er hörte, hatte mit Jenny oder Pete zu tun. Nach etwa einer Stunde begann er sich zu fragen, ob er nicht das Opfer seiner eigenen Phantasie gewesen sei. Trotzdem spürte er, daß seine Wut ständig zunahm; sie richtete sich gegen jeden der anwesenden Männer und, wie er zu seinem Schrecken merkte, sogar gegen seinen eigenen Bruder.

Die ganze Zeit, seit dem Tag, an dem Jenny zum erstenmal davon gesprochen hatte, war diese Hochzeit für ihn etwas gewesen, was in unendlich ferner Zukunft lag. So fern wie der Tod oder der Weltuntergang. Er hatte sich geweigert, an die Wirklichkeit dieses Ereignisses zu glauben, und darum hatte es ihn so unvorbereitet getroffen.

Er wußte, daß er diesen Abend überstehen und versuchen mußte, das, was sie bisher verbunden hatte, nicht zu zerstören. Er würde wenigstens einmal mit Jenny tanzen müssen, wenn er nicht Gefahr laufen wollte, seine Freunde stutzig zu machen. Aber er fand immer wieder einen Grund, diesen Tanz hinauszuschieben. Zwar glaubte er seine Züge in der Gewalt zu haben, aber sein Gesicht wirkte mürrisch und herausfordernd. Als schließlich jemand ruhig von hinten auf ihn zutrat und ihm die Hand auf die Schulter legte, fuhr er mit funkelndem Blick herum und sah Pete vor sich stehen. Er lachte laut auf und bemühte sich mit einem Achselzucken, sein sonderbares Benehmen zu erklären.

«Was ist denn mit dir, Matt?»

«Entschuldige, Pete. Ich dachte eben an die alten Tage in Bannack. Wie weit liegt das alles zurück. Ich muß ehrlich gestehen, daß ich es beinahe vermisse.»

Als sie dort standen und einander ansahen, wuchs in Matt die schreckliche Gewißheit, daß Pete ihn jetzt auf der Stelle öffentlich anklagen und allen laut verkünden werde, dieser Mann, Matthew Devlin, habe seine Braut geliebt und liebe sie noch immer. Er versuchte, sich innerlich dagegen zu wappnen. Fast unbewußt nahm er die herumwirbelnden Tänzer und die immer lauter werdende Musik wahr, die hin und wieder ihren Rhythmus zu verlieren und sich in schrille, verschlungene Tonfolgen aufzulösen schien. Das Treiben im Saal erschien ihm verworren und betäubend, und das Gelächter schien etwas von Wahnsinn an sich zu haben.

«Ja, Bannack», sagte Pete nach einer Pause, die Matt unendlich lang und gefährlich vorkam. Dabei wurde sein Gesicht nachdenklich, und er lächelte zärtlich, so daß Matt sich fragte, ob er jetzt wohl – ebenso wie vorhin er selber – an jenen ersten öffentlichen Ball in Bannack dachte, an dem Pete hilflos herumgestanden hatte und seines verletzten Knöchels wegen nicht tanzen konnte, während Matt sich die Aufregung über Milly Matches' Erscheinen zunutze gemacht hatte, um Jenny zu fragen, wann und wo er sie wiedersehen könne. Pete wandte sich ab und blickte zu Jenny hinüber, die gerade mit Silas Hart tanzte. «Ich habe es noch nie jemandem erzählt, Matt», sagte er schließlich langsam. Matt machte sich schon darauf gefaßt, daß der Streit nun ausbrechen würde, und warf seinem Bruder einen herausfordernden Blick zu. «Nicht einmal Jenny weiß es», fuhr Pete fort. «Aber dir möchte ich es nun doch erzählen. Ich bin schon die ganze Zeit über in sie verliebt. Stell dir das vor, Matt – mehr als fünf Jahre.» Er lächelte vertrauensvoll. «Aber natürlich habe ich nie damit gerechnet, daß ich sie einmal heiraten könnte. Du hast ja immer schon gesagt, daß ich derjenige in der Familie bin, der sich alles lange überlegt, während die anderen drauflosgehen und handeln. Aber diesmal bin ich drauflosgegangen und habe gehandelt – das mußt du doch zugeben, nicht wahr?»

Pete wandte sich mit so strahlendem Lächeln um, daß Matt erschrokken einen Schritt zurücktrat und alle Gegenstände vor seinen Augen verschwammen. Nur dieses Lächeln drang grell und fast schmerzhaft in sein Bewußtsein. Pete schien seine Mission hiermit für beendet zu halten, er nickte Matt zu und ging davon. Und Matt fragte sich, ob dies nur das Verhalten eines stolzen, glücklichen Mannes gewesen war oder die Drohung eines auf sein Besitzrecht pochenden, eifersüchtigen Ehemanns, der zufällig sein Bruder war?

Am anderen Ende des Saals erhoben sich lebhafte Stimmen. Eine Mädchenstimme kreischte auf, und als Matt hochblickte, sah er, wie Jonathan auf Morgan zustürzte, während dieser, sichtlich entschlossen, die Rolle des würdigen älteren Bruders zu spielen, einen Arm hob, um ihn abzuwehren. Georgina Hart stand da und preßte die Hände vor den Mund, während Lisette mit den Worten: «Morgan, das habe ich dir doch gesagt!» auf ihre Brüder zulief.

Ohne sich klarzumachen, was er eigentlich vorhatte, ging Matt hinüber. Als Jonathan wieder die Faust hob, packte Matt seinen Arm, schleuderte ihn zur Seite und schrie: «Was ist denn los mit euch? Das hier ist die Hochzeitsfeier eures Onkels!»

Wie auf militärischen Befehl nahmen Jonathan und Morgan sogleich Haltung an, verbeugten sich verlegen in Richtung der anderen Gäste und erwiderten ehrerbietig: «Jawohl.»

Matt warf ihnen einen vielsagenden Blick zu, lächelte dann plötzlich die anderen an, und als die Musiker wieder auf ihren Instrumenten herumzukratzen begannen, war er plötzlich wieder wach und vom Bewußtsein seiner Verantwortung erfüllt. Er drehte sich um, entdeckte Jenny in seiner Nähe und ging rasch auf sie zu. «Darf ich um diesen Tanz bitten, Mrs. Devlin?»

Jenny lächelte, neigte den Kopf und begab sich mit ihm zur Tanzfläche. Hinter ihnen flüsterte Lisette Jonathan und Morgan zu: «Was war denn eben los?» Als ihre beiden Brüder sie beschämt angrinsten, drohte sie ihnen mit dem Finger. «Tragt eure Streitigkeiten zu Hause aus. Ich muß mich sehr über euch wundern!» Dann wirbelte sie wieder zu Ralph Mercer, um das vierte Mal an diesem Abend mit ihm zu tanzen – eine Tatsache, die allen Anwesenden außer Matt bereits aufgefallen war.

Als zum Essen gebeten wurde und die Gäste schon zu den Tischen drängten, brachte Lem Finney einen Trinkspruch auf Braut und Bräutigam aus. Es gehörte zu seiner Taktik, seine Zuhörer, wenn sie gerade einem neuen Erlebnis entgegenstreben wollten, festzuhalten, so lange er konnte. Heute abend hatte er aber kaum vier oder fünf Minuten gesprochen, als Josiah Webb rief: «Ich will gern für dich stimmen, wenn du dich um ein Amt bewirbst, Lem. Aber halte doch bitte deine Wahlreden ein andermal. Ich stelle jetzt den Antrag, daß wir essen.»

Sie stürzten auf den langen Tisch zu, der mit allen Leckerbissen beladen war, die sich um diese Jahreszeit im Gebirge auftreiben ließen. Jenny ging von einer Frau zur anderen, küßte jede und dankte mit so überströmender Herzlichkeit, daß sie alle erstaunte Blicke tauschten, sobald Jenny den Rücken gewandt hatte, und einander zutuschelten, daß Jenny Danforth diese Wiederverheiratung ja sichtlich nötig gehabt habe.

Matt hatte sich sofort nach dem Tanz wieder von Jenny getrennt und war entschlossen, sie an diesem Abend nicht mehr anzusehen, nicht mehr an sie zu denken und sich von jetzt an fest in die Hand zu nehmen. Darum war er Jonathan und Morgan beinahe dankbar für den Aufruhr, den sie verursacht hatten, weil sie ihn dadurch jäh seinem aufwallenden Selbstmitleid entrissen hatten. Er spürte plötzlich rasenden Hunger, leerte seinen Teller in dem Glauben, daß ein kräftiges Essen seine Rettung sei, und war gerade dabei, sich noch einmal quer durch den Saal zum Tisch durchzuarbeiten, als ihm bewußt wurde, daß Jenny und Pete nicht mehr da waren. Fast im selben Augenblick vernahm er ein Flüstern: «Sie sind weg.» Während er, ohne hinzusehen, seinen Teller noch einmal vollpackte, machte die Nachricht die Runde durch den Saal. Hier und dort klang ein leises, wissendes Lachen auf, und auf manchen Gesichtern machte sich eine Art Erleichterung bemerkbar, als sei dies der Augenblick, auf den sie alle gewartet hatten.

Matt starrte auf seinen Teller, konnte jedoch kaum erkennen, was darauf lag, weil seine Augen schmerzten und das Blut in seinem Kopf hämmerte. Eine endlose Zeit schien zu vergehen, bevor er wieder klar sehen konnte und wußte, was er tat. Langsam ging er am Tisch entlang und legte bedächtig eine Scheibe Wildbraten neben die Pfirsichtorte, die offenbar von Lisette gebacken worden war, wie er an dem feinen Teiggitter erkennen konnte. Er war so vertieft in seine Betrachtungen, daß er erschrocken zusammenfuhr, als er eine leise Stimme an seinem Ohr vernahm.

«Vater.»

Er fuhr herum, und als er Morgan erblickte, lächelte er, zuckte die Achseln und murmelte, er habe gerade über ein Geschäft nachgedacht, das ihm heute morgen angeboten worden sei. Dabei hoffte er nur, Morgan werde nicht weiter fragen. «Ja, Vater. Ich würde auch gern etwas Geschäftliches mit dir besprechen.» Sie standen nebeneinander, jeder mit seinem Teller in der Hand, und aßen langsam, während Matt die Gesichter aller Vorbeikommenden mit eindringlichen Blicken musterte. Seine Augen glänzten, und in seinem Gesicht mischten sich Angst, Wut und Sorge mit einem tiefen Staunen, so daß jeder, der ihn ansah, sich veranlaßt fühlte, ihn noch einmal anzublicken und sich zu fragen, was ihn wohl so beschäftigen mochte. Da er sich mit seinem ältesten Sohn unterhielt, nahmen die meisten an, daß es um geschäftliche Fragen ging.

«Bist du immer noch bereit, mir deinen Anteil am Daylight Gulch zu verkaufen?» fragte Morgan.

Matt war so froh über das Gesprächsthema, daß er unwillkürlich lächelte. Es war, als habe Morgan seine Verzweiflung gespürt und sei gekommen, ihn zu erlösen, indem er ihn zwang, über Claims, Pachtverträge, Ertragsanteile und ähnliche Dinge zu sprechen, die jeden unvernünftigen Gedanken aus dem Kopf eines Mannes verscheuchten. «Was bietest du denn?» Er bemühte sich, seinem Gesicht und seiner Stimme jene angemessene Mischung von Gleichgültigkeit und Interesse zu verleihen, die er jedem anderen mutmaßlichen Käufer gegenüber auch gezeigt hätte.

«Wieviel willst du denn dafür haben? Noch so viel wie damals?»

«Was habe ich denn damals verlangt?» Mit einem schnellen Seitenblick gab Matt seinem Sohn zu verstehen, er solle ja nicht glauben, daß sein Gedächtnis ihn im Stich gelassen habe – obgleich dies in Wirklichkeit der Fall war. Er erinnerte sich lediglich, daß er es Morgan seinerzeit nicht so leicht hatte machen wollen, ein reicher Mann zu werden.

«Du hast damals für deinen Anteil achtzehnhundert in bar verlangt und weitere achtzehnhundert in sechs Monaten; dazu ein Drittel des Gewinns.»

«Das waren aber harte Forderungen!» Matt pfiff vor Bewunderung leise durch die Zähne. «Aber Morgan, die Sache sieht nicht sehr vielversprechend aus. Deshalb haben wir uns auch nicht weiter damit befaßt. Wenn ich ehrlich sein soll, kann ich dir das Geschäft nicht empfehlen.»

«Aber ich glaube, daß ich die Summe aufbringen kann.»

Jetzt streifte Matt seinen Sohn mit einem amüsierten, zweifelnden Blick. Aber Morgan sah ihn so ehrlich und offen an, daß Matt sich seiner Ungläubigkeit schämte und wieder ernst wurde, um die Einzelheiten des Geschäfts zu durchdenken. «Du wirst keine fünftausend herausholen, Morgan, und wirst mehr hineinstecken müssen, als sich lohnt. Aber vielleicht siehst du es anders als ich.»

«Ich sehe eine Chance darin, und zwar genau das, was mir vorschwebt. Aber ich möchte gern Alleinbesitzer der Schürfstelle sein.»

«Ich bin nicht berechtigt, auch den Anteil meines Partners zu verkaufen. Meinen will ich dir gern für zweitausend verkaufen. Auf die Gewinnanteile verzichte ich.»

«Ich bringe dir das Geld morgen.»

«Zum Teufel, woher hast du denn soviel?» fragte Matt überrascht. Doch dann fügte er fast verlegen hinzu: «Du brauchst es mir natürlich nicht zu sagen.»

«Ich habe einen Posten Tabak für einen Dollar das Pfund übernommen und für dreifünfzig wieder verkauft. Die Ware gehörte einem Freund aus Butte, der sie möglichst schnell losschlagen wollte. Er war im Begriff, von hier wegzuziehen, und wollte sich nicht mit zuviel Gepäck belasten.»

«Ach?» Matt betrachtete seinen Sohn überrascht. Er freute sich und war zugleich ein wenig bekümmert, denn dies war wiederum ein Zeichen dafür, daß Morgan sich immer weiter von ihm entfernte. «Ich muß dir dann noch einiges über meinen Partner sagen – es ist nämlich eine Frau. Aber das hat Zeit.»

Morgan wollte sich gerade abwenden, als Lisette auf sie zukam. «Ich muß euch etwas erzählen!» Sie packte beide Männer am Handgelenk, trat nahe an sie heran und blickte erregt von einem zum anderen. Einen Augenblick sah es aus, als habe sie den Mut verloren, doch dann flüsterte sie: «Ralph Mercer hat mir einen Heiratsantrag gemacht.» Sie nickte ernst, und als die beiden sie erschrocken anstarrten, als habe sie ihnen eine schlechte Nachricht gebracht, umklammerte sie die Handgelenke noch fester. «Ihr dürft es aber niemandem erzählen – bis ich weiß, ob ich ja oder nein sagen soll.» Sie lächelte, und als die beiden Männer sie immer noch ernst anblickten, lachte sie. «Stellt euch das bloß vor!» sagte sie, und schon war sie weg, wieder bei Ralph Mercer, der auf sie gewartet hatte.

«Du lieber Himmel», sagte Matt. Plötzlich war ihm, als sei er von einer schweren Krankheit befallen.

Doch dann verflog der erste Schreck, und er empfand nur noch tiefe Erleichterung. Denn Ralph Mercer war ein echter Yankee, hart und starrköpfig, und trotz seiner erst vierundzwanzig Jahre ernst und so fleißig, als stamme er nicht aus einer reichen Familie. Und alle diese Eigenschaften würde er nach Matts Ansicht brauchen können, wenn er Lisette heiratete, die – was außer ihm anscheinend niemand vermutete – einen guten Teil seiner eigenen zügellosen Neigungen geerbt zu haben schien. Jetzt würde sie wenigstens nicht mehr Zack Fletcher in die Hände fallen, den man leicht für ein Halbblut hätte halten können, wenn er nicht blonde Haare gehabt hätte, und unter dessen Einfluß sich Lisettes wilde, ungebärdige Anlagen zweifellos immer stärker entwikkelt hätten, genau wie eine zahme Stute sich einer Herde von Wildpferden in kurzer Zeit völlig angleicht.

«Sie brechen schon auf», sagte Morgan. «Wir müssen wohl mitgehen.»

Im ganzen Saal machte sich jetzt eine zunehmende Geschäftigkeit bemerkbar. Die Männer zogen schwarze Kapuzen über den Kopf und kippten sich die Reste aus den Flaschen in den Mund. Einige beschmierten sich die Gesichter mit Ruß, und Kinder kreischten entsetzt auf. Ein paar Männer, die sich ihre Mäntel umgekehrt angezogen hatten, stolzierten auf und ab, wedelten mit den Armen und probten ein unheimliches Gelächter, mit dem sie die Katzenmusik für Braut und Bräutigam einleiten wollten. Morgans Kopf war bereits von einer schwarzen Kapuze verhüllt, und Matt zog seine Kapuze jetzt auch aus der Tasche und streifte sie sich über Kopf und Schultern. Während er dies tat, hatte er mit einemmal das Gefühl, unsichtbar zu sein.

Aufgeregt, als hätte sie nur auf diesen Augenblick gewartet, begann die Schar lärmend die beiden Treppen herunterzugehen. Sie hatten Hörner, Blechpfannen und Löffel, Trommeln, Fiedeln und schwere Holzscheite bei sich, und als sie sich auf der Straße auf ihre Pferde schwangen, sahen sie aus wie Straßenräuber, die sich zu einem gefährlichen Unternehmen rüsten. Laut johlend stürmten sie durch das Stadtzentrum, an dem Haus vorüber, in dem Dr. Danforth mit seiner Frau gewohnt hatte, und lockten erschrockene Männer und Frauen, die an einen Überfall von Indianern glaubten, aus den Blockhütten hervor. Beruhigt wandten sich die Einwohner von Virginia City wieder zurück, als sie den bekannten Ruf: «Shivaree!» vernahmen, der ihnen sagte, daß hier nur einem neuvermählten Paar ein Katzenmusik-Ständchen dargebracht werden solle.

Schon sprangen die ersten vom Pferd und schlugen kräftig gegen die Tür. Wenige Sekunden später hatten sich vierzig bis fünfzig Männer vor dem dunklen Haus versammelt, hämmerten gegen die Wände, klapperten mit ihren Pfannen, bliesen in die Hörner und drohten, alles niederzureißen, wenn man ihnen nicht auf der Stelle etwas zu trinken gebe.

Mehrere Minuten dauerte dieser Lärm an, ohne daß sich die Tür auftat oder drinnen Licht anging, denn die Neuvermählten mußten abwarten, bis das mißtönende Ständchen draußen seinen Höhepunkt erreicht hatte, und durften den Gästen nicht zu früh Einlaß gewähren. Morgan stand neben Matt, und beide schrien wie die Verrückten, wie man es von der Familie des Bräutigams erwartete. Plötzlich trat Jonathan auf sie zu, und bevor die beiden ihn erkennen konnten, hatte er Morgan eine schallende Ohrfeige versetzt.

Im nächsten Augenblick waren die beiden Brüder in die schönste Schlägerei verwickelt. Keuchend rangen sie miteinander, sprangen hin und her, schlugen zu und wichen wieder zurück, bis Matt sich zwischen sie warf und sie gewaltsam auseinanderriß. «Verdammte Lümmel!» schrie er und versetzte erst Jonathan und dann Morgan einen Schlag. Die Kapuze schien ihn auf wundersame Weise von seinem inneren Druck befreit zu haben. Seine eigene Stimme kam ihm wie die eines Fremden vor, als er mit einem fast schmerzhaften Gefühl der Befreiung die Worte hervorstieß: «Das hier ist die Hochzeitsnacht eures Onkels!»

Gleich darauf ging im Haus das Licht an, und in dem plötzlich entstehenden Schweigen öffnete Pete die Tür, trat auf die Schwelle und lächelte die Männer so freundlich und höflich an, als wolle er den Herrn Pastor persönlich willkommen heißen. Zur allgemeinen Enttäuschung war er noch genauso angezogen wie zuvor, sein Schlips war ordentlich geknotet, und sein Haar lag glatt am Kopf.

«Kommen Sie herein, meine Herren. Trinken Sie einen Schluck!» Er machte eine kurze, förmliche Verbeugung und breitete die Arme aus, als wolle er damit andeuten, daß sie alle bequem in dem kleinen Haus Platz hätten.

Nun erschien auch Jenny, noch immer in dem lila Kleid, einen Mantel über die Schultern gehängt, neben ihm. Sie lächelte, aber der spöttische Blick ihrer grünen Augen sagte den Männern deutlich, daß sie doch rechte Narren gewesen waren, hierherzukommen, auch wenn das der landesübliche Brauch war. «Wollen Sie nicht näher treten?» fragte auch sie.

Schweigend und verlegen standen die Männer da, und einer nach dem anderen zog die Kapuze vom Kopf.

«Entschuldige bitte, Pete.»

«Verzeihung, Mrs. Devlin. Wir wollten nur auf Ihre Gesundheit trinken.»

«Dann kommen Sie doch herein und tun Sie es, bitte!» bat Jenny.

Es wurde gemurmelt, und einige der Männer stiegen auf ihre Pferde und ritten den Hügel hinauf. Andere waren sich offenbar noch nicht schlüssig, ob sie der Einladung Folge leisten sollten. In dem Durcheinander wandte Matt sich drohend an Jonathan.

«Was sollte das bedeuten?»

«Er darf sie nicht bekommen!» flüsterte Jonathan und atmete dabei so heftig, daß der Stoff seiner Kapuze sich fest um sein Gesicht legte. Er sah aus wie eine unheimliche Statue. «Sie wird mich heiraten. Ich habe sie heute abend gefragt.»

«Heiliger Himmel! Jetzt fehlt nur noch Annabel.»

Morgan und Jonathan schüttelten einander zur Versöhnung die Hände, und Morgan gratulierte seinem Bruder. Matt hatte zwar das undeutliche Gefühl, daß diese Verlobung in seiner Familie auch ihn etwas anginge, aber er war im Augenblick außerstande, anderes als seinen eigenen, wütend nagenden Kummer als wirklich oder wichtig zu empfinden, der sich gegen den Mann und die Frau richtete, die noch immer Seite an Seite in der erleuchteten Türöffnung standen. Lem Finney, Floyd Hart und vier, fünf andere Männer traten ins Haus und verbeugten sich im Vorbeigehen so ehrerbietig vor Jenny, als seien sie nicht vor knapp zehn Minuten wie ein heulender Pöbelhaufen hierhergekommen. Andere erklärten, sie hätten da eine verdammte Dummheit begangen und müßten sich eigentlich schämen. Sie wollten lieber zur Folger Hall zurückreiten und dort weitertrinken.

Morgan und Jonathan warteten ab, was ihr Vater tun werde. Doch als Matt stehenblieb und nur immer auf die Tür starrte, die sich inzwischen wieder geschlossen hatte, ritten sie davon. Matt war allein. Er sah, wie die Gestalten sich hinter dem kleinen Fenster bewegten, und als die Tür sich auftat und Lem Finney herauskam, trat er schnell ins Dunkel zurück, so daß Lem ihn nicht sehen konnte.

Er wollte hierbleiben und aufpassen, bis alle weg waren und Jenny und Pete allein blieben. Aber plötzlich empfand er einen solchen Widerwillen gegen sein Vorhaben, daß er Hals über Kopf davonritt. Bald holte er Finney und Floyd Hart ein, und als sie alle wieder in der Folger Hall bei ihren Frauen anlangten, fühlten sie sich bedrückt und meinten, daß sie sich da doch in ein recht unwürdiges Abenteuer eingelassen hatten.

Matt nahm seine Kapuze ab und ging rasch zu Marietta, die mit ängstlichem, recht traurigem Gesicht dasaß. Er beugte sich zu ihr hinab und küßte sie. «Lisette und Jonathan», flüsterte sie und schüttelte den Kopf, als kämpfe sie mit den Tränen. «Das kommt alles so plötzlich!»

24

Das einzige Orakel, das Suky befragte, war ihr Gesicht im Spiegel; täglich forschte sie nach guten und schlechten Zeichen und Vorbedeutungen. Sie konnte sich nicht mehr daran erinnern, wann sie zum erstenmal begriffen hatte, daß sie selber ihre beste Bundesgenossin war. Aber diese Erkenntnis mußte ihr schon vor langer Zeit gekommen sein, denn unterdessen hatten die Sitzungen vor dem Spiegel für sie die Bedeutung eines Rituals angenommen, bei dem sie die Doppelrolle der Gottheit und der Hohenpriesterin spielte, während Maxine ihr als Meßdienerin zur Hand ging.

Maxine war ein erstaunliches Mädchen. Susan hatte sie seinerzeit aus einer Einwandererschar herausgefischt, ein kleines Ding von sechzehn oder siebzehn Jahren, das kaum ein Wort Englisch sprach und schreckliche Angst vor dem neuen Land hatte. Sie war schon damals eine geschickte Friseuse gewesen, und im Laufe der Jahre hatte sie es so weit gebracht, daß sie mit Hilfe von Röllchen und Chignons auch die komplizierteste Frisur nachzuformen verstand, die Suky ihr beschrieb. Maxine konnte aus Rosen und ein paar Stückchen Draht einen Kopfschmuck für Suky flechten; sie hatte Suky gelehrt, mit einem Kohlestift eine Linie an den Wimpern entlang zu ziehen, die Innenseiten ihrer Nasenflügel rosa zu schminken, die Adern auf ihren Brüsten zu betonen, indem sie sie mit einem blauen Stift leicht nachzeichnete, und lieber zuviel Parfum zu verwenden als zu wenig.

Mindestens zweimal täglich, manchmal noch öfter, hockten Suky und Maxine zusammen und vollzogen das Ritual. Sie verstanden einander so gut, daß sie mitunter eine Stunde oder mehr am Frisiertisch verbrachten, ohne ein einziges Wort zu wechseln. Suky saß da und blickte über die Kristallfläschchen und Porzellandosen, die Schildpattkämme, die goldenen Bürsten und Handspiegel, die Schmuckstücke, die brennenden Kerzen und die Vasen voller weißer Rosen und Tuberosen hinweg angespannt in den Spiegel, der ihre Gegenwart, ihre Vergangenheit und ihre Zukunft zu bergen schien. Maxines wertvollste Eigenschaft war ihr intuitives Wissen darum, wann sie sprechen durfte und wann nicht. Sie wußte, daß Suky während der Zeit, in der sie ihr Gesicht zurechtmachte und sich frisieren ließ, das Orakel befragte, Rückschau auf die Vergangenheit hielt und Pläne für die Zukunft entwarf.

In zehn Jahren würde sie dreißig sein. Im Gegensatz zu Jemima Haldane und anderen jungen Frauen ihrer Bekanntschaft, die genau zu wissen schienen, daß sie niemals altern würden, so lange sie auch lebten, erblickte Suky in diesem Jahr den entscheidenden Wendepunkt ihres Lebens und hatte es zu einem geheimen Ziel erkoren, auf das sie mit der gleichen verborgenen Verbissenheit hinarbeitete, wie ihr Vater sie aufbrachte, wenn er ein Projekt verwirklichen wollte.

Sie war sehr zufrieden, daß sie nunmehr Mrs. Philip Van Zandt hieß, und ließ sich durch die Einwände, die die Familie ihres Mannes gegen die Heirat erhoben hatte, kaum stören. Bald nach ihrer Rückkehr aus Europa hatte Philip sie zu seinen drei älteren Schwestern mitgenommen, da diese sich, wie er spöttisch erklärte, nie zu einer Reise in den Norden, in die Eighteenth Street, überreden lassen würden. Nach einer langen Besprechung mit Susan und Ceda war beschlossen worden, daß Suky hingehen und auf ihr Recht, zunächst auf einem Besuch der Schwestern zu bestehen, mit so herablassender Lässigkeit verzichten sollte, daß diese sich ihrer Unhöflichkeit schämen mußten.

Wenige Tage später ging Philip noch einmal allein hin und berichtete Suky, was seine Schwestern über sie gesagt hatten. Philip liebte es, Suky, wie er es ausdrückte, zu necken, während sie darin mehr einen Zug kleinlicher Grausamkeit sah, der auch nicht schlimmer war als seine anderen Laster. «Sie sind der Ansicht, daß du sehr hübsch bist», versicherte er ihr. «Und Thelma sagte: ‹Sie ist auch eine ausgezeichnete Schauspielerin; das dürfte ihr bei den heutigen Verhältnissen gut zustatten kommen.› Ottilie behauptet, die modernen jungen Frauen von heute seien eine völlig neue Spezies Mensch, die nur das Geld hervorgebracht habe.» Er blickte zu ihr hin, um zu sehen, wie sie darauf reagierte, und meinte dann achselzuckend: «Meine Schwestern waren immer der Ansicht, sie selber seien ihre beste Gesellschaft.»

«Vielleicht sind sie das wirklich, Philip.»

Sie verbuchte diese Bemerkung auf Philips Fehlerkonto, zog jedoch recht vernünftige Schlüsse daraus. Wenn es nämlich Philips Rache dafür war, als Schwiegersohn von Joshua Ching eine lächerliche Figur spielen und wie ein Botenjunge zwischen der Börse und dem Golddepot hin- und herjagen zu müssen – denn Joshua erwartete von ihm, daß er zumindest so tat, als verdiene er sich seinen Lebensunterhalt –, dann war ihre Vermutung damals zutreffend gewesen: dann gab ihr die Ehe mit einem Mann, der von ihrem Vater abhängig war, fast ebensoviel Freiheit, als wenn sie überhaupt nicht verheiratet wäre.

Philip schien nicht zu wissen, daß das Lächeln, das sie an ihm erprobte, eigentlich für einen anderen bestimmt war und daß die Freuden, die sie miteinander teilten, nicht ausschließlich ihnen gehörten. Denn nun, da Suky alle Angst und Scheu vor der Liebe verloren hatte, machte ihre Phantasie sich auf die Suche nach neuen Eroberungen oder, wie es ihr schien, nach neuen Wegen, ihre Zukunft zu sichern.

Hin und wieder sah sie Frederic Hallam. Die meisten dieser Zusammentreffen kamen durch Felice zustande, die Frederic erzählte, wenn die Van Zandts in der Musikakademie, bei einer Hochzeit oder bei einem Empfang sein würden. Suky wurde sich bei Frederics Anblick jedesmal auf erstaunliche, fast schmerzhafte Weise ihrer selbst bewußt – der Art, wie ihre Haare frisiert und ihre Kleider geschnitten waren, der Bewegungen ihres Körpers und ihres Mienenspiels –, so daß sie stets meinte, diese magische Bewußtseinssteigerung sei der Auftakt für ein entscheidendes Ereignis zwischen ihnen. Aber das war nie der Fall. Frederic betrachtete sie mit sehnsüchtigen Blicken, hatte aber nur einmal ein paar kurze, förmliche Worte mit ihr gewechselt. Daraus schloß Suky, daß Frederic Hallam zu den Männern gehörte, die ihre Enttäuschungen als unabänderliches Geschick hinnahmen.

Suky hatte gespürt, daß Felice etwas vor ihr zu verbergen suchte, und hatte ihr nach geduldigem Zureden das Geheimnis entlockt, daß Frederics Familie schon vor Jahren eine Frau für ihn ausgesucht hatte: Alvita Van Alstine. Suky kannte die Van Alstines und war nun erst überzeugt, daß ihr Vater recht gehabt hatte, als er ihr sagte, Roger Hallam werde Frederic niemals gestatten, die Tochter von Joshua Ching zu heiraten.

«Es ist eine dieser üblichen Familienabmachungen», hatte Felice versichert, als sie endlich mit der Wahrheit herausrückte. «Ich kenne Frederic. Er liebt dich, er wird dich ewig lieben.» Felice machte ein ernstes Gesicht und runzelte die Stirn, erinnerte sich aber gleich der Warnungen ihrer Mutter und legte schnell die Fingerspitzen zwischen die Augenbrauen. «Ihr werdet euch diesen Sommer in Long Branch sehen können. Und irgend etwas wird euch zusammenbringen, das fühle ich.»

«Ich bin durchaus nicht sicher, ob es gut ist, wenn wir uns sehen. Wohin soll das auch führen?»

Felices dunkle Augen weiteten sich, und ihr kleines, stolzes Gesicht nahm einen vorwurfsvollen Ausdruck an. «Wohin das führen soll? Du wirst ihm Glück schenken – nur dadurch, daß er dich ansehen darf. Ist das nicht genug?»

Die Talbots fuhren, so lange Felice denken konnte, jeden Sommer nach Long Branch, weil es zum Erziehungsprogramm ihres Vaters gehörte, daß Felice die Sommermonate mit Reiten, Schwimmen und langen Spaziergängen verbrachte. Suky vermutete, daß die Anwesenheit der Talbots ihren Vater veranlaßt hatte, seine Familie in diesem Sommer ebenfalls an die See zu schicken.

Sie hatten im zweiten Stock des Stetson House eine Zimmerflucht gemietet, eines für Joshua und Steven, ein zweites für Susan und Ceda, ein drittes für Suky und Philip und ein viertes für das Baby und die Kinderfrau. Gleich nach ihrer Ankunft in Long Branch begann Suky zu überlegen, was sie Frederic Hallam sagen wollte – denn seit ihrer ersten Begegnung bei Jemima Cottrells Hochzeit mit Giles Haldane waren zwei Jahre verstrichen, und Frederic erschien ihr heute fremder als damals.

Felice war mit dem Stundenplan, den ihr Vater für sie ausgearbeitet hatte – jeden Morgen Reit- und Schwimmstunden und anschließend einige Lesestunden – so beschäftigt, daß sie Suky fast nur in der überfüllten Hotelhalle zu Gesicht bekam. Hin und wieder jedoch machte sie Suky einen kurzen Besuch, spielte ein paar Minuten mit dem Baby und berichtete dabei, was sie Neues von Frederic wußte. «Er kommt her», erzählte sie Suky eines Tages, «und verbringt hier ein paar Wochen mit Freunden.» Suky machte daraufhin ein so erschrockenes Gesicht, daß Felice tröstend den Arm um sie legte und sagte: «Ich weiß, was du fühlst.»

Felice zählte die Wochen bis zu Frederics Ankunft und setzte Suky von Zeit zu Zeit über den gegenwärtigen Stand der Dinge in Kenntnis. Suky war überzeugt, daß die Anhänglichkeit eines Mannes an eine Frau dadurch bestimmt werde, wie viele Freuden er mit ihr genossen und wieviel Kummer er ihr bereitet hatte. Deshalb wollte sie alles daransetzen, ihm zu gefallen. Sie stellte ein regelrechtes Rezept zusammen, das Fröhlichkeit und Ernst enthielt – denn Frederic war nicht der Mann, dem das eine ohne das andere gefallen würde –, Demut und Stolz – die Mischung dieser beiden Zutaten mußte noch sorgfältiger abgewogen werden – sowie Zurückhaltung und Leidenschaft. Zuweilen war sie nahe daran, die Hoffnung aufzugeben, daß sie die richtige Formel jemals finden werde.

Andererseits schöpfte sie jedoch Kraft aus der festen Überzeugung, daß ihr, Susan Van Zandt, ein ganz besonderes Schicksal beschieden war, das die Umwelt noch in Staunen versetzen würde. Ebenso wie Joshua suchte sie ständig nach Hinweisen und Winken, deren Richtlinien sie befolgen mußte. So entdeckte sie in den ungewöhnlichsten Dingen Zeichen, die einen Weg markierten, der nur ihr allein sichtbar war und allen anderen Menschen verborgen blieb. Und als sie eines Nachmittags zufällig einen Streit zwischen ihren Eltern mit anhörte, lauschte sie aufmerksam und zog daraus wieder einmal die Lehre, daß eine Frau, die es unterlassen hatte, für ihre Zukunft zu sorgen, solange sie noch jung war, einen Fehler beging, der sich nie wieder rückgängig machen ließ.

Es war ein heißer Tag gewesen, und Suky hatte die Läden vor ihren Fenstern geschlossen und sich ein wenig hingelegt, um auszuruhen und darüber nachzudenken, was sie am Abend anziehen solle. Als sie auf der Veranda vor ihrem Zimmer die Stimmen von Susan und Joshua vernahm, die sich offenbar zufällig dort getroffen hatten, seufzte Suky ungeduldig und wünschte, ihre Eltern möchten sich irgendwo anders unterhalten.

«Sieh dir doch an, wo wir heute sind, Joshua», sagte Susan. Und einen Augenblick später fragte sie: «Wie ist es bloß dazu gekommen?»

«Wo wir sind, Susan? Nun, an einem verdammt guten Platz, möchte ich meinen. Wenn du schon einmal so ungeschickt sein mußtest, dieses Thema anzuschlagen, darf ich dich vielleicht daran erinnern, daß wir uns, bevor ich zu Geld gekommen bin, auch nicht besser verstanden haben als jetzt. Ja, ich glaube, es dürfte uns beiden schwerfallen, jetzt noch festzustellen, warum wir eigentlich geheiratet haben.»

Suky schnalzte mit der Zunge, aber Susan sagte langsam: «Ich erinnere mich genau, warum ich dich geheiratet habe, Joshua.»

«Tatsächlich?» Seine Stimme klang skeptisch.

«Ich war in dich verliebt.» Suky zog die Augenbrauen hoch und schüttelte den Kopf. Die Vorstellung, daß diese beiden Menschen, die ihre Eltern waren, sich möglicherweise gar nicht geheiratet hätten und sie in diesem Falle gar nicht auf der Welt wäre, setzte sie in Erstaunen. «Aber das hat nicht sehr lange gedauert, nicht wahr?»

«Ich habe keine Ahnung, wie lange es gedauert hat», antwortete Joshua ungerührt. «Jedenfalls warst du damals taktvoller als heute.» Suky bestätigte diese sehr direkte Anspielung mit einem Nicken. «Wir leben seit Jahren nebeneinander her, Susan. Und das ist ebensosehr dein Entschluß wie meiner. Warum in aller Welt suchst du dir ausgerechnet diesen Augenblick aus, dich darüber zu beklagen?» Suky konnte sich genau den strengen, würdevollen Blick vorstellen, mit dem ihr Vater jetzt ihre Mutter ansah, der jedoch bei Susan weit weniger Wirkung zu zeigen pflegte als bei anderen Menschen. «Ich frage mich wirklich», fuhr er dann fort, «was du plötzlich hast?»

«Joshua, weißt du, wie alt ich bin?»

«Neununddreißig», antwortete Suky leise. Aber Joshua fragte: «Achtunddreißig?»

«Neununddreißig. Ich bin neununddreißig Jahre alt.»

«Na, daran kannst du mir doch nicht die Schuld geben.» Suky schüttelte lächelnd den Kopf. Ihr Vater wußte bei häuslichen Auseinandersetzungen seine Stellung zu behaupten, und er war dabei in der Anwendung der Mittel nicht sehr taktvoll.

Nun kam ein trauriger Ton in Susans Stimme: «Ich habe einen Enkelsohn. Für mich ist alles vorbei – und daran kann ich mich einfach nicht gewöhnen.»

«Aber das ist doch verrückt, Susan! Du bist noch immer eine sehr schöne Frau, und wirst es auch immer bleiben.»

«Männer bewundern eine Frau nicht mehr, deren Jugend vorbei ist.»

«Mir scheint, daß die Männer Coral Talbot noch immer bewundern», erwiderte Joshua. Diese Bemerkung veranlaßte Suky, sich aufzusetzen und noch gespannter zuzuhören.

«Aber nicht, weil sie jung ist. Das weißt du ganz genau.»

In diesem Augenblick wurde das Gespräch ihrer Eltern zu Sukys größter Enttäuschung durch Ceda unterbrochen. Die Stimmen entfernten sich, und Suky legte sich flach auf den Rücken, verschränkte die Arme hinter dem Kopf, starrte zur Decke und bedachte mit zusammengekniffenen Augen, was für eine Lehre sie aus diesem Gespräch ziehen konnte: daß die Liebe nur kurze Zeit währte und die Jahre mit tückischer Hast dahineilten. Plötzlich hielt sie den Atem an und öffnete weit die Augen, als habe sie einen geheimen Befehl vernommen. Gleich darauf begann sie über die Prophezeihung nachzugrübeln – die Prophezeiung, daß sie ein Kind von Frederic Hallam haben würde. Warum ihr diese Erleuchtung gerade in diesem Augenblick kam, ahnte sie nicht. Aber schon nach wenigen Minuten war sie überzeugt, daß es sich um ein unausweichliches Schicksal handelte, das weder sie noch Frederic abwenden konnten. Ja, es kam ihr fast vor, als habe sie es längst gewußt, vielleicht sogar schon am Tag ihrer ersten Begegnung. Von Stund an entdeckte sie auf Schritt und Tritt neue Vorzeichen, die auf dieses Ereignis hindeuteten.

Ebensowenig wie Joshua konnte Suky eine Entscheidung treffen und sich sofort an die Ausführung machen. Sie zog es vor, langsam an die Dinge heranzugehen, kleine Vorstöße zu machen, sich aber schnell wieder zurückzuziehen und erst nach allen Seiten abzusichern, um sich dann schließlich ganz dem zu widmen, was ihr unausweichlich erschien. Sie ging jeden Morgen um elf Uhr mit Susan und Ceda zu der Stelle, wo sie Felice nach ihrem morgendlichen Schwimmbad trafen. Jedesmal verspürte Suky dabei eine dumpfe Angst, daß Felice ihr Frederics Ankunft melden würde. Als sie die Nachricht dann wirklich vernahm, hatte sie das Gefühl, daß dieses Ereignis viel zu schnell eingetreten sei.

Von der Steilküste führten mehrere Treppen fast senkrecht zum Strand hinunter. Ängstlich rafften Susan, Ceda und Suky jeden Tag ihre Röcke und stiegen die steilen Stufen hinab. Wenn sie unbeschadet unten angekommen waren und am Sandstrand standen, blickten sie einander erleichtert an, schüttelten die Röcke aus, rückten die Hüte zurecht und spannten ihre Sonnenschirme wieder auf. Der Strand war nach beiden Richtungen hin auf zwei, drei Meilen von Menschen übersät. Aber es trugen nicht viele Leute Badegewänder, und nur ganz wenige gingen tatsächlich ins Wasser.

Die drei Damen hielten Ausschau nach Felice und entdeckten sie in einer Gruppe von Mädchen, die alle lange, weite, an den Knöcheln zusammengebundene Hosen, kurze Röcke, Jacken und kleine Strohhüte trugen. Sobald Felice sie sah, lief sie über den Sand auf sie zu, lebensfroh und unbefangen wie ein junges Füllen, und mit jenen unbefangenen Bewegungen, die das Badegewand ihr gestatteten. Ihr Gesicht verriet das lebhafte Entzücken, das der Wind, die Sonne und das Tosen der Wellen, die gegen den Strand schlugen, in ihr auslösten.

Felice war während der letzten zwei Jahre sehr gewachsen. Sie hatte aber sichtlich nicht die üppige Figur ihrer Mutter, sondern die schlanke, elegante Gestalt ihres Vaters geerbt. Das Auffallendste an ihrem Gesicht waren noch immer die intensiv blickenden, leuchtenden Augen, die den Eindruck erweckten, daß dieses Mädchen mehr damit beschäftigt war, die Welt um sich her zu beobachten und in sich aufzunehmen, als die Welt, die sie in sich selber barg, widerzuspiegeln.

«O Suky, komm doch mit!»

Felice hatte Suky oft gebeten, mit ins Wasser zu kommen, und ihr versichert, daß sie es bestimmt als köstliches Erlebnis empfinden werde. Aber Suky wollte sich nicht dem kalten Wasser aussetzen und dann wie eine Vogelscheuche an einem Regentag wieder auftauchen. Das mochte etwas für Felice sein, die ja schließlich noch ein Kind war. Aber auf Sukys Aussehen hätte es die gleiche Wirkung gehabt, wie wenn sie auf dem Weg in den Ballsaal in einen Kohlenschacht gestürzt wäre.

Lächelnd schüttelte Suky den Kopf. «Nein, Schätzchen, heute morgen nicht.»

«Aber man fühlt sich hinterher so wundervoll.» Felice warf Suky einen vielsagenden Blick zu, wandte sich dann um und rief: «Also bis gleich, ich gehe jetzt ins Wasser.»

Felice tollte in den Wellen umher, wurde umgeworfen, stand lachend auf und stürmte nach kurzer Zeit mit der erschreckenden, leidenschaftlichen Energie wieder auf sie zu, von der alle Badenden in dem Augenblick, in dem sie aus dem Wasser kamen, besessen schienen. Während Felice eilig auf eine der kleinen Ankleidekabinen zulief, stieg in Suky eine seltsame Angst auf. Es kam ihr so vor, als könne Felice es kaum abwarten, ihr etwas zu erzählen.

Wenige Minuten später tauchte sie in einer weißen Bluse, einem blauen Faltenrock und einem Strohhut wieder auf. Das Haar hing ihr in einem langen, nassen Zopf über den Rücken, und ihre Haut war vom Salzwasser wie poliert. Während sie an Suky vorbei auf die steile Treppe zulief, warf sie der Freundin einen kurzen Blick zu und flüsterte: «Er ist da!» Dann hüpfte sie behende die Stufen hinauf, blieb oben stehen, sah zu, wie die drei Damen sich mühselig emporarbeiteten. Von oben streckte sie einer nach der anderen die Hand entgegen, um ihnen auf das Plateau hinaufzuhelfen.

Auf Suky hatte die Nachricht wie ein Schock gewirkt. Ihr schwindelte, und sie glaubte mehrmals, den Halt zu verlieren und kopfüber zwischen die Männer und Frauen unten am Strand zu stürzen. Ein solcher Sturz wäre ihr im Augenblick fast wie eine Befreiung erschienen. Doch als sie oben war, ging sie mit Felice ein paar Schritte voraus und fragte: «Hast du ihn gesehen?»

«Heute morgen. Er ist ins Hotel gekommen. Wir haben zusammen gefrühstückt. Ich habe so darum gebetet, daß du zufällig hereinkommen würdest!» Sie stockte und warf der Freundin einen erstaunten Blick zu. «Aber freust du dich denn gar nicht, Suky? Du siehst so sonderbar aus.»

«Wirklich? Das tut mir leid. Aber für mich sind das ernste Dinge, viel ernster vielleicht, als du dir vorstellen kannst, Felice.»

«Aber deshalb ist es doch gerade so wichtig. Wenn es nur eine oberflächliche Liebelei wäre ... aber nein, damit würdest du dich ja nie abgeben.»

Suky blickte in Felices ernstes, aufrichtiges kleines Gesicht und versuchte sich zu erinnern, was sie gefühlt hatte, als sie selber noch so jung war. Es war erst sieben Jahre her; aber ihr kam es vor, als habe es diese Zeit nie gegeben. «Nein, Felice, das würde ich nicht.» Und damit sagte sie die Wahrheit.

«Du wirst ihn am Samstag beim Picknick sehen. Frederic und ich haben alles besprochen. Wir werden ein bißchen ausreiten. Niemand wird Verdacht schöpfen, denn Vater weiß ja, wie gern ich am Strand entlangreite. Frederic wird uns an einer Stelle erwarten, die wir beide kennen, weil Frederic und ich früher oft dorthin geritten sind. Er hat mir eingeschärft, daß ich dich nicht eine Minute allein lassen darf. ‹Du weißt, wie grausam die Menschen zu einer schönen Frau sein können, Felice›, hat er zu mir gesagt.» Felice sah sehr stolz aus, als sie die Worte wiederholte. «Siehst du jetzt, wie sehr er dich liebt?»

«Ja», stimmte Suky zu und schwieg nachdenklich. Jetzt mußte sie sich vor allem überlegen, in welcher Aufmachung sie Frederic Hallam bei diesem ersten Wiedersehen entgegentreten würde. Ursprünglich hatte sie sich vorgestellt, daß sie und Felice am Nachmittag eine Spazierfahrt unternehmen und ihn wie zufällig auf der Ocean Avenue treffen würden, wo alle Gäste des Seebades gegen vier spazierenzugehen pflegten. Der neue Plan sagte ihr jedoch noch mehr zu, denn wenn es irgend etwas gab, das ihr noch besser stand als ein Ballkleid, dann war es ein streng geschnittenes Reitkostüm mit langem Chiffonschleier und schwarzem Seidenhut, unter dem sie ihr blondes Haar zu einem festen Knoten schlang. «Ja», sagte sie noch einmal, «ich sehe es.»

25

Die Menschen auf der Ocean Avenue blieben neugierig stehen, als der lange Zug vorüberzog. Suky und Felice ritten auf ihren gestriegelten, lebhaften Pferden an der Spitze. Ihnen folgten Sukys vier Vettern und Kusinen und Steven, ebenfalls zu Pferde, dann kamen zwei Wagen mit den Damen und zwei weitere, in denen die Männer saßen und reserviert um sich blickten. Die Nachhut bildeten zwei Droschken des Hotels mit Decken, Schüsseln, Essenskörben, Badesachen für die Kinder und dem nötigen Dienstpersonal. Dies war kein übliches Picknick, sondern eine große Landpartie, die man zur Feier der Gründung der Corporate Engineers unternahm.

Die Gründung dieser Interessengemeinschaft hatte schon seit anderthalb Jahren in der Luft gelegen – richtiger gesagt, seit dem Tag, an dem Lorenzo Flagg die Konzession der Finanzbehörde von Ohio bekam. Aber sie wäre vielleicht niemals zustande gekommen, wenn Flagg nicht schließlich doch zu der Einsicht gelangt wäre, daß er allein mit seiner Entdeckung nichts anfangen konnte, sondern sich mit anderen zusammentun mußte, um das Projekt verwirklichen zu können.

Er kannte Joshua Ching und Amos Cottrell seit vielen Jahren von der Wall Street her, hatte mit ihnen zusammen in Pools gesessen, kleinere Erfolge und auch Fehlschläge mit ihnen geteilt. Doch erst als Joshua Ching sein Syndikat zusammengebracht hatte, um sich der De Grootschen Brennereien zu bemächtigen – und trotz seines zweifelhaften Rufs seine Partner nicht übers Ohr gehauen hatte –, begann Flagg mit dem Gedanken zu spielen, ihn ins Vertrauen zu ziehen. Als Joshua seine Sand- und Kiesgesellschaft ins Leben gerufen und ihn wiederum zur Teilnahme aufgefordert hatte, kam Flagg zu der Überzeugung, daß die Leute offenbar recht hatten, wenn sie behaupteten, Joshua Ching sei ein Mann, um den man sich bemühen sollte. Amos Cottrell machte trotz des Reinfalls mit seinem Schwiegersohn immer noch gute Geschäfte; und als Lorenzo Flagg auch seinen Bankier William Talbot dazu bringen konnte, sich ihnen anzuschließen, glaubte er eine Gruppe beisammen zu haben, die so leistungs- und wandlungsfähig war wie wenige andere.

Trotzdem vergingen noch mehrere Monate. Man feilschte mit der Finanzbehörde von Ohio um die in Frage kommende Konzession für eine kleine Eisenbahn, und als man sich schließlich einigte, 500 000 Dollar dafür anzulegen, war es Joshua, der den Einwand erhob: «Das ist verdammt viel Geld für ein paar Meilen verbogenes Eisen im nördlichen Ohio.»

«Wir bezahlen nicht das verbogene Eisen und auch nicht die rostigen Nägel», erklärte William Talbot ihm – und dabei lag auf seinem Gesicht ein Ausdruck, der Joshua veranlaßte, sich zu fragen, ob Talbot wohl glaubte, er könne seinen Anteil nicht aufbringen –, «sondern wir bezahlen ihnen die Konzession und sonst nichts. Wenn die Beamten sich durch die Ergebnisse einer Untersuchung nicht hätten ins Bockshorn jagen lassen, würden wir die Konzession für diese Summe nie und nimmer bekommen. Sonst noch was, meine Herren? Ich denke, wir haben dieser Angelegenheit jetzt genug Zeit gewidmet.»

Bei Joshua hatten sich die gleichen Symtome eingestellt wie jedesmal, wenn der Reichtum in greifbare Nähe zu rücken schien: Sein Herz schlug unangenehm schnell, seine Kehle und sein Mund waren so trokken, daß er verzweifelt an seiner Zigarre zog, und sein Kopf fühlte sich an, als wolle er den Hut sprengen. Flagg und Cottrell stimmten Talbot zu, Flagg mürrisch und Cottrell mit seinem üblichen liebenswürdigen Lächeln, als sei Geld für ihn keineswegs eine verzweifelt wichtige Angelegenheit. Da nickte auch Joshua kurz; und damit war die Sache besiegelt.

Das Schicksal De Groots stand noch immer als warnendes Beispiel vor Joshuas Augen. Er sah De Groot zwar nur noch selten, aber hin und wieder kam es ihm vor, als trage die Luft ihm De Groots schlechten Geruch zu, obgleich er nicht hätte sagen können, woher er kam. Es verwirrte Joshua, daß er so von seinen Erinnerungen verfolgt wurde, denn ihm schien fast, als wolle De Groot ihm warnend sagen, daß er sich in acht nehmen müsse, damit ihn nicht das gleiche Unheil treffe.

An diesem Morgen jedoch, als er mit Flagg, Cottrell und Talbot im Wagen dahinfuhr und über die Corporate Engineers sprach, war Joshua bester Laune und überzeugt, am Anfang und nicht am Ende einer erfolgreichen Laufbahn zu stehen.

«Finden Sie nicht auch, daß wir uns um Washington erst kümmern sollten, wenn die Wahlen vorüber sind?» fragte Cottrell Talbot. «Warum sollen wir Geld an Menschen vergeuden, die vielleicht im Herbst von der politischen Bühne verschwunden sind?»

«Kennen Sie Grant?» erkundigte sich Talbot.

«Nein, aber ich kenne einige seiner Freunde. Kennen Sie ihn?»

«Natürlich nicht», erwiderte Talbot, der eine solche Zumutung fast als Beleidigung zu empfinden schien. «Aber ich kann die Angelegenheit trotzdem klären, wenn die Zeit dafür gekommen ist. Und Sie, Joshua, können Sie in Albany etwas für uns tun?»

Joshua nickte gewichtig. «Sicher.» Er hoffte tatsächlich, in Albany etwas zu erreichen, nämlich die Konzession aus Ohio in eine Konzession des Staates New York umwandeln zu lassen, und zwar als Dauerkonzession, so daß man sie auch für andere Unternehmungen verwenden konnte. «Aber ich fürchte, die Sache wird nicht ganz billig sein.» Es machte ihm beinahe Spaß, damit Ansprüche auf ihre Gelder zu erheben.

«Wer ist Ihr Mann dort?»

«Amasa Stirt.»

«Stirt», wiederholte Talbot und starrte aufs Meer. «Amasa Stirt macht lieber selber etwas schlecht, als daß er einem anderen erlaubt, es gut zu machen.»

«Heutzutage muß man hunderttausend für etwas ausgeben, was man früher für tausend bekommen hat», sagte Flagg bekümmert.

«Ja, der Krieg hat die Moral des Landes untergraben», stimmte Joshua zu.

Doch Talbot widersprach ihnen. «Unsinn! Wir sind auch nicht korrupter als unsere Eltern. Wir haben einfach mehr Geld. Die Nation ist reicher als früher, und daran ist doch wohl nichts Unrechtes.»

«Trotzdem, William», warf Amos Cottrell ein. «Unsere Art, Geschäfte zu machen, ist doch verdammt anders als die unserer Eltern.»

«Dafür bringt sie uns auch verdammt mehr Geld ein.»

Solche angenehmen Geldgespräche in Gegenwart reicher Männer erweckten in Joshua eine gewisse Verachtung gegenüber seinen früheren

Ängsten. Er hatte allmählich so viele Beweise seiner zunehmenden Macht, daß die Befürchtung, er könne sich, wie De Groot, übernommen haben, völlig gewichen war.

Er hatte die De Grootschen Brennereien, die Sand- und Kiesgesellschaft und nun noch die Corporate Engineers, ganz abgesehen von den vielen Investitionen, die in gewissen Zeiten um Hunderttausende von Dollar und manchmal sogar um eine Million oder mehr variierten. Dann war da noch die neue Firma Van Zandt & Ching und schließlich sein Enkel, Joshua Van Zandt. Susan bereitete ihm manchmal Schwierigkeiten, aber Ceda war gefügig wie immer. Suky stand am Anfang ihrer eigenen, erfolgreichen Laufbahn, und nur der Gedanke an Steven stimmte ihn mitunter nachdenklich. Denn Steven war schließlich sein ihm vom Schicksal bestimmter Erbe.

Andere Väter beneideten ihn um die etwas steife, mürrische Würde, die der Junge an den Tag legte. Und Joshua hatte sich rechtzeitig bemüht, Steven so zu erziehen, daß er ihm nie die Demütigung bereiten würde, die manche Väter erfuhren, deren Söhne nur darauf warteten, daß sie groß genug waren, um wie die jungen Hähne auf den Misthaufen zu steigen und gegen die Herrschaft ihrer Eltern aufzubegehren. Wenn Steven es lernte, hart gegen andere, seinem Vater gegenüber jedoch gehorsam zu sein, wenn er zwar wachsen, aber nicht herrschen wollte und innerhalb der Familie bescheiden blieb, dann würde Joshua bereit sein, mit ihm zu arbeiten. Sollte er jedoch nicht soviel Verstand besitzen, dann würde Joshua seinen Sohn durchaus eigene Wege gehen lassen. Und das wußte Steven ganz genau.

Angesichts all dieser Aktivposten kam Joshua sich wie ein Patriarch von altem Schrot und Korn vor, ein Mann, der seine Familie streng, aber gerecht regierte, seine Gunst überlegt austeilte und in seiner privaten Welt die Herrscherstellung einnahm, die einem Mann wie ihm seiner Ansicht nach zukam.

Zu dieser privaten Welt gehörte auch Rose Michel, deren er noch immer nicht überdrüssig geworden war, obgleich die Nacht, in der er ihr die näheren Bedingungen erklärt hatte, schon mehr als ein Jahr zurücklag.

Er hatte ein kleines Haus in der West Twenty-first Street für sie gemietet, das nicht weit von der Fifth Avenue lag und zu Fuß in drei oder vier Minuten vom Hotel aus zu erreichen war. Morgens, bevor er ins Zentrum fuhr, sah er oft kurz bei ihr herein. In diesem Sommer hatte er regelmäßig dort übernachtet, wenn er mehr als einen Tag in der Stadt geblieben war. Das Haus, das er möbliert gemietet hatte, war vollgestopft mit schwarzen Sesseln und Sofas, abgetretenen Teppichen, verblichenen Vorhängen und Lithographien. Die Betten und Schränke waren für seinen Geschmack abscheulich überladen und glichen kleinen gotischen Kathedralen. Aber er hatte trotzdem keine neuen Möbel gekauft, weil er nicht zu früh beginnen wollte, das Leben eines reichen Mannes zu führen. Er hatte zu viele Beispiele dafür erlebt, daß hohe Ausgaben einen Menschen leicht ruinieren konnten.

Er untersagte es Rose, sich mit ihren alten Freundinnen aus den Tagen bei Annie Wood und ihrer Theaterzeit zu treffen. Aber er legte sich niemals die Frage vor, womit sie sich sonst die Zeit vertrieb. Schließlich hatte Rose Michel auf alle Rechte verzichtet, um dank ihrer Jugend, ihres guten Aussehens und ihrer speziellen Begabung ein sorgloses und faules, wenngleich auch nicht ganz sicheres Leben zu führen. Er hatte ihr erklärt, daß sie immer, wenn er zu ihr kam – und seine Besuche waren unregelmäßig und nicht durch plötzlich aufflammendes Verlangen, sondern auch durch Anfälle von Eifersucht diktiert –, frisch und adrett auszusehen habe. Außerdem sollte sie sich so gut anziehen, wie das Geld, das er ihr zur Verfügung stellte, es gestatte. Er glaubte, daß die Erfüllung all dieser Pflichten Rose davor bewahrte, sich zu langweilen, falls sie überhaupt Geist genug besaß, um sich langweilen zu können.

Aber ihr Atem war stets so frisch, als hätte sie gerade Äpfel gegessen, und sie war sauber wie ein Kätzchen. Ihr rundes kleines Gesicht mit den rührend kindlichen Zügen erschien ihm immer von neuem reizvoll, und jedesmal, wenn er sie ein paar Tage nicht gesehen hatte, fragte er sich, ob sie wohl inzwischen Mittel und Wege gefunden habe, ihn zu betrügen. Aber dazu hätte sie erfinderischer sein müssen, als er ihr zutraute, denn er hatte Spinnage & Achroyd zu ihren Wächtern bestellt.

Wenn er jetzt mit Hoke O'Neil oder Oliver Foss geschäftlich zu tun hatte, traf er sich mit ihnen lieber in Roses Haus als in einem Restaurant, wo er nie das Gefühl loswurde, daß jemand im Nebenraum an der Wand horchte. Joshuas Mißtrauen hatte sich mit seinem wachsenden Wohlstand noch verschärft. Er wollte auch die Verhandlungen mit Senator Stirt, den er für die Corporate Engineers gewinnen mußte, durch eine Einladung zum Essen in Rose Michels Haus einleiten.

Die Herren steckten noch mitten in ihren geschäftlichen Plänen, als sie auf dem Picknickplatz ankamen. Wenige Minuten später breiteten die Diener Decken und Teppiche über den Sand und verstreuten ein paar Kissen darauf. Die Kinder tollten schreiend umher, auf provisorisch aufgeschlagenen Tischen wurden Lebensmittelkörbe ausgepackt, für die Damen Champagner- und für die Herren Whiskyflaschen geöffnet. Bald darauf hatte man ein paar Meter weiter unten am Strand ein großes, offenes Feuer entzündet, denn der Himmel hatte sich bezogen und das Meer war kalt, dunkel und bewegt.

Joshua trank einen Becher Whisky und inspizierte die Essensvorräte. Er fand eine Schüssel voll Hühnerragout mit Champignons, kaltes Geflügel, Zunge in Aspik, eine Kalbfleischpastete in phantasievoll geformtem Teig, mehrere Puddingsorten und Körbe mit frischen Früchten. Die Kinder liefen aufgeregt umher und wollten sich sofort auf die Leckerbissen stürzen. Aber es wurde beschlossen, daß sie alle zuerst am Strand Muscheln sammeln und die Gräser und kleinen Blumen betrachten wollten, die in den Rissen und Spalten des felsigen Ufers wuchsen. Sie wollten einmal ernsthaft und bewußt versuchen, sich inmitten von Sand und Meer, Wind und Muscheln als Teil der Natur zu empfinden. Die Frauen, die vorausgingen, sprachen tatsächlich über diese Dinge, während die Männer sich weiterhin über ihre Geschäfte unterhielten.

Weit hinten am Strand veranstalteten Suky und Felice ein Wettrennen, und das Wasser spritzte unter den Hufen ihrer Pferde auf. Es sah aus, als flögen sie davon, und tatsächlich waren sie mit einemmal verschwunden.

Sie ritten sehr schnell. Felice blickte hin und wieder zurück, um sich zu vergewissern, daß ihnen niemand folgte. Sukys Furcht schien auf einmal verflogen, als sei sie von der Salzluft fortgeweht und im Lärm der Brandung untergegangen. «Wenn er nun nicht gewartet hat?» fragte sie Felice.

«Suky, wie kannst du bloß so etwas denken? Er würde einen ganzen Tag auf uns warten und die Nacht dazu», versicherte Felice. Ein paar Minuten später rief sie: «Da ist er!» Sie hob einen Arm, winkte und rief seinen Namen, aber das Tosen des Meeres trug ihre Stimme davon.

Als Frederic auf sie zuritt, versetzte Felice ihrem Pferd einen Schlag mit der Reitgerte, worauf es in stürmischem Galopp davonstob. Im Vorbeireiten grüßte sie Frederic, indem sie ihn mit der Hand flüchtig berührte. Suky, die ihr Pferd wartend verhielt, fühlte sich mit einemmal wieder unsicher und mißtrauisch.

Schweigend und eindringlich musterten die beiden einander, als versuchten sie bei jedem neuen Zusammentreffen herauszufinden, was ihre Sinne bei jenem ersten Walzer auf Jemima Cottrells Hochzeit eigentlich so verwirrt hatte. Schließlich sagte Frederic ernst: «Ich danke Ihnen, daß Sie gekommen sind, Susan.» Sie lächelte. Aber es war ein scheues Lächeln, das nur kurz auf ihren Lippen zitterte und gleich wieder verschwand. Zu ihrer Bestürzung empfand sie das dringende Bedürfnis, zu weinen.

«Ich wollte Sie sehen.» Ihre Stimme war so leise, daß sie ihm anklagend vorkam und sein Gesicht noch ernster wurde als zuvor.

Sie streckte ihm die Hand entgegen, und nachdem er ihr beim Absteigen geholfen hatte, gingen sie nebeneinander her. Eine Weile hatte es den Anschein, als hätten sie sich nichts zu sagen. Frederic warf ihr hin und wieder einen Blick zu. Aber Suky, die mit gleitenden Schritten an seiner Seite ging, schien völlig gefesselt von der Umgebung, dem Wind, der an ihren Röcken zerrte und eine Strähne ihres Haars gelokkert hatte, den kleinen Vögeln, die am Rande des Wassers dahinhüpften, und den Möwen, die kreischend über ihren Köpfen in der Luft kreisten.

Endlich blieben sie stehen und wandten sich einander zu, als warte jeder von ihnen darauf, die Antwort auf eine unausgesprochene Frage zu vernehmen. Dann streckte Frederic die Hand nach der wehenden Haarsträhne aus und befestigte sie mit zärtlicher Sorgfalt unter ihrem Hutrand. «Susan», sagte er dabei, «ich wollte Sie heiraten – wußten Sie das nicht?»

Suky blickte den Strand entlang hinter Felice her, die in der Ferne gerade noch sichtbar war. «Mein Vater hatte andere Pläne», sagte sie langsam. Sie war ebensowenig gewillt wie Joshua, zuzugeben, daß seine Familie möglicherweise Einwände gegen diese Eheschließung erhoben hätte. Als sie zu ihm aufsah, fand sie auf seinem Gesicht einen Ausdruck tiefen, schuldbewußten Ernstes, der ihr sagte, daß Frederic Hallam ein schlechtes Gewissen hatte und offensichtlich in der Angst lebte, sie unbewußt gekränkt zu haben. Darum fügte sie hinzu: «Was hätte ich ihm sagen sollen, Frederic?»

Stirnrunzelnd nahm er den Tadel hin. «Es war meine Schuld – ich hätte mit ihm sprechen sollen.»

«Aber Sie wußten es nicht, und ich auch nicht – wie Felice sagt.» Ihr Lächeln war jetzt etwas zutraulicher, obgleich sie immer noch verwirrt und traurig aussah.

«Ich neige dazu, sehr vorsichtig zu sein und bin meinem Charakter und meiner Erziehung nach konservativ. Ich hatte damit gerechnet, daß wir in ein oder zwei Jahren verheiratet sein würden.»

Da hörten sie einen Warnruf, und gleich darauf kam Felice auf sie zugaloppiert und wies mit der Hand den Strand hinunter, wo vom Picknickplatz her eine Gestalt zu Pferde aufgetaucht war. Im nächsten Augenblick war Suky wieder aufgesessen und ritt neben Felice her. «Du wirst ihn wiedersehen, ich verspreche es dir», tröstete Felice sie. «Es ist deine Kusine Ada. Kannst du ein gleichmütiges Gesicht machen? Alles andere überlaß mir.»

«Wo seid ihr denn gewesen?» rief Ada. «Die anderen haben sich schon Sorgen gemacht, und euere Mütter haben mich ausgeschickt, um euch zu suchen.»

«Wir haben einen Hiesigen getroffen», erklärte Felice kühl, «der uns seine Muschelsammlung verkaufen wollte. Wir hatten leider kein Geld bei uns.»

Während sie weiterritten und Ada mit Felice schalt, weil es sich für zwei junge Mädchen nicht gehöre, mit Fremden über den Kauf von Muscheln zu verhandeln, dachte Suky an Frederics Gesicht, an den Ausdruck seiner Augen und an die Bewegung seiner Hand, mit der er die Haarsträhne unter ihren Hutrand geschoben hatte. Aus diesen Zeichen glaubte sie mit Sicherheit entnehmen zu können, daß er sie, wenn er erst einmal ihr Geliebter geworden war, mit ebensoviel Fürsorge umgeben würde, wie wenn er mit ihr verheiratet wäre.

In der Folgezeit trafen Suky und Frederic sich durch Felices Vermittlung noch dreimal, und dann kam er zum letzten großen Ball der Sommersaison ins Stetson House. Als sie zusammen über die Veranda schlenderten, begegneten sie Joshua. Obgleich ihr Vater in eine geschäftliche Unterhaltung mit Cottrell und Flagg vertieft war und sie kaum zu bemerken schien, wußte Suky, daß er nie etwas übersah, das für seine gegenwärtigen oder künftigen Pläne möglicherweise von Interesse sein konnte. Sie war sicher, daß er Frederic Hallams Anwesenheit jederzeit mit absoluter Sicherheit registrierte. So war es auch. Mehrere Tage lang sagte Joshua kein Wort über Frederic, und als Suky schon gar nicht mehr darauf gefaßt war, überraschte er sie eines Morgens in der Hotelhalle mit der plötzlich und unvermutet hingeworfenen Frage: «Bist du mir böse, Susan?»

Suky, die sehr gerade und regungslos dastand und ihre behandschuhten Hände leicht gegeneinander preßte, schien durch diese Frage mehr verwirrt als überrascht. «Dir böse, Papa?»

«Ja, ich sehe, das bist du. Du gibst mir die Schuld. Aber es ist ein Irrtum. Und er irrt sich auch. Ich zweifle nicht daran, daß er selber glaubt, was er dir erzählt.» Es war Joshuas übliche Taktik, so zu tun, als habe er private Gespräche mit angehört. Suky beobachtete das Treiben ringsum, als gehörten die hastig hin und her eilenden Männer und Frauen einer sonderbaren Tiergattung an. «William Talbot hat mir neulich gesagt, daß Frederic seine Kusine, eine von den Van Alstineschen Töchtern, heiraten wird. Hörst du mir überhaupt zu, Suky?»

«Ja, Papa.»

«Hast du dir genau überlegt, was du tust?»

Über Sukys Gesicht glitt ein flüchtiges Lächeln; dann wandte sie sich wieder der Betrachtung der hin und her jagenden Männer, der störrischen Kinder und ungeduldigen Frauen zu. «Ich habe es mir genau überlegt, Papa.»

Joshua fuhr der Gedanke durch den Kopf, daß dies vielleicht der geeignete Augenblick sei, seiner Tochter anzubieten, daß sie Philips Haus neu einrichten dürfe. Doch bevor er davon sprach, erhob sich in seinem Innern eine warnende Stimme, daß die Corporate Engineers ihn letzte Woche 50 000 Dollar gekostet hatte, daß die Rechnungen für die Sommerreise noch nicht bezahlt waren und daß ihm noch die kostspieligen Verhandlungen mit dem Staat New York über die nötigen Geschäftskonzessionen bevorstanden. Hoke O'Neil hatte ihm versichert, daß die Sache sich vielleicht machen ließe, wenn Joshuas Freunde den üblichen Preis für eine Dauerkonzession zahlten.

Hokes eigener Preis war seit jenem ersten Zusammentreffen vor zweieinhalb Jahren in Mrs. Gosnells Pension ständig gestiegen. Trotzdem wohnte er immer noch in zwei Zimmern über der ‹Roten Zwiebel› und verbrachte seine Tage weiterhin in jenem Bezirk, der Joshua jedesmal, wenn er gezwungen war, die Lagerhäuser zu inspizieren, eine Gänsehaut über den Rücken jagte. Er hatte stets Angst, sich hier eine Krankheit aufzulesen, und strebte so eilig wieder fort, als fürchte er, man könne ihn dazu zwingen, den Rest seines Lebens in diesem Dreck und Gestank zu verbringen.

«Was machen Sie eigentlich mit dem ganzen Geld, Hoke?» fragte er eines Morgens, als Hoke ihn mit vier Leuten aus seiner Bibelklasse durch die Lagerhäuser begleitete. «Ich sehe, daß Ihre Diamanten größer werden und Ihre Kleider teurer. Aber wo sind der Wagen und die Pferde? Wo ist Ihr Haus und die Yacht?»

«Ein Kerl wie ich braucht solchen Kram nicht – und was noch wichtiger ist: Ich will ihn gar nicht haben. Aber ich brauche Geld, denn damit erkauft man sich die Ergebenheit der Menschen, nicht mit freundlichen Worten und Versprechungen, sondern damit, hier!» Er griff in seine Tasche und klimperte mit einigen Münzen. «Sie müssen einmal mit mir kommen. Dann werde ich Ihnen Familien zeigen, die in Kellern hausen, wo die Kinder nach einem Regenguß im Ruderboot herumfahren können. Schweine und Menschen zusammen in einem Raum. Zimmer, so dunkel, daß man mitten am Tag nicht die Hand vor Augen sehen kann, in denen zwei oder drei Familien zusammen leben und wo ein Mann nie weiß, mit wessen Frau oder Tochter er es gerade getrieben hat. Alte Huren, so krank und häßlich, daß sie sich nur spät in der Nacht auf die Straße wagen können, um sich die Betrunkenen zu angeln. Weiber, die stockbesoffen an einem Julinachmittag auf dem Misthaufen liegen, den sie ihren Hintergarten nennen.» Hoke klingelte wieder mit den Münzen. «Und da fragen Sie mich, was ich hiermit anfange?»

«Sie können den Leuten doch nicht helfen.»

«Die Leute glauben, daß ich das kann, und wissen, daß ich es tue.»

«Es ist Ihr Geld. Tun Sie damit, was Sie wollen.» Das stimmte natürlich. Aber unwillkürlich betrachtete Joshua das Geld, das er Hoke gab, immer noch als sein eigenes und war wütend, wenn er sah, wie sorglos Hoke damit umging. «Ich finde nur, Sie sollten sich eine Wohnung in den Außenbezirken suchen.»

Hoke lachte laut auf. «Das haben in den letzten Jahren schon zu viele getan, die es eigentlich besser hätten wissen müssen. Sie glauben, das Volk sei taub, aber völlig blind ist es nicht. Vor allem dann nicht, wenn die feinen Herren plötzlich vierspännig in einer Kutsche vorbeifahren. Na schön, das ist ihre Sorge. Aber ich wünschte manchmal wirklich, daß diese Burschen nicht alles, was sie haben, so offen zeigen. Ein reicher Mann ist nirgends beliebt und überall verdächtig.» Hoke zuckte die Achseln. «Eine Zeitlang mag es ja ganz nett sein.»

«Was meinen Sie, sollen wir mit Stirt vor den Wahlen sprechen oder lieber warten?»

«Warten? Worauf?» erkundigte Hoke sich nüchtern. «Wir wissen doch, wie die Wahlen ausgehen. Lassen Sie uns die Sache ruhig in Angriff nehmen.»

Amasa Stirt war, wie Hoke Joshua eindringlich auseinandersetzte, peinlich auf seine Würde bedacht und nahm nur dann eine Bestechung an, wenn sie ihm auf besonders elegante Art dargeboten wurde. «Ein gutes Essen», riet Hoke. «Champagner, ein kleines Kartenspiel und dazu ein paar hübsche Mädchen als Augenweide.» Großzügig schlug er vor: «Ich kann ja mein Mädchen mitbringen. Sie werden staunen, wie die aussieht, wenn sie richtig angezogen ist und sich ihr Haar gekämmt hat!»

Joshua hatte Hokes Mädchen vor einigen Monaten gesehen, als er die ‹Rote Zwiebel› verließ. Eine schrille, junge Stimme hatte ihm nachgerufen: «Hallo, Mr. Ching! Sagen Sie Rose einen schönen Gruß von mir, ja?» Joshua fuhr mit einem Ruck herum, wütend, daß jemand es wagte, ihn in diesem Teil der Stadt mit seinem Namen anzusprechen. Oben im zweiten Stock hatte er ein Mädchen entdeckt, das sich mit den Ellbogen auf die Fensterbank stützte und fröhlich und verschmitzt zu ihm herunterlächelte. Ihr blondes Haar war zu einem wirren Knoten hochgebunden, in den sie ein paar Haarnadeln gesteckt hatte, wie ein Kind, das sein Haar nach Art der Erwachsenen frisieren möchte. Ihre Augenlider waren mit Kohlestrichen verschmiert, und der Schal, der um ihre Schultern lag, schien alles zu sein, was sie anhatte. «Rose ist eine Freundin von mir», erklärte sie. Dann breitete sie die Hände aus, schnitt Hoke eine Grimasse, als wolle sie ihm damit andeuten, daß sie mit ihrer unschuldigen Bemerkung keinen Ärger habe erregen wollen.

Joshua starrte Hoke an, und Hoke stocherte in seinen Zähnen. «Mein Mädchen, Tessie Spooner.»

«Kennt sie Rose?»

«Sie haben, scheint's, zusammen im selben Bordell gearbeitet.»

Joshua, der gern vergaß, wo Rose sich einige ihrer wertvollsten Kenntnisse angeeignet hatte, fragte in kaltem, strengem Ton: «Haben Sie Rose in der letzten Zeit getroffen?»

Tessies Hände flatterten abwehrend hoch, und Hoke durchbohrte sie mit drohenden Blicken. «Nein, Mr. Ching. Ich habe Rose nicht mehr gesehen, seit sie von Annie weg ist – und das ist ja schon verdammt lange her. Aber sie hat kürzlich ein paar von den anderen Mädchen bei Stewart getroffen, und die haben ihr von Hoke erzählt. Und als Hoke neulich dort war, hat Rose ihn gefragt, wie's mir geht. Das ist die ganze Geschichte, so wahr mir Gott helfe.» Damit schloß sie schnell das Fenster und verschwand, während Joshua Hoke noch einen tadelnden Blick zuwarf, in seinen Wagen stieg und davonfuhr.

Als er Rose nach Tessie fragte, erklärte sie, daß sie ein Mädchen dieses Namens nicht kenne. Doch auf sein hartnäckiges Drängen hin mußte sie sich von einer Lüge zur anderen zurückziehen, bis sie schließlich gestand, daß sie kürzlich bei einem Einkaufsbummel zwei Mädchen aus dem Haus von Annie Wood getroffen habe, als sie alle vor einem Ladentisch mit Bändern, Spitzen und künstlichen Blumen standen, und daß dabei der Name Hoke O'Neil gefallen sei. Als Rose ihre Beichte abgelegt hatte, schluchzte sie so jämmerlich, daß Joshua ihr lediglich verbot, diese Angelegenheit je wieder zu erwähnen.

«Du darfst dich mit diesen Mädchen nicht mehr einlassen.»

«Nein, das würde mir doch nicht im Traum einfallen!» Sie schloß die Augen und wimmerte leise: «Ich möchte das alles vergessen. Es soll so sein, als hätte ich diese schrecklichen Dinge nie erlebt.»

Wenn Amasa Stirt tatsächlich durch den Anblick eines hübschen Mädchens zugänglicher gestimmt wurde, fand Joshua es besser, jemanden dazuhaben, den Hoke unter Kontrolle hatte, als jemanden, der hinterher über die Begegnung redete. «Die würde sich nicht trauen, ihre Klappe aufzumachen. Das kann ich Ihnen versprechen.»

«Na schön, dann bringen Sie sie mit.»

Joshua fürchtete zwar immer noch, Tessie Spooner würde, auch wenn sie sich die Haare kämmte, nicht vorzeigbar sein. Doch als sie dann mit Hoke erschien, stellte er erleichtert fest, daß entweder sie selber oder jemand anders inzwischen gelernt hatte, ihre Haare gefällig zu frisieren. Sie benahm sich scheu und sittsam und dämpfte ihre Stimme fast zu einem Flüstern. Ihr Kleid war dezent geschnitten und elegant und hatte Hoke O'Neil vermutlich etwa tausend Dollar von Joshua Chings Geld gekostet.

Als Senator Stirt kam, wurde Tessie als Miss Michels Kusine aus Buffalo vorgestellt. Während die Männer Whisky und Wasser tranken, zogen Rose und Tessie sich in eine Ecke des Zimmers zurück, saßen sittsam auf einem Sofa, unterhielten sich leise und wirkten wie zwei Schulmädchen, die über ihre Verehrer und die letzten Gesellschaften miteinander plauderten.

Der Senator war ein gutes Stück kleiner als Joshua, und sein Körper war dünn. Er hatte nur einen festen, runden Bauch, der Joshua jedesmal reizte, draufzuschlagen. Stirts Kopf war groß, und er betonte den Umfang noch dadurch, daß er Backenbart und Haare wie zu einem lodernden Heiligenschein in die Höhe kämmte, so daß seine Augen wie aus einer großen, runden Bürste hervorsahen. Diesen Effekt schien er zu beabsichtigen, denn hin und wieder zog er einen Kamm hervor und fuhr sich damit, zu Joshuas Mißfallen, durch den Backenbart. Die Geste erinnerte Joshua immer an ein männliches Waldhuhn, das sich putzt. Er war froh, daß Tessie Spooner da war, obgleich der Senator nach der ersten erstaunten, nachdenklichen Musterung keinen Blick mehr auf sie geworfen hatte.

Seine Laune besserte sich jedoch sichtlich, als er sich zum Essen niedersetzte, Tessie an seiner Seite fand und vor sich eine Schildkrötensuppe, deren köstlicher Duft ihm in die Nase stieg. Als er dann einem mit Walnüssen gefüllten Fasan zu Leibe ging und dazu ein drittes Glas Champagner kippte, unterhielten er und Joshua sich über die neueröffnete Trabrennbahn auf der Harlem Lane, während Tessie, wie Joshua vermutete, bereits zwei- oder dreimal sein Bein berührt hatte, als sie die Serviette aufhob, die von ihrem glatten Seidenrock geglitten war.

Wenig später warf Joshua Rose einen vielsagenden Blick zu, worauf diese mit Tessie das Zimmer verließ, nachdem Tessie zuvor schnell noch einmal ihre Serviette hatte fallen lassen und dem Senator, während sie sie wieder aufhob, ein so fröhliches Schmunzeln entlockte, daß Joshua fürchtete, Amasa Stirt sei kaum noch in der Lage, seine Gedanken auf die Corporate Engineers zu konzentrieren. Doch Stirt wandte sich sogleich stirnrunzelnd an Joshua. «Ich habe von Ihrer Gesellschaft gehört, Mr. Ching. Sehr gute Männer. Solide Männer.» Er nickte anerkennend. «Aber worin besteht nun eigentlich Ihr Problem? Das ist mir entfallen.»

«Ach, von ernsthaften Problemen kann man eigentlich nicht reden, Herr Senator», versicherte Joshua. Und als er begann, Stirt den Aufbau der Corporate Engineers in allen Einzelheiten darzulegen, fühlte er, wie sein Selbstvertrauen und seine Überzeugungskraft zurückkehrten.

Als Joshua geendet hatte, saß der Senator eine Weile in nachdenklichem Schweigen da, als suche er mühsam seine eigenen Einwände wieder zusammen, die durch Joshuas verführerische Rede in alle Winde zerstreut schienen. Hoke stützte die Ellbogen auf den Tisch und knackte mit bloßen Händen Walnüsse.

«Und das alles», fragte Senator Stirt schließlich, «hängt davon ab, ob Ihnen der Staat New York Ihre Konzessionen bestätigt?» Sein Gesichtsausdruck wurde wacher, als begreife er jetzt erst, welche Vorteile für ihn selber in der Sache lagen. «Mr. Ching», murmelte er, «so etwas ist heutzutage unmöglich. Eine vom Staat New York bestätigte Dauerkonzession!»

Joshua goß Wein ein und erklärte Amasa Stirt dabei höflich, wie außerordentlich schwierig es für ihn gewesen sei, diesen achtundvierziger Madeira zu bekommen. «Wenn wir die Bestätigung von New York nicht bekommen können, Herr Senator», fuhr er dann fort, «wird sich sicher ein anderer Staat finden, der sie uns erteilt.»

«Daran würde ich vorläufig noch nicht denken, Mr. Ching. Wenn ich richtig vermute, haben Sie die Absicht, Ihr Direktorium zu erweitern?»

«Gewiß. Eine ganze Reihe von Persönlichkeiten sind daran interessiert, mit uns zu gehen. Frederic Hallam zum Beispiel.»

«Der von der Commercial Trust?»

«Ja, und auch noch andere Herren in ähnlichen Positionen. Sie müssen mich richtig verstehen, Herr Senator: Wir haben tatsächlich die Absicht, Eisenbahnen zu bauen.» Joshua lächelte. «Wir gedenken nicht, die Öffentlichkeit an der Nase herumzuführen.»

«Natürlich nicht», stimmte der Senator bei. «Es wird demnächst ohnehin ruchbar werden, daß der Bau etlicher Eisenbahnlinien nichts als Schwindel ist. Geradezu eine nationale Schande ist das! An derartigen Unternehmungen würde ich mich nie beteiligen.»

Hoke schüttete sich die Nußkerne gierig in den Mund und ließ seine Augen zwischen Joshuas und Senator Stirts Gesicht hin- und herwandern, als erwarte er, daß die beiden irgendeinen Trick vorführen würden, hinter den er kommen mußte. «Wieviel wird Ihr Freund fordern?»

Stirt blickte nachdenklich vor sich hin. «Zweihunderttausend mindestens.» Hoke stieß einen leisen Pfiff aus, und Joshua, der sich in Gedanken schon am Schreibtisch sitzen und wieder einen Scheck über 50 000 Dollar ausschreiben sah, lächelte abweisend. Er setzte dem Senator auseinander, daß seine Partner sich nie damit einverstanden erklären würden, 200 000 Dollar für etwas auszugeben, was sie im Grunde gar nicht benötigten. Doch als Stirt sich erhob, um sich zu verabschieden, wiederholte er die Zahl immer wieder. «Selbst wenn wir uns über die Summe einigen sollten, Mr. Ching», erklärte er traurig, «kann ich nicht garantieren, daß es mir gelingt, meinen Freund von der nationalen Wichtigkeit dieser Sache zu überzeugen.»

Da erschien Rose auf der Türschwelle. «Sie wollen schon gehen, Herr Senator? Wie schade.» Im nächsten Augenblick schüttelte Tessie Stirts Hand und sah ihm dabei mit einem sehnsüchtigen Blick tief in die Augen.

Senator Stirt bedankte sich bei Joshua für das Essen, machte eine Verbeugung vor Rose und bemerkte im Hinausgehen: «Ich will die Sache erst einmal überschlafen.»

Joshua blieb stehen, starrte verärgert zu Boden und dachte darüber nach, daß die Geldforderungen in immer schnellerem Tempo auf ihn zukamen. Er war so versunken in diese Überlegungen, daß er erst beim Zuschlagen der Tür bemerkte, daß Tessie Spooner dem Senator gefolgt war. Er sah zu Hoke hinüber, der sich gerade gleichmütig eine Zigarre anzündete. Als er Joshuas neugierigen Blick spürte, lächelte er. «Na und? Der Bursche hat doch gesagt, er wolle die Sache überschlafen. Dann kann er doch ebensogut mal angenehm schlafen.» Laut lachend schlug er sich aufs Knie.

26

«Dieses Land braucht zweierlei, Pete: einen Mann, der die Indianer ausrottet, und einen, der uns mehr Geld leiht.»

Pete lächelte. «Also eigentlich nur einen Mann, Lem, nicht?»

Die beiden saßen einander am Tisch gegenüber und hatten die Füße auf Stapel von Geschäftsbüchern und Verträgen gelegt. Draußen war es eiskalt, hier drinnen aber glühte der eiserne Ofen. «Richtig, eigentlich nur einen: Uncle Sam. Wenn wir eines Morgens aufwachten, und alle Indianer wären tot und auf unserem Tisch lägen ein paar Millionen zu einem vernünftigen Zinssatz, sagen wir, etwa zwei Prozent ...»

«Im Jahr?»

«Ja, das dürfte angemessen sein. Wenn das einträte, dann würde unser Land sich über Nacht verändern.»

«Ich habe den Eindruck, daß es sich bereits verändert hat. Sieh dir doch an, was in den vergangenen sieben Jahren geschehen ist! Aber wir brauchen genauso nötig eine Eisenbahn – schließlich liegen wir hier am Ende der Welt.»

«Die Eisenbahnen würden mit dem Geld kommen.»

«Oder das Geld mit den Eisenbahnen. So kann man's auch sehen, Lem. Vor sieben Jahren waren die Grenzbezirke, bis auf ein paar Goldsucher, einige Indianerstämme, wilde Tiere, noch leer. Jetzt fahren bereits in einem einzigen Sommer siebzig Dampfer die Flüsse hinauf, und etwa zwanzigtausend Maulesel und Ochsen schleppen uns dreitausend Tonnen Fracht im Jahr an. Das sind doch recht eindrucksvolle Zahlen, muß ich sagen. Findest du nicht?

«Aber es könnte noch mehr sein, viel mehr», jammerte Lem.

«Wir haben sechzig Millionen aus diesen Schluchten geholt. Dreißig Millionen allein in den ersten drei Jahren aus dem Alder Gulch. Was willst du eigentlich noch, Lem?»

«Und wo ist das jetzt alles? Wer hat es denn wirklich gut angelegt – abgesehen von dir, Matt und Webb und noch ein paar anderen? Die meisten von diesen Burschen haben doch keinen Verstand und noch weniger Phantasie. Und die Regierung hat die Indianer mit so viel Waffen und Munition versehen, daß die glatt imstande sind, uns fertigzumachen. Diesen roten Schweinehunden geben sie Gewehre, nur um sie dazu zu kriegen, einen Vertrag mit ihnen zu unterzeichnen! Zwei Wochen später murksen die Rothäute dann Siedler ab. Ja, *dann* wundert man sich in Washington. Unsere Herren Regierungsvertreter wissen über die Indianer ja nur das, was sie bei James Fenimore Cooper gelesen haben.»

«Ich bin ebensowenig froh über die Situation, in der wir stecken, wie du, Lem. Aber du weißt auch, wie wir da hineingeraten sind.»

«Wir stecken in der Klemme, weil die Regierung uns nicht hilft. Verdammt noch mal. Wir liefern jetzt beinahe die Hälfte des Goldes, das die amerikanische Nation besitzt, und diese Burschen können sich nicht entschließen, unsere Familien zu schützen. Nur ihre Steuereinnehmer können sie uns auf den Hals schicken. Sie behandeln uns wie Waisenkinder und verlangen, daß wir das Vorrecht, amerikanische Staatsbürger zu sein, teuer bezahlen.»

«Zahlst du denen etwa was?»

«Natürlich nicht. Du vielleicht?»

«Wir zahlen genau wie jeder andere nur das, was wir zahlen müssen. Ach, Lem, wenn man es genau bedenkt, ist die Regierung armselig dran. Sie kann sich nun mal in Friedenszeiten keine Armee leisten. Es geht uns doch eigentlich verdammt gut. Kannst du mir irgendeinen nennen, der besser vorangekommen ist als Finney und Sohn oder die Firma Devlin Brothers?»

«Nun ja, Pete, vielleicht nicht in den Grenzbezirken. Aber ich bitte dich, was bedeutet das alles im Vergleich mit dem Osten? Während wir hier draußen mit Zehntausenden rechnen, fangen die da mit einer Million überhaupt erst an. Und wo wir an eine Million denken, denken die bereits an hundert. Während wir uns hier abschuften, sitzen diese Kerle in ihren warmen Büros und hecken Pläne aus, wie sie Millionen verdienen können, ohne einen Finger zu rühren.» Lem hob den kleinen Finger seiner rechten Hand und wackelte damit hin und her. Dann hielt er inne, starrte zu Boden und grübelte, wie Pete annahm, über diese ungerechte Arbeitsverteilung innerhalb der amerikanischen Nation nach. Mit einemmal sprang er auf und streckte Pete die Hand hin. «Ich muß jetzt los. Soll ich Matt etwas ausrichten?»

«Dasselbe wie immer – daß ich mehr Geld brauche. Aber an dieser Krankheit leidet er ja selber.» Lem hatte die Tür bereits geöffnet, als Pete sagte: «Komm doch mit und iß bei uns zu Abend, Lem! Jenny ist bestimmt enttäuscht, wenn ich dich nicht mitbringe.»

Lem blickte Pete an und schüttelte den Kopf. «Vielen Dank, Pete. Ein andermal. Ich habe noch einen langen Ritt vor mir. Ach ja, Pete, du weißt ja, wie sehr Erma und ich an Jenny hängen. Ich kann mich nicht mehr erinnern, wer es war, aber irgend jemand hat Erma erzählt, daß Jenny vor ein paar Monaten krank gewesen ist. Es geht ihr doch hoffentlich wieder besser?»

Petes Gesicht wurde dunkelrot. «Wer euch das erzählt hat, war ein Lügner. Sie ist nicht krank gewesen.»

«Wie schön. Erma wird sich freuen, das zu hören.»

Als Lem davonritt, stand Pete auf der Türschwelle und sah ihm nach. Lem schob sich hastig durch den dichten Verkehr, als müsse er die Minuten wieder aufholen, die er bei dem Gespräch über Indianer, Regierung und Finanzleute im Osten verloren hatte. Als Pete ihn im Gewühl verschwinden sah, lächelte er wehmütig und dachte daran, daß Lem sicher gern bei ihm zu Abend gegessen hätte. Er selber hatte mit seinem Besitzerstolz und seiner Eifersucht den Freund dazu verdammt, in einem Restaurant schlechten, zu fetten Speck, nicht durchgebratenes Wildfleisch, in ranzigem Fett geschmorte Eier und Krapfen zu essen, ein Zeug, das man kaum herunterwürgen konnte.

Als Pete an Jenny dachte, verschloß er eilig die Tür und machte sich mit jener brennenden Ungeduld auf den Heimweg, die er stets empfand, wenn er Jenny nach ein paar Stunden wiedersehen sollte. Zu seiner eigenen Beschämung hatte er sich in den vierzehn Monaten seiner Ehe noch nicht davon überzeugen können, daß sein Unglück, das mit dem Tod von Lorena und ihrem Söhnchen begonnen hatte, nur eine lange Krankheit gewesen war, von der die Heirat mit Jenny Danforth ihn endlich geheilt hatte.

Überall sah er noch Geheimnisse und unheilvolle Vorzeichen und wurde den Verdacht nicht los, irgend jemand höheren Ortes habe beschlossen, daß Pete Devlin kein Recht auf ein einfaches Glück habe. Er wußte nicht, womit er den Groll dieser Mächte erregt hatte.

Wie sonst war es möglich, daß seine größte Hoffnung genau in dem Augenblick, in dem er endlich an ihre Erfüllung zu glauben begann, zunichte geworden war?

Und wer hatte Erma Finney erzählt, daß Jenny krank war? Ärgerlich über sein Mißtrauen schüttelte Pete den Kopf. Er sagte sich, daß schließlich auch andere Frauen Fehlgeburten hatten und daß Jennys Freundinnen das wußten. Er mußte sich diese quälenden Gedanken aus dem Kopf schlagen, bevor er damit wirkliches Unheil heraufbeschwor.

Wenn er heute daran dachte, wie kopflos er auf der Suche nach dem Doktor schreiend und fluchend durch die Stadt galoppiert war, kam es ihm fast komisch vor. Aber damals hatte ihm der Anblick des dunklen roten Stroms, der sich langsam zu Jennys Füßen ausbreitete, während sie die Hände gegen den Leib preßte, jede Besinnung geraubt. Und noch jetzt kam es vor, daß er nachts schweißüberströmt mit wild pochendem Herzen hochfuhr.

Während er überall nach dem Doktor gefahndet hatte, verfolgte ihn die Vorstellung, daß der Blutstrom immer noch nicht versiegt war und er Jenny tot zu Hause vorfinden würde. Als er dann zurückkam, Jenny im Bett lag und Mrs. Hatch dem Doktor kurz und bündig erklärte, er sei nicht mehr vonnöten, hatten Dankbarkeit und Kummer ihn derart übermannt, daß er wütend auf Dr. Chaffinch losfuhr und ihn mit den wildesten Vorwürfen überschüttete. Der Doktor sei so schwer zu erreichen gewesen und habe so lange gebraucht, hierherzukommen, daß er schuld habe, wenn es nun zu spät sei. Diese Szene hatte damit geendet, daß Jenny sich die Ohren zuhielt, der Doktor erklärte, er werde seine Ehre mit den Fäusten oder der Pistole zu verteidigen wissen, und Mrs. Hatch die Arme um Petes Leib geschlungen und sich wie ein Bremsklotz an ihn gehängt hatte, als er auf den Doktor losgehen wollte.

Nach diesem Auftritt konnte man es Jenny nicht verdenken, daß sie ihm immer nur das sagte, was er ihrer Ansicht nach gern hören wollte. Darum glaubte er ihren Versicherungen nicht, daß sie bestimmt noch ein Kind haben würden. Er glaubte es nicht und war fast überzeugt, daß dies der Preis war, den er für das Geschenk zahlen mußte, das sie ihm gemacht hatte – das Geschenk, eine eigene private Welt zu besitzen, in die neidische Außenseiter zwar zuweilen einen kleinen Einblick erhielten, in die sie jedoch nie eindringen durften.

Mit solchen Gedanken näherte Pete sich seinem Haus, das fast auf der Kuppe eines Hügels stand, der direkt von der Hauptstraße aus in einer langen, sanften Linie anstieg. Das Haus von Mrs. Hatch lag ein wenig weiter unten, und ein Stück oberhalb stand noch eine kleine Blockhütte. Sonst hatten sie keine Nachbarn. Auf den umliegenden Grundstücken, deren Besitzer noch nicht mit dem Hausbau begonnen hatten, wuchsen Beifuß, Kakteen, Sträucher und dichtes, hohes Gras.

Das Haus enthielt fünf Zimmer, davon waren drei sehr geräumig. Das untere Stockwerk bestand aus rohen Steinen, das obere aus weiß gestrichenen Schindeln. Darüber erhob sich ein spitzes grünes Dach. An beiden Seiten des Hauses waren Schornsteine und mehrere Fenster. Ringsherum lief ein etwa vier Fuß hoher Lattenzaun, denn Jenny hatte erklärt, sie müsse einen Zaun haben, um sich wohl zu fühlen. Auf dem danebenliegenden Grundstück stand ein Schuppen für die Reitpferde und für Petes Hochzeitsgeschenk an Jenny – einen neuen schwarzen Wagen mit leuchtend roten Rädern, den Jenny so schwungvoll fuhr, wie es seiner eleganten Form zukam.

Aus der kleinen Eingangshalle gelangte man links ins Wohnzimmer und rechts ins Eßzimmer und in die Küche. Eine schmale Treppe führte nach oben zu den Schlafzimmern. In dem einen schliefen Pete und Jenny, das andere war meist verschlossen, weil Jenny es als Kinderzimmer eingerichtet hatte.

Sie hatte aus ihrem Haus in Virginia City nichts mitgebracht außer dem blauen Teppich mit dem Wasserlilienmuster und dem Klavier. Trotzdem wurde Pete, genau wie jeder andere, der hierherkam, immer wieder an Jennys Haus in Virginia City und sogar an ihre Blockhütte in Bannack erinnert. Im Wohnzimmer war es genauso dämmerig wie in Jennys früheren Häusern, weil sie an sonnigen Tagen stets die Läden geschlossen hielt. Dort stand auch die Staffelei für ihre Aquarellbilder, und dort lagen, wie üblich, Notenstapel und Bücher herum. Auf dem Marmortisch in der Mitte des Zimmers lag eine Mappe mit ihren Zeichnungen, meist Skizzen von einzelnen blühenden Pflanzen, an denen einige Details sehr sorgsam ausgeführt waren. Vor den Fenstern standen Blumentöpfe mit grünen, wuchernden Pflanzen, von denen jedoch noch kaum eine zur Blüte gelangt war. Als Jenny im Vorjahr einige Knospen vorweisen konnte, hatte sie damit bei den anderen Frauen so viel Bewunderung erregt, wie wenn sie ein Pariser Modellkleid getragen hätte.

Um ihre fast mystische Sehnsucht nach Blumen ein wenig zu stillen, hatte Pete sie mit einem Strauß Wachsblumen überrascht, den er aus New York hatte kommen lassen: Rosen, Fuchsien, Flieder und Jasmin, die in einer Glaskugel eingeschlossen waren. Als das Geschenk eintraf, hatten sich alle Frauen entzückt um das Blumenarrangement gedrängt, es andächtig von allen Seiten betrachtet und einander erzählt, wo sie eine solche Pracht zuletzt in der Natur gesehen hatten. Jennys Wachsblumen, die nun auf der Kredenz im Eßzimmer standen, hatten die begehrlichen Wünsche ihrer Freundinnen mehr geweckt als ihr Haus, ihre Kleider und ihr neuer Wagen. Um diesen Besitz beneidete man sie mehr als um ihre Schönheit, die zu erlangen ja niemand hoffen konnte. Aber ein Strauß Wachsblumen wäre für jede erreichbar, die einen Ehemann hatte, der großzügig genug war, so viel Geld dafür auszugeben.

Das Haus war eine geglückte Mischung aus jener zivilisierten Welt, die sie alle hinter sich gelassen hatten, und dem neuen, wilden Land, das nunmehr ihre Heimat war. Im Flur hing der Kopf eines Rehbocks, den Pete bei einem Jagdausflug geschossen hatte. An den Geweihsprossen wurden Hüte und Mäntel aufgehängt. Daneben war ein Spiegel mit kunstvoll geschnitztem, vergoldetem Rahmen. Vor die Fenster hatte Jenny gestärkte weiße Musselingardinen und dunkelblaue Damastvorhänge drapiert, die, zu kunstvollen Falten gerafft, bis auf den Fußboden reichten. Die Rosenholzmöbel waren mit demselben dunkelroten Seidendamast bezogen wie die Wände. Stahlstiche von fernen Städten, die sie sicher nie zu sehen bekämen, hingen neben einigen von Jennys Aquarellen. Pete hatte nur ein paar Blumenstücke und Stilleben gerahmt, denn gewöhnlich verschenkte Jenny ihre Bilder.

Der Tisch im Eßzimmer ließ sich ausziehen, so daß auch eine große Gesellschaft daran Platz fand. Die Wände dort waren mit einer leuchtendroten Samttapete bespannt, die ein fröhlicher Kontrast zu der nüchternen, beschaulichen Atmosphäre des Wohnzimmers war. Auf dem Fußboden lag, als weiteres Zeugnis für Petes Jagderfolg, ein schwarzes Bärenfell. Gerade diese Mischung von Besitztümern aus ihrem früheren und ihrem jetzigen Leben war es, die Pete die beruhigende Gewißheit gab, daß er sein gegenwärtiges Glück als gesichert ansehen dürfe und seine früheren Enttäuschungen endgültig hinter sich lassen könne.

Doch sobald er diesen Entschluß faßte, beunruhigten ihn neue Schrekken und Störungen. Auch jetzt stieg sofort Angst in ihm auf, als er Jenny an der Gartenpforte mit der Hökerin, Mrs. Honeybone, sprechen sah. Die beiden Frauen konnten sich offenbar nicht einig werden, denn als Jenny ihre Hand ausstreckte und in den Koffer greifen wollte, klappte Mrs. Honeybone den Deckel zu und trat einen Schritt zurück.

Der Koffer enthielt, wie Pete genau wußte, Strumpfbänder und Haarnadeln, Seife, Kämme, Bleistifte und Knöpfe, Kinderpistolen, Mundharmonikas, grüne Glasperlen – eben jenen kunterbunten Trödelkram, mit dem sich Mrs. Honeybone ihren Lebensunterhalt verdiente. Sie war in allen Goldgräbercamps und auf jeder Poststation bekannt. Auf einem Maulesel zog sie von Ort zu Ort, und es hieß, sie sei schon so alt, daß man annehmen könne, sie habe das ewige Leben.

Die Gartentür stand offen, und dicht hinter dem Zaun drängten sich andächtig schweigend vier oder fünf Kinder, die Mrs. Honeybone, wie üblich, überallhin folgten. Zweifellos warteten sie darauf, daß sich zwischen den beiden Frauen etwas Außergewöhnliches begeben werde, was sie für die Geduld entschädigte, mit der sie sich an Mrs. Honeybones Fersen geheftet hatten.

Weder Jenny noch Mrs. Honeybone, noch die Kinder hatten Pete bemerkt. Als er sich dem Tor näherte, fuchtelte Mrs. Honeybone mit der geballten Faust vor Jennys Gesicht herum, während diese sie mit einem sonderbar herausfordernden Lächeln anblickte. «Es ist einen Dollar wert, Mrs. Devlin. So wahr mir Gott helfe. Entweder Sie bezahlen mir einen Dollar, oder Sie bekommen es nicht.»

«Ich will es gar nicht haben. Gehen Sie nur», erklärte Jenny, wandte ihr den Rücken und öffnete die Haustür.

Da erhob Mrs. Honeybone ihre Stimme: «Ich werde Ihnen Ihre Zukunft voraussagen, Mrs. Devlin», kreischte sie. «Soll ich? Es kostet Sie keinen Cent.» Jenny drehte sich um, und auf ihrem Gesicht lag noch immer jenes sonderbare Lächeln. «Sie werden eines plötzlichen, gewaltsamen Todes sterben ...» In diesem Augenblick packte Pete Mrs. Honeybone bei den Schultern, schüttelte sie, und während die Kinder begeisterte Freudensprünge vollführten, schob Pete sie die Treppe hinunter, sosehr sie sich auch dagegen zu stemmen versuchte, zum Gartentor und schlug es hinter ihr zu.

«Lassen Sie sich nicht noch einmal hier sehen, Sie schmutzige alte Hexe!» rief er hinter ihr her. Mrs. Honeybone spuckte den Zaun an, und die Kinder klatschten in die Hände. Pete wußte vor Wut kaum, was er tat. Er nahm den Koffer der Alten und schleuderte ihn hinter ihr her. Während er Jenny ins Haus folgte, regnete es Knöpfe, Kämme und Haarnadeln über Mrs. Honeybone, die wie am Spieß schrie und drohend die Fäuste schüttelte.

Jenny stand im Flur vor dem Spiegel. Pete trat hinter sie und beobachtete sie so angstvoll, daß sie ihn erstaunt ansah. Daraufhin betrachtete er sein eigenes Spiegelbild und sah einen solchen Ausdruck hilflosen Entsetzens, daß er erschrak. Sicher meinte Jenny, er glaube an die Prophezeiung der Alten. Sie lächelte, doch es war das gleiche ferne, herausfordernde Lächeln, mit dem sie Mrs. Honeybone angesehen hatte. Dann ging sie ins Wohnzimmer, und während er hinter ihr herging, dachte er verzweifelt darüber nach, was er ihr zum Trost sagen könne. Jenny blieb mitten im Zimmer stehen und drehte sich ein paarmal um sich selbst, so daß ihr Schal hochflatterte und am Sofa hängenblieb. «Die arme alte Frau ist verrückt.»

«Natürlich, Jenny. Eigentlich dürfte man sie gar nicht frei herumlaufen lassen. Sie ist gefährlich wie ein toller Hund.»

«Gefährlich?» Jenny zuckte die Achseln. «Nur für den, der ihr glaubt.»

«Worüber habt ihr euch gestritten?»

«Sie hat zuviel Geld verlangt. Das tut sie immer.»

«Einen Dollar, Jenny. Warum hast du ihn ihr nicht gegeben?» Unwillkürlich dachte er, daß die Mächte des Alls nie überraschend zuschlugen, sondern ihre Absichten stets vorher ankündigten. Vielleicht hatten sie Mrs. Honeybone als warnenden Boten erwählt.

Aber Jenny schien fröhlich und unbekümmert und ließ ihre Finger durch einen Haufen Muscheln gleiten, die in einer blauen Glasschale auf dem Tisch standen. «Die Sache war keinen Dollar wert. Aber wenn sie nicht so abstoßend wäre, hätte ich ihr vielleicht trotzdem das Geld gegeben.» Als sie jetzt zu ihm aufblickte, funkelten Lichter in ihren hellgrünen Augen, wie stets, wenn sie erregt war. Sie trat rasch ans Fenster, schob mit einer geschickten Bewegung die Musselingardinen auseinander und spähte nachdenklich nach draußen.

Mrs. Honeybone war dabei, ihre Habseligkeiten wieder einzusammeln. Sie bückte sich und richtete sich wieder auf, bis sämtliche Bleistifte, Strumpfbänder und Mundharmonikas aufgelesen waren. Inzwischen hatte sich noch ein Hund eingefunden, der pausenlos bellte. Die Kinder hüpften begeistert, und hin und wieder schnappte sich eines von ihnen einen Knopf, den die Alte ihm dann wieder abjagte. Schweigend beobachteten Pete und Jenny diese Szene.

«Vielleicht sollte ich ihr helfen», meinte Pete und dachte, dabei könne er Mrs. Honeybone bitten, ihren Fluch zurückzunehmen.

«Nein. Dann glaubt sie noch, daß sie uns erschreckt hat.»

«Was wolltest du denn kaufen?»

Jenny lachte. «Das mag ich dir nicht sagen. Ich schäme mich.» Als er sie jedoch zärtlich anlächelte, sagte sie nach kurzem Zögern: «Ich wollte ein Traumbuch kaufen. Stell dir das vor.» Sie ging zum Klavier und setzte sich hin. «Komm, wir wollen noch etwas spielen, bis Morgan kommt. Er ist heute morgen aus Virginia City zurückgekehrt und wird bei uns essen.» Während sie nach den Noten suchte, nahm Pete die Geige aus dem Kasten. Dann blickte sie zu ihm auf, und sie begannen ein Lied aus dem Süden zu spielen, eine klagende Melodie, die ihnen ihrer Melancholie wegen so gut gefiel. Jenny war ganz in ihr Spiel versunken und blickte auch nicht auf, als Morgan das Haus betrat. Aber Pete war nicht ganz so bei der Sache. Er überlegte immer noch, wie er Mrs. Honeybone dazu bringen könne, den Fluch zurückzunehmen.

Als sie zu Ende gespielt hatten, trat Jenny zu Morgan, bot ihm die Wange zum Kuß und ging mit der Bemerkung aus dem Zimmer, daß das Essen in wenigen Minuten auf dem Tisch stehen werde. Da wandte sich auch Pete um und tat, als bemerke er Morgans Anwesenheit erst jetzt. In Wirklichkeit mochte er nicht sehen, wie ein anderer Mann Jenny küßte. Die Vorstellung, daß er auf seinen eigenen Neffen eifersüchtig war, machte ihn nur noch verlegener.

«Was war denn da draußen los?» fragte Morgan.

Pete ging zum Fenster und sah, wie Mrs. Honeybone, umkreist von dem bellenden Hund und den tanzenden Quälgeistern, den Deckel ihres Koffers zumachte. Dann faßte sie den Koffer beim Henkel, hielt ihn ein Stück von sich und begann sich um ihre eigene Achse zu drehen. Sie wirbelte immer schneller herum, bis jeder, der in ihre Reichweite gelangte, Gefahr lief, durch den Koffer zu Boden geschleudert zu werden. Dabei stieß sie einen anhaltenden, heulenden Ton aus, der die Kinder veranlaßte, zurückzuweichen und in schweigendem Entsetzen auf diese schwarze Gestalt zu blicken, deren Umhang in weitem Kreis um sie herumflatterte.

Einige Sekunden lang betrachteten Morgan und Pete dieses Schauspiel ebenso schweigend wie die Kinder. Plötzlich stürzte Pete aus der Tür, zog die Pistole und schrie: «Willst du nun endlich machen, daß du fortkommst, du verdammte alte Hexe! Wag dich bloß nicht wieder in unsere Nähe!»

Mrs. Honeybone schrie laut auf und rannte hastig den Hügel hinunter, während die Kinder, die sich plötzlich wie von einem Bann befreit fühlten, in johlendes Gelächter ausbrachen und hinter ihr herstürmten.

Pete war fast bestürzt über diesen Erfolg. Er schämte sich, daß er wie ein Greenhorn mit seiner Pistole herumgefuchtelt hatte, um einer alten Frau zu drohen, und steckte die Waffe kleinlaut wieder in den Gürtel. Als er sich umdrehte und ins Haus gehen wollte, sah er Jenny neben Morgan auf der Schwelle stehen. Beide beobachteten ihn mit einem so betont gleichgültigen Ausdruck, daß es schien, als hielten sie ihn und nicht Mrs. Honeybone für verrückt.

«Na ja», murmelte Pete entschuldigend, «jetzt ist sie wenigstens weg.»

Jenny lief schnell in die Küche und rief dabei über die Schulter: «Aber erzählt nichts, ehe ich dabei bin!» Pete war froh, daß sie nicht weiter auf sein unbeherrschtes Verhalten einging.

Er fühlte sich jedoch Morgan gegenüber verpflichtet, eine Erklärung für seine merkwürdige Reaktion abzugeben. Während er ihm einen Whisky einschenkte, sagte er nebenbei: «Die Alte wollte Jenny doch tatsächlich verfluchen! Da habe ich den Kopf verloren.»

«Verfluchen?»

«Ja. Sie hat ihr geweissagt, sie würde eines gewaltsamen Todes sterben.»

«Aber Pete! Du weißt doch, daß die Alte nicht richtig im Kopf ist!»

«Ja, schon, aber trotzdem ... Ach, hol's der Teufel! Wie war die Reise?»

Er hörte jedoch gar nicht, was Morgan berichtete, und fügte, als sie bei Tisch saßen, dem Tischgebet die stumme Bitte hinzu, der Fluch möge rückgängig gemacht werden. Insgeheim mußte er schmunzeln bei dem

Gedanken, daß ein Skeptiker wie er so abergläubische Vorsichtsmaßregeln traf.

Als er Jenny dann über irgendwelchen Familienklatsch lachen hörte, der ihm entgangen war, verstand er gar nicht, weshalb er Mrs. Honeybone nicht einfach ausgelacht hatte. Trotzdem beschloß er, die Alte aufzusuchen und ihr ein kleines Geschenk zu bringen – keine Bestechungsgabe, sondern einfach ein Zeichen seines Mitgefühls und seines guten Willens. Diese Geste würde schon genügen, die Erinnerung an ihre Worte und an ihr wutverzerrtes Gesicht auszulöschen, als sie den Zaun angespuckt hatte.

Erst jetzt wurde ihm klar, daß Jenny und Morgan über Lisette sprachen. Lisette, die im vergangenen Sommer Ralph Mercer geheiratet hatte, erwartete in drei oder vier Monaten ihr erstes Kind. Pete hörte die Unterhaltung über Lisettes Schwangerschaft nur mit Unbehagen, denn er fürchtete, sie werde Jenny nur wieder daran erinnern, daß sie versagt hatte, wo andere Frauen mühelos Erfolge aufwiesen.

«Man kann sich gar nicht recht vorstellen, daß Lisette verheiratet ist», sagte Jenny gerade, und Pete hatte den Eindruck, daß Jenny bedrückt war, weil sie sich schuldig fühlte. Er hörte auf zu essen und sah sie bittend an, doch Jenny bemerkte es nicht. «Mir kommt sie immer noch wie ein kleines Mädchen vor.»

Morgan lächelte. «Sie selber ist aber anderer Ansicht. Sie hält sich für sehr alt und weise.»

Jetzt begann Pete, Morgan nach den verschiedenen Schürfstellen zu fragen, die dieser begutachtet hatte. Er stellte immer neue Fragen, damit Jenny nicht auf das leidige Thema zurückkommen konnte. Außerdem mochte er nicht hören, daß sie so großes Interesse am Leben anderer Menschen bewies.

Als Jenny den Tisch abräumte, ließ Pete kein Auge von ihr, denn er glaubte ihr nicht, daß sie wirklich so unbeschwert war, wie sie tat. Und dann konnte er es auf einmal kaum erwarten, daß Morgan endlich verschwand. Er hatte solche Sehnsucht nach ihr, war so begierig und ungeduldig, daß er Morgan am liebsten ebenso kurzerhand aus dem Haus befördert hätte wie Mrs. Honeybone. Morgan schien ihm die Ungeduld vom Gesicht abzulesen und verabschiedete sich bald. Als er wegging, zündete Pete sich noch eine Zigarre an und genoß es nun, da sie endlich allein waren, friedlich dazusitzen und an die Freuden zu denken, die ihn gleich erwarteten.

Morgan schwang sich nur mit Mühe auf Puzzles Rücken, denn seine Rocktaschen waren schwer von Erzproben, die er noch nicht abgeliefert hatte. In leichtem Galopp ritt er auf das Büro der Devlin Brothers zu, damit er die Proben loswurde, bevor er vergaß, welches Stück Erz aus welcher Grabung stammte. Während er lächelnd dahinritt und daran dachte, wie eilig Pete es gehabt hatte, mit Jenny allein zu sein, hörte er eine weibliche Stimme seinen Namen rufen. Er blickte auf und sah Nella Allen. Sie saß in einem leichten Kutschwagen und lächelte ihm freundlich entgegen.

Er hatte sich in den vergangenen vier Jahren immer wieder vor dieser Begegnung gefürchtet, darum saß er nur zögernd ab und ging langsam auf den Wagen zu. Mit zusammengekniffenen Augen fragte er: «Nella?»

Sie antwortete nicht. Er blieb stehen und sah stumm zu ihr auf. Das lange, blonde Haar, das ihr früher über den Rücken bis zur Taille fiel und dessen sanftes Schwingen stets seine Phantasie beflügelt hatte, war nun gekräuselt und zu einer komplizierten Frisur aufgesteckt. Den Kragen ihres braunen Sealmantels hatte sie bis zum Kinn hochgeschlagen, weil es windig und kalt war, und an ihren Ohren schaukelten lange Brillantgehänge. Green Troy schien tatsächlich großzügig zu sein. Nellas Lippen waren noch immer kindlich sanft geschwungen und ließen die nachgiebige Sinnlichkeit ahnen, die er bestätigt gefunden hatte. Alles in allem war sie eine überaus hübsche junge Frau geworden, ohne jedoch die verträumte Zartheit verloren zu haben, die er so gut an ihr kannte. Aber es lag ein schwer definierbarer, fremder Zug in ihrem Gesicht, den er nicht an ihr kannte.

«Erkennst du mich nicht, Morgan?»

Er nickte und hielt ihren mißtrauischen Blick für ein Zeichen des Hasses. Er hoffte sogar, daß sie ihn haßte, denn er hatte es wahrhaftig verdient. Er suchte verzweifelt nach Worten und war enttäuscht, als er sich nur sagen hörte: «Du hast dich verändert.»

«Du hast dich auch verändert, Morgan.» Sie lachte. Es war der alte, vertraute Klang, das weiche, scheue Lachen, das ihn so oft an Suky erinnert hatte.

Er trat näher und sagte so leise, daß sie sich vorbeugen mußte, um ihn zu verstehen: «Wußtest du es schon, als Zack und ich fortgingen?» Er wagte nicht, das Wort ‹schwanger› zu gebrauchen, und das brachte ihn noch mehr in Verlegenheit. Nella schien sich darüber zu amüsieren, oder vielleicht machte es ihr nur Spaß, ihn so verwirrt zu sehen.

«Ich war nicht ganz sicher.»

«Warum hast du mir nichts gesagt?»

«Was hätte ich damit erreicht?» Sie wirkte jetzt sogar spöttisch und ein bißchen verächtlich, und es wurde ihm klar, daß mit Nella Allen mehr und schwererwiegende Veränderungen vorgegangen waren, als nur jene an ihrer Frisur und ihrer Kleidung.

«Ich hätte es wissen müssen», sagte er leise. «Ich hätte warten sollen!» Wenn in diesem Augenblick eine Fee erschienen wäre, um ihm einen Wunsch zu erfüllen, hätte er freudig den Rest seines Lebens geopfert für das Glück, mit Nella verheiratet zu sein und das Kind zu haben, das sie hätten bekommen können.

«Je länger du gewartet hättest, Morgan, desto eher wäre es passiert. Weißt du es nicht mehr? Nach dem erstenmal hatten wir nicht mehr die Kraft, voneinander zu lassen. Ich kann es manchmal kaum glauben, daß ich es wirklich erlebt habe!»

«Nein?» Er war entsetzt, denn auch er hatte manchmal geglaubt, die Stunden mit Nella hätten nur in seiner Phantasie existiert. Aber nie hätte er gedacht, daß es ihr ebenso gehen könnte.

«Bis auf jenen Nachmittag in Dr. Danforths Praxis. Den werde ich nie vergessen. Ach, Morgan, zieh nicht so ein Gesicht! Ich mache dir ja keinen Vorwurf!»

«Natürlich machst du mir Vorwürfe, und damit hast du verdammt recht. Aber Nella, eines mußt du mir glauben, auch wenn es wie eine Lüge klingt: Ich habe nie gedacht, daß es wirklich passieren könnte.»

«Nein, ich weiß. Ich hätte es auch nicht gedacht, bis es passiert war. Aber dein Vater hat daran gedacht, das hat er mir gesagt, als Dr. Danforth mich zu ihm schickte. ‹Das habe ich befürchtet, Nella›, hat er gesagt.» Nella zuckte die Achseln; das seltsame Lächeln spielte noch immer um ihren Mund. «Aber auch deinem Vater mache ich keinen Vorwurf – es war ihm ganz einfach gleichgültig, was aus mir wurde, ebenso wie es ihm gleichgültig war, was aus Zack Fletcher geworden ist. Er hatte nur ein Interesse: seine Familie zu schützen.»

«Nein, Nella, das ist nicht wahr! Ich habe mit ihm darüber gesprochen. Er hat sich große Sorgen um dich gemacht.»

«Ich weiß. Er fürchtete, ich könnte warten, bis du wiederkommst, und dich dann heiraten. Er dachte, das Baby wäre nur ein Vorwand von mir, um seine Pläne zu durchkreuzen. O nein, ich will nicht behaupten, daß er unfreundlich zu mir war, Morgan! Im Gegenteil: Er hat mir sogar Geld angeboten, damit ich zu meiner Familie zurückkehren konnte. Aber als ich ihn dann fragte, zu welcher Familie, meinte er, irgend jemand müßte doch wohl da sein.» Nella lehnte den Kopf gegen die Seitenwand des Wagens, und in ihre blauen Augen trat der Ausdruck, der ihm so vertraut war: Sie wirkte, als hätte sie gerade geweint oder wäre dicht davor, in Tränen auszubrechen. Er erinnerte sich, daß es dieser Ausdruck gewesen war, der seine Aufmerksamkeit zuerst erregt und ihn neugierig gemacht hatte, was für geheime Sorgen dieses scheue, kleine Mädchen wohl quälen mochten. «Mach nicht so ein ärgerliches Gesicht, Morgan. Genau wie dein Vater, wenn ihm etwas nicht paßt.» Sie lachte sehr leise, und dann seufzte sie ein wenig. «Du kannst dir nicht vorstellen, wie ich mich nach euch allen gesehnt habe.»

«Hast du das wirklich?» Er sah sie aufmerksam an, überzeugt, daß es ein Trick war, sein schlechtes Gewissen zu wecken. «Sie haben dich auch vermißt. Lisette redet jetzt noch dauernd von dir. Sie hat nie wieder eine so gute Freundin gehabt. Und sogar Annabel tut, als erinnere sie sich an Nella Allen.»

«Siehst du, Lisette hat Zack Fletcher auch nicht geheiratet, obwohl sie das gern wollte. Dein Vater hätte niemals . . .»

«Mein Vater hatte nichts damit zu tun, Nella», unterbrach er sie schroff. «Es war Lisettes eigener Wunsch.»

Nella riß in gespieltem Schrecken die Augen auf. Dann lachte sie wieder und schüttelte den Kopf. «Ihr nehmt euch immer gegenseitig in Schutz, nicht wahr? O nein, das soll keine Kritik sein – ich bewundere das an euch. Schon immer. Ich glaube, das habe ich mir vom ersten Tag an, als ich bei euch wohnte, am meisten gewünscht: daß ihr auch mich in Schutz nehmen würdet, wenn es einmal nötig sein sollte. Aber dazu ist es nicht gekommen. Weder ich noch Zack sind jemals ganz in den Clan aufgenommen worden. Nur Jenny Danforth ist das gelungen – vielmehr Jenny Devlin, wie sie ja jetzt heißt. Ich hasse sie.»

«Du haßt Jenny? Das ist ungerecht, Nella. Jenny hat dir nichts zuleide getan. Du kennst sie ja kaum.»

«Ich kenne sie kaum, ja. Aber sie war es, die mit deiner Familie gesprochen hat, nachdem ich beim Doktor war. Und sie war es, die den Vorschlag machte, daß ich mich operieren lassen sollte. Sie hat über mein Schicksal bestimmt.»

«Das glaube ich nicht.»

«Sie lieben einander immer noch, dein Vater und Jenny. Sie treffen sich sogar noch. Das glaubst du wohl auch nicht, wie?»

«Natürlich nicht.»

«Aber es stimmt. Fong Chong hat es mir berichtet.»

«Fong Chong spricht doch kein Wort Englisch.»

«So, wirklich nicht?»

Sie legte den Kopf schief, als wolle sie ihn fragen, ob er wirklich auf einen so uralten Schwindel hereinfalle. «Sag mir nur noch eines, Morgan. Dann kannst du gehen: Habt ihr immer noch die Uhr in der Küche?»

«Ja.»

«*Jede Stunde verwundet, die letzte tötet.*» Sie schauderte mit einer leichten, graziösen Bewegung der Schultern. Dann lächelte sie überlegen. «Der Spruch an der Tür der Firma Devlin Brothers gefällt mir besser: Wir kaufen Gold.» Damit nahm sie die Zügel auf, ließ sie kurz auf den Pferderücken klatschen, beugte sich aber noch einmal zu ihm herab. «Stimmt es, daß Jenny neulich eine Fehlgeburt gehabt hat? Ist sie wirklich beinahe gestorben? Sie hätte es verdient, unglücklich zu werden, wie jede Frau, die so schnell bereit ist, andere Menschen ins Unglück zu stürzen.» Und als wären sie zwei alte Freunde, die nur ein paar Minuten miteinander über das Wetter geplaudert und die neuesten Klatschgeschichten ausgetauscht hatten, hob sie flüchtig die Hand und winkte, vage und unbestimmt, wie alle ihre Bewegungen waren. «Auf Wiedersehen, Morgan.»

27

Kaum hatte Joshua Rose erlaubt, das Haus – ohne zu große Kosten jedoch – ein wenig zu verschönern, mußte er feststellen, daß ihn jede der Veränderungen, die Rose vornahm, störte.

In Roses Haus begannen überall Rosen zu ranken, auf Teppichen und Tapeten, auf Vorhängen und Möbelbezügen und sogar auf einem Spucknapf aus Porzellan. Als sie das Empfangszimmer nach ihrem Geschmack eingerichtet hatte und vornehm vom ‹Salon› sprach, erlaubte er ihr, auch noch das Eßzimmer neu zu möblieren. Aber er warnte sie, damit sei Schluß, sonst werde er durch ihre Extravaganz noch ruiniert.

Tatsächlich hatte er immer wieder die düstere Vorahnung, eines Tages vor einer finanziellen Katastrophe zu stehen, und das hatte einen ganz bestimmten Grund.

William Talbot war vor nicht langer Zeit mit einer Tasche nach Washington gefahren, die 275 000 Dollar enthielt, und als er wiederkam, war die Tasche leer. Dafür brachte er allerdings die Übereignungsurkunde für ein schönes Stück Land mit sowie die Zusicherung, daß die Klausel in ihrer Konzession, die ihnen das Ausstellen von Pfandbriefen verbot, gelöscht werden sollte.

Auch Suky bat ihn immer wieder um neue Möbel, und wenn er ihr sagte: «Es geht jetzt nicht, Kind, mein Budget ist bis zum Zerreißen angespannt», ein Satz, der ihm so gut gefiel, daß er ihn häufig verwendete, lächelte sie nur ungläubig und fragte: «Wirklich, Papa?»

«Du bekommst deine Möbel, Suky», versicherte er ihr, «sobald ich eine Möglichkeit sehe. Das verspreche ich dir.»

Er fühlte sich immer ein wenig schuldbewußt, wenn er daran dachte, daß Suky oder gar Susan und Ceda von Rose Michels Existenz erfahren könnten. In ihren Augen wäre Rose nicht das einfache, anhängliche junge Mädchen, sondern ein Ränke spinnendes Weib, das ihm mit Hilfe aller Kniffe seines Metiers, und ohne daß er es merkte, Unmengen von Geld aus der Tasche zog, während seine Familie ihn um die kleinste Selbstverständlichkeit lange bitten mußte.

Abgesehen von diesen gelegentlichen Gewissensbissen, existierten Susan und Ceda nur noch am Rande seines Lebens – zwei müßige Frauen, die von seinem Fleiß lebten. Nie hatte er darüber nachgedacht oder sich dafür interessiert, wie sie ihre Zeit verbrachten. Er verlangte lediglich, daß sie ihn in Ruhe ließen und nicht darauf bestanden, daß er Anteil nahm an ihren Plänen und an den täglichen kleinen Ärgernissen, die offenbar ihren Lebensinhalt ausmachten.

Vom frühen Morgen bis zum späten Abend fuhr Joshua in seiner neuen Kutsche umher und machte unzählige wichtige Besuche. Er war sehr stolz auf dieses Gefährt, auf den blanken schwarzen Wagen mit den roten Lederpolstern, der von zwei herrlichen Rappen mit geflochtenen Mähnen und Schweifen und blankgeputztem Silbergeschirr gezogen wurde. Vorn thronte Huggens in Regen, Schnee und Hitze auf dem Kutschbock, hinten stand Stokes auf dem Dienersitz, ebenfalls allen Witterungsunbilden trotzend, stolz, die Arme fast in Kinnhöhe verschränkt, und blickte starr geradeaus. So trabten sie vom Fifth Avenue Hotel zu Suky, von Spinnage & Achroyd zu Van Zandt & Ching, von der Musikakademie zu Rose Michel, wo er häufig den Rest des Abends verbrachte.

Wenn er von seinen Geschäften übermäßig stark in Anspruch genommen war, mußte Rose warten, bis er ein wenig Zeit für sie erübrigen konnte. Doch nie ließ er sie wissen, wann er sie besuchen werde. Denn er hatte oft genug von Männern gehört, die sich eine Freundin zugelegt, ihr ein Haus gemietet und nach einem festen Zeitplan Besuche abgestattet hatten, um dann zum Dank für ihr Vertrauen tief gedemütigt zu werden.

Eines Abends, als er gegen halb elf Uhr zu Rose ging, blieb er nachdenklich vor der Tür stehen, ehe er den Schlüssel ins Schloß steckte. Fast alle Lichter im Haus waren gelöscht, die Fenster schimmerten dunkel und unheimlich, und plötzlich war er überzeugt, er werde bei Rose einen anderen Mann vorfinden. Vor Wut begann sein Herz wie rasend zu hämmern. Er klinkte die Tür auf und trat so geräuschlos ein, daß er mit bitterem Galgenhumor dachte, wenn alles schiefginge, würde er bestimmt einen ausgezeichneten Einbrecher abgeben.

Im Salon brannte nur der Wandleuchter über dem Klavier. Er hatte Rose immer wieder ermahnt, sparsam mit dem Gas umzugehen. Hier unten gab es kein Anzeichen für die Gegenwart eines Fremden. Er ging zurück in den Flur und blieb ein, zwei Minuten lauschend stehen, denn das Haus war so klein, daß man es überall hören konnte, wenn irgendwo gesprochen wurde.

Plötzlich vernahm er aus dem ersten Stock, wo der Schlafraum und das Wohnzimmer lagen, Roses fröhliches Lachen. Er umklammerte seinen Spazierstock, für den Fall, daß er eine Waffe brauchte, und begann, ohne Mantel, Hut und Handschuhe abzulegen, langsam die Treppe hinaufzusteigen. Er machte sich schon auf eine dramatische Szene gefaßt, als ihm auffiel, daß es nicht nur Roses Stimme war, die er lachen und plaudern hörte, sondern außerdem die eines anderen Mädchens. Er überlegte, ob er sich wieder aus dem Haus schleichen sollte, um dann mit lautem Türenschlagen zurückzukehren. Zweifellos würde sie ihm bestürzt entgegeneilen. Er wurde wütend, daß er aus Eifersucht in eine so peinliche Lage geraten war. Da hörte er, wie Rose sagte: «Am 17. Mai sind es anderthalb Jahre. Eine ganz schöne Zeit, nicht?»

«Nicht schlecht», gab Tessie zu. «Wenn er nur nicht so verdammt knauserig wäre.»

Die Äußerung brachte ihn noch mehr in Wut als der Gedanke, bei

Rose einen Mann zu finden. Leise stieg er die Treppe weiter hoch und blieb an der angelehnten Wohnzimmertür stehen. Durch den Spalt konnte er bis ins Schlafzimmer sehen. Er sah Rose in einem lila Seidenkorsett und einem dünnen weißen Hemd, das ihr knapp bis ans Knie reichte. Ihre Füße waren nackt, und ihr Haar hing in wirren Strähnen auf die entblößte Brust und über den Rücken herab. In dieser Aufmachung wirkte sie wie eine Schlampe, was er bisher noch nie bemerkt hatte. Wenn er bei ihr war, gab sie sich große Mühe, sich so zu verhalten, wie er es ihr befohlen hatte: anständig und wohlerzogen.

Sie stand vor dem Frisiertisch und betrachtete sich im Spiegel. Dann hob sie die Arme und steckte ein paar Locken fest, deren blonde Spitzen sie interessiert betrachtete. Er hatte nämlich darauf bestanden, daß sie die Blondierung aus ihrem Haar herauswachsen ließ und es wieder in seiner natürlichen braunen Farbe trug. Sie sagte warnend zu Tessie: «Psst – nicht so laut!»

«Ach, hol's der Teufel! Die schlafen doch alle schon längst.»

«Und wenn er jetzt kommt?»

«Na, wenn schon! Darfst du denn nicht mal eine Freundin hier haben?» Tessie schlenderte auf Rose zu und blieb hinter ihr stehen. Die beiden Mädchen musterten sich gegenseitig mit großer Aufmerksamkeit. Tessie trug ein Kleid aus leuchtend grünem Wollstoff, dessen Rock hinten gerafft war, um ihre Körperformen zu betonen. Auf dem Kopf hatte sie einen purpurroten Samthut, dessen Feder in sanftem Bogen an ihrer Wange auslief. Eingehend betrachtete Joshua ihr ein wenig flaches kleines Gesicht mit dem sinnlich-dummen Ausdruck, der breiten, hohen Stirn und dem runden Kinn, das nun, da sie Rose ansah, trotzig vorgereckt war. Wieder fand er, daß sie wie ein bösartiger Kobold wirkte, der schon Geld aus dem Laster anderer geschlagen hatte, bevor er die zweiten Zähne bekam. Sie nahm eine Praline aus der Schachtel, die auf dem Frisiertisch stand, und verschwand wieder aus seinem Blickfeld. «Du machst dir doch fast in die Hosen aus lauter Angst vor ihm, stimmt's?»

Rose sah sie an, verzog spöttisch den Mund und konzentrierte sich wieder auf ihre Haare. «Wer macht sich vor Angst in die Hosen, Tessie Spooner? Du kriegst doch Keile von deinem Hoke O'Neil, sobald er Lust dazu hat. Mit jedem alten Scheißkerl mußt du schlafen, wenn es für seine Geschäfte gut ist. Und wenn du ihm eines Tages nicht mehr schön genug bist, oder wenn dich eine Krankheit erwischt, dann schmeißt er dich raus, ohne mit der Wimper zu zucken. Tu doch nicht, als ob du das nicht weißt!» Sie schnippte mit den Fingern und sah grausam lächelnd in den Spiegel. Joshua überlegte sprachlos, woher sie diesen Fischweiberjargon hatte, denn so erlebte er sie zum erstenmal. Sie nahm eine Parfumflasche, zog den Stöpsel heraus, fuhr damit unter Tessies Nase herum und betupfte sich dann die Achselhöhlen. «Französisches

Parfum – aus dem Ausland eingeführt», erklärte sie Tessie von oben herab. «Er will nicht, daß ich was anderes benutze.»

«Parfum und Pralinen – ja. Aber den Schnapsschrank schließt er ab, und den Schlüssel nimmt er mit. Wenn du so verdammt schlau bist, dann schaff doch da mal Abhilfe.»

«Hat keinen Zweck», entgegnete Rose. «Er zählt die Flaschen. Er kann sie sogar zählen, ohne hinzusehen, einfach so, aus dem Augenwinkel. Genau wie in der Küche.» Sie nickte weise. «Daher ist er ja auch so reich.»

«Quatsch! Weißt du, warum der so reich ist? Weil er ein mindestens ebenso großer Halunke ist wie Hoke O'Neil!» Tessie war nicht zu sehen, aber Joshua hörte, wie sie lachte und lachte, ohne aufzuhören, und zwischendurch keuchend nach Luft schnappte.

Dann hörte er, wie Rose ihr eine schallende Ohrfeige versetzte und ihr befahl, sich anständig zu benehmen oder auf der Stelle das Haus zu verlassen.

«Bist du verrückt geworden?» flüsterte Rose. «Die Dienstboten sind alle bestochen und spionieren mir nach. Wenn Mr. Ching nun erfährt, wie du über ihn redest? Was meinst du, was mir dann blüht! Also benimm dich oder mach, daß du rauskommst! Ich hab keine Lust, alles zu verlieren, was ich mir mühsam erarbeitet habe, nur weil du zu dämlich bist, deinen Mund zu halten, wenn du im Haus eines Gentleman bist.»

Als Tessie antwortete, klang ihre Stimme gekränkt und böse, aber sie hatte offenbar keine Lust, das Haus zu verlassen. «Du hast dich raufgearbeitet, ja, aber eines Tages wirst du wieder unten sein. Das kannst du mir glauben.»

«Was meinst du damit, Tessie Spooner? Los, sag schon! Sag, wenn du es wagst!»

Tessie setzte sich hin, schlug die Beine übereinander und umfaßte mit beiden Händen ihr Knie, so daß ihre schwarzgrün gestreiften Strümpfe fast bis zu den Schenkeln zu sehen waren. Joshua stellte fest, daß sie nicht nur bemerkenswert hübsche Beine besaß, sondern auch eine kindlichschmollende, launisch-unbekümmerte Art an den Tag legte, die wahrscheinlich der Grund war, weshalb sie Hoke so gut gefiel. «Du bist dir doch klar darüber, wo wir beide eines Tages landen werden. Oder nicht? Vielleicht noch nicht nächstes Jahr, und auch noch nicht übernächstes, aber in fünf Jahren bestimmt.»

«Wieso wir? *Ich* ganz gewiß nicht!»

«Wir werden in einem von diesen kleinen Häusern am Washington Place oder in der Twenty-fourth Street landen – wo man erst so tut, als gefiele einem der Kerl so gut, daß man ihn mit nach Hause nimmt und dann mit ihm ins Bett geht. Aber das dauert nicht lange. Dann kommt ein Haus in Greene oder Wooster, wo sie von uns verlangen, daß wir richtigen Zirkus machen, wo in den Wänden Löcher sind, damit die anderen sich über die Bauern vom Land kaputtlachen können . . .»

«Mir passiert das bestimmt nicht!» schrie Rose empört. «Warte nur ab: Eines Tages bleibt dir die Spucke weg, wenn du die Kleider siehst, die ich trage, und das Haus, in dem ich wohne . . .»

Mit krähendem Lachen warf Tessie die Arme in die Luft und schlug sich klatschend auf die Hüften. Da stand auf einmal Joshua in der Tür. Rose stieß einen Schrei aus und preßte beide Hände vor den Mund. Tessie stöhnte kläglich.

«Verlassen Sie auf der Stelle das Haus!» befahl er Tessie. Und ohne einen Blick auf Rose zu werfen, die schreckerstarrt dastand, als sei Joshua kein Mensch, sondern ein Geist, raffte Tessie die Röcke, duckte sich, als sie an ihm vorbeirannte, als erwarte sie Schläge, und drückte sich eng an die andere Seite des Türrahmens. Dann lief sie polternd die Treppe hinab. «Sagen Sie Hoke nichts davon. Bitte, Mr. Ching, sagen Sie bloß Hoke nichts!» rief sie noch. Damit stürzte sie aus dem Haus und schlug die Tür hinter sich zu.

Als Joshua sich umwandte, öffnete Rose den Mund, als wolle sie etwas sagen. Aber als er auf sie zutrat, sank sie zu Boden und weinte so jämmerlich, daß sich in seinen Zorn Verwunderung mischte. «Wie lange bist du schon da?» Sie wand sich und zuckte wie ein Tier, das Schläge erwartet, und legte schützend beide Hände über ihren Kopf.

«Steh auf, Rose», sagte er schließlich.

Mißtrauisch hob sie den Kopf und spähte von unten her zu ihm auf, als wolle sie prüfen, ob er sie auch nicht treten oder mit dem Spazierstock schlagen werde.

«Aufstehen?»

«Ja. Ich kann es nicht sehen, wenn du daliegst und jammerst, als sei ich ein zweiter Hoke O'Neil.» Sie richtete sich auf, schüttelte den Kopf und seufzte, als habe sie alle Hoffnung verloren. «Ich bin gekommen, um dich zu besuchen. Ich wollte dich überraschen.» Bei diesen Worten schluchzte sie wieder und warf sich ihm zu Füßen. «Rose, ich wünsche, daß du augenblicklich damit aufhörst. Ich verabscheue Menschen, die keinen Stolz besitzen.» Das stimmte, oder zumindest glaubte er es. Und doch rief ihr Zusammenbruch die gleiche Zuneigung in ihm wach wie an jenem Abend, an dem er ihr mitteilte, daß er die Lüge von ihrer reichen Familie durchschaue, und sie so unvermittelt und ohne Protest in demütige Verzweiflung verfallen war. «Komm hier herein. Ich möchte mit dir sprechen.»

Energisch schritt er ins Schlafzimmer, legte Handschuhe und Spazierstock hin, setzte den Hut ab, zog seinen Mantel aus und warf ihn auf einen Stuhl. Als er sich umwandte, sah er sie mit schleppenden Schritten hereinkommen, zerzaust und tränenverschmiert, unterwürfig und immer noch voller Angst. Er mußte fast lachen bei diesem Anblick stark übertriebenen Kummers. Aber er beschloß, ihr im Hinblick auf künftige Disziplin eine strenge Lehre zu erteilen. Er wollte sie freundlich, aber durchaus entschieden warnen und sich schließlich von ihr mit Hilfe der Tricks und Kniffe, die sie bei Annie Wood gelernt hatte, überreden lassen, ihr dieses eine Mal noch zu verzeihen. Dieses eine Mal – und dann nicht mehr.

Wenige Wochen darauf gestand sie ihm, verschämt wie ein Schulmädchen, das zugeben muß, Bauchweh zu haben, weil es zu viele Bonbons gegessen hat, daß sie schwanger sei.

«Was?» Joshua kochte vor Wut und versetzte einer kleinen Fußbank einen Tritt, so daß sie quer durch den Raum gegen den Tisch mit den kleinen Porzellanhunden und -schäferinnen flog, der mit lautem Gepolter umstürzte. Mit wütenden Augen funkelte er Rose an, die mit Tränen in den Augen vor ihren zerbrochenen Schätzen stand und zögernd begann, die Glas- und Porzellanscherben aufzulesen. Als er sie so niedergeschlagen sah, merkte er, daß er sich durch seinen Wutausbruch beruhigt hatte und nun vernünftig mit ihr sprechen konnte. «Ich hatte dich gebeten, so etwas zu verhindern, Rose. Jetzt bleibt dir nur eines: Du gehst zu Mrs. Grindle oder zu Madame Restelle. Und zwar gleich morgen!»

«Ja, ich werde es tun», flüsterte sie, sah ihn dabei aber nicht an. «Ich weiß gar nicht, wie das passieren konnte.»

Joshua blickte sie unverwandt an. Als sie zu ihm aufschaute, sah sie ein ironisches, vorwurfsvolles Lächeln, das ihr einen noch größeren Schrecken einjagte als das zerbrochene Porzellan. «Ich glaube, das weißt du sehr genau. Geh also morgen dahin und akzeptiere auf keinen Fall einen Preis, der höher ist als 500 Dollar.»

Er verließ sie in größter Empörung und dachte wütend darüber nach, warum sie ihm einen solchen Streich gespielt hatte, wo sie doch genau wußte, wie man solchem Mißgeschick aus dem Wege ging. Am nächsten Tag kehrte seine Wut sich gegen ihn selber, denn zu seiner Bestürzung mußte er feststellen, daß er sich Sorgen um Rose machte. Seine Unruhe wuchs und störte ihn schließlich sogar bei der Arbeit. Mitten am Nachmittag fuhr er zu ihr und fand sie, zum Ausgehen angezogen, auf einem Stuhl im Salon bei zugezogenen Vorhängen und dem trüben Licht einer einzigen Wandlampe. Als er sie küßte, war ihr Gesicht tränennaß, und in der Faust hielt sie ein feuchtes, zerdrücktes Taschentuch.

«Was hast du heute gemacht?» erkundigte er sich barsch. Er hatte nie vorgehabt, dieses Mädchen zu einem ernsthaften oder dauernden Bestandteil seines Lebens werden zu lassen, und das wollte er ihr jetzt klarmachen.

Mit gesenktem Kopf, so daß er ihr nicht ins Gesicht sehen konnte, nahm sie ihm den Mantel ab. Joshua riß die Vorhänge auseinander, damit das Sonnenlicht hereinfiel, faßte ihr Kinn und zwang sie, den

Kopf zu heben. Ihr Gesicht war so von Kummer gezeichnet, daß der Anblick sein Mitleid erregte. «Ich war bei Mrs. Grindle.»

«Wieviel verlangt sie?»

«Tausend Dollar.»

Joshua trat einen Schritt zurück. «Tausend Dollar? Das kommt nicht in Frage.»

«Auf weniger läßt sie sich nicht ein.»

«Dann werde ich selber mit ihr sprechen.»

Aber auch Joshua konnte nicht mit Mrs. Grindle feilschen. Die rundliche kleine Frau mit dem schwarzen Haar, auf dem ein kupferroter Schimmer lag, saß, mit Diamanten behängt, im Empfangszimmer ihres gut eingerichteten Hauses, in dem, wie Joshua fand, eine irgendwie unheimliche Stille herrschte. Offenbar hatte er erwartet, Stöhnen, Flehen und Schreien zu hören. Während er Mrs. Grindle mißtrauisch anstarrte, überlegte er, ob die Gerüchte, die über die beiden bekanntesten Abtreiberinnen der Stadt umgingen, zutreffen mochten. Es wurde behauptet, daß beide Frauen sich der Leichen ihrer Opfer entledigten, indem sie sie in Holzkohle vergruben und in ferne Städte verfrachteten, wo sie dann begraben wurden. Entsetzen beschlich ihn bei der Vorstellung, Rose diesen Händen anzuvertrauen, unter denen das Mädchen leiden, vielleicht sogar sterben würde. Abrupt stand er auf.

«Guten Tag, Mrs. Grindle. Tut mir leid, Sie belästigt zu haben.»

Sie sah ihn gleichgültig an, als sei sie viel zu beschäftigt, um sich wegen eines Kunden mehr oder weniger Sorgen zu machen. «Wenn Ihnen das Mädchen etwas bedeutet, schicken Sie es nicht zu einer anderen. Das sind alles nur Pfuscherinnen. Die einzige, die wirklich was kann, bin ich. Aber wenn Sie noch warten, ist es zu spät; dann wird sie dabei sterben.» Wieder lächelte sie, zuckte die Achseln und spreizte die juwelengeschmückten Hände. «Gewiß, manche Herren wünschen das sogar.»

Hastig ging Joshua hinaus und blieb am Fuß der Treppe einen Augenblick stehen, um die häßliche Szene aus seinen Gedanken zu verbannen. Ein paar Tage lang besuchte er Rose nicht und überließ sie der Reue über das Unrecht, das sie ihm zugefügt hatte. Doch eines Morgens erwachte er so unruhig und nervös, daß er den Gedanken an sie nicht mehr vertreiben konnte. Er verließ das Hotel schon um kurz nach sechs und ging zu Fuß zu ihr. Wieder betrat er das Haus fast geräuschlos und fand sie in tiefem Schlaf, die Arme um das Kopfkissen geschlungen. Während er sie betrachtete, entdeckte er plötzlich, daß der Gedanke an ein Kind ihm Freude bereitete. Er erfüllte ihn mit dem stolzen Bewußtsein, jung und kraftvoll zu sein. Jetzt erst wurde ihm klar, daß er dieses Gefühl brauchte und immer gebraucht hatte, daß es ihm nur nie zu Bewußtsein gekommen war. Und ebenfalls wurde ihm klar, daß er jemanden brauchte, der ihn davon überzeugte, daß eine Frau im Leben eines Mannes mehr sein konnte als nur ein Luxusgeschöpf, das ständig

Forderungen stellte. Rose hatte ihm das Leben angenehm gemacht und ihm viele Freuden geschenkt. Sie hatte ihm keinerlei Schwierigkeiten bereitet und würde, wenn er sie gut behandelte, noch viele Jahre so hübsch sein wie jetzt.

Er setzte sich zu ihr ans Bett und beugte sich über sie, um sie zu küssen. In diesem Augenblick wachte sie auf, lächelte und streckte ihm die Arme entgegen. Sie war zutraulich wie ein Kind, als hätte sie immer gewußt, er werde nicht zulassen, daß ihr Leid geschehe. So war denn der Friede wiederhergestellt. Joshua gab Anweisung, das Kinderzimmer im zweiten Stock einzurichten, damit das Geschrei des Säuglings ihn nicht im Schlaf stören und die Gegenwart der Kinderfrau ihm nicht das Gefühl geben könnte, in einer häuslichen Gemeinschaft eingeengt zu sein, die einer Ehe glich.

Inzwischen wirkte Philips Haus auch auf Joshua so schäbig, wie Suky immer behauptete. Die abgewetzten Teppiche und die durchgesessenen Polstermöbel fielen ihm auf, und mißbilligend sah er es zum erstenmal so, wie Allegra Stuart es beschrieben hatte. Er hatte lange nicht mehr an Allegra gedacht, und auch Hoke O'Neil war ohne Nachricht von ihr geblieben, seit sie vor drei Jahren nach England abgereist war. Stets jedoch, wenn er das Haus einer seiner kritischen Inspektionen unterzog, sah er sie vor sich, wie sie mit beißender Ironie den armseligen Zustand beschrieben hatte. Den Wintergarten etwa mit den gesprungenen Kacheln und dem geborstenen Springbrunnen, in dem schon seit Jahren keine Blumen mehr blühten. Dann hatte er immer ihre spöttische Stimme im Ohr und versuchte sich einzureden, das komme nur von dem seltsamen Timbre ihrer Stimme, das noch nachklang, auch wenn man sie längst vergessen glaubte.

Er beschloß, Suky zu sagen, sie könne das Haus ganz nach ihrem Geschmack umgestalten. Doch dann überlegte er sich dieses großzügige Angebot noch einmal, und als er nach ein paar Wochen bei seiner Tochter vorsprach, um ihr seinen Entschluß mitzuteilen, nahm er sich im stillen vor, kein Wort von seinem ‹angespannten Budget› zu sagen.

Suky küßte ihn und lächelte, als habe auch sie ein Geheimnis. Dann begann sie, ihm zu beschreiben, wie das Haus in wenigen Monaten aussehen werde. «Ich mache schon seit Jahren Pläne.» Zuerst, erklärte sie, müßten eine Zentralheizung und marmorgekachelte Bäder eingebaut werden. Das Empfangszimmer wollte sie mit weißem Damast bespannen, die Möbel mit perlgrauem Samt beziehen lassen. Das Eßzimmer sollte in weißem Damast und saphirblauem Samt eingerichtet werden. Sein Unbehagen wuchs, als er von einem Schlafzimmer in weißer Seide, mit maisgelben Samtpolstern und perlgrauen Brokatwänden hörte. Das Wohnzimmer, in dem er jetzt mit ihr saß, sollte saphirblau und maisgelb werden. Als sie dann noch erwähnte, sie wolle nur Louis-Quinze-Möbel nehmen, hob er protestierend die Hand.

«Suky, Louis-Quinze-Möbel sind sehr, sehr teuer.»

«Ich weiß, wo ich sie preiswert bekomme, Papa. Vor kurzem hat ein Mann Bankrott gemacht, der ein ganzes Haus voll davon hat. Sie werden auf einer Auktion verkauft.»

In den Wintergarten sollten blaue Glasfenster kommen und Tuberosen und blaue Orchideen und viele, viele Farne und weiße Korbmöbel, hellblau gepolstert. «Wenn schönes Wetter ist», fuhr sie glücklich fort, «lassen wir auf dem vorderen Rasen einen Pfau herumspazieren. O Papa, warte nur, bis du erst alles siehst!»

«Ich freue mich, daß du so begeistert bist», sagte er. Insgeheim beschloß er, sein großzügiges Angebot an Suky nicht mit Rose Michel in Verbindung zu bringen, sondern so zu tun, als wollte er Sukys Gedanken von Frederic Hallams Hochzeit ablenken, an der sie alle vor nicht langer Zeit teilgenommen hatten. Bei dieser Gelegenheit hatte Joshua Frederic und Suky zusammen tanzen sehen und an das alte Sprichwort denken müssen, daß eine platonische Freundschaft zwischen Mann und Frau nur möglich ist, wenn sie miteinander verheiratet sind. Er beglückwünschte sich wieder einmal zu seiner Tochter, denn ihm wurde sofort klar, daß Sukys Geduld und Erfindungsgabe, ihr unschuldiges Gesicht und ihre weibliche List es ihm ermöglichen würden, Frederic Hallam eines Tages als wertvollen Geschäftspartner zu gewinnen.

Augenblicklich waren Frederic und Alvita Hallam auf einer Europareise und sollten erst in mehreren Monaten wiederkommen. Die Neueinrichtung des Hauses sollte Sukys Enttäuschung ein wenig lindern. Er hatte keine Ahnung gehabt, daß sie litt und enttäuscht war, bis er eines Morgens zu ihr kam und sie bleich und traurig im Bett vorfand. Als sie ihn sah, begann sie zu weinen und behauptete, dieses Mal werde sie sicher sterben.

Ihre Krankheit äußerte sich in den üblichen undefinierbaren Symptomen. Aber sie weigerte sich, den Arzt mehr als nur ihre Zunge untersuchen zu lassen. Deshalb nahm Joshua an, es sei nichts weiter als Sukys übliche Reaktion auf das Gefühl, von einem Mann verlassen worden zu sein.

Doch als sie nach zwei Wochen endlich aufhörte, sich gegen eine ärztliche Untersuchung zu sträuben, stellte der Doktor fest, daß sie im vierten Monat schwanger war. Trotzdem sah sie keineswegs glücklicher aus, als Joshua am folgenden Morgen zu ihr kam. «Freust du dich, Papa? Das hast du dir doch gewünscht, nicht wahr?» Sie knabberte an einem Stück Toast und legte es wieder fort. Mit angeekeltem Blick musterte sie das Frühstückstablett und zupfte schließlich lustlos an einer Weintraube herum.

«Natürlich freue ich mich. Aber für dich, nicht für mich. Frauen brauchen Kinder, dann ist ihr Leben erst wirklich ausgefüllt.» Bei diesen salbungsvollen Worten fragte sich Joshua, ob er damit vielleicht stille

Abbitte an Rose Michel leisten wollte, deren hoher Leib ihn an vergangene Freuden und künftige Verpflichtungen erinnerte.

«Wenn es ein Mädchen wird», erklärte Suky, «werde ich es nach Großmutter Ching nennen.»

Joshua küßte sie und ermahnte sie, sich zu schonen und an ihre Gesundheit zu denken. Wenige Tage später schon kommandierte Suky ein Heer von Handwerkern herum und schien ihre Prophezeiung, sie werde diesmal bestimmt sterben, völlig vergessen zu haben. Joshua war froh, wenigstens dieser Sorge enthoben zu sein. Denn der Sommer versprach viele Schwierigkeiten zu bringen und konnte sich für einige Geschäftsleute sogar zu einer Katastrophe entwickeln.

Man wußte seit Monaten, daß der Goldmarkt in nächster Zeit noch größeren Belastungsproben ausgesetzt sein würde als gewöhnlich. Mitte August begann sich jene Hysterie bemerkbar zu machen, die die Makler gewöhnlich kurz vor dem Absinken von Aktienkursen befällt. Als William Talbot von einer mehrtägigen Reise aus Washington zurückkehrte, saßen Joshua, Lorenzo Flagg und Amos Cottrell im Lesezimmer des Fifth Avenue Hotel um den Whisttisch und bombardierten ihn mit aufgeregten Fragen.

«Diese Geschichte kann uns allen den Ruin bringen. Niemand weiß genau, was vorgeht. Ich habe Hunderte von Gerüchten gehört, die sich alle widersprechen», erzählte Lorenzo Flagg. «Wird die Regierung nun Gold auf den Markt werfen oder nicht?»

Talbot zog eine Grimasse. «Manche behaupten ja, andere nein. Es heißt natürlich, daß Gould und seine Handlanger die Sache fest in der Hand haben – ich bin da aber nicht so sicher.»

«Mein Schwiegersohn», sagte Joshua, «hat mir erzählt, daß er aus sicherer Quelle erfahren habe, der Präsident sei mit im Bunde oder zumindest entschlossen, nicht einzugreifen.»

Talbot lächelte überlegen. «Der Präsident ist ein Mann ohne Instinkt. Entweder weiß er nicht, was vorgeht, oder es interessiert ihn nicht. Aber wenn es zum Äußersten kommt, läßt er die Bande bestimmt nicht gewähren.»

Anfang September begab sich Talbot abermals auf die Reise; und als er diesmal zurückkam, berichtete er, seiner Meinung nach werde Gold möglicherweise auf hundertsechzig steigen, aber auf keinen Fall auf zweihundert, und nur ein Narr würde jetzt noch weiterspekulieren.

Joshua, der dies für einen guten Tip hielt, gab Samuel Anweisung, alles Gold abzustoßen, was sie besaßen. Als kurz darauf Philip verkündete, er werde bald ein Vermögen verdienen, legte ihm Joshua die Hand auf die Schulter. «Das hoffe ich, Philip. Wenn Sie Geld brauchen, lassen Sie es mich wissen. Vielleicht kann ich Ihnen behilflich sein.»

«Natürlich brauche ich Geld, Mr. Ching, sehr viel sogar. Wenn Sie mir etwas leihen könnten, wäre ich Ihnen sehr verbunden.»

«Und Ihre Sicherheit?»

«Sie wissen ja, Sir, ich habe nicht viel. Das Haus, die drei Grundstücke . . .» Das Geld hatte er offenbar ausgegeben.

«Wir sprechen noch darüber, Philip.»

«Ich habe es aus sicherer Quelle, Sir, darf Ihnen aber leider nicht sagen, von wem: Die Regierung wird nichts auf den Markt werfen – auf keinen Fall. Gold wird auf zweihundert steigen, vielleicht sogar noch höher.»

Joshua sah in Philips Gesicht den fanatisch-begeisterten Ausdruck eines Spekulanten, der überzeugt war, Gold werde so hoch steigen, daß er innerhalb weniger Stunden Millionär sein würde. «Das habe ich auch gehört, Philip. Andere behaupten jedoch das Gegenteil.»

«Aber ich weiß es – ich weiß es aus sicherer Quelle.»

Bald darauf bat Philip ihn um ein Darlehen und gab als Sicherheit alles, was Joshua ihm im Heiratsvertrag überschrieben hatte. Er tat es so munter und unbekümmert, daß es Joshua die Sprache verschlug. Joshua hatte nämlich das sichere Gefühl, daß jeden Augenblick eine Katastrophe über ihn hereinbrechen und ihn ruinieren könne; und der Gedanke, daß Tausende von anderen sein Schicksal teilen würden, bot ihm nur wenig Trost.

Er war sogar versucht, ganz aus dem Markt auszusteigen und in diesem wahnwitzigen Karneval kein weiteres Risiko einzugehen. Doch als William Talbot ihm im Vertrauen mitteilte, er wette, daß Gold auf hundertsechzig steigen werde, beschloß Joshua doch, etwas zu wagen. Allmählich verbreitete sich die Ansicht, das Rätsel werde sich bis spätestens Ende der Woche lösen. Aber Joshua wirkte schon jetzt so überanstrengt, daß sogar Susan es merkte. «Ich mache mir Sorgen um dich, Joshua. Vergiß nicht, daß Aufregung Gift für die Gesundheit ist. Sie kann zu Gehirnerweichung führen, oder sogar zum Tod.»

Joshua spürte, wie es ihm kalt über den Rücken lief. Wütend fuhr er sie an: «Darauf würde ich mich lieber nicht verlassen, Susan!»

Am Donnerstagabend war das Gold auf hundertvierundvierzig gestiegen. Joshua zog sich noch vor Mitternacht in sein Zimmer zurück, lag aber stundenlang wach und grübelte über Talbots siegessichere Voraussage nach, daß die Regierung noch vor Mittag des nächsten Tages Gold auf den Markt werfen werde. Erst gegen Morgen fiel er in unruhigen Schlaf, aus dem er, wie er glaubte, nach wenigen Augenblikken schon wieder erwachte. Nachdenklich blieb er auf dem Bettrand sitzen und starrte in die Dunkelheit. Einige Sekunden lang war er nicht sicher, ob der Tag kam oder ging, ob er vergangen war, ohne ihm Schaden zuzufügen, oder ob die Katastrophe ihn trotz aller Vorsichtsmaßregeln mit in den Abgrund gerissen hatte.

Um sechs Uhr ging er in die Halle, wo sich die Menschen bereits drängten. Einige schienen die ganze Nacht hier verbracht zu haben.

Mehrere Herren hielten ihn an, als er vorbeiging, zupften an seinem Ärmel, sprachen eindringlich auf ihn ein.

«Was wird geschehen, Mr. Ching?»

«Steigt der Kurs oder fällt er?»

«Ist die Regierung für uns oder gegen uns?»

Er gab keine Antwort, sondern stieg stumm in seinen Wagen, zog die Vorhänge zu und legte seine langen, schmalen Hände gegeneinander. Susan hatte einmal gesagt, mit diesen Händen sei es ihm sicher bestimmt gewesen, entweder Musiker oder Würger zu werden. Nachdenklich saß er da und überdachte noch einmal die Möglichkeiten und Chancen, die der Tag ihm bringen konnte.

In der Canal Street befahl er Huggens, zur ‹Roten Zwiebel› zu fahren. Um kurz nach sieben hob Joshua trotz des üblen Geruchs, der in den Wagen drang, die Vorhänge. Sie waren bereits im Sechsten, im blutigen Viertel. Angewidert starrte er auf die stumpfen, verhärmten Frauen, auf die Männer, die mit finsteren Mienen vor den Türen standen, und auf die Kinder mit den ausgemergelten Gesichtern. Plötzlich winkte ihm eine kleine, schmutzige Hand, und als er hinabblickte, sah er Mud Foley neben der Kutsche hertraben und zu ihm aufgrinsen. Joshua nickte ihm zu, und Mud Foley schrie ein paar unverständliche Worte. Es war jedesmal das gleiche: Wann immer Joshua in dieses Viertel kam, tauchte Mud Foley auf und begleitete ihn das letzte Stück des Weges. Joshua war überzeugt, daß es eine Art Geheimcode gab, mit dem die Slumbewohner einander die Ankunft eines Fremden aus der Außenwelt signalisierten.

Wie immer lungerte ein Haufen schmutziger, zerlumpter Kinder vor der ‹Roten Zwiebel› herum. Mud Foley stürzte sich mitten unter sie, schlug mit Armen, Beinen und den bloßen Füßen um sich, deren Sohlen so verhärtet waren, daß sie ihm als Waffe dienten. Er hielt die Kinder in Schach, bis Stokes den Schlag aufriß. Dann verstummten die Kinder jedesmal wie auf Kommando und starrten erschrocken auf den hochgewachsenen Mann mit dem blonden Bart, der eilig ausstieg und zwischen ihnen hindurch auf die Kneipentür zuschritt.

Kaum war er jedoch im Haus verschwunden, krochen sie unter den Wagen und zwischen die Pferde und versuchten, die Türen zu öffnen. Huggens und Stokes blieben stocksteif auf ihren Plätzen sitzen und ignorierten die Kinder, genau wie es ihr Herr getan hatte. Mud Foley schimpfte jedoch mit ihnen, rief ihnen schrille Flüche zu und rannte von einem zum anderen, um sie vom Wagen wegzuzerren oder auch niederzuschlagen. So ging es, bis plötzlich ein durchdringender Pfiff erklang und Hoke O'Neil in der Tür erschien. Bei diesem Ton hörten die Kinder sofort auf zu toben und zu schreien, verstummten und sahen Hoke mit unterwürfigen Blicken an.

«Weg mit euch!» befahl Hoke mit rauher Stimme. Dann zog er die

Hand aus der Tasche und ließ mit einer raschen Bewegung einen Regen von Geldstücken auf sie herabfallen. Die Kinder stürzten sich auf die Münzen, krochen über- und untereinander und balgten sich um die kostbare Beute. Währenddessen kehrte Hoke zu Joshua zurück, der an dem einzigen Tisch der Kneipe saß. «Was gibt es? Wie ich höre, wird wieder eifrig spekuliert.»

«Sehr richtig. Deshalb bin ich hier.»

Die Kneipe war noch nicht geöffnet. Aber Hoke schien nachts angezogen auf der Theke zu schlafen, denn immer wenn Joshua kam, war er zur Stelle, ob es früh oder spät war. Die Luft im Schankraum war stets unangenehm warm und feucht, stank nach abgestandenem Whisky und nicht geleerten Spucknäpfen, aber dies war Hokes ganz persönliches Reich: Hier hielt er Hof, hier stand ihm Mud Foley, sein kleiner Lakai, zur Verfügung und strich um ihn herum wie ein Wachhund, bis er mit irgendeinem Auftrag weggeschickt wurde, und hier war er von seiner kleinen Armee von Streitern umgeben, seinen Leibeigenen, und von seiner Gefährtin Tessie Spooner. Hier war der Treffpunkt für das gesamte Viertel.

«Heute werden wir den schicksalsschwersten Tag in der Geschichte unseres Landes erleben», erklärte Joshua feierlich. «Weiß Gott, was alles geschieht, wenn diese verdammten Goldspekulanten recht haben. Hoke, ich brauche vier Männer, auf die ich mich verlassen kann.»

«Verlassen? In welcher Hinsicht?»

Joshua lächelte ein wenig. Hoke starrte ihn mit seinen kalten blauen Augen so durchdringend und wachsam an, daß Joshua, wie immer, das unbestimmte Gefühl hatte, der Blick enthalte eine Drohung.

«Ich brauche sie für mein Büro. Jeder Makler, dessen Klienten heute Geld verlieren, schwebt in Gefahr. Falls es Schwierigkeiten gibt, möchte ich darauf vorbereitet sein. Wenn jemand Geld einbüßt, und das werden viele sein, verliert er leicht den Verstand und weiß nicht mehr, was er tut.»

Sofort wandte sich Hoke an Mud Foley und ratterte vier Namen herunter. Im Laufschritt machte sich der Junge davon.

«Wieviel verlangen Sie für Ihre Leute, Hoke?»

Hoke betrachtete seine glänzenden schwarzen Stiefel und bohrte sich mit dem Elfenbeinstäbchen in den Zähnen. «Fünftausend.»

«Mein Gott, Hoke. Ich habe Ihnen doch gesagt, daß dies ein verzweifelter Tag für die Nation ist.»

«Mag sein, daß die Nation verzweifelt ist, aber ich nicht. Auf diese vier Burschen können Sie sich verlassen. Sie sind geschickt, einer wie der andere. Wenn ich Ihnen ein paar Idioten gäbe, würde Ihnen doch nur der Safe aufgebrochen, der Schädel eingeschlagen und das Büro niedergebrannt. Außerdem – Sie sagten doch, daß Sie sie brauchen.»

Draußen hörte man ein Schlurfen und Trampeln, und dann kamen vier Männer herein. Keiner von ihnen war sehr groß, aber alle trugen Merkmale ihres Berufs: eingedrückte Nasen, Blumenkohlohren, vernarbte Wangen- und Kinnpartien. Und alle waren gekleidet wie Hoke, in schwarze Gehröcke und schwarze Zylinder, nur die Brillantnadeln in ihren Krawatten waren kleiner. Hoke stellte sie vor, indem er jedem auf die Schulter schlug. Aber weder Joshua noch einer der Männer sagte ein Wort der Begrüßung. «Patsey Higgins. Mickey Shannon. Tom Geigan. Und dieser hier wird der Doktor genannt. Warum, hab ich vergessen, er selber weiß es auch nicht mehr. Gentlemen, das ist Mr. Ching. Denkt daran, daß euer Boss eine Menge von ihm hält!»

Langsam erhob Joshua sich zu seiner vollen Größe und sah einen Augenblick auf sie herab, ehe er zu sprechen begann. Er erklärte ihnen, was ihre Aufgabe sei, und fragte zum Schluß: «Ist alles klar?» Sie sahen ihn jedoch nur stumm an, deshalb wandte er sich an Hoke und fragte: «Haben die mich überhaupt verstanden?»

«Sie haben Sie verstanden, Mr. Ching. Okay, nun macht, daß ihr wegkommt. Und seht zu, daß ihr vor Mr. Ching dort seid.»

In der Kutsche zog Joshua die Vorhänge wieder zu und hielt Zwiesprache mit sich selbst. Erst als sie sich dem Bankviertel näherten, wurde er wieder munter. Er sah aus dem Fenster und suchte in den Gesichtern der Passanten nach Vorzeichen für den Verlauf dieses Tages.

Die Börse würde ihre Pforten erst in anderthalb Stunden öffnen. Aber die Straßen waren voll, und in jedem Gesicht sah Joshua unterdrückte Panik.

Heute liefen hier nicht nur Makler in Gehröcken und Boten herum, sondern auch Männer aus anderen Berufen. Die Anwesenheit dieser privaten Spekulanten, die nur an Katastrophentagen im Bankviertel auftauchten, schien ihm das böseste Omen von allen. Überall patrouillierten Polizisten, und ob das Gold nun steigen oder fallen mochte, jeder war davon überzeugt, daß es einen Aufstand geben werde, weil in jedem Fall Tausende Bankrott erklären mußten.

Als seine Kutsche ein paar Minuten im Gewühl steckenblieb, stieg Joshua aus und ging die kurze Strecke zu seinem Büro zu Fuß. Zwei, drei Stufen auf einmal nehmend, sprang er die Treppe hinauf, blieb oben stehen, rückte Krawatte und Kragen zurecht und betrat dann in gemessener Haltung sein Büro. Hokes Männer waren schon da. Sie saßen auf den Bänken und lasen Zeitung. Ein Angestellter ging auf Joshua zu und sagte, sie hätten bereits vor der Tür gewartet, als er gekommen sei, deshalb habe er sie hereingelassen. Er machte jedoch ein etwas ängstliches Gesicht und wartete offenbar darauf, daß Joshua ihm befehlen werde, sie wieder an die Luft zu setzen.

«Schon gut. Sie wollen für Kunden von City Hall kaufen.»

Joshua ging in sein Büro und machte dem Doktor von der Tür her ein Zeichen. Dieser war mit beunruhigender Geschwindigkeit neben ihm, und Joshua stellte sich vorsichtshalber so, daß sich der Schreibtisch zwischen ihnen befand. Er gab dem Doktor Anweisung, daß Geigan sich an die Fersen von Mr. Van Zandt zu heften habe, Shannon ihn selber schützen solle und der Doktor und Higgins dafür zu sorgen hätten, daß hier im Büro die Ordnung aufrechterhalten bleibe und der Safe nicht geöffnet werde. Joshua überlegte, ob er eine Erklärung für diese ungewöhnlichen Vorsichtsmaßregeln abgeben sollte, die sich nicht nur auf seine Angestellten, sondern auch auf seinen Schwiegersohn und seine Brüder erstreckten. Doch nach einem Blick in des Doktors Gesicht, das ebenso gespannt und aufmerksam war wie das Gesicht Hoke O'Neils, ließ er diesen Gedanken fallen. Er schickte den Mann hinaus, verschloß die Tür und trat ans Fenster. In den Büros des gegenüberliegenden Hauses rannten Männer herum, schrien und fuchtelten mit den Armen.

Das Bieten begann bei hundertfünfundvierzig. Da nichts verkauft wurde, ging man höher. Joshua stand vor dem Lochstreifen und nahm nur im Unterbewußtsein wahr, daß die Männer in den Vorzimmern und auf der Straße sehr still geworden waren. So still, daß er schließlich zur Tür ging, sie einen Spalt öffnete und sah, daß alle die Tafel schweigend anstarrten, auf die ein Angestellter die Zahlen schrieb. Doch plötzlich entdeckte ihn einer der Männer, und ehe er die Tür wieder zuschlagen konnte, stürzten sie auf ihn zu und flehten ihn an, ihnen zu sagen, was die Regierung vorhabe. Ein paar Sekunden lang versuchte er, die Tür zuzuhalten, dann riß er sie weit auf und brüllte: «Von mir aus kommt doch herein, verdammt noch mal!» Während sie hereindrängten, jagte er, ehe jemand ihn aufhalten konnte, die Treppe hinab. Shannon blieb ihm dicht auf den Fersen.

Auf der Straße ging Shannon voraus, um freie Bahn zu schaffen, denn Fahrbahnen und Gehsteige waren vollkommen verstopft. Überall auf dem Weg zur Goldbörse standen Männer an offenen Fenstern, hockten auf Dächern, klammerten sich an Säulen und Pfeiler. Jedes neue Gebot rollte über sie hinweg wie eine Woge, entlockte ihnen Schreie und Stöhnen, Jubelrufe und verzweifeltes Knurren. Joshua war noch nicht bis zur Börse vorgedrungen, als abermals Stille eintrat, drohender noch als die erste. Die Männer blickten mit stierem Ausdruck um sich, als hätten sie die Ankündigung einer Massenhinrichtung vernommen. Ungläubig, ohne es recht zu begreifen, flüsterten sie immer wieder entsetzt: «Hundertsechzig!»

Das Gebot wurde entgegengenommen und stieg auf hundertzweiundsechzig.

Einige Männer begannen zu schreien, als litten sie unerträgliche Schmerzen, zerrten an ihren Kragen und rissen sich Röcke und Hüte vom Körper. Vereinzelt gab es auch Schlägereien, die jedoch von den Polizisten mit Knüppelhieben auf Köpfe und Schultern umgehend geschlichtet wurden. Joshua, dicht hinter Mickey Shannon, der auf sehr individuelle Art mit den drängenden Menschen umging, geriet ins Handgemenge mit einem Nachbarn und schien ebenso von Hysterie gepackt wie alle anderen. Als wieder abwartende Stille eintrat, erschien ein Mann auf den Stufen des Finanzministeriums und rief: «Mitbürger! Gott lenkt, und die Regierung in Washington ist noch am Leben! Ich habe Auftrag, Ihnen mitzuteilen, daß der Finanzminister zehn Millionen in Gold auf den Markt geworfen hat!»

Die Menge geriet durcheinander, alles wogte aufgeregt hin und her, und als einige Männer zu laufen begannen und schrien: «An den Galgen mit Fisk und Gould!», konnte Joshua Mickey Shannon nur mit Mühe daran hindern, sich den Schreihälsen anzuschließen. Er befahl ihm, ihn ins Büro zurückzubringen.

Am Nachmittag erschien Philip bei Joshua und stöhnte: «Was ist denn bloß passiert? Warum haben sie es sich anders überlegt?» Er hielt sich den Kopf, wiegte ihn von einer Seite zur anderen und benahm sich so verzweifelt, daß Joshua fürchtete, er könne dem Beispiel anderer Hausse-Spekulanten folgen und sich erschießen. Aber soviel Entschlossenheit traute er ihm dann doch nicht zu.

«Wissen Sie, Philip», tröstete er ihn, «das sind Fragen, die niemand beantworten kann.»

Über eine Woche lang war das ganze Viertel Nacht für Nacht hell erleuchtet. Joshua blieb, wie seine Kollegen, ununterbrochen in seinem Büro und versuchte das Durcheinander von Gewinn und Verlust zu entwirren, festzustellen, was er kassieren konnte und was nicht. Als er schließlich an Rose Michel dachte, kam es ihm vor, als sei sie jemand, den er vor langen Jahren gekannt hatte. Mit Unruhe fiel ihm ein, daß in diesen Tagen sein Kind geboren worden sein mußte.

Später am Tag ging er zu ihr und fand sie im Bett. Lächelnd streckte sie ihm die Hände entgegen, als er im Türrahmen auftauchte, genau wie sie es getan hätte, wenn das Kind legitim geboren wäre. Behutsam trat er näher und stellte überrascht fest, daß sich eine Frau, wenn sie wollte, offenbar jederzeit in eine Ehefrau verwandeln konnte – zu ihrer eigenen, wenn auch nicht zu der Genugtuung der Welt.

Vorsichtig küßte er sie. Es kam ihm vor wie ein Wunder, daß dies dasselbe Mädchen sein sollte, für das er bisher nichts als ungeduldige Sinnlichkeit empfunden hatte. Rose schickte Mrs. Stump nach dem Kind – ein Junge, berichtete sie stolz – und fragte ängstlich, ob er sich denn nicht freue. Er sah nämlich keineswegs froh aus und war im Grunde viel zu beschäftigt, um sich das Kind anzusehen oder überhaupt zu begreifen, daß dies sein eigener Sprößling war.

«Natürlich freue ich mich», versicherte er ihr. Als Mrs. Stump mit dem schreienden Baby kam, legte er die Hände auf den Rücken und betrachtete es mit ernster, konzentrierter Miene. Aber so lange er es auch ansah, er konnte sich nicht vorstellen, daß er dem Kind gegenüber mehr Verpflichtungen hatte als die, seiner Mutter einen Besuch abzustatten und ihr seine Glückwünsche auszusprechen.

«Gefällt er dir nicht?» erkundigte sie sich traurig. «Findest du ihn nicht schön?» Sie wandte den Kopf ab und schloß die Augen. Als Joshua näher hinsah, entdeckte er, daß ihr Tränen über Nase und Wangen rannen und auf das Kopfkissen tropften.

«Natürlich gefällt er mir, Rose», beruhigte er sie. Aber als er hinausging, weinte sie immer noch. Mehrere Tage lang besuchte er sie nicht. Als er wieder zu ihr fuhr, hoffte er inständig, daß sie inzwischen aufgehört hatte zu weinen.

28

Als Morgan zwei Monate nach der Schießerei mit Gaius Jenkins das Krankenlager verlassen hatte, stürzte er sich mit Entschlossenheit und Begeisterung in die Arbeit. Er hatte das Gefühl, seine Zeit bisher nur vergeudet zu haben, und stellte ein umfangreiches Programm auf. Er ritt in alle Camps, in denen die Devlin Brothers Boden besaßen, kontrollierte die Gold- und Quarzminen der Firma, kaufte Erz, begleitete die Transporte von Rohgold nach Osten, fuhr nach Corrine oder Fort Benton und trieb Schulden ein und tauchte immer dann auf, wenn die Schuldner ihn am wenigsten erwarteten.

Zweimal wurde aus dem Hinterhalt auf ihn geschossen, doch er war sich mit Matt und Pete darin einig, daß das ein Berufsrisiko war, mit dem jeder rechnen mußte, der hier im Grenzgebiet eine Bank betrieb. Sie fanden, es sei kein Grund, die Frauen nervös zu machen, und erwähnten ihnen gegenüber nichts von den Zwischenfällen.

«Sehr tröstlich, zu wissen, daß man nicht aus persönlichen Gründen umgelegt wird», meinte Matt. «Sie tun es ja nicht, weil sie uns hassen, sondern weil sie unser Geld zu sehr lieben.»

Helena hatte inzwischen den Ruf einer Metropole erlangt. Bald sollte ein neues Theater eröffnet werden, und die Maurer und Zimmerleute waren schon eifrig beim Bau. Andere Gebäude wurden abgerissen und durch massivere ersetzt. Täglich verkehrten jetzt Postkutschen nach Corrine und Salt Lake City, und die Vergnügungsstätten in der Stadt waren überfüllt. Dabei wurden die Schürfstellen immer unergiebiger. Aber Helena war inzwischen zum Verkehrsknotenpunkt der Grenzgebiete geworden, konnte also gar nicht sterben, solange es ringsum Hunderte von Camps in den Schluchten und eine ständig wachsende Zahl von Farmen und Ranches gab. Die Stadt wuchs und gedieh.

Wenn Morgan früh am Tage von dem terrassenförmigen Berghang, an dem seine Blockhütte lag, zur Stadt hinunterritt, hielt er im Dry

Gulch gelegentlich einen Augenblick an, um nachdenklich einen Toten zu betrachten, der am Galgen hing. Als Galgen diente eine riesige, kahle Fichte. Das Sicherheitskomitee arbeitete jetzt unauffälliger als in den Anfängen, und manchmal deutete nichts darauf hin, daß es immer noch am Werk war. Aber gelegentlich hing ein Mann mit abgewinkeltem Kopf von einem Ast herab, Weste und Hose von einem verzweifelten Kampf zerrissen, die Stiefel steif und schmutzig, einen Zettel am Hemd, auf dem das Verbrechen notiert war, für das man ihn hingerichtet hatte. Solch ein Übeltäter hing manchmal zwei, drei Tage dort, drehte sich langsam im Wind hin und her, und sein Anblick erregte viel Neugier, aber auch Unruhe und Nervosität.

Morgan hatte, das gab selbst Lem Finney zu, eine gute Nase für Erz. Sie folgten gern seinem Rat, wenn er vorschlug, Grundbesitz zu verkaufen oder zu kaufen, ein Darlehen zu kündigen oder zu verlängern. Aber sosehr ihn dieses Vertrauen ehrte, Morgan selber war nicht zufrieden damit. Nach zwei Jahren besaß er nämlich nur wenige hundert Dollar mehr als zu der Zeit, da Lily Jones mit Carter und ‹Tanzendes Kaninchen› auf und davon gegangen war. Das ärgerte ihn. Andererseits sagte er sich oft, daß dieses Leben genau nach seinem Geschmack sei und daß ihn das Schicksal offenbar weder zum reichen noch zum erfolgreichen Mann ausersehen habe.

Er hatte Matt 2000 Dollar für seinen Anteil an der Mine im Daylight Gulch gegeben. Da er glaubte, daß ein Mann – mochte er auch noch so aufrichtig sein – zum notorischen Lügner wurde, sobald sein Interesse an Goldminen geweckt war, ging er eines Nachts in den Daylight Gulch, nahm eine mit Goldstaub und -körnern geladene Schrotflinte mit und schoß die Ladung in die Felsritzen. Dann scharrte er mit dem Stiefelabsatz Erde darüber und begann sich nach einem Käufer umzusehen. Nach einiger Zeit konnte er einen Neuling dazu überreden, ihm 3000 Dollar für diese verheißungsvolle Schürfstelle zu zahlen. Doch als der Käufer ein paar Monate lang auf dem Claim gearbeitet hatte, kam er vorwurfsvoll und verwundert wieder zu Morgan und bot ihm die Schürfstelle für 1000 Dollar zum Rückkauf an. Morgan war einverstanden und mußte sich fast zwingen, diesem Greenhorn nicht die einfachste Regel für Goldsucher zu verraten, daß Aufrichtigkeit die Wurzel allen Übels und Geld die wirksamste Waffe sei. Er nahm sich vor, in wohlbedachten Abständen weitere Transaktionen dieser Art zu versuchen.

Den größten Teil seines Geldes legte er in Butte an, wo er neue Schürfstellen pachtete. Jedesmal, wenn er dorthin kam, stattete er Amos Muspratt einen Besuch ab. Er ließ sich in einem halben Whiskyfaß in den Schacht hinabseilen und lauschte interessiert allem, was Amos zu sagen hatte.

Muspratt lehnte es ab, seinen Claim zu verpachten oder zu verkaufen. Wenn Muspratts Name fiel, pflegten sich die Männer vielsagend an die Stirn zu tippen. Aber Amos blieb immer gleich überlegen und kühl. Morgan vertraute er sich mit der Miene eines alten Zauberers an, der einem Lehrling seine Geheimnisse verrät: «Dieser Boden hier, das sind die wertvollsten drei Quadratmeilen auf Gottes ganzer weiter Welt. Lassen Sie sich das gesagt sein!»

«Das glaube ich Ihnen, Sir», erwiderte Morgan respektvoll, obgleich er wußte, daß sich inzwischen nur noch knapp hundert Goldsucher im Lager befanden.

Die Hütten verfielen, in den Ruinen hausten die Ratten, die Türen hingen schief in den Angeln oder waren herausgefallen, die Fensterrahmen wurden gestohlen, um anderswo eingebaut zu werden. Von den Männern, die Morgan gut gekannt hatte, war nur noch Bruno Favorite da. Aber auch bei ihm wurden die Kunden weniger, und am Sonntagnachmittag saß niemand mehr da und pokerte und trank Gebirgswhisky und wetteiferte mit den Freunden, wer das größte Lügenmärchen über Vergangenheit, Gegenwart und Zukunft auftischen konnte.

Es gelang Morgan nicht, Matt oder Pete für Investitionen in Butte zu interessieren. Die Erzproben, die er ihnen zeigte, betrachteten sie mit Skepsis, und ihre Antwort bestand stets nur aus einem einzigen Wort: «Transportmöglichkeiten?» Für dieses Problem wußte Morgan auch keine Lösung.

Er ritt bei jedem Wetter und zu jeder Tages- und Nachtzeit: wenn Schnee die Straßen unpassierbar machte, und wenn es so dunkel war, daß er die Ohren seines Pferdes kaum noch erkennen konnte. An einem Tag aß er bei Jenny und Pete in Helena zu Abend, am nächsten brachte er Lisette ein paar Fasane, die er auf dem Weg nach Virginia City geschossen hatte, saß an ihrem Küchentisch und trank Kaffee, aß von den Obsttörtchen, die sie für ihn gebacken hatte, und spielte mit ihrem Töchterchen, obgleich er sich beim Anblick des Babys zuerst recht unbehaglich gefühlt hatte. Eines Tages sah Lisette ihn prüfend an und fragte: «Wann willst du eigentlich heiraten, Morgan?»

Er spürte, wie sein Gesicht heiß wurde, lachte gehemmt und verlegen und verkündete, es sei Zeit, aufzubrechen, er müsse noch vor Anbruch der Dunkelheit zur Reynolds-Ranch. «Ich weiß nicht», antwortete er dann auf ihre Frage und zog trotzig die Stirn kraus. «Vielleicht überhaupt nicht.»

Als Lisette Ralph Mercer geheiratet hatte, war er Ralphs Trauzeuge gewesen, ein Dienst, den er lieber Zack Fletcher erwiesen hätte. Als Rachel Finney vor kurzem Homer Grimes heiratete, war er Homers Trauzeuge gewesen, und in wenigen Wochen sollte er Jonathans Trauzeuge bei dessen Hochzeit mit Georgina Hart sein. Er bekam auch ununterbrochen zu spüren, daß er, als Matt Devlins ältester Sohn, Gegenstand zahlreicher Anschläge auf seine Freiheit geworden war.

Die Stadt schien voll von hübschen jungen Mädchen, die man zwar nie auf der Straße sah, die aber in beunruhigenden Mengen auftauchten, wann immer er den Fehler beging, Einladungen zu Tanzereien oder zu Schlittschuhausflügen anzunehmen. Aber er brauchte nur eine von ihnen anzusehen, dann stand ihm vor Augen, wie dieses Mädchen nach fünf Jahren Ehe aussehen würde: alles andere als frisch und gar nicht mehr bemüht, ihm zu gefallen, sondern resigniert und geneigt, die Heirat zu bereuen, wie er es bei so vielen jungen Ehefrauen bemerkt hatte. Er hatte festgestellt, daß die Energie der meisten Mädchen nur so lange reichte, bis sie verheiratet waren. Nachher war nichts mehr von den Verführungskünsten zu spüren, mit denen sie sich einen Mann geangelt hatten. Sie verfielen rasch, bis der arme Ehemann sich gezwungen sah, in Verteidigungsstellung zu gehen und sie einfach nicht mehr zu beachten.

Er hatte die Mädchen alle gründlich satt, und als ihm eines Abends Anna Grace Burgess, die er zu einer Schlittenpartie eingeladen hatte, unversehens mit offenem Mund einen feuchten Kuß aufdrückte, wich er mit tiefem Abscheu zurück und schwor sich, nie wieder zu einer ‹feinen› Einladung zu gehen.

Jenny behauptete, er warte anscheinend auf ein außergewöhnliches Mädchen. Aber er konnte sich nicht vorstellen, wozu eine Ehefrau gut sein sollte. Er fühlte sich augenblicklich so wohl, daß ihm nichts fehlte.

Seine Hütte – an der eine Ehefrau bestimmt als erstes Veränderungen vornehmen würde – war mit zwei Schlaflagern, zwei Stühlen und einem nachlässig zusammengefügten Tisch ausreichend eingerichtet und hätte so, wie sie war, von Butte hertransportiert sein können. Auf den Regalen türmten sich Blechtassen und -teller, Flaschen und Gesteinsbrocken, überall standen Bücher über Geologie und Chemie, und in der Ecke lagen achtlos hingeworfen Spitzhacken und Waschpfannen. Sein Garten war der Berghang, auf dem Beifuß und Kakteen wuchsen, die keiner Pflege bedurften. Lisette hatte ihm einen rötlichen Jagdhund mit Namen Music geschenkt, der zwar traurig die Ohren hängenließ, wenn Morgan nicht da war, ihm aber sofort vergab und die Vernachlässigung nie übelnahm, wenn er wieder zurückkehrte. Das hätte eine Frau bestimmt nicht getan.

Und was die Vergnügungen betraf, so ging er lieber mit anderen Männern ins Theater, denn die brauchte er hinterher nicht zum Austernessen ins St. Louis Hotel einzuladen. Sonntags gab es Pferderennen und Boxkämpfe, und hier und da pokerte er auch ein bißchen, weil er sich Zack Fletchers Rat zu Herzen genommen hatte, es gebe kein besseres Mittel, den Charakter eines Mannes kennenzulernen, als das Spiel. Die Freudenhäuser boten eine reiche Auswahl an Mädchen, und wenn er tanzen wollte, besuchte er eines der Tingeltangel, wo die Mädchen weit bessere Tänzerinnen waren als die Schülerinnen von Professor

Bundidge. In einem solchen Tingeltangel, im Bella Union, hatte er kürzlich ein Mädchen kennengelernt. Es hieß Ula Malloy.

Zum erstenmal hatte er sie in Fort Benton gesehen, als sie mit einem anderen Mädchen aus einem Hotel kam. Er war ihr, um ihr leuchtend rotes Haar und das lebhafte Gesicht näher betrachten zu können, absichtlich in den Weg getreten. Als sie ihm ausweichen wollte, trat auch er jeweils nach rechts oder nach links. Als sie ihn wütend anfunkelte, lächelte er sie mit seinem gewinnenden Lächeln an, das seine Wirkung bei anderen Mädchen nie verfehlt hatte. Auf sie schien es jedoch keinen Eindruck zu machen, denn sie forderte ihn kurz und bündig auf, Platz zu machen, und rauschte davon. Er blickte ihr nach und sah sie mit ihrer Freundin in einem Restaurant verschwinden. Dann vergaß er sie, bis er sie ein oder zwei Wochen später im Bella Union wiedersah.

Sie hatte blaue Augen, die sich fast zu Schlitzen verengten, wenn sie lachte. Ihre Nase war kaum größer als die eines Babys, und wenn sie mit einem Partner auf dem Tanzboden herumwirbelte, glitzerte ihre weiße, sommersprossige Haut vor Schweiß. Ihre Figur schien ihm für diese Art Arbeit ideal: Sie war gewachsen wie ein Indianerpony, hatte einen kräftigen, gedrungenen Körper und kurze, muskulöse Beine. Als er einmal mit ihr tanzte, ihren festen, straffen Rücken spürte und bemerkte, daß ihre Haare sich noch stärker ringelten, wenn sie von der Anstrengung feucht wurden, war er entschlossen, bei diesem strahlenden jungen Mädchen sein Glück zu versuchen. Sein Entschluß wurde um so fester, je öfter sie ihn abblitzen ließ.

Beliebtheit und Erfolg – er hatte gehört, daß sie pro Abend 30 Dollar einnahm – hatten aus ihr einen kleinen Tyrannen gemacht. Es dauerte zwei Wochen, bis sie ihm gestattete, sie zu Hause zu besuchen.

«Bleiben dürfen Sie aber nicht.» Sie drohte ihm mit dem Finger. «Sie müssen mir fest versprechen, es gar nicht erst zu versuchen.»

«Ich verspreche alles», beruhigte er sie und fügte hinzu: «Wenn Sie darauf bestehen.»

Sie lächelte über seine Lüge und ließ ihn ein. Die Hütte war für hiesige Verhältnisse geradezu luxuriös eingerichtet, mit geflochtenen Flikkenteppichen, schwarzen Walnußmöbeln, weißen Musselingardinen und Samttapeten. Es roch angenehm nach getrockneten Gräsern, mit denen offenbar die Matratzen gefüllt waren. Als er daraufhin unwillkürlich zum Schlafzimmer hinübersah, lief sie hin und schloß die Tür.

Befangen saßen sie einander gegenüber und hatten sich kaum etwas zu sagen. Schließlich beugte sie sich vor und flüsterte: «Sie werden es nicht glauben – aber ich bin noch Jungfrau.» Bei diesem Geständnis machte er wohl ein verdutzteres Gesicht, als sie erwartet hatte, denn sie warf den Kopf zurück und lachte. Er überlegte, ob das vielleicht nur ein Scherz gewesen sei. Da legte sie ihre Hände auf die Brüste und fragte: «Was ist? Haben Sie noch nie eine Jungfrau gesehen?»

Daraufhin verhielt er sich ein, zwei Wochen lang sehr respektvoll. Er tat, als bemerke er nicht, daß sie dreist mit ihm flirtete und ihn mit ihrem Lächeln und ihren Gesten herausforderte. Einmal versuchte er, sie zu küssen. Daraufhin versetzte sie ihm eine schallende Ohrfeige, floh in eine Ecke des Zimmers, als wolle sie sich hinter einem Möbelstück verbarrikadieren, und kam erst wieder hervor, als er sich zum Gehen wandte. Er war so wütend, daß sie fürchtete, sie werde ihn nicht mehr wiedersehen. Deshalb legte sie eine Hand um seinen Nacken, faßte mit der anderen seine Jacke und erlaubte ihm, sie zu küssen. Aber mehr nicht. Er gehorchte ihr in allem; denn inzwischen war er fest entschlossen, den Betrug aufzudecken, und wollte bereitwillig noch schlimmere Qualen auf sich nehmen, als sie ihm bisher zugemutet hatte.

Als er Lisette verließ und zur Reynolds-Ranch ritt, wanderten seine Gedanken immer wieder zu Ula Malloy, zu ihrer weißen, sommersprossigen Haut und dem roten Haar. Manchmal erinnerte sie ihn an Shekel, die Katze, weil sie genauso liebebedürftig war wie diese, wenn sie sich zärtlich seinen Händen überließ und sich an seinen Körper schmiegte. Manchmal war er so verwirrt und verzweifelt von ihr weggegangen, daß er sie am liebsten erwürgt hätte. Aber dann sagte er sich immer wieder, daß er noch dickköpfiger sein konnte als sie.

Je näher er der Reynolds-Ranch kam, desto unbehaglicher wurde ihm. Es widerstrebte ihm, Mrs. Reynolds die schlechte Botschaft zu überbringen.

In den Bergtälern gab es viele kleine Farmen und Ranches, deren Besitzer in ständiger Geldnot waren. Eine Farm sah aus wie die andere, und auch die Frauen der Rancher, blasse, magere, verarbeitete Geschöpfe, denen man kaum ansah, ob sie alt oder jung waren, ähnelten einander so sehr, daß man den Eindruck hatte, sie gehörten alle zu derselben Familie. Die armseligen Farmen schienen unberührt von dem rücksichtslosen Fanatismus, der sonst im Goldminen-Gebiet herrschte. Sie waren ebenso trostlos und einsam, ebenso mit Elend und Krankheit geschlagen wie die Farmen in den Niederungen des Missouri. Fast schien es, als würden die Menschen dafür bestraft, daß sie versuchten, die Erde in geduldiger Arbeit fruchtbar zu machen, anstatt mit Gewalt, durch Sprengen und Graben, in den Boden einzudringen und ihn seiner Schätze zu berauben.

Am deprimierendsten fand Morgan die Frauen. Sie starrten ihn stumm und anklagend an, und er hatte jedesmal das Gefühl, daß sie ihn und ihren Ehemann dafür verantwortlich machten, daß sie zu diesem Leben verdammt worden waren, das sie so früh altern ließ und viele von ihnen zum Wahnsinn trieb.

Reynolds tat, als freue er sich über Morgans Kommen. Aber vermutlich hätte er sich über jeden Besuch gefreut. Während sie sich über die neuesten Katastrophen unterhielten, drängte Morgan den Mann aus dem Blickfeld der Kinder. Aber sie hatten ihn schon erspäht, drückten sich an der Tür herum und starrten ihn staunend an. Mit weitaufgerissenen Augen bewunderten sie seine Größe und seine sonnenverbrannte Haut.

«Die Ernte war gut im letzten Jahr, eine der besten bisher. Aber dann fielen sie wie ein Unwetter über uns her. Als wir im Bett lagen, konnten wir hören, wie sie hier hausten. Es klang wie prasselnder Regen. Am nächsten Morgen war alles verschwunden, abgefressen mit Stumpf und Stiel.»

Morgan runzelte die Stirn und seufzte unwillkürlich. «Ich weiß, Reynolds.»

«Manche Farmen haben nichts abgekriegt. Aber wir haben alles verloren.» Er zuckte die Achseln. «Vielleicht haben wir nächstes Jahr mehr Glück – falls wir dann noch leben.» Er senkte die Stimme und scheuchte mit einer Handbewegung die Kinder fort. Sie wichen zurück, drängten sich aber nach wenigen Sekunden wieder in der offenen Tür. «Was soll nun werden? Kein Mensch beschützt uns. Die Kerle laufen überall herum, besser bewaffnet als Soldaten. Vor kurzem tauchten plötzlich vier Schwarzfußindianer hier auf und wollten etwas zu essen haben. Wir gaben ihnen alles, was wir hatten; aber als sie fort waren, war meine Frau so krank, daß sie zwei Tage im Bett bleiben mußte und weder reden noch die Kinder versorgen konnte. Warum tun sie denn nicht endlich mal was?» fragte er und sah Morgan so eindringlich an, als erwarte er von ihm eine Erklärung.

«Und was ist mit den Minen? Neulich kam ein Bursche hier vorbei und behauptete, dies sei die letzte lohnende Schürfsaison. Im Frühjahr würden alle Goldgräber abziehen, und ich sollte lieber verkaufen, solange noch Zeit dazu sei.»

«Da bin ich anderer Meinung», beruhigte ihn Morgan. Aber dann sprach er doch von Verkauf, nicht weil er glaubte, Reynolds könne seine Farm mit Profit absetzen, sondern weil er nicht nach seinem Geld fragen mochte. Er zögerte es so lange hinaus, bis es zu spät war und er genötigt wurde, ins Haus zu kommen und mit der Familie zu Abend zu essen. Mit eingezogenem Kopf betrat er das niedrige Zimmer und lächelte Mrs. Reynolds entschuldigend an.

Über allem hier lag eine bedrückende Atmosphäre von Unglück. Der Raum war kalt, obwohl es draußen schön warm war, und erfüllt von einem merkwürdig scharfen Geruch, dem Geruch der Armut oder vielleicht auch des Unglücks, den er oft genug in diesen einsamen Farmhäusern vorfand. Er und Reynolds saßen auf Hockern, die Kinder auf Kisten, und die Frau trug das Essen auf und behauptete, sie sei nicht hungrig und werde später essen, wenn sie Appetit habe.

Nach der Mahlzeit zündete er sich mit Mrs. Reynold's Erlaubnis eine Zigarre an, bot auch Reynolds eine an und zog ein kleines Notizbuch aus der Tasche. Während er es aufschlug und mit gerunzelter Stirn nachdachte, beobachteten ihn Reynolds, seine Frau und die Kinder mit angehaltenem Atem. Schließlich wandte er sich so unbefangen wie möglich an den Mann. «Reynolds», begann er, «es fällt mir schwer, es Ihnen zu sagen; aber wenn wir Ihnen noch mehr Geld leihen sollen, müssen wir eine Hypothek auf Ihren ganzen Besitz, auf Ihr Land und auch auf das Vieh haben.»

Reynolds nickte, als sei dieses Angebot großzügiger, als er zu hoffen gewagt hatte. Aber seine Frau wandte sich ab. Schnell stand Morgan auf, verbeugte sich in ihrer Richtung und ging zur Tür. «Vielen Dank für das Essen, Mrs. Reynolds. Ich muß jetzt weiter.» Er wollte gehen, blieb aber noch einmal stehen. «Es tut mir aufrichtig leid, aber wir müssen unsere Bankkunden schützen, die das Geld geben.»

Mit schiefem Blick sah sie ihn an. «Nehmen Sie doch gleich alles.»

«Dazu wird es hoffentlich nicht kommen, Mrs. Reynolds», protestierte er. «Sie haben schließlich eine gute Farm.» Wieder nickte Reynolds bestätigend, der froh zu sein schien, einen Verbündeten gegen seine Frau gefunden zu haben. «Es dauert eben ein Weilchen, bis sie etwas abwirft.»

«Und wenn sie was abwirft? Was haben wir dann?»

Reynolds hustete und verließ mit Morgan und den Kindern das Haus. Die Kinder, die während der Mahlzeit schweigend dagesessen hatten, begannen sofort fröhlich herumzutollen. Sie waren offenbar selig, der einschüchternden Gegenwart ihrer Mutter entronnen zu sein. Morgan hatte es nicht minder eilig, von hier fortzukommen, denn er hatte das Gefühl, es gebe nichts Beklemmenderes als eine unglückliche Frau. Er wünschte Reynolds alles Gute, winkte den lärmenden Kindern zu und ritt im Galopp davon. Der Gedanke an den einsamen Ritt durch die Nacht schreckte ihn weniger als die Vorstellung, Mrs. Reynolds noch einmal unter die Augen treten zu müssen.

Er rief sich das Bild Ula Malloys vor Augen, wie sie in einem tief ausgeschnittenen Kleid mit kurzem Rock im Bella Union herumwirbelte. Oder wie sie, atemlos vor Lachen, vor ihm herlief, als könne sie es nicht erwarten, die Tür ihrer Hütte hinter sich zuzumachen. Und wieder einmal fand er, nur Frauen wie sie, anspruchsvoll und verwöhnt, seien es wert, daß ein Mann sich um sie bemühe.

Er kannte ihren Körper inzwischen so genau wie die Bergpfade und -pässe, denn sie war die geschickteste Versucherin, die ihm jemals begegnet war. Listig gestattete sie ihm alles, nur nicht das, wonach ihn am meisten verlangte. Sie schickte ihn immer dann fort, wenn er am widerwilligsten ging, und zwang ihn damit wirkungsvoller zum Wiederkommen als mit jeder anderen Taktik.

Eines Tages erfuhr er etwas von Bruno Favorite, das ihn sogar Ula Malloy eine Zeitlang vergessen ließ.

Bruno berichtete, er sei innerhalb von acht Monaten dreimal von ein und demselben Mann aufgesucht worden, der drei Claims gekauft, die früheren Besitzer als Angestellte übernommen und noch zwei weitere Schürfstellen gepachtet habe. Dieser Mann, schloß Morgan aus Brunos Beschreibung, konnte niemand anderer sein als Lem Finney.

«Es ist ein Goldsucher», erzählte Bruno. «Jedenfalls behauptet er das. Aber eigentlich sieht er zu schlau aus für einen Goldsucher. Kommt einfach dahergeritten, springt vom Gaul, als hätte er nichts weiter im Kopf als Geschäfte, und fragt, wem es in letzter Zeit nicht mehr gut ginge. Er rührt kaum seinen Drink an, lädt dich aber zu zwei, drei Whisky ein, damit du anfängst zu reden, und dann haut er plötzlich ab, als hätte ihm jemand verraten, wo er das Paradies finden könne.»

Morgan war so wütend und eifersüchtig, als hätte er gerade erfahren, daß Lem Finney Ula Malloy einen Besuch abgestattet habe. Er fand, Lem sei durch seine Unternehmungen in Bannack, Virginia City, Helena und Fort Benton reich genug geworden, während er selber und Zack aus den anderthalb Jahren in Butte keinen anderen Gewinn geschlagen hatten als ihre gründlichen Kenntnisse des Bodens und der verschiedenen Anzeichen auf seine verborgenen Schätze.

Es gelang ihm jedoch nicht, Lem Finney das Geständnis zu entlocken, in Butte gewesen zu sein. Lem tat nur interessiert, als er hörte, daß jemand in Butte Schürfstellen gepachtet und gekauft habe. «So, so, der Bursche soll sich also benommen haben wie ich!» Lem lächelte. «Ich werde dich lieber nicht um eine nähere Beschreibung bitten, Morgan. Es kann einem einen mächtigen Schock geben, zu hören, wie andere einen sehen. Aber vielleicht sollte ich auch ein paar Claims in Butte kaufen – was meinst du?»

«Lassen Sie lieber die Finger davon – es sei denn, Sie wären bereit, verdammt viel Geld reinzustecken. Sonst kriegt man dort kein lohnendes Stückchen aus dem Boden.»

«Ja, natürlich – Geld», nickte Lem. «Das ist unser größtes Problem hier, nicht wahr?» Er sah Morgan mit seinem charakteristischen Lächeln an, listig und fröhlich zugleich. «Aber ich möchte nicht eines Tages entdecken, daß ich etwas versäumt habe. Kannst du das verstehen?»

29

Für alle, die reich genug waren und sich die Ausgabe leisten konnten, war dies der schönste Festtag des ganzen Jahres. Jede Dame, bis auf die kranken oder jene, die Trauer hatten, hielt ihr Haus von Mittag bis Mitternacht geöffnet, und die Herren jagten in Gehröcken und Seidenhüten mit ihren Kutschen oder mit Mietdroschken oder, wenn es gar nicht anders ging, zu Fuß in der Stadt herum. Schon am Vormittag sah man sie aus dem Wagen steigen, die Stufen der Sandsteinhäuser hinaufeilen und nach fünf bis zehn Minuten wieder herauskommen. Je weiter der Tag fortschritt, desto langsamer wurde ihr Tempo. Sie schwankten die Treppen jetzt hinauf und stolperten sie wieder hinunter, und so mancher wurde von Freunden, die noch nüchtern genug waren, davongetragen. Erst gegen Mitternacht wurde es ruhiger in den Straßen, die Kutschen verschwanden, und die Damen, häufig nicht weniger berauscht als ihre Gäste, wurden von ihren Zofen entkleidet und zu Bett gebracht, erleichtert, diesen Neujahrstag überstanden zu haben.

Joshua hatte Suky versprochen, daß sie ihren ersten Empfang in dem neu eingerichteten Haus geben dürfe. Die Handwerker waren während der ganzen Sommer- und Herbstmonate dagewesen, so daß er fast glaubte, sie würden zu ständigen Hausgenossen. Trotzdem war das Haus eines Tages zu seinem Erstaunen fertig und sah genauso aus, wie Suky es ihm vor sieben Monaten geschildert hatte. Die Handwerker zogen gerade noch rechtzeitig ab, denn eine Woche später, am 18. Dezember, kam das Baby zur Welt: ein Mädchen, wie Suky vorausgesagt hatte. Sie nannte es Sarah, nach ihrer Großmutter Ching.

Am Silvesterabend lag Suky bereits um neun in tiefem Schlaf. Als sie am anderen Morgen um acht Uhr erwachte, waren die Vorbereitungen unter Aufsicht von Susan und Ceda bereits in vollem Gang. Suky blieb noch im Bett, trank Kaffee und wartete auf Mr. Ducarcel, den ‹Haarkünstler›, wie er sich nannte. Seine Dienste wurden von so vielen Damen beansprucht, daß sie stets fürchtete, er könne einmal keine Zeit für sie haben.

In der Küche machte sich ein Mann zu schaffen, der von Haus zu Haus ging und den Punsch ansetzte. Er hantierte mit Flaschen voll Brandy und Champagner, Rum und Chartreuse, mit grünem Tee und einem Spezialsirup und mixte ein kunstvolles Gebräu, das schnell und anhaltend wirkte und von dem man sagte, es sei so delikat, daß ein Mann, der davon betrunken werde, sich nie ehrenrührig benehme. Das Geheimnis der Zusammensetzung hütete er ebenso sorgfältig wie Mr. Ducarcel seinen Vorrat an Japanrinde, Haarnadeln und falschen Zöpfen.

Im Salon stand, quer vor den Türen zur Bibliothek und zum Wintergarten, ein langer Tisch auf Böcken. Er war mit weißem Damast gedeckt und mit Silberleuchtern und Tafelaufsätzen geschmückt, die man von Philips Schwestern ausgeborgt hatte. Sonst war nichts verändert worden. Man hatte lediglich, wegen der wilden Horden, die an diesem Tag vermutlich durchs Haus stürmen würden, den hellgrauen Veloursteppich aufgenommen.

Der Blumenhändler verteilte überall weiße Rosenarrangements und setzte Töpfe mit Maiglöckchen auf Fensterbänke und auf den Kamin. An den weißen Seidenwänden hingen Porträts von Philips holländischen Vorfahren, die streng auf die neue Umgebung und die vergoldeten französischen Möbel herabblickten. Doch Suky sprach schon gelegentlich von einem Corot, einem Gérôme und Meissonier, so daß die Van Zandts zweifellos bald in die Bibliothek abwandern würden.

Der Wagen des Lebensmittellieferanten hielt vor der Küchentür, und unter Cedas strenger Aufsicht wurden Truthähne und Brathühner, Treibhausfrüchte und Fässer voller Austern, Wildpasteten und Torten hereingetragen, die kaum weniger reich verziert waren als die Röcke der Damen. Es sei genug, um eine Armee von tausend Mann zu verpflegen, versicherte der Mann. Joshua gab dem Butler die Schlüssel, und gleich darauf schleppten Diener aus dem Keller Kisten voll Whisky – aus den De Grootschen Brennereien – herauf und vom Dachboden Kisten voll Madeira herunter. Den Madeira hatte Joshua von einem Makler gekauft, der die Goldmanipulationen des Schwarzen Freitag nicht überstanden hatte.

Punkt neun Uhr wurde Mr. Ducarcel vorgelassen. Zierlich tänzelte er die Treppe hinauf zu Sukys Zimmer, und Ceda, die ihn vorbeigehen sah, lief eilig zu Susan, um ihr zu berichten, daß er gekommen sei.

Als sie um halb zehn hinaufgingen, um sich anzuziehen, und vorher schnell noch zu Suky hereinschauten, war er noch immer da. Suky saß steif und aufrecht vor dem Frisiertisch und strahlte gelassene Gleichgültigkeit aus, wie stets, wenn sie sich ganz konzentrierte. Mr. Ducarcel sprang stirnrunzelnd und stöhnend um sie herum, trat ein paar Schritte zurück, stürzte wieder vor und tat so leidenschaftlich und verzweifelt, als sei er entschlossen, ein Meisterwerk zu schaffen, habe aber alle Hoffnung aufgegeben, sein Vorhaben verwirklichen zu können.

Er hatte Sukys Haar aus dem Gesicht und nach oben gebürstet und nur eine lockige Strähne hängen lassen, die wie zufällig herabfiel. Gerade befestigte er einen Lockentuff, der den Hinterkopf betonen sollte, nahm Maxine ein Stück Samtband aus der Hand, schlang es geschickt zu einer Schleife und schob das Ganze mitten in den Lockentuff. Währenddessen krauste er ständig die Stirn und stöhnte erbärmlich. Schließlich reichte Maxine ihm ein Gesteck aus weißen Rosen, und nun blickten alle drei gespannt in den Spiegel, während er das Gesteck einen Augenblick über Sukys Kopf schweben ließ, um den besten Platz dafür zu suchen, und es dann geschickt und wirkungsvoll befestigte. Erleichtert seufzten sie alle auf, und Suky schenkte ihm ein strahlendes Lächeln.

Mr. Ducarcel räumte hastig sein Handwerkszeug in eine große Tasche, machte eine knappe Verbeugung und wollte davonstürzen, als er Sukys ausgestreckte Hand bemerkte. Er ergriff sie und stellte fest, daß sie ihm eine goldene Taschenuhr gereicht hatte, in die sein Name und das Datum eingraviert waren. Dankbar küßte er ihr beide Hände und versicherte, er werde zu ihrer Verfügung stehen, wann immer sie ihn brauche, Tag und Nacht, und sogar ohne vorherige Anmeldung.

Während Suky ins Bad ging, legte Maxine ihr mit außergewöhnlicher Ehrfurcht die Kleider zurecht. Auf der Straße wurde es schon lebendig, obgleich es noch nicht einmal halb elf war. Sogar Romola, der Pudel, schien von dieser Aufregung angesteckt: Er folgte Maxine kläffend und schwanzwedelnd überall hin, bis sie ihm einen Klaps gab und ihn vor die Tür setzte. Mit angelegten Ohren und eingekniffenem Schwanz sauste er davon.

Als Suky zurückkam, begann die heilige Handlung des Schminkens. Viele Frauen – auch Coral Talbot, wie Suky gehört hatte – ließen sich bei wichtigen Anlässen von einem Künstler zurechtmachen, der, wie Mr. Ducarcel, von Haus zu Haus eilte. Aber Suky war überzeugt, daß niemand das Antlitz einer Frau so gut kannte wie sie selber. Wenn man diese wichtige Aufgabe anderen überließ, konnte ein völlig fremder Gesichtsausdruck entstehen, und Suky fürchtete, daß sie – so schön sie dem Betrachter auch erscheinen mochte – sich nie ganz wie sie selber fühlen würde.

Sie war noch beim Schminken, als Susan und Ceda anklopften, um sich von ihr begutachten zu lassen. Susan rauschte mit etwas herausfordernder Miene herein. Ceda schien nur zu hoffen, daß ihre Aufmachung korrekt war. Suky war inzwischen in allen häuslichen Angelegenheiten tonangebend geworden. Sie bestimmte, wohin man ging, worüber man sprach und was man lesen mußte, welche Maler und Komponisten zu bewundern und welche zu verabscheuen waren, wie sie sich kleiden und frisieren und wie sie sich gegen Freunde, Feinde und Fremde verhalten sollten. Auch wenn Susan manchmal noch dickköpfig und trotzig genug war, um sich für ein Theaterstück zu begeistern, das Suky langweilig fand, so zweifelte doch keine von den beiden Frauen an Sukys Unfehlbarkeit. Joshua behauptete, dies sei nur ein weiterer Beweis für seine Theorie vom natürlichen Adel.

Die Garderobe für den heutigen Tag hatte eine Menge Beratungen erfordert. Susan hatte ein Kleid aus rosenfarbener Seide tragen wollen, weil sie glaubte, diese Farbe stehe ihr besonders gut. Doch Suky hatte sie davon überzeugt, daß unter den gegebenen Umständen – damit meinte sie den Umstand, daß Susan vierzig Jahre alt wurde – nichts eleganter sei als schwarzer Samt, reich mit Perlen bestickt.

Suky ging ihrer Mutter entgegen und sagte leise: «O Mama, wie schön du bist!» Behutsam legte sie ihre Wange an die ihrer Mutter, und Susan, die darauf vorbereitet gewesen war, entweder die Rolle der Märtyrerin spielen zu müssen oder in offene Feindschaft auszubrechen, lächelte und drehte sich langsam um sich selber. Suky schlug die Hände zusammen und schüttelte vor Staunen den Kopf. «Und du auch, Tante Ceda. Mein Gott, wie stolz ich bin! Auf euch alle beide.»

Alle drei trugen Kleider mit engen Röcken, die hinten, direkt unter der Taille, stark gebauscht waren. Es handelte sich dabei um eine neue

Mode, die man anfangs nicht recht ernst genommen und als Geschmacklosigkeit abgetan hatte. Nach und nach fand sie aber immer mehr Anhängerinnen und wurde letztlich als das akzeptiert, was sie war – nämlich eine Turnüre.

Niemand konnte voraussehen, ob diese Mode Zukunft haben würde. Weder Susan noch Ceda waren begeistert von dem Gedanken gewesen, ein solches Gebilde zu tragen. Aber Suky hatte sie an Hand von Skizzen, die sie aus Frankreich hatte kommen lassen, überzeugt, und nun gaben sie zu, daß diese merkwürdige neue Silhouette ihnen die geheimnisvolle Genugtuung verschaffte, bei jedem Betrachter Staunen zu erwecken und die Damen, die sie noch nicht besaßen, in Unruhe und Nervosität zu versetzen.

Romola, der Pudel, zwängte sich durch den Türspalt und landete mit einem Satz auf Sukys gestreiftem Unterrock. Maxine nahm den Hund und trug ihn schnell wieder hinaus. Auch Susan und Ceda gingen, denn sie wußten, daß Suky lieber allein war, wenn sie sich ankleidete. Schließlich kam Maxine mit dem Kleid, einem Prunkstück aus schwerer weißer Seide mit Perlstickerei, das sie feierlich vor sich hertrug. «O Madam, das ist das schönste Kleid, das ich je gesehen habe.» Maxine machte ein Gesicht, als wolle sie vor Begeisterung über soviel Schönheit in Tränen ausbrechen, beherrsche sich aber, weil sie Angst habe, den Stoff zu beflecken.

Suky schlüpfte behutsam hinein, stellte sich vor den Spiegel und betrachtete sich. Wieder einmal wunderte sie sich, daß sich das junge, sehnsüchtige, bescheidene Mädchen, das sie noch vor kurzem im Spiegel gesehen hatte, in diese selbstsichere Frau verwandelt hatte, die sich jetzt weit kritischer musterte, als sie je eine andere Frau mustern würde. Meist sagte ihr schon ein einziger flüchtiger Blick, ob jemand für sie als Rivalin in Betracht kam oder nicht, und drohte ihr keine Gefahr, dann interessierte Suky sich weder für das, was andere Frauen trugen noch wie sie es trugen.

Als sie den Kopf zurücklegte, um sich Belladonna in die Augen zu träufeln, hörte sie Philip eintreten. Sie hob die Lider, sah aber nur einen schwimmenden Nebel, durch den ihr Mann auf sie zukam. Sie blinkerte mit den Augen, damit sich die Tropfen verteilten, tupfte mit dem Taschentuch die Tränen ab und stellte fest, daß Maxine sich entfernt hatte. Philip war durch seine Verluste am Schwarzen Freitag verbittert. Er benahm sich ziemlich unbeherrscht und tat, als gebe er anderen die Schuld an seinen Fehlschlägen, habe aber noch nicht entschieden, wem. Inzwischen richtete sich sein Mißtrauen gegen alle und jeden. Er schritt im Kreis um Suky herum, nickte und sagte ironisch: «Wie außerordentlich wohl Sie heute aussehen, Mrs. Van Zandt.»

Dies war eine Phrase, die nahezu jeder Besucher während der vier, fünf Minuten aussprach, die zwischen seinem Eintreffen, dem Hinunterstürzen einer Bouillon, eines Glases Punsch oder Champagner, einiger Austern oder eines Fasanenschlegels und einem hastigen Abschied lagen.

Suky lächelte ihn an, obgleich sie sein Gesicht nur verschwommen wahrnahm. Auf einmal sah er ihr prüfend in die Augen und faßte ihr unters Kinn, damit sie ihr Gesicht nicht wegdrehen konnte. «Der Arzt hat dir doch verboten, dieses Zeug zu benutzen. Du ruinierst dir deine Augen! Nur wegen dieser Modetorheit und deiner verdammten Eitelkeit!»

Suky konnte sich leicht vorstellen, daß sie Philip verachtet hätte, wenn er älter gewesen wäre. Da sie beide aber nahezu gleichaltrig waren, betrachtete sie ihn als ungezogenen, charmanten und oft etwas lästigen Spielkameraden, der es als seine Pflicht ansah, im Lager der Chings von Zeit zu Zeit das Banner derer Van Zandt zu hissen. Wann immer es ihm in den Kopf kam – und das geschah seit dem Schwarzen Freitag häufig –, warf er Suky ihre Extravaganzen und ihren Snobismus vor und tat, als lebe er selber so bescheiden wie die ersten holländischen Siedler, oder würde es zumindest gern tun.

«Bist du heute schlecht gelaunt, Philip?» Sie löste sich von ihm mit der für sie charakteristischen graziösen, gleitenden Bewegung, die jeden Betrachter entzückte, und begann sich Haar, Arme und Hals mit Tuberosen-Parfum einzusprühen.

«Du glaubst, es wird ein großer Erfolg für dich, nicht wahr?»

Suky polierte ihre Nägel und antwortete nicht.

«Kommt Frederic Hallam auch?»

«Vielleicht. Ich weiß es nicht.»

«Du weißt es nicht?» Er stellte sich vor sie hin und beugte sich herunter, bis sein Gesicht auf gleicher Höhe mit ihrem war. Obwohl Suky ihn auch jetzt nicht ansah, lächelte er wissend. Sie hätte ihm am liebsten mit der Elfenbeinseite ihres Polierkissens einen Schlag an die Schläfe versetzt; doch dann warf sie das Instrument auf den Frisiertisch und begann sich die Handschuhe überzustreifen. «Hast du Hallam schon gesehen, seit er zurück ist?»

«Natürlich nicht, Philip, das weißt du doch.» Es stimmte, denn Frederic war erst wenige Tage vor Sarahs Geburt aus Europa gekommen.

«Wußtest du, daß seine Frau schwanger ist?» Er beobachtete sie gespannt. Dann grinste er, als hätte sie sich durch ein Stirnrunzeln oder Atemanhalten verraten, und trat zurück.

Suky kramte zwischen den Flaschen und Töpfen auf ihrem Frisiertisch herum und tat, als suche sie etwas. Schließlich fragte sie mit leichtem Lächeln: «Wer hat dir denn das erzählt? Mrs. Talbot?» Philip lachte gekünstelt, antwortete aber nicht, sondern sprach über Alvita, die er besser kannte als Suky. Denn Suky war ihr erst zweimal begegnet: Einmal hatte sie sie mit Felice auf einem Einkaufsbummel bei Stewart getroffen, und dann am Abend der Hochzeit.

«Als Freundin könnte sie dir sehr nützlich sein, nicht wahr, Susan?» Philip nannte sie niemals Suky, vielleicht weil Joshua seine Tochter so nannte.

«Meinst du?»

«Nun, die Van Alstines, die Hallams und deren Bekannte, die Delafields, Laceys und Talbots wären doch eine recht gute Hilfe für dich, falls du sie herumkriegst!»

Den gleichen Gedanken hatte Suky schon gehabt, als Frederics Verlobung bekanntgegeben wurde. Daher kam ihr Philips Bemerkung äußerst verdächtig vor, fast als hätte sie im Schlaf von den Delafields, den Laceys und den Van Alstines gesprochen. Aber sie sah nicht ein, warum sie Alvitas Freundschaft nicht erringen sollte – es sei denn, Philip, Coral Talbot oder ein anderer versuchte das zu verhindern.

«Ich mag sie gern. Sie ist nett und sehr freundlich», murmelte Suky.

«Und sehr leicht zu täuschen», warf Philip lächelnd ein.

Da hob Suky die Hand und schlug Philip mit dem Polierkissen gegen die Schläfe. Er schlug zurück, gab ihr einen schnellen, leichten Schlag auf die Wange. Dann traten sie auseinander, als müßten sie erst überlegen, was weiter geschehen solle. Da klopfte es an der Tür. Sie wandten sich um und sahen Joshua auf der Schwelle stehen, der sie skeptisch musterte, als habe er eben zwei Kinder beim Doktorspielen ertappt. «Ein glückliches neues Jahr wünsche ich Ihnen, Sir», sagte Philip förmlich und verschwand.

«Komm herein, Papa.» Suky suchte nach ihrem goldenen Riechdöschen und wollte, für den Fall, daß es vom ständigen Türenöffnen zu kalt wurde, ihre Hermelinstola aus dem Schrank holen. Sie war wütend, daß Philip es gewagt hatte, eine so besitzergreifende Eifersucht an den Tag zu legen. Er hatte sich aufgeführt wie ein Ehemann, während er doch in Wirklichkeit nur der Sklave seines Schwiegervaters war.

«Hat er dich geärgert?»

«Wer? Philip?» Sie zog die Brauen hoch, schien nicht zu begreifen, was er meinte, und lachte dann verächtlich auf. Liebevoll nahm sie Joshuas Arm und erklärte ihm, sie hätten sich gestritten, weil sie wegen der Belladonna-Tropfen nichts sehen könne.

«Benimmt er sich, wie es einem Ehemann zukommt?»

«Natürlich, Papa.»

«Ist er nett zu dir?»

«Ja, das ist er.»

«Er kann es sich nicht leisten, dich zu verärgern, vergiß das nicht.»

Sie gingen die Treppe hinab ins untere Stockwerk, wo ein Zimmermädchen, als es sie kommen sah, die Vorhänge zuzog und die Kerzen anzündete. Suky schob mit einer geschmeidigen Bewegung ihren Rock zurecht und ging in den Salon, wo Susan und Ceda bereits warteten. Die Diener standen auf ihren Warteposten an einer Wand.

Joshua verabschiedete sich, um sich auf seine Besuchsrunde zu machen, und sagte, er werde in zwei, drei Stunden zurück sein. Während die Damen beieinanderstanden, hörten sie von der Straße her Räderrollen. Eine Kapelle begann zu spielen, und zwanzig oder noch mehr junge Männer kletterten aus einem Wagen, auf dessen Schlag CORPORATE ENGINEERS stand. Sie stießen und schoben sich gegenseitig die Stufen herauf, wurden jedoch, als sie das Haus betraten, alle sehr verlegen, bis Suky sie mit aufmunterndem Lächeln begrüßte. Das Ständchen ging weiter, die jungen Männer stürzten sich auf die Speisen und Getränke und machten Suky nur ein paar flüchtige Komplimente.

«Schöner Tag heute.»

«Wie außerordentlich wohl sie heute aussehen, Mrs. Van Zandt!»

«Leider kann ich nicht lange bleiben.» In knapp fünf Minuten waren sie wieder weg, und im Salon war es wieder still und leer.

Suky schlenderte umher, arrangierte ein paar Blumen, hob das Riechdöschen an die Nase und sah in den Spiegel. Bald trafen Onkel Aaron und Onkel Samuel mit ihren Söhnen ein, und plötzlich war es, als sei nicht nur die Haustür, sondern die ganze Vorderfront des Hauses geöffnet worden: Das Zimmer war voller Männer. Einige kannte Suky, manche nur vom Sehen, aber es waren auch viele Fremde da, die offenbar gehört hatten, daß Mrs. Van Zandt eine schöne Frau sei, daß das Haus neu eingerichtet und der Tisch reich gedeckt sei und daß es reichlich Punsch gebe.

Es war ein ununterbrochenes Kommen und Gehen. Überall klang Stimmengewirr, Gläser klirrten, Tassen und Teller klapperten, die Diener huschten umher, füllten die Platten nach und trugen Körbe voll schmutzigen Geschirrs hinaus. Indessen schob sich ein Strom von Herren in schwarzen Gehröcken an Suky vorbei, ein ständig wechselndes Heer von Bewunderern, deren Komplimente sie so gelassen entgegennahm wie eine Schauspielerin den Applaus ihres Publikums. Sie ging anmutig zwischen den Reihen der Besucher umher, warf hin und wieder ihr kleines Hermelincape um die Schultern, ließ es dann wieder lässig am Boden schleifen und genoß sichtlich die Aufmerksamkeit, die sie erregte. Man sah ihr nach, beobachtete das sanfte Schwingen ihrer Hüften, das gelenkige Drehen und Wenden ihres Körpers, während sie tat, als höre sie nicht, was die Männer sagten. Sie lächelte, jenes zarte, losgelöste Lächeln, das fast wie eine Art Segen wirkte.

«Alles in Ordnung?» Joshua stand plötzlich neben Suky und machte ein besorgtes Gesicht. «Ist es auch nicht zu anstrengend für dich?»

«Ich bin nicht müde, Papa.»

«Es ist fast fünf Uhr.»

«So spät schon?»

Inzwischen waren mehrere junge Männer umgekippt und wurden von ihren Freunden hinausgeschleppt. Die Helfer marschierten feierlich wie Sargträger mit ihrer Last an Suky vorbei und murmelten eine Entschuldigung. Als jemand über eine Vase mit weißen Rosen stolperte und sie zerbrach, lächelte sie nur mitfühlend. Sie nahm auch das als Teil der Huldigung, die ihr von den Herren der Stadt dargebracht wurde. Doch ihr Triumph war nicht vollständig, so lange Frederic nicht kam. Es dunkelte schon, und die Besucherzahl wurde spärlicher, als sie ihn an der Tür zum Vorraum stehen sah. Er trug einen schwarzen Mantel mit Sealkragen und betrachtete sie mit demselben tiefernsten, nachdenklichen Ausdruck wie vor nahezu sieben Monaten, als sie zum letztenmal miteinander getanzt hatten.

Er kam durch den Raum auf sie zu, und sie legte ihre Hand auf die seine. «Ich fürchtete schon, du würdest nicht kommen, Frederic.»

«Ich wollte es eigentlich auch nicht.»

Suky warf einen Blick in die Runde, lächelte geistesabwesend, schnupperte an ihrem Riechdöschen und war überzeugt, sie werde gleich anfangen zu weinen. «Warst du heute bei Felice?» Sie sah zu ihm auf. «Bitte, so hilf mir doch!»

«Ich komme gerade von dort. Ich soll dich herzlich grüßen.» Jetzt sah er noch ernster aus. «Sie hat mir das Versprechen abgerungen, zu dir zu gehen, obgleich ich es nicht vorhatte.»

«Du wolltest nicht kommen, Frederic?» Sie war fassungslos. «Aber warum nicht?» Suky hatte das Gefühl, als drehe sich das Zimmer um sie, als gleite der Boden ihr unter den Füßen fort. Sie schwankte, und in ihren Ohren begann es leise zu dröhnen.

«Ich fand, ich hätte nicht das Recht dazu. Aber Felice sagte: ‹Wer hätte ein größeres Recht als du, Frederic?›» Er lächelte traurig. «Ist sie wirklich so schön, wie Felice behauptet?»

«Vielleicht jetzt noch nicht – aber wenn sie ein bißchen älter ist, wird sie es bestimmt werden. Sie ist ein sehr zartes Baby, winzig, Frederic, aber schon ganz wach und aufmerksam.»

«Sarah», sagte Frederic leise und nickte versonnen. «Sarita.» Suky legte eine Hand an seine Schulter, als müsse sie sich stützen. Er faßte nach dieser Hand und sah Suky beunruhigt ins Gesicht. Aber sie schüttelte den Kopf, stirnrunzelnd und lächelnd zugleich.

Nachdem Frederic sich verabschiedet hatte, fand sie den Lärm im Zimmer betäubend. Die jungen Männer kamen ihr betrunken und dumm vor, und sie konnte sich kaum vorstellen, daß das ihre Gäste waren. Als sie nach einiger Zeit Joshuas Stimme hörte, fuhr sie zusammen.

«Es ist fast elf, Suky. Deine Mutter macht sich Sorgen um dich. Ich übrigens auch. Es ist spät genug. Ich habe Anweisung gegeben, endlich alle hinauszuwerfen.» Er wandte sich um und sagte zu Susan: «Ich muß noch ein paar Besuche machen.»

«Um diese Zeit, Joshua? Das ist doch lächerlich.»

«Durchaus nicht», widersprach er und ging zu seinem Wagen. Er befahl Huggens, zu Roses Haus zu fahren, denn diesen Besuch hatte er aufgeschoben, bis alle Pflichten erledigt waren.

Während der Fahrt überließ sich Joshua der Freude über Sukys Triumph. Das Haus paßte gut zu ihr, weil die Farben klar und weich waren und die geschnitzten Möbel die gleiche graziöse Leichtigkeit besaßen wie Suky selber. Dann dachte er an Philip, dem er im Laufe des Tages in verschiedenen Häusern begegnet war. Sein Schwiegersohn machte ein ebenso finsteres Gesicht wie damals Milton De Groot. Philip hatte nicht nur die drei Grundstücke verloren, sondern steckte so tief in Schulden, daß er sich damit einverstanden erklären mußte, seinen Anteil an der Firma Van Zandt & Ching abzutreten. Schließlich dachte Joshua auch an Frederic Hallam, mit dem er am Nachmittag gesprochen hatte. Er hatte in Frederics Gesicht deutliche Anzeichen dafür gesehen, daß dieser glaubte, er sei Sarah Van Zandts Vater. Wenn er es tatsächlich war oder meinte, es zu sein, dann ergaben sich für Joshua in Zukunft kaum abzusehende Vorteile.

Roses Haus war hell erleuchtet. Die Vorhänge waren zwar zugezogen, aber als er die Stufen zur Tür hinaufstieg, vernahm er singende Stimmen und hörte Roses unverkennbares Klavierspiel. Wie alle Damen, die keine Besucher empfangen wollten, hatte Rose einen Korb an die Tür gehängt. Aber er enthielt keine einzige Visitenkarte. Joshua blieb einen Augenblick verärgert stehen, dann hörte er, daß es nur drei Stimmen waren – Roses, Tessie Spooners und Hoke O'Neils. Sie sangen laut und begeistert Roses Lieblingslied, das sie auch ihm bisweilen vortrug.

Joshua klopfte, und das Singen verstummte. Aber die Tür ging nicht auf, und er stellte sich belustigt vor, wie Rose und Tessie sprachlos vor Entsetzen dasaßen und Hoke O'Neil, der es sich in Joshuas Abwesenheit in dessen Haus hatte gutgehen lassen, zum erstenmal während ihrer Bekanntschaft kleinlaut werden würde.

Aber Hoke enttäuschte ihn wieder einmal. Denn plötzlich riß er die Tür weit auf und stand so selbstbewußt vor Joshua wie ein Mann, der sein Haus gegen ungebetene Gäste verteidigt – in der einen Hand ein Champagnerglas, in der anderen eine Zigarre. Die Zigarre, stellte Joshua mit einem schnellen Blick fest, war eine von seinen eigenen, den Champagner hatte Hoke offenbar selber mitgebracht. Hoke grinste ihn an und machte eine einladende Geste. «Nur herein, Mr. Ching! Sie kommen gerade recht.»

Joshua lächelte ironisch; aber Hoke war zu betrunken, um es zu bemerken. Rose saß starr vor Schrecken am Klavier und blickte ihn schuldbewußt an. Sie trug ihr Lieblingskleid, ein rosa Taftgewand mit langer Schleppe und rosa Taftrosen am Saum. Auch Tessie Spooner war prächtig gekleidet, nur ihr Haar war nachlässig zusammengesteckt.

Joshua verbeugte sich gemessen. Er wollte sie mit seiner würdigen Haltung einschüchtern. Doch Rose nahm das für ein Zeichen der Vergebung und lief auf ihn zu. «Wie schön, daß du kommst! Ich hatte schon Angst, du hättest mich ganz vergessen.»

Joshua ließ sich Mantel und Hut von ihr abnehmen und beantwortete geduldig ihre Fragen, wie viele Besuche er gemacht habe, ob die Straßen so überfüllt gewesen seien wie immer und ob es viele Unfälle gegeben habe. Plötzlich kam Tessie mit schmeichelndem Lächeln auf ihn zu, hob sich auf die Zehenspitzen und küßte ihn auf die Wange. «Glückliches neues Jahr, Mr. Ching! Wir haben gerade gesungen: ‹Das letzte Band ist zerrissen.›»

«Ja», sagte Joshua, «ich habe es gehört.»

«Sollen wir es noch mal singen?»

«O nein!» rief Rose. «Das möchte er sicher nicht.»

Hoke stand vor dem Kamin, rauchte, trank Champagner und grinste Joshua wohlwollend an, und plötzlich mußte Joshua lächeln. «Aber natürlich möchte ich es noch einmal hören. Nur los, fangt an.» Er schenkte sich Champagner ein, stellte fest, daß die Marke nicht aus seinem Keller stammte, und fühlte sich unerwartet verbunden mit diesen drei Heimatlosen, die hier in seinem Haus zusammengekommen waren, um ein wenig Wärme und Behagen zu genießen. Während sie sangen, lächelte er ihnen gütig zu und dachte dabei an Sukys Triumph und an die weiteren Triumphe, die sie noch feiern würde. Diese angenehmen Gedanken entspannten ihn so, daß er im Takt der Musik mit dem Kopf nickte und mit dem Fuß auf den Boden klopfte.

Die Stimmen begannen zu schluchzen und zu beben, und Joshua bemerkte zu seiner Überraschung, daß Hoke O'Neil über einen ausgezeichneten Bariton verfügte. Als das Lied zu Ende war, verkündete Hoke: «Tessie, wir gehen. Ich bin so blau wie ein Veilchen. Wiedersehen, Rose. Wiedersehen, Ching. Hoffen wir, daß unsere Bürger noch ein weiteres Jahr so dämlich bleiben wie bisher.»

30

Fong Chong ging auf weichen, dicken Sohlen umher und servierte den Kaffee, den Marietta eingeschenkt hatte. Geschickt wich er den weiten Röcken aus und reichte Fruchttörtchen und kleine Sandwiches. Als alle versorgt waren, verschwand er lautlos.

Cornelia Bream wisperte: «Manchmal glaube ich, er versteht mehr Englisch, als er vorgibt.» Sie sah nachdenklich die zweiundzwanzig Mitglieder des Französisch-Clubs an, die sich zum erstenmal in Marietta Devlins neuem Heim versammelt hatten, und fügte hinzu: «Vielleicht belauscht er uns?»

Die anderen schwiegen verblüfft. Schließlich sagte Mrs. Jeremy Flint, die kürzlich eingetroffen war und die Damen heute erst kennengelernt hatte: «Warum sollte er uns belauschen?» Ihre nüchterne Frage deutete an, daß die Unterhaltung der Damen doch wohl zu unwichtig sei, um Fong Chong zu interessieren. Daraufhin wandten sich alle Köpfe neugierig Irene Flint zu, und man musterte sie aufmerksam.

An Jeremy Flint erinnerten sich noch viele von ihnen aus den früheren Tagen in Bannack, doch seine Frau war ihnen unbekannt. Sie sei Witwe gewesen, hieß es, er habe sie in San Francisco getroffen und vor etwa drei Jahren geheiratet. Daß er mit einer Ehefrau heimkehrte, war nicht die einzige Veränderung an Jeremy Flint: Er hatte auch seinen schwarzen Bärenfellmantel abgelegt und gegen einen Gehrock und weiße Krawatte vertauscht, war noch nicht ein einziges Mal betrunken in der Öffentlichkeit gesehen worden und hatte eine Rechtsberatungsstelle für Fragen des Schürfrechts eröffnet. Zudem sprach er oft von Reisen nach New York und Europa und schien erstaunlich vertraut mit den Luxushotels ferner Städte, mit guten Speisen und Weinen, Pferden und Schiffen zu sein. Solche Erzählungen bewirkten, daß die Frauen Irene Flint gegenüber eine reservierte Haltung einnahmen, noch ehe sie sie kennengelernt hatten. Denn wenn das Leben, an das sie gewöhnt war und das ihr gefiel, so aussah, dann hätte sie nicht hierherkommen sollen, denn sie gab damit allen Frauen das Gefühl, rückständige Provinzlerinnen zu sein.

Man hatte Mrs. Flint bisher nur in ihrem Kutschwagen umherfahren sehen. Ihr Alter war auf achtunddreißig, vierzig und von Erma Finney sogar auf zweiundvierzig geschätzt worden. Doch im Augenblick interessierten sich die Frauen mehr für Mrs. Flints komplizierte Frisur, die aus unzähligen tanzenden Löckchen und geschickt geflochtenen Zöpfen bestand. Überdies war sie die einzige unter ihnen, die eine Turnüre trug.

Lisette hatte die Kleidung der Fremden aufmerksam betrachtet, denn sie wollte sich auch ein solches Kleid arbeiten. Sie war sehr angetan von Mrs. Flint, denn sie glaubte, daß eine Frau, die ihrer neuen Umgebung mit soviel Selbstvertrauen und Gelassenheit begegnete, eine viel interessantere Vergangenheit haben mußte als Erma Finney oder eine der anderen – mochten sie sich auch noch so eifrig bemühen, sich als Damen von Welt zu geben. Lisette hatte sich neuerdings angewöhnt, ihre Freundinnen und Bekannten kritisch zu beobachten, und manchmal fragte sie sich, ob Erma Finney oder Cornelia Bream, Reba Church oder ihre Freundin Rachel Grimes überhaupt etwas von den zärtlichen, anstrengenden Freuden wußten, die die Ehe ihnen ermöglichte.

Erma Finney wollte Mrs. Flint gerade eine Antwort geben, als Marietta fragte: «Haben Sie sich schon überlegt, was für ein Kostüm Sie auf dem Maskenball tragen werden, Mrs. Flint?»

Mrs. Flint lächelte. «Ich dachte, ich könnte eine schwarze Perücke aufsetzen und als Squaw gehen.»

«Als Squaw?» wiederholte Erma ungläubig und sah Mrs. Flint an, als sei diese ein Weltwunder.

Man war entrüstet und tauschte stirnrunzelnde Blicke aus.

«Ich glaube, Mrs. Flint hat das nicht ernst gemeint, Erma», beschwichtigte Jenny und mahnte mit hochgezogenen Augenbrauen, den Gast nicht zu kränken. «Gräfin Manzoni, was wollen Sie tragen?»

Aber ehe die Gräfin etwas sagen konnte, rief Lisette: «Bitte, sagen Sie nichts, Gräfin! Es ist viel schöner, wenn man es vorher nicht weiß.» Sie wandte sich an die anderen. «Bitte, laßt uns doch eine richtige Maskerade machen!»

«Liebes, du weißt, daß das nicht geht», wies Marietta sie zurecht. «Wir kennen uns doch alle viel zu gut.»

«Aber wir können es ja versuchen. Sonst wäre doch die ganze Aufregung mit den Kostümen und den Perücken gar nicht nötig. Es sind doch nur noch drei Tage bis zum Ball.»

Gemeinsam entschieden sie, ihre Kostüme während dieser drei Tage geheimzuhalten. Dann sprachen sie Marietta noch einmal ihre Bewunderung für das neue Haus und die schöne Einrichtung aus und begannen sich allmählich zu verabschieden. Das viele Türöffnen brachte kalte Luft in den Raum, und Lisette schauderte frierend zusammen. Sie zog Mrs. Flint beiseite und sagte leise: «Bitte, bleiben Sie noch ein wenig. Mutter, Tante Jenny und ich würden uns gern noch ein bißchen mit Ihnen unterhalten.»

Mrs. Flint machte ein erstauntes Gesicht. Offenbar hatte sie angenommen, daß keine der Frauen ihr den Scherz mit der Squaw je vergessen werde. «Soll ich wirklich?»

«Bitte! Kommen Sie, wir setzen uns hier herüber.» Sie führte Mrs. Flint zu einem Sofa, das dicht vor einem hohen, goldgerahmten Wandspiegel stand, so daß Lisette die Frisur mit Muße von allen Seiten betrachten konnte. Leider wirkte sie aber aus der Nähe noch viel komplizierter.

«Mrs. Finney ist anfangs immer mißtrauisch», flüsterte Lisette ihrem Gast vertraulich zu. Während sie sprach, sah sie Irene Flint interessiert an und überlegte, daß diese Frau eine Reife und Sicherheit besaß, die nur wenige je erreichten.

«Ich habe sie nie gemocht, aber ich weiß nicht recht, warum. Mutter wird immer böse, wenn ich davon spreche. Trotzdem ist Rachel, ihre Tochter, meine beste Freundin – sie selber glaubt sogar, meine allerbeste.» Lisette lächelte Mrs. Flint verständnisinnig an. «Soweit Frauen überhaupt befreundet sein können.»

«Stimmt.» Mrs. Flint erwiderte Lisettes Lächeln. «Aber vermutlich sind die Frauen hier sehr aufeinander angewiesen, nicht wahr?»

«Es bleibt uns nichts anderes übrig, als ewig zusammenzuhocken. Unsere Männer haben soviel zu tun. Jedenfalls die Männer der Frauen, die eben hier waren. Aber wir sind dankbar dafür. Das vergangene Jahr war nicht sehr gut. Die Schürfsaison war praktisch ein Mißerfolg, und dann hatten wir dieses furchtbare Feuer, bei dem das ganze Stadtzentrum abgebrannt ist, und dann die Überfälle der Indianer ... Die Schürfstellen werden auch unergiebig.» Lisette seufzte. «Warum ist Mr. Flint eigentlich zurückgekommen? Es gibt viele, die von hier fortgehen, aber wenige, die wiederkommen. In den letzten zwei Jahren ist fast die Hälfte der Bevölkerung abgewandert.»

«Er hatte einige Investitionen hier gemacht, ein paar davon zufällig bei Ihrem Vater. Außerdem ist er der Ansicht, daß die Grenzgebiete eine große Zukunft haben.»

«Ja, aber erst, wenn wir eine Eisenbahnlinie haben. Darin sind alle sich einig.»

Marietta und Jenny kamen zurück. Sie lachten, während sie zum Kamin hinübergingen. Dann sagte Marietta, als fürchte sie, Mrs. Flint könne ihr Lachen mißdeuten: «Erma Finney besteht darauf, Sie schon einmal irgendwo gesehen zu haben. Sie ist ganz außer sich, weil ihr nicht einfällt, wo. Erma muß nämlich immer alles ganz genau wissen.»

Jenny nickte lachend, und Lisette sagte: «Besonders, wenn sie ein Geheimnis vermutet – ein schlimmes natürlich. Das *muß* sie dann einfach aus Ihnen herausquetschen. Aber leider weiß niemand genau, was Mrs. Finney unter ‹schlimm› versteht.»

«O doch, das wissen wir!» sagte Jenny mit unerwarteter Schärfe. «Sie meint das Leben.»

Unversehens hatte die gemeinsame Abneigung gegen Erma Finney ein Gefühl der Zuneigung zwischen ihnen geschaffen. Mrs. Flint reichte Marietta spontan die Hand. «Ich möchte Ihnen danken. Sie sind alle so großzügig – das überrascht mich.»

Jenny und Marietta sahen sie ernst an, nur Lisette lächelte amüsiert. «Großzügig? Sind wir wirklich großzügig?»

«Das sind wir ganz gewiß nicht», erwiderte Jenny rasch. «Aber wie schön, daß Mrs. Flint uns dafür hält.»

Im Vorraum wurden sie plötzlich wieder befangen, als seien sie ihrer neuen Freundschaft noch nicht ganz sicher. Während Fong Chong Mrs. Flint in den Sealmantel half, standen sie da und sahen sich verlegen an. Es war schon fast dunkel, in allen Häusern schimmerte gelbes Licht. Als Mrs. Flint gerade zu ihrem Wagen gehen wollte, sagte Marietta: «Da kommt mein Mann, Mrs. Flint. Ich möchte gern, daß Sie ihn kennenlernen.» Sie schien erleichtert, noch diese zusätzliche, freundliche Geste machen zu können.

«Ich werde mich selber mit ihm bekannt machen, Mrs. Devlin. Bitte, gehen Sie ruhig wieder hinein, es ist so kalt.» Als Matt sein Pferd neben der Kutsche anhielt, beugte sie sich hinaus. «Mr. Devlin, ich habe heute am Französisch-Club teilgenommen, und Ihre Frau möchte, daß wir uns kennenlernen. Ich bin Irene Flint.»

Matt saß ab und ging auf sie zu. «Ich kenne Ihren Mann sehr gut, Mrs. Flint. Er ist ein alter Freund von mir.» Er lächelte und erkundigte sich so ironisch wie alle Leute hier im Westen, die mit einem Greenhorn sprachen: «Und wie gefällt es Ihnen in unserer blühenden Stadt, Mrs. Flint?» Sie schwieg. Dann brach sie unvermittelt in ein Lachen aus, das er nur allzu gut kannte. Er setzte einen Fuß auf den Wagentritt und beugte sich vor. «Milly?» fragte er ungläubig.

«Irene.» Sie warf den Kopf zurück, schloß die Augen und lächelte, richtete sich aber sofort wieder auf und fragte: «Wie es mir hier gefällt? In diesem gottverlassenen Kleinstadtnest?»

«Verdammt! Das hätte ich nie erraten!»

«Ich habe dir doch erzählt, daß ich heiraten würde. Hast du das nicht geglaubt? Der Gedanke, daß Jeremy Flint tatsächlich Milly Matches heiraten könnte, ist dir wohl nie gekommen!»

«Hat dich jemand erkannt?»

«Wie sollten sie? Hättest du mich erkannt? Mein Haar ist nicht mehr rot oder orange oder wie immer es gewesen ist, meine Kleider sind in Frankreich gearbeitet, und ich bin die Verkörperung einer ehrbaren Frau – sogar Erma Finney habe ich an der Nase herumführen können.»

Matt lachte. «Aber warum in aller Welt seid ihr zurückgekommen?»

«Jeremy glaubt, daß hier im Grenzgebiet die besten Zukunftsaussichten seien – und er ist nun einmal ein Dickkopf, das weißt du ja. Wenn er an den Abend denkt, als ihr uns bei dem albernen Weihnachtsball rausgeworfen habt, wird er immer noch wütend.» Sie sahen sich an und mußten lächeln. Schließlich sagte sie: «Hier sehen sie ja alle recht glücklich aus.»

«So? Nun, das ist nicht mein Verdienst.»

«O doch! Sie lieben dich, und Frauen verschließen die Augen vor Dingen, die sie nicht sehen wollen. Wußtest du das nicht?» Matt lachte verlegen und warf einen unruhigen Blick zum Haus hinüber, als könne jemand herausgekommen sein oder hinter den Büschen stehen und ihrem Gespräch lauschen. «Geh jetzt lieber, Matt. Sonst wundern sie sich noch, wieso du so lange mit einer Frau redest, die du eben erst kennengelernt hast. Aber eines mußt du mir noch sagen: Wie gefalle ich dir ohne das rote Haar? Sehe ich sehr unscheinbar aus?»

«Nein. Du hast dich wohl nur auf das rote Haar verlassen?»

«Ich glaube schon. Und auf die gelbe Seide. Die trage ich auch nicht mehr. Ich fürchte, sie könnte mich wieder in Milly Matches zurückverwandeln.» Sie lachte, aber diesmal klang nur eine Spur ihres früheren Lachens mit. «Übrigens, was hat dein Sohn mit unserer Schürfstelle angefangen?»

«Er hat sie ein paarmal verkauft und zurückgekauft. Dabei hat er etwa viertausend verdient. Willst du sie verkaufen?»

«Nein, ich werde sie lieber behalten. Aus sentimentalen Gründen. Gute Nacht, Matt.» Sie beugte sich zu ihm, lächelte, und auf einmal gab er ihr einen Kuß. Gleich darauf setzte sich der Wagen in Bewegung.

Er sah ihr nach, wie sie den matschigen Weg entlangfuhr, und ging dann zum Haus. Wieder stieg die Erregung in ihm auf, wie jedesmal, wenn er Jenny sehen sollte. Es war fast, als warne ihn sein Körper durch diese leichten Übelkeitssymptome, diese unangenehme, erregende Unruhe und das Zögern, die, wie er glaubte, eigentlich seit Jahren verschwunden sein müßten.

Sie hatten zwar nicht alles einhalten können, was sie sich vorgenommen hatten, aber immerhin waren schon über sechs Monate vergangen, seit er Jenny zuletzt allein gesehen hatte. Daher nahm er an, die Gefahr sei nun endlich vorüber. Trotzdem war ihm immer, wenn er ihr in Gesellschaft anderer begegnen sollte, als müsse etwas Ungeheuerliches passieren, etwas, das das sorgfältig ausbalancierte Gleichgewicht von Liebe und Mißtrauen zwischen ihnen ein für allemal zerstörte.

Er ging die Stufen mit absichtlich schweren Schritten hinauf, um sein Kommen anzukündigen, und stieß die Tür so schwungvoll auf, daß er über seinen eigenen Mangel an Selbstbeherrschung mißbilligend die Stirn runzelte.

Als Marietta ihm entgegenkam, war er fast überrascht, sie hier zu sehen, in seinem eigenen Haus. Doch dann küßte er sie; und erst als er es nicht länger hinausschieben konnte, sah er zu Jenny hinüber, die mit verschränkten Händen und leicht geneigtem Kopf am Kamin stand. Sie lächelte mit einem halb spöttischen, halb trotzigen Ausdruck, den sie in letzter Zeit oft hatte.

Marietta trat wieder zu Jenny, und er wandte den beiden den Rükken, ging zu dem kleinen Ecktisch, auf dem die Alkoholvorräte standen, und tat, als fahnde er nach einer ganz bestimmten Flasche. Trotzdem ließ er die beiden Frauen nicht aus den Augen und beobachtete sie genau und kritisch, wie sie dastanden und angeregt plauderten, ganz so, als habe die eine nichts zu verbergen und die andere nichts zu befürchten.

Zu seiner eigenen Überraschung stellte er fest, daß ihm Marietta besser gefiel. Er ertappte sich dabei, wie er zärtlich und bewundernd zu ihr hinübersah und sich über ihr dichtes braunes Haar und ihre haselnußbraunen Augen freute, und vor allem über die Ruhe und Sicherheit, die sie ausstrahlte und die ihn so tief berührten. Ihr Bedürfnis, die Menschen, die sie liebte, zufriedenzustellen, schien jeden Anspruch auf Unabhängigkeit in ihr zu verdrängen.

Jenny verlor bei diesem Vergleich. Schon begann er Fehler an ihr zu entdecken: Er fand ihre Haut zu weiß, ihr Haar zu schwarz, ihr Gesicht zu auffallend und sah plötzlich deutlich, daß aus ihren Gesten Rastlosigkeit und Hochmut sprachen, was auf jeden Mann herausfordernd wirkte. Am Ende dieser Überlegungen, die so günstig für Marietta und ihn selber ausfielen, kam Matt zu dem Schluß, daß er wieder vernünftig geworden, wieder derselbe Matt war wie damals, ehe er Jenny Danforth kennengelernt hatte.

Er steckte sich eine Zigarre an, schenkte sich noch etwas ein und sah sich in seinem Haus um. Es waren sieben Zimmer in zwei Etagen, ganz aus Stein gebaut und mit vier großen Kaminen. Sie hatten sich ihre Möbel kommen lassen und wohnten endlich wieder in ihrer vertrauten Umgebung: Brüsseler Teppiche und goldbedruckte Musselinvorhänge, schwarze Walnußmöbel mit karmesinroten Damastpolstern, Matts Bücher und viele dunkle Ölbilder, die zwar selten betrachtet wurden, aber doch merkwürdig beruhigten, weil sie immer schon dagewesen waren. Er fragte sich, was für ein Teufel ihn dazu verleitet haben mochte, für Marietta ein größeres und luxuriöseres Haus zu bauen als Pete für Jenny.

«Ich habe Pete versprochen, daß ich ihn abhole», sagte Jenny. «Wie spät ist es jetzt?»

Matt zog seine Taschenuhr. «Viertel nach sechs.»

«Oh, da bin ich ja viel zu spät dran. Ich muß mich beeilen, sonst ist er schon weg.» Sie lachte weich, und ihr Lachen erschien ihm geheimnisvoll und beunruhigend. Es war ein Zeichen dafür, daß sie und Pete jetzt Verbündete waren und Geheimnisse miteinander teilten, die ihm für immer verborgen blieben.

Marietta half ihr in den neuen braunen Sealmantel – diese Mäntel waren im Augenblick wie eine Seuche bei den Frauen –, während Lisette die Sealmütze aufprobierte. Jenny zog ihre Stiefel an, gab den beiden Frauen hastig einen Kuß und war aus der Tür, ohne sich von Matt verabschiedet zu haben.

Er folgte ihr und sagte: «Ich reite mit. Die Wege sind schlecht heute abend.»

«O nein, bitte nicht. Das ist nicht nötig.»

Sie schritt schon die Stufen hinab, aber Matt packte ihren Arm mit festem Griff, so daß sie nur langsam weitergehen konnte. Keiner von beiden sprach, als er ihr in ihren Wagen half. Dann setzten sie sich in Bewegung, Jenny voran und Matt halb hinter ihr.

Im Büro der Devlin Brothers, das nach dem Brand im vergangenen Jahr wieder aufgebaut worden war, fand Matt seinen Sohn noch am Schreibtisch sitzen. «Wo ist Pete?» erkundigte er sich.

«Vor einer halben Stunde nach Hause gegangen. Morgen früh will er mitkommen, um eine Quarzmine bei Deer Lodge zu besichtigen.»

Matt berichtete Jenny kurz, was er von Morgan erfahren hatte, und Jenny beugte sich aus dem Wagen und bat: «Matt, bitte, komm nicht mehr weiter mit. Ich bin schon auf weit schlimmeren Straßen gefahren als heute.»

Aber er saß wieder auf, machte ihr ein Zeichen, und sie setzten ihren Weg durch die Stadt fort. Jenny wohnte, wie immer, weit entfernt von allen gemeinsamen Freunden. Einige schoben die Schuld daran ihr in die Schuhe, tatsächlich war es jedoch Pete gewesen, der das Grundstück ausgesucht und das Haus gebaut hatte. Jenny hatte es erst viel später zu Gesicht bekommen.

Der Wagen bog in die Einfahrt, und im nächsten Augenblick riß Pete die Haustür auf und kam ihnen entgegen. Matt beobachtete, wie Jenny ausstieg und von ihrem Mann in die Arme geschlossen wurde. Wieder vergaß sie, sich von ihm zu verabschieden. Und auch Pete dachte erst daran, als sie schon hineingingen, und rief erst «Danke!», als Matt bereits hundert Meter weit weg war.

Während der Nacht kam Chinook auf, ein warmer, föhnartiger Wind, der von Mitternacht bis zum Morgengrauen von den Bergen wehte und durch die Schluchten heulte, an Türen, Fenstern und Dächern rappelte, Holzstöße auseinanderfegte und kleine Hütten umwarf. Die Hunde heulten, und Männer, Frauen und Kinder wälzten sich schlaflos im Bett oder traten ans Fenster, um nachzusehen, ob Schaden angerichtet sei. Am Morgen waren Eis und Schnee geschmolzen und die Straßen so überschwemmt, daß der Schlamm hoch unter den Pferdehufen aufspritzte, die Wagenräder durchdrehten und die Kutschen beim Fahren breite Wasserrinnen hinter sich herzogen. Aber in der Luft lag ein Hauch von Frühling.

Matt verließ das Haus schon um kurz vor sechs. Er hatte das Gefühl, daß er heute keine Zeit verlieren dürfe, weil mehr zu tun sei, als er schaffen könne. Als sein Pferd den glitschigen Hügel hinabtrottete und die Hufe schmatzend in den Schlamm einsanken, saß er lässig im Sattel, entspannt wie ein Indianer, kaute an seiner Zigarre, statt sie zu rauchen, spuckte die Tabakkrümel aus und dachte darüber nach, was er alles erledigen mußte. Er war eine Stunde früher aufgestanden als gewöhnlich und hatte Marietta erklärt, er brauche nur eine Tasse Kaffee, und die werde er sich selber zubereiten.

Aber vor dem St. Louis Hotel machte er halt, saß ab, wählte sich einen Fensterplatz und bestellte Haferbrei, Bratkartoffeln mit Speck und Pfannkuchen mit Sirup. Während des Essens starrte er scheinbar geistesabwesend über den Platz zu seinem Büro, vor dem Morgans Pferd angebunden war. Nervös beobachtete er das Haus, während er Sirup über die Pfannkuchen goß und den Speck zerschnitt, alles ohne hinzusehen und nur auf das konzentriert, was auf der Straße vorging. Er war schneller mit dem Essen fertig, als er beabsichtigt hatte. Als seine Gabel mehrmals ins Leere stieß, sah er endlich auf seinen Teller und bestellte sich noch eine Tasse Kaffee.

Mit gerunzelter Stirn saß er da, wischte ab und zu mit der Faust über die Fensterscheibe, weil sie immer wieder beschlug, und spähte mit geducktem Kopf hinaus, als fürchte er, es könne ihm etwas Wichtiges entgehen. Während der ganzen Zeit spürte er, wie seine Wut auf Pete stieg. Schon am Abend zuvor war er argwöhnisch geworden, als Morgan ihm gesagt hatte, daß Pete mit ihm nach Deer Lodge reiten wolle.

Es war ungewöhnlich, daß Pete sich bereit erklärt hatte, mit Morgan über Land zu reiten. Wenn er sich gelegentlich erbot, eine Ranch oder eine Schürfstelle zu inspizieren, hatte Morgan seinem Onkel immer angemerkt, daß der Vorschlag nicht recht ernst gemeint war. Daher hatte diese Reise, die ohne Matts Wissen von Pete und Morgan verabredet worden war, in Matt den Verdacht erregt, daß Pete ihn auf die Probe stellen wolle. Und – so sagte er sich – Pete würde seine Treue nicht auf die Probe stellen wollen, wenn er fest an sie glaubte.

Matt trank seinen Kaffee, rauchte seine Zigarre und versuchte sich vor sich selber dafür zu rechtfertigen, daß er schon eine halbe Stunde hier saß, während andere vielbeschäftigte Männer für ihr Frühstück nur fünf bis zehn Minuten brauchten. Er sagte sich, im Grunde arbeitete er ebenso angestrengt wie sie, denn er war damit beschäftigt, bis ins kleinste Detail zu planen, was er an diesem Tage erledigen mußte.

Das war durchaus nicht seine Gewohnheit; meist eilte er, genau wie die anderen, ins Büro und nahm sich die erstbeste Arbeit vor, die er fand. So machte er es den ganzen Tag über, bis um sechs, sieben Uhr abends, und ritt dann, immer noch angeregt und voller Pläne, nach Hause. Nun jedoch redete er sich ein, er werde mehr schaffen als sonst, wenn er jetzt, am frühen Morgen, in ein paar ruhigen Augenblicken überdachte, was er am Tag erledigen wollte. Diese Methode würde er auch Pete und Morgan und sogar Lem Finney und Josiah Webb wärmstens ans Herz legen.

Bei diesem Gedanken lachte er auf, schlug mit der Hand auf den Tisch und erhob sich. Auch als er nach seinem Mantel griff, der neben ihm an einem Wandhaken hing, spähte er immer wieder durchs Fenster. Gerade beschlug die Scheibe wieder, da kam ein Mann, hielt vor dem Büro der Devlin Brothers und saß ab. Hastig wischte Matt sich ein Guckloch und sah Pete eilig ins Haus laufen, als sei es ihm peinlich, sich verspätet zu haben. Einen Augenblick stellte Matt sich vor, wie er selber sich Petes Entschuldigung anhörte und ihm gleichzeitig zu verstehen gab, daß er sehr gut wußte und verstand, was einen Mann frühmorgens aufhalten konnte. Kurz entschlossen hängte er den Mantel wieder auf, bestellte sich noch eine Tasse Kaffee und beobachtete weiter das Haus.

Er fühlte sich plötzlich erleichtert. Eine wunderbare Ruhe durchzog seine Brust und seinen ganzen Körper und gab ihm fast das Gefühl einer wohltuenden Lähmung. Er glaubte, sich nicht mehr rühren zu können, selbst wenn er gewollt hätte, und blieb ruhig und entspannt sitzen.

Endlich kamen Morgan und Pete aus dem Büro. Morgan saß sofort auf, weil er es, wie gewöhnlich, kaum abwarten konnte, unterwegs zu sein. Pete setzte zögernd einen Fuß in den Steigbügel, und als ein Mann bei ihm stehenblieb und etwas zu ihm sagte, wandte Pete sich zu ihm um. Langsam ließ Matt sich auf seinen Stuhl zurücksinken. Sein Gesicht drückte nun eine solche Ungeduld und einen so großen Zorn aus, daß die anderen Gäste meinten, er beobachte einen Mann, den er umbringen wolle. Einige redeten sogar schon davon, daß sie sich aus dem Staub machen wollten, um nicht dabei zu sein, wenn die Schießerei losging.

Plötzlich stieg Pete entschlossen auf sein Pferd, beide Reiter ließen die Zügel auf die Pferdehälse klatschen und jagten im Galopp davon. Matt lief zur Tür und blieb dort stehen, bis er sie nicht mehr sehen konnte. Dann kehrte er zurück, zahlte die Rechnung und schlenderte hinüber ins Büro. Er betrat es mit dem Gefühl eines Siegers, ging überlegen umher und begutachtete sorgsam alles, was bewies, daß sie wirklich hiergewesen waren.

Als Douglas und Robert hereinkamen, blickte er auf, als störten sie ihn bei einem komplizierten Gedankengang, grinste ihnen jedoch zu und machte eine grüßende Geste.

«Guten Morgen», sagte er und wandte sich wieder dem Bericht über die Goldmine zu.

Die beiden trugen Schulbücher in der Hand, und Robert erklärte: «Ich habe gestern abend meinen Schlitten hiergelassen und wollte ihn holen, weil es vielleicht wieder Schnee gibt.»

Matt warf einen kurzen Blick zu seinen Söhnen hinüber. «Wie geht's eurer Mutter?»

Die Jungen schienen verblüfft über die Frage. Aber Douglas antwortete: «Gut, Vater.»

«Schön», erwiderte Matt und sah sie abermals mit verlegenem Lächeln an. «Was hat sie denn heute vor? Besuche machen? Clubtreffen? Mittagessen mit einer Freundin?» Es sollte ein humorvoller, wohlwollender Seitenhieb auf die Beschäftigungen sein, mit denen die Frauen ihre Tage ausfüllten. Aber die beiden schüttelten nur den Kopf und sagten, ihre Mutter habe ihnen nicht mitgeteilt, was sie für Pläne habe. Dann gingen sie davon.

Jetzt endlich warf er den Mantel ab, steckte sich eine Zigarre an und rauchte mit tiefen Zügen. Allmählich beruhigte er sich und glaubte, alle rachsüchtigen und gefährlichen Gedanken, die ihn vor wenigen Minuten noch so gequält hatten, gebannt zu haben. Etwa eine Stunde oder mehr war er vollkommen von seiner Rechtschaffenheit überzeugt und widmete der Tatsache, daß Jenny heute und vermutlich auch morgen allein sein würde, keinen Gedanken. Als er meinte, ganz wieder der alte, vertraute Matt zu sein und keine Versuchungen mehr fürchten zu müssen, erhob er sich, gab den beiden Angestellten einige Anweisungen und verließ das Büro.

Er ging zur Firma Finney und Sohn und sprach mit Lem über den Ankauf einer kleinen Rinderherde, die ihnen zu einem vorteilhaften Preis angeboten worden war.

«Komm, reiten wir doch mal hin», schlug Lem vor. «Am besten sehen wir uns die Tiere gleich an.» Er stand auf, aber Matt starrte ihn an, als habe Lem ihm vorgeschlagen, auf der Stelle eine Weltreise zu machen. «Mir kommt der Preis sehr niedrig vor, Matt, dir nicht?» Lem hatte schon den Mantel angezogen. «Nun komm doch schon, Matt!»

Matt schüttelte den Kopf. «Heute nicht, Lem. Pete und Morgan sind nicht da. Verschieben wir es auf morgen.» Rasch ging er zur Tür. «Morgen früh, sieben Uhr?» Er schlug die Tür zu und stapfte wütend davon, weil er sich wieder von der Versuchung verfolgt fühlte, die er gerade überwunden zu haben glaubte.

Zielbewußt ging er drei oder vier Blocks weiter, nickte Bekannten zu und betrachtete die Fremden, die durch die Stadt zogen, wagte aber nicht, sich die Frage zu stellen, wohin er eigentlich wollte und wer der nächste auf der Liste der unaufschiebbaren Besuche war. Da bemerkte er, daß er längst nicht mehr so klar wußte wie vorhin beim Frühstück, was er sich füt den Tag vorgenommen hatte.

Trotz der Kälte hatte er keine Lust, ins Büro zu gehen. Er redete sich ein, in der freien Luft könne er besser denken, besser planen und besser Entscheidungen treffen. Das spare eine Menge Zeit. Und falls Morgan und Pete sich entschlossen haben sollten, umzukehren, könne er sie gleich abfangen und mit ihnen die Pläne besprechen, die er in der Zwischenzeit entworfen hatte.

Schließlich schämte er sich seiner Unehrlichkeit und betrat den nächsten Saloon, wo er eine Weile an der Bar stehenblieb und sich mit dem gleichen argwöhnischen, drohenden Blick umsah, der schon seine Frühstücksgenossen beunruhigt hatte.

Nach zwei Drinks war ihm wohler, und er trat entschlossen wieder auf die Straße. Plötzlich hörte er hinter sich ein kindliches Lachen, das offenbar ihm galt. Er fuhr herum und sah Flora Pim vor sich, die ihre Schulbücher an die Brust preßte und verschmitzt zu ihm aufsah. Flora war elf Jahre alt. Er freute sich, sie zu sehen, und nahm dieses zufällige Zusammentreffen als Beweis dafür, daß das Schicksal ihm helfen wollte.

«Keine Angst, Mr. Devlin», sagte Flora zutraulich. «Ich werde sagen, daß ich Sie auf dem Rückweg von der Schule aus dem Saloon kommen sah, und nicht auf dem Hinweg.» Wieder lachte sie, mit gekrauster Nase. Es schien ihr Vergnügen zu bereiten, daß sie ihn necken konnte. Fröhlich sah sie zu ihm auf, zu diesem uralten Mann, der er wohl für sie war, diesem gebrechlichen, verschrobenen, vielleicht sogar ein bißchen bemitleidenswerten Mann.

«Wir werden uns gegenseitig in Schutz nehmen, Flora», meinte er. «Dies ist doch auch nicht dein richtiger Schulweg, oder?» Er lächelte freundlich zu ihr hinab. Das lustige Gespräch mit Flora Pim machte ihm Spaß, zudem erinnerte es ihn daran, daß er und seine Familie in dieser Stadt nichts unbemerkt unternehmen konnten. Überall stießen sie auf Freunde oder Bekannte oder wurden zumindest von Leuten erkannt, die ihnen selber fremd waren.

Sie lächelte, legte den Kopf schief und seufzte leise. «Ich weiß, Mr. Devlin. Aber soll ich Ihnen verraten, warum ich hier entlanggehe? Wenn Sie mir fest versprechen, es nicht weiterzuerzählen, sage ich es Ihnen.»

«Ich verspreche es dir.»

«Ich gehe hier lang, weil ich *ihn* sehen will.»

«Wen?»

«Morgan», flüsterte sie.

Matt lachte, nahm sich aber sofort zusammen und wurde wieder ernst. «Morgan ist heute nicht da, Flora. Darum mußte ich lachen.»

«Ich weiß. Douglas und Robert haben es mir eben erzählt. Mr. Devlin – lassen Sie ihn nur nicht heiraten, bevor ich erwachsen bin. Versprechen Sie mir das?»

«Ich werde sehen, was ich tun kann, Flora. Aber Morgan ist schon alt, das weißt du doch. Er ist fast zweiundzwanzig.»

«Mir ist es gleich, wie alt er ist. Versprechen Sie es mir?»

Matt beugte sich hinab und küßte sie auf die Wange. «Ich will es versuchen», erklärte er und dachte, daß Flora Pims heimliche Liebe zu Morgan bestimmt nicht weniger quälend war als seine Sorgen.

Er ging einige Blocks weiter, machte dann kehrt und wanderte unschlüssig zurück. Hier und da blieb er stehen, sprach mit Bekannten, wollte dann dem müßigen Umherschlendern in der Stadt ein Ende machen, ging aber trotzdem ziellos weiter. Schließlich gestand er sich ein, daß er gar nicht auf Petes Rückkehr wartete, sondern einzig darauf, daß Jenny vor dem Büro vorfahren werde. Wieder merkte er, daß er sich selber nur etwas vorgemacht hatte.

Da fiel ihm ein Ladenschild ins Auge, das über den Gehsteig hinausragte: ein Mörser mit Stößel und darunter die Worte CITY DRUGSTORE. Kurz entschlossen betrat er das niedrige Ziegelhaus, als hoffe er, hier Rettung zu finden. Denn hier versuchte Reverend Obadiah Bream den Kranken durch Medikamente Heilung und Linderung ihrer Leiden zu verschaffen.

Matt hatte zwar nicht die Absicht, mit Reverend Bream über seine Sorgen zu sprechen, aber er hoffte, daß ein paar Augenblicke in Obadiah Breams frömmelnder Gegenwart ihn läutern und reinigen würden – zumindest für diesen einen Tag.

Reverend Bream stand hinter dem Ladentisch, nahm mit zwei Fingern Kräuter aus Gläsern und wog sie gewissenhaft ab, während eine Frau ungeduldig wartete. Sie sah Matt böse entgegen, als sei er gerade zum ungünstigsten Zeitpunkt gekommen. Die Männer nickten einander zu, und Matt öffnete seinen Mantel, denn in dem winzigen Raum war es erstickend heiß. Er schob die Fäuste in die Taschen und schlenderte umher, las interessiert die Schilder und betrachtete die Flaschen, als habe er noch nie einen Drugstore gesehen.

Während der Reverend noch seine Kräuter mischte, entstand auf der Straße ein Tumult. Männer rannten eilig vorüber und trampelten mit Donnergetöse über die Bohlen der Gehsteige, Pferde wurden angetrieben, und in die Gesichter der Passanten trat ein sensationslüsterner Ausdruck. Matt stieß die Ladentür auf und fragte, was los sei.

«Hinter Troy's Casino findet ein Viehtreiber-Duell statt!»

Dankbar, daß sich ihm eine Ablenkung bot, stürzte Matt aus dem Laden. Überall aus den Kneipen, Läden und Büros kamen Männer und fragten, was los sei, denn immer noch lebte man in Angst vor einem neuen Brand. Die meisten Fragesteller schlossen sich den Vorübereilenden an und liefen mit zu Green Troy.

Der Hof hinter Troy's Casino war von einem hohen Lattenzaun umgeben. Von Zeit zu Zeit fanden hier Hahnenkämpfe und manchmal auch Boxkämpfe statt; und während der Wintermonate oder zu Anfang des Frühjahrs, wenn die Männer von der langen Untätigkeit rastlos und nervös wurden, kam es vor, daß sich zwei Viehtreiber mit ihren zwanzig Fuß langen Lederpeitschen einen Wettkampf lieferten, bis einer von ihnen aufgab.

Als Matt eintraf, hatte der Kampf schon begonnen. Rings um den Zaun standen die Zuschauer, die die beiden Viehtreiber gespannt und fast gierig beobachteten. Im Nebenhaus, in Nola Malachys Etablissement, drängten sich die Mädchen im Negligé an den Fenstern. Einige hatten noch glanzlose Augen, als seien sie erst halb wach, andere starrten hingerissen und mit tiefer Befriedigung auf die beiden Männer, die sich gegenseitig das Fleisch in Fetzen vom Leib peitschten.

Nola Malachy hatte das Haus vor mehreren Monaten übernommen, doch Matt und Morgan hatten es mit keinem Wort erwähnt. Nur Pete und Matt hatten sich kopfschüttelnd angesehen, als sie von Nella Allens neuem Namen und ihrem neuen Beruf erfuhren. Gesprochen hatten auch sie nicht darüber.

Die Viehtreiber zogen die Röcke aus und standen sich in schwarzen Hosen und roten, wollenen Hemden mit aufgekrempelten Ärmeln gegenüber. Keiner von beiden sah älter aus als fünfundzwanzig, beide hatten Bärte und sonnenbraune Haut. Sie sahen sich lächelnd über den

Kampfplatz hinweg an. An der Kehle des einen erkannte man eine dicke, blutige Strieme, das Hemd des anderen war an der Schulter zerfetzt und ließ eine klaffende Wunde sehen. Der Treiber in Matts Nähe schwang die Peitsche über dem Kopf, ließ sie pfeifend kreisen und dann herabsausen. Ehe die Zuschauer erfaßt hatten, daß die Metallspitze die Wange berührt hatte, erschien im Gesicht des anderen ein breiter, blutiger Streifen. Der Junge zuckte zusammen, grinste dann aber verkrampft, schwang die eigene Peitsche über dem Kopf und traf seinen Gegner mit einem Knall wie ein Pistolenschuß am Kinn. Der Getroffene wankte ein paar Schritte zurück, doch als einige Männer vorsprangen, um ihn zu stützen, wies er sie mit einem verachtenden Blick zurück und maß seinen Gegner, als überlege er, wo er den nächsten Schlag am besten landen lasse.

Die Schläge folgten nun rasch aufeinander. Das Geräusch der knallenden Peitschen mußte meilenweit zu hören sein und würde zweifellos großen Schrecken unter den Frauen verbreiten. Bestimmt standen sie jetzt aufgeregt auf den Straßen und empörten sich über diesen gefährlichen Sport, den die Männer hier im Gebirge so liebten, den sie selber aber leidenschaftlich verabscheuten.

Die Gesichter der Kämpfer waren jetzt blutverschmiert, ihre Lippen verschwollen und aufgerissen, aus den Haaren und Bärten troff das Blut. Einige Zuschauer wurden bereits ungehalten, andere beobachteten das Schauspiel, das sie bis zum Wahnsinn faszinierte, mit glänzenden Augen.

Als Matt einen Blick zu Nola Malachys Haus warf, sah er Nella Allen ganz allein an einem der Fenster stehen. Sie blickte ihn mit selbstvergessenem, nachdenklichem Ausdruck an. Ihr Gesicht war bleich und still, das blonde Haar fiel ihr glatt über den Rücken, noch genauso wie damals, als er sie kennenlernte. Unter ihrem Blick wurde er nervös. Es schien ihm, als habe sie schon lange auf eine Gelegenheit gewartet, ihn in Ruhe beobachten zu können. Er konnte nicht fliehen, denn die langen Peitschen wirbelten in alle Richtungen, deshalb lächelte er und zog den Hut. Sie tat, als bemerke sie sein Lächeln nicht, und starrte ihn weiterhin durchdringend und nachdenklich an, so daß ihm unbehaglich wurde und er sich fragte, was Nella über ihn wissen mochte.

Die Peitschen knallten jetzt beinahe so schnell wie Pistolenschüsse bei einem Feuergefecht. Sie zerfetzten die Gesichter, Arme und Hälse der Männer, zerrissen die roten Hemden, entblößten die blutigen Oberkörper. Mehrere Zuschauer meinten, es sei an der Zeit, ihnen Einhalt zu gebieten, bevor sie sich umbrächten oder ernsthaften Schaden zufügten. Einige Männer, die neben dem Durchgang standen, verließen den Hof, andere protestierten laut und gingen am Zaun entlang, während sie ihre Füße nur mit Mühe aus dem Schlamm ziehen konnten.

Verstohlen blickte Matt wieder zu Nella Allen hinauf. Sie starrte ihn immer noch selbstvergessen an. Abermals lächelte er ihr zu; er zog seinen Mund so breit, daß er fürchtete, jeder, der dieses groteske, unterwürfige Lächeln sah, würde denken, er wolle unbedingt die Gunst der jungen Madam erringen. Er hob seinen Hut mit ausgestrecktem Arm hoch und hielt ihn so lange oben, daß sie den Gruß auf jeden Fall bemerken mußte.

Aber auch jetzt lächelte sie nicht, sondern blieb regungslos stehen. Da erwiderte Matt einige Augenblicke ihren durchdringenden Blick, in der Hoffnung, sie dadurch zum Lächeln zwingen zu können. Plötzlich erkannte er, daß sie ihn haßte. Und diese Erkenntnis enthielt eine unheimliche, beunruhigende Warnung.

Als sie sich vom Fenster abwandte, wurde ihr Platz sofort von drei Mädchen eingenommen, die aufgeregt kreischten und gestikulierten, als einer der Kämpfenden schwankte. Energisch stürzten ein paar Zuschauer vor, entrissen den Treibern die Peitschen und warfen den beiden Kontrahenten ihre Jacken zu. Unter heftigem Protest wurden die Duellanten über den schlammigen Hof geschleppt und in den Saloon gebracht, wo man sie mit Whisky wieder ins Leben zurückrief und als Helden feierte.

Matt ließ sich mit dem Strom der Zuschauer auf die Straße treiben. Er fühlte sich verwirrt und beschämt, daß er diesem Schauspiel beigewohnt hatte. Früher hatte er sich darauf berufen, daß ein solcher Kampf für ihn etwas Neues sei und er nichts verpassen dürfe, was Teil dieses seltsamen, unbekannten Lebens war. Aber das konnte er jetzt nicht mehr. Automatisch schlug er die Richtung zum westlichen Teil der Stadt ein und bog dann in einen Fußpfad ein, der bergauf führte. Er schritt zielbewußt aus, ohne zu hasten, aber auch ohne stehenzubleiben. Er wollte nicht nachdenken. Fünfzehn Minuten später stand er vor Petes Haus.

Der Kutschwagen stand bereit, das Pferd war angeschirrt, und der kleine Junge aus der Nachbarschaft, der ihnen als Stallknecht diente, lungerte untätig vor dem Garten herum. Er konnte jedoch kein Anzeichen dafür entdecken, daß sie Besuch hatte. Deshalb schritt er durch die Gartenpforte, ging die Stufen hinauf, klopfte und trat zurück, um zu warten, bis ihm die Tür geöffnet wurde. Sein Herz pochte so wild, daß ihm ein wenig übel wurde und er sich schwach und wie gelähmt fühlte. Nach einem Augenblick öffnete Jenny die Tür, langsam und vorsichtig, machte eine leichte, einladende Handbewegung und ließ ihn an sich vorbei ins Haus treten. Dabei senkte sie den Kopf, schloß lautlos die Tür und blieb davor stehen, die Hände flach auf das Holz gelegt, als wolle sie verhindern, daß die Tür wieder aufging.

31

Das Wohnzimmer wirkte, wie immer bei Jenny, als sei es eben saubergemacht worden. Matt nahm mit einem einzigen Blick alle Einzelheiten wahr: Auf dem Mitteltisch sah er eine Tasse Kaffee stehen und zwei, drei aufgeschlagene Zeitungen liegen und auf einem Stuhl daneben einen Haufen lässig hingeworfener roter Seide. Offenbar hatte Jenny gerade an ihrem Kostüm für den Maskenball gearbeitet.

Langsam wandte Jenny sich um. Sie sah ihn nicht an, streckte jedoch die Hand aus. «Gib mir deine Überschuhe, Matt.»

Schuldbewußt blickte er auf seine Füße. Er hatte den Schmutz von Troy's Casino und von der Straße hereingetragen und Jennys blitzsauberem Haus damit eine unverzeihliche Kränkung zugefügt. Leise murmelte er eine Entschuldigung und wollte die Schuhe auf die Veranda zurückbringen.

«Nein, gib sie mir.» Er reichte sie ihr zögernd, und sie mußte lächeln, sah ihn aber immer noch nicht an. Sie bat ihn, in den Wohnraum zu gehen, und verschwand im Eßzimmer.

Er warf einen Blick auf die Zeitschriften, die offen auf dem Tisch lagen. Eine war ein Blumen- und Pflanzenkatalog. Jenny war offensichtlich fest entschlossen, in ihrem Garten Blumen zum Blühen zu bringen, auch wenn ringsum nur Wüste war. Das andere Heft entpuppte sich als ein Traumbuch. Neugierig beugte er sich über das Buch und hatte gerade angefangen zu lesen, als sie die Hand auf die Seite legte, das Buch nahm und damit trotzig lächelnd einen Schritt zurückwich.

«Darf ich es nicht sehen?»

Sie schüttelte den Kopf und versteckte das Buch auf dem Rücken, als fürchte sie, er werde es ihr mit Gewalt abnehmen. «Ich glaube nicht daran, ich lese es nur zum Spaß. Morgan hat es mir geliehen», fügte sie noch als Erklärung für die Tatsache hinzu, daß sie es überhaupt besaß.

Matt lächelte. «Jenny, es stört mich doch nicht, wenn du an Träume glaubst. Oder fürchtest du das?»

Sie warf das Buch auf den Tisch, machte aber ein Gesicht, als fühle sie sich durch die Aufdeckung ihres Geheimnisses durchschaut. «Eigentlich sollte ich es nicht lesen, nicht mal zum Spaß. Es ist nicht recht, das weiß ich genau.» Sie ging um den Tisch und sah das Buch mißtrauisch an. «Man kommt nur auf dumme Gedanken dabei. In solchen Büchern wimmelt es von bösen Voraussagen, sie machen einem nur Kummer, weißt du. Ich werde es wegwerfen!» Sie trat an den Tisch, streckte die Hand aus, als wolle sie ihre Drohung sofort wahrmachen, zog die Hand jedoch wieder zurück und ging in entgegengesetzter Richtung um den Tisch. Dabei war sie darauf bedacht, zwischen sich und Matt Abstand zu halten.

Es tat ihm leid, daß er sie verärgert hatte. Aber er war auch belustigt über ihre kindliche Neugier, Träume deuten zu wollen, die sie bisher so gut verborgen hatte – nicht nur vor ihm, sondern auch vor den anderen.

Jenny verließ unvermittelt das Zimmer und sagte, sie wolle Kaffee und etwas zu essen holen. Als sie wiederkam, trug sie ein Tablett mit Tassen und Tellern, einer Kaffeekanne und goldgelbem Kuchen. Sie setzten sich einander gegenüber an den Tisch, schlürften den heißen Kaffee und aßen den Kuchen. Er fühlte sich versucht, sie mit zwei Kindern zu vergleichen, die wie die Erwachsenen Kaffeeklatsch spielten, bis ihnen die Phantasie ausgeht und sie ihre Rolle nicht mehr wirklichkeitsgetreu weiterspielen können: Sie schweigen verlegen, machen zwar noch die Gesten der Erwachsenen, führen aber nicht mehr die dazugehörige Unterhaltung. Er leerte seine Tasse und beobachtete, wie Jenny sie ihm nachfüllte. Als sie plötzlich in Lachen ausbrach, blickte er hastig auf, weil er glaubte, sie lache ihn aus.

«O Matt, sind wir nicht komisch?» Sie saß mit hochgezogenen Brauen da, sehr aufrecht, die Hände im Schoß gefaltet. Dann wandte sie ihren Blick von ihm ab. «Ich wünschte, so würde uns jemand sehen. Du auch?»

«Pete etwa?»

«Warum nicht?» Sie brach ihren Kuchen durch und nahm ein Stück in ihre langen, geschickten Finger mit den polierten Nägeln. Schuldbewußt sah er fort. «Glaubst du, er hätte etwas dagegen, dich hier zu sehen? Ich dachte, er hätte dich gebeten, mich zu besuchen.»

Matt lächelte und schüttelte verwundert den Kopf. «Du dachtest, er hätte mich gebeten, hierherzukommen?»

«Ja. Hat er das nicht?»

«Aber Jenny – um alles in der Welt!»

Nach einer Weile seufzte Jenny, und er warf ihr einen verstohlenen Blick zu.

«Wie kommt es, daß er Morgan begleitet?» fragte er dann so abrupt, daß sie ironisch lächelte.

«Warum sollte er nicht mitreiten? Das Grundstück ist wertvoll, du hast es schon gesehen, und es ist eine Entscheidung, die ihr alle drei treffen müßt. Ich habe doch neulich selber gehört, wie du sagtest, es sei besser, wenn er es sich ansehe.»

«Aber ich hätte nicht gedacht, daß er es wirklich tut», entgegnete er langsam, als sei er immer noch verblüfft über Petes Entschluß. Er starrte zur Haustür, als erwarte er jeden Augenblick, daß sie aufgestoßen werde und Pete hereinkomme. «Ich habe sie heute früh losreiten sehen. Aber sie haben mich nicht bemerkt; ich habe im Hotel gesessen und gefrühstückt», erklärte er. Er mochte selbst Jenny nicht sagen, daß sie ihn gar nicht sehen konnten, weil er ihnen nachspioniert hatte. «Als er nicht pünktlich kam, dachte ich schon, er hätte es sich anders überlegt.

Er war über eine Stunde zu spät da.» Er warf ihr einen Blick zu, und seine schwarzen Augen glänzten vorwurfsvoll und wissend.

Jenny senkte den Kopf und zog mit der Fingerspitze das Muster der Tischdecke nach. «Ich weiß, daß er zu spät gekommen ist. Es war meine Schuld.» Sie sah ungewohnt unterwürfig aus, hatte aber zugleich ein geheimnisvolles Lächeln im Gesicht. «Zufällig war es nicht das, was du denkst.»

«Was zum Teufel glaubst du denn, daß ich . . .»

«Ach, Matt, natürlich weiß ich, was du denkst.» Wieder senkte sie den Blick und zeichnete das Muster nach. «Soll ich dir sagen, warum er zu spät gekommen ist?»

Aber er hatte die Antwort schon erraten, und als sie die Reaktion auf seinem Gesicht sah, sagte sie: «Ich hatte es ihm nicht eher sagen wollen, weil es das letzte Mal nicht gut gegangen ist. Aber jetzt sind schon fast drei Monate vorüber, und Dr. Chaffinch ist ganz sicher – und ich ebenfalls.»

Gegen seinen Willen wandte er den Kopf, starrte sie an. Er musterte ihre Brüste und ihren Leib und verspürte Abscheu und Entsetzen bei dem Gedanken, daß ihr graziler Körper, den er so sehr bewunderte, bald dick und unförmig werden und schließlich Petes Kind zur Welt bringen sollte. Diese Vorstellung war so grausam, so quälend und blutig, daß sein spontaner Haß einer Woge von Mitleid und Nachsicht wich und er liebevoll nach ihrer Hand griff. «Ich freue mich, Jenny.»

«Wirklich?» Sie lächelte zweifelnd. «Aber wenigstens brauchen wir uns daran nicht schuldig zu fühlen, Matt.» Sie lachte, dann schlug sie die Hände vors Gesicht. «Mein Gott, wie schrecklich, so etwas auszusprechen! Warum habe ich nur diesen gräßlichen Hang, an allem, was mir geschieht, etwas komisch zu finden!» Sie wurde wieder ernst. «Du kannst dir nicht vorstellen, wie glücklich ich bin, Matt. Es ist fast anderthalb Jahre her seit meiner Fehlgeburt, und ich hatte schon Angst, ich könnte nie wieder ein Kind bekommen. Manchmal habe ich sogar gedacht, das sei die Strafe für das, was wir getan haben . . .»

Er stand auf, weil er nicht wollte, daß sie weitersprach, und ging zur Tür. «Hat Pete jemals angedeutet, daß er uns verdächtigt?» Er verabscheute sich selber für diese Frage, und sie starrte ihn böse an.

«Natürlich nicht. Marietta denn?» Rasch ging sie auf ihn zu. «Marietta weiß es nämlich, Matt.»

«Sie weiß es nicht. Wie kommst du darauf?»

«Weil sie mir eines Tages gesagt hat, daß Haß die einzig wahre Sünde ist – und daß nur die Fähigkeit zur Liebe dem Menschen Würde verleiht. Warum sollte sie sonst eine solche Bemerkung machen?»

«Weil sie daran glaubt.»

«Aber hat sie schon immer daran geglaubt? Oder hat sie es erst gelernt?»

«Sie hat immer daran geglaubt.»

«Tatsächlich? Auch als sie jung war? Das kann ich mir nicht vorstellen. Junge Menschen glauben nicht an solche Dinge. Man glaubt erst daran, wenn man erfahren hat, daß man sich vor furchtbaren Gefahren schützen muß.» Sie lächelte so ironisch und überlegen, daß er sie am liebsten hin und her geschüttelt hätte. «Und was ist mit dir? Liebst du Pete noch ebensosehr wie früher?»

«Es ist Mariettas Ansicht, daß Liebe ein Allheilmittel ist, nicht meine.»

«Meine auch nicht. Jedenfalls jetzt nicht mehr.»

Matt hatte das Gefühl, schon viel zu lange geblieben zu sein. Die Unterhaltung war auf ein gefährliches Gleis geraten. Deshalb ging er in die Küche, um seine Überschuhe zu holen. «Wo hast du diese verdammten Dinger hingestellt?» rief er laut. Jenny lachte, ging hinterher, setzte sich an den Küchentisch und bedeutete ihm, sich auch noch einen Moment hinzusetzen und eine Tasse heißen Kaffees zu trinken, bevor er in die Kälte hinausgehe. Der Wind pfiff jetzt tatsächlich heulend um das Haus, das unter den Stößen ächzte und stöhnte.

«Du hättest nie erwartet, daß ich so etwas sagen würde, nicht wahr, Matt?»

«Seit du mit Pete verheiratet bist, Jenny, habe ich versucht, nichts mehr von dir zu erwarten.» Er schlenderte in der Küche umher, spähte neugierig in die Ecken und zog einmal die Gardinen zurück, um hinauszuschauen. Der Tag war dunkel geworden, die Sonne fast verschwunden.

«Bitte, setz dich doch, Matt!» Ihre Stimme klang sanft, und sie deutete lächelnd auf die Kaffeetasse. Er nahm die Tasse in die Hand, setzte sich aber nicht hin. Sie faltete die Hände auf dem Tisch und beobachtete sein rastloses Auf und Ab und hörte nicht auf zu lächeln. Es schien ihm ein zwiespältiges Lächeln zu sein, lüstern und geheimnisvoll, ein Lächeln, das seine Aufmerksamkeit um jeden Preis erzwingen wollte. «Du kennst mich doch, Matt», sagte sie. «Du weißt, wie selbstsüchtig ich bin, wie falsch ich sein kann und wie wenig ich es verdiene, geliebt zu werden.» Sie versank in Grübeln und lachte plötzlich leise über einen unausgesprochenen Gedanken. «Gut, du willst also nicht mit mir sprechen. Du bist mir böse. Ich habe dich nicht gerufen, Matt. Wenn du willst, kannst du gehen.»

Er wollte hinaus, sich in die Freiheit flüchten, doch als er an ihr vorbeiging, griff sie nach seinem Arm. Er blieb stehen, sah sie fragend an, grinste schließlich zögernd und setzte sich, als sie auf einen Stuhl deutete. «Ich bin dir nicht böse, Jenny. Ich schäme mich nur», erklärte er mit gesenktem Kopf. Was er gesagt hatte, stimmte: Er konnte sich nicht erinnern, sich jemals so gedemütigt gefühlt zu haben wie jetzt.

Jenny breitete mit einer graziösen Bewegung die Hände aus, spreizte die Finger, als wolle sie ihm den Ehering an ihrer Linken zeigen, und atmete tief und langsam ein. «Du brauchst dich nicht zu schämen», flüsterte sie. «Dazu besteht kein Anlaß. Ich liebe dich nicht mehr.» Er sah sie an, und sein Blick war so voll Zorn und Vorwurf, daß sie warnend den Finger hob. «Das versuche ich mir wenigstens manchmal einzureden. Es heißt doch, wenn man sich etwas lange genug einredet, wird es schließlich wahr.» Schnell hob sie den Kopf. «Hast du das schon einmal probiert?»

Matt lächelte gezwungen. «Ich habe versucht, mir einzureden, daß ich froh bin über deine Heirat mit Pete.»

«Und? Bist du es jetzt wirklich?»

Als Antwort schlug er krachend auf den Tisch, so daß die Tassen hochsprangen und der Kaffee überschwappte. Erschrocken schrie Jenny auf und lief zum Ausguß, um sich ein paar eingebildete Flecken vom Kleid zu reiben. Er war schon im Eßzimmer, als er sie weinen hörte. Er ging zwar noch weiter, bis in die Diele, um seinen Mantel zu holen, kehrte dann aber in die Küche zurück, schloß Jenny in die Arme und drückte ihren Kopf an seine Brust – eine vertraute Haltung, die sie instinktiv einnahmen. Er streichelte ihr das Haar und den Rücken, die Schultern und Arme und murmelte beruhigende Worte, wie er es so oft getan hatte, als Andy Danforth noch lebte.

Lange Zeit standen sie versunken da, und plötzlich entdeckte Matt überrascht, daß er Jenny jetzt zärtlich streichelte und ihr Kleid aufgeknöpft hatte und mit Händen und Mund ihre Brüste liebkoste. Und dann waren sie im Eßzimmer und eilten die Treppe hinauf.

Im Schlafzimmer wollte sich Jenny ihm zuwenden, aber Matt lief noch einmal die Treppe hinab, griff seinen Hut von der Garderobe, rannte wieder hinauf, machte abermals kehrt und schloß die Tür zu. Als er das Schlafzimmer betrat, wirkte sein Gesichtsausdruck verbissen und fast wie von Sinnen. Er kniete vor Jenny nieder, und sie umfaßte sein Gesicht mit beiden Händen. Dann schloß sie die Augen und tat einen langen Atemzug.

Er sah sich flüchtig im Zimmer um, sah die beiden hohen Spiegel an zwei gegenüberliegenden Wänden, die silberne Frisiergarnitur, die ordentlich auf dem Toilettentisch lag, und spürte dabei ein leichtes Erstaunen, weil dieses Zimmer nicht so aussah, als würde es je von einem anderen Mann betreten. Sie hätten sich im Schlafzimmer einer Fremden befinden können. Und doch prägte er sich jede Kleinigkeit im Raum genau ein, damit er sich später, wenn er diese Stunde in Gedanken noch einmal durchleben wollte, besser erinnern konnte.

Aber plötzlich versank das Zimmer um ihn, die einzige Realität wurde die ihrer beiden Körper. Mit steigender Ungeduld trieben sie beide in einen Taumel hinein und umklammerten sich so fest, als wollten sie sich vor dem Untergang ihrer Welt schützen, aus der eine Rückkehr niemals ganz gesichert erschien. Doch dann gruben sich Jennys

Finger in seine Schultern, und er vernahm ein Geräusch, das ihn erstarren ließ, ihn dazu verdammte, ertappt zu werden, jetzt, in diesem Augenblick, in dem er vor ihr auf den Knien lag und sein Gesicht so stumpf und feindselig war wie das Gesicht eines Wahnsinnigen. Ihm war, als habe der Schreck ihn seiner Sinne beraubt.

Er hatte nichts als ihrer beider Atem gehört, eine unendliche, ihm unbekannte Zeit lang. Doch jetzt hörte er die Schritte in der Diele. Jemand ging durch das Eßzimmer, kam zurück, verhielt am Fuße der Treppe und stieg eilig herauf. Sie sahen sich starr vor Entsetzen an, und Matt spürte, daß sein Herz wie in einer riesigen, leeren Schachtel schlug und sein Körper zitterte. Überrascht bemerkte er, daß von seinem Gesicht der Schweiß auf sein Hemd tropfte. Einige Sekunden war es still, dann entfernten sich die Schritte die Treppe hinab und durch die Diele. Als die Haustür zuschlug, fuhren sie beide zusammen.

«Keine Bewegung!» mahnte er flüsternd. «Er könnte noch da sein.»

Sie lauschten endlose Minuten, bis Matt entdeckte, daß sein Körper klatschnaß war und seine Muskeln fast unerträglich schmerzten. Einen Augenblick meinte er, sich nicht von der Stelle rühren zu können, dann nahm er sich zusammen, sprang auf und trat ans Fenster. Er sah einen Mann den Berg hinabgaloppieren, konnte ihn aber nicht mehr erkennen, weil er schon zu weit entfernt war. Er spähte mit zusammengekniffenen Augen durch einen Spalt im Vorhang. Als er sich endlich wieder zu Jenny umdrehte, lächelte er so bösartig triumphierend, als sei der Unbekannte ein Störenfried, der in sein, in Matts eigenes Haus eingedrungen war.

Jenny runzelte die Stirn und flüsterte mitleidig: «Matt, was ist mit dir?»

«Ich konnte ihn nicht mehr erkennen.»

«Es war Pete. Die Tür war doch abgeschlossen – es kann niemand anders gewesen sein.»

«Es kann sehr gut jemand anders gewesen sein», wies er sie scharf zurecht. Er griff seinen Mantel und zog ihn ungeschickt über; es kam ihm vor, als sei er viel schwerer als vorhin. «Er ist nicht heraufgekommen, und er hat uns nicht gesehen – wer immer es gewesen sein mag. Wenn Pete wiederkommt und dich fragt, wo du heute morgen gewesen bist, dann sagst du: bei Mrs. Hatch. Und jetzt mach um Himmels willen, daß du hinkommst!» Er jagte die Treppe ebenso schnell hinab wie der andere und hielt, ebenso wie dieser, noch einmal inne. «Was immer er auch sagt», rief er ihr eindringlich zu, bevor er durch die Hintertür aus dem Haus stürzte, «du warst nicht hier!»

Er erwog, ins Büro zurückzukehren, fürchtete aber, Pete dort anzutreffen. Deshalb beschloß er, lieber zu warten, bis sie sich irgendwo zufällig begegneten. Die Initiative war ihm nun aus der Hand genommen. Er überlegte, was er tun solle, und machte sich auf den Weg, die

Rinder anzusehen, die er eigentlich am folgenden Tag mit Lem Finney hatte begutachten wollen. Zu Lem schickte er einen Jungen, den er auf der Straße angehalten hatte, und ließ ihm sagen, daß er, Mr. Devlin, sich doch noch um zehn Uhr auf den Weg gemacht habe, um die Rinderherde anzusehen.

«Vergiß es aber nicht: um zehn Uhr», mahnte er den Jungen. «Eines Tages wirst du selber Geschäftsmann sein, und dann verstehst du auch, daß man nicht immer die Wahrheit sagen kann, wenn man Geld verdienen will.»

Der Junge grinste, zwinkerte ihm zu und versprach, den Auftrag nicht zu vergessen. Matt kehrte erst gegen Mitternacht heim. Voll Unbehagen ging er auf sein Haus zu und war fest davon überzeugt, Pete werde bei Marietta sitzen und nur darauf warten, ihm seine Anklage ins Gesicht schleudern zu können. Aber Marietta lag schlafend im Bett.

«Hast du Morgan gesehen?» erkundigte er sich, als sie erwachte. Er stand an ihrem Bett und sah sie nachdenklich an.

Zu seiner größten Überraschung lächelte sie, und daran merkte er, daß an diesem Tag nichts geschehen war, das sie in Unruhe versetzt hatte. «Natürlich nicht, Matt. Du weißt doch, sie wollten bis morgen abend bleiben. Jenny war hier, und wir haben zusammen zu Abend gegessen.»

Er hörte weder am nächsten noch am übernächsten Tag etwas von Jenny. Am Abend um acht Uhr fuhr er mit Marietta, Lisette und Ralph Mercer im Wagen zum Maskenball in der Folger Hall. Ihn hatte die stoische Verzweiflung eines Mannes gepackt, der gehört hat, wie der Arzt flüsternd sagte, er werde die Nacht nicht überstehen.

In der Zwischenzeit hatte er sich so oft und deutlich ausgemalt, was geschehen werde, wenn er Pete wiedersah, daß er tatsächlich erwartete, in den nächsten Minuten von Pete erschossen zu werden oder zumindest mit ansehen zu müssen, wie alles, was den Inhalt seines Lebens ausgemacht hatte, vernichtet wurde: sein Ruf, das Glück Mariettas und das Glück seiner Kinder. Man würde ihn zwingen, Jennys Schande zu bezeugen; aber fast hoffte er, daß diese Nacht ihn endlich von all der Heuchelei und Hinterlist der letzten Jahre befreie, und sei es um den Preis, daß alle Menschen, die ihm nahestanden, darunter litten.

Lisette war als Zigeunerin verkleidet. Sie trug einen buntgestreiften, zerlumpten Rock und eine weiße, tief ausgeschnittene Bluse. Das Haar fiel ihr bis auf die Hüften herab, und um den Kopf hatte sie sich ein grünes Seidentuch gewunden. An ihren Ohren hingen riesige Goldringe, und an den Armen trug sie so viele Goldreifen, wie sie hatte auftreiben können. Ihre Haut war mit Beerensaft gefärbt, und in der Tasche hatte sie ein Spiel Karten, mit dem sie, wie sie ernsthaft versicherte, mindestens hundert Dollar zusammenbringen werde, weil sie alle Leuten gegen Geld die Zukunft voraussagen wollte.

«Ich bin übersinnlich, das weiß ich genau. Zumindest heute abend. Vater, daß du kein Kostüm trägst, ist eine Schande!» Matt hatte sich, wie viele andere Männer, geweigert, sich zu verkleiden, und war lediglich bereit, eine Maske aufzusetzen.

Marietta ging als Königin Berengaria. Das hatte Lisette vorgeschlagen, weil sie ja in gewissem Sinne als Kreuzfahrer ins Gebirge gekommen waren, ebenso auf der Suche nach Ehren und Abenteuern wie auf der Suche nach Reichtum. Sie trug ein purpurnes Samtgewand mit Ärmeln, die bis auf den Boden reichten. Die Schleppe war mit weißem Kaninbesatz gesäumt, der mit Tinte zu Hermelin erhoben worden war. Um die Taille trug sie Ketten und Perlbänder und auf dem geflochtenen Haar eine hohe, vergoldete Krone. In der dunklen Kutsche erschien sie Matt so majestätisch, daß er sich als unwürdiger Vasall dieser stolzen, schönen Frau fühlte.

Die Folger Hall war strahlend erleuchtet. Von Wänden und Decken hingen Flaggen und Girlanden aus Tannen und Fichten. Matt und Ralph Mercer, die nebeneinanderstanden und auf die Damen warteten, beobachteten kopfschüttelnd die maskierten und kostümierten Männer und Frauen, die Arm in Arm umherschlenderten oder in Gruppen zusammenstanden und lachten, als seien sie alle verrückt geworden.

Als Matt seine Maske aufsetzte, empfand er es als Wohltat, sich dahinter verbergen zu können. Verwundert überlegte er, warum die Menschen nicht immer Masken trügen, denn das war in jedem Fall besser als das ständige verkrampfte Lächeln und das eitle Bemühen, der Welt eine gelassene Miene zu präsentieren. Wenn er sein Gesicht nicht hätte verbergen können, wäre er sofort wieder gegangen. Denn die Begeisterungsschreie, mit denen die Festteilnehmer gegenseitig ihre Kostüme bedachten, das fröhliche Kreischen, wenn sie errieten, wer hinter der Verkleidung steckte, und das rastlose Treiben im Saal erfüllten ihn mit hilfloser Wut. Er konnte seine Bekannten, seine Freunde und Geschäftspartner nur noch als Narren betrachten. Sie waren aufgetakelt wie Vogelscheuchen, in Flitter und Tand, den man nicht aus der Nähe ansehen durfte, weil sonst jede Illusion dahin war. Alle taten sie so, als erkennten sie einander nicht und seien aufs höchste verblüfft von der Vollkommenheit der Kostüme. An jedem anderen Abend hätte er vermutlich ebenso fröhlich an diesem Fest teilgenommen wie sie, doch jetzt empfand er nur Verständnislosigkeit und Mißbilligung beim Anblick der vielen Königinnen und Bauern, Pilger, Piraten und Clowns. Er fand, die Leute sollten ihre Gedanken besser ernsteren Dingen zuwenden, wie er es tat.

Pete und Jenny waren noch nicht da, und bis zu ihrer Ankunft würde wohl noch einige Zeit vergehen. Denn Jenny liebte es nicht, zusammen mit der großen Masse einzutreffen. Obwohl er dies wußte, malte er sich in Gedanken eine schreckliche Szene aus, die möglicherweise gerade jetzt zwischen Jenny und Pete stattfand, eine Szene, bei der er eigentlich hätte dabei sein sollen, um Jenny und vielleicht auch sich selber zu verteidigen. Statt dessen stand er hier herum und kritisierte mit finsterer Miene ein unschuldiges, gefühlvolles Fest.

Nach ein paar Minuten erschien Marietta, und Matt wandte sich zu ihr um. Er sehnte sich danach, das Unrecht ungeschehen zu machen, das er ihr zugefügt hatte, seine Schandtaten zurückzunehmen und sein Leben wieder in Ordnung zu bringen. Marietta sah ihn mit einem Blick an, den er für deprimiert und verzweifelt hielt. Sie schien seine Gedanken zu erraten. Doch dann lächelte sie und schlug ihm vor, zu den anderen zu gehen. Er reichte ihr den Arm und marschierte mit ihr entschlossen, aber innerlich zitternd vor Furcht, mitten durch den Saal. Ihm war, als erlebe er seine Exekution, die durch einen Schuß in den Rücken ohne vorherige Warnung vollzogen werden sollte.

Als es auf neun Uhr zuging, konnte er nur noch mechanisch nicken. Er ließ die anderen reden, war selber aber unfähig, auch nur ein Wort zu sagen. Doch jetzt war seine Furcht in Resignation umgeschlagen. Er hatte niemals daran geglaubt, das Schicksal eines Menschen könne vorherbestimmt sein, aber nun war er überzeugt davon – möglicherweise zu spät. Welche Kniffe und welche Taktik er auch immer angewandt hatte, um diesen Augenblick abzuwenden, er hatte nichts daran ändern können. Alles wäre genauso geschehen, wie es geschehen war, nur vielleicht an einem anderen Tag. Diese Überlegungen gaben ihm eine bittere Genugtuung.

Dann betraten, unter den erstaunten, bewundernden Ausrufen der Anwesenden, Irene und Jeremy Flint den Saal. Sie trugen die einzigen wirklich überzeugenden Kostüme: Mrs. Flint hatte sich als Chinesin verkleidet und trug eine hochaufgetürmte schwarze Perücke, in der Kristallperlen und viele kleine Spiegel befestigt waren. Die dünnen schwarzen Augenbrauen liefen über die Maske hinaus schräg in die Stirn. Jeremy trippelte, in gelbem Brokatgewand und langem Zopf, diensteifrig neben ihr her und fächelte ihr mit gezierten Bewegungen Luft zu. Während die Umstehenden ihnen laut ihre Glückwünsche zuriefen, dachte Matt voll Ironie, daß es eben doch eine ausgleichende Gerechtigkeit im Leben gebe. Denn heute wurde Milly Matches mit weit größerer Herzlichkeit auf dem Ball begrüßt als jede andere Dame.

Endlich begannen die Musiker, die bis dahin ihre Instrumente mit schrillen Mißtönen gestimmt hatten, eine schwungvolle Weise zu spielen, die alle Gäste elektrisierte. Der Kapellmeister hatte eine Polonaise angekündigt, und es entstand ein großes Durcheinander, als die Tänzer ihre Partnerinnen aussuchten. Matt tanzte mit der Gräfin Manzoni, die heute Maria Stuart war und mit einem makabren roten Band um den Hals deren trauriges Schicksal andeutete. Er nahm seinen Platz in der Reihe ein, konnte aber unmöglich weiter den Eingang im Auge behalten, um zu sehen, wann Jenny und Pete kamen.

Er ließ sich von der Musik und den anderen Tänzern mitreißen, als sei er ein Automat und kein Einzelwesen mehr. Als die Polonaise fast vorüber war, sah er Jenny und Pete Arm in Arm durch den Saal tanzen. Jenny war fröhlich, mutwillig und kraftvoll wie ein junges Füllen, das auf dem Markt vorgeführt wird. Sie lächelte Pete so zärtlich an, wie sie es in seiner Gegenwart noch nie in der Öffentlichkeit getan hatte. Vielleicht sollte es nur ein Zeichen für ihn sein, daß die Krise vorüber war und das Schicksal sie, zumindest für den Augenblick, noch verschont hatte.

Aber selbst Jennys Lächeln, ihr Übermut und der seltsam trotzige Rhythmus ihrer Schritte, der zu ihrem Kostüm als spanische Tänzerin gehörte, konnten Matt nicht beruhigen. Sie trug einen rüschenbesetzten roten Rock und hatte einen schwarzen Schal über die Schultern geworfen und an der Taille befestigt. In ihrem Haar steckte ein hoher Kamm, und in der Hand hielt sie ein Tamburin, das sie beim Tanzen rasselnd schüttelte. Verstohlen warf Matt einen Blick auf Pete, dessen Gesicht, ebenfalls von einer schwarzen Maske bedeckt, den Stolz und die finstere Würde eines Don ausdrückte. Pete konzentrierte sich ganz auf die Polonaise und bemerkte ihn nicht.

Als der Tanz endete, befanden sie sich an den entgegengesetzten Seiten des Saals. Matt lächelte pflichtschuldig die Gräfin Manzoni an und versuchte, sich darüber klarzuwerden, ob er die beiden jetzt gleich aufsuchen sollte, um Jenny zu ihrem Kostüm zu beglückwünschen und Pete nach der Reise zu fragen. Bei diesem Gedanken fühlte er ein Prickeln im Nacken und rasendes Herzklopfen. Vielleicht war es besser, noch einige Tänze zu warten und dann zu Pete zu gehen. Er könnte ihm, wie er es oft tat, wenn sie sich einige Tage nicht gesehen hatten, den Arm um die Schultern legen und sich erkundigen, wie es in Deer Lodge gewesen sei. Dann wieder schien es ihm besser, zu warten, bis einer von den beiden zu ihm kam, entweder Jenny mit irgendwelchen Neuigkeiten oder Pete mit seiner Forderung, falls er sie ihm tatsächlich hier überbringen wollte.

Alles lief durcheinander, um einen neuen Partner für den nächsten Tanz zu suchen. Da hörte Matt einen schrillen Singsang hinter sich, der ihn herumfahren und angriffsbereit, mit angewinkelten Armen und gespreizten Beinen, stehenbleiben ließ. Vor ihm stand Irene Flint in ihrem bestickten gelben Seidengewand und imitierte fast vollendet das unergründliche Lächeln der Orientalen. «Hast du vergessen, daß du mich um diesen Tanz gebeten hast?»

Matt runzelte verblüfft die Stirn; ihm war, als hätten die Sorgen ihn heute abend um den Verstand gebracht. Als die Musik mit einem schnellen, anstrengenden Walzer begann, packte er Mrs. Flint und wirbelte sie in rasendem Tempo herum. Er konnte nicht erkennen, an welchen Paaren sie vorübertanzten, er war jetzt nur entschlossen, mit einer Partnerin nach der anderen im Saal herumzujagen, so schnell es ging, so daß es Pete schwer möglich war, mit ihm zu sprechen oder ihn in aller Öffentlichkeit zur Rede zu stellen.

Als er mit Lisette tanzte, erzählte sie ihm von ihrem großen Erfolg als Wahrsagerin. Bisher habe sie fast zwanzig Dollar eingenommen, aber die wirklich große Chance würde erst nach Mitternacht kommen, wenn sie alle zum Essen gingen. «Paß nur auf, heute abend läßt sich bestimmt jeder von mir die Zukunft deuten!»

Matt lachte herzlich. Er war dankbar, vorübergehend abgelenkt zu werden von seinen Sorgen und der Erinnerung, die sich ständig wiederholte wie ein Lied, das einem nicht aus dem Kopf geht, der Erinnerung an Schritte, die eine Treppe hinaufsteigen und wieder hinab, der Erinnerung an eine zuschlagende Haustür. «Ich wußte gar nicht, daß du die Zukunft voraussagen kannst. Wo hast du denn das gelernt?»

«Ich hab mir ein Buch und ein Spiel Wahrsagekarten gekauft. Weißt du, von der verrückten alten Hökerin, die Jenny verflucht hat. Mrs. Honeybone.»

Sie lehnte sich in seinem Arm zurück und sah zu ihm auf. Dabei lächelte sie so keck und unverschämt, daß Matt glaubte, er könne ihre Gedanken hinter der Maske besser lesen, als wenn ihr Gesicht unbedeckt gewesen wäre. Auf einmal hatte er das Gefühl, sie wisse alles über ihn und Jenny, und zwar schon seit langem. Dann wußten es natürlich auch Morgan und Marietta und die jüngeren Söhne und ganz gewiß auch Pete. Gleich darauf war er überzeugt, daß der ganze Saal sein Geheimnis kenne. Er meinte, daß alle Anwesenden ihn und Pete beobachteten und gespannt darauf warteten, was sich zwischen ihnen abspielen würde.

Lisette plauderte munter und unbefangen weiter. Sie nützte wohl seine Hilflosigkeit aus, um sich für das zu rächen, was er ihnen allen, vor allem aber Marietta und ihr angetan hatte.

«Vorhin habe ich Jenny die Zukunft vorausgesagt. Aber natürlich nur Gutes. Ich finde es nämlich nicht recht, Unglück oder Schwierigkeiten vorauszusagen. Aber bei Jenny erschien immer wieder das Pik-As, und das bedeutet, daß etwas Furchtbares geschehen wird – entweder einem selber oder jemandem, den man liebt.» Ihr Gesicht war jetzt ganz ernst, und sie wandte kein Auge von ihm. «Ich glaube natürlich nicht daran. Aber bei Jenny habe ich eine richtige Gänsehaut gekriegt. Ach, da ist ja Morgan endlich! Ich dachte schon, er würde überhaupt nicht mehr kommen.» Sie winkte, ließ Matt stehen und lief auf ihren Bruder zu: «Du Spielverderber! Du könntest dir doch wenigstens eine Maske aufsetzen.»

Morgan zog eine Maske aus der Tasche, setzte sie auf und plauderte mit Lisette. Als die Musik abbrach, fuhr Matt herum. Er war fest überzeugt, daß er in der nächsten Sekunde aus dem Hinterhalt überfallen werde. Pete stand unmittelbar neben ihm und streckte gerade die Hand aus, um ihm auf die Schulter zu klopfen.

«Pete, ja um Himmels willen!» rief er verärgert und starrte Pete in die Augen, die ebenso dunkel und glänzend waren wie seine. Er versuchte darin zu lesen, ob Pete etwas wußte oder erriet. «Bist du jetzt erst zurückgekommen?»

«Heute am späten Nachmittag.»

Petes Stimme klang weder unnatürlich herzlich, was Matt verdächtig erschienen wäre, noch gespannt und rauh, wie sie wohl geklungen hätte, wenn er seine Wut nur mühsam hätte unterdrücken können. Aber er sah ihn so prüfend an, daß Matt das Gefühl nicht loswerden konnte, er werde getestet und geprüft.

«Was hältst du denn von dem Grundstück in Deer Lodge?»

Plötzlich stellte Matt fest, daß seine Furcht verschwunden und seine Feindseligkeit wie ausgelöscht war. Er fühlte sich wieder wach und beherrscht. Ob Pete nun gestern zurückgekehrt war, weil er Verdacht geschöpft hatte, ob er diesen Verdacht bestätigt gefunden hatte oder nicht – er war immerhin sein Bruder, ein Mann, mit dem er sein Leben lang zusammen gewesen war und der gewiß nichts unternehmen würde, was Marietta oder Lisette Schaden zufügen konnte.

«Ich habe es gar nicht gesehen.» Die Musik hatte wieder eingesetzt, die Tänzer wirbelten vorbei. Die Brüder sahen sich unverwandt an. «Ich bin nicht hingeritten.»

Matt stockte das Herz, dann fragte er ruhig: «Warum nicht? Ist Morgan auch nicht dort gewesen?»

«Ich glaube, doch. Aber ich mußte zurückreiten, um die Vollmacht zu holen, die Lem mir für seinen Anteil ausgestellt hatte. Für den Fall, daß wir es kaufen wollten.» Pete lächelte nachdenklich. «Am Morgen, bevor ich das Haus verließ, ist nämlich etwas geschehen. Deshalb habe ich Narr vergessen, mir Lems Unterschrift zu holen.»

«Wo bist du denn so lange gewesen?» Zu seiner Überraschung stellte Matt fest, daß er die Rolle des Inquisitors übernommen hatte und Pete es war, der erklären mußte, was er getan hatte. Aber wie grotesk diese Umkehrung der Position auch sein mochte, er wartete ungeduldig auf eine überzeugende Erklärung von Pete, ja sogar auf eine Entschuldigung.

«Als ich merkte, daß ich ihn nicht mehr einholen konnte, bin ich nach Boulder geritten und habe die Mine kontrolliert. Und das war gut, denn dieser Hund von Aufseher ist mit dem gesamten Lohngeld durchgebrannt.»

Er nahm diese Nachricht, die ihn normalerweise aufs höchste erbost hätte, gelassen auf. Sie klang so plausibel, daß Matt nun selbst überzeugt von dem war, was er Jenny zur Beruhigung gesagt hatte: daß es nämlich Pete gewesen sei, der ins Haus gekommen und, als er nichts gehört hatte, schnell wieder davongeritten war, weil er hoffte, Morgan noch einzuholen.

Der Kapellmeister schrie, beim Tusch sei es Mitternacht, alle sollten sich bereitmachen, damit die Demaskierung gleichzeitig erfolgen könne. Der Tusch dröhnte los, und überall im Saal nahmen die Männer und Frauen ihre Masken ab, wandten sich einander zu, lachten seltsam befangen, als schämten sie sich, wieder gesehen zu werden. Auch Matt riß seine Maske ab und drehte sich hastig um, weil er Petes Miene sehen wollte. Aber Pete war schon weg und bahnte sich einen Weg durch die Menge zu Jenny. Matt sah ihm eine Weile mit mißtrauischen Blicken nach, dann suchte er Marietta und führte sie zum Essen.

Dritter Teil

32

Seit Wochen schon war die Theatertruppe Charles Baxter angekündigt worden. Eines Morgens hingen, scheinbar durch Zauberhand befestigt, an allen Zäunen und Ladenfronten zahllose Plakate. Die übernatürliche Macht, die sie dort angebracht hatte, als alles in tiefem Schlummer lag, entpuppte sich als ein zwölfjähriger Junge, der von der Truppe per Post mit dieser Aufgabe betraut worden war.

Anfang Juni kamen die Schauspieler gegen Mittag in einem feierlichen Zug in die Stadt, allen voran ein Wagen, der das Gepäck und die Kulissen beförderte. Der kleine Plakatkleber saß stolz neben dem Kutscher und schwang eine Glocke, die allen Leuten verkündete, daß das mit Spannung erwartete große Ereignis nun endlich eingetroffen sei. Die Nachricht verbreitete sich mit Windeseile, und überall an den Türen und Fenstern erschienen neugierige Gesichter. Schauspielertruppen wurden stets ebenso freudig begrüßt wie die Blüte der wilden Rosen, der erste warme Sonnenstrahl und das frische Obst und Gemüse von den Farmen im Nachbartal.

Dem ersten Wagen folgte in gebührendem Abstand die Kutsche, in der die Künstler saßen. Auf dem Bock thronte in einem rot-blau karierten Kleid und dem passenden Sonnenschirm Fan Moffat, die, wie auf den Plakaten zu lesen war, die Rolle des Mazeppa spielen würde. Die Männer musterten sie anerkennend und versuchten sich vorzustellen, wie sie wohl aussah, wenn sie, nur mit engen Hosen und einer kurzen Tunika bekleidet, auf den Pferderücken gebunden wurde. Alle waren sich einig darüber, daß Fan Moffat die hübscheste Schauspielerin war, die man hier in den Bergen jemals gesehen hatte. Es gefiel ihnen einfach alles an ihr: das tiefrote Haar, die stolze Haltung, die den Eindruck erweckte, als sei sie sich ihres herrlichen Körpers durchaus bewußt und erwarte, daß man sie bewundere, ihr Lächeln und die Bewegung, mit der sie nach allen Seiten winkte, offenbar fest überzeugt, daß die

Männer nur auf die Straße gekommen waren, um sie zu bestaunen. Niemand konnte ihr anmerken, daß ihr seit dem Augenblick, da sie St. Louis verlassen hatten, alles zuwider war: die schlechte Küche auf dem Dampfer, die häßlichen Häuser von Fort Benton, der strömende Regen, die unbequeme Enge in der Kutsche, in der zwölf Personen auf kleinstem Raum zusammengepfercht waren und unentwegt stritten. Sie hatte sich immer wieder beklagt und ihren Kollegen vorgeworfen, es sei ein unverzeihlicher Fehler gewesen, in dieser gräßlichen Wildnis ein Engagement angenommen zu haben. Aber von all dem spürte man nichts. Ihre Miene war strahlend und heiter.

Kaum waren die Körbe mit Kleidern und Kostümen in ihr Hotelzimmer gebracht worden, als Homer Grimes im St. Louis Hotel erschien, der ein Interview mit ihr machen wollte. Seine erste Frage galt ihrem Eindruck von der Stadt. Sie trat mit ihm auf den Balkon hinaus und sah auf die Häuser hinab. «Was ich davon halte? Ein mieser Saustall ist das!» Sie klopfte ungeduldig mit der Fußspitze auf den Boden und sah ihn böse an, als sei das allein seine Schuld. «Wohnen hier wirklich Menschen?»

Mit zusammengekniffenen Augen spähte sie zu den grünen Berghängen hinauf, auf denen längst nicht mehr Bäume, sondern nur noch Hütten standen, zwischen denen sich enge Pfade schlängelten. Sie erklärte mit geblähten Nasenflügeln, die Stadt rieche wie eine Jauchegrube. «Angeblich soll dies ja ein Goldgräberlager sein», sagte sie mit einem kritischen Blick auf seinen Anzug. «Es heißt, die Leute liefen hier mit eigroßen Nuggets an den Uhrketten herum. Ich kann mir das aber nicht vorstellen. Überhaupt kein Vergleich mit Frisco oder St. Louis. Das sind Städte!» Sie faltete andächtig die Hände. «Vielleicht sollten wir in diesem Nest lieber nicht spielen.»

Bei diesen Worten protestierte Homer aus ehrlichem Herzen, denn er hatte sich schon darauf gefreut, sie unter dem Schreckensgeschrei der Ballettmädchen auf ein Tatarenpferd gefesselt und in die Wälder hinausgejagt zu sehen. «Aber Miss Moffat, das werden Sie uns doch nicht antun! Seit Wochen hängen überall Ihre Plakate, und die Leute reden nur noch von Ihnen. Glauben Sie mir, bitte, wenn ich Ihnen sage, daß Sie die größte Schauspielerin sind, die je zu uns in den Westen gekommen ist.» Er hatte sie eingehend betrachtet, während sie auf die Stadt blickte. Ihre blauen Augen waren mit einem breiten blauen Strich umrahmt, ihre Haut war hell und ungeschminkt, und ihre Lippen waren verhältnismäßig schmal, aber sehr ausdrucksvoll. All diese Einzelheiten hielt Homer in seinem Notizbuch fest, auch wenn er sie den Lesern der *Helena Post* nicht mitteilen konnte. «Und die schönste», fügte er mit galanter Verbeugung hinzu.

«So? Wirklich?» Als sie sich umdrehte, lächelte sie. Doch dann musterte sie ihn skeptisch, ließ sich aber anscheinend durch seinen aufrichtigen Ausdruck und den Notizblock in seiner Hand überzeugen. Zum Abschied, als ihre Hand schon auf der Türklinke lag, gab sie ihm noch einen Rat. «Vergessen Sie nicht zu schreiben, daß ich unablässig an meinen Rollen weiterarbeite, um meine Darstellung zu verbessern. Das werde ich übrigens auch jetzt tun, wenn Sie weg sind, obgleich ich diesen idiotischen Mazeppa schon so lange spiele, daß er mir allmählich zum Hals heraushängt. Aber das ist nun mal der Geschmack des amerikanischen Publikums.»

«Sie sind keine Amerikanerin?» fragte er und zückte wieder seinen Notizblock.

«Selbstverständlich bin ich Amerikanerin, Sie Idiot! Wie kommen Sie darauf?» Wütend knallte sie die Tür hinter Homer Grimes zu, und dieser kehrte, nachdem er sich noch ein paar Notizen gemacht hatte, zur *Helena Post* zurück, wo er feststellen mußte, daß er nichts von seinen Aufzeichnungen verwenden konnte. In Ralph Mercers Zeitung wurden nämlich grundsätzlich alle Damen schön und liebenswürdig geschildert, die Galadinners waren unvergeßliche Ereignisse, und jeder, der hierher in die Berge kam, war sprachlos vor Staunen, hier, mitten in den Rocky Mountains, eine so hochentwickelte Zivilisation zu finden. Das, hatte Ralph Mercer ihm versichert, sei die einzige Möglichkeit, die Auflagenziffer zu steigern.

Während Homer an seinem Schreibtisch saß und stirnrunzelnd überlegte, was er Fan Moffat in den Mund legen könnte, öffnete sich die Tür, und Lisette, Rachel und Georgina Hart, die seit anderthalb Jahren Georgina Devlin hieß, stürmten herein.

Er sprang auf und tat, als freue er sich über diesen Besuch, obwohl mit derartigen Überfällen fast immer irgendein Unfug verbunden war. Während er Rachel die Wange küßte, lief Lisette mit herausforderndem Lächeln an ihm vorbei und stöberte, wie gewöhnlich, im Büro herum. Sie prüfte mit kritischem Blick die Bürstenabzüge, sah bei der Druckpresse zu und fragte die Setzer aus. Mißtrauisch beobachtete Homer, wie sie in ihrem rotseidenen Turnürenkleid herumschlenderte, denn er war fest überzeugt, ihr Mann habe ihr sein, Homers, Geheimnis verraten. Allerdings schien sie bis jetzt noch nicht so skrupellos gewesen zu sein, es Rachel weiterzuerzählen.

Homer war nämlich nicht, wie seine Frau annahm, Ralph Mercers Freund, sondern er war von Ralphs Eltern mit ihm in den Westen geschickt worden. Wenn ihr Sohn diese abenteuerliche Reise unbedingt unternehmen wolle, hatten sie gesagt, dann müsse er wenigstens einen zuverlässigen Begleiter haben, weil er nicht daran gewöhnt sei, für sich allein zu sorgen. Und sie hatten ihm den Sohn ihres Butlers mitgegeben. Ralph Mercer jedoch, der das als Schande betrachtete, hatte Homer nach zwei Tagen beschworen, sich allen gegenüber als sein Freund auszugeben. Tatsächlich stellte sich auch bald heraus, als sie die zivilisierten Gegenden hinter sich gelassen hatten, daß Ralph Mercer, der Herr, seinen Diener viel mehr beschützen mußte als umgekehrt. Ralph hatte ihn auf dem Rücken durch Flüsse getragen, wenn Homer es nicht allein schaffte, er hatte Homers Schuhe repariert und ihm sogar seinen eigenen Rock gegeben, als Homer einmal zu nahe am Lagerfeuer saß und sich die Schöße verbrannte. Homer war eigentlich mehr daran gelegen, diese albernen Zwischenfälle geheimzuhalten, als seine wirkliche Stellung in Ralph Mercers Familie zu vertuschen. Aber jedesmal, wenn er die junge Frau seines Herrn sah, dieses Mädchen, das ihn so sonderbar anblickte, bekam es Homer mit der Angst, daß sie Rachel eines Tages aus einer Laune heraus die Wahrheit erzählen würde.

Lisette stand jetzt an seinem Schreibtisch und las mit lauter Stimme den Bericht von Homers Interview mit Miss Moffat vor. Es waren die üblichen Lobeshymnen über die Größe der Stadt, die eindrucksvollen Gebäude und die fleißige, zufriedene Bevölkerung. Anschließend las sie, während ihre Freundinnen Rachel und Georgina erschrocken den Atem anhielten, Fan Moffats tatsächliche Äußerungen, die Homer auf seinem Notizblock festgehalten hatte. «Ein Saustall ist das. Wohnen hier wirklich Menschen?»

Während Georgina und Rachel empört beratschlagten, ob man die Aufführung des *Mazeppa* boykottieren und allen Leuten erzählen solle, was Miss Moffat von ihrer Stadt hielt, zog sich Lisette die Handschuhe aus, nahm einen neuen Notizblock und einen gespitzten Bleistift und begann eilig zu schreiben. Homer blickte ihr über die Schulter, um zu sehen, was sie schrieb, und als er entdeckte, daß sie das Interview schilderte, wie es wirklich stattgefunden hatte, stöhnte er laut auf. «Aber Mrs. Mercer, das kann ich doch nicht drucken! Wenn ich es tue, kommt sie bestimmt mit einer Peitsche hierher.»

«Haben Sie Angst?» Sie blickte kurz auf, sah ihn mit ihrem üblichen geheimnisvollen Lächeln an und schrieb weiter. «Ich möchte, daß das so gedruckt wird! Bitte, verändern Sie kein Wort. Wenn sie herkommt, sagen Sie ihr, das habe die Frau Ihres Chefs geschrieben. Schicken Sie sie ruhig zu mir», sagte sie gelassen.

«So etwas würde ich nie tun, Mrs. Mercer, das wissen Sie genau», protestierte er. Ihm war nie ganz klar, wann sie etwas ernst meinte und wann sie ihn aufzog. Als zufällig Morgan hereinkam, stürzte er deshalb erleichtert auf ihn zu und hielt ihm den Notizblock unter die Nase. «Gott sei Dank, daß Sie kommen! Sie – ich meine Mrs. Mercer – hat das hier geschrieben und will, daß wir es so drucken!»

Morgan las den Artikel, gab Homer den Block zurück und bemerkte trocken: «Sie ist schließlich die Frau Ihres Chefs, Grimes. Ich kann Ihnen leider nicht helfen.»

Während Georgina und Rachel das Interview lasen und Georgina

Homer fragte, warum er geduldet habe, daß sie solche Dinge sagte, zog Lisette ihren Bruder beiseite. «Morgan, ich muß dich etwas fragen, etwas sehr Wichtiges. Du mußt mir versprechen, daß du mir die Wahrheit sagst: Ist Nella Allen Nola Malachy?»

Mißtrauisch sah er sie an. «Wer hat dir das gesagt?»

«Niemand. Ich habe es selber herausgefunden. Was ist? Stimmt es oder nicht?»

«Das ist etwas, was du besser nicht wissen solltest.» Er wandte sich ab, aber Lisette hielt ihn zurück.

«Ich will es aber wissen, Morgan. Sie war meine Freundin. Du kannst dir gar nicht vorstellen, wie traurig ich war, als sie wegging. Ich habe sie nämlich sehr liebgehabt. Aber niemand hat mir gesagt, was aus ihr geworden ist. Vor einigen Monaten kam ich an einer Kutsche vorbei, in der ein Mädchen saß, das fast genauso aussah wie Nella. Sie hat mich offenbar nicht bemerkt. Aber von da an habe ich immer nach ihr Ausschau gehalten. Vor kurzem habe ich sie wiedergesehen – und jetzt weiß ich, daß es Nella ist. Sie ist älter geworden und sieht verändert aus mit dem hochgesteckten Haar, dem vielen Schmuck und den seidenen Kleidern. Aber sie muß es gewesen sein. Ich habe einen Jungen gebeten, ihr nachzulaufen und mir zu sagen, wohin sie gefahren ist.» Sie atmete heftig, und ihre Augen glitzerten, als sei sie kurz davor, in Tränen auszubrechen. «Er sagte, sie sei in die Einfahrt von Nola Malachys Tivoli gefahren und dort ausgestiegen. Es ist Nella, nicht wahr? Es kann niemand anders sein!»

Ein paar Sekunden lang sah Morgan sie stumm an. Dann nickte er: «Ja, es ist Nella.»

Sie schüttelte den Kopf und wischte sich wie ein Kind mit den Fäusten die Tränen von den Wangen. «Sie kam damals zu uns, weil sie Hilfe brauchte. Sie war einsam und verschüchtert. Erinnerst du dich noch an den ersten Abend, als sie kam und uns Shekel zurückbrachte, weil sie hoffte, wir würden uns mit ihr anfreunden? Ist *das* die Hilfe, die wir ihr gewährt haben?» Sie legte die Hand an seine Wange und zwang ihn, sie anzusehen. «Sie hat dich geliebt, Morgan. Wußtest du das?»

«Ich glaube, ja.»

«Warum siehst du mich denn nicht an? Hältst du mich immer noch für deine kleine Schwester? Ich bin seit drei Jahren verheiratet; ich habe ein Kind und bekomme bald ein zweites. Ich weiß jetzt, was damals geschehen sein muß. Ich weiß, weshalb Nella uns so plötzlich verließ. Ich glaube, ich habe es damals schon geahnt. Ich konnte es nur nicht verstehen und schämte mich so, nicht nur für dich und für Nella, sondern für uns alle. Du weißt doch, wie entsetzlich solche Dinge für ein junges Mädchen sind, wenn es noch völlig unerfahren ist. Jetzt weiß ich selber, wie leicht es dahin kommen kann — sehr gut sogar.»

«Und du gibst mir die Schuld.»
«Ich gebe uns allen die Schuld.»
«Allen, nur Nella nicht.»
«Nella war die einzige von uns, die nicht genug Kraft hatte oder auch nicht genug Egoismus, um sich selber zu schützen.» Sie sah ihn mit bitterem, traurigem Ausdruck an. «Ich sagte dir einmal: Vielleicht will sie, daß du ihr weh tust.»

Wie Homer vorausgesagt hatte, kam Fan Moffat am folgenden Morgen, wenige Minuten nachdem die ersten Zeitungsexemplare verteilt worden waren, ins Büro. Sie stieß die Tür auf, sah Homer Grimes am Schreibtisch sitzen, fuhr mit ausgestrecktem Zeigefinger auf ihn los und kreischte: «Sie!»

In ihren Augen stand die nackte Mordlust. Bevor er die Flucht ergreifen konnte, holte sie aus und schlug ihm ihren Retikül um die Ohren. Sie traf ihn mit voller Wucht an der Schläfe. Homer Grimes behauptete später, das Täschchen habe ein Gewicht gehabt, als sei es bis obenhin mit Nuggets gefüllt gewesen. Während er ihr entsetzt zu entkommen suchte, hin und her tänzelte und sich duckte, schlug sie wieder und wieder zu. Die Männer von den Setzmaschinen kamen und sahen vergnügt schmunzelnd zu, wie sie Homer kreischend und schimpfend durch den Raum hetzte.

Plötzlich gelang es ihm, geschickt einen Haken zu schlagen und zu entkommen. Er suchte zwei Häuser weiter Zuflucht in einem Saloon, setzte sich ans hinterste Ende der Theke und blieb dort sitzen bis zum Abend.

Der Bericht von Fan Moffats Überfall auf den Redakteur der *Helena Post* lief wie ein Lauffeuer durch die Stadt und löste schallendes Gelächter aus. Um sieben war das Theater bereits ausverkauft, und in den Straßen drängten sich Neugierige, die hofften, der Star des Abends werde mit einer Pistole kommen und – wenn sie ihren Verleumder in der Zuschauermenge erkannte – Homer Grimes blindlings über den Haufen schießen.

Mit Frau, Schwiegereltern und Schwager schlich Homer Grimes sich, den Hut tief ins Gesicht gezogen, voll Angst ins Theater und wurde, obgleich alle nach ihm Ausschau hielten, nicht erkannt. Im Foyer entdeckte Rachel Lisette, die in einem modernen schwarzen Seidenkleid, mit üppiger Lockenpracht und einem schwarzen, schräg in die Stirn gesetzten Federhut erschienen war. Zweifellos wollte sie Fan Moffat einmal zeigen, was westliche Eleganz war. Man sah ihr deutlich die Genugtuung darüber an, die allgemeine Erregung ausgelöst zu haben. Rachel packte, genau wie vor Jahren manchmal in der Schule, wütend ihren Arm und flüsterte zornig: «Lisette Devlin, du hast mein Leben zerstört.»

Lisette drehte sich langsam um. Sie war offenbar überrascht von Rachels Empörung und fragte freundlich: «Was meintest du eben, Rachel?»

«Du bist grausam, Lisette, und eigensinnig. Dir ist es gleich, was aus anderen wird. Selbst aus jemand, der dir immer so zugetan war wie ich. Jetzt muß sich mein Mann sein Leben lang anhören, daß er vor einer rasenden Schauspielerin und ihrem Retikül davongelaufen ist!» Rachels Gesicht war so weiß und wutverzerrt, daß Lisette in gespieltem Schrecken zurückfuhr. «Ich habe immer schon geahnt, daß du für niemanden, außer für deine Familie, Gefühle aufbringen kannst; jetzt weiß ich es. Ich werde dir nie mehr vertrauen. Wenn ihr Devlins etwas wollt, dann tut ihr es – und wenn jemand sich dadurch verletzt fühlt, dann ist es seine eigene Schuld.»

Als Lisette ihren Platz einnahm, wandte sie sich zu Marietta und Jenny um, die zwischen Matt und Pete hinter ihr saßen. «Rachel ist wütend auf mich. Anscheinend habe ich eine Familienfehde heraufbeschworen! Die wird bestimmt jahrelang anhalten.»

«Das tut sie ja schon zehn Jahre.»

«Aber von heute an ist es eine offene Fehde. Eine wahre Erleichterung! Jetzt brauche ich wenigstens nicht mehr so zu tun, als hätte ich sie gern.»

«Doch, das mußt du», entgegnete Matt eilig. «So schlimm ist die Fehde nun wieder nicht.»

Lisette warf Jenny einen Blick zu und stellte erstaunt fest, daß ihre Tante sie ernst und bekümmert betrachtete. Auch sie bestätigte leise: «Nein, so schlimm ist es sicher nicht.»

Das Orchester stimmte die Instrumente, das Publikum unterhielt sich ungeniert, trampelte mit den Füßen und rief, man solle doch endlich anfangen. Lisette versank in Schweigen. Sie starrte den Vorhang an und stritt sich im Geist mit Rachel Grimes, weil sie wissen wollte, was Rachel damit gemeint hatte, als sie sagte, die Devlins täten alle, was sie wollten. Wie kam sie zu dieser irrigen Meinung? Wenn Rachel so etwas in einem unbeherrschten Augenblick äußerte, hatte sie bestimmt schon eine ganze Weile darüber nachgedacht.

Unwillkürlich wandte Lisette den Kopf und traf Jennys Blick. Jenny sah sie sekundenlang fragend an, aber als Lisette lächelte, ein zögerndes, fast um Verzeihung bittendes Lächeln, beugte sie sich vor und küßte sie auf die Wange. «Mach dir keine Sorgen, Liebling. Sie können uns nichts anhaben.»

«Hoffentlich», gab Lisette leise zurück.

Jennys freundliches Lächeln wirkte beruhigend, und Lisette sagte sich, wenn Jenny Matt je geliebt hätte, würde sie bestimmt nicht ausgerechnet Marietta gebeten haben, bei ihr zu bleiben, als sie ihr Kind zur Welt brachte.

Erschrocken hatte Lisette damals mit angesehen, wie ruhelos Jenny war. Ahnte sie ihren Tod? Glaubte sie an den Fluch der alten Hökerin, daß sie im Kindbett sterben werde?

«Jawohl, ich bin feige, Marietta. Du wirst mich dafür verachten, aber ich kann es nicht ändern. Ich habe furchtbare Angst vor den Schmerzen, und ich weiß, daß ich mich nicht zusammennehmen kann. Bitte, versprich mir, daß du Pete aus dem Haus schickst, wenn es losgeht. Er darf erst wiederkommen, wenn alles vorbei ist.»

«Natürlich, Jenny, das verspreche ich dir. Ich bleibe bei dir.»

Tatsächlich war alles so gekommen, wie Jenny es vorausgesehen hatte. Die Entbindung war schwer, die Wehen dauerten endlos lange, und sie hatte hysterisch geschrien. Als Dr. Chaffinch ihr vorschlug, Chloroform einzuatmen, hatte sie sich dem mit einem so markerschütternden Schrei widersetzt, daß der Arzt erschrocken zurückgefahren war und begonnen hatte zu trinken, um sich zu beruhigen. Nach der Geburt hatte er erklärt, daß Jenny sich, falls sie ein zweites Kind bekäme, nach einem anderen Arzt umsehen müsse.

Und als er ihr sagte, es sei ein Mädchen, hatte sie verzweifelt geweint, denn Pete hatte sich einen Sohn gewünscht. «Was ist bloß mit mir los? Keinem Menschen bringe ich Glück. Und dabei gebe ich mir doch so große Mühe – so große! Ich wußte ja, daß ich versagen würde.»

Pete hatte tatsächlich ein etwas enttäuschtes Gesicht gemacht, als Marietta ihm entgegenging, um ihn darauf vorzubereiten. Doch als das Baby vierzehn Tage alt war, hatte er seinen Wunsch nach einem Sohn offenbar völlig vergessen und war so selig mit seiner Tochter, als habe noch nie ein Mann eine Tochter gehabt.

Matt war an jenem Tag nicht in der Stadt gewesen. Er kam erst drei Tage später zurück, und als Lisette ihn zu Jenny ins Schlafzimmer kommen sah, fand sie, daß er sich linkisch und verlegen benahm wie ein kleiner Junge. Er hatte dem winzigen Wesen als Geschenk eine versilberte Pistole mit Perlmuttgriff mitgebracht. Als er sich über die Wiege beugte, sagte er mit zärtlich bittender Stimme: «Das sollte eigentlich ein Geschenk für deinen Bruder sein, Leila, aber hier bei uns in den Bergen kann ein Mädchen so etwas auch gebrauchen.» Er gab Pete die Waffe, und sein Gesicht wurde dunkelrot. «Ich war fest überzeugt, daß es ein Junge wird.»

«Wenn sie einen Bruder bekommt, werde ich ihm die Pistole geben. Sonst gebe ich sie ihr.»

Inzwischen war die Kleine schon fast ein Jahr alt. Sie hatte Petes schwarzes Haar und Jennys grüne Augen geerbt. Jenny verließ kaum noch das Haus, und Pete war so stolz und besorgt, daß viele Frauen ihren Männern vorwarfen, sie seien schlechte Väter.

Endlich teilte sich der Vorhang; eine Gestalt in schwarzem Umhang schlich auf die dunkle Bühne und flüsterte hörbar: «Olinska!»

Immer wieder, mit vielen Pausen und ängstlichen Blicken ins Publikum, rief sie leise: «Olinska! Liebe Olinska!» Im Zuschauerraum herrschte ein seltsam bedrohliches Schweigen, und die Gestalt wandte sich dem Publikum zu, unfähig, sich auf Olinska zu konzentrieren, solange dieses vermaledeite Schweigen anhielt. Auf einmal war ein Geräusch zu hören, ein Ton wie von einem grunzenden Schwein. Andere nahmen das Grunzen auf, und im Handumdrehen war das Theater gefüllt mit Borstentieren, die grunzten, quiekten und schnauften. Fan Moffat wollte etwas sagen, bat mit einer Geste um Ruhe, schluchzte, als das Grunzen anhielt, laut auf und floh von der Bühne.

Da fuhren zwei Hände aus der Seitenkulisse und stießen sie grob zurück. Wieder versuchte sie zu fliehen und wurde abermals hinausgestoßen. Schließlich senkte sie demütig den Kopf, so offensichtlich bereit, ihre Strafe auf sich zu nehmen, daß alle Anwesenden Mitleid mit ihr bekamen und aufhörten zu grunzen.

«Sie brauchen keine Angst vor uns zu haben, Miss Moffat. Wir sind keine Wildsäue, sondern nur zahme Mastschweine.»

Sie lächelte schwach, und dann herrschte mehrere Sekunden lang Schweigen, während Fan Moffat und ihr Publikum einander eingehend musterten.

«Meine Damen und Herren!» rief sie schließlich flehentlich und trat ganz vorn an die Rampe. «Bitte, glauben Sie mir: Man hat meine Bemerkungen falsch wiedergegeben!»

Ein Raunen und Flüstern ging durch die Reihen, und viele Köpfe wandten sich zu Homer Grimes, dem ungalanten Redakteur der *Helena Post*, um, aber Homer hatte nicht den Mut, sich zu verteidigen. Und plötzlich wurde das Publikum von einer Woge toleranter Zuneigung zu der Schauspielerin erfaßt.

«Laßt sie in Ruhe, Jungens. So behandelt man keine Dame, egal, ob sie uns beschimpft hat.»

«Wir verzeihen Ihnen, daß Sie eine so schlechte Meinung von uns haben, Miss Moffat. Aber jetzt wollen wir sehen, ob wir Ihnen auch Ihre Schauspielerei verzeihen können.»

Sie lachte keck, Olinska kam auf die Bühne, und endlich ging es weiter. Das Publikum saß zerknirscht da und war anscheinend entschlossen, ihr zu beweisen, wie sehr es verkannt worden war.

Kraftvoll stolzierte sie in ihrem Kostüm als junger, edler Page auf der Bühne umher und sprach ihren Text mit klarer, hoher Stimme, zwar ein wenig monoton, aber eindringlich und sehr weiblich. Am Schluß des ersten Aktes wurde höflich geklatscht, und die Schauspieler traten wie schuldbewußte Diener ab. Die Männer drängten aus dem Saal, um bei einem Drink über die Darstellung zu diskutieren, und die Frauen schlenderten zwischen den Sitzreihen umher und begrüßten ihre Freundinnen.

Im zweiten Teil des Stückes verfiel das Publikum bereits wieder in seine alte Gewohnheit, sich am Dialog zu beteiligen, den Schauspielern gute Ratschläge zu geben und dem Souffleur zu soufflieren. Diese Einmischung wurde von den Künstlern geduldig ertragen. Als der Burgvogt dann endlich das Todesurteil sprach, hörte Mazeppa ihm so gleichmütig zu, als höre sie die Ankündigung, daß die Postkutsche nach Virginia City gleich losfahre. Das Pferd trottete auf die Bühne und wurde als alter, lammfrommer Klepper aus einem der Ställe der Stadt erkannt.

Als Beifall aufklang, blieb er stehen und musterte seine Bewunderer mit nachsichtiger Weisheit. Dann stellte er die Ohren auf, beugte den Hals und legte dem Paukenspieler mit einer Miene gutmütiger Neugier die Schnauze auf die Glatze. Die Männer des Burgvogts ergriffen Mazeppa, schoben das arme Mädchen unnötig grob hin und her und verschwanden schließlich mit Mazeppas Umhang. Fan Moffat blieb zurück, nur noch mit einer rosa Strumpfhose und einer kurzen Tunika bekleidet, die ihr bis knapp an die Schenkel reichte.

Die Männer begannen zu trampeln und zu johlen. Fan Moffat wurde auf den Pferderücken gehoben und festgebunden. Der Burgvogt rief: «Die glühende Sonne, der eiskalte Regen, qualvoller Hunger und verzehrender Durst sollen den schnöden Tataren zerfressen!» Er versetzte dem Tier einen kräftigen Tritt, worauf sich der Klepper müde und zögernd anschickte, die Schrägung hinaufzutrotten.

Auf halbem Weg blieb er stehen, augenscheinlich durch die ungewöhnliche Stellung seiner Last und das Gekreisch der drei kleinen Ballettratten verwirrt, und stierte ergeben vor sich auf den Boden. Nun schrie Fan Moffat noch lauter, während Charles Baxter hilf- und ziellos über die Bühne hastete. Mißmutig setzte das Pferd sich abermals in Bewegung, machte jedoch auf der ersten Plattform schon halt. Da jagte Charles Baxter die Schrägung hinauf und gab ihm noch einen Tritt. Als der Vorhang sich schloß, sah man ihn eiligst davonrennen. Im letzten Bild lag Mazeppa allein und verlassen mitten in der Steppe, und das Pferd stieß ihr behutsam seine Nase in den Nacken. Das Publikum erhob sich mit einem Schrei, und Fan Moffat trat mit ausgebreiteten Armen lächelnd nach vorn an die Rampe und verbeugte sich so tief, daß ihr das Haar übers Gesicht fiel und den Boden berührte.

33

Von nun an wollte man nur noch *Mazeppa* sehen. Die Truppe mußte das übrige Repertoire zurückstellen, bis sich die Goldgräber am Anblick der in Strumpfhosen und Tunika auf den Rücken des Kutschpferdes gebundenen Fan Moffat satt gesehen hatten. Das Pferd lernte seine Rolle nicht mehr und zeigte nach wie vor mehr Interesse für das Publikum als für seine Aufgabe, die Schrägung der Bühne emporzuklettern.

Viele Männer schickten Fan Moffat Goldnuggets in allen Größen. Wenn sie am Schluß der Vorstellung mit gelöstem Haar demütig lächelnd vor ihnen stand und sich verbeugte, wurden ihr oft ganze Beutel mit Goldstaub auf die Bühne gereicht. Es war fast, als seien sie und das Publikum Liebende, die sich erst nicht gemocht hatten und dann entdeckten, daß diese Abneigung nur die Tarnung einer heftigen Leidenschaft war.

Die meisten Männer waren sich darüber einig, daß ihr Gesicht keineswegs schön sei. Aber sie strahlte durch ihren Charme eine unwiderstehliche Anziehungskraft aus und zog alle Blicke auf sich, wenn sie in karierten Taftkleidern, gestreiften Seidengewändern und Hüten mit Bändern, Federn und Blumen durch die Straßen ging. An ihren Ohren blitzten zierliche Brillantgehänge, die sie nicht einmal ablegte, wenn sie Mazeppa spielte.

Als sie bereits zwei Wochen in der Stadt war, wußte man noch nicht mehr über sie zu berichten, als für das Auge sichtbar war: daß ihr Busen üppig, ihre Taille schmal und ihre Beine schön genug geformt waren, um jeden Mann zufriedenzustellen. Manche Männer versuchten zwar, sich als Experten auszugeben, und ließen sich des langen und breiten darüber aus, ob ihr Kostüm gepolstert sei oder nicht, ob ihr Haar gefärbt sei oder nicht, und ob sie keusch, lüstern, eine Jungfrau oder eine erfahrene, sinnliche Frau sei. Das beruhte jedoch alles auf Spekulation, denn Charles Baxter hatte Fan Moffat ernstlich verwarnt und ihr damit gedroht, daß jeder Skandal in dieser Stadt, und sei es auch der kleinste, das Ende ihres Vertrages bedeute.

«Keine zweifelhaften Affären!» sagte er gebieterisch.

«Und keine übergeschnappten Verehrer, denen man eine Flasche über den Schädel schlagen muß», pflegte seine Gattin hinzuzufügen.

Ein paar Tage nach der ersten Vorstellung erschien die Schauspielerin abermals im Büro der *Helena Post.* Energisch stieß sie die Tür auf und musterte interessiert den Raum. Die beiden Männer an der Setzmaschine drehten sich neugierig um, und Homer Grimes erhob sich langsam und ging ihr mutig entgegen. Plötzlich lächelte sie, drückte behutsam die Tür ins Schloß und schritt mit wiegenden Hüften und schwingender Turnüre auf ihn zu. Sie setzte mit gleitenden Bewegungen einen Fuß vor den anderen, als taste sie sich über den Boden, und lächelte ihn dabei unentwegt an. Homer konnte seinen ängstlichen Blick nicht von ihrem Retikül lösen. «Ich wollte mich bei Ihnen bedanken», sagte sie.

«Bei mir bedanken?» Homer war verblüfft, aber immer noch mißtrauisch.

«Ja, für das Interview. Deshalb haben wir doch so großen Erfolg. Mr. Baxter sagt, ohne Ihren Bericht hätte das Publikum schon nach drei Vorstellungen genug von *Mazeppa* gehabt. Und jetzt können wir den ganzen Sommer lang hierbleiben.»

Homer wurde ganz Würde und Herablassung. «Es freut mich, daß ich Ihnen behilflich sein konnte, Miss Moffat.»

Sie lachte. «Dabei lag das eigentlich nicht in Ihrer Absicht, nicht wahr? Sie müssen mich damals scheußlich gefunden haben. Ich glaube, ich war auch ein Ekel. Aber Sie haben ja keine Ahnung, was ich alles durchgemacht habe.» Ihre Augen begannen zu glitzern, ihr Gesicht verzog sich schmerzlich. «Soll ich es Ihnen erzählen? Kommen Sie, setzen wir uns. Das gibt eine wunderbare Geschichte für Ihre Zeitung.»

Sie setzte sich seitlich auf einen Stuhl, und ihre Turnüre bauschte sich wie ein Taftballon. Dann stemmte sie ihren Sonnenschirm auf den Boden wie ein Schwert und verkündete stolz, daß ihre Eltern von türkischen Piraten gefangengenommen worden waren und sie selber mit sechs Jahren in einen Harem verschleppt wurde, aus dem sie nach einem Jahr fliehen konnte. Anschließend habe sie ein, zwei Jahre unter Zigeunern gelebt. «Mein Gott, nun schreiben Sie doch mit. Sonst kriegen Sie die Geschichte ja nie richtig hin.» Homer notierte, daß sie später in Tripolis einen reichen Engländer geheiratet hatte, der dann auf einer Elefantenjagd umkam, und daß sie kurz darauf auf der Überfahrt von Mallorca nach New York Mr. Baxter und seine Familie kennengelernt und sich nach langem Zögern bereit erklärt hatte, sich ihrer Theatertruppe anzuschließen.

Ralph Mercer kam erst, als sie längst weg war. Er las sich ihre Geschichte durch, anfangs lächelnd, dann laut lachend. «Eine ganz schön abgefeimte Lügnerin! Sie macht sich nicht mal die Mühe, Ordnung in ihre Lebensgeschichte zu bringen. Aber man wird es fressen. Die Stadt hat sie ins Herz geschlossen, und wenn *wir* es nicht drucken, bringt es der *Herald*.»

Dieser Lebenslauf war ein Machwerk, das Fan im Laufe der Zeit immer mehr ausschmückte. Denn sie glaubte, ihr Publikum wäre enttäuscht, wenn es erführe, daß sie Arzttochter aus einer Kleinstadt in Illinois und schon mit fünfzehn Jahren davon überzeugt gewesen war, eine glänzende Zukunft vor sich zu haben. Sie ging mit dem erstbesten Mann auf und davon und fand sich drei Monate später allein und verlassen, ohne einen Cent, in Chicago wieder. Fast zwei Jahre hatte sie teils von der Schauspielerei, teils von Prostitution gelebt, was eine ziemlich unsichere Grundlage gewesen war, und ihr Engagement bei den Baxters war ihre bisher respektabelste Beschäftigung, wenn sie vielleicht auch nicht mehr lange dauerte. Denn nicht nur Ermina Baxter, sondern auch alle anderen Mitglieder der Truppe lehnten sie ab, und niemand verstand, wie das Publikum so dumm und naiv sein konnte, sie für ein amüsantes Närrchen zu halten und genau das in ihr zu sehen, was sie sich wünschte: einen gerissenen, aber erfrischend ehrlichen Racker.

«Die Tunika ist zu kurz», erklärte Ermina eines Morgens im Speisesaal des Hotels. Ermina war im siebenten Monat schwanger und schnürte sich so eng, daß ihr Fleisch über dem Korsett herausquoll und ihr Gesicht aussah, als sei es von Schlägen verschwollen. «Ich habe die Bemerkungen genau gehört, ich möchte sie nur hier vor den Kindern nicht wiederholen. Auf jeden Fall befehle ich Ihnen, die Tunika bis heute abend zu verlängern!»

Fan Moffat fuhr so wütend zu ihr herum, als hätte Ermina Baxter gedroht, ihr die Rolle wegzunehmen und sie selber zu spielen. Die Kinder kicherten, die Kollegen grinsten und warfen sich bezeichnende Blicke zu. «Zu kurz? Zu lang ist sie! Wen wollen die Leute denn sehen? Sie? Mr. Baxter, sagen Sie ihr, daß sie mich in Ruhe lassen soll. Sie quält mich. Ich bin schon ganz nervös. Ich stehe dicht vor einem Nervenzusammenbruch. Das wäre eine schöne Schlappe für euch!»

Charles Baxter dachte nicht daran, sie vor seiner zornigen Frau zu schützen. Er saß auch jetzt nur melancholisch und deprimiert da – eine Angewohnheit, die Fan seinen Magenbeschwerden zuschrieb, die ihn aber auch mit einem Hauch romantischer Trauer umgab, für den alte Jungfern und junge Mädchen äußerst empfänglich waren.

Ermina durchbohrte Fan fast mit dem Zeigefinger. «Ich kenne Sie, ich kenne Ihre Tricks! Soll ich Ihnen sagen, was Sie im Schilde führen?»

«Aber bitte, tun Sie das. Woher soll ich es sonst wissen?»

«Sie warten! Sie warten nur darauf, daß ich nicht mehr auftreten kann. Dann wollen Sie die Lady Macbeth spielen!» Sie fuhr so dicht mit ihrem Zeigefinger unter Fans Nase herum, daß Fan gezwungen war, zurückzuweichen, um nicht einen Nasenstüber einzustecken. «Könnt ihr euch vorstellen, meine Lieben, was die für eine Lady Macbeth abgeben würde?» wandte sich Ermina Baxter an die anderen.

Wenige Tage später teilte Fan Homer Grimes mit: «Morgen abend spiele ich die Lady Macbeth.» Sie wirbelte ihren Sonnenschirm herum und lächelte den Redakteur an, als sei er ihr Vertrauter.

«Ich denke, das ist Mrs. Baxters Rolle. Auf den Plakaten wird sie doch als Lady Macbeth angekündigt.»

«Ja, angekündigt! Aber sie wußte verdammt gut – lassen Sie das *verdammt* aus, ja? –, daß sie hier nicht mehr würde auftreten können. Sie ist so dick, daß sie nicht mal mehr in das Kostüm für die Schlafwandelszene hineinpaßt. Die Leute würden sich ja halbtot lachen, wenn eine Frau, die jeden Augenblick in die Wehen kommen kann, als Lady Macbeth auftritt! So etwas würde nicht mal das hiesige Publikum schlucken. Um Gottes willen, schreiben Sie nicht, daß ich das gesagt habe, ja? Mir gefällt dieses verdammte Nest hier, verstanden?» Sie seufzte, rollte die Augen und strich sich zerstreut mit der Hand übers Gesicht. «Zum Teufel!»

«Möchten Sie etwas über Ihre Auffassung der Rolle sagen?»

«Natürlich, deshalb bin ich ja hier.» Ärgerlich wandte sie sich um, als ausgerechnet in diesem Moment die Tür aufging und ein Mann eintrat, der ihr schon mehrmals auf der Straße und im Speisesaal des Hotels aufgefallen war.

Sie hatte sich oft gefragt, wer das wohl sein mochte. Und weil sie schwarzhaarige Männer bewunderte, die so herrlich brutal aussahen und ihr das köstliche Schaudern verursachten, ihnen hilflos ausgeliefert zu sein, hatte sie manchmal, wenn sie nachts, wütend und unruhig wegen der ihr aufgezwungenen Enthaltsamkeit, allein lag, an ihn gedacht.

«Miss Moffat», sagte Homer, und sie fuhr ein wenig zusammen. «Miss Moffat», wiederholte er, «darf ich Ihnen Mr. Devlin vorstellen? Seine Schwester ist die Gattin von Mr. Mercer, dem Besitzer dieser Zeitung.»

«Ach?» Sie erhob sich langsam vom Stuhl und drehte sich dabei ein wenig, damit er die Konturen ihrer Brüste und den aufreizenden Bausch ihrer Turnüre sehen konnte. Doch dadurch wickelte sich ihr der Rock mit der Schleppe um die Beine, so daß sie sich nicht bewegen konnte, ohne sich aus dem Stoffgewirr mit einem sehr ungraziösen Tritt zu befreien. «Ich freue mich sehr, einen Verwandten von Mr. Mercer kennenzulernen. Er ist so reizend zu mir gewesen.» Sie lächelte, und dieses Lächeln besaß offenbar Zauberkraft, denn es schlug beide Männer in ihren Bann.

Morgan machte eine leichte Verbeugung, blieb aber so ernst, daß sie annahm, er sei vor Verlegenheit stumm. Und plötzlich war sie in ihn verliebt. Sie glaubte aus tiefstem Herzen an Liebe auf den ersten Blick, und nur an sie. «Ich möchte für meine Schwester um Verzeihung bitten, Miss Moffat.»

«Aber bitte sehr», erwiderte Fan liebenswürdig, fragte sich aber erstaunt, wofür eigentlich.

«Meine Schwester hat diesen Artikel geschrieben, nicht Mr. Grimes.»

«Ihre Schwester?» Sie sah ihn aufmerksam an. Sein Lächeln wirkte ironisch, und er betrachtete sie so siegesgewiß, daß ihr der unbehagliche Gedanke kam, sie werde sich eines Tages gegen ihn verteidigen müssen. «Weshalb hat sie das getan?» fragte sie.

«Wahrscheinlich war meine Schwester verärgert, als sie las, was Sie von uns halten.»

«Aber ich habe es doch gar nicht so gemeint. Ich wollte nur sagen ... Ach, ich weiß nicht mehr, was ich sagen wollte.»

Hilfesuchend wandte sie sich an Homer, der daraufhin eifrig erklärte: «Miss Moffat hat uns für morgen abend versprochen, die Lady Macbeth zu spielen.»

Morgan lächelte. «Ich freue mich sehr darauf.» Er öffnete die Tür. «Alles Gute.»

Am nächsten Morgen beim Frühstück war Charles Baxters Miene noch düsterer als gewöhnlich. «Hoffentlich haben Sie Ihren Text gelernt.»

Sie warf ihm ein listiges, schnelles Lächeln zu. «Den kann ich seit Jahren auswendig.»

«Sie hat ihn schon in der Wiege gekräht», meinte Ermina bissig. Sie hatte vorausgesagt, daß Fan Moffats billige Schauspielerei sie alle nur lächerlich machen werde.

Aus der Generalprobe konnte man nicht entnehmen, was die Premiere bringen mochte. Fan bestand nämlich darauf, daß eine sensible Schauspielerin bei einer Probe nie zeige, was sie wirklich könne, und ließ sich lediglich dazu herab, mit schriller, monotoner Stimme den Text herunterzulesen. Die anderen beobachteten sie mit Mißtrauen und flüsterten sich höhnische Bemerkungen zu, bis sie plötzlich mit einem so unheimlichen Schrei herumfuhr, daß sich die beiden kleinen Töchter der Baxters entsetzt in die Arme fielen und der zweite alte Mann der Naiven vielsagend zunickte und meinte: «Vielleicht schafft sie es doch. Scheint nicht unmöglich.»

Die Garderoben lagen an einem schmalen Flur, wo die Decke so niedrig war, daß Charles Baxter nur mit gebeugten Knien umhergehen konnte. Immer wieder steckte er den Kopf zu Fan herein und fragte: «Sind Sie noch nicht fertig, Miss Moffat? Ich möchte Sie sehen.»

Fan saß vor ihrem provisorischen Toilettentisch und strich sich weiße Fettschminke auf das Gesicht; die Augenlider malte sie schwarz, und die Brauen verlängerte sie bis zur Schläfe.

Ermina saß zurückgelehnt in einer Ecke, die Hände über dem korsettlosen Bauch gefaltet, und verfolgte Fans Vorbereitungen mit eifersüchtiger Aufmerksamkeit. Als Fan ihr Haar bürstete, das lang und dick war und manchen ihrer Schauspielkollegen dazu verführt hatte, kräftig daran zu ziehen, um zu sehen, ob es echt war, seufzte Ermina melancholisch, und Fan warf ihr einen giftigen Blick zu.

Zuletzt nahm sie das Kleid vom Haken, zog es ohne Hilfe an, drehte sich zu Mr. Baxter um und erkundigte sich verschlagen: «Nun, Mr. Baxter, wird es so gehen?»

«Ausgezeichnet, Miss Moffat. Ganz ausgezeichnet.»

Er schien erleichtert, denn das dunkelrote Samtgewand mit den herabhängenden Ärmeln und der sechs Fuß langen Schleppe war sicher auffallend genug, um das Publikum von ihrer Darstellung abzulenken. Zufrieden ging er los, um die Zuschauer zu zählen.

«Miss Moffat», sagte Ermina, «der Ausschnitt ist zu tief. Lady Macbeth ist kein Straßenmädchen.»

«Machen Sie sich nicht lächerlich.»

«Sie müssen vorn ein Taschentuch hineinstecken, Miss Moffat, sonst spiele ich die Rolle selber.»

Mit geballten Fäusten wirbelte Fan herum. «Wollen Sie mir den Auftritt verderben?» Aber als Ermina sie nur stumm anblickte, zog sie ein Taschentuch heraus und befestigte es oben im Ausschnitt. «So! Sind Sie jetzt zufrieden, Sie verdammtes, altes Biest?» Damit lief sie den Flur entlang zu Charles Baxter, der durch ein Loch im Vorhang in den Zuschauerraum spähte. Sie ergriff seinen Arm, drängte sich an ihn und flüsterte verzweifelt: «Ihre Frau macht mich wahnsinnig! Sorgen Sie dafür, daß sie mich endlich in Ruhe läßt.»

«Denken Sie doch an ihren Zustand», mahnte er bedrückt. «Sehen Sie mal hier durch, das wird Sie ein bißchen beruhigen. Da! All diese Leute sind nur gekommen, um Sie zu sehen. Vergessen Sie das nicht!»

Sie äugte blinzelnd durch den Vorhang und sah, daß die große, dämmerige Halle dicht gefüllt war – über tausend Männer und ein- bis zweihundert Frauen saßen plaudernd vor ihr; einige starrten erwartungsvoll auf den Vorhang. Aber niemand von ihnen schien zu ahnen, daß sie fiebernd darauf wartete, ihnen ihre Version der Lady Macbeth zu präsentieren, und niemand schien damit zu rechnen, daß ihre Darbietung ihn durch die zwingende Kraft und abgrundtiefe Boshaftigkeit erschüttern werde.

Als sie dastand und darüber nachdachte, daß sie diese Menschen da unten fesseln mußte, wurde sie auf einmal so schwach und verzagt, daß sie meinte, der Boden schwanke unter ihren Füßen. Eiligst brachte Mr. Baxter sie in ihre Garderobe zurück, und dort saß sie mit geschlossenen Augen auf einem Stuhl und lehnte sich gegen die Wand, ließ sich mit Taschentüchern Luft zufächeln, die Handgelenke massieren und Riechfläschchen vor die Nase halten. Sie wußte, daß sie nicht einen Schritt auf die Bühne tun oder zumindest dort kein einziges Wort herausbringen konnte.

Baxter redete beruhigend auf sie ein und versuchte ihr Mut zu machen. Dann hörten sie das Orchester Akkorde und einzelne Passagen proben, der Vorhang hob sich vor den drei Hexen – und damit war alle Hoffnung auf ein Entrinnen dahin.

Fan richtete sich langsam auf, als sei sie gerade erst von einer langen Krankheit genesen. Die anderen beobachteten sie erschrocken, während sie Wasser trank und mit verzweifelter Resignation auf den Augenblick wartete, in dem sie hinausgehen mußte. Sie lauschte den Stimmen von der Bühne, aber alles, was sie vernahm, schien ihr fremd, schien aus einem ihr unbekannten Stück zu stammen. Dann rief der Souffleur ihren Namen, und überrascht, als sei sie in einer anderen

Welt gewesen, merkte sie, daß Ermina sie auf die Füße zog und zur Bühne hinschob.

«Was muß ich denn sagen?»

«Sie begegneten mir am Tag des Sieges», wisperte Ermina, drückte ihr ein Stück Papier in die Hand und versetzte ihr einen Stoß, so daß sie schwankend vorwärtsstolperte. Als sie dröhnenden Applaus vernahm, wandte sie sich dem Publikum zu, lächelte und verbeugte sich und hoffte, sie würden die ganze Nacht hindurch klatschen.

Aber schließlich wurde es still, und mit dem Mut der Verzweiflung stürzte sie sich auf ihren Text, begann zu sprechen, schlug mit dem Handrücken auf den Brief und war erfüllt von dem Bewußtsein ihrer Unfehlbarkeit. Als der Bote eintrat, unterhielt sie sich gelassen mit ihm. Und dann erschien, eher verwirrt und ängstlich als ehrgeizig und energisch, Charles Baxter. Er hatte ein Büffelfell um seine Rüstung geschlungen und trat klirrend auf sie zu.

Erleichtert ging sie ihm entgegen, gerade so, als wäre er zu spät zu einer Gesellschaft gekommen, die für sie sehr wichtig war. «O großer Glamis, edler Cawdor!» rief sie und flüsterte, als er sie in die Arme schloß: «Das übrige hab ich vergessen.»

Er packte sie fester. «Das ist doch nicht möglich! Verdammt! Denken Sie nach!» Er umklammerte sie so fest, bis sie stöhnte und das Publikum in begeisterten Beifall ausbrach. «Dann muß der Souffleur her!» befahl er und winkte den Mann näher.

Sie deklamierte, was sie vom Text behalten hatte, und wartete auf die Stichworte des Souffleurs. Als sie merkte, daß sie jeden Kontakt mit dem Stück und den anderen Schauspielern verloren hatte, warf sie einen Blick in den Zuschauersaal. Sie konnte nicht anders, sie mußte den Ausdruck auf den Gesichtern der Leute sehen, die in den vorderen Reihen saßen.

Als ersten erkannte sie Morgan Devlin. Sie sah ihn so deutlich, als sei er allein im Saal, und erschrak, als sie seine ernste, sorgenvolle Miene bemerkte. Er saß vornübergebeugt und starrte sie mit so großer Intensität an, daß es ihr so vorkam, als befehle ihr sein glänzender, eindringlicher Blick, zu sprechen, ihre Rolle aufzunehmen und zu spielen. Sie drehte sich wieder zur Bühne um und war fest entschlossen, ihm diesen Gefallen zu tun.

Die nächsten Zeilen sprach sie mit zitternder Stimme, was ihr einen kurzen Applaus einbrachte. Aber sie wagte nicht, noch einmal ins Publikum zu sehen, weil sie fürchtete, ohnmächtig zu werden, wenn er noch nicht mit ihr zufrieden war. Als die Schlafwandelszene kam, war sie so erleichtert, die Hände ringen und klagen zu dürfen, daß alle schrien und trampelten. Anschließend stand sie mit Ermina in der Kulisse, und beide beobachteten die Vorgänge auf der Bühne so gespannt, als hätten sie noch nie gesehen, wie dieses Stück endete.

Malcolm hatte seinen Monolog noch nicht ganz gesprochen, da prasselte schon der Beifall los, ertönten Jodler und Hochrufe – so laut, wie sonst nur bei Hahnenkämpfen am Sonntagnachmittag. Charles Baxter streckte die Hand aus, und Fan kam auf die Bühne und machte einen tiefen Knicks vor ihm. Als sie ins Publikum sah, entdeckte sie, daß Morgan Devlin stolz zu ihr auflächelte, als sei er der Vater eines Kindes, dem es soeben gelungen war, bei einer Schulaufführung eine Katastrophe zu verhindern. Als Antwort schenkte sie ihm ein zögerndes Lächeln, scheu und demütig, und das schien ihm zu gefallen. Er nickte und machte ihr mit Daumen und Zeigefinger ein Zeichen, daß sie es gut gemacht habe.

Schließlich stand sie in der Kulisse und sah traurig zu, wie die Zuschauer das Theater verließen. Als ihre letzten und ausdauerndsten Bewunderer verschwunden waren, kehrte sie mißmutig in die Garderobe zurück. Wenn ihr auch das Publikum frenetischen Beifall gezollt hatte – von ihren Kollegen war kein Wort der Anerkennung gefallen.

Sie drängten sich in den beiden Garderoben und zogen sich um und warfen sich zwar verstohlene Blicke zu, als sie im Türrahmen erschien, sagten aber nichts. Ermina hing, mit weit von sich gestreckten Beinen, in einem Stuhl, ihr Mann und ihre jüngere Tochter hielten ihre Hände, und die ältere Tochter drückte ihr eine Kompresse auf die Stirn. «Diese Schande!» heulte Ermina, als sie Fan sah. «Diese fürchterliche, grauenhafte Schande! Der Beifall – mein Gott, wenn ich an diesen Beifall denke!» Ermina hielt sich die Ohren zu. «Sie hatten Mitleid mit Ihnen, weil Sie so jung sind. Ach, ich wünschte, Sie wären zehn Jahre älter und würden so spielen! Sie sind keine Schauspielerin und werden auch nie eine werden! Sie sind ein eitles, gemeines Luder . . .»

«Ermina, nicht doch», bettelte ihr Mann, und als Fan durch die Tür trat, drängte er die Männer und Jünglinge zurück in ihre eigene Garderobe.

Fan schenkte weder Erminas Stöhnen und Jammern noch dem erregten Geschnatter der Mädchen Beachtung. Stumm zog sie sich an und verließ das Theater. Sie lief ins Hotel, warf sich aufs Bett und schluchzte vor Wut, bis sie in bleiernen Schlaf fiel. Einige Zeit später erwachte sie, zog sich aus und kroch unter die Decke. Aber sie blieb wach, bis es hell wurde, starrte verzweifelt ins Leere und dachte im stillen, es stimmt ja, ich bin keine Schauspielerin; und der Gedanke, was geschehen würde, wenn sie in zehn Jahren auf die Bühne hinaustrat und ein solches Fiasko heraufbeschwor, erfüllte sie mit tiefem Entsetzen.

Gegen Mittag zog sie sich an. Während sie ihre Lider mit einem blauen Strich umrandete, betrachtete sie eingehend ihr Gesicht und dachte, zehn Jahre seien noch eine lange Zeit. Sie ging nach unten, um Kaffee zu trinken. Als der Portier ihr sagte, die ganze Stadt singe ihr Loblied, lächelte sie beglückt, kontrollierte aber mit einem schnellen Blick, ob er sich auch nicht über sie lustig mache.

«Ihre Post, Miss Moffat. Ein Bote brachte sie heute morgen.»

Feierlich überreichte er ihr den ersten Brief ihres Lebens, mit dem sie sich in eine Ecke der Halle zurückzog. Es war die Einladung zu einem Spazierritt am Nachmittag, unterzeichnet von Morgan Devlin. Offenbar zweifelte er nicht daran, daß sie mitkommen würde, denn als sie den Brief noch einmal las, stellte sie fest, daß es im Grunde weniger eine Einladung war als die Mitteilung, er werde sie um zwei Uhr abholen.

Einen Augenblick glaubte sie, gekränkt sein zu müssen. Aber vor langer Zeit schon hatte sie festgestellt, daß einem Mädchen viele Vergnügungen entgingen, wenn es zuviel auf seinen Stolz gab. So trank sie drei Tassen Kaffee und ging nach oben, um ihre Reitkleidung anzuziehen. Auf einmal war sie so zufrieden mit sich – mit sich und mit dem heißen, sonnigen Tag und mit dieser kleinen Gebirgsstadt –, als wäre die Aufführung am Abend zuvor genauso verlaufen, wie sie es erwartet hatte.

Als sie sich im Spiegel betrachtete, in ihrem braunen Reitkleid mit der roten Samtweste und dem geraden schwarzen Seidenhut, stampfte sie ein paarmal mit den Absätzen ihrer blankgeputzten schwarzen Stiefel auf den Fußboden und war überzeugt, daß Morgan ihr rettungslos verfallen sei und ihr noch heute einen Heiratsantrag machen werde, wenn er durch ihren Charme nicht zu sehr eingeschüchtert sein sollte. Und dann wäre es ihr völlig egal, ob sie den Text der Lady Macbeth vergaß oder ob das alte Kutschpferd, auf dessen Rücken sie als Mazeppa gefesselt war, neben die Schrägung trat.

Sie ging auf den Balkon hinaus und spähte auf die Straße hinunter. Es dauerte nicht lange, da sah sie Morgan ankommen, ein zweites Pferd am Zügel neben sich. Sie eilte die Treppe hinab, weil sie plötzlich Angst hatte, er könne wieder verschwinden. Aber er saß wartend in der Halle, und sie ging lächelnd auf ihn zu. Als sie gemeinsam hinausgingen, sah sie ihn strahlend an, ließ sich schweigend von ihm in den Sattel helfen, und dann trabten sie durch die menschengefüllten Straßen, und sie erwiderte die Grüße der Männer, die ihr von allen Seiten zuteil wurden.

Sie hielt diese Ehrerbietungen für etwas Selbstverständliches, das ihr gebührte. Mit einemmal kam ihr der Gedanke, Ermina und Charles Baxter könnten womöglich recht haben und in Wirklichkeit hielten die Männer sie nur zum Narren und ihre Ehrerbietung sei keine Ritterlichkeit, sondern Hohn. Sie warf Morgan einen unsicheren Blick zu und sah, daß er sie lächelnd beobachtete.

«Warum sehen Sie mich so an?»

«Ich habe Ihre Schönheit bewundert.»

«Wirklich?» Die Frage klang jedoch viel zu erfreut, und sofort bemühte sie sich, aufrechter zu sitzen und sich nicht so zu ihm hinüberzuneigen, als sehne sie sich danach – was sie auch wirklich tat –, ihn zu berühren. «Fanden Sie mich sehr schlimm gestern abend?»

«Sie haben doch den Applaus gehört.» Er lächelte immer noch, ein ziemlich merkwürdiges Lächeln, fand sie, zärtlich und amüsiert, das ihr Freuden versprach, die sie seit langer Zeit nicht mehr genossen hatte – wenn man es recht bedachte, seit Ermina Baxter sich zu ihrem Tugendwächter aufgespielt hatte.

«Man hat mir gesagt, es sei nur applaudiert worden, weil ich euch leid getan habe. Bitte, sagen Sie mir die Wahrheit: War ich sehr schlecht?»

«Sie haben die Rolle nicht beherrscht. Warum hat man sie Ihnen gegeben?»

«Aber ich konnte sie – bestimmt! Jedes Wort. Heute könnte ich sie Ihnen rückwärts aufsagen. Nur gestern, als ich versuchte, sie so zu sprechen, wie ich sie mir vorstellte – na ja, da ist es eben passiert. Glauben Sie mir, es war die schrecklichste Situation in meinem ganzen Leben! Meine Kollegen haben gesagt, ich wäre keine Schauspielerin und würde nie eine werden.» Sie seufzte, ein wenig enttäuscht, weil er nicht widersprach. «Und das stimmt wohl auch.»

Sie ritten langsam den Berghang hinauf über jene verschlungenen Pfade, die sie vom Hotelbalkon aus gesehen hatte, an Hütten und Häusern vorbei, vor denen spielende Kinder standen und gafften. Sie hatten fast den Bergkamm erreicht und waren hoch über der kleinen Stadt, die sie noch vor drei Wochen als Saustall bezeichnet hatte. Morgan blickte interessiert ins Tal, als sei dieser Anblick etwas ganz Neues für ihn. Fan jedoch betrachtete nur ihn, studierte die Form seines Kopfes und Halses, seine Schultern, seine Brust und seine Hände, die auf den harten, muskulösen Oberschenkeln ruhten. Sie fand ihn kraftvoll und selbstbewußt, voll gezügelter, wilder Energie, die er bestimmt nicht zögern würde einzusetzen. Bei dieser Vorstellung wurde ihr ganz schwach, und sie seufzte leise auf.

Während sie weiterritten, fragte er sie nach den Baxters, nach den Städten, durch die sie auf ihren Reisen gekommen war, und sie beantwortete alles, nicht nur die Fragen, die er ihr stellte, sondern sie erklärte ihm auch, daß die Geschichte, die sie Homer Grimes erzählt hatte, erfunden war und daß die Baxters gar keine Familientruppe, sondern eine wahllos zusammengestellte Gruppe seien, die alle aufgabelte, die bereit waren, für einen Hungerlohn zu schuften. «Finden Sie es schlecht von mir, daß ich Lügen erzähle? Aber es geht doch nicht anders.»

«Natürlich nicht.»

«Sie finden das auch?» rief sie, entzückt über dieses gute Einvernehmen zwischen ihnen, das spürbar tiefer und atemberaubender wurde. Wenn sie sich nicht zusammennahm, würde sie im nächsten Augenblick hervorsprudeln, daß sie ihn liebe. Dann berührte sie doch seinen Arm, zog aber sogleich wie ein gescholtenes Kind ihre Hand wieder zurück und fragte zerknirscht: «Waren Sie böse auf mich gestern abend?»

«Ich hatte Angst, Sie würden die Rolle nicht zu Ende spielen können.»

«Und wenn es so gekommen wäre?»

«Kein Mann schätzt es, eine Frau vor anderen Männern gedemütigt zu sehen. Das wissen Sie doch.»

«Ja?» Sie dachte darüber nach und entschied, daß es eine Liebeserklärung gewesen war. Bei Männern konnte man sich nie darauf verlassen, daß sie derartige Eröffnungen klar aussprachen. Und seine Sorge zeigte ja auch deutlich genug, daß er sie liebte.

Sie waren eine Stunde oder länger geritten, als er vor einer Hütte sein Pferd verhielt. Ringsum lagen Fässer, Kisten und Blechdosen, über der Tür hing ein Geweih, und vor dem Haus war ein schmales Beet mit Ringelblumen angelegt. Er saß ab und blieb wartend stehen, während er mit leichtem Lächeln zu ihr aufsah. Ihre Miene war wachsam und mißtrauisch.

«Wo sind wir? Was ist das hier?»

«Hier wohne ich.»

«Sie wohnen hier?»

Er lächelte. «Ich gebe zu, in New York wäre das nur ein Stall. Aber hier ist es ein Herrenhaus.»

Sie sah ihn unsicher an, während er darauf wartete, daß sie vom Pferd stieg. Obgleich er wußte, daß er ihr eigentlich einen glaubwürdigen Vorwand hätte geben müssen, weshalb er sie hergebracht hatte, wartete er stumm, als wisse er genau, daß sie ins Haus kommen werde, ob er sie nun darum bat oder nicht.

Sie dachte an Ausflüchte: daß Mr. Baxter ihr verboten habe, das Haus eines Mannes zu betreten – doch das hätte so ausgesehen, als habe sie das schon öfter getan und sei dabei erwischt worden –, oder daß die Nachbarn sie hineingehen sehen würden – aber erstens gab es hier keine Nachbarn, und zweitens würde das so aussehen, als beabsichtige sie von vornherein, einige Zeit zu bleiben. Auch das Argument, daß Mr. Baxter aufpassen würde, ob sie auch vor Anbruch der Dunkelheit zurückkam, schien ihr zweideutig. Deshalb zuckte sie schließlich gleichgültig die Achseln, ließ sich in seine Arme gleiten, entwand sich ihm aber sogleich wieder und trat in die Hütte. Er folgte ihr mit geducktem Kopf durch die niedrige Tür, die er kräftig hinter sich ins Schloß drückte, denn das Holz hatte sich verzogen, und die Tür klemmte.

Fan schlenderte im Zimmer umher, weil sie glaubte, wenn sie stehenbliebe, würde er das als Zeichen der Unterwerfung auslegen.

Er ließ sie nicht aus den Augen und lächelte sonderbar. «Sieht schlimm hier aus, nicht wahr?»

Sie vermied es, ihn anzusehen. Ihr war, als werde der Raum immer kleiner und schließe sich wie ein Käfig um sie. Sie stand da, blätterte in einer Zeitschrift und runzelte die Stirn, weil die Buchstaben vor ihren Augen verschwammen. Plötzlich fuhr sie herum – und stand direkt vor ihm. Gierig schlang sie die Arme um seinen Hals, öffnete die Lippen, schloß die Augen und seufzte tief auf.

Als er sie freigab, lächelten sie sich erwartungsvoll an. Sie warf ihre Reitjacke auf den Boden, schlüpfte aus dem Rock und stand gerade auf einem Bein, weil sie sich den Stiefel auszog, als in der Küche ein markerschütternder Schrei ertönte. Erschrocken versuchte sie, ihre nackte Brust notdürftig mit den Händen zu bedecken. Doch da stürzte ein rothaariges Mädchen herein und kreischte wütend: «Du dreckiger, gemeiner Hurensohn!»

Die Rothaarige nahm wahllos Gesteinsproben von den Regalen und deckte sie mit einem Geschoßhagel ein. Fan drehte dem Mädchen den Rücken zu und bückte sich, um ihren Kopf zu schützen. Die Kleine griff ihr jedoch ins Haar und zerrte daran, so daß Fan sich laut schreiend wieder aufrichtete. Morgan versuchte das Mädchen zu fangen und zu beruhigen und murmelte dabei irgendeine unheimliche Beschwörungsformel, die sich anhörte wie: «Ula, Ula, Ula ...» Aber das Mädchen hörte nicht auf zu schreien und mit Steinbrocken zu werfen, die gegen die Wände prallten und durchs Fenster flogen. Und dann, ebenso plötzlich, wie sie aufgetaucht war, schnappte sie sich Fans Jacke, Rock und Stiefel und schoß aus der Tür.

«Meine Kleider! O Gott, sie hat mir die Kleider gestohlen!» Fan rang die Hände und stöhnte verzweifelt.

Morgan stürzte aus der Hütte, aber Ula Malloy war schon viel zu weit, als daß er ihr mit seinen bloßen Füßen über die spitzen Steine und die stachligen Kakteen hätte nachlaufen können. Sie machte eine vulgäre Geste, bog in die nächste Gasse ein und war verschwunden. Er zog sich hastig die Stiefel an und rannte ihr nach, vorbei an einer Gruppe verschreckter Kinder. Er fand sie hinter einem Zaun, wo sie sich gegen einen riesigen Hund zu wehren versuchte, der drohend bellte und an ihr emporsprang. Die Kleider hatte sie nicht mehr bei sich und weigerte sich auch, ihm Auskunft zu geben, als er sie danach fragte. Zu guter Letzt schlenderte sie davon, während sie auf ein nahes Toilettenhäuschen deutete und sich mit Daumen und Zeigefinger angewidert die Nase zuhielt. So mußte er Fan zerknirscht eingestehen, daß er ihre Kleider nicht mitgebracht habe und sie auch nicht holen könne.

Während Fan, außer sich vor Verzweiflung, jammerte und seufzte und sich die Haare raufte, starrte Morgan aus dem Fenster und sah, wie sein Hund Music auftauchte und sich dicht vor die Tür legte, aufmerksam und bereit, jeden weiteren Eindringling zu verjagen.

«Wahrscheinlich können wir froh sein, daß es kein Straßenräuber war», meinte sie schließlich. «Ich habe gehört, daß es hier noch ziemlich wild zugeht. Aber, mein Gott . . .» Sie stellte sich neben ihn, die Hände in die Hüften gestemmt. «Wer war eigentlich diese Furie?»

Morgan verzog den Mund zu einer komisch-reuigen Grimasse. «Es fällt mir schwer, es zu sagen – aber es war eine Bekannte von mir.»

«Eine Bekannte von dir?» wiederholte sie langsam.

Morgan nickte, und dann sahen sie einander nachdenklich an. Zwar waren Fans Kleider verschwunden, und sie wußten beide nicht, wie Fan in ihr Hotel zurückkehren sollte, aber immerhin war es noch nicht einmal vier Uhr, und sie hatten noch Zeit genug, sich später darüber den Kopf zu zerbrechen. Zunächst gab es Wichtigeres zu tun. Nachdem Morgan die Tür fest verschlossen, den Tisch davorgeschoben und die Vorhänge zugezogen hatte, zogen sie sich auf sein Feldbett zurück. Er war so ungeduldig, daß Fan erst später dazu kam, ihr Hemd auszuziehen. Gleich darauf wandte sie sich ihm lachend und träge glücklich wieder zu, bettete sich mit der Geschmeidigkeit eines jungen Tieres an seine Brust und umschlang ihn mit Armen und Beinen.

Als es dunkel wurde, entzündete er eine Kerze, ging in die Küche, um etwas zu essen zu holen, und kam mit einer Flasche Bourbon und ein paar kalten, gebackenen Kartoffeln zurück, die er noch in der Asche des Kamins gefunden hatte. Es war kühl geworden, Fan hatte sich in Morgans Büffelfellmantel gewickelt, und sie hockten am Tisch und lächelten sich zu, während sie die Kartoffeln aßen und den Whisky aus der Flasche tranken. Fan hatte das unbehagliche Gefühl, daß er jetzt alles wußte, was es über sie zu wissen gab: daß sie ihren Text vergessen hatte und bestimmt kapituliert hätte, wenn er nicht gewesen wäre, daß sie eine Lügnerin war, daß sie begierig die Freuden genoß, die er ihr schenkte, und daß sie den scharfen Whisky trank, ohne auch nur mit der Wimper zu zucken. Doch was er auch denken mochte, sein Lächeln war so beruhigend, daß sie sich immer noch keine Sorgen darüber machte, wie sie in ihr Hotel zurückkommen sollte, und sogar insgeheim hoffte, daß Charles Baxter sie hinauswerfen und Morgan dann die Verantwortung für sie übernehmen werde. Bald kehrten sie wieder auf das Feldbett zurück, erwärmt vom Alkohol, wenn auch nicht sehr satt, und blieben dort, bis er sie aufweckte, weil es allmählich hell wurde.

«Du mußt zurück, Fan. Mein Gott, es ist schon spät.»

Zunächst war sie zu schlaftrunken, um zu verstehen, was er sagte. Doch als er eine Kerze entzündete und sich anzog, starrte sie ihn verdutzt und ärgerlich an; er brachte ihr das wenige, was noch von ihren Kleidern geblieben war, ans Bett. Ärgerlich stieß sie ihn von sich. «So kann ich nicht gehen.»

«Aber du mußt! Jetzt ist noch niemand auf der Straße, und dem Portier im Hotel gebe ich ein Trinkgeld. Dann läßt er uns durch die Hintertür ein.»

«Was soll ich drüberziehen?»

«Meinen Büffelmantel.»

«Mitten im Juli? Ich kann doch jetzt nicht mit einem Büffelmantel herumlaufen!» Sie streckte die Beine aus und wackelte mit den Zehen.

«Fan, bitte! Es wird gleich hell!»

Sie suchte nach weiteren Einwänden. Aber er war so hartnäckig, daß sie doch aufstand und sich in den Büffelmantel wickelte, der, wie sie übermütig lachend feststellte, so lang war, daß er am Boden nachschleifte. Morgan ging zu den Pferden, während sie an der Tür stehenblieb, gähnte und sich reckte. Die Luft war frisch und klar, so daß sie bald hellwach war und fröhlich auflachte bei dem Gedanken, daß sie Ermina Baxter zum Trotz nun doch diese Freuden, so anstrengend sie auch sein mochten, genossen hatte. Sie würde zweifellos lange davon zehren müssen.

Da sie den einen Stiefel, den Ula Malloy dagelassen hatte, nicht anziehen wollte, trug er sie auf seinen Armen über den felsigen Boden. Sie kroch auf den Rücken des Pferdes und setzte sich im Herrensitz hin, wobei ihr das Hemd über die Schenkel hochrutschte. Sie schüttelte energisch den Kopf, als er ihr zureden wollte, sich hinzusetzen, wie es einer Dame geziemt.

Sie ritten den Berghang hinab, und plötzlich zog sie den Mantel aus und schleuderte ihn mit Schwung zu ihm hinüber. Sein Pferd scheute und stieg. Während er noch mit ihm kämpfte, stieß sie ein Triumphgeheul aus und jagte mit flatterndem Haar im Galopp den Berghang hinunter. Einmal sah sie sich um und rief fragend, ob er Schwierigkeiten habe. Doch als er schnell hinter ihr herkam, stieß sie ihrem Tier die nackten Fersen in die Flanken und lachte, als sie hörte, wie er leise und eindringlich auf sie einredete: «Fan, um Himmels willen, Fan – so kannst du nicht in die Stadt reiten! Bitte, Fan, sei doch vernünftig! Sei kein Narr ...»

34

«Der Alte will zwanzigtausend von Ihnen, zwanzig von Talbot, zwanzig von Cottrell und zwanzig von Flagg.» Hoke O'Neil nickte knapp und streckte bei jedem Namen, den er nannte, einen Finger seiner rechten Hand vor. «Und zwar jetzt gleich. Morgen fahre ich damit nach Albany.»

Joshua sah ihn finster an. Er fand, seit einiger Zeit hatten die irischen Politiker jedes Maß verloren und konnten einen Dollar nicht mehr von 100 000 Dollar unterscheiden. «Wir alle wissen, daß Bestechung eine Form von Erpressung ist», warnte er. «Der Preis wird allmählich zu hoch.»

Hoke zuckte die Achseln und rutschte auf seinem Stuhl noch weiter nach vorn und geriet in eine so gefährliche Schräglage, daß die kleinste Bewegung genügt hätte und er wäre der Länge nach auf den Boden von Joshuas Büro gerutscht. «Mag sein», stimmte er zu, «Ihr Gewinn steigt aber auch.»

Das traf natürlich zu. Seit vor drei Jahren die Metropolitan Sand and Gravel Company konzessioniert worden war, hatten die städtischen Politiker ein Gesetz verabschiedet, das derartigen Gesellschaften wesentlich höhere Entschädigungssätze versprach, als die Konzessionen ursprünglich gekostet hatten. Hoke fand offenbar, sie sollten dankbar sein für das, was man ihnen beließ, denn der ‹Ring› war inzwischen so mächtig geworden, daß in absehbarer Zeit nicht mit seinem Sturz zu rechnen war. Seit kurzem trug Hoke am Aufschlag seines Gehrocks einen goldenen Tigerkopf mit Rubinenaugen und drei Brillanten auf der Stirn. Dieses Abzeichen schien ihm die größte Genugtuung zu verschaffen.

Da Joshua immer behauptete, nie mehr als tausend Dollar in bar zur Verfügung zu haben, erklärte Hoke sich bereit, mit dem Doktor, Geigan, Higgins und Shannon am nächsten Tag wiederzukommen, um das Geld in Empfang zu nehmen. Als er schon an der Tür stand und mit dem Elfenbeinstäbchen in seinen Zähnen stocherte, bemerkte er noch nebenbei: «Ach ja, und dann brauche ich noch ein bißchen was für kleinere Auslagen.»

Als Joshua an seinen Schreibtisch zurückkehrte, dachte er darüber nach, woher er 20 000 Dollar nehmen und wie er sie in seinem Privatkonto verbuchen sollte. Dieses Privatkonto führte er in besonderen Geschäftsbüchern nach einem selbsterfundenen System. Dort trug er jede Ausgabe ein, die ihm die Stadt, der Staat oder die Bundesregierung abverlangte. Dieses Privatkonto betrachtete er mit Stolz, aber auch mit Verzweiflung, denn die darin erscheinenden Summen waren schwindelerregend hoch. Andererseits bereitete es ihm aber auch Vergnügen, denn seine Buchhaltung war so undurchsichtig, daß kein Uneingeweihter aus ihr schlau werden konnte. Wann immer er ein wenig Zeit zur Verfügung hatte, und gelegentlich sogar spät in der Nacht, wenn er nervös und ruhelos war und ins Büro zurückkehrte, um sich einige Stunden in dieser beruhigenden Umgebung zu erholen, saß er über diesen Büchern und dachte sich geschickte Tarnmanöver aus.

Es geschah jetzt häufig, daß Joshua mitten in einem Konzert in der Musikakademie oder mitten im Tanz beim Ball oder auch bei einem Empfang erstaunt feststellte, daß er schon seit geraumer Zeit die Musik nicht mehr gehört und keine Ahnung hatte, was eigentlich gespielt wurde. Oder er merkte, daß seine Partnerin ihm mit angestrengter Fröhlichkeit ins Gesicht starrte, was darauf hindeutete, daß sie genau wußte, sie werde überhaupt nicht wahrgenommen, sondern von Joshua sozusagen automatisch wie ein Kreisel auf der Tanzfläche herumgewirbelt, weil die Musik ihn aufgezogen hatte. In solchen Augenblicken wurde ihm klar, daß es Zeit für ihn war, in seinen Wagen zu steigen und in die dunklen, stillen Straßen zu fahren, nach denen er sich so sehnte.

Dann arbeitete er oft die ganze Nacht an seinem Privatkonto oder saß, die Ellbogen aufgestützt, die Fingerspitzen aneinandergepreßt, an seinem Schreibtisch, dachte über seine Pläne nach und wechselte nur, kurz bevor am Morgen die Angestellten kamen, schnell seine Kleider. Solche Nachtsitzungen machten ihn seltsamerweise nicht müde, sondern wirkten ausruhend und erfrischend auf ihn. In ihnen fand er die gleiche Erbauung wie ein Kommunikant in der Kirche.

In der Anwendung seiner Geschäftsmethoden hatte er jetzt nur noch wenig Skrupel. Die Götter, die über der amerikanischen Geschäftswelt walteten, schienen endlich beschlossen zu haben, Joshua Ching für lange Jahre treuer und eifriger Dienste reich zu entlohnen. Der Schwarze Freitag, der viele Männer aus der Wall Street weggefegt hatte, war dank einer überraschend gelungenen Kombination von Glück und Scharfsinn an Joshua Ching ohne Schaden vorübergegangen und hatte ihm so viel Geld gelassen, daß er sich allmählich, wenn auch sehr vorsichtig, an den Gedanken gewöhnte, reich zu sein. Er dachte nun sogar daran, sich selber ein kostspieliges Geschenk zu machen – ein Geschenk in Gestalt zweier bildschöner Traber.

Einige Geschäftsleute der Stadt hatten vor kurzem die Harlem Lane in eine Trabrennbahn verwandelt. Dort wurden am Spätnachmittag Rennen ausgetragen. Die Geschäftsleute lenkten ihre Wagen selber und legten dabei beachtlichen Ehrgeiz an den Tag. Sie schnitten die Wagen ihrer Rivalen auf gefährliche Weise, so daß manch einer umkippte, und das alles spielte sich ab unter dem aufgeregten Geschrei der Zuschauer im offenen Feld auf der einen und dem Beifall der Frauen und Töchter auf den Hotelveranden der anderen Seite. Mehrmals hatte Joshua gesehen, daß auch sein Schwiegersohn an diesem Vergnügen teilnahm. Philip mußte den Großteil seines ihm durch den Ehevertrag überschriebenen Vermögens für Pferde und deren Unterhalt aufgewendet haben. Neiderfüllt beobachtete Joshua, wie Philip mit Geschick und Mut seine Pferde lenkte und nach manchem besonders geglückten, kühnen Manöver Jubel erntete. Neid erfüllte ihn auch, wenn er Philip dann später stolz die Bar betreten sah.

Allmählich wurde dieser Neid zu einer fixen Idee für Joshua. Er redete sich schließlich ein, daß er es seinem Prestige in der Wall Street schuldig sei, ebenfalls ein paar gute Traber zu besitzen, und beschloß, dreißig-, vierzig- oder, wenn es sein mußte, auch fünfzigtausend Dollar anzulegen, um auf der Harlem Lane endlich in angemessener Weise in Erscheinung zu treten.

Gemeinsam mit Marquis McDuff, der in dem Ruf stand, ebensoviel über Traber zu wissen wie über Pharao und Poker, begann Joshua die Roßmärkte in der Twenty-fourth Street zu durchstreifen. Immer wieder versicherte er McDuff, er habe keinerlei Eile, die Anschaffung von Trabern sei eine größere Investition, nicht nur an Geld, sondern auch an Prestige, und da er sich einmal zu dieser Ausgabe entschlossen habe, wolle er auch die besten Traber der ganzen Stadt erwerben – koste es, was es wolle. Joshua war entschlossen, sein erstes Auftreten in der Harlem Lane zu einem Ereignis werden zu lassen und seine Pferde so überlegen und tollkühn zu lenken, daß seine Feinde – und zu diesen rechnete er auch Philip – endgültig zu der Überzeugung gelangen mußten, Joshua Ching sei ihrer aller Meister.

Wochenlang schlenderte er mit McDuff über die Märkte, bis der Anblick der beiden Männer, der eine dunkel und wild, der andere blond und würdevoll, den Händlern zur lieben Gewohnheit wurde. Sie wußten, ohne daß man es ihnen gesagt hatte, was die beiden Herren suchten, obgleich Joshua und McDuff nur zögerndes Interesse an einigen Trabern bekundet hatten, denen sie beim Striegeln und Füttern zusahen, während die Tiere in ihren Boxen stampften und ungeduldig wieherten.

Schließlich entschied sich Joshua für Tamarack und Asia, zweijährige, schlanke, nervöse Wallache mit glattem schwarzem Fell und weißen Vordergamaschen. Er kaufte sie für 48 000 Dollar und ließ sie in den Stall hinter Philips Haus bringen, der kurz zuvor in seinem Auftrag renoviert worden war. Den Grund dafür erriet Philip erst, als er eines Tages diese außergewöhnlich schönen, leicht erregbaren Geschöpfe dort entdeckte.

Die Boxen waren gepolstert und mit Leder ausgeschlagen worden, damit die Pferde sich nicht verletzen konnten. Joshua stellte drei Pfleger ein, und die Tiere wurden mit einer sorgfältig ausgewogenen Mischung aus Hafer und Kleie, die man mit kochendem Wasser zu

Brei verarbeitete, viermal am Tage gefüttert. Beim Fressen sah Joshua ihnen mit Neid und Bewunderung zu. Der Stall duftetet nach Leder, Bienenwachs und Öl, und dieser Geruch dünkte Joshua eine Zeitlang sogar angenehmer als der Duft von Rose Michels Seifen und Parfums.

Während des Sommers blieb Joshua häufig in der Stadt und fuhr nur selten nach Long Branch hinaus. Er studierte Tamarack und Asia ebenso intensiv, wie er früher Milton De Groot studiert hatte. Unter McDuffs Anleitung machte er sich mit den Gewohnheiten und Launen der Pferde vertraut, frischte sein lang vergessenes Können auf und dachte sich ein paar Manöver aus, die er noch nie gesehen hatte – und Philip hoffentlich auch nicht. Im August setzte er das Datum für seinen ersten Auftritt in der Harlem Lane fest. Er wählte einen Freitag im September, fast auf den Tag genau ein Jahr nach dem Schwarzen Freitag. Durch diese abergläubische Wahl hoffte er den Ausgang des Unternehmens beeinflussen zu können.

«Warum schließen wir nicht eine Wette ab», schlug Philip wie üblich vor, und Joshua lächelte überlegen.

«Bitte, warum nicht?»

McDuff hatte in Philips Abwesenheit dessen Pferde genau studiert und gab Joshua gute Ratschläge. «Sie sind schnell, aber sie stehen keine zwei Meilen durch. Er wird auf eine Meile abschließen wollen, aber darauf dürfen Sie sich nicht einlassen. Bestehen Sie auf zwei Meilen! Wenn Sie schnell genug vom Start wegkommen, können Sie sie schlagen. Wenn nicht ...» McDuff machte eine Bewegung, die aussah, als ramme er einem Gegner den Ellbogen ins Auge.

Als der festgesetzte Tag kam, saßen Susan, Suky und Ceda auf der Veranda von Bertholp's Hotel. Joshua fuhr betont langsam durch den Park, unterhielt sich mit ein paar Männern, die er kannte, lehnte aber jedes Angebot eines Wettrennens mit geheimnisvollem Lächeln und knappem Kopfschütteln ab.

Als er die schmale Einfahrt zur Harlem Lane hinauffuhr, geriet Joshua in eine johlende Menge. Offene Zweisitzer jagten in allen Richtungen durcheinander, oft sogar zu zweit und zu dritt in einer Reihe. Er hielt zunächst einmal an, denn er konnte seinen Gegner nirgends entdecken. Erst nach einer Weile kam Philip mit breitem Lächeln auf ihn zu, so siegesgewiß, als sei das Rennen bereits vorbei und gewonnen. Joshua nickte ihm wortlos zu, sie nahmen ihre Startplätze ein, tauschten einen raschen Blick und jagten davon – Joshua, wie ihm McDuff geraten hatte, vom ersten Schritt an in Führung.

Joshua beugte sich weit vor, spornte Tamarack und Asia laut schreiend an und schwang die Peitsche über ihren Rücken, ohne auch nur einen Gedanken auf seine Würde und seine Mimik zu verschwenden. Er wirkte wie ein tobender Wahnsinniger – genauso, wie er es tat, wenn er mit Rose Michel schlief. Er trieb die Pferde zu höchster Leistung an und zwang sie zu immer größerer Schnelligkeit. Sie legten sich ins Geschirr, bis er glaubte, die Arme würden ihm aus den Gelenken gerissen und seine Beinmuskeln müßten versagen. Aber er sah sich nicht ein einziges Mal um, denn das, so glaubte er, bringe nur Pech.

Nach der ersten Meile, als Tamarack und Asia dahinflogen, als habe dieser Wettkampf ihnen neue Kräfte verliehen, riß Joshua entsetzt und ungläubig die Augen auf. Philip holte ihn ein und tauchte, ebenso blind vor Wut wie er selber und mindestens ebenso erregt, neben ihm auf. Philip gewann an Boden – oder hätte es wenigstens getan, wenn Joshua ihn nicht durch ein geschicktes Manöver fast gerammt hätte. Philips Pferde kamen aus dem Schritt, und Joshua konnte an ihm vorbeiziehen. Dabei grinste er hämisch und war froh über die Staubwolken, die ihn und seinen unfairen Trick gnädig vor den Augen der Zuschauer verbargen.

Doch holte Philip abermals auf. Und da hob Joshua, der vor Zorn fast von Sinnen war, den Ellbogen mit der gleichen Geste wie McDuff und ließ seine Peitsche so dicht vor Philips Augen knallen, daß dieser die Zügel anziehen mußte und seine Pferde langsamer wurden. Das letzte, was Joshua von Philip sah, war, daß er auf die Tiere einbrüllte, als hätten sie, und nicht Joshua, ihm diesen üblen Streich gespielt.

Ein Stückchen weiter wendete Joshua den Wagen und trabte langsam zurück. Zufrieden vernahm er die Glückwünsche, die man ihm von allen Seiten zurief, sprang aus dem Wagen und übergab Tamarack und Asia der Fürsorge des Pflegers. Joshua blickte huldvoll wie ein Monarch am Krönungstag oder wie ein erfolgreicher Schauspieler zu seinen drei Damen hinüber und winkte ihnen flüchtig zu. Er ging aber nicht zu ihnen, sondern betrat gelassen die Bar, wo Freunde, Bekannte und Fremde ihm die Hand schüttelten und ihn begeistert zu einem Drink einluden.

Wenige Minuten später kam Philip, und Joshua erkundigte sich mit todernster Miene, ob er sich nicht als Revanche noch eine Abfuhr holen wolle. Doch Philip erwiderte, eines seiner Pferde lahme ein wenig, es müsse gestolpert sein und sich das Gelenk vertreten haben. Joshua akzeptierte diese Erklärung mit feierlichem Gesicht, nickte mitfühlend und war erfreut, daß Philip endlich begriffen hatte, wie er sich seinem Schwiegervater gegenüber zu verhalten habe, wenn es in aller Öffentlichkeit um ihrer beider Mut oder Können ging. Offenbar hatte Philip diese Lektion gut gelernt, denn Joshua brauchte seine Pferde und deren Leben nie wieder in Gefahr zu bringen, um ihn auf seinen Platz zu verweisen.

Von da an fuhr Joshua Tamarack und Asia fast jeden Tag. Er ließ sich aber nie von Männern schlagen, die er in finanzieller Hinsicht für unbedeutend hielt. Gelegentlich gestattete er Frederic Hallam, oder auch einem anderen, den er in seine Zukunftspläne einkalkuliert hatte, ihn zu überholen. Bertholp's Bar wurde praktisch zu seinem Zweitbüro, wo er am Spätnachmittag jeweils ein bis zwei Stunden zubrachte und über Pferde, Pools und Cliquen diskutierte.

Vor einiger Zeit hatte er mit William Talbot über die Möglichkeit gesprochen, ob Frederic Hallam nicht dem Direktorium der Corporate Engineers beitreten wolle. Doch Talbot war wenig optimistisch gewesen. «Derartige Dinge schätzt die Familie nicht.»

Das kränkte Joshua ebensosehr wie Talbots frühere Bemerkung, daß Roger Hallam niemals einer Heirat zwischen Frederic und Joshua Chings Tochter zustimmen werde. Sie hatten inzwischen ein Regierungsdarlehen von 500 000 Dollar bekommen – abhängig von der Länge der Bahnstrecke, die sie in den nächsten fünf Jahren fertigstellen würden –, hatten repräsentative Büros mit Spiegelglasfenstern und Walnußmöbeln, wo potentielle Aktionäre mit Hummersalat und eisgekühltem Champagner bewirtet wurden, und sie hatten in den letzten drei Jahren über 100 000 Dollar an Washington und Albany gezahlt, um das alles auf die Beine zu stellen.

Ihre verschiedenen Bahnlinien, die teils noch im Bau, teils dazugekauft worden waren, hatten sie die ‹Baltimore-Missouri› getauft. Im Augenblick wurde an verschiedenen Abschnitten in den Flußtälern des Ohio und Mississippi gebaut. Die Ingenieure waren allerdings von der Qualität der geleisteten Arbeit nicht sehr begeistert, denn die Direktion sparte an Ausgaben und machte immer wieder darauf aufmerksam, daß die Aktionäre verkaufen würden, wenn sie nicht pünktlich ihre Dividende bekämen. Auf den Zeichnungen der Firma war die Baltimore-Missouri zwar als mächtige Bahnlinie geplant, in Wahrheit bestand sie zur Zeit aber lediglich aus einem Gewirr kurzer Teilstrecken, die völlig bedeutungslose Orte miteinander verbanden.

Trotzdem fragte Joshua William Talbot: «Warum sollten die Hallams dagegen sein?»

«Zu viele Unfälle, schlechte Wartung», erwiderte Talbot und zählte ihre gemeinsamen Sünden auf, als sei allein Joshua daran schuld. «Die meisten Strecken sind nur trassiert und planiert, was immer unser Prospekt auch behauptet. Und die Hallams pflegen stets zunächst Fachleute auszuschicken, damit sie sich ein genaues Bild machen können.»

«Es ist doch eine noch junge Gesellschaft. In ein, zwei Jahren wird sie für die Hallams bestimmt attraktiver sein.»

Das war vor einem Jahr gewesen. Aber auch inzwischen hatte die Baltimore-Missouri keine bemerkenswerten Fortschritte gemacht. Es waren ein paar Schienen mehr verlegt und ein paar Trassen mehr planiert. Bisher hatten die allgemeine Begeisterung für Eisenbahnen und der Erfolg der Firma genügt, um Investitionswillige anzulocken und die Regierung zur Gewährung großzügiger Darlehen zu veranlassen. Dies und die Tatsache, daß Suky und Alvita Hallam jetzt fast ebenso oft zusammen waren wie früher Suky und Felice Talbot, brachten Joshua zu der Überzeugung, daß Frederic Hallam früher oder später dazu bereit sein würde, sich ihnen anzuschließen.

Felice war mit einer Erzieherin für ein Jahr nach Europa geschickt worden, weil ihr Vater nicht wollte, daß sie schon mit fünfzehn Jahren ein Naseweis und eine frühreife Frau von Welt werde. Seit ihrer Abreise kam, wie Joshua bemerkt hatte, Suky recht häufig mit Alvita Hallam zusammen. Die beiden jungen Frauen gingen zusammen einkaufen, nahmen im Hause der einen oder der anderen gemeinsam das Mittagessen ein, und als Alvita im Winter nach der Geburt ihres ersten Kindes begann, Empfänge und Dinners zu geben, wurden Suky und Philip stets dazu eingeladen. Wie Suky das zustande gebracht hatte, konnte Joshua sich beim besten Willen nicht erklären. Er bewunderte ihren Erfolg um so mehr, weil für ihn die Beziehung zwischen zwei rivalisierenden Frauen ein ebenso großes Rätsel war wie für Außenstehende sein Erfolg.

Die erste Fühlungnahme mit Frederic war von Joshua ausgegangen, der seinen Partnern nichts davon gesagt, sondern vorsichtshalber nur Suky eingeweiht hatte. Danach ließ er das Projekt zunächst einmal ruhen und ohne weiteres Drängen seinerseits langsam in Frederic reifen.

An einem kalten, strahlenden Januartag fuhr Joshua im Schlitten zur Harlem Lane und betrat in dicken Stiefeln, Sealmantel und Sealkappe die Bar. Er nickte Bekannten zu, die um den glühenden Ofen saßen, und bemerkte, als er einen heißen Toddy bestellte, daß Frederic Hallam zum erstenmal seit Wochen anwesend war. Frederic hatte ihn nicht gleich gesehen, aber Joshua war überzeugt, daß er nur gekommen war, um ihm zu sagen, er werde dem Direktorium beitreten. Er bemühte sich gar nicht, Frederics Aufmerksamkeit auf sich zu lenken, sondern unterhielt sich mit einem Mann, den er erst vor kurzem kennengelernt hatte und der sehr interessiert daran war, Tamarack und Asia zu kaufen.

Jedesmal, wenn Joshua und Abijah Everest zusammentrafen, wurde über den Verkauf der Pferde gesprochen, und Joshua mimte bei diesen Gesprächen eine schwankende Haltung, als könne er sich nicht recht entschließen, ob er die Tiere behalten solle oder nicht. Von sich aus hätte er Abijah Everest nie angesprochen, denn dieser besaß nichts, wonach es Joshua gelüstete. Er nannte lediglich ein paar unbedeutende Bahnlinien im Norden des Staates New York, ein oder zwei Fabriken und etwas Grundbesitz in Troy und Albany sein eigen.

Vor nicht langer Zeit hatte er auch noch den größten Teil dieses Besitzes, den er mit soviel Liebe zusammengetragen hatte, verkauft und war unversehens in der Wall Street erschienen, um dort sein Vermögen zu vervielfachen. Aber dazu, fand Joshua, war er viel zu spät gekommen. Dieses komplizierte Gefüge, das zu begreifen andere zwanzig Jahre brauchten, konnte man unmöglich in ein, zwei Jahren durchschauen, und einige Makler schlossen schon Wetten ab, daß irgend jemand Abijah Everest in spätestens sechs Monaten zur Strecke gebracht haben werde.

Abijah Everest schien zwar nicht unbegabt für Börsenspekulationen, was er aber – ohne es zu wissen, wie Joshua festgestellt zu haben glaubte – wirklich wollte, war eine Eisenbahn oder eine Fabrik. Denn Everest war ein Mann, der gern aufbaute, ein Mann, der sich danach sehnte, mit den eigenen Händen etwas zu schaffen, sei es nun eine Eisenbahn oder eine Fabrik. Joshua wußte, daß es viele Männer gab, die den wüsten, großen Kontinent zu einer Nation zusammenschmieden wollten. Aber solche Männer kamen ihm vor wie Träumer oder Romantiker, und ihre Unternehmungen schienen ihm eher Abenteuer als geschäftliche Transaktionen. So ließ er hin und wieder Abijah Everest gegenüber eine Bemerkung fallen, daß er im westlichen Teil des Staates eine hübsche kleine Bahnlinie besitze, und er beschrieb sie so lebhaft und mit so viel Charme, daß Abijah Everest sich bei jeder Begegnung danach erkundigte.

«Fahren Sie doch mal hin und sehen Sie sich dort ein bißchen um», forderte Joshua ihn auf. «Sie werden überrascht sein, was für Veränderungen ich dort geschaffen habe. Vor zwei Jahren waren diese vier Bahnlinien noch keine 50 000 Dollar wert. Jetzt ist das Betriebskapital verdoppelt, und die gesetzgebende Körperschaft von New York hat bereits eine Gesetz verabschiedet, nach dem der Neuausgabe von Aktien nichts mehr im Wege steht. Und damit ist das Vertrauen der Öffentlichkeit wiederhergestellt.»

Abijah Everest vernahm dieses Wunder mit sehnsüchtig-neidischem Gesichtsausdruck. Er hatte nichts Ähnliches zu verzeichnen. Das Geld, das er aus dem Verkauf seines Besitzes erzielt hatte, vermochte nicht, ihm eine annähernd gleiche Freude zu bereiten. Joshua berichtete weiter von den Fortschritten, die er erzielt hatte. Als aber Frederic Hallam zu ihnen trat, kehrte er Abijah Everest den Rücken und gab ihm damit zu verstehen, daß er keinen Anspruch mehr auf die Aufmerksamkeit eines vielbeschäftigten, erfolgreichen Mannes habe.

Frederic lächelte Joshua an. Es war das erste Mal; sonst war er immer, wenn sie miteinander gesprochen hatten, ernst und förmlich, schweigsam und zurückhaltend gewesen und hatte sich genauso verhalten, wie man es von einem Mann erwartete, wenn er mit dem Vater des Mädchens sprach, das er gegen seine bessere Überzeugung liebte.

«Mr. Ching, es wird mir ein Vergnügen sein, Ihrem Direktorium beizutreten – falls mir die Möglichkeit noch offensteht.»

«Aber gewiß!» versicherte ihm Joshua und überlegte, daß Frauen doch einen bemerkenswert großen Einfluß auf einen Mann ausüben konnten. Selbst er hatte manchmal daran gezweifelt, daß es Suky gelingen würde, Frederic Hallam umzustimmen.

Es überraschte Joshua nicht, daß eines der ersten positiven Ergebnisse, die die Bekanntgabe von Frederic Hallams Beitritt zu ihrer Gesellschaft erbrachte, Abijah Everests Entschluß war, die Bahnlinie im westlichen Teil des Staates New York zu kaufen. Joshua verkaufte sie ihm für 300 000 Dollar in bar und versprach, sie jederzeit zurückzukaufen, falls Everest in Schwierigkeiten geraten sollte. Abijah Everest lachte bei dieser Bemerkung und versicherte, das komme gar nicht in Frage, er kenne sich aus mit Bahnlinien, mit kleinen sogar besser als jeder andere. «Ich hoffe sehr, daß Sie es schaffen, Abijah. Doch sollte es anders kommen, werde ich Ihnen gern behilflich sein. Beim Bau einer Bahn kann manches passieren, das wissen Sie ja aus eigener Erfahrung.»

Joshua war überzeugt, daß er keineswegs die Absicht hatte, Abijah Everest finanziell zu ruinieren, so wenig, wie er sie bei Milton De Groot gehabt hatte. Aber die Pläne, die er schmiedete, wenn er spät nachts in seinem Büro saß oder im Wagen durch die Straßen fuhr, verfolgten durchaus das Ziel, anderen alles zu entreißen, was diese aufgebaut hatten.

In wenigen Monaten, hatte ihm Senator Stirt zugesagt, werde der Generalstaatsanwalt den Widerruf von Abijah Everests Konzession verlangen. Und dann würden die Aktien der Bahnlinie so tief fallen, daß Everest zweifellos froh sein würde, wenn Joshua Ching ihm seine Hilfe anbot. Inzwischen wandte Joshua seine ganze Aufmerksamkeit der gefährdeten Metropolitan Sand and Gravel Company zu, denn die Zeitungen warfen den irischen Politikern in ihren Leitartikeln und Berichten Diebstahl vor. William Talbot war sogar der Ansicht, man solle die Firma abstoßen, solange man sie noch mit Profit loswerden könne.

Wenige Tage vor den Wahlen marschierten vierzigtausend Männer in Ölzeug mit Kerosin-Fackeln bei strömendem Regen zur Tammany Hall, um sich zur größten Feier in der Geschichte der Stadt zu versammeln. Als die Stimmen gezählt waren, verkündete Hoke zuversichtlich, die Gefahr sei vorbei und Tweed werde weiter an der Regierung bleiben. «Die Armen lieben uns, die Reichen brauchen uns, und die anderen kümmern sich nicht um uns. Wir sind drin, und, bei Gott, wir werden auch drin bleiben!»

Aber als die *Times* Abschriften aus den Büchern des Controllers, des amtlichen Revisors, veröffentlichte, waren Hoke und Oliver Foss doch erschrocken, denn die Kopien mußten heimlich von einem Mann aus dem Amt des Controllers angefertigt worden sein, den niemand verdächtigt hatte – bis es zu spät war. Sie hofften, daß die sommerliche Hitzewelle die Aufmerksamkeit der Bevölkerung von den Artikeln ablenken werde. Außerdem war die Stadt fast menschenleer, weil die meisten Einwohner an der See weilten. Immerhin gab es Mitte Juli noch einmal eine jener Straßenschlachten, die ohne Vorwarnung in der spannungsgeladenen Stadt zu entstehen schienen. Die Straßen waren gefüllt mit schreienden Männern, Frauen und Kindern, die sich im Laufschritt in Sicherheit zu bringen versuchten, während von Hausdächern Steine flogen, Türen und Fenster verbarrikadiert wurden, auf die in dichten Reihen marschierenden Orangemen geschossen wurde und Plünderer die Läden aufbrachen und ganze Häuser ausräumten. Bei Anbruch der Nacht war es auffallend still in der Stadt. Es hieß, es seien ungefähr hundert Männer bei diesen Unruhen gefallen, die durch den Anspruch der protestantischen Iren entstanden waren, durch die Straßen der Stadt zu marschieren.

«Jetzt geht es ihnen endgültig an den Kragen», prophezeite Talbot. «Es wird Zeit, daß wir uns diese verdammte Sand and Gravel vom Hals schaffen, und wenn wir sie verschenken müßten.»

«Das wird nicht nötig sein, William. Ich habe eine andere Idee.» Joshua zweifelte nicht daran, daß Talbot ihn dafür verantwortlich machen würde, wenn ihre Beteiligung an den politischen Spielchen der Stadt eines Tages auf der Titelseite der *Times* veröffentlicht wurde. Hoke O'Neil hatte allerdings immer wieder versichert, das sei unmöglich, weil die Metropolitan Sand and Gravel Company gar nicht unter ihrem richtigen Namen in den Büchern des Controllers eingetragen sei.

Joshua war am Nachmittag von Long Branch in die Stadt gekommen und saß mit Hoke im Garten hinter Rose Michels Haus. Sie warteten auf die anderen Herren. «Was sie nicht finden, können sie auch nicht veröffentlichen, stimmt's? Ich habe die Bücher gesehen, und ich sage Ihnen, die Sand and Gravel steht nicht drin. Rose, Schätzchen, bringst du mir noch einen Drink?» Rose sah ihn stirnrunzelnd an, nahm aber sein Glas und ging damit ins Haus.

Der Garten war von einem hohen Zaun umgeben, hatte aber weder eine Rasenfläche noch Blumen. Der Boden war mit Kies bestreut, in einer Ecke wuchs ein großer Ailanthus, gegenüber stand eine Laube mit rankenden Rosen. Am Haus waren mehrere schwarzgestrichene Eisenstühle aufgestellt, und vor kurzem hatte Rose noch einen Springbrunnen installieren lassen, der durch die Steinplastik einer jungen Frau mit einem Krug gekrönt war, aus dem sich Wasser in das Becken zu ihren Füßen ergoß.

Hier verbrachte Rose, in ihren Morgenrock gewickelt, die heißen Sommertage, obgleich ihr Joshua verboten hatte, den Garten anders als vollständig angekleidet zu betreten. Sie saß lesend in der Laube oder spielte mit ihrem Sohn, trank geeiste Limonade und plauderte manchmal mit Tessie Spooner. Alles in allem war sie glücklich und zufrieden und durchaus der Ansicht, daß sie sich nichts Besseres wünschen könne – wenn sie nur ein paar Kleider mehr besessen hätte!

Nach der Geburt des Kindes – der Junge war jetzt beinahe zwei Jahre – hatte Rose endlich aufgehört, sich um ihre Zukunft zu sorgen. Sie glaubte, *ihr* Leben sei nunmehr gesichert, während Tessie ihr bestimmt eines Tages, wenn sie mit ihrem Sohn in seinem feinen Samtanzug aus ihrem Wagen stieg, in Lumpen gehüllt entgegentreten und demütig um ein paar Cent für ein Bier betteln würde.

Rose sah das Bild ganz deutlich vor sich, wenn sie an Nachmittagen, an denen Joshua in Long Branch war, mit Tessie im Garten saß, Schokolade naschte und sich mit der Freundin über die Kunden unterhielt, die sie bei Annie Wood gehabt hatten.

Diese Gespräche endeten nicht selten mit Streit. Manchmal begann es sogar schon damit und endete, indem die Mädchen friedlich nebeneinander saßen und schaukelten. Oft lief Tessie weinend aus dem Haus und schrie, sie werde niemals wiederkommen, denn das Glück habe Rose überheblich gemacht. Tessie kritisierte noch immer an Mr. Ching herum und prophezeite Rose, daß er sie sicher eines Tages, wie diese Herren es immer taten, trotz ihres Kindes wegschicken werde. Die Männer machten so etwas so schnell und geschickt, daß man selber es zuerst gar nicht merke, meinte Tessie. So quälten sie sich gegenseitig, indem sie sich ausmalten, was mit ihnen geschehen werde, wenn sie erst alt waren. Ihre Rachsucht und Grausamkeit waren so stark, daß sie sich häufig buchstäblich gegenseitig in die Haare gerieten oder die Kleider zerrissen.

Sie hatten jedoch beide keine andere Freundin, und deshalb sehnten sie sich, sobald die Kratzer verheilt und die Kleider geflickt waren, nach einem weiblichen Wesen, mit dem sie sich unterhalten konnten, zu dem sie nicht liebenswürdig, aufmerksam, demütig und unterwürfig sein und nicht gesittet mit leiser Stimme sprechen mußten. Sie sehnten sich nach jemand, bei dem sie nicht so tun mußten, als habe ihnen weder ihr vergangenes noch ihr jetziges Leben etwas anhaben können und als seien sie angesichts männlicher Kraft und Herrlichkeit immer noch gläubig und überwältigt von Bewunderung wie junge Mädchen.

Trat Rose aber als Gastgeberin auf, schien sie ein anderer Mensch zu werden. Sie selber war überzeugt, daß bei solchen Gelegenheiten ihr wahres Wesen zum Vorschein komme, das Wesen, das sie geworden wäre, wenn sie nicht Rose Michel geworden wäre. Denn das war ihrer Meinung nach nur einer Reihe von Zufällen zuzuschreiben, so unerforschlich, daß sie sie nicht enträtseln konnte und es auch nicht versuchte. Es erfüllte sie nämlich mit hilfloser Wut, daß sie nicht entdecken konnte, wann sie die erste falsche Entscheidung getroffen hatte, die letztlich dazu geführt hatte, daß sie ihr ganzes Leben hindurch auf die Duldung eines Mannes angewiesen war und nicht erwarten konnte, jemals die Ansprüche einer Ehefrau zu stellen.

Während der ersten Monate nach der Geburt des kleinen Eugene Michel hatte Joshua eine offene Anerkennung des Kindes als sein eigenes tunlichst vermieden. Allmählich jedoch fand er Spaß an dem Kleinen, und jetzt war Rose überzeugt, daß sie ein einziges Mal in ihrem Leben einen Plan zu ihrem eigenen Vorteil entworfen und durchgeführt hatte. Daher machte sie sich keine Sorgen mehr, wenn Joshua ein oder zwei Wochen lang nicht zu ihr kam oder wenn er die unwichtigen Klatschgeschichten, die sie ihm erzählte, nicht zu hören schien oder plötzlich aufstand und ging, als bemerke er sie gar nicht.

Sie jammerte dann zwar ein bißchen, begann aber bald, mit ihren gelben Kanarienvögeln um die Wette zu singen, von denen sie zwanzig oder dreißig in ihrem kleinen Wintergarten hielt. Jeden Vogel hatte sie nach einem der Herren benannt, die Joshua hierher zu Gast zu laden pflegte, einen sogar nach Joshua selber, aber das wußte er nicht. Oft spielte sie auch mit dem grauen Pudel Frou-Frou, den Joshua ihr vor kurzem geschenkt hatte.

Hoke trank in durstigen Zügen aus dem Glas, das sie ihm brachte, und kühlte sich mit den Eisstückchen Stirn und Kinn. Endlich trafen, einer nach dem anderen, die übrigen Gäste ein: Leon Pumphrey, der flink und neugierig die Umgebung musterte und dabei in alle Ecken spähte, als fürchte er, einen Spion zu entdecken, Richter Azariah Gill, Oliver Foss, Kell, Greaves und Marquis McDuff. Sie plauderten liebenswürdig miteinander, während der Butler Whisky und Wasser einschenkte. Keiner von ihnen schien es eilig zu haben, zum geschäftlichen Teil überzugehen, teils wegen der Hitze, hauptsächlich aber, weil diese Geschäfte unangenehm waren. Sie schlenderten durch den Garten, schritten gemächlich über den knirschenden Kies, machten Rose Komplimente über ihr rosa Musselinkleid und waren entzückt, als Tessie Spooner, frisch wie der junge Morgen, auftauchte.

Nach zwei, drei Drinks begaben sie sich ins Haus und ließen sich zu einem Essen mit neun Gängen nieder. Sie saßen im Speisezimmer, wo Gaslicht und Kerzen die Luft noch stickiger machten und Farngewächse in Hängetöpfen am Fenster dahinwelkten, während Rose und Tessie munter für die Unterhaltung sorgten. Immer noch mieden sie das leidige Thema, das zu besprechen sie hergekommen waren, und hatten nicht mehr über Politik zu sagen als eine Versammlung von Schustern. Als der Diener mit einem Becken voll parfümiertem Wasser erschien, tauchten sie ihre Servietten hinein, säuberten sich Bärte und Schnurrbärte, wischten sich die schweißnassen Gesichter und blieben dann mit Portwein, Zigarren und der Metropolitan Sand and Gravel Company allein.

Zunächst jedoch saßen sie da, beschnitten ihre Zigarren, lösten die Kragen, klagten über die Hitze und kamen immer noch nicht zur Sache. Sie warteten ab, was Joshua ihnen zu sagen hatte. Als er sie endlich lange genug auf die Folter gespannt zu haben glaubte, meinte er vergnügt: «Meine Partner und ich überlegen, ob dies nicht der geeignete Zeitpunkt wäre, ein paar neue Verträge mit der Stadt über den Ausbau und die Planierung von Straßen zu schließen.» Er musterte belustigt ein Gesicht nach dem anderen und sah überall sorgfältig kaschiertes Erstaunen. «Wir sind der Ansicht, die Stadt sollte mehr Aktien unserer Gesellschaft erwerben.»

«Wäre dazu denn nicht eine neue Konzession nötig?» fragten sie sich untereinander.

«Durchaus nicht, Gentlemen», erklärte Joshua entschieden. Und sofort wurden sie kleinlaut und stimmten gehorsam zu. Unter gewissen Bedingungen, meinten sie, könne ein solcher Vertrag sicher auch ohne besondere Konzession erteilt werden. Joshua, der ihre Mienen beobachtete, merkte, daß sie erwartet hatten, er und seine Partner seien drauf und dran, Tammany Hall stillschweigend den Rücken zu kehren. Mochten sie auch nicht gerade begeistert von dieser Forderung nach höherer Beteiligung sein, so schienen sie aber zumindest erleichtert, daß ihnen statt einer Abfuhr unerwarteter Profit winkte – auch wenn sie sich insgeheim gegenseitig versicherten, sie seien eine feststehende Institution und ebensowenig zu eliminieren wie die Trinity Church oder der Park. «Wir wünschen, daß die Verträge bis Ende dieser Woche unterzeichnet sind», sagte Joshua.

«Bis Ende dieser Woche, Mr. Ching?» Oliver Foss starrte nachdenklich zu Hoke hinüber. «Nein, ich fürchte, das ist unmöglich.» Als Joshua aber sagte, falls die Verträge nicht spätestens bis Montag unterzeichnet seien, wären er und seine Partner nicht mehr daran interessiert, räumten sie eilig ein, daß es sich wohl machen ließe, wenn sie alle gemeinsam nach Kräften darauf hinarbeiteten.

Als Talbot, Cottrell und Flagg Joshua die Schecks für ihren Anteil an den neuen Verträgen überreichten, bemerkte Talbot, dies sei das letzte Geld, das Tammany von ihm zu erwarten habe. Und selbst als Joshua ihn daraufhin daran erinnerte, daß die Sand and Gravel Company, auch wenn man die Zahlungen an Tammany abzog, ihnen fast zwei Millionen Dollar eingebracht habe, machte Talbot immer noch ein grimmiges Gesicht. «Es sind unbequeme Handlanger für uns. Ich bin froh, daß wir mit ihnen fertig sind.»

«Aber wir sind noch nicht mit ihnen fertig», widersprach Flagg düster. Und wieder einmal fand Joshua, daß Lorenzo Flaggs größte Schwäche sein unausrottbarer Pessimismus war, ein Charakterzug, der Flagg oft dazu verführt hatte, sich in zu viele Baisse-Spekulationen auf einmal einzulassen. Dieser Pessimismus würde auch, wie Joshua mit Gewißheit glaubte, eines Tages dazu führen, daß die Corporate Engineers in die Hände von William Talbot, Amos Cottrell und Joshua Ching überging. Durch Lorenzo Flaggs ständige Voraussagen von Katastrophen entwickelte sich in Joshua eine ebenso große Antipathie gegen ihn wie seinerzeit gegen Milton De Groot.

Er war über De Groots jüngste Erfolge an der Börse überrascht und ziemlich enttäuscht, denn er hatte bisher geglaubt, daß ein Toter nicht wiederauferstehen könne. Doch dann kam ihm die Idee, De Groot zu überreden, die Sand and Gravel Company mit ihren attraktiven, neuen Verträgen zu übernehmen. Er begann De Groot mit der gleichen Aufmerksamkeit zu umwerben wie vor einigen Jahren, und De Groot zeigte sich deutlich beeindruckt von Joshuas neuen Geschäftsfreunden und schätzte sich glücklich, ihn wieder zu seinen Vertrauten zählen zu dürfen.

Als der Verkauf dann tatsächlich im Oktober zustande kam – und zwar durch Vermittlung von Talbots City Exchange Bank –, hörte De Groot am folgenden Tag mit Erstaunen, daß die Gesellschaft von Talbots Bank ein Darlehen von fast einer halben Million Dollar erhalten hatte, die Talbot auf der Stelle zurückforderte, andernfalls er die Gesellschaft unter Zwangsverwaltung stellen werde. «Und das, De Groot», sagte er, «täte mir außerordentlich leid, wo Sie doch gerade wieder auf die Füße zu kommen scheinen.»

De Groot fing an zu bitten, und William Talbot hörte ihn mitfühlend an. Er schickte ihn dann aber doch mit der Anweisung fort, das Geld binnen vierundzwanzig Stunden zu beschaffen, sonst müsse er zusehen, wie seine Aktien für den erstbesten Preis an der Börse verschleudert würden.

«Die Dummen sterben niemals aus», stellte Hoke fest, als er diese Neuigkeit hörte. Hoke war im Augenblick stark mit eigenen Problemen beschäftigt.

Es war ein Komitee gebildet worden, das die Bücher der Stadt prüfen sollte, aber feststellen mußte, daß jemand in das Büro des Controllers eingebrochen war und alle Belege gestohlen hatte. Die verbrannten Überreste fand man bald darauf auf dem Dachboden der City Hall. Hoke war der Meinung, daß die Reformierer doch nun endlich zufrieden sein müßten, statt dessen rutschten die Kurse jedoch noch tiefer, und in der Stadt kursierte das Gerücht, daß der Bürgermeister übergeschnappt sei und von vier Männern hätte nach Hause gebracht werden müssen. Nicht lange darauf wurde Boss Tweed wegen Betrugs verhaftet. Er wurde zwar gegen eine Kaution von einer Million Dollar wieder entlassen, aber trotz seiner Versicherung, daß diese Ereignisse keine Folgen haben würden, begannen seine Kumpane sich einer nach dem anderen nach Kanada oder Europa abzusetzen. Joshua gab Hoke den Rat, er solle zur Vorsicht dem Beispiel der anderen folgen. Aber Hoke entgegnete ihm wütend: «Ich denke gar nicht daran! Ich rühre mich nicht von hier weg.»

Joshua verkniff sich ein Lächeln. Er war überzeugt, daß Hoke O'Neil, Stadtrat und Alleininhaber der ‹Roten Zwiebel›, alle seine Ehrenposten in naher Zukunft wieder verlieren werde.

Am Wahlabend war es diesmal dunkel und still vor der Tammany Hall. Als zwei Ältestenräte getagt hatten und der bisherige gezwungen wurde, abzutreten, trug Hoke immer noch den Tigerkopf am Aufschlag seines Gehrocks und erklärte Joshua, Tammany werde in wenigen Wochen die alte Macht zurückgewonnen haben. «Wenn sie wirklich Reformen wollen», versicherte Hoke, «dann sollen sie sie haben – so viele, wie sie gar nicht verkraften können!»

35

Morgan fuhr aus dem Schlaf hoch und überlegte, was ihn geweckt haben könnte. Da hörte er, daß an seiner Tür gerüttelt wurde, und Music begann mit tiefer Stimme zu bellen – erst weit entfernt, dann immer näher, als der Hund von einem seiner nächtlichen Streifzüge zurückkehrte.

«He, Devlin, mach auf! Seit wann schließt du dich ein?»

Er riß die klemmende Tür auf und starrte den Besucher einen Augenblick lang verständnislos an. Dann fragte er unsicher: «Fletcher?» Er hatte so oft von Zack Fletcher geträumt, daß er jetzt nicht gleich glauben konnte, der Mann da draußen in der Dunkelheit sei tatsächlich Zack. Er riß ein Streichholz an und hielt es an die Kerze. Als die Flamme aufleuchtete, trat Zack lächelnd in die Hütte und sah sich neugierig um.

Er untersuchte erst die ganze Hütte, ehe er sich Morgan zuwandte. Ernst und prüfend sah er ihn an und sagte feierlich: «Hallo.»

«Hallo.»

Sie schüttelten sich die Hände und gaben sich alle Mühe, so zu tun, als hätten sie sich vorgestern, und nicht vor fünf Jahren, das letzte Mal gesehen. Morgan warf einen Berg Holz auf das Kaminfeuer, holte Whisky und Gläser und zog sich, Zack gegenüber, einen Hocker an den Tisch. Es dauerte einige Zeit, so lange, bis Zack seine Zigarre in Brand gesetzt hatte, ehe er Morgan einen prüfenden und fast vorwurfsvollen Blick zuwarf. Dann zuckte er die Achseln und fragte: «Was gibt's Neues?» Sie hoben die Gläser und leerten sie auf einen Zug. «Immer noch derselbe alte Fusel.»

Zack war genauso mager und sehnig wie früher, und auch seine Bewegungen wirkten noch genauso unheimlich und geschmeidig. Sein Gesicht war jetzt glattrasiert und hatte einen fast bösartigen Ausdruck, der aber durch die verschmitzt blickenden blauen Augen gemildert wurde. Morgan wußte nicht, inwieweit er selber Zack verändert erschien, hoffte aber, daß Zack, der ihn aufmerksam musterte, nicht mehr den neunzehnjährigen Jungen in ihm finden würde, den zu sehen er vielleicht erwartet hatte.

«Wo hast du denn die ganze Zeit gesteckt?»

Zack schnitt eine Grimasse. «Hier und da. Und du?»

«Hier.» Abermals hoben sie die Gläser.

«Hier?» wiederholte Zack ungläubig, als könne er sich nicht vorstellen, daß jemand die ganze Zeit, die er selber auf Reisen in fremden Ländern verbracht hatte, an ein und demselben Fleck geblieben war.

«Ja. Hier im Grenzgebiet. Ein paarmal war ich auch in Butte.»

«Ist denn noch jemand da?»

«Bruno Favorite und Amos Muspratt. Im ganzen vielleicht vierzig, fünfzig Mann. Aber die Schürfstellen sind nicht mehr fündig, und außer den Eulen und Elstern geht es allen dort ziemlich dreckig.»

«Es war ja schon in den besten Zeiten kein großartiges Camp.»

«Die besten Zeiten für Butte kommen erst, Zack. Da liegt ein Vermögen an Silber. Früher oder später wird einer darauf stoßen. Ich habe unsere Claims behalten, nur ein paar gegen andere getauscht, die mir ergiebiger schienen.»

«Du kannst meine Anteile haben.» Zack machte eine großzügige Handbewegung. «Ich schenke sie dir.»

Morgan lächelte ihn freundlich an. Nichts schien ihm absurder als der Gedanke, diesen ungeduldigen, aufbegehrenden Mann mit Lisette verheiratet zu sehen und zu erwarten, er werde sich ihrer leidenschaftlichen Häuslichkeit beugen. Sollte Zack tatsächlich jemals derartige Ambitionen gehabt haben, würde er inzwischen hoffentlich durch bessere Kenntnis seines an kein Gesetz gebundenen Charakters davon geheilt sein. Trotzdem spürte er Zack gegenüber eine gewisse Verantwortung, denn eines Tages würde Zack sich durch seinen Leichtsinn gewiß in eine Lage bringen, in der er froh sein würde, die Anteile in Butte noch zu besitzen. «Behalt sie lieber, Zack. Wenn es erst mal Transportmöglichkeiten gibt und wir ein bißchen Kapital reinstecken, kann sich das Camp über Nacht verändern.»

«Kapital!» Zack zog verächtlich die Mundwinkel herab. Geldgespräche hatte er immer nur mit Widerwillen geführt. «Wieviel soll es denn sein?»

«Zunächst fünfzig- bis fünfundsiebzigtausend. Und wenn der große Hügel hält, was er verspricht, natürlich wesentlich mehr.»

«Warum steigen Matt und Pete nicht ein?» Zack lächelte, und Morgan las in diesem Lächeln eine Spur von Feindseligkeit. Auf seine Umgebung mochte Zack stumpf und gleichgültig wirken, in Wahrheit spürte er jedoch sehr genau, was andere dachten, Männer wie Frauen – wie er bei Lily Jones bewiesen hatte.

«Sie haben ihre eigenen Projekte, die sie für besser und sicherer halten als Butte. Man muß dagewesen sein und im Boden herumgestöbert haben, wie wir beide, um zu wissen, was dort zu erwarten ist.»

Zack hatte ihm aufmerksam zugehört und ihn angesehen, als wolle er nicht nur Morgans Bewertung der Butte-Claims ergründen, sondern vor allem seinen Charakter, seine Maßstäbe und sein Urteilsvermögen. «Wieviel würdest du brauchen, um es erst mal in Gang zu bringen?»

«Mindestens dreißigtausend.»

Zack zog eine Grimasse, hob die mächtigen Schultern und lehnte sich mit verschränkten Armen auf seinem Stuhl zurück. Er streckte die Beine aus, so daß die Stiefelspitzen den Rand des Kamins berührten, und starrte ins Feuer. Nach einer Weile, während er wohl darüber nachgedacht hatte, wie er 30 000 Dollar beschaffen könnte, erwiderte er bedächtig: «Weißt du, Devlin, ich glaube, ich habe eine Lösung für deine Probleme. Hier, direkt vor deiner Nase. Einen Kerl mit viel Geld. Die Schwierigkeit ist nur, daß er sich nicht für Minen interessiert. Er hat sein Herz an Rinder gehängt.» Zack grinste und füllte sein Glas aufs neue. «Ein Bursche, mit dem ich seit ein paar Monaten herumziehe.»

Er beugte sich über den Tisch zu Morgan – das war das erste Anzeichen von Entgegenkommen, seit er die Hütte betreten hatte. «Ich weiß, was du jetzt denkst, Morgan: Ich soll nicht in Rätseln sprechen. Aber es ist gar kein Rätsel. Der Kerl, mit dem ich rumziehe, ist Engländer, und ich bin sein Leibwächter und Führer.» Zack machte ein trotziges Gesicht, als erwarte er, daß Morgan ihn auslachen oder mitleidig lächeln werde. «Er hat mich im voraus bezahlt, das hab ich verlangt. Ich wollte meinen Teil sicher haben, falls er mal sich selber statt eines Büffels erschießt. Jetzt sind wir auf dem Weg nach Yellowstone, weil er mit eigenen Augen feststellen will, ob die Geschichten stimmen, die er darüber gelesen hat.» Zack grinste säuerlich. «Na, was sagst du nun? Ein lausiger Job für einen Mann, der noch ein bißchen Selbstachtung besitzt, nicht wahr?»

«Wie lange läuft der Vertrag noch?»

«Ist schon fast abgelaufen. Ich hab ihn im letzten November in Abilene kennengelernt. Da kam er in einen Saloon und hatte einen Mantel an, der ihm bis auf die Füße hing, ein Monokel im Auge und eine Zigarre im Mund. In der Hand schwenkte er lässig einen Revolver und hätte den ersten besten Saukerl erschossen, der über ihn lachte.» Zack schlug sich vor Vergnügen aufs Knie. «Und weißt du was? Nichts ist passiert. Kein Mensch hat gelacht. Ich bin hingegangen und hab ihm die Hand geschüttelt, und ehe ich wußte, wie mir geschah, war ich in seinen Diensten.» Er schnipste mit den Fingern. «Zehntausend. Für sechs Monate Arbeit – falls man so was überhaupt Arbeit nennen kann.» Mit Rücksicht auf Zacks ungewöhnliche Empfindlichkeit, die sich offenbar noch verstärkt hatte, zeigte Morgan nicht die geringste Überraschung bei dieser Mitteilung. Er nahm auch die Erwähnung der 10 000 Dollar gelassen zur Kenntnis, rauchte ruhig weiter, sah den Rauchwolken nach und wartete geduldig darauf, daß Zack ihm erzählen werde, was er auf dem Herzen hatte.

Eine Zeitlang saßen sie schweigend da. Zack kraulte den zufrieden schnaufenden Hund und begann schließlich zu sprechen. «Vor drei Jahren habe ich ein paar Rinder gekauft, nach Norden gebracht und dort fünfhundert Prozent am Verkauf verdient. Seitdem sieht es so aus, als ob ich einfach nichts mehr falsch machen kann. Ob du es glaubst oder nicht – alles, was ich in die Hand nehme, geht zu meinen Gunsten aus, ob ich es will oder nicht. Weißt du, was mich die Tiere gekostet haben? Einen Pappenstiel! Ich war damals nach Texas gegangen, nachdem ...» Er machte eine Pause und warf Morgan einen fragenden Blick zu, doch als Morgan schwieg, fuhr er fort: «Also, ich bin nach Texas runtergegangen, und da bin ich in eine sogenannte Rinderjagd hineingeraten. In Texas gibt es nämlich haufenweise Rinder! Seit dem Krieg laufen sie wild rum. Sie gehören keinem Menschen. Wenn man sie fängt und ihnen ein Brandzeichen aufdrückt, kann man sie behalten. Aber das klingt einfacher, als es ist. Natürlich wollen sich viele eine Herde zusammenfangen, und die verdammten Biester verstecken sich mitten im Mesquite-Gestrüpp. Man kommt nur an sie ran, wenn man sich selber die Haut in Fetzen reißen läßt. Und der Weg nach Norden ist gefährlicher als alles, was ich hier in den Bergen erlebt habe. Wenn du bis zum Llano Estacado kommst, läufst du Indianern in die Arme, und wenn es dir gelingt, dich von ihnen freizukaufen, stößt du überall auf Trupps ehemaliger Soldaten, die dir die halbe Herde klauen und sie dann wieder an dich zurückverkaufen – natürlich zu ihrem eigenen Preis! Wenn du dich lieber mit ihnen rumschlagen willst, statt zu bezahlen, binden sie dich an einen Baum und peitschen dich in Stücke. Wenn du aber Glück hast, wie ich, und kommst mit den Rindern weit genug nach Norden, dann kannst du sie gut und gern pro Stück für 30 Dollar verkaufen. So war es jedenfalls bei mir. Ich habe dem Kerl die Herde übergeben und habe gemacht, daß ich davonkam. Ich war so erlöst, als sei ich die Verantwortung für ein Waisenhaus losgeworden!»

Inzwischen wurde es dämmerig im Zimmer, und sie schätzten, daß es halb sechs war. Morgan ging in die Küche, um Kaffee zu machen. Zack stand auf, gähnte und reckte sich und lehnte sich dann an den Türpfosten und blickte zur Stadt hinunter.

Als Morgan die Kaffeekanne hereinbrachte, sie auf den Tisch stellte und zwei Blechtassen füllte, blieb Zack noch einen Augenblick an der Tür stehen und fuhr dann mit herausforderndem Blick zu Morgan herum. «Du willst es bestimmt wissen, aber du wagst nicht zu fragen. Also, hör zu. Ich erzähle es dir freiwillig. Sie hat mich in Santa Fe verlassen und wollte nach Kalifornien.» Er nickte energisch. «Das ist das letzte, was ich von ihr gehört habe, und das war vor – warte mal – vor fast genau viereinhalb Jahren.»

Sie setzten sich einander gegenüber an den Tisch. Morgan fettete seine Stiefel mit heißem Talg ein und knetete sie, bis sie schön weich waren. «Okay. Ich hatte auch nicht angenommen, daß du sie im Auge behältst.»

«Im Auge behältst?» lachte Zack auf. «Da kannst du eher eine Schlange im Auge behalten!» Auf einmal wurde er mitteilsam, als sei er erleichtert, endlich über sie sprechen zu können und zu wissen, daß keiner von ihnen daran dachte, sich wegen Lily Jones zu duellieren oder sich Gedanken darüber zu machen, was aus ihr geworden war. «Als sie hier durch die Stadt kam, war sie mit einem Burschen namens Powell unterwegs, einem Zeitungsschreiber, der hierhergeschickt worden war, um Berichte über die Geschmacklosigkeiten im Grenzgebiet zu schreiben. Aber sie hat ihn überredet, lieber eine Story über Lily Jones zu schreiben! Darüber hat sie sich mehr gefreut als über allen Goldstaub, den sie sich zusammengeklaut hat.» Zack schlug sich auf die Schenkel und lachte laut auf. Als Morgan stumm an seinen Stiefeln weiterarbeitete, runzelte er die Stirn, kraulte den Hund und trank Kaffee. Er schenkte sich noch eine Tasse ein, rutschte unruhig hin und her und murmelte schließlich: «Es war gemein von mir, das zu sagen, Morgan. Ich bin nicht hergekommen, um mich wie ein Idiot zu benehmen.»

«Ach, zum Teufel, Zack! Es ist nun mal passiert, und ich habe es passieren lassen.»

«Trotzdem. Ich hätte so was nicht sagen dürfen. Falls es dich interessiert: Sie hat dauernd von dir geredet.» Er kniff vielsagend ein Auge zu. «Sie will neben dir begraben werden! Was sagst du dazu?» Zack rutschte auf seinem Stuhl nach vorn, streckte die Beine in den engen, speckigen Hirschlederhosen wieder aus und verschränkte die Arme. «Sie hat zugegeben, daß sie deinen Tod wollte und Jenkins und Hamilton eingeredet hat, du hättest sie dazu angestiftet, ihren Goldstaub zu stehlen. Ein nettes Früchtchen, nicht wahr?» Er zog den rechten Zeigefinger quer über seine Kehle. «Aber inzwischen ist sie ja älter geworden; vielleicht hat das Alter sie ein bißchen ruhiger gemacht. Einunddreißig ist sie jetzt, genauso alt wie ich.» Morgan hob verwundert den Kopf, und Zack fügte ernst hinzu: «Sie war nicht so jung, wie sie behauptete – das hat sie nur deinetwegen gesagt.»

Morgan zog sich an, und Zack holte sich eine Schüssel heißes Wasser aus der Küche, stand gebückt vor dem Spiegel und schabte seine Stoppeln ab. Dann wusch er sich das Gesicht mit dem seifigen Wasser, holte eine Zahnbürste aus der Tasche und putzte sich vor der Haustür die Zähne. Sie wechselten bei diesen Beschäftigungen kein Wort. Aber Morgan kam es so vor, als sei durch diese einfachen Verrichtungen, die sie so oft gemeinsam ausgeführt hatten, die alte Vertrautheit und Zuneigung wiederhergestellt worden. Jetzt fragte Zack auch endlich beiläufig: «Wie geht es denn deiner Familie? Matt und Pete und deiner Mutter und ...» Er machte eine vage Handbewegung, als seien es so viele, daß er sich nicht mehr an alle erinnern könne.

Morgan hatte Zack den Rücken zugewandt und rasierte sich. Er glaubte, es sei angenehmer für Zack, wenn er antwortete, ohne ihn anzusehen. Während er sich weiterrasierte, sagte er: «Ach, denen geht es gut. Pete hat Jenny Danforth geheiratet, und sie haben eine kleine, zweijährige Tochter.»

«Nanu!» knurrte Zack, und das klang so aufrichtig erstaunt, daß Morgan überlegte, ob Nella Allen ihm wirklich die Wahrheit gesagt hatte. «Verheiratet mit Jenny Danforth. Na, das ist ja eine gute Nachricht. Und ...»

Morgan kippte das Seifenwasser auf die Kakteen vor seinem Haus. «Lisette hat Ralph Mercer geheiratet.» Zum erstenmal, seit sie sich kannten, empfand Morgan Mitleid mit Zack. Denn Zack machte in diesem Augenblick einen so hilflosen Eindruck, als habe er körperliche Schmerzen oder fühle sich plötzlich sehr einsam. «Nicht lange, nachdem du weggegangen bist», fügte er hinzu, weil er glaubte, das könne Zack vielleicht ein wenig trösten.

«Sie ist glücklich», sagte Zack schließlich in einem Ton, der weder Frage noch Feststellung war.

«Natürlich. Sie haben zwei Kinder, ein kleines Mädchen, Polly, sie ist schon fast drei Jahre alt, und Frank, einen Jungen. Frank ist erst im vergangenen Dezember geboren.»

«Das freut mich. Ich möchte sie sehen, ich möchte sie alle sehen – wo ich schon mal hier bin.»

«Das sollst du auch. Jonathan ist übrigens auch verheiratet – mit Georgina Hart. Sie haben ihren Sohn nach Vater benannt.»

Morgan gab Music eine Schüssel Wasser und ein Stück Rindfleisch, dann ritt er mit Zack zur Stadt hinunter.

Unterwegs zeigte Morgan dem Freund, wo ihre Goldmine lag, wo sich ihre verschiedenen Grundstücke befanden und auf welche Ranches sie Hypotheken besaßen. Als sie das St. Louis Hotel betraten, schien Zack tatsächlich so beeindruckt zu sein, wie Morgan gehofft hatte.

Sie nahmen am Fenster des kleinen Speiseraums an weißgedeckten Tischen Platz. Hier gab es bereits frische Austern, die man sonst nirgends bekam, und man konnte französischen Wein trinken. Aber man hatte noch kein Mittel gefunden, die Fliegen zu vertreiben, die um die Gesichter der Gäste summten, und auch der Geruch nach Fett und Schmierseife, der fast in jedem Lokal des Westens vorherrschte, war noch da. Sie bestellten geschmorte Antilopen-Steaks mit Nieren, Kartoffeln und Zwiebeln, gebratene Forelle und – falls sie davon noch nicht satt werden sollten – heiße Pfannkuchen mit Sirup. Während des Essens erzählte Morgan dem Freund von den vielen Projekten der Devlins. Er wollte Zack beweisen, daß auch er etwas unternommen hatte, während Zack Rinder fing und den Bärenführer für einen englischen Sportsmann spielte.

«Du sagst, dein Engländer interessiert sich für Rinder. Hier im Grenzgebiet gibt es inzwischen ungefähr 75 000 Stück – die meisten davon in unserer Gegend. Vor kurzem war ein Franzose hier, der Weideland suchte. Er erzählte, daß man den amerikanischen Westen in Europa jetzt doch als gute Kapitalanlage betrachtet. Sie hatten nicht daran geglaubt, daß wir den Krieg einigermaßen lebendig überstehen würden. Aber weil wir jetzt besser dastehen als vorher, wollen sie einen Einsatz wagen. Willst du ihm eine von unseren Ranches zeigen?»

Zack grinste. Langsam schien er sein Mißtrauen und seine Feindseligkeit abzulegen. «Eure Rinder will ich ihm gern zeigen. Ich kann aber nicht dafür garantieren, daß er sie nicht umlegt. Ich habe noch nie so schießwütige Kerle gesehen wie die Engländer. Sie laufen jetzt überall hier im Süden herum, und ich wette, in fünf Jahren gibt es nicht einen einzigen Büffel mehr.» Er zuckte die Achseln. «Es sind zwar nur ein paar, aber die sind nicht zu übersehen! Warte ab, bis du meinen kennenlernst. James Gordon – Sir James Gordon, so wahr ich hier stehe. Aber er sagt, er pfeife auf den Titel, solange er hier im Westen ist. Hier ist er Demokrat!» Zack schüttelte den Kopf. «Sag mal, du hast mir alles mögliche gezeigt, und es sieht so aus, als gehöre euch die halbe Stadt. Warum kannst du nicht an Bargeld kommen?»

Morgan lachte. «Wir haben es eben nicht in Säcken im Safe liegen. Das weißt du doch.»

«Ich weiß so gut wie nichts über Geld und was man damit macht. Ich weiß nur, wie man welches verdienen kann. Und darum bin ich auch hergekommen – nicht, weil ich mit dir über alte Zeiten reden will. Ich kann einen gehörigen Batzen verdienen – frag mich nicht, wie, denn das hängt von vielen Umständen ab. Aber ich brauche jemanden, dem ich trauen kann und der mitmacht.»

Der Kellner stellte klappernd die Teller aufeinander und schenkte ihnen Kaffee ein. Die beiden Männer lehnten sich behaglich zurück und begannen zu rauchen.

«Bist du interessiert daran?»

«Um was geht es denn?»

«Das muß aber unter uns bleiben.»

«Selbstverständlich.»

«Ob du mitmachst oder nicht – es darf keiner davon erfahren.»

Morgan grinste. «Eisenbahnüberfall?»

«Viel komplizierter. Hör zu. Als ich mit Gordon durch St. Louis kam, hab ich einen Burschen getroffen, den ich bereits vor dem Krieg in Missouri kannte. Er bot mir 16 000 Gallonen Reservations-Whisky an, für 8000 Dollar – unter der Bedingung, daß ich das Zeug sofort aus dem Lagerhaus holte. Das hab ich getan. Anfang Juni kommt die Ladung den Fluß rauf, jede Gallone mit so viel Strychnin und Laudanum versetzt, daß alle, die davon trinken, kotzen müssen wie die Reiher, blind werden oder ihren Frauen die Köpfe abschneiden.» Zack nickte bedächtig und anerkennend. «Genau das, wonach die sich im Reservat die Finger lecken. Ich denke, wenn wir die Kosten für den Transport abziehen und es weiterverhökern, bleiben mindestens fünfzigtausend hängen, oder noch mehr.»

«Warum hat dein Freund ihn denn abgestoßen?»

«Er ist Geschäftsmann. Er kauft, was er billig kriegt, und verkloppt es, sobald er jemand findet, der ihm einen guten Preis dafür zahlt. Aber er ist zu zimperlich, zu diesen stinkenden Schwarzfuß-Indianern zu gehen und sich der Gefahr auszusetzen, geschnappt zu werden.» Zack hielt die gespreizten Hände über den Tisch, als wolle er das Tischtuch segnen. «Also, das wär's.»

Eine Weile sahen sie sich schweigend an. Morgan war erregt bei der Aussicht, eine so große Summe Geldes zu verdienen, zögerte aber aus Gründen, die Zack geahnt zu haben schien. Denn Zack beobachtete ihn so genau, als sei dies ein endgültiger Charaktertest mit Morgan und der Höhepunkt ihrer Freundschaft.

«Was hätte ich zu tun?»

«Du stellst 4000 Dollar für die Hälfte des Whiskys, außerdem die Hälfte der Transportkosten und gibst mir ein Drittel der Gesamteinnahmen als Entgelt dafür, daß ich mich zu diesen Bastarden wage. Die werden nämlich ziemlich schnell blau, weißt du, und haben dann nicht mehr viel für dich übrig – selbst wenn du ihnen ihr geliebtes Feuerwasser verkaufst. Der Rest wird geteilt.»

Eine Weile schwiegen sie. Dann sagte Morgan: «Ich kann nicht, Zack.»

Zack schlug mit der Hand auf den Tisch. «Bei Gott, das habe ich erwartet!» Er beugte sich vor. «Und warum nicht?»

Morgan sah ihn an, wußte aber so schnell keine Antwort und war verblüfft, als er merkte, daß er sich im Unrecht fühlte.

«Wenn du es nicht weißt, werde ich es dir sagen: Weil es deinem Alten nicht passen würde.»

«Pete auch nicht. Unserer ganzen Familie nicht.»

Zack hängte den Arm über die Stuhllehne, drehte sich seitwärts und starrte in eine Zimmerecke, während er sich mit der anderen Hand das Kinn rieb. Endlich schien er zu einem Schluß gekommen zu sein und drehte sich wieder zu Morgan. «Okay. Whisky-Verkauf an Indianer ist nicht beliebt in deiner Familie.» Er grinste. «Weil es gegen das Gesetz verstößt?»

«Ich glaube, ich möchte es einfach nicht auf meinem Gewissen haben – ganz gleich, was die anderen davon halten.»

«Dein Gewissen», wiederholte Zack langsam. «Ich weiß nicht, was zum Kuckuck du damit meinst. Du vielleicht?»

Zack machte ein wütendes Gesicht, stellte aber nicht, wie früher, provozierende Fragen an Morgan, die dieser schwer hätte beantworten können, weil Zack die Antwort nicht verstanden hätte. Zack war verbittert, weil er sich eingestehen mußte, daß die Ablehnung von Morgans Familie ihm gegenüber berechtigt gewesen war. Offenbar war er nur zurückgekommen, um diese Feststellung zu widerlegen und endgültig zur Ruhe zu kommen. Mochten es Einsamkeit und Eifersucht gewesen sein, die ihn dazu getrieben hatten, mit Lily Jones zu verschwinden, so hatten ihn dieselben Gefühle wieder zurückgebracht. Er hoffte offensichtlich immer noch, den Devlins beweisen zu können, daß sie unrecht daran getan hatten, Fremde wie ihn und Nella Allen auszuschließen, während sie Leute wie Jenny Danforth und Ralph Mercer widerspruchslos in die Familie aufgenommen hatten.

Auf einmal begann er mit leiser Stimme und nachdenklicher Miene zu reden. Während er sprach, starrte er ins Leere und hatte Morgan anscheinend vergessen. «Ich hatte einmal einen Freund, der den Fehler beging, sich von Schwarzfuß-Indianern gefangennehmen zu lassen – offenbar dachte er nicht daran, daß Indianer keinen männlichen Gefangenen leben lassen. Jedenfalls wurde er bis zum Hals eingegraben, skalpiert, man schnitt ihm Nase, Lippen und Ohren ab und ließ ihn allein, damit er sterben konnte, so gut es ging.» Zack nickte bestätigend. «Der Kerl, der sich das ausgedacht hatte, wurde in seinem Dorf als großer Held gefeiert – er prahlt jetzt noch damit herum.»

«Ich weiß. Es ist keine östliche Sentimentalität, Zack, das darfst du nicht glauben. Ich wäre froh, wenn diese Wilden allesamt ausgerottet würden. Nein, es ist etwas anderes.»

«So, etwas anderes», murmelte Zack. Er zog die Mundwinkel herab und grübelte darüber nach, was es sonst sein könnte. Er saß schweigend da, schob den Hut nach hinten, schloß die Augen und rauchte.

Während Zack ihm Zeit ließ, mit seinem Gewissen ins reine zu kommen, mußte Morgan feststellen, daß er keinen anderen Grund anführen konnte als den, den er bereits genannt hatte: daß seine Familie es nicht gern sähe, wenn er dabei geschnappt würde, wie er Indianern Whisky verkaufte. Wenn er andererseits daran dachte, daß die ganze Schufterei in den vergangenen fünf Jahren ihm nicht mehr als 18 000 Dollar eingebracht hatte, konnte er sich an den Fingern abzählen, daß er das Betriebskapital für die Ausbeutung der Silbermine ohne einen solchen glücklichen Zufall, wie Zack ihn jetzt bot, nie zusammenbekommen würde. Denn eine Silbermine war ein kostspieliges Hobby.

Bruno Favorite hatte ihm fünftausend Dollar angeboten, sobald Morgan die Mine in Angriff nehmen wollte, und Irene Flint hatte ihm zehntausend versprochen. Doch diese beiden waren seine einzigen zukünftigen Investoren.

Irene, die nun schon über zwei Jahre hier lebte, nahm nur gelegentlich an einer Französischstunde oder einem Vortrag teil und machte weder Besuche, noch forderte sie die anderen Frauen auf, zu ihr zu kommen. Daher begegnete man ihr immer noch mit Mißtrauen und Ablehnung, denn Erma Finney hatte alle Alteingesessenen zu der Ansicht bekehrt, daß eine Neue sich eifrig und demütig darum bemühen müsse, in ihren Kreis aufgenommen und als vollgültige Freundin anerkannt zu werden.

Doch als Morgan vor einiger Zeit mit Irene gesprochen hatte, war sie sehr entgegenkommend gewesen und hatte freundlich gesagt: «Weißt du, ich bin abergläubisch, und ich glaube nun einmal fest daran, daß du eine glückliche Hand hast. Lach nicht, das ist nichts Ehrenrühriges. Glück ist nichts Zufälliges, es ist auch etwas, um das man sich sehr bemühen muß.»

Bis jetzt hatte er vergeblich auf seine Glückssträhne gewartet. Und nun sah es so aus, als sei er nicht besser als jener Geschäftsmann in St. Louis: zu zimperlich, um zuzupacken und das Glück festzuhalten, wenn es sich endlich zeigte.

Auf keinen Fall wollte er eine Diskussion über sein Gewissen aufkommen lassen. Deshalb sagte er: «Hör mal, Zack. Dein Engländer hat dir zehntausend gezahlt, deine Rinder hast du für achttausend verkauft, und in unseren Büchern hast du fast viertausend, Zinsen mitgerechnet. Wozu brauchst du einen Partner?»

Zack starrte ihn mit einem Ausdruck an, der bei jedem anderen drohend gewirkt hätte. Die vergangenen fünf Jahre schienen ihn zu einem rauhen, bösen, mißtrauischen, jähzornigen Mann gemacht zu haben, zu einem typischen Burschen aus dem wilden Westen, den jedes Greenhorn fürchtet und gleichzeitig sehnsüchtig kennenzulernen wünscht. «Gerade du solltest mich das nicht fragen, Devlin. Wir sind alle beide Kapitalisten, aber unser Kapital ist festgelegt. Es ist überall das gleiche mit dem Geld: Wenn man es hat, muß man es so anlegen, daß niemand anders daran kann. Du hast deines in Maschinen, Gebäude und ein paar Erdlöcher gesteckt, ich habe meines in etwas verwandelt, das ich mir schnappen und notfalls auffressen kann – Rinder! Da steckt mein Kapital.»

Morgan lachte, und dieses Lachen riß Zack wieder aus seiner Feindseligkeit heraus. «Wenn du nicht aufpaßt, Zack, wirst du noch gegen deinen Willen reich.»

«Genau das hab ich im Sinn.»

«Mein Gott, hast du dich verändert.»

«Jawohl, ich habe mich verändert», stimmte Zack zu. Er war auf einmal wieder ruhig und liebenswürdig. «Um die Wahrheit zu sagen, auf Geld pfeife ich noch immer. Aber es ist mir nicht mehr egal, was andere von mir denken. Und Hochachtung bringt man heutzutage nur noch zwei Sorten von Männern entgegen: den Reichen – und den Banditen.» Er lächelte. «Um ein Bandit zu werden, bin ich inzwischen zu alt. Also bleibt mir keine andere Wahl: Ich muß reich werden. Ich will nicht sagen, daß ich mir unbedingt Rinder dazu ausgesucht hätte, wenn man mich vor die Wahl gestellt hätte. Ich bin sozusagen darüber gestolpert. Sie erfüllen ihren Zweck ebensogut wie etwas anderes.»

«Zack, ich mache das Geschäft mit dir.»

Zack tat, als zucke er vor Schreck zurück. «Was ist denn nun passiert?»

«Ich habe eben hier gesessen und über eine Möglichkeit nachgedacht, bei einer Investition von fünftausend Dollar zwanzigtausend zu verdienen. Aber mir ist keine eingefallen.» Er stand auf. «Komm. Ich muß mich mal um unser Goldbergwerk kümmern. Komm doch mit, ich möchte es dir gern zeigen.»

Zu ihrer Überraschung stellten sie fest, daß sich auf den Straßen, die leer gewesen waren, als sie ins Hotel gingen, jetzt die Menschen drängten.

«Laß uns erst zu meinem Engländer gehen. Ich muß mich vergewissern, ob er noch lebt.»

Sie fanden ihn in Troy's Casino. Er rauchte aus einer Meerschaumpfeife, trug einen Tweedanzug, zwei Pistolen an der Hüfte, das Monokel im linken Auge und hatte einen Stapel goldener Zwanzig-Dollar-Stücke vor sich – ungefähr tausend Dollar, schätzte Morgan. Sir James Gordon war mittelgroß, blond, hatte einen blonden Bart, frische, rosige Haut und, obgleich er nicht eine Minute geschlafen hatte, glitzernde, lustige blaue Augen. Er schien etwa dreißig Jahre alt zu sein und hatte ein offenes, unschuldiges Gesicht. Aber das sei nur Tarnung, versicherte Zack, Sir James sei in Wirklichkeit nicht unschuldiger als Green Troy und weniger arglos als er selber.

Wieder wurden die Karten verteilt, und Sir James versetzte seine Spielpartner in Erstaunen, weil er ein besseres Urteil beim Pokern bewies, als man Engländern oder einem Greenhorn sonst zutraute. Er schob gelassen einen neuen Berg Münzen zu seinem Gewinn und sagte nur: «Na, so was! Donnerwetter!» Er schien sich so heimisch zu fühlen, als sei er in seinem Londoner Club, und hatte anscheinend beschlossen, sich durch nichts hier im wilden Westen von Amerika überraschen zu lassen.

«Das ist er!» flüsterte Zack Morgan zu, als zeige er ihm ein ungewöhnlich großes Nugget oder ein Phänomen, an dessen Existenz er trotz aller augenscheinlichen Beweise selber nicht ganz glauben konnte.

«Wieviel Uhr ist es, alter Junge?» fragte Sir James.

«Morgen», erwiderte Zack. «Ungefähr acht.»

«Was Sie nicht sagen! So spät?» Fragend sah er die anderen Spieler an, und das Spiel wurde bereitwillig abgebrochen.

Zack stellte Morgan vor und fragte Sir James, ob er einige Minen und ein Goldbergwerk sehen wolle. Er erklärte, sein Freund sei Teilhaber eines im Grenzgebiet überaus erfolgreichen Unternehmens, und dies sei eine gute Gelegenheit, einmal aus nächster Nähe zu sehen, was die nimmermüden Amerikaner so alles anstellten. Sir James hatte wiederholt erklärt, dieses Land sei in einem kolossalen Aufbruch begriffen; hier herrsche eine solche Rastlosigkeit und Unzufriedenheit, daß es nur zu einer Expansion großen Stils oder zu einer nationalen Katastrophe führen könne. Die Hast, die Eile, die Ungeduld, der Optimismus – das alles verwirre ihn. Aber seine Bemerkungen verwirrten alle, die sie hörten, denn es hielten sich nur wenige Männer für so eifrig und beweglich, wie er sie schilderte.

«Gut, gut», stimmte er zu, als er Morgans Hand schüttelte. «Eine Goldmine, nicht wahr? Fabelhafte Sache, so was!»

Doch ehe sie die Tür erreichten, kam Green Troy auf sie zu. «Ich möchte mich bei Ihnen bedanken, Sir James, daß Sie Mrs. Malachys Schoßhund gerettet haben. Man weiß Ihre Liebenswürdigkeit zu schätzen.»

«Schon gut», wehrte Sir James höflich ab. Troy verbeugte sich, und sie traten auf die Straße hinaus. «Man weiß meine Liebenswürdigkeit zu schätzen», murmelte er. «Fletcher, glauben Sie, daß ich darum soviel gewonnen habe? Ich dachte, es läge an der guten Gebirgsluft.»

«Was ist denn mit Mrs. Malachys Hund passiert?»

«Er war so dumm, allein in den Saal zu kommen, und ehe er wieder entwischen konnte, hatte einer von Ihren Raufbolden ihn gepackt, ihm den Schwanz abgeschnitten und wollte ihm, glaube ich, bei lebendigem Leib das Fell über die Ohren ziehen. Da hab ich ihn eben gewarnt.»

«So, da haben Sie ihn also gewarnt», echote Zack.

«Mit meiner Pistole, wissen Sie. Und dann habe ich den Hund einem Aufseher übergeben.» Er lächelte. «Das hat ziemliche Unruhe ausgelöst. Mir wurde gedroht, man würde mir die Kehle durchschneiden, mich in ein Sieb verwandeln und meine Hoden in eine Damenhandtasche. Aber als ich den Burschen dann fragte, ob er es ernst meine, war er nicht mehr so tapfer.» Er nickte, immer noch lächelnd. «Der Esel weiß, wem er ins Gesicht schreit. Und nun wollen wir uns die Mine ansehen.»

36

Bald wurde Zack Fletchers Engländer ebenso gefeiert wie ein Jahr zuvor Fan Moffat. Er gab Homer Grimes und dem Konkurrenzblatt Interviews, in denen er vom Winter in den Jagdgründen des Südens erzählte, und Zack Fletcher verbürgte sich für die Glaubwürdigkeit von Sir James' Behauptung, innerhalb von zwei Stunden 118 Büffel erlegt zu haben – vom Jagdstuhl aus. Er sprach mit Wärme vom wilden Westen, den er während eines vorangegangenen Jagdausflugs in Alaska für sich entdeckt hatte. Er versicherte, jetzt sei er zwar nur auf einer Vergnügungsreise, aber eines Tages werde er bestimmt zurückkehren und ein, zwei Jahre bleiben, um sein Teil zur Weiterentwicklung dieses schönen Landes beizutragen, ehe er sich den ihm von seiner Familie übertragenen Verantwortlichkeiten widme. Er akzeptierte sogar Erma Finneys Aufforderung, vor der Damen-Studiengruppe einen Vortrag zu halten. Aber Zack weigerte sich, mitzugehen, und erklärte, in seinem Vertrag stehe kein Wort davon, daß eine Damen-Studiengruppe ein gefährliches Territorium sei.

«Er ist ein richtiger Westler», sagten die Männer untereinander, wenn Gordon vorüberging. Und er lächelte ein freundliches, wissendes Lächeln, das jeden Mann hier in den Bergen normalerweise in Wut gebracht hätte, nur bei Sir James nicht. Sie waren alle in James Gordon vernarrt und sahen in ihm ein Original, ein amüsantes Greenhorn, phlegmatisch wie ein Reservations-Indianer und ausgelassen wie ein Kind. Darum verziehen sie ihm auch sein Einglas und seine Meerschaumpfeife, seinen Akzent und den Tweedanzug und baten ihn immer wieder, noch bei ihnen zu bleiben.

«Ich komme wieder», versprach er. «Ich habe Blut geleckt.» Er liebte Amerikanismen und wurde oft zu seiner meisterlichen Beherrschung der Sprache beglückwünscht.

Morgan wollte nach New York, um zwei, drei Jahre an der Columbia University Studien über Metall, vor allem Kupfer und Gold, zu betreiben. Sir James verkündete, er werde sich ihm anschließen.

Während der wenigen Wochen seit Sir James' und Zacks Ankunft Anfang Mai und dem Zeitpunkt, da Zack seine Ladung Whisky in Empfang nehmen sollte, zogen die beiden von Camp zu Camp, inspizierten Ranches und Minen, und Sir James betrachtete alles mit großer Bewunderung. Anscheinend ließ er sich nicht, wie andere Besucher, durch den Anblick vieler neuer, noch im Werden begriffener Dinge bedrücken.

Morgan zeigte ihm das Goldbergwerk, das sein Erstaunen erregte, nicht wegen der Größe, sondern weil jedes Einzelteil von weit hergeholt und zu Maschinen zusammengesetzt worden war, die die Erde wuschen und zerstampften und zwangen, ihr Gold herzugeben. Er fand es interessant, daß eine Goldmine nichts weiter war als eine Ansammlung windschiefer Schuppen und ein fünfzig bis sechzig Fuß tiefer Schacht, in den man sich in Kübeln hinablassen mußte. Eines Tages kaufte er einem Mann, der in den Schacht gefallen und so schwer verletzt war, daß er nicht mehr arbeiten konnte, seine Mine ab.

Sie ritten auch nach Butte, eine Reihe Mulis mit Vorräten für Bruno Favorite hinter sich, und Morgan füllte acht große Säcke mit Erzproben, die er in Baltimore untersuchen lassen wollte. Während Zack und Bruno von früheren Zeiten sprachen und dem entzückten Sir James die Geschichten von dem Pferderennen mit Lily Jones, dem Festessen mit dem Rehbraten, der ein Wolfsbraten war, der Weihnachtsfeier und der Tragödie mit Henry Halloways amputierten Beinen erzählten, hockte Morgan bei Amos Muspratt und redete eindringlich auf ihn ein. Muspratt weigerte sich jedoch standhaft, seine Mine zu verkaufen, und machte sich immer noch nichts daraus, wenn seine Freunde sich bei der Erwähnung seines Namens bezeichnend an die Stirn tippten. Schließlich ließ er sich überreden, Morgan die Mine auf sechs Monate für 4000 Dollar und ein Viertel des Profits zu verpachten und sie in Morgans Abwesenheit weiter zu bearbeiten. Als sie sich verabschiedeten, war Morgan enttäuscht und verärgert, daß es ihm nicht gelungen war, die Mine zu kaufen.

Auf dem Rückweg nach Helena kaufte Sir James noch vier kleinere Ranches und etwa zweitausend Rinder. Er plante, Hereford-Stiere herüberzuschicken, um damit die Zucht zu verbessern.

Während sie durch das Land ritten, das sie vor sieben Jahren gemeinsam durchstreift hatten, stellte Morgan erleichtert fest, daß sich Zacks Animosität entweder gegeben hatte oder daß er ihrer Herr geworden war. Endlich hatte sich zwischen ihnen wieder eine friedliche Kameradschaft entwickelt. Von Lisette hatte Zack nicht mehr gesprochen, und auch Lisette hatte sich, als sie hörte, daß Zack in der Stadt war, nur kurz erkundigt: «Ist diese Viehtreiberin bei ihm?» Als Morgan seine Schwester daraufhin angelächelt hatte, ließ sie ihn stehen. Er glaubte zu wissen, daß die beiden, seine Schwester und sein Freund, anscheinend doch noch nicht frei voneinander waren.

Am Abend vor Morgans, Zacks und Sir James' Abreise nach Fort Benton gab Jenny zu Morgans Ehren ein Abschiedsessen. Zu dieser Feier lud sie auch James Gordon und Zack Fletcher ein.

Sorgfältig wurde überlegt, wer schon zum Essen und wer erst später kommen sollte. Zack war überrascht, als er eine Einladung zum Essen erhielt. Fong Chong, Jennys Diener, wurde gründlich gedrillt, und tagelang wurden Mandeln gestampft, Fleisch zerkleinert, Saft gepreßt und Kastanien geschält. Durch die Häuser zog ein Duft von Zimt, Nelken und gebranntem Zucker, und die Frauen ließen ihre täglichen Arbeiten im Stich, um in den Küchen Speisen abzuschmekken und zu beraten. Als der Tag endlich kam, schickte man die Kinder in die Täler und auf die Berghänge, um wilde Blumen zu pflücken und in Jennys Haus zu bringen.

Morgans Hütte war inzwischen vermietet worden. Die Erzsäcke hatte er vorausgeschickt nach Fort Benton. Erst eine Stunde vor Beginn des Festes bei Jenny fiel ihm mit Schrecken ein, daß er sich noch nicht von Ula Malloy verabschiedet hatte.

Sie war ihm längst lästig geworden wie eine Ehefrau. Immer wieder hatte er gehofft, der nächste Streit werde der letzte sein. Als Ula Fan Moffats Kleider ins Loch des Toilettenhäuschens gestopft hatte, glaubte er, endgültig von ihrer besitzergreifenden Liebe befreit zu sein. Doch eines Tages fand er seine Hütte mit Tannenzweigen und süß duftenden, getrockneten Gräsern geschmückt und wußte, daß Ula ihm wieder einmal verziehen hatte. «Es ist ja nur, weil ich dich so schrecklich liebe», erklärte sie ihm jedesmal, wenn sie einen Schuh oder einen Teller nach ihm geworfen und erklärt hatte, sie wolle ihn nie wiedersehen.

Er ritt zu ihrer Hütte und klopfte zögernd an die Tür. Sie antwortete nicht, aber als er eintrat, sah er sie an einem Tisch voll Zeitschriften aus dem Osten sitzen, aus denen sie Modezeichnungen für ihre Schneiderin riß. Ihr Haar war ungekämmt, sie trug einen blauseidenen Morgenrock, stützte beide Ellbogen auf den Tisch und starrte ihn an, als habe sie stunden- oder sogar tagelang auf ihn gewartet.

Sie rührte sich nicht, sondern sah ihn weiter an und sagte mit leiser Stimme: «Nimm mich mit.»

Er beäugte sie mißtrauisch und versuchte herauszufinden, ob sie etwas zum Werfen hinter dem Rücken versteckt hielt, vielleicht die Kaffeekanne. Dann lächelte er ihr vorsichtig zu. «Ich habe eine Überraschung für dich.»

Er griff in die Tasche und holte einen dreikarätigen Brillanten heraus, den er ihr ungeschickt überreichte. Er hoffte, das Geschenk werde sie ablenken und er könne schnell wieder das Weite suchen. Sie hatte ihm oft genug die Brillantringe ihrer Freundinnen beschrieben und ihm erklärt, man rede ihr ständig zu, sich einen anderen Freund zuzulegen, einen, der großzügiger wäre, wenn auch vielleicht nicht so hübsch.

«Was ist denn das, Teufel noch mal?» Sie riß ihm den Ring aus der Hand, steckte ihn an den linken Ringfinger und sah fragend zu ihm auf. Er mußte zugeben, daß er wieder mal einen Fehler gemacht hatte.

«Tut mir leid, es ist wirklich nur ein Geschenk», entschuldigte er sich.

«Kein Verlobungsring?»

Bedauernd schüttelte er den Kopf. «Nein.»

«Du verdammter Schuft! Denkst du, das ist es, was ich will – ein Geschenk?»

«Ja, das dachte ich», gab er zu.

Sie streckte die Hand mit dem Ring aus und musterte sie so kritisch und gierig, wie ein Prospektor ein Stückchen Erz betrachtet. Schließlich verschränkte sie die Arme und brachte so den Ring in Sicherheit, damit er ihn nicht zurückverlangen konnte. Sie hatte offenbar nicht die Absicht, sich zu bedanken, wie es sich gehörte. Aber er fand, er könne von Glück sagen, wenn dies ihre einzige Rache war.

«Ula», begann er in leisem, versöhnlichem Ton, «meine Familie hat...»

«Ich weiß», unterbrach sie ihn und deutete verächtlich auf die Zeitung vor sich. «*Heute abend wird eine Abschiedsfeier für Mr. Morgan Devlin veranstaltet, unseren tatkräftigen, tüchtigen und entschlossenen jungen Mitbürger* – blah blah blah – *den Sie gewiß alle kennen* – blah blah blah!»

Sie schob die Zunge zwischen die Lippen und blies. Morgan mußte unwillkürlich lachen. Da sprang sie wie auf Kommando von ihrem Stuhl hoch, holte aus und schlug ihn voll auf die Wange. Er spürte, wie der Brillant seine Haut ritzte, und packte wütend ihren Arm. Doch sie trat ihn gegen das Schienbein und riß sich los. Schnell wandte er sich zur Tür und rief: «Auf Wiedersehen, Ula!» Da nahm sie die Kaffeekanne und warf sie nach ihm, so daß sich die lauwarme Flüssigkeit über seine Kleider und über die Möbel ergoß. Als er draußen war, warf sie als nächstes das Bügeleisen hinter ihm her, aber es war zu schwer und flog nicht weit genug. Während er sich aufs Pferd schwang, riß sie wütend den Ring von ihrem Finger und schleuderte ihn von sich.

«Komm mir ja nicht wieder unter die Augen, Morgan Devlin!» schrie sie. «Ich will dich nie wiedersehen!» Als er sich jedoch noch einmal umdrehte, suchte sie zwischen den Stachelbirnen vor ihrem Haus nach dem Schmuckstück und war viel zu vertieft in die Suche, um noch einen Blick für ihn zu haben.

Jennys Haus war frisch gestrichen worden, und mit vieler Mühe war es ihr gelungen, einen Rasen anzulegen, der zwar schon im Juli verdorrte, jetzt aber in üppigem, frischem Grün prangte. Am Zaun wuchsen niedrige Büsche und zu beiden Seiten des Hauses Pappeln. An der Hausmauer blühte ein Beet roter Geranien.

Der Eßzimmertisch war für vierzehn Personen gedeckt, ein zweiter im Wohnzimmer für neun. Überall standen Vasen mit wilden Blumen und Tannengrün und Kerzen in Silberleuchtern. Fong Chong, in einem festlichen, neuen Rock, trug Stühle und Eimer voll Eis herein.

Morgan fand die Frauen in der Küche: Marietta, Jenny, Erma Finney, Georgina und Cornelia Bream, Margaret Webb und Annabel in einem neuen Kleid. Dann kamen Lisette und Ralph, die den kleinen Frank in einem Körbchen zwischen sich trugen, während Polly sich an die andere Hand des Vaters klammerte. Lisette brachte mit Ralph das Körbchen nach oben, kam aber gleich darauf wieder herunter, drehte sich vor Morgan im Kreis und fragte ihn, was er von ihrem neuen Kleid und ihrer neuen Frisur halte. Dabei blickte sie immer wieder mit ungewöhnlich dunklen, glänzenden Augen zur Tür.

Ihr Kleid war aus gelbem Taft – der Farbe, die ihr am besten stand – und verziert mit Spiralen aus schwarzer Litze. Vorn lief eine Reihe von Jettknöpfen bis zum Saum. Dazu trug sie lange, baumelnde Jettohrringe und eine höchst komplizierte Frisur. Lächelnd machte er ihr ein Kompliment, und das machte sie offenbar verlegen, denn sie begann eifrig Servietten zu falten und Blumen zu arrangieren, verschwand dann in der Küche und kam mit zwei selbstgebackenen Mandeltorten zurück, die sie ihm zeigte.

Als Rachel Grimes mit Homer und ihrem Söhnchen Lemuel eintraf, begrüßte Lisette sie so liebenswürdig, daß Rachel zuerst verdutzt, aber dann geschmeichelt war, denn seit dem Tag, da Fan Moffat Homer mit ihrem Retikül in die Flucht geschlagen hatte, war ihr Verhältnis ein wenig abgekühlt. Matt und Pete kamen mit Lem Finney und Josiah Webb, und Jonathan mit Jacob Finney. Douglas hatte Flora Pim abgeholt, die sich zu ihrer aller Überraschung mit ihren dreizehn Jahren zu einer frühreifen Schönheit entwickelt hatte. Ihr Haar war noch fast weißblond, aber ihre Keckheit hatte sich in Herausforderung verwandelt. Als nächster erschien Reverend Bream, dann kam Robert. Als alle Dinnergäste versammelt waren und nur noch Sir James und Zack Fletcher fehlten, entdeckte Morgan, daß Lisette wie vom Erdboden verschwunden war.

Die Männer standen am Fenster und tranken. Bald darauf kamen die Frauen herein, raschelten mit ihren Gewändern und schoben die Röcke zurecht. Annabel nahm die Kinder mit in die Küche, weil sie dort essen sollten. Sie waren alle erstaunlich ruhig geworden; vielleicht erfüllte sie dieser Engländer, der bald kommen mußte, ein wenig mit Mißtrauen.

Dann führte Pete die beiden herein. Sir James trug einen Abendanzug und lächelte, wie gewohnt, offen und bescheiden. Zack trottete mit gesenktem Kopf neben ihm her, als hoffe er, daß niemand von ihm Notiz nehmen werde. Zu Morgans maßloser Überraschung war Zack genauso angezogen wie alle anderen: in schwarzer Hose und Gehrock mit weißem Hemd und weißer Seidenkrawatte. Beim Eintreten warf er Morgan einen vorwurfsvollen, fast gequälten Blick zu, als gebe er ihm die Schuld daran, daß er diese albernen Kleider tragen mußte, in denen er sich so linkisch und unbehaglich fühlte wie ein Narr.

Die Damen kannten Sir James schon von seinem Vortrag. Es stellte sich heraus, daß auch er ihre Namen noch wußte. Zack hingegen sah sich verlegen um und starrte dann hartnäckig zu Boden. Erst als Lisette erschien, ein strahlendes, wenn auch ein wenig gekünsteltes Lächeln auf den Lippen, schrak er hoch, kniff die Augen zusammen und sah ihr mühsam beherrscht entgegen. Als sie ihm die Hand reichte, mied er ihren Blick.

Die Männer fragten Sir James nach seinen Eindrücken von ihrem Land und schienen ihn zu ein paar wenig schmeichelhaften Bemerkungen verleiten zu wollen – über die häßlichen Städte des Westens, die hier herrschenden rauhen Sitten wie Prahlen, Tabakkauen, auf den Boden spucken, im Haus Hüte zu tragen, die Jacke aber auszuziehen, die Füße auf Schreibtisch, Stühle und Geländer zu legen. Sie forderten ihn zu Kritik an der baufälligen Landeshauptstadt heraus, sprachen von den ungepflasterten Straßen und dem provisorischen Charakter der Stadt, von der jeder Tourist schockiert war, von der im Westen herrschenden Selbstjustiz, dem widerrechtlichen Aneignen fremder Claims und den Versuchen der Bevölkerung, sich die Indianer vom Hals zu schaffen, indem man sie aushungerte und umbrachte. Auch die korrupten Bundes- und Stadtregierungen wurden erwähnt sowie das vollständige Schwinden jedes ethischen Denkens. Aber James Gordon umging geschickt jedes dieser heiklen Themen und stolperte in keine der sorgfältig kaschierten Fallen. Als Lem Finney sagte: «Im Osten hält man uns für eine halbzivilisierte unmoralische Gesellschaft», zog Sir James lediglich ungläubig die Brauen hoch.

«Und das sind wir auch, bei Gott!» behauptete Matt, und alle lachten. «Die aber nicht minder.»

Endlich stellten sie die Bemühungen, sich und ihre Lebensart zu verteidigen, erleichtert ein und unterhielten sich über Dinge, die sie interessierten. Bald waren sie mitten in einer hitzigen Debatte über die Schwierigkeiten, die es ihnen bereitete, den Kontinent zu einer Nation zusammenzuschmieden.

«Warum tretet ihr nicht der Union bei?» erkundigte sich Sir James.

«Wir bleiben vorläufig lieber selbständig.»

«Die wollen nur bei uns kassieren, aber geben tun sie uns keinen Cent. Denken Sie nur an die Indianer.»

«Wissen Sie, was es die Vereinigten Staaten kostet, einen Indianer zu töten? Hundertfünfzehntausend Dollar! Für eine einzige lausige Rothaut!»

«Nein, wirklich?»

«Die Regierungstruppen kämpfen noch nach den Regeln der klassischen Kriegführung. Die machen sogar Gefangene!»

«Ja, und abends blasen sie schön Trompete, damit die Indianer genau wissen, jetzt gehen sie zu Bett; und morgens blasen sie wieder, damit sie wissen, jetzt stehen sie auf.»

«Nein!» Sir James schüttelte den Kopf. «Tatsächlich?»

Zack stand schweigend dabei und starrte in sein Glas. Er merkte, wie das schreckliche Gefühl, in dem neuen Anzug wie der Affe eines Drehorgelspielers auszusehen, allmählich schwand. Auch die seltsame Furcht löste sich und die Gehemmtheit, die ihn bei dem Gedanken überfallen hatte, wieder bei der Familie zu sein, bei der er fast ein Jahr lang gelebt hatte. Schließlich fühlte er sich so sicher, daß er den Kopf heben und Pete ansehen konnte. Er sah, daß Pete jetzt glattrasiert war, aber trotzdem noch finsterer und nachdenklicher wirkte als früher. Auch seine schwarzen Augen schienen mit noch glühenderer Intensität zu glänzen. Als Pete seinen Blick erwiderte, als habe er seine Gedanken erraten, konzentrierte sich Zack auf Matt.

Auch Matt war glattrasiert, trug aber einen Schnurrbart. Zack empfand geradezu eine Genugtuung, als er feststellte, daß Matts Gesicht – ganz im Gegensatz zu der sensiblen Empfindsamkeit seines Bruders – einen herausfordernden, trotzigen Ausdruck besaß, der nie verschwand, auch nicht, wenn er lächelte oder sogar lachte.

Und doch erinnerte sich Zack, daß er Matt einmal maßlos bewundert hatte, während er in Pete seit jeher den komplizierten, tief unglücklichen Menschen sah, den er niemals verstehen würde. Wäre Lisette nicht gewesen, dann würde er Matt heute noch bewundern. Auf einmal begegnete er Matts Blick und glaubte fast überdeutlich die Worte zu hören, die Matt ihm in seiner Einbildung an jenem Tag zugerufen hatte, als er hinter Georgina und Lisette, bepackt mit den Einkäufen aus dem Warenhaus, am Büro der Devlin Brothers vorübergeritten war: «Geh doch und mach dich zum Narren, wenn du es nicht lassen kannst! Aber bilde dir ja nicht ein, ich werde zulassen, daß du sie heiratest. Dann bist du ein ausgemachter Idiot!» Obgleich diese Worte nie gefallen waren, glaubte Zack sie jetzt noch zu hören, lauter als alles Gerede von Indianern und Eisenbahnen und ungerechten Steuern. Sie füllten den Raum mit einer so empörenden Selbstgerechtigkeit, daß er Matt, hätte dieser wissen wollen, was er dachte, ohne Zögern die Wahrheit gesagt hätte. Er hätte diese Abschiedsfeier am liebsten mit einer Szene gesprengt, die jedem Anwesenden vor Augen führte, daß er tatsächlich so unzivilisiert war, wie Matt Devlin glaubte.

Das Gespräch hatte sich inzwischen der Büffeljagd zugewandt. Bei diesem Thema war James Gordon, der bis dahin freundlich allem zugestimmt hatte, was seine Gastgeber sagten, zu blitzender Erregung erwacht. Er sprach vom Winter, den er mit Zack verbracht hatte. Sie hatten in einem Zelt gewohnt, waren oft hungrig gewesen und manchmal beinahe erfroren, aber immer erfüllt von einem Hochgefühl des Tötens, das sie selber in Schrecken versetzte.

«Die Prärie ist eine faulige, stinkende Wüste», erzählte Gordon den Zuhörern begeistert. «Und diese dämlichen Viecher haben natürlich keine Ahnung, wie man sich wehrt. Im Gegenteil, wenn eines von ihnen zusammenbricht, kommen sie an, stellen sich um das Vieh herum und palavern. Dann kann man sie in aller Gemütsruhe, eines nach dem anderen, abknallen.» Er lachte. «Manchmal finde ich ein seltsames Vergnügen daran, eine Kreatur zu töten, die sich nicht wehrt – ein Vergnügen, das man durchaus nicht verspürt, wenn man ein Wesen tötet, das Widerstand leistet und den Tötenden umbringen will.» Er sah mit fragendem Blick in die Runde. «Wie denken Sie darüber?»

Zack holte tief Luft, und alles sah ihn erwartungsvoll an, als werde er gleich eine hochoffizielle Stellungnahme abgeben. Dann sagte er mit überraschend lauter Stimme: «Kommt ganz darauf an, ob Sie das Töten von Menschen oder von Tieren meinen, Gordon.»

James Gordon lachte, als mache ihm diese Auffassung Spaß und verleihe seiner Theorie eine neue, subtile Würze.

Aber Lisette mischte sich protestierend ein. «Was redet ihr da? Es kommt darauf an, ob es Menschen oder Tiere sind? Allerdings!» Sie sah zu Zack auf, lächelte ein wenig und schüttelte den Kopf, als habe sie ihn wieder einmal dabei ertappt, wie er den Samen der Anarchie und der Zersetzung aller Ordnung ausstreute.

Zacks Gesicht brannte, und er verbeugte sich steif. «Trotzdem, Mrs. Mercer, es ist ein Riesenunterschied.»

«Natürlich ist es ein Unterschied», entgegnete Lisette. «Übrigens ist das Essen angerichtet.» Sie warf einen Blick in die Runde. «Nach diesem schrecklichen Gerede müssen Sie ja einen Bärenhunger haben.»

James Gordon wandte sich Lisette mit strahlender Miene zu, die aber von einer anderen Begeisterung herrührte. Lisette antwortete mit einem herausfordernden Lächeln, als wolle sie Seine Lordschaft fragen, was er von ihr halte, nachdem er sie so gründlich begutachtet hatte. Zack drehte sich um und schlenderte durchs Zimmer, so daß es aussah, als wende er sich voll Abscheu von den anderen ab. Er hatte bemerkt, wie Ralph Mercer seine Frau beobachtete, und es bereitete ihm ein etwas säuerliches Vergnügen, daß sie diese Eifersucht bei einem anderen erregte, und nicht bei ihm.

Jenny hatte ihm, vielleicht aus Mitgefühl, vielleicht aber auch aus Unachtsamkeit, den Platz Lisette gegenüber zugewiesen. Sie saß zwischen Morgan und James Gordon. Als Reverend Bream sich erhob und, um Ruhe bittend, zu hüsteln begann, stellte Zack flüchtig fest, daß Matt und Jenny mit Ralph Mercer im Wohnzimmer saßen, Pete und Erma Finney jedoch mit ihnen am Eßzimmertisch. Erma Finney war seine Tischnachbarin, sicherlich, um Lisette im Auge zu behalten. Der Sitzordnung der anderen schenkte er keine Beachtung, denn unvermittelt hatte er das Gefühl, sein Kopf müsse platzen, wenn es ihm nicht gelang, die Wut in sich irgendwie abzureagieren.

Als Reverend Bream zu beten begann, eine gute Reise für Morgan erflehte und dabei James Gordons Wohlergehen höflich miteinschloß, bemühte sich Zack, sein inneres Gleichgewicht wiederzufinden, indem er eingehend den Tisch musterte. Vor ihm stand eine Muschelschale mit Austern auf Eis; neben jedem Gedeck lagen mehrere Messer und Gabeln, und hinter jedem Teller standen vier Gläser; in flachen Kristallschalen waren Blumen arrangiert, und in silbernen Leuchtern brannten weiße Kerzen. Aber der Anblick all dieser Pracht machte ihn noch melancholischer. Die Wachsblumen in der Glaskugel auf der Anrichte, die er zunächst für echt gehalten hatte, erregten seinen besonderen Abscheu. Alles an diesem Haus – seine Sauberkeit und seine gemütliche Atmosphäre – verursachte ihm das Gefühl, ersticken zu müssen. Wenn er Lisette geheiratet hätte, wäre sie sicher bemüht gewesen, ihn auch in einen solchen Rahmen hineinzuzwängen.

Er war erstaunt und ein wenig enttäuscht, daß die fünf Ehejahre und die beiden Kinder Lisette nicht so stark, oder zumindest nicht in der Art verändert hatten, wie es seiner Meinung nach hätte geschehen müssen. Ihr Wesen war immer noch unverfälscht, ihre Vitalität genau wie früher, und eigentlich hatte sie sogar ein paar neue Vorzüge erworben. Sie besaß noch dieselbe Grazie und Lebhaftigkeit, die er so an ihr bewundert hatte; im Ausdruck ihres Mundes jedoch und sogar beim Senken der Lider glaubte er eine neue, wache Sinnlichkeit zu entdecken. Er erinnerte sich an das kleine Grübchen in ihrer rechten Brust, fragte sich aber verwirrt, ob das auf die Dauer wirklich einen so außerordentlichen Zauber auf ihn ausgeübt hätte. Ganz gewiß war es ein Glück für ihn, diesem Mädchen entronnen zu sein, das ihn gnadenlos unter den Pantoffel genommen hätte, wenn er in ihre Fänge geraten wäre.

Zuerst hätte sie ihm bestimmt das Fluchen verboten, dann hätte sie seine Ausdrucksweise verbessert. Sie hätte auch sicher darauf bestanden, daß er Unterzeug trug, statt wie ein Indianer unter Hemd und Hose nackt herumzulaufen. Und womöglich hätte sie ihm auch noch seinen Medizinbeutel weggenommen.

Trotzdem ging ihm eine bestimmte Erinnerung nicht aus dem Kopf – die Erinnerung an den einzigen Kuß und an ihre weiche Brust, die sich in seine Hand schmiegte. Diese Erinnerung steigerte sich zu Unruhe und gaukelte ihm Visionen von vollkommener Befriedigung und größter Erregung vor. Doch zweifellos hätte sie ihn bald überzeugt, daß er ein lüsterner Tunichtgut sei, der ihren begrenzten Vorrat an

Jugend und Frische für seine wollüstigen Zwecke ausnutze — und genau das hätte er vermutlich auch getan, denn er konnte sich keine bessere Verwendung von Jugend, Frische und Schönheit vorstellen.

Er seufzte resigniert und bemerkte, daß sie am kleinen Finger ihrer rechten Hand noch immer den Ring trug, den Matt ihr zu ihrem zehnten Geburtstag geschenkt hatte. Er redete sich ein, es sei für sie beide besser, daß sie Ralph Mercer geheiratet hatte, einen Gentleman, der ihr ergeben war, wenn er auch, in seiner Yankee-Art, immer ein wenig zu ernst war. Und wenn ihr Ehemann sie vielleicht unbewußt der schönsten Freuden beraubt hatte, die es für eine Frau gab, dann war diese Zurückhaltung von ihm zweifellos als Kompliment gemeint.

Lisette, die diesen Tag zu den wichtigsten ihres Lebens zählte, saß verwirrt und benommen da und hörte nichts von Reverend Breams Gebet. Vor fünf Jahren hatte sie gemeint, Zack Fletcher habe ihr Vertrauen mißbraucht, und war monatelang entschlossen gewesen, sich an ihren zahlreichen ahnungslosen Verehrern für diese Demütigung und diesen Kummer zu rächen. Und dann hatte sie bald darauf Ralph Mercer geheiratet und war glücklich mit ihm.

Damals, als Nella Allen noch bei ihnen wohnte, hatte sie, so schien es Lisette, etwas sehr Unbestimmtes von Zack ersehnt, aber nie recht gewußt, was es eigentlich war. Das wurde ihr erst klar, als er wegging oder, wahrscheinlicher noch, erst nach ihrer Hochzeit. Aber dieses längst Vergangene erschien ihr auf einmal wie ein Mysterium, wie ein Rätsel, das sie unbedingt lösen mußte. Sie hatte es nie gelöst, und Zack war für sie so verwirrend, so widerspenstig und gefährlich geblieben wie je.

Reverend Bream nahm wieder Platz, und die Räume füllten sich mit Geplauder und Lachen. Lisette blickte James Gordon über den Rand ihres Weinglases hinweg tief in die Augen und fragte: «Was hat Sie eigentlich aus so weiter Ferne hierhergeführt, Mr. Gordon?» Zack runzelte die Stirn – er wußte nicht genau, ob über die Frage oder über den zärtlichen Ton ihrer Stimme. Als sie belustigt zu ihm hinübersah, als wolle sie fragen, ob er es zu warm finde oder der Stuhl ihm zu klein sei, sah er, daß ihr Blick finster und anklagend war.

«Und was halten Sie von unserem Land?» fragte sie James Gordon dann unbekümmert weiter.

«Mrs. Mercer, Sie wissen genau, das ist eine Frage, auf die ein Engländer niemals eine richtige Antwort geben kann. Aber ich möchte *Sie* bitten, mir eine Frage zu beantworten, die mich sehr interessiert. Wie macht ihr Frauen im Westen es eigentlich, daß ihr euch so schnell verändert – in dem Augenblick, in dem ihr den Missouri überquert?»

«Vielleicht verändern wir uns gar nicht», entgegnete Lisette leise. «Vielleicht können wir nur hier draußen endlich so sein, wie wir wirklich sind – und vorher niemals zu sein wagten.»

«Bravo!» sagte Sir James anerkennend.

«Mrs. Mercer meint», mischte sich Zack ins Gespräch, «daß die Frauen im Osten das nicht wagen können, weil es dort zu viele gibt und man damit keinen Erfolg hätte. Wir hier draußen sind ein bißchen knapp an Frauen, und es ist erstaunlich, wie schnell sie diesen Vorteil erkannt haben und für sich ausnutzen.»

Sie blickte Zack an, als hätte sie sich am liebsten über dieses Thema mit ihm gestritten. Doch Zack war bereits mit Pete, Morgan und Josiah Webb in ein Gespräch darüber vertieft, wie die Aussichten auf eine Bahnlinie hier im Grenzgebiet stünden.

Fong Chong trug die Austernteller hinaus und brachte Tassen mit klarer Bouillon und Sherry. Lisette wurde schweigsam. Als sie zu essen begann, merkte sie kaum, daß ihr Gesicht sehnsüchtig und traurig geworden war. Sie dachte, daß sie Zack Fletcher jetzt gern gefragt hätte, warum er damals, als sie allein ausgeritten waren, geduldet hatte, daß sie davonlief, während er doch gewußt haben mußte, was sie, wenn auch unbewußt, wirklich wollte. Dieser Gedanke gewann eine unheimliche Macht über sie und drohte fast ihre Vernunft zu ersticken. Aus Angst vor sich selber trank sie hastig das dritte Glas Champagner.

Zack Fletcher grinste sie an, und sie quittierte es zwar mit einem Stirnrunzeln, aber innerlich spürte sie einen tiefen Kummer, den quälendsten, den sie jemals empfunden hatte. Sie konnte nicht sagen, ob dieser Kummer Zack galt oder dem, was ihnen unwiederbringlich verloren war, oder Morgans bevorstehendem Abschied.

Auf einmal stieß sie den Stuhl zurück, stand auf und sagte zerstreut: «Der Junge schreit. Ich muß nach ihm sehen.»

Sie lief aus dem Zimmer, die Treppe hinauf und blieb einen Augenblick oben stehen, als müsse sie über die Wirkung der drei Glas Champagner nachdenken, die ihr nicht, wie sie erwartet hatte, die Wahrheit, sondern nur Lügen und Täuschungen über sich selbst offenbart hatten. Dann betrat sie das verdunkelte Zimmer.

«Psst!» warnte Annabel. «Sie schlafen. Weck sie nicht!»

Lisette ging zu ihrem Sohn, nahm ihn auf und drückte ihn fest an sich, als sei sie in Gefahr gewesen, ihn zu verlieren. Dann setzte sie sich, öffnete das Kleid, hielt zärtlich sein kleines Köpfchen und schloß die Augen. So blieb sie sitzen, zwischen den schlafenden Kindern, sie wußte nicht, wie lange – bis Jenny hereinkam.

«Fong Chong trägt schon den Nachtisch auf, Lisette. Willst du nicht kommen?»

Jenny stand neben ihr, und Lisette, die den Mund auf den Kopf ihres Babys preßte und mit den Fingerspitzen die feinen Härchen an seinen Schläfen streichelte, hatte auf einmal die beängstigende Gewißheit, daß Jenny wisse, warum sie geflohen war. Doch hier, in dem dunklen, stillen Zimmer bei den Kindern fühlte sie sich so sicher, daß es ihr gleich war, ob Jenny etwas ahnte von ihrer Verwirrung, die sie nicht gewollt hatte und doch nicht abwenden konnte, die aber nun wieder verschwunden war.

Jenny ging im Zimmer umher, sah nach den schlafenden Kindern, küßte Leila und beugte sich mit jenem nachdenklichen Ausdruck über ihr Bett, den Lisette schon so oft an ihr beobachtet hatte, wenn sie ihre Tochter ansah. Dann ging sie leise hinaus. Bevor sie die Tür schloß, drehte sie sich noch einmal um und schenkte Lisette ein Lächeln, das ihr vor Mitleid die Kehle zusammenschnürte. Denn in diesem Augenblick, da sie so guten Grund hatte, sich selbst zu mißtrauen, begriff Lisette, daß auch Jenny wußte, es bestehe ein Unterschied zwischen dem, was man ist, und dem, was man sein möchte. Sie schien nur gekommen zu sein, um Lisette zu trösten.

Endlich legte Lisette das Kind ins Körbchen zurück und wollte gehen. Doch als sie am Spiegel vorbeikam, blieb sie noch einmal stehen und betrachtete sich. Sie hatte ihre Schwester Annabel, die schweigend und reglos dasaß und ihr verwirrt und bekümmert zusah, ganz vergessen. Sie beugte sich näher zum Spiegel und suchte nach einer Spur, einem versteckten Hinweis auf all jene Dinge, die sie nun endlich begriffen hatte. Und sie glaubte, alles an ihrem Gesicht ablesen zu können. Ihre Augen schienen ihr strahlender, der Ausdruck ihres Mundes verändert. Sie trat einen Schritt zurück, betrachtete ihr gelbes Kleid mit der langen Reihe der Jettknöpfe und dachte an jene Quäkerin in der Familie, die ihren Umhang abgeworfen und nackt vor der Gemeinde gestanden hatte. Leise lachte sie vor sich hin.

Sie schloß die Tür und stand lauschend auf dem oberen Treppenabsatz. Das Essen war vorüber. Sie roch Zigarrenrauch und hörte James Gordon sagen, allein das mache das Leben im Westen begehrenswert, denn kein Gentleman des Ostens würde es wagen, zu rauchen, ohne sich vorher in seinen Fuchsbau zurückgezogen zu haben. Fong Chong ging eilig mit einem Kaffeetablett durch das Vestibül. Sie hörte die Stimmen der später Gekommenen: Irene und Jeremy Flint, Graf und Gräfin Manzoni, Dr. und Mrs. Chaffinch.

Langsam stieg sie die Treppe hinab, wieder ganz nüchtern. Sie fühlte sich geläutert durch ihr Erlebnis, als sei sie leichtsinnig zu einem gefährlichen Unternehmen aufgebrochen, habe einen Unfall gehabt und sei während der Genesung zu einer gelassenen, demütigen Einstellung gelangt. Jetzt glühte ihr Gesicht nicht mehr vor Keckheit; ihre Miene war versonnen, und sie lächelte ein wenig. Als Ralph das Vestibül betrat, blickte er auf, sah sie an und blieb stehen. Sie schien so überrascht, ihn dort zu finden, als wären sie sich durch Zufall in einer fremden Stadt begegnet.

Er hatte eine Hand in der Hosentasche, rauchte und starrte ihr böse entgegen. Als sie am Fuß der Treppe ankam, hob sie den Kopf, betroffen, weil er so böse war, und noch mehr, weil es ihr vorkam, als habe sie ihn lange Zeit nicht gesehen. Er starrte sie weiter forschend an, so daß ihr Gesicht ganz unschuldig wurde. Was konnte er schon an ihr entdecken? Ganz gewiß keinen Hinweis auf ihre Geheimnisse, die sie ja selber kaum kannte. Ihr schoß der Gedanke durch den Kopf, daß es in dieser Welt noch weit wirrer zuginge, wenn alle Ehemänner und Ehefrauen Gedanken lesen könnten.

Bei diesem Einfall mußte sie lächeln, ein überlegenes, ironisches kleines Lächeln, das auf ihrem Gesicht erschien, ohne daß sie sich dessen bewußt war. Die Wirkung las sie einen Augenblick später in Ralphs drohender Miene. Anklagend richtete er den Finger auf sie und sagte: «Du bist meine Frau, Lisette.»

«Natürlich bin ich das, Liebling.» Sie streckte die Hand aus, um ihn zu berühren, aber er wich ihr aus.

«Dann vergiß es auch nicht.»

Er ging ins Wohnzimmer und ließ sie stehen, verdutzt, als habe er sie geschlagen. Ihre Wangen brannten, und sie preßte beide Hände ans Gesicht und flüsterte leise: «Warum, Ralph?»

Dann zuckte sie die Achseln, seufzte und ging ebenfalls ins Wohnzimmer, wo sie bald wieder lachen konnte und keine Angst mehr vor sich selber hatte. Aber sie flirtete nicht mehr mit Sir James, und immer wenn Zack Fletcher zu einer Gruppe trat, bei der sie stand, ging sie unauffällig davon und vermied es, ihn anzusehen.

Nach einer Weile hatte sie das Gefühl, daß Zack sie verfolgte. Jedesmal, wenn sie vor ihm floh, begegnete sie ihm bald darauf wieder. Er beobachtete sie mit unablässiger, gespannter Konzentration, die sie entweder ignorierte oder durch kühle Überheblichkeit erwiderte. Sie gab sich redliche Mühe, ihn aus der Fassung zu bringen, aber diese Versuche schienen ihn nur zu amüsieren.

Ihr Herz klopfte wild, und sie atmete rasch, als laufe sie wirklich vor ihm davon. Zuletzt floh sie in die Küche, wo Fong Chong Geschirr spülte. Sie trödelte herum, naschte von der Sahne und dem geeisten Schokoladenpudding und kehrte erst nach einer Weile zu den Gästen zurück. Im Vestibül stand Zack, gleich neben der Tür, und wartete auf sie. Er tat, als betrachte er interessiert einen Hirschkopf, eine Trophäe des wilden Westens, die er scheinbar noch nie gesehen hatte.

Sie zögerte, ging dann aber rasch auf ihn zu. Als er die Hand ausstreckte, um ihren Arm zu ergreifen, blieb sie stehen und zog die Brauen hoch. Aber er lächelte, und sie war erstaunt, daß er noch immer im Handumdrehen so sanft und zärtlich wirken konnte wie eine Frau.

«Bist du glücklich, Lisette?»

«Glücklich? Selbstverständlich, Zack.» Sie legte den Kopf ein wenig schief. «Sehe ich nicht glücklich aus? Benehme ich mich nicht wie eine glückliche Frau? Ich habe alles, was eine Frau sich wünschen kann – Jugend, Hoffnung, Gesundheit, Beschäftigung und Vergnügen. Nahrung, Kleidung und Feuer.» Sie lachte. «Was hat die Königin von England mehr?»

Er schien wenig beeindruckt von dieser Aufzählung ihrer Aktivposten, die sie so geschäftsmäßig herunterratterte, sondern sah ihr ernst, fragend und ein wenig traurig in die Augen. Als sie an ihm vorbeigehen wollte, ergriff er wirklich ihren Arm und hielt sie fest. «Du hast immer noch Angst vor mir, nicht wahr?»

«Angst? Vor dir? So ein Unsinn! Ich habe nie Angst vor dir gehabt.»

«Vor wem denn? Vor dir selber vielleicht? Davor, daß du einmal feststellen könntest, gar nicht die vornehme junge Dame zu sein, die du sein solltest?» Sie wurde rot, und er lächelte. Er schien erfreut, ihr dieses Zugeständnis abgerungen zu haben. «Wäre das möglich?»

Sie raffte die Röcke, als wolle sie sie vor einer Berührung mit ihm schützen, machte einen kleinen Schritt zur Seite und ging mit warnendem Blick an ihm vorbei. Als sie das Wohnzimmer betrat und Ralphs mißtrauischem, vorwurfsvollem Blick begegnete, lächelte sie ihm zu.

Sie suchte nach einem Platz, auf dem sie vor beiden Männern sicher war, und stellte sich zu Morgan und Matt ans Fenster von Jennys Wintergarten, in dem überall Topfpflanzen mit grünen Ranken standen, die bis zum Boden herabhingen. Sie unterhielten sich über die Schwierigkeiten, mit denen das Grenzland zu kämpfen hatte. Lisette schob ihren Arm unter Morgans, lehnte den Kopf an seine Schulter und schloß die Augen.

«Hier geht es zweifellos dem Ende zu», sagte Matt eben. «Vielleicht gefällt es dir im Osten ebensogut oder noch besser.»

«Ich komme zurück. Ich glaube immer noch fest daran, daß hier alles erst anfängt. In Butte.»

«Ich würde nicht zu viel von Onkel Joshua erwarten.»

«Ich erwarte überhaupt nichts von ihm. Ich kann mich zu gut an ihn erinnern.»

Sie lachten, und Lisette sah von einem zum anderen und nickte zustimmend. «Weißt du», fuhr Matt fort, «ich glaube, Pete und ich zögern nur darum so sehr, in Butte Geld zu investieren, weil wir zu oft erlebt haben, daß Banken in Konkurs gingen, weil sie Freunden, Partnern und Verwandten Geld geliehen hatten. Aber wenn du zurückkommst, Morgan, und es ist dir gelungen, ein bißchen Kapital aufzutreiben, werden wir dir einen größeren Betrag zur Verfügung stellen.»

Jenny setzte sich ans Klavier, und als Pete seine Geige stimmte, wurde es stiller im Raum. Die ersten Töne bereits schienen auf alle Anwesenden eine ungewöhnliche Wirkung auszuüben. Lisette klammerte sich fester an Morgans Arm, und als sich Jennys klare Stimme erhob, unsicher zuerst, dann aber kräftiger und mit bewegender Süße, atmete Lisette tief ein, um nicht die Fassung zu verlieren. Aber bevor sie sie zurückhalten konnte, rannen ihr Tränen über die Wangen.

Sie sah Morgan mißtrauisch an, als hege sie den Verdacht, er wolle nicht mehr zurückkommen. Doch als er sie weinen sah, nahm er sie fest in die Arme. Ralph beobachtete sie ärgerlich, und Zack Fletcher machte ein so schuldbewußtes Gesicht, als gälten die Tränen nicht ihrem Bruder, sondern ihm.

37

Der Ritt nach Fort Benton dauerte nur zwei Tage. Morgan und James Gordon hatten ihr Gepäck vorausgeschickt, und Zack reiste nur mit dem, was er am Leibe trug, und einer Bettrolle hinter dem Sattel.

Vier Stunden nachdem sie sich von Jennys Dinnergesellschaft verabschiedet hatten, brachen sie auf. Zack schien sich wohler zu fühlen, je weiter er sich von Lisette entfernte. Schließlich brachte er es sogar fertig, gleichgültig zu lächeln, als Gordon zu Morgan sagte: «Ihre Schwester, wenn Sie mir diese Bemerkung gestatten, alter Junge, besitzt mehr Charme, als ich seit langem bei einer jungen Frau gesehen habe. Wie schade, daß die amerikanischen Mädchen so früh heiraten.»

Morgan dachte jedoch jetzt nur noch daran, daß Zack zu den Indianern wollte – angeblich als Holzfäller –, und träumte nachts von Erzählungen und Berichten über grausame Martern, denen die Schwarzfüße ihre Gefangenen unterwarfen. Als sie endlich die Staubwolke sahen, die während des Sommers über Fort Benton hing, wandte er sich leise an den Freund: «Hör mal, Zack, laß uns das Zeug doch in Benton verkaufen.»

Zack warf ihm einen prüfenden Seitenblick zu. «Immer noch dein Gewissen?»

«Nein, verdammt noch mal! Ich mache mir nur Sorgen um dich. Das Ganze ist eine kitzlige Angelegenheit.»

«Möglich. Aber es wäre dumm, es nicht zu tun. Du kannst deinen Anteil gern zurückhaben, ich finde schon einen anderen Partner. Ich jedenfalls lasse mir diese Gelegenheit nicht entgehen.»

Als sie sich der Stadt näherten, hörten sie einen Kanonenschuß, der die Ankunft eines Dampfers verkündete. Sie kamen jetzt immer häufiger an Muli- und Rinderkarawanen vorbei, deren Treiber aus Leibeskräften schrien und mit den Peitschen knallten, daß es über die Prärie hallte wie Infanteriefeuer. Die letzten Meilen konnten sie nur im Schritt reiten, denn die Zufahrtswege zur Stadt waren von Tausenden von Mulis, Ochsen und Pferden verstopft. Vor dem eigentlichen Siedlungsgebiet standen Haufen von Wagen und Zelten eng zusammengedrängt wie in den Slums. Aus Hunderten von Lagerfeuern stiegen Rauchfahnen in den Himmel, die als beißende Schwaden über die Prärie trieben. Schwärme von Moskitos und Stechfliegen, deren Stiche dicke Schwellungen hinterließen, standen über dem Boden.

Die Stadt bestand aus einer einzigen Straße, an der Lagerhäuser, Hotels, Bordelle, Spielhallen und Restaurants lagen, alle mit der Front zu dem breiten, seichten Fluß und mit Ausblick auf das gegenüberliegende Steilufer, auf dem ein Indianerdorf lag. Während der Wintermonate war Fort Benton fast menschenleer. Die wenigen Einwohner, die ständig dort lebten, waren nur auf einen schmalen Streifen Prärie angewiesen, über den wochenlang Schnee und Stürme fegten. Im Frühling und Sommer jedoch wurde die Stadt zum bedeutendsten Handelsplatz der nördlichen Ebenen. Alle Vorräte für die Goldsucherlager im Westen, die Orte zu beiden Seiten der kanadischen Grenze, die Grenzforts und die Reservate wurden in Fort Benton umgeschlagen.

Es gab nicht einen einzigen Baum hier, die Straßen glichen Müllhalden, der Fluß einem Abwasserkanal. Als die drei ihre Pferde in einem Corral untergebracht hatten und sich aufmachten, ein Hotel zu suchen, verloren sie sich fast aus den Augen in der dichten Menschenmenge, die Tag und Nacht die Gehsteige und die Anlegestege bevölkerte, um Passagen in die Staaten zu buchen, Waren zu inspizieren, mit Rindertreibern zu verhandeln, Pferde, Hornvieh und Holz zu verkaufen, in Tingeltangel und Bordelle zu gehen. Die ganze Stadt war voll hektischer Erregung und tatkräftiger Energie, was Sir James veranlaßte, immer wieder staunend stehenzubleiben und ganz zu vergessen, was er als nächstes tun wollte. Hier konnte er sich einen Überblick über die gesamte Bevölkerung des Grenzlandes verschaffen, hier hasteten franko-kanadische Trapper, Halbblutindianer, Händler und Soldaten durcheinander, und es war, als seien alle Menschen im Umkreis von tausend Meilen in diese eine Straße von Fort Benton geströmt und liefen hier hektisch und ziellos durcheinander.

Die drei Neuankömmlinge zogen von einem Hotel zum anderen, fast ausschließlich Blockhäusern ohne Trennwände, deren Kabinen durch Vorhänge abgeteilt waren. Endlich erwischten sie ein spartanisches Zimmer mit zwei Gurtbetten, zwei Hockern und einem Spiegel. Der Lärm aus dem benachbarten Saloon war so laut, als seien das Kratzen der Fiedeln, das Klicken und Klappern der Roulettes, die eintönige Stimme des Pharao-Kartengebers und die Rufe der Spieler im selben Raum.

Sie wuschen sich in einem Eimer Wasser im Flur, rasierten und kämmten sich und waren nach zehn Minuten schon wieder auf der Suche nach einem Schiff. Morgan und Zack hofften, daß Sir James durch das Verladen seiner Bärenköpfe und Büffelfelle und den an mehreren Stationen auf ihn wartenden Knochen, Fellen und ausgestopften Tieren viel zu beschäftigt sein werde, um ihre Abwesenheit zu bemerken, wenn Zack und Morgan sich mit den Indianern treffen wollten.

Die beiden ersten Dampfer, bei denen sie sich erkundigten, fuhren schon am folgenden Tag ab. Man schickte sie zu einem Schiff, das etwas abseits am Anleger festgemacht hatte. Sie gingen über eine auf den Schlamm gelegte schmale Planke an Bord und sahen sich mit der herablassenden Neugier von Kunden um, die erst überredet werden wollen, etwas zu kaufen.

Die Schiffe, die auf dem Missouri verkehrten, waren anders als die eleganten Mississippi-Dampfer, deren Luxus im ganzen Land so große Bewunderung erregte, daß viele Menschen sie als Holzmodelle in ihren Häusern stehen hatten. Die Missouri-Dampfer waren gedrungen, kraftvoll und schlicht. Ihre einzige Dekoration war eine geschnitzte Leiste um die Aufbauten. Auf dem unteren Deck stand noch ein großer Teil der Ladung herum – Schürfgeräte, Vorräte für die Reservate, Kisten mit Peitschen für die Armeeposten, Möbel und Ballen von Seide und Samt. Die Stauer waren eifrig dabei, die Ladung zu löschen. Sie stiegen den schmalen Niedergang wieder hoch und warfen einen Blick in den Damensalon, wo Luftschlangen in langen Streifen von der Decke bis zum Boden hingen, zum Teil herabgerissen von Betrunkenen, die vermutlich die sichere Ankunft im Hafen gefeiert hatten. Zu beiden Seiten des langen, schmalen Salons lagen die Kabinen, jede mit zwei Türen, von denen eine in den Salon, die andere auf das Deck hinausführte.

«Verteufelt geschickt, muß ich sagen», lobte Sir James. «Alle Anstandsregeln gewahrt, und doch keine Probleme. Ihr Amerikaner seid einwandfrei die praktischsten Menschen, die es gibt.» Die Ausstattung der Kabinen fand er jedoch weniger lobenswert als deren Möglichkeit zum unbeobachteten Kommen und Gehen. Die Räume waren klein, etwa zwei bis zweieinhalb Meter im Quadrat, enthielten zwei Kojen, einen Spiegel und einen Schrank und waren offenbar noch nicht gereinigt worden.

Morgan und Sir James fanden das Schiff keineswegs besonders empfehlenswert, aber sie waren sich darin einig, daß ein Dampfer so gut sei wie der andere – sie waren alle gleich unbequem, liefen das gleiche Risiko zu sinken, falls sie eine Kollision mit im Fluß treibenden Baumstämmen hatten, auf allen bestand die Gefahr einer Kesselexplosion oder eines Schiffbruchs mitten in der Nacht, und auf allen gab es schlechtes Essen und lästige Mitreisende. Auch der Fluß war ungeeignet für jede Art von Schiffahrt. Es war der tückischste, widerspenstigste Fluß in ganz Amerika – eine breite Fläche träge dahinströmenden Schlamms, zu jeder Jahreszeit von Stürmen gepeitscht, tagelang von wirbelnden Sandwolken eingehüllt, die unerfahrene Reisende oft für Rauchwolken hielten. Auf diesem Fluß bei Niedrigwasser zu fahren, sei genauso, hieß es, wie wenn man einen Dampfer auf Land setzte und einen Jungen mit einer Gießkanne vor ihm herschickte. Bei Hochwasser hingegen schossen die Schiffe stromabwärts, der Strömung auf Gnade und Ungnade ausgeliefert, während sie sich stromaufwärts, nach Norden, jede Meile mühsam erkämpfen mußten.

Sir James und Morgan erkundigten sich nach dem Lotsen und wurden ins Ruderhaus geschickt. Der Mann plauderte dort mit einem hübschen Mädchen, das anscheinend von seinem karierten Anzug, der Brokatweste, dem Seidenzylinder und den Lacklederschuhen tief beeindruckt war, und erzählte ihr, auf seinen Stock mit dem Goldknauf gestützt, von einer Gewitterfahrt in tiefer Nacht, bei der eine Horde heulender Schwarzfuß-Indianer das Schiff am Ufer zu Pferde verfolgte. Morgan und Sir James, die die Geschichte mit anhörten, warfen sich sprechende Blicke zu und zogen eine Grimasse, denn diese Geschichte konnte durchaus auf Wahrheit beruhen.

«Was wollen Sie?» fragte der Lotse barsch. Er schien verärgert über die Unterbrechung, wurde jedoch sofort leutselig, als er hörte, daß sie eine Passage buchen wollten. Er verbeugte sich vor dem Mädchen und entschuldigte sich. «Kabine oder Deck?» fragte er. Sir James wirkte zwar eindeutig wie ein Kabinenpassagier, bei Morgan in seinem roten Flanellhemd, dem staubigen schwarzen Hut und den schmutzigen Stiefeln konnte es sich aber nur um einen Deckpassagier handeln, um eine Fracht, die nicht einmal den Vorzug hatte, unbeweglich zu sein. Doch als sie ihm klarmachten, sie wünschten zwei Kabinen, lächelte er erfreut, reichte ihnen die Hand und sagte, er heiße William Johnson, der Kapitän sei Richard Lennox, und sie würden am Sonntag um zwei Uhr ablegen. Er zeigte ihnen die Kabinen, die noch frei waren, versicherte, bis Sonntag werde das Schiff tadellos sauber sein, und der Koch sei der beste, den man sich wünschen könne. Eingehend beschrieb er ihnen die Taubenpasteten, die Biberschwänze und den wilden Honig, die ihnen aufgetischt würden, und als sie ihm ihre 300 Dollar bezahlt hatten, wurde er großzügig und forderte sie auf, sich hier an Bord wie zu Hause zu fühlen. «Das beste Hotel im ganzen Westen!» verkündete er stolz. Als alles geregelt war, hatte er Eile, zu seinem Mädchen zurückzukehren. Sir James, Morgan und Zack gingen an Land, und jeder erledigte seine Angelegenheiten.

«Du mußt unbedingt mal Ford's Exchange besuchen», riet Zack seinem Freund, als sie sich zufällig trafen. «Da gibt es ein Mädchen, das alle ‹Silberschuh› nennen.» Doch ehe er näher erklären konnte, warum dieses Mädchen so sehenswert sein sollte, war er schon wieder verschwunden. Morgan vergaß das Mädchen, bis er einmal auf Sir James stieß, der das Verladen seiner Felle und Geweihe beaufsichtigte – riesige zusammengeschnürte Bündel, die sicher eine Menge Fracht kosteten. Aber der Kapitän hatte ihn nicht überreden können, sich von einem einzigen der Stücke zu trennen.

«Haben Sie das Mädchen in Ford's Exchange schon gesehen? Sie tanzt Cancan und zieht dabei ihr Höschen aus.»

«Ist das alles?» fragte Morgan, der von so zahmen Vergnügungen nichts hielt.

«Warum probieren Sie nicht mal, wie unwiderstehlich Sie sind?»

Sie war, wie Morgan feststellte, ein sehr hübsches Mädchen, das lächelnd und fröhlich im Saal herumwirbelte und zwischendurch immer wieder in einer der mit Vorhängen verschlossenen Nischen verschwand. Er trieb sich zwei bis drei Stunden dort herum und spielte Pharao. Doch anscheinend war ‹Silberschuh› noch beliebter als Ula Malloy in ihrer besten Zeit; allerdings hatte Ula ihre Kunden auch nicht mit derartigen Pikanterien verwöhnt. Zack fand ihn dort an der Bar.

«Alles in Ordnung. Ich hab den Burschen bezahlt und die Ware gezählt. Morgen treffen wir uns mit ‹Linke Hand›. Sieh zu, daß du um vier Uhr fertig bist.»

Kurz nach vier ritten sie los. Morgan drehte sich unwillkürlich um, denn er wollte noch einmal die Flagge sehen, die über den Ruinen des alten Lehmziegelforts knatterte. Zu spät riß er sich zusammen, als er sich bei diesem wehmütigen Abschied von der Zivilisation ertappte, versagte sich aber, festzustellen, ob Zack grinste. Er setzte sich sehr gerade hin und machte ein gelassenes Gesicht, obgleich ihn unaufhörlich die blutigsten Visionen quälten – er sah seinen schwarzen und Zacks blonden Skalp schon lustig an der Zeltstange eines tapferen Kriegers der Schwarzfuß-Indianer flattern.

«Vor Sonnenuntergang sind wir zurück», meinte Zack. «Okay?» Er sah Morgan an. «Weißt du, Devlin, du hast mich neulich richtig nervös gemacht mit dem Gerede von deinem Gewissen. Als ob nur du eines hättest!» Zack war in ungewöhnlich tiefsinniger Stimmung. Möglicherweise sollte dies so etwas Ähnliches wie eine Entschuldigung sein, aber ganz sicher war Morgan nicht. «Hoffentlich glaubst du nicht, du müßtest mir einen Gefallen tun – wegen früher.»

Morgan wandte den Kopf und sah, daß Zack ihn mißtrauisch musterte. Er lachte. «Du weißt genau, warum ich mitmache.»

«Wir brauchen uns, verdammt noch mal, nicht danach zu richten, was die Bundesregierung über die Indianer sagt. *Wir* müssen ja mit diesen Bastarden leben, die nicht. Wenn die Regierung uns den Rothäuten in Ruhe diesen Fusel verkaufen lassen würde, auf den sie so wild sind, hätten wir bald keine Sorgen mehr mit den Indianern – in zwei Jahren wären sie wie Weiber! Ich werde mich dieser Sache zwar nicht rühmen, ebensowenig wie Pete oder dein alter Herr oder Lem Finney damit herumgeprahlt haben, was sie beim Sicherheitskomitee gemacht haben, aber glaub ja nicht, daß ich mich schäme! Ich halte nur den Mund, weil das für mich – und für dich – besser ist. Und ich bedauere nur, daß Whisky langsamer wirkt als Gewehre – wenn auch genauso sicher!»

«Bitte, sei vorsichtig, Zack, wenn du allein bei ihnen bist – soweit du überhaupt vorsichtig sein kannst.»

«Heißt das, laß dich nicht schnappen?»

«Du sollst dich nicht umlegen lassen.»

«Kein Sorge, Devlin!» Einen Augenblick sah er stumm geradeaus. «Ich kenne dieses Land, und ich kenne die Indianer. Glaub mir, das Risiko ist nicht groß. Hauptsache, ich verliere meinen Medizinbeutel nicht», fügte er dann mit trockenem Grinsen hinzu.

Kurz vor Mittag sagte Zack, jetzt seien sie gleich in der Nähe des Treffpunktes. Sofort spürte Morgan, wie ihm eine Gänsehaut über den Nacken kroch. Zack versicherte, daß ihnen nichts passieren könne, denn sogar Indianer würden lammfromm, wenn es um Whisky gehe. Trotzdem erwartete Morgan jeden Augenblick fliegende Pfeile und schrilles Kriegsgeschrei, und er hoffte nur, daß er tot war, ehe er in die Hände einer Squaw fiel.

Plötzlich tauchten aus einem Flußbett acht oder zehn junge Männer auf. Sie erschienen mit jener unheimlichen Geschwindigkeit und Lautlosigkeit, die bei den Weißen Entsetzen und Aberglauben verbreiteten. Sie trugen Lendenschurz und Leggings, hatten sich Decken um die nackte Brust gewickelt und starrten neidisch Morgans und Zacks große Pferde an. Einer von ihnen hatte, wie Morgan belustigt, aber auch mit einem leichten Übelkeitsgefühl feststellte, Streifen der amerikanischen Flagge und lange, blonde Haarsträhnen in seine Zöpfe geflochten.

Zack unterhielt sich mit ihnen im Schwarzfuß-Dialekt und, wenn er nicht weiterkonnte, mit Zeichensprache. Er wirkte so ruhig, als habe er sich sein Leben lang auf diesen Augenblick vorbereitet. Sie konnten sich nicht darüber einigen, ob ‹Linke Hand› sie alle beide empfangen werde, da er nur einen erwartet hatte, bis Zack plötzlich sein Pferd herumriß und ihnen zuschrie, er und sein Partner würden auf der Stelle nach Benton zurückkehren, und dann könnten sie in diesem Sommer verdursten, wenn ‹Linke Hand› nicht augenblicklich erscheine.

Daraufhin ritten drei der tapferen Krieger davon, die anderen blieben bei Morgan und Zack und unterhielten sich eifrig mit ihnen – eine Tatsache, die jeden Weißen in den Goldgräberlagern und Forts in Erstaunen versetzt hätte. Nach einiger Zeit kamen die drei mit einem

Mann zurück, der eine Feder im Haarband trug – der Häuptling persönlich, wie Zack mit einem leichten Kopfnicken andeutete.

Er tauschte einen feierlichen Gruß mit Zack, dann saßen beide ab, um sich die Hand zu schütteln. Der Häuptling war groß, schlank und sehnig und trug jenen Ausdruck von Stolz und Würde zur Schau, für den sein Stamm bekannt war. Während er abwartete, was Zack tun werde, beobachtete er ihn mit ruhigem Blick, ohne ein Zeichen von Furcht oder Bewunderung, höchstens mit einer Spur mißtrauischer Neugier.

Zack wurde jetzt so ernst und herablassend, daß Morgan ihn verwundert ansah, denn dies waren Eigenschaften, die er niemals bei Zack vermutet hatte. ‹Linke Hand› war nicht weniger zeremoniell als Zack, der jetzt zu seinem Pferd hinüberging, einen Beutel holte und, während des Häuptlings Augen erwartungsvoll glitzerten, eine so lange Ansprache hielt, daß ‹Linke Hand› zu zweifeln schien, ob er je in den Besitz dieses Geschenkes von zehn Pfund Tabak gelangen werde. Trotzdem rührte er sich nicht und sah Zack offen und furchtlos an. Als Zack ihm endlich den Beutel reichte, hob er zum Zeichen des Dankes beide Hände und neigte dabei den Kopf, genau wie Lily Jones es getan hatte, als sie am ersten Abend in ihre Hütte gekommen war.

Sie setzten sich mit untergeschlagenen Beinen ins Gras, um zu rauchen. Als Zack an der Reihe war, nahm er die mit Schnüren umflochtene Pfeife würdig und ohne auf seine Gesundheit zu achten entgegen. Morgan beobachtete ihn amüsiert und gab sich Mühe, ebenfalls Haltung zu zeigen, als ihm die Pfeife gereicht wurde.

Danach brachte Zack eine Probe seiner Ware zum Vorschein – eine Taschenflasche voll Whisky, die er dem Häuptling anbot. Morgan sah, wie die Augen der jungen Männer aufblitzten, als der Häuptling die Flasche ansetzte, leer trank, genießerisch schmatzte und interessiert fragte, ob er noch mehr davon habe. Zack schüttelte den Kopf, und nun begann die Konferenz, die sich über zwei Stunden hinzog. ‹Linke Hand› hockte auf den Fersen und schnitzte ungerührt, während Zack auf ihn einsprach, hin und wieder ärgerlich über die Dickköpfigkeit des Häuptlings verstummte und so tat, als wolle er gehen. So wurde es später Nachmittag, bis sie sich verabschiedeten und abermals die Hand schüttelten. Als sie in Richtung Benton aufbrachen, sagte Zack leise zu Morgan, er dürfe sich nicht umsehen, sondern müsse unbefangen weiterreiten, als seien sie weder mißtrauisch noch ängstlich.

Erst als sie mehrere Meilen zurückgelegt hatten, zügelte Zack sein Pferd, drehte sich um und suchte mit den Augen die Umgebung ab. Dann lachte er plötzlich laut auf und packte, wie früher manchmal in Butte, Morgans Schulter. Endlich schien ihre Freundschaft ganz wiederhergestellt zu sein. Der Schaden, den Lisette oder Matt angerichtet hatten, war überstanden. «War doch ein Kinderspiel, nicht wahr? Ich werde zunächst nur eine kleine Menge mitnehmen, und wenn sie keine Schwierigkeiten machen, hole ich die gesamte Ladung nach.»

Morgan hatte für Suky ein besticktes Büffelfell als Mitbringsel gekauft. Damit es nicht so penetrant nach Büffel roch, hatte er die Squaw, der er es abkaufte, gebeten, es ein oder zwei Tage an die frische Luft zu hängen. Als er von der Konferenz mit ‹Linke Hand› zurückkehrte und daran roch, befahl er ihr, es noch einmal auszuräuchern oder sonstwie dafür zu sorgen, daß es nicht mehr stinke. Außerdem bat er sie, es mit mehr Stachelschweinborsten zu schmücken. Dann nahm er es mit an Bord, warf es auf den Boden seiner Kabine und beschloß, es in St. Louis mit Parfum zu tränken, wenn der Geruch während der Reise nicht nachließe. Da er alle Besorgungen erledigt hatte, machte er sich auf zu Ford's Exchange, wo er sich zur Feier seiner glücklichen Wiederkehr einen Tanz mit ‹Silberschuh› leisten wollte – und was er sonst noch für 100 Dollar bei ihr erreichen konnte. Als er das Lokal betrat, bat er den Besitzer, sich als Vermittler einzuschalten.

Beim Tanzen lehnte sie sich weit in seinen Arm zurück und lächelte zutraulich. Als sie später in einer der vorhangverschlossenen Nischen verschwanden, setzte sie sich rittlings auf seinen Schoß, öffnete ihr Kleid, um ihre festen Brüste zu entblößen, und als seine Hände sich um sie schlossen, legte sie ihren Mund auf den seinen, seufzte tief auf, als er in ihren Körper eindrang und streichelte seinen Kopf und sein Haar. Nach wenigen Minuten hatte sie ihr Kleid schon wieder zugeknöpft, und er ging zum Fluß, um vom Anlegesteg aus ein Bad zu nehmen. Er fragte sich, ob die seltsame Intensität, mit der er das Erlebnis genossen hatte, auf das Mädchen zurückzuführen sei oder einfach auf die Erleichterung darüber, daß er noch lebte.

Am folgenden Nachmittag standen Morgan, Zack und James Gordon an der Reling und sahen zu, wie die anderen Passagiere an Bord kamen. Sie rätselten, wer sie wohl sein mochten und wie sie sich als Reisegefährten in den nächsten zwei bis drei Wochen bewähren würden. Endlich heulte die Sirene, die Schaufelräder setzten sich in Bewegung, stoppten, begannen sich wieder zu drehen, und dann sahen sie mit Erstaunen noch einen Nachzügler die Gangway herauftrippeln, vorsichtig und behutsam – eine junge Frau in schwarzem Reisekleid und schwarzem Kapotthut. Sie sah niemanden an und hielt die Augen züchtig gesenkt. Sir James flüsterte Morgan und Zack zu, diese wohlerzogene Dame sei zweifellos niemand anders als ‹Silberschuh›. Verblüfft sahen sie ihr nach, konnten aber weder Silber an ihren schwarzen Schuhen entdecken noch ein Silberband in ihrem Haar. Selbst ihre Brüste wirkten, eingezwängt in das steife schwarze Gewand, wesentlich kleiner. Sie zuckten die Achseln und meinten, es sei möglich, daß es ‹Silberschuh› war, aber keiner von ihnen konnte sich recht an sie erinnern, und so konnte es ebensogut eine andere Frau sein.

Die Räder drehten sich jetzt schneller, das Schiff erzitterte wie unter einem plötzlichen Kälteschauer und wendete, begleitet vom Geschrei der Offiziere und dem Gebimmel der Glocken, ächzend und bebend den Bug in den Strom. Sir James und Morgan, die merkten, daß der Dampfer fast bis zum Deck im Wasser lag, sahen sich an und lächelten ruhig wie erfahrene Reisende, die sich gelassen in alles ergeben, was das Schicksal mit ihnen vorhat. Die Kanone des Forts schoß einen dröhnenden Abschiedssalut in die klare, strahlende Luft, und ehe sie hundert Meter stromabwärts waren, hatten sie alle, die noch am Steg standen, bereits vergessen. Sie wandten der Stadt den Rücken, gingen in den Salon und ließen sich zu einem Drink nieder.

In der ersten Nacht schlief Zack mit in Morgans Kabine. Als das Schiff am folgenden Nachmittag bei Cow Island anlegte, standen sie einander krampfhaft schweigend gegenüber und verabschiedeten sich mit so verbissenen Gesichtern, daß Zuschauer auf den Gedanken kommen konnten, die drei trennten sich gerade noch rechtzeitig, um einen tödlichen Streit zu vermeiden. Gordon und Morgan standen auf dem Verladedeck und sahen zu, wie die beiden Kisten Whisky an Land gebracht wurden. Kurz darauf entdeckte Morgan drei der Indianer, die ‹Linke Hand› begleitet hatten. Sie starrten gierig auf die Kisten, wie Männer, die lange allein gelebt haben, wohl eine nackte Frau anstieren mochten. Zack schritt die Planke hinab, hob die Hand zu einem kurzen Gruß, das Schiff legte ab, und Morgan kehrte mit Sir James an die Bar zurück.

«Hoffentlich stürzt er sich nicht in ein leichtsinniges Abenteuer!»

«Das hoffe ich auch», stimmte Morgan zu. Doch dann sagte er sich, wenn er die folgenden Monate damit verbringen wollte, sich um Zack zu sorgen, hätte er diesen Handel gar nicht erst mitmachen sollen. Er versuchte, sich, so gut es ging, auf diese Flußfahrt von 2500 Meilen einzurichten, eine Reise, auf die sich nur Greenhorns wie Sir James und kleine Kinder freuen konnten. Der Engländer war überzeugt, Reisen sei eine Art nationaler Religion in Amerika, und jede Veränderung – auch die räumliche – werde als eine Form des Fortschritts empfunden.

«Fortschritt, alter Junge», erklärte er Morgan, «ist hier bei euch eine Sache des Lebensraums. Des Lebensraums und der Aktivität.»

Sogar ‹Silberschuh› war, wie sie bald darauf feststellten, tief verstrickt in diese volksweite Manie für den Fortschritt.

Am ersten Abend ließ sie sich nicht blicken. Erst als Zack auf Cow Island an Land gegangen war, sahen sie sie mit mehreren anderen Passagieren im Ruderhaus, wo sie dem Lotsen beim Kampf mit dem Fluß zusah.

Morgan rauchte und betrachtete die vorübergleitenden Ufer, weite Grasebenen, fast ohne Bäume, nur hin und wieder ein Pappelwäldchen am Steilufer. Bei Tag wirkte der Fluß wie ein breites, gewundenes Band dicken, brodelnden Schlamms, durch den sich kein Schiff hindurcharbeiten konnte, sondern darüber hinwegzugleiten schien.

‹Silberschuh› war unbemerkt zu ihnen getreten. Als sie leise «Hallo!» flüsterte, drehten sie sich verblüfft um.

Morgan hatte ganz und gar nicht das Gefühl, ein Mädchen vor sich zu haben, dessen Körper er kannte. Sie schien ihm wie eine Fremde und war so schüchtern und unsicher, daß er ihr freundlich und ermutigend zulächelte. «Hallo!»

Im Sonnenlicht war ihr Haar fast blond. Ihre Haut war glatt und ungepudert, so daß man deutlich die Sommersprossen auf Nase und Wangen sah. Sie machte so gar nicht den Eindruck eines Mädchens, dem andere Frauen ein frivoles Leben nachsagten, sondern wirkte eher wie die Tochter eines Armeeoffiziers oder eines Kaufmanns von Fort Benton, die in ein Mädchenpensionat des Ostens geschickt wird.

«Wo ist denn der andere?»

«An Land gegangen. Warum?»

«Nur so. Ich dachte, Sie würden zusammen reisen. Wohin wollen Sie denn?»

«Ich gehe nach New York. Mein Freund kehrt nach England zurück.»

«Ach, England?» flüsterte sie und betrachtete Sir James, als reise er in ein Traumland. «Ich will nach Chicago. Sind Sie schon mal dagewesen?» Sie sah Morgan ebenso unsicher und mißtrauisch an wie vorher Sir James. Er fand, daß sie in dem hochgeschlossenen Kleid und dem kleinen Hut, mit dem Sonnenschirm und der leisen, gesitteten Stimme überhaupt nicht mehr als das Mädchen zu erkennen war, das Cancan tanzte und in versteckte Nischen ging, um sich ihren Kunden rittlings auf den Schoß zu setzen wie eine Squaw auf ihr Pony. «Ich heiße Ruby Howard», erklärte sie zutraulich und wartete einen Moment, ob er sie vielleicht als ‹Silberschuh› identifizieren würde.

«Mein Name ist Morgan Devlin.»

Hinter der vorgehaltenen Hand wisperte sie: «Ich habe den Beruf aufgegeben.» Er zeigte keine Reaktion bei dieser Neuigkeit, und sie fügte hinzu: «Ich will in Chicago mit einer Freundin ein Haus aufmachen. Ein Jahr lang bin ich in Ford's Exchange gewesen und habe fast 12 000 Dollar verdient. Die habe ich aber natürlich nicht bei mir», ergänzte sie hastig. «Ich hab sie mit Wells Fargo geschickt.» Dann schien sie zu fürchten, daß er schnell ein paar Kalkulationen anstellte, riß die Augen auf und seufzte: «Ich weiß auch nicht, wie das gekommen ist. Anscheinend war ich ein Erfolg. Alle wollten mit mir tanzen. Vielleicht wegen der silbernen Schuhe und dem Silberband im Haar – anders kann ich es mir nicht erklären.» Sie sah zu ihm auf. «Sie vielleicht?»

Da trat Sir James zu ihnen, und sie sagte, daß sie sich einsam fühle und ein bißchen ängstige, und fragte, ob sie sich nicht etwas um sie kümmern könnten. Sie versprachen es. Tatsächlich schien sie nun, nachdem sie sich vom Geschäft zurückgezogen hatte, Männern gegenüber sehr mißtrauisch zu sein und ständig Angst zu haben, belästigt oder bei Nacht von einem Dieb oder Mörder heimgesucht zu werden. Sie zeigte ihnen einige zweifelhafte Typen an Bord und stieß Morgan und Sir James jedesmal, wenn einer von ihnen an Deck oder im Salon erschien, kräftig die Ellbogen in die Rippen, um sie auf die Ganoven aufmerksam zu machen. Der Pfarrer, behauptete sie, sei ein verkappter Straßenräuber, die Dame am Spieltisch ein verkleideter Mann und der Indianer, der am Vortag an Bord gekommen war, führe sie weiter unten am Fluß in einen Hinterhalt, wo sie alle skalpiert und mit aufgeschlitzten Bäuchen dem Tod preisgegeben werden sollten.

Sie erzählte, wie sie ihr Haus in Chicago einrichten wollte, bat um Rat, schoß unter Sir James' Anleitung auf Vögel und Tiere und war glücklich, abends, wenn die Eßtische beiseite gerückt wurden und die Kellner die Schürzen ablegten und zu Fiedeln und Banjos griffen, die begehrteste Tänzerin auf dem Schiff zu sein. Ihre Partner erwarteten nichts weiter von ihr, als daß sie die Polka mit ihnen tanzte. Wenn sie an Sir James und Morgan vorbeiwirbelte, lächelte sie ihnen strahlend zu und schien kindlich erfreut, daß sie sogar mit angezogenem Höschen und ohne silbernes Haarband begehrt war.

Bald ließen sie die weiten Grasebenen hinter sich und kamen in die Bad Lands. Die Passagiere lehnten den ganzen Tag und die halbe Nacht an der Reling und zeigten einander staunend die Wunder des Landes, in dem sie lebten, eines Landes, das mehr seltsame, fremde, unglaubliche Dinge bot als jedes andere Land der Welt.

Tagelang fuhren sie durch tiefe Schluchten. Hoch über ihnen auf dem Steilufer ragten riesige rote, gelbe und schwarze Burgen in den Himmel, standen glitzernde weiße Mauern, durchbrochen von Bogen, Fenstern und Grotten. Sie glitten an uralten Ruinenstädten mit unheimlichen Silhouetten vorbei, und alle erklärten einmütig, daß sie etwas so Überwältigendes noch nie gesehen hätten. Als sie dieses Gebiet durchquert hatten, atmeten jedoch alle erleichtert auf und sahen einander befreit an. Zum erstenmal seit Tagen kamen ihnen die Mitreisenden wieder wie richtige Menschen vor.

Nach drei Tagen Flußfahrt kannten die Kabinenpassagiere sich alle vom Sehen, wußten die Namen und Berufe der Mitreisenden, hatten in Erfahrung gebracht, woher sie kamen und wohin sie wollten. ‹Silberschuh› war offenbar von niemandem erkannt worden. Trotzdem bat sie ihre Beschützer, so zu tun, als seien sie mit ihr verwandt, damit die weiblichen Passagiere – von denen einige Ruby an Mißtrauen nicht nachstanden – nicht anfingen zu klatschen. Sir James erklärte sich gern bereit, sie als seine amerikanische Kusine auszugeben. Zu Morgans Überraschung erschien sie zwei- oder dreimal spät in der Nacht in seiner Kabine, und er nahm an, daß sie Sir James ebenfalls Besuche abstattete – und so auf ihre Weise für den männlichen Schutz bezahlte.

In Fort Charles war ein Mann an Bord gekommen, der sich Rory Sims nannte. Ruby flüsterte ihren Begleitern zu, er sei Berufsspieler, sagte aber nicht, woraus sie das schloß. Während der ersten Tage weigerte sich Mr. Sims, am Spiel teilzunehmen. Er stand nur dabei und kiebitzte, oder er schlenderte umher und plauderte mit den Passagieren. Später jedoch ließ er sich zu einem Spielchen überreden und gewann ununterbrochen. Es dauerte nicht lange, und die anderen Passagiere begannen zu flüstern und gingen zu Kapitän Lennox, um sich zu beschweren, daß sie kein friedliches Spielchen mehr machen könnten, ohne ausgenommen zu werden, weil ein Falschspieler an Bord sei. Der Kapitän versicherte ihnen, Mr. Sims sei kein Berufsspieler, sondern ein wohlhabender Kaufmann aus St. Louis, aber er sei ein ausgezeichneter Spieler, und sie sollten sich entweder nicht mit ihm einlassen oder die Folgen tragen.

Morgan und Sir James lehnten es nach zwei, drei Spielen ab, mit ihm zu pokern. Aber andere kamen mit bitteren Beschwerden zu ihnen, und als Mr. Sims eine Woche an Bord war, bildete sich eine Gruppe von Männern, die darüber nachdachten, wie man Mr. Sims einer gerechten Bestrafung zuführen könnte. Mr. Sims indessen saß arglos da, spielte um Summen, die zwar nie so hoch waren, wie er vorschlug, aber noch hoch genug, um das Geld seiner Spielpartner zu Haufen auf seinen Platz wandern zu lassen.

Ruby hatte bald heraus, daß die Männer etwas mit Mr. Sims vorhatten. Sie stellte so viele Fragen, daß Morgan und Sir James beschlossen, ihr nichts zu erzählen, damit sie ihn nicht noch aus weiblichem Mitleid warne. Denn sie waren jetzt genauso versessen darauf, Mr. Sims eine Lektion zu erteilen, wie damals, als sie die Straßenräuber gehängt hatten.

Eines Tages, am späten Abend, als das Schiff am Ufer festgemacht hatte, bekam Mr. Sims Besuch von sieben Männern, darunter Morgan und Sir James, die ihn aufforderten, die Tür zu öffnen, und sie, als er sich weigerte, kurzerhand aufbrachen. Sie nahmen ihn im Nachthemd mit, hielten ihm den Mund zu, als er schreien wollte, zerrten ihn über das Deck und den Niedergang hinunter, vorbei an neugierig zusehenden Matrosen, schafften ihn vom Schiff und schleppten ihn tief in den Wald. Dort fiel er auf die Knie, flehte sie an, ihn nicht umzubringen, und schwor, er werde das Schiff an der nächsten Anlegestelle verlassen. Der Anblick war so jämmerlich, daß Morgan und Sir James vorschlugen, ihn laufenzulassen. Aber die anderen fünf stimmten dafür, ihn auszupeitschen. Als er das hörte, begann er zu schreien. Sie knebelten ihn, rissen ihm das Nachthemd vom Leib und fesselten ihn mit den

Händen an einen Baum. Nach zwanzig Peitschenhieben begann plötzlich eine Frau zu schreien, so daß sie ihn hastig, wie Schuljungen, die einen Klassenkameraden gemartert haben, befreiten und allein im Wald zurückließen. Rory Sims griff eilig nach seinem Nachthemd und suchte Perücke und Bart, die er beim Kampf verloren hatte. Kurz darauf kam jemand mit seinen Kleidern und seinem Reisesack und warf sie ihm zu. Man ließ einen Posten bei ihm zurück, der aufpassen sollte, daß er sich nicht heimlich wieder an Bord schlich.

Am nächsten Morgen beim Frühstück wußten alle, daß Mr. Sims ausgepeitscht und allein im Wald zurückgelassen worden war. Er hatte noch darum gebettelt, ihn wieder an Bord zu lassen, als sie beim ersten Tageslicht die Leinen loswarfen. Die Frauen waren entsetzt über das abscheuliche Verfahren, aber die Männer waren so stolz, als wären sie alle dabeigewesen. Dabei hatten sich die meisten im letzten Moment geweigert, an der Strafexpedition teilzunehmen.

Rory Sims war bald vergessen. Nach einigen Tagen brach an Bord eine wahre Angelsucht aus. Männer, Frauen und Kinder saßen vom frühen Morgen bis spät in die Nacht einer neben dem anderen an Deck und ließen ihre improvisierten Angelruten ins Wasser hängen. Manche waren so fanatisch, daß sie nicht zu Bett gehen wollten.

Allmählich waren sie in eine üppigere Landschaft gekommen. Man fuhr durch dichte Wälder, sah Wildblumen am Ufer und gelegentlich eine Siedlerhütte, auf deren Veranda eine barfüßige Frau im Schaukelstuhl saß und dem Raddampfer so gleichgültig nachsah, als wohnte sie in einer dichtbevölkerten Stadtstraße und hätte den Anblick ihrer Mitmenschen gründlich satt. Die Frauen hier lächelten selten und winkten so gut wie nie. Meist betrachteten sie den Dampfer mit stumpfen Blicken und schienen nichts Besonderes daran zu finden.

Die Angelmanie hatte sich noch nicht gelegt, als das Schiff während des Mittagessens plötzlich auf eine Sandbank lief. Es knirschte, der Schiffskörper erzitterte, Gläser fielen um, Teller rutschten auf den Schoß der Speisenden, und als sie einander fragend und schreckensbleich ansahen, kam ein Stoß, der sie alle aufspringen und laut aufschreien ließ. Die Frauen schnappten sich angstvoll ihre Kinder. Der Dampfer setzte sich langsam auf der Sandbank fest, während die Schaufelräder noch mahlten und die Kessel auf Hochtouren liefen und dicke Dampfwolken ausstießen. Alle stürzten aus dem Salon zur Reling und schnatterten aufgeregt durcheinander. Der Kapitän, der in rasendem Zorn vorübereilte, weigerte sich, all die hysterischen Fragen zu beantworten. Die Kinder liefen in hellem Entzücken herum, und nun, da man wußte, daß man in Sicherheit war, bereiteten sich alle auf einen Landgang vor, als sei dieses Vergnügen eigens arrangiert worden, um die Eintönigkeit der, von Mr. Sims' Auspeitschung abgesehen, ruhigen, ereignislosen Reise zu unterbrechen.

Ruby Howard lief in die Kabine, um ihren Schal zu holen, andere Frauen erschienen mit Skizzenbüchern wieder, Männer mit Gewehren, Geigen und Banjos. Während die Matrosen Vorbereitungen trafen, das Schiff von der Sandbank zu befreien, schlenderten die Passagiere in Gruppen davon, lachten wie bei einem Ausflug im Park und schienen ganz vergessen zu haben, daß sie sich in einer von wilden Tieren und Indianern bevölkerten Wildnis befanden.

Morgan wanderte von einer Gruppe zur anderen, sah Kindern beim Spielen zu und unterhielt sich mit Alfred Hughes, einem Maler, der seine Staffelei am Flußufer aufgestellt hatte, um *Das Flottmachen der ‹Shiloh›*, wie er sein Bild nannte, auf die Leinwand zu bannen. Hughes war über ein Jahr malend und zeichnend durch den Westen gezogen, hatte aber von seinen Arbeiten keine einzige verkauft. Morgan erklärte sich bereit, das Bild zu erwerben, wenn er Ruby Howard hineinmalte, mit dem Fuß auf dem Kopf eines kapitalen Hirsches.

Es war schon später Nachmittag, als sich das Schiff nach mehreren erfolglosen Versuchen allmählich zu rühren begann und auf Rundhölzern langsam dahinglitt. Die Kinder hörten auf zu spielen und sahen zu. Ruby und Sir James kamen mit einem erlegten Kaninchen von ihrem kurzen Jagdausflug zurück, und mit hämmernden, klopfenden Maschinen, heulender Sirene und lauten Kommandorufen setzte sich die ‹Shiloh› schwerfällig schwankend in Bewegung, hielt inne, rutschte weiter. Gerade als man angesichts des Erfolges in Jubelrufe ausbrechen wollte, ertönte ein gräßlicher Schrei, und einer der Matrosen versank im Wasser.

Sie taten alles, was in ihren Kräften stand, um den Mann zu retten. Mehrere Mitglieder der Mannschaft und zwei oder drei Passagiere sprangen ins Wasser und schwammen um das Schiff herum. Einige wagten sich sogar weit in den Strom hinaus. Gewehrschüsse wurden abgefeuert und gegen den Protest des Kochs Brotlaibe aufs Wasser geworfen, damit der Ertrunkene hochkomme. Sie warteten bis Sonnenuntergang, aber er tauchte nicht wieder auf. Zuletzt gingen alle in gedrückter Stimmung an Bord zurück, jeder in dem Gedanken, daß dies auch ihm hätte geschehen können. Jeder, sogar die Fatalisten, spürte, daß der Fluß seine Tücken hatte.

Nach dem Abendessen dekorierten die Frauen zum Gedenken an den ertrunkenen Matrosen den Salon mit Wildblumensträußen, die sie am Nachmittag gepflückt hatten. Der Pfarrer, von dem Ruby behauptet hatte, er sei ein verkappter Straßenräuber, hielt eine Ansprache auf den Mann, dessen Vornamen niemand kannte, so daß er gezwungen war, ihn Mr. Brown zu nennen. Er lobte sein kameradschaftliches Verhalten, seine Bereitwilligkeit, gefährliche Aufgaben zu übernehmen, sein aufopferndes Wesen, seine schöne Stimme, seine Höflichkeit weiblichen Passagieren gegenüber, in deren Nähe er nie ein grobes Wort gebraucht hatte, und alle möglichen anderen Tugenden, die ihm zutreffend erschienen für einen Mann, der als Matrose auf einem Missouri-Dampfer sein Leben gelassen hatte, einen Mann, dessen Familie und Freunde niemand kannte, weil er erst in St. Louis an Bord gekommen und verschlossen und wortkarg gewesen war. Nach Ansicht seiner Kollegen jedoch war er entweder ein Deserteur oder ein entsprungener Sträfling. Die Frauen knieten mit gefalteten Händen und mit gesenktem Kopf nieder, die Männer blieben stehen, drückten den Hut an die Brust und starrten düster vor sich hin.

«Wenn das nur nicht passiert wäre!» sagte Ruby nach der Gedenkfeier. «Ich habe einen Fünfender gesehen und hätte ihn auch bestimmt getroffen!»

Sir James wandte sich ihr zu. «Meine Liebe, ich würde mich glücklich schätzen, Ihnen eines meiner schönsten Exemplare schenken zu dürfen. Als Gegenleistung wünsche ich mir nur, daß Sie diese Reise nie vergessen, auf der wir drei so gute Freunde geworden sind und durch die wir zu der großen Wanderung eines Volkes ein wenig beigetragen haben.» Ernst verbeugte er sich vor ihr, so daß Ruby errötete und offenbar glaubte, er mache sich über sie lustig. Aber sie nahm den Hirschkopf mit dem mächtigen, bemoosten Geweih erfreut entgegen.

Allmählich waren sie nach Kansas gekommen, wo, wie es hieß, der Westen begann – irgendwo an einem Punkt zwischen den Landesgrenzen. Sie fuhren durch moorige Flußniederungen, durch üppige Täler, in denen dichte Walnuß-, Eichen- und Hickorywäldchen wuchsen. Hier gab es viele Siedler, auch die Frauen waren freundlicher, lächelten oder riefen Grüße herüber, als habe der Kontakt mit anderen Menschen sie aufgeschlossener gemacht und ihren Sinn für Gemeinschaft geweckt. Dann kamen heftige Stürme auf, schüttelten das Schiff und wühlten das Wasser auf, bis es schäumte. Wirbelnde Sandwolken trieben um das Schiff, vor denen die Passagiere in die Salons flohen, während draußen die Böen Stunde um Stunde gegen die Glasscheiben tobten.

Als sie sich schon an den Gedanken gewöhnt hatten, ihr ganzes Leben auf diesem Dampfer zu verbringen, langsam den Fluß hinunterzutreiben und nie ans Ziel zu kommen, waren sie unversehens in St. Louis und gingen eilig von Bord. In der Aufregung und Eile vergaßen sie, sich von Freunden und Feinden zu verabschieden, die ihnen am Abend zuvor noch so wichtig gewesen waren. Sie liefen auf dem bevölkerten Quai umher, an dem weit größere Schiffe als die ‹Shiloh› verankert lagen, suchten nach Trägern, die sich das Gepäck schnappten und davoneilten, so daß sich die hilflosen Reisenden gezwungen sahen, hinter ihren Trägern herzulaufen bis in Hotels, die sie gar nicht hatten aufsuchen wollen. Innerhalb weniger Minuten war die Reisegesellschaft aufgelöst, und man hatte einander vollkommen vergessen.

Morgan und Sir James mußten noch einige Tage in der Stadt bleiben. Morgan hatte mehrere Aufträge für die Devlin Brothers auszuführen, Sir James wartete auf den Rest seiner Geweihe und Felle. Ruby blieb ebenfalls noch da, weil sie die Bahnfahrt nach Chicago mit ihnen gemeinsam machen wollte. Sie gingen ins Planter's Hotel, stopften sich mit Brathuhn und Waffeln voll und wurden gesprächig und fröhlich, weil sie der Enge des Raddampfers endlich entronnen waren.

In Chicago trennte sich Ruby von ihnen. Sie verstauten sie mitsamt ihrem Schrankkoffer, dem Hirschkopf und dem Gemälde *Das Flottmachen der ‹Shiloh›* in einer Mietskutsche und mußten sich beeilen, wieder in den Zug zu steigen, bevor er abfuhr. Ruby beugte sich aus dem Fenster der Kutsche, winkte und rief, sie dürften nicht vergessen, sie zu besuchen, wenn sie wieder einmal nach Chicago kämen. Als der Zug anfuhr, standen sie auf den Stufen und winkten zurück, stellten aber einmütig fest, daß sie erleichtert waren, Ruby wieder los zu sein.

38

Morgan saß auf der Veranda des Stetson House, beobachtete das Kommen und Gehen im Hotel und musterte aufmerksam jede hübsche Frau, weil er hoffte, in einer von ihnen Suky zu erkennen. James Gordon war auf Entdeckungen ausgezogen, und Morgan saß schon fast eine Stunde dort und hatte noch keinen Menschen gesehen, den er kannte. Allmählich wurde er mürrisch und dachte deprimiert darüber nach, wie absurd es war, daß er hier, auf einer Hotelveranda in Long Branch, seine Zeit vertat. Er begriff nicht mehr, warum er hergekommen war.

Er und Sir James waren vor mehreren Tagen in New York eingetroffen und vom ersten Augenblick an enttäuscht gewesen. Morgan wußte, daß die Chings während des Sommers verreist waren. Sie hatten ihm eine Nachricht hinterlassen, daß er sie besuchen, aber vorher telegrafieren solle, damit sie ihm ein Zimmer reservieren lassen könnten. Doch er hatte einen Vorwand nach dem anderen gefunden, um in der Stadt zu bleiben. Als er Sir James schließlich mitteilte, daß sie am folgenden Tag nach Long Branch müßten, fuhren sie los, ohne zu telegrafieren, und hätten natürlich nicht überrascht sein dürfen, als niemand am Bahnhof war, um sie abzuholen. Im Hotel erfuhren sie vom Portier, daß die Chings und Van Zandts am frühen Morgen schon nach Shrewsbury Bay gefahren seien.

New York hatte ihn angeekelt. Es gefiel ihm genauso wenig wie die Grenzstädte den Touristen gefielen. Seine Abneigung ging so weit, daß ihm in New York zuwider war, was ihm zu Hause gefiel. Die vielen Menschen, die Eile, mit der sie sich bewegten – all das kam ihm sinnlos vor. Er verstand nicht, warum sich so viele Menschen auf einer Insel zusammendrängten, und ebensowenig, warum sie dort wie die Verrückten durcheinanderliefen. Der unaufhörliche Lärm, das Rattern der Eisenräder auf dem Pflaster, die Rufe der Straßenhändler, die wandernden Sänger und jammernden Bettler erweckten in ihm den Wunsch, das Getöse mit einem Protestschrei zu übertönen. Es machte ihn wütend, wenn er vorbeiflitzenden Gemüsekarren, Mietdroschken und Omnibussen aus dem Weg springen mußte. Die Extreme von Armut und Reichtum verursachten ihm solchen Abscheu, als habe er so etwas noch nie gesehen. Er mochte nicht einmal zugeben, daß der Park mit den schattigen Wegen, den Käfigen voller Singvögel, den Musikpavillons, den Karussells und den zierlichen Brücken sehr hübsch war. Er sprach Sir James gegenüber auch nicht von einer Großstadt, sondern herablassend von einer Ansammlung mehrerer Dörfer.

Ein paar Tage lang wußte er selber nicht, weshalb er so unzufrieden und unruhig war. Aber schließlich mußte er sich eingestehen, wenn er es auch Sir James gegenüber nicht erwähnte, daß er sich unbehaglich dabei fühlte, nach acht Jahren als Greenhorn in seine Geburtsstadt zurückzukommen und mit vor Aufregung feuchten Händen und trockenem Mund vor der Notwendigkeit zu stehen, sich nach so langer Zeit wieder mit den östlichen Sitten und Gebräuchen auseinandersetzen zu müssen. Er erinnerte sich noch gut an das alte Sprichwort, das Joshua Ching oft zitiert hatte: «New York ist der beste Ort auf der ganzen Welt, um einem Menschen den Dünkel auszutreiben.» Er lächelte bei dieser Erinnerung zwar säuerlich, dachte aber nicht daran, Sir James an dem kleinen Scherz teilhaben zu lassen.

Mit Schrecken hatte er nämlich festgestellt, daß er auf James Gordon eifersüchtig war. Er beobachtete ihn verstohlen, weil er unbedingt den Grund für dieses vollkommen neue Mißtrauen und seine ablehnende Haltung entdecken wollte. Vielleicht war es etwas, das im Charakter Seiner Lordschaft lag, von Morgan aber übersehen worden war. Möglicherweise hatte es Sir James verborgen, solange sie im Westen waren, und holte es jetzt heraus wie einen neuen Anzug, den man nur zu passender Gelegenheit trägt.

Aber Morgan hatte sich auch einen neuen Anzug gekauft. Er fand ihn heiß und unbequem, denn er war aus steifem schwarzem Wollstoff und starr wie eine Rüstung. Die Weste engte ihn gnadenlos ein, das gestärkte weiße Hemd und die hohe Krawatte empfand er geradezu als entwürdigend. Um seine Verachtung für diese geckenhafte Gewandung zu zeigen, hatte er sich geweigert, zur Anprobe zum Schneider zu gehen, und hatte dem Ärmsten mit drohendem Blick erklärt, er habe Wichtigeres zu tun; seine äußere Erscheinung sei seine geringste Sorge. Tatsächlich hatte er sich das immer eingebildet.

Sir James' Erscheinung hingegen war seit kurzem für ihn von außerordentlichem Interesse. Er hatte den Engländer zwar immer für recht ansehnlich gehalten, doch jetzt erst fiel ihm auf, wie frisch und rosig die Haut Seiner Lordschaft war, wie elegant der blonde Bart und das gut gekämmte Haar wirkten, wie häufig sich Mädchen und Frauen mit schmachtender Bewunderung nach ihm umdrehten und wie bereitwillig sie auf sein Lächeln reagierten. Sogar seinen Akzent schienen die amerikanischen Frauen attraktiv zu finden, was Morgan niemals gedacht hätte. Jetzt fiel ihm auch Gordons Gewohnheit auf, sich selber immer ein wenig herabzusetzen – nicht gerade unterwürfig, aber gewissermaßen als Kompliment für seine Gastgeber, als die er die gesamte Nation betrachtete, ganz so, als sei er ein zu Besuch weilender Monarch, der ihnen gnädig die Minderwertigkeitskomplexe ersparen wollte. Diese Vorzüge und seine ständigen Lobeshymnen auf Amerika, nach denen Morgans Landsleute, wie er säuerlich feststellte, ein unstillbares Verlangen zu haben schienen, würden Sir James auch für seine Tanten, Onkel, Vettern und Kusinen zu einer solchen Attraktion machen, daß sie von seiner eigenen Rückkehr nach so langen Jahren bestimmt keine Notiz nehmen würden.

Nachdem er sich das eingestanden hatte, fand er, er könne auch gleich zugeben, daß er im Grunde nur befürchtete, Sir James könne ihm auch Sukys Aufmerksamkeit entreißen. Und das wollte er nicht erleben. Deshalb wurde er Sir James gegenüber ständig kritischer und sich selber gegenüber immer ärgerlicher.

Nun saß er hier und wartete auf Suky. Er hoffte, daß er sie schon von weitem erkannte, damit er seiner Verwirrung Herr geworden war, ehe er sie begrüßte.

Er hatte kein Telegramm geschickt, weil er vermeiden wollte, daß sie ihn und Sir James vom Bahnhof in Long Branch abholte. Trotzdem hatte er, als der Zug einlief, unruhig aus dem Fenster gesehen und war überrascht gewesen, wie groß seine Erleichterung war, als er sie nicht entdeckte. Als sie dann über die Ocean Avenue fuhren, saß er wach und aufrecht da und spähte in jeden Wagen, der ihnen begegnete, weil er hoffte, sie im Vorbeifahren zu erkennen. Aber er fand sie nicht; und als der Portier ihm ausrichtete, die beiden Familien seien nach Shrewsbury Bay gefahren, verspürte er einen kleinen Stich.

«Mrs. Van Zandt erwartete Sie schon vor einiger Zeit, Sir. Sie hat Anweisung gegeben, Ihnen, falls Sie in ihrer Abwesenheit eintreffen sollten, mitzuteilen, daß heute abend ein großer Ball stattfindet und daß sie sich freuen würde, wenn Sie daran teilnehmen.»

«Na, das ist ja ein schöner Empfang – ein Ball!» sagte Sir James und fügte hastig hinzu, als könne Morgan denken, er wolle eine sarkastische Bemerkung über seine unaufmerksamen Verwandten machen: «Das nenne ich eine wirklich hübsche Überraschung.»

Morgan war enttäuscht, daß ihre Zimmer nicht zum Strand hinausgingen, denn dann hätte er sie unbemerkt beobachten können, wenn sie das Hotel betrat. Er stand auf dem Balkon vor seinem Zimmer, rauchte eine Zigarre und war wütend, daß der Portier sie hier untergebracht hatte. Sir James war schon wieder unterwegs. Beim Weggehen hatte er Morgan nur kurz zugenickt. Ungeduldig warf Morgan die Zigarre fort, ging leise die Treppe hinunter und streifte ziellos durch die untere Etage des Hotels.

Er schritt durch die Halle und durch den Speisesaal, dessen lange, schmale Tische mit weißem Leinen, Gläsern, Messern und Gabeln gedeckt waren und vor dessen Fenstern moosgepolsterte Körbe mit wuchernden Farnen hingen, stelzte mit langen Schritten über die Veranda, blickte verstohlen zu den plaudernden Damen hinüber, die mit rosa und grünen Strohhalmen aus hohen Gläsern tranken, und fand ihre Stimmen ein wenig zu durchdringend und ihre Mimik ein wenig zu lebhaft, denn er konnte sich nicht vorstellen, daß das Leben hier in Long Branch so viel fröhlicher sein sollte als anderswo. Gekünstelte Fröhlichkeit hatte ihn schon immer gestört, jetzt aber empfand er sie geradezu als persönliche Beleidigung. Suky würde sich sicher nicht so hysterisch benehmen; sie wußte, wie angenehm es war, wenn eine Frau schweigsam sein konnte, und allein das hielt er für etwas außerordentlich Anziehendes und Beruhigendes.

Nachdem er von einem Ende des Hotels zum anderen gewandert war, nahm er in der Nähe des Eingangs Platz, an dem die Kutschen vorfuhren und er die aussteigenden Herren und Damen gut sehen konnte. Plötzlich fand er es unglaublich töricht, daß er sich in eine Situation hatte bringen lassen, in der er nichts anderes tun konnte als warten.

Ein paar junge Mädchen schossen mit Pfeil und Bogen, und wenn sie das Ziel verfehlten, liefen ihre Begleiter eiligst, die Pfeile zu holen, und überreichten sie ihren Partnerinnen mit der gleichen zeremoniellen Würde, mit der Zack ‹Linke Hand› den Tabaksbeutel überreicht hatte. Diese unerwartete Erinnerung erfüllte ihn mit Heimweh, mit stärkerem und schmerzlicherem Heimweh als damals, als sie von hier aus ins Grenzgebiet gezogen waren.

Er dachte an Zack, der auf Cow Island an Land gegangen war und nur einen kurzen Blick über die Schulter zurückgeworfen hatte, als würden sie sich schon morgen, vielleicht aber auch nie wiedersehen. In diesem Augenblick feilschte er möglicherweise irgendwo an einem einsamen Ort mit ‹Linke Hand›. Diese Vorstellung kam ihm so absurd vor angesichts dieser Welt gekünstelter Fröhlichkeit, in der die jungen Mädchen und Männer nur mit Flirts und Krocketspielen beschäftigt waren, daß er daran zweifelte, ob es überhaupt so etwas gebe wie Whisky-Händler und Indianer, die den Männern, sauber und rund wie ein Silberdollar, den Skalp vom Kopf schnitten. Er dachte an Lisette und Marietta, an Matt, Pete und seine jüngeren Brüder, an Jenny und, zu seiner eigenen Überraschung, an Irene Flint, die bei seinem letzten Besuch, in einen Morgenrock gewickelt, im Wohnzimmer gesessen und Champagner getrunken hatte. Auf einmal entdeckte er, daß diese Erinnerungen ihn geheilt hatten. Von nun an saß er mit stoischer Ruhe da und sagte sich, einzig der erste Augenblick sei unangenehm, weil er noch nicht wußte, ob er Suky nur die Hand schütteln oder sie küssen sollte, und wenn er sie küßte, ob er sie auf den Mund küssen dürfe oder auf die Wange. Aber danach würde alles so sein, wie es früher gewesen war: Sie würden Freunde und Verbündete sein, die nichts, aber auch gar nichts voneinander zu fürchten hatten.

Er begann die hübschesten Mädchen herauszusuchen, die eine wegen ihrer vornehmen Haltung, die andere wegen des strahlenden Lächelns, das sie ihrem jungen Begleiter schenkte. Plötzlich wurde ihm klar, daß ja auch diese Mädchen einen Ehemann suchten und sich möglichst einen angeln wollten, ehe die kurze Zeit ihrer schönsten Blüte vorüber war. Ihm schien, als mühten sie sich, jedem zu gefallen, der sie nur ansah. Sie glaubten offenbar, ihr zukünftiger Ehemann sei schon in der Nähe und warte auf sie, und sie müßten sich ihm von ihrer vorteilhaftesten Seite zeigen.

Inmitten dieser hektischen Weiblichkeit tauchte plötzlich ein Mädchen auf – begleitet, wie Morgan flüchtig bemerkte, von einem jungen Mann –, dessen Ausdruck ernst war und das nur ein ganz leichtes Lächeln zeigte. Interessiert sah er ihr entgegen, sah ihre dunklen großen Augen, die der beherrschende Teil ihres Gesichtchens waren, sah, daß sie nicht herausfordernd um sich blickte, sondern nachdenklich vor sich hinsah, während sie ihrem Begleiter zuhörte.

Sie war groß und schlank und ihr Hals so schmal, daß der Kopf darauf ruhte wie eine Blüte. Er schätzte sie sehr jung – auf etwa sechzehn, siebzehn Jahre –, und deshalb beeindruckte ihn ihre gelassene Haltung noch mehr. Er war entzückt und überrascht, als sie auf eine Bemerkung ihres Begleiters hin den Kopf wandte und ihr Ausdruck warm und lebhaft wurde. Neidisch betrachtete er den jungen Mann, erkannte in ihm seinen Vetter Steven Ching, sprang aus dem Sessel hoch und ging mit ausgestreckter Hand auf die beiden zu.

«Steven – du bist es doch, nicht wahr?»

Sie schüttelten sich die Hände und musterten sich interessiert. Morgan fand, daß sein Vetter – inzwischen ein junger Mann von einundzwanzig Jahren – hochnäsiger war denn je. Er schien durchaus alle Vorhersagen erfüllt und sich zu einem verblüffenden Ebenbild seines Vaters entwickelt zu haben. Morgan hatte Steven nie besonders gemocht, war jetzt aber froh, wenigstens *ein* Mitglied der Familie zu treffen. Er begrüßte ihn, als sei er nur gekommen, um ihn, Steven, wiederzusehen.

«Miss Talbot», sagte Steven dann, «darf ich Ihnen meinen Vetter vorstellen? Morgan Devlin.»

Morgan wandte sich ihr zu, froh, daß er sie nun von Nahem sehen und feststellen konnte, ob sie wirklich so ungewöhnlich war, wie er glaubte, oder ob es sich wieder nur um eine Fata Morgana weiblicher Anziehungskraft gehandelt hatte.

Doch ihre Augen waren genauso groß und leuchtend wie aus der Ferne, und sie erwiderten seinen Blick mit freimütigem Interesse, weder kokett noch schüchtern. Ihre würdige Haltung war eine Oase der Erleichterung für ihn und machte sie in seinen Augen zu einem seltenen, wunderbaren Wesen. Er hätte gern gewußt, wer so klug gewesen war, zu verhindern, daß sie zu einer der üblichen koketten, gierigen Schönheiten wurde, die hungrig jedes Kompliment schluckten und nicht genug davon bekommen konnten.

«Sukys beste Freundin», erklärte Steven, und Morgan lächelte beglückt. Er überlegte, ob er sie auch nicht zu auffällig angestarrt hatte, nickte, als wolle er sie zu dieser Freundschaft beglückwünschen, und hörte auf einmal Cedas tremolierende Stimme.

Er fuhr herum, weil er erwartete, Suky zu sehen. Aber sie war nicht da. In der gerade vorgefahrenen Kutsche saßen nur Susan und Ceda, und er lief die Stufen hinunter und küßte sie. Sie rafften ihre Röcke, Sonnenschirme, Handschuhe und Schals zusammen und stiegen hinab in seine Arme.

«Wir haben uns schon Sorgen um dich gemacht, Morgan!»

«Hast du Suky schon gesehen? Sie ist früher zurückgefahren als wir, um sich noch etwas auszuruhen.»

Als sie auf das Hotel zuschritten, waren Steven und Miss Talbot verschwunden. Sie blieben mitten vor der Haupttreppe stehen, und alle Menschen mußten einen Bogen um sie machen. Susan und Ceda überschütteten ihn mit Fragen nach dem Leben in den Bergen, wobei sich herausstellte, daß sie kein Wort von allem glaubten, was Marietta ihnen geschrieben hatte.

«Ist Marietta sehr unglücklich dort? Sie tut zwar, als gefalle es ihr, aber das kann doch nicht stimmen!»

«Mein Gott, mir ist, als wäre ich nie weggewesen!» erklärte er, überwältigt von Begeisterung und Glück, und stellte zu seiner Überraschung fest, daß er dieses Gefühl tatsächlich hatte. Nun, da er seine Tanten leibhaftig vor sich sah, konnte er sich überhaupt nicht vorstellen, warum er sich in eine solche Furcht vor dem Wiedersehen mit Suky hineingesteigert hatte. Er spürte, daß er sie alle, obwohl er sie zwischendurch fast vergessen hatte, stärker liebte, als ihm bewußt gewesen war.

Sie musterten ihn und sprachen über ihn, als sei er gar nicht anwesend. Und er stand da und hörte ihnen liebevoll lächelnd zu. «Er sieht Matt ähnlicher, als ich gedacht hatte.»

«Aber im Gegenteil, Susan. Er sieht eher aus wie Pete. Vor allem um die Augen.»

«Egal, wem er ähnlich ist, er sieht jedenfalls fabelhaft aus. Aber du warst ja schon immer hübsch, Morgan. Und deine Brüder?»

«Wir sehen uns alle ähnlich, Tante Susan. Das weißt du doch.»

«Morgan, wir können es einfach nicht fassen, daß Pete wieder geheiratet hat.»

«Er ist schon seit vier Jahren verheiratet und hat ein kleines Mädchen, das bald zwei Jahre alt wird.»

«Ich weiß, es kommt uns nur so unwirklich vor. Wir kannten Lorena so gut, und er war so unglücklich, als sie und der kleine Matthew starben. Und nun eine neue Frau und ein neues Kind – es ist schwer, sich an den Gedanken zu gewöhnen.»

«Nun, wir haben uns schließlich alle verändert, nicht wahr?» Susan lächelte, und ihr Gesicht wirkte belustigt und ein wenig ironisch. Sie beeindruckte Morgan noch mehr als früher; aber das konnte auch an ihrer teuren Kleidung und dem vielen Schmuck liegen.

Ein Wagen hielt, und aus dem geöffneten Schlag stieg Joshua mit zwei fremden Herren. Sie traten heran, Joshua schüttelte Morgan die Hand, sah ihn abschätzend an und schien durchaus nicht sonderlich erfreut, ihn wiederzusehen. Morgan wußte, daß Joshua es nicht liebte, wenn unerwartete Ereignisse eintrafen oder Menschen auftauchten, die er nicht herbeizitiert hatte. Dann reagierte er nicht selten mit eisiger Ablehnung, die den Eindruck aufkommen ließ, man wäre gerade in einen Familienkrach geraten. Außerdem wußte Morgan, daß Joshua immer versucht hatte, Suky und ihn auseinanderzuhalten.

«Mr. Talbot und Mr. Van Zandt, mein Schwiegersohn.»

Mr. Talbot und Mr. Van Zandt musterten ihn genauso eingehend wie Joshua; die Männer im Osten schienen Fremden gegenüber fast noch mißtrauischer zu sein als die Bewohner des Grenzlandes. Da stand Sukys Ehemann, ein gut aussehender, blonder Mann, höchstens drei bis vier Jahre älter als er, und sah ihn abwägend an, als könnte er ein Taschendieb sein. Auch der Vater des hübschen jungen Mädchens starrte ihn an und fragte sich vielleicht, ob seine Tochter ihn wohl anziehend finden mochte. Und dieser Vater schien auch dafür gesorgt zu haben, daß Felice Talbot kein kicherndes, kokettes junges Mädchen aus gutem Hause geworden war; denn er wäre sicher entsetzt über so eine Tochter gewesen. Vermutlich hatte er ihr schon sehr früh gesagt, daß das Leben ernst und schwer sein kann – auch für die Tochter eines reichen Mannes.

«Ich werde Suky sagen, daß du da bist», flüsterte Susan vertraulich und berührte leicht seinen Arm.

Als die beiden Frauen davongingen, hörte er Ceda sagen: «Ach, was wird Suky sagen, wenn sie ihn sieht!» Doch Susan machte eine abwehrende Geste und gab ihrer Schwester deutlich zu verstehen, kein Wort mehr zu sagen, bis sie außer Hörweite waren.

«Hast du bemerkt, was für ein Gesicht Joshua gemacht hat?» erkundigte sich Susan in der Halle. «Er wußte ja auch, daß die beiden ineinander verliebt waren. Erinnerst du dich noch an den Tag, als der Junge abreiste? Damals war Suky tagelang krank und lag im Bett, und als der Arzt kam, weigerte sie sich, Medikamente zu nehmen.» Susan klopfte an Sukys Tür. «Dürfen wir hereinkommen?»

Suky antwortete mit ungewöhnlich schwacher, hoher Stimme. Als sie die Tür öffneten, sahen sie zu ihrer Enttäuschung, daß Felice ihnen zuvorgekommen war. Jetzt konnten sie nicht mehr sehen, was Suky bei der Nachricht für ein Gesicht gemacht hatte. Felice schien schuldbewußt, daß sie ihnen die Überraschung verdorben hatte. Sie stand steif da, die Füße geschlossen, die Hände auf dem Rücken, lächelte ihnen zaghaft zu und machte zwei rasche Knickse.

Suky hatte einen Morgenrock an, und ihr Haar war noch unfrisiert. Sie hatte anscheinend geschlafen, als Felice kam. «Felice hat mir gerade von Morgan erzählt.» Suky lächelte, aber so unbestimmt, daß Susan überlegte, was sie wohl zu verbergen hatte; sie gab sich aber nicht der Illusion hin, es jemals herauszubekommen. Suky und Felice schienen nur darauf zu warten, ihr unterbrochenes Gespräch wiederaufnehmen zu können. Ceda hätte zwar zu gern ausführlich über Morgan gesprochen, aber Susan zog sie mit sich aus dem Zimmer.

«Komm, Ceda, wir müssen uns umziehen.»

Als sich die Tür hinter den beiden schloß, trat Felice selig, aber zugleich ein wenig unbehaglich lächelnd auf Suky zu. Als Suky das Gesicht der Jüngeren mit beiden Händen umschloß, lachte Felice leise und schlug die Augen nieder. «Merkwürdig, du hast mir soviel von ihm erzählt, daß er für mich gar kein Fremder ist.» Abermals sah sie Suky an, aber jetzt ganz ernst. «Findest du das albern?»

«Natürlich nicht, Felice. Das ist nun einmal so, wenn man sich verliebt. Man glaubt jedesmal, man kenne ihn schon lange – wer immer es auch sein mag.»

Bei diesen Worten wurde Felice so verlegen, daß Suky zum Frisiertisch ging, sich hinsetzte und aufmerksam ihr Spiegelbild betrachtete. Sie sah ein sonderbares Lächeln in ihrem Gesicht, das sie noch nie an sich bemerkt hatte. Sie studierte es eine ganze Weile. Felice war in ihre eigenen Probleme vertieft. Als Suky dann mit ihren Porzellantöpfen und goldenen und silbernen Flaschen hantierte, trat Felice zu ihr. «Ach, Suky, ich weiß ja noch gar nicht, ob es wirklich Liebe ist.» Sie stand hinter Suky, beugte sich zu ihr herab und sah über die Schulter der Freundin in den Spiegel. «Meinst du denn, daß es Liebe ist?»

«Und wenn es so wäre, Felice?» Suky wirkte gleichgültig und ein wenig zerstreut, als denke sie über etwas nach, das nichts mit Felice zu tun hatte. Als Felice sie weiterhin im Spiegel beobachtete, wandte Suky sich um und ergriff ihre Hand. «Sind wir wieder Freunde, Felice?»

«Wieso wieder, Suky? Wir sind doch immer Freunde gewesen.»

Suky sah sie ernst an. «Bist du sicher? Manchmal hatte ich das Gefühl, du traust mir nicht mehr.»

Felice protestierte. Sie regte sich so auf, daß sie die Stirn auf Sukys Knie legte. Suky streichelte ihr beruhigend übers Haar. Felice hatte ihr tatsächlich mißtraut, seit sie vor einem Jahr aus Europa zurückgekommen war. Sie hatte sich in Sukys Gegenwart sehr merkwürdig verhalten, mißtrauisch und zweifelnd, als habe sie eine Entdeckung gemacht, die sie nicht auszusprechen und nicht einmal sich selber einzugestehen wagte. Sie hatte das Gefühl gehabt, daß ihre Freundin und ihr Vetter sie betrogen hatten, weil sie eine andere Art Liebe füreinander empfanden, als es in Felices Augen statthaft war.

Frederic war allerdings nicht der Ansicht, daß Felice Verdacht geschöpft hatte. «Sie ist doch fast noch ein Kind. Junge Mädchen grübeln zwar viel, aber ich glaube nicht, daß sie über uns nachdenkt. Sie hat jetzt ihre eigenen Probleme.»

Trotzdem wäre es Suky angenehm gewesen, wenn Felice sich verliebt hätte. Sie hatte sich sofort danach erkundigt, als Felice aus Europa zurückkehrte. Doch Felice hatte nur gelacht und schien die Frage für einen Scherz zu halten. «Bei der Abreise hat Vater mir streng verboten, mich zu verlieben. Vater sagt, ich darf keinen Ausländer heiraten, ganz gleich, wer es ist.»

«Keinen Verehrer?» Sie hatte Felice verständnislos lächelnd angesehen und noch einmal gefragt: «Nicht einen einzigen?»

«Nicht einen einzigen.»

«Aber was hast du denn die ganze Zeit gemacht?»

«Ach, es gab so viel Interessantes: Opern, Ruinen, Kirchen, Konzerte, Museen und Anproben. Gelangweilt habe ich mich nie. Aber das kenne ich auch gar nicht, weil ich ja immer allein gewesen bin.» Felice hatte die Achseln gezuckt und zurückhaltend gelächelt. Dabei hatte Suky das Gefühl gehabt, daß eine vollkommen andere Felice Talbot zurückgekommen war als das kleine Mädchen, das sich vor einem Jahr so traurig über die lange Trennung von ihr verabschiedet hatte.

Und diese Felice Talbot kniete jetzt vor ihr, den Kopf auf Sukys Knien, und Suky flüsterte: «Wäre es nicht merkwürdig, wenn du dich ausgerechnet in meinen Vetter verlieben würdest?»

Felice hob rasch den Kopf, und in ihrem Gesicht stand wieder dieselbe hingerissene Zuneigung wie früher. «Wenn ich mich wirklich in ihn verlieben sollte, Suky, dann liegt es sicher nur daran, daß ich dich so liebe. Ich hatte mich ja fast schon in ihn verliebt, ohne ihn gesehen zu haben – so viel hast du mir von ihm erzählt.»

Felice schlang ihre Arme um Suky, drückte sie einen Augenblick fest an sich und sprang dann auf. «Suky, ich möchte dich etwas fragen. Versprichst du mir, daß du ehrlich antwortest?»

«Natürlich, Felice. Ich habe dich doch noch nie belogen.»

«Nein, das stimmt, das hast du nie getan.» Sie sprach so nachdenklich, als käme ihr der Verdacht jetzt selber widersinnig vor. «Suky, was ist, wenn ich mich nun in ihn verliebe? Ich meine, es könnte ja sein – würdest du dich darüber freuen?»

«Sehr sogar, Liebes, das weißt du doch.» Suky lächelte. «Aber glaubst du nicht, du solltest warten, bis du wenigstens ein paarmal mit ihm getanzt hast?»

Felice lachte so vergnügt auf, daß man deutlich merkte, sie brauche weder mit ihm zu tanzen noch mit ihm zu sprechen, denn sie war schon jetzt dabei, sich in ihn zu verlieben, und wenn sie hinunterging in den Ballsaal, würde sie dieser Liebe ganz sicher sein. «Ich muß mich umziehen», rief sie, schoß durchs Zimmer, kam aber noch einmal zurück und drückte Suky einen Kuß auf die Wange. «Was soll ich anziehen?» Doch ehe Suky antworten konnte, ging die Tür auf, und Philip trat ein. Felice lief davon, um ihre erste eigene Entscheidung zu treffen.

Philip war anscheinend schlechter Laune. Er warf Suky einen argwöhnischen Blick zu, sprach aber kein Wort. Die Hände tief in den Taschen vergraben, ging er im Zimmer umher.

«Ich habe eben deinen Vetter kennengelernt.»

«Felice auch. Hast du bemerkt, wie durcheinander sie war?»

Er starrte sie an, als wolle er prüfen, wie durcheinander seine Frau selber sei. Aber sie hatte ihn schon so oft belogen, daß Suky überzeugt war, er könne nicht mehr unterscheiden, ob sie die Wahrheit sagte oder nicht.

«Warum ist er eigentlich gekommen?» erkundigte Philip sich mürrisch.

«Das habe ich dir doch gesagt. Er will hier studieren.»

Philip lächelte. «Und deinen Vater überreden, seine Goldmine da hinten im Westen zu finanzieren.»

«Ich glaube kaum, daß er das erwartet.»

Sie trat auf Philip zu und strich mit den Fingerspitzen über seinen Mund, damit er lächelte. Doch Philip tat weiterhin indifferent und gab sich als sorgengeplagter Ehemann, der gern von seinen Problemen sprechen möchte. Trotzdem folgte er ihr ins Bett und nahm sich, wie jedesmal, vor, ihr diesmal zu zeigen, daß sein Wille der stärkere sei, was ihm aber nie gelang. Denn trotz ihrer Seufzer und kleinen Schreie, die andeuten sollten, daß die Intensität ihrer Empfindungen fast unerträglich sei, schlief sie, wenn er von ihr abließ, augenblicklich ein wie ein zufriedengestelltes Kind und war, wenn sie eine Stunde darauf oder am folgenden Morgen erwachte, erstaunt, ihn neben sich zu sehen.

Dieses Mal war sie allein, als sie erwachte. Sie stand schnell auf, weil sie fürchtete, den Ball und ihre Begegnung mit Morgan verschlafen zu haben. Es war aber erst neun Uhr. Sie sah neugierig in den Spiegel, denn sie war überzeugt, daß Ehefreuden eine Frau schöner, die Augen strahlend, die Haut schimmernd und die Lippen weich machten. Sie fand, Liebe verleihe einem etwas Einladendes und zugleich Rätselhaftes.

Während sie sich zurechtmachte, lachte sie von Zeit zu Zeit, weil sie daran dachte, wie oft sie mit Morgan zusammengewesen und Streiche ausgeheckt hatte – damals, im Sommerhaus, wo die Rosen in ihrer Erinnerung den ganzen Sommer lang geblüht hatten. Ob Morgan nun inzwischen andere Mädchen geliebt hatte oder ob er sich bald in Felice verlieben würde – sie glaubte fest daran, daß er ihr immer noch nahestand und daß sie sich auf ihn verlassen konnte. Denn sie vertraute keinem Menschen und hatte genug Gründe dafür, nicht nur Philip und Coral Talbot zu mißtrauen, sondern auch Joshua und Susan, und sogar Frederic. Sie mißtraute eigentlich allen, die sie kannte, so daß sie manchmal meinte, ihr Leben sei genauso unsicher wie das eines Straßenbettlers.

Als das weiße Tüllkleid zugehakt war, sprühte sie Tuberosenparfum auf Haar und Schultern, nahm eine weiße Rose aus der Vase vom Ankleidetisch und trat auf den leeren Korridor. Zuerst ging sie langsam, dann wurde sie jedoch von Aufregung ergriffen und begann fast zu laufen. Sie hatte Morgan ein Briefchen überbringen lassen und ihn gebeten, sie um halb elf auf der südlichen Veranda zu erwarten. Dort waren sie von Tänzern und Spaziergängern ungestört. Als sie haltmachte, um wieder zu Atem zu kommen, sah sie ihn stehen, den Rücken ihr zugekehrt. Mit leichten, unhörbaren Schritten schlich sie auf ihn zu, um ihn nach alter Gewohnheit zu überraschen. Die Nacht war warm, der Wind hatte sich gelegt, und vom Meer drang der salzige Geruch des Seetangs herüber. Es war fast alles genau wie früher.

Als sie dicht hinter ihm stand, sagte sie leise: «Morgan?»

Er drehte sich um, langsam, als glaube er nicht, daß sie wirklich da war. Dann schritten sie aufeinander zu, zögernd und feierlich wie Kinder, die ein zeremonielles Spiel spielen. Suky streckte die rechte Hand aus, die Innenseite nach oben, und nach einem Augenblick legte er die seine darauf, die Innenfläche nach unten. Dann zog sie ihr uraltes Symbol des Schweigens hervor: die weiße Rose, die sie auf dem Rücken gehalten hatte. Als sie ihm die Blüte hinstreckte, nahm er sie in die Arme und küßte ihre Lippen mit solcher Leidenschaft, daß sie erschrocken zurückwich, als er sie losließ. Sie hatte das Gefühl mit geschlossenen Augen gegen eine Wand gelaufen und gestürzt zu sein.

«Mein Gott, Morgan, hast du dich verändert!»

Er lachte und schien sich über ihre erstaunten Worte zu freuen. «Du auch.» Seine Hände lagen auf ihrem Rücken, und er zog sie wieder an sich. Dann ließ er sie jedoch abrupt los. «Ich hab dir zweierlei mitgebracht: ein Büffelfell und einen englischen Lord – was willst du zuerst?»

39

«Der Unersättliche setzt sich mit Appetit zum Mahle», sagte Matt mit leiser, nachdenklicher Stimme. Es klang ironisch und bitter. Jenny schluchzte auf, dumpf, als halte sie sich den Mund zu, damit Matt sie nicht hören konnte oder zumindest keinen Versuch machte, sie zu trösten. Er tastete in der Dunkelheit unsicher nach seinen Kleidern und zog sich an. Das erstickte Schluchzen ging weiter. Offenbar bereute sie jetzt, wo es zu spät war, daß sie am Morgen im Büro Matt im Vorbeigehen zugeflüstert hatte: «Komm heute abend zu mir, Matt. Bitte! Ich muß dich sprechen.»

Sie hatte seine Antwort nicht abgewartet, sondern ihm von der Tür her nur einen Blick zugeworfen, der in Sekundenschnelle alle guten Vorsätze löschte, die er gefaßt hatte.

Abends um elf war er ungeduldig ums Haus gestrichen und hatte darauf gewartet, daß Erma Finney und Margaret Webb sich verabschiedeten. Er war außer sich, daß die beiden ausgerechnet diesen Abend für einen ihrer unangemeldeten Besuche gewählt hatten, und glaubte, das habe Erma Finney bewußt getan, um sich – wie immer – zwischen ihn und Jenny zu schieben. Er war nahe daran, den Besuch der beiden Frauen als schlechtes Omen zu deuten, und wollte gerade fortgehen, als die Frauen aus dem Haus traten. Aber wahrscheinlich wäre er höchstens bis zum Fuß des Berghangs gegangen und dann wieder umgekehrt, entschlossen, Erma Finney und allem, was sie repräsentierte, die Stirn zu bieten.

Jenny ließ ihn ein, legte den Finger auf den Mund und bat ihn, leise zu sein, weil Leila etwas unruhig sei. Sie lief die Treppe hinauf und warf ihm wieder den flehenden Blick zu, der ihn dazu bestimmt hatte, herzukommen. Dann hörte er, wie Leilas Zimmertür geschlossen wurde.

Über eine halbe Stunde saß er steif auf dem Sofa und wagte nicht, sich zu rühren, weil er Angst hatte, Leila könne ihn hören und nachsehen wollen, ob jemand da sei. Während er wartete, sah er sich eingehend im Zimmer um, als rechne er damit, eines Tages selber hier zu wohnen. Jenny schien ein Feind von Veränderungen zu sein. Es sah alles noch fast genauso aus wie an dem Tag, als er das Zimmer zum erstenmal betreten hatte. Die einzigen Veränderungen schienen von oder für Leila vorgenommen worden zu sein.

Auf dem Tisch lagen Bücher, aus denen die Eltern ihr vorlasen, in

Petes Sessel saßen zwei Puppen, und auf der Couch fand er ein winziges Goldmedaillon. Er wollte schon danach greifen, zog die Hand aber schuldbewußt wieder zurück, als habe er sich bei einem Diebstahl ertappt. Nur Leila war es, die es ihm schwermachte, in Jenny sein Eigentum zu sehen, und er war überzeugt, daß er seine guten Vorsätze nur Leilas wegen leichter hatte durchführen können.

Zuletzt konnte er dem Impuls doch nicht länger widerstehen. Er nahm das Medaillon, untersuchte es von allen Seiten, ließ es lächelnd an der Kette pendeln und öffnete es. Auf der einen Seite war Leilas Bild, auf der anderen Petes. Er klappte es wieder zu und legte es auf das Sofa zurück. Dies schien ihm das zweite schlechte Omen zu sein, und er wollte nun wirklich gehen.

Er stand auf, zögerte aber wieder einmal, und sein Herz begann wie rasend zu klopfen. Als er versuchte, eine vernünftige Erklärung dafür zu finden, lächelte er ironisch über seine Unehrlichkeit und seine Naivität. Er war immer noch derselbe charakterlose Schuft wie eh und je, und seine Entschlüsse waren vollkommen sinnlos und nur eine vorübergehende Tarnung. Oben wurde die Schlafzimmertür geöffnet, und er fuhr zusammen, weil er glaubte, Pete sei gekommen. Er lief in die Diele und sah Jenny oben an der Treppe stehen. Sie blickte zu ihm herunter und lächelte.

Wie sich herausstellte, hatte sie ihm gar nichts Besonderes mitzuteilen. Sie sprach die ganze Zeit fast kein Wort, und erst als er sich über sie beugte und sich verabschiedete, berührte sie sanft seine Wange und murmelte: «Matt, es war nicht fair von mir, ihn zu heiraten.»

«So etwas darfst du nicht sagen!» Er packte sie grob bei der Schulter und schüttelte sie. «Ihr seid doch glücklich miteinander!» Er spürte, wie sich sein Gesicht im Dunkeln zu einem hämischen Grinsen verzog, als habe er einen Feind vor sich. Er runzelte die Stirn und wurde ernst.

«Er weiß von uns», sagte sie. «Manchmal ertappe ich ihn dabei, wie er mich so seltsam ansieht, und dann weiß ich genau, was er denkt. Einmal hätte ich es sogar fast laut abgestritten.»

«Menschen mit schlechtem Gewissen haben eine lebhafte Phantasie», erwiderte er und wunderte sich, warum ihre Sorgen ihn so wenig berührten.

Doch da begann Jenny zu seinem Schrecken auf einmal zu lachen, und als er sie schüttelte, weil er fürchtete, Leila könne kommen und nachsehen wollen, was ihrer Mutter fehle, lachte Jenny nur noch hysterischer. Er ließ sie los und ging, um ihr Lachen nicht mehr hören zu müssen, das sie nur ins Unglück stürzen konnte.

«Gute Nacht, Jenny.» Er zog die Schlafzimmertür hinter sich zu, blieb einen Augenblick stehen und lauschte, stieg dann die Treppe hinab und atmete unten tief auf. Plötzlich hatte er es sehr eilig, nach Hause zu kommen. Behutsam tappte er in der Diele umher, tastete an der Garderobe nach Hut und Mantel – und spürte auf einmal, daß jemand im Haus war.

Menschen mit schlechtem Gewissen, beruhigte er sich, haben eine lebhafte Phantasie. Er suchte weiter, ziemlich geräuschvoll jetzt, und fluchte leise, während er weiter nach seinen Sachen tastete. Plötzlich blieb er reglos stehen und hielt den Atem an, weil er glaubte, den anderen, falls tatsächlich einer da war, in eine Falle locken zu können. Er glaubte zu spüren, wie der Feind näher kam und zum Angriff ansetzte. Aber er zögerte, die Pistole zu ziehen, denn er war überzeugt, der Mann, der da hinter der Eßzimmertür stand, sei kein anderer als Pete.

Zuletzt, als er ganz sicher war, doch allein zu sein, spürte er, wie sein Körper sich entspannte und wie ein erhebendes Triumphgefühl ihn für einen Augenblick nachsichtig und selbstgerecht stimmte. Er machte zwei oder drei Schritte zur Tür, griff nach dem Knauf und spürte einen betäubenden Schlag an der Schläfe. Seine Beine knickten ein, und er sank in die Knie – immer noch überzeugt, dies alles geschehe nur in seiner Phantasie. Dann warf sich ein Mann auf ihn, Finger umklammerten seinen Hals, und beide fielen keuchend und um sich schlagend zu Boden. Dann herrschte Schweigen.

Der Mann lag wie ein Bleigewicht auf ihm. Matt versuchte, den Würgegriff zu lockern. Endlich gelang es ihm, und er tat einen tiefen, pfeifenden Atemzug. Aber sogleich schlossen die Hände sich wieder um seine Kehle, drückten fester, tiefer, bis sich das Blut in seinem Kopf so staute, daß er meinte, es müsse durch Mund und Ohren herausspritzen. Der verlockende Gedanke an einen schnellen Tod schoß ihm durch den Kopf, trotzdem wehrte er sich weiter, versuchte den anderen abzuschütteln, konnte es aber nicht, denn die Umklammerung war nicht zu sprengen. Der andere hielt ihn mit den Beinen wie in einem Schraubstock und erdrückte ihn fast mit seinem Oberkörper. Matt hatte das Gefühl, die einzige Möglichkeit, von ihm loszukommen, sei zu sterben.

Zuletzt lag er ganz still und spürte, wie er schwerelos in einem warmen Strom dahinschwamm. Er war es zufrieden, ewig dort zu bleiben und nie wieder Luft zu atmen und sich nie wieder gegen die Schwerkraft zu wehren. Als er die Augen aufschlug, war er verblüfft, Jenny zu sehen. Sie beugte sich in ihrem langen weißen Nachthemd über ihn, in einer Hand einen Leuchter, in der anderen Leilas silberbeschlagene Pistole. Beim Anblick dieser Erscheinung richtete er sich langsam auf, während Jenny zur Haustür ging und sie schloß.

«Ich habe ihn gesehen», sagte sie. Er hatte keine Ahnung, wovon sie sprach. Er stemmte sich mühsam hoch und lehnte sich gegen die Wand. Sein Kopf hing kraftlos herab, und er starrte benommen auf seine Stiefelspitzen. Jenny stellte den Leuchter hin, verriegelte die

Tür, schlang die Arme um ihn und hielt ihn fest. Am liebsten hätte er auch sie fortgestoßen.

«Es war Pete», murmelte sie. «Er hob den Kopf, als ich die Treppe herunterkommen wollte.»

Matt stemmte die Hände gegen ihre Schultern und schob sie behutsam zur Seite. Er hatte das Gefühl, ihre Nähe ersticke ihn und er müsse nun doch noch hier sterben. «Hast du Angst, allein hierzubleiben, wenn ich jetzt gehe?»

«Natürlich nicht. Aber du kannst jetzt nicht gehen, Matt. Er wartet bestimmt draußen auf dich.»

Er lächelte ungläubig und mitleidig. «Wer es auch war, Jenny, auf keinen Fall war es Pete. Er wartet auch nicht auf mich, und wenn er es doch tut, dann ...» Seine Muskeln zitterten, und seine Schritte waren schwankend und unsicher, als er ins Wohnzimmer ging. Dort fand er Hut und Mantel und zog sich an. «Schließ die Tür ab, Jenny. Und geh wieder nach oben.»

«Du kannst nicht gehen, Matt!» Sie klammerte sich an seinen Arm.

Wütend riß er sich los, drehte sich aber noch einmal zu ihr um und sprach sanft auf sie ein. «Geh zu Bett, Jenny. Es war nur ein Einbrecher. Ich habe ihn erkannt. Er treibt sich schon seit mehreren Tagen in der Stadt herum. Ich werde ihn morgen anzeigen.» Matt fand, daß er bemerkenswert ruhig und beherrscht war. Er glaubte wirklich, daß er die Wahrheit sagte, und hatte Mitleid mit ihr, denn sie machte auf ihn den Eindruck, als sei sie von Sinnen. «Es ist fast hell, er kommt bestimmt nicht zurück. Er hat mich nicht verletzt – es war nur eine kleine Rauferei. Völlig harmlos.»

Er lächelte aufmunternd und ging aus dem Haus, obwohl sie noch einmal versuchte, ihn zurückzuhalten. Draußen wartete er, bis sie abgeschlossen hatte, und machte sich dann auf den Weg in die Stadt. Er ging langsam und lauschte angestrengt. Allmählich wirkte die kalte Luft wiederbelebend auf seine Sinne. Auf einmal blieb er stehen und fragte sich, warum nur Pete es so umständlich angefangen hatte, ihn umzubringen, warum er ihn nicht einfach erschossen oder erstochen hatte. Aber vielleicht scheute sich Pete, das Blut seines eigenen Bruders zu vergießen.

In den Hauptstraßen brannte in mehreren Häusern noch Licht. Vereinzelt schlenderten Männer umher, und er hörte Musik, die immer lauter wurde, je weiter die Nacht fortschritt und je betrunkener die Musikanten wurden. Er ging zum Büro der Devlin Brothers, schloß die Tür auf, trat ein und setzte sich, ohne sich umzusehen, an einen Schreibtisch nahe der Tür. Mit einemmal war er wieder wach, denn er nahm an, daß Pete sich hier mit ihm treffen wollte und daß er gleich zur Tür hereinkäme. Als er eine Zeitlang vergebens gewartet hatte, erschien ihm seine Vermutung ebenso unwahrscheinlich wie der

Gedanke, daß Pete es gewesen sein sollte, der ihn überfallen hatte. Unwillkürlich begann er selber an seine Lüge vom Einbrecher zu glauben.

Endlich glaubte er, lange genug gewartet zu haben, um entweder Pete oder sich selber zu beweisen, daß er sich nicht verstecken wollte. Es verlangte ihn jetzt ebensosehr nach Marietta, wie es ihn vorher nach Pete verlangt hatte. Schlafen würde er nicht können, aber er merkte, daß er hungrig war, und stellte sich das Frühstück vor, das Marietta ihm gleich vorsetzen würde: ein kleines, blutig gebratenes Steak, ein Omelette mit Austern, vielleicht ein paar Pfannkuchen und viel Kaffee. Dieses gierige Interesse an Dingen, mit denen er sich den Magen vollstopfen konnte, schien zu beweisen, daß der Kampf, den er ausgefochten hatte, tatsächlich nichts als eine Rauferei gewesen war, eine kleine Warnung seines Bruders. Pete war in seinem Leben selten aus der Haut gefahren, aber wenn er es getan hatte, dann war er fürchterlich jähzornig geworden. Deshalb erschien es Matt nun ganz und gar nicht mehr überraschend, daß er ihn überfallen hatte.

Zu Hause erklärte er Marietta, der Mann, den er aufsuchen wollte, sei nicht zu Hause gewesen, und er habe nicht auf ihn warten wollen, sondern sei noch in der Nacht zurückgeritten. Da sie keine Einwände gegen diese Erklärung vorbrachte, ging er hinaus, rasierte sich, zog sich um und kam erfrischt und voll neuer Kraft zum Frühstück. Während er ihr gegenübersaß, kam ihm die vergangene Nacht so unwirklich vor wie ein Albtraum, an den er sich jetzt kaum noch erinnern konnte.

Die gewohnte Routine der nächsten halben Stunde steigerte seine Sicherheit noch. Robert und Douglas kamen herein, kurz darauf erschien Annabel; er unterhielt sich mit seinen Kindern, während sie zusammen frühstückten, erzählte ein paar Geschichten, über die alle lachten. Als sie aufstanden und gingen, blieb er noch sitzen, um ein paar Zeitungen zu lesen, die aus New York gekommen waren, eine Zigarre zu rauchen und in Ruhe seinen Kaffee zu trinken.

Marietta trug das Geschirr in die Küche, fegte die Krumen vom Tisch und setzte sich schließlich ihm gegenüber, um noch eine Tasse Kaffee zu trinken. Als sie unvermittelt den Kopf hob, sah sie, daß Matt sie beobachtete. Seine Augen wurden schmal, und es trat ein wachsamer Zug in sein Gesicht. Er war sich durchaus darüber im klaren, daß er auf Marietta wie ein Mann in Abwehrstellung wirkte. Er hob die Zeitung, um sich dahinter zu verstecken. Da sagte Marietta leise: «Pete war gestern abend hier.»

Eine Zeitlang saß er stumm da und starrte über den Tisch auf die geschnitzte Anrichte mit den Terrinen und Silberleuchtern, über der das große, goldgerahmte Ölbild hing, das sie schon in New York im Eßzimmer gehabt hatten.

Er überlegte, was sie wissen mochte und welche Lüge er ihr auftischen sollte. Schließlich sagte er: «Pete ist doch gestern früh nach Deer Lodge geritten. Ich habe ihn noch gesprochen, ehe er sich auf den Weg machte. Von da aus wollte er noch zwei oder drei andere Camps besuchen. Das kann er unmöglich alles an einem Tag geschafft haben.» Sie lächelte, und er hatte das unbehagliche Gefühl, daß Marietta ihn bemitleide. «Um wieviel Uhr war er hier?» Er sprach barsch, als fürchte er, sie könne sonst etwas vor ihm verbergen, etwas Wichtiges und Wesentliches, das er unbedingt aus ihr herausholen mußte.

Marietta stützte die Ellbogen auf den Tisch, legte das Kinn in die Hand und betrachtete gedankenverloren das Bild, während er gespannt auf ihre Antwort wartete. «Er kam kurz nach elf. Douglas war ausgegangen, Robert und Annabel schliefen schon. Ich habe gelesen.»

«Wie lange ist er geblieben?» Er runzelte, unangenehm berührt von dem harten, knappen Ton seiner Stimme, die Stirn und betrachtete Marietta, als sei sie eine fremde Frau, die ihm schlechte Nachrichten bringe.

«Ungefähr eine Stunde.» Sie warf ihm einen raschen Blick zu, und als er diesen Blick mit offener Unschuld erwidern wollte, konnte er es nicht, sondern wandte die Augen ab.

«Elf Uhr», sagte er, zog an seiner Zigarre und wog die Information sorgfältig ab. Er kniff die Augen zusammen und wandte sich mit mißtrauischem Blick an seine Frau. «Eine recht merkwürdige Zeit für einen Besuch, nachdem er behauptet hatte, er wolle nach Deer Lodge reiten.»

Er beglückwünschte sich zu dieser geschickten Logik, durch die er Pete ins Unrecht setzte, weil er gelogen hatte – und nicht nur Pete, sondern auch Marietta, weil sie Pete trotz dieser Lüge empfangen hatte. Aber sie ließ sich nicht verwirren, und Matt hatte das beunruhigende Gefühl, daß Marietta sich an ihm rächen wollte.

Mariettas Mitgefühl für Pete und ihre heimliche Kritik an ihm erschienen ihm wie eine himmelschreiende Ungerechtigkeit. Er empfand eine Feindschaft gegen die beiden, als seien sie die Aggressoren und er ihr unschuldiges Opfer.

Er beugte sich vor und fragte grob: «Wieso ist er hergekommen? Warum ist er nicht nach Haus gegangen?» Sein Blick war so inquisitorisch, als argwöhne er, Pete sei aus dem gleichen Grund zu Marietta gekommen, aus dem er Jenny besucht hatte. Er schämte sich dieses Gedankens zwar sofort, sah Marietta aber weiterhin herausfordernd an.

«Er wollte mich sprechen.»

«Dich sprechen?» Matt lächelte. «Um diese Zeit? Das muß ja etwas sehr Wichtiges gewesen sein.»

«Matt», sagte sie warnend, und da wurde er noch angriffslustiger. Plötzlich fand er es absurd, daß er angenommen hatte, Marietta sei die ganze Zeit ahnungslos gewesen, und er wurde kleinlaut. «Ich machte die Tür auf, und da stand er. Er sah so müde und abgespannt aus, daß ich richtig Angst hatte. Du weißt doch, wie Pete aussieht, wenn er Kummer hat: genau wie du und die Jungens – hilflos und wütend.» Matt nickte. Das kannte er. «Zuerst glaubte ich, er hätte getrunken. Als ich ihn aufforderte, hereinzukommen, blieb er draußen stehen und starrte mich so wild an, wie ich es noch nie bei ihm gesehen habe. Ich mußte an den Tag denken, als Lorena und der kleine Matthew starben.»

Matt seufzte unwillkürlich auf und schüttelte traurig den Kopf über Petes Kummer, als sei es gar nicht er selber, der diesen Kummer verursacht hatte. «Ja, ich erinnere mich.» Er starrte auf das Tischtuch, und Marietta sprach mit sanfter Stimme weiter.

«Schließlich sagte er, er müsse mich sprechen, und kam herein. Ich fürchtete, er sei krank, aber das stritt er ab. Er sagte, er sei nur müde und niedergeschlagen. Dann fragte er mich, ob ich glaube, daß Jenny glücklich sei und daß sie ihn liebe.»

Unwillkürlich zuckte Matt zusammen. «Er hat *dich* gefragt, ob Jenny ihn liebt? So etwas tut Pete nicht. Dazu ist er viel zu stolz. Er würde nie einen anderen fragen, ob seine Frau ihn liebt und glücklich ist.» Er tat, als habe Pete nicht das Recht, sich so zu vergessen und eine solche Frage zu stellen.

«Ich fand es auch seltsam. Aber ich will dir damit nur erklären, Matt, wie bedrückt und verwirrt er war. Er wirkte, als sei er betrunken, krank oder entsetzlich unglücklich. Es schien mir fast, als hätte er am liebsten geweint, wage es aber nicht, weil er noch nie geweint hat.»

«Das ist doch albern!» Matt steigerte sich jetzt in Verachtung hinein und wollte den verzweifelten Argwohn seines Bruders mit ein paar flüchtigen Gesten wegwischen. «Was zum Teufel ist denn bloß in ihn gefahren? Ein Mann, der soviel Glück gehabt hat, holt mitten in der Nacht andere Leute aus dem Bett und jagt ihnen einen solchen Schrecken ein. Sobald er zurückkommt, werde ich ihn mir vornehmen. Bei Gott, das werde ich!» Seine schwarzen Augen glitzerten vor Empörung und funkelten Marietta drohend an.

Marietta erwiderte seinen Blick nachdenklich. «Bist du sicher, daß du mit ihm sprechen willst, Matt?»

Er sprang auf. «Natürlich will ich mit ihm sprechen. Ich werde mit ihm sprechen, und bei Gott, ich werde diesem Unsinn eine Ende machen! Dich geht das nichts an, Marietta. Misch du dich nicht in Dinge ein, die nur uns beide betreffen, und tu nichts, was du später doch nur bereuen würdest. Versuche ja nicht . . .»

«Matt!» Sie lief aus dem Zimmer, und er blieb sprachlos zurück.

Dann folgte er ihr in die Küche, und sie fragte ihn: «Was hast du eigentlich vor?»

«Pete hat Sorgen, und ich möchte ihm helfen.» Er lächelte ironisch. «Bist du der Ansicht, ich sollte es nicht tun?» Er wartete einen Augenblick und zuckte dann mit den Achseln wie jeder vernünftige Mann, der es mit weiblicher Logik zu tun bekommt. Verärgert verließ er das Haus.

Er war überrascht, in Marietta einen so heftigen Gegner zu finden, um so mehr, als er nicht sicher war, ob sie etwas ahnte. Während er in die Stadt ritt, machte er sich bestürzt klar, daß es für Marietta möglicherweise höhere Werte gab als ihre Liebe und daß sie, um diese Werte zu schützen, Demütigungen ertragen würde, die sie normalerweise nicht auf sich genommen hätte. Er schämte sich seines Betragens, weigerte sich aber umzukehren und sagte sich, er habe sich zwar nicht wie ein Gentleman benommen, aber wenigstens verhindert, daß Worte fielen, die besser ungesagt blieben.

Energiegeladen betrat er das Büro, begrüßte zerstreut die beiden Kassenverwalter und die drei Angestellten, als sei er mit seinen Gedanken schon bei der Arbeit, steuerte auf Petes Büro zu, wo er zu seiner Überraschung nicht Pete, sondern Jonathan fand, der sich mit einem ihm unbekannten Mann unterhielt. «Wo ist Pete?»

«Noch nicht zurück. Er wollte erst Samstag kommen.»

«Ach ja, das hatte ich ganz vergessen.»

Er nickte dem Fremden zu und ließ die beiden allein. Jonathan hatte jetzt ebenso viele private Pläne wie Morgan, und Matt war sehr zufrieden mit seinen tüchtigen Söhnen. Als Kinder hatten die beiden sich wegen jeder Kleinigkeit gestritten – sogar am Abend von Petes und Jennys Hochzeit waren sie sich wegen Georgina Hart in die Haare geraten –, aber diese Rivalität hatte sich völlig gelegt. Jetzt hatte jeder seine eigenen Ziele, und sie kamen sich nicht mehr in die Quere. So müßte es mit Pete und ihm auch wieder werden. Er wollte es jedenfalls versuchen. Während er am Vormittag Briefe schrieb, Verträge prüfte, Darlehen besprach und neue Projekte begutachtete, wurde ihm klar, daß Petes Überfall nur aus einer grenzenlosen Verzweiflung erfolgt sein konnte. Denn ein Mann wie Pete würde sonst nie auf den Gedanken kommen, etwas zu zerstören, was sie gemeinsam aufgebaut hatten, vor allem nicht aus einem so lächerlichen Grund wie einer vermeintlichen Verletzung seiner männlichen Würde.

Hätte man in diesem Augenblick von ihm verlangt, Jenny ein für allemal aufzugeben, wäre er sofort einverstanden gewesen, mit der gleichen Bereitwilligkeit, wie wenn man ihn gebeten hätte, ein paar Dollar für die Weihnachtskasse zu stiften oder den ersten Stock seines Bürohauses für einen Freimaurerball zur Verfügung zu stellen. Er betrachtete ihr Verhältnis zueinander jetzt mit Gelassenheit, die ihn selber erstaunte. Es kam ihm vor, als habe er lediglich ein nicht sehr bedeutendes Spiel verloren und sei durchaus bereit, den Preis zu zahlen.

Diese Entdeckung machte ihn froh. Er wartete geradezu ungeduldig auf Petes Rückkehr, überzeugt, daß jetzt eine Auseinandersetzung mit ihm nicht mehr nötig sei, weil sie einander nun, wie schon so oft, auch ohne Worte verstehen würden.

Es war ihm jetzt klar wie nie zuvor, daß Jenny Danforth, wie er sie in Gedanken immer noch nannte, in ihrer beider Leben eine Art Naturereignis war. Außer Jenny gab es keinerlei Rivalität zwischen ihnen und hatte es auch nie gegeben.

Er konnte sich nicht erklären, warum er nicht schon früher darauf gekommen war. Jetzt endlich wußte er, was er tun mußte, um wieder Ordnung in ihrer aller Leben zu bringen. Jetzt war er auch bereit, die Verantwortung für die ganze Familie auf sich zu nehmen, ob sie nun in seiner Schuld standen oder nicht. Um diese Aufgabe zu erfüllen, brauchte er nichts weiter als die Liebe und den guten Willen, die er für sie alle empfand, und die Bereitschaft, seine eigenen Wünsche zu ihrer aller Vorteil zu unterdrücken.

Um zwölf Uhr ging er, genau wie damals vor drei Jahren, ins St. Louis Hotel und setzte sich ans Fenster. Die Straßen waren belebt, er sah viele Bekannte zu Pferde oder zu Fuß vorübereilen, aber Pete, auf den er wartete, kam nicht. Er wurde immer ungeduldiger, da er ja auch nicht wußte, wo er ihn suchen sollte. Er war so damit beschäftigt, auf Pete zu warten, daß er Jenny, die vor dem Büro vorfuhr, nicht gleich erkannte. Dann sprang er wie vom Blitz getroffen auf, jagte die Straße entlang, stieß den Jungen weg, der ihr aus dem Wagen helfen wollte, und reichte ihr seine Hand. Als sie an ihm vorbei auf die Tür zuschritt, verbeugte er sich höflich. Keiner von beiden sagte ein Wort.

Er folgte ihr ins Haus und rechnete damit, daß sie schlechte Nachrichten brachte. Vielleicht hatte Pete den Verstand verloren oder drohte, die ganze Familie ins Unglück zu stürzen, vielleicht hatte er auch einen Selbstmordversuch unternommen. Selbstmord! Das erschien ihm in Petes Situation auf einmal so logisch, daß er seinen Bruder während des kurzen Weges vom Eingang zu seinem Privatbüro bereits als Toten sah und seinen Tod als Offenbarung all ihrer Sünden vor den Augen der ganzen Stadt. Lautlos schloß er die Tür. Als Jenny sich zu ihm umwandte, glaubte er, jetzt sei alles zu Ende. Er war so besessen von der Gewißheit, daß ihm, als sie leise sagte: «Ich habe ihn noch nicht gesehen», vor Schrecken ganz schwach wurde und er zutiefst enttäuscht war, daß sich nun doch noch keine Lösung abzeichnete.

«Nimm Platz, Jenny.» Er rückte ihr einen Stuhl heran, ging hinter den Schreibtisch und setzte sich ihr gegenüber. Er sah sie eindringlich an, als wolle er sie zwingen, die Wahrheit zu sagen.

Sie trug ein neues Kleid aus rot-schwarz kariertem Taft, der breite weiße Leinenkragen war mit einer schwarzen Samtschleife zusammengebunden und das Haar in einer komplizierten neuen Art aufgetürmt, die er nicht so hübsch an ihr fand wie die schlichte Frisur, mit der er sie kennengelernt hatte. Aber er konnte sie natürlich nicht bitten, sich anders zu frisieren, denn vielleicht mochte Pete diese Frisur lieber. Ihre Lider waren dunkel nachgezeichnet, und sie duftete nach Veilchenparfum, aber ihre Haut war matt und glanzlos, woran er sah, daß sie sehr müde war oder krank. Als er sie eingehend betrachtete, kam es ihm vor, als sei sie ein Mensch, den er nur flüchtig kannte – vielleicht eine Kundin, die zu ihm gekommen war, um über Geldangelegenheiten zu sprechen.

Das brachte ihn auf den Gedanken, sie tatsächlich so zu behandeln, als sei sie nur eine Kundin. Er ging zur Tür und rief hinaus: «Bringen Sie mir Mrs. Devlins Akte!» Dann nahm er wieder Platz, und sie warteten schweigend auf die Papiere. Nur Jenny lächelte leicht und schien ein wenig belustigt.

Als ihm die Akte vorgelegt wurde, beschäftigte er sich mehrere Minuten lang stirnrunzelnd mit verschiedenen Dokumenten, bis er sie plötzlich lachen hörte und aufblickte. Mit einer entschuldigenden Geste wies er auf die Papiere und begann ihr auseinanderzusetzen, warum sie ihren Anteil am Marysville-Claim verkaufen und woanders investieren solle. Dann lehnte er sich zurück, hakte die Daumen in seinen Gürtel und sagte mit lauter Stimme, so daß niemand, der an der Tür vorbeikam, es überhören konnte: «Wir erwarten ihn nicht vor morgen abend zurück. Vielleicht sogar erst übermorgen.»

«Was redest du da?» Ihre Miene wurde hart und verkniffen, als sei sie ein Mann, der mit ihm über geschäftliche Dinge zu sprechen habe.

«Ich wüßte nicht, weshalb er früher zurückkommen sollte als erwartet.» Matt beugte sich vor und fragte scharf: «Oder?»

«Was soll das, Matt! Warum stellst du dich dumm? Er hat versucht, dich umzubringen. Glaub ja nicht, daß das nur eine kleine Auseinandersetzung zwischen euch war, etwas, das ihr beide in wenigen Tagen wieder vergessen habt. Er ist damals vor drei Jahren, als wir oben waren, im Haus gewesen, auch wenn er es nie zugegeben hat. Und gestern nacht hat er dich überfallen. Er will dich umbringen. Und er wird es tun. Ich glaube, er hat völlig den Verstand verloren.»

Er lachte und wandte sich ab, denn er brachte es nicht mehr fertig, ihr in die Augen zu sehen. «Das ist doch lächerlich! Er ist normaler als wir alle.»

Eine Weile schwieg sie, dann fragte sie in nüchternem Ton: «Gut. Nehmen wir an, er ist normal. Aber macht ihn das weniger gefährlich?»

Er sah sie nachdenklich an. Ihre angespannten Gesichter und ihre flüsternde Konversation stempelten sie für einen unbefangenen Beobachter zu regelrechten Verschwörern. Und er war sich nicht klar darüber, wieviel von dem Gefühl, das sie füreinander hegten, Liebe war, und wieviel einfach aus dem faszinierenden Bewußtsein entsprang, Komplicen zu sein, die jedes Verbrechen in einen Beweis von Vertrauen umdeuteten. Aber er sah deutlich, daß Jenny mit dem, was sich zwischen ihm und Pete abspielte oder abspielen würde, nichts mehr zu tun hatte. Davon mußte er sie überzeugen.

Nach einer Weile runzelte sie die Stirn und seufzte resigniert. «Als ich aus dem Schlafzimmer kam, lagst du bewußtlos am Boden, und er kniete auf deiner Brust und hatte die Hände um deinen Hals gelegt. Als er aufsprang, versuchte er sein Gesicht zu verbergen, aber ich habe ihn trotzdem erkannt.»

«Das bildest du dir nur ein», erwiderte er starrköpfig. «Du hattest erwartet, ihn zu sehen, und darum glaubtest du ihn zu erkennen. Das geht uns allen gelegentlich so.»

«Der Hund hat auch nicht angeschlagen. Wenn es ein Fremder gewesen wäre, hätte er ihn nicht ans Haus herangelassen. Das weiß ich genau.»

«Was willst du eigentlich, Jenny? Was hast du vor?»

«Ich will, daß du einsiehst, was wirklich geschehen ist. Wie kannst du dich sonst schützen?»

«Mich schützen?» Ärgerlich hob er die Stimme, sprach aber sogleich wieder leise und beugte sich zu ihr hinüber. «Du glaubst doch wohl nicht, daß ich mich vor Pete zu schützen versuchen werde, wie?» Sein Gesicht war höhnisch verzerrt und voll Grausamkeit. «Dies ist nicht deine Angelegenheit, Jenny. Vergiß das nicht!»

Nach einem Augenblick zog sie den Umhang um ihre Schultern und stand auf. «Ich habe Angst», murmelte sie. «Heute morgen ist dieses alte Hökerweib wieder vorbeigekommen – Mrs. Honeybone, die mich damals, als Pete ihren Koffer auf die Straße geworfen hatte, verfluchte. Gewöhnlich kommt sie nicht mehr an unserem Haus vorbei, wahrscheinlich fürchtet sie sich vor Pete. Aber als ich heute aus dem Fenster sah, war sie da und hat drohend die Faust geschüttelt. Ich war so entsetzt, daß ich weinen mußte und überhaupt nicht wieder aufhören konnte.»

Er sah sie mitleidig an und hätte sie gern getröstet. Aber er wagte es nicht. Statt dessen versuchte er, ihre Ängste mit Spott zu bekämpfen. «Du hast immer alles als böses Omen ausgelegt, Jenny – Träume und bösartige alte Weiber und Hunde, die nachts bellen, und krähende Hühner.» Er lächelte, wollte sie dazu bringen, ihre bösen Vorahnungen ebenso lächerlich zu finden wie er. «Du sammelst abergläubische Vorstellungen wie andere Frauen Kaffeetassen.»

«Ich habe nicht um mich selber Angst, Matt.»

«Ich weiß.» Liebevoll strich er ihr mit den Fingerspitzen über die

Wange. «Vielleicht sollten wir endlich zugeben, daß wir wahrscheinlich ganz vernünftige Menschen wären – wenn wir einander nicht kennengelernt hätten.»

40

Morgan und Sir James bezogen im Hoffman House, Ecke Twenty-fifth Street und Broadway, Quartier. Während Sir James die Stadt erforschte, schrieb Morgan sich an der Columbia-Bergakademie ein und verbrachte mehrere Tage in Baltimore, wo er die Erzproben untersuchen ließ. Die Proben hatten einen höheren Gehalt an Silber und Kupfer, als die Untersuchung in Utah ergeben hatte. Daher bat Morgan Joshua Ching um ein Gespräch, bei dem er ihm das Gutachten zeigte. Doch Joshua blätterte die Unterlagen nur flüchtig durch und sagte, er sei nicht scharf darauf, ein Erdloch zu kaufen.

«Wozu ist Bergbau denn eigentlich gut? Wir haben ihn doch gar nicht mehr nötig», sagte Joshua und sah Morgan mit Mißtrauen an. «Was wir an Gold brauchen, haben wir. Silber braucht man kaum noch, aber man braucht etwas anderes, Morgan», Joshua warf ihm einen nachdenklichen, strengen Blick zu. «Eisenbahnen!»

«Stimmt! Die brauchen wir am dringendsten im Westen. Alles, was wir anfangen, wird verzögert oder sogar verhindert, weil wir keine Transportmöglichkeit haben. Aber das ist, glaube ich, eine andere Sache, Sir. Ich bin hergekommen, um mit Ihnen zu sprechen, weil ich Geld brauche und weil Sie Investor sind.» Er deutete auf den Stapel Papiere, die er Joshua überreicht hatte. «Silber ist genug vorhanden, das bezweifeln Sie hoffentlich nicht.»

Joshua hatte die Dokumente viel zu nachlässig durchgesehen, um genaue Zahlen erkannt zu haben. Nun verhielt er sich wie ein Mann, der nicht mit dem Essen zufrieden ist, aber aus Höflichkeit ein paar Bissen nimmt. Er zog drei zusammengeheftete Blätter aus dem Stapel heraus. «Also gut, du brauchst Geld. Ich werde dir den Besitz für 30 000 Dollar abkaufen und weitere 50 000 in den Ausbau der Mine stecken. Dich werde ich als Manager einsetzen, mit einem Jahresgehalt von 5000 Dollar. Wenn das erste Jahr zufriedenstellend verläuft, werde ich mir überlegen, ob ich noch mehr investiere. Sonst werde ich die Mine verkaufen – wenn du willst, an dich, falls mir nicht ein anderer mehr bietet.»

Morgan schüttelte lächelnd den Kopf. «Solche Angebote bekommt jeder, der fündig geworden ist. Aber das lasse ich nicht mit mir machen.»

«Mehr kann ich nicht für dich tun, Morgan. Denn dies ist schon ein großzügigeres Angebot, als ich je einem anderen gemacht habe. Ist dir das klar?»

Also gut . . .

... du brauchst Geld, sagte Joshua Ching. Also schlecht. Du bekommst Geld. Also doch gut. Aber er nimmt es nicht. Also wieder schlecht.

Ohne Geld ist auch mit einer guten Mine nicht leicht gute Miene machen.

«Jawohl, Sir.» Morgan nahm seine Papiere und wollte gehen.

Joshua zuckte die Achseln. «Ich mag keine Minen», gab er zu. «Ich will dir etwas sagen, Morgan, was du dir merken solltest. Seit Anfang dieses Jahres ist die Einfuhr in unserem Land ständig gestiegen, eigentlich sogar schon seit dem vergangenen Jahr. Das ist ein kritisches Zeichen. Vielleicht kommt es in nicht allzu ferner Zukunft zu einer Katastrophe. Wenn man solche Warnungen nicht beachtet, kann man alles verlieren, was man besitzt.»

«Vielen Dank, Sir. Aber im Augenblick habe ich noch nichts zu verlieren.»

«Ich halte den Zeitpunkt nicht für glücklich, um in ein neues, gewagtes Unternehmen einzusteigen.» Joshua legte den Kopf schief und runzelte die Stirn. Er schien Verständnis für die Misere des jungen Mannes zu haben, die glücklicherweise nicht seine eigene war. «Du wirst einige unserer Freunde kennenlernen, Morgan, und ich möchte dir in diesem Zusammenhang einen Rat geben: Hör nie auf ihre Argumente und traue keinem ihrer Ratschläge. Und vergiß eines nicht: Die Wahrscheinlichkeit, vom Blitz getroffen zu werden, ist größer als die, beim Spekulieren an der Börse Glück zu haben.» Morgan nickte. Joshua Ching hatte dem Neffen gegenüber seine Pflicht getan. «Du kannst es ruhig bei Talbot versuchen – vielleicht ist der an Silberminen interessiert. Ich bezweifle es allerdings. Auch bei Amos Cottrell und Lorenzo Flagg kannst du dein Glück versuchen. Ich halte es aber für wahrscheinlicher, daß sie dir Anteile der Corporate Engineers anbieten. Bist du ganz sicher, daß Matt und Pete nicht ein paar hundert Aktien kaufen wollen?»

Morgan wußte, daß James Gordon dreitausend Aktien der Corporate Engineers gekauft hatte – und das trotz der Gerüchte, die Anfang September kursierten, daß der Kongreß den Crédit Mobilier möglicherweise einer Untersuchung unterziehen werde. Diese drohende Katastrophe veranlaßte Talbot, Joshua und seine beiden Brüder, unverzüglich aus Long Branch abzufahren. Sie überließen es Morgan und Sir James, die Frauen und Kinder mit ihrem Gefolge von Zofen und Kindermädchen, Hunden, Vögeln und Unmengen von Koffern sowie den während des Sommers gesammelten Muscheln, gepreßten Blumen, Federn, Käfern und seltsam geformten Steinen, an denen die Kinder so hingen, heimzubefördern.

Den gemeinsamen Bemühungen der vier Herren war es dann anscheinend doch noch einmal gelungen, ihrer Gesellschaft einen vorläufigen Frieden zu sichern. Joshua prophezeite zwei oder drei Wochen später zuversichtlich, daß es vor der Präsidentenwahl keinesfalls zu einer Untersuchung durch den Kongreß kommen werde.

Als sie merkten, daß James Gordon kein zweiter Lord Giles Haldane war, der ihr Mißtrauen gegen alle Ausländer geweckt hatte, sondern ein echter englischer Edelmann, der nicht nur adlig war, sondern auch reich, begannen sie ihn in ihre Privathäuser, zu Bällen und Banketten, in die Oper und ins Theater einzuladen. Eines Tages gestand Sir James etwas kleinlaut, er habe Joshua einen Scheck gegeben. «Warum, weiß ich auch nicht genau. Ihr Onkel besitzt eine geradezu teuflische Überredungsgabe.»

Diese teuflische Überredungsgabe hatten sie an Morgan erst gar nicht ausprobiert, weil er, wie er zu seinem Kummer erkannte, nichts zu investieren hatte. Diese seine finanzielle Armut verlieh ihm das Gefühl, an Gestalt und Kraft abgenommen zu haben, und brachte ihn zu der Einsicht, daß sein Ansehen im Grenzland nur der Abglanz von seines Vaters Ruf gewesen war.

Es war ihm unangenehm, Joshua Chings Freunde um Geld bitten zu müssen. Aber da er es sich nicht von Fremden leihen konnte, faßte er sich ein Herz und suchte sie trotzdem auf. Wie er nicht anders erwartet hatte, wurde er von einem nach dem anderen abgewiesen. Amos Cottrell versuchte ihm diesen Unsinn mit den Silberminen auszureden und ihn zu überzeugen, es sei besser, sein Geld in die Corporate Engineers zu stecken. Lorenzo Flagg entwarf ein düsteres Bild von der Zukunft der Silberminen in den Vereinigten Staaten und drückte sein Erstaunen darüber aus, daß ein junger, vielversprechender Mann einem so aussichtslosen Projekt nachjage.

William Talbot schob er auf bis zuletzt. Am liebsten hätte er diesen Besuch überhaupt unterlassen. Denn Talbot hatte ihn vom ersten Moment an mit Mißtrauen betrachtet, ob er nun mit Suky, Philip oder James Gordon aufgetaucht war. Talbot schien mehr als die anderen die Ansicht zu vertreten, daß Morgan ein typisches Exemplar jener Sonderrasse aus dem Westen war, deren Charakter durch die Verpflanzung ins Grenzland unwiderruflich verändert worden war.

Trotzdem ging Morgan eines Tages zu ihm. Die City Exchange Bank in der Broad Street war ein sechsstöckiger Bau mit Marmorfassade. Hinter Glaswänden arbeiteten die Angestellten mit der Geschwindigkeit und dem Geschick von professionellen Spielern, zählten Banknoten und stapelten Münzen. Dabei waren sie ruhig und gleichgültig, als glaubten sie selber nicht an die Realität dessen, was sie da taten. Botenjungen eilten hin und her, schwarz gekleidete Herren mit seidenen Zylindern standen Schlange, und auch Morgan mußte ziemlich lange warten, nachdem er sich hatte anmelden lassen. Er beobachtete die Menschen, musterte verstohlen das viele Geld und wurde nervöser, je länger er wartete.

An dem Abend, als Talbot und Joshua Ching Long Branch verließen, hatte Morgan zweimal mit Coral Talbot getanzt. Er fand diese Frau so überwältigend, daß er kaum wagte, das Wort an sie zu richten, während sie durch den Saal wirbelten. Aber als er ihr für den Tanz dankte, hatte sie ein paar Worte gemurmelt, die ihn veranlaßten, einige Stunden später lautlos durch die Hotelgänge zu schleichen und nach ihrem Zimmer zu suchen. Nicht lange darauf stahl er sich wieder in sein eigenes Zimmer zurück, beglückt über die Tatsache, unerwartet eine Frau von so erfahrener Sinnlichkeit gefunden zu haben. Als sie alle wieder in der Stadt waren, besuchte sie ihn öfter im Hoffman House, und es kostete ihn einige Anstrengung, sie zufriedenzustellen. Denn Coral wollte bei jedem Zusammensein bis an die Grenze des Erträglichen in einen Rauschzustand versetzt werden, und er war stolz, daß er das fertigbrachte, da ihr Ehemann offenbar dazu nicht mehr in der Lage war. Von Liebe sprach sie glücklicherweise nie. Er hatte angenommen, das täten alle Frauen, und er war ihr dankbar dafür; denn das hätte ihm das Vergnügen vergällt und ihren Zusammenkünften die Leidenschaft und das Abenteuerliche genommen.

Sein Erfolg bei Coral Talbot machte es ihm noch schwerer, die City Exchange Bank um ein Darlehen zu bitten. Als er endlich vorgelassen wurde, trat er entschlossenen Schrittes in Talbots Büro ein, blieb steif stehen, während er dem Älteren die Hand schüttelte, und erwartete, daß dieser ihm sein Verhältnis mit Coral vorhalte.

Doch Talbot begann, genau wie Joshua Ching, über die gegenwärtige Geschäftslage zu sprechen, und musterte Morgan dabei mit ruhigem, brennendem Blick. Morgan bekam das Gefühl, das Büro sei überheizt, seine Krawatte sei zu fest gebunden und er könne keine bequeme Sitzstellung finden. Er war dankbar, als Talbot sich höflich erkundigte: «Was machen Ihre Bemühungen, Kapital für Ihre Bergwerks-Unternehmungen aufzutreiben?»

«Sie sind bisher leider erfolglos geblieben, Sir», mußte Morgan kleinlaut gestehen.

«Es ist schwer für einen jungen Mann, der noch am Anfang steht.» Er lächelte Morgan fragend an, was dieser mit einem Stirnrunzeln quittierte, stützte die Ellbogen auf die Sessellehnen und faltete die Hände.

«Was werden Sie tun, wenn Sie die erforderlichen 30 000 Dollar nicht bekommen? Aufgeben?»

Morgan grinste und vergaß einen Augenblick, daß es Coral Talbots Ehemann war, der ihm da gegenübersaß. «Auf keinen Fall! Ich bin nicht mit großen Hoffnungen hergekommen. Ich weiß genau, wie sehr die Geschäftsleute des Ostens dem Westen mißtrauen, obgleich ich sagen muß, Sir, daß man hier in mancher Hinsicht rücksichtsloser ist als wir. Ich denke nur an die Eisenbahnen, die man wild drauflosbaut – ohne Rücksicht auf die Bedürfnisse der Bevölkerung –, nur weil die eine Gesellschaft die andere vielleicht zum Verkauf treiben kann, indem sie ganz in der Nähe ebenfalls eine Bahnlinie baut. Und ich denke an die These, daß eine Panik dem Wirtschaftssystem nur nützen kann – wie eine Dosis Abführpillen.» Er lächelte wieder, und William Talbot lächelte zu seiner Erleichterung ebenfalls.

«Aber das Land braucht Eisenbahnen und ist sich darüber im klaren, daß es dafür einen gewissen Preis zahlen muß. Silber hingegen braucht es nicht. Wie lange beabsichtigen Sie im Osten zu bleiben?»

«Bis ich alles gelernt habe, was ich brauche: Maschinenbau, Metallurgie, Geologie, Chemie.»

«Angenommen, Sie könnten das erforderliche Kapital auftreiben? Würden Sie dann sofort beginnen?»

«Am liebsten ja. Aber ich will trotzdem erst meine Studien beenden.»

«Sie würden dann also nicht abreisen?»

«Das kann ich nicht, tut mir leid», sagte Morgan so entschuldigend, daß Talbot ihn erstaunt ansah.

«Dann kann ich leider nichts für Sie tun.»

Morgan verabschiedete sich und verließ fluchtartig das Haus. Vor der City Exchange Bank blieb er einen Augenblick verwirrt stehen. Warum war William Talbot so daran interessiert gewesen, ihn so schnell wie möglich wieder in den Westen abzuschieben? Er hatte doch offenbar keinen Verdacht! Blitzartig kam Morgan die Erkenntnis, daß es nicht seine Frau war, um die Talbot bangte, sondern seine Tochter – jenes bezaubernde, ernste junge Mädchen, das er zuerst mit Steven und später ein paarmal in Sukys Begleitung getroffen hatte. An sie hatte er überhaupt nicht mehr gedacht. Denn wie Coral Talbot, wenn sie bei ihm war, keinen Ehemann zu haben schien, so schien sie auch keine Tochter zu haben.

Ungläubig schüttelte er den Kopf und lächelte, weil ein Mann wie William Talbot fürchtete, er könne ihm die Tochter nehmen. Während er in die Stadt zurückging, lächelte er immer wieder verständnislos vor sich hin. Er spürte ein etwas herablassendes Mitleid mit Talbot und war fast versucht, umzukehren und ihm zu sagen, er sei nicht hergekommen, um sich hier zu verlieben, er habe weitaus Wichtigeres zu tun, und Liebe sei im Augenblick für ihn nur ein Luxus, den er sich nicht leisten könne und wolle.

Morgens vor der ersten Vorlesung pflegte er Suky einen kurzen Besuch abzustatten. Manchmal kam er gerade, wenn Philip das Haus verließ. Dann machte Philip meist ein etwas verdutztes Gesicht. Vielleicht hoffte auch er wie Talbot, daß Morgan bald wieder aus New York verschwand. Aber er lächelte Morgan stets liebenswürdig an und unterhielt sich ein paar Minuten mit ihm über die Landeswahlen oder verschiedene Symptome einer Finanzkatastrophe. Sie beobachteten sich bei diesen Gesprächen immer recht aufmerksam, und Morgan konnte sich nicht erklären, warum er eine so starke Abneigung gegen Philip Van Zandt hatte.

Wenn er kam, war Suky entweder im Kinderzimmer im zweiten Stock oder, wenn er sich ein wenig verspätete, mit der Haushälterin im Wohnzimmer. Ihr Tageslauf war so genau eingeteilt, daß seiner dagegen planlos und unüberlegt wirkte. Aber sie plante nicht nur für einen Tag, sondern – wie er bald feststellte – sie wußte auch schon genau, was in etwa einem Jahr mit ihr geschehen würde, und operierte mit Tatsachen, die noch in so weiter Ferne lagen, daß er noch nicht einmal begonnen hatte, darüber nachzudenken.

Die Van Zandts, behauptete sie, mochten sie nicht und würden sie niemals mögen. Morgan ärgerte das zwar, denn er war immer noch wütend auf jeden, der Suky nicht zu schätzen wußte; aber Suky lächelte nur geheimnisvoll und erklärte ihm, daß die Van Zandts trotz allem einen Zweck in ihrem Leben erfüllten, ob sie sie nun als Familienmitglied akzeptierten oder nicht. «Die haben noch nicht gemerkt, daß es nicht mehr nur einen Gesellschaftskreis in New York gibt, sondern viele. In dreißig Jahren wird Joshua Van Zandt das Oberhaupt der Van Zandt-Familie sein.» Sie lachte ihr klares, helles, ziemlich spöttisches Lachen, das er so gut an ihr kannte.

«In dreißig Jahren», sagte er leise und schüttelte den Kopf.

«Jawohl, in dreißig Jahren, Morgan», wiederholte sie liebevoll. «Die gehen vorbei, ob es uns paßt oder nicht.» Sie lächelte, sah ihn mit schiefgelegtem Kopf an, und er hatte wieder einmal das unbehagliche Gefühl, er könne sie enttäuscht haben. Vielleicht entsprang dieses Gefühl nur seinem Wunsch, ihr zu gefallen. «Und aus Sarita wird etwas ganz Besonderes werden, darauf kannst du dich verlassen.»

«Davon bin ich überzeugt.» Sarita war in seinen Augen eine herausfordernde, kleine Hexe, die sich ihrer Besonderheit schon mit ihren drei Jahren durchaus bewußt schien. Sie war zugleich dreist und scheu, zurückhaltend und lebhaft, und er war überzeugt, daß sie ihre Verehrer später einmal sehr grausam behandeln werde.

«Cindy Hallam wird ihre beste Freundin werden. Und deine Tochter natürlich auch.»

Morgan zuckte zusammen. «Meine Tochter?»

«Natürlich. Willst du etwa keine Kinder haben?»

«Ich weiß nicht. Ich glaube nicht. Vorläufig habe ich noch nicht mal die Absicht zu heiraten.»

Nach solchen Besuchen erschienen ihm die Bibliothek, die Laboratorien und die Hörsäle wie ein rettender Hafen. Er war dankbar für die stille Abgeschlossenheit, in der er analytische Geometrie, anorganische Chemie und Methoden des deutschen Bergbaus studieren und sich ungestört mit Mineralproben, Modellen von Hochöfen und Zeichnungen von Gebläsen beschäftigen konnte. Denn das würde der eigentliche Inhalt seines ferneren Lebens sein.

Gelegentlich machte er mit Sir James einen Stadtbummel. Dabei wurden sie ständig begleitet von einer Eskorte von vier stämmigen, narbenbedeckten jungen Iren in Gehröcken und hohen schwarzen Hüten, die Joshua Ching von irgendwoher herbeigezaubert hatte – er konnte je nach Laune alle möglichen Dinge hervorzaubern –, um auf den voraussichtlichen Investor James Gordon einen möglichst tiefen Eindruck zu machen. Zuerst hatte Sir James dagegen protestiert. Nicht einmal im Westen, erklärte er Joshua, habe er seinen Leibwächter je in Anspruch nehmen müssen. Aber Joshua wußte ihn davon zu überzeugen, daß es im ganzen Westen keine Stadt gab, in der es so wild zuging wie im Siebten Viertel von New York, wo man schon wegen zwanzig Dollar ausgeraubt, umgebracht und in einem Ofen verheizt werden konnte.

Sie besuchten Harry Hill's und den Marquis Club, wo man nicht mit Geld, sondern mit Elfenbeinchips spielte, die diskret klappernd den Besitzer wechselten. Die Tanzmädchen im John Allen's waren kaum älter als elf oder zwölf Jahre, aber ständig betrunken, streitsüchtig und so träge, daß der Besitzer sie mit den Fäusten zur Arbeit antreiben mußte. Morgan sah berühmte Foxterrier, die in einer halben Stunde hundert Ratten totbeißen konnten, und schlenderte mit Sir James durch Slums. Sie besichtigten Mulberry Hall, eine riesige Mietskaserne, in der Hunderte von Familien lebten, und dunkle Keller, wo Lumpensammler ihre stinkenden Lumpen- und Knochenhaufen so sorgfältig sortierten wie eine Dame den Schmuck in ihrer Kassette. In einigen Lokalen der Mercer und Greene Street setzten sich in rosa Strumpfhosen Kellnerinnen zu ihnen an den Tisch, mit denen in den ersten Stock hinaufzusteigen ihre Leibwächter ihnen jedoch verwehrten, weil das ein Territorium war, über das sie keine Kontrolle hatten. Zu leicht, erklärten die Iren ihren Schutzbefohlenen, langten geschickte Hände durch verschiebbare Täfelungen und leerten dem nichtsahnenden Kunden, wenn er im Bett lag, die Taschen. In einem Stall sahen sie Hunde- und Hahnenkämpfe und außerdem als besonders beliebte Attraktion den Boxkampf zwischen zwei Frauen in seidenen Sporthosen, Boxhandschuhen und mit bloßem Oberkörper.

Sir James ließ sich nicht eine einzige Sehenswürdigkeit in New York entgehen. Als er Morgan nach drei Monaten mitteilte, er habe seine Rückreise gebucht und werde in etwa zehn Tagen abreisen, fügte er hinzu, er sei zu der Ansicht gelangt, die amerikanischen Männer betrieben ihre Laster mit derselben grimmigen Entschlossenheit und Energie wie ihre Geschäfte.

Morgans Mißtrauen gegen Sir James war im selben Augenblick, als er Suky auf der Veranda des Stetson House wiedergesehen hatte, erloschen. Seitdem sah er in James Gordon wieder den liebenswürdigen Engländer, der im Saloon *Seven Sisters* und in den wüstesten Konzerthallen stoisch an seiner Meerschaumpfeife sog und fasziniert diese neue, der amerikanischen Erde entsprungene Menschenrasse betrachtete.

Seit Morgan in New York war, fand er es erstrebenswerter denn je, eine große Silbermine zu besitzen. Er war überzeugt, daß Suky es von ihm erwartete. Manchmal, wenn er in redseliger Stimmung war, beschrieb er ihr, was er vorhatte und was er unter der Erde in Butte alles aufbauen wollte, bis er, erschrocken über die eigene Zuversicht, verstummte und überlegte, ob sie ihn wohl insgeheim auslache. Vielleicht betrachtete sie seine Pläne als ein typisches Beispiel der westlichen Neigung zum Aufschneiden und fand, daß er seine Heimat in übertriebenen Proportionen sehe, wie ein Wanderer, der einer Fata Morgana nachjagt.

«Das klingt alles sehr illusorisch, nicht wahr?» fragte er sie eines Tages.

«Nein, durchaus nicht, Morgan. Sag mal – was für Frauen magst du eigentlich am liebsten?»

Verblüfft sah er sie an, lachte verlegen und fragte sich, wie – um alles in der Welt – sie von dem vorigen Thema auf dieses gekommen sein mochte. «Was für Frauen?»

«Nun ja, blonde oder braune? Schlanke oder mollige? Du weißt schon, was ich meine.»

«Schöne Frauen.»

«Alle?»

«Selbstverständlich.»

Suky lächelte. «Männer scheinen zu glauben, es gebe mehr schöne Frauen als tatsächlich da sind.» Gleich würde sie ihn sicher nach Coral Talbot fragen. Er stand auf, seufzte ergeben und wanderte auf und ab. «Aber eines Tages, wenn du heiratest, mußt du doch eine Wahl treffen.» Er lachte über diesen absurden Gedanken. Doch plötzlich stand sie dicht vor ihm. «Welche wird es wohl sein?» Sie legte den Kopf zurück und schloß die Augen zu schmalen Schlitzen. «Felice?»

«Wie kommst du darauf?» Die Idee, ein Mädchen zu heiraten, das er gar nicht kannte und bisher kaum bemerkt hatte, ein Mädchen, das genau anzuschauen er nicht einmal wagte, erschien ihm so unerhört, daß er sich schleunigst aus dem Staube machte und Suky vom Flur aus zurief, er müsse sich beeilen, er komme sonst zu spät. Tagelang vermied er es, Suky zu besuchen, und brütete darüber nach, was Suky zu diesem Verrat getrieben haben könnte. Er hatte immer schon eine gewisse Falschheit in ihrem Charakter vermutet, hatte aber nie geglaubt, daß sie sich einmal gegen ihn kehren würde.

Er fand, eine schlechtere Wahl als Felice Talbot hätte Suky nicht treffen können. Er hatte Felice mehrmals gesehen, war aber jedesmal peinlich berührt gewesen, daß dieses junge Mädchen, das er wegen seiner Würde und seiner schlichten Eleganz bewunderte, die Tochter Coral Talbots war. Coral hatte ihm gegenüber nicht ein einziges Mal von dieser Tochter gesprochen. Warum sollte sie auch? Eine Frau, die mit einem elf Jahre jüngeren Mann eine Liebschaft hat, will nicht an ihre siebzehnjährige Tochter erinnert werden – das sah er ein.

Eine Zeitlang beunruhigten die drei – Suky, Coral Talbot und Felice – seine Gedanken so sehr, daß er eines Tages bitter zu James Gordon bemerkte: «Diese verdammten Weiber sind wirklich überflüssig.»

Sie saßen in der Bar des Hoffman House und tranken auf Sir James' Heimreise und seine baldige Rückkehr nach Amerika.

«Besonders die Frauen hier an der Ostküste», fuhr Morgan fort. «Die Frauen und Töchter reicher Männer. Im Westen besorgt jede Frau selber ihr Haus und erzieht auch ihre Kinder selber. Auch wenn sie einen reichen Mann hat. Aber hier umgeben sie sich mit Zofen und Köchinnen und Kindermädchen und haben nichts weiter zu tun, als über Männer nachzudenken.»

Sir James betrachtete ihn nachdenklich. «Mein Junge, ich muß Sie warnen: Sie sind verliebt!»

Morgan, der tiefsinnig in seinen Drink gestarrt hatte, hob ruckartig den Kopf und fauchte Gordon empört an: «Was haben Sie da gesagt?»

«So fängt es an. Ich habe es schon häufig erlebt. Wenn ein Mann am gesamten anderen Geschlecht etwas auszusetzen findet, oder – wie Sie jetzt – an der östlichen Hälfte, dann wähnt er sich zwar in Sicherheit, weil er ja deutlich erkennt, was mit den Frauen los ist, und weil er weiß, warum sie ihm nicht gefährlich werden können – aber das ist lediglich eines der ersten Symptome für ein Fieber, das sich dann oft als tödlich herausstellt. Denken Sie mal darüber nach, Devlin. Wer ist es denn?»

«Gordon, Sie haben eine verdammt merkwürdige Art von Humor.»

«Wir werden ja sehen.»

Morgan grinste ihn verächtlich an, wechselte aber das Thema. «Wann werden Sie wiederkommen?»

«Das weiß ich noch nicht. Aber kommen werde ich bestimmt. Vergessen Sie nur nicht, mir dreihundert Aktien von Ihrer Gesellschaft zu schicken, sobald Sie soweit sind. Und geben Sie mir gelegentlich, wenn es geht, Nachricht vom alten Fletcher.» Er hob das Glas. «Prosit.»

«Prosit», erwiderte Morgan. Seine Gedanken wanderten von Suky über Felice zu Coral Talbot, und er überlegte, ob wohl ein Körnchen Wahrheit in dem liegen könne, was Sir James ihm gesagt hatte.

Sir James war noch nicht ganz einen Monat weg, als Morgan eines Abends mit Suky, Philip und seinen Tanten Susan und Ceda in die Oper *Don Giovanni* ging. Er lauschte mit ernstem Gesicht der Musik und fühlte sich genauso unbehaglich in seinem neuen Abendanzug wie früher als Junge, wenn man ihn fein angezogen und in die Sonntagsschule geschickt hatte.

Seit einiger Zeit schien es ihm, als sei es Suky unangenehm, wenn er zu Bällen und im Theater in seinem viel zu großen Gehrock erschien. Deshalb war er eines Abends in einem gut geschnittenen, teuren schwarzen Schwalbenschwanz aufgetaucht, mit einer erstklassig sitzenden schwarzen Hose, teurer weißer Seidenkrawatte, Lackstiefeletten, weißen Glacéhandschuhen und nach Ungarwasser duftend. Wenn er sich auch vornahm, in dem Augenblick, in dem er den Missouri wieder überquerte, all diese geckenhaften Kleidungsstücke wegzuwerfen, war er doch überrascht, wie gut er darin aussah, und noch glücklicher über Sukys anerkennendes Lächeln.

Die Talbots hatten eine der zwölf Proszeniumslogen, während Joshua Chings Familie eine Loge im hinteren Halbkreis innehatte. Er bemerkte sofort, daß Felice, Coral Talbot und einige Gäste da waren, daß William Talbot jedoch fehlte. Das erschien als ein ganz außergewöhnlicher Zufall – warum, wußte er allerdings nicht –, und er vermied es ängstlich, zu ihnen hinzusehen. Felice drehte sich jedoch sofort um und lächelte ihnen zu. Er warf Suky einen verstohlenen Blick zu und schaute dann starr geradeaus, damit es nicht so aussah, als habe er es auf William Talbots Tochter abgesehen. In Wahrheit jedoch gewann Felice in seinen Augen immer mehr Vorzüge, als hätten die gelegentlichen und rein zufälligen Begegnungen sie ihm erst nach und nach offenbart. Doch da er niemals über Felice nachdachte und immer schnell von etwas anderem sprach, wenn Suky sie erwähnte, fragte er sich zweifelnd, ob das Mädchen ihm nicht im Grunde genommen noch genauso fremd war wie vor fünf Monaten.

Trotzdem wartete er ungeduldig auf den Schluß des ersten Aktes und beschloß, die Loge der Talbots nur aufzusuchen, wenn Steven hinüberging. Dann wollte er es als einen Wink des Schicksals auffassen, Steven etwas später folgen und seinen Vetter aus dem Felde schlagen. Denn Steven, fand er, widmete Felice Talbot viel zuviel Aufmerksamkeit. Vielleicht hatte sein Vater ihn darauf hingewiesen, daß eine Verbindung zwischen den beiden Familien in Form einer Heirat für Joshua Ching von großem Nutzen sein könne. Aber Morgan war überzeugt, daß Felice Talbot mit einem Ehemann wie Steven Ching niemals glücklich werden könne. Es verursachte ihm Unbehagen, die beiden nebeneinander an einem Tisch sitzen und plaudern oder eine Partie Mühle spielen zu sehen.

Von Zeit zu Zeit ertappte er sich dabei, wie er immer wieder zur Loge der Talbots hinüberblickte, und zwang sich jedesmal, seine Aufmerksamkeit sofort wieder auf die Bühne zu konzentrieren. Doch kaum war der Vorhang gefallen, sprang er auf, vergaß, daß er eigentlich Stevens Entschluß abwarten wollte, und stürzte aus der Loge, bevor Suky ihn fragen konnte, wohin er wolle.

Das Publikum jubelte, und während die Sänger sich immer wieder verbeugten, kamen Platzanweiser mit riesigen Körben voll Blumen durch die Sitzreihen. Morgan schritt durch diesen frenetischen Beifall auf den Vorraum der Talbot-Loge zu. Er blieb einen Augenblick davor stehen und trat dann lautlos ein, als verfolge er ein wildes Tier und wolle das Überraschungsmoment ausnutzen. Beifall und Jubel dauerten an. Er stand im Halbdunkel und starrte konzentriert mit brennenden Augen auf Felices Rücken. Endlich verschwanden die Sänger von der Bühne, die Gaslampen im Zuschauerraum leuchteten auf, und Coral Talbot drehte sich zu ihm um. Sie lächelte, bat ihn Platz zu nehmen, obwohl alle Sessel besetzt waren, und kümmerte sich wieder um ihre Gäste. Morgan stand unschlüssig an der Tür und fragte sich wütend, ob das eine Abfuhr gewesen sei. Felice hatte sich, als ihre Mutter mit ihm sprach, nur kurz umgewandt, leicht genickt und sich weiter angeregt mit ihrer Nachbarin unterhalten.

Er stellte sich vor, wie Suky, Susan und Ceda ihn durch ihre Operngläser beobachteten und sich über seine peinliche Lage amüsierten. Vielleicht bemitleidete Suky ihn sogar, weil er sowohl von Felice als auch von Mrs. Talbot ignoriert wurde und eine so lächerliche Figur machte. Er wollte sich gerade in den kleinen, mit rotem Samt ausgeschlagenen Vorraum zurückziehen, beschämt und gedemütigt, weil dieses Unternehmen so gründlich mißlungen war, als zwei Herren aufstanden und mit kurzem Nicken an ihm vorbeigingen. In diesem Augenblick drehte sich Felice um und reichte ihm die Hand.

«Bitte, nehmen Sie Platz.» Sie lächelte. «Sie wollen uns doch nicht etwa schon wieder verlassen?» Er trat zögernd vor, sah sie befangen an und fürchtete, Mrs. Talbot könne sich jeden Augenblick umdrehen und ihn wieder fortschicken. Schließlich setzte er sich in einen Sessel ihr gegenüber, so voller Hemmungen, daß er sich am liebsten durch eine unbeherrschte Tat davon befreit hätte. Aber er nahm sich zusammen und blickte sie ernst an. Er wollte endlich einmal genau feststellen, wie sie aussah und was an ihrer Persönlichkeit so anziehend war. «Wie finden Sie die Aufführung? Auch so schlecht?»

«Mir hat sie gefallen», bekannte er und beugte sich näher zu ihr – aber nur wenig, damit sie nicht zurückschreckte. Sie lächelte, und er starrte sie benommen und hilflos an, bewunderte ihren Mund, die weichen hellroten Lippen, die geraden schwarzen Brauen, die schöne Haut und ihre liebreizenden Züge. Zu seiner Verwunderung bemerkte er, daß in ihrer äußeren Erscheinung und in ihrem Wesen ein wenig von Nella Allens Empfindsamkeit, aber auch von Sukys Energie und Würde lag. Diese Mischung wirkte so überwältigend und anziehend auf ihn, als habe er sein Leben lang danach gesucht.

Er war auch entzückt von der strahlenden, konzentrierten Hingabe, mit der sie alles tat – ob sie nun dasaß und der Musik lauschte oder am Strand entlanggaloppierte. Ein paarmal hatte er sich gefragt, ob sie eines Tages, wenn sie der Aufsicht ihres Vaters entronnen war, auch dem Mann, den sie liebte, eine solche Hingabe entgegenbringen würde. Ihre Zurückhaltung und ihre Unsicherheit erschienen ihm nur als Tarnung einer gewissen ungeduldigen Erwartung und der damit verbundenen Ängste. Unter seinem forschenden Blick plauderte sie weiter über die Aufführung, sprach aber ein wenig atemlos und seufzte ein paarmal und sagte schließlich mit glänzenden Augen: «Vielleicht finde ich die Vorstellung nur deshalb so schlecht, weil ich diese Oper nie recht gemocht habe. Nur die Musik liebe ich sehr. Aber ich kann nicht begreifen, daß Elvira ihn immer noch liebt. Das ist doch nicht richtig! Was meinen Sie?» Gespannt blickte sie ihn an.

«Wenn sie ihn wirklich liebt, doch», erklärte er, und es schien ihm, als habe er in diesem Augenblick ein tiefes Geheimnis entdeckt, das er ihr nicht nur mitteilen, sondern auch begreiflich machen müsse.

Sie dachte eine Weile angestrengt über seine Äußerung nach, spielte lässig mit ihrem Fächer und sah dann so unvermittelt zu ihm hoch, daß ihm bewußt wurde, wie nahe er sich zu ihr gebeugt hatte. Gehorsam zog er sich zurück. «Glauben Sie wirklich? Da bin ich anderer Meinung. Liebe dauert nicht ewig – nicht, wenn sie mißbraucht wird.»

«Manchmal doch», murmelte er gedankenverloren. «Manchmal doch. Ganz gleich, was die Menschen sich gegenseitig antun.» Er sah sie neugierig an. «Ich dachte, Frauen, zumindest junge Frauen, ließen sich ganz gern unglücklich machen. Stimmt das nicht?» Er war selber erstaunt über seine Frage, und noch mehr erstaunt über die Ungeduld, mit der er ihre Antwort erwartete, als sei diese Antwort für sie beide von entscheidender Bedeutung.

Sie wandte den Kopf, blickte auf die sich ständig bewegenden Köpfe und Schultern der Zuschauer hinab, und ihre Miene wurde traurig. Anscheinend ging ihr dieses Thema viel stärker zu Herzen als ihm. «Ich weiß nicht. Vielleicht ist es so. Ich kann es nur theoretisch beurteilen.» Sie wandte sich ihm wieder zu, sah ihn fragend an und sagte, als vertraue sie ihm etwas Entscheidendes, Tiefernstes an: «Die wichtigsten Ereignisse in meinem Leben sind immer anderen zugestoßen.»

Genau darauf hatte er anscheinend gewartet, denn im nächsten Moment überfiel ihn die entsetzliche Gewißheit, daß er sie liebte. Kaum war ihm das klargeworden, sprang er auf, verbeugte sich vor Felice und vor Mrs. Talbots Rücken und flüchtete so hastig, daß er einen Sessel umstieß und anhalten mußte, um ihn wieder aufzuheben. An diesem Abend wagte er nicht, Felice noch einmal anzusehen.

Etwa eine Woche darauf erschien Coral Talbot bei ihm. Er schrieb gerade einen Brief an Bruno Favorite und beschwor ihn, bloß nicht einen seiner Claims unbearbeitet zu lassen; denn Morgan hegte den Verdacht, daß Lemuel Finney sich sehr für Butte interessierte und alles daran setzen würde, ihm seinen wertvollsten Claim wegzuschnappen.

Coral erklärte ihm, Talbot sei in Washington und sie selber befinde sich auf dem Heimweg von einem Empfang. Sie ließ ihren Sealmantel fallen und stand – Brillantgehänge in den Ohren – in einem weißen, mit schwarzer Spitze besetzten Seidengewand vor ihm. Als nächstes streifte sie die langen weißen Handschuhe ab. Er sah ihr mißtrauisch zu. Doch dann setzte sie sich lässig in die Sofaecke, schlug ein Bein über das andere, streckte den Fuß vor, betrachtete die Spitze ihres seidenen Schuhs und plauderte über den Empfang und die Leute, die sie dort getroffen hatte. Schließlich fragte sie ganz unerwartet: «Liebst du meine Tochter Felice?»

Um seine Verblüffung zu vertuschen, lachte er laut. «Ehrlich gesagt, Mrs. Talbot», sagte er dann leise und glaubte, knallrot geworden zu sein, «ich weiß es nicht.» Auf einmal schämte er sich seiner Feigheit und fügte hinzu: «Ich glaube schon.»

«Das muß natürlich sofort aufhören.»

Er setzte sich, stützte die Ellbogen auf die Knie und beugte sich vor. Er lächelte sie an, als seien sie zwei Verschwörer, die zusammengekommen waren, um zu beraten, wie er seinem Schicksal entrinnen könne. «Genau das hoffe ich.»

Sie warf den Kopf zurück und ließ ein perlendes Lachen hören, das ihn jedoch nicht überzeugen konnte. «So – das hoffst du», sagte sie spöttisch. «Es muß sein, mein Lieber. Um dir das mitzuteilen, bin ich hier.» Sie musterte ihn, als sehe sie ihn zum erstenmal und versuche zu ergründen, wodurch er auf ein junges Mädchen wie Felice so anziehend wirken mochte. «Sie war noch nie verliebt. Ihr Vater hat ihr verboten, sich den Hof machen zu lassen. Darum nimmt sie diese Angelegenheit auch viel ernster, als es ein anderes Mädchen tun würde.»

Er starrte sie entsetzt an. «Was nimmt sie ernster?»

«Sie hat sich in dich verliebt. Das hat sie mir vor einigen Tagen gestanden.»

«Aber sie kennt mich doch gar nicht.»

«Was macht das? Man braucht einen Mann nicht zu kennen, um ihn zu lieben. Im Gegenteil, wenn man ihn kennt, ist die Gefahr meist nicht mehr groß.»

«Aber ich kann jetzt nicht heiraten, selbst wenn ich wollte. Und ich will auch gar nicht – bitte, glaube mir das.»

«Heiraten!» flüsterte sie, als sei es nicht fein, dieses Wort auszusprechen. Sie runzelte die Stirn und schob sich das Haar zurecht. «Was für eine Idee! Das würden wir nie zulassen. Niemals! Unter keinen Umständen würden Talbot und ich Felice gestatten, dich oder einen Mann wie dich zu heiraten!» Er warnte sie mit einem Blick, nur nicht seinen schottisch-irischen Stolz herauszufordern, und sie fügte hinzu: «Das hat mit dir persönlich natürlich nichts zu tun.»

«Das hatte ich auch nicht angenommen.» Sekundenlang musterten sie einander, und Morgan merkte, daß er Coral Talbot gegenüber auf einmal viel kritischer war. Er fand plötzlich, sie sei eine Pseudo-Schönheit und dazu dreist und hinterhältig, selbstsüchtig und außerordentlich eitel.

«Du bist dir sicher darüber im klaren, daß Felice die Tochter eines reichen und darüber hinaus sehr einflußreichen Mannes ist. Er wird sie nur in Kreise hineinheiraten lassen, die den seinen möglichst ebenbürtig sind.» Sie nahm die Ohrringe ab und warf sie auf den Tisch. Während sie im Zimmer umherging, schleuderte sie die weißen Seidenschuhe von den Füßen. «Und ich will dir eines sagen: Talbot ist es nicht gewöhnt, daß seine Pläne fehlschlagen. Du bekommst sie nie – das steht fest. Aber ich bin froh, daß du sie offenbar gar nicht willst.» Er saß am anderen Ende des Zimmers und sah völlig verwirrt zu, wie sie, während sie umherging und immer weiterredete, ihre Kleider ablegte, die Strümpfe auszog und ihr Korsett aufhakte. Betroffen stellte er fest, daß diese nüchterne Unterhaltung keineswegs sein heißes Verlangen nach ihr abkühlte. Er wandte sich ab. Als sie dann fragte: «Versprichst du mir, daß du sie nicht wiedersiehst?», drehte er sich wieder zu ihr um. In diesem Augenblick war er bereit, ihr jedes Versprechen zu geben, das sie ihm abverlangen mochte. Da sah er, daß sie nackt war und ihm verlockend zulächelte. «Tun wir so, als hätten wir nie davon gesprochen!»

41

Die Quarzhütte der Meridian Gold and Silver Mining Company lag am Ende der Schlucht, wo die Hauptstraße von Helena in ein Gelände auslief, das früher einmal dicht bewaldet gewesen, aber schon vor langer Zeit gerodet und abgebrannt worden war. In dieser trostlosen Landschaft wirkte die Hütte wie ein großer Schuppen, der von riesigen Steinhaufen umgeben war. Mit dicken Vorschlaghämmern wurden Felsbrocken zerkleinert, auf Schubkarren geladen und unter die 800 Pfund schweren Schlaghämmer geschüttet, die sich im Abstand von nur einer Sekunde hoben und donnernd wieder herabfielen. Den ganzen Tag lang und oft auch während der Nacht erzitterten die Mauern von ihrem Stampfen, und die Luft war von dichtem, erstickendem Staub durchsetzt. Das zerstampfte Gestein wurde dann in Behälter gefüllt und durchlief eine Reihe von Schwemmen, Schmelzpfannen, Rührwerken und Schleudern, bis das kostbare Metall schließlich im Destillierofen landete, dort von Quecksilberresten getrennt wurde und als Barren aus reinem Silber und Gold wieder zum Vorschein kam. In St. Louis, wo solche Maschinen vorgeführt wurden, bewältigten sie all diese komplizierten Vorgänge mit erstaunlicher Zuverlässigkeit, waren sie jedoch erst in den Bergen installiert, fingen sofort die Schwierigkeiten an. Es verging selten ein Tag, ohne daß ein Defekt auftrat.

Matt hatte trotz seiner Ungeduld lernen müssen, mit der Unberechenbarkeit der Maschinen fertig zu werden. Allerdings ging es bei den Reparaturen nie ohne Wut, lautes Fluchen und hin und wieder einen kräftigen Tritt ab.

Da Pete noch nicht aus Deer Lodge zurück war und weder Jonathan, Lem Finney noch Josiah Webb aufzutreiben waren, mußte er die Reparatur diesmal allein ausführen. Als ein Versuch nach dem anderen fehlschlug, war er so verzweifelt, daß er nach ein paar Stunden keinen vernünftigen Handgriff mehr tun konnte. Die Aussicht, die Maschinen wieder in Ordnung zu bringen, schien gleich Null, wenn nicht rechtzeitig jemand auftauchte, der mehr Geduld hatte als Matt und den Schaden in Ruhe behob. Deshalb stand die Quarzhütte während der zweieinhalb Tage, die Pete fort war, still, und Matt wartete so sehnsüchtig darauf, daß Pete zurückkam und die Maschinen reparierte, daß ihm gar nicht der Gedanke kam, es könne einen Grund geben, dieses Zusammentreffen mit seinem Bruder zu fürchten.

Am späten Nachmittag des dritten Tages sah er Pete endlich in der Tür stehen. Er winkte ihm zu und rief erleichtert: «Gott sei Dank, daß du da bist! Sieh doch mal nach, ob du mit diesem verdammten Ding fertig wirst!»

Pete kam mit raschen Schritten heran, warf seinem Bruder nur einen kurzen Blick zu und kniete sich vor die Maschine. Dann vertieften sie sich gemeinsam in den Kampf gegen die Technik.

Endlich begannen die Schlaghämmer wieder zu rumpeln und zu stampfen, die Brüder gaben den Männern Anweisungen und machten sich auf den Weg zurück in die Stadt.

Unterwegs fragte Matt Pete nach dem Erfolg seiner Reise und hörte interessiert zu, was Pete über die Besitzungen berichtete, die er inspiziert hatte. Pete beschrieb ihm genau, was er in Deer Lodge und in den anderen Camps festgestellt hatte, und sein Bericht war so detailliert, daß Matt schließlich zu der festen Überzeugung kam, der Mann, der ihn überfallen hatte, könne nicht Pete gewesen sein.

Als er Pete zu einem Glas Whisky einlud und Pete ohne zu zögern zustimmte, glaubte er, die brüderliche Eintracht sei wiederhergestellt, und so würde es auch bleiben, wenn die Frauen ihre Einigkeit nicht wieder störten. Das schien ihm wunderbar, weil es schließlich ohne Blutvergießen erreicht worden war. Als sie beide an der Bar standen, drehte er sich zu Pete um, hob ihm das Glas entgegen und sah ihn aufmerksam an. Er hatte das Gefühl, seinen Bruder mehr zu lieben als je zuvor.

Wenige Tage danach machte sich Matt mit Jonathan auf, um andere Claims zu inspizieren und fällige Schulden einzutreiben. Unterwegs fand er so viele zwingende Gründe, noch weitere Rancher, kleine Farmer und abgelegene Claims zu besuchen, daß sie über eine Woche unterwegs waren. Und als er zurückkehrte, meinte er, nun müsse sogar Jenny überzeugt sein, daß es nicht Pete, sondern ein Fremder gewesen war.

Er vermied es jedoch, Jenny zu sehen, und erfand ständig Ausreden, um ihr nicht irgendwo bei Bekannten zu begegnen. Als er gerade anfing, sich Gedanken darüber zu machen, warum er ihr so konsequent auswich, traf er sie auf der Straße. Sie saß in ihrem Kutschwagen mit den roten Rädern, beugte sich weit heraus und winkte ihm zu, er solle näher kommen.

Er warf einen vorsichtigen Blick in die Runde, ob auch niemand in der Nähe war, der ihn kannte, trat dann an ihren Wagen, sah ehrerbietig zu ihr auf und wartete, was sie ihm zu sagen hatte.

«Was hast du denn die ganze Zeit gemacht, Matt?»

Er starrte sie an, ohne eine Miene zu verziehen. «Gearbeitet.»

Sie lachte und gab mit einer leichten Geste zu verstehen, daß er sie nicht täuschen könne, dazu kenne sie ihn zu gut. «Manchmal staune ich, wie sehr ihr beiden, du und Pete, einander gleicht.»

Er verzog das Gesicht, antwortete aber nicht.

«Er hat mir so ausführlich von seinem Ritt nach Deer Lodge erzählt, als wäre er dagewesen.»

«Das war er auch, Jenny. Er hat unterschriebene Verträge, Wechsel und Pachtkontrakte mitgebracht. Er war da.»

«Er hat versucht, dich umzubringen, Matt.»

Matt starrte sie einen Augenblick ärgerlich an und wandte sich dann zum Gehen. Aber nach wenigen Schritten machte er noch einmal kehrt, lief zurück, als sie gerade anfahren wollte, nahm ihre Hand und hielt sie fest. «Du mußt es mir glauben, Jenny: Es war nicht Pete!»

Sie sah ihn an und schüttelte langsam den Kopf. «Er schämt sich, weil er versucht hat, dich umzubringen – aber er wünschte, du wärest tot.»

Er trat zurück und sah sie drohend an.

Doch Jenny knallte schon mit der Peitsche. «Sei vorsichtig, Matt!» rief sie ihm zu und fuhr davon.

Nach dieser Begegnung war er so wütend auf Jenny, daß er sich fragte, ob er sie überhaupt je geliebt hatte. Seine Loyalität Pete gegenüber war jetzt so stark und seine Zuneigung zu ihm so herzlich, daß Jenny ihm wie eine Fremde vorkam, die ihn und Pete in folgenschwere Zerwürfnisse gestürzt hatte. Um diese Theorie vor sich selber zu bestätigen, schlug er bald darauf seinem Bruder vor, einen Jagdausflug an den Missouri zu unternehmen. «Marietta meint, ein Kolumbischer Hirsch würde sich gut in der Diele machen.»

Pete war bereitwilliger, als Matt erwartet hatte, und sie verabredeten, Ende der folgenden Woche aufzubrechen. Petes Bereitwilligkeit machte Matt aber plötzlich doch nachdenklich. Er überlegte schon, ob er unter einem Vorwand nicht mitreiten sollte. Doch dann schämte er sich und dachte daran, daß es ja Jennys Verdacht war und nicht seiner. Er wollte diesen Test durchführen, um zu beweisen, daß er kein Feigling war, und um Pete Gelegenheit zu geben, ihm entweder zu verzeihen oder, wenn er das nicht konnte, die Tat auszuführen und ihn, Matt, umzubringen.

Mehrere Tage später kehrten sie tatsächlich mit einem Kolumbischen Hirsch zurück. Er lag quer hinter Matts Sattel, und sie erklärten den Männern, die sie in die Stadt reiten sahen, vergnügt, sie hätten den Hirsch, den sie haben wollten, zwar erlegt, aber sie wüßten nicht genau, wem von ihnen er wirklich gehöre. Als sie auf die Fährte des Tieres gestoßen waren, habe das Tier sie überrascht und sei so drohend auf sie losgegangen, daß sie beide zugleich abgedrückt hätten. Es war ein besonders schönes Exemplar, das viel Aufsehen und Bewunderung erregte. Später, beim Präparator, tauchten immer wieder Männer auf, um es zu untersuchen und das Geweih zu begutachten. Als es fertig hergerichtet war, knobelten sie darum; Matt gewann und nahm es als Dielenschmuck mit nach Hause. Er betrachtete es als Talisman, der nun bewirken würde, daß es nie wieder zum Streit zwischen ihnen beiden kam.

Jenny jedoch schien in dem Geweih etwas anderes zu sehen. Am ersten Abend, als sie mit Pete zum Essen kam, bemerkte Matt, wie sie einen skeptischen Blick zu der Trophäe hinüberwarf, als gehöre der Hirschkopf einem unbekannten Eindringling, mit dem sie nicht einverstanden und dessen wahre Identität zu entdecken sie fest entschlossen war.

Einige Stunden später, als sich die Gäste verabschiedeten, kam Jenny mit Leila in den Armen die Treppe herab. Die Kleine schlief, und als Matt sie nahm und in die Diele hinaustrug, ging Jenny neben ihm her und sagte leise: «Wir werden anscheinend noch so perfekte Heuchler, daß wir an unsere eigenen Lügen glauben.»

«Tut es dir leid, daß er mich nicht umgebracht hat?»

«Es tut mir leid, daß wir alle so unaufrichtig sind.»

«Das sind wir gar nicht mehr.»

«Was spielt das jetzt noch für eine Rolle?» Dann unterhielt Jenny sich ungewohnt angeregt mit Erma Finney und Marietta über das geplante Picknick am Vierten Juli, obwohl der Tag noch Wochen entfernt war.

Jenny glaubte nicht an die menschliche Fähigkeit, zu vergeben. Darum hatte sie Pete und Matt auch nie gesagt, daß Leila nicht ihr erstes Kind war. Und da sie es ihnen anfangs nicht gesagt hatte, wagte sie es ihnen auch jetzt nicht zu sagen. Heute erschien es ihr als die verdammenswerteste Tat ihres ganzen Lebens, daß sie ihr eigenes, erst wenige Wochen altes Kind weggegeben hatte. Daneben war der Kummer, den sie Marietta und Pete zugefügt hatte, geradezu belanglos.

An dem Tag, an dem sie und Dr. Danforth zu den Goldgräberlagern aufbrachen, war ihr bewußt geworden, daß es nun zu spät sei, daß sie mit der Untat, die sie begangen hatte, leben mußte, unwiderruflich. Deshalb hatte sie Andy Danforths Schwester auch nicht ein einziges Mal geschrieben. Nach Leilas Geburt hatte sie sich eingebildet, dieses neue Kind sei entweder ein Zeichen der Vergebung, vielleicht aber auch nur eine Prüfung ihrer Integrität. Daher war ihre Liebe zu Leila gemischt mit der Angst, das Kind zu verlieren.

Eines Nachmittags, als sie Leila vom Mittagsschlaf wecken wollte, klagte die Kleine über Kopfweh und zitterte unter der warmen Decke vor Kälte. Jenny stand einen Augenblick an der Tür und lauschte erschrocken auf Leilas ungewohnt klägliche Stimme. Dann stürzte sie ans Bett, riß das Kind an sich, streichelte Leila übers Haar, hielt sie fest und wiegte sie sanft und begann hysterisch zu weinen. Leila blieb einige Sekunden still in ihrem Arm liegen und versuchte dann, sich zu befreien. Jenny legte sie behutsam ins Bettchen zurück, beugte sich über sie, wischte sich die Tränen vom Gesicht und lächelte. Leila sah erschrocken zu ihr auf, war aber offenbar überzeugt, daß sie sich jetzt, da ihre Mutter bei ihr war, bald wieder wohl fühlen werde. Jenny küßte ihr beide Wangen und fand sie sonderbar kühl und feucht. Dann nahm sie Leilas Hände und hielt sie, um sie zu wärmen, fest zwischen den ihren. «Hast du dich vorhin schon nicht gut gefühlt, als du dich hinlegtest? Du mußt es mir immer gleich sagen, wenn du dich nicht wohl fühlst, hörst du, Leila?»

«Ich hatte Angst, ich müßte im Bett bleiben.»

Jenny erhob sich, zog Leila die Wolldecke bis ans Kinn und sagte ernst: «Ich muß den Doktor holen, mein Liebes. Wenn Mrs. Hatch zu Hause ist, bitte ich sie, mir den Gang abzunehmen. Aber wenn sie nicht da ist, muß ich selber gehen. Versprich mir, daß du inzwischen nicht aufstehst und dich ausruhst, ja? Du brauchst keine Angst zu haben. Bald bist du wieder gesund. Vielleicht schon morgen. Aber heute darfst du nicht aufstehen und spielen. Willst du mir das versprechen?»

Leila nickte lächelnd. «Ich hab keine Angst – aber du darfst auch keine haben.»

Jenny küßte sie und lief durch die Küche und den Gemüsegarten zu Mrs. Hatch hinüber. Sie stürmte ins Haus, ohne anzuklopfen, rief laut den Namen der Nachbarin, rannte von einem Zimmer ins andere und verließ dann das Haus, ohne die Tür zu schließen. Draußen stürzte sie auf eine Gruppe spielender Kinder zu und rief verzweifelt: «Leila ist krank!» Erstaunt drehten die Kinder sich um, denn so aufgeregt hatten sie Leilas Mutter noch nie gesehen. «Wer von euch läuft schnell zum Doktor? Du, Bobby?» Sie packte den Jungen am Arm, drehte ihn herum und gab ihm, als er zögerte, einen kleinen Schubs. «Geh, lauf schon, lauf! Beeil dich doch, du kleiner Idiot! Ach, Bobby, verzeih mir! Es tut mir so leid, ich habe es nicht so gemeint. Lauf doch! Lauf!» Sie klatschte in die Hände, und er sprang davon. Nach ein paar Schritten blieb er wieder stehen, drehte sich um und sah sie unsicher an. Sie machte eine ärgerliche, weit ausholende Geste. «Lauf, habe ich gesagt. Und wenn du den Doktor gefunden hast, such Mr. Devlin und sag ihm, er soll nach Hause kommen!» Sie wartete noch einen Moment und sah dem Jungen nach, der den Berghang hinunterjagte, und lief dann ins Haus zurück.

Dr. Chaffinch kam nach einer knappen halben Stunde. Jenny erwartete ihn oben an der Treppe mit einem so giftigen Ausdruck, daß er verblüfft stehenblieb. «Ich bin gekommen, so schnell es ging, Mrs. Devlin!»

Als er an ihr vorbeiging, sah Jenny ihn so vorwurfsvoll an, daß er noch einmal stehenblieb und sie forschend musterte. Dann ging er ins Kinderzimmer, nahm Leilas Handgelenk und zählte ihren Puls. Jenny war an der Tür stehengeblieben und zitterte wie Espenlaub. Als das Zittern immer heftiger wurde, verschränkte sie ihre Arme, aber es half nichts. Sie schaute zu, wie er sich die Zunge des Kindes besah, das Ohr auf die kleine Brust legte und Leila fragte, wie sie sich fühle, und ihre Augen blickten hart und verbittert, als gebe sie ihm die Schuld, daß ihre Tochter krank war.

Endlich richtete er sich auf und blickte stirnrunzelnd auf Leila hinab, die still dalag und anscheinend von ihm ein Zauberwort erwartete, das sie sofort wieder gesund machen würde. «Was ist es?» wollte Jenny wissen. Er antwortete nicht, und sie packte seinen Arm. «Es ist doch nichts Schlimmes, oder?» Sie schrie die Worte fast heraus, verstummte aber sofort, als sie bemerkte, daß Leila sie vorwurfsvoll ansah. Augenblicklich wurde sie still, ihr Körper hörte auf zu zittern, und sie stand sehr aufrecht, während sie mit ruhiger, vernünftiger Stimme auf den Arzt einsprach. «Wofür halten Sie es, Dr. Chaffinch?»

Dr. Chaffinch blickte sie ernst an. «Ich weiß es nicht, Mrs. Devlin. Es ist noch zu früh, um etwas Endgültiges zu sagen. Vielleicht die Masern.» Freundlich streichelte er Leilas Wange. «Wenn du die Masern hast, Kleines, dann mußt du ein paar Tage ruhig im Bett liegen bleiben. Aber deine Mutter wird dir bestimmt etwas vorlesen, und dann geht die Zeit schnell vorüber. Wirst du schön ruhig liegen bleiben?»

«Ja, Dr. Chaffinch, das werde ich. Ich mag nicht gern krank sein.»

Jenny senkte den Kopf und schlug die Hände vors Gesicht. Sekundenlang wagte sie kaum zu atmen aus Angst, sie könnte anfangen zu toben und zu schreien und sich vor den Augen der beiden den Kopf an der Wand einrennen. Schließlich ließ sie die Arme sinken und fragte: «Was kann ich für sie tun?»

Nachdem Jenny Leila damit beruhigt hatte, daß sie gleich wiederkäme, ging sie mit dem Arzt aus dem Zimmer. Am Fuß der Treppe wandte sie sich um und wartete auf ihn. «Halten Sie es tatsächlich für Masern?» Skeptisch sah sie zu ihm auf, als wolle sie ihm zu verstehen geben, daß es weder fair noch notwendig sei, ihr etwas zu verschweigen.

«Mrs. Devlin, ich kann es wirklich nicht sagen.»

«Lungenentzündung?»

«Das glaube ich nicht. In ein, zwei Tagen wissen wir mehr. Sie waren doch mit einem Arzt verheiratet – Ihnen ist doch bekannt, wie wenig wir im Grunde wissen. Aber Leila ist immer gesund gewesen, und sehr kräftig, auch wenn sie zart wirkt. Außerdem ist sie glücklich. Das macht unendlich viel aus. Nur eines müssen Sie beachten, Mrs. Devlin . . .»

«Ich weiß», unterbrach Jenny ihn, «ich darf sie nicht ängstigen. Ich werde es nicht tun.»

«Und Sie müssen auch dafür sorgen, daß der Vater ihr keine Angst macht.»

Jenny sah ihn zurückhaltend an. Sie wollte nicht, daß er sich in dieser Krise in ihr Leben einmischte, sie wollte mit ihrer Angst und ihrer Sorge allein sein. Und anscheinend verstand er sie, denn er begann unvermittelt über die Behandlungsmethode zu sprechen, die ihr genauso absurd und unnütz erschien wie Dr. Danforths Hausmittelchen.

Dr. Chaffinch war bedrückt, denn er spürte, daß Jenny ihm nicht nur die Schuld an Leilas Krankheit zuschob, sondern ihm auch Vorwürfe machte, weil er nicht sagen konnte, was ihr fehlte, und weil er ihr nur diese armseligen Mittelchen verschrieb, die, wie sie beide genau wußten, keinerlei Besserung bringen würden.

Da kamen eilige Schritte die Stufen herauf, und Pete stürzte ins Haus. Er war wie von Sinnen, als habe man ihn von einem tödlichen Unfall benachrichtigt. Er starrte erst Dr. Chaffinch und dann Jenny an und rannte ohne ein Wort zu sagen in drei, vier Sätzen die Treppe hinauf.

Der Doktor verabschiedete sich eilig. «In zwei, drei Stunden komme ich wieder, Mrs. Devlin.»

Jenny ging in die Küche, um Holundertee und Senfpflaster zu machen. Aber ihre Bewegungen waren bleischwer, und als sie Pete hereinkommen hörte, wandte sie sich mit einem so verzweifelten Ausdruck zu ihm um, daß er ihre Hände ergriff und sie in die Arme nahm. «Was sagt der Doktor? Was ist es? Leila behauptet, es geht ihr schon besser.»

«Natürlich, das dachte ich mir. Sie weiß, daß wir uns Sorgen machen; das hat sie erschreckt. Pete, was immer geschieht, laß sie nie merken, daß du Angst hast, sie könnte nicht durchkommen, ja?»

Er fuhr zurück und ließ sie los, als habe er etwas Gefährliches im Arm gehalten. «Mein Gott, Jenny ...»

«Bitte, Pete! Sie muß spüren, daß wir glauben, sie sei in ein, zwei Tagen wieder gesund.»

«Aber das wird sie doch auch sein!» rief er beschwörend. «Herr im Himmel, glaubst du etwa nicht daran?»

«Ich weiß es nicht. Geh zu ihr. Ich komme gleich nach.»

«Soll ich Marietta holen lassen?»

Rasch fuhr sie herum. «Wozu?»

Pete machte ein verlegenes Gesicht, als habe er einen höchst unpassenden Vorschlag gemacht. «Sie ist eine ausgezeichnete Pflegerin. Und sie liebt Leila sehr.»

«Ich werde mein Kind selber pflegen. Ich brauche keine Hilfe», entgegnete Jenny schroff.

Nach wenigen Minuten trat sie mit dem Rizinusöl und den anderen Hausmitteln, die Dr. Chaffinch verschrieben hatte, ins Kinderzimmer. Leila lag auf der Seite und hörte nachdenklich zu, was Pete ihr vorlas. Als Jenny hereinkam, lächelte Leila so zuversichtlich, daß Jennys Angst schwand und sie befreit auflachte, weil sie offenbar grundlos schwarzgesehen hatte. Sie setzte sich auf die Bettkante und redete Leila gut zu, das Rizinusöl zu schlucken. Das Kind war jedoch nicht zu überzeugen, daß es sich dann besser fühlen werde. Während die beiden sich um die Vor- und Nachteile des Rizinusöls kabbelten, betrachtete Pete seine beiden Frauen erleichtert mit bewunderndem Lächeln.

Aber die Nacht brachte keine Besserung. Dr. Chaffinch konnte immer noch nichts Näheres sagen. Am frühen Abend kam Matt, blieb einige Minuten und ging wieder. Am nächsten Morgen erschien Marietta noch vor sieben Uhr, und von da an war das Wohnzimmer Tag und Nacht voller Nachbarn und Freunde, die ängstlich und erschrokken herumstanden, denn man hatte oft genug erlebt, daß Kinder hier im Gebirge wie die Fliegen wegstarben, weil ihnen das Klima und die Höhenlage sehr schlecht bekamen.

Jenny ging nicht ein einziges Mal ins Wohnzimmer. Sie saß ununterbrochen bei Leila, die immer apathischer wurde. Das Frösteln wurde zu Fieber, sie klagte über Schmerzen in Beinen, Rücken und Hals, warf sich ruhelos hin und her, verlangte, daß die Jalousien heruntergelassen wurden, bedeckte die Augen mit beiden Händen und weinte verzweifelt, weil die Kopfschmerzen nicht nachließen. Zeitweise lag sie still und benommen mit fest geschlossenen Augen da, oder sie beobachtete die Erwachsenen voll Mißtrauen, weil sie ihr nicht halfen und sie ihren Versprechungen nicht mehr glaubte. Nach drei Tagen fragte sie Jenny, Pete und Dr. Chaffinch, die sie mit tiefer Besorgnis beobachteten: «Muß ich jetzt sterben?» Mit einem verzweifelten Aufschrei stürzte Pete aus dem Zimmer.

Wenn Dr. Chaffinch das Haus verließ, fragten die Frauen ihn jedesmal nach neuen Symptomen, nach etwaigen Veränderungen seit seinem letzten Besuch. Erma Finney und Irene Flint hatten die Krankheit erkannt, noch ehe Dr. Chaffinch seine Meinung geäußert hatte. Zuerst hatten auch sie es für Masern gehalten, nach fünf Tagen jedoch kamen sie zu einem anderen Ergebnis.

«Ich weiß, was es ist», sagte Erma Finney, als Marietta einmal hinausging.

«Ich auch», bestätigte Irene Flint. «Aber wir sollten es lieber nicht aussprechen. Wir könnten uns täuschen.»

«Hoffentlich. Aber die Symptome deuten auf Fleckfieber hin.» Erschrocken schwiegen sie alle einen Moment, gaben dann aber zögernd zu, daß das auch ihre Meinung sei.

Beim nächsten Besuch stellte Dr. Chaffinch fest, daß der Puls schwächer geworden war und der Ausschlag sich über den ganzen Körper ausgebreitet hatte. Es waren dunkle Flecke, die aussahen wie blaue Druckstellen. Jetzt mußte auch er den Frauen recht geben.

Ein Tag nach dem anderen verging. Jenny schlief wenig und auch dann nur in Leilas Zimmer auf einem Stuhl neben dem Bett. Wenn sie aus dem Schlaf hochschreckte, sah sie sich beschämt im Zimmer um und fragte ärgerlich, warum man sie nicht geweckt habe. Wenn Pete mit ihr sprach, schien sie ihn überhaupt nicht wahrzunehmen, und wenn er versuchte, sie zum Zuhören zu zwingen, starrte sie ihn nur kalt und vorwurfsvoll an und wandte sich ab.

Schließlich suchte er Hilfe bei Marietta. «Jenny braucht mich nicht. Sie will nicht, daß ich ihr beistehe. Sie sieht mich an, als wäre ich ein Fremder – oder ihr Todfeind. Was soll ich nur machen?»

«Sie weiß nicht, was sie tut, Pete – das merkt man doch, wenn man sie nur ansieht. Alles, was sie jetzt tut oder sagt, ist bedeutungslos. Laß sie allein mit dem Kind. Du kannst jetzt keine Forderungen an sie stellen.» Pete wurde nun ebenso still wie Jenny. Er mied das Wohnzimmer, wo immer zwei oder drei Leute saßen, schlich bedrückt durchs Haus und sprach kein Wort, wenn er Leilas Zimmer betrat. Er beugte sich schweigend über die Kleine, strich ihr dann und wann übers Haar und seufzte tief auf, wenn er sie berührte.

Jenny sprach weder mit Pete noch mit Marietta und stellte auch Dr. Chaffinch keine Fragen mehr. Sie verließ nicht einen Augenblick das Zimmer, schickte andere mit einem Blick oder einer Geste nach Wasser, sauberen Handtüchern und frischer Bettwäsche oder ließ sie das Becken leeren, wenn Leila sich übergeben hatte. Aus den kleinen Pusteln entwickelten sich blutige Schwären, die verschorften und sich dann ablösten. Als die Krämpfe einsetzten, wollte der Arzt das Kind ans Bett fesseln, damit es sich nicht verletzen konnte. Aber Jenny machte nur eine drohende Geste, und Dr. Chaffinch floh aus dem Zimmer. Marietta gegenüber klagte er, Jenny sei völlig von Sinnen und niemand sei in ihrer Gegenwart sicher. Trotzdem kam er wieder. Er machte zwar keine Behandlungsvorschläge mehr, blieb aber im Zimmer, ebenso schweigsam wie Pete, und ließ das Kind nicht aus den Augen.

Als sich die Krankheit verschlimmerte, ließ Jenny alle Speisen, die Marietta ihr brachte, unberührt. Sie schlief auch nicht mehr, nicht einen Augenblick, sondern saß die ganze Nacht hindurch wach und aufmerksam da, auf jede Veränderung gefaßt und bereit, alles ergeben zu ertragen. Nachdem Leila einen Tag und eine Nacht im Koma gelegen hatte, strich Dr. Chaffinch ihr mit den Fingern über die geschlossenen Augenlider, legte ihr die Hand auf die Brust und erklärte sie für tot.

Jenny erstarrte und sah ihr Kind an. Nach einiger Zeit wandte sie sich zu Marietta um und schüttelte den Kopf. «Tot?» fragte sie fassungslos. «So schnell? Sie hat sich aus dem Leben hinweggestohlen, als wäre sie niemals dagewesen.» Sie schien weder zu bemerken, daß Pete neben dem Bett in die Knie gesunken war und schluchzte, noch daß Matt im Zimmer war.

Dann schickte sie alle weg und erklärte, sie selber wolle ihr Kind für die Beisetzung fertigmachen, es waschen und ankleiden. Als sie nach einiger Zeit herauskam, merkte man ihr immer noch an, daß sie gar nicht begriffen hatte, was geschehen war. Sie schritt an Pete vorbei, ohne ihn anzusehen, ging zum erstenmal seit fast zwei Wochen nach unten, lächelte Marietta abwesend zu und sah Matt, der im Eßzimmer auf sie zutrat, stumm an. Nach einem Augenblick ging sie in die Küche, stellte sich ans Fenster, sah hinaus und trank langsam eine Tasse Kaffee, ohne an irgend jemand das Wort zu richten.

Den ganzen Tag war das Wohnzimmer voller Menschen, doch Jenny schien es nicht zu bemerken. Als der letzte Besucher ging, kehrte Pete in Leilas Zimmer zurück und fand Jenny neben dem Bett, in dem das Kind in einem weißen Batisthemdchen lag, das Haar sorgfältig gebürstet und in einer einzigen langen Locke über die Schulter fallend. Jenny blickte mit einem sonderbaren Lächeln auf ihre Tochter hinab, als habe das Kind gerade etwas gesagt, über das sie sich freute. Sie trug den schwarzen Schleier, den sie auch nach Andrew Danforths Tod getragen hatte. Als erstes war sie an den Koffer gegangen, in dem sie ihre alten Kleidungsstücke aufbewahrte, und hatte die Trauerkleider herausgeholt, als könne sie sonst nicht an den Tod ihres Kindes glauben.

Pete blieb neben ihr sitzen, bis es dunkel war. Dann fragte er leise: «Willst du dich jetzt nicht ein bißchen ausruhen?»

«Nein.» Er konnte sie nicht erkennen, aber ihre Stimme klang abwehrend und vorwurfsvoll, als störe sie seine Teilnahme.

Matt und Marietta kamen schon am frühen Morgen, denn die Beerdigung sollte um zehn Uhr stattfinden. Als Matt die Treppe heraufstieg, um Pete beim Tragen des Sarges zu helfen, ging Jenny wortlos in ihr Schlafzimmer und schloß die Tür hinter sich.

Dort blieb sie, bis Reverend Bream eingetroffen war und Pete kam, um sie zu holen. Sie stand am Fenster und hatte offenbar die Ankunft ihrer Freunde beobachtet, vielleicht aber auch nur vor sich hin gestarrt, ohne etwas wahrzunehmen. Sie trug eine Haube, von der der schwarze Schleier ihr über Schultern und Rücken fiel. Pete betrachtete sie besorgt, ihm schien, als habe sie, genau wie nach Dr. Danforths Tod, in der schützenden Einsamkeit ihrer Trauerkleidung Zuflucht gesucht. Damals jedoch hatte sie sich, wie sie ihm erzählte, danach gesehnt, erlöst zu werden, während sie ihn jetzt nicht an sich heranließ und seinen Trost und seine Teilnahme an ihrem Schmerz zurückwies.

Er wartete, bis sie sich umdrehte. Auf ihren Handflächen lag die silberbeschlagene Pistole, die Matt Leila geschenkt hatte. Petes Gesicht verzog sich unwillkürlich zu einer Grimasse. Hastig trat er näher, um ihr die Waffe abzunehmen. Doch sie hielt die Pistole so, daß er sie nicht erreichen konnte. «Ich will, daß sie das hier mit ins Grab nimmt. Wirst du sie ihr in den Sarg legen?»

Pete trat noch einen Schritt auf sie zu. «Jenny, ich möchte nicht, daß heute etwas zwischen uns kommt. Ich hoffe zu Gott, daß wir alles ertragen können. Aber ich bitte dich: Verlange nicht so etwas von mir. Du weißt, daß ich es nicht tun kann.»

Entschlossen ging er auf sie zu, um ihr die Waffe zu entwinden, doch sie wich zurück. «Nicht weiter, Pete!» rief sie, reichte ihm dann aber die Waffe freiwillig, den silberverzierten Griff nach vorn, als biete sie ihm eine Duellpistole. Nach kurzem Zögern nahm er sie, schob sie in seine Jackentasche und trat zur Seite. Als sie an ihm vorüberging, streifte sie ihn mit einem Blick und blieb in der Tür stehen. «Wirst du es tun?»

«Ich kann nicht, Jenny. Ein kleines Mädchen, mein Kind – mit einer Pistole beerdigen! Wenn ich es täte, würdest du es mir später zum Vorwurf machen, wenn du . . .» Er hatte sagen wollen, wenn sie wieder normal sei, stockte aber und sagte statt dessen: «Wenn du erst Zeit zum Nachdenken gehabt hast.»

Sie streckte die Hand aus. «Gib sie mir wieder.»

«Nein, ich behalte sie.»

«Ich werde sie selber hineinlegen. Ich werde ins Wohnzimmer gehen und ihr die Waffe vor allen Leuten in den Sarg legen, wenn du es nicht tust.» Seit dem Augenblick, als Leila krank geworden war, hatte Jenny das Gefühl, ihre Freunde, der Doktor, alle Menschen, bis auf Marietta vielleicht, seien zu ihren Feinden geworden und frohlockten über ihr Leid.

Pete schüttelte den Kopf. «Tu es nicht, Jenny. Wir müssen hinuntergehen, die Trauerfeier wird gleich beginnen.»

«Wenn du mir die Waffe nicht gibst», sagte sie langsam, «und mir meine Bitte nicht erfüllst, werde ich dich nie wieder um etwas bitten – niemals!»

«Jenny! Liebste, du weißt ja nicht, was du sagst!» Er breitete die Arme aus. «Du bist völlig von Sinnen.»

Langsam schritt sie die Treppe hinab, und er folgte ihr ins Eßzimmer, wo er an ihrer Seite Platz nahm. Bald darauf hörte er, daß Reverend Obadiah Bream zu beten begann. Er senkte den Kopf und sah Jenny nicht mehr an, bis der Gottesdienst beendet war. Er hatte keine Ahnung, was der Pfarrer gesagt hatte, er hörte nur undeutlich, daß der Raum von Schluchzen und Weinen erfüllt war. Während der ganzen Zeit saß Jenny aufrecht neben ihm und blickte starr zur Wand.

Als die Besucher am Sarg vorübergingen, blieb Jenny sitzen. Pete trat zu ihr und reichte ihr die Hand, aber sie wandte sich ab und sagte: «Ich möchte sie als letzte sehen.»

Er ging allein ins Wohnzimmer hinüber, das jetzt wieder leer war, blieb am Sarg stehen, konnte es aber nicht über sich bringen, hineinzusehen, und trat hinaus auf die Veranda. Er fühlte sich nackt und hilflos vor seinen Freunden, die auf dem Rasen vorm Haus standen und es vermieden, ihn anzusehen. Nach einigen Minuten hörte er flüsternde Stimmen, und als er aufsah, merkte er, daß alle ihn mitleidig anstarrten. Denn Jenny war an ihm vorbeigegangen, schritt durch den Garten und stieg stumm zu Marietta in den Wagen. Sie ließ ihn auf diesem schweren Gang allein.

Matt und Jonathan hoben mit Lem Finney und Josiah Webb den kleinen Sarg auf ihre Schultern und trugen ihn aus dem Haus. Der Trauerzug setzte sich den Berghang hinauf in Bewegung. An der Spitze ging Reverend Obadiah Bream, ihm folgte Pete, dann kamen vierzig bis fünfzig Männer und Frauen, und dahinter ging eine Gruppe Kinder. Am Ende des Zuges fuhren sechs bis acht Wagen, und im letzten saßen Marietta und Jenny. Das Bimmeln der Totenglocke, geläutet von Reverend Bream, lockte Frauen und Kinder an Fenster und Türen. Einige traten sogar an den Straßenrand und blickten stumm dem Trauerzug nach.

Der Tag war kalt und sehr windig; der Himmel war voller Wolken, und die Sonne brach nur selten durch. Ein Sommergewitter lag in der Luft. Als sie den Friedhof erreichten, war es schon ziemlich finster geworden. Während der Sarg in die Erde gesenkt und das Schlußwort gesprochen wurde, blieb Jenny im Wagen sitzen. Endlich wandte sich die Trauergemeinde zum Gehen. Gemessen schritten die Leute den Berg hinab; erst in einiger Entfernung beschleunigten sie ihren Schritt, und einige begannen sogar zu laufen, um sich noch vor Beginn des Regens in Sicherheit zu bringen. Pete kniete noch neben dem Grab, Matt stand bei ihm, und Lisette hing weinend am Arm ihres Mannes und konnte sich nicht beruhigen.

Schließlich wandte sich Marietta an Jenny. «Fahren wir?»

Jenny nickte, und Marietta fuhr an. Sturmböen peitschten übers Land, und der Himmel wurde noch schwärzer. Plötzlich prasselte Regen auf das Wagendach, und dann setzte ein Hagelschauer ein. Jenny schrie verzweifelt auf und sprang aus dem Wagen, ehe Marietta die Pferde anhalten konnte. Matt und Pete fuhren herum, riefen laut Jennys Namen, aber Jenny lief schwankend weiter, stolperte, brach in die Knie, fiel auf die Hände und blieb einen Augenblick mit hängendem Kopf, als sei sie verwundet, am Boden knien. Die beiden Männer rannten entsetzt auf sie zu, aber als sie näher kamen, raffte Jenny sich mühsam auf und lief immer weiter den Hang hinauf.

Sie folgten ihr, bis Matt wie auf einen stummen Befehl stehenblieb. Dann beobachteten sie alle voll ungläubigen Schreckens, wie Pete Jenny packte und sie sich wütend gegen ihn wehrte. Immer wieder schrie sie: «Laß mich gehen! Ich kann sie doch nicht allein lassen!» Sie kämpfte verzweifelt mit ihm, und als sie merkte, daß sie sich aus seinem Griff nicht befreien konnte, schlug sie ihn ins Gesicht. «Laß mich los!» schrie sie, sprang zurück, raffte die Röcke und stürzte davon.

42

An einem Tag im Mai wurde Morgan mit Felice Talbot getraut. Die Zeremonie fand im Pfarrhaus einer wenig besuchten Presbyterianer-Kirche am unteren Broadway statt. Felice hatte der Frau des Reverend impulsiv mitgeteilt, sie seien durchgebrannt. Daraufhin weigerte sich Reverend Hodge, die Trauung vorzunehmen, weil er offenbar vermutete, daß ein so elegant gekleidetes Mädchen bestimmt einen schwierigen Vater habe. Doch Morgan überzeugte ihn mit so leidenschaftlichen Argumenten, daß er vorübergehend selber glaubte, er sei tatsächlich so erpicht darauf, zu heiraten.

Als er mit Felice in dem schäbigen kleinen Raum stand und das Hausmädchen hinter sich schniefen und Mrs. Hodge von Zeit zu Zeit seufzen hörte, dachte er wehmütig daran, daß all seine Ausweichmanöver fehlgeschlagen waren. Er fragte sich, wie er dazu komme, sich nur acht Monate nach der ersten Begegnung mit einem Mädchen trauen zu lassen, das er kaum besser kannte als am Anfang.

Dies kam ihm um so seltsamer vor, als er sich nach Mrs. Talbots Warnung wochenlang außer Gefahr gefühlt hatte. Er war fast den ganzen Tag in der Bibliothek oder im Labor gewesen, war zweimal nach Baltimore gefahren, um sich Versuchsöfen anzusehen, und hatte nach einiger Zeit das Gefühl, nun sei die Gefahr vorüber. Dann kam der Tag, an dem er sie durch ein geschicktes Arrangement von Suky und Felice wiedersah.

Im Winter hatte Suky ihn eines Tages eingeladen, mit ihr in den Park zu fahren. Als gerade die Sonne unterging und alles mit roter Glut übergoß, stieg er arglos in ihren Schlitten, zog das bestickte Büffelfell um sie beide, nahm unter der warmen Decke Sukys Hand und erzählte ihr begeistert von seinen Studien, von der Geometrie, Chemie und von Eglestons *Metallurgical Tables.*

Lautlos glitten sie durch den Park, und Suky hielt ihm lachend vor, daß er sie in letzter Zeit recht vernachlässigt habe. Schließlich machten sie an einem Teich in der Nähe der Fifth Avenue zwischen der Forty-sixth und der Forty-seventh Street halt.

Eine Blaskapelle spielte lustige Weisen, Feuer brannten, Händler verkauften heißen Kaffee und Pfannkuchen, und plötzlich sah er, als würde sein Blick mit tödlicher Sicherheit in diese Richtung gezogen, daß Felice allein auf dem Eis ihre Kreise lief – anscheinend ohne zu ahnen, daß jemand hierherkommen könne, den sie kannte. Auf einer Bank in der Nähe saß die Erzieherin, die Felice nach Europa begleitet hatte.

Morgan wollte Suky Vorwürfe machen wegen dieses Komplotts, kletterte statt dessen jedoch zu seiner eigenen Verwunderung aus dem Schlitten und winkte Felice zu. Sie kam heran, stoppte, indem sie die Spitze eines Schlittschuhs ins Eis stemmte, gab Suky einen Kuß und lächelte ihn so reizend an, daß er wußte, sie hatte erwartet, er werde böse sein.

Nun, da er dem Mädchen wieder gegenüberstand, vor dem davonzulaufen er sich verpflichtet gefühlt hatte, war er wieder bezaubert von dem lebhaft wechselnden Ausdruck auf ihrem Gesicht, während sie sich mit Suky unterhielt, und erschrak, als er nach wenigen Minuten merkte, daß er sich mit der erwartungsvollen Neugier eines Liebenden nach ihr sehnte.

Sie sah ihn flüchtig an, merkte, daß er sie beobachtete, und geriet in Verwirrung. Schnell faßte sie sich wieder und bat ihn mit dem unbefangenen Charme eines Kindes, das einen Erwachsenen zum Spiel auffordert, ein wenig mit ihr eiszulaufen. Während er sich ein Paar Schlittschuhe vom Verleiher holte, mußte er daran denken, daß schon manches junge Mädchen ihn hatte heiraten wollen – und zwar mit freudiger Zustimmung des Vaters –, daß Felice Talbot aber das erste und einzige Mädchen in seiner Bekanntschaft war, das durch eine Heirat mit ihm nichts gewinnen, sondern alles verlieren konnte. Vielleicht war das die Erklärung, warum dieses wohlerzogene Mädchen, das so gar nichts für sich verlangte, ihm einen so großen Schrecken einflößte.

Es waren jetzt nur wenige Eisläufer auf dem Teich, und daher hatten sie Platz genug, sich zu drehen, Bogen zu laufen und zu tanzen.

Sie wurden immer ausgelassener, lächelten sich an, glaubten, das Geheimnis des freien Schwebens entdeckt zu haben. Sie waren so versunken ineinander, daß Morgan erst nach einiger Zeit bemerkte, daß neben Sukys ein anderer Schlitten hielt. Frederic Hallam stand bei Suky und plauderte mit ihr. Als Morgan mit Felice vorüberjagte, sah er mit zusammengekniffenen Augen zu ihnen hinüber, denn in letzter Zeit mochte er Frederic Hallam ebensowenig wie Philip Van Zandt. Aber dieser Anfall von Eifersucht ging schnell vorüber. Er lächelte Felice zu und schwor sich, falls die Indianer Zack Fletcher nicht skalpiert hatten und Zack ihm wenigstens 10 000 Dollar schickte, werde er dieses Mädchen heiraten.

Knapp einen Monat darauf kam ein Brief von einer Bank in St. Louis mit der Nachricht, daß 23 000 Dollar für ihn eingezahlt worden seien. Doch immer noch zögerte er, versuchte, ihr aus dem Weg zu gehen und sich selber an Hand komplizierter Berechnungen zu beweisen, daß eine Ehe seine finanziellen Möglichkeiten überstieg. Eines Tages fragte er Suky mit gewollt unbeteiligter Miene, ob Steven beabsichtige, Felice Talbot zu heiraten. Suky warf lachend den Kopf zurück und sagte dann leise: «Ich könnte mir vorstellen, daß Papa das sehr begrüßen würde. Du nicht?»

Als er neben Felice vor Reverend Hodge stand, konnte er kaum glauben, daß er tatsächlich hier war. Es war keineswegs die Schuld von Felice, denn er hatte, als er ihr vor drei Tagen seinen Antrag machte, nachdrücklich verlangt, sie müsse ihn auf der Stelle heiraten und dürfe niemanden, nicht einmal Suky, davon unterrichten. Aber er hoffte immer noch auf einen rettenden Engel, der ihn aus dieser Situation befreite.

In den wenigen Minuten, als sie allein in Sukys Wintergarten gewesen waren, hatte er Felice zu seiner, wenn anscheinend auch nicht ihrer Überraschung gebeten, ihn zu heiraten. Aber er hatte sie gewarnt – gewarnt vor allen Mühsalen und Enttäuschungen, die er ihr in dieser kurzen Zeit aufzählen konnte. Aber ihre Augen hatten nur noch strahlender geleuchtet, und endlich zog er verzweifelt den Schluß, daß romantische junge Mädchen wie Felice Schwierigkeiten offenbar mehr schätzten als kostbare Brautkleider und Legionen von staunenden, neidischen Freundinnen in der Kirche.

Als Reverend Hodge geendet hatte, wandte sie sich Morgan zu, und er nahm sie automatisch in die Arme, beugte sich zu ihr und küßte sie behutsam. Als er sie losließ, fühlte er sich tödlich verlegen vor dem Reverend, dessen Frau und dem weinenden Hausmädchen. Aber dann sah er Felices weit offene Augen und ihren flehenden, verschreckten Blick, und da vergab er ihr, daß sie ihn geheiratet hatte. Nun empfand er eine fast schmerzende Zärtlichkeit für sie und das Verlangen, sie zu trösten und zu beruhigen, die Warnungen zurückzunehmen und ihr statt dessen alles mögliche zu versprechen, auch wenn er es nicht halten konnte.

Abrupt schüttelte er dem Reverend die Hand, drückte einen Zwanzig-Dollar-Schein hinein und ging mit Felice aus dem Haus. Mrs. Hodge begleitete sie und bat Felice, sie doch einmal zu besuchen, wenn sie von der Hochzeitsreise zurück seien. «Sie werden doch eine Hochzeitsreise machen, nicht wahr?» fragte sie.

Sie standen auf der Veranda, und Morgan spannte den Regenschirm auf, damit Felice nicht naß wurde. «Ich weiß es nicht, Mrs. Hodge», sagte Felice und wandte sich dann an Morgan. «Machen wir eine Hochzeitsreise, Morgan?»

Morgan verbeugte sich steif vor Mrs. Hodge. «Jawohl, Ma'am, wir machen eine», sagte er und schob Felice eilig die Stufen hinab zum Mietwagen, den er hatte warten lassen. Er sagte dem Kutscher, er solle zum Hoffman House fahren.

Im Wagen saß er so weit von seiner Frau entfernt, wie es nur ging. Er drückte sich in die Ecke und starrte zum Fenster hinaus. Der Himmel war fast grünlich, und es regnete unentwegt, so daß die Wagen nur langsam vorwärtskamen und der Verkehr manchmal ganz stockte. Sie schienen beide nicht recht zu wissen, worüber sie sprechen sollten, und saßen schweigend da. Dies ist die erste von all den endlosen Stunden, die wir allein miteinander verbringen werden, dachte Morgan resigniert, und plötzlich fiel ihm mit Entsetzen ein, daß sie ja noch Jungfrau war. Bisher hatte er das für einen Vorteil gehalten, aber auf einmal erkannte er die fast unerträgliche Verantwortung, die einem Mann damit aufgeladen wurde. Es schien ihm wie ein unfairer Trick von ihren Eltern, mit dem sie ihn auf die Probe stellen wollten, und zwar in der einzigen Situation, in der er mit Sicherheit versagen würde.

Er warf Felice einen unsicheren Blick zu, aber sie schaute auf der anderen Seite zum Fenster hinaus. Er sah nur ihren Hinterkopf und die eine Hälfte ihres Gesichts, doch irgend etwas in ihrer aufrechten Haltung und in der Art, wie sie die Hände im Schoß gefaltet hatte, erweckte in ihm wieder jene schmerzhafte Zärtlichkeit, die ihn veranlaßt hatte, sie zu heiraten. Augenblicklich ließen seine Ängste nach.

Gleichzeitig hörte er sich mit lauter, harter Stimme sagen: «Ich glaube nicht, daß ich ein guter Ehemann werde. Ich bin nicht einmal sicher, ob ich überhaupt zur Ehe tauge.»

Sie wandte sich um, sah ihn nachdenklich an und lächelte dann. Dieses Lächeln beunruhigte ihn noch mehr als alles andere, denn es machte ihm klar, daß sie seine Gedanken erraten hatte und immer erraten würde. Sie antwortete nichts; und er wunderte sich über seine Feindseligkeit und Widerborstigkeit, denn eigentlich war es doch Felice, die Grund zur Feindseligkeit hatte.

Er war froh, daß er sie hatte entführen müssen. Dadurch waren sie wenigstens um jene gekünstelte Fröhlichkeit von Hochzeitsfeiern herumgekommen und hatten alles in der nüchternen, etwas kargen Atmosphäre von Reverend Hodges Pfarrhaus in aller Heimlichkeit abmachen können.

Plötzlich streckte Felice ihm ihre geschlossene Hand entgegen und sagte: «Das hat mir Suky gestern gegeben.»

Er nahm eine kleine, goldene Uhr heraus, ließ den Deckel aufspringen und sah in Sukys verschnörkelter Schrift eine feine Gravur: ‹Für Felice Talbot Devlin von Susan Van Zandt. In Liebe und Zuneigung. 2. Mai 1873›. Er saß da, blickte verwirrt das Ührchen an und schämte sich, weil er beinahe in Tränen ausgebrochen wäre.

Schließlich sagte er leise und vorwurfsvoll: «Du hattest mir doch versprochen, es keinem Menschen zu sagen!»

«Aber Suky mußte ich es sagen, Morgan! Sie hätte es mir nie verziehen.»

Er fragte nicht, ob Suky sich gefreut oder was sie sonst dazu gesagt hatte. Als die Kutsche vor dem Hoffman House hielt, stieg er aus und sagte zu Felice: «Wir bleiben nicht hier. Warte im Wagen. Ich hole nur meinen Koffer.»

Sie beugte sich schnell vor. «Aber du kommst doch wieder?»

Da lachte er fröhlich, nahm ihr Gesicht in beide Hände und küßte sie auf den Mund, diesmal jedoch gar nicht schüchtern. Dann lief er in die Hotelhalle und hatte es auf einmal sehr eilig, die Stadt zu verlassen und in jenes kleine, abgelegene Hotel zu kommen, das ihm James Gordon für diese Gelegenheit wärmstens empfohlen hatte.

Vor ein paar Stunden noch hatte er sich gesagt, daß für die Aufgabe, die ihm bevorstand, das eine Bett ebensogut sei wie das andere. Jetzt ärgerte er sich über diesen zynischen Gedanken, und als er seine Kleider in den Koffer warf, schnupperte er erst mißtrauisch daran, um sich zu vergewissern, daß auch bestimmt keine Spuren des schweren Parfums an ihnen hafteten, das Coral Talbot benutzte.

Die Tatsache, daß Coral seine Schwiegermutter geworden war, erschien ihm wie Ironie, ein wenig erschreckend, aber doch komisch, eine verrückte Laune des Schicksals, die er hätte voraussehen können, was er wohl eigentlich auch getan hatte.

Bald vergaß er sowohl Coral Talbot wie Suky und stieg wieder in die Kutsche. Jetzt nahm er mitten auf der Sitzbank Platz, lächelte Felice liebevoll zu, streichelte ihr Haar und verlor seine Hemmungen in dem Maße, wie sein Begehren wuchs.

Als er am anderen Morgen neben ihr erwachte, dachte er mit Verwunderung an die bitteren Gedanken des Vortages, denn nun hatte er das Gefühl, als hätte er von Anfang an durch die Ehe mit Felice Talbot der Welt kundtun wollen, daß er die Absicht habe, mit großen Schritten durchs Leben zu gehen.

Wie er zu seiner Erleichterung festgestellt hatte, bot eine Jungfrau durchaus keine besonderen Schwierigkeiten. Aber Felice gestand, daß sie sich vorher bei Suky Rat geholt hatte. «‹Laß ihn tun, was er will. Vielleicht kommt dir zuerst alles ein bißchen sonderbar vor, aber du wirst dich bald daran gewöhnen.› Und sie hatte recht», fügte Felice lächelnd hinzu. Sein Gesicht wurde glühheiß bei dem Gedanken an Sukys heimliches Dabeisein.

Vor der Hochzeitsreise hatte er sich noch mehr gefürchtet als vor der Hochzeit. Er wünschte, sie wären in den Bergen, wo er sich in seine Arbeit hätte flüchten können, in sein geheiligtes Refugium, jene unverletzliche Zuflucht, in die sich jeder Mann zurückzieht, sowie er das Gefühl hat, von Weiblichkeit erdrückt zu werden. Die Aussicht, zehn bis vierzehn Tage ohne seine gewohnten Beschäftigungen zu leben, hatte ihn mit Entsetzen erfüllt.

Gewiß erwartet sie dauernd Komplimente und Liebeserklärungen, sagte er sich verzweifelt. Doch schon nach wenigen Tagen war er William Talbot dankbar für seine strenge, unerbittliche Erziehung, die Felice gelehrt hatte, den Mann, von dem sie abhängig war, in jeder Hinsicht zufriedenzustellen. Aber er war auch eifersüchtig auf Talbot, denn er fürchtete, wenn der Vater versuchte, sie zurückzuholen, würde sie sofort gehorchen und ihm, ihrem Mann, mit liebevollem Bedauern, wie er es manchmal in ihrem Gesicht sah, Lebewohl sagen. Deshalb überlegte er, wie er sie zurückhalten könne, falls sie früher oder später in Versuchung geriete, ihn zu verlassen.

Sie waren ungefähr eine Woche fort, da gestand sie ihm, daß sie am Tag zuvor an ihren Vater geschrieben hatte. Wieder verspürte er panische Angst, als hätte sie einen Hilferuf losgeschickt. «Du hast ihm geschrieben?» Er sah sie böse an, als habe er schon lange auf diese erste Treulosigkeit gewartet. «Warum, Felice?»

Felice lehnte sich mit dem Rücken gegen den Stamm einer Weide und spielte mit den langen Zweigen, die wie ein Vorhang vor ihr herabfielen. Als sie von dem Brief sprach, teilte er den Vorhang mit einer wütenden Geste, denn er hatte den Eindruck, daß sie sich dahinter verstecke. Er kniete neben ihr nieder, packte sie an den Schultern und verlangte zu wissen, warum sie den Brief geschrieben hatte. Felice sah so verblüfft zu ihm auf, daß er sie losließ, aber neben ihr sitzen blieb. «Warum hast du das getan, Felice?»

Sie lächelte und streichelte seine Wange. Er griff nach ihrer Hand und drückte sie, bis sie vor Schmerz zusammenzuckte. «Ich wollte, daß er von unserer Heirat erfährt.»

Er beugte sich näher zu ihr, und seine Stimme klang vorwurfsvoll. «Aber du weißt doch, daß er es inzwischen längst erfahren haben muß! Suky hat es bestimmt ihrem Vater erzählt – der wird es ihm gesagt haben.« Seine Augen wurden schmal. «Was hast du noch geschrieben?»

«Nichts.»

«Doch!» Er schüttelte sie ein wenig. «Lüg mich nicht an, Felice!»

Sie lachte so laut und fröhlich, daß er gekränkt zurückfuhr. «Ich habe ihm geschrieben, daß ich glücklich bin, daß ich dich liebe und daß ich hoffe, er freut sich für mich – aber das wird er natürlich nicht tun.» Sie schloß die Augen, und er hatte Angst, sie werde anfangen zu weinen. Doch sie drückte nur, wie sie es manchmal tat, ihre Lippen auf seine Hand. «Worüber die beiden sich am meisten wundern werden, ist, daß ich mich nicht auf eine Auseinandersetzung mit ihnen eingelassen habe.» Sie sah zu ihm auf, und ihr Lächeln wurde spitzbübisch. «Aber das hätten sie natürlich auch niemals geduldet.»

«Hast du ihm auch die Wahrheit gesagt, Felice? Bist du wirklich glücklich?»

«Ja, ich habe die Wahrheit gesagt. Ich bin glücklich.»

Er griff wieder nach ihren Schultern. «Liebst du mich?»

«Ich bete dich an.»

Er küßte sie auf Mund und Augenlider und fragte: «Was ist, wenn er dich nicht mehr sehen will?»

«Das wird nicht geschehen», murmelte Felice und seufzte. «Bestimmt nicht.»

«Natürlich wird er dich sehen wollen – er liebt dich ja auch.» Seine Hände glitten an ihrem Körper entlang, und bald drückte er sie sanft ins Gras und legte sich auf sie. Immer wenn er sie küßte, stieg unvermittelt ein brennendes, quälendes Verlangen in ihm auf, und dann begann er sie zu liebkosen. Diesmal protestierte sie – es könne doch jemand vorbeikommen und sie belauschen –, aber ihre Einwände schienen seine Leidenschaft nur noch zu schüren. Er wollte William Talbot und seinen Einfluß auf sie völlig in ihr auslöschen. «Wenn sie dich wirklich nicht wiedersehen wollen, Felice, wirst du mir dann Vorwürfe machen?»

«Nein, nein, nein, Morgan . . .»

Er lachte leise. «Wirst du mich hassen, wenn du einsam bist, wenn ich dich in Helena allein zurücklasse und nach Butte reite?» Vielleicht hatte sie ihn nicht verstanden, denn sie hielt ihn stumm umklammert, bis er einen Moment still lag und sie fragte: «Wenn der Winter kommt, und du glaubst, er wird niemals enden, wirst du mich dann hassen?»

«Ich werde dich mein Leben lang lieben.»

«Was auch geschieht?»

Felice seufzte, ihr Kopf sank zur Seite, und ihre Hände öffneten sich schlaff. «Was auch geschieht.»

«Das mußt du auch.» Und dann umarmte er sie wieder und sagte: «Aber es wird nicht immer einfach sein.» Doch darauf zu antworten ließ er ihr keine Möglichkeit.

Als sie in die Stadt zurückkehrten, ging er sofort zu William Talbot ins Büro. Er war entschlossen, so bescheiden wie möglich aufzutreten und sein Temperament Felice zuliebe zu zügeln. Dieses Mal brauchte er nur ein paar Minuten zu warten, dann erschien der Sekretär und verkündete mit fast drohendem Blick: «Sie können eintreten, Mr. Devlin.»

Mit raschen Schritten ging Morgan in Talbots Büro. «Guten Morgen, Sir.»

Talbot starrte ihm stumm entgegen und nickte kurz. «Nehmen Sie Platz. Bitte.» Er verstummte wieder und fragte dann: «Ist Felice bei Ihnen?»

«Ja, Sir. Wir haben eine Suite im Fifth Avenue Hotel.»

«Ist sie glücklich?»

«Ich nehme es an, Sir.» Und dann trotzig: «Sie ist sehr glücklich.»

Talbot runzelte die Stirn, und Morgan erwartete schon einen Wutausbruch. Talbot begann jedoch mit verhaltener, nervöser Stimme zu sprechen: «Es wäre lächerlich von mir, so zu tun, als sei ich nicht erzürnt. Ich hatte keine Ahnung, daß sie sich für Sie interessierte, und selbst wenn ich es gewußt hätte, hätte ich nie erwartet, daß sie etwas tun könnte, das mir so großen Schmerz bereitet. Wie ich sehe, sind Sie ein stattlicher junger Mann, und vielleicht ist Felice empfänglicher für ein hübsches Gesicht und eine gut gewachsene Gestalt, als ich gedacht hatte. Ich hätte ihr nie erlauben sollen, Byron zu lesen.» Er lächelte säuerlich und musterte Morgan nachdenklich und skeptisch. «Daß Sie kein Geld haben, ist eine Enttäuschung – daß ich von Ihrer Familie nicht mehr weiß als das, was mir Joshua Ching erzählt hat, die zweite. Die größte Enttäuschung für mich ist es aber, daß ausgerechnet Sie ein Mädchen geheiratet haben, das vom Augenblick seiner Geburt an dazu erzogen wurde, eine Position in der Gesellschaft dieser Stadt einzunehmen. Und diesem Mädchen wollen Sie zumuten, in einem Goldgräberlager zu leben. Ist das noch immer Ihre Absicht?»

«Jawohl, Sir.» Morgan lächelte ein wenig, wurde aber sofort wieder ernst.

«Vielleicht sollte ich Ihnen sagen – was Sie zweifellos vermutet haben –, daß ich mich keineswegs weigere, Felice zu sehen, oder gar beabsichtige, sie zu enterben. Denn erstens liebe ich sie, und zweitens wünsche ich nicht, daß Fremde sich über mein Unglück freuen.» Er verstummte abermals, und sie sahen einander an. «Wie ich gehört habe, verstehen Sie ein wenig vom Bankwesen.» Er schien jetzt nicht zu seinem unwillkommenen Schwiegersohn zu sprechen, sondern zu einem Bewerber um einen Posten bei seiner Bank. «Ich möchte feststellen, was Sie hier bei uns leisten könnten – ich biete Ihnen natürlich keine Sinekure, ich weiß genau, daß Sie Ihre Ideale mit allem jugendlichen Feuer vertreten –, aber da sind verschiedene Positionen, die für Sie in Frage kämen. Es gibt also keinen Grund, warum Sie Felice unbedingt mit in den Westen nehmen müßten.»

«Ich danke Ihnen für das Angebot, Mr. Talbot, und ich verstehe gut, daß Sie Felice davor bewahren wollen, in einem Goldgräberlager zu leben. Aber das wird sie wohl leider müssen, zumindest für eine Weile. Minen sind nun einmal mein Fachgebiet. Sie wissen, daß ich nur in den Osten gekommen bin, um Bergbau zu studieren, und auch mein Geld im Bergbau investiert habe. Ich kann das nicht alles aufgeben. Felice verlangt es auch nicht von mir.»

Talbot sah ihn nachdenklich an, als überlege er, ob Morgan eventuell zu bestechen sei. Mehrmals wanderte er unruhig im Zimmer auf und ab und blieb dann dicht vor Morgan stehen. «Ich will Ihnen nur eines sagen: Wenn meine Tochter jemals darunter leiden sollte, daß sie diese Wahl getroffen hat, dann werde ich nicht eher ruhen, als bis ich Sie restlos fertiggemacht habe.»

Morgan funkelte ihn an. «Ich wünsche genauso wie Sie, daß Felice glücklich wird – und außerdem bin ich es jetzt, der dafür verantwortlich ist!»

Er verließ das Büro und gratulierte sich, daß er nicht nur sein Temperament gezügelt, sondern darüber hinaus William Talbot durch seine Selbstbeherrschung verblüfft hatte.

Trotzdem war ihm recht unbehaglich zumute, als Felice ihren Vater zum erstenmal nach der Hochzeit wiedersah. Sie hatte sich gefreut, daß ihr Vater kommen wollte. Als sie ihn anklopfen hörten, richtete Felice sich steif in ihrem Sessel auf und sah Morgan unsicher an, als wolle sie fragen, was sie jetzt tun müsse. Aber im nächsten Augenblick sprang sie auf, lief durchs Zimmer und riß die Tür auf. Als Talbot hereinkam, senkte sie so graziös und demütig den Kopf, daß Morgan beinahe vor Eifersucht geplatzt wäre. Talbot musterte sie einen Augenblick – vielleicht um zu sehen, ob sichtbarer Schaden angerichtet worden war –, berührte ihr Kinn, und sofort hob sie den Kopf, trat nahe zu ihm und küßte ihn zärtlich. Währenddessen überlegte Morgan, ob er nicht doch zuviel Profit aus seiner Erscheinung und seiner romantischen Herkunft aus dem Westen geschlagen hatte – denn das waren die Gründe, um derentwillen Felice ihn geheiratet hatte.

Nun, da die erste Versöhnung zustande gekommen war, ging Morgan am folgenden Tage zu Suky, um auch mit ihr Frieden zu schließen. Er fand sie im Wintergarten, wo sie lächelnd stand und auf den Rasen blickte, auf dem der Pfau einherstolzierte. Ohne den Kopf zu wenden, legte sie ihm die Hand auf den Arm und fragte leise: «Darf ich bei eurem ersten Kind Pate stehen?» Das überraschte ihn so, daß er ihr zart die Hände küßte und noch auf dem Weg in die Universität das Gefühl hatte, an diesem Tage den größten Sieg seines Lebens errungen zu haben.

Coral Talbot hatte lediglich gesagt: «Felice, du hattest mir doch versprochen, ihn nie wiederzusehen!»

«Ich weiß, Mutter», sagte Felice zerknirscht. «Aber ich habe es nicht fertiggebracht.»

Felice hatte zahlreiche Verwandte – Hallams, Talbots, Van Alstines, Laceys und Delafields –, und unversehens wurden sie von einem zum anderen gereicht. Morgan erfreute sich überall großer Beliebtheit, weil er aus dem Westen kam, gut aussah und einen gewissen Ruf genoß.

Bald wurde es heiß, und nach einigen Wochen setzte die Flucht nach Long Branch und Saratoga ein. Morgan kehrte in seine Bibliothek und in die Labors zurück, und Felice beschäftigte sich mit dem Sortieren der Hochzeitsgeschenke, entschied, was in New York bleiben und was in den Westen geschickt werden sollte, und verbrachte viel Zeit mit dem Anprobieren der Kleider, die ihr der Vater schenkte. Gegen Ende Juni kam in Morgan der Verdacht auf, daß sie diese Kleider bald nicht mehr werde tragen können, und diese Aussicht erfüllte ihn mit Schrekken und Furcht. Er beobachtete sie sorgfältig, studierte jedes neue Symptom, und als sie ihn dann ins Vertrauen zog, fiel es ihm schwer, Überraschung zu heucheln.

Trotzdem wurde das kommende Kind für ihn erst zur Realität, als er überlegte, ob dieses neue Ereignis ihn auch nicht in den Bankrott stürzen werde. Plötzlich verfolgte er mit ungewöhnlichem Interesse, was er über die wirtschaftliche Lage des Landes erfahren konnte, die schlecht war und ständig schlechter wurde, wie Joshua Ching und William Talbot bereits vor einem Jahr vorausgesehen hatten. Die beiden Herren waren so fest von der nahenden Katastrophe überzeugt, daß sie zwar ihre Familien nach Long Branch schickten, selber aber während des ganzen Sommers in ihren Büros blieben. Nur kleine Makler und Optimisten fuhren unbekümmert ans Meer, wo das Klima erträglicher war.

Anfang September war der Markt noch lebhaft und schien gesund. Aber dann veränderte sich die Atmosphäre. Das Desaster schien unmittelbar bevorzustehen, und bald wagte man in den Büros und an den Straßenecken nur noch im Flüsterton zu sprechen.

Auch Joshua Ching und William Talbot wurden von der überall herrschenden düsteren Stimmung erfaßt und sprachen an dem Abend, nachdem der erste Bankrott bekannt geworden war, von nichts anderem als von der allgemeinen Lage. «Jay Cooke wird der nächste sein», erklärte Joshua bedrückt, «und dann ist die Katastrophe da! Denn die Öffentlichkeit wird glauben, daß Jay Cookes Zusammenbruch Tausende mit ins Unglück ziehen muß.»

Wenige Tage später, als Morgan die Hotelhalle betrat, lief ihm Joshua mit nahezu irrem Blick so aufgeregt über den Weg, als sei er seinem schlimmsten Feind auf den Fersen. Zuerst schoß er an Morgan vorbei, ohne ihn zu erkennen; dann machte er kehrt, sah seinen Neffen abwesend an und packte ihn am Arm: «Wenn du drin bist, steig um

Gottes willen sofort aus! Wenn du draußen bist – bleib ja draußen!» sagte er und eilte weiter, zur Tür hinaus. Morgan blickte ihm erleichtert nach. Er war froh, daß ihn diese Krise nichts anging. Kurz darauf erschien ein Page und überreichte ihm einen Brief von Suky.

43

Als Morgan in die Nähe der Börse kam, waren die Straßen verstopft von Mietkutschen und Wagen. Auf den Gehsteigen wimmelte es von aufgeregten Männern, die mit den Füßen stampften, wilde Gesten vollführten und – wie es Wall Street-Makler in kitzligen Situationen zu tun pflegten – aus Taschenflaschen tranken. Dabei fluchten sie laut auf die Regierung, den Präsidenten, den Finanzminister, auf die Machenschaften der Hausse- und der Baisse-Spekulanten, auf die großen und kleinen Gauner, auf Schieber, Eisenbahnen, Goldpolitik und Monopolwirtschaft – auf alles und alle also, die sie in dieses Unglück zu stürzen drohten.

Morgan hörte von Kursstürzen und auf den Markt geworfenen Aktienpaketen, von Cliquen und Bankrott-Erklärungen. Überall wurden herzzerreißende Klagen laut, daß dies die größte finanzielle Katastrophe in der Geschichte des Landes sei. Als Morgan vor der Commercial Trust Bank stand, betrachtete er skeptisch die steinernen Girlanden und die bösartig grinsenden Steinköpfe an der Fassade, umklammerte das Kuvert in seiner Tasche und konnte sich nicht überwinden, hineinzugehen und Frederic Hallam um Rat zu fragen, wie Suky ihm geschrieben hatte.

Der Brief in seiner Tasche duftete nach Tuberosenparfum, dessen Bedeutung er inzwischen kannte, denn Felice hatte ihm von der Liebe ihres Vetters zu Suky und von jenem Abend nach Jemima Cottrells Hochzeit erzählt, auf der Suky und die anderen Brautjungfern Tuberosensträuße getragen hatten.

Wieder einmal hatte Suky bewiesen, wie gut sie Morgan kannte, denn ihr Brief enthielt nur die Mitteilung, daß Frederic Hallam Felices wegen bereit sei, ihm einen freundschaftlichen Tip zu geben. Trotzdem zerriß er das Papier ärgerlich, einem Impuls folgend, in kleine Fetzen, warf sie in die Luft, so daß sie wie ein Schnitzelregen auf ihn herabfielen, und betrat entschlossen das Bankgebäude. Als er die Treppe hinaufging, kam er an mehreren Porträts Hallamscher Ahnen vorbei, die ihn an Sukys Erzählungen von den Handelsbeziehungen der Familie am Roten Meer und in China erinnerten. Er fühlte sich wie ein Bettler, der hergekommen war, um ein Almosen zu erbitten, das er eigentlich nicht verdiente.

Er nannte einem der Angestellten seinen Namen, als überbringe er eine Duellforderung, und wollte, nachdem er zwei Minuten gewartet hatte, schon wieder gehen. Aber der Angestellte lief hinter ihm her und rief: «Bitte, treten Sie ein, Sir. Mr. Hallam erwartet sie.»

Ärgerlich stürzte er daraufhin in Frederics Büro und blieb zögernd stehen, als Frederic Hallam ihm lächelnd die Hand entgegenstreckte. Da er sich irgendwie für sein stürmisches Eintreten entschuldigen wollte, deutete er, während er Frederics Hand ergriff, mit dem Kopf zur Straße hin und sagte: «Die scheinen alle vollkommen verrückt zu sein.» Er hoffte, dies werde seinen ungestümen Auftritt erklären.

Hallam nickte. «Sie warten.»

Sie standen am Fenster und blickten auf die Straße, wo Männer schrien und tobten und sich gegenseitig schoben und stießen wie Freistilringer im Sonntagsstaat.

Als sie dann Platz nahmen, ließ Frederic Hallam keinen Blick von dem Fernschreiber auf seinem Schreibtisch, während Morgan das Gesicht des anderen mit mindestens ebenso gespannter Intensität beobachtete, wie dieser den Apparat, und verblüfft feststellte, daß er noch nie einen Menschen so beneidet hatte wie Frederic Hallam. Felice hatte ihm erzählt, daß Frederic dreiunddreißig Jahre alt war, und diese zusätzlichen acht Jahre neidete er ihm. Er neidete ihm auch seine Vorfahren und deren Weitblick, den sie im Rotmeer-Handel bewiesen hatten, er neidete ihm die elegante, würdevolle Erscheinung, seine Zurückhaltung, die auf Frauen so anziehend wirkte, und am meisten neidete er ihm natürlich die enge Vertrautheit mit Suky. Dafür hätte Morgan ihn am liebsten erwürgt.

Trotz allem konnte er Frederic erstaunlicherweise nicht hassen. Er merkte sogar, daß sein Neid nach und nach in Bewunderung umschlug und er diesen Mann, der sich zwischen ihn und Suky gedrängt hatte, zu schätzen begann.

«Ich habe zufällig erfahren, daß Lorenzo Flagg in Schwierigkeiten ist», vertraute ihm Hallam kurz darauf an, und Morgan zog interessiert die Brauen hoch. «Er war heute morgen hier und hat ein beträchtliches Aktienpaket der Corporate Engineers verpfändet. Er hofft natürlich, daß er sie wieder auslösen kann, bevor seine Partner davon erfahren; aber er steckt so tief in Schulden, daß ich daran nicht recht glauben kann.» Frederic lächelte ein wenig. «Möchten Sie das Paket kaufen?»

Mit plötzlichem Wagemut beugte Morgan sich vor. «Einiges davon, ja.»

«Ich werde Ihnen ein Schreiben an meinen Makler mitgeben – Silas Holmes. Er hat versprochen, die Aktien noch eine Weile zu halten, während Flagg versucht, Geld aufzunehmen. Aber nach den Ereignissen des heutigen Tages halte ich es für unwahrscheinlich, daß ihm das gelingt. Holmes wird sie Ihnen morgen oder übermorgen verkaufen, zum halben Preis, denke ich. Der Kurs kann natürlich in den nächsten Wochen noch weiter sinken, aber das Risiko müssen Sie auf sich nehmen. Wenn Sie die Papiere sechs bis acht Monate halten können, werden Sie meiner Ansicht nach einen beachtlichen Profit herausschlagen. Ihr Onkel, Talbot und Cottrell werden dann nach dem Verbleib dieser Aktien forschen.» Plötzlich wurde sein Ausdruck aufmerksam und gespannt. Überrascht schlug er mit der Hand auf den Tisch. «Da haben wir's.» Er trat ans Fenster. «Jay Cooke ist bankrott.» Noch während er sprach, erhob sich auf der Straße ein ohrenbetäubender Lärm. Wie ein Mahlstrom begannen sich Köpfe und Schultern umeinanderzudrehen, an einigen Stellen entstanden Schlägereien, als könnten die Geschädigten ihren Gefühlen nur durch Gewalttätigkeit Luft machen.

Den ganzen Tag über fielen die Kurse. Als Morgan abends um sieben durch die Hotelhalle ging, schienen die dort versammelten Herren den Schicksalsschlag dieses Tages aber schon optimistischer zu sehen. «Jetzt ist bestimmt Schluß, weiter wird es nicht gehen», hörte er sie sagen.

«Das Schlimmste ist vorbei.»

Während der Nacht begann es zu regnen. Morgan stand lange am Fenster und überlegte, was er tun solle. In einem Moment beschloß er, alles, was er besaß, in die Corporate Engineers zu stecken, und im nächsten sagte er sich, er solle sein Geld lieber behalten und froh sein, vom Wahnsinn des Aktienmarktes unabhängig zu sein, denn zweifellos war Zack Fletchers Whiskyhandel ein sichereres und ehrlichereres Geschäft. Endlich ging er zu Bett und wachte erst um sieben Uhr wieder auf. Erschrocken zog er sich an und stürzte aus dem Zimmer, als könnten Lorenzo Flaggs Aktien schon verkauft sein, ehe er Silas Holmes' Büro erreichte.

Die Hotelhalle war voller Menschen, die verfallen und übernächtigt aussahen. Viele der Männer gingen in zerdrückten Anzügen umher, weil sie offenbar die ganze Nacht angezogen verbracht hatten. Doch trotzdem wirkten sie alle wach und tatkräftig und riefen sich aufgeregt über die Frühstückstische hinweg An- und Verkaufsangebote von Aktien zu, die gleich an Ort und Stelle ausgehandelt wurden.

Morgan nahm die Pferdebahn und stand in einer dichtgedrängten Menge in dem glühheißen Wagen, der schwankend und schaukelnd durch die Straßen ratterte. Als er ausstieg, ließ er sich von dem aufgeregten Menschenstrom in die Broad Street und die Wall Street mittragen, bis er direkt vor der Börse landete.

Er brauchte zwanzig Minuten, um sich zwei Häuserblocks weit zu Silas Holmes' Büro durchzukämpfen, und weitere zehn Minuten, um in das Vorzimmer des Maklers im ersten Stock zu gelangen, wo er einem Angestellten seinen Namen ins Ohr brüllte. Der Angestellte schien jedoch ebenso verwirrt wie seine Klienten und wußte nicht, was er tun sollte. Als ihn Morgan abermals ansprach, sah er benommen in dieses dunkle, wütende Gesicht, dessen Besitzer in kräftigen Ausdrücken fluchte. Endlich ging er hinaus, und Morgan blieb wartend stehen und sah sich neugierig um.

Ganz in seiner Nähe stand ein verzweifelt schluchzender Mann, dessen Kopf von einer Seite zur anderen fiel und immer wieder gegen die Wand stieß. Andere gingen ruhelos auf und ab, die Hände auf dem Rücken verschränkt, murmelten unentwegt vor sich hin, stießen gegeneinander, traten zur Seite und wanderten weiter. Einige hockten stumpf auf den Bänken, und nicht ein einziger von ihnen allen schien zu bemerken, daß außer ihm noch andere Menschen im Raum waren.

Nach wenigen Minuten winkte der Angestellte Morgan in einen zweiten großen Raum, wo er mehrere Männer vorfand, die weder tobten noch umherwanderten, sondern nachdenklich und geistesabwesend in den Sesseln saßen und hin und wieder ein leises Wort mit ihren Nachbarn wechselten. Der Angestellte klopfte an eine Tür, lauschte mit schiefgelegtem Kopf und öffnete sie dann. In dem kleinen Salon saßen drei Herren, von denen einer aufstand und Morgan zur Begrüßung die Hand schüttelte.

Silas Holmes begrüßte Morgan wie einen alten Freund und führte ihn sofort in das anschließende Zimmer. Frederic Hallams Empfehlung wirkte anscheinend Wunder. «Wie viele wollen Sie kaufen? Bei Börsenschluß standen sie auf fünfunddreißig. Jetzt können sie kaum noch über dreißig sein.» Mr. Holmes rollte weder die Augen, noch stieß er verzweifelte Seufzer aus, noch verkündete er, nun sei das Land endgültig ruiniert. Er schien so erfahren im Überleben derartiger Katastrophen zu sein, daß er tat, als sei dies ein ganz gewöhnlicher Tag an der Börse. «Ich glaube kaum, daß sie unter achtundzwanzig sinken werden. Die Firma besteht aus soliden Männern, ebenso wie das Direktorium.»

Morgan gab Silas Holmes einen Scheck auf die Commercial Trust über 30 000 Dollar und ließ die Aktien auf den Namen Zack Fletcher schreiben, unter dem Joshua Ching und William Talbot sie sicher nicht suchen würden. Dann war er wieder draußen, erschüttert von der Erkenntnis, daß er in einer einzigen Minute alles, was er besaß, aufs Spiel gesetzt hatte.

Während der folgenden Tage blieb die Börse geschlossen. Allmählich stellte es sich heraus, daß dies der größte Zusammenbruch gewesen war, weit schlimmer als die von 1837 und 1857. Es war unmöglich, sich Geld zu leihen, weil es mit 340 Prozent verzinst werden mußte, und überall im Land setzte ein Sturm auf die Sparkassen ein. Viele Fabriken schlossen fast unmittelbar ihre Tore. Die Straßen füllten sich mit Rudeln von Kindern, die an Küchentüren bettelten oder in die

Häuser einbrachen, um zu stehlen. Die Warteschlangen vor den Brotläden wurden immer länger, und die Obdachlosenasyle konnten gar nicht mehr alle aufnehmen, die um Quartier baten. Nach zehn Tagen wurde die Börse wieder geöffnet, aber alle Aktien standen tief unter ihrem bisherigen Kurs. Viele Männer blieben tagelang in ihrem Büro, ohne zu wissen, was sie dort anfangen sollten, nur weil sie Angst hatten, es zu verlassen.

Eisenbahnaktien waren so tief gefallen, daß es aussah, als müßten die bereits verlegten Schienen verrosten und die Bahndämme verfallen oder wieder eingeebnet werden. Morgan beobachtete ängstlich die Corporate Engineers, deren Aktien, wie sich nach der Wiedereröffnung der Börse herausstellte, von achtunddreißig auf neunundzwanzig gefallen waren. Mit Bitterkeit diskutierten Joshua Ching und William Talbot über die Finanzlage der Nation und die politische Moral. Die zahllosen Skandale, behaupteten sie, die Untersuchung des Crédit Mobilier, die eine unverbuchte und unverbuchbare Summe von fünfzig Millionen Dollar ergeben hatte, sowie die Ergebnisse des Tweed-Prozesses, nach denen die Schulden der Stadt innerhalb von drei Jahren von sechsunddreißig Millionen auf hundertzwanzig Millionen gestiegen waren, ohne daß es eine Erklärung dafür gab, hatten das Vertrauen der europäischen Investoren erschüttert.

Nach Lorenzo Flaggs Aktien fahndeten sie noch nicht. Vielleicht hatte Flagg ihnen beteuert, er habe sie als Sicherheit hinterlegt, bis er ein paar Verpflichtungen abgelöst habe.

Im Dezember erhielt Joshua einen Brief von Matt, der ihn zu überraschen und zu enttäuschen schien. Denn Matt berichtete, daß die West-Banken von der amerikanischen Panik, wie er es nannte, wenig berührt worden waren. Anscheinend waren einige Briefe verlorengegangen, denn in diesem standen ein paar rätselhafte Anspielungen auf Pete, Jenny und Leila, die Morgan nicht begriff, die Susan und Ceda jedoch dahin auslegten, daß die Kleine gestorben sei.

Als der Winter härter wurde, drangen die Banden der heimatlosen Kinder, die aus den nahen Kleinstädten und Landbezirken gekommen waren, bis in die eleganteren Wohnviertel vor. Es waren dünne, lasterhafte kleine Geschöpfe mit bloßen Füßen, die jämmerlich weinend die Hände nach einer Gabe ausstreckten. Oft sahen die Männer und Frauen, die nachts von Gesellschaften heimkehrten, sie eng aneinandergedrängt in Torbogen und unter Haustreppen hocken. Und am frühen Morgen wurden sie dann von Milchmännern und Bäckerjungen gefunden – tot, erfroren. Zahllose zwölf- oder dreizehnjährige Mädchen, manchmal sogar noch jüngere, tauchten mit grausam bemalten Gesichtern in der Stadt auf, sprachen mit ganz unprofessioneller Dringlichkeit Männer an und klammerten sich oft an sie, bis sie von einem nahenden Polizisten vertrieben wurden. Junge entlassene Fabrikarbeiterinnen aus New England strichen in Gruppen durch die Straßen, ängstlich und aufdringlich, und ihre Preise waren, da sie den in den Häusern lebenden Prostituierten keine Konkurrenz machen, sondern lediglich überleben wollten, so niedrig, daß die Moral erheblich sank und öffentlich kritisiert wurde. In Aschentonnen fand man tote Säuglinge, und es kursierten beunruhigende Geschichten von Strolchen, die durch die Landbezirke wanderten und die Felder plünderten. Depression und Verzweiflung wuchsen und verdrängten die bisher herrschende Überzeugung von der nationalen Macht und Unbesiegbarkeit.

Mitte Januar berichtete Frederic Hallam Morgan, daß Joshua Ching, Talbot und Cottrell nach dem Rest von Lorenzo Flaggs Aktien Ausschau hielten und daß Flagg am Tag zuvor gezwungen worden sei, aus den Corporate Engineers auszuscheiden.

«Das meiste haben sie gefunden», erklärte Frederic Hallam. «Jetzt suchen sie nur noch den Rest. «Sie bieten fünfunddreißig.»

«Ich glaube, ich warte noch ein bißchen. Vielleicht gehen sie ja bis vierzig.»

Eines Tages, nachdem Lorenzo Flagg bei Joshua aufgetaucht war und sich hundert Dollar von ihm geliehen hatte, sagte Joshua zu Morgan: «Diese Sache mit Flagg ist für mich keine Überraschung. Wenn nicht *dieser* Zusammenbruch ihn erledigt hätte, wäre es der nächste gewesen. Lorenzo Flagg hat eben kein Glück.» Seine blauen Augen bohrten sich forschend in Morgans. «Und wenn jemand kein Glück hat, will ich nichts mit ihm zu tun haben. Unglück ist schwerer abzuweisen als ein Zeitungswerber.»

Bald hielt Morgan den Zeitpunkt für gekommen, die Aktien abzustoßen, denn er hatte ein abergläubisches Mißtrauen gegen jede Geschäftsverbindung mit Joshua Ching, selbst wenn Joshua von dieser Partnerschaft nichts wußte. Vielleicht hätte er die Aktien noch ein paar Monate länger gehalten, wenn er nicht ständig auf die Bettelkinder und die kleinen Mädchen gestoßen wäre, die ihn anflehten, wenigstens eine Minute mit ihnen zu kommen, als sei seine Zeit kostbarer als der geringe Betrag, den sie verlangten. Ihr Unglück, ihre flehenden Gesichter, ihre fordernden Hände und jammernden Stimmen verbanden sich in ihm auf rätselhafte Weise mit der herannahenden Geburt seines Kindes und erweckten in ihm den Wunsch, wenigstens sein eigenes Kind beim Eintritt in diese Welt mit einem gesicherten Bankkonto zu begrüßen, damit es den Unbilden des Winters nicht ausgesetzt sei.

Selbst als er alles geregelt hatte, wurde er noch von bösen Ahnungen geplagt. Als Mitte Februar der Tag kam, an dem Susan ihm die Wohnungstür öffnete und ihm mitteilte, Dr. Montgomery sei bei Felice, wurde er von einem solchen Entsetzen ergriffen, daß er fast meinte, unter der Gewalt dieses Gefühls vergehen zu müssen.

Er stand an der Tür, zögerte, die Wohnung zu betreten, und fragte schließlich mit fremder, heiserer Stimme: «Wie geht es ihr?»

«Es geht ihr ausgezeichnet, Morgan.»

«Warum habt ihr mich nicht benachrichtigt?» fragte er böse. «Sie hat mir versprochen, mir eine Nachricht zu schicken, wenn es soweit ist.»

«Wozu denn, Morgan?»

«Wozu?» schrie er. «Herrgott im Himmel, sie ist meine Frau!» Er stürmte durchs Wohnzimmer, als müsse er sie aus einer Gefahr erretten, und weiter ins Schlafzimmer, wo Felice, gegen einen Berg Kissen gelehnt, im Bett ruhte. Der Doktor saß neben ihr. Als sie Morgan lächelnd entgegensah, blieb er wie angewurzelt stehen und starrte sie ängstlich an.

Er wagte es nicht, näher heranzugehen, hielt seinen Hut in der Hand und konnte sie nur schweigend ansehen, überzeugt, daß seine Liebe zu ihr grenzenlos sei, ewig, bis ans Ende seines Lebens. Sie lächelte immer noch, schien verwirrt und ein wenig belustigt, streckte ihm dann aber die Hand entgegen und sagte leise: «Komm her, Liebling!»

Bei diesen Worten, die er für das Zeichen ihrer Vergebung hielt, schleuderte Morgan den Hut in die Ecke, fiel neben dem Bett auf die Knie, preßte ihre Hand an seinen Mund, streichelte ihr Haar und murmelte vollkommen außer sich: «Felice, mein Gott, mein Gott, was soll ich nur tun? Sag mir um Gottes willen, was ich tun soll!»

«Aber es geht mir doch gut, Morgan. Ich wollte gar nicht ins Bett, aber Dr. Montgomery hat darauf bestanden.»

Leidenschaftlich flüsterte er: «Verzeih mir, verzeih mir, mein Liebling! Ich habe eine Todesangst. Hast du Schmerzen? Fürchtest du dich? Wirst du mich jetzt hassen?» Er wandte sich wütend zum Doktor um, der seine Schulter berührt hatte.

«Ihre Frau verhält sich vorbildlich, und ich möchte nicht, daß Sie noch lange hier bleiben und so tun, als gebe es gleich eine Tragödie!»

«Was soll ich denn tun?» fragte Morgan ihn hilflos. Im Grunde sehnte er sich danach, daß man ihm sagte, er solle verschwinden. Da trat Susan zu ihm, und er wandte sich ihr dankbar zu, als wäre er wieder ein kleines Kind.

«Geh zu Suky, Morgan. Sie wartet auf dich.»

«Ich kann nicht», sagte er benommen. «Wie soll ich denn dann erfahren ...»

Energisch packte Dr. Montgomery seinen Arm. «Wir werden Ihnen Nachricht schicken. Aber glauben Sie nicht», fügte er etwas leiser hinzu, «daß Sie vor Ablauf einiger Stunden etwas von uns hören – vielleicht auch erst morgen früh. Warum trinken Sie nicht zur Beruhigung ein kleines Glas?» Dr. Montgomerys besänftigende Überredungskunst zeigte die erste Wirkung. Morgan war schon bereit, sich hinausschieben zu lassen, riß sich aber noch einmal los und lief ans Bett zurück. Er beugte sich über Felice und betrachtete ihr Gesicht so genau, als werde er sie niemals wiedersehen und müsse sich für den Rest seines Lebens einprägen, wie sie in diesem Augenblick ausgesehen hatte. Er küßte ihren Mund, streichelte ihr Haar und verließ, nachdem er ihr leise zugeflüstert hatte, daß er sie liebe, das Zimmer. Der Doktor folgte ihm hinaus. «Ich verstehe Ihre Gefühle, Mr. Devlin. So geht es allen jungen Vätern beim ersten Kind. Aber ich bin überzeugt, daß es keine Schwierigkeiten geben wird. Ihre Frau ist kräftig, und mehr noch, sie hat keine Angst.» Er hob verabschiedend die Hand, und Morgan verließ die Wohnung.

Im Korridor blieb er stehen und überlegte, ob er noch einmal zurückgehen und seinen Hut holen solle. Da sah er, daß Coral Talbot mit ernstem Gesicht auf ihn zukam. «Wie geht es ihr?»

«Der Doktor sagt, gut. Aber ich wünschte, dies wäre nie passiert.»

«Kann ich mir vorstellen. Aber morgen denkst du schon anders darüber. Jetzt mach, daß du fortkommst. Laß uns allein.»

Sie verschwand in der Wohnung. Morgan spürte, daß er jetzt unwichtig war, er hatte das Gefühl, die Frauen da drinnen, Susan, Ceda und Coral, hätten mehr mit dem Baby zu tun als er. Wütendes Selbstmitleid überfiel ihn, und er kam sich vollkommen nutzlos vor. Die anderen, die drei Frauen und der alte Mann, hatten nun die Initiative übernommen und retteten seine Frau, nachdem er sie im Stich gelassen hatte. Plötzlich rannte er wie von Furien gehetzt die Treppe hinab, durch die Halle und weiter, hinaus in die bitterkalte Nacht.

Er hastete die Fifth Avenue entlang, wo ihm nur wenige Menschen begegneten, jagte die Stufen zu Sukys Haus empor und hämmerte gegen die Tür. Wenigstens hier wollte er seinen Wert geltend machen. Der Diener öffnete, Morgan schoß an ihm vorbei, warf den Mantel ab, riß sich die Galoschen von den Füßen, strich sich rasch mit der Hand übers Haar und begab sich dann in den Salon zu Suky, die überrascht von ihrem Buch aufsah.

«Aber Morgan, ein Baby zu bekommen, ist doch nicht weiter schlimm!» versicherte sie ihm mit einer ruhigen Geste ihrer schönen Hände. «Möchtest du einen Drink? Die Kinder sind im Bett, und Philip ist ausgegangen – wir werden allein zu Abend essen.»

Sekundenlang haßte er sie wegen dieser Gelassenheit, dann goß er sich aber doch ein Glas Whisky ein und spürte, wie sein Körper sich entspannte. Es war ihm gleichgültig, ob dies auf Sukys Geschick oder auf den Whisky zurückzuführen war.

«Ich kann einfach nicht glauben, daß so etwas schon einmal geschehen sein soll.»

Suky strich ihm mit der Fingerspitze über die Brauen. «Ist es auch nicht. Nicht dir und Felice.»

Diese Worte schienen ihm so voller Weisheit und Mitgefühl, daß er eine geradezu lächerliche Dankbarkeit verspürte und Suky am liebsten geküßt hätte. Aber er wagte es nicht, aus Angst, er könne leidenschaftlich dabei werden, und war froh, als gemeldet wurde, das Essen sei angerichtet. Sie gingen hinunter ins Speisezimmer, und er war erleichtert, zu sehen, daß die weißen Rosen und die flackernden Kerzen, die mitten auf dem Tisch aufgebaut waren, es ihm unmöglich machten, Suky anzusehen.

Suky plauderte munter weiter, er aber aß wenig, und was er aß, blieb ihm im Halse stecken, so daß er es mit Wein herunterspülen mußte. Der Diener füllte sein Glas so eifrig nach, daß Morgan argwöhnte, Suky habe Befehl gegeben, ihn betrunken zu machen. Da verbat er sich weiteres Nachschenken. Nach einer endlosen Zeit kehrten sie in den Salon zurück, und dort forderte sie ihn auf, zu rauchen, um seine Nerven zu beruhigen, während sie Klavier zu spielen begann. Allmählich versetzten ihn die Musik, das gute Essen, der Wein und die Zigarre in eine fast behagliche Stimmung, und auf einmal wurde ihm alles gleichgültig, und er vergaß beinahe, weshalb er überhaupt hier war.

Als sie den Flügel schloß, riß sie ihn aus tiefsten Träumen. Sie setzte sich in einen Sessel, der in einiger Entfernung von dem seinen stand, und hob beide Arme, um ein paar Nadeln in ihrem Haar zurechtzustecken. Unruhig beobachtete er sie dabei, denn ihre Haltung wirkte herausfordernd, und die Bewegung ihrer Arme veranlaßte ihn, sich näher zu ihr zu beugen. Er lehnte sich jedoch gleich wieder zurück und lachte ärgerlich, als sie ihn fragte: «Hast du schon einmal einen Menschen getötet, Morgan?» Ihre Miene war neugierig und verschmitzt.

Suky schien also, wie alle anderen, zu glauben, daß er im Westen, sobald er die Endstationen der Bahnlinien hinter sich gelassen hatte, zu einem Barbaren, zu einem wilden Tier würde. «Jawohl», entgegnete er energisch, obwohl er wider Willen verlegen war. «Das habe ich.»

«Wie viele?»

«Wie viele? Um Himmels willen, Suky! Was hast du eigentlich für Vorstellungen von den Menschen da draußen im Westen! Nur einen einzigen», bekannte er dann, und es tat ihm ein wenig leid, daß er sich nicht mit einer langen Liste brüsten konnte, denn anscheinend hatte sie das erwartet.

Suky lächelte geheimnisvoll. «Ich habe neulich mit Felice darüber gesprochen. Ich war überzeugt, daß du schon mal jemand umgebracht hast – aber Felice glaubte es nicht. Ich wollte nur mal feststellen, wer von uns beiden dich besser kennt.»

«Du natürlich!»

Kaum hatte er das gesagt, hätte er seine Worte gern zurückgenommen. Er ging zur Bar hinüber, hantierte ein paar Minuten mit Flaschen und Gläsern, als suche er nach einer bestimmten Alkoholsorte, und sehnte von ganzem Herzen Philip herbei. Endlich drehte er sich wieder um, setzte sich in den Sessel, der am weitesten von Suky entfernt war, und sah, wie Suky lächelte. «Erzähl mir etwas von den Indianern», bat sie. Er lehnte sich zurück, trank bedächtig aus seinem Glas und entwarf ein malerisches Bild von einem edlen Wilden, der in herrlichen Farben gekleidet war und wie ein tropischer Vogel wirkte. Endlose Stunden vergingen, bis Philip endlich erschien und Morgan erleichtert aufsprang, um ihm die Hand zu schütteln.

Nachdem die beiden ihn allein gelassen hatten, schürte er das Feuer und las. Bald jedoch schlief er ein, im Sessel sitzend, das Buch aufgeschlagen auf den Knien, und fuhr erschrocken hoch, als Suky sich, in einen Morgenrock gehüllt, liebevoll, aber auch ein wenig traurig lächelnd, über ihn beugte. Schlaftrunken starrte er zu ihr empor und überlegte, was wohl geschehen sein mochte und warum er hier war.

«Das Baby ist da», flüsterte sie. «Ein kleines Mädchen. Du darfst sie jetzt sehen ...»

Er stürmte hinaus in die kalte Nacht, rannte zurück, um Suky seinen Mantel aus der Hand zu reißen, warf sich in ihre Kutsche, die schon auf ihn wartete, und fuhr in rasendem Tempo davon. Am heller werdenden Horizont hinter den Häusern erkannte er, daß es früher Morgen war. Glücklich und triumphierend schlug er sich immer wieder mit der Faust auf die Handfläche, als er daran dachte, daß Suky gesagt hatte, es sei ein Mädchen. Zu seiner eigenen Überraschung war er gar nicht enttäuscht, sondern schwelgte in Visionen über ihre spätere Schönheit. Zu Hause sprang er mit weiten Sätzen die Treppe hoch, riß die Tür auf, und erst als er die Stimme seines Kindes hörte, das lauthals schrie, entspannte sich sein Gesicht und verzog sich zu einem breiten Grinsen hilfloser Erleichterung und Freude, als habe er niemals zuvor einen so herrlichen Laut vernommen.

Der Doktor öffnete ihm die Schlafzimmertür, und nun schien er endlich willkommen zu sein. Voller Genugtuung stellte Morgan fest, daß die Frauen verschwunden waren. Leise schlich er ans Bett und blickte Felice an, die mit geschlossenen Augen dalag und anscheinend schlief. Plötzlich spürte er unendliche Seligkeit und Qual beim Anblick dieses jungen Mädchens, das er so wenig kannte, das ihn aber ganz genau zu kennen glaubte. Sie hatte ihm nun dieses winzige, schreiende Wesen geschenkt, das so dick verpackt in der reich geschnitzten Wiege lag, daß er nichts von ihm sehen konnte als einen weit aufgerissenen, rosigen Mund.

Um Felices Lippen lag ein kaum wahrnehmbares Lächeln. Ihr Haar war glattgebürstet und mit einem Band zurückgehalten. Sie trug ein frisches weißes Musselinnachthemd mit gestickten Rüschen an Hals und Ärmeln, die fast zur Hälfte ihre still auf der Bettdecke liegenden

Hände bedeckten. Aufmerksam betrachtete er seine Frau und versuchte zu erkennen, ob sie sehr hatte leiden müssen, ob dieses Erlebnis ihre Gefühle für ihn verändert hatte. «Ich liebe dich, Felice», flüsterte er, berührte leicht den Ring an ihrer Linken und bewunderte ihre Hände mit den langen, schmalen Fingern. Als er ihr wieder ins Gesicht blickte, sah er, daß sie ihn mit ernsten, fragenden Augen beobachtete. «Ich dachte, du schläfst», sagte er entschuldigend und richtete sich auf. Er fürchtete, sie geweckt zu haben.

«Ich wollte hören, was du sagst.»

«Was ich sage?» flüsterte er glücklich und streichelte ihr Gesicht. Doch schnell zog er seine Hände wieder zurück. Sie schienen ihm viel zu plump, seine Finger zu ungeduldig und hart. Er meinte, Felice jetzt sehr behutsam behandeln zu müssen, weil sie so zerbrechlich und zart aussah und sicher Zeit brauchte, um sich zu erholen und wieder so zu werden, wie sie vorher gewesen war. «Was sollte ich denn sagen?»

Sie lächelte immer noch. «Du hast es gesagt.»

«Daß ich dich liebe», wiederholte er, verwirrt von der Gewalt seiner Gefühle. «Mein Gott, ja – das tue ich!» Wieder wollte er nach ihr greifen, hielt sich aber mühsam zurück. «Felice, bitte, sag mir ...»

«Stell keine Fragen, Liebling. Du bist nicht enttäuscht – und ich natürlich auch nicht. Ich bin nur dankbar.»

Der Doktor kam und mahnte, Felice müsse jetzt schlafen, Morgan solle ins Wohnzimmer gehen. «Gern, Sir», stimmte er zu, trat aber noch einmal an die Wiege, die noch aus Felices Kinderzeit stammte, und starrte ängstlich auf das winzige rote, verschrumpelte Baby, das inzwischen aufgehört hatte zu schreien. Plötzlich schienen ihm alle siegessicheren Hoffnungen auf die künftige Schönheit seiner Tochter und sogar der Gedanke, daß dies ein weibliches Wesen sei, absurd.

Als er nach vier Stunden mit steifen Gliedern auf dem Wohnzimmersofa erwachte, erhob er sich eilig und ging hinüber ins Schlafzimmer, um sein Kind wiederzusehen. Er wollte wenigstens ein paar Minuten das Kind ganz für sich haben, ehe der Doktor zurückkam und die Invasion der Verwandten und Freunde einsetzte. Doch kaum hatte er es aufgenommen und begonnen, das winzige Wunder eingehend zu betrachten und zu bestaunen, da klopfte es, und er mußte das Kind in die Wiege zurücklegen.

Der Kellner erschien mit dem Frühstück. Aber ehe Morgan eine Tasse Kaffee trinken konnte, kamen Susan und Ceda. Sie lächelten nachsichtig über sein wirres Haar und seine unordentliche Aufmachung, die bloßen Beine und Füße, den Schlafrock, der ihm in den Schultern zu eng war und darum die Brust nicht bedeckte. Verlegen und voller Bedauern zog er sich ins Bad zurück, wo er versuchte, zu duschen und sich anzukleiden, ohne irgendwelche Geräusche zu machen, die seine Tanten beleidigen konnten.

«Wie soll sie denn heißen?» erkundigte sich Susan, als er wieder aus dem Bad kam.

«Felice will sie Susette nennen – nach Suky und Lisette.»

«Susette!» riefen sie begeistert, und Ceda begann gerührt zu weinen.

In diesem Moment fand Morgan, daß diese so weibliche Atmosphäre doch zu erstickend für ihn sei. Er verabschiedete sich von seinen Tanten, küßte das Baby und Felice und ging rasch nach unten, erleichtert, daß er entronnen war, ehe die nächsten Besucher eintrafen, wahrscheinlich Suky und Coral Talbot.

Er ging in die Bar, die für diese frühe Tageszeit – es war kurz nach elf – recht besetzt war, und gab dem Barkeeper Anweisung, allen Anwesenden eine Runde Wein zu servieren. Flaschen wurden geöffnet, Gläser gefüllt, und mehrere Männer nickten ihm zu und hoben ihr Glas auf das, was sie mit ihm feiern sollten. Er erwiderte diesen Toast, leerte sein Glas und verließ dann die Bar in der festen Überzeugung, daß diese Kommunion mit den Fremden eine tiefe, verborgene Bedeutung für die Zukunft und das Glück seines Kindes Susette Devlin besitze.

Vierter Teil

44

Als Jenny dann doch endlich Trost suchte, wandte sie sich an Marietta und nicht an Pete. Alle anderen schienen für sie überhaupt nicht zu existieren. Wenn jemand ins Zimmer kam, in dem die beiden Frauen nachmittags nähten, stickten und dabei leise plauderten, verstummten sie, und Marietta begrüßte Eintretende so betont herzlich, daß jeder sich sofort als Störenfried fühlte. Eines Tages fragte Pete Marietta, worüber sie sich eigentlich Tag für Tag stundenlang unterhielten, denn anscheinend fürchtete er, daß sie über ihn sprachen.

«Wenn ich es dir sage, Pete, wirst du mir doch nicht glauben», erwiderte sie und sah ihn traurig an.

«Bitte, ich möchte es wissen!»

«Wir sprechen von Gott.»

Pete runzelte unwillig die Stirn. «Aber Jenny ist nicht religiös. Sie ist abergläubisch – ja, aber nicht gläubig.»

«Sie ist es geworden, Pete.»

«Warum spricht sie nicht mit mir?» Er schien eifersüchtig.

«Das wird sie eines Tages bestimmt tun, Pete. Warte noch etwas.»

Aber Marietta glaubte selbst nicht daran. Jenny machte eher den Eindruck eines von Entsetzen geschüttelten Kindes, das um einen Talisman gegen seine Ängste bittet, als den einer Frau, die den Rückweg in ihr früheres Leben sucht. Was sie in Wirklichkeit suchte, glaubte Marietta, war Vergessen, wo sie, von Pete getrennt, auf ihren eigenen Tod warten konnte.

«Die Gegenwart Gottes ist für mich Wirklichkeit geworden», vertraute Jenny ihr eines Tages geheimnisvoll an. Scheu lächelte sie Marietta zu. «Ich bin Mystikerin geworden, Marietta – wie du.» Sie senkte den Kopf und beugte sich verlegen wieder über ihre Stickerei. «Warum hat es bei mir nur so lange gedauert? Aber wenigstens habe ich jetzt ein wenig Frieden – zum erstenmal in meinem Leben.»

Marietta merkte jedoch ebensowenig davon, daß Jenny Frieden gefunden hatte, wie die anderen. Jenny verbrachte ihre Zeit damit, an einer Tischdecke zu sticken; und es war allen aufgefallen, daß sie seit Leilas Tod an keinem Stück mehr gearbeitet hatte, das auch Pete mitbenutzen konnte. «Ihr müßt bald wieder ein Kind haben, du und Pete», sagte Marietta.

«Nein», erklärte Jenny entschieden. «Niemals!»

«Du willst nicht?»

Jenny schwieg einen Augenblick und sah auf ihre Stickerei. «Ich möchte schon, aber ich habe Angst. Ich könnte es nicht ertragen, wenn auch diesem Kind wieder etwas zustieße.»

«Jenny, so darfst du nicht denken!» Marietta legte tröstend ihre Hand auf Jennys, doch Jenny sah nicht hoch. «Zeig Pete, daß du ihn liebst. Sei freundlich zu ihm. Und sieh zu, daß du wieder ein Kind bekommst. Dann wird alles gut. Du hast Leila zwar verloren, aber du kannst wieder ein Kind bekommen. Wenn es Leila auch nicht ersetzen kann – du wirst es bestimmt ebenso liebhaben, wie du Leila geliebt hast.»

«Nein», sagte Jenny, fügte aber mit großer Zärtlichkeit hinzu: «Ich habe Leila zu sehr geliebt. Darum habe ich sie verloren. Zuviel Liebe, ganz gleich, ob zu einem Kind, einem Ehemann oder ...» Sie stockte, legte den Finger an den Mund, als wolle sie sich daran hindern, zuviel zu sagen, und schloß: «... zu irgendeinem Menschen ist Sünde, nicht wahr? Gott wird eifersüchtig, wenn man einem Menschen zuviel Liebe schenkt. Glaubst du das nicht auch?»

Marietta sah sie mitfühlend an. «Nein, Jenny, das glaube ich nicht.»

Jenny entgegnete demütig: «Verzeih, Marietta. Bitte, hab noch etwas Geduld mit mir.»

Marietta hatte viel Geduld. Und Matt konnte sich vorstellen, daß es für Marietta tröstlicher war, geduldig zu sein, als für Jenny. Denn durch diese Geduld war sie nach Jahren des Leidens in die Rolle der Vertrauten und Lehrerin versetzt worden. Außerdem mußte Marietta jetzt sicher sein, daß sie nun endlich keine Angst mehr zu haben brauchte, daß sie keinen Grund mehr hatte, ihnen zu mißtrauen, und auch nie wieder Grund dazu haben würde.

Erst sechs Monate nach Leilas Tod sah Matt Jenny zum erstenmal wieder allein und stellte überrascht fest, daß er jegliches Verlangen nach ihr verloren hatte, so sehr, daß ihm jetzt die Jahre des leidenschaftlichen Begehrens geradezu unwirklich vorkamen.

Jenny kam eines Nachmittags ins Büro, als er sich gerade mit Jeremy Flint unterhielt. Als er hörte, wie sie nach Jonathan fragte, richtete er sich steif auf und warf Jeremy Flint einen unbehaglichen Blick zu. Trotzdem ging er hinaus und sah ihr mißtrauisch entgegen, als sie auf ihn zukam. Genau wie nach Andy Danforths Tod hatte er das Gefühl, als sei ihre Trauerkleidung nicht ein Zeichen der Trauer, sondern der Buße.

«Ist Pete noch nicht wieder zurück?» Hinter dem dichten Schleier klang ihre Stimme so leise und unwirklich, daß er fast das Gefühl hatte, es sei gar nicht Jenny, sondern ihr Geist.

Er blieb stehen, beobachtete Jenny und dachte, daß sie in gewisser Weise diese Zurückgezogenheit von der Welt sogar genoß. Es war wie eine Maskierung, die sie vor der Neugier der anderen schützte, über die sie sich anscheinend so oft geärgert hatte. Vielleicht wollte sie sich nur noch den Menschen zeigen, die sie wirklich liebte. Aber sie hatte nur wenige Menschen geliebt, vielleicht sogar niemanden außer ihm und Leila – denn Pete schien sie nie richtig geliebt zu haben, wenigstens liebte sie ihn jetzt nicht mehr.

«Ich wollte mir die Perlenkette holen», sagte sie. «Vielleicht möchte ich sie einmal tragen.» Jenny hatte ihre wenigen Schmuckstücke in den Safe der Firma gelegt, als seien sie eine frivole Versuchung, der sie sich nicht aussetzen wollte, oder als riefen sie zu schmerzliche Erinnerungen wach.

Matt nickte. «Ich werde sie holen.»

«Ich komme mit», erklärte sie und ging rasch um den Schalter herum. «Vielleicht nehme ich auch noch anderes mit. Ich habe fast vergessen, was alles da ist.»

Zusammen gingen sie nach hinten, und sie stieg vor ihm die enge Treppe zum ersten Stock hinauf. Im Sitzungszimmer standen mehrere Safes und Aktenschränke sowie ein langer Tisch mit zwölf Stühlen. Er schloß einen der Safes auf, holte eine kleine Eisenkassette heraus und stellte sie auf den Tisch. Während Jenny sich bückte, um die Kassette zu öffnen, trat er ans Fenster und blickte auf die belebte Straße hinab.

Er hörte, wie die Ringe, Ketten und Broschen mit leise klirrendem Geräusch aneinanderstießen, als spiele Jenny ein Spiel und ordne den Schmuck zu einem bestimmten Muster. Dann steckte sie den Granatring, den sie früher nie abgelegt hatte, an den Ringfinger.

«Komm bitte her, Matt», sagte sie mit so leiser Stimme, daß er sie kaum hörte. Langsam und mit gerunzelter Stirn trat er an den Tisch. Er hatte gehofft, sie würde ihre Wahl treffen und dann gleich wieder gehen. Ihr Schleier war zurückgeschlagen, und sie hielt die Hand mit gespreizten Fingern vor sich und bewunderte den Ring. Er betrachtete sie mit brennender Neugier, da er ihr Gesicht zum erstenmal seit Monaten unverschleiert sah und erfahren wollte, was sie dachte, ob sie etwas vor ihm verheimlichte und was sie im Sinn hatte – mit Pete, mit ihm, mit Marietta und mit allen, die in ihr Leben verstrickt waren. Es war ihm klar, daß sogar der Tod ihres Kindes in gewisser Beziehung für Jenny ein Abenteuer darstellte, obgleich ihr selber das bestimmt nicht bewußt war. Unvermittelt zog sie den Ring vom Finger, warf ihn zurück in die Kassette und blickte dann zu ihm auf. Ihr Gesicht hatte denselben abwartenden, mißtrauischen Ausdruck wie seins. «Ist es nicht seltsam, daß ich es bin, die erwählt wurde?»

«Erwählt?» fragte er verblüfft.

«Ja, bin ich es nicht? Dir ist doch nichts geschehen.»

«Ich weiß nicht, wovon du sprichst», sagte er, ärgerlich über ihr geheimnisvolles Gehabe.

«Du bist ebenso schuldig geworden wie ich, Matt. Ich habe keinem Menschen ein Leid getan, an dem nicht auch du beteiligt warst. Und doch bin ich es, die Gott gestraft hat. Warum?»

Er kniff die Augen ein wenig zusammen. «Ist das das Ergebnis deiner plötzlichen Religiosität?»

«Unter anderem», sagte sie und begann wieder in ihrem Schmuck zu wühlen. «Ich bin noch zu anderen Ergebnissen gekommen.»

«Jenny, ich glaube, du solltest jetzt gehen. Ich möchte nicht, daß wir etwas tun, was falsch ausgelegt werden könnte. Ich glaube nicht an das, was du sagst, und du glaubst meiner Ansicht nach auch nicht daran.»

Abrupt schlug sie den Deckel zu. «Du meinst also, daß ich lüge?»

«Ich glaube nicht, daß du lügst. Ich glaube, daß du dir etwas einbildest, Jenny. Ich möchte dich etwas fragen, und ich hoffe, du verstehst, warum ich es frage. Warum bekommst du nicht wieder ein Kind? Wenn ihr nicht bald wieder eines habt, wird Pete Leilas Tod nie verwinden. Und du auch nicht. Ist dir das klar? Es war furchtbar für euch, Leila zu verlieren. Aber du machst es noch schlimmer, weil du dich weigerst, zu akzeptieren, daß das Leben weitergeht. Das hast du wenigstens bis jetzt getan.»

«Hat Pete dir das gesagt?»

«Pete hat mir überhaupt nichts gesagt. Das weißt du genau. Aber ich weiß, was du ihm antust, und ich weiß auch, warum du es tust.»

«Du weißt nichts, Matt – überhaupt nichts.» Sie lächelte, und bei diesem Lächeln wurde ihm noch unbehaglicher zumute. «Du fragst mich, warum ich nicht wieder ein Kind bekomme. Nun, ich will es dir sagen: Ich kann nicht.»

Unwillkürlich machte er ein betretenes Gesicht, und sie blickte ihn selbstgerecht an, als sei sie als Sieger aus diesem Scharmützel hervorgegangen. «Das wußte ich nicht, Jenny.» Doch als er ihre überhebliche, trotzige Miene sah, fügte er mißtrauisch hinzu: «Aber das kannst du nicht mit Sicherheit sagen. Warte doch erst mal ab.»

«Ja, ich werde warten. Aber ich werde es nie wieder können. Willst du wissen, warum? Ich will es dir sagen, Matt: Weil ich es nicht verdiene! Darum werde ich nie wieder ein Kind bekommen.» Sie zögerte, als sei noch etwas zu sagen, entschloß sich aber anders und ging zur

Treppe. Er folgte ihr in einigem Abstand. Auf halbem Wege nach unten sagte sie über die Schulter zu ihm: «Vielleicht hat die Gerechtigkeit mehr Wege, als wir geahnt haben, Matt.»

Matt sah ihr nach, bis der Wagen um die Ecke bog. Dann zuckte er die Achseln, schüttelte den Kopf und wandte sich zum Haus. Plötzlich spürte er, daß es kalt und windig war. Gleich darauf stand er am Schalter, tat, als kontrolliere er die Geschäftsabschlüsse des Tages, und lächelte ironisch, als er daran dachte, daß Marietta glaubte, sie habe aus dieser abergläubischen Heidin eine Mystikerin gemacht, die jetzt ebenso eifrig die Abtötung des Fleisches erstrebte, wie sie früher nach fleischlichen Freuden verlangt hatte. Dadurch hatte sie sich natürlich von ihm innerlich ebenso weit entfernt wie von Pete.

Matt betrachtete diese Entfremdung als vollkommen natürlich und unvermeidlich. Aber Pete konnte oder wollte sie nicht akzeptieren. Er umwarb seine Frau mit ungewöhnlicher Aufmerksamkeit und zahllosen Geschenken, konnte aber auch damit ihre Zuneigung anscheinend nicht zurückgewinnen. Eines Nachmittags, als die Brüder in Matts Büro saßen, die Füße auf dem Schreibtisch, ein Glas Whisky mit Wasser vor sich, rauchten und von Geschäftsangelegenheiten sprachen, seufzte Pete in einer Gesprächspause auf einmal tief auf und sagte: «Ich gebe es ja nur ungern zu, aber ich habe entsetzliche Angst vor Weihnachten.»

«Ich weiß.»

«Sie sagt», fuhr Pete fort und starrte nachdenklich auf seine Stiefel, «wir wollen überhaupt keine Notiz von Weihnachten nehmen und einfach so tun, als gäbe es das Fest nicht. Keine Dekorationen aufhängen und keine Einladungen annehmen, nicht einmal innerhalb der Familie.» Er nickte bedächtig. «Ein andermal sagt sie wieder, es wäre wohl doch besser, wenn wir so täten, als hätte sich nichts geändert. Dann will sie Weihnachten möglichst genauso feiern wie in dem Jahr, als wir heirateten.» Er sah Matt an, lächelte fragend und nahm die Füße vom Tisch. Dann trank er sein Glas aus, ging und schlug die Tür mit lautem Krach hinter sich zu. Aber darüber wunderte Matt sich nicht, denn diesen Wechsel von ruhiger Nachdenklichkeit und scheinbarer Resignation in wütende Aktivität war man von ihm gewohnt.

Lisette fand jedoch seit einiger Zeit ständig an Jenny etwas zu kritisieren. Sie erklärte, man dürfe Jenny und Pete während der Feiertage nicht allein lassen, ganz gleich, was Jenny auch sage. «Wir müssen aufhören, uns immer nur um Jenny zu sorgen. Wir sind für Pete verantwortlich, nicht für sie.» Bei diesen Worten, mit denen Lisette gleichgültig alle Außenstehenden beiseite schob, blickte Ralph flüchtig auf, und Matt lächelte begütigend, runzelte dann aber nachdenklich die Stirn. «Ich kann es nicht mehr mit ansehen, wie Pete sich grämt. Sie bringt ihn fast um.»

«Das ist unfair von dir, Lisette», warf Marietta ein, denn immer war sie es, die Jenny in Schutz nahm. «Sie hat nicht die Absicht, Pete weh zu tun. Sie weiß gar nicht, daß sie es tut.»

«Jenny ist sich noch nie darüber klar gewesen, daß sie anderen Menschen gegenüber auch Verpflichtungen hat. Sie betrachtet und lebt das Leben nur von ihrem eigenen Standpunkt aus. Wenn ihr das nur einmal jemand sagen würde. Vielleicht würde sie sich dann ändern.»

«Ich glaube kaum, daß sie darauf hört», sagte Marietta mit leiser, nachdenklicher Stimme.

Ralph war erst kürzlich aus Albany zurückgekehrt. Sein Vater hatte darauf gedrungen, daß er dieses Experiment im Westen endlich abbrach. Während er sich mit Matt über die Anzeichen einer wirtschaftlichen Katastrophe unterhielt, die er überall im Land entdeckt hatte, schmiedeten Lisette und Marietta Pläne für Weihnachten. Plötzlich sagte Ralph: «Zack Fletcher ist heute bei mir gewesen.» Lisette hob überrascht den Kopf.

«Was macht er denn hier?»

«Er will Rinder kaufen.»

«Woher hat er soviel Geld?» erkundigte sich Lisette, als sei ein Zack Fletcher mit Geld ein Phänomen, das sie nicht fassen konnte.

«Das hat er mir nicht verraten, und ich habe ihn auch nicht gefragt.»

«Ich glaube kaum, daß es taktvoll wäre, Zack Fletcher zu fragen, woher er sein Geld hat», meinte Matt.

«Er ist immerhin Morgans bester Freund», protestierte Lisette, «und hat fast ein ganzes Jahr bei uns gewohnt.»

Matt mußte über ihre Logik lächeln. «Stimmt, und soviel ich weiß, hat er uns nichts gestohlen. Ich halte Fletcher zwar nicht für einen Dieb, aber für ziemlich skrupellos.»

«Du überraschst mich, Vater», erwiderte Lisette kühl. Dann blickte sie bittend in die Runde. «Wollen wir ihn nicht zu den Feiertagen einladen? Er hat doch keine Angehörigen und ist bestimmt sehr einsam.»

«Das werden wir nicht tun», erklärte Ralph scharf, und Lisettes Augen weiteten sich vor Erstaunen. Doch dann merkte sie, daß Matt sie stirnrunzelnd ansah; sie verstummte und senkte den Blick auf ihren Teller.

Sie sahen Zack Fletcher am Heiligen Abend vor der Kirche. In seinem Gesicht lag ein verächtlicher Ausdruck, als habe er Mitleid mit ihnen, und als sie an ihm vorbeigingen, nickte er ihnen ohne die Spur eines Lächelns stumm zu. Lisette konnte seinen Gruß nur flüchtig erwidern, denn sie wurde von der freudig erregten Menge in die Kirche geschoben, wo die ungeduldigen Kinder ihre Geschenke bekommen sollten.

Während der Chor *Stille Nacht, Heilige Nacht* sang, entstand unter den Zuhörern merkbare Unruhe; der Chor, verwirrt und ärgerlich über die Störung, hörte auf zu singen. Plötzlich rief der Weihnachtsmann: «Meine Damen und Herren, ich muß Ihnen leider mitteilen, daß etwas sehr Unangenehmes passiert ist. Es sind Geschenke verschwunden. Sie waren hier – und jetzt sind sie nicht mehr da.»

Die Zuhörer begannen zu tuscheln, Frauen sahen sich fassungslos an, Männer murmelten, es sei eine unvorstellbare Gemeinheit, am Heiligen Abend den Kindern ihre Geschenke zu stehlen, und manche redeten von Lynchen und Verprügeln. Einer lachte auf und wurde empört zurechtgewiesen, Stühle wurden gerückt, Kinder begannen zu weinen, und mehrere Männer und Frauen steuerten mit ihren sich sträubenden Sprößlingen auf den Ausgang zu und hörten nicht auf die inständigen Bitten des Weihnachtsmannes, doch wieder auf die Plätze zurückzukehren, Ruhe zu bewahren und auszuharren, bis die Geschenke wieder herbeigeschafft oder neue geholt worden seien.

Plötzlich strömte die ganze Gemeinde, als habe jemand «Feuer!» gerufen, zum Ausgang, und dann standen sie auf der Straße und unterhielten sich empört über diesen unerhörten Schulbubenstreich. Denn niemand glaubte, daß es etwas anderes war. Ein echter Dieb, ein ausgepichter Verbrecher hätte bestimmt nie ein Dutzend Puppen in Reifröcken, Turnüren und Roßhaarperücken, blankgeputzte Äpfel, vergoldete Walnüsse und Zuckerstangen gestohlen. Einige jedoch waren so aufgebracht über diese Entheiligung des Weihnachtsfestes, über die rohe Unterbrechung ihrer Stimmung christlicher Nächstenliebe, daß sie zornig davongingen oder zu ihren Wagen eilten und laut schimpfend heimfuhren.

Pete wollte Jenny überreden, noch mit zu Matt und Marietta zu gehen und dort den Heiligen Abend weiterzufeiern. Doch Jenny schien ihn gar nicht zu hören. Sie raffte die Röcke hoch, damit sie nicht durch den Schlamm und Schmutz der Straße schleiften, und schritt unbekümmert durch den Verkehr auf die andere Seite hinüber, so daß Pete hinter ihr herjagen mußte, um sie vor den davonsprengenden Reitern und den anfahrenden Pferdewagen zu schützen. Sie kletterte in ihre Kutsche und fuhr los, ehe er richtig eingestiegen war. Er sah sie verwundert an, als wolle er fragen, ob sie vor ihm habe davonlaufen wollen. Dann nahm er ihr die Zügel aus der Hand und versuchte aus dem Gewirr von Kutschen, Pferden, Hunden und Freudenfeuern herauszukommen. «Wo wollen wir hinfahren, Jenny?» fragte er sie.

«Nach Hause. Es tut mir schon leid, daß ich mich überhaupt habe überreden lassen, mitzugehen.»

«Mir tut es ebenfalls leid, Jenny, aber ich konnte ja nicht ahnen, daß so etwas passieren würde.» Schweigend legten sie den Heimweg zurück. Jenny saß aufrecht und steif; ihre ganze Haltung drückte Empörung aus und auch den Vorwurf, daß er dies nicht hätte zulassen dürfen oder es wenigstens hätte verhindern müssen.

Als sie zu Hause waren, lief sie voraus, und als er ins Zimmer kam, saß sie in demselben Sessel, in dem sie nach Leilas Beerdigung gesessen hatte, den Schleier noch vor dem Gesicht, die behandschuhten Hände im Schoß.

Sie hatten das Haus nicht schmücken wollen, denn Jenny hatte gesagt, sie könne es nicht ertragen, ständig daran erinnert zu werden, wie dieses Weihnachtsfest verlaufen wäre, wenn Leila noch lebte. Als sie vor wenigen Tagen am späten Nachmittag nach Hause gekommen war, hatte sie entdeckt, daß Lisette, Georgina und Rachel die Wände mit immergrünen Girlanden dekoriert hatten und daß vor dem Fenster ein Baum stand, den sie mit Lametta und bunten Ketten und all jenem fröhlichen, glitzernden Zierat behängt hatten, der in den letzten Jahren Mode geworden war. Als Pete heimkam, fand er Jenny im Dunkeln am Boden liegen, schluchzend und halb von Sinnen; aber sie hatte weder die Dekorationen entfernt, noch ihn darum gebeten, sie zu entfernen, und er hatte gehofft, daß sie ihr vielleicht doch etwas Trost gaben.

Langsam zog Jenny jetzt die Handschuhe aus, nahm die Haube ab und legte sie fast zögernd auf den Tisch. Pete machte Feuer, wärmte sich die Hände und fragte, ob Jenny eine Tasse Kaffee oder etwas zu essen haben wolle, oder ob sie nicht ein wenig musizieren könnten, ein paar Stücke spielen, die sie besonders liebten. Aber bei jeder Frage schüttelte sie mit kaum merklichem Lächeln den Kopf, als verdienten seine unbeholfenen Versuche, sie abzulenken, keine ernsthafte Antwort.

Er setzte sich und begann zu lesen. Bald wurde er nervös. Er schlug die Beine übereinander, erst das rechte über das linke und dann umgekehrt, warf ihr immer wieder forschende Blicke zu, klappte endlich das Buch zu, legte es hin, sprang auf und begann im Zimmer auf und ab zu wandern. Jenny sagte mit leiser, ironischer Stimme: «Wie absurd.»

Er fuhr zu ihr herum und fragte scharf: «Was hast du gesagt?»

«Was für ein absurder Zwischenfall heute abend.» Sie schien belustigt, daß er sie falsch verstanden hatte. «Aber es ist nicht schwer zu erraten, wer es getan hat.»

«Wer was getan hat?» rief er erregt.

«Pete, du benimmst dich sehr merkwürdig. Ich meine, es ist nicht schwer zu erraten, wer die Weihnachtsgeschenke gestohlen hat.»

Er war so in Gedanken gewesen, daß er die Episode vollkommen vergessen hatte. Erleichtert, daß sie sich nicht über ihn mokierte, nickte er ihr zu und stellte sich vor den Kamin. Auf einmal kam ihm ihre Bemerkung unsinnig und unverständlich vor, denn er selber hatte keine Ahnung, wer der Dieb gewesen sein könnte, und war überzeugt, daß Jenny es auch nicht wußte. «Du weißt, wer es war?» fragte er.

«Es muß Zack Fletcher gewesen sein. Ich habe ihn vor der Kirche stehen sehen, als wir hineingingen, und er hat so sonderbar gelächelt, als wüßte er etwas, von dem wir nichts wußten.»

«So etwas Schäbiges würde Fletcher nie tun – auf Kosten der Kinder am Heiligen Abend einen solchen Streich spielen! Wofür hältst du ihn eigentlich?»

«Du neigst dazu, Pete, den Menschen viel zuviel Vertrauen zu schenken, selbst wenn sie es nicht verdienen. In dem Punkt bist du ganz anders als Matt.»

«Ja», sagte er und sah sie schwermütig an. «Ich bin ganz anders als Matt.»

«Zack Fletcher liebt Lisette.» Sie legte den Kopf schief. «Ich nehme an, das ist dir auch noch nicht aufgefallen, wie?»

«Doch, das ist es.»

«Und Lisette liebt ihn.»

«Das glaube ich nicht.»

«O doch, täusch dich nicht. Soll ich dir auch sagen, warum sie ihn liebt?» Jenny redete mit leiser, monotoner Stimme, als spreche sie zu sich selber, und er hörte ihr unbehaglich zu, als belausche er sie in einem Zimmer, in dem sie allein zu sein glaubte, und werde Mitwisser von Geheimnissen, die er nicht erfahren sollte. «Sie liebt ihn, weil sie weiß, daß er ihr das geben kann, wonach sie sich am meisten sehnt: hinausgetragen zu werden über die Grenze des Erträglichen. Nicht alle Frauen brauchen das, aber einige ... ja, einige brauchen es. Und Lisette gehört zu ihnen. Wenn ein Mann ihr das geben kann, wird sie ihm alles verzeihen.» Sie zuckte die Achseln. «Fast alles.»

«Das darfst du nicht sagen, Jenny. Es ist nicht wahr, und es ist nicht fair.»

Jenny lachte. «Es ist nicht wahr – und es ist nicht fair.» Sie schüttelte verwundert den Kopf. «Pete, du hast mir nie gesagt, warum du nicht wolltest, daß ich Leila die Pistole von Matt mit ins Grab gab. Warum wolltest du es nicht? Weil du wußtest, daß ich ihn liebe?»

«Jenny!» schrie er auf, und dann stürzte er aus Angst, daß sie noch mehr sagen könnte, aus dem Haus. Als er schon den halben Abhang hinunter war, hörte er ihre Stimme seinen Namen rufen, doch jetzt klang sie bittend und ängstlich, als sei ihr in dieser Sekunde erst klargeworden, was sie gesagt hatte. Aber er ging weiter.

Mehrere Stunden später, um Mitternacht, als man in den stillen Straßen nur noch Musik aus den Tingeltangeln dringen und Betrunkene Weihnachtslieder grölen hörte, betrat Jenny das Bürohaus in der Stadt unten, und er hörte, wie sie sich langsam durch das Dunkel tastete und immer wieder seinen Namen vor sich hinsprach. Schließlich sah er sie als Silhouette in der Tür seines Büros stehen.

«Bist du hier, Pete?» fragte sie niedergeschlagen.

Erst nach einigen Sekunden erwiderte er: «Ja, ich bin hier.»

Sie kam näher und sank neben ihm in die Knie. «Du mußt mir verzeihen, Pete. Ich weiß nicht mehr, was ich gesagt habe. Aber was es auch war, du mußt mir glauben, daß ich dich liebe, daß ich keinen anderen liebe – und nie geliebt habe. Glaubst du mir das?»

«Ich glaube dir, daß du nicht weißt, was du gesagt hast.»

«Ich schwöre, daß ich es nicht weiß. Und ich will es auch gar nicht wissen. Dieses Durcheinander in der Kirche – die weinenden Kinder, die fluchenden Männer und die empörten Frauen –, das alles war so furchtbar. Ich hatte plötzlich das Gefühl, es habe nichts mehr Sinn außer der Zerstörung. Deshalb habe ich irgend etwas aus der Luft gegriffen, weil ich dir einfach weh tun mußte. Du mußt mir glauben, Pete – es ist die Wahrheit.»

Er stand auf und zog sie hoch. «Komm, wir gehen nach Hause.»

«Glaubst du mir?»

«Sprich nie wieder davon.»

«Das werde ich nicht, Pete. Nie – in meinem ganzen Leben nicht mehr. Sprichst du auch nicht mehr davon?»

«Hoffentlich nicht.»

Ihre Reue war aufrichtig. Aber sie wußte sehr wohl, was sie gesagt hatte. In jenem Augenblick hatte sie es ganz natürlich gefunden, ihm von Lisettes Liebe zu Zack Fletcher zu erzählen, und dann von ihrer Liebe zu Matt. Erst als sie ihre eigenen Worte gehört hatte, war sie erschrocken, Sie glaubte, Matt warnen zu müssen, wußte aber nicht, wie. Zuletzt sagte sie sich, daß er ja doch nicht auf sie hören würde, denn neuerdings schien er zu glauben, er sei im Grunde an allem unschuldig.

Anfang Januar schenkte Georgina ihrem zweiten Kind das Leben. Die Geburt und die Suche nach einem Namen für den Säugling – man einigte sich nach langem Hin und Her auf Cecilia – beschäftigten die Familie so ausschließlich, daß man sich nun weniger um Jenny kümmerte und sie selber sich wie ein Opfer der dynamischen Kraft und Unabhängigkeit dieser Menschen fühlte. Daraufhin betrachtete sie die Familie nur noch mit Vorbehalt und fand überall Anhaltspunkte für ihre Theorie. Sie versuchte, mit Matt zu sprechen, gab es aber auf, ohne etwas gesagt zu haben, und glaubte schließlich, daß jedesmal, wenn sie einen Entschluß gefaßt hatte, ein Ereignis eintrat, das sie an der Ausführung hinderte: Zuerst war Georginas Baby geboren worden, und dann, kaum zehn Tage danach, wurde die Stadt wieder einmal ein Raub der Flammen.

Wütend stürzten die Männer ins Chinesenviertel, wo auch diesmal wieder der Brand – durch Verschulden dieser verdammten Gelben – ausgebrochen war, obgleich jeder lieber zuerst sein eigenes Hab und Gut in Sicherheit gebracht hätte. Sie stellten fest, daß der Brandherd in einem chinesischen Spielsalon lag und schon von freiwilligen Löschmannschaften bekämpft wurde. Hütten wurden mit Wasser übergossen, Wände mit Äxten eingerissen, während die Chinesen in stoischem Schweigen ihre Möbel aus den Häusern schleppten und sich trotz der Flüche der weißen Männer davonmachten, ohne sich viel um das Feuer, die wütenden Lynchdrohungen, die Tritte und Fausthiebe zu kümmern.

Matt und Pete handelten rasch. Sie verschafften sich zunächst einen Überblick über die Ausdehnung des Brandes und die Richtung, die das Feuer zu nehmen schien. Der Rauch quoll hoch in den Himmel hinauf, und ein Regen heißer Asche ging über der ganzen Stadt nieder. Matt und Pete verständigten sich mit einem einzigen Blick und liefen zurück zum Bürohaus. Jonathan, Douglas und Robert trugen bereits Akten und Eisenkassetten heraus. Einer der Angestellten war verschwunden – obwohl Jonathan ihm gedroht hatte, er würde ihn erschießen, falls er sie im Stich ließe –, und die beiden anderen jammerten, sie wollten erst ihre eigenen Häuser retten. Aber Matt schrie sie an, sie sollten zupacken, und zu seiner Verwunderung gehorchten sie augenblicklich.

Douglas holte einen Mietwagen, dem er mit gezogener Pistole einen Weg durch die Menge bahnte, und sie warfen Kassetten und Akten hinein und schickten Douglas und Robert mit dem Wagen zu Pete, weil dessen Haus am weitesten vom voraussichtlichen Weg des Feuers entfernt lag. Die anderen blieben im Büro und bekämpften gemeinsam mit der Feuerwehr die Flammen, die das Gebäude der Devlin Brothers inzwischen auf allen Seiten umgaben.

Um Mittag war das Zentrum der Stadt eine verkohlte Wüste. Als sich nach drei Stunden der Wind legte und das Feuer endlich unter Kontrolle gebracht werden konnte, sah man nur noch eingestürzte schwarze Mauern und Schornsteine – die Stadt war untergegangen. Die Post, mehrere Hotels, der Mietstall, Green Troys Casino waren bis auf die Grundmauern niedergebrannt. Auch Nola Malachys Tivoli. Friseurläden und Brauereien, das Gebäude der *Helena Post*, das Einkaufszentrum für Damen waren nur noch rauchende Trümmerhaufen; ebenso Lem Finneys Büro, Reverend Breams City Drugstore, Josiah Webbs und Floyd Harts Häuser, Graf Manzonis Grundstücksmakler-Büro, Folger Hall und das Theater, in dem Fan Moffat als Mazeppa aufgetreten war. Alles war dahin. Über hundertfünfzig Gebäude waren zerstört und die Telegrafendrähte zerrissen, so daß sie nicht einmal Hilfe anfordern konnten und in der eingeäscherten Stadt gefangen waren. Es stank nach nasser Asche und dem verbrannten Fleisch der Tiere, die nicht hatten entkommen können. Trotzdem mußten sie dankbar sein, daß das Feuer gelöscht worden war, bevor es auf die Berghänge übergreifen und auch noch ihre Wohnhäuser in Schutt und Asche legen konnte.

Die meisten irrten benommen und verzweifelt durch die Stadt, und nur wenige waren noch tatkräftig genug, zu fordern, daß man die verdammten Chinesen umbringen sollte, die nun schon den dritten Brand auf dem Gewissen hatten.

Matt und Pete, die umherwanderten und überlegten, wann sie mit dem Wiederaufbau beginnen konnten, wurden dauernd von Kunden angesprochen, ob ihr Geld in Sicherheit sei, und wenn sie hörten, daß sie es im Notbüro in der Elm Street in Pete Devlins Haus abholen könnten, machten sie ein erleichtertes Gesicht, und einige brachten sogar ein Grinsen zustande. Am folgenden Morgen aber waren fast alle wieder guten Mutes. Man prahlte, man würde die Stadt größer und schöner auferstehen lassen denn je, und der Wiederaufbau Chicagos sei ein Nichts dagegen. Als die Trümmer noch nicht einmal kalt waren, hackten sie schon an den schwarzen, nassen Ruinen des Geschäftszentrums herum, und Zimmerleute wie Maurer freuten sich händereibend auf einen guten Verdienst.

«Das neue Haus wird feuerfest gebaut», erklärte Matt.

Er hockte mit Pete auf der Straße, mitten zwischen rastlos hin und her eilenden Menschen, und zeichnete mit einem Stock die Pläne für das neue Haus in die schwarze, feuchte Erde. Dann machten sie sich auf die Suche nach dem Bauunternehmer, der das zerstörte Haus errichtet hatte, und tranken unterwegs ein Glas Whisky in einem Zelt, das eilig am Rand des verbrannten Stadtteils aufgebaut worden war, um den Mut und die Entschlossenheit der Männer in Schwung zu bringen, die einander hier mit ironischem Grinsen begegneten.

Abermals hallte die ganze Stadt wider von den Geräuschen der Anfangsjahre. Zimmerleute und Maurer hämmerten, sägten und klopften mit solchem Feuereifer, daß man den Eindruck hatte, die Stadt würde in kürzerer Zeit wiederaufgebaut sein, als das Feuer gebraucht hatte, um sie zu zerstören – strahlend und neu, nach frischem Holz und frischer Farbe duftend, mit noch höheren falschen Fassaden und noch mehr Veranden als früher. Die Gehsteige sollten glatt und eben sein und nicht mehr mit verzogenen Holzbohlen belegt werden, die sogar manchem Nüchternen gefährlich geworden waren.

Am Montag nach dem Brand eröffneten die Devlin Brothers ihren Betrieb in einem Zelt, um das Schwärme von Zimmerleuten und Steinmetzen herumwimmelten. Sie empfingen ihre Kunden in Büffelfelle gewickelt und forderten sie auf, sich auf Holzkisten zu setzen, die dicht neben dem rotglühenden Ofen standen. Homer Grimes lief in der ganzen Stadt umher und zog Erkundigungen ein, die dann in der *Helena Post* veröffentlicht wurden. Die Zeitung wurde auf einer geretteten Maschine gedruckt, die ebenfalls in einem Verschlag aus Zeltbahnen und Holz stand. Ralph Mercer war nach Virginia City gefahren, um von dort neue Maschinen und neues Material heranzuholen. Überall in der Siedlung herrschte Frohsinn und Tatendrang, denn niemand wollte seinen Freunden und Feinden nachstehen, wenn es um Zuversicht und das Bewältigen widriger Umstände ging. Sogar diejenigen, die alles verloren hatten und nicht versichert gewesen waren, nahmen ihre Verluste mit Humor und Gelassenheit hin und versuchten so zu tun, als könnten ihnen, den Hartgesottenen, weder Unwetter noch ein Feuer, noch eine nationale Katastrophe etwas anhaben.

Matt war überzeugt, daß die Atmosphäre zwischen ihm und Pete durch das Feuer und ihre gemeinsame Arbeit während des Brandes und des Wiederaufbaus bereinigt worden sei und sie einander wieder ohne Argwohn und Eifersucht begegnen könnten. Er hatte das Gefühl, als seien ihm nun alle begangenen Missetaten vergeben worden. Deshalb war er erstaunt und wütend, als Jenny eines Tages Ende Februar unter dem Vorwand zu ihm ins Büro kam, daß sie sehen wolle, welche Fortschritte sie inzwischen gemacht hätten, und ihm im Vorübergehen zuflüsterte: «Sei vorsichtig!»

Er blieb wie angewurzelt stehen, starrte stirnrunzelnd zu Boden, fuhr dann zu ihr herum und blickte sie durchdringend an. Kopfschüttelnd tat er ihre Warnung als typische Laune einer Frau ab und ging zum Schalter, um mit einem Rancher über ein Darlehen zu verhandeln. Jenny und er waren seit nahezu einem Jahr nicht mehr zusammengewesen, und er sah keinen Grund, warum sie ihn an diese alte, peinliche Geschichte erinnerte, da doch sogar Pete froh zu sein schien, daß alles vergessen war – falls er überhaupt je etwas davon gewußt hatte.

Doch einige Tage später, als Matt von einer entlegenen Farm zurückritt, die er wegen eines geforderten Darlehens hatte besichtigen müssen, fiel ihm Jennys längst vergessen geglaubte Warnung ein. Blitzartig tauchte sie in seinen Gedanken auf, als hätte sie ständig in seinem Unterbewußtsein darauf gelauert, ihn überfallen zu können. Einen Augenblick lang war er bestürzt und fragte sich, warum er ausgerechnet in diesem Augenblick daran dachte, bis ihm plötzlich bewußt wurde, daß ihm jemand folgte, ein einzelner Mann zu Pferde.

Die Ranch lag nur achtzehn bis zwanzig Meilen von der Stadt entfernt, und er hatte eigentlich schon am späten Nachmittag wieder zu Haus sein wollen. Doch die Verhandlungen hatten sich länger hingezogen, als er erwartet hatte, und der Rancher war so froh und erleichtert gewesen, weil Matt sich bereit erklärt hatte, das Darlehen zu befürworten, daß er ihn noch zum Essen eingeladen hatte. Anschließend hatte Matt, weil es schon dunkel war und Schnee in der Luft lag, beschlossen, lieber ein paar Stunden zu schlafen und erst am Morgen, wenn sich das Wetter beruhigt hatte, zurückzureiten. Er war gegen vier Uhr erwacht und war sofort aufgebrochen. Draußen war alles ruhig, die Luft war zwar kalt und scharf, roch aber nicht mehr nach Schnee.

Er genoß den Ritt, denn er liebte es, wenn die ganze Welt noch in Schweigen und Schlaf lag und nur er allein wachte. Der Mond schien nicht, nur die Sterne schimmerten am Himmel, und er verließ sich ganz auf den Instinkt seines Pferdes. Nach seiner Schätzung war er etwa eine Stunde geritten, als ihm Jennys Worte «Sei vorsichtig» einfielen und er in der Sekunde darauf feststellte, daß er verfolgt wurde.

Eine Zeitlang kam es ihm lächerlich vor, zu glauben, daß der andere Reiter ihn verfolge. Er fragte sich, wie er überhaupt auf diesen Gedanken kommen könne, denn es sei doch viel wahrscheinlicher, anzunehmen, daß der andere ebenfalls früh am Morgen zur Stadt unterwegs sei und nur zufällig so dicht hinter ihm reite. Er schien, wie Matt, im Galopp zu reiten, aber noch so weit zurück zu sein, daß die Hufschläge nur gedämpft klangen und manchmal von anderen Geräuschen – dem Rascheln trockener Blätter, dem Knacken von Zweigen und dem fernen Heulen der Coyoten – verschluckt wurden. Matt verlangsamte das Tempo, um den anderen näher kommen zu lassen und ihn dann anzurufen und zu fragen, wer er sei. Es war kaum anzunehmen, daß es ein einzelner Indianer war. Aber die Berge wimmelten noch von Straßenräubern und Dieben.

Während er langsamer wurde, lauschte er angespannt und stellte mit klopfendem Herzen fest, daß der andere sofort anhielt. Einen Augenblick machte er selber halt – verwundert und nachdenklich, aber entschlossen, sich nicht erschrecken zu lassen. Immerhin lag die Vermutung nahe, daß der andere ebensowenig wußte, wer er, Matt, war, und nicht näher zu kommen wagte, ohne zu wissen, mit wem er es zu tun hatte.

Matt wartete ein paar Minuten, aber sein erhitztes Pferd begann zu zittern, so daß er es nicht länger stillstehen lassen wollte. Er setzte sich wieder in Bewegung und merkte erleichtert, daß der andere Reiter ihm nicht mehr folgte. Nun sagte er sich, seine Vorstellungen seien absurd gewesen. Er war betreten, daß er sich benommen hatte wie ein Greenhorn – und das nach all den Jahren, in denen er ein erfahrener Mann des Westens geworden war, der mit jeder Situation im Grenzgebiet fertig wurde, ohne unruhig und nervös zu werden. Er konnte sich, weiß Gott, auf seine Erfahrung verlassen. Denn dieses gnadenlose Land hatte ihn auf die Probe gestellt und erzogen, ihn hart und unabhängig gemacht, so daß er jetzt festes Vertrauen in seine eigene Urteilsfähigkeit setzen und seiner selbst sicher sein konnte. Warum also die Unruhe und die Angst?

Ärgerlich ritt er weiter, weil sein Herz so klopfte und weil er sein Pferd zu einem Tempo antrieb, das auf dem vereisten Boden und im Dunkeln nicht ganz ungefährlich war. Plötzlich lachte er überrascht und wütend auf, denn er hörte, daß auch der andere Reiter sich wieder in Bewegung setzte.

Er beschloß, der Sache auf den Grund zu gehen. Eine Weile ritt er im wilden Galopp, aber der andere schien stetig näher zu kommen. Nach Matts Schätzung waren sie noch ungefähr sechs bis acht Meilen von der Stadt entfernt. Erleichtert stellte er fest, daß der Himmel schon ein wenig heller zu werden begann, schämte sich dieser Erleichterung aber sofort, denn er empfand es als schimpflich, sich in den Schutz des Tageslichts zu flüchten. Unvermittelt hielt er sein Pferd an und rief dem anderen, der in gleichmäßigem Tempo näher kam, mit lauter, wütender Stimme zu: «Wer sind Sie? Verfolgen Sie mich?»

Der Mann verhielt sein Pferd, antwortete aber nicht. In einem plötzlichen Wutausbruch und in dem Gefühl, der Unbekannte mache sich absichtlich über ihn lustig, zog Matt die Pistole und galoppierte brüllend und fluchend auf ihn zu. Der andere Reiter zögerte, riß dann sein Pferd herum und ritt ein paar hundert Meter den Weg zurück, den sie gekommen waren. Matt hörte, daß der andere zum Flußbett hinunter abbog, merkte aber erst jetzt, daß die Hufe des Pferdes mit Sackleinen umwickelt zu sein schienen. Bei dieser Feststellung geriet er abermals in Wut, denn offenbar war der andere ein feiger Straßenräuber, den er in die Flucht geschlagen hatte.

Er machte wieder kehrt und ritt auf die Stadt zu, spähte aber aufmerksam nach allen Seiten, obgleich es noch zu dunkel war, um Einzelheiten zu erkennen. Wenn er einen verdächtigen Laut hörte, fuhr er zusammen und erwartete jeden Moment, daß der Reiter neben ihm auftauchte. Vorsichtshalber feuerte er eine Kugel ab, um sich zu vergewissern, daß seine Pistole funktionierte, und steckte sie dann beruhigt wieder in den Gürtel.

Aber er hörte nichts mehr. Trotzdem fühlte er sich erleichtert, als er die verschwommenen Umrisse der ersten Häuser sah. Sein Herz klopfte immer noch schnell und unregelmäßig, und er fühlte sich ziemlich elend vor Angst und Nervosität. Offenbar waren seine Selbstsicherheit und sein Mut weniger groß, als er bisher geglaubt hatte.

Gerade als er zu der Überzeugung kam, daß er sich von einem Mann habe ins Bockshorn jagen lassen, der wahrscheinlich selber viel größere Angst hatte als er, da hörte er plötzlich in seiner Nähe ein Geräusch und sah einen Reiter vom Flußbett her auf sich zukommen. Kaum dreißig Meter vor ihm zügelte der andere sein Pferd, saß ab, lief auf Matt zu und schrie: «Steig ab!» Matt ließ sich zu Boden gleiten, während der Unbekannte mit raschen, leichten Schritten näher kam. Als sich Matts Hand langsam und zögernd um den Pistolengriff schloß, rief der andere: «Schieß!»

«Pete?» Mit zusammengekniffenen Augen spähte Matt ins Dunkel, konnte ihn aber nicht deutlich erkennen.

«Schieß doch!» schrie der andere, kaum drei Meter von ihm entfernt und legte die Pistole zum Zielen auf den erhobenen linken Unterarm.

Matt hob nun ebenfalls seine Waffe, zielte aber nicht, sondern stand abwartend da, ungläubig und doch ganz ruhig. Seine Angst war einer völligen Gelassenheit gewichen, und er hatte gar nicht das Bedürfnis, sich zu verteidigen. Schließlich fragte er mit sanfter Stimme: «Willst du mich umbringen, Pete?»

«Schieß!» schrie der andere wieder und feuerte nach einem Augenblick einen Schuß in die Luft. Als Matt reglos stehenblieb, die Pistole in der schlaff am Körper herabhängenden Hand, schrie er noch einmal:

«Schieß doch, verdammt noch mal!» Wieder krachte ein Schuß, und dann, nach einer Sekunde, ein dritter.

Der Einschlag der Kugeln riß Matts Körper zur Seite. Er schwankte, tat zwei, drei unsichere Schritte, fragte ungläubig: «Pete?» und stürzte dann der Länge nach vornüber auf das Gesicht.

45

Er hatte schon mehrere Stunden gewartet und die Umgebung des Hauses genau untersucht.

Das Haus der Mercers stand auf einer kleinen Anhöhe und gehörte zu den wenigen herrschaftlichen Villen der Stadt. Zack Fletcher hatte sich erkundigt, wo es lag, und war in dem hügeligen Gelände umhergeritten, ohne es aus den Augen zu lassen. Es war in der Tat eine durchaus angemessene Behausung für den Besitzer der führenden Zeitung der Stadt, fand Zack. An einem anderen Tag hätte Zack sicher mit beißender Ironie darüber nachgedacht, ob er selber Lisette eine solche Villa hätte bieten können. Vor sieben Jahren gewiß noch nicht. Aber jetzt hätte er natürlich ein solches Haus besitzen können.

Seit jenem Tag, als man Matt Devlin tot vor der Stadt gefunden hatte, dachte er nur noch an Matt und hatte Wut und Eifersucht vergessen. Entsetzen und Trauer hatten sich über die Stadt gesenkt, als ein Mann kaum dreihundert Meter von seiner Hütte entfernt den toten Matt Devlin gefunden hatte, der lang ausgestreckt auf dem Gesicht neben einem anderen Toten lag, den niemand kannte.

Zack war sofort zu der Hütte geritten, in der die beiden Toten lagen, und sah, daß der Fremde ein Mann war, den er von früher her vom Sehen und nach Erzählungen kannte. Er war zuerst unschlüssig gewesen, was er mit diesem Wissen anfangen solle, und hatte sich dann dafür entschieden, Lisette davon Mitteilung zu machen. Als er ihr Haus erreichte, waren Türen und Fenster mit Krepp verhängt, und niemand hatte auf sein Klopfen geöffnet. Verschiedene Lieferanten waren gekommen und unverrichteterdinge wieder gegangen, und aus den Schornsteinen stieg kein Rauch auf, obgleich es ein schneidend kalter, sehr windiger Tag war.

Zack setzte sich bequem im Sattel zurecht und streifte durch die Gegend. Gelegentlich nickte er einer Frau oder Kindern zu, die ihm begegneten und ihm meist mißtrauisch nachsahen. Denn die Nachricht von Matt Devlins Tod hatte eine Woge des Argwohns ausgelöst, wie man es hier seit vielen Jahren nicht mehr erlebt hatte.

Nach einiger Zeit hielt ein geschlossener Zweisitzer vor dem Haus, und Zack sah von seinem Beobachtungsposten aus, wie Lisette heraussprang, den Weg und die Stufen zum Haus hinauflief und schnell die Tür hinter sich zudrückte, als der Hund ihr folgen wollte.

Zack ritt den Hügel hinab und fragte sich zweifelnd, ob er sein Pferd Skewball – gewissermaßen als sichtbaren Hinweis, daß er bei Lisette war – vor dem Haus stehen lassen sollte. Er grinste verächtlich über soviel Feinfühligkeit, aber er konnte sich nun einmal nicht von dem Gedanken freimachen, wie behütet und beschützt Lisette ihr ganzes Leben lang gewesen war.

Er klopfte energisch, wartete einen Augenblick, klopfte noch einmal lauter und trat erschrocken zurück, als sie die Tür öffnete und ihn ansah, ohne ihn im ersten Augenblick zu erkennen. Erschüttert von ihrem Ausdruck nahm er den Hut ab, zerknitterte ihn vor Nervosität und Verlegenheit und starrte sie flehend an. Er brachte kein einziges Wort hervor. Endlich trat sie einen Schritt zurück und sagte leise: «Komm herein.»

Im Haus war es still, die Kinder waren anscheinend zu Freunden gebracht worden. Als er ihr in das verdunkelte Wohnzimmer folgte, in dem weder ein Feuer noch eine Lampe brannte, blickte er sich verstohlen um, weil er plötzlich das Gefühl hatte, er habe kein Recht, allein mit ihr in diesem Haus zu sein. Er wollte ihr nur knapp berichten, was er ihr zu sagen hatte, und dann sofort wieder gehen. Trotzdem war er neugierig, zu sehen, in welcher Umgebung sie lebte. Er hatte schon oft versucht, sich das Haus vorzustellen, in dem sie nur noch Mrs. Ralph Mercer war und nicht mehr Lisette Devlin.

Das Zimmer war ziemlich groß, aber vollgestopft mit Möbeln, Bronzestatuetten, weißen Marmorbüsten, Töpfen mit Efeu, Farnen und Zimmerpalmen, um die man vorsichtig herumtreten mußte. Altersdunkle Ölbilder verdeckten fast ganz das Rosenmuster der Tapete, und wo keine Bilder hingen, standen hohe Bücherregale. Geschnitzte Tische voller Bücher und Nippsachen standen neben quasten- und fransenverzierten Sesseln und zwei Sofas, die mit grünem Samt bezogen waren. Auch die Vorhänge vor den Fenstern waren aus grünem Samt und fielen in reichen Falten bis auf den Fußboden herab. Die Marmoruhr auf dem Kamin tickte störend laut in dem totenstillen Haus.

Die Einrichtung sah ganz so aus, als entspreche sie mehr Ralph Mercers Geschmack als Lisettes – obgleich Zack eigentlich nicht wußte, was für einen Geschmack Lisette hatte. Alles wirkte, als sei es für die Ewigkeit eingerichtet und dürfe, solange sie lebten, nicht verändert werden.

Lisette stand am Klavier und starrte abwesend zu Boden, als habe sie ganz vergessen, daß er da war. Sie schien überhaupt nicht sie selber zu sein. Ihr Haar war mit einem schmalen Band zurückgehalten, sie trug ein dunkelblaues Kleid, dessen Ärmel bis zu den Ellbogen aufgekrempelt waren und dessen Kragen offenstand, und wirkte so teilnahmslos und benommen, daß es ihm vorkam, als habe er eine Fremde vor sich. Er ging auf sie zu und wollte sie trösten, war aber zu ängstlich, es auch nur zu versuchen. Er hatte das Gefühl, viel zu plump zu sein, vielleicht zu zerstören, wo er etwas Gutes tun wollte, zu nehmen, wo er gehofft hatte zu geben.

«Es ist kalt», sagte sie mit fremder, klagender Stimme und schauderte ein wenig. Sie holte ihren Sealmantel von einem der Sessel, legte ihn sich um die Schultern und rieb mit den Händen ihre Oberarme. Plötzlich kam Leben in Zack. Eilig lief er durch Eßzimmer und Küche, holte Holz und machte Feuer. Als er vor dem Blasebalg hockte, blickte er fragend zu ihr auf, als erwarte er Lob für sein schnelles Handeln. «Ich bin die ganze Nacht zu Hause gewesen», sagte sie mit noch immer fremder Stimme. «Aber irgendwann mußte ich ja wieder her.»

Er stand auf und sah auf sie hinab. Flüchtig schoß ihm der Gedanke durch den Kopf, daß sie noch jetzt, nach beinahe sechs Jahren Ehe, Matt Devlins Heim als ihr Zuhause bezeichnete, und auf einmal bekam er Mitleid mit Ralph Mercer, fühlte aber auch ein wenig Verachtung für ihn.

«Ich konnte nicht länger bleiben. Ich konnte die Menschen nicht mehr ertragen – wie sie weinten und die Hände rangen und ununterbrochen von ihm sprachen! Und ich konnte es nicht ertragen, daß er da war, zu Hause, und nicht mehr mit uns sprechen konnte.» Sie tat einen tiefen Atemzug, preßte die Innenflächen der Hände gegeneinander und berührte mit den Zeigefingern ihre Lippen, wie ein Kind, das betet oder über ein Problem nachdenkt, das es nicht ganz begreift. Zack trat auf sie zu und wollte ihr sagen, was er zu berichten hatte. Statt dessen packte er sie an beiden Schultern und wollte sie zwingen, ihn anzusehen. Sie wehrte sich nicht, drehte sich dann aber behutsam aus seinem Griff und flüsterte: «Auf so furchtbare Weise zu sterben – wie ein Verbrecher!» Sie ging durchs Zimmer, setzte sich auf ein Sofa vor die verdunkelten Fenster und sprach weiter, leise und monoton, als spreche sie nur zu sich selber und wolle nicht, daß jemand zuhörte. «Ich habe ihn gesehen, bevor sie ihn umgezogen und das Blut abgewaschen hatten. In dieser Hütte. Er war schon eine Stunde tot. Robert hat uns um kurz vor sieben benachrichtigt, und ich bin sofort hingefahren.» Sie lächelte. «Alle haben gesagt, ich solle nicht hineingehen, ich dürfe ihn so nicht sehen. Sie dachten wahrscheinlich, wenn ich ihn erst später sehe, könnte ich mir einreden, er sei einen sanften Tod gestorben – nicht von einem Fremden niedergeschossen worden und mit dem Gesicht im Schmutz elend verblutet. Er hatte zwei Einschüsse, und das Blut an seinen Händen war gefroren.» Ihre Augen wurden schmal, und sie starrte quer durch das Zimmer zu ihm hinüber. «Weiß man eigentlich, daß man stirbt? Oder glaubt man nur, einzuschlafen und irgendwann wieder zu erwachen?» Sie hielt einen Augenblick inne, als warte sie auf eine Antwort, und fuhr dann fort: «Woran er wohl gedacht hat, als er dalag, kaum fünf Meter von dem anderen entfernt? Hoffentlich hat er ihm vergeben.» Zack fiel neben ihr auf die Knie, aber sie starrte an ihm vorbei, wie gebannt von dem, was sie gesehen hatte. «Jetzt sieht er ganz anders aus. Er liegt auf dem Rücken, ordentlich und würdevoll, in einem schwarzen Anzug – und sie wandern alle um ihn herum und herum und starren ihn an.»

Sie begann zu weinen und schien nicht einmal zu bemerken, daß er sie in die Arme nahm, ihr Haar streichelte und sie auf Stirn und Wangen küßte. Sie lag an seiner Brust und schluchzte so verzweifelt, wie sie es sicher in ihrem ganzen Leben noch nicht getan hatte.

Gleich darauf merkte Zack zu seinem Entsetzen, daß wieder die Lust zu Gewalt und Sinnlichkeit in ihm aufstieg, die er immer in Lisettes Nähe verspürt hatte. Er ließ sie los und lief im Zimmer hin und her, warf einen Blick in den Spiegel und war entsetzt über den wilden, heftigen Ausdruck seines Gesichts. Er wanderte wie gehetzt umher und warf nur gelegentlich einen Blick zu Lisette hinüber, machte aber keinen Versuch mehr, sie zu trösten. Er war entschlossen, ihr, sobald sie wieder zuhören konnte, seinen Bericht zu geben und dann schnellstens zu verschwinden.

Auf einmal sagte er scharf: «Lisette, hör mir zu!» Doch seine Stimme klang schroffer, als er es beabsichtigt hatte, und er bemühte sich um einen sanfteren Ton. «Lisette, ich kenne den Mann, den sie neben Matt gefunden haben.»

«Du kennst ihn?» fragte sie ungläubig.

«Nicht persönlich, aber ich weiß, wer er ist. Er heißt Gabe Foster. Vor dem Krieg gehörte er zu den Grenzbanditen in Missouri. Du hast sicher davon gehört. Damals wurden wahllos Männer umgebracht, überall im ganzen Land Überfälle auf Häuser und Farmen inszeniert und sogar ganze Städte niedergebrannt. Als Foster eines Tages von einem Überfall zurückkam – er war selber auch nicht gerade ein Gentleman –, fand er seine Frau vergewaltigt und zusammengeschlagen vor. Kurz darauf ist sie gestorben. Er fand heraus, wer es getan hatte – ein Mann namens Jim Lowry –, und schwor, er werde Lowry finden und ihn töten, und wenn er bis an sein Lebensende nach ihm suchen müsse. Vor drei, vier Jahren, als ich Foster das letzte Mal im Süden sah, suchte er immer noch nach Lowry, um sich an ihm zu rächen.

Lowry war groß, ungefähr einsfünfundachtzig, ebenso groß wie Matt. Aus einiger Entfernung, und im Dunkeln, früh am Morgen, konnte man sie leicht verwechseln. Gabe Foster war schon immer sehr schnell mit dem Schießeisen bei der Hand.»

Lisette starrte ihn, während er sprach, unverwandt an; aber ihre Miene wurde immer abweisender und schließlich so verächtlich, als habe er ihr eine unverschämte Lüge aufgetischt, für die sie ihn verabscheute. «Willst du mir weismachen, daß mein Vater tot ist, weil er mit einem anderen Mann verwechselt wurde? Willst du behaupten, daß dieser Mann kein Feind war, daß es keinen Kampf zwischen ihnen gegeben hat? Und daß der Tod meines Vaters nur ein Versehen war?»

«Anders ist es nicht zu erklären.» Mit Trauer und Sehnsucht blickte er auf sie hinab. «Möchtest du lieber glauben, daß er von einem Feind getötet wurde?»

«Jeder Mann hat Feinde, das ist keine Schande.» Plötzlich machte sie ein so wütend-anklagendes Gesicht, daß er verblüfft war. «Ich habe gestern morgen gehört, wie sie darüber gesprochen haben. Eines der Pferde hatte umwickelte Hufe, damit es keine erkennbaren Spuren hinterlassen konnte.» Ihre Stimme wurde schrill: «Klingt das wie ein Zufall? Mein Vater ist zweimal getroffen worden, und Foster auch. Aber aus dem Revolver meines Vaters wurde nur ein Schuß abgegeben. Kannst du mir erklären, wie das zusammenpaßt?»

«Lisette, um Christi willen, du glaubst doch nicht, daß ich lüge?»

«Ich weiß nicht, ob du lügst oder nicht. Aber ich weiß, daß das, was gestern morgen geschehen ist, nicht so einfach gewesen sein kann, wie du mir weismachen willst. Entweder war es kein Zufall, oder Gabe Foster war nicht der einzige, dem mein Vater begegnet ist.»

Einen Augenblick war er versucht, aufzugeben, sich zu entschuldigen und zu gehen. Doch dann wurde er wütend, weil er aus ihren Worten einen Vorwurf herauszuhören meinte. Er ging auf sie zu und schrie: «Was zum Teufel redest du da, Lisette? Glaubst du vielleicht, ich wüßte mehr, als ich dir gesagt habe?» Er packte ihre Hände und hielt sie fest, als sie sich losmachen wollte. «Was glaubst du denn, was geschehen ist?» Dann griff er in ihr Haar und schüttelte ihren Kopf grob hin und her.

«Laß mich los, Zack Fletcher», flüsterte sie, und er ließ augenblicklich von ihr ab und wich verlegen ein paar Schritte zurück. «Ich weiß selber nicht, was ich glaube», sagte sie. «Bring mich nicht dazu, etwas zu sagen, was ich nicht denke.»

«Glaubst du, daß er von jemandem überfallen worden ist, den er kannte?» Er sprach sehr ruhig, als könne er sie dadurch zu einem Eingeständnis verleiten, das seinen Groll gegen diese Familie rechtfertigte. «Ist es das, was du glaubst, Lisette?»

Wieder schritt er auf sie zu, und wieder wich Lisette mißtrauisch zurück. «Ich traue dir nicht, Zack Fletcher. Du brauchst uns nicht zu helfen. Wir brauchen dich nicht. Wir wollen deine Hilfe gar nicht!» Sie machte eine wegwerfende Handbewegung. «Laß uns in Ruhe!» schrie sie und schlug beide Hände vors Gesicht. «Du hast kein Recht, hierherzukommen.»

Bei diesen Worten wuchs seine Wut noch mehr, und plötzlich riß er sie an sich, als sei dies der eigentliche Zweck seines Kommens gewesen. Sie wollte sich losmachen und kämpfte verzweifelt. Als er ihr einen leichten Schlag ins Gesicht versetzte, wie er vielleicht ein störrisches Kind geschlagen hätte, stöhnte sie und schloß die Augen, als sei der Klaps ein schwerer Hieb gewesen, der sie halb bewußtlos machte. Seine Hände legten sich auf ihre Brüste, und er flüsterte mit großer Zärtlichkeit: «Still, Lisette. Sei ruhig – ich möchte dir nicht weh tun.»

Sekunden darauf fiel ein Tisch um, und er stellte befriedigt fest, daß eine Vase zerbrochen war und das Wasser über den Teppich lief. Die Lärchenzweige aus der Vase lagen am Boden, und zwei oder drei kleine Porzellandosen waren direkt vor seine Füße gerollt. Er hätte sie leicht zertreten können, wenn er gewollt hätte. Dieses Zerstörungswerk erfüllte ihn mit solcher Genugtuung, daß er grinste, sie auf die Couch drückte und sich auf sie legte, während er ihre Beine mit seinem Knie auseinanderzwang.

Er hütete sich, ihr ins Gesicht zu sehen, als er schwer auf ihr lag, ihren Kopf in beiden Händen hielt und mit herrlicher Leichtigkeit in sie eindrang. Sie lag reglos, und undeutlich nahm er wahr, daß sie tief aufseufzte, als er sich zu bewegen begann. Er war entschlossen, den größtmöglichen Genuß daraus zu ziehen und sie so erfahren und mit so langsamer, unnachgiebiger Macht zu lenken, daß sie – ob sie es nun wollte oder nicht – diese lang aufgeschobene Leidenschaft mit ihm teilen mußte. Eine Zeitlang nahm er noch wahr, daß sie weinte; aber sein Lustgefühl nahm stetig zu, bis er in einem übermächtigen Rausch rücksichtslos wurde und es ihm gleichgültig war, ob sie diese trotzigen Freuden ebenso stark empfand wie er. Endlich ließ er, schwitzend und zitternd, von ihr ab und erhob sich. Sie hatte die Hände noch immer vors Gesicht geschlagen. Er zog ihr sorgfältig das Kleid herunter, als wolle er sichergehen, daß niemand, der sie auf der Couch liegen sah, erraten konnte, was sich hier abgespielt hatte. Dann trieb es ihn fort.

«Verzeih mir», flüsterte er. «Ich konnte nicht anders.» Er verließ das Haus so hastig, daß er dem Hund, der vor der Tür lag und schlief, versehentlich auf den Schwanz trat. Er blieb einen Augenblick stehen, um ihn zu streicheln, und machte sich dann auf den Weg in die Stadt. Nachdenklich sah er sich noch einmal um, als müsse er ein Geheimnis ergründen, und schüttelte dann den Kopf. Nun war es sinnlos, sich je wieder der Vorstellung hinzugeben, er sei gar nicht der Lump, für den Matt Devlin ihn gehalten hatte. Jetzt, da er die morbide Neugier befriedigt hatte, die ihn seit so vielen Jahren quälte, spürte er eine wohltuende Erleichterung in sich nachklingen, die ihn das Opfer wert dünkte, den letzten winzigen Rest seiner Selbstachtung verloren zu haben.

Sein erster Impuls war, die Stadt zu verlassen, aus dem Grenzland wegzureiten, um mit wachsender Entfernung die Scham zu verlieren. Er machte sich klar, daß er Lisette nicht nur genommen hatte, weil er sie zufällig allein antraf, sondern daß es in Wirklichkeit ein Racheakt gegen Matt Devlin gewesen war. Als er sich zu dieser Erkenntnis durchgerungen hatte, sah er sich als Verbrecher und Feigling, den er von Herzen verabscheute.

Ungläubig schüttelte er den Kopf, als er sich an das erinnerte, was er von ihrem Körper gesehen hatte, und als er daran dachte, wie er sie flüchtig um Verzeihung gebeten hatte, als hätte er ihr nichts Schlimmeres zugefügt, als ihr beim Walzertanzen versehentlich auf den Fuß zu treten.

Er ritt in scharfem Trab, zügelte sein Pferd vor dem halbfertigen Gebäude der *Helena Post* und sprang in wenigen Sätzen die Stufen hinauf.

Homer Grimes, der an seinem Schreibtisch saß, blickte bei diesem stürmischen Auftritt erstaunt und mißtrauisch hoch. Er war sichtlich auf eine Gewalttat gefaßt, denn ein Mann, der mit einem Ausdruck so unbändigen Zorns hereingestürzt kam wie Zack Fletcher, würde sich wohl kaum einfach hinsetzen, um sich in Ruhe zu unterhalten.

Doch Zack fragte ihn tatsächlich nur höflich und liebenswürdig, ob Ralph Mercer im Haus sei und ob er ihn sprechen könne. «Ich weiß etwas über den Mann, der bei Matt Devlin gefunden wurde», fügte er hinzu. Bei diesen Worten sprang Homer Grimes von seinem Stuhl auf und lief eilig die Treppe hoch.

Ralph erwartete ihn auf der obersten Stufe. Zack schüttelte ihm die Hand und stellte überrascht fest, daß er zwar immer noch nicht glauben konnte, dieser Mann sei Lisettes Ehemann, daß er Ralph gegenüber aber weder Haß noch Eifersucht, nicht einmal Schuldbewußtsein empfand. Als er ihm dasselbe berichtete, was er schon Lisette über Gabe Foster und Jim Lowry erzählt hatte, war er noch von einer tiefen, sinnlichen Befriedigung erfüllt. Er wußte, daß er von den Freuden dieses Tages noch lange Zeit würde zehren müssen. Während er mit Mercer sprach, begann er auf einmal, sich um diesen Mann zu bemühen, den er eben gerade geschädigt hatte, der dies aber niemals erfahren würde. Denn Zack meinte bestimmt zu wissen, daß Lisette ihrem Mann nichts sagen, sondern den Vorfall in ihrer beider Interesse als tiefes Geheimnis bewahren würde.

«Ich habe Matt Devlin gut gekannt», sagte er, «und habe ihn immer bewundert.» Er hielt verlüfft inne, weil er merkte, daß er die Wahrheit gesprochen hatte. Dann fuhr er fort: «Ich wollte Ihnen, ehe die Klatscherei anfängt, nur mitteilen, daß er umgebracht wurde, weil er mit einem anderen verwechselt worden ist. Er ist nicht von einem Feind getötet worden. Man sollte verhindern, daß sich die Leute hier fragen, wer Matt Devlin – und aus welchem Grunde – so gehaßt hat, daß er ihn umbrachte.»

«Ganz meine Meinung. Man fragt sich nämlich schon.»

Zack saß vorgebeugt, die Ellbogen auf die Knie gestützt, und musterte Ralph Mercer mit größerer Aufmerksamkeit, als er sie je zuvor einem Mann gewidmet hatte. Aber er fand keine Spur von Mißtrauen in seinem Gesicht, nur Müdigkeit, Benommenheit und Kummer. «Im Augenblick ist der Gedanke, daß sein Tod auf einem Zufall beruht, vielleicht ein bißchen schwerer zu ertragen – für seine Familie, meine ich. Die Leute glauben ja immer, Zufälle könnten vermieden werden. Aber nach einiger Zeit ist diese Erklärung bestimmt tröstlicher für alle, weil sie ihnen wenigstens ein bißchen Frieden gibt.» Er breitete die Hände aus. «Das wäre alles.»

Ralph Mercer dankte ihm und stand auf. «Sie kommen doch morgen vormittag ins Haus? Zehn Uhr?»

Einen Augenblick lang glaubte Zack, es werde ihm unmöglich sein, Matt Devlin noch einmal ins Gesicht zu sehen, doch dann schien es ihm noch weit unmöglicher, wegzubleiben. «Ich komme», sagte er zu Ralph Mercer und verabschiedete sich von ihm – verwundert, daß die hinterhältigsten und ehrlosesten Taten so leicht und bequem auszuführen waren.

Von dem halbfertigen Gebäude der *Helena Post* aus ging Zack zum Rohbau des neuen Büros der Devlin Brothers. Es sollte, wie Homer Grimes in der Zeitung geschrieben hatte, drei Stockwerke haben, feste Steinmauern mit Bleiglasfenstern zur Straße hin, und das eleganteste Bürohaus im ganzen Grenzgebiet werden. Vorerst bestand es jedoch nur aus einem Holzgerüst, das kaum solider aussah als ein Spinngewebe, und Trennwänden aus grob behauenem Stein. Die Tür war geschlossen, nirgends waren Bauarbeiter zu sehen, schwarzer Krepp bedeckte die Fensterrahmen und hing von den Deckenbalken. Während Zack an dem Bauwerk emporstarrte, überfiel ihn das unheimliche Gefühl, als erwarte ihn hier ein mächtiges, unbekanntes Wesen, das jeden Augenblick zu sprechen beginnen könne.

Er schüttelte unwillig den Kopf darüber, daß er sich von Matt Devlins Tod so hatte umwerfen lassen. Als er wenige Augenblicke später jemand seinen Namen nennen hörte, fuhr er herum und stand Lem Finney gegenüber, der ebenfalls mit nachdenklichem, bedrücktem Ausdruck am Haus hochblickte.

Eine Weile standen sie beide stumm da, bis Finney sich unvermittelt an Zack wandte. «Haben Sie Pete gesehen?»

«Nein.»

«Er ist heute morgen von Deer Lodge gekommen. Sieht aus wie der Tod. Matt sieht ganz friedlich aus, jetzt, wo sie ihm das Blut abgewaschen und die Löcher in seinem Fell mit dem Gehrock verdeckt haben. Aber Pete – mein Gott, der sieht aus, als hätten sie ihn auch umgelegt.» Er kaute an seiner Zigarre. «Man kann es überhaupt nicht recht glauben – auch nicht, wenn man ihn im Sarg liegen sieht. Matt Devlin war viel zu lebendig, um einfach so ausgelöscht zu werden. Ohne jeden Grund. Oder ob es vielleicht doch einen gegeben hat?» fügte er fragend hinzu. Dann schwieg er eine Weile und schien daran herumzurätseln, was für ein Grund das wohl gewesen sein könne. «Ich bin heute schon viermal hiergewesen, und immer habe ich das Gefühl, gleich kommt er und unterhält sich mit mir darüber, welches Holz wir für den Confederate Gulch-Claim kaufen sollen.» Wieder schüttelte er ungläubig den Kopf und seufzte.

Zack hatte Lem beobachtet, während er sprach. Jetzt trat er dicht an ihn heran und sagte leise: «Finney, Sie haben eben gesagt, es gäbe vielleicht doch einen Grund. Hoffentlich erzählen Sie das nicht in der ganzen Stadt herum. Ich kenne nämlich Gabe Foster, und ich kenne Lowry, und ich will Ihnen, verdammt noch mal, klarmachen, daß Matt Devlin nur deshalb erschossen worden ist, weil Foster in der Dunkelheit nicht richtig erkennen konnte, wen er vor sich hatte. Ihm war es sowieso gleichgültig, ob er den Falschen umlegte.»

«Ich weiß, ich weiß. Das habe ich auch schon gehört.»

Zack beugte sich zu ihm herab. «Ich warne Sie, Finney – ich möchte nicht hören, daß Sie etwas anderes sagen.» Dabei blickte er ihn drohend an, während Lem überrascht und bestürzt aussah, und schritt eilig davon. Er konnte gar nicht verstehen, weshalb er Lem Finney so angefahren hatte. Schließlich hatte Lem nur das gesagt, was er selber auch dachte. Trotzdem wollte er dafür sorgen, daß nach Matt Devlins Beerdigung auch nicht der geringste Zweifel in den Köpfen der Leute zurückblieb.

Er beachtete weder die Männer, denen er begegnete, noch erwiderte er ihre Grüße. Obgleich er kein Ziel hatte, schritt er schnell und zielbewußt durch die Straßen. Plötzlich hörte er eine Frauenstimme seinen Namen rufen. Er drehte sich um und sah Milly Matches, die ihm von einem geschlossenen Zweisitzer aus zuwinkte. Sie sah so verändert aus in ihrer Verkleidung als Irene Flint, daß es kein Wunder war, wenn keine der Frauen sie erkannt hatte.

«Zack, steig doch mal eine Minute zu mir ein. Ich folge dir schon, seit du mit Lem Finney gesprochen hast.» Er kletterte in den Wagen, sie zog die Zügel an, und sie fuhren aus dem Stadtzentrum heraus. «Ich bin heute schon zweimal an dir vorbeigefahren. Offenbar geht es dir wie mir: Du bist unruhig und weißt nicht, was du anfangen sollst. Ich kann nicht ruhig an einem Fleck bleiben, aber ich weiß ebensowenig, wo zum Teufel ich hingehen und was ich tun soll. Ich bin schon im Haus gewesen. Sie sind alle ganz ruhig, bis auf die Besucher – Himmel, diese Besucher!» Langsam fuhren sie weiter, und nach einer Weile sagte sie: «Du weißt, wie gern ich Matt Devlin gehabt habe. Der Westen, sagt man, mache Männer frei. Das hat man tausendmal gehört, aber du weißt genauso wie ich, daß es eine verdammte Lüge ist. Ich habe mein Leben lang im Grenzland gelebt, und die einzigen Männer, die hier ihre Freiheit finden, sind diejenigen, die genau wissen, warum sie gekommen sind und was sie hier wollen. Alle anderen sind arme Würstchen, die hier nur noch mehr in Verwirrung geraten. Matt Devlin war einer von denen, die sich selber kannten und wußten, was sie hier wollten. Er hat es auch realisiert.» Sie warf ihm einen Blick zu. «Hat er vielleicht darum sterben müssen?»

Zack schlug sich mit der Faust in die Handfläche. «Was, zum Teufel noch mal, willst du damit sagen?»

«Ich weiß es selber nicht. Ich bin nicht sicher, was ich damit sagen will. Ich habe von Foster und Lowry gehört. Vielleicht ist das tatsächlich die richtige Erklärung.»

«Es ist die richtige Erklärung.»

Einige Minuten fuhren sie schweigend weiter, und wieder tauchte vor Zacks Augen Lisettes Bild auf, wie er sie verlassen hatte – reglos und stumm daliegend, die Hände vor das Gesicht geschlagen. Schließlich sagte Irene leise: «Aber Marietta weiß wenigstens, daß sie ihn jetzt nie mehr verlieren kann.»

Zack sprang auf, warf sich nach vorn, riß die Tür auf und landete im Schlamm der Straße, während Irenes Wagen weiterfuhr. Dann stürmte er hügelab zur Hauptstraße, als brauche er den Lärm und das Getriebe geschäftiger Menschen.

Er betrat Troy's Casino, das zwar noch nicht ganz wiederaufgebaut, aber schon wieder voll war von Männern, die Poker und Pharao spielten. Er stellte sich an die Bar, stürzte einen Whisky herunter und genoß die Wirkung des Alkohols, der sich in seinem Magen ausbreitete. Als er sich noch einmal einschenken ließ, sah er, daß Green Troy neben ihm stand und ihn ernst beobachtete.

«Würden Sie wohl nach oben gehen und Nella besuchen? Sie haben doch zur gleichen Zeit dort gewohnt wie sie. Vielleicht hilft es ihr ein wenig, wenn sie mit Ihnen spricht. Ich dachte, sie hätte längst alles vergessen, aber als dies jetzt passierte, ist sie vollkommen zusammengebrochen.» Zu Zacks Erstaunen klopfte ihm Troy freundschaftlich auf die Schulter. Es war die erste vertrauliche Geste, die er jemals an diesem Mann gesehen hatte. «Ich glaube, es hat uns alle erschüttert.»

Zack trank sein zweites Glas leer und ging dann durch die Tür, die Troy ihm gezeigt hatte. Er fühlte sich unbehaglich bei dem Gedanken, daß er eine hysterische Frau beruhigen sollte. Ein schmaler, dunkler

Korridor und eine Treppe führten ins Nachbarhaus, zu Nola Malachys Tivoli. Auch dieses Haus war noch nicht fertig. Die Wände waren mit feuchtem Gips verstrichen, und überall im Flur standen Möbel, Spiegel und Bilder herum. Er hatte so manche Nacht in dem zerstörten Gebäude verbracht, aber in dem neuen war er noch nicht gewesen. Er warf vorsichtige Blicke durch offene Türen und hoffte, jemand zu treffen, der ihm sagen konnte, wo Mrs. Malachy zu finden war.

In einem Zimmer entdeckte er ein schlafendes Mädchen, und als er sie ansah, erwachte sie, und er erkannte in ihr ein Mädchen, daß er schon oft besucht hatte. Sie machte ein ablehnendes Gesicht, um anzudeuten, daß es noch zu früh sei und ihre Arbeitszeit noch nicht begonnen habe. Als er sie nach dem Weg fragte, hob sie träge den nackten Arm und zeigte stumm zum Ende des Ganges. Dann gähnte sie ausgiebig und zog sich die Decke über den Kopf.

Er klopfte und öffnete, als keine Antwort kam, einfach die Tür. Niemand außer Green Troy hatte Zugang zu Nellas Wohnung. Sie residierte in ihrem Salon mit reservierter Gelassenheit, als sei sie die Vorsteherin eines Mädchenpensionates.

Sie stand in einem grünen Hausmantel mit gelöstem Haar am Fenster. Ihr Anblick erinnerte ihn an das Picknick an jenem Sonntagnachmittag, der jetzt in grauer Vorzeit zu liegen schien. Als er hereinkam, drehte sie sich langsam um und sah ihn aus den Augenwinkeln an. Sie machte auf ihn den Eindruck eines kleinen Mädchens, dem man sehr weh getan hat. Ihr Gesicht schien zu Stein erstarrt, und ihre Augen und Lippen waren dick geschwollen. Als sie ihn sah, begannen die Tränen wieder zu fließen, aber sie schien es nicht zu bemerken. Nach einer Weile sagte sie so leise, daß er näher herantreten mußte: «Jenny Danforth ist schuld an allem, was geschehen ist.»

«Du hast kein Recht, so etwas zu sagen, Nella.»

«O doch, das habe ich! Diese furchtbare Frau! Warum ist sie nicht an seiner Stelle gestorben? Sie hätte den Tod verdient!» Sie sprach sehr leise, aber mit einem so brennenden Haß, daß er schwieg und sie nur bekümmert und hilflos betrachtete. «Weißt du, woran ich immerzu denken muß?» Sie kreuzte die Arme, umfaßte ihre eigenen Schultern und schauderte. «An diese Uhr, diese verdammte Uhr!» Vorwurfsvoll blickte sie auf. «Ob sie die immer noch haben?»

Als er am folgenden Morgen das Haus betrat, suchte er zuerst die Uhr. Hastig ging er durch den Salon und warf nur einen flüchtigen Blick auf den schwarzen Sarg mit den Silbergriffen – es war ein Sarg, wie er einem Mann von Matt Devlins Position in dieser Stadt zukam.

Überall standen Töpfe mit immergrünen Pflanzen, lagen Kreuze und Kränze aus Efeu mit schwarzem Krepp, und in einer Vase auf dem Kamin stand ein Blumenstrauß aus Flieder, Rosen und Orangenblüten – Blumen also, die sonst zu dieser Jahreszeit nicht blühten. Er staunte darüber, bis er erkannte, daß es nur die Wachsblumen aus Jennys Eßzimmer waren.

Gewissenhaft setzte er die Suche nach der Uhr fort, denn er hatte inzwischen das Gefühl, er müsse sie unbedingt sehen und durch seinen starken Willen den Zauberbann brechen, den sie auf Nella ausübte. Zuletzt fand er sie in der Küche, auf einem Regal über dem Spülstein, zwischen Kupferpfannen und Kochbüchern. Er las das Motto *Jede Stunde verwundet, die letzte tötet* und dachte so intensiv über den Sinn dieser Worte nach, daß er fast vergaß, warum er in dieses Haus gekommen war. Auf einmal machte er kehrt, ging ins Wohnzimmer zurück und stellte fest, daß inzwischen die Eskorte der Freimaurer eingetroffen war und die Sargträger schon bereit standen. Er sah sich gefangen in diesem Raum, mit Menschen, zu denen er nicht gehörte – mit Matt Devlins ältesten Freunden und den Mitgliedern seiner Familie.

Pete und Jonathan standen mit dem Rücken zu ihm neben dem Sarg, und die beiden jüngeren Söhne Robert und Douglas sahen so benommen und verloren aus, als hätten sie noch gar nicht begriffen, daß ihr Vater wirklich tot war. Zack schob sich vorsichtig durch das Zimmer, um möglichst unbemerkt, und ohne Matt noch einmal angesehen zu haben, hinauszukommen. Auf halbem Wege entdeckte ihn Ralph Mercer, und er hielt inne in seiner Flucht, fühlte sich albern und dumm. Mißtrauisch blickte er Lisettes Ehemann entgegen.

«Fletcher, ich möchte Ihnen nochmals im Namen der Familie danken, Mrs. Devlin hat mich gebeten, Ihnen das zu sagen.»

Zacks Gesicht wurde eiskalt und feucht, als müsse er sich gleich übergeben. Er nickte brüsk, begann aber wieder, sich zur Tür hinzuschieben. Auf einmal fürchtete er, Mercer könne bemerken, wie große Angst er vor Matt Devlin hatte. Da schritt er entschlossen auf die Gruppe der Männer zu, die um den Sarg standen, wartete, bis einer ihm Platz machte, und starrte einen Augenblick auf die Gestalt, die mit feierlich ernstem Ausdruck dalag, so fremd jetzt, daß er es kaum fassen konnte, daß dieser Tote tatsächlich der Mann war, den noch einmal zu sehen er so gefürchtet hatte.

An der Tür drehte er sich um, weil Marietta, Jenny und Lisette das Zimmer betraten und sich dem Sarg näherten. Aber ihre Gesichter und Körper waren unter dichten schwarzen Schleiern verborgen, so daß er sie nur an ihrer unterschiedlichen Größe erkannte. Er blieb wie festgenagelt stehen, hilflos gebannt von ihrem Anblick, bedrückt von ihrem Schweigen, bis Marietta die künstlichen Blumen aus der Vase nahm und sie in den Sarg legte. Da floh Zack Fletcher aus dem Haus, versteckte sich hinten in der Menge, wo weder Lisette noch sonst jemand ihn entdecken konnte, und zog den Kopf ein wenig ein, damit ihn niemand an seinem Haarschopf erkannte.

Als sich der Trauerzug bald darauf zur Kirche in Bewegung setzte, standen unzählige Menschen auf der Straße. Vor der Kirche blieb Zack wiederum hinten stehen und kämpfte mit sich, ob er nicht fliehen sollte. Da winkte Ralph Mercer ihm wieder zu, und verlegen drängte er sich durch die Menschenmenge; einige starrten ihn neugierig an, als wollten sie ergründen, warum Matt Devlins Schwiegersohn ihm so große Aufmerksamkeit erwies. «Tut mir leid, Fletcher, ich dachte, Sie wüßten, daß Sie eingeladen waren, an der Trauerfeier teilzunehmen.» Zack nickte ernst und folgte ihm in die Kirche, wo ihm zu seiner Erleichterung ein Platz ganz hinten zugeteilt wurde. Denn er glaubte nicht, daß er es geschafft hätte, den Gang bis nach vorn zu durchschreiten, wo ihn Lisette sehen konnte.

Der Innenraum der Kirche war voll und sehr heiß. Als der Chor zu singen begann, wurde Zack von furchtbarer Panik ergriffen. Er schwitzte und konnte sich nur durch äußerste Willensanspannung dazu zwingen, still sitzenzubleiben. Er hörte die Frauen weinen, das hysterische Schluchzen eines Kindes, und einmal drehte er sich um und blickte wild um sich, weil er zur Tür hinausstürzen und sich in Sicherheit bringen wollte, solange es noch Zeit war. Denn er hatte die Vorstellung, er selber werde aus grausiger Ironie lebendig begraben werden, während Matt Devlin aufstehen, ihnen allen sarkastisch zulächeln, sich für die Aufregung, die er ihnen bereitet hatte, entschuldigen und davongehen würde, höchst zufrieden mit diesem kleinen Scherz auf ihrer aller Kosten.

Sekundenlang war er fest überzeugt, daß dies im nächsten Augenblick geschehen werde. Er saß starr aufgerichtet und blickte mit so großer Konzentration zum Sarg hinüber, daß er unwillkürlich zusammenzuckte, als Reverend Obadiah Bream mit mächtiger Stimme rief: «Matthew Devlin ist tot!» Er senkte den Kopf und starrte auf seine Hände, die er auf die Knie gelegt hatte. «An dieser Stelle, da wir alle noch unter dem Schock dieser furchtbaren Nachricht stehen, möchte ich sagen, daß wir in ihm einen Mann verloren haben, der von uns allen hoch geehrt und geachtet ...»

Jetzt blickte Zack mit zusammengekniffenen Augen auf und musterte vorwurfsvoll Reverend Bream, der Matt Devlins Tugenden zu beschreiben begann; er war so hilflos erzürnt über die Rede, die in seinen Augen fast eine Beleidigung des Toten darstellte, daß er sich zwang, nicht zuzuhören, und mit voller Absicht begann – vielleicht aus Trotz gegen diese erbärmlichen Versuche, einen Mann und sein Leben umzumodeln zu einem simpleren Muster, das weniger rätselvoll und erschreckend war –, an Lisette zu denken, wie sie stumm und reglos unter ihm gelegen hatte; und er war so vertieft in seine Gedanken an die eigene Wollust und den Lohn, den sie ihm eingebracht hatte, daß Reverend Bream ihn abermals aufschreckte.

«Und nun wollen wir ihm zum Abschied sagen: Ruhe in Frieden!»

Orgelmusik rauschte auf, und Zack erhob sich mit den anderen, um sich wieder einmal einzureihen in die langsam vorrückende Menschenschlange, machte diesmal jedoch die Augen zu, als er am Sarg vorüberkam. Er wagte nicht zur Seite zu blicken, aus Angst, Lisette ins Gesicht zu sehen, sondern hielt den Kopf gesenkt, bis er endlich draußen war und seinen Platz am Ende des Trauerzugs einnahm, der sich in gemessenem Tempo auf den Weg zum Friedhof machte.

Als sie sich dem Stadtzentrum näherten, bemerkte er, daß viele Läden und Büros geschlossen, daß Türen und Fenster schwarz verhängt waren und die Männer auf den Gehsteigen ihnen mit gesammelten, ernsten Gesichtern, den Hut vor der Brust, nachsahen. Eine Frau begann zu weinen, in einem unheimlich klagenden Ton, und Kinder blieben stirnrunzelnd stehen, genau wie damals, beim Anblick der toten Straßenräuber. Während der Zeitspanne, die sie brauchten, um die Stadt zu durchqueren, blieb alles still und reglos im Ort. Zack entdeckte auch die alte Hökerin, Mrs. Honeybone, mit ihrem grünschillernden schwarzen Umhang; sie starrte ihnen feierlich nach, und bei ihrem Anblick überlief ihn ein abergläubisches Frösteln, als sei dies ein nachträgliches böses Omen.

Als er auf dem Friedhof absaß und sich der Grabstelle näherte, sah er, daß die Freimaurerzeremonien schon begonnen hatten, der Sarg in die Erde gesenkt wurde und jeder Freimaurer vortrat und einen Zweig Immergrün hinabwarf. Marietta stand neben Lisette, Annabel und ihren drei Söhnen, und als sie lautlos zusammenbrach und vornübersank, fing Pete sie in seinen Armen auf. Reverend Breams dröhnende Stimme hallte weit über den Friedhof hin, als er sprach: «Asche zu Asche, Staub zu Staub, und die Seele dem Herrn, der sie gegeben hat!»

46

Joshua hatte seit dem Börsenkrach am 18. September sein Büro fast eine ganze Woche lang nicht verlassen. Er saß über den Zahlenkolonnen seines geheimnisvollen Buchhaltungssystems, das niemand außer ihm durchschauen konnte. Auf seinem Schreibtisch türmten sich Zeitungen mit Berichten über geschlossene Banken, stillgelegte Fabriken, Bankrott-Erklärungen von Firmen, die man für gesund gehalten hatte, und überall stieß er auf Namen von Freunden, Feinden und Bekannten, die ruiniert waren.

Das Schicksal anderer erschreckte Joshua zwar manchmal, aber erschüttern konnte es ihn nicht. Er glaubte immer noch, daß so etwas nur unvorsichtigen, dummen oder glücklosen Männern zustieß, und für diese drei Kategorien hatte er nichts übrig als Verachtung.

Als er übersah, was er bei diesem Zusammenbruch alles verloren hatte, und als er an die beiden Häuser dachte, die er auf den von Philip zurückeroberten Grundstücken hatte bauen wollen, fand er nicht einmal Trost in dem Gedanken, daß er vor weniger als zehn Jahren – wie die meisten Spekulanten – glücklich über eine halbe Million Dollar gewesen wäre und dann sofort aufgehört hätte zu spekulieren. Eigentlich betrachtete Joshua sich gar nicht mehr als Spekulanten, sondern als einen Mann, der sich zu einem höheren Wesen entwickelt hatte – zu einem Investor. Trotzdem blieb ihm das Spekulieren im Blut, eine unerquickliche Mahnung an das, was er einmal gewesen war, eine Leidenschaft, die wuchs und wuchs, bis sie zuletzt brennender wurde als die Wut, verzehrender als die Liebe.

Die Liebe war der erste Luxus, den er sich abgewöhnen wollte. Als er in seinem Büro saß und Zahlenkolonnen durchstrich, stöhnte er manchmal vor Wut, sprang auf und lief erregt hin und her. Am sechsten Tag nach der Schließung der Börse verließ er abends um zehn Uhr erschöpft sein Büro. Sein Zorn konzentrierte sich auf Rose Michel, und er wollte sofort in den Norden Manhattans fahren, der ihm im Augenblick wie ein fremdes, fast imaginäres Land erschien, und ihr sagen, daß er sein Geld von nun an für wichtigere Dinge brauche. Seine Verluste beim Börsenkrach rechtfertigten diesen Entschluß; denn die Miete des Hauses, die Gehälter für die Bediensteten und für Mrs. Stump, Roses Kleidung, der Wagen und die Möbel hatten ihn in den letzten sieben Jahren über 10 000 Dollar pro Jahr gekostet. Er war entsetzt bei dem Gedanken, daß er eine solche Summe für ein Mädchen aufgewendet hatte, das er ursprünglich nicht länger als ein, zwei Jahre aushalten wollte.

Die Straßen des Bankviertels waren, wie gewöhnlich um diese Stunde, fast menschenleer. Aber in vielen Fenstern brannte noch Licht, und man sah, wie Männer unruhig in den Räumen auf und ab gingen oder still am Fenster standen, wo sie sich als dunkle Silhouetten hinter den Scheiben abzeichneten. An der Ecke Broadway und Houston Street geriet er in eine lärmende, fröhliche Menge, die ihn davon überzeugte, daß in dieser Stadt auch noch Menschen lebten, die nicht von der Katastrophe an der Börse betroffen waren.

Joshua wunderte sich oft, daß es so viele Narren in der Welt gab, die sich unbekümmert vergnügten, ohne überhaupt wahrzunehmen, was um sie herum vorging und was weiter geschehen würde, Wochen, Monate, wahrscheinlich Jahre hindurch, Dinge, die jeden einzelnen von ihnen ins Unglück stürzen konnten. Solche Menschen kamen ihm so kindlich vor wie sein vierjähriger Sohn Eugene.

Erst als der Wagen in die West Twenty-first Street einbog, wurde es wieder stiller und dunkler. Viele Häuser waren unbeleuchtet, und auf der Straße war kein Mensch zu sehen. Schon normalerweise ging niemand gern bei Nacht durch die Wohnstraßen, viel weniger noch jetzt, da der Tweed-Ring in Ungnade gefallen war und viele seiner Mitglieder, die für die Stadt gearbeitet hatten, zu ihren ursprünglichen Beschäftigungen – Einbruch, Überfälle, Geldschrankknacken und Diebstahl – zurückgekehrt waren.

Der Wagen hielt vor Rose Michels Haus. Alles war dunkel; die Blumenkästen vor den Fenstern der unteren Stockwerke quollen über von rosa und purpurnen Petunien und roten Geranien. Auf diese Verschönerung war Rose außerordentlich stolz, aber Joshua zweifelte nicht daran, daß sie auch nach ihrem Auszug aus diesem Haus Dinge finden würde, die ihr ebensoviel Freude bereiteten. Er betrat das Haus mit dem festen Entschluß, sich keinesfalls durch einen von Roses beliebten Tricks von seiner Entscheidung abbringen zu lassen.

Er fand die Tür zum Wohnzimmer offen, obgleich er ihr mehrmals eingeschärft hatte, sich einzuschließen, wenn sie allein war. Leise ging er in ihr Schlafzimmer, blieb einen Augenblick an ihrem Bett stehen und blickte beim schwachen Schein eines in Öl schwimmenden Dochtes auf die schlafende Rose hinab. Er nahm sich vor, sehr freundlich, aber sehr fest zu sein, fühlte aber bereits eine recht beunruhigende Rührung, als er sah, daß sie sich braune Papierstreifen auf Schläfen und Mundwinkel geklebt und weiße, geölte Baumwollhandschuhe über die Hände gezogen hatte.

Er riß ein Streichholz an, hielt es an die Wandleuchter und sagte mit strenger, deutlicher Stimme: «Rose, wach auf! Ich habe mit dir zu reden.» Rose schrak hoch, riß sich die braunen Papierdreiecke vom Gesicht, streifte die Handschuhe ab und versteckte sie unter dem Kopfkissen. Dann wischte sie sich die öligen Hände am Nachthemd ab und richtete sich auf.

«Ach», sagte sie erleichtert und rieb sich gähnend die Augen, «ich bin so froh, daß du da bist. Ich habe die ganze Woche furchtbar geträumt.»

Sie schwang die Beine aus dem Bett, nachdem sie zuvor verstohlen ein Paar geölte Baumwoll-Bettschuhe ausgezogen hatte, und tippte dem vergoldeten Buddha auf ihrem Nachttisch auf den Kopf. Er fing behäbig an zu nicken, und sie beobachtete ihn eine Weile geheimnisvoll lächelnd. Dann wandte sie ihre Aufmerksamkeit jedoch Joshua zu. Mit leisem Bedauern sah er sie an. Es war schade, daß er sie sich nicht mehr leisten konnte, denn sie war die einzige Frau, die auch an Kleinigkeiten Freude hatte.

«Du siehst so ernst aus, Joshua», sagte sie leise. «Ist es sehr schlimm? Nein, du brauchst nichts zu sagen, ich weiß, daß es schlimm ist.» Sie ging zu ihm, fiel vor ihm auf die Knie und sah ihn mit einem unterwürfigen und zugleich bewundernden Blick an, der ihn an den Gesichtsausdruck von Bettelkindern oder an einen um Zärtlichkeit oder Futter bettelnden Hund erinnerte. Sie nahm seine Hand, streichelte sie sanft und legte sie dann an ihre Wange. Widerwillig spürte Joshua, daß irgend etwas in ihm, das starr und verkrampft gewesen war, schmolz und wie seine Brust und sein Magen frei wurden. «Ich bin sofort, als ich es hörte, zu meiner Wahrsagerin gegangen. Sie hat mir gesagt, es sei schlimm – sehr schlimm. Und es soll noch schlimmer werden.» Sie warf ihm einen fragenden Blick zu und beobachtete ihn, während er begann, im Zimmer auf und ab zu gehen, mit sorgenvoller, zärtlicher Miene.

«Dein Geld ist in Sicherheit», erklärte er ernst. Sie hatte ihm ihren Anteil an den Pokergewinnen anvertraut, die sie und Tessie manchmal von den Gästen bekamen, und ihn gebeten, das Geld für sie anzulegen. Vor wenigen Monaten hatte er ihre Aktien vom Markt zurückgezogen, so daß sie wenigstens etwas hatte, falls er nicht mehr in der Lage war, für sie und Eugene zu sorgen, oder es nicht mehr wollte. «Du hast 22 000 Dollar in deinem Safe.» Er lächelte verkniffen. «Ein ganz hübsches Vermögen, würde ich sagen.»

«O ja», flüsterte sie. «Danke.» Ihr Blick war wachsam geworden, in ihren Augen stand Angst. Offensichtlich wußte sie schon, was er ihr sagen wollte. «Wie schön, daß du daran gedacht hast. Ich hatte schon gefürchtet, du könntest es vergessen.»

«Natürlich nicht», versicherte er ihr. «Ich weiß doch, wieviel das Geld für dich bedeutet. Du könntest mehrere Jahre lang bequem davon leben, nicht wahr?»

Sie starrte ihn immer noch an. «Ich weiß nicht», murmelte sie, schloß die Augen und schüttelte langsam den Kopf.

Nun war er wieder fest entschlossen, sich nicht mehr von ihr ablenken zu lassen. Er richtete sich zu seiner vollen Größe auf, stand mit gespreizten Beinen da und kreuzte die Arme über der Brust. «Natürlich könntest du das», bestimmte er knapp. «Vielleicht nicht in New York. Da kann man nur leben, wenn man sehr reich ist. Leute aus dem Mittelstand können sich das nicht leisten. Ich würde dir selbstverständlich noch etwas dazugeben. Ich möchte nicht kleinlich sein.»

Daraufhin sah er sprachlos und bestürzt, wie sie zu Boden glitt und mit weit offenen Augen und starrem Blick auf der Seite liegen blieb. Sie war nicht ohnmächtig. Er hatte diese Reaktion schon manchmal bei ihr erlebt, wenn Eugene krank war oder sie sich von irgend etwas überfordert fühlte. Dann suchte sie Zuflucht in dieser animalischen Hilflosigkeit, legte sich einfach hin und wurde völlig willenlos. Er wußte, daß sie so reglos und stumm liegen bleiben würde, bis er sie durch Überredung oder auch mit Drohungen so weit brachte, daß sie ins Leben zurückkehrte, sich ihren Problemen stellte und sich vernünftig mit ihm darüber unterhielt. Er ging wieder hin und her und redete, gestikulierte sogar mit den Händen, was er selten tat, weil er diese Angewohnheit verachtete und eines natürlichen Aristokraten für unwürdig hielt, aber Rose behielt ihren starren Blick und schien seine Argumente nicht zu hören. Während des Vortrags erwärmte er sich sogar selber für seinen Fall. Er sah sich als Mann mit außergewöhnlichen Belastungen und Verantwortlichkeiten, bedrängt von zahllosen Leuten mit immer größeren Ansprüchen. Dann malte er Roses Zukunft in leuchtenden Farben aus, beschrieb den Frieden und die Ruhe, die sie außerhalb der Stadt finden werde, meinte, es werde sich bestimmt ein junger Mann finden, der ihr einen Heiratsantrag machte, und als er innehielt und sie anblickte, schien es ihm, als habe er mit diesen Worten endlich Erfolg und brauche nur noch den Mietvertrag für dieses Haus zu kündigen und zu gehen.

«Mich würde doch niemand heiraten», sagte sie schließlich.

«Aber natürlich, Rose.»

«Eine Dirne ändert sich nicht. Mir würde niemand trauen. Du traust mir ja auch nicht.» Ihre Stimme war leise und ausdruckslos.

«Natürlich traue ich dir», verteidigte er sich. «Ich möchte wirklich, daß du jetzt aufstehst, Rose.»

«Ich kann nicht.»

«Das ist doch unsinnig», erklärte er und hatte das Gefühl, sie habe nun doch erreicht, daß er wie ein Narr dastand. «Ich sage es dir zum letztenmal, Rose, wenn du mit diesem Unsinn nicht augenblicklich aufhörst, gehe ich, und du siehst mich nie wieder!»

«Du gehst ja doch – ganz gleich, was ich mache.»

Er trat ans Fenster, weil ihm im Augenblick keine Entgegnung einfiel. Plötzlich hatte er eine alberne Vision von Möbelpackern, die Sessel und Lampen aus dem Haus trugen, sah, wie die Köchin, das Dienstmädchen und Mrs. Stump ihre Hüte aufsetzten, die Mäntel anzogen und verschwanden und wie als letzte Rose, zusammengebündelt wie ein lebloser Körper, aus dem Haus getragen wurde – zu irgendeinem neuen Bestimmungsort, den er sich selber nicht recht vorstellen konnte.

Abermals trat er zu ihr, entschlossen, sie dazu zu bringen, ihre Mitschuld an seinen Schwierigkeiten zuzugeben und ihm anzubieten, aus Liebe zu ihm freiwillig zu gehen. «Du mußt mir glauben, meine Liebe, daß dies keine willkürliche Entscheidung ist und daß sie mir keineswegs leichtfällt», begann er in einem Ton, der beinahe sanft klang. Als er jedoch an die vielen Schecks dachte, die er ausstellen mußte, und an das Durcheinander in der Wall Street, wurde seine Stimme laut und ärgerlich. «Aber unter diesen Umständen kann ich, verdammt noch mal, nicht drei Haushalte finanzieren. Verstehst du das nicht? Das ganze Land ist zum Teufel gegangen: Banken haben geschlossen, Eisenbahnen kommen unter Konkursverwaltung, viele Männer haben schon ihre Arbeit verloren, und Millionen werden sie noch verlieren.» An dieser Stelle wimmerte sie schwach, als spüre sie die Auswirkungen schon an sich selber. «Und dies ist erst der Anfang. Es wird jahrelang so weitergehen. Ich kann nicht mehr für dich sorgen, Rose, und das ist, bei Gott, mein letztes Wort!»

Da richtete sie sich auf und fragte mit leiser, zärtlicher Stimme: «Hast du sehr viel verloren, Joshua?»

Er drehte sich um, damit er sie nicht ansehen mußte. «Ich weiß es noch nicht. Niemand weiß etwas Genaues. Solange die Börse geschlossen ist, besteht noch Hoffnung, daß einige Männer in der Lage sein werden, ihre Positionen zu halten und ein noch größeres Desaster zu verhüten. Aber es ist unermeßlicher Schaden angerichtet worden, der sich auf uns alle auswirkt.» Wieder drehte er sich zu ihr. «Auf dich ebenso wie auf die anderen.»

Sie war aufgestanden und sah mit hängenden Armen zu Boden. «Das habe ich erwartet. Ich ahnte, daß es eines Tages so kommen würde. Tessie hat doch recht gehabt. Sie wird mich schön auslachen.»

«Was macht es schon, wenn diese Schlampe dich auslacht?»

Er beobachtete sie genau. Er glaubte sich zwar seit langem immun gegen die Klagen der Frauen und war überzeugt, sie seien selber schuld an ihren Schwierigkeiten, aber als er Rose so hilflos vor sich sah und versuchte, sich vorzustellen, wohin sie gehen, wie sie wohl leben und was aus dem kleinen Jungen werden mochte, da fühlte er eine beunruhigende Fürsorglichkeit und Teilnahme in sich aufsteigen.

«Tessie ist meine einzige Freundin», sagte sie leise.

«Du wirst andere Freunde finden. Rose, um Himmels willen, mach nicht so ein Gesicht, als wäre dies das Ende deines Lebens. Du bist jung und schön, vergiß das nicht.»

«Ich bin nicht mehr jung, Joshua. Ich bin fast fünfundzwanzig.» Sie lächelte weise, tippte abermals dem Buddha auf den Kopf und sah zu, wie er nickte. «Was soll ich Eugene sagen?»

«Sag ihm einfach», schlug Joshua vor, «daß du aufs Land ziehst, damit er auf der Wiese und in der frischen Luft spielen kann.»

«Das wird er nicht wollen. Er ist gern in der Stadt und hat überall in der Nachbarschaft Freunde gefunden.»

«Zwinge mich nicht, mich auch noch um diese Dinge zu kümmern, Rose. Ich habe dir mitgeteilt, was getan werden muß. Die Einzelheiten werden wir noch besprechen.»

Sie nickte und sagte nach einer Pause: «Du bist müde, Joshua. Möchtest du nicht ein bißchen schlafen?»

Er warf ihr einen mißtrauischen Blick zu. Sie sollte ja nicht glauben, daß es ihr gelingen werde, ihn im Bett umzustimmen. Aber sie hatte recht – er war tatsächlich müde. Ihm taten alle Knochen weh, und seine Beine und Arme waren schwer wie Blei. Er fühlte sich, als sei er vergiftet, und glaubte plötzlich, das Bett nicht mehr erreichen zu können, sondern hier, wo er stand, zusammenzubrechen.

«Ich glaube, ich schlafe wirklich erst mal ein paar Stunden», erklärte er ärgerlich, und während er sich auszog, machte sie ihm das Bett zurecht.

Er fiel wie ein Toter in die Kissen und hatte das Gefühl, sein Körper werde durch die Matratzen und weiter durch den Fußboden sinken. Undeutlich nahm er noch wahr, daß Rose auf Zehenspitzen umherschlich, die Wandleuchter löschte und den brennenden Docht auspustete. Dann fiel er in tiefen Schlaf, aus dem er erst wieder erwachte, als er das Rufen der Milchmänner und das Rattern des Bäckerwagens hörte, der frisches Brot für das Frühstück brachte. Er wollte aus dem Bett springen, weil er es sündhaft fand, zu schlafen, während längst eine neue Katastrophe eingetreten sein konnte. Dann sah er Rose, die sich weit aus dem Fenster beugte und einem Lieferanten zuwinkte, und schlief wieder ein.

Um neun Uhr nahm er, beschämt über seine Schwäche, aber viel besserer Laune, das erste Bad seit mehreren Tagen. Als er ins Schlafzimmer zurückkehrte, um sich anzuziehen, stellte er erleichtert fest, daß er wieder wie Joshua Ching aussah. Während er sich das Haar bürstete, kam Rose herein.

Sie trug ein rosafarbenes, geblümtes Baumwollkleid, ihr Haar fiel lose herab, und in den Händen hielt sie ein Tablett, auf dem sie, wie er zufrieden entdeckte, sein Lieblings-Sommerfrühstück angerichtet hatte: Melone, ein kurz durchgebratenes Filet Mignon, pochierte Eier auf Anchovis-Toast und eine Kanne Kaffee. Sie deckte den Tisch am Fenster, legte sorgfältig die drei Morgenzeitungen neben sein Gedeck und nahm, als er schwieg und sofort zu essen und zu lesen begann, ihre Stickerei auf. Diese Beschäftigung hatte sie sich vor kurzem als Zeichen ihrer neuen Bürgerlichkeit zugelegt. Eine halbe Stunde lang sprach keiner von ihnen ein Wort.

Joshua hatte ihr beigebracht, daß sie ihn nicht stören durfte, wenn er nachdachte. Diese Belehrung hatte sie so gewissenhaft befolgt, daß sie sogar jetzt, da sie verängstigt und unglücklich sein mußte, still dasaß und so gelassen und zufrieden an ihrer Stickerei arbeitete, als sei dies ein ganz gewöhnlicher Morgen. Er las eine Zeitung nach der anderen in der Hoffnung, irgend etwas zu finden, das auf eine Entspannung der Lage hindeutete. Als er die Zeitungen gelesen hatte, stellte er überrascht fest, daß ihr Schweigen und ihre Beschäftigung mit der Stickerei, sogar ihr Kleid und das Band, das sie in ihr Haar gebunden hatte, ein ungewolltes, starkes Gefühl von Zärtlichkeit in ihm auslöste. Unwillkürlich dachte er daran, daß sie ihm nicht nur die Freuden geschenkt hatte, die er verlangte, sondern darüber hinaus noch Behaglichkeit und verläßlichen Frieden.

Plötzlich war er ungeduldig, wieder ins Börsenviertel zu kommen. «Es ist spät», erklärte er kurz. «Ich habe verschlafen.» Dabei sah er sie vorwurfsvoll an, als trage sie die Schuld daran. «Auf Wiedersehen.»

«Auf Wiedersehen?» fragte sie.

«Ich bin heute morgen nicht in der Stimmung zu Diskussionen, Rose.»

Er zögerte, küßte sie dann aber doch auf die Wange, setzte den Hut auf und eilte ohne ein weiteres Wort aus dem Haus. Sie lief ihm nach und blieb an der Tür stehen, bis er in den Wagen gestiegen war. Da sagte er sich, es habe wohl doch keine so große Eile, Rose zum Ausziehen aus diesem Haus zu bewegen.

Die Miete war bis einschließlich April bezahlt, und er würde ihr einschärfen, daß sie keine neuen Kleider kaufen dürfe und lernen müsse, die Einkäufe zu kontrollieren, damit die Köchin ihn nicht mehr so leicht betrügen konnte. Er würde ihr klarmachen, daß sie strengste Sparsamkeit einhalten müsse, bis er genau festgestellt hatte, was ihm von seinen Besitztümern geblieben war. Widerwillig mußte er zugeben, daß sie für ihn geworden war, was er niemals erwartet hätte: ein unentbehrlicher Trost. Auch der Kleine war hübsch und aufgeweckt, und Joshua hatte den Eindruck, als zeige der Junge Ansätze der gleichen Energie und hartnäckigen Entschlossenheit, die er selber zu seinen besten Eigenschaften rechnete. Im Grunde war ihm wenig daran gelegen, sich von den beiden zu trennen. Wenn er auch den Gedanken weit von sich wies, Rose Michel zu lieben, wie es manche Narren taten, die sich in ihre Mätressen verliebten, so neigte er jetzt doch zur Monogamie, wie die meisten aktiven, vielbeschäftigten Männer, die nie warten konnten – weder auf eine Frau noch auf einen Untergebenen.

Nach zehn Tagen öffnete die Börse endlich wieder ihre Pforten, und es stellte sich heraus, daß William Talbots Voraussagen eingetroffen waren: Ernsthaften Schaden hatten nur die Männer vermieden, die sich beizeiten vom Markt zurückgezogen und ihr Kapital in Sicherheit gebracht hatten. So waren sie jetzt in der Lage, ihren weniger weitblickenden Freunden zu helfen, indem sie deren Firmen unter ihre Kontrolle brachten. Die drei Millionen Dollar, die Joshua noch besaß, schienen ihm die größten und besten Möglichkeiten zu eröffnen, und er bedauerte nur, nicht über die Reserven von Talbot oder Cottrell zu verfügen, die beide sofort begannen, günstige Käufe an Immobilien und Fabriken zu tätigen.

Lorenzo Flagg jedoch wurde in Banken und Maklerbüros als toter Mann angesehen, und das stimmte vermutlich, auch wenn Flagg jedesmal, wenn der Vorstand der Corporate Engineers zusammentrat, eifrig versicherte, daß er in ein bis zwei Wochen seine Angelegenheiten ins reine gebracht haben werde. Aber das beteuerte er noch, als bereits der Winter vor der Tür stand.

Vor langer Zeit schon hatte Joshua eine grundlegende Schwäche in Lorenzo Flagg entdeckt, diese Information aber sorgfältig gehütet, denn eine solche Schwäche konnte möglicherweise noch überwunden werden – es war Lorenzo Flaggs schlechtes Gewissen. Flagg hatte nämlich sein Vermögen erworben, indem er seinen Partner bei einem gemeinsamen Unternehmen in Kalifornien betrog. Unversehens hatte er sich dann selber von einem anderen übers Ohr hauen lassen und taumelte nun in seinen eigenen finanziellen Untergang hinein, wie manche Männer ihren Untergang durch Alkohol, Liebe oder unvorsichtiges Verhalten im Straßenverkehr zu suchen schienen.

Als Joshua das klarwurde, hatte er blitzartig erkannt, daß sich ihm hier eine besonders günstige Gelegenheit bot. Im Laufe der Jahre hatte Joshua Lorenzo Flagg durch sanfte Überredungskunst in eine prekäre Situation nach der anderen manövriert, und wenn Flagg ihn um Hilfe bat, eifrig beteuert, er werde ihn retten. Aber jedesmal hatte er Flagg schmählich im Stich gelassen.

Als Flagg schließlich seine Partnerschaft an der Corporate Engineers aufgeben mußte, schüttelte Joshua betrübt den Kopf über die Zeitungen, die von dieser Schande berichteten und feststellten, Lorenzo Flagg habe Einfluß und Anhänger verloren und werde nun von allen verachtet. Es sei in der Wall Street wohlbekannt, hieß es zum Schluß, daß die ‹Jungens› Lorenzo Flagg untergekriegt hätten und jetzt auf dem Besiegten noch herumtrampelten. Flagg hatte seine Niederlage stoisch hingenommen, aber geschworen, er werde wiederkommen.

Joshua, der ungerührt das Ende von Flagg, De Groot und anderer mit angesehen hatte, die er weniger gut kannte, beobachtete amüsiert, mit welchem Geschick Hoke O'Neil die Katastrophe überlebte, durch die seine Welt, die Tammany-Welt, vernichtet worden war.

«Es ist verdammt gleichgültig, was passiert», erklärte er Joshua. «Hauptsache, man sieht es kommen.» Er rieb die Fingerspitzen der rechten Hand gegeneinander. «Man muß es rechtzeitig fühlen – man darf sich nicht überrumpeln lassen! Ich habe es lange kommen sehen. Ich wußte schon vor vier Jahren, daß diese Burschen mit ihren Brillanten, Pferden und Sandsteinvillen noch mal ganz schön in der Tinte sitzen würden!» Hoke liebte derartige Aussprüche, und den Villen galt seine besondere Verachtung. Er war immer noch zutiefst davon überzeugt, daß es keinem Iren gelang, sich aus dem Sumpf emporzuarbeiten und andere Menschen über seine Herkunft hinwegzutäuschen.

Als Hokes Boss vor zwei Jahren zum erstenmal vor Gericht gestellt wurde, hatte Hoke noch zu seinen Anhängern gezählt. Er war zu den Verhandlungen gegangen und hatte sich abends mit den anderen Höflingen um seinen gestürzten Chef geschart.

Beim zweiten Prozeß war Hoke auch noch dabei und berichtete Joshua, der Boss habe das alles gründlich satt, aber er glaube nicht, daß ihn das Gericht verurteilen werde. «Aber», sagte Hoke, «da bin ich nicht mehr so sicher. Hoffentlich bleibt er in Kalifornien.» Er blieb nicht, wurde wenige Monate später zum drittenmal vor Gericht gestellt und, wie Hoke versicherte, so unglaublich ungerecht und böswillig behandelt, wie eine Persönlichkeit des öffentlichen Lebens noch nie zuvor behandelt worden war.

«Zweihundert Millionen Dollar», wandte Joshua ein, denn das Defizit war immer größer geworden, «sind eine Menge Geld, besonders, wenn man sie aus dem Stadtsäckel nimmt.» Als diese Zahlen bekannt wurden, hatte Joshua Hoke wütend gefragt, warum dann nicht mehr Geld für die Metropolitan Sand and Gravel Company abgefallen sei. Doch Hoke hatte erwidert, die Zahlen seien übertrieben, und außerdem sei es sinnlos, verpaßten Gelegenheiten nachzuweinen.

Beim letzten Prozeß war der Boss schuldig gesprochen und zu einer Gefängnisstrafe verurteilt worden. Hoke wurde ganz melancholisch, als er die Situation im Gerichtssaal beschrieb: «Schuldig in zweihundertundvier Punkten von zweihundertundzwanzig!» Er schüttelte traurig den Kopf. «Und keiner hat sich gerührt oder etwas gesagt. Alle sind weggegangen und haben ihn da allein sitzen lassen. Armer Teufel!»

Als Joshua Hoke das nächste Mal sah, prangerte Hoke doch tatsächlich empört die Unredlichkeit der letzten Stadtregierung an. «Die hatten, verdammt noch mal, kein Recht, soviel zu stehlen! Unser nächster Mann wird sich in vernünftigen Grenzen halten und dafür sorgen, daß alle anderen das gleiche tun!» Hoke hatte anscheinend das Kunststück fertiggebracht, gleichzeitig der alten und der neuen Regierung Loyalität zu beweisen. Allerdings mochte es noch einige Monate dauern, bis er in der reformierten Tammany Hall den richtigen Platz für sich fand. «Aber ich werde ihn finden, Ching. Ich werde ihn finden, darauf können Sie sich verlassen!»

«Davon bin ich überzeugt, Hoke», versicherte Joshua, war aber viel zu sehr mit eigenen Plänen beschäftigt, um darauf zu achten, wie Hoke das anstellte. Sobald wieder Geld verfügbar war, ließ er sich gemeinsam mit Cottrell und Talbot in zahlreiche diffizile Finanzmanöver ein, durch die sie die in fremde Hände geratenen Aktien der Baltimore-Missouri wieder zusammenholten. Zwar ermahnte er noch alle zur Sparsamkeit, Rose, Suky, Susan und Ceda, aber allmählich wich sein anfänglicher Pessimismus der Überzeugung, daß er noch ganz gut davongekommen war. Er war so mit seinen Manipulationen beschäftigt, daß ihn die Nachricht von Matt Devlins Ermordung, die Anfang April in New York eintraf, kaum näher berührte als der Tod eines völlig Fremden.

Er war ins Hotel gekommen und hatte Susan und Ceda beim Tee gefunden. Der Raum lag im Dämmerlicht, es brannte nur eine Lampe, und Ceda weinte, während Susan stumm neben ihr saß. Das war alles nicht ungewöhnlich, und beinahe wäre er mit einem kurzen Gruß nach oben gegangen, um vor dem Abendessen die Kleider zu wechseln, wenn Susan ihm nicht mit ruhiger, bitterer Stimme von Mariettas Brief berichtet hätte, der am Morgen gekommen war. Joshua blieb stehen, erwog die Nachricht, als wisse er nicht recht, was er damit anfangen solle, und bemerkte, als er sich langsam umwandte, daß Susan ihn mit zynischer Verachtung beobachtete.

«Ich wußte ja, daß eines Tages so etwas passieren würde», sagte er grimmig.

«Wirklich, Joshua?»

«Ich habe versucht, ihnen diese verrückte Idee auszureden. Welcher vernünftige Mann geht schon in den Westen, wenn er auch hier genug Geld verdienen kann?» Er stellte die Frage mit ehrlicher Verständnislosigkeit, genau wie damals, als er sie Pete und Matt Devlin gestellt hatte und keine ihrer Antworten ihn hatte überzeugen können.

«Ich frage mich, Joshua, ob du nicht immer ein bißchen neidisch auf Matt gewesen bist.»

«Was für eine absurde Idee!» Er war gekränkt, daß sie annahm, er könne auf irgend jemand neidisch sein, denn Neid war schließlich ein Zeichen von Unterlegenheit. «Matt und ich haben uns immer gut verstanden.»

Aber wenn er sich auch bemüßigt fühlte, zu versichern, daß er und Matt gute Freunde gewesen seien, so wußte er doch, daß das nicht ganz stimmte. Sie hatten sich zwar nie gestritten, und ihre Kinder waren – mit Samuels und Aarons Kindern – gemeinsam aufgewachsen, aber Joshua hatte immer den Verdacht gehabt, daß weder Matt noch Pete Devlin ihm ganz trauten noch ihn respektierten. Daher konnte er bei dieser Nachricht ein kleines Triumphgefühl nicht unterdrücken, denn sie schien wieder einmal zu beweisen, daß er, Joshua, unüberwindlich war, daß der Tod andere zwar frühzeitig abberief, aber nicht ihn.

«Was ist denn mit seinem Testament?» erkundigte er sich, denn das war die einzige Frage, der sein aufrichtiges Interesse galt. «Oder hat er keines hinterlassen?»

«Doch, Marietta hat Morgan eine Abschrift geschickt. Matt hat es vor über einem Jahr aufgesetzt, aber er hat nie darüber gesprochen. Es wurde in seinem Safe gefunden – als einziges, schreibt Marietta. Er hat alles Morgan vermacht.»

«Morgan?» wiederholte Joshua scharf. «Alles?»

«Mit gewissen Auflagen natürlich. Aber wenn Matts Anteil zu dem kommt, was Morgan selber besitzt, hat Morgan die Mehrheit in der Firma – wenn er auch nicht ohne Petes Einverständnis handeln darf. Außerdem muß er für Marietta, Annabel und die beiden jüngeren Brüder sorgen, aber das hätte er ohnehin getan. Warum bittest du Morgan nicht, daß er es dir selber zeigt, Joshua?» Wiederum schenkte sie ihm jenes sonderbare Lächeln. «Ich kann mich nicht an alle Einzelheiten erinnern.»

«Warum hat Matt seinen Anteil nicht wenigstens zum Teil an Pete übertragen? Die beiden sind schließlich die Gründer der Firma. Das wäre doch viel logischer gewesen.»

«Für Matt anscheinend nicht. Auf jeden Fall ist dein Neffe jetzt Bankier. Im Westen zwar, aber immerhin Bankier.»

«Wie schön für ihn», sinnierte Joshua, fügte aber hastig hinzu: «Ich sprach natürlich nicht von Matts Tod. Ich weiß, wie sehr Morgan an ihm hing.»

«Wirklich?»

Als er Morgan traf, machte Joshua ein betont trauriges Gesicht, während Morgan sich genauso verhielt, wie Matt es nach Joshuas Ansicht gewünscht hätte: Er schwieg, nahm alle Beileidsbezeigungen mit kurzem Nicken entgegen, wirkte eher grimmig als traurig und sprach mit niemandem über den Tod seines Vaters, nicht einmal mit Suky.

«Er hat dir nichts erzählt?» fragte Joshua seine Tochter.

«Gar nichts.» Suky war bleich und teilnahmslos, und immer wieder rannen ihr Tränen über die Wangen, die sie mit den Fingerspitzen wegwischte. Suky hatte, genau wie Susan, Ceda und Felice, Halbtrauer angelegt; sie alle trugen schwarze, mit Jettperlen bestickte Seidenkleider, die ihnen eine geheimnisvolle Würde verliehen und in Joshua düstere Ahnungen erweckten, als sei dies nur die Generalprobe für die Hauptvorstellung – für seinen eigenen Tod. «Jetzt sind die Sommermonate von damals wirklich vorbei», sagte Suky leise. In ihrer Stimme klang so viel Trauer mit, daß Joshua gekränkt war, denn es hatte den Anschein, als habe nur Matt Devlin für sie jene Kindheitsjahre verkörpert.

Er fand es sonderbar, daß sie alle so tief bekümmert waren über den Tod eines Mannes, den sie seit vielen Jahren nicht mehr gesehen hatten und vermutlich nie wieder zu Gesicht bekommen hätten. Er selber nahm sich vor, weiterhin seinen Geschäften nachzugehen und Matt Devlin genau das Maß an Trauer zu widmen, das Matt vermutlich auch ihm gewidmet hätte, wenn er zuerst gestorben wäre.

Von Zeit zu Zeit jedoch schoß ihm der Gedanke durch den Kopf, daß etwas Unheimliches an diesem plötzlichen, endgültigen und zufälligen Dahinscheiden eines Menschen lag, den er lange und gut gekannt hatte. Wäre Matt an einer der üblichen Krankheiten des Westens gestorben, oder an einem der im Westen häufigen Unfälle – Blutvergiftung, Schlangenbiß oder Sturz vom Pferd –, so wäre es nicht weiter beunruhigend gewesen. Aber diesen unerklärlichen Tod durch die Hand eines Unbekannten fand Joshua irritierend und rätselhaft.

Er war neugierig, wie Morgan sich nun verhalten würde, da er durch die Erbschaft zu seines Vaters finanzieller Machtposition aufgestiegen war. Doch als er behutsam vortastete, erklärte ihm Morgan, es werde sich überhaupt nichts ändern. Joshua verlor auch bald das Interesse daran, denn er hatte kaum Zeit genug, sein eigenes Leben zu steuern, geschweige denn, darüber nachzudenken, wie andere das ihre steuerten. Anfang Juni gab ihm eine Bemerkung William Talbots neuen Grund zur Unruhe.

«An deiner Stelle, Joshua, würde ich allmählich nach einem Käufer für die De Grootschen Brennereien Ausschau halten. Die Regierung ist wie ein tollwütiger Hund. Keiner kann sagen, wer als nächster gebissen wird, und ich möchte nicht, daß einer der Gesellschafter der Baltimore-Missouri ins Gefängnis wandert.»

«Unsere Geschäftsberichte waren in Ordnung», erklärte Joshua steif.

«Wenn ein ganzer Industriezweig in einen Skandal verwickelt wird, ist das nicht so leicht nachzuweisen.»

«Ich habe sowieso daran gedacht, zu verkaufen», erwiderte Joshua, denn er schätzte den Gedanken gar nicht, daß er möglicherweise mit einer Untersuchung durch die Regierung zu rechnen habe. «Ich bin der Ansicht, die Brennereien haben ihren Zweck erfüllt.»

«Warte nur nicht zu lange.»

Die De Grootschen Brennereien hatten tatsächlich ihren Zweck erfüllt. Zuerst war es ihm gelungen, die ausländischen Aktionäre abzustoßen, und als er sich so jede Möglichkeit eines Eingreifens von außen vom Hals geschafft hatte, hatte er verbreiten lassen, die Firma selbst sei gesund, nur Milton De Groot sei ein toter Mann. Danach verwässerte er das Aktienkapital um hundert Prozent, was Samuel und Aaron reichlich hoch fanden, und wenige Monate darauf tat er das gleiche noch einmal. Zu Samuels und Aarons Erstaunen gingen die Aktien weiterhin in die Höhe, und Joshua erklärte ihnen in einem seiner seltenen Anfälle von Aufrichtigkeit: «Das ist ein alter Alchimistentrick – aus Wasser Gold machen.»

Bald erwies es sich als notwendig, von den restlichen Aktionären eine so hohe Umlage zu erheben, daß sie sie unmöglich aufbringen konnten. Ihre Anteile verfielen, und die De Grootschen Brennereien sanken so tief, daß sie an eine Treuhandgesellschaft übergingen, deren Vorsitz Joshua Ching innehatte. Seitdem betrachtete Joshua die Firma als eine Art Privatschatzkammer, in die er bisweilen griff, um der Corporate Engineers neues Kapital zuzuführen.

«Ich glaube, ich habe den richtigen Käufer gefunden», berichtete Joshua eines Tages seinem Freund Talbot. Es war Mitte Juli, und sie fuhren zum Bahnhof, um sich von Felice und Morgan zu verabschieden, die nach dem Westen abreisen wollten. Sogar die Sommerferien in Long Branch waren so lange verschoben worden, bis Dr. Montgomery erklärte, jetzt sei Susette, die inzwischen fünf Monate alt war, groß und kräftig genug für die weite Reise nach Westen. Joshua fand, Morgan Devlin habe während der zwei Jahre, die er in New York zugebracht hatte – ob nun absichtlich oder durch eine jener persönlichen Eigenarten, die man von Absicht nicht unterscheiden kann –, das Leben aller Beteiligten weit stärker beeinflußt, als es einem jungen Mann von sechsundzwanzig Jahren eigentlich zukam.

Der Tag war heiß, und die weite Bahnhofshalle aus Glas und Metall war mit Rauch, Dampf und dem scharfen Geruch brennender Kohle und heißen Schmieröls gefüllt. Die gelben Holzwaggons klapperten und ratterten über die Schienen und machten einen solchen Lärm, daß Joshua unmöglich mit Talbot von seinen Plänen sprechen konnte. Vermutlich hätte Talbot auch gar nicht zugehört, denn seine Miene war verschlossen und bitter geworden, als er zusehen mußte, wie Felice Suky zum Abschied küßte und weinte und sie einander mindestens einen Brief pro Woche versprachen. Auf sein Enkelkind aber war Talbot so stolz, als sei es gar nicht Morgan, der der Vater des Kindes war.

Joshua stand etwas abseits und hörte, wie Coral, Suky, Susan, Ceda und Alvita Hallam Felice gute Ratschläge für das Leben in den Bergen mit auf den Weg gaben. Sie dürfe auf keinen Fall vergessen, Susette mit einem Jahr die Augenwimpern zu schneiden, damit sie lang und dicht würden, sie müsse täglich zwei Stunden reiten und jede Woche mindestens drei Bücher lesen, und sie müsse in dem trockenen Klima sorgfältig ihre Haut pflegen.

Dann gab es hastige Küsse und Tränen, das Baby wurde von der Kinderschwester in den Zug getragen, und während Felice noch mit ihrem Vater sprach, trat Morgan auf Suky zu. Joshua war überrascht von dem innigen Ausdruck, der auf Morgans Gesicht erschien, bevor er Suky küßte, und noch überraschter, als er Sukys Blick sah, der gleichzeitig einladend und gekonnt unterwürfig wirkte. Er fragte sich, was hier wohl vorgegangen sein mochte, ohne daß er etwas davon gemerkt hatte.

Dann trat Morgan zurück, Suky gab Felice noch einen Kuß, und Joshua sagte sich, es sei zwecklos, sich mit den Geschehnissen im Leben anderer zu befassen. Ungeduldig wartete er darauf, daß sie endlich abfuhren. Der Zug ruckte an, die Räder knirschten und stöhnten, die kleinen Waggons bebten, als wollten sie gleich auseinanderfallen, und während die anderen noch winkten und gute Wünsche riefen, machten sich Joshua und William Talbot schon auf den Rückweg zur Wall Street. Talbot nahm das Gespräch genau an dem Punkt wieder auf, wo sie es vor einer halben Stunde unterbrochen hatten.

«... ehe ich ein umlaufendes Darlehen von vier Millionen empfehle. Schließlich war Elisha Tibbitts vor knapp zehn Jahren nicht einmal fünfzig Dollar wert.»

«Zwischen zwei und vier Millionen ist die zuverlässigste Schätzung, die ich bekommen konnte.»

«Eine Million mußt du mindestens als Anzahlung verlangen.»

«Ganz recht. Aber es braucht ein bißchen Zeit. Tibbitts ist einer von den Männern, die keinen Fehler machen wollen.»

Während der nächsten Monate verhandelte Joshua weiter mit Elisha Tibbitts, einem Mann, der fast ebenso mißtrauisch war wie er selber. Schließlich war der Handel perfekt. Joshua übergab Elisha Tibbitts die Bücher, die während der Jahre, da die De Grootschen Brennereien unter

Joshuas Verwaltung gestanden hatten, von der Firma Van Zandt & Ching geführt worden waren. Talbot verlangte, daß Tibbitts unverzüglich ein umlaufendes Darlehen von vier Millionen Dollar zurückzahlte, das er der Firma vor einer Woche erst gewährt hatte. Die Nachricht davon verbreitete sich wie ein Lauffeuer, erregte Verwunderung, Neid und bei einigen auch selbstgerechte Mißbilligung. Als wenig später Gerüchte umgingen, daß William Talbot, Joshua Ching und Amos Cottrell während des vergangenen Jahres durch Manipulationen im Kielwasser der Katastrophe fünf Millionen realisiert hatten, war Joshua erfreut, daß es ihm gelungen war, seine Ambitionen in die Praxis umzusetzen, und er jetzt mit dem Bewußtsein im Finanzviertel erscheinen konnte, sein Schritt lasse die Erde beben und sein Blick schleudere Blitze, die andere Männer ins Herz trafen.

Matt Devlin, fand er, mochte die Familie durch das Geheimnisvolle seines Todes erschüttert haben; aber er, Joshua Ching, beabsichtigte, ein anderes Vermächtnis zu hinterlassen.

47

Die vergoldete Uhr mit der Aufschrift *Wir kaufen Gold* hing wieder über dem Gehsteig. Das dreistöckige Haus war aus groben grauen Steinen erbaut, hatte Bleiglasfenster zur Straße und kleine Wachttürme auf dem mit Zinnen verzierten Dach. Dieses Miniaturschlößchen enthielt einen Raum für die Buchhaltung, drei Privatbüros, einen Schalterraum mit einer Eichenbarriere, hinter der vier Angestellte an den Akten arbeiteten, ein Direktorenzimmer im ersten Stock und einen feuersicheren Tresor mit doppelter Stahltür.

Morgan betrat das Haus in aller Heimlichkeit, nachdem er vorsichtig die Straße hinauf- und hinabgeblickt hatte, um sich zu vergewissern, daß niemand ihn hineingehen sah. Als er drinnen umherschlenderte, mit der Hand über den Schaltertisch fuhr, die Landkarten studierte und lächelnd die Büffel- und Widderköpfe betrachtete, die einander böse anstarrten, hatte er das Gefühl, gleich werde die Tür aufgehen, Matt hereinkommen, und sie würden sich hinsetzen und über all die Veränderungen sprechen, die während seiner Abwesenheit im Grenzland stattgefunden hatten.

Er warf einen Blick in die Privatbüros, die im hinteren Teil des Gebäudes lagen. In einem fand er Anzeichen dafür, daß es Pete gehörte, im nächsten hing Jonathans Mantel am Haken, aber an der Tür des dritten blieb er stehen. Hier bestand die Einrichtung nur aus einem Stuhl und einem Schreibtisch. Das Gefühl des Grauens in ihm wuchs, obgleich er jetzt genausowenig davon überzeugt war, daß Matt wirklich tot war, wie in dem Moment, als er Mariettas Brief geöffnet hatte –

oder wie am Vortag, als er allein zum Friedhof gegangen war und auf den kleinen Grashügel hinabgeblickt hatte. Auch Gabe Foster, hatte man ihm gesagt, liege auf diesem Friedhof, aber in einer entlegenen Ecke, als habe man die beiden hindern wollen, ihren Kampf hier noch fortzusetzen.

Auf einmal trieb es ihn aus dem Haus. Er war überrascht und beschämt, daß er sechs Monate nach seines Vaters Tod mehr Angst denn je vor dem Augenblick hatte, sich an diesen Schreibtisch zu setzen und die erste Entscheidung zu treffen. Ganz gleich, ob diese Entscheidung unbedeutend oder wichtig war, ob sie um wenige Dollar oder um viele Tausende ging – er war fest überzeugt, dieser Anforderung nicht gewachsen zu sein. Dabei waren solche Entscheidungen vor noch nicht langer Zeit für ihn simple, tägliche Routine gewesen.

Er verschloß die Tür und machte sich auf den Weg zu Jeremy Flints Büro, obwohl es noch nicht einmal halb acht war. Während der letzten Jahre war Jeremy Flint zu einem der erfolgreichsten Männer des Grenzlandes geworden. Nur Leute mit sehr gutem Gedächtnis erinnerten sich noch daran, daß er vor zehn Jahren im Sommer wie im Winter in einem schwarzen Bärenfellmantel herumgelaufen, häufiger betrunken als nüchtern gewesen und an den Sonntagnachmittagen mit der beliebtesten ‹Madame› des Lagers, mit Milly Matches, in einem offenen Kutschwagen durch die Gegend gefahren war.

Jeremy Flint hatte sich zu einem Spezialisten für das Bergrecht emporgearbeitet und war durch verschiedene Investierungen ein reicher Mann geworden. Häufig reiste er mit seiner Frau monatelang umher, um seinen Besitz in Kalifornien und Nevada zu kontrollieren oder einen Abstecher nach Europa zu machen. Seit langem hatte ihn niemand mehr betrunken gesehen, und sein Bärenfellmantel war einem Gehrock und grauen Hosen gewichen. Wenn er zweimal am Tag, den schwarzen Hut auf dem kahlen Schädel, würdevoll vom Büro nach Hause wanderte, das glattrasierte Gesicht scheinbar unbewegt, die blauen Augen jedoch ständig ein wenig zusammengekniffen, erschreckte seine Erscheinung jeden, der ihm noch Geld schuldete, und entmutigte alle, die ihm gern etwas schulden würden.

Morgan fand Jeremy Flint schon in seinem Büro. Als Morgan hereinkam, wandte Jeremy sich zu ihm, musterte ihn eine Zeitlang kritisch und ging dann mit ausgestreckter Hand auf ihn zu. «Irene hat mir schon gesagt, daß du wieder da bist.» Sie unterhielten sich ein paar Minuten, mieden aber sorgfältig das Thema, das zu besprechen Morgan hergekommen war. Schließlich fragte er geradeheraus, ob Jeremy etwas gegen Matts Testament einzuwenden habe.

«Du wirst wahrscheinlich damit rechnen müssen», erklärte Flint, «daß Lem Finney mit den Bestimmungen nicht einverstanden ist. Er findet, daß du ein bißchen zuviel hast mit deinen neun und Matts sechsundzwanzig Prozent. Und er fürchtet, du würdest dir die Kontrolle sichern, vor allem, wenn man Petes sechsundzwanzig und den gemeinsamen Anteil deiner Brüder, neun Prozent, soweit ich weiß, hinzuzählt. Damit bleiben uns anderen, mir, Mercer und Webb, die aber wahrscheinlich auch für euch stimmen werden, sowie Finney, Hart, Church und Manzoni nur dreißig Prozent. Bei weitem nicht genug, um unsere Interessen zu schützen, falls sich einmal eine ernstliche Meinungsverschiedenheit ergibt.» Dann fügte er hinzu: «Ich weiß, daß Finney diese Bestimmung nicht paßt, denn er hat bereits mit mir darüber gesprochen. Er kann nicht verstehen, warum Matts Anteil nicht mit allen Söhnen und mit Pete geteilt worden ist, und hat mir schon mehrere Vorschläge gemacht, die ihm besser gefallen.»

Jeremy lächelte.

«Warum hat Vater sein Testament so abgefaßt? Hat er dir das gesagt?»

«Ja, das hat er. Aber ich war der Ansicht, das ginge niemanden etwas an außer dir. Matt ist vor ungefähr anderthalb Jahren zu mir gekommen, genauer gesagt, am 23. April. Er kam abends zu mir nach Hause und bat mich, sein Testament aufzusetzen, aber niemandem etwas davon zu sagen, falls es nicht notwendig werde. Er hatte sich alles gründlich überlegt, es ist nichts nachträglich geändert worden. Als Begründung gab er an, daß er Schwierigkeiten mit einem Rancher habe, der sein Darlehen nicht zurückzahlen könne. Dieser Mann hatte ihm verschiedentlich gedroht, ihn umzulegen, wenn Matt versuchen würde, ihm sein Eigentum wegzunehmen. Matt glaubte zwar nicht, daß der Kerl seine Drohung wahrmachen werde, fand es aber doch besser, seine Angelegenheiten vorsorglich zu ordnen. Den Namen dieses Kerls wollte er mir allerdings nicht verraten, und ich glaube, er rechnete auch nicht wirklich damit, nicht mehr jedenfalls, als wir alle mit so etwas rechnen. Ja, und der Grund, den er für diese Aufteilung gab, war folgender.» Morgan lauschte gespannt, denn dieser Grund war für sie alle ein Rätsel gewesen, und vor allem Jonathan fühlte sich zweifellos betrogen. «Er sagte, die Devlin Brothers seien von ihm und Pete gemeinsam aufgebaut worden, und er wolle nicht, daß die Firma wieder auseinanderfalle. Daher war er der Ansicht, daß es am besten sei, seinen Anteil in deine Hände zu legen – mit der Bedingung allerdings, daß alle Entscheidungen in Übereinstimmung mit Pete getroffen werden müßten. Pete selber hat bei dieser Regelung bisher nichts verloren. Natürlich würde es sich auf seine Kinder auswirken, falls er noch welche bekommt, weil er ihnen nur einen kleineren Anteil hinterlassen könnte. Aber dafür ist die Verantwortung jetzt auf eine Person konzentriert.» Er hob den Zeigefinger und deutete auf Morgan. «Auf dich. Eine sehr logische Wahl, finde ich. Gewiß, deine jüngeren Brüder mögen gekränkt sein, aber es ist eben ihr Pech, daß sie später geboren wurden als du!» Er lächelte ein wenig.

«Ich hätte an Matts Stelle genauso gehandelt. Pete hat doch nichts dagegen einzuwenden, oder?»

«Er hat mir gegenüber nichts davon erwähnt.»

Während der Vorstandssitzung am nächsten Tag brachte Lem Finney zwar keine grundsätzlichen Bedenken vor, aber er bedrängte Morgan mit so vielen Fragen, daß dieser schließlich geduldig sagte: «Lem, ich habe keineswegs die Absicht, irgend etwas an unserer Geschäftspolitik zu ändern. Überdies gibt es da eine Klausel, die mir verbietet, eigenmächtig vorzugehen. Also, was bedrückt dich noch?»

Lemuel Finney schien sehr besorgt, daß die Leitung der Firma in den Händen eines Mannes lag, der jünger war als sein eigener Sohn und in dessen Urteilskraft er anscheinend nicht mehr Vertrauen setzte als in die seines Sohnes Jake.

«Das sagst du jetzt, Morgan. Aber angenommen, du wolltest eine Menge Geld in ... sagen wir ... in eine Silbermine investieren. Wie könnten wir dich daran hindern? Silberminen sollen die Menschen oft ziemlich verändern, hört man.»

«Lem», meldete sich Pete, «wenn du deine Aktien verkaufen willst – ich nehme sie mit Vergnügen.»

«Natürlich will ich sie nicht verkaufen. Solange wir hier draußen im Westen leben, sind wir Geschäftspartner gewesen, Pete. Aber die Zeiten sind schlecht. Wir müssen vorsichtig sein.»

«Morgan wird vorsichtig sein», beruhigte ihn Pete. Die anderen blickten entweder abwesend zur Decke, oder sie trommelten ungeduldig mit den Fingern auf der Tischplatte herum und sahen dem Rauch ihrer brennenden Zigarren nach.

«Aber Morgan ist an Silber interessiert», beharrte Lem, und plötzlich lachte Morgan verächtlich auf und stieß ärgerlich seinen Stuhl zur Seite.

«Und du, wie ich gehört habe, ebenfalls, Lem», sagte er drohend.

«So? Bin ich das? Mag sein, ein bißchen vielleicht. Hier und da ergibt sich immer mal eine günstige Gelegenheit. Warum sollte ich die nicht ausnutzen?» Er rieb sich vergnügt lächelnd die Hände.

Morgan starrte ihn an und war drauf und dran, ihn zu fragen, welche günstigen Gelegenheiten sich in den vergangenen zweieinhalb Jahren ergeben hatten, sagte aber nur kurz: «Eine unerschlossene Mine ist niemals eine gute Gelegenheit.»

«Das stimmt, Morgan. Aber es stimmt auch, daß man eine Silbermine nicht erschließen kann, ohne Geld hineinzustecken, und zwar eine Menge Geld.»

«Das Geld, das ich dafür ausgebe, wird bestimmt nicht deines sein, Lem», beruhigte ihn Morgan, als habe er es mit einer Wildkatze zu tun, die er bändigen wollte, ehe sie ihn anfallen konnte.

«Hör mal zu, Morgan, du glaubst doch nicht etwa, daß ich damit sagen wollte ...» Er wandte sich an einen nach dem anderen, sprach von seiner Zuneigung zu Morgan, zu seinem Onkel und seinen Brüdern, von seiner Hochachtung für Matt Devlin und setzte allen umständlich auseinander, er habe niemals beabsichtigt, Morgans Redlichkeit in Zweifel zu ziehen. Endlich löste sich die Versammlung auf, und Morgan brannte darauf, schnellstens nach Butte zu kommen.

Zwei Tage später, um vier Uhr früh, machte er sich mit Douglas auf den Weg. Von Felice verabschiedete er sich im Bett. Er hatte ihr verboten, aufzustehen und mit ihm nach unten zu kommen, denn dies war schließlich die erste der Prüfungen, die er ihr in New York beschrieben hatte. Er war entschlossen, ihr von Anfang an zu zeigen, was es hieß, mit einem Minenbesitzer verheiratet zu sein. Oft hatte er schon mitleidig, aber auch belustigt gedacht, daß Felice für einen tyrannischen Vater nur einen tyrannischen Ehemann eingetauscht hatte. Als er sich von ihr verabschiedete, war seine Miene so finster, als wolle er sie warnen, sich über das Leben, das er ihr zumutete, nicht zu beschweren. «Wirst du auch nicht einsam sein?»

«Natürlich werde ich einsam sein.»

«Aber nicht unglücklich?»

«Doch, das werde ich bestimmt.»

«Wirst du mich dafür hassen?»

«Ich liebe dich, Morgan.» Sie lächelte und strich ihm über das Haar.

Er musterte sie eindringlich, als glaube er ihr nicht ganz. Dann ging er die Treppe hinab zu Douglas, der in der Küche saß, Kaffee trank und vor Ungeduld, endlich fortzukommen, nervös mit den Fingern schnippte.

Douglas war jetzt neunzehn und, seit Morgan ihn zum letztenmal gesehen hatte, ein ganzes Stück gewachsen. Er war stämmig, breitschultrig, hatte dunkelbraunes Haar, und seine frühere Neigung, sich bei jedem Anlaß zu prügeln, war einem aggressiven Ernst gewichen. Er hatte die letzten zwei Jahre damit verbracht, zu den verschiedenen Camps zu reiten, Erz aufzukaufen und Grundstücke zu inspizieren, und hatte am Abend, als Morgan eintraf, verkündet, er sei bereit, sein Geschäftsführer zu werden. «Ich habe 3000 Dollar, die ich in die Firma stecken könnte. Ich kann schießen – und ich bin gut in Arithmetik.» Morgan gab zu, daß das tatsächlich wertvolle Eigenschaften für einen Bergmann seien, und sie hatten sich kräftig die Hände geschüttelt.

Je mehr sie sich Butte näherten, das noch genauso häßlich und wenig verheißungsvoll aussah wie früher, desto erwartungsfroher wurde Morgan. Seine Stimmung steigerte sich allmählich zur Verzückung eines Wahnsinnigen. Diese Erde, die nicht von der sorgenden Hand eines Bauern gehegt, sondern mit Leidenschaft und Gewalt auseinandergesprengt und auf der Suche nach verstecktem Metall durchwühlt, gemartert und zerrissen wurde, besaß in seinen Augen eine Schönheit, die den Zauber tiefgrüner Wälder und stiller, umfriedeter Gärten weit übertraf. Aber gewiß, wer ein solches Zerstörungswerk schön finden wollte, mußte ein Fanatiker sein, und es bestand wenig Hoffnung, daß er Felice eine derartige Barbarei jemals begreiflich machen konnte.

Im Camp lebten, wie sie gehört hatten, im Augenblick etwa dreihundert Menschen. Seit Morgan zum letztenmal hiergewesen war, hatte man ein Hotel erbaut, aber es gab immer noch keine Schule und kein Gemeindehaus. Viele Hütten standen leer, nur wenige Männer waren auf der Straße, und Bruno Favorites Laden war immer noch weit und breit der einzige. Morgan schickte Douglas los, eine Unterkunft für sie zu suchen, irgendeine verlassene Hütte, die nicht zu sehr verfallen war, und ging dann in den Saloon, wo er Bruno hinter der Theke fand. Brunos verdrießlicher Gesichtsausdruck verwandelte sich beim Anblick des alten Kameraden wie durch einen Zaubertrick in ein verklärtes Strahlen. «Devlin!» rief er, und dann leise: «Ich hab von deinem alten Herrn gehört. Verdammt schade!» Er hob die Hand und legte sie Morgan auf die Schulter. «Zum Teufel noch mal, wie geht's dir, mein Sohn?»

Er holte eine Flasche und zwei Gläser, und dann fingen sie an, wie in alten Zeiten über die Vergangenheit zu sprechen, trauriger und fröhlicher Ereignisse zu gedenken, nach alten Freunden zu fragen, auf das Andenken derer zu trinken, die inzwischen tot waren oder tot gesagt wurden.

Morgan senkte die Stimme, warf einen argwöhnischen Blick zu den vier Pokerspielern hinüber und fragte: «Hast du meine Briefe bekommen?»

«Hab ich.» Unvermittelt verzog sich Brunos Gesicht zu einer Karikatur von Lem Finney, er rieb sich mit Lems gewohnter Geste die Hände und machte dabei sogar dasselbe Geräusch, als raschelten irgendwo in der Nähe verwelkte Blätter. Morgan warf den Kopf zurück und lachte laut auf. Dann sah er Bruno mit zusammengekniffenen Brauen verärgert an, als wolle er ihn fragen, für wieviel er seine Loyalität verkauft habe. Doch Bruno trat einen Schritt zurück und hob die Hand zum Treueschwur. «Wenn Bruno Favorite die Verwaltung einer Sache übernimmt, kann der Besitzer beruhigt schlafen.»

«Na schön, Bruno. Das freut mich. Und jetzt erzähle! Was hat dieser Lump wieder ausgeheckt?»

«Nicht viel. Er hat ein paar Claims gekauft und ein paar gepachtet.»

«Welche hat er gekauft?»

Bruno wich abwehrend zurück, und Morgan mußte an einen Papagei denken, der unruhig auf seiner Stange hin- und hertrippelt. «Das ist nicht so leicht festzustellen. Du kennst doch die Minenleute – die halten dicht.»

Morgan sah Bruno aufmerksam an. Dann stützte er beide Ellbogen auf die Bar und beugte sich mit einer vertraulichen Geste zu seinem Freund. «Bruno, erzähl mir keinen Unsinn.»

«Aber Morgan, das würde ich doch nie tun! Einem alten Freund ...»

«Was willst du haben?»

Bruno polierte eifrig die Theke. «Weißt du, ich lebe schon sehr lange hier. Ich bin der einzige, der Winter und Sommer hier hockt und den Bierhahn für die Goldgräber offenhält. Damit sie es wenigstens ein bißchen bequem und gemütlich haben. Und jetzt ... Ach, verdammt noch mal, Devlin, wenn jetzt etwas gefunden wird, will ich unbedingt dabei sein!»

«Was ist denn los, Bruno? Ich habe dir fünfhundert gegeben, als ich abreiste, und dir laufend das Geld für die Pacht geschickt. Du hast es bekommen, also ist alles in Ordnung.» Morgan beugte sich weit vor und fragte: «Nun sag mir doch endlich, was du willst, Bruno.»

«Zwei Prozent von jedem Claim, auf dem du arbeitest.»

«Für wie lange?»

«Für immer.» Er sah Morgan bittend an. «Das ist nicht zuviel, Devlin. Mir ist schon weit mehr geboten worden. Oh, keine Angst, ich hab es nicht genommen, nicht mal in Erwägung gezogen ... Das würde ich einem alten Freund, der sechsundsechzig mit hier war, nicht antun, das weißt du genau.»

Morgan überlegte sich diesen Vorschlag eine Weile, während Bruno weiter an seiner Theke polierte. Dann streckte er Bruno die Hand hin, weil er keine andere Möglichkeit sah, zu erfahren, was sich in der Zwischenzeit ereignet hatte. Vielleicht stimmte es überdies wirklich, was Bruno sagte, und er bot ihm einzig auf Grund ihrer alten Freundschaft eine einmalige Gelegenheit.

Bruno blieb hinter der Bar stehen und begann zu flüstern. Morgan hörte ihm aufmerksam zu. Doch nichts von dem, was Bruno Favorite ihm ausführlich, bis in die kleinste Einzelheit, berichtete, konnte Morgans Interesse wecken. Erst als die vier Pokerspieler gegangen waren und Douglas seinem Bruder berichtet hatte, wo ihre Hütte lag, setzte er sich mit Bruno und einer Landkarte an einen der Tische.

Nun rückte Bruno damit heraus, daß Lem Finney eine Einjahresoption auf den Claim besaß, den Amos Muspratt Morgan für sechs Monate verpachtet gehabt hatte. Morgan war schon wütend über Muspratts Wankelmut, da deutete Bruno auf einen Claim unmittelbar neben Muspratts Parzelle, der vor kurzem von einem Prospektor namens Homer Grimes gekauft worden war. Bei dieser Nachricht begann Morgan laut zu fluchen und lehnte sich erschüttert und wütend auf seinem Stuhl zurück. Bruno beendete seine Erzählung mit der lässigen Bemerkung, daß der Mann, den er für Morgans Claims eingestellt hatte, zwar die notwendigen Arbeiten getan, dann aber verschwunden war, ohne eine Eintragung beim Grundbuchamt vornehmen zu lassen, ein Versehen, dem Bruno glücklicherweise auf die Spur gekommen war, als einer seiner Freunde mehrere Monate später in den Akten blätterte und ihn darauf hinwies, daß die Claims, die unter seiner Verwaltung standen, nach den Vorschriften des neuen Gesetzes nicht ordnungsgemäß registriert wären.

«Ich hab mich sofort darum gekümmert», versicherte ihm Bruno beruhigend.

«Wie denn?»

«Ich hab es nachträglich registrieren lassen – unter dem Namen von diesem Kerl natürlich. Der Beamte ist ein Bekannter von mir. Zum Teufel, Devlin, es wird schon keiner merken!»

«Doch! Jeder, der etwas finden will.»

«Aber wer soll denn danach suchen?»

«Vielleicht der Mann, der diesen Kerl dazu angestiftet hat, zu verschwinden?»

Bruno machte ein so verblüfftes Gesicht, als wäre er von selbst nie auf eine so unmoralische Idee gekommen und wundere sich über Morgans Mißtrauen. «Damit würde Finney nie durchkommen», erklärte er. Doch auf einmal war er gekränkt. «Ich habe getan, was ich konnte, Devlin. Ich habe den Kerl angestellt und dafür gesorgt, daß er seine Arbeit tat. Du kannst doch nicht verlangen, daß ich noch mit ihm nach Deer Lodge reite, um zu kontrollieren, ob er auch die Eintragung machen läßt, oder? Ich habe selber genug zu tun.»

Morgan seufzte resigniert, schlug mit der Hand auf die Tischplatte und stand auf. «Gut, gut, Bruno, du hast getan, was du konntest. Aber zur Sicherheit werde ich beim Halloway-Claim und den anderen Parzellen doch noch einmal die Grenzen markieren. Und wenn es zum Prozeß kommt, bist du mein Zeuge.»

«Jawohl, ich bin dein Zeuge.»

Mehrere Tage durchstreiften Morgan und Douglas die Umgebung und fanden auf Morgans Claims nur wenige Spuren getaner Arbeit, die aber vielleicht doch ausreichte, um diesem neuen Gesetz Genüge zu tun. Morgan stellte voll Freude fest, daß das Land ihm noch so vertraut war, als sei er nie fort gewesen, daß er es so deutlich in Erinnerung hatte wie ein Verliebter das Gesicht und das Lächeln seiner Geliebten.

Amos Muspratt erklärte Morgan, sein neuer Partner dulde keine Besucher. Deshalb hockte sich Morgan auf den Steinhaufen vor dem Eingang zu Muspratts unterirdischem Refugium und versuchte zwei Stunden lang, auf Amos Muspratt einzureden, ihm die alten Zeiten und ihre alte Kameradschaft ins Gedächtnis zurückzurufen. Dabei wußte er nur zu gut, daß Amos Muspratt heute wie damals ein Einzelgänger gewesen war, der sich ausschließlich auf seine Arbeit konzentriert und keinerlei Interesse für die Vergnügungen der jüngeren Männer gehabt hatte.

Als Morgan schließlich glaubte, Amos Muspratts Vertrauen errungen zu haben – soweit das überhaupt möglich war –, fragte er ihn ganz nebenbei, wie es gekommen sei, daß Amos jenen Claim an Homer Grimes verkauft hatte, obgleich er doch seit Jahren gewußt habe, daß Morgan ihn erwerben wollte.

«Das hatte einen ganz simplen Grund», erklärte Amos. «Ich steckte bis über beide Ohren in Schulden.»

«Ich hätte dir genausoviel bezahlt, Amos. Dann wäre der Claim nicht an einen Außenseiter gefallen.»

«Du warst nicht hier.»

«Du wußtest doch, daß ich zurückkommen würde.»

«Die haben gesagt, du kommst nicht wieder.»

«Die?» Doch Amos hatte nichts weiter zu sagen, und Morgan beschloß, nach Helena zurückzukehren und Vorräte zu holen, bevor einer der hier üblichen frühen Schneefälle die Gebirgsstraßen unpassierbar machte.

In Deer Lodge sahen sie die Akten des Grundbuchamtes ein und stellten fest, daß die drei Claims, genau wie Bruno gesagt hatte, tatsächlich eingetragen waren, allerdings von anderer Handschrift als die übrigen Eintragungen dieses Datums. Falls also eine beglaubigte Kopie gemacht worden war, bevor Bruno seine Korrekturen hatte anbringen lassen, war der Beweis erbracht, daß die Claims fast ein Jahr und fünf Monate nicht eingetragen gewesen waren. Während Morgan in den Akten blätterte und sich Notizen machte, was er Jeremy Flint fragen wollte, prophezeite Douglas ironisch: «Paß auf, am Silvesterabend wird bestimmt einiges los sein!»

Morgan lächelte. «Oder auch nicht. Das kann ich erst beurteilen, wenn ich mit Finney gesprochen habe.»

«Vergiß aber auch bestimmt nicht, mit Floras Stiefvater zu sprechen», hatte Douglas ihn mehrmals gedrängt.

Douglas hatte nämlich Morgan verlegen, aber mit großem Stolz ein Geheimnis anvertraut: Flora Pim und er hatten sich ineinander verliebt und wollten heiraten, sobald ihre Eltern meinten, sie sei alt genug. Morgan hatte versprochen, bei Josiah Webb den Brautwerber für Douglas zu machen.

Felice hatte sich von Morgans zahlreicher Familie nicht einschüchtern lassen. Morgan hatte das anfangs gefürchtet, weil Felice ihm erzählt hatte, daß sie im Hause ihrer Eltern immer allein und nur in Gesellschaft von Gouvernanten und Lehrern gelebt habe. Ihre Mutter war stets nur am Rand ihrer Welt aufgetaucht. Inzwischen hatte sie so viel von den Gewohnheiten der Devlins angenommen, als lebe sie schon seit Jahren mit ihnen zusammen, und steckte – was Suky übrigens vorausgesagt hatte – ununterbrochen mit Lisette zusammen. Suky hatte Felice erklärt, Lisette habe so viel Charme, daß Felice sie, Suky, bestimmt nicht mehr vermissen werde, wenn sie erst Lisette kennengelernt hatte.

Lem Finney machte ein verständnisloses Gesicht, als Morgan versuchte, mit ihm über Butte zu sprechen. Er sagte zu Morgan, es gehe ihn nichts an, wenn sein Schwiegersohn einen Claim kaufe, und Homer Grimes selber tat, als wisse er überhaupt nicht, wovon Morgan rede.

«Ach so, der Claim in Butte», meinte er schließlich.

«Wollen Sie ihn verkaufen, Homer?»

«Die Prüfungsberichte sind sehr enttäuschend ausgefallen. Ich habe schon daran gedacht, ihn ‹Humbug› zu taufen.» Er wollte sich in Ruhe überlegen, ob er Morgan den Claim verkaufen solle, und überlegte, als sie wieder abreisten, immer noch.

Als sie von Helena wieder nach Butte aufbrachen, nahmen sie Vorräte für den ganzen Winter mit: Töpfe und Pfannen, Hocker, Stühle, Decken und Glasscheiben für zwei Fenster, Bücher und Munition, Austernkonserven, Speck und Mehl, Zucker und Salz, Tabak und Whisky. Morgan war es sogar gelungen, einen Zimmermann zum Mitkommen zu bewegen, weil in Butte niemand war, der ein Holzhaus mit vier Zimmern und angebauter Küche bauen konnte, in dem zu leben er Felice hätte zumuten können.

Er hatte seine Frau beim Abschied unwillig angesehen und war eifersüchtig gewesen bei dem Gedanken, sie könne sich so gut unterhalten, daß er ihr gar nicht so sehr fehle, wie es sich eigentlich gehörte. Aber schon bald war er so sehr in die Probleme vertieft, die ihm der Erdboden in Butte aufgab, daß es unversehens Weihnachten war – ein trister Tag, wie sich herausstellte, denn niemand hatte daran gedacht, eine Feier wie vor acht Jahren zu organisieren. Die Männer wanderten ruhelos durch die Straßen, machten Besuche in verschiedenen Hütten oder saßen bei Bruno Favorite und starrten abwesend in ihre Whiskygläser.

«Gar nicht mehr wie in den alten Zeiten, nicht wahr?» sagte Bruno zu Morgan. «Der gute alte Westen ist tot.»

«Es hat nie einen guten alten Westen gegeben, Bruno.» Morgans Stimme klang verdrießlich, denn er wußte beim besten Willen nicht mehr, weshalb er in dieses gottverlassene Camp gezogen war, wo Tag und Nacht der Wind um die Hütten pfiff, und weshalb er hier bei Bruno rumsaß.

«Wenn du mal genau nachdenkst, Bruno, dann wird dir einfallen, daß es verdammt lausige Zeiten waren. Wir waren so hungrig, daß uns der Magen weh tat und uns die Zähne wackelten. Wir waren arm und dreckig und hatten nur Fusel im Bauch. Henry Halloway starb, während Fletcher ihm die Füße absägte. Harry York hatte die Nase so voll, daß er sich eines Morgens die Kehle durchschnitt. Und wir alle hielten es für einen verdammt guten Witz, als Buckshot Carter uns Wolfsfleisch vorsetzte. Das waren die alten Zeiten, von denen er so schwärmt, Douglas.»

«Laß dich nicht von ihm beeinflussen, Douglas. Es war eine herrliche Zeit, mein Sohn, eine herrliche Zeit, auch wenn dieser alte Mann dir etwas anderes weismachen will.»

«Halt den Mund, Bruno! Ich will nicht, daß er am Silvesterabend blindlings drauflosballert, bloß weil du ihm eingeredet hast, jeder richtige Mann hier im Westen müsse früher oder später mal einen umlegen.» Dann aber, als sie gehen wollten und Bruno allein zurückblieb, lächelte Morgan ihm zu und fragte: «Wer zum Teufel hat nur das Weihnachtsfest erfunden?»

Am Silvestermorgen erwachten Morgan und Douglas frisch und munter, wurden aber im Laufe des Tages immer unruhiger. Morgan bestand darauf, daß sie nicht einen einzigen Schluck Whisky tranken. Er wußte nicht, ob es die Wirkung des Bergwhiskys war oder die Wirkung des Whiskys hier in den Bergen, aber er wußte genau, daß man bereits nach ein, zwei Gläschen nicht mehr ganz klar denken konnte und schon gar nicht mehr eine sichere Hand hatte.

«Merk dir eines», mahnte er Douglas, als sie nach dem Abendessen ihre Pistolen reinigten, «auf keinen Fall darfst du als erster schießen. Wir säßen verdammt in der Tinte, wenn wir Lem Finney umlegten – Mrs. Finney würde Mutter ihr Leben lang damit in den Ohren liegen.»

Douglas schwor zwar feierlich, keinen unbedachten Schuß abzugeben, lachte aber, als könne er es kaum erwarten, daß der Zauber anfing. Sie hatten Nacht für Nacht geprobt, hatten wohl ein dutzendmal die Entfernungen abgeschritten, hatten Pflöcke zurechtgehauen, zugespitzt und in Bündeln zusammengeschnürt, und die drei Baumstümpfe, die die Grenzen markierten, ausgegraben und die Löcher so sorgfältig zugeschüttet, daß weder Finney noch sonst jemand mit Gewißheit sagen konnte, wo sie gestanden hatten. Nun blieb ihnen nichts mehr zu tun, als um Mitternacht die neuen Grenzmarkierungen zu setzen.

Um Viertel nach elf zog Morgan seinen Büffelfellmantel an, als Douglas schon fiebernd vor Erwartung an der Tür stand. Mit den Stockbündeln unter dem Arm gingen sie zum Butte-Hügel und begegneten unterwegs immer wieder Männern, die ähnlichen Unternehmungen zustrebten.

Sie waren durchaus nicht erstaunt, als sie entdeckten, daß an den Ecken des ersten Claims Grenzpfosten gesetzt worden waren. Als sie sich jedoch daran machten, einen herauszuziehen, stellten sie fest, daß er so dick war wie ein Zaunpfahl und so tief im Boden steckte, daß sie mehrere Minuten brauchten, bis sie ihn so weit gelockert hatten, daß sie ihn umwerfen konnten. Douglas schlug ihre eigene Markierung ein, und weiter ging es, zur nächsten Ecke, wo sie sich genauso anstrengen mußten.

«Die haben diese verdammten Dinger wahrhaftig für die Ewigkeit eingesetzt. Da, jetzt kommt er! Rasch!»

Mit kräftigen Schlägen trieb Douglas den Pflock in den Boden, dann eilten sie weiter, über Steinbrocken und durch Erdlöcher, und spähten angestrengt in die Dunkelheit, denn der ganze Hügel schien von Männern zu wimmeln. Überall hörten sie flüsternde Stimmen, gelegentlich auch einen ärgerlichen Ausruf, und als sie an Muspratts Claim kamen, rief eine Stimme: «Ich rate euch, laßt die Finger davon, wer immer ihr seid, Jungens!»

«Amos, um Himmels willen, halt uns nicht auf!»

«Bist du das, Devlin? Viel Betrieb heute nacht, nicht wahr?»

Sie rannten weiter und hatten Homer Grimes' angrenzendes Grundstück schon halb überquert, als sie hörten, daß ganz in ihrer Nähe der Hahn einer Pistole gespannt wurde. Morgan versetzte Douglas einen Schlag auf die Schulter, um ihn zu warnen, nicht zu schießen, dann warfen sie sich zu Boden, krochen ein Stück, sprangen dann wieder auf und liefen weiter. «Du nimmst die Ecken da drüben – ich nehme diese! Bei der Dunkelheit können sie nicht richtig zielen.»

Morgan hatte den Pfahl mit beiden Händen gepackt – am liebsten hätte er auch Lem Finneys Kehle so umklammert – und versuchte, ihn zu lockern, als er auf einmal merkte, daß nicht weit von ihm, ein Stückchen weiter oben am Abhang, jemand stand. Er hielt inne, versuchte mit seinem Blick die Dunkelheit zu durchdringen und fuhr dann in seiner Arbeit fort. Der Pfosten lockerte sich, er trat ihn um, trieb seine Markierung ein und rannte zur gegenüberliegenden Ecke. Da merkte er, daß nur wenige Meter entfernt ein anderer Mann neben ihm herlief. Er hatte den Grenzpfahl erreicht und stemmte die Schulter dagegen, als eine tiefe Stimme rief: «Ihr seid zu spät gekommen! Es ist neun Minuten nach Mitternacht!» Morgan rammte schweigend den Pflock ein, und dieselbe Stimme erklärte: «Diese Grenzmarkierungen sind ungültig. Wir hatten unsere zuerst gesetzt.»

Morgan fuhr wütend herum. Diesen Mann, wer er auch war, wollte er unbedingt finden und umbringen. «Wer bist du!» schrie er. «Du elender Feigling, komm doch raus!»

Die Stimme erwiderte spöttisch drohend: «Wir sind zu zweit, sei lieber nicht so voreilig.»

Morgan riß ein Streichholz an, sah, daß es acht Minuten nach Mitternacht war und rief: «Eure Uhren gehen falsch. Es ist erst eine Minute nach zwölf!»

Die beiden stimmten ein höhnisches Gelächter an, und Morgan überlegte, wessen Stimme wohl so klingen mochte. Da kam Douglas den Abhang herauf. «Unten ist alles in Ordnung. Wer sind diese Mistkerle?»

Ein Schuß wurde abgefeuert, und einer der Männer schrie: «Du Idiot! Ich habe dir doch gesagt, du sollst nicht schießen!»

Morgan warf den Kopf zurück und wollte sich ausschütten vor Lachen. «Was hast du auf meinem Grund und Boden zu suchen, Jake Finney?» schrie er dann.

«Dies ist nicht dein Grund und Boden, Devlin. Dies ist ein verlassener Claim. Wir haben ihn neu abgesteckt.»

Morgan ging langsam den Hügel hinauf, und die beiden wichen zurück. «Jake!» rief Morgan. «Warum antwortest du nicht? Schämst du dich über das, was du hier tust?»

«Dies ist unser Claim, Devlin. Mach, daß du wegkommst!»

Jetzt schritt Morgan rascher aus, weil er wußte, daß Jake Finney vermutlich nicht schießen würde, und wenn er es doch tat, dann bestimmt daneben. Plötzlich sah er einen Mann hastig den Abhang hinablaufen. Morgan blieb stehen, hilflos vor Lachen. Die erste Stimme schrie: «Komm zurück, du verdammter Feigling!»

«Homer Grimes», rief Morgan, «willst du davonlaufen und es Jake Finney überlassen, sich diesen Claim unrechtmäßig anzueignen? Komm zurück, sei ein Mann oder, bei Gott, wir werden Hackfleisch aus deinem Schwager machen!»

«Dies ist unser Grundstück, Devlin», erklärte Jake Finney stur. «Du hast es aufgegeben. Dein Mann ist abgehauen, ohne die Gebühren zu bezahlen, und nach dem Bergwerksgesetz vom 10. Mai 1872 . . .»

«Jake, hör auf! Meinst du, ich kenne das Gesetz nicht ebenso gut wie du? Hau jetzt ab!»

«Wir werden dich verklagen.»

«Nur los! Aber mach, daß du jetzt wegkommst!»

«Devlin, versuch nicht, die Freundschaft zwischen unseren Familien auszunutzen. Wir werden nicht zulassen, daß du damit durchkommst.»

«Es wird dir nichts anderes übrigbleiben, Jake.» Dann schrie er plötzlich: «Hau ab! Verschwinde!»

Homer Grimes lief den Abhang hinunter, und Jake Finney folgte ihm langsam. Erst als sie beide aus der Reichweite von Morgans Pistole waren, rief er zurück: «Glaub ja nicht, daß du damit durchkommst!»

Morgan stand grinsend da und wandte sich schließlich an Douglas, der zögernd seine Pistole einsteckte. «War das alles?» Douglas schien nicht glauben zu wollen, daß diese herrliche Gelegenheit zum Blutvergießen so zahm zu Ende gegangen sein sollte.

«Im Augenblick ist es alles. Von nun an werden wir nicht nur mit Pistolen, sondern auch mit Anwälten kämpfen. Das Grenzland wird langsam zivilisiert. Komm, trinken wir einen bei Bruno!»

48

Während der Lift zum achten Stock hochstieg, stand Hoke O'Neil stocksteif da. Fahrstühle waren in Hokes Augen eine radikale Neuheit und zudem eine Einrichtung für Schwächlinge. Er aber neigte sehr stark zum Konservativen und liebte nur das, was er genau kannte: die dreckverpesteten Stadtviertel, in denen er aufgewachsen war und immer noch lebte, weil er sich unter den Menschen, die er seit langem kannte, am wohlsten fühlte. Nur selten und höchst ungern verließ er sein geliebtes ‹Blutiges Sechstes›, um sich in die einschüchternde Atmosphäre luxuriöser Bürgerlichkeit in der oberen Stadt zu begeben.

Daher ärgerte er sich im Grunde, hergekommen zu sein, obgleich er diesen Ausflug aus eigenem, freiem Willen unternahm und von keiner Seite dazu aufgefordert worden war. Er begriff immer noch nicht, warum seine Schwester Betty Mulligan – oder besser Allegra Stuart – nach neun oder zehn Jahren nach Amerika zurückgekommen war. Noch unverständlicher war es ihm, daß sie in diesem riesigen Haus Ecke Broadway und Twenty-fifth Street lebte, wo sie doch alles ständig nur an ihre trostlosen, hungrigen Anfänge erinnern konnte.

Nachdem er einen – wie ihm schien – ganzen Vormittag in diesem dunklen, tiefen Schacht gehangen hatte und jeden Moment abzustürzen drohte, kam der Aufzug endlich zum Stehen. Die Türen glitten auseinander, Hoke trat erleichtert hinaus und ging über den hellen Marmorboden des Korridors, auf dem seine Schritte beunruhigend laut hallten.

Wie seine Schwester derartige Neigungen entwickeln konnte, war ihm ein Rätsel. Es kränkte ihn auch, denn damit schien sie ihn herabzusetzen und sich selber turmhoch überlegen zu fühlen. Und das war sie vielleicht auch. Sie hatte bestimmt die beiden Briefe, die er Tessie diktiert hatte, gar nicht beachtet. Er hatte während der turbulenten letzten Jahre wenig Zeit gehabt, seine Rechtschreibung und seine Handschrift zu verbessern, und er fürchtete, seine Schwester werde ihm klarzumachen versuchen, daß sie als Allegra Stuart keinen Wert mehr auf unwillkommene Mahner an ihre Vergangenheit lege, die so ganz anders aussah als die Vergangenheit, die man ihr in den Zeitungen zuschrieb.

Hoke hatte von Joshua Ching gehört, daß Allegra zurückgekommen war. Kürzlich hatte Joshua ihn ganz nebenbei gefragt: «Haben Sie Ihre Schwester schon gesehen? Sie ist wieder hier, und zwar, genau wie sie versprochen hat, als Star: die berühmte englische Schauspielerin Allegra Stuart.»

Hoke hatte weder etwas von ihr noch über sie gehört und hatte auch schon fast vergessen, daß er ja eigentlich ihr Joshua Chings Bekanntschaft verdankte. Er hielt Chings Worte für einen Scherz. «Ach, hören Sie auf!» wehrte er skeptisch ab.

«Aber es stimmt! Ich habe in den vergangenen Jahren immer wieder mal von ihr gelesen. Habe ich Ihnen das nie erzählt? Nun, wie dem auch sei, sie ist jedenfalls hier, und im September wird sie die Julia, die Beatrice und die Lady Teazle spielen. Sie ist mit Zofe, Sekretär und französischem Koch hier, und die Zeitungen beschreiben sie als einen Traum von Liebe und Schönheit, wie es ihn nie zuvor gegeben habe und auch nie wieder geben werde. Die *Tribune* hat neulich eine Zeichnung von ihr gebracht, im Kostüm der Julia.» Joshua hatte Hoke amüsiert angesehen, als glaube er nicht, daß Hoke es wagen würde, diesem Traum von Liebe und Schönheit, seiner Schwester, unter die Augen zu treten und sie zu fragen, wie sie das alles in den paar Jahren geschafft habe.

Während er nun durch den Korridor schritt, dachte er nervös an ihr letztes Zusammentreffen in Mrs. Gosnells Pension. Damals hatte er die Hälfte des Geldes bei sich, das Joshua Ching ihm bezahlt hatte, und erwartete eigentlich, für seine Großzügigkeit gelobt zu werden. Ihr Zimmer war noch unordentlicher als gewöhnlich, weil Allegra, das Haar noch naß von einer soeben beendeten Wäsche, ihre Bücher, den Chinchilla-Muff und nahezu all ihre Besitztümer in einen großen Koffer stopfte, während der Pudel Selah ununterbrochen bellte, bis Hoke ihm einen kräftigen Tritt versetzte.

Bevor er etwas sagen konnte, hatte sie ihm das Geld schon aus der Hand gerissen und zählte es, wobei sie den Daumen anleckte und damit die Scheine durchblätterte. Dann schwang sie das nasse Haar zurück und kam auf ihn zu – mit funkelnden Augen und einem Gesicht, weiß vor Wut. «Auf Wiedersehen, Hoke», sagte sie in vernichtendem Ton, den sie mit ihrem Sprachlehrer geübt haben mußte. «Ich werde dich nie wiedersehen. Ich reise heute abend noch ab nach England.»

Er hatte die Schultern gezuckt, war zur Tür geschlendert und hatte gesagt: «Wiedersehen, Betty. Viel Glück. Schreib mir, wenn du kein Geld mehr hast.»

«Dir schreiben?» hatte sie gekreischt. Und plötzlich hatte sie den Kopf zurückgeworfen und gelacht, jenes spöttische Lachen, das ihn jedesmal, wenn er es hörte, verblüffte. Als er sich beleidigt umdrehte, hatte sie eine Haarbürste nach ihm geworfen. «Hau ab, verdammt noch mal! Geh zum Teufel und komm mir nie wieder unter die Augen! Warum hast du nicht die ganzen verdammten fünftausend genommen, wo du schon mal dabei warst?» Sie sprang auf ihn zu, und Hoke floh mit ungläubigem Blick zur Tür hinaus, die Treppe hinab und hatte gerade den ersten Absatz erreicht, als sie über ihm auftauchte und mit wild funkelnden Augen und drohend erhobener Faust hinter ihm herschrie: «Hau ab, hab ich gesagt!» Dann wurde die Tür ins Schloß geworfen.

Hoke war unschlüssig stehengeblieben und hatte überlegt, ob er umkehren und ihr weitere fünfhundert Dollar anbieten sollte. Da sie aber schon abends abreisen wollte, hätte er ihr das Geld doch nicht mehr rechtzeitig herbringen können, und so war er grinsend davongeschlendert. Er hatte sich damals gesagt, wenn sie sich betrogen fühle, sei das nichts weiter als typisch weibliche Unvernunft, denn er allein war die Hauptperson bei diesem Handel gewesen, ohne ihn hätte sie überhaupt nichts bekommen.

Und nun war sie wieder da und, nach dem Haus zu urteilen, in dem sie wohnte, berühmt und reich, genau wie sie es vorausgesagt hatte.

Er zog die Glocke, wartete und räusperte sich. Lange Minuten schienen zu verstreichen, und er begann ungeduldig zu werden. Doch da öffnete sich die Tür, und ein Dienstmädchen in gestärkter blauer Uniform mit weißer Schürze und weißem Häubchen blickte ihn fragend an. Ihr Gesicht war nicht weniger irisch als das seine. «Guten Morgen.»

«Sie erwartet mich.»

«Miss Stuart?»

«Wer denn sonst?»

Das Mädchen trat zurück und ließ Hoke in das Vestibül ein. Er hatte den Hut auf dem Kopf behalten wollen, doch als das Mädchen die Hand danach ausstreckte, nahm er ihn ab und drückte ihn ihr mit Schwung in die Finger. «Na? Wo ist sie?»

«Ihr Name, Sir?»

«Hoke O'Neil. Brian Mulligan.»

«Sie sind zu zweit?»

«Ich bin allein, aber ich habe zwei Namen. Sie kann sich einen aussuchen.»

Das Mädchen verschwand, und Hoke schlenderte im Vestibül umher. Er musterte die Einrichtung mit mißbilligenden Blicken und war entsetzt, daß seine Schwester, die die ersten Jahre ihres Lebens unter irischen Einwanderern verbracht hatte, sich eine solche Umgebung gewählt hatte. Es kam ihm wie ein unentschuldbarer Verrat an ihren Landsleuten vor und erfüllte ihn mit Bitterkeit.

Das Vestibül war so groß wie ein Salon. Die Wände waren mit blauer Tapete beklebt, die ein kleines Goldmuster hatte; auf dem Boden lagen mehrere dunkelblaue und schwarze Läufer. Die Tische gehörten einem Stil an, den er nicht kannte, und das empfand er als weiteres Zeichen von Hochmut, denn warum hatte sie nicht die gleichen Möbel wie andere Leute? Störrisch weigerte er sich, seine Zigarre auszudrücken, und gleich darauf kam das Mädchen zurück.

«Mr. O'Neil», begann sie, und Hoke lächelte, weil sie diesen Namen gewählt hatte. Anscheinend wollte sie ihn dadurch daran erinnern, daß er das Band der Zusammengehörigkeit als erster zerrissen hatte. «Miss Stuart hatte sie nicht erwartet und ist noch nicht empfangsbereit. Möchten Sie warten?»

«Wie lange?» erkundigte sich Hoke finster, ließ die Asche seiner Zigarre auf den Fußboden fallen und warnte das Mädchen mit einem trotzigen Blick, keine Notiz davon zu nehmen.

«Miss Stuart wird sie sogleich empfangen, Sir.»

«So, so – sie wird mich sogleich empfangen?» Er grinste. «Ich werde warten. So leicht wird sie mich nicht los.»

Das Mädchen führte ihn in den angrenzenden Raum, der noch wesentlich größer war als das Vestibül. Nun war Hoke endgültig davon überzeugt, daß sie den Verstand verloren hatte. Er begann umherzuschlendern, musterte alles mit dem kritischen Blick eines Mannes, der etwas Kostbares kaufen will, und fand es viel zu üppig, zu fremdartig, zu groß und zu eindrucksvoll.

Er betrachtete kopfschüttelnd das geometrische Muster der Fliesen und konnte nicht begreifen, daß jemand, der sich ohne weiteres einen Holzfußboden leisten konnte, solche kalten, glatten Fliesen vorzog, auf denen man übel ausrutschen konnte, wenn man unvorsichtig auf einen der Teppiche trat. Die Tapete war karmesinrot mit kleinen, goldenen Tieren, und vor den Fenstern hingen schwarz, scharlachrot und braun gestreifte Vorhänge, die weder gerafft waren noch Rüschen oder Fransen hatten, wie alle anderen Vorhänge, die er gesehen hatte, sondern schlicht von einer dicht unter der Decke angebrachten Messingstange herabfielen. Als er hinaufblickte, um die Messingstange zu betrachten, stellte er fest, daß diese Decke reich geschnitzt und dunkelrot gestrichen war.

Durch eine offene Tür konnte er ins Eßzimmer blicken. Dort waren die Wände mit dunkelrotem Leder verkleidet, der Tisch war ein massives Oval mit breit geschwungenen Beinen, und die Stühle hatten so hohe Lehnen, daß auch der größte Mann in ihnen aussehen mußte, als ducke er sich. Schmiedeeiserne Leuchter, ein Meter fünfzig hoch, hielten Kerzen, die mindestens einige Wochen lang brennen konnten. Vor einem Gemälde, das drei fette, rosig-nackte Frauen an einem Flußufer zeigte, blieb er schockiert stehen. Wie konnte seine Schwester ein solches Bild in ihr Eßzimmer hängen! Dann entschied er, die Frauen entsprächen ohnehin nicht seinem Geschmack, und setzte seine Entdeckungsreise fort. Ein weiteres Zimmer enthielt fast nur Bücher. Allegra hatte sich ja schon immer mit Büchern umgeben, sie hatte sich welche aus der Bibliothek geliehen und sogar gehungert, um sie sich kaufen zu können. Jetzt schien sie sich offenbar alle Bücher anschaffen zu können, die sie sich wünschte, denn er sah Bücher in Regalen an drei Wänden und etliche Stapel auf Fußboden und Tischen.

Doch nirgends in dieser düsteren Pracht fand Hoke ein einziges weiches, gepolstertes Sitzmöbel. Er setzte sich probeweise auf drei geradlehnige Sessel mit dunkelrotem Samtbezug und auch einen Augenblick auf die lange Couch, fand aber nichts, worauf es sich bequem sitzen ließ, und nahm schließlich an, das Zimmer sei nicht zum Wohnen gedacht, sondern zum Vorzeigen für neidische Besucher, falls es überhaupt Besucher gab, die sie um dieses Zimmer beneideten.

Nachdem er schon drei- oder viermal am Kamin vorbeigegangen war und immer wieder den Kopf geschüttelt hatte, blickte er schließlich auf und entdeckte ihr Porträt. Er trat zurück, um es zu begutachten, und mußte zugeben, daß sie sich offenbar in den vergangenen zehn Jahren entweder vollkommen verändert hatte oder daß das Porträt mißlungen war.

Die junge Frau auf dem Bild – ihm fiel ein, daß sie jetzt siebenundzwanzig war – stand aufrecht und hielt den Kopf leicht gesenkt. Sie blickte den Betrachter mit sanftem Tadel an, als wolle sie ihn anklagen. Hoke hatte das Gefühl, als klage sie ihn wegen seiner Rücksichtslosigkeit und Machtgier an – und zwar in einer ganz rätselhaften Form, gegen die er keine Verteidigung wußte.

Ihr Haar, noch immer goldblond gefärbt, fiel ihr über Schulter und Rücken hinab und wurde von einem dünnen goldenen, mit Perlen bestickten Netz gehalten. Sie trug ein Kleid, das ganz anders war als alle Kleider, die er bisher gesehen hatte. Es bestand aus irgend etwas Weißem, matt Schimmerndem und hatte so lange Ärmel, daß ihre Hände bis zu den Fingern darin verborgen waren; der faltenreiche Rock lief in einer Schleppe aus, die hinten im Bild in einer nebelhaften Landschaft verschwand. Sie glich einem Engel, und Hoke schüttelte bekümmert den Kopf und sagte sich, dies könne nicht Betty Mulligan sein.

Als Hoke das Bild eine Zeitlang betrachtet hatte, verspürte er plötzlich das unwiderstehliche Bedürfnis, sich davonzuschleichen und in die tröstliche Vertrautheit der ‹Roten Zwiebel› zurückzukehren, wo er ungeniert auf den Boden spucken konnte und sich gelassen die Bitten seiner Nachbarn anhörte, ihnen Geld für eine Beerdigung, den Besuch eines Verwandten im Gefängnis, für eine Hochzeit oder einen Boxkampf zu leihen. Doch da hörte er ihre Stimme und fuhr hastig herum, als habe ihn auf dunkler Straße ein Fremder von hinten angesprochen.

«Das ist meine Julia. Wie findest du sie, Hoke?»

Ihre Stimme war noch wie früher, nur etwas leiser, als er sie in Erinnerung hatte, aber volltönend, weich und zwingend. Obwohl sie leise gesprochen hatte, schien der Klang das ganze Zimmer zu füllen. Das jagte ihm ein unheimliches Frösteln über Rücken und Arme. Er blickte zwischen ihr und dem Porträt hin und her und suchte mit scharfem, mißtrauischem Auge nach dem Betrug. Da schwebte sie über diesen glatten Boden auf ihn zu, ohne einen Blick auf die trügerischen Teppiche zu werfen, und nippte, während sie ging, an ihrer Kaffeetasse.

Ihr Haar war weich frisiert, ohne Locken und Röllchen, ihr Kleid war aus veilchenfarbener Seide, sehr schlicht, und sie trug keinen Schmuck. Auf halbem Weg blieb sie lächelnd stehen und setzte die Tasse auf einen Tisch. «Warum bist du gekommen, Hoke?» Sie lächelte immer noch, aber es war nicht das sanfte, anklagende Lächeln, das sie auf dem Gemälde hatte, sondern mit Argwohn und Ironie gemischt.

«Nicht zu glauben! Bist du das wirklich?» Er kniff die Augen zusammen, als blende ihn etwas. Sie lachte weich, und auch dieses Lachen war sonderbar beunruhigend. Er begriff immer noch nicht, wie sie es fertigbrachte, daß er sich albern und linkisch vorkam. Schließlich war sie trotz allem Betty Mulligan, seine Schwester. «Betty?» fragte er, um sie zu erinnern, daß sie ebensowenig Allegra Stuart war wie Julia Capulet.

«So hat mich niemand mehr genannt, seit du damals mit meinen zweitausendfünfhundert Dollar Mrs. Gosnells Treppe hinuntergestolpert bist. Was hast du mit dem Geld gemacht, Hoke? Weißt du das noch?»

Sie lächelte ihn überheblich an, bis er gekränkt erwiderte: «Natürlich weiß ich noch, was ich mit dem Geld gemacht habe. Ich habe es anderen Leuten gegeben, die es verdammt nötiger brauchten als ich – und als du. Kindern, die langsam verhungerten, Männern und Frauen, die sich in ihrem ganzen Leben noch nicht satt essen konnten. Ich habe es nicht für mich selber ausgegeben, falls du das meinst. Ich habe es Leuten gegeben, die genauso kümmerlich lebten wie wir in unserer Kindheit, Betty Mulligan, auch wenn du jetzt tust, als kämst du aus einer wer weiß wie großartigen Familie. Was hat mir Joshua Ching da für Unsinn erzählt? Deine Mutter wäre eine spanische Dame gewesen und dein Vater ein englischer Diplomat, und du wärst geboren in ... Jetzt hab ich vergessen, was er gesagt hat!»

«Saragossa. Ich habe den Namen irgendwo gelesen und fand ihn schön. Wenn du mich schon Betty Mulligan nennst, dann sprich es wenigstens nicht so aus, als sei es ein schmutziges Wort. Und außerdem höre bitte auf, so zu tun, als wärst du ein gütiger Freund der Armen. Bist du jetzt auch noch zum Heuchler geworden, Hoke?»

«Ich bin Politiker, verdammt noch mal! Und Politiker brauchen Geld.» Er trat dicht an sie heran und klopfte sich auf die Brust. «Weißt du, was ich bin? Ich bin Inspektor für Marktabgaben und Mieten, jawohl!» Er nickte stolz und trat zurück, um abzuwarten, was sie dazu sagen würde.

«Und was hast du dabei zu tun?»

«Marktabgaben und Mieten kontrollieren», erklärte er immer noch aufgebracht.

«Na ja.» Allegra stieß einen kleinen Seufzer aus. «Ich war gerade beim Frühstück. Möchtest du einen Kaffee?»

Hoke nickte mürrisch und ging im Zimmer auf und ab. Er hatte das unbehagliche Gefühl, daß sie ihm überlegen war – wodurch, wußte er nicht –, während er sich in den vergangenen Jahren stets eingebildet hatte, er sei der Überlegene. Tessie Spooner scharwenzelte um ihn herum, Mud Foley gehorchte ihm wie ein wohlerzogener Köter, und sogar Marquis McDuff und Oliver Foss hatten angefangen, ihm Respekt zu erweisen. Es war ihm ungewohnt, mit jemandem zu sprechen, der nichts von ihm wollte.

Sie ging zum Klingelzug und bewegte ihn mit jener würdevollen Grazie, die man, außer ihrer Stimme, am meisten an ihr bewunderte. Joshua Ching hatte ihm erzählt, daß in England manche Leute nur ins

Theater gingen, um sie über die Bühne schreiten zu sehen. Ihr Gang war das Ergebnis ihrer Ballettjahre und der vielen Stunden, die sie mit einem Gewicht auf dem Kopf herumgelaufen war. Hoke kannte ihre Geheimnisse, oder jedenfalls einige davon. Doch selbst er konnte sich nun kaum noch vorstellen, was für Mühe und Arbeit es sie gekostet hatte, dieses wunderbare, perfekte Geschöpf zu werden, das den Eindruck erweckte, engelgleich auf die Welt gekommen zu sein.

Das Mädchen, das ihm die Tür geöffnet hatte, trat ein, Allegra bat sie, Kaffee und Toast zu bringen, und forderte Hoke auf, sich zu setzen. Hoke sah sich suchend um, wählte einen Sessel, setzte sich vorsichtig vorn auf die Kante und fuhr prompt wieder hoch, als hätte er sich auf etwas Spitzes gesetzt. «Teufel, wo hast du bloß diese Möbel her?»

Sie lächelte wieder, so daß es ihm langsam so vorkam, als sei alles, was er sagte, albern. Sie redete mit ihm, wie die Damen in der Missionsschule mit ihm geredet hatten, und deren Gequatsche war mit ein Grund dafür gewesen, daß er auskniff. «Das ist Eastlake-Stil», erklärte sie ihm freundlich. «Neo-Mittelalter», fügte sie hinzu und setzte sich auf einen der hochlehnigen Stühle. Es fiel ihm auf, daß jede Bewegung, die sie machte, jeder Ton, jeder Ausdruck sorgfältig einstudiert worden war, als erwarte sie jeden Moment, daß sich das Zimmer in eine hellerleuchtete Bühne verwandeln werde, vor der ein kritisches, anspruchsvolles Publikum wartete. «Ich habe sie aus England mitgebracht. Hier sind sie, glaube ich, noch nicht in Mode gekommen. Aber das wird nicht mehr lange dauern.»

Er nahm wieder Platz, schlug die Beine übereinander, kreuzte die Arme vor der Brust und zwinkerte ihr einmal vertraulich zu. «Betty, hör doch auf! Saragossa, Neo-Mittelalter, Julia, Eastlake. Wir sind alte Kollegen, hast du das vergessen?» Er hielt inne, weil das Mädchen kam und ein Tablett auf den Tisch setzte. Sie wartete, bis die Dame des Hauses den Kaffee eingeschenkt hatte, und brachte ihm dann eine Tasse, die er mit Unbehagen entgegennahm, weil er das Gefühl hatte, diese Zeremonie sei wieder nur ein Test, den er bestimmt nicht bestehen würde. Er trank einen Schluck, fand den Kaffee zu heiß, blies ungeduldig hinein und funkelte das Mädchen böse an, bis es verschwand. Dann trank er weiter, obgleich er sich dabei den Mund verbrannte, und stellte die Tasse erleichtert hin. «Erinnerst du dich noch an Five Points? Weißt du noch, wie Ma gestorben ist – wie man sie von der Straße herauftrug und wir immer wieder versucht haben, mit ihr zu reden, und wie sie ganz stumm blieb?»

«Ich erinnere mich an alles, Hoke.» Sie sah ihn nachdenklich an. «Es hat lange gedauert, ehe ich begriff, warum sie es getan hat – aber jetzt verstehe ich es.»

«Ich immer noch nicht.»

«Du wirst es auch nie verstehen. Ich erinnere mich auch noch an andere Dinge, vielleicht spreche ich sogar häufiger davon als du. Aber warum sollten wir beide darüber sprechen, du und ich? Wir haben einen langen Weg von Five Points bis hierher zurückgelegt – ich, jedenfalls. Du hast es ja vorgezogen, hierzubleiben – und du wirst wissen, weshalb. Ich verstehe es jedenfalls nicht.»

«Ja, ich habe es vorgezogen hierzubleiben! Ich bin nämlich kein Lacklederdandy. Was ist bloß in dich gefahren? Eine spanische Adlige als Mutter! Was zum Teufel hat dir denn an deiner Mutter nicht gepaßt? Schämst du dich ihrer etwa – oder meiner? Früher hast du dich meiner verflixt wenig geschämt, wenn ich dir helfen konnte.»

«Aber wie sich inzwischen herausgestellt hat, war ich es, die dir geholfen hat, nicht wahr?»

«Den Teufel hast du getan! Ohne mich hättest du keinen roten Heller aus der Sache damals gekriegt. Du hättest ihm nämlich gar nichts sagen können, das weißt du selber. Und wenn du durch Zufall etwas erfahren hättest, dann wäre Joshua Ching mit einem Danke verschwunden und hätte dir keinen Cent gegeben.»

«Joshua Ching ...» murmelte sie, und ihr Lächeln wurde spöttisch. «An den habe ich manchmal gedacht. Ist er reich geworden?»

«Mit meiner Hilfe, könnte man sagen.» Hoke rutschte weiter nach vorn, weil er auf einmal das Gefühl hatte, der Stuhl sei bequemer geworden, und gestikulierte großspurig. «Fünf Millionen. Vielleicht auch acht. Vielleicht sogar noch mehr. Wenn man bedenkt», fuhr er langsamer fort, «daß wir vor nicht mal zehn Jahren beide pleite waren und Ching sich mit seiner ersten Million rumschlug, dann ist es eigentlich allerlei, was wir inzwischen geschafft haben, nicht wahr?» Er musterte sie noch einen Augenblick. «Du siehst gut aus, Betty. Das alles hier ...» Er machte eine weit ausholende Geste. «Dein Bild in den Schaufenstern und in allen Zeitungen, wie Ching mir sagt ... Bist du verheiratet? Hast du einen reichen Freund?»

Sie warf ihm einen verächtlichen Blick zu, der ihm wieder einmal zu Bewußtsein brachte, daß die fünf Jahre, die er älter war als sie, nichts waren im Vergleich zu der gefährlichen Waffe der Frauen, einem Mann das Gefühl zu geben, er habe sich zum Narren gemacht, ohne daß sie etwas dazu getan hätten. «Ich brauche keinen reichen Freund. Ich habe letztes Jahr sechzigtausend Dollar verdient. Und mein Vertrag für dieses Jahr lautet auf fünfundsiebzig. Für weniger wäre ich nicht hergekommen.»

Er runzelte gekränkt und verblüfft die Stirn, denn diese Summen ließen seine eigenen Erfolge, auf die er noch vor einem Augenblick so stolz gewesen war, unbedeutend erscheinen. Als Inspektor für Marktabgaben und Mieten bekam er dreitausend Dollar im Jahr. Allerdings verschaffte ihm diese bescheidene Tätigkeit, selbst in der reformierten Tammany Hall, die Gelegenheit, noch mal siebzig- bis hunderttausend dazuzuverdienen. Aber in diesem Augenblick schrumpfte das alles zu einem Nichts zusammen, weil eine Frau – seine Schwester – offenbar das gleiche erreichen konnte wie er. «Fünfundsiebzigtausend? Herrgott noch mal! Wofür?»

Sie lachte so fröhlich und spöttisch, daß er zunächst glaubte, sie freue sich über seinen kleinen Scherz. Dann jedoch begann sie im Zimmer umherzuwandern und dabei ihr Reich zu inspizieren. «Soll ich dir sagen, was die englischen Kritiker über mich schreiben? Einer sagte zum Beispiel: ‹Sie besitzt die außergewöhnliche Gabe, romantische und poetische Ideale in echte, menschliche Wesen zu verwandeln.›» Sie schenkte ihm ein seltsames Lächeln und machte eine Handbewegung, als wolle sie sagen, er könne es glauben oder nicht, aber es sei wahr. «Und ein anderer schrieb: ‹Ihr Auftreten ist ganz natürlich, aber ihre Empfindsamkeit ist stark, und jede Handlung wirkt spontan.› Der berühmteste von allen nennt mich ‹dieses seltene, herrliche Phänomen, ein schauspielerisches Genie›. Darum ist Dyke Ferguson nach London gekommen, um mich zu sehen – und darum hat er mir für einen Einjahresvertrag 75 000 Dollar geboten.»

Hoke verzog das Gesicht. «Jetzt sag mir nur noch eines, Betty. Angenommen, das stimmt alles.» Er kniff die Augen zusammen und blickte sie prüfend an, denn sie hatte jetzt den gleichen Ausdruck ergreifender Sanftmut wie auf dem Porträt. «Woher hast du es dann?»

Sie trat zurück. «Hoke, du kannst doch nicht so naiv sein, daß du mich ernsthaft so etwas fragst?»

«Jetzt warte mal, Betty! Zügle dein irisches Temperament, ja? Ich habe dir eine simple Frage gestellt.»

«Auf die es keine simple Antwort gibt. Ich habe es – wie du es auszudrücken beliebst –, weil ich mein Leben lang an nichts anderes gedacht und nichts anderes getan habe, als zu arbeiten und zu lernen, was ich konnte. Ich habe alte Frauen gespielt, junge Burschen und hier und da sogar ein Tier. Ich bin auf Tournee durch die Provinz gegangen und war vier Jahre lang verzweifelt und erschöpft. Aber ich habe weitergearbeitet und weitergelernt, und schließlich wurde mir die Chance geboten, in London aufzutreten. Meine erste Julia war natürlich nicht besonders gut, ich hatte viel zuviel Angst. Aber nach ein, zwei Jahren merkte ich auf einmal, daß sie und ich gar nicht so sehr verschiedene Menschen waren, daß wir gewisse Dinge gemeinsam hatten und ich mich nur bemühen müsse, sie näher kennenzulernen. Von da an hat sie mir keine Schwierigkeiten mehr gemacht. Sie ist da, jetzt, immer, wenn ich sie brauche, und sie wird immer da sein. Bis ich alt werde. Aber darüber mache ich mir nicht oft Gedanken. Das führt zu nichts.» Sie sah ihn mit einem bekümmerten Lächeln an, das ihn wider Willen rührte. Er fand plötzlich, er habe durch sie ganz unerwartet das Gefühl bekommen, daß ihre gemeinsame Vergangenheit zwar Entsetzen, aber zugleich auch Verheißungen barg, derer er sich bisher noch nicht bewußt gewesen war.

«Bist du verheiratet?» fragte er.

«Ich war. Mein Mann ist gestorben.»

«Friede seiner Asche.»

Zu seinem größten Erstaunen und Entsetzen – denn Hoke war Toten gegenüber höchst pietätvoll – brach sie in klingendes, ungebührlich heiteres Lachen aus. «Aber er lebt doch noch! Nur für die Öffentlichkeit ist er tot.» Sie blickte ihn drohend an. «Daß du es aber ja keinem sagst!»

Hoke sprang auf. «Betty Mulligan, bist du etwa geschieden?»

«Was ist denn los, Hoke? Du hast dich in deinem ganzen Leben noch nie um Prinzipien gekümmert, und jetzt bist du schockiert, weil ich geschieden bin!»

Er machte ein finsteres Gesicht. «Ich bin Ire. Was soll ich denn von einer Schwester halten, die sich hat scheiden lassen?»

«Beruhige dich. Ich bin nicht geschieden. Ich wollte dich nur ein wenig aufziehen.»

«Wo ist denn dein Mann?» Er sah sich suchend um. «Ist er hier?»

«Wir leben getrennt.»

«Und wer war er?»

«Ein Schauspieler. Du hast noch nie von ihm gehört, und du wirst auch nie von ihm hören. Ein englischer Schauspieler.» Sie lächelte böse.

«Mein Gott, Betty! Du und ich, wir werden wohl nie ehrbare Leute.»

«Aber ich bin es doch schon.»

«Meinst du? Du bist Schauspielerin. Du weißt doch, was die Leute von Schauspielerinnen halten, und meistens stimmt es ja auch.» Hoke mußte an Rose Michel denken, die, bevor Joshua Ching sie entdeckte, bei Annie Wood gewohnt hatte. «Aber nicht, daß ich etwa glaube, es träfe auf dich zu!» schloß er ein wenig lahm.

«In London bin ich nicht nur ehrbar, sondern mit Damen und Herren der besten Gesellschaft befreundet. In New York gibt es so etwas natürlich nicht – New York ist ein Provinznest.» Sie warf einen Blick durch das offene Fenster. «Seltsames, provinzielles, schönes, altes New York – so heißt es doch wohl. Aber ich mußte zurückkommen. Ich wollte endlich Gewißheit haben, daß ich keine Angst mehr vor dieser Stadt habe. Ich werde sie zwar nicht lieben – ich habe die Amerikaner ja nie geliebt –, aber ich werde sie dazu zwingen, daß sie mich lieben. Und sie werden es tun! Darauf kannst du dich verlassen!» Auf einmal warf sie ihm einen warnenden Blick zu. «Hoke, du darfst nie – niemals – einem Menschen erzählen, daß du mein Bruder bist!»

«He, was ist denn jetzt schon wieder los, Betty? Schämst du dich meinetwegen?»

«Nein, das tue ich nicht. Sag das nicht noch einmal. Aber eine erfundene Vergangenheit gehört zur Ausrüstung einer Schauspielerin, genau wie Kostüme und Perücken, und du mußt wohl zugeben, daß eine in Dublin geborene Betty Mulligan, die mit drei Jahren hierher gekommen und in Five Points aufgewachsen ist, keine sehr romantische Figur abgeben würde. Lange war ich nicht sicher, ob ich jemals Allegra Stuart sein könnte. Ich wußte genau, wie sie sein sollte, aber ich fürchtete, immer wieder Betty Mulligan zu werden und schließlich vielleicht sogar zu bleiben. Jetzt aber bin ich Allegra Stuart geworden – und werde es bis an mein Lebensende sein.»

«Was ist mit deinen Freundinnen aus dem Ballett?»

«Die haben mich sicher vergessen. Ich werde alles abstreiten.» Sie zuckte die Achseln. «Sag auch Joshua Ching, er dürfe nie erwähnen, daß er mich früher gekannt hat.»

Hoke seufzte. Er hatte das Gefühl, sie habe ihn irgendwie besiegt. «Gut, ich werde niemandem sagen, daß ich dein Bruder bin. Na ja, dann auf Wiedersehen. Ich wollte nur sehen, wie es dir geht.» Einen Augenblick sahen sie sich an, beider Gesichter sanft und ein wenig traurig, und schließlich sagte Hoke: «Ich glaube, du hast recht. Du bist nicht mehr Betty Mulligan, nicht einmal mehr für mich. Ich gratuliere. Aber sag mir noch eines: Bist du wenigstens glücklich mit all diesem Kram hier?»

«Glücklich?» Sie schien so verblüfft über diese Frage wie über keine andere; dann schenkte sie ihm wieder das seltsame kleine Lächeln. «Glücklich? Warum muß ich denn glücklich sein – zu allem anderen, Hoke? Wenn ich glücklich wäre, hätte ich ein schlechtes Gefühl. Das würde ich als böses Omen betrachten.»

49

Das Haus und seine Besucher gaben der Nachbarschaft Rätsel auf. Den ganzen Tag und die ganze Nacht waren die Fenster verhangen, und zahlreiche Privatkutschen fuhren vor, aus denen gutgekleidete Damen ausstiegen, ins Haus gingen und wenige Stunden später oft schwankenden Schrittes wieder herauskamen. Nie wurden sie von einem Mann begleitet, daher konnte es sich nicht um ein vornehmes Bordell handeln. Zudem machten viele Frauen den Eindruck, weit über die Jahre hinaus zu sein, da sie vielleicht wegen einer Abtreibung kamen. Möglicherweise war es eine Art Trinklokal für Frauen oder ein Spielsalon. Man wußte es nicht. Aber solange die Damen nicht die auf der Straße spielenden Kinder belästigten, waren die Nachbarn bereit, sie ungehindert ihrem Verderb entgegengehen zu lassen.

Die Kinder jedoch sprachen die Kundinnen des Hauses manchmal von sich aus an.

«Hallo, Ma'am! Schön, daß Sie auch mal wieder kommen!» rief eines der kleinen Mädchen und stellte sich einer Dame in den Weg. «Wie geht es Ihnen heute?»

Diesmal wurden sie belohnt. Denn eine der drei Damen, die aus einem geschlossenen Wagen gestiegen waren, blieb stehen, hob erschrocken die Hand zum Mund und fragte: «Kennst du mich denn?»

Coral Talbot, die schon halb die Haustreppe hinaufgestiegen war, drehte sich um, sah Susan und Ceda von Kindern umringt und warf dem kleinen Mädchen einen drohenden Blick zu, der bei den Spielkameraden der Kleinen nur spöttisch übertriebenen Schreck auslöste. «Ihr solltet sie nicht noch ermuntern!» rief Coral Susan zu.

Doch offenbar hatte Susans Unsicherheit schon genügt, um sie zu ermuntern. Das Mädchen erklärte: «Natürlich kenne ich Sie! Ich habe Sie ja schon oft genug gesehen.»

«Du hast uns noch nie gesehen, das ist lächerlich!» wies Ceda das Kind zurecht und zupfte an ihrem Schleier.

Die Kinder lachten spöttisch, aber gutmütig, und als Coral im Haus verschwand, eilten Susan und Ceda die Treppe hinauf und folgten ihr ins Vestibül, wo Ceda sich schwer atmend gegen die Wand lehnte. «Man hat uns erkannt. Diese Kinder sind Spione. Ich wußte, daß es einmal so kommen würde. Schon neulich haben sie uns so komisch angesehen.»

Susan löste ihren Schleier, ließ sich von dem Dienstmädchen den Schal abnehmen und betrachtete sich mit prüfendem, bekümmertem Blick im Spiegel, als sei sie nicht so sehr an ihrem Gesicht interessiert, als vielmehr an ihrer Zukunft oder ihrem Charakter. «Ceda, es ist dir anscheinend unmöglich, einmal nicht schwarzzusehen. Diese Kinder sind nur neugierig, das ist doch natürlich. Sie haben keine Ahnung, wer wir sind.»

«O doch, bestimmt. Ich weiß es genau.»

«Und wenn?» warf Coral ein. «Es gibt doch keinen Grund, warum wir nicht herkommen sollten?»

Ceda öffnete schon den Mund, aber Susan schüttelte abwehrend den Kopf, und Ceda folgte den beiden die Treppe hinauf und einen Gang entlang. Unwillkürlich blickte sie durch die offenstehenden Türen in mehrere Zimmer. Überall saßen elegant gekleidete Damen um die Tische und blickten konzentriert auf die Karten, die sie in der Hand hielten. In einem Zimmer lag eine junge Frau auf einer Couch und weinte leise, während eine andere in einem Sessel saß und stumpf vor sich hin starrte. Ceda seufzte tief, denn dies war das Zimmer, das die Geschäftsleitung denjenigen zur Verfügung stellte, die das Glück so schmählich im Stich gelassen hatte, daß sie sich erholen mußten, bevor sie den Heimweg antreten konnten.

Am Ende des Ganges öffnete sich eine Tür, und eine lächelnde Frau kam ihnen entgegen. «Guten Tag, meine Damen. Ich habe Ihren Wagen schon kommen sehen.»

Mrs. De Bow strahlte, ebenso wie die Einrichtung, bürgerliche Eleganz aus. Sie hatten Mrs. De Bow schon in so vielen verschiedenen Toiletten gesehen, daß Coral meinte, sie leihe sie sich gewiß aus. Heute trug sie ein Kleid mit engem schwarzem Oberteil und orangefarbenem Rock, um die Taille die obligate Kette, an der Schlüssel, Riechsalz, ein Federmesser und eine Uhr hingen, so daß sie jederzeit für Notfälle aller Art in ihrem Etablissement gerüstet war.

Sie führte die drei Damen in ihre Privaträume, wo an einem Tisch bereits zwei andere Kundinnen saßen, von denen eine ungeduldig auf den Tisch trommelte, während die andere sich mit gerunzelter Stirn das Kinn rieb. «Die Damen kennen sich?» erkundigte sich Mrs. De Bow, die ihre Kundinnen niemals mit Namen vorstellte.

«Natürlich», entgegnete Coral, streifte die Handschuhe ab und nahm Platz.

Ceda eilte ans Fenster und sah auf die Straße hinaus. Die Kinder waren noch da. Mrs. De Bow mischte die Karten, und Susan wandte sich an Ceda. «Na, hast du dich nun entschlossen?»

Ceda drehte sich mit entschuldigender Miene um. «Ich glaube, ich möchte heute lieber nicht spielen.»

Mrs. De Bow lächelte. «Möchten Sie gern etwas essen? Oder vielleicht lieber lesen?» fügte sie hinzu, denn Ceda kam zwar inzwischen mit ins Haus, weil ihr das Warten im Wagen zu langweilig wurde, spielte aber selten, sondern zog sich meist in die Bibliothek zurück. Susan hatte ihrer Schwester vorgeschlagen, sie solle doch ein wenig spazierenfahren. Aber Ceda ließ sich nicht davon abbringen, daß es ihre Pflicht sei, ihre jüngere, schwächere Schwester überallhin zu begleiten und vor allem zu behüten.

Mrs. De Bow mischte weiter, und ihre Hände bewegten sich dabei so flink, daß Ceda ihr mit entsetzter, aber gebannter Miene zuschaute. Sie war sicher, daß Susan heute wieder auf dem Heimweg schweigsam und übellaunig und bestimmt noch mehr verschuldet bei Coral Talbot sein würde, die die Spielschulden stets in bar bezahlte und dafür von Susan Schuldscheine entgegennahm.

Die fünf Damen saßen einander gegenüber, und jede studierte die Gesichter der anderen mit so kalter Berechnung, daß es Ceda jedesmal ganz übel wurde, denn dieser Ausdruck enthielt keine Spur des üblichen weiblichen Interesses an den Gesichtern anderer Frauen, sondern nur ein unpersönliches, grausames Abwägen von Stärken und Schwächen, der Stimmung, eines daraus resultierenden möglichen Angriffspunktes. Als Ceda das Zimmer verließ, begann das Spiel. Coral hob mit geübten Bewegungen die Karten ab, während sich eine andere Dame eine Zigarre ansteckte und das Dienstmädchen bat, ihr eine Flasche Champagner zu bringen.

Ceda schlenderte langsam den Gang entlang, wieder an der Tür vorbei, hinter der die junge Frau weinend auf dem Bett lag, während die Freundin ihr die Hand tätschelte. Einen Augenblick war Ceda versucht, hineinzugehen, sich zu ihnen zu setzen und sie zu fragen, wie sie in dieses furchtbare, gefährliche Spiel hineingezogen worden waren. Aber sie fürchtete Mrs. De Bows Zorn, falls es herauskäme, daß sie an ihren Kundinnen Missionsarbeit geleistet hatte, und ging deshalb lieber weiter zur Bibliothek.

Zielbewußt trat sie an ein Regal und nahm Emersons *Essays* heraus. Dieses Buch war ihr einziger Trost in diesem Hause, und sie suchte in ihm immer wieder nach Argumenten, die sie Susan entgegenhalten konnte. Aber was sie auch zitierte, Susan lächelte nur bitter und zuckte resigniert die Achseln. Ceda wußte natürlich genau, daß Coral Talbot Susan in Versuchung geführt und langsam dazu gebracht hatte, nach den Erregungen dieser Nachmittage zu gieren wie ein Trinker nach Alkohol.

Angefangen hatte es vor drei oder vier Jahren in Long Branch mit Whist. Nach einer Weile hatte Coral gemeint, ein kleiner Geldeinsatz würde die recht geringe Spannung des Spiels ein wenig erhöhen, ein Vorschlag, dem Susan bereitwillig zustimmte. Ebenso bereitwillig hatte sie zugestimmt, als Coral Talbot später erklärte, Poker sei doch ein sehr viel unterhaltsameres Spiel als Whist.

«Freunde dich nicht zu sehr mit ihr an, Susan», hatte Ceda die Schwester gewarnt. «Und paß auf, daß sie nichts erfährt, was du vor der Welt lieber verschweigen möchtest.»

«Glaubst du etwa, daß Coral eine Erpresserin ist?»

«Sie haßt Suky, Susan. Und das ist das Schlimmste, was sie tun kann. Wenn es mir nicht um Suky ginge, wäre sie mir völlig gleichgültig.» Ceda fühlte sich wie eh und je als Sukys Beschützerin und konnte die Vorstellung nicht ertragen, daß irgend etwas ihre zartbesaitete Nichte verletzen könne. «Außerdem weißt du genau, was Joshua sagen wird, wenn er davon erfährt.»

«Joshua ist jetzt reich. Er kann es sich leisten, daß ich mir hier und da mit einem freundlichen Spielchen – wie die Männer das nennen – die Zeit vertreibe.»

Ceda ahnte, obwohl sie es sich nicht eingestehen wollte, daß es nicht nur die Erregung des Spiels war, die Susan genoß, sondern zugleich auch, und das vielleicht noch mehr, die heimliche Opposition gegen Joshua.

Manchmal hatte sie den Eindruck, Joshua wisse längst, daß Susan sich ungebührlich betrug. Vor nicht langer Zeit hatte er ihr mit finsterer Miene gesagt: «Ein guter Name ist eines der wertvollsten Güter im Leben. Ich hoffe, dein Haß gegen mich veranlaßt dich nicht, etwas zu tun, ihn zu zerstören. Solltest du diese Absicht aber doch haben, Susan Ching, dann vergiß nicht, daß es auch dein Name ist.»

Susan hatte sich geweigert, mit Ceda über diesen Zwischenfall zu sprechen. Sie behauptete, sie sei es gewohnt, daß Joshua sie von Zeit zu Zeit warne. Das gehöre zu seinen wenigen festen Grundsätzen. Susan hatte nicht einmal einsehen wollen, daß es sehr häßlich war, so etwas von ihrem Mann zu behaupten. Auch Suky gegenüber war sie in letzter Zeit reizbar. Sie stritt sich sogar mit ihr über das Porträt, das Augustus Adams soeben fertiggestellt hatte, ein Maler, der Stoffe und Juwelen und die Struktur von Haut und Haaren so vollendet wiederzugeben verstand, daß sich jede Frau, die etwas auf sich hielt, wünschte, von Augustus Adams gemalt zu werden. Suky jedoch war mit ihrem Porträt nicht zufrieden, während Susan meinte, die Ähnlichkeit sei vollkommen.

Augustus Adams machte ein unglückliches Gesicht. «Mrs. Van Zandt ist natürlich viel schöner. Aber Sie dürfen dem Künstler keine Vorwürfe machen, Madame. Dies ist das schönste Porträt, das ich je angefertigt habe. Ich kann nichts dafür, daß Mrs. Van Zandt selber meine Kunst noch übertrifft.»

Suky kümmerte sich nicht um Augustus Adams' Schmeicheleien. Sie deutete auf ein anderes Porträt, das noch auf der Staffelei stand, und erklärte freundlich: «Dies ist das schönste Porträt, das Sie gemalt haben, Mr. Adams. Wer ist das?»

«Du weißt ganz genau, daß es Allegra Stuart ist, Suky», belehrte Susan sie. «Wir haben sie kürzlich in *Twelfth Night* gesehen und vor ein paar Monaten als Julia. Ja, Mr. Adams, das ist wirklich ein wunderbares Porträt. Ich bin ganz derselben Meinung.»

«Aber», wandte er entschuldigend ein, «Miss Stuart ist auch eine Schauspielerin. Eine sehr gute Schauspielerin, wie Sie wissen. Sie hat natürlich die Gabe, jeden Eindruck erwecken zu können, den sie erwekken will.»

Suky betrachtete Miss Stuart noch eine Zeitlang. «Ich habe nicht ganz verstanden, was Sie damit sagen wollen, Mr. Adams. Da Sie jedoch überzeugt sind, daß Sie Ihr ganzes Können für mein Porträt eingesetzt haben, werde ich es selbstverständlich akzeptieren.» Sie reichte ihm lächelnd die Hand. «Ich danke Ihnen.» Und Mr. Adams hielt zu seinem Erstaunen eine goldene Uhr in der Hand. Er ließ sie aufspringen, um die Widmung zu lesen, und verbeugte sich tief.

«Ich danke Ihnen, Mrs. Van Zandt. Danke, vielen Dank!»

Sie gingen, und Ceda nahm Sukys Arm. «Wie großzügig von dir, Liebes. Wo er fünftausend Dollar für dieses miserable Bild genommen hat.»

«Warum hat er nur Miss Stuart so viel schöner porträtiert?» rätselte Suky. «Dieser Ausdruck, dieses traurige kleine Lächeln. Fast wie bei einem verlassenen Waisenkind.»

«Vielleicht malt er verlassene Waisenkinder am besten», warf Susan ein. «Du solltest dir einen Maler suchen, der mit verlassenen Waisenkindern nichts anfangen kann, Suky.»

Solche Reibereien zwischen Susan und Suky waren mit der Zeit immer häufiger geworden. Vielleicht hing es damit zusammen, dachte Ceda, daß Joshua sich bei allen offiziellen Anlässen mehr auf Suky verließ als auf seine Frau.

Vor nicht langer Zeit waren Suky und Joshua eines Abends aus ihrem Konferenzzimmer, wie Susan den Wintergarten spöttisch nannte, gekommen und hatten Steven mitgeteilt, daß er am 3. Juni um acht Uhr in der First Presbyterian Church mit Leticia Marble getraut werden würde. Ferner unterrichteten sie ihn davon, daß achthundert Gäste in die Kirche und tausend zum Empfang geladen seien und daß das Brautpaar noch am selben Abend zu einer sechsmonatigen Europareise aufbrechen werde.

«Wie tüchtig!» sagte Susan bewundernd. «Ich fühle mich, als wäre alles bereits vorbei und es gäbe nichts mehr zu planen.»

«Aber Mama», belehrte sie Suky, «solche Dinge erledigen sich ja schließlich nicht von selbst.»

Ceda hatte wiederholt versucht, ihrer Schwester klarzumachen, daß sie sich schon seit geraumer Zeit leichtsinnig ihrer Position und Autorität begeben habe. Aber Susan hatte darauf nur kühl erwidert: «Es würde doch nichts ändern, ob ich nun mitrede oder nicht. Sie würden immer nur das tun, was sie für richtig halten – als sei ich einfach nicht da. Wirklich, Ceda, ich habe mich in letzter Zeit oft gefragt, ob ich vielleicht allmählich unsichtbar werde. Sieh mich mal genau an und sag mir die Wahrheit: Kannst du mich noch so deutlich sehen wie früher?»

Ihre Worte hatten Ceda ein wenig verwirrt. Sie sah Susan unsicher an und überlegte, ob das wohl eine behutsame Anspielung darauf sein sollte, daß ihre Augen schlechter wurden. Und dann war sie in Tränen ausgebrochen.

Auch Steven, der mit seiner Schwester nie auf sehr freundschaftlichem Fuße gestanden hatte, schien das Gefühl zu haben, daß er eine Art Probezeit durchmachen müsse, weil offenbar irgend jemand den Verdacht hatte, es stimme etwas nicht mit ihm, was früher oder später ans Licht kommen mußte. Immerhin hatte Suky eine Frau für ihn gefunden.

Eines Abends hatte sie Joshua erklärt: «Ich habe gestern bei Alvita Hallam ein reizendes Mädchen kennengelernt, eine Kusine zweiten Grades von Alvita, Leticia Marble, Hiram Marbles älteste Tochter. Sehr hübsch und sehr gut erzogen. Sie ist gerade von einer dreijährigen Europareise mit ihrer Tante zurückgekehrt. Ihre Mutter ist leider verstorben. Sie ist noch nicht ganz achtzehn, hat eine jüngere Schwester und keinen Bruder.»

Joshua sah sie aufmerksam an. «Ich kenne Hiram Marble. Laß mich ein paar Tage darüber nachdenken.»

Nicht lange darauf machte Alvita Hallam die beiden auf einem ihrer Abendempfänge miteinander bekannt. Steven, der auf die meisten jungen Mädchen große Anziehungskraft ausübte und sie mit seiner Galanterie und Indifferenz bestrickte, gewann damit auch Letty Marble. Begeistert flüsterte sie Suky zu: «Ihr Bruder ist so würdevoll, so ernst und nachdenklich! Die meisten jungen Amerikaner sind so frivol.» Sie rollte tadelnd die Augen.

«Steven ist niemals frivol», versicherte Suky.

«Wie angenehm.»

Ceda hatte nie genau erfahren, wie es dann weiterging. Allerdings hatte sie inzwischen begriffen, daß Ehen, wenn Geld dabei im Spiel war, gar nicht so leicht zu arrangieren waren, wie sie es immer geglaubt hatte. Auf jeden Fall wurde eines Tages die offizielle Verlobung bekanntgegeben, und seitdem waren sie ständig mit Besuchen, Gesellschaften und Bällen beschäftigt gewesen. Joshua schien bester Laune, weil er die Van Zandts, die Talbots mit ihren vielen Verbindungen und nun auch Hiram Marble erobert hatte. Doch Ceda zitterte vor Angst, daß er Susans Laster entdecken könnte. Diese Angst verfolgte sie bis in den Schlaf. Sie bekam häufig Kopfschmerzen und Schüttelfrost und sah so elend aus, daß Joshua, der Krankheiten, zumindest bei Frauen, gewöhnlich ignorierte, sie eines Tages fragte, ob sie nicht einen Arzt aufsuchen wolle. Ceda hatte ihn schuldbewußt angesehen und erschrocken abgewehrt: «O nein, Joshua.»

«Ich verstehe», hatte Joshua mysteriös erwidert und nicht mehr davon gesprochen.

Auch an diesem Nachmittag fand Ceda in den *Essays* keinen Rat, den sie Susan nicht schon gegeben hatte. In diesem Haus fühlte sie sich immer von Bösem und von Heimlichkeit umgeben und glaubte jeden Augenblick, Agenten eines Detektivbüros auftauchen zu sehen. Die gedämpften Laute, die an ihr Ohr drangen – das Klappern des Roulettes, die monotonen Stimmen der Frauen, die ihre Einsätze nannten, das Öffnen und Schließen von Türen –, das alles kam ihr auf einmal noch unheimlicher vor als sonst. Als Susan und Coral Talbot endlich erschienen, war es nahezu dunkel. Susan sah müde und bedrückt aus, wie immer nach diesen Sitzungen, und bevor Ceda etwas sagen konnte, schüttelte sie abwehrend den Kopf und murmelte: «Wir können gehen, Ceda.»

Die Kinder waren immer noch da; die Jungen spielten mit Murmeln, die kleinen Mädchen machten Seilspringen und tuschelten miteinander. Coral, Susan und Ceda gingen, ohne einen Blick auf die Kinder zu werfen, auf Corals Kutsche zu und stiegen ein. Aber das kleine Mädchen, das Susan vorhin angesprochen hatte, winkte ihnen zu und rief: «Wiedersehen, Ma'am! Bis bald!»

Susan sank mit geschlossenen Augen in die Polster, und Ceda betrachtete sie bekümmert, während Coral den ganzen Weg bis zur Fifth Avenue zum Fenster hinaussah. «Bettler, Bettler», murmelte sie geistesabwesend. «Überall begegnet man ihnen jetzt.» Die halbe Bevölkerung der Stadt schien sich aufs Betteln verlegt zu haben – verkrüppelte Männer und Frauen, Blinde und zerlumpte Kinder. Corals Bemerkung über die Bettelei kam Ceda seltsam unheilverkündend vor. Nach einer Weile warf Coral einen mißbilligenden Blick zu Susan hinüber. «Wieder mal Pech gehabt, Susan?»

«Ja», gab Susan kleinlaut zu, «wieder mal Pech gehabt.»

«Susan, ich hoffe, es kommt dir nicht ungelegen, aber ich habe in letzter Zeit ein wenig an der Börse verloren und möchte dich bitten, mir das Geld zurückzugeben, das ich dir geliehen habe.»

Susan sah aus, als hätte man sie geohrfeigt, aber Coral schien das nicht zu bemerken. Kurz darauf hielten sie vor dem Hotel.

«Gute Nacht», wünschte Coral liebenswürdig, während Ceda Susan beim Aussteigen stützte, als werde ihre Schwester gleich auf dem Gehsteig zusammenbrechen.

Susan machte sich los und sagte streng: «Ceda, daß du mir jetzt nicht weinst! Laß mich in Ruhe und fang auf keinen Fall an, mir wieder eine Predigt zu halten. Ich werde Joshua bitten, mir einen Tip für die Börse zu geben.»

Einige Tage später versuchte Susan, dieses Thema anzuschneiden. Aber sie hatte Joshua so viele Jahre herausgefordert, daß sie jetzt kaum auf sein Entgegenkommen hoffen konnte. Joshua nahm ihre Bitte überhaupt nicht zur Kenntnis, und als sie ihn wenig später noch einmal daraufhin ansprach, bat er sie kühl, die Börse nie wieder zu erwähnen.

«Was wirst du jetzt tun, Susan?» fragte Ceda schüchtern.

«Ich weiß es nicht. Ich schulde Coral Talbot fast elftausend Dollar.»

Ceda hielt den Atem an und preßte beide Hände vor den Mund. «Mein Gott, das ist ja ein Vermögen!»

Als sie wieder einmal auf dieses Thema zurückkamen, bot Ceda Susan an, einige Stücke von ihrem Schmuck zu versetzen, aber Susan lächelte nur herablassend. «Du weißt sehr gut, Ceda, daß Joshua das sofort merken würde. Er betrachtet alles, was er einem je geschenkt hat, noch als sein Eigentum. Vielleicht», fügte sie seufzend hinzu, «habe ich ja doch einmal ein bißchen Glück.»

Susan setzte ihre Besuche bei Mrs. De Bow fort. Sie verschleierte sich jetzt noch dichter, aber die Augen der Kinder schienen jede Maskierung zu durchdringen.

«Was hat dein Mann gesagt, Susan?» fragte Coral.

Susan machte ein verlegenes Gesicht. «Er hat mir ein paar gute Tips gegeben. Du kannst dein Geld bald wiederhaben.»

Einige Tage darauf, als Susan und Ceda am Spätnachmittag schweigend beim Tee saßen, hörten sie die Wohnungstür gehen. Susan richtete sich steif auf und stellte die Teetasse auf den Tisch zurück, denn es konnte nur Joshua sein, der zu dieser ungewöhnlich frühen Stunde nach Hause kam. Gleich darauf stand er in der Tür, die Handschuhe an, den Hut in der Hand, den Stock noch unter dem Arm. Hut und Stock legte er auf einen Stuhl, und während Ceda ihn gebannt und entsetzt anstarrte, zog er im Stehen umständlich die Handschuhe aus. Dann begann er mit beherrschter, leiser Stimme zu sprechen: «William Talbot hat mir gesagt, daß du seiner Frau über zwölftausend Dollar schuldest.»

Susan saß reglos, ihre Hand schwebte immer noch über der Teetasse, vielleicht aus dem weiblichen Instinkt, wenigstens ihren Besitz zu schützen, wenn sie sich schon nicht selber schützen konnte. «Ja.»

Ceda beobachtete verzweifelt, daß sich Susans Ausdruck und Haltung in dem Augenblick, da Joshua zu sprechen begann, spürbar veränderten; in den vergangenen Wochen war sie ständig schweigsamer und bedrückter geworden, aber jetzt begannen ihre Augen zu glänzen, und um ihren Mund lag ein Lächeln, das fast triumphierend wirkte.

Sie sahen einander schweigend an, bis Joshua sagte: «Ich habe das erledigt.»

«Danke.»

Joshua schritt langsam auf Susan zu und blieb, die Arme vor der Brust verschränkt, breitbeinig vor ihr stehen. Er sah in dieser Pose genauso aus wie auf Augustus Adams' Porträt, das hinter ihm über dem Kamin hing. «Ich weiß, warum du das getan hast, Susan», erklärte er ruhig. «Ich weiß es vermutlich besser als du. Du hast nach einer Möglichkeit gesucht, dich an mir zu rächen – wofür, weiß ich allerdings nicht. Und dies schien dir die beste Gelegenheit zu sein.»

Susan lächelte immer noch, und auch ihr Gesicht hatte den gleichen wissenden Ausdruck wie auf Augustus Adams' Porträt, das neben Joshuas hing. Keiner von beiden schien sich dieser Imitation seiner selbst bewußt zu sein, denn sie konzentrierten sich, wohl zum erstenmal seit ihrer Heirat, völlig aufeinander. Susan schien sich überhaupt nicht darüber klar zu sein, daß Joshua bereits einen Gegenschlag vorbereitet hatte und es nicht mehr lange dauern konnte, bis für Susan Ching und Ceda Morgan das Leben, so wie sie es bisher geführt hatten, vorüber war.

«Wie du immer gern sagst, Joshua», erwiderte Susan mit sanfter, schmeichelnder Stimme, «wenn nicht Sieg, so wenigstens Rache.»

Ceda schrie erschrocken auf, doch Susan achtete nicht mehr auf sie.

«Rache – wofür, Susan?» fragte Joshua nüchtern.

«Für so vieles ...»

«Du bist eine verdammte Närrin.»

«Aber Joshua, ist denn dies nicht besser, als wenn ich eine Affäre mit einem anderen Mann gehabt hätte?»

«Das hätte mich nicht im geringsten gestört, wenn du dabei Diskretion geübt hättest.»

Ceda beobachtete die beiden hilflos vor Entsetzen. Die beiden schienen sich bei diesem Streit so unbeobachtet zu fühlen, als seien sie in ihrem Schlafzimmer. Joshua stand breitbeinig da, als stemme er sich gegen die Gewalt seines Zorns, und in seinem Gesicht las Ceda jetzt, was sie schon lange gefürchtet hatte: daß er Susan zu hassen begann.

Daher war Ceda dankbar, daß Joshua mit derselben ruhigen Stimme weitersprach, so leise, daß es schwierig war, ihn zu verstehen. «Hör gut zu, Susan. Und du auch, Ceda», begann er, und Ceda gehorchte jetzt bereitwillig, weil sie hoffte, durch ihre Demut ein bißchen Nachsicht für sie beide zu erkaufen. «Daß ihr mit dem Pokern aufhört, ist selbstverständlich. Außerdem wird mir von heute an Bericht erstattet, sobald ihr das Haus verlaßt. Auch wenn euch jemand besucht, werde ich es erfahren. Ich kann von nun an weder auf euere Urteilsfähigkeit noch auf eueren Stolz und euere Selbstachtung vertrauen, denn ihr habt mich gründlich davon überzeugt, daß ihr nichts von all dem besitzt.» Susan lächelte. «Deinetwegen, Susan, habe ich bereits mit Dr. Montgomery gesprochen. Er hält es für möglich, daß du an einer Art hysterisch begründeter Unzurechnungsfähigkeit leidest.»

«Du hast mit Dr. Mont . . .»

«Selbstverständlich. Eine Frau, die ihren Verstand beisammen hat, verspielt nicht zwölftausend Dollar, die sie nicht besitzt. Dr. Montgomery ist der Ansicht, daß du entweder eine lange Auslandsreise brauchst, und zwar in Begleitung einer Pflegerin, oder eine Kur von mehreren Monaten in einer Umgebung, die weniger aufregend ist als eine Großstadt. Für welches von beiden ich mich entscheide, weiß ich noch nicht. Aber ich rate euch, bis zum 3. Juni kein Wort über diese Pläne zu verlieren, die ich übrigens nur zu deinem Besten gefaßt habe, Susan. Andernfalls werde ich dafür sorgen, daß ihr noch vor der Hochzeit verschwindet, ganz gleich, welche Lügen ich erfinden müßte, um euere Abwesenheit zu erklären.»

Er drehte sich um, ging mit energischen Schritten durchs Zimmer, als habe er eine schwierige Geschäftsverhandlung erfolgreich abgeschlossen, nahm seinen Hut, seine Handschuhe und den Stock und ging ins Vestibül hinaus. Dann hörten sie, wie sich leise die Wohnungstür schloß. Cedas Augen verdrehten sich, und sie sank lautlos zu Boden.

Es war eine von Cedas schlechten Angewohnheiten, in Ohnmacht zu fallen, sobald sie eine unangenehme Überraschung erlebte oder in Schrecken versetzt wurde. Jetzt starrte Susan auf sie hinunter und murmelte ungeduldig: «Ach, Ceda, du dumme Gans, was soll das?» Sie ließ sich neben ihr auf die Knie nieder und rieb ihr die Handgelenke. Als Ceda daraufhin wieder zu sich kam und unsicher den Kopf hob, sagte Susan: «Du darfst kein Wort zu Suky oder zu sonst jemand von diesem Vorfall sagen – nie!»

So war ihren Besuchen bei Mrs. De Bow ein Ende gesetzt, denn sie waren sich klar darüber, daß Joshua sie beobachten ließ. Die Drohung jedoch, sie in ein Pflegeheim zu stecken oder ins Ausland zu schicken, schien Susan nicht ganz ernst zu nehmen, weil eine solche Maßnahme weniger sie als Joshua selber in Mißkredit bringen würde.

Trotz dieses Zwischenfalls schien Joshua bester Laune zu sein, als der Hochzeitstag näher rückte. Er strahlte Zuversicht, Kraft und Stolz aus und wirkte dadurch sicher auf viele Frauen anziehend. Nur auf Susan konnte er keinerlei Eindruck mehr machen. Daß diese beiden Menschen einander nicht lieben konnten, war für Ceda einfach unerklärlich. Allerdings fand sie die Beziehungen zwischen Mann und Frau ohnehin mysteriös, und sie beglückwünschte sich oft, daß sie ledig geblieben war. So demütigend die Stellung einer unverheirateten Frau zuweilen auch sein mochte – sie schien noch weit angenehmer zu sein als die erschreckenden Auswirkungen der menschlichen Leidenschaften, in die sie im Verlauf ihres Lebens Einblick genommen hatte.

Trotzdem war Ceda, wenn es um Liebe und Ehe ging, meist sehr sentimental und optimistisch, und immer wenn sie Steven mit seiner Verlobten sah, strahlte sie vor Glück, denn Steven schien dieses Mädchen wirklich zu lieben, und Letty betete ihn ganz offensichtlich an.

«Sie passen großartig zusammen», sagte Ceda zu Susan und Suky. «Steven so groß und blond und Letty zierlich und dunkel. Steven würdig und ruhig, sie lebendig und lebhaft, aber zum Glück nicht eigenwillig. Die beiden werden bestimmt sehr glücklich, das weiß ich genau.»

«Sie ist klug, nicht wahr?» wandte sich Susan an Suky. «Wenn eine Frau bei deinem Vater auf Interesse stößt, muß sie klug sein, so jung sie auch sein mag. Worüber sie wohl sprechen?»

«Letty sagt gar nichts», erklärte ihr Suky. «Sie hat überhaupt nichts zu sagen. Sie ist ein sehr simples, junges Mädchen.»

Und weil Letty Marble ein so simples, junges Mädchen war, hatte Suky es auf sich genommen, alle Vorbereitungen für die Hochzeit zu treffen. Es war fast, als plane sie jetzt, nach zehn Jahren, die Hochzeit, die sie gefeiert hätte, wenn sie Frederic Hallam hätte heiraten dürfen.

«Es bricht mir das Herz», sagte Ceda zu Susan. «Suky bedenkt jede Einzelheit, die Toiletten, Blumen und Farben der Brautjungfern ... Aber keine Braut wird auch nur annähernd so schön sein können wie Suky.»

Der Hochzeitstag kam, und Susan erwachte so zuversichtlich und fröhlich wie lange nicht mehr. Ungezwungen erschien sie in Cedas Zimmer, fragte sie, welche Änderungen die Schneiderin ihrer Meinung nach noch anbringen mußte, ging am späten Nachmittag zu Suky und sprach – wie stets bei wichtigen Angelegenheiten – alles noch einmal mit ihr durch.

Während die drei Damen sich in Sukys Ankleidezimmer unterhielten, schoß Mr. Ducarcel hin und her, wirbelte seine Zange, schwenkte Lokken und Zöpfe und konstruierte eine seiner komplizierten Frisuren, die es, wie er versicherte, immer nur einmal gab. «So, da – jetzt haben wir's. Jetzt ist es genau, wie es sein soll, nicht wahr, Mrs. Van Zandt? Diesmal hat es geklappt. Wußten Sie, daß Lady Haldane sich für die Hochzeit heute abend ihr Haar in der neuen Farbe hat einfärben lassen?»

«So? In welcher neuen Farbe denn?»

«In diesem neuen Blond – ein sehr helles, goldenes Blond. Die Schauspielerin hat damit angefangen. Sie wissen schon, wen ich meine. Allegra Stuart.»

Suky nahm einen Handspiegel, um die Rückseite ihrer Frisur zu begutachten. «Ach ja, hellblond. Mir gefällt das nicht. Ihnen vielleicht?»

«O nein, Madame, ganz und gar nicht. Es ist ... viel zu ... hell. Aber es ist eben in Mode gekommen. Goldblondes Haar mit dunklen Brauen und Wimpern.» Er machte eine rasche Geste, als färbe er seine eigenen Brauen und Wimpern. «Die Damen meinen immer, wenn sie sich genauso zurechtmachen wie Allegra Stuart, dann sehen sie auch genauso wie sie aus – vielleicht bilden sie sich sogar ein, sie könnten sich damit in Allegra Stuart verwandeln.» Er lachte amüsiert bei dieser Vorstellung. «Es ist natürlich sehr wirkungsvoll, aber nur an ihr – bei anderen sieht es fürchterlich aus. Grell und falsch. Aber wer sieht sich selber schon so kritisch, daß er es erkennt?» sagte er traurig. «Das können nur sehr wenige. Sie, zum Beispiel, Madame.» Er machte eine Verbeugung vor Suky. «Und ein paar andere. Mrs. Talbot zum Beispiel. Sehr wenige. Die meisten wollen nur irgendein Gesicht, ein Gesicht, das auffällt, und es ist ihnen gleichgültig, ob es ihr eigenes Gesicht ist oder nicht.» Er breitete die Hände aus und zuckte die Achseln. Dann warf er plötzlich sein Arbeitsgerät in die Tasche, verbeugte sich vor Susan und Ceda, verbeugte sich tiefer vor Suky, die ihm kurz, aber offen und vertraulich zulächelte, und eilte hinaus, zur nächsten Dame, denn diese Hochzeit hielt ihn nicht weniger in Trab als ein Neujahrstag.

Es war Suky gelungen, für ihren Bruder und Letty Marble eine der schönsten Hochzeiten zu arrangieren, die es je gegeben hatte. Als sie um kurz vor acht in der Kirche eintrafen, spürte Ceda eine erwartungsvolle Spannung unter den Gästen, als erlebten sie den ersten Auftritt einer berühmten Schauspielerin mit. Man hatte weiße Spaliere vor die Wände gestellt und mit weißen Rosen geschmückt, die gerade in schönster Blüte standen, und der ganze Kirchenraum erstrahlte im Licht unzähliger weißer Kerzen.

Voll Stolz entdeckte Ceda, daß auch Philip Van Zandts drei Schwestern gekommen waren und in altmodischen Kleidern und Hauben steif und würdig dasaßen. Ceda fragte sich staunend, wie Suky das fertiggebracht haben mochte, und gestand sich zum Schluß seufzend ein, daß eine Hochzeit anscheinend alles ins Lot bringe.

Als die Musik einsetzte, erhoben sich die Gäste. Annabel Devlin, die vor fast einem Jahr zusammen mit ihrem Bruder Robert gekommen war, um hier die Schule zu besuchen, eröffnete zusammen mit Lettys Schwester Nancy den Brautzug. Sie schritten langsam durch den Mittelgang und warfen schüchterne und fast ein wenig mißtrauische Blicke nach rechts und links, als fürchteten sie, für ein rituelles Opfer erwählt worden zu sein. Ihnen folgten die zwölf Brautjungfern, in weißen Tüllkleidern – jede mit einer Schärpe und Seidenschuhen in einer anderen Pastellfarbe –, mit offenem langem Haar und weißen Rosenkränzen auf dem Kopf. Es waren ausgesucht hübsche Mädchen, denn Suky hatte Letty geraten, lieber eine gute Freundin vor den Kopf zu stoßen, als sich die Wirkung der Hochzeit verderben zu lassen. Diesen Rat hatte offenbar auch Steven bei der Wahl seiner Brautführer beachtet. Sein Vetter Robert Devlin war der schönste Mann in beiden Familien, fand Ceda.

Steven schritt feierlich neben Lettys Tante her, und als letzte erschien, begleitet von bewunderndem Geraune, Letty am Arm ihres Vaters. Trotz all ihrer guten Vorsätze mußte Ceda bei ihrem Anblick weinen, denn Letty trug, ohne es zu wissen, das Kleid, das Suky vor langer Zeit für ihre eigene Hochzeit entworfen hatte, ein Kleid, das sie Ceda immer wieder beschrieben und nun bis aufs Haar kopiert hatte. Nur den Reifrock hatte Suky durch eine kleine Turnüre ersetzt. Es war aus weißem Moiré, hatte lange Ärmel und einen hochgeschlossenen Kragen, und selbst der Brillantstern, den Suky sich gewünscht hatte, steckte in Lettys Haar. Die lange Schleppe wurde von zwei kleinen Pagen in dunkelblauen Samtanzügen getragen – von Sukys Sohn Joshua und dem kleinen Jeffrey Hallam.

Als Letty an Ceda vorbeiging, stellte diese beifällig fest, daß ihr Brautbukett aus weißen Kamelien und Orangenblüten zitterte. Da verlor Ceda auf einmal die Beherrschung und konnte den Vorgängen nicht mehr folgen. Sie schloß die Augen und kämpfte verzweifelt gegen das Bedürfnis an, laut zu weinen und endlich einmal von Herzen zu klagen und zu schluchzen. Sie hatte sich erst wieder gefaßt, als der Brautzug die Kirche verließ. Während der Marsch von Mendelssohn dröhnend den Raum erfüllte und die Rosen ihre ersten Blätter abwarfen, begannen die Damen mit ihren Kleidern zu rascheln, rafften Fächer und Retiküls zusammen, und Ceda entnahm dem ringsum einsetzenden Geplauder beseligt, daß Sukys Werk allgemein vorbehaltlos bewundert wurde.

Als Ceda die Sakristei erreichte, fuhr das Brautpaar gerade unter Glockengeläute davon. Vor Hiram Marbles Haus hatte sich eine neugierige Menge versammelt, die von Polizisten zurückgehalten werden mußte. Die Gäste schritten über Brüsseler Teppiche ins Haus, wo die Möbel hinter Blumenarrangements verschwunden waren. Hier fand Ceda auch Susan wieder, und sie umarmten einander, als wollten sie alle in letzter Zeit aufgetauchten Spannungen ein für allemal vergessen.

Sie nahmen Platz zum Hochzeitsessen, und während der Kuchen angeschnitten wurde, lauschte Ceda hingerissen und entzückt den Glückwunschansprachen, trank bei jedem Toast einen Schluck Champagner und wurde schließlich so ausgelassen, daß sie einmal mehrere Glas hintereinander kippte. Dann eröffnete die Braut mit Stevens Brautführer die Quadrille, und Steven tanzte mit der ersten Brautjungfer, seiner Kusine Evelyn.

Kurz darauf verschwand die Braut, nach einer kleinen Weile folgte ihr Steven, und Ceda, die sich nicht stark genug fühlte, um sich durch die Menschenmenge bis an die Haustür vorzukämpfen, beugte sich gerade noch rechtzeitig aus dem Fenster, um Letty und Steven davonfahren zu sehen. Der Wagen ratterte los, Seidenschuhe und Reissäckchen wurden ihm nachgeworfen, und als einer der Schuhe auf dem Kutschendach landete, brachen die Zuschauer auf den Gehsteigen in lauten Jubel aus. Als Ceda sich mit einem tiefen Seufzer vom Fenster abwandte, entdeckte sie, daß Joshua neben ihr stand.

«Ceda», sagte er und lächelte mit spöttischem Ernst, «würdest du mit mir tanzen?»

Ceda schenkte ihm einen koketten Blick. «Es gibt niemand, Joshua, mit dem ich lieber tanzen würde. Kein Mann ist heute abend so schön wie du.» Ceda fand wirklich, daß Joshua mit seinem weißblonden Haar, dem gepflegten Bart, dem gut geschnittenen Anzug, der ernsten, würdevollen Haltung nicht minder eindrucksvoll war als das Porträt, das Augustus Adams von ihm gemalt hatte. Als sie mit ihm umherwirbelte, spürte sie einen wachsenden Stolz. «Es war einfach perfekt, nicht wahr? Alles!»

«Alles», stimmte er zu. «Dank Suky.»

«Oh, ich freue mich ja so, daß du weißt, wieviel wir Suky zu verdanken haben!»

«Aber natürlich weiß ich das, Ceda», erwiderte er. Er fand es geradezu absurd von Ceda, anzunehmen, daß er nicht wüßte, wieviel Suky für sie alle getan hatte.

Als Ceda später über diesen Abend nachdachte, fand sie kein Anzeichen für etwas Ungewöhnliches. Sie erinnerte sich nur noch an eine verwirrende Folge von Walzern und Quadrillen, an Champagner und Hummer, an welkende Blumen und zerdrückte Röcke, helle Stimmen und Lachen. Dieser Ball war weit anregender gewesen als alles, was sie bisher erlebt hatte. Als sie zu Bett ging, bewunderte sie Suky für die Gabe, Atmosphäre zu zaubern und andere in die richtige Stimmung zu bringen, und schlief dann – obwohl sie sich später schämte, es zuzugeben – ausgezeichnet und ohne böse Träume.

In den wenigen Stunden, die noch von der Nacht blieben, plagten sie weder böse Vorahnungen noch unerklärliche Ängste; und doch hatte Ceda, als sie erwachte, das merkwürdige Gefühl, daß irgend etwas nicht stimmte. Einen Augenblick blieb sie still liegen und versuchte sich zu erinnern, ob am Abend zuvor etwas geschehen war, das ihre Unruhe erklärte. Aber sie konnte sich an nichts erinnern. Da hörte sie plötzlich lautes Klopfen, stieg aus dem Bett, griff nach dem Morgenrock und eilte zur Tür ihres Schlafzimmers. In ihrer Hast vergaß sie ganz, daß sie die Tür immer zuschloß, und wurde einen Augenblick von Panik ergriffen, jemand habe sie eingeschlossen. Dann lief sie, laut Susans Namen rufend, über den Flur.

Die Tür zu Susans Zimmer war weit auf, und Ceda blieb wie angewurzelt stehen. Dann da, mit dem Rücken zu ihr, stand Joshua in seinem schwarzen Gehrock und der grauen Hose, die er im Büro zu tragen pflegte, Handschuhe, Hut und Stock in der Hand, und am anderen Ende des Zimmers stand Susan. Sie war anscheinend im Schlaf überrascht worden und aufgesprungen, denn sie stand im Nachthemd am Fenster, als ob sie sich verteidigen müsse. Zwischen Joshua und Susan sah Ceda einen Mann, der langsam auf Susan zuschritt, als wolle er ein mißtrauisches Tier oder ein erschrecktes Kind einfangen. Es war Dr. Montgomery. Während Ceda die Szene sprachlos verfolgte und glaubte, dies sei ein Albtraum, ging Dr. Montgomery weiter auf Susan zu und sagte immer wieder leise, überredend ihren Namen. Plötzlich machte Susan einen Satz zur Seite und schrie laut auf: «Nein, Joshua! O nein, nicht, bitte ...»

50

Die Nacht war so heiß, daß Allegra trotz des von der Straße heraufdringenden Lärms – Gesang, Schreien und das laute Knallen explodierender Feuerwerkskörper – alle Fenster im Eßzimmer geöffnet hatte. Dennoch wischten sich die Männer den Schweiß von der Stirn, und dennoch klebten die Haare der Frauen an den Schläfen und im Nacken. Nur Allegra sah taufrisch aus, als könne ihr die Hitze, nur eines von vielen unvermeidlichen Übeln in Amerika, nichts anhaben.

Sie saß am Kopfende des Tisches, gegenüber von Dyke Ferguson, und beobachtete ihre Gäste mit spöttischem Lächeln. Sie glaubte, Kinder bei einer Kindergeburtstagsfeier vor sich zu haben, obwohl es der Geburtstag der Nation war, den sie hier feierten. Ununterbrochen wurden Trinksprüche ausgebracht – auf die Gastgeberin, auf das hundertste Jahr der Nation, auf die amerikanische Revolution, auf Washington und Lincoln und General Grant und ihre klugen Manager, auf ewigen Frieden, auf eine erfolgreiche Herbstsaison, auf die Hoffnung, daß die Krise, unter der das Land augenblicklich litt, bald vorbei sei.

Allegra musterte ihre Gäste, diese achtzehn ständigen Mitglieder des Ensembles, unter denen sie Freunde, aber etwa auch die gleiche Anzahl

Feinde hatte. In dem einen Jahr, in dem sie gemeinsam mit ihnen auf der Bühne stand, hatte sie all ihre Geheimnisse, ihre Stärken und Schwächen kennengelernt. Anfangs hatte man sie gemieden. Es war ein großer Erfolg für Allegra, daß sich jetzt alle ihre Kollegen darum rissen, zu ihr zum Essen oder zu einem Empfang eingeladen zu werden, als sei es die Einladung eines Souveräns.

Als Dyke Ferguson dem Ensemble verkündete, daß er Allegra Stuart für die Truppe habe gewinnen können, hatte er hinzugefügt: «Ihr seid alle viel zu sehr von euch überzeugt. Ich glaube, Miss Stuart wird euch mal wieder ein bißchen Anregung bringen.» Und das war, wie sich herausstellte, eine zutreffende Voraussage gewesen.

Nachdem Dyke Ferguson ihnen diese Mitteilung gemacht und dann wie üblich sofort wieder gegangen war, hatten sie noch lange im Künstlerzimmer gesessen und über den Fall Allegra Stuart diskutiert. So kam es, daß Allegra, als sie in Amerika eintraf, bereits Anhänger und Gegner vorfand. Es gab zwei Parteien, die einen waren für Tamzene Twining, die anderen für Allegra Stuart.

Tamzene Twining, während der letzten vier Jahre Star an Fergusons Broadway Theater, war häufig nicht weniger hochfahrend gewesen als Ferguson selber und hatte sich dadurch manchen Feind gemacht. Vor allem die Heroine des Theaters hatte sich auf Allegras Seite geschlagen und sie in viele Geheimnisse des Ensembles eingeweiht. Tamzene Twining, hatte sie Allegra erzählt, sei heimlich mit Anthony De Forest verheiratet, und De Forest, dessen lange, gerade Nase, kräftiges Kinn und leuchtend blaue Augen Attraktionen waren, die seinen Schauspielerqualitäten keineswegs nachstanden, heiße eigentlich Patrick Runkle.

«Warten Sie nur, De Forest», sagte Ferguson, der bei seinen Schauspielern in dem Ruf stand, sie gern zu quälen, «warten Sie nur, bis Sie den Macbeth mit Allegra Stuart als Partnerin spielen!»

«Ich würde es vorziehen», hatte Anthony De Forest steif erwidert, «diese Rolle mit Tamsie zu spielen.»

Ferguson warf ihm einen Blick ungläubigen Mitleids zu. «Tamsie als Lady Macbeth? Aber hören Sie, Runkle – um Himmels willen!»

Wenn Ferguson das Gefühl hatte, sein Star benehme sich anmaßend und störrisch, redete er ihn mit seinem richtigen Namen an, was nie die Wirkung verfehlte. Denn der Schauspieler lebte in der ständigen Furcht, es könne eines Tages bekannt werden, daß Patrick Runkle nicht besser sei als sein Name.

Als Allegra zu dem Ensemble stieß, entstanden allerlei neue Gerüchte. Einige Mitglieder glaubten, Allegra Stuart und Anthony De Forest seien ein Liebespaar, Tamsie Twining wisse davon und suche nur noch nach einer wirkungsvollen Rache. Andere waren überzeugt, daß die englische Schauspielerin und De Forest einander verabscheuten und daß niemand anders als Ferguson persönlich Allegras Liebhaber sei. Doch wie weit die Meinungen über derartige Einzelheiten auch auseinandergingen, alle, Freunde und Feinde gleichermaßen, waren sich darin einig – zwar nicht nach der ersten Probe, denn da hatte sie ihren Text nur gleichgültig und mit ironisch belustigter Miene gesprochen, sondern erst nach ihrem ersten Auftritt als Julia –, daß sie eine großartige Schauspielerin war.

«Ich weiß genau, wann es passiert», hatte der Charakterdarsteller ihnen erklärt, nachdem sie Allegras Spiel mehrere Abende lang gründlich studiert hatten. «Es ist ihr *Amen.* Man fühlt es kommen, das Publikum fühlt es kommen, und wenn sie es schließlich sagt und die Amme anschaut, dann wissen alle, daß Julia zur Frau geworden ist.» Er schüttelte den Kopf, ganz benommen vor Bewunderung. «Die verdammt beste Leistung, die ich seit langem gesehen habe. Dann stöhnen sie – habt ihr es nicht gehört? Und dann fangen sie an zu klatschen. Engländerin oder nicht — auf alle Fälle ist sie eine großartige Schauspielerin.»

«Bei meiner Julia», sagte Tamsie verteidigend, «war ich immer dadurch gehandikapt, daß ich so groß bin. Sie dagegen ist klein, höchstens einsfünfundfünfzig. Die Lady Macbeth kann sie bestimmt nicht spielen!»

«Lady Macbeth», erinnerte sie der Bonvivant, «ist ein Ungeheuer, aber kein Riese.»

Doch Lady Macbeth stand nicht in Allegras Vertrag, und bis jetzt hatte sie sich hartnäckig geweigert, die Rolle zu spielen. Eher würde sie den Shylock spielen, hatte sie gesagt, viel eher sogar. Aber nun begann man, in sie zu dringen, erfreut, ihren schwachen Punkt entdeckt zu haben. Man bohrte so unerbittlich weiter, daß schließlich von allen Seiten nach ihrer Lady Macbeth verlangt wurde, nicht nur von ihren Feinden, sondern sogar von ihren Freunden und Bewunderern.

Joist Barringer hatte zwei Zeitungsartikel geschrieben, in denen er sie drängte, die Lady Macbeth zu spielen, und Benjamin Burnish hatte die Bitte sogar zum Thema eines seiner Leitartikel gemacht. Auch Joshua Ching, der sie gelegentlich im Künstlerzimmer aufsuchte, und Philip Van Zandt hatten sie darum gebeten, die Lady Macbeth zu spielen, als räume ihnen die alte Bekanntschaft mit Allegra ein Recht an ihrer Karriere ein. Philip erinnerte sie manchmal stolz daran, daß es sein Vorschlag gewesen war, nach England zu gehen, und auch sein Vorschlag, lavendelfarbene Kleider zu tragen, die inzwischen ebenso häufig kopiert wurden wie ihr goldblondes Haar.

«Aber ich habe Angst davor», erklärte sie allen. «Die Rolle erschreckt mich. Ich kann sie nicht spielen und will sie nicht spielen. Mehr ist darüber nicht zu sagen.» Trotzdem drangen die devoten Untertanen ihres neu eroberten Reiches weiterhin in sie und meinten, sie sei ihnen die Rolle schuldig – als Dank für die überschwengliche Bewunderung und Verehrung, die man ihr entgegenbringe.

Allegras Abendgesellschaften und Empfänge wurden von den einflußreichsten Männern der Stadt besucht. Einige brachten sogar ihre Ehefrauen mit. Überall, wo Allegra auftauchte, ob sie nachmittags in ihrem weinroten Landauer fuhr – begleitet von Jagger und Buxton, dem Kutscher und dem Lakai, die selber schon wegen ihrer weinroten, zum Wagen passenden Livreen eine gewisse Berühmtheit erlangt hatten –, oder ob sie auf ihrem hübschen Rappen Bouche Dhu ausritt – überall wurde sie erkannt und fast untertänig gegrüßt. Jeden Tag trafen im Theater und in ihrer Wohnung Blumen und Geschenke ein. In vielen Schaufenstern stand ihre Fotografie, ihr Name prangte in riesigen Buchstaben auf Zäunen, Mauern und Felsbrocken, die auf den leeren Grundstücken der oberen Fifth Avenue herumlagen. Man konnte mit Recht sagen, daß die englische Schauspielerin die Stadt erobert hatte.

Und doch sah es allmählich so aus, als könne sie sich die Sympathien nur erhalten, wenn sie nachgab und einwilligte, die Lady Macbeth zu spielen. Auf jeder Probe, an jedem Abend im Künstlerzimmer und sogar jetzt, da sie diese Horde amerikanischer Wilder zu sich eingeladen hatte, fiel der Name der Lady Macbeth. Es war so weit gekommen, daß Allegra sich davor fürchtete und gleichzeitig darauf wartete, wie sie vor langer Zeit ihr erstes Engagement in London gefürchtet, aber auch ersehnt hatte.

Als der Golddrahtkorb mit Früchten herumgereicht wurde, die, wie sich herausstellte, aus Eiscreme bestanden, rappelte sich Anthony De Forest ein wenig schwankend von seinem Stuhl auf und verkündete mit seiner tiefen, vibrierenden Stimme, die allen Damen im Zuschauerraum des Theaters eine Gänsehaut über Arme und Dekolleté zu jagen pflegte: «Auf Ihren Erfolg, Miss Stuart – in *Macbeth*!»

Als sei dies ein verabredetes Zeichen, erhoben sich nun auch die anderen, hoben die Gläser und tranken ihr zu. Nur Dyke Ferguson rührte sich nicht, sondern beobachtete sie vom anderen Ende des Tisches aus mit spöttischem Blick. Sein hageres Gesicht mit der langen, schmalen Nase, den dunklen Brauen und dem schwarzen Schnauzbart wirkte geradezu diabolisch, obgleich er bester Laune schien. «Auf *Macbeth*!» riefen sie, und als sie das Hoch ausgebracht hatten, redeten sie alle aufgeregt durcheinander.

Gerade in diesem Augenblick kam von draußen der Klang einer herannahenden Musikkapelle. Kanonenschläge knallten, und Raketen stiegen in die Luft. Alle sprangen wie elektrisiert hoch. «Der Festzug! Der Festzug!» schrien sie und liefen ins Wohnzimmer, während Allegra und Dyke Ferguson sitzen blieben und sich über die ganze Länge des Tisches hinweg ansahen.

Ferguson war der einzige Amerikaner, den sie nicht hatte erobern können. Als sie in London den Vertrag unterzeichnete, hatte er ihr zum Dank einen Pudel geschenkt. Aber seit sie hier war, zollte er ihr nicht mehr Achtung als den übrigen Mitgliedern des Ensembles – und das war wenig genug.

Er zahlte ihnen niedrigere Gagen als jeder andere Manager, er verlangte bedingungslose Unterordnung und bestrafte das kleinste Aufbegehren mit unnachsichtiger Strenge. Er kritisierte sie ununterbrochen und lobte sie selten, er brach seine Versprechen ohne Erklärung oder Entschuldigung, er faßte sie bei den Proben nicht gerade mit Samthandschuhen an und stand während jeder Vorstellung mit finsterer Miene in den Kulissen, als erwarte er eine Katastrophe. Nie hatte er, wenn der Abend ein Erfolg wurde, ein gutes Wort für seine Mitarbeiter, sondern sah jeden einzelnen von ihnen, wenn sie von der Bühne kamen, nur eindringlich und warnend an. Wenn der letzte an ihm vorbeigegangen war, verschwand er in seinem Büro und wurde vor dem folgenden Tag nicht mehr gesehen.

Diese Fehler jedoch konnten ihrer aller Überzeugung nicht erschüttern, daß er ein großartiger Manager war. Sie verteidigten ihn vor jedem Lästermaul, und nicht einmal die Stars beschwerten sich über die engen Garderoben, über die schlechte Luft und das harte Licht, die in diesem nicht sehr komfortablen Teil des Theaters vorherrschten. Einige meinten sogar, ohne diesen vollgestopften, unordentlichen Schlupfwinkel nie die Leistungen vollbringen zu können, die sie zeigten, sobald sie draußen auf der Bühne standen. Denn Fergusons Theater war das renommierteste Haus am Broadway, und die Schauspieler dachten gar nicht daran, zu einer anderen Truppe überzuwechseln. Sie murrten zwar untereinander, waren aber auch ein bißchen stolz darauf, den grausamsten und herrschsüchtigsten Manager der ganzen Stadt zu besitzen.

Während die anderen am Fenster standen und klatschten und schrien, während die Musik näher kam und die Trommeln dröhnten, als marschiere der Festzug mitten durchs Haus, saßen Allegra und Ferguson immer noch da und sahen sich an. «Warum wollen Sie sie nicht spielen?» fragte er schließlich. «Durch Ihre Weigerung gießen Sie doch nur Wasser auf die Mühle.»

«Und wenn ich sie schlecht spiele? Das ist es doch, was sie alle in Wirklichkeit wollen.»

«Sie werden sie nicht schlecht spielen, dafür werde ich sorgen.»

«Ich kann nicht schreien und toben und Blut vergießen. Ich kann es nicht, ich kann nicht . . .» Sie beugte sich vor und war nahe daran, mit der Faust auf den Tisch zu schlagen. Doch ein merkwürdiger Zug in seinem Lächeln, viel bösartiger noch als gewöhnlich, hielt sie zurück. Sie begann ihre Serviette zusammenzufalten und konnte ihm nicht in die Augen sehen.

«Wissen Sie noch», fragte er, «was Sarah Siddons über Lady Macbeth gesagt hat?»

Allegra sah ihn immer noch nicht an, zitierte aber leise: «Eine zierliche, zarte, bezaubernde, blonde Frau, voll Leidenschaft, aber durch und durch weiblich.»

«Ja», gab er leise zurück. Sie sah ihn verstohlen an, wandte den Blick aber schnell wieder von seinen glänzend schwarzen Augen ab. «Sie selber konnte die Rolle nie so spielen», fuhr er fort. Allegra nickte, spürte, wie sie demütig und kleinlaut wurde, und lauschte mit qualvoller Spannung auf das, was er jetzt sagen würde. «Aber Sie können es, Miss Stuart. Sie besitzen alle diese Eigenschaften.»

Sie sah ihn flehend an. «Meinen Sie?»

«Das wissen Sie doch.»

Sie seufzte. «Manchmal vergesse ich es.»

Dann ging sie ins Wohnzimmer, drängte sich zwischen De Forest und den Bonvivant ans Fenster und sah auf die Fackeln und Laternen schwenkenden Festzugteilnehmer hinab. Das Ensemble begann zu singen, Tamsie Twining heulte, einige fielen einander in die Arme oder tanzten wie wahnsinnig durch die Räume, und irgend jemand spielte auf dem Klavier *Hail, Columbia.*

Schwärme von Raketen rauschten in den schwarzen Himmel, zerplatzten wie Garben von Weizenähren zu goldenem Regen, und so weit das Auge reichte, sah man wehende Flaggen und in allen Büro- und Privathäusern der Stadt strahlend hell erleuchtete Fenster. Man konnte sich gut vorstellen, daß überall im ganzen Land der gleiche Trubel herrschte. Die ausgelassene Feststimmung erinnerte Allegra schmerzlich an jenen Vierten Juli, als die Damen der Missionsschule sie und ihre Mitschülerinnen mit auf das Dach genommen hatten, um ihnen das Feuerwerk zu zeigen. Sie hatte sich damals eingebildet, man würde ihr nicht ein Wunder von Menschenhand zeigen, sondern den Himmel, wo, wie man ihr gesagt hatte, ihre Mutter sei.

Auf einmal tauchte Ferguson neben ihr auf und starrte sie wortlos an. Aber sie eilte davon, um neue Gäste zu begrüßen, die irgendwie in ihre Wohnung gelangt waren. Sie versuchte von nun an Ferguson auszuweichen, denn es hieß, er könne selbst Anthony De Forest dazu überreden, das Dornröschen zu spielen.

Bald sammelte sich alles um Benjamin Burnish, der ihnen mit seiner sanften, traurigen Stimme erklärte, diese Begeisterung sei ja in gewisser Hinsicht ganz schön und gut, aber man dürfe doch nicht vergessen, daß dieses Land im Augenblick unter der größten Finanzkrise leide, die es je erlebt habe. Die gesamten Verhältnisse seien so korrumpiert, daß nicht einmal die berühmte amerikanische Kosmetik der Heuchelei diesen Mißstand übertünchen könne. «Eigentlich, meine Freunde, sollten wir heute einen Nationaltrauertag abhalten.» Er saß mitten auf einem langen Sofa – ein kleiner Mann mit einem Kranz feiner, blonder Haare und langen Koteletten, die bis auf die rosigen Wangen reichten –, ballte die Fäuste und rieb beim Sprechen nervös die Nägel aneinander. Alle schwiegen respektvoll und nachdenklich, denn in der Stadt und in einem großen Teil des Landes hatte man es sich angewöhnt, aufmerksam zuzuhören, wenn Ben Burnish sprach, ein Mann, der lange genug gelebt hatte, um zu wissen, daß – mochten die Dinge noch so schlimm stehen – das Schlimmste noch bevorstand. «Im ganzen Land herrschen Armut und Depression, und daran werden auch die Wahlen in diesem Herbst kaum etwas ändern. Dieser Tilden stürzt, wenn er gewählt wird, und möglicherweise sogar, wenn er nicht gewählt wird, das Land wieder in einen Bürgerkrieg. Glauben Sie mir, in ein paar Monaten stehen wir vielleicht schon mitten im Krieg!»

Tamsie Twining rang seufzend die Hände, Ferguson saß da und beobachtete Burnish mit dem gleichen nüchternen, mißtrauischen Blick, mit dem er seine Schauspieler musterte, wenn er in der Kulisse stand. Hin und wieder nickte er, als müsse er selbst die schlimmsten Prophezeiungen, die Ben Burnish von sich gab, bestätigen. Alle anderen wirkten – wie Allegra amüsiert feststellte –, als sähen sie einer verdienten Strafe gefaßt entgegen – sogar Hoke und seine beiden Freunde Oliver Foss und Marquis McDuff.

«Wir leben in einer moralischen Anarchie», erklärte Burnish, und mancher senkte schuldbewußt den Blick. «Aber die Menschen werden es müde, zu leiden, damit die Reichen noch reicher werden. Sie sind der bloßen Scheinproteste gegen korrupte Gesetzgeber überdrüssig. Grant ist, Gott sei Dank, bald erledigt.»

«Aber Ben», wandte Allegra freundlich ein, «Amerika liebt doch alles, was groß ist. Jetzt können die Amerikaner mit Recht sagen, daß ihre Beamten die größten Gauner der ganzen Welt sind.» Alle lachten und nahmen diese Beleidigung von der englischen Schauspielerin widerspruchslos hin.

«Das können wir wirklich, meine Liebe», bestätigte Ben Burnish. «Und ausnahmsweise würden wir damit nicht einmal übertreiben. Worauf sind wir eigentlich stolz – in unserer Stadt, in unserem Land? Haben unsere Vorfahren *das* gewollt? Und doch hat Wagner einen Marsch für unsere Jahrhundertfeier komponiert, und doch hat Frankreich uns die Hand der versprochenen Freiheitsstatue geschickt.» Er blickte strahlend in die Runde. «Sind wir nicht ein merkwürdiges Volk? Jetzt muß ich aber gehen.» Er breitete die Arme aus und erhob sich von der Couch, wandte sich an Allegra und verbeugte sich höflich vor ihr. «Meine Liebe, wann dürfen wir Ihre Lady Macbeth erwarten?»

«In diesem Winter.»

Alle klatschten begeistert Beifall, nur Ferguson runzelte die Stirn, als habe er sie im Verdacht, nur auf diese günstige Gelegenheit gewartet zu haben, um ihren Entschluß bekanntzugeben. Ben Burnish küßte sie liebevoll, als küsse er ein kleines Kind. «Sehen Sie? Nun haben wir wenigstens etwas, auf das wir uns freuen können. Gute Nacht, Freunde, gute Nacht.»

Wenige Tage später kam die Nachricht von General Custers Niederlage. Ben Burnishs schlimmste Prophezeiungen schienen sich zu erfüllen. Die Fahnen wehten auf Halbmast, und Fenster und Türen waren schwarz verhängt. Auf den Straßen blieb es erstaunlich ruhig. Während überall Trauerstimmung herrschte, zog sich Allegra für mehrere Tage in ihre Wohnung zurück, weigerte sich, jemanden zu empfangen, aß wenig und gab sich düsteren Vorahnungen hin, weil sie so voreilig versprochen hatte, diese Rolle zu spielen, vor der sie sich so sehr fürchtete.

In Ihrem weißen Frisiermantel, bereits dem dritten, seit sie bei Mrs. Gosnell gewohnt hatte – jenem Kleidungsstück, bei dem sie immer abergläubisch Zuflucht suchte, wenn sie sich verloren fühlte oder eine neue Rolle einstudieren mußte –, schlenderte sie barfuß, mit lose hängendem Haar von einem Zimmer ins andere und rezitierte laut die Ansprache des Zweiten Spielers.

Sie hatte Macbeth schon vor langer Zeit auswendig gelernt. Jetzt spielte sie das ganze Stück für sich durch, und dann noch einmal, und dabei wanderte sie umher, starrte ihr Spiegelbild an, aß gleichgültig, was man ihr brachte, schimpfte mit dem Papagei, schlief schlecht und stand einmal mitten in der Nacht auf, um sich mit der Schlafwandelszene auseinanderzusetzen.

Beim Anhören ihres Textes und beim Anblick ihres Schattens an der Wand wurde sie so von Angst übermannt, daß sie, als der Papagei unerwartet krächzte, laut aufschrie, aus dem Zimmer lief, über den bellenden Pudel stolperte, der ihr überallhin gefolgt war, und sich schließlich hysterisch lachend einfach auf den Fußboden setzte.

Während der Sommermonate blieb das Theater geschlossen. Deshalb ließ sie Fergusons ersten Brief, in dem er sie zu sich ins Büro zitierte, unbeachtet. Als er ihr abermals schrieb, gab sie vor, an einer undefinierbaren Krankheit zu leiden, die auch der Arzt nicht diagnostizieren konnte, und begann mit wahnsinnigem Eifer, schottische Geschichten zu lesen, ihre Kostümtafeln zu studieren und ihre Perücken zu kämmen und zu frisieren. Plötzlich ärgerte sie sich über ihre eigene Feigheit und schickte Richard Peterson mit einer Nachricht zu Ferguson, daß sie am folgenden Morgen bei ihm sein werde. Obwohl sie fast die ganze Nacht wachgelegen hatte, ging sie so strahlend und vergnügt zu ihm, als käme sie gerade aus den Ferien in Long Branch zurück.

Sie lief die Treppe zum Bühneneingang hinab, begrüßte fröhlich den alten Portier und klopfte an die Tür von Fergusons Büro. Sie hatte geglaubt, Ferguson werde ihr mit einem erleichterten Willkommensschrei entgegenstürzen. Aber nichts geschah. Sie wartete, wurde ärgerlich, stampfte ungeduldig mit dem Fuß auf und schnitt wütende Grimassen zum Portier hinüber. Endlich öffnete Ferguson die Tür, aber zunächst nur einen Spalt, dann etwas weiter, und winkte ihr schließlich, hereinzukommen.

In dem winzigen Raum standen ein Schreibtisch, der in einem der Stücke als Tisch benutzt und dann ausrangiert worden war, und vier Stühle, zu denen er auf ähnliche Weise gekommen sein mußte. An den Wänden hingen uralte Fotografien von altmodisch gekleideten Menschen, die Allegra unbekannt waren. Und Ferguson, stellte sie schadenfroh fest, sah so müde aus, wie sie selber sich fühlte. Er war noch bleicher als sonst, hatte die Jacke ausgezogen und die Krawatte gelöst. Als er da mit schweißfeuchtem Hemd vor ihr stand und sich das Gesicht abwischte, kam er ihr gar nicht mehr so furchteinflößend vor. Vielleicht konnte sie ihn doch noch dazu erziehen, ihr die Achtung entgegenzubringen, die ihr – nach ihrer Meinung – zukam.

«Wo sind Sie gewesen?»

«Zu Hause.»

«Warum?» Er funkelte sie böse an.

«Ich war krank. Nein. Ich hatte Angst. Ich habe versucht, zu lernen.»

«Das ist eine verdammte Lüge.»

«Fluchen Sie nicht so, Mr. Ferguson», schrie sie. «Ich war zu Hause – und zwar allein – und habe mir verdammte Mühe gegeben, mich in diese Rolle hineinzuleben. Aber ich kann es nicht. Ich werde das ganze Stück schmeißen, das sage ich Ihnen jetzt schon. De Forest wird mich auslachen, und Tamsie und die anderen auch. Ben Burnish wird mich bemitleiden, Joist Barringer wird mich in seinen Kritiken verreißen, Sie werden mich hassen, und ich – ich werde mich wahrscheinlich umbringen.» Wütend gestikulierte sie mit den Armen. Während sie sprach, schien das alles schon wirklich geworden zu sein.

«Sie haben kein Selbstbewußtsein», sagte er leise. «Das ist gut. Ich hasse selbstbewußte Schauspieler, weil man nicht mit ihnen arbeiten kann.»

«Sie hassen alle Schauspieler! Sie haben keine Achtung vor uns. Wir sind wie Vieh für Sie, nicht besser als ein Senator für die Millionäre!» Sie warf ihm einen aufgebrachten Blick zu. «Stimmt das nicht?»

«Sie haben sich lange gegen diese Rolle gewehrt. Aber offensichtlich ist es sehr wichtig für die Entwicklung einer Shakespeare-Schauspielerin, daß sie die Rolle entweder spielt oder zugibt, daß sie es nicht kann. Wovor fürchten Sie sich?» Er beobachtete sie mit geradezu unheimlicher Konzentration, die ihr Angst einjagte, ihr aber auch merkwürdigerweise Vertrauen einflößte.

Sie stützte die Hände auf den Schreibtisch und beugte sich vor. «Wovor ich mich fürchte? Soll ich es Ihnen verraten? Ich habe Angst vor dem Augenblick, wenn Tap Doyle, dieser verdammte kleine Laufjunge, zu mir ins Künstlerzimmer kommt und mir ins Ohr heult: ‹Miss Stuart, auf die Bühne!›»

Sie kehrte ihm den Rücken zu und lehnte sich an den Schreibtisch. Nach einer Pause sagte er ganz leise: «Sie müssen Vertrauen zu mir haben! Wir werden zusammenarbeiten. Ich werde Ihnen helfen, ich werde dafür sorgen, daß Sie nicht versagen. Ich werde dafür sorgen, daß Sie uns beiden keine Schande machen.»

Sie blieb reglos stehen und dachte über seine Worte nach. Plötzlich klangen sie ihr verlockender als alle Worte, die sie je von einem Liebhaber gehört hatte. Als sie sich schließlich umdrehte und ihn ansah, war sie überrascht von der auffallenden Veränderung, die in den letzten Sekunden mit ihm vorgegangen war: Wo sie vorher Grausamkeit und Drohung gesehen hatte, sah sie jetzt nur noch Kraft und Stärke. Er schien ihr so grundlegend verwandelt, daß sie sich ernstlich davor hüten mußte, sich in ihn zu verlieben.

Sie setzte sich, senkte den Kopf, faltete die Hände und murmelte nahezu verzückt: «Oh, danke – vielen Dank! Ich glaube Ihnen. Ich habe Vertrauen zu Ihnen.»

51

Morgan war in Joshuas neuem Büro, wo sein Onkel wie ein Fürst inmitten von Marmorschaltern, Bleiglasfenstern, Fresko-bemalten Wänden und Decken und geschnitzten Walnußtüren residierte. In riesigen Safes, von denen einige einladend offenstanden und einen Blick auf den Inhalt gewährten, sah man sauber gestapelte Notenbündel und Stöße von Aktien, Obligationen und Verträgen – alles geschmackvoll und gediegen wie auf einem Werbeplakat. Doch Joshuas Neigung, Morgan daran teilhaben zu lassen, war nicht größer als vor zwei Jahren.

«Du sagst, du willst drei Prozent zahlen, Morgan. Aber kannst du das einhalten? Es würde bedeuten, daß du von Anfang an mit Gewinn arbeiten müßtest. Dabei sagst du, daß du bisher nur Geld in die von dir erforschten Adern hineingesteckt hast. 115 000 Dollar in zwei Jahren!» sagte er und beugte sich noch einmal prüfend über die Zahlen, die Morgan ihm vorgelegt hatte. «Das kannst du nur durch einen unerhörten Glückstreffer wieder aufholen.»

«Den glaube ich auch erzielt zu haben. Aber erst muß ich sie noch weiter erschließen.»

«So, den glaubst du erzielt zu haben», spottete Joshua gutmütig. Offensichtlich fand er, sein Neffe sei ein genauso großer Schwärmer wie die anderen Großsprecher aus dem Westen, denen die Ausmaße und die Gewaltigkeit der Landschaft zu Kopf gestiegen waren. «Hoffentlich hast du recht. Warum geben dir eigentlich die Devlin Brothers das Darlehen nicht?»

«Die Summe, die die Firma für Spekulationen erübrigen konnte, hat man mir schon gegeben. Außerdem habe ich 20 000 Dollar von Pete, meinen Brüdern und Lisettes Ehemann bekommen.» Morgan lächelte. «Um die Wahrheit zu sagen, Sir: Bei Silberminen sind wir alle ein wenig vorsichtig.»

«Aha», sagte Joshua. Mehr Trost hatte er Morgan nicht zu bieten.

Als Morgan den Kreditprüfern der Hallams gegenübersaß, ratterte er Zahlen herunter, legte Landkarten, Statistiken und Fotografien von Schachtanlagen des Silberbergwerks vor, die er erst kürzlich fertiggestellt hatte, zeigte ihnen Erzproben und gab ihnen einen Artikel von Billy Church, dem neuen Redakteur der *Helena Post*, der nach dem Zwischenfall vom Silvesterabend Homer Grimes' Stelle eingenommen hatte. Billy Church prophezeite darin, daß die Yellow Medicine die meistversprechende Bodenparzelle im ganzen Butte-Gebiet sei und in Kürze etwa eine Million Dollar abwerfen werde.

«Aber», gab Felices Großonkel Gilbert Lacy zu bedenken, «diese Bodenparzelle hat doch im vergangenen Jahr nur 5000 Dollar abgeworfen!»

«Ja, Sir», stimmte Morgan zu. «Aber es gibt nur eine einzige andere Parzelle, die ebenso ergiebig war.»

«Sie sind jetzt in achtzig Fuß Tiefe», sagte Roger Hallam.

«Wie ich schon erklärt habe, Sir, sind wir auf Wasser gestoßen, und niemand hat es sich bis jetzt leisten können, Pumpen und Hebemaschinen anzuschaffen, mit denen man unter die Wasserlinie vordringen könnte.»

Während sie weiterdiskutierten und die Hallams Morgan auf Herz und Nieren prüften, wanderten Morgans Gedanken zu Felice, die in ein bis zwei Wochen ihr zweites Kind zur Welt bringen sollte, und weiter zu Lemuel Finney, der in Morgans Abwesenheit genug Zeit hatte, auf den Claims herumzuspionieren.

Finney war in letzter Zeit häufig in Butte gewesen. Wenn sie einander trafen, taten sie, als sei die Silvesteraffäre nichts als ein kleiner Scherz gewesen, den ein Mann gelassen hinzunehmen verstand. Die Frauen brachten dafür offenbar kein Verständnis auf. Denn Rachel war zu Lisette gegangen – nachdem Homer ihr gestanden hatte, daß er und Jake nicht von betrunkenen Banditen, sondern Morgan und Douglas Devlin verjagt worden waren – und hatte sie angefleht, Morgan zu überreden, den Claim aufzugeben, damit keine Feindschaft zwischen den beiden Familien entstehe. Lem Finney schien jedoch nicht zu erwarten, daß Morgan auf den Claim verzichtete, und erhob in Deer Lodge Privatklage gegen ihn.

«Vorläufig gehört er noch dir», pflegte Lem zu sagen.

«Er gehört mir und wird mir weiterhin gehören, Lem. Zack Fletcher und ich haben ihn sechsundsechzig von dem damaligen Besitzer übernommen. Er hat ihn uns bei seinem Tod vermacht.»

«Aber du hast die Registrierungskosten nicht bezahlt, Morgan. Anscheinend hattest du zuviel zu tun, oder du bist zu lange im Osten geblieben. Vielleicht wußtest du auch gar nicht, daß das Gesetz erlassen worden war. Wir hier haben es erfahren, während du mit diesem Engländer im Osten warst. Das können Pete und alle anderen dir bestätigen. Es tut mir natürlich leid für dich, aber du mußt auch mich verstehen. Als ich feststellte, daß das Land nicht bearbeitet wurde, war es doch nur natürlich, daß ich Jake und Homer hingeschickt habe, um es neu abzustecken. Das mußt du doch zugeben.»

«Ich hatte einen Mann beauftragt, die Arbeiten für mich auszuführen, Lem.»

«Wirklich?» Lem wich einen Schritt zurück und sah Morgan listig an. «Was ist denn aus ihm geworden?»

«Er hat sich das Geld von Bruno Favorite geben lassen und ist losgezogen, um in Deer Lodge die Kosten zu entrichten. Aber anscheinend ist er nie dort angekommen.» Morgan beugte sich zu Lem herab. «Ich möchte zu gern mal wissen, was aus ihm geworden ist, Lem. Glaubst du, daß ihn ein Grizzly angegriffen hat?»

«Dieser Kerl war ein Abenteurer, Morgan, weiter nichts. Goldsucher sind oft unzuverlässige Leute. Man kann sich nie auf sie verlassen, Morgan, das hab ich aus Erfahrung gelernt. Die werfen die Hacke hin und hauen ab – einfach so.» Lem schnippte mit den Fingern und fügte nachdenklich hinzu: «Vielleicht hat dein Freund Bruno Favorite die Eintragungssumme auch selber behalten. Sechshundert Dollar sind sicher eine Menge Geld für ihn.»

Morgan lächelte nachsichtig, denn er war überzeugt, Jeremy Flint werde es schon schaffen, den Prozeß hinauszuzögern. In der Zwischenzeit hoffte er, Amos Muspratts angrenzenden Claim kaufen zu können. Aber auch dabei hatte er Lem Finney zum Rivalen; allmählich sah er ein, daß Irene Flint recht hatte mit ihrer Bemerkung, eine Freundschaft mit den Finneys sei so angenehm wie eine Handvoll Kletten im Winterunterzeug.

Amos Muspratt war jedoch mißtrauischer denn je. Er hockte den ganzen Tag und die halbe Nacht auf dem Steinhaufen vor dem Eingang zu seiner Mine und verhandelte mit Männern, die seinen Claim kaufen wollten. Als Morgan ihm 20 000 Dollar bot, sah er ihn mit einem verschlagenen Lächeln an, das Morgan klarmachen sollte, er habe es bei Amos Muspratt nicht mit einem Greenhorn zu tun.

In absehbarer Zeit jedoch würde Amos so hoch verschuldet sein, daß er seinen Claim – den Fachleute für den wertvollsten der ganzen Umgebung hielten – verkaufen mußte. Das wußte Morgan so gut wie Lem Finney. Und deshalb wurde Morgan auch während der ganzen Reise die nagende Furcht nicht los, daß Lemuel Finney, während Morgan die Kupferproben in Philadelphia begutachtete und die Fragen der Hallams beantwortete, Amos dazu überreden könnte, einen Vertrag mit ihm zu unterzeichnen.

«Und dieses Butte liegt über dreihundert Meilen von der nächsten Eisenbahn entfernt», warf Gilbert Lacey ein. Morgan lächelte und nahm auch diesen Nachteil gelassen zur Kenntnis. Als die Sitzung vertagt wurde, war ihm klar, daß sie ihm nichts geben würden. Er besuchte Suky, um ihr mitzuteilen, daß er am folgenden Tag abreisen und versuchen wolle, das Geld anderswo aufzutreiben.

«Aber wo, Morgan? Wenn du es anderswo hättest bekommen können, wärst du gar nicht erst hergekommen.»

Sie hatte ihn nach Felice ausgefragt, obwohl sie von ihr ein- bis zweimal in der Woche Briefe erhielt. Als er mit überschwenglicher Begeisterung, die sogar in seinen eigenen Ohren ein wenig falsch klang, sein glückliches Leben mit Felice schilderte, beobachtete ihn Suky mit kühler Neugier, die plötzlich das Verlangen in ihm aufsteigen ließ, Suky zu packen und so lange zu schütteln, bis der Ausdruck ungläubiger Belustigung endlich verschwand. Aber daran hatte natürlich Lisette schuld.

«Hüte dich vor Suky», hatte sie ihm noch zugeflüstert, als er sich von Felice verabschiedete, die seit einigen Wochen bei Marietta wohnte. «Sie ist verrückt darauf, anderen etwas wegzunehmen.» Er hatte ein so entsetztes Gesicht gemacht, daß Lisette spöttisch auflachte. «Morgan, wenn es um Suky geht, hört der Spaß wohl bei dir auf. Dieses Vergeistigte, Zarte – als ob sie gerade ein kleines, verletztes Vögelchen gefunden hätte! Glaubst du denn wirklich daran?»

Er war eigentlich immer der Ansicht gewesen, daß er daran glaubte. Erst jetzt kam ihm der ganz neue Verdacht, daß Suky auf Felice eifersüchtig war, und er hatte das merkwürdige Gefühl, als ob seine und Sukys bisherige Tugendhaftigkeit durch seine Heirat mit Felice ins Wanken geraten sei und jeden Augenblick umgestoßen werden könnte. Daher achtete er sorgfältig darauf, Abstand von Suky zu wahren und nur von Dingen zu sprechen, die ihn ständig daran erinnerten, zu wem er jetzt gehörte.

Als er von Felices erstem und einzigem Besuch in der Yellow Medicine berichtete, vermied er es, Suky anzusehen. Sie saß, ein Bein über das andere geschlagen, zurückgelehnt auf dem weißen Korbsofa des Wintergartens und hatte beide Arme hinter dem Kopf verschränkt. Wieder einmal sah er sich seinen phantastischen Vorstellungen ausgeliefert, in denen er Suky mühelos auf die Couch niederzwingen und sich auf sie legen konnte. Aber die Yellow Medicine gab ihm immer wieder sicheren Halt, als er, die Hände tief in den Taschen vergraben, auf und ab ging und lauter sprach als notwendig, weil der Klang der eigenen Stimme ihn ablenkte und zwang, scharf aufzupassen, daß keine unüberlegten Worte über seine Lippen kamen. In Gedanken wanderte er durch die Stollen und Gänge seines unterirdischen Reiches, suchte in den stinkenden, dunklen Höhlen nach Anzeichen für Silber und Kupfer, die ihm Vermögen und künftige Macht bringen sollten.

«Du findest sicher, daß das keine sehr angenehme Art ist, sein Brot zu verdienen, nicht wahr?» fragte er Suky, genau wie er Felice gefragt hatte. Dann beugte er sich über sie und flüsterte, genau wie er Felice zugeflüstert hatte: «Du hast recht, das ist es auch nicht. Aber es ist die einzige Möglichkeit, reich zu werden.»

Suky lachte. Anschließend berichtete er mit romantischen Worten von dem ersten gemeinsamen Weihnachtsessen in Butte, bei dem er und Felice, beide in großer Abendkleidung, zu Abend gespeist und sich mit Champagner zugetrunken hatten.

«Du bist sehr glücklich, nicht wahr, Morgan?» erkundigte Suky sich leise.

«Natürlich», sagte er und stürzte sich kopfüber in das nächste Thema: Susette. Hier brauchte er sich keinerlei Bescheidenheit oder kluge Zurückhaltung aufzuerlegen, denn Susette war ein winziger, kostbarer Schatz, den zu besitzen jeder Mann überwältigt sein mußte.

Als Susette noch ein Baby war – während er in Butte und Felice bei Marietta lebte –, hatte er sie bei jedem Besuch mit immer neuem Staunen betrachtet. Wenn niemand in der Nähe war, hatte er sie auf den Arm genommen, sich tiefsinnig mit ihr über die Welt unterhalten, in der sie einmal leben sollte, ihr kluge Ratschläge gegeben und sogar gelegentlich ihren Rat eingeholt. Seit sie jedoch laufen und sprechen konnte, hütete er sich vor solchen Torheiten, weil er Angst hatte, sie könne sich über ihn lustig machen. Jetzt war sie zweieinhalb Jahre alt und legte bereits eine gekonnte Mischung aus Keckheit und Schmeichelei an den Tag. Wenn sie ihn manchmal spöttisch und klug anlachte, betrachtete er sie so intensiv und hingerissen, wie er seines Wissens noch nie zuvor ein junges, weibliches Wesen studiert hatte. Er glaubte fest, daß Mädchen bereits mit allem nötigen Wissen geboren wurden und nichts mehr dazuzulernen brauchten, sondern ruhig abwarten konnten, bis sie aus kleinen zu großen Hexen heranwuchsen.

«Ich kann dir gar nicht sagen», erklärte er Suky am Schluß dieses Lobgesanges und wagte dabei sogar, dicht neben ihr zu stehen, «wieviel sie mir bedeutet.»

Er sah Suky unsicher an, und sie blickte einen Moment ernst zu ihm auf, ehe sie lächelnd erwiderte: «Ich glaube, ich weiß es, Morgan.»

Plötzlich jedoch schien es ihm, als habe er Suky Geheimnisse verraten, die nur ihn und Felice angingen. Er murmelte hastig eine Entschuldigung und ging davon, ohne darauf zu achten, ob sein jäher Aufbruch auch plausibel war.

Erst mehrere Tage später besuchte er Suky wieder, weil die Hallams ihm zu seiner grenzenlosen Überraschung mitgeteilt hatten, sie seien bereit, ihm ein Darlehen von 50 000 Dollar zu gewähren. Er hoffte von

Suky zu erfahren, warum diese Herren so plötzlich ihre Meinung geändert hatten.

Suky wollte gerade in den Park fahren, und er stimmte zögernd zu, als sie ihn bat, mitzukommen. Es war ein klarer, kalter Oktobertag; langsam kutschierten sie durch den Park, an den kleinen, gotischen Burgen vorbei, wo Kinder Milch tranken und Kuchen aßen, Karussell fuhren und schaukelten. Die Boote auf den Teichen glitten zwischen aufgestörten Schwänen umher, und auf den Hügeln standen die baufälligen Unterkünfte der irischen Siedler, die seit Jahren illegal im Park lebten und die gelegentlichen Versuche der Polizei, sie zu vertreiben, immer wieder erfolgreich zurückschlugen. Man wollte vermeiden, daß diese Lumpensammler die ehrbaren Bürger, die unten im Park frische Luft schöpften, möglicherweise belästigten.

Morgan schenkte weder den Siedlern noch den Kindern auf den Karussells Beachtung. Er konzentrierte sich ganz auf Suky und warf ihr jedesmal einen mißtrauischen Seitenblick zu, wenn sie versuchte, seine Aufmerksamkeit vom Thema Hallam-Darlehen abzulenken.

«Ist es nicht genug?» erkundigte sie sich.

«Ich hatte um zweihunderttausend gebeten, aber das haben sie glatt abgelehnt.» Er fing ihre Hand ein, in der Absicht, ihre Finger so lange zu drücken, bis sie ihm die Wahrheit gestand.

«Vielleicht haben sie sich deine Landkarten und Kalkulationen noch einmal vorgenommen.»

«Ich habe kein Recht auf dieses Darlehen, Suky. Das weißt du.»

«Ist dein Besitz denn nicht soviel wert?»

«Du weißt genau, was ich meine. Warum haben sie mir das Geld gegeben? Sag mir endlich die Wahrheit, Suky. Ich weiß sie, glaube ich, ohnehin schon.»

Er sah sie durchdringend an. Doch da merkte er, daß ihr Wagen hielt, weil ein kleines Mädchen aus einer in der Nähe stehenden Kutsche sprang und quer über die Straße lief, so daß die Kutscher die Pferde zügeln mußten, damit sie nicht unter die Hufe geriet.

Frauenstimmen schrien erschrocken auf, Männer riefen Warnungen, und Morgan war mit einem Satz aus dem Wagen und stürzte, zusammen mit einigen anderen Herren, der Kleinen nach. Sie hatte den ganzen Arm voll roter Rosen und entwischte geschickt dem Griff ihrer Retter. Mitten auf dem Reitpfad blieb sie stehen und sah einigen Reitern, die im Galopp auf sie zusprengten, entgegen. Von allen Seiten erklangen schrille Schreie, die Reiter brachten ihre Pferde in letzter Sekunde zum Stehen, und das Kind trat auf eine junge, blonde Dame in grauem Reitkleid zu, die einen schönen Rappen ritt.

Die Kleine hob ihre Rosen, so hoch es ging, die blonde Dame beugte sich mit zärtlichem Lächeln zu ihr nieder, nahm die Rosen in einen Arm, streichelte mit der freien Hand über die Wange der Kleinen und unterhielt sich freundlich mit ihr. Das Mädchen machte einen tiefen Knicks, lief beglückt zu ihrem Wagen zurück, kletterte hinein und ließ ihre Retter einfach auf dem Reitpfad stehen.

Die Kleine winkte noch einmal, die Dame warf ihr eine Kußhand zu und ritt dann mit ihren Freunden weiter, während das Kind mit seiner Erzieherin davonfuhr. Morgan und die zwei, drei anderen Herren, die das Kind hatten retten wollen, lächelten sich verlegen zu und kehrten zu ihren Wagen zurück. Die Dame sei Allegra Stuart gewesen, hörte er, man habe sie an ihrem goldblonden Haar und ihrem sanften Lächeln erkannt, außerdem könne niemand anders als sie bei einem simplen Nachmittagsausritt einen solchen Auftritt auslösen. Als Morgan in den Wagen stieg und wieder neben Suky Platz nahm, sagte er eifrig: «Das war Allegra Stuart. Eine reizende Episode, nicht wahr?» Er glaubte, auch Suky sei bezaubert von dieser Huldigung des Kindes für eine Schauspielerin, die wenige Abende zuvor eine so hervorragende Lady Macbeth gespielt hatte, daß die Studenten im Publikum ihr die Pferde ausgespannt und Allegra in ihrem Wagen selber bis vor ihre Wohnung gezogen hatten.

Doch Suky teilte seine Auffassung nicht. Sie machte ein ironisch-amüsiertes Gesicht. «Du glaubst doch wohl nicht, daß das spontan geschehen ist, Morgan!»

Er hörte kaum hin. Er war nämlich bei jener ersten Aufführung von *Macbeth* im Theater gewesen und hatte Allegra Stuart seither nicht mehr aus seinen Gedanken verbannen können. «Wie schön sie ist!» sagte er abwesend. «Auf der Bühne sieht man nie richtig, wie eine Frau wirklich aussieht.» Suky warf ihm einen Blick zu, als habe er den Verstand verloren. Doch er sprach voll überschwenglicher Begeisterung weiter und war vielleicht sogar ein bißchen erfreut über diese Gelegenheit, Suky zu zeigen, wie sehr er es verabscheute, ihre Hilfe annehmen zu müssen. «Im Privatleben lächelt sie genauso wie bei der Verbeugung am Schluß der Vorstellung!» Er lachte fröhlich bei dieser Entdeckung und fragte: «Nun ja, warum soll sie auch nicht? Sie ist ja schließlich dieselbe Frau.» Abermals schüttelte er den Kopf, und seine Miene wurde nachdenklich. «Dieses Lächeln», sagte er, «dieses sanfte, seltsame, traurige Lächeln!» Er verstummte, dachte über das Lächeln nach und fragte schließlich: «Wie bringt sie das wohl fertig? Und was mag es bedeuten?»

«Ich habe keine Ahnung», erklärte ihm Suky.

Es mochte Zufall gewesen sein, daß Morgan Zeuge dieses Erlebnisses gewesen war. Drei Tage später sah er Allegra Stuart wieder. Es war lange nach Mitternacht, fast drei Uhr. Er hatte mit Suky und Philip, Lord und Lady Haldane einen der Bälle besucht, die in New York, wie er feststellte, anscheinend ständig gegeben wurden.

Anschließend gingen sie noch zu Dorlan. Das Restaurant in der Fulton Street gehörte seit über fünfzig Jahren zur Tradition der Stadt und war Nacht für Nacht voll besetzt mit elegant gekleideten Herren und Damen, die an blankgescheuerten Tischen gebackene Austern, gedämpfte Austern oder rohe Austern mit Zitronensaft aßen.

Morgan mochte es, wenn viele Menschen da waren; er liebte diese engen Lokale, in denen Männer und Frauen viel weniger unbeachtet waren, als sie glaubten. Er war so damit beschäftigt, die vielen, hübschen Gesichter ringsum zu mustern, daß er, wie die meisten anderen, Allegra Stuart erst sah, als sie nicht weit von ihm an einem Tisch Platz nahm. Bei ihrem Anblick durchfuhr ihn ein freudiger Schreck, als habe er insgeheim auf sie gewartet, ohne jedoch zu hoffen, sie wirklich zu treffen.

Sie war in Begleitung von Joist Barringer, dessen drei Artikel über ihre Lady Macbeth Morgan mit ungewöhnlichem Interesse gelesen hatte, des kleinen, rosigen Benjamin Burnish und Tamzene Twinings, deren strahlende Schönheit neben Allegra jedoch merkwürdig fade wirkte. Der dritte Mann war Anthony De Forest, der den Macbeth als einen bombastischen Tölpel dargestellt hatte. Nervös und trotzig hatte er gegen seine liebende, gnadenlose Königin angekämpft und schien ständig die Frage zu stellen, wer denn nun König von Schottland sei, er oder sie.

Morgan beobachtete sie mit gebannter Neugier, denn er hatte sie in den drei Wochen, die er in New York war, schon dreimal auf der Bühne gesehen und ihre verschiedenen Ausdrucksnuancen, Tonarten und Gesten genau in seinem Gedächtnis bewahrt. Von Nahem waren ihre Gesichtszüge ein wenig unregelmäßig, aber gerade das machte sie unerwartet anziehend. Doch seine Hoffnung, sie noch einmal so lächeln zu sehen, wie sie dem kleinen Mädchen zugelächelt hatte, erfüllte sich nicht. Lächeln schien heute abend nicht zu ihrem Repertoire zu gehören.

Plötzlich sah sie ihm zu seinem Erstaunen direkt ins Gesicht. Er lächelte ihr zu, aber ihre Miene blieb ernst und fast ein wenig trotzig, als wolle sie fragen, mit welchem Recht er sie so anstarre. Verlegen wandte er den Blick ab und entdeckte, daß Philip sie ebenfalls anlächelte und von ihr ein winziges Antwortlächeln erhielt. Da kam ihm der Gedanke, daß Philip sie vielleicht näher kannte.

Am folgenden Abend ging er mit Suky, Philip und den Hallams ins Theater, um sich *Die Lästerschule* anzusehen. Er widmete dem Stück jedoch nur wenig Aufmerksamkeit, war gelangweilt, wenn sie nicht auf der Bühne stand, und wurde erst munter, sobald sie auftrat. In der Pause flüsterte er Philip zu, er wolle Miss Stuart gern kennenlernen. Philip lächelte, als habe er so etwas erwartet, und Morgan konnte nur mühsam den Wunsch unterdrücken, ihm die Faust ins Gesicht zu stoßen. Möglicherweise hatte Philip denselben Wunsch im Hinblick auf Morgan.

Sie machten sich auf den Weg durch die dunklen Gänge hinter der

Bühne und fanden endlich das Künstlerzimmer, das überfüllt war, als finde hier ein Maskenball statt, auf dem die Frauen hohe weiße Perükken und Krinolinen trugen und die Männer Spitzenjabots und kräftige, aufgeblasene Gummiwaden. Aber Allegra Stuart war nirgends zu sehen.

Sie sahen Tamzene Twining, die sich, Gesicht, Schultern und Haar kalkweiß gepudert, im Spiegel zulächelte, und Anthony De Forest, der Gymnastik mit seinem Unterkiefer trieb. Der Bonvivant probierte einen Tanzschritt, summte vor sich hin und schnippte dabei mit den Fingern. Die Soubrette hatte ihre Perücke abgenommen, hielt sie auf Armeslänge von sich und ordnete die Locken. Doch soviel Morgan und Philip auch suchten, Allegra Stuart war nicht hier. Gleich darauf kam der Junge und rief mit schriller Stimme: «Ende des Vorspiels. Alles auf die Bühne!»

Morgan und Philip waren schon auf dem Rückweg, da tauchte Allegra vor ihnen aus einem anderen Korridor auf, so abwesend, daß sie Philips Gruß nicht zu bemerken schien. Morgan zuckte die Achseln, bereit, die Enttäuschung mit stoischer Gelassenheit zu tragen, als sie sich umdrehte, stehenblieb und Philip lächelnd die Hand reichte. «Ich dachte doch, daß ich Sie erkannt hätte!» Morgan, den Philip ihr vorstellte, gönnte sie kaum einen Blick; sie eilte weiter. Die Musik wurde lauter, hastige Schritte polterten vorbei, und aus der Dunkelheit rief ihre Stimme: «Kommen Sie morgen abend zu meinem Empfang – Sie auch, Mr. Devlin.»

Philip lachte leise. «Siehst du?»

Wieder hätte Morgan Philip am liebsten niedergeschlagen. Sein Gefühl sagte ihm, daß bestimmt etwas zwischen den beiden gewesen war, das merkte er an Philips Lächeln und noch deutlicher an Allegras Verhalten, die getan hatte, als erkenne sie Philip nicht.

Am nächsten Abend verließ er Sukys Haus kurz nach elf und ging die wenigen Blocks zu Allegra Stuarts Wohnung zu Fuß. Jeder, der die Zeitung las, wußte natürlich, wo sie wohnte. Mit drei anderen Herren in Abendkleidung fuhr er im Lift hinauf, und dann marschierten sie in feierlichem Schweigen mit laut hallenden Schritten über den Marmorboden. Etwa vierzig bis fünfzig Damen und Herren waren bereits da und standen in kleinen Gruppen in Allegras Salon. Sie selber konnte er nirgends entdecken.

Wenn er sich auch danach sehnte, sie wiederzusehen, so war er doch froh, erst ein wenig in ihrer Wohnung umherstreifen zu können, um in Ruhe die seltsame Einrichtung, die Bilder und die beiden Porträts von ihr – eines als Julia und eines als Rosalinde, er wußte nicht, welches ihm besser gefiel – zu betrachten. Verstohlen musterte er die Gäste, unter denen einige waren, die er von Zeitungsskizzen kannte, und andere, die er auf der Bühne gesehen hatte.

Nach einer halben Stunde stellte Morgan zu seinem Erstaunen fest, daß er sich schon so zu Hause fühlte, als gehöre ihm diese Wohnung und ihre Gäste seien die seinen. Er schlenderte von Gruppe zu Gruppe und blieb dann nachdenklich bei Benjamin Burnish stehen, der wieder einmal die gegenwärtigen Mißstände kritisierte. Belustigt hörte er zu, wie einer der städtischen Politiker, ein Mr. O'Neil, Joist Barringer versicherte: «Reform ist eine Selbstverständlichkeit in Tammany Hall. Tammany ist sozusagen die Wiege aller Reformen.»

Er stand noch bei Joist Barringer und Hoke O'Neil, die eine politische Diskussion begonnen hatten, als er Allegra am anderen Ende des Raums entdeckte. Sie bat gerade einen berühmten italienischen Tenor, etwas zu singen. Der Mann gestikulierte mit Armen und Händen wie ein Boxer, der in den Ring steigt, aber die Gäste nahmen schon Platz und setzten erfreut lächelnde Mienen auf. Dann erklang die Stimme des Sängers und veranlaßte alle Anwesenden zu ehrfürchtigem Schweigen.

Kurz darauf stieß Morgan im Eßzimmer auf Joshua Ching, der um das kalte Büfett auf dem Tisch herumwanderte. Joshua empfahl ihm den Rotwein und ging weiter. Morgan lud sich seinen Teller so voll, daß er ihn bestimmt nicht bewältigen konnte, und suchte sich dann einen Tisch, von dem er Allegra sehen konnte. Sie saß zwischen Joist Barringer und Ben Burnish, zupfte abwesend an ihrer Gitarre, hörte den beiden Herren zu, lächelte aber dabei, als sei sie mit ihren Gedanken ganz woanders.

Er hatte das Gefühl, daß sie ihn noch nicht bemerkt hatte. Aber plötzlich warf sie ihm einen ernsten, fragenden Blick zu, ohne die Spur eines Lächelns. Er sprang vom Stuhl auf, verneigte sich tief, setzte sich wieder und begann ein eifriges Gespräch mit seinem Nachbarn. Seine Ohren brannten vor Verlegenheit, denn er war überzeugt, daß jeder ihm ansah, wie rettungslos verliebt er in Allegra war.

Auf einmal fing sie an zu singen, mit trauriger Stimme, sehr leise, als sei das Lied nicht für alle Anwesenden gedacht. Sie sang *Die Klage der irischen Einwanderer*; er lauschte hingegeben, denn er hatte den Eindruck, sie wolle ihm mit diesem Lied eine Botschaft zukommen lassen.

Als sie geendet hatte, neigte sie den Kopf über die Gitarre, während die Iren unter den Gästen sich ergriffen schneuzten. Morgan betrachtete sie hingerissen. Dies war ein spontaner Beweis für die Macht, die sie über Menschen besaß. Als Allegra sich erhob und aus dem Zimmer ging, saß er da und starrte auf den leeren Platz auf dem Sofa. Dann stand er hastig auf, den Teller in der Hand, um jedem, der sein aufgeregtes Verschwinden bemerkte, kundzutun, daß er sich nur noch etwas zu essen holen wollte, und machte sich auf die Suche. Schließlich fand er sie am Fenster im Gespräch mit dem städtischen Inspektor für Marktabgaben und Mieten. Er näherte sich ihnen mit verzweifeltem Mut, blieb jedoch stehen, als sie zu ihm herübersahen, weil er keine Ahnung hatte, was er sagen sollte. Nach einer Weile stellte er entschlossen den Teller ab und verkündete: «Miss Stuart, ich bin Morgan Devlin. Wir haben uns gestern abend kennengelernt ...»

«Ich weiß.»

Verblüfft trat er zurück. «Das wissen Sie?»

«Sie sind Joshua Chings Neffe. Sie kommen aus ...» Sie machte eine vage Handbewegung.

«Aus Montana, aus dem Grenzgebiet. Ich bin aber in New York geboren – in der East Fourteenth Street – und habe bis zu meinem fünfzehnten Lebensjahr hier gelebt.» Ärgerlich fragte er sich, warum er ihr das alles erzählte. Allegra und Mr. O'Neil betrachteten ihn mit merkwürdigem Lächeln, als warteten sie auf weitere Einzelheiten aus seiner Vergangenheit. Das machte ihn wütend. Warum merkte sie nicht, daß er ihr etwas Wichtiges zu sagen hatte? Sie könnte ihm ruhig etwas Verständnis entgegenbringen, bis er sich wieder gefaßt hatte, und ein wenig von jenem Mitgefühl, das sie auf der Bühne so klug zu verschenken wußte.

«Bis später», sagte Mr. O'Neil, und Morgan wandte sich entschuldigend an ihn.

«Es tut mir sehr leid, daß ich Sie unterbrochen habe. Ich wollte nur eine Minute mit Miss Stuart sprechen ...»

«Lassen Sie sich ruhig Zeit», entgegnete Mr. O'Neil. Als er gegangen war, blieb Morgan eingeschüchtert und verlegen zurück.

«Ich wünschte, Sie würden mich nicht so anlächeln», sagte er unglücklich. «Ich komme mir vor wie ein Narr, und ich benehme mich auch wie ein Narr, das weiß ich. Aber ich kann es nicht ändern. Ich bewundere Sie.» Er ergriff ihren Arm und drehte sie zum Fenster. «Sehen Sie doch ...» Er schien ihr etwas zeigen zu wollen, was sie noch nie zuvor gesehen hatte. Beide standen schweigend nebeneinander und blickten hinaus über die Dächer zum Fluß, wo die Masten der Schiffe aufragten wie ein Streichholzwald. «Wann kann ich Sie wiedersehen?» fragte er so zaghaft, daß er fürchtete, sie würde lachen. Aber sie schwieg, und jetzt lächelte sie nicht einmal mehr. «Darf ich morgen zu Ihnen kommen?»

Sie sah ihn noch immer nicht an, und seine Angst und seine Verzweiflung wuchsen. Schließlich sagte sie: «Ich fahre morgen um drei in den Park. Möchten Sie mitkommen?»

52

Bei der Spazierfahrt paßte Morgan auf wie ein Schießhund, ob sie auch Suky nicht begegneten. Dabei wußte er genau, daß sie immer erst um vier Uhr ausfuhr. Er erfand sogar Vorwände, um aus dem Rückfenster sehen zu können und sich zu vergewissern, daß Suky ihnen nicht folgte. Die ganze Stadt hindurch saß er kerzengerade und steif neben Allegra, und erst als sie vor Allegras Wohnhaus hielten, sprang er galant aus dem Wagen, um ihr beim Aussteigen zu helfen. Sie rauschte an ihm vorbei zur Haustür, als habe sie beschlossen, ihn hier auf dem Bürgersteig zu verabschieden. Doch nun, da er die Fahrt überstanden hatte, dachte er nicht daran, sie ohne weiteres gehen zu lassen. Er lief hinter ihr her, stieß die Haustür auf, schob den Portier beiseite und folgte ihr in die Eingangshalle.

«Bitte, erlauben Sie, daß ich Sie nach oben begleite. Ich möchte mit Ihnen sprechen.»

«Sie haben eine Stunde Zeit gehabt, mit mir zu sprechen. Sie waren nicht sehr gesprächig.»

«Ich sagte Ihnen doch gestern abend schon, daß ich in Ihrer Nähe befangen bin, weil ich Sie bewundere.» Dann fügte er grob hinzu: «Was macht es schon, ob ich gesprächig bin oder nicht?»

Sie lächelte, als habe diese Logik sie überzeugt, und er folgte ihr in den Lift. Schweigend betraten sie Allegras Wohnung, die ihm jetzt, da niemand hier war, wesentlich größer erschien und auch eindrucksvoller, fast wie ein mittelalterliches Schloß mit viel leerem Raum und merkwürdigen, unbequemen Möbeln. Mit kurzem Nicken schickte sie ihn in die Bibliothek und verschwand.

Er stand vor dem Kamin, blätterte in ein paar Büchern und entdeckte, daß sie in jedes Buch ihren Namen geschrieben hatte. Stirnrunzelnd studierte er die kräftigen Striche und suchte zu erforschen, wer diese Allegra Stuart eigentlich war, die sich hinter Lady Macbeth, Julia und Rosalinde verbarg. Und dann stand sie auf einmal neben ihm, warf ein Streichholz in den Kamin, stützte einen Ellbogen auf den Sims und wandte sich ihm lächelnd zu.

«Der Strom der Besucher reißt bei Ihnen nicht ab», zitierte er einen Satz aus einem der Artikel von Joist Barringer, die er alle nahezu auswendig kannte. «Ich nehme an, der Strom wird jeden Augenblick einsetzen?» Er schien ziemlich verbittert bei dieser Aussicht.

«Das nehme ich auch an», bestätigte sie. «Aber ich bin sehr launisch. Manchmal empfange ich sie, und manchmal nicht. Das mögen die Leute nämlich gern, müssen Sie wissen.»

Da klingelte es schon. Schritte durchquerten den Salon, und Morgan sah sie gespannt an. Sie setzte sich jedoch hin, und er hörte, wie die Schritte sich wieder entfernten, munter auf den Fliesen klappernd, gedämpfter, wo Teppiche lagen. Er wartete gespannt auf das nächste Klingeln, aber es blieb still.

Er lächelte sie erleichtert an und begann plötzlich, ihr Pferd mit so begeisterten Worten zu loben, als wolle er es ihr abkaufen.

Sie schwieg, während er weiter mit seiner gründlichen Kenntnis der

Pferdezucht protzte. Schließlich erklärte sie, das Pferd heiße Bouche Dhu, und fügte hinzu: «Das ist schottisch und heißt Schwarzes Maul.» Er hörte sich diese Mitteilung interessiert an, während sie wieder in Schweigen verfiel, und hatte den Eindruck, daß sie über die Rolle nachdachte, die sie am Abend spielen mußte, und ihn ganz vergessen hatte.

Auf einmal beugte er sich vor und begann mit großem Ernst und großer Eindringlichkeit zu sprechen. Er wollte ihr erklären, wer er war, damit sie selber entscheiden konnte, was sie mit ihm anfangen wollte.

Er begann mit der Schilderung des Lebens in den Grenzgebieten, beschrieb die kleinen Städte dort, sprach von Indianern, wilden Tieren, Straßenräubern und anderem, was für eine Engländerin möglicherweise von Interesse sein konnte, sprach auch von Felice und Susette – um sein Gewissen zu beruhigen – und beschrieb ihr zum Schluß den Butte-Hügel, seine Yellow Medicine und den Halloway-Claim, wobei er auch den Streit mit Lem Finney nicht vergaß.

Er hatte schon eine ganze Weile gesprochen, als sie ihn anlächelte und leise sagte: «Silber und Kupfer und Gold.» Bei jedem ihrer Worte sah er deutlich das Metall vor sich, in glitzernden Hügeln von ungewöhnlicher Schönheit. Bisher war es ihm noch nie in den Sinn gekommen, diese Metalle aus ästhetischen Gründen zu lieben. «Das ist es, was Sie interessiert, nicht wahr?»

Er wehrte sich. «Jawohl. Aber nicht, weil ich ein Geizhals bin, wie Sie vielleicht denken, und auch nicht, weil ich unbedingt reich werden will. Mich lockt einfach das Risiko. Und mich reizt die Verbundenheit, die zwischen Mensch und Erde besteht, was sich übrigens auch in den Beziehungen zu den anderen Männern auswirkt, die das gleiche Ziel verfolgen. Eine Mine ist eine Welt für sich. Eine häßliche Welt, stinkend und hinterhältig – und doch besitzt sie etwas Geheimnisvolles, Unzugängliches, das alle Männer unwiderstehlich anzieht.»

«Und Sie möchten womöglich ein paar Spuren in der Erde hinterlassen?» Sie lächelte, und zum erstenmal entdeckte er eine Andeutung jener seltsamen Traurigkeit, auf die er gewartet hatte.

«Vielleicht», gab er zu und war auf einmal sehr zuversichtlich, daß er sie vielleicht doch dazu bringen könnte, sich in ihn zu verlieben. Dieser Gedanke, der ihm erst kam, als jener traurige Ausdruck wieder auf ihrem Gesicht erschien, verlieh ihm plötzlich neues Selbstvertrauen.

«Aber Sand ist ein unsicherer Boden», gab sie zu bedenken. «Genau wie die Bühne. Sagen Sie – was wissen Sie eigentlich über mich? Was hat Philip Ihnen erzählt?»

Er bedauerte es, daß sie das Thema wechselte, denn er hatte eine ungewöhnliche Wärme zwischen ihnen zu spüren geglaubt. Ruhig antwortete er: «Ich weiß gar nichts über Sie. Nur daß Sie englisch-spanischer Abstammung und in Saragossa geboren sind . . .»

Sie lachte leise und schüttelte ungläubig den Kopf über dieses Greenhorn, das so naiv war, zu glauben, was über eine Schauspielerin veröffentlicht wurde. «Philip hat Ihnen also nicht erzählt, woher er mich kennt?»

«Natürlich nicht!» Er krauste die Stirn. Er hatte nicht die Absicht, Philip zu verteidigen, aber er wollte ihr klarmachen, daß er selber ein Gentleman war, der nicht im Traum daran dachte, sich Klatschgeschichten über sie anzuhören.

«Und Joshua Ching? Hat der Ihnen auch nicht erzählt, wie er mich kennengelernt hat?»

«Nein, das hat er nicht.» Allmählich wurde er böse, denn er hatte geglaubt, Allegra Stuart sei seine persönliche Entdeckung und andere Männer kennten sie nur als Rosalinde oder Lady Teazle.

Sie seufzte. Anscheinend wunderte sie sich über die Männer, die manchmal zuviel und manchmal zuwenig redeten. «Er hat Ihnen nicht erzählt, wie lange er mich kennt und wo er mich zum erstenmal gesehen hat?»

«Ist das denn so wichtig? Ich habe Sie die Julia spielen sehen, die Lady Teazle und Lady Macbeth. Das interessiert mich weit mehr als all die Klosterschulen, in denen Sie erzogen wurden, oder als die sieben Sprachen, die Sie sprechen.»

«Das hoffe ich auch.» Sie stand auf und schob den Pudel beiseite, der auf ihrem Rock gelegen hatte. «Ich kenne beide sehr gut – Ihren Onkel und Philip Van Zandt. In gewisser Weise haben sie sogar den Anstoß gegeben zu allem, was ich geworden bin.» Er machte ein finsteres Gesicht, weil er jetzt eine Lebensbeichte erwartete, die ihm nicht besser gefallen würde als Nella Allens Geschichte. Aber das lag keineswegs in ihrer Absicht. Sie schlenderte umher, blieb hier und da stehen, um in einem Buch zu blättern, und betrachtete ihr Porträt als Rosalinde. Beim Umherwandern begann sie zu sprechen, mit so leiser Stimme, daß er angespannt lauschen mußte, um ihre Bekenntnisse zu verstehen. «Zunächst einmal: Ich bin nicht englisch-spanischer Abkunft, sondern etwas viel Schlimmeres – Irin.» Er lachte anerkennend über diesen kleinen Scherz, und sie warf ihm weise lächelnd einen Seitenblick zu. «Ich heiße auch nicht Allegra Stuart, sondern Betty Mulligan.»

«Betty Mulligan», wiederholte er feierlich. «Ein hübscher Name.»

Sie zog eine Braue hoch, um ihn zu warnen, sich nicht über sie lustig zu machen und auch nicht zu höflich zu sein, sonst werde sie kein Wort mehr sagen. «Hoke O'Neil ist mein Bruder.»

«Hoke O'Neil?»

«Der Inspektor für Marktabgaben und Mieten.» Sie kehrte ihm den Rücken und betrachtete sich im Spiegel. «Sie haben ihn gestern abend hier kennengelernt.»

«Ach ja, natürlich. Ich erinnere mich.» Er dachte an Mr. O'Neil, der Joist Barringer kampflustig erklärt hatte, Tammany Hall sei die Wiege der politischen Reform, und sah wieder die schiefe Nase vor sich, die krummen Finger, das Blumenkohlohr, die Narben an Stirn und Kinn und den Elfenbeinzahnstocher, den O'Neil nach dem Essen unaufhörlich benutzt hatte. Und da entdeckte er plötzlich eine Vergangenheit der Allegra Stuart, die vollkommen anders war als die, die er sich ausgemalt hatte. «Also keine Klosterschulen in Frankreich», sagte er ein wenig traurig.

Sie stand immer noch vor dem Spiegel, ordnete ihr Haar und wirkte, während sie Haarnadeln herauszog und wieder befestigte, genauso ungeniert wie nach der Vorstellung in ihrer Garderobe. «Nein. Nur die sieben Sprachen spreche ich wirklich – zumindest teilweise. Aber das liegt nur daran, daß ich so gut nachahmen kann. Als meine Mutter starb – sie hat sich umgebracht, vermutlich aus Verzweiflung, weil sie nicht wußte, wie sie allein in Five Points zwei Kinder großziehen sollte –, kam ich in die Missionsschule. Hoke ist von der Schule ausgerissen, aber ich bin geblieben. Daher stammt meine Bildung, wenigstens die Anfänge, und nicht aus Klosterschulen.»

In seinem Gesicht standen Mitleid und Schuldbewußtsein, als sei er mitverantwortlich für das Verbrechen, das die Amerikaner an ihrer Familie begangen hatten. Doch unvermittelt lächelte sie ihn fröhlich und freimütig an, so rührend drollig, daß er impulsiv aufsprang und auf sie zuging, ohne zu wissen, was er tun wollte. Er hatte nur das Gefühl, er müsse sie trösten. Aber sie wich zurück und bedeutete ihm mit einer Handbewegung, ihr nicht zu folgen.

«Fünf Jahre lang war ich im Opernballett. Dort habe ich gelernt, anderen Schauspielern zuzuhören. Man merkt es übrigens immer, ob eine Schauspielerin von ganz unten angefangen hat. Dort habe ich auch gehen gelernt, und ich glaube, ich sollte nicht allzu bitter darüber sein, daß ich fast nie genug zu essen hatte. Dort wäre ich vielleicht heute noch, wenn Philip Van Zandt und Ihr Onkel nicht gewesen wären.» Sie senkte den Kopf, sah ihn dabei aber weiter an. Er hatte den Eindruck, daß diese Erinnerungen sie bedrückten und trotzig machten. «Gelegentlich, wenn ich Geld für meinen Sprachlehrer brauchte, habe ich bei Herrenessen getanzt! Sie kennen das sicher, nackt aus einer Pappmaché-Pastete springen und ein paarmal den Tisch rauf- und runterhüpfen.» Sie wartete einen Augenblick, um zu sehen, wie er darauf reagierte, und tatsächlich zog er ein verlegenes Gesicht und war sprachlos bei der Vorstellung, Allegra Stuart sei nackt vor ein paar hundert fremden Männern umhergelaufen.

«Sie sind bestimmt», erklärte er dann galant, «der hübscheste Anblick gewesen, den diese Männer je gehabt haben.»

Sie quittierte diese Bemerkung mit gleichgültigem Achselzucken. «Kann sein. Jedenfalls habe ich dabei Philip kennengelernt. Mein Gott, war ich in ihn verliebt! Er versprach mir Himmel und Erde, aber er hat mir nie etwas geschenkt außer einem imitierten Kaschmirschal. Und noch etwas – allerdings etwas, was ich leider nicht behalten konnte.» Sie wandte den Kopf ab, und er glaubte schon, sie fange an zu weinen. Doch dann sah sie ihm offen und eindringlich ins Gesicht. «Verstehen Sie, was ich meine?»

«Ich glaube ja. Es tut mir leid für Sie.»

Sie begann wieder auf und ab zu gehen. Es war ziemlich dunkel geworden, nur das Feuer im Kamin warf einen flackernden Schein ins Zimmer. Während sie wanderte, hatte er das Gefühl, sie habe ihn ganz vergessen und er belausche sie bei einem Gespräch, das sie ganz allein mit sich selber zu führen schien. «Ich liebte ihn, bis Joshua Ching mir erzählte, daß er sich mit einer anderen Frau im selben Zimmer traf und mit ihr in demselben Bett schlief, in dem er mit mir geschlafen hatte – einer Mrs. Talbot.» Sie hielt inne, denn er war zusammengezuckt. «Überrascht Sie das?»

Er machte eine wegwerfende Geste. «Nein, gar nicht. Oder vielmehr, es überrascht mich doch», gab er zu. «Zufällig ist Mrs. Talbot nämlich die Mutter meiner Frau.» Durch die Umschreibung glaubte er Coral Talbot sich selber gegenüber weniger kompromittiert, als wenn er sie seine Schwiegermutter genannt hätte.

Allegra lachte. «Die Mutter Ihrer Frau! Na ja, das überrascht mich nicht. Dann können Sie natürlich auch erraten, daß ich Joshua Chings Bekanntschaft nur deshalb machte, weil er herausfand, daß ich mit Philip befreundet war. Er ist ein sehr geschickter Mann, Ihr Onkel. Ich glaube, es gibt niemand, den er nicht irgendwie ausnutzen kann.» Sie legte den Kopf schief. «Sind Sie traurig, daß ich Ihnen die Illusionen über Ihre Verwandtschaft zerstöre?»

«Ich habe nicht so viele Illusionen gehabt, wie Sie zu glauben scheinen.»

«Und die Illusionen über Allegra Stuart?» Doch ehe ihm eine passende Antwort einfiel, sagte sie: «Jetzt müssen Sie gehen. Sonst muß ich noch an Sie denken, wenn ich es besser nicht täte. Ich muß um sieben Uhr im Theater sein.» Im Vestibül drehte sie sich zu ihm um und lächelte amüsiert zu ihm auf. Er hatte keine Ahnung, was sie so belustigte, seine Verwirrung, die er immer noch nicht verbergen konnte, oder die vielen komischen Zwischenfälle in ihrem eigenen Leben. «Sehen Sie, wie das Leben spielt?»

«Kann ich Sie heute abend sehen?»

«Nein, ich habe zu tun.»

«Morgen?»

«Wozu? Ich verliebe mich nur noch in Männer, die mir behilflich sein können.» Er machte ein so betretenes Gesicht, daß sie sich seiner erbarmte. «Wollen Sie mich morgen nachmittag in ein deutsches Bierlokal begleiten?»

«Ich begleite Sie, wohin Sie wollen. Aber werden Sie in so einem Lokal nicht ziemliches Aufsehen erregen?»

«Warten Sie ab», lachte sie vergnügt und klatschte in die Hände. «Ich bin schon ein paarmal dort gewesen, und bisher hat mich noch nie jemand erkannt. Ich erwarte Sie also morgen um vier an der Ecke.» Sie öffnete die Tür und schob ihn sanft hinaus, denn er schien gar keine Lust zu haben, sich zu verabschieden. «Folgen Sie morgen ja nicht der falschen Frau!» lachte sie und schloß leise die Tür.

Auf dem Heimweg grübelte er darüber nach, ob es ihm gelungen war, Allegra in sich verliebt zu machen. Aber er hatte vielmehr den Verdacht, daß er sich unversehens in sie verliebt hatte. Als er im Hotel ankam, schob er diesen Gedanken ärgerlich beiseite, setzte sich und schrieb Briefe, die er bis dahin aufgeschoben hatte.

Am nächsten Tag beim Frühstück unterhielt er sich mit wildfremden Leuten über die verzweifelte politische Lage des Landes, wanderte unruhig durch die Räume, las Zeitungen, spielte unschlüssig mit dem Modell für ein neues Stampfwerk und wurde immer nervöser, als er den regenverhangenen Himmel betrachtete, der seine Pläne zu durchkreuzen drohte. Erst als der Regen um kurz nach eins nachließ und der Himmel eine Spur heller wurde, besserte sich seine Laune. Punkt halb vier stand er an der verabredeten Ecke, rauchte eine Zigarre und hoffte inständig, daß sie ihn nicht vergessen hatte.

Nach wenigen Minuten kam ein junges Mädchen auf ihn zu. Sie hatte einen energisch-federnden Schritt, schwang ihr Retikül und blickte mit so großer Neugier um sich, daß er glaubte, es sei entweder eine Prostituierte oder ein irisches Dienstmädchen im Ausgehstaat, das zu einem Rendezvous mit ihrem Freund ging. Sie trug einen altmodischen Sealmantel mit ausgefranstem Saum, der ihr viel zu groß war. Sie schien ihn von ihrer Herrin geerbt zu haben. Als sie die Röcke hob, damit sie nicht durch die Pfützen schleiften, sah er, daß sie schwarz-rot gestreifte Strümpfe und schwarze Schnürstiefel trug. Ihr zimtfarbenes Haar war sorglos auf dem Kopf zusammengesteckt und wirkte wie Stroh. Als sie an ihm vorbeikam, fixierte sie ihn plötzlich, lächelte breit, kniff die Augen zusammen und sagte im schönsten irischen Dialekt: «Klar doch, ich bin's! Kommen Sie, kommen Sie! Oder wollen Sie plötzlich nicht mehr?» Und im Weitergehen winkte sie ihn mit dem Daumen hinter sich her.

Als Morgan sie eingeholt hatte, hakte sie sich bei ihm unter und lächelte ihn an – mit einem Lächeln, das ihr Gesicht total veränderte. Sie sah jetzt genauso lebhaft und unbekümmert aus wie die meisten irischen Einwanderinnen, die man überall in der Stadt als Dienstmädchen Türen öffnen, bei Tisch bedienen und Kinderwagen schieben sah. Sie wirkte mehrere Jahre jünger als sie war, während sie sich mit typisch weiblicher Verzweiflung an seinen Arm klammerte und munter auf ihn einredete, wie schön der Nachmittag sei und daß sie zu Fuß gehen wollten, weil sie dann die Leute auf der Straße beobachten könne. Leise fügte sie hinzu, das könne sie ja sonst nie, weil immer sie diejenige sei, die angestarrt werde. Während sie weiterplauderte, manchmal in irischem Dialekt, manchmal in reinster Bühnensprache, merkte er, daß er sich entspannt und überlegen fühlte, als sei sie wirklich das kleine, irische Dienstmädchen, das sie heute spielte.

Als sie weiter nach Süden kamen, beschimpfte sie die bettelnden Kinder mit so wortreichen, derben Flüchen und Kraftausdrücken, daß die Kleinen sich entweder trollten und sie aus der Ferne argwöhnisch beobachteten oder überrascht auflachten und ihnen ein, zwei Häuserblocks weit folgten. «Ich bin überall gewesen in dieser Stadt», erklärte sie Morgan. «Wenn ich irgendwo lebe, muß ich mir alles ansehen. Jetzt lebe ich so behütet, daß ich ohne solche kleinen Ausflüge bald jedes Gefühl für die Wirklichkeit verlieren würde – ich würde vergessen, wer ich bin. Einmal», sagte sie leise, «bin ich als Schuhputzerin in die Chambers Street gegangen.» Ihre Stimme verwandelte sich zu einem nasalen Singsang. «Schuhe putzen, Sir?» Sie lachte vergnügt. «Einen Dollar und fünfundsiebzig Cent habe ich in drei Stunden verdient! Wie finden Sie das? Eines Tages werde ich Ihnen mal vorführen, wie ich als Schuhputzerin aussehe – schmutziges Gesicht, ungewaschene Arme, bloße Füße und eine Perücke, die aussieht, als hätten Mäuse darin gewohnt. Ich habe noch andere Verkleidungen. Sie werden ja sehen.» All das erzählte sie ihm zwischen den Schimpfkanonaden, die sie auf die neben ihnen hertrabenden Kinder abfeuerte, als wären sie alte Freunde, die häufig solche Ausflüge unternahmen.

Sie begegneten Lumpensammlern mit Leiterwagen, die schrille Glokken läuteten, und Trödlern mit alten Kleidern, die ein Dutzend Hüte auf dem Kopf trugen. Manchmal blieb sie stehen, um die volkstümlichen Balladen zu lesen, die an Bindfäden von Geländern hingen, und er kaufte ihr ein paar Seiten, die sie zusammengerollt in ihr Retikül stopfte.

Weiter südlich war die Straße so dicht bevölkert, daß sie nur langsam vorankamen. Hier stand ein heruntergekommenes Hotel neben dem anderen; dazwischen Tanzsäle und Kneipen, aus denen so viele junge Huren mit schwarzen Ginflaschen kamen, daß Morgan geneigt war, zu glauben, was die Reformer behaupteten – daß es nämlich in der Stadt Zehntausende von ihnen gab. Schmetternd dröhnte Musik aus allen Türen, und überall hörten sie chinesische, spanische und italienische Laute. Verkrüppelte Bettler hielten sie an und deuteten klagend auf ihre leeren, rotentzündeten Augenhöhlen oder auf schwärende Beulen. Andere hatten weder Arme noch Beine, sondern lagen wie mißgestaltete Melonen, notdürftig mit Lumpen bedeckt, auf dem Pflaster.

Er hielt sie jetzt dicht an sich gedrückt, aber sie zuckte weder beim

Anblick der verstümmelten Bettler noch vor den Händen zurück, die sich nach ihr ausstreckten, um von ihnen, den Jungen, Gesunden, ein Scherflein zu erflehen. Hin und wieder sah sie zu ihm auf, fragte ihn, was er von all diesem Elend halte, und seufzte.

Endlich betraten sie ein Gebäude, das kaum kleiner war als ein Theatersaal. Stimmengewirr, Lachen, Walzermusik und die Gerüche der deutschen Küche umgaben sie. Auf einer Empore des Raumes spielte eine Kapelle, die hochgewölbte Decke war mit Fresken bemalt, an den Wänden rankte sich imitiertes Weinlaub, und an den langen Tischen hockten eng aneinandergedrängt deutsche Familien und sangen und aßen hier ihr Sonntagsessen. Geschickt bahnte sie sich einen Weg zwischen den Tischen hindurch, als wisse sie genau, wo der beste Platz sei, und zeigte ganz hinten im Saal auf zwei einander gegenüberliegende Sitze.

Es war heiß im Saal. Sie ließ ihren Mantel zurückgleiten, so daß man das zerschlissene Futter sah, und steckte mit ungeduldiger Bewegung ein paar lose Strähnen der zimtfarbenen Perücke fest. Ihr Kleid war schwarz-weiß gestreift – die Streifen liefen in verschiedene Richtungen – und hatte lange, weite Ärmel mit Spitzenkrausen am Handgelenk. Als sie sich umdrehte und fast den Hals verrenkte, um festzustellen, wer auf den Balkonen saß, sah er, daß die Turnüre mit Rüschen und schwarzen Samtschleifen verziert war, eine komische kleine Turnüre, zweifellos der ganze Stolz dieses irischen Dienstmädchens.

Sie schob die Ärmel hoch, stützte die Ellbogen auf die Tischplatte und nannte ihm eine lange Liste von Speisen, die sie verzehren wollte. Anscheinend hatten die Würste, die dampfend auf Bergen von Sauerkraut lagen und von eiligen Kellnern in gefährlicher Hast vorübergetragen wurden, ihren Appetit angeregt. Während er ihre Bestellungen aufgab, unterhielt sie sich auf deutsch mit ihrer Nachbarin und lobte deren trinkendes Baby so überschwenglich, daß die Frau grinsend errötete und der Ehemann ungeschliffen im Takt der Musik auf den Tisch hämmerte, bis die Teller klapperten und die Bierkrüge hüpften.

Kaum war der Kellner gegangen, machte sie Morgan ein Zeichen, daß sie tanzen wollte. Sie war bereits halb durch den Saal, ehe er sie einholte, und erregte mit ihren wiegenden Hüften fast ebensoviel Aufmerksamkeit, wie wenn sie ohne Verkleidung hier erschienen wäre. Er beobachtete bewundernd diesen sinnlichen neuen Gang, betrachtete ihre schmale Taille, den geraden Rücken, der rührend jung und stolz aus dem geschickt gerafften Rock aufstieg, und die zimtfarbenen Strähnen, die sich an ihrem bloßen Hals ringelten. All das erregte in ihm den Wunsch, seine Lippen auf ihre Haut zu drücken, ein Wunsch, der bald unerträglich wurde.

Auf der Tanzfläche drehte sie sich um, legte ihm beide Hände auf die Schultern, wie es in Tanzlokalen üblich war, er faßte sie um die

Taille, und dann sprangen sie mit den anderen Tänzern im anstrengenden Rhythmus einer Polka herum. Sie sah ihn mit diesem Dienstmädchenlächeln an und schüttelte dann und wann so heftig ihren Kopf, daß er fürchtete, die Perücke werde davonfliegen. Der Polka folgte eine Mazurka, auf die Mazurka ein Schottischer, und bald war er dankbar, daß Ula Malloy ihm damals im Bella Union all diese Tänze beigebracht hatte. Dann wollte sie plötzlich zurück an den Tisch. Er hastete hinter ihr her und war schon darauf gefaßt, daß sie von hier verschwinden werde, ehe er sie einholen konnte.

Aber sie setzte sich hin und begann zu essen, nachdenklich und lächelnd. Plötzlich merkte er, daß auch er einen Bärenhunger hatte, und machte sich mit Appetit über das Essen her.

«Wissen Sie, warum ich Ihnen das gestern alles erzählt habe?» fragte sie schließlich.

«Weil Sie Lust dazu hatten. Der Grund spielt doch keine Rolle, oder?»

«Doch, er spielt eine Rolle. Für mich. Ich habe es Ihnen erzählt, weil Sie in Gefahr waren, sich in Allegra Stuart zu verlieben – stimmt's? Ich sah es kommen», fügte sie hinzu, als sei es sinnlos, sie täuschen zu wollen. «Und plötzlich hatte ich Angst um Betty Mulligan.»

Es war eine Tatsache, die sie feststellte, nicht mehr nur die Möglichkeit, mit der er gestern und noch vor einer halben Stunde gerechnet hatte. Darum sagte er: «Natürlich stimmt es. Ich liebe Sie.»

«Ich weiß, ich habe es gemerkt. Das kommt nämlich häufig vor, müssen Sie wissen. Es gibt verschiedene Männer, die mich lieben.»

«Das kann ich mir vorstellen», sagte er. Er aß mit unvermindertem Appetit weiter und beobachtete sie dabei mit großer Konzentration. «Jeder, der Sie kennt. Warum sollten sie auch nicht?»

Sie begann ihre Eroberungen an den Fingern abzuzählen. «Joist Barringer ist in mich verliebt, aber er ist nicht mein Liebhaber. Anthony De Forest war es eine Zeitlang, aber seit *Macbeth* ist Schluß damit. Dyke Ferguson.» Sie zuckte die Achseln. «Und zwei oder drei Engländer.» Sie lachte herausfordernd auf und sah ihn forschend an, ob sie ihn eifersüchtig gemacht habe. Aber seine Eifersucht war anscheinend vorläufig noch von Bewunderung und Verlangen überdeckt. Sie beugte sich vor und begann mit leiser, eindringlicher Stimme zu sprechen. «Aber Ferguson ist der einzige, den ich liebe – soll ich Ihnen sagen, warum? Weil er der beste Manager von Amerika ist, der beste Manager, den ich kenne. Ein guter Schauspieler ist nur halb so wichtig wie ein guter Manager – obwohl ich das nur ungern zugebe. Ohne Ferguson hätte ich mich niemals an *Macbeth* gewagt.» Sie lehnte sich zurück, als betrübe sie der Gedanke an diese Rolle. «Wenn er jetzt nicht in Europa wäre, um jemanden für mich zu engagieren, wenn ich im kommenden Mai fortgehe, dann säßen wir nicht zusammen hier. Wissen Sie, daß er mich heiraten will?» Sie hob erstaunt die Brauen, als könne sie das selber nicht glauben, wurde aber im Handumdrehen wieder zu dem Dienstmädchen, das erfolglos mit den widerborstigen Haarsträhnen kämpfte.

«Werden Sie ihn heiraten?» Irgendwie fand er die Nachricht von einer möglichen Heirat weitaus beunruhigender als all das Gerede von ihren Liebhabern; denn Liebhaber konnten seine eigenen Pläne nicht durchkreuzen, ein Ehemann hingegen sehr wohl.

«Ich kann nicht, ich bin schon verheiratet. Aber ich würde ihn wahrscheinlich auch sonst nicht heiraten. Ich war lange genug verheiratet und habe genug davon.» Sie stützte sich auf den Tisch, winkte ihn noch näher heran, und unvermittelt sah sie aus wie ihr Porträt als Rosalinde. «Sie sind neugierig auf mich, nicht wahr?»

Morgan machte eine abwehrende Geste. Einen so frivolen Grund für seine Bewunderung wollte er nicht wahrhaben. Doch dann grinste er, denn ihr Lächeln war fragend und ein bißchen vorwurfsvoll, und er fand, es habe keinen Zweck, sie zu belügen. «Neugier würde ich es nicht nennen.»

«Natürlich sind Sie neugierig. Darum wollen Sie ja auch mein Liebhaber werden. Wollen Sie das bestreiten?»

«Nein, das bestreite ich nicht. Ich möchte es wirklich.»

«Männer denken immer, sie wissen nichts über eine Frau, bevor sie nicht mit ihr geschlafen haben. Aber das muß nicht so sein. Es kommt immer auf den Mann an – und darauf, was die Frau für ihn empfindet.»

«Ich weiß», sagte er und nahm an, sie wolle ihm damit sagen, daß er nichts über sie erfahren werde, weil sie ihn nicht liebe. Trotzdem hielt er dies für den entscheidenden Augenblick. Er stand auf, half ihr in den Mantel, dirigierte sie durch den Saal, drückte im Vorbeigehen dem Kellner einen Geldschein in die Hand und führte sie hastig zur Tür. Dort drehte sie sich zu ihm um und protestierte, sie habe noch nicht genug gegessen und lange noch nicht genug getanzt.

Es war dunkel geworden; auf den Bürgersteigen glühten die Lampen der Straßenhändler, und ehe sie den Wunsch äußern konnte, zu Fuß zu gehen, hatte er eine Droschke herangewinkt und sie hineingedrängt. Sie saß in der Ecke, in sich gekehrt und stumm, als sei sie allein und denke über die Enttäuschungen in ihrem Leben nach. Morgan fragte sich auf einmal, warum er so davon überzeugt war, daß von einem Erfolg oder Mißerfolg bei Allegra Stuart alle seine künftigen Erfolge oder Mißerfolge abhingen. Aber diese Überzeugung war nun einmal da und wurde immer stärker.

«Was haben Sie heute abend vor?» fragte er schließlich. «Empfangen Sie Ihre Freunde?»

«Ich habe keine Freunde.» Sie sah ihn wieder vorwurfsvoll an. «Nur Verehrer.» Sie wandte den Kopf ab. «Aber ich habe auch ein paar Feinde, die mir manchmal Gesellschaft leisten.»

Diese Bemerkung beunruhigte ihn. Ihre Feinde waren auch seine, und es wäre seine Pflicht, sie aufzusuchen und zu bestrafen. «Sie haben Feinde? Das bilden Sie sich bestimmt nur ein.»

«O nein. Ich weiß sogar, wer mein Feind ist. Soll ich es Ihnen sagen? Mit einem war ich verheiratet, einer ist ein Fremder, und einer tut, als sei er mein Freund.» Sie wandte sich ihm wieder zu, doch jetzt war das irische Mädchen verschwunden, und sie wirkte bedrückt und verzweifelt. «Aber ich will mich nicht beklagen – keiner ist so glücklich, wie er es zu verdienen glaubt.»

Die Droschke hielt, und sie war bereits ausgestiegen, ehe er eine Bewegung machen konnte. Wieder stürzte er hinter ihr her und erreichte den Lift gerade noch rechtzeitig, um die Türen mit beiden Händen auseinanderdrücken zu können. Er sah sie bittend an, doch sie starrte verdrossen auf ihre Füße.

Oben eilte sie aus dem Lift und rannte mit klappernden Absätzen den Gang entlang, während er mit dumpf hallenden Schritten hinter ihr herlief, ihr den Schlüssel abnahm und die Tür aufschloß. Nur im Vestibül brannte eine Lampe, und er schloß daraus, daß die Wohnung leer war und das Dienstpersonal Ausgang hatte. Sie ließ sich von ihm den Mantel abnehmen und wollte ins Wohnzimmer gehen. Doch da packte er sie bei den Schultern und hielt sie fest, während sie hastig protestierte: «Aber ich werde mich nicht in Sie verlieben!»

Diese Abwehr machte ihn so froh und überglücklich, als sei sie keine Warnung, sondern ein Geständnis gewesen, und er überschüttete sie mit Küssen. «Doch, das wirst du. Du hast es ja schon getan!»

53

Während der langen Reise war Humphrey Scannell still und blaß und hatte immer neue Krankheitssymptome an sich entdeckt – angeblich vom Essen im Westen, vom Wasser im Westen und vom Whisky im Westen. Morgan hatte sich um ihn bemüht, als sei er ein sterbender Invalide, den man ihm anvertraut hatte. Denn immerhin war Scannell ein Geologe, den die Hallams mit ihm nach Westen geschickt hatten.

In Helena überließ Morgan es Jonathan, Scannell für zwei Tage zu beherbergen und zu füttern. Er bat seinen Bruder, den Gast keine Sekunde lang aus den Augen zu lassen, sondern ihm so viel Zerstreuung wie möglich zu bieten, auch wenn das keinen großen Eindruck auf Scannell machen sollte. Denn Humphrey Scannell gehörte zu jenen Neulingen im Grenzland, die fest entschlossen waren, alles abscheulich zu finden. Als Scannell am nächsten Morgen im Büro der Devlin Brothers erschien und Morgan mit der Goldwaage spielen sah, sagte er überrascht: «Sie scheinen sich ja hier alles in allem recht komfortabel eingerichtet zu haben, Devlin. Wozu brauchen Sie eigentlich noch das Geld von den Hallams?»

Morgan lachte und tauschte über Scannells Kopf hinweg einen Blick mit Jonathan. «Warten Sie ab, bis wir nach Butte kommen, Scannell. Dieses Camp hier ist schon ganz schön in Schuß – da haben Sie recht. Vergessen Sie übrigens nicht, daß wir heute abend zusammen bei meiner Mutter zum Essen eingeladen sind. Wenn Sie vor sechs kommen, kann ich Ihnen noch meinen neunzehn Tage alten Sohn vorstellen.»

Er hatte Mariettas Telegramm am Tag seiner Abreise von New York erhalten. Zuerst konnte er die freudige Nachricht kaum fassen. Aber als er das Baby zum erstenmal sah, merkte er, daß er sich inzwischen zu einem erfahrenen Ehemann und Vater entwickelt hatte. Er freute sich zwar über seinen Sohn, war aber keineswegs mehr so überwältigt wie bei Susettes Geburt. Er ertappte sich sogar bei dem Gedanken, daß er seinen Sohn wesentlich interessanter finden würde, wenn er erst einmal zu einem Jungen herangewachsen war. Das Baby wurde William getauft, aber er überließ es Felice, ihrem Vater davon Mitteilung zu machen.

Wie sich herausstellte, war das Kind genau an dem Tag geboren worden, als Morgan mit Allegra Stuart das Bierlokal besuchte. Er erwartete eigentlich, daß dieses Zusammentreffen ihm Gewissensbisse verursachen würde, wenn er Felice erst gegenüberstand, merkte dann aber zu seiner Überraschung, daß es eine rätselhafte Verbindung zwischen den beiden Ereignissen zu geben schien, die aufzudecken er jedoch keine besondere Lust hatte. Er lächelte Felice guten Gewissens an, nahm sie liebevoll in die Arme und stellte fest, daß er es fertiggebracht hatte, sich selbst einzureden, seine Gefühle für diese beiden Frauen seien durch viele Jahre voneinander getrennt. Das kam ihm zwar ein wenig zu simpel vor, um aufrichtig zu sein, aber er fand, es sei besser, einfach zu akzeptieren, was er nicht bereuen konnte.

Trotzdem dachte er, nachdem er Felice und Susette in Helena zurückgelassen hatte und neben Humphrey Scannell in der engen Kutsche saß, sofort wieder an Allegra.

Während der Wagen über die Straßen schaukelte und holperte, gingen Erzproben und Whiskyflaschen von Hand zu Hand, und nur Humphrey Scannell hockte mit benommener Miene in seiner Ecke. Nach und nach wechselte seine Gesichtsfarbe von weiß zu gelb und von gelb zu grün, bis er sich schließlich weit aus dem Fenster beugte und Morgan ihn am Gürtel festhielt, damit er nicht hinausfiel. Dabei lächelte Morgan dem Mann, der ihm gegenübersaß, abwesend zu und dachte an Allegra. Das letzte Mal hatte er sie denselben unbeleuchteten Gang hinuntereilen sehen, in dem Philip Van Zandt sie fünf Tage zuvor einander vorgestellt hatte. Am Ende des Ganges hatte sie sich umgedreht, ihm noch einmal zugewinkt und war verschwunden.

«Denk mal an mich, ja?» hatte sie gesagt, und als er gegen den Abschied protestieren wollte, hatte sie geflüstert: «Sag mir Lebwohl», eine Erinnerung an die letzten Worte Rosalindes, die sie gerade auf der Bühne gesprochen hatte. Am folgenden Tag war er schon mit dem Geologen der Hallams unterwegs gewesen.

Er dachte an sie, er konnte sie gar nicht aus seinen Gedanken verbannen, und jetzt schien es ihm sogar, als ob er bis an sein Lebensende nicht würde vergessen können, wie sie die *Klage der irischen Einwanderer* gesungen, die Lady Teazle oder die Lady Macbeth gespielt oder auch wie sie nackt neben ihm gelegen hatte, als er am Montagmorgen in ihrem Schlafzimmer erwacht war. Sie hatte ihn, auf einen Ellbogen gestützt, nachdenklich gemustert und angefangen zu lachen, als er verwirrt erwachte und sich aufrichtete.

Mit einem Satz war sie aus dem Bett gesprungen, hatte einen weißen Morgenrock übergeworfen, schlich auf Zehenspitzen durchs Zimmer und riß mit einem Schwung das Tuch von Consuelos Käfig. «Was hat dich hergeführt?» fragte sie den Papagei.

Der Vogel, ganz und gar nicht überrascht, gab zurück: «Schlechte Gesellschaft, bei Gott!» Und sie belohnte ihn mit ein paar Apfelscheiben, die er gierig entgegennahm. Als er aber zu schimpfen begann, warnte sie ihn, er müsse sich gut benehmen, sonst werde er in die Küche verbannt, und das, erklärte sie Morgan, sei die Hölle für ihn, denn der Koch sei sein Todfeind.

Sie kam zum Bett zurück und blickte auf Morgan hinunter, strich sich das Haar aus dem Gesicht, raffte es oben auf dem Kopf zusammen und ließ es wieder herabfallen. Dabei schien sie ständig über seine Vergangenheit und seinen Charakter nachzudenken und entdeckte zweifellos mehr, als ihm jemals gelungen war. Jeden Augenblick erwartete er, daß sie sagen werde, sie bereue, was geschehen sei, oder daß sie versuchen werde, ihm ein paar Versprechungen abzuringen. Er überlegte schon, was er ihr erwidern könne, ohne unaufrichtig zu sein, als sie ihn flüchtig küßte und hinausging, das Frühstück zu holen.

Sie deckte den Tisch am Kamin und war eine Zeitlang ganz in diese Beschäftigung vertieft, wie ein Kind, das Hausfrau spielt. Dann trat sie zurück, legte bewundernd die Hände zusammen und lächelte entzückt über das hübsche Arrangement. «Da ist es. Mein Lieblingsfrühstück.» Ihr Lieblingsfrühstück war, wie sich zu seiner Enttäuschung herausstellte, eine Silberschale voll knuspriger Toastscheiben, eine Terrine *pâté de foie gras* und eine Flasche Champagner. Offenbar glaubte sie, ein Frühstück sei nicht nur etwas zum Hungerstillen, sondern auch eine Art Feier zu Ehren jener Entdeckungen, die sie in der vergangenen Nacht gemacht hatten.

Als sie dann Platz nahmen, wurde sie wieder schweigsam. Gelegentlich blickte sie lächelnd auf, fütterte den Hund mit in Champagner getauchten Brotbrocken, trank selbst jedoch nur ein paar Schlückchen und überließ Morgan den größten Teil ihres Lieblingsfrühstücks. Er war hungrig und überlegte, während er aß, daß sie jetzt vermutlich erwartete, er werde gehen – ein paar passende Worte sagen und sich verabschieden.

Doch als er sich entschieden hatte, wie er sich am besten aus der Affäre ziehen könne, lehnte sie sich bequem auf ihrem Stuhl zurück, reckte die Arme und Beine wie eine verschlafene Katze, zog dann die Knie ans Kinn und schlang die Arme darum. Sie betrachtete ihn aufmerksam, bis er schließlich laut auflachte, um sich vor ihrem neugierigen Blick zu schützen.

«Ich habe über dich nachgedacht», gab sie zu. «Warum gehen eigentlich so viele Amerikaner in den Westen?»

Er grinste erleichtert, daß sie eine Frage stellte, die er beantworten konnte, denn er glaubte immer noch, ihr seine bedenkenlose Treulosigkeit erklären zu müssen. «Wir ziehen aus demselben Grund in den Westen, aus dem du zur Bühne gegangen bist.»

«Weil man seinen persönlichen Gegner sucht, den einen, vor dem man genug Angst hat, um ihn zu respektieren.» Sie lächelte. «Stimmt das?»

«Ich glaube schon.»

«Aber der einzige wirkliche Gegner ist das Leben, hast du das noch nicht erkannt?» Sie zog erstaunt eine Braue hoch. Plötzlich schien sie sich, wie eine fleißige Hausfrau, an ihre Arbeit zu erinnern, sammelte die Teller und die Bestecke auf ein Tablett und trug es hinaus. Wieder dachte Morgan, dies sei das Zeichen zum Aufbruch. Es würde nicht mehr lange dauern, bis die ersten Besucher kamen, und außerdem konnte er sich vorstellen, daß sie viel Zeit brauchte, um sich auf ihren Auftritt am Abend vorzubereiten. Trotzdem blieb er sitzen und starrte mit finsterer Miene vor sich hin, als sich die Tür öffnete und sie hereinkam. Im nächsten Augenblick war sie bei ihm und wartete auf seinen Kuß.

Abends, kurz nach sechs, ehe sie zum Theater aufbrach, standen sie in der Bibliothek und tranken Kaffee. Wieder war sie nachdenklich und schweigsam. Auf einmal sagte sie: «Heute abend werde ich nur für dich spielen. Du kommst doch?»

«Selbstverständlich.»

«Es ist nicht gut für mich, aber ich werde es tun.»

Das, glaubte er, war ihre Art, ihm Lebewohl zu sagen. Dennoch wartete er nach der Vorstellung auf sie, aber mit einem sonderbaren Gefühl der Angst und Trauer. Als sie endlich von der Bühne kam und ihn sah, machte sie ein so erstauntes Gesicht, als sei sie auf einen Fremden gestoßen, der ihr den Weg vertreten wollte, und sagte im Vorbeigehen: «Denk mal an mich, ja?» Er hatte ein weit stärkeres Gefühl des Verlustes gehabt, als sie wohl geahnt hatte.

Kurz vor Butte erhob sich der Kutscher von seinem Sitz, schwang die Peitsche über dem Rücken der Pferde und trieb die Tiere fluchend an. Das Schwanken der Kutsche nahm zu, und Humphrey Scannell warf Morgan einen letzten, flehentlich bittenden Blick zu, ehe er in seine Ecke zurücksank, die Augen fest geschlossen und das Gesicht schweißüberströmt. Sogar als die Kutsche hielt und die anderen Passagiere bereits ausgestiegen waren, lag er noch still da, bis Morgan ihn am Ärmel zupfte und ihn nötigte, auszusteigen und einen ersten Blick auf dieses Gebirgsnest zu werfen.

Das Camp wirkte kaum sauberer als vor zwei, drei Jahren. Auf den Straßen lagen noch immer Pferdemist und Abfall, und überall auf den leeren Grundstücken brannten Müllhaufen. Doch Bruno Favorites Kneipe war nicht mehr der einzige Saloon, es gab vier Hotels mit gestreiften Markisen und mehrere neue Pensionen, Tischlerwerkstätten, Anwaltsbüros, eine Gießerei und eine Schmiede und sogar ein noch im Bau befindliches Opernhaus, in dem bald die erste Vorstellung stattfinden sollte. Vor halbfertigen Häusern lagen Stapel von Balken und Steinen, und der muntere Klang der Hämmer und Sägen erfreute Einwohner und Besucher gleichermaßen, denn niemand konnte sich der anspornenden Wirkung des Aufbaus im Westen entziehen.

Morgan stellte fest, daß sein neues Haus noch nicht halb so weit war, wie er erwartet hatte, deshalb mieteten er und Humphrey Scannell nebeneinanderliegende Zimmer im Hotel de Mineral. Morgan wollte Scannell unbedingt unter Kontrolle behalten, damit er sich nicht von Lemuel Finney beschwatzen ließ, Gerüchte über andere Unternehmungen hörte oder möglicherweise in ein ernsthaftes Gespräch mit Amos Muspratt geriet. Darum wachte er eifersüchtig über ihn, zuerst unter dem Vorwand der Gastfreundschaft, und als Scannell sich allmählich eingewöhnte, spielte Morgan den Hilflosen. Er entwickelte auf einmal eine ganz außerordentliche Hochachtung vor Scannells Meinung und wollte die Yellow Medicine nicht ohne ihn betreten, damit er die vielen Fragen über Flöze, Klüfte, Verschalung, Hebezeuge und Wasserlinien an Ort und Stelle beantworten könne. Morgan fand so viele verschiedene Formulierungen für jede Frage, daß Scannell nie auf die Idee kam, dieselbe Frage schon vor drei Tagen beantwortet zu haben.

Manchmal ließ er Humphrey Scannell auch in Bruno Favorites Obhut zurück, während er selber Geschäften nachging, die er mit Scannell zusammen nicht erledigen konnte. Dann inspizierte er Lem Finneys neues Quarzwerk und gratulierte Jake Finney zu seiner kürzlich erfolgten Hochzeit mit Anna Grace Burgess, obgleich ihm Lisette verraten hatte, daß Erma Finney diese Heirat drei Jahre hinausgezögert hatte, weil das Mädchen einmal Homer Grimes geküßt hatte. Er tätschelte liebevoll die Seitenwände der Absetzpfannen in Finneys Werk, pfiff bewundernd, als das Erz die Rutschen herabkam, wiegte sich auf den Absätzen und summte leise, als er die Maschinen beobachtete, und verspürte die ganze Zeit eine weit schlimmere Eifersucht als je in New York auf Philip Van Zandt.

Als er von Jake erfahren wollte, was die Anlage gekostet hatte, grinste Jake nur schlau und führte ihn wieder hinaus. Ebensowenig Glück hatte er einige Tage später bei Homer Grimes, als er noch einmal in Finneys Werk ging, weil er glaubte, er könne Homer die Geheimnisse leichter entreißen.

«Das weiß nur Mr. Finney», erklärte Homer grob.

«Ich nehme an, ihr verfrachtet nicht mehr nach Baltimore, wie?»

«Natürlich nicht. Aber wir nehmen Aufträge an, 45 Dollar pro Tonne.»

Morgan lachte. «Von mir nicht! Na ja, ich werde meine Anlage im Winter auch ein wenig verbessern.»

«Viel Glück», wünschte ihm Homer, und Morgan hätte ihn am liebsten an die Wand geschleudert. Aber er lächelte ihm herzlich zu und ging davon.

Auch Amos Muspratt stattete er einige Besuche ab, aber nur wenn er Humphrey Scannell sicher bei Bruno Favorite untergebracht wußte, dessen Erzählungen aus früheren Tagen der Geologe interessiert lauschte. Amos Muspratt war, genau wie die anderen Goldgräber, die kein Geld hatten, aber wußten, daß ihre Claims wertvoll waren, von der Begeisterung der letzten Monate so angesteckt worden, daß er während Morgans Abwesenheit Fördermaschinen gekauft und installiert hatte. Bruno meinte, Amos Muspratt müsse der Salt Lake City Bank inzwischen mindestens 7000 Dollar schulden.

Doch immer noch weigerte sich Muspratt, dieses Stück Boden herzugeben, auf das er so harte Arbeit verwendet hatte. Als er heraufkam, um Morgan am Eingang zu seinem Schacht zu begrüßen, sah sein Gesicht noch mißtrauischer aus als sonst.

«Ich habe noch nichts gefunden», erklärte er Morgan, der sich hingehockt hatte und in den Steinbrocken zu seinen Füßen herumwühlte. «Vielleicht ist weiter unten wirklich kein Erz.»

«Vielleicht, Amos. Du bist doch bestimmt schon auf hundert Meter nicht wahr?» Er beobachtete Amos genau, konnte aber nichts Verdächtiges feststellen.

«Hundert Meter? Allmächtiger, Devlin – im ganzen Hügel gibt es keinen Schacht, der so tief ist!»

«Willst du uns verkaufen, was du hast? Wir werden es dir für fünfundzwanzig Prozent in den Osten verfrachten.»

«Vielleicht probier ich mal Finneys Stampfwerk aus. Es heißt, daß es das beste ist, das wir haben. Er war neulich hier und suchte Aufträge.»

«Zu 45 Dollar pro Tonne, Amos?» fragte Morgan, erstaunt, daß ein so kluger Mann wie Amos Muspratt ein so indiskutables Angebot überhaupt in Erwägung zog. «Bei so einem Preis lohnt sich das Fördern ja gar nicht. Na ja, Amos, jedenfalls freue ich mich, daß es dir gutgeht.» Er lächelte ihm beruhigend zu, ein kurzes Lächeln, das Muspratt kaum bemerkt hatte und nur den Eindruck hinterließ, daß Morgan Devlin sein wahrer Freund war, und nicht Lem Finney – was Finney auch sagen mochte. Beim Weggehen drehte Morgan sich noch einmal um, als sei ihm gerade eine besonders gute Idee gekommen. «Amos, wie wär's mit fünfundzwanzigtausend in bar?»

«Warum denn ausgerechnet mein Claim?» gab Amos klagend zurück. «Der alte Phineas Pease hat fünfundzwanzig Claims, die alle besser sind als der hier. Er verschenkt sie geradezu. Geh doch zu ihm und kauf ihm seinen Kram ab. Warum tust du das nicht?»

«Du weißt genau, warum ich gerade deinen Claim will, Amos.» Er wies auf den ehemaligen Halloway-Claim auf der einen und auf seine beiden Claims auf der anderen Seite, die hinter dem Claim lagen, den Homer Grimes vor drei Jahren übernommen hatte. «Es ist die einzige Möglichkeit, dieses minderwertige Erz wirtschaftlich abzubauen. Und, Amos, irgend jemand muß es ja schließlich abbauen – darin stimmst du mir doch hoffentlich zu?»

Amos seufzte, zuckte die Achseln und verschwand wieder in seinem Schacht. Später sagte Morgan zu Bruno: «Wenn ich nicht selber hinter dem Claim her wäre, könnte der Alte mir richtig leid tun.»

Nach drei Wochen war Humphrey Scannell immer noch da. Er kroch in enge Felsspalten, fuhr in Erzeimern in die Schächte hinab und untersuchte die Adern im Gestein. Morgan bekam allmählich das Gefühl, zur Strafe für irgendein schlimmes Verbrechen müsse er Scannell mit durchs Leben schleppen, weil er ihn nie wieder loswerden würde. Wenn man Scannell eine zwei Meter breite Silberader zeigte, kritisierte er, daß es nicht drei Meter waren. Sagte man ihm, das Camp habe einige gute Kupfervorkommen, so meinte er, man dürfe diese Metalle nicht einfach mischen. Wenn Morgan ihn bat, ein Darlehen zu empfehlen, das es ihm ermöglichte, unter die Wasserlinie vorzudringen, schüttelte Scannell den Kopf und sagte: «Das Erz wird minderwertiger, Devlin, je näher man an die Wasserlinie kommt. Das haben mir selbst die einfachsten Goldgräber bestätigt, mit denen ich darüber gesprochen habe.»

«Vielleicht hat er ja recht», meinte Bruno, wenn auch nicht vor Scannells Ohren.

«Hat er nicht!» versicherte Morgan. «Ich bin ein besserer Geologe als er.»

Um Scannell endlich in die Flucht zu jagen, begannen Morgan, Douglas und Bruno ihm fürchterliche Geschichten von Epidemien zu erzählen, über die in der *Helena Post* berichtet worden sei. Abends erzählten sie sich die neuesten Tragödien, seufzten traurig über alte Freunde, die gestorben waren oder im Sterben lagen, und Scannell lauschte mit ängstlichem Gesicht.

«Aber wir müssen ja nun mal in Butte leben, um Geld zu verdienen», erklärte Morgan philosophisch. «Wir sind ja nicht wegen unserer Gesundheit hier.»

«Nein, gewiß nicht», stimmte Scannell zu, und drei Tage später verkündete er, daß seine Inspektion beendet sei. «Ich werde achtzigtausend empfehlen, mehr kann ich guten Gewissens nicht tun. Ein Mann in meiner Position darf sich keinen Irrtum leisten.»

Morgan begleitete ihn bis zur Postkutsche nach Corrine. Diesmal setzte sich Scannell oben aufs Dach, denn er hatte erklärt, lieber würde er im Graben landen, als wieder so fürchterlich seekrank werden. Während der letzten Minuten vor der Abfahrt überschüttete ihn Morgan mit Beteuerungen seiner ewigen Zuneigung und seines Respekts und legte ihm herzlich den Arm um die Schultern. Er sah der Kutsche nach, bis sie in ihrer Staubwolke verschwand, und wandte sich dann mit einem Ausdruck unbändiger, triumphierender Freude auf dem Gesicht zur Yellow Medicine. Er legte fast den ganzen Weg im Laufschritt zurück und war so aufgeregt wie ein Mann, der zu lange von seiner Geliebten getrennt war und nun endlich ungestört zu ihr zurückkehren konnte.

«Gott sei Dank!» sagte er erleichtert zu Douglas. «Der Kerl ist weg. Und jetzt – an die Arbeit!»

Er wartete noch auf Nachricht von Frederic Hallam, als Amos Muspratt ihm niedergeschlagen mitteilte, er wolle seinen Claim für 30 000 Dollar in Gold an ihn verkaufen. Morgan tat, als zucke er erschrocken zurück. «Aber hier ist nie ein Claim für soviel Geld verkauft worden, Amos.»

«Finney hat mir achtundzwanzig geboten. Er würde auch auf dreißig hinaufgehen, glaube ich. Du nicht?»

«Amos», sagte Morgan, «gib mir einen Monat Zeit, dann kann ich das Geld auftreiben.»

«Meine Bank gibt mir aber keinen Monat mehr.»

«Dann wenigstens eine Woche.»

Amos lächelte skeptisch. «Woher willst du es denn nehmen? Mir scheint, du hast in letzter Zeit eine Menge Geld ausgegeben», fügte er vorwurfsvoll hinzu, als verstehe er nicht, wieso andere Männer Geld aufnehmen konnten und er nicht.

Das war natürlich das wichtigste Problem für jeden Goldgräber. Silberbergbau war teurer als Goldbergbau, und Kupferbergbau war noch kostspieliger. Aber Morgan war, wie Muspratt und einige andere, fest davon überzeugt, daß der große Hügel aus reinem Kupfer bestand, das von einer Silberschicht und dann, wie ein Kuchenguß, noch mit Gold überzogen war, um weniger aufmerksame Männer irrezuführen. Das Gold, oder wenigstens das meiste, war inzwischen abgetragen worden, und Morgan hoffte, die Yellow Medicine werde soviel Silber produzieren, daß er mit dem Gewinn tiefer in den Boden vordringen konnte, wo in Muspratts Claim das Kupfer lag. Wenn er dort tatsächlich größere Mengen Kupfer fand, mußte es seiner Ansicht nach das Land wie ein großer, unterirdischer Fluß durchziehen, steigend und fallend, an einigen Stellen bis an die Oberfläche dringend, so daß er eines Tages auch in der Yellow Medicine und in seinen anderen Claims darauf stoßen mußte.

Voll Angst, daß Amos in der Zwischenzeit sein Versprechen brechen könnte, ritt er nach Helena zu Irene Flint. Er traf am späten Nachmittag dort ein, ging sofort zu Jeremy Flints dreistöckigem Klinkerhaus, dessen Jalousien fast immer herabgelassen waren – vielleicht um Besucher abzuschrecken, vielleicht aber auch, weil diese ehemalige Madame noch immer lieber bei künstlichem Licht lebte. Er schritt an dem eisernen Reh vorbei, das mit gelben Glasaugen auf dem Rasen lag, und Fong Chong öffnete ihm die Tür, schloß sie aber sofort wieder, ohne ihn einzulassen.

Irene Flint hatte sich während der vergangenen sieben Jahre den Ruf erworben, eine besonders kluge Frau zu sein. Sie besaß inzwischen Anteile an mehreren ergiebigen Claims und verstand es, geschickt immer gerade jene Anteile abzustoßen, von denen die Käufer später wünschten, sie hätten sie selber verkauft. Die Männer versuchten zwar immer wieder, Irenes weibliche Unwissenheit und Dummheit auszunutzen, aber es gelang ihnen nicht. Irene pflegte, ob Sommer, ob Winter, unerwartet am Schacht aufzutauchen und zu verlangen, man möge sie hinablassen, damit sie sich selber ein Bild über den Fortgang der Arbeit machen könne. Mutig stieg sie in die Eimer, verschwand nach unten, die Schleppe sorgfältig in einer Hand, in der anderen den Sonnenschirm, auf dem Kopf ein französisches Hütchen, und nahm eigenhändig ausgewählte Erzproben mit nach oben, die sie prüfen lassen wollte.

«Es stimmt, ich verstehe einiges von Mineralien», sagte sie einmal zu Morgan. «Aber ich beurteile den Mann, wenn ich investiere, nicht seinen Claim. Ist der Mann in Ordnung, spielt der Claim keine Rolle. Wenn er das erste Mal kein Glück hat, wird er einen anderen erwerben, und dann wieder einen anderen, bis er gefunden hat, was er sucht.»

«Und du irrst dich nie?»

«Natürlich irre ich mich, nur ich rede nicht darüber, und andere Leute vergessen so etwas schnell. Aber oft irre ich mich nicht.» Sie zuckte lächelnd die Achseln. «Warum auch? Ich hasse Fehlschläge, wie du sicher auch.»

Morgan glaubte zwar nicht, wie viele andere Männer, an Irenes übersinnliche Kräfte, und er hatte auch bemerkt, daß sie die Prüfungsberichte und Kalkulationen, die er ihr vorlegte, nur mit gleichgültigen Blicken betrachtete, aber er hatte dennoch aufrichtigen Respekt vor ihrer Klugheit und ihrem Wissen auf diesem schwierigen Gebiet. Vor langer Zeit hatte sie ihm einmal gesagt, er solle niemals aus Geldmangel einen wertvollen Claim aufgeben, ohne vorher mit ihr darüber gesprochen zu haben.

Nun stand er vor Jeremy Flints Haus und wartete. Nach einer Zeit, die ihm sehr lang vorkam, öffnete Fong Chong abermals die Tür und winkte ihm einzutreten. Das Wohnzimmer sah verändert aus, denn Irene liebte den Wechsel. Ständig kaufte sie neue Möbel, Teppiche und Nippessachen, an denen sie wiederum nicht sehr lange Freude hatte. Diesmal waren es Möbel aus einem goldbraunen Holz und dick gepolsterte Sessel und Sofas mit violettem Seidenplüsch bezogen und mit vielen Fransen und Quasten verziert. Überall standen niedrige Hocker und Schemel, um die er herumgehen mußte, und dann duckte er sich unter einer großen Muschel hindurch, die zwischen langen Efeuranken vom Kronleuchter herabhing. Als er diese Hindernisse überwunden hatte und vorsichtig über einen mit einem Muster von ausgefransten Bananenblättern verzierten Teppich hinweggeschritten war, in dessen Mitte ein Leopard und Vögel mit leuchtendem Gefieder prangten, kam Irene Flint in einer eleganten purpurroten Moirétoilette auf ihn zu, die auf jeden Empfang gepaßt hätte.

Sie duldete seinen ehrerbietigen Kuß und befahl Fong Chong, eine Flasche Champagner zu holen. Dann blieb sie vor dem Kamin stehen, drehte sich geschickt eine Zigarette und unterhielt sich mit ihm ein paar Minuten über den neuesten Klatsch. Pete, hieß es, habe Baupläne. Aber Jenny habe erklärt, sie brauchten kein größeres Haus. Sie selber, erzählte Irene, hätten auf ihrer Fahrt zur Jahrhundertfeier einen Architekten aufgesucht und wollten im Laufe des Winters mit ihrem Neubau beginnen.

«Vor ein paar Wochen habe ich Zack Fletcher getroffen», fügte sie noch hinzu. «Er bringt die Cross Eye auf die Sun River-Weide.»

Irene und Morgan hoben die Gläser und setzten sich dann, um über die Angelegenheiten in Butte zu sprechen. Als er ihr eine Probe von schimmerndem Kupfererz gab, spuckte sie nicht darauf, wie es ein Mann getan hätte, sondern bespritzte den Erzbrocken mit Champagner. Dann hielt sie ihn unter eine Lampe und drehte ihn vorsichtig hin und her, wie es ein Juwelier mit einem seltenen Stein tat, so daß er grüne Blitze sprühte. Sie hatten sich schon häufig über Amos Muspratts Claim unterhalten, doch dies war die erste Probe, die er ihr brachte. Sie sah ihn fragend an, und Morgan gab lächelnd zu: «Es war nicht leicht, sie zu beschaffen.»

«Wieviel verlangt er?» Als sie von Amos Muspratts Forderung hörte, stieß sie einen leisen Pfiff aus, runzelte die Stirn und schüttelte den Kopf über die Habgier der Goldgräber. Irene Flint war bekannt dafür, daß sie gern billig einkaufte.

«Aber», sagte Morgan leise, weil er Angst hatte, Fong Chong horche an der Tür, um für Lem Finney zu spionieren, «er sagt, Lem hat ihm achtundzwanzig geboten.»

«Das können wir nicht zulassen.» Sie gab ihm das Erzstück zurück.

Morgan behielt es in der Hand, betrachtete und wendete es immer wieder hin und her, um das Spiel der Farben zu beobachten, während er von seinen Plänen für die Yellow Medicine berichtete. «Schnell Profit abwerfen wird sie kaum. Ich habe nicht die Absicht, teure Schmelzöfen aufzustellen, ehe ich weiß, was wirklich drinsteckt – und bis ich die Ader mit anderen Claims abgesichert habe. Im Winter werde ich Schächte abteufen und Tunnel bohren. Sobald ich etwas finde, werde ich wieder in den Osten fahren, und dann wird man mir wohl ein Darlehen bewilligen, das es mir ermöglicht, ernsthaft mit der Arbeit zu beginnen. Aber in der Stadt wimmelt es im Augenblick von Käufern. Mit jeder Postkutsche kommen neue. Sie kaufen, was auf dem Markt ist, und am nächsten Tag verkaufen sie es wieder. Mir wird immer ganz unbehaglich, wenn ich sehe, wie gute Claims in die Hände von Fremden fallen.»

«Oder von Freunden?» warf Irene ironisch ein. «Laß mich das noch mal sehen.» Sie nahm das Stück Erz in beide Hände, als wolle sie sich an ihm wärmen, schloß die Augen und wiegte sich langsam vor und zurück. Morgan runzelte die Stirn, hütete sich aber, Irene Flints Versunkenheit in ihre magischen Riten zu stören. Vielleicht hatte sie selber angefangen, an die Gerüchte zu glauben, die über sie verbreitet wurden; vielleicht hatte sie mit dieser Angewohnheit solche Gerüchte überhaupt erst hervorgerufen. «Warum bist du so sicher, daß Scannell und die anderen Experten sich irren?» Sie wiegte sich immer noch mit geschlossenen Augen hin und her. Während Morgan mit fachmännischen Erklärungen begann, die sie nach seiner Ansicht bestimmt nicht verstand, nickte sie hier und da und lauschte mit fast dem gleichen Ausdruck verträumter Zufriedenheit, der in Susettes Gesichtchen trat, wenn er das Wiegenlied für sie sang, das Lily Jones von ‹Tanzendes Kaninchen› gelernt hatte.

Als sie ihm schließlich die Erzprobe zurückgab, stieß sie einen langen Seufzer aus.

«Ich gebe dir zwanzig. Kannst du den Rest von deiner Familie bekommen?»

«Das glaube ich sicher.»

«Ich werde dir diesmal keine Zinsen berechnen. Ich möchte lieber einen zehnprozentigen Anteil an deiner Gesellschaft. Damit habe ich dann insgesamt dreiundsechzigtausend in dich investiert.» Im Unterschied zu anderen privaten Bankiers brauchte Irene nie ein Kontobuch als Gedächtnisstütze, sondern hatte ihr verwickeltes Investitionsprogramm genau im Kopf.

Amos Muspratt gab den Claim, auf dem er seit elf Jahren die meisten seiner Tage und Nächte verbracht hatte, widerwillig auf. Die *Helena Post* bezeichnete diesen Besitzerwechsel als die bedeutendste Transaktion in der Geschichte der Grenzgebiete und fügte hinzu, das Land brauche mehr Männer, die dafür sorgten, daß etwas geschehe – eine Erklärung, die Amos als Beleidigung für seine bisherige Arbeit empfand. Als Morgan wenige Wochen darauf den Schacht zunagelte und die *Helena Post* verkündete, der Claim habe sich nun doch als wertlos erwiesen, stürmte Amos aufgeregt durch das Camp und behauptete, wenn hier jemand betrogen worden sei, dann Amos Muspratt, und nicht Morgan Devlin, der für 30 000 Dollar einen Claim gekauft habe, der ihn eines Tages zum mehrfachen Millionär machen werde.

Morgan ging ihm von nun an möglichst aus dem Weg, denn Amos machte ihn nervös mit seiner nicht nachlassenden Leidenschaft für diesen Claim. Er bedauerte, daß es keine Möglichkeit gab, den ganzen Hügel in seinen Besitz zu bringen, ihn mit einer Armee von Anwälten und Bankiers zu stürmen und zu seinem Privateigentum zu machen.

Denn inzwischen waren sich alle einig, daß es nur eine Frage der Zeit sei, bis dieses Silber- und Kupfercamp hoch in den Rocky Mountains eine Stadt von Millionären werde, die von einer zweiten, unsichtbaren, wesentlich größeren Stadt unter der Erde leben würde. Bruno und Morgan standen oft in der Tür von Favorites Saloon und blickten über das Camp, das sich zusehends veränderte. Bruno wies auf das neue Förderhaus an Finneys Buckhorn-Mine und die vielen anderen Gebäude, die in kürzester Zeit geradezu aus dem Boden geschossen waren, und sagte: «Diese Galgengestelle werden allmählich so dicht wie die Nadeln auf dem Nähkissen einer Dame. Gibt der Stadt Stil, nicht wahr?» Sie blickten den vorüberratternden Kolonnen der Erzwagen nach, und Bruno sagte: «Jetzt brauchen wir nur noch ...»

Morgan nahm den Refrain auf, der Tag für Tag in den Zeitungen des Grenzlandes zu lesen war: «... Transportmöglichkeiten und Öfen zum Schmelzen unserer Erze.»

Aber sie warteten nicht, bis es soweit war. Das Darlehen der Commercial Trust kam spät im Dezember. Morgan stellte sechs weitere Männer ein, begann eine Zweigstelle der Devlin Brothers zu bauen und beteiligte sich an Ralph Mercers geplanter Zeitung, dem *Butte Independent*. Lem Finney baute ein Büro- und Bankhaus. Jeremy Flint eröffnete ein Büro in Butte. Green Troy hatte sein Casino verkauft und war – ohne Nola Malachy – nach Butte gezogen, wo er ein Hotel bauen und ein ehrbarer Bürger werden wollte. Diesen Wunsch hatte er, wie Irene Flint Morgan erzählte, schon immer gehegt. Anfang Januar wurde das Opernhaus mit einer Vorstellung der Charles Baxter-Schauspieltruppe eröffnet, die immer wieder in die Berge zurückgekehrt war, allerdings immer gerade dann, wenn Morgan nicht da war, und so ging er neugierig mit Bruno hin, um Fan Moffat als Kameliendame zu sehen.

Sie war, wie er erfreut feststellte, noch immer so hübsch wie vor fünf Jahren. Aber sie spielte die Kameliendame geradezu strotzend vor Gesundheit und warf sprechende Blicke ins Publikum, als wolle sie den Zuschauern klarmachen, sie verstünde nicht, wie eine Frau, die ihre fünf Sinne beisammen hat, Pferde und Schmuck verkaufen könne, um einen so faden Liebhaber wie Charles Baxter auszuhalten, den sie mit ihrer Leidenschaft zu überwältigen schien. Als sie sich in einem langen weißen Gewand, das ihre glatten Schultern und vollen Brüste gut zur Geltung brachte, zu ihrer Krankheit niederließ – laut hustend, wenn es ihr souffliert wurde –, sah sie verschmitzt zu Morgan hinüber, und als sie zum Schluß ihr dunkelrotes Haar löste und es ganz langsam herabfallen ließ – mit einer Bewegung, an die sich viele von ihnen so gut erinnerten –, gab es ebenso stürmischen Applaus wie in New York für Allegra Stuart.

Bruno war hingerissen und flüsterte Morgan zu, er müsse sie unbedingt kennenlernen. Später fanden sie Fan seufzend im Künstlerzimmer, als habe der Tod der Kameliendame sie vollkommen erschöpft. Doch dann nahm sie lächelnd die Komplimente ihrer Bewunderer entgegen und löste zur Belohnung ihr Haar noch einmal.

Sie begrüßte Morgan so überrascht, als hätte sie keine Ahnung, wem sie vorhin zugelächelt hatte, rief ihn zu sich und tadelte ihn, weil er eine andere geheiratet hatte. Sie schmollte und lachte, zuckte die Achseln und hielt die gespreizten Finger vor ihr Gesicht, seufzte und legte die Hand auf ihre Brust und gab so eine private Vorstellung ihres alten Charmes. Gleich darauf flüsterte sie: «Ich habe dieses Leben endgültig satt. Ich will einen reichen Mann heiraten.» Sie sah ihn mit traurigem, zärtlichem Blick an, sehr hübsch, aber auch sehr komisch. «Stimmt es, daß hier bald alle reich sein werden?» Sie musterte ihn aufmerksam – fast wie ein Geizhals seine Schätze, dachte er. «Du mußt mir helfen!»

«Soll ich dich einem meiner Partner vorstellen?»

Ihre Augen blitzten gierig. «Wo ist er?»

Morgan deutete auf Bruno Favorite, der bescheiden im Hintergrund wartete und sich zum erstenmal verlegen seiner Unzulänglichkeit bewußt war. «Was, der Zwerg?»

«Eines Tages ist er ein reicher Mann.»

«Deshalb bleibt er doch ein Zwerg.» Sie drohte ihm schelmisch. «Such mir bitte einen anderen.»

Wenige Tage später hielt sie ihn auf der Straße an und fragte, was er inzwischen für sie getan habe. Als er sagte, Bruno Favorite sei bereit und willens, sie zu heiraten, stampfte sie wütend mit dem Fuß auf und ging weiter. Nach ein paar Schritten wandte sie sich aber noch einmal um und lächelte verzeihend. Am Sonntag darauf erschien sie in seinem

Büro, wo er und Douglas gerade die Pläne für eine Anreicherungsanlage besprachen, die sie in einiger Zeit bauen wollten.

Sie trug ein modernes Kleid, das vom Hals bis zu den Knien so eng war, daß sie die Knie überhaupt nicht bewegen konnte, weil sonst die Nähte platzten. Als Morgan ihr Douglas vorstellte, reichte sie ihm die Hand, strich ihm mütterlich über das Haar und staunte, wie sehr er gewachsen war, seitdem sie ihn zum letztenmal gesehen habe. Douglas informierte sie steif, daß er verheiratet und Vater eines neun Monate alten Sohnes sei. Da schrie Fan auf und nahm Platz. «Aber Sie waren doch gerade noch ein kleiner Junge!» sagte sie vorwurfsvoll.

«Das ist lange her, Miss Moffat», versicherte Douglas. Er ging hinaus und grinste Morgan vielsagend an.

Fan blieb sitzen, starrte trübsinnig vor sich hin und seufzte schließlich noch tiefer auf als die sterbende Kameliendame. «Ich werde alt.» Morgan lachte begütigend, und Fan ging mit schlauem, spitzbübischem Lächeln auf ihn zu. Er sah ihr mißtrauisch entgegen und behielt gleichzeitig die Tür im Auge, denn der Sonntag war ein Geschäftstag wie jeder andere. «Meine Figur habe ich aber behalten. Willst du mal sehen?»

Geschwind hakte sie sich das Kleid auf, zeigte ihm ihre Brüste, und Morgan fuhr erschrocken zurück: «Fan, um Himmels willen!» protestierte er. Daraufhin begann sie zu lachen und lachte, bis sie erschöpft auf einen Stuhl sank, während er verlegen vor ihr stand und stirnrunzelnd murmelte: «Ich erinnere mich», aber nicht wagte, sie anzusehen.

Plötzlich ging die Tür auf. Morgan fuhr herum und sah Amos Muspratt, der etwas verwirrt, aber interessiert zuschaute, wie Fan mit einem Aufschrei hochsprang, ihm den Rücken zuwandte, sich das Kleid zuhakte und ohne einen Blick für die beiden Männer energisch zur Tür schritt. Morgan empfand diese Unterbrechung als Rettung in letzter Minute. Er begrüßte Amos wie einen alten Freund, obgleich dieser nur mürrisch im Büro umherschlenderte und sich den Bart kratzte, während Morgan so tat, als arbeite er an einem Bericht, der auf seinem Schreibtisch lag.

Schließlich drehte Amos sich um und fragte in dem klagenden Ton, den er sich letzthin angewöhnt hatte: «Devlin, stimmt es, daß du unten heimlich arbeiten läßt? Sechs Mann, in Tag- und Nachtschicht?» Amos legte den Kopf schief und starrte ihn bekümmert an. «Würdest du einem alten Freund das antun?»

«Ich weiß nicht, wo du das gehört hast, Amos, aber ich schwöre bei Gott, es ist nicht wahr. Ich bin bei diesem Handel hereingefallen, das weißt du genau. Vielleicht werde ich eines Tages wieder an dem Claim arbeiten lassen, vielleicht auch nicht. Aber worum ich *dich* bitten möchte, Amos», erklärte er so überaus höflich, daß Amos' Miene noch mißtrauischer wurde, «ist, daß du, verdammt noch mal, von diesem Claim wegbleibst und mich endlich in Ruhe läßt!»

54

Lemuel Finneys neues Haus war dreistöckig und hatte einen Ballsaal im obersten Stock. Es sah aus wie eine Kreuzung aus französischem Château, Minarett und gotischer Kathedrale. Das Ganze war dunkelbraun gestrichen. Die Tage, in denen man jede Holzhütte mit drei Zimmern als Villa bezeichnet hatte, waren vorüber. Jetzt gehörten schon drei Etagen, Kuppeln, Balkone und Veranden sowie mindestens zwölf Zimmer dazu, um ein Bauwerk als Villa auszuweisen. Irene Flint hatte sie alle mit der Neuigkeit überrascht, daß sie und Jeremy keine gewöhnliche Villa bauen wollten, sondern ein achteckiges Haus mit einem Aussichtsturm.

Das Haus der Finneys aber war bereits fertig. Die Finneys hatten es beim Neujahrsempfang und auf mehreren Dinnergesellschaften vorgeführt, und die Mitglieder der Damen-Studiengruppe waren fortan herzlich wenig daran interessiert, was die Gräfin Manzoni in ihrem Vortrag über die Frage zu sagen hatte, ob die Hinrichtung Maria Stuarts berechtigt gewesen sei. Sie bewunderten vielmehr sehnsüchtig Erma Finneys neue Errungenschaften – Orientteppiche, Spitzengardinen, Buntglasfenster und in Leder gebundene Bücher – und konnten es kaum glauben, daß die Zeit noch nicht lange zurücklag, in der sie so primitiv gelebt hatten, daß Jenny Devlins Wachsblumenstrauß bei vielen von ihnen Neid erregt hatte.

Im Laufe des Jahres wollten die meisten von ihnen ebenfalls neue Häuser beziehen. Die übrigen Familien planten, sich im folgenden Jahr neue, größere Villen zu bauen. Nur Jenny behauptete, das Haus, das sie habe, genüge ihr vollauf.

Jenny war für sie alle jetzt ein noch größeres Rätsel als damals, da sie mit Andrew Danforth in die Berge gekommen war, eine schöne, ziemlich unbändig wirkende junge Frau, ernst, empfindsam und eindrucksvoller, als sie zu wissen schien. Einige meinten, daß Jenny nur Unglück bringe, andere verteidigten sie und sahen in ihr das Opfer, nicht so sehr ihrer eigenen Schönheit, sondern einer magnetischen Anziehungskraft, die sie auf das Unglück auszuüben schien.

Ihre Tochter Leila war so plötzlich und unerwartet gestorben, daß einige sich nachdenklich fragten, was Jenny verbrochen haben mochte, daß ihr das Leben so schwer gemacht wurde. Auch die beste Mutter hätte kaum vier Jahre später noch Trauer getragen und wäre nicht stets mit einem schwarzen Schleier in der Öffentlichkeit erschienen, den Jenny nur zurückschlug, wenn sie in einem Privathaus war, und dann auch fast zögernd, als wolle sie ihr Versteck hinter dem Schleier nicht gern aufgeben.

«Jenny wird in diesem Jahr vierzig», sagte Erma Finney einmal. «Nicht daß ich glaube, sie sei nicht mehr schön, aber wenn ihr sie damals in Bannack gesehen hättet, würdet ihr es verstehen, daß sie es nicht so eilig hat, die Trauer abzulegen.»

«Unsinn, Erma!» entgegnete Irene Flint. «Jenny ist eine schöne Frau und wird es auch immer bleiben. Sie trägt bestimmt nicht aus Eitelkeit Trauer, sondern aus Kummer. Warum glaubst du immer, daß etwas anderes hinter den Dingen steckt?»

«Sie hat mir selber gesagt, daß sie es haßt, angestarrt zu werden.»

«Aber nicht, weil sie nicht mehr schön genug wäre! Sie haßt es, angestarrt zu werden, *weil* sie so schön ist.»

Erma paßte es nicht, daß Irene Flint Jenny in Schutz nahm. Wenn sie erst einmal ein Geheimnis entdeckt zu haben glaubte, wollte sie es auch aufdecken und fand sich nur schwer mit einem Mißerfolg ab. Als Jenny Danforths erste Freundin in Bannack glaubte Erma ein Recht auf Jennys Vertrauen zu haben oder wenigstens aus Jennys rätselhaftem Verhalten und ihrer Schweigsamkeit ihre eigenen Schlüsse ziehen zu dürfen.

Jenny konnte andere so geschickt täuschen, daß sie es kaum erst hier in den Bergen gelernt haben konnte. Daraus schloß Erma, daß Jenny, als sie nach Bannack kam, schon mit einer ganzen Reihe von Missetaten belastet gewesen sein mußte. Was andere Jennys Anziehungskraft nannten, nannte Erma ungebührliches Verhalten. Denn sie hatte vom ersten Augenblick an gefunden, daß Jenny mit ihrer weißen Haut, ihren grünen Augen und dem kleinen Mund mit der vollen Unterlippe, den dichten schwarzen Brauen und dem glatten schwarzen Haar für eine Frau, die keine Vergangenheit besaß, viel zu sinnlich, viel zu verächtlich, viel zu stolz und, was noch schlimmer war, viel zu aufreizend gewirkt hatte.

Erma hatte mit sichtlicher Befriedigung festgestellt, daß Jenny mehrmals in der Woche zum Friedhof ging, wo Leila und Matt dicht nebeneinander beerdigt waren. Entweder war dies ein Zeichen für Jennys Morbidität oder für ihr sündenbeladenes Gewissen. Gelegentlich sah Erma sie auf einem der kleinen schwarzen Eisenstühle sitzen, was stets so wirkte, als ob sie sich mit den Toten unterhielt. Eines Tages hielt Erma ihren Wagen schon auf halber Höhe des Hügels an, weil sie überrascht sah, daß vor Matt Devlins Grabstein eine Frau in schwarzem Kleid und schwarzem, weitem Schleier kniete. Diese Frau war offensichtlich nicht Marietta, sondern Jenny. Erma wartete gespannt darauf, wie lange sie dort in dieser kompromittierenden Haltung verharren würde. Als Jenny sich nach zwei oder drei Minuten noch immer nicht von der Stelle gerührt hatte, fuhr Erma mit lautem Peitschenknallen den Hügel weiter hinauf. Als sie fast oben war, drehte Jenny den Kopf, sprang auf und wandte sich dem näher kommenden Wagen zu.

«Guten Morgen, Jenny.» Erma lächelte, um Jenny in Sicherheit zu wiegen.

Jenny sah sie schweigend an; aber der Schleier verdeckte ihr Gesicht, so daß Erma nicht feststellen konnte, ob Jenny tatsächlich, wie Erma fest glaubte, geweint hatte. Erma stieg vom Wagen und ging langsam auf sie zu. Jenny blieb ruhig stehen und sagte, als Erma herangekommen war: «Da war soviel Unkraut.» Zum Beweis, daß sie die Wahrheit sprach, streckte sie die Hand vor, in der sie ein kleines Bündel Sommergräser hielt. Dann sagte sie, es sei schon spät, Marietta erwarte sie, und fuhr davon.

Es war nicht leicht, Jenny zu überraschen. Sie schien immer auf alles gefaßt zu sein. Stets war sie angekleidet, stets war ihr Haar glatt gebürstet und wohlfrisiert, und stets hatte sie etwas zu tun. Wann immer Erma ihr einen Besuch abstattete – sei es morgens, nachmittags oder, wenn Pete nicht zu Hause war, spät abends –, fand sie Jenny beschäftigt. Sie las oder malte – sie mußte inzwischen schon Hunderte von Aquarellen fertiggestellt haben –, oder sie nähte, kochte oder arbeitete im Garten.

Bis vor drei Jahren hatte Erma sie bei ihren Besuchen auch häufig am Klavier angetroffen. Aber seither weigerte sie sich, auf Gesellschaften mit Pete zusammen zu spielen, und überließ es ihm allein, für Musik zu sorgen. Manchmal mußte er dann den Anwesenden verlegen erklären, er sei kein so guter Geiger, daß er ohne Begleitung, die seine Fehler überdeckte, spielen könne. Aber wenn er sie dann bat, weigerte sie sich und sagte mit ihrer leisen, ziemlich hohen Stimme, die manchmal melodisch war wie ein Lied und dann wieder tonlos und fast monoton sein konnte, daß sie nicht mehr spielen könne und wolle. Schließlich wurde Musik von allen als Tabu betrachtet.

Doch dann kehrte Morgan mit seiner jungen Frau Felice heim, der offenbar niemand gesagt hatte, daß das Musizieren verboten war. Im ersten Jahr, als Felice bei Marietta wohnte, besuchten sie keine Gesellschaften, daher tauchte das Problem auch nicht auf. Als Morgan aber zur Jahrhundertfeier in den Osten fuhr, waren die ersten beiden Trauerjahre vorüber, und Felice und Marietta nahmen wieder an Dinnergesellschaften und kleinen Empfängen teil. Bei diesen Festen herrschte zwar keine übermütige Ausgelassenheit, aber es gab gutes Essen und reichlich Gesprächsthemen, die alle Anwesenden interessierten, und manchmal wurde sogar ein wenig musiziert.

Eines Abends, bei Blanch und Floyd Hart, die etwa zwanzig Personen zum Essen geladen hatten, wurde laut nach Musik verlangt, und ehe Pete zur Geige greifen konnte, eilte Felice schon durchs Zimmer, setzte sich in kerzengerader Haltung ans Klavier und wartete auf Ruhe. Felices Klavierspiel hatte nichts von der ein wenig suchenden Eigenart, die Jennys Musik charakterisierte. Sie spielte fehlerlos und so überlegen, als sei dies ihr Beruf. Während des Spiels blickte sie Pete mit ruhigem Ernst ins Gesicht, und wenn er sie ansah, schenkte sie ihm ein liebevolles, aufmunterndes Lächeln, das Erma fast schmerzhaft traurig fand. Vielleicht empfanden das auch einige der anderen Gäste, denn alle waren auf einmal ungewohnt still.

Sie spielten ein paar Chopin-Etüden und auch Matts Lieblingslied *There Is a Green Hill Far Away*. Dann spielten sie das Lied, das Jenny und Pete am Abend vor Morgans und James Gordons Abreise nach New York gespielt hatten, so daß es fast schien, als hätten sie ihr Programm vorher vereinbart.

Nach dem Konzert standen Pete und Felice einen Augenblick nebeneinander, Pete mit dem Instrument in der Hand wie ein Konzertgeiger, dann machte Felice einen tiefen Knicks, zuerst vor den Zuhörern und dann vor Pete, der sich zum Dank respektvoll vor ihr verneigte. Beide lächelten, als freuten sie sich über den Erfolg ihrer kleinen Verschwörung. Lisette schloß ihre Schwägerin gerührt in die Arme, küßte sie auf die Wange, und Erma hörte sie flüstern: «Danke, Liebes!»

Am nächsten Morgen machte sich Erma, einem ihrer Impulse folgend, noch vor zehn Uhr zu Jenny auf. Als sie sich der Haustür näherte, war sie erstaunt, von drinnen Klaviermusik zu hören – natürlich ohne Geigenbegleitung. Sie blieb stehen, lauschte und klopfte an, jedoch viel zu leise, um bei der Musik gehört zu werden. Daraufhin öffnete sie die Tür, trat ein und sagte: «Jenny, wie schön, daß du wieder spielst. Das freut mich aber wirklich sehr.»

Doch wieder einmal wurde sie von Jenny enttäuscht. Sie hatte zwar aufgehört zu spielen, rührte sich aber nicht vom Klavier weg und ließ die Hände einfach in den Schoß fallen. Als Erma auf sie zuging, starrte Jenny abwesend auf die Notenblätter und schien darauf zu warten, daß Erma wieder verschwand. Doch Erma blieb neben ihr stehen, und da erst blickte Jenny auf, lächelte leicht und zuckte die Achseln. «Ich spiele nicht mehr, Erma. Seit Jahren schon.»

«Aber du hast doch eben gespielt, Jenny. Ich habe es deutlich gehört.»

«Nein, ich spiele nicht mehr.»

Erma gab sich damit zufrieden, denn sie wußte, daß Jenny jeden Streit gewinnen würde, weil sie einfach schwieg. Dann aber legte sie ihr die Hand auf die Schulter, behutsam, denn Jenny war sehr schreckhaft, und sagte leise: «Die Vergangenheit ist machtvoll, nicht wahr, Jenny?»

Jenny saß reglos, stand nach einer Weile auf, streifte Ermas Hand von ihrer Schulter und ging aus dem Zimmer. Erma folgte ihr und fand sie vor dem goldgerahmten Spiegel in der Diele, wo sie sonderbar gespannt ihr Spiegelbild betrachtete. Erma beobachtete sie eine Weile und sagte dann mitfühlend: «Wir verändern uns alle, Jenny.»

Wieder wich Jenny ihr aus. «Daran dachte ich nicht.»

Sie blickte zur Tür, doch Erma übersah den Wink und begann im Haus umherzuschlendern. Sie wanderte durch das Wohnzimmer, dann über den Flur ins Eßzimmer und war auf dem Weg in die Küche, als Jenny sie plötzlich verfolgte, als sei sie eine Ladendiebin.

Jennys Küche war sauber und ordentlich. Die Gardinen waren frisch gewaschen. Auf der Fensterbank stand eine Vase mit wilden Veilchen. Der Backofen war noch warm, die Backofentür offen, und auf einem Rost auf dem Küchentisch stand ein frisch gebackener Topfkuchen. Erst jetzt fragte Jenny, ob Erma ein Stück Kuchen und eine Tasse Kaffee wolle, und Erma sagte, ja, zur Erinnerung an die alten Zeiten in Bannack gern, auch wenn sie eben erst gefrühstückt habe.

Sie setzte sich an den Küchentisch, und während Jenny alles vorbereitete, musterte Erma sorgfältig den Raum, fand aber nichts daran auszusetzen. Sie hatte sich immer darüber gewundert, daß Jenny eine so gewissenhafte Hausfrau war, denn dieser Zug schien ihr gar nicht zu dem Bild zu passen, das sie sich von Jenny machte – dem Bild einer leichtsinnigen Frau, die ständig auf Jagd nach Abenteuern war.

Jenny setzte sich ihr gegenüber, sie tranken Kaffee und erzählten sich den neuesten Klatsch, der Jenny jedoch nie recht zu interessieren schien.

Sie fragte, ob Erma noch Kaffee wolle, schenkte ein und machte keine Anstalten, diese Plauderstunde zu beenden, so daß Erma meinte, Jenny sei vielleicht gerade in der Stimmung, sich auszusprechen. «Vermißt du eigentlich die hübschen Kleider und die bunten Farben nicht, Jenny?»

«Darüber habe ich noch nie nachgedacht. Nein, ich vermisse sie nicht.»

«Aber sie standen dir doch so gut. Sogar Marietta trägt keine Trauer mehr. Wie lange willst du denn noch so weitermachen?» Sie machte eine Handbewegung, und Jenny blickte an sich herab auf das tiefschwarze Kleid, das alles Licht in sich aufzusaugen schien.

«Bis an mein Lebensende, glaube ich.»

«Aber Jenny! Sogar die Kinder fürchten sich davor.»

«Tut mir leid, aber ich könnte nichts anderes mehr tragen. Ein- oder zweimal habe ich es versucht, aber ich hatte das Gefühl, daß es ... unrecht sei.»

Der Gedanke, daß Jenny, die so viele echte Missetaten auf dem Gewissen hatte, es für unrecht hielt, ein farbiges Kleid zu tragen, kam Erma besonders unmoralisch vor. «Und dein Granatring – den trägst du wohl auch nicht mehr, wie?»

«Ich trage überhaupt keinen Schmuck, Erma.» Sie deutete auf ihre linke Hand. «Nur das hier.»

«Jenny, wenn ihr wieder ein Kind bekommt, wirst du doch hoffentlich kein Schwarz mehr tragen.»

«Wir werden keines mehr bekommen.»

«Das solltet ihr aber, Jenny. Um Petes willen – und um deinetwillen.»

«Erma, ich glaube, ich kann nicht mit dir darüber sprechen.»

«Natürlich nicht», stimmte Erma bereitwillig zu. «Aber dein Wohlergehen liegt mir sehr am Herzen, Jenny. Das tat es schon immer.» Jenny mußte doch spüren, daß sie die Wahrheit sagte.

«Danke», erwiderte Jenny, und Erma sah überrascht, daß sie ein klein wenig lächelte.

«Hoffentlich nimmst du es mir nicht übel, wenn ich dich etwas frage. Warum willst du nicht, daß Pete ein neues Haus baut – jetzt, wo doch alle bauen?»

«Dieses Haus genügt vollkommen», erklärte Jenny so nüchtern und sachlich, daß Erma verstummte und keine Antwort wußte.

Jenny hatte während der Jahre, die sie hier lebten, nichts verändert. Der Mitteltisch war noch mit den Malbüchern bedeckt, die sie für Leila angefertigt hatte; der Kaschmirschal, den sie in Bannack getragen hatte, lag über dem Klavier; in Leilas Zimmer waren immer noch ihre Puppen und Kleider und die Äsopschen Fabeln, aus denen Jenny ihr während der Krankheit vorgelesen hatte. Die Wohnzimmermöbel waren zwar neu bezogen worden, aber mit dem gleichen dunkelroten Damast, und auch die Vorhänge waren wieder durch blauen Damast ersetzt worden. Sogar die Pflanzen waren noch dieselben wie am Anfang; Jenny hatte sie so sorgfältig gepflegt, daß keine eingegangen war.

«Ich möchte nicht von hier weg. Ich möchte hierbleiben bis an mein Lebensende.»

«Aber Pete hat Mr. Finney gesagt, daß er in New York einen Architekten beauftragt hat, Pläne für euer neues Haus zu entwerfen. Neulich stand auch etwas darüber in der *Post*.» Da die Zeitung Ralph Mercer gehörte und Pete selber das Interview gegeben hatte, konnte Jenny kaum vorgeben, das sei wieder einmal ein Beispiel für die gewissenlose Berichterstattung im Westen, deshalb zuckte sie nur die Achseln.

«Pete kann es sich ja noch anders überlegen. Bis jetzt ist nichts entschieden.»

Jenny stand auf und blickte auf Erma hinab, die enttäuscht einsah, daß dies wohl doch nicht der richtige Tag sei, und umständlich Handschuhe, Retikül und Brille zusammensuchte, die sie beiseite gelegt hatte, damit Jenny nicht das Gefühl bekam, allzu neugierig gemustert zu werden. Dabei erklärte sie ständig, es sei schon recht spät, sie sei viel zu lange geblieben und müsse sofort aufbrechen. Jenny hörte ihr geduldig zu und schob sie sanft zur Tür.

In der Diele dankte Erma Finney ihr für den Kuchen, küßte sie auf die Wange und fuhr leicht über Jennys Haar, das wieder in der Mitte gescheitelt und tief im Nacken zu einem Knoten geschlungen war. «Du hast ja wieder deine alte Frisur, Jenny! Wie kommt denn das?»

Jenny lächelte zwar noch immer, ihre Augen wirkten aber nun grüner und heller, denn Jenny hatte schon immer eine ungewöhnlich starke Abneigung dagegen gehabt, sich ausfragen zu lassen. «Es ist bequemer, und mir gefällt die neue Mode nicht.»

Erma erinnerte sich zwar, genau wie Jenny, deutlich daran, daß Matt Devlin einmal gesagt hatte, diese Frisur stehe Jenny am besten. Aber sie fand wohl doch, dies sei nicht der richtige Zeitpunkt, einen Streit vom Zaun zu brechen, der ihr nur die Gelegenheit nehmen würde, Jenny irgendwann einmal ein Geständnis zu entlocken und ihr Buße und Reue predigen zu können.

Es dauerte jedoch noch geraume Zeit, bis sie auf die richtige Lösung stieß. Im Januar wurde Erma zur Präsidentin der Damen-Studiengruppe gewählt, eine Ehre, die ihr zwar schon des öfteren zuteil geworden war, die aber nie ihren Hunger nach weiteren Aufgaben in der Öffentlichkeit zu stillen vermocht hatte. Dabei fiel ihr die Aufgabe zu, in jedem Monat einem der Mitglieder ein Thema für einen Vortrag zuzuteilen, und es schien ihr wie ein Wink des Schicksals, als sie in einer Liste passender Themen den Titel fand: «Wodurch wird das menschliche Verhalten stärker bestimmt: durch Angst vor Strafe oder durch Hoffnung auf Lohn?» Denn nun würde Jenny Gelegenheit haben, ihnen allen – und Marietta – zu sagen, welche Bedeutung die Strafe für sie besaß und warum ihr die Hoffnung auf Lohn so wenig bedeutete.

Als der Tag kam, an dem sie Jenny ihr Thema zuteilen wollte, konnte sie sich nur mit Mühe auf den Bericht der Gräfin Manzoni über die Verurteilung der Königin von Schottland konzentrieren. Als sie verkündete, daß der Vortrag im nächsten Monat von Jenny Devlin gehalten werde, war Ermas Kehle wie ausgetrocknet, und sie konnte Jenny nicht, wie sie es vorgehabt hatte, in die Augen sehen.

Erma hatte den Eindruck, daß die Damen mehr Tee tranken als sonst, und Erma wartete ungeduldig darauf, daß sie endlich gingen, denn Jenny hatte ihr einen Blick zugeworfen, aus dem sie entnommen hatte, daß Jenny anschließend noch bleiben und mit ihr sprechen wollte.

Endlich setzten die Damen die Hüte auf und zogen ihre Mäntel und Büffelfellstiefel an. Draußen war es kalt, und vor kurzem hatte es so stark geschneit, daß die Häuser hinter hohen Schneewällen standen. Von dem Hügel, auf dem das Haus der Finneys stand, wirkte die Stadt wie ein Netz gelber Lichtpunkte, die mit dunklen Linien verbunden waren – den Pfaden, die man zwischen den hohen Schneemauern freigeschaufelt hatte.

Die Damen verabschiedeten sich ungewöhnlich langsam. Jedesmal, wenn sie die Tür öffnete, warf Erma einen Blick in die Runde und stellte erleichtert fest, daß Jenny noch da war, herumtrödelte, Bücher in die Hand nahm, Bilder betrachtete, sich mit Mrs. Flint unterhielt und, als Irene gegangen war, mit Marietta, Lisette und Georgina sprach, bis diese sich ebenfalls verabschiedeten. Als Erma endlich Rachel hinausbegleitete, die eigentlich hatte zum Essen bleiben wollen, stand Jenny noch immer am Bücherregal und tat, als lese sie in einem Buch.

«Ach, Jenny, ich dachte, du wärst schon lange fort!» sagte Erma erstaunt und bemühte sich, weder zu erfreut noch zu enttäuscht zu wirken. «Möchtest du noch eine Tasse Tee?»

Jenny schüttelte den Kopf, und als Erma auf sie zukam, stand sie steif aufgerichtet da und blickte ihr trotzig entgegen. Jenny machte weniger den Eindruck, Erma um Hilfe bitten zu wollen, als je zuvor. «Ich glaube, Erma, mir liegt dieses Thema nicht. Es ist ein bißchen sehr umfangreich, meinst du nicht auch? Sogar für die Damen-Studiengruppe.» Jenny verzog das Gesicht zu einem ironischen Lächeln, als wolle sie andeuten, sie beide wüßten ja, wie sinnlos diese ganze Studiengruppe sei.

«Liegt dir das Thema nicht, Jenny?»

«Ich kann nicht darüber sprechen.» Jennys Haut sah weiß und stumpf aus, wie immer, wenn sie krank oder wütend war, und ihre Augen funkelten so drohend, daß Erma nicht näher auf sie zuzugehen wagte.

«Du kannst nicht darüber sprechen?» wiederholte Erma überrascht. «Warum denn nicht, Jenny? Über diese Dinge machen wir uns doch alle gelegentlich einmal Gedanken.»

«Aber darüber sprechen kann man nicht.» Jenny ging rasch an Erma vorbei, nahm Mantel und Stiefel und hatte die Tür schon in der Hand, als Erma sie zurückhielt.

«Tu das nicht, Jenny! Mach keine Dummheiten, nur weil du böse auf mich bist! Zieh deine Stiefel an, der Schnee ist tief. Ich wollte dir ja nur helfen», fügte sie freundlich hinzu.

Jenny fuhr herum und schrie mit hoher, wütender Stimme: «Laß mich in Ruhe, Erma Finney, verdammt noch mal! Hör auf, mir nachzulaufen, hör auf, über mich nachzudenken, hör endlich auf, mich zu quälen!»

«Aber Jenny», sagte Erma sanft, denn dieser Ausbruch war, obwohl sie ihn erwartet hatte, eine Enttäuschung und ganz und gar nicht das, was sie erhofft hatte. Jenny zog jetzt ihre Stiefel an, aber mit so fliegender Hast, als müsse sie dieses Haus schnell verlassen, bevor es zwischen ihnen zu einer Katastrophe kam. Sie stand gebückt, der Schleier ihres Hutes fiel bis zum Boden, und sie zitterte am ganzen Leibe. Erma nahm die auf dem Boden liegenden Enden des Schleiers hoch, so daß sie Jenny ins Gesicht sehen konnte, und fragte: «Warum trägst du dies eigentlich, Jenny? Für Leila – oder für ihn?»

Jenny sprang auf, riß ihr den Schleier aus der Hand und hob die Hand zum Schlag. Als sie jedoch Ermas trotzig herausforderndes Gesicht sah, wich sie zurück und floh aus der Tür und die Stufen hinab. Erma lief hinter ihr her: «Sei vorsichtig, Jenny!»

Jenny lief weiter, ohne anzuhalten. Ihr kroch eine Gänsehaut über den Rücken, als sie aus Erma Finneys Mund die gleichen Worte hörte, die sie Matt wenige Tage vor seinem Tode zugeflüstert hatte.

Sie stieg in ihren Wagen und fuhr langsam den Hügel hinab. Sie wollte durch die Stadt fahren und Pete fragen, ob er nicht schon mit nach Haus kommen könne.

Unterwegs klang ihre Wut allmählich ab. Sie war nun selber erstaunt, daß sie Erma Finney bedroht hatte – genauso erstaunt wie damals, als ihr zu Bewußtsein gekommen war, daß sie Pete erzählt hatte, sie liebe Matt. Wie es geschehen konnte, daß sie Dinge tat, die sie gar nicht tun wollte, war ihr ein ewiges Rätsel, das sie allerdings längst nicht mehr lösen wollte, weil alle jene Dinge mit den schmerzlichsten Ereignissen ihres Lebens zusammenhingen.

Sie schämte sich, daß sie die Hand gegen Erma erhoben hatte, und legte eine Zeitlang die Hand über die Augen und dachte über die seltsame Frau nach, die früher einmal Jenny Danforth gewesen, jetzt aber eine Fremde war, die sie kaum noch begreifen konnte.

Wenn Matt noch lebte, würde er sie nicht wiedererkennen und bestimmt nicht mehr lieben. Aber vielleicht hatte er sie schon am Tag seines Todes nicht mehr geliebt.

Pete liebte sie seit vielen Jahren schon nicht mehr. Doch das schien niemand zu ahnen; sie war nicht einmal davon überzeugt, daß Pete selber es wußte, und wenn er es tat, verstand er dieses Wissen sehr gut zu verbergen.

«Die alte Frau hat doch recht gehabt, nicht wahr?» hatte Jenny vor kurzem zu ihm gesagt.

«Welche alte Frau?» Pete schien in den vergangenen Jahren ein noch geschickterer Lügner geworden zu sein als sie selber, denn seine Stimme klang ehrlich erstaunt. «Welche alte Frau meinst du, Jenny?»

«Die alte Hökerin – wie hieß sie doch noch?»

«Mrs. Honeybone.»

«Ja, sie kam neulich wieder hier vorbei. Stehenbleiben tut sie ja nicht mehr, seit du sie damals mit der Pistole bedroht hast ...» Jenny lachte, als sei das ein alter Familienwitz. «Erinnerst du dich nicht mehr?»

«Doch, jetzt, da du davon sprichst ... Es ist schon so lange her, Jenny.»

«So lange gar nicht. Das war ... warte mal», sie tat, als rechne sie nach, «im kommenden März vor acht Jahren. Alles, was sie vorausgesagt hat, ist eingetroffen.»

Pete machte ein Gesicht, als wolle er sie hindern, weiterzusprechen. «Es ist nicht alles eingetroffen, Jenny. Du hast vergessen, was die Alte gesagt hat.»

«Ich habe gar nichts vergessen – wie könnte ich das? Sie hat gesagt, ich würde ganz plötzlich eines gewaltsamen Todes sterben.» Pete wandte sich um und sah sie an. Sie lächelte. «Das bin ich doch auch.»

«Jenny, um Himmels willen!» Pete fuhr sich mit den Händen durchs Haar und ging weiter unruhig auf und ab, während sie ihn neugierig beobachtete. «Du weißt doch, daß diese arme Alte ihren Verstand nicht beisammen hat!»

«Na und? Spielt es denn eine Rolle, wer einem die Wahrheit sagt?»

Immer wenn sie überzeugt zu sein glaubte, Pete Devlin wisse, wie sein Bruder umgekommen war, empfand Jenny Mitleid mit ihm und sehnte sich danach, wiedergutzumachen, was sie und Matt ihm durch ihre Liebe angetan hatten.

Kurz vor Matts Tod hatte er angefangen, in Leilas Zimmer zu schlafen, und war seither nicht mehr ins gemeinsame Schlafzimmer zurückgekehrt. Jenny, die Erma Finneys Meinung nicht teilte, daß man auf Lust und Vergnügen verzichten könne, hatte bemerkt, daß seit der Panik im Osten eine Anzahl bemerkenswert hübscher, junger Prostituierter in der Stadt aufgetaucht waren. Sie zweifelte nicht daran, daß sie der Grund für Petes klaglose Geduld waren. Wenn die Mädchen an ihr vorüberfuhren, musterte sie sie manchmal verstohlen und fragte sich, welche von den gutgekleideten, fröhlich lachenden jungen Prostituierten Pete wohl am anziehendsten erscheinen mochte.

Jeden Morgen richtete Jenny, ehe sie an eine andere Arbeit ging, Leilas Bett, entfernte alle Spuren, die Pete hinterlassen hatte – Kragenknöpfe, Zigarrenasche, Bücher, Zeitschriften oder eine Whiskyflasche – und legte Leilas Spielsachen und ihre Puppen an ihren Platz zurück.

Wenige Tage nach Matts Beerdigung hatte Jenny zu ihrem Mann gesagt: «Ich glaube nicht daran, daß Zack Fletcher Gabe Foster gekannt hat – ich glaube vielmehr, daß er ihn nie zuvor gesehen hat.»

Pete zog ein ungläubiges Gesicht. «Wirklich?»

«Ja, das glaube ich. Ich glaube, er hat diese Version Lisettes wegen erfunden. Sie sollte nicht glauben, ihr Vater sei von einem Feind umgebracht worden. Sonst hätte sie nämlich ihr Leben lang darüber nachgedacht, wer dieser Feind gewesen sein könnte.» Sie sah ihn fragend an. Manchmal sagte sie sich, sie beide, Jenny Danforth und Pete Devlin, eine Ehebrecherin und ein Mörder, seien ein schönes Verbrechergespann, und dann wiederum schien es ihr, als seien sie die Opfer einer grausigen Kette von Zufällen. «Das war nicht Gabe Foster.»

Petes Augen wurden schmal, als überlege er diese Möglichkeit ernsthaft. Nach einer Weile jedoch breitete er die Hände aus und sagte: «Trotzdem, er lag tot neben ihm. Was spielt es für eine Rolle, ob er Gabe Foster hieß oder nicht?»

Sie erwähnte Gabe Foster nie wieder. Manchmal hielt sie es sogar für möglich, daß Matts Tod doch nur ein Zufall gewesen war – eine Folge des Bürgerkrieges, denn hier in den Bergen waren viele Männer umgekommen, weil irgend jemand sich nicht entschließen konnte, den Kampf einzustellen.

Nie hatte Pete zugegeben, daß er damals das Haus betreten hatte, als sie mit Matt zusammen war. Wenn sie den Versuch machte, ihn auszufragen, sah er sie so herausfordernd an, daß sie das Thema sofort fallenließ und glaubte, einen Fehler begangen zu haben, genau wie am Heiligabend, als sie ihm gesagt hatte, daß sie Matt Devlin liebe.

Pete stellte sie vor ein Rätsel. Sie konnte ihn weder lieben noch hassen. Weil diese Einsamkeit bisweilen unerträglich wurde, verbrachte Jenny mehr Zeit denn je mit Marietta. Sie suchte Marietta zu allen Tageszeiten auf, genau wie Erma es bei ihr tat, und studierte Marietta, wie Erma sie selber studierte, um ihr Geheimnis zu ergründen.

Sie lebte so sehr mit Marietta, ihren Kindern und Enkeln, als seien sie ihre eigene Familie. Sie war nicht weniger neugierig als die anderen, wenn Briefe von Mariettas Schwester Susan Ching kamen, die mit Ceda eine ausgedehnte Europareise machte, sie war zur Stelle, als in Mariettas Haus Morgans Sohn geboren wurde, und half, wo sie konnte. Als Lisettes Kinder Dolly und Frank die Masern und Keuchhusten bekamen, nahm Jenny das Mädchen mit zu sich und pflegte es dort wieder gesund.

Eines Tages am Frühstückstisch hatte Jenny Marietta angesehen, die neben Lisette im hellen Sonnenlicht saß und Annabels neuesten Brief vorlas, und hatte mit einem Gefühl erschrockenen Staunens erkannt, daß Marietta, die nie ein Wort über Matts Tod verlor, sondern ihren Kummer für sich allein behielt, als sei er ein Schatz, den niemand sonst sehen dürfe, es fertiggebracht hatte, aus ihrem Leid heraus wieder zu einem gewissen Glück zu gelangen. Mariettas Haut war frisch, ihr Haar glänzte dunkelbraun, noch ohne eine Spur von Grau. Jenny hatte sie einen Augenblick neiderfüllt angesehen, und als Marietta fragend aufblickte, hatte sie schnell den Kopf abgewandt. Mehr als alles andere fürchtete sie, Mariettas Freundschaft zu verlieren. Schuldbewußt suchte sie sich zu erinnern, was Annabel in ihrem Brief geschrieben hatte, als werde sie anschließend abgefragt und müsse zugeben, an etwas anderes gedacht zu haben, an ihre Liebe zu Matt, die so heftig und unglücklich, aber vielleicht doch bedeutungslos gegenüber seiner Zuneigung für Marietta gewesen war.

Annabel war jetzt zwölf Jahre alt und seit nahezu zwei Jahren fort. Sie berichtete eingehend von allem, was im Haushalt der Van Zandts vor sich ging, und schrieb von ihrer Arbeit in der Schule und von ihren Schulfreundinnen.

Annabels beste Freundinnen waren Nicola Craig und Nancy Marble, beide schon vierzehn, ein Vorteil, der Annabel großen Kummer verursachte. «Nancy», schrieb sie, «ist furchtbar nett und sieht viel jünger aus, als sie ist. Aber Nicola ist häßlich; vielleicht wäre sie es nicht, wenn sie nicht so gräßliche rote Haare hätte.»

«Sie wird erwachsen», sagte Lisette. «Sie merkt, daß sie Rivalinnen hat.»

Marietta las weiter. «Leider sind alle beide sehr albern und reden nur noch von Verehrern, Haarschleifen, Verlobung, zauberhaft, Charley, Hüten, Bällen, großartigen Kerlen, Bändern, Schleppen, Verlobung, und so weiter, und so weiter, bis Mitternacht. Nancy und ich sind eingeladen worden, im Sommer mit Nicola und ihren Eltern nach Saratoga zu fahren, wenn du es erlaubst und wenn Kusine Suky ihre Einwilligung gibt.»

Jenny nahm eifrigen Anteil an Annabels Sommerplänen und zeigte ebenso großes Interesse wie Lisette für die Frage, wie viele neue Kleider Annabel zugestanden werden sollten. Gelegentlich war sie ein wenig belustigt darüber, daß sie dieses Interesse durchaus nicht vortäuschte, sondern daß sie Matt Devlins Familie zu ihrer eigenen gemacht hatte.

Als Jenny sich jetzt dem Stadtzentrum näherte, wiederholte sie unablässig das Thema, das Erma ihr vorgeschlagen hatte: «Wodurch wird das menschliche Verhalten stärker bestimmt: durch Angst vor Strafe oder durch Hoffnung auf Lohn?» Sie seufzte bei dem Gedanken an Erma Finney, die ihr so mutig entgegengetreten war, als habe Jenny ihr gedroht, sie zu töten, und fragte sich leise: «Soll ich umkehren? Soll ich mich bei ihr entschuldigen?»

Sie blickte zu den schneebeladenen Dächern hoch und war ganz vertieft in ihre Überlegungen, als sie auf einmal entdeckte, daß sie in eine Stockung geraten war und mitten in einer erregten Menge johlender Männer stand. Nach kurzem Umherschauen stellte sie fest, daß die Männer zwei Tanzmädchen zusahen, die sich prügelten. Eines der Mädchen hatte eine Handvoll blonder Locken ergattert und kreischte wie eine Wahnsinnige, die andere packte kurz entschlossen das Kleid ihrer Gegnerin, riß daran, bis es aufplatzte und die Brüste des Mädchens entblößte. Die Kleine versuchte hastig, ihre Blöße mit den eroberten Lokken zu bedecken, die ihr von der anderen prompt entrissen wurden.

Auf einmal entdeckte man, daß eine Dame anwesend war. Das Gejohle verstummte, die Männer murmelten verlegen vor sich hin und warfen Jenny betretene Blicke zu. Jenny starrte empört auf sie hinab, als habe sie sie dabei erwischt, wie sie die Mädchen mißhandelten.

«Guten Abend, Mrs. Devlin.»

«Laßt die Dame vorbei, verdammt noch mal! Macht doch Platz!»

Und Jenny, deren Gesicht vor Scham brannte – für die Mädchen, für die Männer, für sich und für Erma Finney –, jagte vorbei, während das Johlen wieder begann, lauter sogar und wilder noch als zuvor. Empört drehte sie sich noch einmal um und war einen Augenblick versucht, den Wagen zu wenden und dafür zu sorgen, daß die Prügelei aufhörte. Doch dann kam ihr der Gedanke, Pete könne unter diesen Männern sein und sich am Anblick der Mädchen, die sich in aller Öffentlichkeit lächerlich machten, ergötzen. Deshalb jagte sie weiter und durchquerte die Stadt in so halsbrecherischem Tempo, daß sie fast dieselbe Angst und Entrüstung bei den Fußgängern erweckte wie vor Jahren in Bannack.

Fünfter Teil

55

Als Susan und Ceda bereits mehrere Monate in Europa waren – begleitet von Susans Pflegerin und Gesellschafterin –, gestand Joshua sich endlich ein, daß sein Haß auf Susan, der im Laufe der Jahre immer stärker geworden war, ihm offenbar den Verstand geraubt hatte. Er war überzeugt gewesen, Susan ohne Schwierigkeit von der Bildfläche verschwinden lassen zu können wie einen unbotmäßigen Angestellten oder ein nachlässiges Dienstmädchen. Wäre Suky nicht gewesen, dann hätte er seinen Plan auch durchgeführt und Susan am Morgen nach Stevens Hochzeit in ein Pflegeheim verbannt, wo er sie gelegentlich besucht hätte.

Cedas entsetzte Schreie hatten ihn überrascht und irritiert, denn an sie hatte er überhaupt keinen Gedanken verschwendet. Er hatte ihr befohlen, sofort in ihr Zimmer zu gehen und nicht wieder herauszukommen, bevor er sie rufen ließ.

Aber zum erstenmal hatte Ceda ihm nicht gehorcht. Statt in ihr Zimmer zu gehen, hatte sie Suky herbeigerufen, die ihre Mutter, als sie eine halbe Stunde später eintraf, unter dem Einfluß einer Morphiumspritze still auf ihrem Bett liegend vorfand.

Suky trat leise ins Zimmer und wurde zuerst von Dr. Montgomery entdeckt, der bei ihrem Anblick ein ziemlich verärgertes Gesicht machte. Dann blickte Joshua hoch und herrschte seine Tochter mit trotziger, wütender Miene an: «Was willst du denn hier?» Denn sie war, weiß Gott, die allerletzte Person, die er in diesem Augenblick zu sehen wünschte.

Suky würdigte ihn keiner Antwort. Sie warf ihm nur einen kurzen Blick zu und ging an ihm vorbei zu Susan, beugte sich zu ihr, küßte sie auf die Wangen und streichelte ihr übers Haar. Dann ging sie wieder hinaus, die Augen voll Tränen, und sagte im Vorbeigehen leise zu ihrem Vater: «Ich muß mit dir sprechen, Papa – bitte!»

In diesem Augenblick kam Joshua zum erstenmal der Gedanke, er könne sich in eine peinliche Lage gebracht haben, denn so hatte er Suky noch nie erlebt. Kleinlaut, wenn auch noch immer fest entschlossen, seinen Willen durchzusetzen, war er ihr nach draußen gefolgt.

Es war Suky, die ihn aus dieser unangenehmen Situation gerettet hatte, nicht nur mit ihrem Vorschlag, Susan und Ceda für ein bis zwei Jahre nach Europa zu schicken, sondern auch durch die Frage: «Hast du dir eigentlich überlegt, wie sehr uns allen das schaden kann?» Und als er gekränkt antwortete, daß es niemandem schaden werde, und wenn, sei es ihm auch egal, hatte sie hinzugefügt: «Dann ist also alles, was ich getan habe, vergebens gewesen.» Da hatte er sich mit der Europareise einverstanden erklärt, wenn er sich auch nicht die Bemerkung verkneifen konnte, daß Susan im Grunde in ein Pflegeheim gehöre.

Als die beiden Damen wenige Tage darauf abreisten, hatte Susan ihrer Tochter weder gedankt noch durchblicken lassen, daß sie von Sukys Fürsprache wußte. Und Suky, die Joshuas Neigung geerbt hatte, für jeden Gefallen eine Gegenleistung zu fordern, überraschte ihren Vater sehr, weil sie von ihrer Mutter keinerlei Dank zu erwarten schien. Allmählich wuchs die Überzeugung in ihm, sein Vorhaben, Susan bis ans Ende ihrer Tage in einem Pflegeheim unterzubringen und überall zu berichten, seine arme Frau habe den Verstand verloren, hätte sich vielleicht doch als Katastrophe erwiesen und viele seiner Bemühungen zunichte gemacht.

Nach einiger Zeit beglückwünschte er sich sogar dazu, daß er die Klugheit besessen und Suky nie gesagt hatte, wie häufig er sie gegen ihre Mutter hatte in Schutz nehmen müssen. Ebensowenig hatte er Suky gegenüber eine Unterhaltung erwähnt, die er zufällig vor etwa anderthalb Jahren mit angehört hatte, als er einmal leise die Wohnung betrat.

«Warum soll ich das nicht sagen dürfen, Ceda? Natürlich hat er eine Mätresse. Er muß eine haben! Du weißt, oder hast es vielleicht erraten, daß Joshua und ich schon seit einigen Jahren möglichst großen Abstand voneinander halten, und Joshua ist schließlich noch nicht senil!»

«Susan, Susan! Bitte, sag so etwas nicht über den Mann, von dem wir alle abhängig sind!»

«Wir werden auch weiterhin abhängig von ihm sein, ganz gleich, was ich von ihm denke. Ich bin seine Frau, und du bist seine Schwägerin. Er kann uns schließlich nicht auf die Straße setzen.»

«Aber Joshua ist so großzügig zu uns – sehr, sehr großzügig! Und was seine Mätresse angeht, falls er tatsächlich eine hat – das mußt du mit Demut hinnehmen. Schließlich ist er unser Ernährer», fügte Ceda im Ton tiefster Ehrfurcht hinzu.

Joshua hatte sich nie anmerken lassen, daß er von diesem Gespräch etwas wußte, denn er fand es unter seiner Würde, zuzugeben, daß er gelauscht hatte. Immer wenn er an Susans ewige Nörgelei und Undankbarkeit und an ihre letzte Eskapade mit Coral Talbot in Mrs. De Bows Spielsalon dachte, sagte er sich, Susan sei diese Aufregung gar nicht wert, sie sei nur ein unbedeutender Faktor in seinem Leben. Er war außerordentlich stolz darauf, daß es ihm gelungen war, seine beiden Haushalte auseinanderzuhalten und nicht – wie einige seiner Bekannten – unter Eifersuchtsszenen der Ehefrauen und Tränen der Mätressen leiden zu müssen.

Rose Michel und Eugene waren zu einem festen Bestandteil seines Lebens geworden, nicht aus Gewissensgründen oder aus Sentimentalität, sondern weil beide ihm etwas zu bieten hatten, das er für wertvoll hielt.

Eugene besaß Joshuas Zuneigung und sogar seinen Respekt. Der Junge war ehrerbietig, aber nicht unterwürfig, beantwortete prompt jede Frage, die Joshua ihm stellte, und legte eine Würde und Unabhängigkeit an den Tag, die Joshua manchmal bedauern ließen, daß er diesen Sohn nicht an Stevens Stelle setzen konnte.

Joshua tauchte immer noch unerwartet und zu den ungewöhnlichsten Stunden bei Rose auf. Daher wußte er, daß sie ihre Zeit noch genauso verbrachte wie damals, als er sie kennenlernte: Sie frisierte sich und malte ihr Gesicht an. Eines Nachmittags trat er ins Schlafzimmer und überraschte sie dabei, wie sie, in einen weißen Wollmorgenrock gehüllt, über eine Waschschüssel gebeugt stand und sich das nasse Haar ausdrückte, das sie gerade hellblond gefärbt hatte. Diese unbewußte Nachahmung seines ersten Zusammentreffens mit Allegra Stuart in Mrs. Gosnells Pension verblüffte ihn so, daß er einen Augenblick sprachlos stehenblieb, ehe er sie anherrschte: «Rose, was zum Teufel soll das bedeuten?»

Sie fuhr erschrocken hoch und wand sich ein Handtuch um den Kopf. Dann drehte sie sich verlegen zu ihm und lächelte ihn schuldbewußt an, weil sie fürchtete, ihn verärgert zu haben. «Ach, Joshua! Ich hätte nicht gedacht, daß du so früh kommen würdest.»

«Das sehe ich.» Er trat näher und zog sie, obgleich sie sich sträubte, ans Fenster. Dort hob er ihr Kinn und musterte prüfend ihr Gesicht. Sie hatte die Augen schwarz umrandet, die Brauen gefärbt, die Umrisse ihrer Lippen verändert und bot ihm nun ihre Variation von Allegra Stuarts traurigem, wissendem Blick. «Wasch dir das Gesicht!» befahl er. «Und sieh zu, daß du dein Haar wieder in Ordnung bekommst, ehe wir essen.»

Sie versuchte immer wieder, Verschönerungen an sich vorzunehmen oder vielmehr das, was sie dafür hielt, denn im Gegensatz zu Susan hatte Rose niemals in dem Bemühen nachgelassen, ihm zu gefallen. Oft sah er sie Bücher über Etikette studieren, und wenn sie etwas las, das sie nicht begriff, bat sie ihn um eine Erklärung, genau wie Eugene bisweilen Joshuas Rat einholte, wenn er bei seinen Rechenaufgaben saß. Nach und nach hatte sie Verschiedenes angenommen, was er sehr reizend fand — Gesten, einen bestimmten Tonfall und Phrasen, die sie zweifellos Schauspielerinnen auf der Bühne oder den Damen abgesehen hatte, die sie im Park spazierenfahren oder bei Stewart einkaufen sah. Für Joshua war das wieder einmal ein Beweis für seine Überzeugung, daß Frauen geborene Nachahmer seien, die instinktiv jedes Vorbild kopierten.

Gelegentlich jedoch brach ihre Bürgerlichkeit vor Tessie Spooners Hohngelächter zusammen – aber nur, solange Tessie im Hause war. Eines Tages fand er sie, genau wie Tessie vorhergesagt hatte, im Salon mit Eifer einen Porzellanteller bemalen, als sei sie Arbeiterin in einer Fabrik. Als er ihre Arbeit lobte, produzierte sie einen ganzen Stapel von Tellern mit Rosen.

Sie nahm auch Klavierstunden, übte aber selten. Auch im Sticken versuchte sie sich immer wieder und überraschte ihn mit den verschiedensten Geschenken – Pantoffeln mit den unvermeidlichen Rosen und Hosenträgern mit Efeuranken. Manchmal kam er, wenn sie mit Tessie Spooner plauderte oder mit ihrer Schneiderin zankte, mit ihrem Pudel Frou Frou spielte oder zärtlich mit ihren Kanarienvögeln lachte. Wenn ihr gar nichts anderes einfiel, legte sie sich einfach schlafen, ob es nun mitten am Vormittag war oder nach dem Abendessen, und Joshua hatte den Eindruck, solange sie nicht die für ihn einstudierte Rolle spielte, war ihre Lebensführung kaum einfallsreicher als die eines Hundes.

Wenn Joshua über etwas nachdachte, wurde sie zu einer fürsorglichen Mutter und begann, auf Zehenspitzen herumzuschleichen. Von Zeit zu Zeit warf sie ihm verstohlene Blicke zu, als wolle sie prüfen, ob das Nachdenken ihn auch nicht zu sehr anstrenge, stellte ihm Zigarren und Brandy in Reichweite. Joshua glaubte, daß sie sein Nachdenken doch nicht ganz so ernst nahm und wohl glaubte, es sei für ihn nur ein Vorwand, dasitzen, rauchen und trinken zu können. Wenn sein Schweigen länger dauerte, ging sie aus dem Zimmer, und er fand sie später entweder schlafend im Bett oder vor einem Spiegel stehend, wo sie Hüte aufprobierte.

Wäre sie intelligent gewesen, hätte er ihr mißtraut, denn Intelligenz war nicht der Wesenszug, der ihn veranlaßt hatte, sie zu seiner Geliebten zu wählen. Immerhin war sie intelligent genug, sein Interesse an ihren körperlichen Reizen wachzuhalten, die soviel höher entwickelt waren als ihr Talent, Rosen auf Porzellan zu malen und auf Hosenträger zu sticken.

Joshua fragte nicht, ob sie glücklich war. Er fand, ein Mädchen, das ohne ihn auf die Straße gehen müßte, weil sie ihres Alters wegen längst aus jedem eleganteren Bordell hinausgeworfen worden wäre, müsse froh und zufrieden sein bei dem Gedanken an das Schicksal, dem es entgangen war.

Je reicher und bekannter und einflußreicher er wurde – und zwar nicht nur im Bereich der Wall Street, sondern inzwischen auch in anderen Städten –, desto hingebungsvoller arbeitete er an dem Bild, das die Welt sich von Joshua Ching machen sollte. Er meißelte sein eigenes Monument. Und dabei war er auf die etwas späte Einsicht gestoßen, daß eine geistesgestörte Ehefrau im Pflegeheim ein häßlicher Riß in diesem Monument wäre und möglicherweise sogar zu seinem Zusammensturz hätte führen können.

Die Baltimore-Missouri war zu einer der längsten Eisenbahnstrecken geworden, die im Norden bis nach Wisconsin und im Süden bis nach Arkansas reichte. Er, Cottrell und Talbot hatten unaufhörlich daran gearbeitet, kleinere Gesellschaften in den Bankrott oder Konkursverwaltung zu treiben, um sie – und damit ihre Konzessionen – billig übernehmen zu können. Das bereitete ihnen ebensolches Vergnügen, wie Suky empfand, wenn sie ihrer Schmucksammlung ein neues Armband oder eine neue Halskette hinzufügen konnte.

Sogar während der vergangenen vier Jahre, in denen die Lage des Landes zunehmend schlechter geworden war, hatten sie ihre Unternehmungen ausweiten können, schneller vielleicht noch als in guten Zeiten, denn die starken Steuerbelastungen brachten viele Aktionäre dazu, ihre Anteile abzustoßen. Oft reichte eine ausbleibende Dividendenzahlung oder selbst das Gerücht davon aus, um Aktien einer Gesellschaft, an der sie Interesse hatten, in Mengen auf den Markt zu bringen.

Tagsüber verließ Joshua nur noch selten sein Büro. Er legte auch keinen Wert mehr darauf, bei Delmonico's an einem Tisch mit wohlhabenden Maklern gesehen zu werden. Jetzt ließ er die Leute, die etwas von ihm wollten, in sein Büro kommen, wo er am Schreibtisch saß, eine junge Taube verzehrte und sich dabei mit seinem Gegenüber unterhielt. Dabei kam ihm kaum zu Bewußtsein, daß er aß, und noch weniger, daß sein Gesprächspartner vielleicht hungrig sein könnte.

Die Besucher kamen jetzt in großer Zahl zu ihm und trugen ihm Tips, Klatsch und Informationen zu. Einiges war brauchbar, anderes nicht – das übersah Joshua jetzt fast mit einem einzigen Blick; denn er hatte inzwischen ein Spionagenetz aufgezogen, das ihn nur noch lächeln ließ, wenn er an seine frühere Verbindung zu Spinnage & Achroyd dachte, etwa so, wie ein erwachsener Mann lächelt, wenn er sich an seine ersten, schüchternen Flirtversuche erinnert.

Einige kamen, um sich Rat zu holen, andere, weil er sie bezahlte, und wieder andere, um sich brüsten zu können, einmal mit Joshua Ching gesprochen zu haben.

Es war ihm bekannt, daß man ihm keineswegs Zuneigung entgegenbrachte. Das hätte ihn auch nur beunruhigt, denn er war der Ansicht,

Zuneigung könne man nur für Menschen verspüren, die einem unterlegen waren. Er hatte nichts dagegen, gehaßt zu werden, sei es von Milton De Groot, Lorenzo Flagg, Abijah Everest oder von einem der anderen, denen er auf dem Weg ins Verderben ein wenig nachgeholfen hatte.

Seine besondere Gabe, hieß es, bestehe darin, eine Absicht zu entdecken, wenn sie noch gar nicht vorhanden war, den schwachen Punkt in einem scheinbar festen Bauwerk zu finden und es aus heiterem Himmel mit einem Fußtritt zum Einsturz zu bringen, so daß der Eigentümer verdutzt inmitten seiner Trümmer saß. Er konnte Menschen ohne ihr Wissen und sogar gegen ihren Willen manipulieren. So wurde er, was ihm viel Vergnügen bereitete, zu einer Art Erzfeind gestempelt, der in Gehrock und Seidenhut durch die Wall Street ging und mit seinem Spazierstock alle die kleinen mühsam erbauten Häuschen zum Einsturz brachte und mit einem weiteren Schwung seines Spazierstocks die Trümmer wieder zu einem Stück zusammenfügte – diesmal jedoch zu einem eindrucksvollen Bauwerk, das *ihm* gehörte.

Die unruhige, angstvolle Periode seines Lebens, während der er andere erfolgreiche Männer mit Neid und Haß, Verwirrung und Eifersucht beobachtet hatte, schien endlich vorüber zu sein. Er glaubte nun, seinen Wünschen und seinem Können seien keine Grenzen gesetzt und außer seinem Tod gebe es kein Unglück, das er nicht überwinden könnte. Allerdings zog er es vor, nicht daran zu denken, daß Joshua Ching eines Tages genauso enden würde wie andere Menschen.

Bald kam Steven – viel zu schnell, wie Joshua fand – von seiner sechsmonatigen Hochzeitsreise aus Europa zurück und erzählte, daß er Mutter und Tante in Florenz getroffen hatte. Nicht lange darauf stellte sich heraus, daß Letty schwanger war.

Als Steven vor nunmehr fünf Jahren nach seiner Rückkehr aus Deutschland anfing bei Van Zandt & Ching zu arbeiten, hatte Joshua ihm erklärt, daß er sich leider mit wenig anspruchsvollen Aufgaben zufriedengeben müsse. «Angestellte sind zu dumm für diese Arbeit. Deine Onkel Samuel und Aaron haben anderes zu tun, und ich kann meine Zeit nicht auf derartige Geringfügigkeiten verschwenden.» Um ganz deutlich zu werden, hatte er noch hinzugefügt: «Adler fangen keine Fliegen.» Daraufhin hatte Steven nur knapp genickt. Aber eines Tages würde er selber ein Adler sein wollen.

Manchmal fiel es Joshua auf, daß er seit fünfzehn oder noch mehr Jahren im Grunde von Steven nichts anderes gehört hatte als: «Ja, Sir.» Aber vermutlich hatte er auch nichts anderes hören wollen.

Im Laufe des vergangenen Jahres hatte er es sich angewöhnt, jeden Tag an den drei leeren Bauplätzen auf der Westseite der Fifth Avenue in Höhe der Forty-fourth Street vorbeizufahren. Doch auf einmal wollte er dieses Geheimnis unbedingt mit jemand teilen.

Darum fuhr er zu Suky, wie er es oft am frühen Morgen tat, um ein paar Minuten mit dem kleinen Joshua und Sarah zu verbringen, ehe ihr Unterricht bei Mlle Fourier begann. Philip verließ das Haus meist schon um halb acht, kurz bevor Joshua eintraf. Doch diesmal war er noch da und anscheinend mitten in einem Streit mit Suky. Joshua hörte, wie Philip sie fragte: «Hast du jemals daran gedacht, Susan, wie es sein wird, wenn du eines Tages in einen Ballsaal kommst und die Leute eine andere Frau bewundern?» Woraufhin Suky in ein Gelächter ausbrach, das Joshua verblüffte, denn es ließ darauf schließen, daß gerade das ihre größte Angst war. «Oder kannst du gar nicht so weit denken?»

«Wie weit denkst du denn, Philip?»

«So weit, wie es nötig ist.»

«Dann ergründe lieber mal, wo diese Grenze liegt», riet sie ihm. Joshua lächelte, denn Philip dachte natürlich nie so weit voraus, wie es nötig war. Sonst müßte er sie nicht ständig um Geld bitten – für Spielschulden oder Börsenverluste. Philip schien in Gelddingen vom Pech verfolgt zu sein, und jedesmal bat er Suky, ihm dieses eine Mal noch zu helfen und nur seinem Schwiegervater nichts davon zu sagen.

Joshua klopfte, öffnete die Tür, und beide drehten sich freundlich lächelnd zu ihm um. Suky trug ein Morgenkleid aus blaßblauer Seide; sie schien Philip dadurch herausgefordert zu haben, daß sie sich im Spiegel betrachtete. Bei Joshuas Eintritt küßte Philip sie respektvoll, und Suky sah ihren Mann aus den Augenwinkeln an, mit jenem langsamen, wissenden Lächeln, das ihr schon als kleines Mädchen eigen gewesen war. Dann entfernte sich Philip.

«Komm, fahr mit mir aus», schlug Joshua vor. «Ich möchte dir etwas zeigen.»

Suky zweifelte nie daran, daß Joshuas Überraschungen stets angenehmer Natur waren. So warf sie auch jetzt sofort einen Umhang um und lief, aufgeregt wie ein kleines Mädchen, die Treppe hinab, als könne sie die Überraschung kaum erwarten. Es machte einen großen Teil von Sukys Charme aus, daß sie bei all ihrer erstaunlichen und manchmal sogar erschreckenden Schönheit auch wieder reizend und unschuldig-offen aussehen konnte wie die kleine Sarita. «Was es wohl ist?» murmelte sie vor sich hin. «Was mag es sein?»

Das Wetter war so schön, daß er sich freute, gerade diesen Tag ausgesucht zu haben. Der Himmel war rein und klar, und die Knospen begannen zu sprießen, so daß die ganze Avenue von einem hellgrünen Schleier gesäumt zu sein schien. Immer wieder begegneten sie Bekannten, Joshua lüftete jedesmal gravitätisch den Hut, wie ein Staatsmann, der von Fremden Huldigungen entgegennimmt, und Suky neigte liebenswürdig den Kopf.

«Wußtest du, daß ich in den Vorstand der Hallam-Bank berufen werden soll?» fragte er.

Suky machte ein etwas zweifelndes Gesicht. Sie war enttäuscht, daß er sie von der Vorfreude auf die Überraschung ablenkte, denn dies konnte die Überraschung ja wohl kaum sein. «Hast du angenommen?»

«Bis jetzt ist es nur ein Gerücht.»

Suky begriff. Er schien damit andeuten zu wollen, daß es bisher leider noch kein solches Gerücht gab. Sie warf ihm den gleichen langsamen Seitenblick zu wie Philip und fragte: «So?»

Joshua glaubte nicht, daß zwischen Suky und Frederic Hallam – oder auch zwischen Suky und einem anderen Mann – die leidenschaftliche Liebe bestand, nach der Suky sich vor langer Zeit einmal gesehnt hatte. Aber Suky besaß offenbar die Fähigkeit, Liebe vorzutäuschen. Das war Joshua bei Stevens Hochzeit klargeworden, als er beobachtet hatte, wie Suky mit Frederic Hallam die Tanzfläche betrat. Sie ging dicht vor ihm, den Blick zu Boden gesenkt, als denke sie an ganz andere Dinge und habe vergessen, wo sie sich befand, dann drehte sie sich um, legte die Hand auf Frederics Schulter und blickte mit einem Lächeln zu ihm auf, das Joshua den Atem verschlug. Ihr Ausdruck war in jenem Moment eine Mischung aus Demut und Trauer, Sehnsucht und Bewunderung gewesen, etwas so Komplexes und Delikates, daß Joshua sofort begriff, Frederic Hallam, Sukys Eroberer und Opfer, werde jedem Wunsch zustimmen, den Suky äußerte. Und Joshua Ching in den Vorstand der Commercial Trust zu bringen, mußte für Frederic Hallam ein Kinderspiel sein.

Nachdem also dies erledigt war, wandte sich Joshua an Huggens. «Jetzt abbiegen nach Süden, und dann in der Mitte des Blocks halten.»

Die drei Grundstücke waren, wie alle unbebauten Plätze der Stadt, mit Steinen, Blechdosen, Asche und Abfall übersät – ein Tummelplatz für streunende Hunde, Katzen und gelegentlich sogar für eine Ziege, obwohl das Gelände von einem baufälligen Zaun umschlossen war.

«Da, das sind sie!» Joshua nickte. «Eins, zwei, drei – von da bis da.»

Suky beugte sich vor. «Die gehören uns?» Sie sah ihn bewundernd an, wie jedesmal, wenn er ihr ein Geschenk machte. «Wie lange hast du sie schon?»

«Seit ein paar Jahren.» Er wollte ihr nicht sagen, daß er sie als Teil des Heiratsvertrages an Philip abgetreten und sich dann gezwungen gesehen hatte, einen Weg zu ersinnen, um sie zurückzuerobern.

«Ein paar Jahre?» fragte sie vorwurfsvoll. Doch dann beugte sie sich wieder vor, schloß halb die Augen und legte den Kopf zurück. «Ich wünschte, ich hätte schon eher davon gewußt.» Sie musterte die Plätze eine Weile und begann dann mit leiser Stimme zu sprechen. «Ich glaube, wir sollten zwei Häuser bauen, eines an jedem Ende, und sie mit einer Gemäldegalerie verbinden. Hinter den Häusern werden wir einen Garten anlegen, wo wir bezaubernde Feste geben können. Die Häuser sollten sehr ähnlich sein, aber nicht ganz genau gleich, vielleicht im Stil eines französischen Château. Einrichten werde ich sie mit alten, französischen Möbeln. Die Kinder werden ein kleines Theater bekommen, du und Philip ein Billardzimmer, in jedem Haus muß natürlich eine Bibliothek sein und überall Bilder von alten und von modernen Malern. Unser erster Empfang wird eine *fête champêtre* – mit Tanz.» Sie blickte zum Himmel. «Den geben wir an einem Tag, der so ist wie heute, vielleicht auch erst Ende Mai oder Anfang Juni, weil sich die Leute dann am wohlsten fühlen.» Eifrig drehte sie sich zu ihm um. «Wann sollen die Arbeiten anfangen?»

«In ein bis zwei Jahren, hoffe ich.»

«In ein bis zwei Jahren erst? Aber Papa, die Arbeiten werden mindestens zwei Jahre dauern. Glaubst du nicht, daß ich mich schon einmal nach einem Architekten umsehen sollte? Alvita Hallam hat mir neulich gesagt, daß sie auch bauen wollen.»

«Sprich mit ihr, wenn du willst. Aber es ist heutzutage nicht leicht, Geld aufzutreiben, und dies wird eine ziemliche Summe verschlingen. Ich wollte nur, daß du anfängst, dir Gedanken darüber zu machen.»

Die Häuser würden mit Einrichtung knapp zwei Millionen kosten, denn er beabsichtigte, sich und Suky jeden Komfort und jeden Snobismus zu leisten, was die anderen Familienmitglieder bestimmt nicht zu schätzen wußten. Darum wollte er von vornherein sichergehen, daß in dieser Straße nicht noch größere Häuser mit einer noch eleganteren Einrichtung entstanden. Aber das konnte er sich jetzt noch nicht leisten, sondern frühestens in ein oder zwei Jahren, falls alles gut ging im Lande.

Die Corporate Engineers war zwar dem Schicksal aller Baugesellschaften unterworfen und stand kurz vor der Liquidierung, aber es blieb die Baltimore-Missouri, das weitverzweigte, wenn auch an einigen strategisch wichtigen Punkten etwas anfällige Netz von Eisenbahnen. Joshua studierte seit einigen Jahren die Entwicklung anderer Linien, denn er war fest entschlossen, eines Tages eine ganze Reihe von Bahnlinien zu kontrollieren, die bis nach Chicago reichen sollten.

Er hatte bereits verschiedene in Erwägung gezogen, aber eine nach der anderen wieder verworfen und sich schließlich für die Chicago-Central entschieden. Die wollte er um jeden Preis in seinen Besitz bringen. Deshalb beobachtete er aufmerksam den augenblicklichen Eigentümer Nicholas Craig, den er häufig auf Bällen und Empfängen traf, lächelte ihm aber stets mit einer gekonnten Mischung von Herzlichkeit und Desinteresse zu und machte keinen Versuch, sich ihm zu nähern.

Craig war ein großer, grobknochiger Mann mit brutalem, aber fröhlichem Gesicht und karottenrotem Haar, dessen Angewohnheit, unmäßig zu lachen, wann immer er eine schlechte Nachricht erhielt, Joshua für eine besondere Art des Wahnsinns hielt, vor der er unbedingt auf der Hut sein mußte. Er verabscheute Nicholas Craigs brandrotes Haar ebensosehr wie sein Gehabe; denn Craig machte immer den Eindruck, als sei er ein Mann, der stets erreicht, was er will. Für Joshua war er im Grunde ein Emporkömmling, wenn auch kein typischer, denn er trug keine Brillanten in den Zähnen, und seine Stimme war tief und weich, und er sprach mit einem Akzent, der auf ein, zwei Jahre Aufenthalt an einer englischen Schule deutete. Craigs Frau sollte eine der schönsten Damen der ganzen Stadt sein, aber damit schien Nicholas Craig sich nicht zufriedenzugeben.

Joshua, der jede Einzelheit in seiner Umgebung registrierte, auch wenn er sehr beschäftigt war, hatte Nicholas Craigs Karriere ebenso eingehend beobachtet wie die etlicher anderer Männer und hatte festgestellt, daß Nicholas Craig ein Mann war, der sein Handwerk und alle Tricks des Wall Street-Geschäftes gründlich verstand und rücksichtslos ausübte. Joshua und Nicholas Craig hatten nie zu ein und demselben Ring gehört, ihre Interessen berührten sich nicht, und Craig war es scheinbar zufrieden gewesen, mit Börsenmanövern Reichtum zu erwerben, bis er wenige Monate nach der Panik Joshua und alle anderen damit überraschte, daß er sich die Kontrolle über die Chicago-Central erkauft hatte.

Von da an hatte Joshua Nicholas Craig und seine Chicago-Central in seine künftigen Pläne miteinbezogen und war überzeugt, daß ihm das Schicksal eines Tages einen passenden Vorwand liefern werde, um seine plötzliche Freundschaft für Nicholas Craig zu entdecken. Und genau das tat es dann auch.

Eines Abends nach dem Essen hörte Joshua zufällig eine Unterhaltung zwischen Suky und Annabel Devlin mit an, von der ihm nur ein einziger Satz haftenblieb, der Satz, der für ihn selber Bedeutung besaß. Annabel erzählte ihrer Kusine: «Nicola sagt, ihr Vater besitzt eine Eisenbahn. Ich glaube, es ist die Chicago-Central.»

Als er Nicholas Craig das nächste Mal begegnete, sprachen sie über die Sommerpläne der Mädchen, und nicht lange danach lud Joshua ihn ein, an einem Essen bei Rose Michel teilzunehmen, zu dem auch Benjamin Burnish, Mr. O'Neil, Mr. McDuff und Senator Stirt geladen waren. Nicholas Craig würde keinen Anstoß daran nehmen, daß dieses Essen bei Rose Michel stattfand, denn er hatte selber mehrere Rose Michels und machte kein Geheimnis daraus. Eine Opernsängerin sollte ihm sogar ein illegitimes Kind geboren haben. Ferner unterhielt er außer seinem eigenen Haushalt noch zwei weitere Wohnungen. Nicholas Craig war gerade erst vierzig Jahre alt, und überdies hatte er sich den Ruf erworben, sehr großzügig mit Geld umzugehen, und mußte diesem Ruf wohl oder übel gerecht werden.

Seit die Gäste, die Joshua zum Essen in Roses Haus einzuladen pflegte, bedeutender und mächtiger geworden waren, hatte er einen französischen Koch und einen französischen Diener engagiert, und das

Essen sowie die Weine, die er in Keller und Dachboden lagerte, waren nicht schlechter als das, was in Sukys Haus auf den Tisch kam.

Der Tisch war ein Meer von Kristall, Porzellan, Silber, brennenden Kerzen und Goldkörben voll Jacqueminotrosen. Die jungen Frauen waren hübsch und gut gekleidet und wirkten bescheiden, denn vor einigen Jahren schon hatte Joshua jegliche Art von Kuppelei in Rose Michels Haus untersagt. Die Gäste wurden mit Austern, gebratenen Wachteln und *charlotte russe* mit Erdbeeren traktiert, tranken reichlich von Joshuas bestem Champagner, und Joshua freute sich sehr, als er sah, daß Nicholas sich so behaglich zu fühlen schien wie eine Katze und mit dem Ausdruck zufriedener Leutseligkeit zuhörte, wie Benjamin Burnish wieder einmal die vielen Leiden der Nation beschrieb. Begonnen hatte Burnish mit einem kleinen politischen *hors d'œuvre*. Er hatte erklärt, daß Tweed zwischen seinem ersten Prozeß und seiner Auslieferung durch Spanien seinen Anwälten eine halbe Million Dollar in den Rachen geschmissen hätte, was ihm aber nur wenig genützt hätte. Denn der Boss saß grollend im Gefängnis in der Ludlow Street und wartete darauf, daß seine alten Freunde ihn aus seiner mißlichen Lage befreiten und die sechs Millionen Dollar Strafe bezahlten.

Joshua beobachtete Hoke O'Neil mit belustigter Miene, doch Hoke machte ein so gleichgültiges Gesicht, als habe er weder von William Tweed noch von dessen Ring, noch von dem Ältestenrat je etwas gehört. Die Tigerkopfplakette hatte Hoke schon vor langer Zeit abgelegt, und die Brillantnadel war zu einem Ring für Tessie Spooner umgearbeitet worden. Er setzte auch nur noch selten den Elfenbeinzahnstocher in Tätigkeit, war jedoch noch immer fest entschlossen, niemals ein Lacklederdandy zu werden oder sein ‹Blutiges Sechstes› zu verlassen – ein weiser Entschluß, wie Joshua fand, denn Hoke O'Neil war ein Lümmel und würde immer ein Lümmel bleiben, ganz gleich, wie gut er sich tarnte. Augenblicklich bekleidete er das Amt des City Coroners, des städtischen Totenbeschauers, das ihm vor einem Jahr übertragen worden war.

Hoke war vor allem deshalb stolz auf sein neues Amt, weil er sich vor seiner Schwester damit hervortun konnte – wenigstens bis zu ihrer kürzlich erfolgten Abreise nach England hatte hervortun können. Denn trotz Allegras Ärger über die Aufteilung jener ersten 5 000 Dollar war das Band der Kameradschaft zwischen ihnen sehr stark.

Ben Burnish wandte sich jetzt an Joshua und Nicholas Craig gemeinsam. «Von nun an könnt ihr öffentlichen Wohltäter damit rechnen, daß ihr von einer immer größeren Anzahl undankbarer Wohlfahrtsempfänger Lumpen genannt werdet.» Nicholas Craig blickte stirnrunzelnd auf seinen Teller und wußte anscheinend nicht recht, ob er sich verteidigen oder lieber so tun sollte, als fülle er sich von derartigen Anschuldigungen nicht getroffen. «Wie sind eure Eisenbahnen denn entstanden?» Joshua und Nicholas Craig sahen ihn gleichgültig an und warteten ab, was er weiter zu sagen hatte. «Mit Hilfe von Baugesellschaften, nicht wahr? Und wie funktionieren diese Baugesellschaften? Sehr einfach. Folgendermaßen: Material und Ausrüstung werden zu einem bestimmten Preis eingekauft und tauchen auf den Kostenberechnungen der fertigen Bahnlinien zum doppelten Preis oder mehr wieder auf.» Ben Burnish schürzte die Lippen und riß die Augen weit auf, während Joshua und Nicholas Craig ungerührt weiterlächelten. «Das ist an sich schon schlimm genug, aber leider ist das erst der Anfang. Wenn die Bahnlinien gesund wären, wenn sie Sicherheit bieten könnten, wenn sie dem Wohle der Gemeinden dienten, dann könnte man immer noch so tun, als wären die Kosten gerechtfertigt. Aber die Strecken sind schon verrottet, ehe sie fertiggestellt sind. Und bevor man sie gründlich überholen kann, haben sie schon zahlreiche Menschenleben gekostet.»

«Dennoch», wandte Joshua ein, «das Land hat Eisenbahnen gebraucht, und es hat sie bekommen. Amerika hat das beste Eisenbahnnetz der ganzen Welt. Sie müssen zugeben, daß wir etwas geleistet haben, Ben – trotz allem!»

«Und der Preis, der beunruhigt Sie nicht? Überall in örtlichen, staatlichen und föderativen Regierungen Korruption, und zwar in einem Ausmaß, das man sich vor fünfzehn Jahren nicht einmal hätte träumen lassen. Aktionäre betrogen, Farmer beschwindelt, Arbeitern Hungerlöhne gezahlt. Wer appelliert an das Gewissen der Männer, die solche Dinge tun?»

«Sie doch, Ben. Nicht wahr?»

«Das wird sich alles ändern. Es muß sich ändern, lassen Sie sich das gesagt sein! Die Menschen fangen an zu begreifen, daß die Pläne für ihr elendes Dasein wohl doch nicht im Himmel gemacht worden sind.» Ben senkte die Stimme, als teile er ihnen ein großes Geheimnis mit. «Aber trotz allem, was heute abend gesagt worden ist: Es gibt Männer, die so reich werden, und zwar in einem solchen Tempo, daß alles, was wir heutzutage als Vermögen bezeichnen, dagegen in wenigen Jahren nur noch wie das Sparguthaben eines Schulkindes erscheinen wird. Wußten Sie das?»

«Ich habe davon gehört», gab Joshua zu. «Ich habe davon gehört.»

Auf einmal warf Nicholas Craig den Kopf zurück und stieß ein lautes Gelächter aus, so daß Ben Burnish sich erstaunt zu ihm umdrehte. «Hat Ihnen denn noch kein Mensch erzählt, Burnish, daß Eisenbahnen wegen des Profits gebaut werden und nicht aus Patriotismus?»

«Hm», stimmte Ben zu. «Aber mußte man unbedingt einen Profit von siebzig bis achtzig Prozent herausschlagen?»

«Die Öffentlichkeit schert sich nicht darum, wie hoch die Profite sind», versicherte Hoke ihm daraufhin, «solange diese verdammten Zeitungen ihnen nicht einreden, daß sie sich darum kümmern müßten.»

«Aber eines Tages wird man sich darum kümmern – bestimmt!»

«Mit Ihrer Hilfe, Ben?» warf Joshua ein.

«Das will ich hoffen.»

«Wollen Sie mir mal sagen», fragte Hoke, als Ben Burnish gegangen war, «wer ihm diesen Floh ins Ohr gesetzt hat?» Und Joshua überlegte, daß er eines Tages wohl das *New York Journal* kaufen und Ben Burnish mundtot machen müsse, ehe seine leidenschaftlichen Leitartikel wirklichen Schaden anrichteten.

Aber das *Journal* stand im Moment noch nicht zum Verkauf. Deshalb taten Joshua und seine Partner, als Benjamin Burnish und andere Zeitungen nach einer Prüfung der Bücher der Corporate Engineers schrien, als begrüßten sie eine Untersuchung durch den Kongreß. «Wir haben nichts zu verbergen, Ben. Wenn man uns ruft – wir sind bereit, immer und zu jeder Zeit.»

Joshua schlug Talbot und Cottrell vor, in den Büros der Corporate Engineers Feuer zu legen. Doch als er das mit Hoke O'Neil besprach, gab Hoke zu bedenken, daß Feuer nicht zuverlässig genug sei. Auch die Bücher des Tweed Ringes waren verbrannt, ihre verkohlten Überreste aber gefunden worden, so daß der Brand dem Boss nicht aus den Schwierigkeiten herausgeholfen hatte.

«Der arme Hund», sagte Hoke. «Keiner von uns hat die Courage, ihn zu besuchen und ein bißchen aufzumuntern, jetzt, wo er krank ist. Ist das nicht eine verdammte Schande?»

«Ich glaube schon, Hoke. Aber was sollen wir mit den Büchern machen?»

Die Lösung, die Hoke vorschlug, gefiel Joshua, und nicht nur ihm, sondern auch Amos Cottrell und William Talbot, denn sie befreite ihre Gemüter von der Angst, sie könnten gezwungen sein, vor einem Kongreßkomitee zu erscheinen, was sich für einen Geschäftsmann katastrophal auswirken konnte. Hokes Plan war, von einem seiner Freunde, der Aufseher im Gefängnis war, den Häftling Batty Dunn auszuleihen. Batty Dunn war der beste Safeknacker, den Hoke kannte. Er sollte, wenn er die wichtigsten Bücher an sich genommen hatte, Feuer in den Büros legen. Was dann noch an Büchern gefunden würde, konnte dem Untersuchungsausschuß nicht viel weiterhelfen. Als weitere Vorsichtsmaßnahme gingen Joshua und Hoke mit den entwendeten Büchern zu einem Altwarenhändler und sahen zu, wie sie zu einem grauen Brei zermahlen wurden, aus dem binnen kurzem Mehlsäcke und Zeitungen entstehen würden, unter anderem vielleicht sogar Ben Burnishs *Journal*.

Zwei Wochen darauf starb Tweed im Gefängnis, allein. Ein Wächter war sein letzter Gesellschafter, und der Leichenzug, der nur aus acht Wagen bestand, erregte kaum Aufmerksamkeit, als er durch die Straßen fuhr. Dieses düstere Ende von Tweeds Karriere stimmte Hoke sehr niedergeschlagen, weil er darin ein Omen für seine eigene Zukunft sah. «Alle Männer, denen er geholfen hat, haben ihn im Stich gelassen», erklärte Hoke, «ich auch.»

«Die Hilfe, die er Ihnen oder anderen gewährt hat, war rein zufällig», erinnerte ihn Joshua und beobachtete interessiert, wie Hokes hartes Gesicht andächtig und melancholisch wurde.

«Kann sein. Aber vor ein paar Jahren hätte er die verdammt schönste Beerdigung bekommen, die diese Stadt je gesehen hat. Und jetzt dieser erbärmliche kleine Leichenzug gestern!» Er sah Joshua scharf an und sagte dann, immer noch mit derselben melancholischen Miene und einem tiefen Seufzer: «Tessie und ich, wir wollen nächste Woche heiraten.» Joshua lächelte, weil er glaubte, Hoke wolle einen Scherz machen, irgendeinen morbiden irischen Kommentar zu Hochzeiten, Beerdigungen und anderen Zeichen menschlicher Schwäche geben. Doch Hoke schien keineswegs zu scherzen. «Zum Teufel», er wirkte auf einmal verlegen und mürrisch, «ich habe mich an sie gewöhnt. Außerdem bin ich City Coroner, und ein Mann in meiner Position muß eine Ehefrau haben.»

Joshua erklärte sofort, die Trauung solle in Roses Salon von Richter Azariah Gill vollzogen werden und er werde anschließend einen Empfang geben. Hoke protestierte, er wolle keine Feierlichkeiten, aber Joshua bestand darauf, er könne doch seinen alten Freund Hoke O'Neil, den Coroner der Stadt New York, nicht ohne eine richtige Feier heiraten lassen.

Als der Tag kam, war der Salon über und über mit roten Rosen geschmückt, Girlanden aus rotem Seidenpapier zogen sich quer durch den Raum, in Eiskübeln lagen Champagnerflaschen, und Delmonico's hatte einen Hochzeitskuchen geliefert, der fast einen Meter hoch war. Ein Geiger und ein Banjospieler waren im Eßzimmer hinter einer Reihe gemieteter Palmen versteckt – für den Pianisten hatte Rose kein geeignetes Versteck ersinnen können –, und die drei Musiker stimmten schon ihre Instrumente, während Rose aufgeregt hin und her rannte, den Hund beschimpfte und schließlich einsperrte, Eugene in Kilt und schwarzer Samtjacke musterte und Tessie mit Küssen begrüßte und mit Komplimenten überschüttete. Tessie war still und nachdenklich. Sie wirkte ganz anders als sonst, und Joshua, der sie von Zeit zu Zeit ansah, überlegte ernsthaft, ob dies nicht am Ende doch ein anderes Mädchen war, das Hoke da heiratete. Hoke selber dagegen machte ein grimmiges, fast böses Gesicht.

Als Richter Gill sich vor dem Kamin aufbaute, gab Hoke seiner Braut einen befehlenden Wink, und sie folgte ihm mit deutlichem Zögern. Während der Trauzeremonie hielt sie den Kopf gesenkt und hauchte ihre Antwort mit leiser Stimme, während Hoke sein «Ja» laut herausdröhnte. Rose stand neben Joshua, und als er sie einmal anblickte, sah er, daß ihr Tränen übers Gesicht strömten. Aber Joshua wußte sehr wohl, daß sie nicht aus Sentimentalität über die Trauung ihrer Freundin weinte, sondern aus Kummer. Sie hatte die Nachricht mit ungläubigem Schrecken aufgenommen, mit einer Miene, die weit angemessener bei der Nachricht von Tessies Hinscheiden gewesen wäre. In dem Augenblick jedoch, als Hoke Tessie den Ring an den Finger steckte und sie beide noch ein wenig verwirrt darauf hinstarrten, stürzte Rose auf sie zu, schloß Tessie weinend in die Arme und rief: «O Tessie, jetzt bist du verheiratet!»

Der Diener kam mit einem Tablett voller Champagnergläser, und gleich darauf traf auch Hokes Garde ein, acht oder zehn breitschultrige Männer in schwarzem Gehrock mit ihren Mädchen, hübschen, jungen Prostituierten in lustigen, bunten Kleidern. Joshua mußte sich zusammennehmen, um nicht daran zu denken, daß diese Männer sich sonntags nachmittags damit vergnügten, Frauen, die mit ihrer Familie an einsamen Stellen im Central Park picknickten, zu vergewaltigen, politische Versammlungen zu sprengen, indem sie unter dem Kutschpferd eines Kandidaten Feuer legten, sich in Straßenbahnen als Taschendiebe zu betätigen und bei Nacht in Kellerfenster einzusteigen. Er hielt es für unwahrscheinlich, daß sie die Hochzeit des City Coroners feiern würden, ohne ein ganz großes Unheil anzurichten.

Als sie schon fünfzehn bis zwanzig Minuten da waren und die Musik bereits laut und mitreißend spielte, standen die Männer immer noch mit dem Rücken zur Wand und beobachteten Hoke aufmerksam, als wollten sie sich in ihrem Verhalten ganz nach ihm richten. Joshua und Richter Gill hielten sich abseits, weil sie mit dieser gemischten Invasion nichts zu tun haben wollten. Sie diskutierten mit gedämpfter Stimme über die letzten Anzeichen einer Besserung der geschäftlichen Lage. Tessie lächelte ihren Freunden unsicher zu, als habe sie sie noch nie gesehen, während Rose hinter Joshuas Rücken gierig Champagner kippte und aufpaßte, daß er sich nicht unversehens umdrehte und sie erwischte.

Auf einmal klatschte Rose in die Hände, so daß die Männer erschrokken hochfuhren, als hätten sie einen Polizisten mit dem Gummiknüppel einen Hilferuf aufs Pflaster trommeln hören. «Was zum Teufel ist nur los mit euch? Ist dies eine Hochzeit oder eine Leichenfeier?»

Verlegenes Lachen klang auf, und Joshua drehte sich mißbilligend zu ihr um. Sie stand allein mitten im Zimmer, begann sich langsam zu drehen, mit geschlossenen Augen lächelnd, die Arme weit ausgestreckt, und während Joshua sie noch anstarrte, schwebte sie quer durch den Raum zu Hoke und forderte ihn auf, mit ihr zu tanzen.

Hoke zögerte, packte sie dann entschlossen um die Taille, Rose legte ihm beide Hände auf die Schultern, und sie sprangen durchs Zimmer, während Hoke seinen Freunden zuschrie, sie sollten seinem Beispiel folgen. Sie warfen Joshua fragende Blicke zu, und er lächelte, als habe er sie genau dazu eingeladen. Als alles zu tanzen begann, trat auch er auf eines der Mädchen zu und forderte es auf. Er hoffte, Rose, wenn er an ihr vorbeikam, einen warnenden Blick zuwerfen zu können, doch das erwies sich als undurchführbar, denn Rose schien vergessen zu haben, daß es ihn überhaupt gab.

Der Boden bebte unter dem Stampfen der Füße, die Kronleuchter schwankten, die Gasflammen flackerten, und unversehens war das Fest so in Schwung gekommen, daß Joshua zu Richter Gill bemerkte, die Leute würden zweifellos die ganze Nacht hindurch bleiben, vielleicht sogar bis in den frühen Morgen. Sein Argwohn ließ ihn mit Unbehagen an das denken, was sie womöglich noch anstellen würden, wenn sie erst ein paar Glas Champagner getrunken hatten. Tessie hatte ihre anfängliche Bescheidenheit abgelegt und hielt spöttisch und herausfordernd ihren Freunden den Ehering unter die Nase und behauptete, sie sei die einzige Frau im Raum, die je einen tragen werde. Bei Rose hatte sie das bisher noch nicht gewagt. Rose ignorierte sie vollkommen und tat, als sei diese Feier ihr eigenes Fest. Sie flog von einem Partner zum anderen, flirtete mit allen, warf den Kopf zurück, bog den Hals und lachte ihren Partnern ins Gesicht – vermutlich nicht anders als damals, als sie und Tessie noch bei Annie Wood gearbeitet hatten. Männer und Mädchen sangen beim Tanzen, Rose so laut, daß ihre Stimme Joshua triumphierend und trotzig schien. Er beobachtete sie mit steigender Verwunderung, denn hier endlich sah er die Rose Michel, die sie so sorgsam vor ihm verbarg. Nach einiger Zeit kehrte er ihr den Rücken zu, weil er es nicht mehr mit ansehen mochte, und unterhielt sich im Vestibül mit Richter Gill, während er überlegte, wie er sie am besten bestrafen könnte.

Er schwankte noch zwischen lebenslänglicher Verbannung und sechsmonatiger Bewährung, als plötzlich ein Schrei ertönte. Er ging in den Salon und sah Rose, die ihre Hand fest in Tessies Frisur krallte; ehe Tessie sich losmachen konnte, hatte ihr Rose eine schallende Ohrfeige verabreicht, so daß Tessie ein paar Schritte zurücktaumelte und mehrere Mädchen mitfühlend aufschrien.

Da trat Hoke zwischen die beiden. Er versetzte Tessie einen kräftigen Stoß, nickte seinen Leuten kurz zu, und sie marschierten an Joshua vorbei nach draußen, die Mädchen langsam hinterher, ohne Dank oder Entschuldigung. Nur Hoke, der an der Tür stand wie ein Lehrer, der seine Schüler aus einem brennenden Gebäude bringt, warf Joshua einen beruhigenden Blick zu. Kurz darauf verschwand auch Richter Gill.

Der Abzug der Gäste war so schnell erfolgt, daß Joshua immer noch verblüfft hinter ihnen hersah und Rose immer noch allein in der Mitte des Zimmers stand. Der Boden war übersät mit Seidenpapiergirlanden, die von der Decke herabgefallen waren, die Möbel standen an den Wänden, mehrere Stühle waren umgeworfen, auf den Tischen und auf dem Teppich lagen Austernschalen. Die Musiker spähten fragend hinter den gemieteten Palmen hervor. Joshua wollte auf Rose zugehen, um sie irgendwie zur Besinnung zu bringen und damit gleichzeitig seinem Zorn Luft zu machen, da begann sie auf einmal, wild mit den Füßen zu trampeln, zu schluchzen und, hilflos wütend wie ein Kind, dem man die Geburtstagsgesellschaft verdorben hat, die Fäuste zu ballen. «Rose!» rief er laut.

«Ich hasse sie, ich hasse sie, ich hasse sie!»

Joshua schritt zur Tür, riß Hut und Mantel von den eisernen Geweihstangen und ging. Als er das Haus verließ, hörte er Rose immer noch schreien und toben. Tessie vergab ihr diesen Auftritt schon einige Wochen eher als Joshua, und als er es tat, geschah es nur, weil er einsah, daß Rose in jenem Moment von einer verzweifelten Eifersucht übermannt worden war, derer sie weder mit Vernunft noch mit ihren neuerworbenen bürgerlichen Gewohnheiten Herr werden konnte.

56

In den letzten zwei Jahren hatten sie für den Sommer in Long Branch ein Haus gemietet. Zur Straße hin lag eine große Rasenfläche, die mit halbmond- und sternförmigen Blumenbeeten geziert war, das Haus selber hatte – wie alle anderen an dieser Straße – breite Veranden, viele Erker und vor allen Fenstern Blumenkästen voller Geranien, deren leuchtendes Rot sich freundlich vom Braun der Schindeln abhob. Hier waren die Chings und ihre Nachbarn – die Talbots und Hallams, die Haldanes und Cottrells und die Familien von Joshuas beiden Brüdern – vor der Menschenmenge in den großen Hotels geschützt und konnten den Sommer gemeinsam, aber, wie es die Mode verlangte, in vornehmer Zurückgezogenheit genießen.

Bei Tage war es dunkel im Haus, da wegen der Hitze meist die Jalousien herabgelassen waren, am Abend brannte mattes Kerzenlicht, die einzige Möglichkeit, wie Suky sagte, die geschmacklosen Möbel der Besitzer – schwarz Walnuß mit rotem Plüsch – mehr oder weniger zu ertragen. Die Bibliothek im gotischen Stil war düster beleuchtet durch Buntglasscheiben, von denen die Kinder jedoch fasziniert waren, sobald die Sonne hindurchschien und Strahlen von Blau, Grün und Rot über Kleider und Gesichter spielen ließ. Es gab lange, schmale Korridore, steile Treppen und acht Schlafräume, deren Verteilung ein gewisses diplomatisches Geschick verlangte, denn im vergangenen Winter waren Susan und Ceda nach Hause gekommen.

Kaum waren sie eingetroffen, wurden sie von Joshua mit den verschiedensten Wohltätigkeitsarbeiten betraut, besuchten Krankenhäuser und Armenmissionen, organisierten Heime für Seemannswitwen und gefallene Mädchen – ein Aufgabenbereich, der Ceda sehr lag, den Susan aber mit launischer Gleichgültigkeit hinnahm und zutreffend als das empfand, was es war: als eine Möglichkeit, die Joshua gefunden hatte, zwei untätige Frauen nützlichen Tätigkeiten zuzuführen und den Kredit für ihre guten Taten selbst einzustreichen. Aber Susan hatte sich am Ende ihrer langen Auslandsreise nach ihrem Heim gesehnt und Joshua mehrere bittende Briefe geschrieben. Sie beschwerte sich darin, sie und Ceda seien in jedem Museum gewesen, hätten jede Kirche besucht und jede Ruine besichtigt, die es in England und auf dem Kontinent gab, und das nicht nur einmal, sondern zwei- und dreimal, und sie könne jetzt das Herumvagabundieren nicht mehr ertragen. Sie sehnte sich scheinbar sogar nach Joshua, doch das währte nur so lange, bis sie ihn wiedersah, was sie allerdings nicht einmal Ceda anvertraute. Sie wollte von nun an, wenn sie schon nichts anderes gelernt hatte, wenigstens eine perfekte Heuchlerin sein.

Nachdem sie sich in ihrem Haus in Long Branch eingerichtet hatten, stellte Susan fest, daß Suky es war, die die Dienstboten befehligte, die Mahlzeiten plante, die Gästelisten aufstellte, daß sie es war, die entschied, welche Feste und Bälle besucht wurden, und daß sie mit Joshua und dem Architekten an den Plänen für die beiden Häuser arbeitete, deren Bau, wie Susan zu ihrer Überraschung vernahm, im September in Angriff genommen werden sollte. Nach kaum zwei Wochen erklärte Susan ihrer Schwester Ceda: «Wir beide sind hier überflüssig, Ceda, du und ich.»

Gefrühstückt wurde um acht, zu Mittag gegessen um zwei, zu Abend gegessen um acht. Von Montag morgen bis Freitag abend waren Joshua, Philip und Steven in der Stadt, Robert Devlin ebenfalls, der als Angestellter in Aaron Chings Anwaltsbüro arbeitete, und zurück blieb ein Haus voller Frauen und Kinder. In der zweiten Juniwoche kam Annabel aus Miss Mayberrys Töchterschule und brachte Lettys Schwester Nancy und Nicola Craig mit, ihre beiden besten Freundinnen, die hier ihre Sommerferien verbringen sollten.

Suky und Letty holten sie vom Bahnhof ab. Die Mädchen kletterten kichernd aus dem Zug, liefen durch das Menschengewimmel auf den Wagen zu und blieben abrupt stehen. Fassungslos starrten Annabels Freundinnen Suky an, die im Schatten eines weißseidenen Sonnenschirms freundlich auf sie herablächelte. Annabel stellte Nicola vor, Suky lächelte sie zärtlich an und sagte, sie freue sich sehr, Nicola bei sich zu haben. Dann stiegen sie ein, plauderten aufgeregt über die Reise und über die Prüfung und priesen das Glück, endlich Miss Mayberry und allen Aufgaben und Pflichten entronnen zu sein.

Nicola Craig starrte Suky immer noch unverhohlen an und flüsterte Annabel zu: «Du hast zwar gesagt, daß sie schön ist. Aber sie sieht ja aus wie eine richtige Göttin!» Sie merkte, daß Suky sie ansah, und schlug die Augen nieder. «Ich wollte nicht unhöflich sein. Bitte, verzeihen Sie mir, daß ich geflüstert habe. Sie sehen wie eine Göttin aus, Mrs. Van Zandt.»

«Aber Nicola», protestierte Nancy, «ich bin ja entsetzt. Was hast du für schlechte Manieren!»

«Ich kann es nicht ändern», sagte Nicola kleinlaut. «Mrs. Van Zandt hat mich so überrascht.»

«Ich muß mich für meine Freundin entschuldigen, Kusine Suky. Sie ist sehr verwöhnt, das einzige Kind, und ihr Vater gibt ihr alles, was sie sich wünscht.» Annabel warf ihr einen Seitenblick zu. «Nicht wahr, Nicola, das stimmt doch?»

«So ziemlich», gab Nicola behaglich zu.

Suky und Letty lächelten mit der Herablassung Erwachsener über die Naivität der jungen Mädchen, über ihre Begeisterung beim Anblick der Blaskapellen auf den Rasenflächen vor den Hotels, der elegant gekleideten Damen, die in ihren Kaleschen vorüberfuhren, und der vielen langsam dahinschlendernden Menschen auf der Holzbohlenpromenade am Wasser.

Suky dachte daran, wie bald die Mädchen den Unterschied zwischen der Erwachsenenwelt ihrer Vorstellung und der der Wirklichkeit entdecken würden, hatte aber im Augenblick kein bißchen Mitleid mit ihnen. Am vergangenen Montag hatte sie ihren dreißigsten Geburtstag gefeiert und spürte, als sie die Mädchen beobachtete, einen fressenden Neid und Feindseligkeit gegen sie. Sie dachte dabei nicht so sehr an die heutige Situation – Annabel war erst dreizehn, Nancy und Nicola noch nicht ganz fünfzehn –, sondern an einen Tag in zehn Jahren.

Im Augenblick wirkten die Mädchen noch lächerlich jung und unfertig und sahen in ihren dunkelblauen Schuluniformen mit den weißen Musselinkragen und den schwarzen Schürzen so plump aus, daß Suky lächeln mußte. Noch waren sie weiter nichts als ein paar hübsche Kinder. Nancy war zierlich und lebhaft, wie ihre ältere Schwester; sie hatte fast schwarzes Haar und klare blaue Augen, und ihre Bewegungen waren schnell und leicht wie bei einer Tänzerin. Annabel, fand Suky, hatte sich in den vergangenen Monaten sehr verändert. Ihre frühere scheue Zurückhaltung war einer herausfordernden Fröhlichkeit gewichen, und sie benahm sich so egozentrisch und eitel, als sei sie endlich zur Heldin ihrer eigenen Welt geworden.

Nicola war die größte und schon am weitesten entwickelt. Sie hatte volle Brüste und eine schmale Taille, und ihre Beine wirkten sogar in den schwarzen Baumwollstrümpfen wohlgeformt. Das Gesicht dagegen – mit der breiten Stirn, den hohen Wangenknochen, den großen, eindringlichen grünen Augen und der weißen, sommersprossigen Haut – war eher apart als schön. Ihr Haar, karottenrot wie das ihres Vaters, war dick und hing ihr glatt und strohig bis zur Taille herab. Trotz all dieser Mängel nahm ihr Gesicht, sobald sie lächelte, einen überraschend liebreizenden Ausdruck an, und das machte sie vorübergehend fast schön. Sie schien auch die meiste Energie und Entschlossenheit von den dreien zu besitzen.

«Wann ist der erste Tanz, Mrs. Van Zandt?» erkundigte sich Nicola.

«Samstag abend.»

Die drei Mädchen tauschten selige Blicke aus, und dann bogen sie in die Einfahrt ein. Suky erklärte ihnen, wo ihre Zimmer lagen, zwei benachbarte Räume im zweiten Stock, und sie jagten im Galopp die Treppe hinauf und rissen sich dabei gegenseitig vergnügt am Haar. Suky und Letty sahen sich an und schüttelten nachsichtig den Kopf, denn so jung und so albern waren sie bestimmt nie gewesen. Suky murmelte: «Mein Gott, dieses Haar!»

Zum Abendessen erschien Nicola in einem grünen Kleid, und plötzlich wurden die Männer wach. Ehe sie knickste und dann, wie Miss Mayberry es sie gelehrt hatte, gehorsam den Kopf neigte und den Blick niederschlug, hatte sie jedem von ihnen einen Blick zugeworfen. Philip reagierte mit einem belustigten Lächeln, Steven schien überrascht, und Robert schob das Kinn vor und rückte hastig seine schwarze Seidenkrawatte zurecht. Joshua ging auf Nicola zu und begann sich ernst und zugleich erfreut mit ihr zu unterhalten, als habe er sofort begriffen, daß dieses Mädchen sich bereits als eine junge Frau betrachtete und erwartete, als solche behandelt zu werden. Nancy und Annabel beobachteten dies alles und warfen sich sprechende Blicke zu.

Nicolas kleiner Triumph wurde jedoch abrupt beendet. Es war zwar nicht ganz ersichtlich, wie Suky es fertiggebracht hatte, aber durch irgendeinen geheimnisvollen Trick hatte sie die Aufmerksamkeit der Herren wieder auf sich konzentriert. Nicola geriet in Verwirrung, denn plötzlich war sie wieder in ein Kind verwandelt und an ihren Platz verwiesen worden.

Die drei Mädchen waren unzertrennlich. Sie liefen zum Strand, wo sie ritten und schwammen, oder sie trieben sich in ihren Zimmern herum, kicherten wie am Tag ihrer Ankunft, flüsterten geheimnisvoll miteinander, kniffen und stießen sich und benahmen sich, sobald kein Erwachsener in der Nähe war, durchaus nicht so brav, wie sie es bei Miss Mayberry gelernt hatten.

Nach dem Mittagessen stürzten sie zu ihrem Baumhaus, das sie zu ihrem Entzücken an einer Seite des Hauses entdeckt hatten, einer Plattform hoch in den Zweigen einer Weide, eben groß genug für alle drei, die man über eine schmale Leiter erreichen konnte. Dort oben waren sie vor allen verständnislosen Erwachsenen verborgen und konnten heimlich in die Schlafzimmer des ersten Stocks sehen, obgleich sich zu Nicolas Enttäuschung herausstellte, daß Mrs. Van Zandts Zimmer auf der anderen Seite des Hauses lag. Sie hätte Suky gern beobachtet, wenn diese sich allein glaubte, vielleicht beim Frisieren, beim Schlafen oder bei einer anderen Beschäftigung, der sie sich hingab, wenn sie nicht in der Öffentlichkeit auftrat. Denn Nicola hatte bemerkt, daß Mrs. Van Zandt alles, was sie tat, so tat, als werde sie von einem großen Publikum dabei beobachtet.

Bei Tisch saßen sie schweigend da und blickten auf ihre Teller, aßen manierlich und wurden rot und verwirrt, wenn einer der Herren sie ansprach. Sogar Nicola blickte, wenn sich einmal durch eine Frage von Philip oder Joshua die Aufmerksamkeit ihr zuwandte, hilfesuchend um sich, senkte den Kopf, murmelte fast unhörbar die Antwort und schien erlöst, wenn sich das Gespräch anderen Dingen zukehrte.

Ebenso reserviert verhielten sie sich den kleineren Kindern gegenüber, die ihrerseits kaum von den Mädchen Notiz nahmen, sondern sie mit überlegener, recht verächtlicher Toleranz beobachteten und über ihre Faulheit empört waren. Für Sarita und Joshua war der Sommer nämlich durchaus keine Erholungszeit. Großvater Ching, der sie gelegentlich in seinem Wagen zu einer Ausfahrt mitnahm, hatte ihnen unmißverständlich klargemacht, es gebe keinerlei Grund, mehrere Monate zu vertun, nur weil man an die See gezogen sei.

Sarita hatte bei Mlle Fourier Unterricht in Klavierspielen, Französisch und Malerei, während der kleine Joshua von seinen Lehrern, die zum Unterricht aus der Stadt anreisten, fechten, boxen, reiten und schießen lernte. Dieser Sommer unterschied sich für die Kleinen in nichts von dem Leben in der Stadt. Sie verstanden die großen Mädchen nicht, die in ihrem Baumhaus saßen und ganze Nachmittage vertrödelten. Sie selber hatten schon lange die Würde, Disziplin und Grazie kleiner Monarchen angenommen und schienen weder gehemmt zu sein, noch zu bemerken, wenn man sie, wo sie auch auftauchten, wegen ihres Charmes und ihrer Manieren bewunderte.

Die drei Mädchen waren, wenn sie nach dem Mittagessen zu ihrem Refugium gingen, mit all den Gegenständen beladen, die für ihre Siesta im Grünen notwendig waren: roten und blauen Kissen, einem Korb mit Äpfeln, Trauben und Orangen, die ihnen gestattet, und einer Schachtel Pralinen, die ihnen verboten war. Nicola hatte stets einen Spiegel in der Tasche, der dann von Hand zu Hand wanderte. Die Mädchen schienen beim Anblick des eigenen Gesichtes in eine Art Traumzustand zu verfallen, und offenbar glaubte jede von ihnen, besondere Vorzüge oder auch schreckliche Makel zu besitzen.

Nicola, gegen den Stamm der Weide gelehnt, ein Kissen hinter dem Kopf, ein anderes hinter dem Rücken, blickte nachdenklich zu Sarita hinunter und erklärte, als die Kleine verschwunden war: «Das Kind wird noch schöner als seine Mutter.» Sie hob die Arme und nahm ihre gelbroten Haare hoch, um sich den Nacken zu kühlen. «Ich könnte ihre Zukunft voraussagen, wenn sie mir ihre Hand zeigen würde. Aber ich glaube kaum, daß sie das tut. Dazu ist sie zu klug. Habt ihr schon einmal ihre Augen angesehen?» Nicola zog die äußeren Winkel ihrer eigenen Augen leicht nach oben, aber damit brachte sie Annabel und Nancy nur zum Lachen, denn nie war sie Sarita unähnlicher gewesen. «Sie ist ein stilles Wasser. Die weiß genau, was sie will.»

Nancy lag auf dem Bauch, spähte durch die Ritzen zwischen den Holzbohlen und beobachtete die Bienen, die um die Blumenbeete summten. «Sarita ist erst neun Jahre alt, Nicola», sagte sie träge. «Ich finde es lächerlich, zu behaupten, sie wüßte, was sie will. *Du* weißt ja noch nicht einmal, was du willst, und du bist bald fünfzehn!»

«Doch, weiß ich wohl», murmelte Nicola und starrte abwesend ins Leere, wie immer, wenn sie wollte, daß man ihr ein Geheimnis entlockte. «Ich weiß genau, was ich will, ich habe es schon gewußt, so lange ich denken kann.»

Annabel starrte hinauf in die Zweige und schien von Nicolas Prahlerei nichts gehört zu haben. Keine von beiden fragte Nicola, was sie sich wünsche, denn insgeheim waren sie sich darüber einig, daß es ihrer Freundin an weiblicher Unergründlichkeit fehle und daß ihr Charakter nicht weniger grob und simpel war als ihre Erscheinung.

Wenn ihre Vorräte aufgefrischt werden mußten, stieg eines der Mädchen vom Baum, schlüpfte in die Küche und beschwatzte die Köchin, ihnen einen Krug Limonade zu machen. Manchmal gelang es einer von ihnen, ein Stück von dem Kuchen zu stibitzen, der für das Abendessen bestimmt war. Dann kehrte sie atemlos und triumphierend zum Baum zurück, und sofort stürzten sich alle gierig auf die neuen Köstlichkeiten, rissen sie sich gegenseitig aus den Händen, stopften sich den Mund voll, bis sie nicht mehr sprechen konnten. Dann legten sie sich, erschöpft von dem anstrengenden Abenteuer, wieder hin und flüsterten miteinander, denn ein großer Teil ihrer Unterhaltung war, wie sie sehr wohl wußten, für sie verboten. Sie hatten es oft genug zu hören bekommen, von ihren Eltern, von den Kindermädchen und Gouvernanten, von älteren Brüdern und Schwestern, von Tanten, Vettern und von Miss Mayberry, daß junge Mädchen sich nicht um die Unternehmungen Älterer zu kümmern hätten und daß sie nie, niemals über das Leben von Erwachsenen sprechen dürften, mit dem sie noch früh genug Bekanntschaft schließen würden. Doch leider interessierten sie sich für kein anderes Thema so brennend wie für dieses.

Nicola hatte Ansichten, über die nicht nur die Älteren entsetzt gewesen wären; auch ihre Freundinnen waren entsetzt. Nicola hatte die Angewohnheit, alles, was sie sah oder hörte, falsch auszulegen und die Schlüsse, die sie daraus zog, als reine Wahrheit weiterzugeben. Kürzlich zum Beispiel hatte sie ihnen erklärt, Alvita Hallams Ehemann liebe Annabels Kusine und diese erwiderte seine Liebe, eine Tatsache, die für jeden Menschen mit zwei gesunden Augen so offensichtlich sei, daß Mrs. Hallam wahrhaftig eine Närrin sein müsse, wenn sie das nicht merke.

Annabel und Nancy hatten sich voller Empörung auf sie gestürzt, sie in den Arm gekniffen, an den Haaren gezogen und ihr ins Gesicht gezischt, daß sie eine gemeine, undankbare Person sei, so etwas über ihre Gastgeberin zu sagen. Nicola hatte ihre Behauptung jedoch nicht zurückgenommen und zu Annabel gesagt, sie solle endlich einsehen, daß ihre Verwandten sich in nichts von anderen Menschen unterschieden. Nicola liebte es nämlich sehr, die wohlgehüteten Skandale ihrer eigenen Familie zu enthüllen, die sie meist schnell in Erfahrung brachte, weil sie überall lauschte.

«Du lügst! Nicola Craig, du bist eine elende Lügnerin!»

«Mrs. Hallam ist Kusine Sukys beste Freundin!»

«Was hat denn das damit zu tun?» Nicola sah sie mit ihren grünen Augen an, die weise blicken konnten wie die einer Katze, aber auch fast ebenso hinterhältig, und schloß ungeduldig: «Ich kann euch diese Dinge nicht erklären. Entweder sieht man sie, oder man sieht sie nicht.»

«Du siehst Gespenster!»

«Im Gegenteil», behauptete Nicola in überheblichem Ton, mit dem sie ihre Freundinnen manchmal einschüchtern konnte. «Ich sehe nur genauer hin als ihr. Na schön, ich werde euch nie wieder etwas anvertrauen!» Das tat sie aber natürlich doch, und sogar ohne gefragt zuwerden, denn Nicola konnte nie etwas für sich behalten.

«Du sagtest eben, daß du weißt, was du willst, Nicola.» Annabel strich sich mit den Fingerspitzen über die Augenbrauen, die gleichen ausgeprägten, ungewöhnlichen Brauen wie die aller Familienmitglieder. «Möchtest du nicht hören, was Nicola will, Nancy?»

«Nicht unbedingt.»

In diesem Augenblick herrschte eine gewisse Feindseligkeit zwischen ihnen. Nancy und Annabel hatten nämlich den Verdacht, daß Nicola zu jenen Frauen gehörte, die Spaß daran finden, ihren Freundinnen die Verehrer auszuspannen. Überrascht und mißbilligend hatten sie bemerkt, wie Nicola auf dem Ball am vergangenen Samstagabend mit Robert tanzte und so verschmitzt zu ihm auflächelte, als erzähle sie ihm eines ihrer unschicklichen Geheimnisse.

«Hast du das gesehen?» hatte Nancy geflüstert. «Ich traue ihr nicht.»

«Ich auch nicht. Wir dürfen sie nicht aus den Augen lassen.»

Seitdem hatten sie sie beobachtet, obgleich Robert in die Stadt zurückgekehrt war und erst am folgenden Wochenende wieder erwartet wurde, und einigten sich schließlich bei einem Treffen unter vier Augen, daß sie Robert auch nicht anders angesehen hatte als alle Männer, als Joshua Ching und Philip Van Zandt, Joshuas Brüder und deren Söhne, Steven und überhaupt jeden Mann, der im Hause auftauchte.

«Ich fürchte», erklärte Annabel, «unsere liebe Freundin ist kokett.»

«Sie wird ihren Ruf ruinieren», prophezeite Nancy düster. Sie schämte sich, zuzugeben, daß sie sich Sorgen wegen Robert machte. Sie hatte zwar keinerlei Ansprüche auf ihn, aber sie hatte ihn schließlich zuerst kennengelernt, vor zwei Jahren, auf der Hochzeit ihrer Schwester mit Steven Ching.

Nicola begann ihre Zukunft zu beschreiben. Zuerst öffnete sie allerdings die Pralinenschachtel, musterte aufmerksam den Inhalt, wählte schließlich eine Schokoladencremepraline – die gefährlichsten von allen, wie Suky sagte, denn sie schadeten nicht nur den Zähnen, sondern auch noch dem Teint –, biß ein Stück ab und brummte begeistert, während sie kaute. Dann kreuzte sie die langen, schmalen Füße in den ausgeschnittenen Schuhen, die ihr so gut standen, und sagte: «Zuerst einmal werde ich eine ganz große Schönheit.»

Annabel hielt verdutzt die Luft an, und Nancy fuhr herum wie von der Tarantel gestochen. «Mit *dem* Haar?»

«Und *den* Sommersprossen?»

«Und *den* rosa Wimpern?» Annabel schüttelte fassungslos den Kopf.

Nicola nahm sich eine zweite Praline, steckte sie in den Mund und leckte sich zierlich die Fingerspitzen. «Zuerst werde ich also eine berühmte Schönheit», wiederholte sie. «Sonst ist für eine Frau das Leben nichts wert.» Sie starrte durch den Vorhang der Weidenzweige in die Ferne. «Ich heirate einen Ausländer und lebe mit ihm im Ausland. Ich werde sehr elegant sein und sehr, sehr grausam. Viele Männer werden meinetwegen leiden.»

Annabel packte Nicolas Handgelenk und fuhr sie wütend an: «Nicola Craig, ich hatte keine Ahnung, daß du so eitel bist!»

Nicola machte sich langsam los. «Natürlich bin ich eitel. Darin besteht doch der halbe Spaß für eine Frau, wißt ihr das denn noch nicht?»

Annabel und Nancy sahen sich an und schüttelten den Kopf. «Du wirst dich wundern, Nicola. Was ist, wenn statt dessen die Männer grausam zu dir sind?»

Nicola lachte leise. «Wir werden ja sehen. Ich weiß natürlich, daß sie ein bißchen grausam sind – nicht viel, gerade genug. Ob das wohl stimmt?» Sie blickte von einer zur anderen, und ihre grünen Augen hatten einen Blick, als könnte sie ihr Ziel eines Tages wirklich erreichen. «Soll ich euch erzählen, was das große Geheimnis ist?»

Annabel und Nancy starrten sie einen Augenblick entsetzt an, dann sprang Annabel auf und rief: «Du solltest dich schämen, Nicola Craig!»

Nicola lachte. «Ihr seid doch genauso gespannt darauf wie ich. Gebt es doch zu.»

Annabel stieg die Leiter hinab, und Nicola sah ihr über den Rand der Plattform nach. «Wenn meine Kusine Suky dich reden hörte, würde sie uns verbieten, mit dir zu verkehren.»

«Deine Kusine Suky», wisperte Nicola und beugte sich so weit hinab, daß sie jeden Augenblick das Übergewicht bekommen konnte, «ist viel zu beschäftigt mit sich selber, um sich um uns zu kümmern.»

Nancy schlich leise hinter Annabel her, und einen Augenblick standen sie beide unten und starrten zu Nicola hoch. Da sprang auch Nicola auf, stieg zu ihnen herunter, gab ihnen beiden einen Kuß und lachte fröhlich. «Ich hab doch bloß Spaß gemacht, ihr Dummchen, habt ihr das nicht gemerkt? Ich habe es doch nicht ernst gemeint, nicht ein einziges Wort. Das glaubt ihr mir doch, nicht wahr, Nancy?» Nancy sah sie erleichtert an, aber Annabel runzelte noch die Stirn. «Nicht wahr, Annabel? Hört zu, wir wollen uns doch nicht zanken, wo wir so gute Freundinnen sind!» Sie faßte Nancy unters Kinn und wollte sie zwingen, sie anzusehen. «Das sind wir doch, oder?»

Die Tage wurden heißer, und alle, außer Mr. Ching, dem kleinen Joshua und Sarita, die immer noch eifrig ihren Pflichten nachgingen, wurden träge und nachlässig. Oben im Baumhaus fächelten sich Nicola, Nancy und Annabel unaufhörlich Luft zu, steckten sich zur Abkühlung die Haare auf dem Kopf zusammen und bettelten bei der Köchin um Sorbett und Limonade. Den ganzen Tag waren im Hause die Jalousien herabgelassen, und der Duft der Blumen, die alle zwei Tage aus New York eintrafen, war so stark und schwer, daß Nicola behauptete, von nun an werde sie immer, wenn sie Rosen und Tuberosen rieche, an diesen Sommer denken.

«Und an euch beide», fügte sie großzügig hinzu. Sie schenkte ihnen ihr unerwartet weiches Lächeln, starrte dann in den Spiegel und berührte behutsam ihre Sommersprossen, als könnten sie an den Fingerspitzen kleben bleiben. Auf einmal legte sie den Spiegel hin, lehnte sich an den Stamm, schob die Ärmel bis zu den Schultern hoch und verschränkte die Arme hinter dem Kopf. «Vielleicht lebe ich dann schon in London und sehne mich nach diesem Nachmittag zurück.»

Sie schloß die Augen und begann ihnen von Europa zu erzählen, als berichte sie ihnen Ereignisse, die sie selber erlebt habe. Sie erfand sich so wunderbare Freunde, so unterwürfige Liebhaber und so neidische Rivalinnen, daß Annabel und Nancy, die genau wußten, wie man ihr den Mund stopfen konnte, einfach zu singen begannen:

«Rotfuchs, die Hecke brennt,
Feuerwehr kommt angerennt!»

Sie flüchteten, ehe Nicola sie erwischen konnte, denn dieser Reim brachte sie so in Wut, daß sie mit den Füßen stampfte und manchmal sogar zu weinen anfing. Das tat sie auch jetzt, so daß sie auf der Stelle wieder zu ihr eilten und sich, als Nicola sich die Augen trocknete und die Nase schnaubte, friedlich zu ihr setzten. Sie schämten sich beide, daß sie Nicola mit ihren roten Haaren aufgezogen hatten, für die sie doch wirklich nichts konnte.

Es waren mehrere Wochen vergangen, und Nicola war es immer noch nicht gelungen, ihre Gastgeberin einmal allein zu sprechen. Daraufhin dachte sie angestrengt über Mittel und Wege nach, wie sie Sukys Aufmerksamkeit auf sich lenken könnte.

Im Salon hing ein Porträt von Suky, das Augustus Adams erst kürzlich fertiggestellt hatte, und Nicola konnte nie daran vorbeigehen, ohne stehenzubleiben. Manchmal, wenn sie allein mit dem Bild im Zimmer war, stellte sie sich mit gespreizten Beinen davor und versenkte sich in die Betrachtung des Werkes. Suky trug auf dem Bild ein strenges Reitkleid aus schwarzem Samt mit einem breiten weißen Leinenkragen. Ihr Haar verschwand fast ganz unter einem hohen schwarzen Hut, von dem ein blaues Tuch flatterte und sich in einer zarten Wolke blähte, wie nur Augustus Adams sie malen konnte. Sie hatte ein verwirrendes Lächeln im Gesicht, zart und doch zwingend, das an irgend jemand gerichtet schien, der seitlich vor ihr stand.

Nicola versuchte dieses Lächeln zu imitieren, aber es wollte einfach nicht zu ihrem Gesicht passen. Auch wenn sie Sukys Gang nachahmen wollte, hatte sie keinen Erfolg.

Seit etwa zwei Jahren herrschte eine neue Mode. Die Frauen trugen Kleider, die vom Hals bis zu den Knien so eng am Körper anlagen, daß sie fast nackt wirkten. Dadurch kamen alle Fehler, aber auch alle Vorzüge ihrer Figur, die sie bis dahin verstecken konnten, ans Tageslicht. Das Haar wurde hochgenommen und eng um den Kopf gesteckt, ohne baumelnde Löckchen und Strähnen, die bisher die Aufmerksamkeit von Hals und Stirn abgelenkt hatten. Suky schien von Natur aus für diese neue Mode wie geschaffen. Ihr schlanker Körper mit der langen Taille war so fein geformt und modelliert, daß Nicola jedesmal fasziniert von der Plattform herab beobachtete, wie Suky in die Kutsche stieg. Dann schüttelte sie nachdenklich den Kopf und fuhr mit den Händen an ihrem eigenen Körper entlang, als wolle sie ihre Figur mit Sukys vergleichen. «Ich bin einfach überall zu dick», gestand sie ihren Freundinnen eines Tages.

«Das wollten wir dir schon lange sagen, Nicola.»

«Und ihr Gang!» schwärmte Nicola, die Beleidigungen stets zu überhören pflegte. Sie versank in Gedanken, bis sie schließlich mit den Fingern rhythmische Bewegungen machte und ganz leicht die Schultern wiegte. Dann stieg sie, wie in Trance, langsam vom Baum herab, ging unten auf und ab und versuchte dabei, Sukys charakteristischen langsamen, schwingenden Gang nachzuahmen, bis Nancy und Annabel, hilflos vor Lachen, nach Luft schnappten. Da schlug Nicola gekränkt die Hände zusammen, und während die anderen immer weiterkreischten, lief sie ins Haus, schloß sich in ihrem Zimmer ein und weigerte sich mehrere Stunden, mit ihnen zu sprechen.

Trotzdem fuhr sie fort, Sukys Gang zu üben, bis Suky sich eines Tages, genau wie Annabel und Nancy es vorausgesagt hatten, einmal unvermutet umdrehte. Nicola, fast ebenso rot wie ihr Haar, sprang auf sie zu, ergriff ihre Hand und bat sie so flehentlich um Verzeihung, als hätte man sie beim Stehlen eines wertvollen Gegenstandes erwischt. Und genau das war es, was sie als nächstes tat.

Kurz darauf stellte es sich nämlich heraus, daß einer von Sukys Sonnenschirmen verschwunden war – der, den sie vor sechs Wochen benutzt hatte, als sie die Mädchen vom Zug abholte, ein Schirm aus weißer Seide, mit schwarzer Spitze überzogen und einem geschnitzten Griff aus roter Koralle. Auch nachdem man alle Dienstboten ausgefragt hatte und das ganze Haus durchsucht worden war, tauchte er nicht wieder auf. Annabel hatte sofort an Nicola gedacht, als sie vom Verschwinden des Schirms hörte. Wenige Tage später entdeckte sie ihn wirklich ganz unten in Nicolas Schrankkoffer, und die beiden Mädchen rauften so erbittert um den Besitz des Schirms, daß er dabei fast entzweigegangen wäre. Als Suky erschien, ließen sie ihn beide los, so daß er zu Boden fiel, und zogen sich in die hinterste Ecke des Zimmers zurück.

Suky blickte zuerst auf den Sonnenschirm zu ihren Füßen und dann zu Nicola und Annabel hinüber. Beide Mädchen machten so zerknirschte, verstörte Gesichter, daß es nicht leicht war, zu entscheiden, welche von beiden die Schuldige war. «Wo habt ihr ihn gefunden?» fragte sie freundlich.

Nicola senkte den Kopf. Dicke Tränen rannen ihr über die Wangen. Diese Tränen waren auch einer ihrer vielen Tricks: Sie flossen auf Bestellung und so reichlich, daß sie offenbar einige Übung darin hatte, sich damit Vergebung für ihre Missetaten zu erkaufen. «Er war in meinem Koffer. Ich wollte ihn gar nicht richtig stehlen – ich wollte eigentlich nur etwas von Ihnen besitzen, Mrs. Van Zandt.»

«Aber warum hast du mich nicht darum gebeten, Nicola? Bitte, behalt ihn – ich schenke ihn dir.»

Nicola nahm den Sonnenschirm, warf Annabel ein triumphierendes Lächeln zu und trug ihn von da an stets mit sich herum. Sie saß sogar mit dem geöffneten Schirm im Baumhaus, wo er seinen Zauberschatten auf ihr Gesicht warf, wie er ihn vorher auf Mrs. Van Zandt geworfen hatte. Doch selbst der Besitz des Sonnenschirms konnte sie nicht über die Tatsache hinwegtäuschen, daß sie in diesem Jahr alle drei noch zu jung waren, um Mrs. Van Zandts Interesse zu erwecken.

Trotzdem verkündete Nicola ständig, daß sie Mrs. Van Zandt verehre und daß sie alles dafür geben würde, einmal an einem Samstagabendtanz so auszusehen wie sie.

Wenige Tage später, am Samstag nach der Sonnenschirm-Episode, als die ganze Gesellschaft vom Monmouth Park zurückkehrte und dabei fröhlich über den aufregenden Nachmittag auf dem Rennplatz sprach, hörte man einen Streit in der Bibliothek. Nicola, Nancy und Annabel standen um Robert herum, der sich verlegen aus der Affäre zu ziehen versuchte. Als Suky das Zimmer betrat, fuhr Nicola trotzig zu ihr herum und rief: «Es ist nicht wahr, Mrs. Van Zandt! An allem, was ich tue, haben sie etwas auszusetzen!» Ihre Stimme hob sich zu schrillem Diskant. «Sie mögen mich nicht mehr und ...» Sie schoß durchs Zimmer und erklärte laut: «Ich fahre nach Hause!» Sie lief an Joshua, Philip und Steven vorbei die Treppe hinauf.

Suky wandte sich an Annabel. «Warum hast du sie geohrfeigt?»

«Sie hat Robert geküßt.»

«Annabel!» protestierte dieser. «Das ist nicht wahr, wir haben uns nur unterhalten.»

«Wir hatten sie ins Haus geschickt, um ... noch ein Kissen zu holen», schloß Annabel, die fast ihre Beutezüge in Richtung Küche verraten hätte. «Und als sie so lange nicht wiederkam, haben wir sie gesucht. Hier haben wir sie gefunden.» Sie wies auf Robert, der an diesem Nachmittag in der Bibliothek geblieben war, um zu lernen – oder es wenigstens vorgegeben hatte.

«Junge Mädchen», sagte Suky zu ihnen, «sehen oft Dinge, die gar nicht geschehen sind.»

Sie ging zu Nicola nach oben, und eine Stunde später tauchte Nicola mit bösem, triumphierendem Glitzern in den Augen wieder auf und verkündete Annabel und Nancy, Mrs. Van Zandt habe sie gebeten, nicht abzureisen, und habe ihr überdies noch zur Erinnerung an diesen Sommer eine kleine Golduhr geschenkt, in die ihr Name und das Jahr eingraviert waren. «Ich sage dir noch einmal, Annabel, daß ich mich von deinem Bruder nicht habe küssen lassen!»

«Er hat es gar nicht versucht, Nicola Craig. Aber du bist ein leichtfertiges Mädchen. Und du weißt, was aus leichtfertigen Mädchen wird.»

«Ich weiß genau, was aus ihnen wird: Sie heiraten früh.»

Von da an nahm das geplante Picknick all ihre Gedanken in Anspruch. Nicola maulte, sie könne nicht verstehen, warum es dauernd verschoben werde, nur weil man auf Annabels Bruder Morgan warten wolle, aber Annabel erklärte: «Wir warten, damit sie ihren Geburtstag zusammen feiern können. Das haben sie schon als Kinder getan. Das weiß ich von meiner Mutter und meiner großen Schwester.»

Nicola zog die Brauen hoch. «Ach, wirklich?» Sie lächelte herablassend über diese Sentimentalität. «Aber sie sind doch keine Kinder mehr!» Eines Samstagnachmittags, als Annabel und Nancy sich wegen der Hitze vom Baumhaus in ihre Zimmer zurückgezogen hatten und beide fest schliefen, schlich Nicola auf Zehenspitzen zu ihnen, um sie zu wekken und ihnen mitzuteilen: «Ich habe eben deinen Bruder Morgan kennengelernt.» Überwältigt schloß sie die Augen.

Annabel schoß im Unterrock aus dem Zimmer, jagte zurück, um ihren Morgenrock zu holen, und weinte vor Heimweh, als sie die Treppe hinablief. Sie hatte Morgan seit nahezu zwei Jahren nicht mehr gesehen, und sie hatte das Gefühl, daß er ihre Sehnsucht nach dem Leben in den Bergen und nach ihrer Familie viel stärker weckte als Robert.

Als sie einige Zeit darauf zurückkam, war sie still und ruhig; die Tränen schienen ihr gutgetan zu haben. Sie kühlte sich das Gesicht mit kaltem Wasser, während Nicola auf ihrem Bett lag, mit dem Zeigefinger Muster auf die Bettdecke malte und schließlich neugierig fragte: «Woher hast du nur diese Brüder, Annabel?»

Annabel murmelte ins Handtuch: «Ich habe noch zwei, und die sind genauso hübsch!»

Um Viertel vor acht gingen sie hinunter. Als sie den Salon betraten, zögerte Nicola ein wenig, richtete sich zu ihrer vollen Größe auf und schob ihren Busen vor. Ihr Auftritt erregte jedoch keinerlei Aufmerksamkeit. Die Herren standen zusammen, tranken Bourbon mit Wasser, sprachen von Eisenbahnen und Minen, prophezeiten, daß Amerika, nach der Katastrophe der Septemberpanik vor fünf Jahren, erst am Anfang seines größten Aufschwungs stehe, und auf einen Blick von Suky nahmen die Mädchen in einer Reihe auf dem Sofa Platz, falteten die Hände im Schoß, stellten die Füße brav nebeneinander und starrten mit hingerissenen Mienen die Herren an, die anscheinend überhaupt nicht bemerkten, daß sie da waren.

Nicola stieß Annabel in die Rippen. «Wenn ich mit Morgan verheiratet wäre, würde ich ihn nicht allein verreisen lassen!»

«Sei nicht albern, Nicola! Sie hat Vertrauen zu ihm. Außerdem kann sie nicht reisen, weil sie ein Baby erwartet.»

Nun konzentrierte Nicola ihre Aufmerksamkeit auf Suky, die am anderen Ende des Zimmers stand und sich mit ihrer Mutter und ihrer Tante unterhielt. Die Damen sprachen mit so leiser Stimme, daß Nicola sich anstrengen mußte, um etwas von ihrem Gespräch zu verstehen. Suky trug ein enganliegendes Kleid aus saphirblauer Seide mit hohem Kragen und langen Ärmeln. Um ihren Hals lag eine Perlenkette aus mehreren Reihen, und in der Hand hielt sie die kleine, goldene Riechdose mit Tuberosen-Parfum, das man überall im Haus, wo Suky gewesen war, riechen konnte.

Das Picknick wurde für den kommenden Sonntag nachmittag verabredet. Montag morgen fuhren die Herren zunächst einmal zurück in die Stadt, und die drei Mädchen verbrachten die ganze Woche damit, Kleider für den großen Tag auszuwählen. Schließlich seufzte Nicola verzweifelt und schleuderte ihr schönstes Kleid quer durchs Zimmer. «Wir können anziehen, was wir wollen, mit ihr können wir doch nicht konkurrieren!» murmelte sie.

«Das erwartet auch niemand von uns», sagte Nancy. Nicola aber saß zornfunkelnd vor dem Toilettespiegel und verglich ihr karottenrotes Haar, die bösen grünen Augen, ihre heftigen Gesten, die breiten Schultern, den vollen Busen mit Mrs. Van Zandts zarten Farben und schönen

Proportionen. Nicolas Ausdruck wurde dabei vor Eifersucht so unheimlich grausam und haßerfüllt, daß ihre Freundinnen tatsächlich Angst vor ihr bekamen, obgleich Nicola bisher nie etwas Schlimmeres getan hatte, als sich das Kleid zu zerreißen oder irgend etwas vor Wut zu zertrümmern.

Während der folgenden Tage war Nicola ungewöhnlich still. Dann verkündete sie: «Dein Bruder ist wieder da, Annabel.»

«Der kommt erst Freitag zurück. Er hat mir gesagt, daß er nach Baltimore fährt und dann nach New York.»

Nicola sagte: «Dann hat er es sich eben anders überlegt. Ich habe ihn heute morgen gesehen.»

«Wo hast du ihn gesehen?»

«Als er aus ihrem Zimmer kam.» Nicola setzte sich an den Eßtisch, breitete die Serviette über ihren Schoß und senkte mit tugendhafter Miene die Augen. «Kurz nach sechs.» Sie blickte auf, fast wild vor Triumph. «Er trug einen Leinenanzug mit karierter Jacke und ist die Treppe hinuntergerannt und aus dem Haus gelaufen.» Sie pfiff leise, um anzudeuten, wie schnell er gelaufen sei.

Nancy beugte sich vor und sah Nicola an. «Und was hattest du morgens um sechs im Haus herumzuschleichen, Nicola Craig?»

Nicola schenkte ihnen ihr gefährlichstes Lächeln. «Ich wollte ins Badezimmer.»

Annabel schwieg, fragte aber, als sie alle zusammen am Mittagstisch saßen, ihre Kusine Suky, wo Morgan sei, hier oder in Baltimore. Etwas erstaunt erwiderte Suky, er sei natürlich in New York.

Als Morgan am Freitagabend eintraf, trug er zu ihrem Erstaunen einen Leinenanzug mit karierter Jacke. Doch da fast alle Männer im Land solche Anzüge besaßen, bewies das noch gar nichts. Sollte Nicola aber recht gehabt haben, dann sehe sie nicht ein, versicherte Annabel ihren Freundinnen, warum Morgan nicht zu jeder Stunde, die ihm gefiel, aus Sukys Zimmer kommen sollte. Suky und Morgan seien einander innig verbunden und seien es immer gewesen. Nicola gab zu, daß dies eine logische Begründung sei, falls sie stimmte.

Am Sonntag um drei, als die Nachmittagshitze am größten und drükkendsten war, brachen sie auf zum Picknickplatz. Es waren fast sechzig Herren, Damen und Kinder in offenen, vom Stetson House gemieteten Kutschwagen. Sie rollten die Ocean Avenue entlang, eine bunte, fröhliche Parade, bogen dann in einen schmalen, staubigen Weg ein und fuhren an kleinen Farmen vorbei, wo Hunde hinter ihnen herkläfften und ihnen verschmutzte Kinder offenen Mundes nachstarrten, die Augen voll Vorwurf, als wollten sie fragen, warum sie selber nicht wie kleine Damen und Herren gekleidet seien, sondern mit schmutzigen, bloßen Füßen, nasebohrend und sich die ungekämmten Köpfe kratzend, herumlaufen mußten.

Nach fast zwei Stunden Fahrt vernahmen sie wieder das Rauschen des Meeres. Der Weg wand sich durch kleine Waldungen und an beakkerten Feldern vorbei zum Strand, und endlich hielt der Wagenzug. Die Kinder kletterten aufgeregt heraus und liefen zum Meer, und nur die Herren blieben bei den Damen, um ihnen beim Kampf mit den sich blähenden Röcken und den wehenden Schleiern behilflich zu sein. Hinter einem Damm, der mit Grasbüscheln und Kriechpflanzen bewachsen war, entdeckten sie eine windgeschützte Senke, wo Teppiche ausgebreitet und Kissen gegen die Stämme von Krüppelkiefern gelehnt waren und Fackeln im weichen Spätnachmittagslicht flackerten. An einem mit Silbergeschirr und Obstkörben beladenen Tisch waren Kellner in Delmonico-Livree damit beschäftigt, Körbe zu öffnen und Speisen auf eisgefüllte Platten zu legen. In einiger Entfernung war eine Tanzfläche mit einem Baldachin aus Seidenbändern errichtet worden, und beim Anblick all dieser Herrlichkeiten ging Nicola mit ekstatischer Miene auf Suky zu und sagte: «Oh, Sie sind wunderbar, Mrs. Van Zandt! Wenn ich groß bin, möchte ich so sein wie Sie. Würde Ihnen das sehr viel ausmachen?»

«Sei nicht unverschämt, Nicola!» wies ihre Mutter sie zurecht, denn die Craigs waren anläßlich des Picknicks von Saratoga herübergekommen. Während Suky das Fest für eine Geburtstagsfeier für sie und Morgan hielt, war es für Joshua lediglich ein weiterer Schritt zur Eroberung der Chicago-Central.

Nicola beobachtete aufmerksam, was geschah. Als sie bemerkte, daß Morgan und Frederic Hallam nach kurzer Zeit gemeinsam zu einem Spaziergang am Strand aufbrachen, stieß sie Annabel an und schnitt dabei eine vielsagende Grimasse. Annabel zuckte die Achseln, und als die Herren ein paar Minuten lang stehenblieben, zwei dunkle Silhouetten vor dem rötlichen Himmel, flüsterte Nicola: «Paß auf, sie werden sich duellieren!» Darüber mußte Annabel laut lachen, und Nicola schüttelte entsetzt den Kopf, weil es Annabel so gleichgültig war, was ihrem Bruder zustieß. Sie behielt die beiden trotzdem im Auge.

Noch als Nicola summend vor ihrem Vanilleeis saß, das wie ein kleines Schloß geformt war, ertönte in der Ferne Musik. Als sie sich alle verwundert ansahen, kamen vier Musikanten über die Dünen gewandert und spielten im Gehen. Gleich darauf war die Tanzfläche voller fröhlicher Paare. Die Röcke der Frauen flatterten im Wind, und eine Weile tanzten Nicola und Annabel bei einem Walzer nebeneinander her, drehten sich aber so schnell, daß Nicola ihr nichts mehr zuflüstern konnte. Morgan und Frederic Hallam standen immer noch beieinander, obgleich man sie jetzt, da die Sonne untergegangen war, kaum noch erkennen konnte.

«Paß auf!» rief Nicola Annabel geheimnisvoll über Roberts Schulter hinweg zu und machte eine Handbewegung, als drücke sie ab.

Auch Annabels Miene wurde jetzt besorgt. Sie erwartete, im nächsten Moment Schüsse zu hören und einen der Männer oder sogar beide tot hinstürzen zu sehen. Doch da kamen sie zurück, und als sie in den hellen Fackelschein traten, sah sie deutlich, daß die beiden lächelten und sich freundschaftlich unterhielten, wie zwei Männer, die gerade ein zufriedenstellendes Geschäft abgeschlossen haben. Annabel lächelte Nicola spöttisch zu, und gleich darauf tanzte Morgan mit Suky an ihnen vorbei. Aber ihre Mienen waren dabei so ernst, daß Nicola zu hoffen begann, die Gefahr sei noch nicht vorüber.

Doch es geschah nichts. Die Gesellschaft wurde immer vergnügter, man tanzte im Licht von Leuchtkugeln, die in den Himmel hinaufgeschossen wurden, und das Picknick endete damit, daß man um Mitternacht am Meer entlang heimfuhr. Die drei Mädchen schliefen auf dem Heimweg ein, und keine konnte sich erinnern, wie sie in ihr Bett gekommen war.

Sie verschliefen das Frühstück, erschienen um elf in der Küche und kletterten dann, weil es im Haus ungewöhnlich still war, da die Männer vor Stunden schon den Rückweg in die Stadt angetreten hatten, in ihr Baumhaus hinauf, um sich von dem Picknick zu erholen. Sie lagen faul auf der Plattform, blickten durch die dunklen Weidenzweige in den Himmel, seufzten und gähnten manchmal und waren eine Zeitlang so still, wie sie es während der ganzen Ferien noch nicht gewesen waren.

«Ich weiß etwas; aber das sage ich nicht», sinnierte Nicola schließlich und kaute nachdenklich auf ihren Haarspitzen herum. Doch Nancy und Annabel schienen zu schlafen, jedenfalls zeigten sie keine Neugier. Also zuckte Nicola die Achseln, gähnte genüßlich, reckte die Arme hoch über den Kopf, spreizte die Finger und sagte nichts mehr, bis sie nach dem Mittagessen abermals in den Baum kletterten und sich auf die blauen und roten Kissen legten. Nun machte Nicola ein geradezu unverschämt frohlockendes Gesicht, denn Mrs. Van Zandt war nicht am Mittagstisch erschienen. Es hatte geheißen, sie sei noch müde. «Ich wette, ich weiß auch, warum», murmelte Nicola.

«Warum denn? Warum?» wollte Nancy wissen, denn jetzt nach dem Mittagessen war sie hellwach.

«Ihr sagt ja doch bloß wieder, daß ich lüge.» Nicola ordnete sorgsam ihren Rock und starrte lange in den Porzellanspiegel. «Nicht?» fragte sie, obgleich die anderen kein Wort gesagt hatten. «Ehrenwort?» Sie sah sie listig an. «Na ja, dann ... Er hat sich heute morgen wieder von ihr verabschiedet. Um kurz nach acht. Ich habe ihn aus ihrem Zimmer kommen sehen.»

«Schnüfflerin!» fauchte Annabel.

«Du hast gesagt, Ehrenwort!» warnte Nicola.

«Nimm es zurück, Annabel! Ich möchte alles hören.»

Annabel nahm nichts zurück, sondern beobachtete Nicola mit ungläubiger und sehr verächtlicher Miene, während Nicola weitererzählte. «Er ist die Treppe runtergelaufen, und als er an ihrem Porträt vorbeikam, hat er so gemacht ...» Nicola bog die Finger der rechten Hand, küßte ihre Fingerspitzen, öffnete die Hand zu einer abschiednehmenden Geste; und dann holte sie tief Luft und stürzte sich wieder in Phantasien über ihr zukünftiges Leben. Leise behauptete sie: «Eines Tages bin ich genau wie sie. Wartet nur ab!»

57

Die Pläne für das Haus waren fertig, die Zimmerleute und Maurer verpflichtet, nun konnten die Arbeiten an Pete Devlins Haus beginnen. Während der ersten Monate bekundete Jenny nicht das geringste Interesse, dann jedoch fing sie an, dem Rohbau Besuche abzustatten. Während des Winters, im Frühjahr und in den frühen Sommermonaten sah man sie oft in ihrem schwarzen, weiten Kleid und dem Schleier in dem halbfertigen Holzbau herumklettern.

Für die Vorübergehenden war es ein vertrauter Anblick, wie Jenny die Treppen hinauf- und hinunterstieg, die noch ohne Geländer von einem Stockwerk zum anderen führten, und ohne Schwindelgefühl oder Zögern über die losen Planken hinwegtrat. Aber manches Kind wurde gescholten, weil es gesagt hatte, in diesem Haus spuke es schon, bevor die Familie Besitz davon ergriffen habe – das Gespenst könne man ja bereits sehen.

Doch Jenny war bei weitem nicht so zufrieden mit diesem Haus, wie sie vorgab. Als sie Pete eines Tages unerwartet dort antraf, fragte sie ihn, was er da wolle. Sie tat, als habe er kein Recht, in ihrem Haus herumzuschnüffeln.

Jenny wartete unbewußt auf ein Ereignis – auf einen Unfall oder eine Katastrophe –, das Pete in ihre Hand geben würde. Doch als dieses Ereignis dann eintrat, merkte sie es viel zu spät. Die Geschehnisse überstürzten sich, waren so fürchterlich, nicht nur für sie, sondern auch für alle anderen, daß sie überhaupt nicht zusammenhängend denken konnte. Und noch verwunderter war sie darüber, daß sie ein paar Tage lang, genau wie die anderen, bereit gewesen war, zu glauben, die Vergangenheit sei endgültig versunken – genau wie einige Jahre zuvor viele Menschen davon überzeugt gewesen waren, daß das Feuer sie geläutert habe, auch wenn es sie noch so viel Geld und Entsetzen gekostet hatte. Pete jedoch ging als Held aus der Katastrophe hervor, denn er bewies inmitten der hysterischen Aufregung und großen Gefahr einen Todesmut und eine Energie, die überall Staunen und Bewunderung erregten.

Es begann mit einem Sommergewitter, wie es nahezu täglich niederging. Der Regen verwandelte die Straßen in schlammige Seen, aber das

Wasser wurde nach kurzer Zeit von der heißen Sonne wieder getrocknet. Pete stand mit Lem vor dem neuen Gebäude von Finney & Son, und die beiden Männer unterhielten sich.

Morgan war auf eine neuerliche Pilgerreise zu der Commercial Trust in den Osten gefahren, und Lem war gespannt auf die neuesten Nachrichten. In Butte waren sie zwar Rivalen, aber hier in Helena waren sie Partner, und Lem mußte ihm schon seines eigenen Vorteils wegen Erfolg wünschen. Als Pete ihm erklärte, daß Morgan noch gar nicht mit dem Bankvorstand gesprochen haben könne, sah Lem ihn durch seine Brille mißtrauisch an, als überlege er, was sich hinter diesen Ausflüchten verbergen mochte.

«Immer dasselbe Problem, nicht wahr, Pete? Dieselben Hindernisse, gegen die wir von Anfang an kämpfen mußten: Geld und Transportmöglichkeiten. Aber immerhin kommen diese Bastarde uns – wenn auch gegen ihren Willen – entgegen!» Erstaunt blickte er auf, genau wie Pete, als ein paar dicke Tropfen mit ungewöhnlicher Wucht auf ihre Hüte und Schultern und auf die staubschwere Straße schlugen.

Pete lächelte zustimmend. Der Regen fiel schon stärker, und die Menschen flüchteten sich in die Häuser, aber Lem fragte Pete noch schnell nach Jeremy Flints letzten Schachzügen am Gericht von Deer Lodge. Immer wenn sie über den alten Halloway-Claim und über den Prozeß sprachen, in den sie durch ihn verwickelt worden waren, taten sie so, als handle es sich um einen Fall, der ihnen unbekannte Menschen betraf. «Weißt du, was ich nicht verstehen kann, Pete? Warum unternimmt Morgan nichts mit dem Halloway-Claim? Er steckt sein ganzes Geld in die Yellow Medicine.»

«Warte nur, bis er die Yellow Medicine richtig in Schuß hat, Lem! Du weißt doch selber: Man braucht eine Mine, um die andere in Betrieb zu halten.»

Beide lachten und wurden im nächsten Moment von einem langanhaltenden Donnern überrascht. Immer dichter ballten sich die Wolken, und der Himmel wurde fast schwarz. Pete fing an zu laufen und winkte Lem zum Abschied zu, der ihm noch nachrief: «Komm doch mal mit nach Butte, Pete! Schau dir einmal an, was da jetzt los ist!»

«Später, Lem – wenn ich ein bißchen mehr Zeit habe.»

«Das sagst du schon seit vier Jahren», schrie Lem, denn jetzt dröhnte der Donner ununterbrochen, und der Regen fiel so dicht, daß man kaum ein paar Meter weit sehen konnte.

Die Straße war ein Durcheinander von jagenden Pferden und schreienden Männern, die in einem plötzlichen Anfall wilder Freude ihre Hüte schwenkten. Frauen kletterten aus ihren zweirädrigen Wagen und eilten ins nächste Haus, wo sie sich mit Männern drängten, die ebenfalls ein trockenes Dach gesucht hatten.

Nach zwei bis drei Minuten jedoch warfen sie sich unbehagliche Blicke zu, denn die Fensterscheiben glichen Flächen strömenden Wassers, durch die man nichts mehr sehen konnte. Wagte ein Mann sich hinaus, dann flüchtete er vor dem vom Dach herabschießenden Wasser umgehend wieder ins Haus. Die Straße war zu einem reißenden Fluß geworden, der durch das von den Bergen herabströmende Wasser gespeist wurde.

Pete blieb zwei oder drei Minuten im Eingang der Devlin Brothers stehen, weil er erwartete, der Wolkenbruch werde bald aufhören, wie alle Sommergewitter. Plötzlich liefen, wie auf Verabredung, einige Männer auf die Straße. Sie waren offenbar zu der Erkenntnis gekommen, daß dies kein gewöhnliches Gewitter sondern ein Unwetter war. Pete wandte sich an Jonathan. «Ich gehe Jenny suchen. Lisette, Georgina und Marietta sind sicher bei Irene Flint, aber ich will lieber mal nachsehen. Ihr geht zur Schule und überzeugt euch, daß die Kinder in Sicherheit sind, und ihr», er deutete auf zwei der Angestellten, «tragt in den ersten Stock hinauf, was ihr schaffen könnt.»

Er mußte sich mit Gewalt einen Weg durch die am Eingang stehenden Menschen bahnen, denn einige glaubten, er wolle sie hinausdrängen. Dann jagte er im Laufschritt davon. Noch immer rollte der Donner, und zwischen den Blitzschlägen sah er, daß der Himmel geisterhaft grün verfärbt war. Es herrschte ein unwirkliches Zwielicht.

Als er in die Elm Street einbog, versank er bei jedem Schritt im Schlamm, stolperte, mühsam gegen den peitschenden Regen ankämpfend, vorwärts, den Hügel hinauf. Dann sagte er sich jedoch, dort werde er Jenny gewiß nicht finden, kämpfte sich schwankend wieder bergab, versuchte durch den dichten Wasservorhang und die Dunkelheit zu spähen und fühlte sich so fremd in dieser nassen Welt, als sei er irgendwo auf dem Grund des Ozeans gelandet.

Stämme und Balken schwammen im Wasser, schlugen gegen seine Beine, und plötzlich sah er im Licht eines Blitzes einen steckengebliebenen Wagen und bildete sich ein, eine wütende, schreiende Frauenstimme zu hören.

Als er näher kam, sah er, daß es sein eigener Wagen war. Die Räder waren im Schlamm versackt, und das Pferd bäumte sich zitternd auf. Jenny hieb mit der Peitsche auf das arme Tier ein und schrie mit so hemmungsloser Wut gegen das Tosen des Wetters an, daß Pete später noch lange überzeugt war, dies sei der unheimlichste Laut gewesen, den er jemals gehört hatte. Als er den Wagen erreichte und sich an die Seitenwand klammerte, um gegen das dahinschießende Wasser einen Halt zu haben, starrte sie ihn an, als seien sie Fremde, die sich unerwartet in einem fremden Land getroffen hätten. Sie hörte aber nicht auf, zu schreien und auf das Pferd einzuschlagen. Sie schien nicht mehr zu wissen, was sie tat. Schließlich riß Pete ihr die Zügel aus der Hand, beruhigte das Tier so weit, daß es wieder ziehen konnte, und ging dann neben dem Wagen her bis zu Jeremy Flints Haus. Dort hob er Jenny heraus und stellte sie auf den Boden. Sie sagte noch immer kein Wort, sondern warf ihm lediglich einen zornigen Blick zu und lief die Stufen hinauf. Die Tür öffnete sich, Marietta und Irene Flint waren einen Augenblick zu sehen, und dann war Jenny verschwunden und ließ ihn mit dem Gefühl zurück, daß dieses Zusammentreffen in gewisser Weise das ehrlichste gewesen war, das es zwischen ihnen jemals gegeben hatte.

In der Hauptstraße stand das Wasser fast einen halben Meter hoch. Viele Frauen hatten sich auf Stühle und Ladentische geflüchtet. Durch die Straßen schwammen Kisten und ganze Balken. Als immer mehr lehmiges Wasser von den Abhängen herabkam, schoß das Treibgut in rasender Geschwindigkeit vorbei. Einige Männer hatten sich darangemacht, die Kisten und das Holz beiseite zu drücken, um Platz für das strömende Wasser zu schaffen. Pete griff entschlossen zu. Seine Befehle wurden ohne Zögern befolgt, denn die Männer hatten anscheinend nur darauf gewartet, daß jemand die Verantwortung übernahm und ihnen half, eine Katastrophe zu verhüten, die größeren Schaden anzurichten drohte als einer der Brände.

Nach einer Stunde war das Unwetter plötzlich vorüber. Im Handumdrehen wurde der Himmel klar, die Sonne kam wieder hervor, strahlend und heiß, und alle blickten ungläubig und dankbar von der Arbeit auf. Aber es dauerte mehrere Stunden, bis das Wasser abgeflossen war.

Pete beschloß, zu Irene Flint zurückzukehren, erkundigte sich unterwegs nach den Schäden in den anderen Teilen der Stadt und half hier und dort Möbel aus überfluteten Häusern und Bürogebäuden tragen. Er wirkte sonderbar fröhlich, tatendurstig und trotzig – fast wie ein religiöser Fanatiker, der ihnen verkünden wollte, dies sei die Strafe für ihre Sünden und zugleich die Erlösung.

Alle hatten gesehen, wie Pete Devlin während des Sturms, ohne an sich selbst zu denken, Menschen aus Gefahr errettet und mit bloßen Händen verkeilte Stämme auseinandergerissen hatte. Deshalb wurde er überall fast unterwürfig gegrüßt, und zahlreiche Männer traten auf ihn zu, sprachen ihm ihren Dank aus. Pete hörte sich alles schweigend und ernst an, antwortete mit einem höflichen Lächeln, als wolle er sagen, daß er ihre Dankbarkeit weder erwartet noch verdient habe, nickte und ging seiner Wege.

Nach wenigen Tagen waren die Straßen wieder trocken, die Hühner, die nicht ertrunken waren, eingefangen, die Schweine ihren Besitzern zurückgegeben, die Holztrümmer weggeräumt, Schlamm und Dreck aus den Häusern geschaufelt. Während nun die Frauen begannen, Möbel und Kleider zu reinigen, versicherten die Männer einander, daß es hätte schlimmer kommen können; man könne von Glück sagen, daß sich das Unwetter über dem Stadtzentrum und nicht über den Berghängen entladen habe, denn sonst wären womöglich noch die Wohnhäuser fortgeschwemmt worden. Die Kinder seien in ihren Schulen in Sicherheit gewesen, und alles in allem sei das Schicksal noch einmal gnädig mit ihnen verfahren.

Doch zwei bis drei Wochen nach der Flut brach eine geheimnisvolle Krankheit aus. Alle Anzeichen deuteten auf Typhus hin. Georgina und Lisette wurden mit ihren Kindern zu Felice nach Butte geschickt. Jenny und Marietta jedoch weigerten sich, die Stadt zu verlassen, sosehr Pete sie auch drängte.

Ein paar Tage nachdem Lisette und Georgina mit den vier Kindern nach Butte abgereist waren, fragten Marietta und Jenny spätnachmittags nach Pete und erhielten die Auskunft, er sei vor wenigen Minuten fortgegangen und habe gesagt, er werde in einer halben Stunde zurück sein. «Wollen wir auf ihn warten?» fragte Jenny die Schwägerin. «Oder lassen wir ihm eine Nachricht da?»

«Laß uns inzwischen ins Warenhaus gehen. Vielleicht ist eine neue Lieferung gekommen. Bitte, richten Sie Mr. Devlin aus, er möchte nicht nach Hause gehen, weil wir heute abend bei Mr. und Mrs. Church zum Essen eingeladen sind. Wir kommen um sechs Uhr wieder und holen ihn ab.»

Sie fanden das Warenhaus voller Kundinnen, die in den neu eingetroffenen Ballen englischer und schottischer Wollstoffe wühlten. Marietta entdeckte ein rot-schwarzes Karo. Sie glaubte, daß es ein hübsches Kleid für Susette geben würde, und ging, während Jenny sich mit Cornelia Bream unterhielt, an die Tür, um es bei Tageslicht zu betrachten. Als sie aufblickte, sah sie Pete vorbeigehen. Er hatte die Stirn gerunzelt, starrte zornig vor sich hin und ging langsam und unsicher vorbei. Er schien Marietta nicht zu bemerken, Sie beobachtete ihn einen Augenblick und sah sich dann verstohlen nach Jenny um. Sie fand, in diesem Zustand – er hatte bestimmt zuviel getrunken – dürfe Jenny ihn nicht sehen.

Als einer der Verkäufer zu ihr trat, drückte sie ihm den Tuchballen in die Hände und ging hinaus, um mit Pete zu sprechen. Leise rief sie seinen Namen, und als er sie immer noch nicht sah, trat sie ihm in den Weg, legte ihm die Hand auf den Arm und fragte: «Erkennst du mich nicht, Pete?»

Ein vorüberkommender Mann warf einen Blick auf Pete und lächelte verständnisinnig. Pete sah Marietta mit einem völlig verwirrten Ausdruck an, und sie merkte, daß er nicht zornig war, sondern nur hilflos und müde. Seine Oberlippe war blutverschmiert, und an den Nasenlöchern klebte ebenfalls Blut, als habe er es nur flüchtig abgewischt. Auch sein Hemd wies ein paar dunkle Flecke auf. Seine Stirn war mit Schweißtropfen bedeckt, sein Haar klebte an den Schläfen. Als er sie einen Augenblick schweigend anschaute, sah sie, daß seine schwarzen Augen unnatürlich glänzten. «Aber selbstverständlich, Marietta», sagte er schließlich.

Jenny erschien am Eingang und kam rasch auf sie zu. «Ich habe mich schon heute morgen gefragt, was mit dir los ist», murmelte sie.

«Mir geht es gut», sagte er beinahe trotzig. «Ein bißchen wenig gegessen. Müde. Sonst nichts.»

«Wie lange fühlst du dich schon so, Pete?»

Pete schüttelte grinsend den Kopf. «Du bist kein Doktor, Marietta, und ich bin nicht krank. Ich weiß, Frauen spielen gern Krankenschwester, aber ich muß dich leider enttäuschen. Ich habe gerade mit Ray Chaffinch gesprochen, und der sagt, in dieser Höhe ist Nasenbluten durchaus nichts Besonderes. Er hat es selber recht häufig, und ich solle nur nicht anfangen, wehleidig zu werden.»

«Hast du Lust, heute abend zu den Churchs zu gehen?»

Pete starrte zu Boden, erwog die Angelegenheit anscheinend gründlich und sagte schließlich: «Ich habe noch zu arbeiten. Entschuldige mich bitte bei Reba.»

Er verbeugte sich, zuerst vor Jenny und dann vor Marietta. Seine Höflichkeit wirkte, als sei sie komisch oder spöttisch gemeint. Dann setzte er den Hut wieder auf und ging mit energischen Schritten davon. Nach wenigen Metern jedoch begann er wieder zu schwanken, riß sich abermals zusammen und drehte sich, als er den Eingang der Devlin Brothers erreicht hatte, noch einmal um. Als er sah, daß sie ihn noch immer beobachteten, grinste er, winkte und verschwand.

«Er ist krank.»

Jenny schüttelte den Kopf. «Er ist betrunken.»

«Pete betrinkt sich nicht.»

«Heute hat er es aber getan. Er hat schon heute morgen vor dem Frühstück etwas getrunken, und dann hat er mir erklärt, er habe keinen Hunger.»

Marietta sah sie forschend an. «Jenny, was denkst du dir eigentlich? Pete ist dein Mann, er ist krank, und du tust, als wolle er dich nur ärgern.»

Jenny stutzte. Mariettas Temperamentsausbruch erstaunte sie mehr als Petes unsicherer Gang und das Blut auf seinem Gesicht und seiner Kleidung. Sie lenkte sofort ein. «Du kennst ihn am besten, Marietta. Was sollen wir tun?»

Marietta ließ noch ein paar Sekunden den Blick auf ihr ruhen, als sei Jenny eine Fremde. Dann gingen sie langsam zum Büro der Devlin Brothers hinüber und blieben vor der Tür stehen. Plötzlich kam Pete heraus und begrüßte sie, als hätte er sie schon lange nicht mehr gesehen. Er hatte sich das Blut vom Gesicht gewaschen und die Flecken aus dem Hemd gerieben. Höflich und nahezu fröhlich fragte er sie, ob es etwas Geschäftliches sei, das sie zu ihm geführt hatte.

«Pete – komm mit nach Hause!»

Pete lachte wegwerfend. «Ich bin ein beschäftigter Mann, Marietta.

Im Augenblick sitzen zwei Herren in meinem Büro, und ein paar andere warten noch auf mich.» Er machte eine ausladende Handbewegung. «Um Himmels willen, nun tut doch nicht so, als wäre ich ein Todeskandidat!»

«Siehst du?» sagte Jenny mit einem kleinen, triumphierenden Lächeln zu Marietta.

Als sie gingen, blieb er an der Tür stehen und lächelte hinter ihnen her. Während der folgenden drei oder vier Tage behauptete er immer wieder, er sei nicht krank, er habe kein Fieber und Dr. Chaffinch sei viel zu beschäftigt, um sich mit solchen Kleinigkeiten abzugeben. Eines Morgens aber kam er nicht zum Frühstück herunter. Jenny hatte ihn während der Nacht in Leilas Zimmer herumlaufen hören, hatte bemerkt, daß er nach unten ging und so langsam wieder heraufkam, daß sie einen Augenblick meinte, er werde gleich auf der Treppe zusammenbrechen. Sie hatte sich aber entschlossen, nicht hinauszugehen und zu fragen, ob er Hilfe brauche. Sie fand, er müsse von sich aus zu ihr kommen, da er bisher nicht hatte zugeben wollen, daß er krank war.

Als sie gefrühstückt hatte und noch immer nichts von ihm hörte, begann sie mit ihrer Hausarbeit. Sie entwickelte einen ungewöhnlichen Eifer und lauschte dabei die ganze Zeit aufmerksam nach oben, da sie jeden Augenblick erwartete, daß er sie rufen werde. Er tat es nicht, und so war es schon beinahe Mittag, als sie an die Tür von Leilas Zimmer klopfte. Ihr Herz schlug schnell, als sei nun das Ereignis eingetreten, auf das sie seit vielen Jahren gewartet hatte.

Nach einer langen Pause sagte er: «Herein.»

Sie öffnete die Tür und blieb einen Augenblick stehen, damit sich ihre Augen an die Dunkelheit gewöhnen konnten. Die Jalousien waren herabgelassen und die Fenster geschlossen. Im Zimmer roch es nach Blut und Erbrochenem. Sie ekelte sich so sehr, als hätte sie einen Fremden vor sich. Das Bett war zerwühlt, er mußte sich die ganze Nacht ruhelos hin- und hergeworfen haben, sein Gesicht wirkte stumpf und benommen, und nur die schwarzen Augen glänzten fiebrig. Sie hatte das Gefühl, als sehe Pete sie anklagend an.

«Soll ich Dr. Chaffinch holen?» erkundigte sie sich so höflich, als wäre er mit einem leichten Husten erwacht und hätte vielleicht gern ein Senfpflaster.

Pete nickte. Als sie sich, ohne einen Schritt in das Zimmer zu tun, umdrehte, um wieder zu gehen, stöhnte Pete und streckte mit einer bittenden Geste die Hand nach ihr aus, als suche er Trost oder wenigstens Anteilnahme. Da sie ihn aber nur ansah und keine Anstalten machte, zu ihm ans Bett zu kommen, seufzte er abermals und murmelte: «Ich weiß selber, was es ist. Er braucht es mir nicht erst zu sagen. Bitte ihn, mir eine Pflegerin zu schicken, wenn er eine auftreiben kann. Und du gehst am besten zu Marietta und bleibst bei ihr.»

Jenny lächelte. «Unsinn! Natürlich werde ich dich selber pflegen.» Und bevor sie die Tür schloß, fügte sie noch hinzu: «Steh nicht auf. Bleib ruhig liegen.»

Rasch stieg sie die Treppe hinab und blieb einen Augenblick vor dem Spiegel im Vestibül stehen. Sie musterte sich nachdenklich und zuckte fast unbewußt die Achseln. Dann setzte sie den Hut mit dem langen Schleier auf und verbrachte eine Weile damit, die Falten zu drapieren. Bei all dem hatte sie ein merkwürdiges Gefühl der Entfremdung von sich selbst. Ihr eigener Körper war ihr fremd und ihre Gedanken und der Mann, der oben lag und darauf wartete, daß sie Hilfe holte.

Es dauerte lange, bis sie jemanden nach dem Jungen geschickt hatte, der sich um ihre Pferde kümmerte, und als er dann kam, dauerte es noch eine ganze Weile, bis der Wagen angespannt war. Doch Jenny wurde nicht ungeduldig. Ruhig ging sie im Garten umher, sammelte gelassen welke Blätter auf und wartete, bis der Junge kam und ihr sagte, daß der Wagen bereit sei.

Jenny war – genau wie damals, als sie festgestellt hatte, daß Leila krank war – überzeugt, daß Pete sterben müsse. Sie wußte, daß auch sie selber sterben könnte, und diese Möglichkeit hatte nichts Erschreckendes für sie; denn genau das hätte sie vorgeschlagen, wenn ein unparteiisches Schicksal sie aufgefordert hätte, eine gerechte Strafe für Jenny Danforth und Pete Devlin zu ersinnen. Auf dem Weg zu Dr. Chaffinchs Praxis hielt sie das Pferd in gemächlichem Schritt, denn sie sah keinen Grund, sich abzuhetzen, nur weil er endlich zugegeben hatte, daß er krank war. Sie beschloß, ihn genauso zu behandeln wie einen Fremden, der irgendwo krank geworden war und Pflege brauchte.

Dr. Chaffinch war nicht in seiner Praxis, und sie machte sich auf, um ihn zu suchen. So vergingen fast zwei Stunden, bis sie nebeneinander langsam die Stufen zu Petes Haus hinaufstiegen. Als sie durch die Tür traten, flüsterte der Doktor: «Es ist nicht gesagt, daß es Typhus ist. Wir haben noch nicht einmal bei den Fällen, in denen die Patienten gestorben sind, Gewißheit. Es ist eine sehr schwierige Diagnose.» Genau wie damals bei Leilas Krankheit erinnerte er sie daran, daß sie als Witwe eines Arztes ja wisse, daß ein Arzt oft nur deshalb helfen könne, weil die Kranken an ihn glaubten.

«Was soll es denn sonst sein?» erkundigte sich Jenny trocken. Sie legte den Kreppschleier ab, strich sich das Haar an den Schläfen glatt und führte den Arzt dann zur Treppe. Dabei krempelte sie sich energisch die Ärmel auf. Sie glaubte, ganz genau zu wissen, was sich in Kürze zwischen ihr und Pete abspielen werde. Daher war sie überrascht, enttäuscht und sogar verärgert, als die Tür zu Leilas Schlafzimmer geöffnet wurde und oben an der Treppe Marietta erschien. Sie verhielt gleichzeitig mit Dr. Chaffinch den Schritt, als bedürfe es erst Mariettas Erlaubnis, den Kranken zu sehen.

«Sie haben lange bis hierher gebraucht, Dr. Chaffinch.»

«Ich bin sofort gekommen, als man mich holte, Marietta.»

Marietta trat zur Seite, und Dr. Chaffinch ging weiter. Da Jenny noch zögerte und über den finsteren, vorwurfsvollen Ausdruck auf Mariettas Gesicht nachdachte, kam Marietta langsam zu ihr herunter und blieb eine Stufe über ihr stehen. Instinktiv wollte Jenny zurückweichen. Doch dann wollte sie den Eindruck vermeiden, als habe sie Grund, sich vor Marietta zu fürchten. Sie blieb stehen und sah Marietta mit unschuldiger Miene entgegen: «Ja, Marietta?»

«Als ich vorhin kam, warst du gerade weggefahren. Ich wußte, daß er krank war, und ich wußte, daß er es nicht mehr lange verheimlichen könnte. Warum hast du ihn allein gelassen?»

«Ich mußte den Doktor holen», flüsterte Jenny, verblüfft über diesen Vorwurf.

«Warum hast du nicht einen anderen geschickt?»

«Wen sollte ich denn schicken?»

«Das Zimmer war vollkommen verschmutzt. Die Bettwäsche war voll Blut und Erbrochenem. Die Bettschüssel voll. Und als ich hier ankam, versuchte er gerade, aufzustehen und ins Bad zu gehen.» Sie flüsterte nur, aber ihr Gesicht war dicht über Jenny gebeugt. Und plötzlich packte sie Jennys Arm mit einem so harten Griff, daß die Schwägerin sich wand. Marietta schüttelte sie kurz und kräftig. «Pete Devlin muß vielleicht sterben, das weißt du. Aber er soll nicht das Gefühl haben, daß er vernachlässigt wird, daß unsere Liebe zu ihm nicht groß genug ist. Wir beide – du und ich – werden uns um ihn kümmern, ohne Rücksicht darauf, wie schwer es uns fällt, und ganz gleich, ob wir ebenfalls sterben müssen. Hast du das verstanden?»

Aus Mariettas Gesicht sprach eine Härte, die Jenny nicht für möglich gehalten hatte. Einen Augenblick starrte sie Marietta in benommener Verwunderung an. Sie kam sich vor, als sei sie hart geohrfeigt worden. Jetzt glaubte sie ganz deutlich zu wissen, daß Marietta sie immer gehaßt und daß sie diesen Haß nur geschickt verborgen hatte. Jenny starrte sie geradezu versteinert an, bis sie sich schließlich selbst in drängendem, bittendem Ton sagen hörte: «Du darfst nicht hierbleiben, Marietta! Es ist gefährlich. Ich werde ihn selber pflegen.»

Marietta lächelte, und dieses Lächeln kam Jenny drohend vor, als wolle Marietta sie damit wissen lassen, daß sie ihrer Gewissenhaftigkeit bei der Pflege nicht traue. «Ich bleibe, Jenny. Du wirst meine Hilfe brauchen. Ich habe keine Angst.» Abermals lächelte sie. «Und du? Hast du Angst?»

«Natürlich nicht. Mein Leben ist nicht mehr so wichtig.»

Langsam drehte sich Marietta um, schürzte die Röcke und warf Jenny über die Schulter einen seltsamen Blick zu. «Meines auch nicht.»

Jenny folgte Marietta die Treppe hinauf, verwirrt und kleinlaut und von dem Verlangen erfüllt, nicht Pete, sondern Marietta zu dienen, zumindest dadurch, daß sie ihre Opferbereitschaft für Pete bewies. Sie wollte ihr eigenes Leben für Pete aufs Spiel setzen, als könne sie dadurch endlich erringen, was sie sich seit jeher gewünscht hatte: Mariettas Zuneigung und Vergebung. Es erschien ihr jetzt unbegreiflich, daß sie früher immer geglaubt hatte, Marietta werde es geduldig und barmherzig hinnehmen, daß ihr ganzes Leben zerstört wurde. Es erschien ihr jetzt noch unerklärlicher als ihre eigene Liebe zu Mariettas Mann.

Marietta klopfte behutsam an die Tür, und beide warteten, bis Dr. Chaffinch ihnen öffnete. Pete lag gegen die Kissen gelehnt, die Arme schlaff an den Seiten, und wieder einmal fielen Jenny seinen schmalen, langfingrigen Hände auf, deren Innenflächen jetzt nach oben gekehrt waren, wie zum Zeichen, daß er sich in sein Schicksal ergeben habe. Er trug einen sauberen Schlafanzug, sein Haar war gekämmt, das Fenster stand offen, und die gestärkten weißen Gardinen bewegten sich leise im Wind. Auch das Bettzeug war sauber, und Jenny bemerkte mit plötzlicher Eifersucht, daß er den Blick flehend auf Marietta richtete und, als sie zu ihm trat und seine Hand nahm, zu ihr auflächelte.

Jenny bemitleidete sich selber, weil sie in diesem wichtigen, bedeutungsvollen Moment von Marietta verdrängt worden war. Sie beobachtete Pete und Marietta mit mißtrauischem und feindseligem Gesicht, war sich aber gar nicht darüber klar und merkte es erst, als sie hochblickte und feststellte, daß Dr. Chaffinch sie mit neugieriger Verwunderung betrachtete. Sie fürchtete, sich verraten und Antwort auf Fragen gegeben zu haben, die der Arzt sich vielleicht über Pete und sie gestellt haben mochte. Deshalb ging sie zu ihm, lächelte ihn liebenswürdig an und begann, um ihre Selbstbeherrschung wiederzufinden, sich mit ihm zu unterhalten. Sie ließ durchblicken, daß sie Pete liebe und daß sie sich nicht verdrängen lassen werde, nicht einmal von Marietta.

«Es ist doch nichts Ernstes, nicht wahr, Dr. Chaffinch?» erkundigte sie sich naiv und munter, denn das, fand sie, war die einzige Entschuldigung für ihr bisheriges Benehmen, die Pete und Marietta gelten lassen würden – diese typisch weibliche Überzeugung, ein so starker, gesunder Mann wie ihr Ehemann könne höchstens an einer kleinen Unpäßlichkeit leiden, die in ein paar Tagen vorüber sein werde.

«Das kann ich leider noch nicht mit Bestimmtheit sagen, Jenny. Wir wissen es nicht. Im Augenblick möchte ich auch nichts verschreiben. Nur Ruhe und keine Aufregung – vor allem keine Aufregung», fügte er mit einem Blick auf Jenny hinzu. «Sollte es –»

«– Typhus sein, Doktor», unterbrach Pete ihn barsch. «Sprechen Sie es doch aus! Das haben Sie doch gemeint, nicht wahr?»

«Ich bin nicht sicher. Aber in diesem Fall empfehlen manche Ärzte kalte Bäder.»

«Sie aber nicht, Dr. Chaffinch», erklärte Marietta fest. «Kalte Bäder helfen nicht; ich erinnere mich nur allzu gut», sagte sie. «Petes erste Frau ist an Typhus gestorben, und sein Sohn ebenfalls. Die kalten Bäder haben überhaupt nichts genützt, sie waren nur erschöpfend. Eine Pferdekur. Wenn Sie sie verschreiben, werde ich einen anderen Arzt holen lassen.»

Jenny verließ das Zimmer, als sei sie hinausgeschickt worden. Sie stand im Vestibül, fuhr mit dem Zeigefinger nachdenklich über das Hirschgeweih und starrte ihr Spiegelbild an. Ihr Gesicht war fast genauso bleich und verzerrt wie das von Pete, und sie fragte sich, wie sie Marietta nur so gründlich hatte verkennen können.

Als sie Dr. Chaffinch kommen hörte, wandte sie sich um, schwieg aber, bis er vor ihr stand. «Sagen Sie mir bitte die Wahrheit, Doktor!»

«Er hat sie Ihnen ja schon gesagt. Ich halte es für Typhus. Er will, daß Sie das Haus verlassen. Typhus ist sehr ansteckend, wie Ihnen sicher bekannt ist.»

«Ich gehe nicht. Aber Marietta muß gehen. Ich kann ihn allein pflegen.»

Dr. Chaffinch lächelte. «Wenn es wirklich Typhus ist, Jenny, werden Sie noch dankbar sein, jemand zu haben, der Ihnen zur Seite steht. Marietta ist eine sehr tüchtige Frau, die auch in schwierigen Situationen nicht den Kopf verliert.» Er nickte und verließ das Haus.

Jenny blieb den ganzen Nachmittag in der Küche und kochte alle Gerichte, die Pete während seiner wenigen Krankheiten gern gegessen hatte: Hühnerpastete, Reispudding und kleine Sandwiches mit rohem Rindfleisch. Während sie immer noch über das Phänomen Marietta Devlin nachdachte, empfand sie die ungewohnte Stille im Haus, die ihr noch nie aufgefallen war, wenn sie allein war, als Vorboten künftiger stiller, einsamer Stunden.

Dann und wann hörte sie Mariettas leisen Schritt. Pete schien zu schlafen, und sie wollte ihn nicht stören. Jenny bereitete einen Eierpunsch mit viel Brandy und trug ihn hinauf. Sie fand Marietta lesend am Bett, während Pete mit geschlossenen Augen dalag. Sein Gesicht war gerötet, den Kopf hatte er zur Seite gedreht. Er lag in einer Haltung da, die Jenny überraschte, denn sie drückte einen so vollkommen gebrochenen Lebenswillen aus, daß Jenny an die Leiche eines vom Sicherheitskomitee gehenkten Mannes denken mußte, die sie einmal auf dem Boden eines halbfertigen Schuppens hatte liegen sehen.

«Marietta, das Essen ist fertig. Willst du nicht herunterkommen und mit mir essen?» flüsterte sie bittend.

«Ich glaube, wir sollten ihn nicht allein lassen, Jenny. Er ist jetzt ruhiger; aber gerade hat seine Nase wieder angefangen zu bluten.»

«Soll ich dir etwas heraufbringen?»

«Iß du zuerst. Dann kannst du bei ihm bleiben, während ich esse.» Marietta sah sie offen an, ihr Gesicht war so klar und aufrichtig wie immer. Jenny zog sich still ins Eßzimmer zurück, aß jedoch nur wenig und überlegte, ob sie sich vielleicht schon angesteckt hatte.

Während der nächsten Tage blieb Jenny weiterhin behutsam und fast schüchtern, als sei sie zu Gast in Mariettas Haus und könne jeden Augenblick hinausgesetzt werden. Die beiden Frauen sahen sich nur selten. Obgleich Jenny zunächst argwöhnte, dies solle eine Art Strafe sein, sagte sie sich schließlich, es komme wohl daher, daß sie beide, wie Dr. Chaffinch vorausgesagt hatte, pausenlos beschäftigt waren. Denn je weiter die Krankheit fortschritt, desto mehr hatten sie zu tun. Sie schafften trotz aller Anstrengung nicht alles, was nötig war.

Sie sprachen nie mehr davon, daß Pete sterben könne – weder mit Dr. Chaffinch, der zweimal am Tage kam, noch untereinander. Sie taten, als werde er wieder genesen und ihrer beider Leben werde weitergehen wie bisher.

Wenn Jenny sich im Zimmer befand, sprach Pete kaum ein Wort. War sie jedoch draußen, hörte sie oft seine und Mariettas Stimme, leise und, wie sie fand, geheimnisvoll. Wenn Jenny versuchte, sich mit ihm zu unterhalten, antwortete er müde und gleichgültig, wandte den Kopf ab und weigerte sich, sie anzusehen, als sei er beschämt über seine Schwäche, die ihn zwang, solche Hilfeleistungen von ihr entgegenzunehmen.

Täglich unterwarf er sich wortlos der Untersuchung durch den Arzt. Er lag steif und reglos auf dem Rücken, wenn die Hände des Arztes auf seinem Bauch herumtasteten und nach schmerzenden oder empfindlichen Stellen suchten, und beantwortete seine Fragen nur mürrisch. Er schien zu glauben, wenn er die Symptome leugne, existiere die ganze Krankheit nicht, und Jenny argwöhnte, daß er alles leugnen wolle, nur nicht den Tod, auf den er sich schon vorbereite. Sie war überzeugt, er kämpfe mit sich selbst und sei fest entschlossen, sie ohne Geständnis zu verlassen – seine letzte Ungerechtigkeit. Sie beobachtete ihn und wunderte sich über seine Gelassenheit, denn der Doktor versicherte ihr immer wieder, er müsse grauenhafte Schmerzen haben. Allmählich wurde er ihr genauso fremd wie Marietta.

Der Arzt hielt es für ratsam, ihn keine Minute allein zu lassen. Daher wachte Jenny nachts bei ihm, während Marietta ihn tagsüber pflegte. Aber Jenny fand am Tag wenig Schlaf, sie lag wach und war ruhelos, lauschte auf die Stimmen, hörte Pete immer häufiger husten und versuchte sich vorzustellen, was sich wohl in dem Zimmer abspielte, in dem vor fünf Jahren Leila gestorben war. Jeder Laut, der aus dem anderen Zimmer herüberdrang, schien ihr ein Geheimnis zu bergen, von dem nur Marietta und Pete wußten. Auch wenn Jenny genau hörte, daß Marietta Pete etwas vorlas oder daß sie die Bettschüssel ins Badezimmer trug und ihn anschließend wusch, oder daß sie Tücher in Eiswasser tauchte, um ihm Stirn und Gesicht zu kühlen, war Jenny noch fest davon überzeugt, daß Pete Marietta alle Geheimnisse ihres Ehelebens verriet, und vielleicht sogar das Geheimnis um Matts Tod.

Wenn sie es nicht mehr aushalten konnte, stieg sie aus dem Bett, schlich vorsichtig durchs Zimmer und über den Flur und blieb an der offenen Tür stehen, bis Pete oder Marietta sie dort entdeckten.

Manchmal beugte sich Marietta gerade über ihn und kämmte ihm behutsam das Haar, weil er starke Kopfschmerzen hatte. Sah sie Jenny, dann fragte sie: «Was ist, Jenny?»

Jenny gab ausweichende Antworten, ohne die beiden aus den Augen zu lassen. «Ich dachte, ich hätte jemand rufen hören. Aber ich muß wohl geträumt haben.» Dann ging sie wieder zurück in ihr Zimmer und schlief eine Weile, aber immer in der Angst, daß zwischen den beiden etwas von entscheidender Bedeutung vorgehen könne oder daß Pete starb, während sie schlief.

Marietta war zu Jennys Feindin und zu Petes Leibwächterin geworden. Jenny war darüber schockiert und fassungslos, denn das war in ihren Augen eine Treulosigkeit Mariettas Matt gegenüber. Eines Morgens, als Jenny die Nacht an Petes Bett gesessen hatte – sie blieb stets in einem Sessel sitzen und starrte mit offenen Augen in die Dunkelheit, weil sie fürchtete, sonst einzuschlafen und vielleicht einen wichtigen Anhaltspunkt zu verpassen –, traf sie Marietta im Flur. Sie tauschten ein paar Worte, wie zwei Soldaten bei der Wachablösung; Marietta erkundigte sich, ob sie ein wenig geschlafen hätte, und Jenny erwiderte, sie wisse nicht mehr, ob sie schlafe oder wach sei. Da trat in Mariettas Gesicht ein Ausdruck, der Jenny so erstaunte, daß sie vor einen Spiegel trat, als könne sie von ihrem eigenen Gesicht die Deutung dieses Ausdrucks ablesen. Mehrere Sekunden lang betrachtete sie sich argwöhnisch und nachdenklich, dann lächelte sie ihrem Spiegelbild zufrieden zu, wie einer Mitverschworenen. Sie war nun fest überzeugt, daß Marietta wußte und immer gewußt hatte, wie Matt gestorben war. Sie schien zu Pete nur deshalb so liebevoll zu sein, weil sie in Matts Tod eine Sühne für das Unglück sah, das seine Treulosigkeit über sie alle gebracht hatte.

«Natürlich», flüsterte Jenny, «natürlich weiß sie es! Das erklärt alles. Warum bin ich erst jetzt darauf gekommen?»

Sie war sicher, die Lösung für Mariettas Verhalten gefunden zu haben. Eine Zeitlang fühlte sie sich benommen und schwach, als ob sie in Ohnmacht fallen werde.

Die Überzeugung wurde allerdings wieder wankend, als sie Marietta das nächste Mal sah. Aber sie sagte sich, das komme sicher nur von ihrem Abhängigkeitsgefühl Marietta gegenüber und von ihrer absurden Vorstellung, daß Marietta eine Heilige sei.

Die Theorie von Mariettas Treulosigkeit schien ihr so ungeheuerlich, so entlastend für sie selber, daß sie sich in den folgenden Tagen fast ausschließlich mit diesem Thema beschäftigte. Der Gedanke an Petes möglichen Tod und seine Krankheit drang jetzt nicht mehr ganz in ihr Bewußtsein ein. Sie sah nur die ermüdenden, ekelhaften Pflichten, die man, ohne nachzudenken, erfüllen mußte. Jenny war geschickt und tüchtig in der Krankenpflege. Sie badete ihn, legte ihm kalte Kompressen auf die Stirn, wechselte die Leinentücher, wobei sie ihn erst auf die eine, dann auf die andere Seite rollte, brachte es aber nicht mehr fertig, sich vorzustellen, daß dieser abgemagerte Fremde, dessen wilde schwarze Augen rastlos in ihrem Gesicht suchten, ihr Mann war oder jemals gewesen war.

«So zu sterben, stinkend wie ein Schwein und hilflos wie ein Baby, das nimmt einem Mann auch das letzte bißchen Würde, das er besessen hat – oder zu besitzen geglaubt hat.» Er sprach langsam und mühsam, denn während der letzten Tage hatte sich auf seinen Lippen ein Schorf gebildet, ein Ausschlag, der aussah wie kleine Geschwüre. Jenny arbeitete schweigend weiter, säuberte ihn und zog ihm die Decke bis zu den Schultern herauf. «Nicht wahr, Jenny?»

Sie warf den Waschlappen in eine Schüssel. «Du wirst nicht sterben, Pete.»

«Natürlich werde ich das.» Er sah sie noch immer an. «Ich habe nachgedacht, Jenny.» Sie warf ihm einen wachen Blick zu. «Weißt du, worüber? Möchtest du, daß ich es dir sage?»

«Natürlich.»

«Ich habe daran gedacht, wie gut es doch ist, daß wir nun nicht mehr zwanzig Jahre damit verbringen müssen, zu überlegen, wer von uns beiden zuerst sterben wird.» Er lachte leise. «Darüber habe ich nachgedacht ... bist du enttäuscht?» Dann wandte er den Kopf ab und schloß die Augen. «Mach bitte das Licht aus.»

Jenny beugte sich nieder, um es auszublasen, setzte sich still in den steiflehnigen Sessel und wartete. Sie glaubte, er habe endlich angefangen zu sagen, was er zu sagen hatte. Als er nach mehreren Minuten jedoch immer noch schwieg und nur nervös an seiner Bettdecke zupfte, wie er es seit einiger Zeit ständig zu tun pflegte, sagte sie leise: «Pete?» Sie erhielt keine Antwort. Am Morgen wirkte er stumpf und lethargisch und gab durch nichts zu erkennen, daß er sich erinnerte, mit ihr gesprochen zu haben.

Jenny erzählte Marietta, daß er in der vergangenen Nacht zu sprechen begonnen hatte, und wartete, ob Marietta ihr nun mitteilen werde, worüber sie sich unterhielten, wenn sie allein waren. Marietta fragte aber nur: «So? War er bei Bewußtsein?»

«Ich habe vergessen, was er gesagt hat. Der Doktor meinte, er würde jetzt anfangen zu phantasieren.» Sie warf Marietta einen bittenden Blick zu. «Er spricht doch mit dir, Marietta. Ich kann es genau hören. Wovon redet er denn?»

«Er spricht über die Vergangenheit, Jenny. Von der Zeit, ehe wir hierher kamen. Er spricht von den Tagen, als Matt und ich jungverheiratet waren und er Lorena umwarb.»

«Und nicht über mich?»

«Was soll er denn über dich sagen?» Marietta machte ein belustigtes und, wie Jenny fand, ziemlich verächtliches Gesicht.

Jenny war enttäuscht und nachdenklich. «Wenn er tatsächlich so krank ist, wie Dr. Chaffinch behauptet, muß er doch mehr zu sagen haben.»

Marietta fuhr herum. «Was soll er uns denn zu sagen haben?» fragte sie.

Jenny wich erschrocken vor dieser fremden Marietta zurück und lenkte ein. «Ach, ich weiß nicht. Ich habe eben das Gefühl, er will uns etwas sagen . . .»

Auf seinem Körper waren jetzt überall kleine rötliche Flecke. Als Dr. Chaffinch sie sah, machte er ein ernstes Gesicht. Während Pete schweißüberströmt dalag und sich mit verkrampften Händen an das Kopfende des Bettes klammerte, untersuchte der Doktor seinen Bauch und sah ihn von Zeit zu Zeit fragend an, als wolle er wissen, wo der Schmerz am stärksten war. Doch Pete schien nicht bereit, ihm einen Hinweis zu geben. Des Doktors Finger berührten behutsam die Flekken, drückten ein wenig, und die Rötung verschwand, kam aber sofort zurück, wenn er seine Hand fortnahm.

«Nun, Doktor?» sagte Pete zu ihm. «Jetzt können Sie nicht mehr so tun, als wüßten Sie nicht, was es ist.»

«Nein, Pete. Es ist Typhus. Aber Sie werden es überstehen – es wird nur ein Weilchen dauern. Sie müssen Geduld haben. Sie sind schon immer ein ungeduldiger Mann gewesen.»

Pete lächelte. «Wieviel Zeit bleibt mir noch?»

«Mein Gott, Pete! Viele, viele Jahre.»

Pete legte die Arme wieder neben seinen Körper. Seine dünnen weißen Finger ruhten auf dem Baumwolltuch, die schwarzen Haare wirkten unnatürlich grob auf den Knöcheln. Er sah zu den beiden Frauen auf, die nebeneinander am Fußende seines Bettes standen, und sein Blick wanderte nachdenklich von Jenny zu Marietta und wieder zurück zu Jenny. Endlich nickte er seufzend.

Von da an wurde er immer ruheloser. Das Essen fiel ihm zusehends schwerer, weil die Schorfstellen auch auf Gaumen und Zunge übergriffen. Er schluckte nur noch unter Qualen und konnte schließlich einen Schrei nicht mehr unterdrücken, wenn der Arzt seinen Bauch abtastete. Unablässig zupfte er an der Bettdecke, schob mit den Fingern Falten zusammen, pflückte an den Geschwüren an seinem Mund und schien nicht zu merken, daß Marietta ihm mit einem feuchten Tuch das Blut abtupfte. Eines Nachmittags blickte er ebenso unvermittelt zu Marietta auf, wie er es einige Tage zuvor bei Jenny getan hatte. Marietta, die sich gerade über ihn beugte, hielt mitten in der Bewegung inne, genau wie es Jenny getan hatte, und sah überrascht, daß Petes Blick wild und entschlossen war. Es schien, als sammle er mit einer ungeheueren Willensanstrengung seine letzten Kräfte, die nun von Tag zu Tag abnahmen. Dann sagte er mit leiser, aber fester Stimme: «Jenny hat einen anderen Mann geliebt. Wußtest du das?»

Marietta tupfte ihm die Mundwinkel ab, die durch das Sprechen wieder zu bluten begonnen hatten, und murmelte: «Schscht! Nicht sprechen. Du mußt schlafen.»

Ein paar Minuten schien es, als werde er ihr gehorchen und gleite hinüber in Schlaf oder Bewußtlosigkeit, doch dann schlug er die Augen wieder auf. «Was habe ich gesagt?» Er ergriff ihre Hand. «Was habe ich gerade zu dir gesagt, Marietta?»

Sie strich ihm sanft über das Haar. «Du hast gesagt, Jenny sehe so müde aus, daß du dir Sorgen um sie machst.»

Er lächelte mit einem weisen, wissenden Blick, den sie noch nie an ihm gesehen hatte. «Nein, Marietta. Das habe ich nicht gesagt. Du hast mich nicht richtig verstanden. Oder wolltest du mich nicht richtig verstehen?»

«Nicht reden, Pete – bitte! Du mußt schlafen.»

Doch wenige Stunden später kam er wieder darauf zurück. Diesmal lag er mit geschlossenen Augen und schien ein Selbstgespräch zu führen. «Als wir heirateten, glaubte ich, daß sie mich liebe. Jetzt weiß ich, daß sie es nie getan hat. Ich muß versagt haben. Vielleicht war ich auch nur der falsche Mann, und sie wollte eigentlich einen ganz anderen.» Eine Weile blieb er stumm und tat dann schließlich einen langen, tiefen Atemzug. «Da waren so viele Anzeichen – welche, weiß ich jetzt nicht mehr genau. Aber die Menschen verraten sich immer. Es ist unmöglich, ein starkes Gefühl zu verbergen, sosehr man sich auch bemüht.» Er schlug die Augen auf und sah sie an. «Wußtest du es, Marietta? Wußtest du es?» Sie antwortete nicht, und er seufzte. «Ich muß es von Anfang an gewußt haben.»

«Der Doktor will nicht, daß du soviel sprichst, Pete.»

Er nickte, schwieg ein paar Minuten und sagte dann: «Schließlich war ich so weit, daß ich mich selbst verachtete – und überzeugt war, daß er mich ebenfalls verachtete.» Plötzlich wurde sein Blick flehend, seine schwarzen Augen glänzten, sein Atem ging rascher, und er zog verzweifelt am Laken. «Ich habe versucht, ihm Zeichen zu geben, ihn zu warnen – immer wieder. Aber ich habe es nicht fertiggebracht, mit ihm darüber zu sprechen. Ich konnte es einfach nicht! Das verstehst du doch, nicht wahr, Marietta?» Sie wandte sich hastig ab, aber er hielt sie am Handgelenk fest. «Hör mich an, Marietta. Hör zu, was ich dir zu sagen habe.» Er ließ sie nicht los und begann jetzt mit großer Eindringlichkeit zu sprechen. Es wirkte, als breche er ein Gelöbnis, das er sich selber gegeben habe. «Hör mir zu. Ich will dir erzählen, wie es war. Ich wollte ihn nicht töten, das schwöre ich dir, Marietta. Ich wollte, daß er mich tötet.»

Marietta beugte sich zu ihm herab und nahm sein Gesicht in ihre Hände. «Du weißt ja nicht, was du sagst, Pete. Du phantasierst.» Ihre Tränen fielen auf sein Gesicht; sie wischte sie ab und flüsterte: «Sei still, ich bitte dich! Lieg still, sei ruhig, ganz ruhig ...» Langsam sank sie zu Boden und kniete mit gesenktem Kopf an seinem Bett. Pete streichelte ihr das Haar, als wolle er ihr Trost oder seinen Segen geben, schien aber nicht zu merken, daß sie weinte. Er redete immer weiter, den Blick in die Ferne gerichtet.

«Er wollte nicht schießen. Er stand da – wartete –, und ich schoß einmal über seinen Kopf hinweg, und das zweite Mal schoß ich direkt auf ihn. Von irgendwoher kam dann Gabe Foster, ein Mann, den wir beide nie gesehen hatten. Er schrie und schoß, und ich drehte mich um und traf ihn – zufällig, denn ich war ja nie ein guter Schütze. Matt hat immer besser geschossen als ich, das weißt du ja. Er hätte mich leicht töten können. Ich frage mich heute noch, warum er es nicht getan hat.» Seine Stimme wurde zärtlich, und seine Hand streichelte Mariettas Kopf. «‹Mach, daß du wegkommst, Pete›, sagte er noch. ‹Um Himmels willen, verschwinde! Sie dürfen dich nicht hier finden!› Er lag auf dem Bauch, und ich wollte ihn umdrehen, aber er ließ es nicht zu. Seine letzten Worte waren: ‹Vergib mir.›» Er blickte Marietta an und murmelte gedankenverloren: «Vergib mir.» Minuten vergingen, ehe Marietta den Kopf hob. Pete schien zu schlafen. Als sie jedoch die Hände vors Gesicht schlug, öffnete er noch einmal die Augen. «So wahr mir Gott helfe, ich habe ihn umgebracht.» Er seufzte tief. «Jenny möchte ich nicht mehr sehen.»

Marietta nickte. Nach einer Weile, als er mit geschlossenen Augen dalag, nahm sie den Krug und ging ins Badezimmer. Als sie zurückkam, öffnete Jenny die Tür ihres Zimmers. Marietta blieb stehen, sah sie einen Augenblick an, ging dann in Leilas Zimmer und schloß die Tür hinter sich.

58

Das Feiern begann schon mehrere Tage zuvor. Am Morgen des Vierten waren die meisten Männer bereits betrunken, die Minen und Verarbeitungsanlagen waren geschlossen oder wurden nur von wenigen Arbeitern notdürftig in Gang gehalten. Es hatte Raufereien und Schießereien und einige Unfälle gegeben, und sogar die Hunde schienen von der allgemeinen Erregung angesteckt worden zu sein und liefen laut kläffend herum, bis sie ein Fußtritt zur Ruhe brachte. Die Frauen blieben im Haus und gaben sich die größte Mühe, ihre Kinder aus dem Stadtzentrum fernzuhalten, wo die Männer berauscht von Saloon zu Saloon zogen und über ihren Platz im Festzug stritten.

Überall in den Geschäftsstraßen knatterten Fahnen im Wind, die Fassaden der Häuser, Saloons und Bürogebäude waren mit Tannengirlanden geschmückt. Draußen im Tal war eine Rennbahn abgesteckt worden, wo die Männer am Nachmittag ihre Pferde und ihre Reitkunst miteinander messen wollten.

Aus Helena waren viele Besucher gekommen, um an den Festlichkeiten teilzunehmen, denn Butte stand in dem Ruf, eine junge, wilde Stadt zu sein, in der ein Feiertag nicht ohne Aufregung und Schrecken verging, so daß er allen noch lange in ruhmreicher Erinnerung blieb – ob man sich nun auf Einzelheiten besinnen konnte oder nicht.

Morgan war schon vor sechs Uhr an der Yellow Medicine. Er ermahnte seinen Vormann Shang Olivier, darauf zu achten, daß alles gut bewacht werde, und ritt dann weiter zu der neuen Kupferreduktionsanlage, die sich noch im Bau befand. Anschließend ging er in die Redaktion des *Butte Independent* und las Billy Churchs ausführlichen Bericht über den Festzug, die Picknicks und Pferderennen, das großartige Feuerwerk und den Ball, der bis zum Morgengrauen gedauert hatte – obgleich das alles noch gar nicht stattgefunden hatte. Billy Church erklärte, am Abend werde er gewiß viel zu betrunken sein, um noch eine Zeile schreiben zu können. Zum Schluß ging Morgan zum Büro der Devlin Brothers hinüber und sah, wie Douglas vor dem Haus stand und an ihrem Fahnenmast hochblickte, der am Abend zuvor noch der höchste Mast der ganzen Stadt gewesen war. Jetzt stand der höchste Mast etwa hundert Meter die Straße hinab vor dem Gebäude von Finney & Son.

Morgan stellte sich neben Douglas und starrte ebenfalls am Mast empor, bis Douglas ihn bemerkte und sich ihm wütend zuwandte: «Wenn ich Jake Finney in die Finger kriege, schlage ich ihm sämtliche Knochen kaputt!»

«Laß doch den armen Teufel in Ruhe.»

Morgan ging ins Haus, und Douglas folgte ihm mühsam beherrscht. Er schien nicht weniger bereit, mit seinem Bruder zu raufen als mit Jake Finney. Schließlich packte Morgan ihn an der Schulter, legte den Arm um ihn und schlug lachend vor, in den Saloon zu gehen, einen Drink auf das Wohl ihres Fahnenmastes zu nehmen und vorerst nicht mehr an die Finneys zu denken.

Nach zwei Glas Whisky beruhigte sich Douglas allmählich. Doch während Morgan die Post durchlas, verschwand er wieder. Als um elf Uhr der Festzug begann, sah Morgan ihn auf der anderen Straßenseite stehen, wo er drohend um sich blickte und an einer Zigarre kaute. Douglas pflegte einen Feiertag als verloren zu betrachten, wenn er nicht jemand fand, mit dem er raufen konnte. Morgan versuchte seine Aufmerksamkeit zu erregen, indem er den Hut schwenkte und laut seinen Namen rief. Doch da hörte er neben sich die Stimme Lem Finneys, der Morgan äußerst respektvoll behandelte, seit ihm durch Petes Tod vor einem Jahr die Kontrolle über die Firma Devlin Brothers ganz zugefallen war.

Sie begegneten einander häufig, sei es in Butte oder in Helena, auf Gesellschaften oder auf der Straße; aber immer endete ihr Gespräch unweigerlich beim alten Halloway-Claim, den das Gericht erst vor kurzem Morgan zugesprochen hatte – auf Grund eines technischen Fehlers, den Lem heftig bestritt. Auch jetzt erwähnte Lem wieder einmal den alten Streit.

Morgan lachte, schob beide Hände in die Taschen und wiegte sich auf den Absätzen. «Du gibst wohl nie auf, Lem, wie?»

«Nein, ich gebe nicht auf. Wenn es das erste Mal nicht klappt, versuche ich es noch einmal, und wenn das wieder nicht klappt . . .»

Morgan machte eine großzügige Geste, als wolle er ihm die Straße, die Stadt, ja sogar die ganzen Rocky Mountains anbieten. «Meinetwegen versuch, was du willst, Lem.»

«Das werde ich auch, Morgan, verlaß dich drauf!» Lem lächelte, nickte, und beide gingen in entgegengesetzter Richtung davon. Morgan war wütend. Er fragte sich, woher Lem Finney die Frechheit nahm, ihm den Halloway-Claim oder sonst etwas streitig machen zu wollen, und seine Miene klärte sich erst wieder auf, als eine Hand nach seinem Arm griff und Bruno Favorite ihn aufforderte, zu ihm hereinzukommen und etwas zu trinken.

Favorites Saloon stand noch am alten Platz. Aber der dunkle, kleine Lebensmittelladen von früher war jetzt einem geräumigen Steinhaus gewichen. Der Schankraum hatte eine Bartheke aus Goldeiche, Spiegel, vor denen blank polierte Gläser standen, und einen Barkeeper. Bruno stand nun nicht mehr fast unsichtbar hinter der Theke, die er ständig mit einem schmutzigen, übelriechenden Lumpen poliert hatte, sondern in Gehrock und Seidenhut an der Tür, wo er den Fremden die alten Wahrzeichen der Stadt zeigte, die einem Uneingeweihten inmitten der vielen Neubauten kaum noch auffielen. Die Touristen blieben gewöhnlich nur wenige Tage, weil sie enttäuscht waren, daß in Butte, wie in jeder neuen Ansiedlung, die besten Claims, die günstigsten Wasser- und Fabrikplätze und die schönsten Grundstücke bereits fest vergeben waren.

«Wenn ich mal reich bin», vertraute Bruno Morgan an, «werde ich privatisieren und ein Leben führen wie ein Fürst. Schließlich bin ich es gewesen, der das Camp praktisch am Leben erhalten hat, als alle den Mut verloren hatten. Sogar du, Devlin.»

«Du hast ganz recht, Bruno», stimmte ihm Morgan mit feierlicher, schon leicht schwankender Stimme zu. Er wollte unbedingt nüchtern genug bleiben, damit er Susette im Festzug vorbeireiten sehen konnte. Als er am Morgen das Haus verlassen hatte, war sie schon aufgeregt mit ihrer Silberkrone herumgelaufen, fix und fertig für den großen Auftritt.

Als es Zeit für den Festzug war, arbeiteten Morgan und Bruno sich durch die Menge nach vorn, damit auch Bruno den Festzug sehen konnte. Schließlich half Morgan ihm auf das Dach eines Mietsstalles hinauf und verschaffte sich selber ebenfalls einen Platz, von dem er über die Köpfe der anderen hinwegblicken konnte. Da sprengte die erste Reitergruppe heran, in Gehröcken und Bürgerkriegsuniformen, und wirbelte so viel Staub auf, daß man sie fast nicht sehen konnte. Als er in der Ferne Susette auf dem hellbraunen Wallach auftauchen sah, den er ihr zum fünften Geburtstag geschenkt hatte, umklammerte eine Hand seinen Arm, und der Körper einer Frau preßte sich an ihn.

Er hielt es in dem Gedränge für einen Zufall und tat, als habe er nichts bemerkt. Er sah Susette, die allmählich näher kam, konzentriert entgegen und war entschlossen, sich durch nichts ablenken zu lassen. Aber die Frau preßte ihre Brüste gegen seinen Rücken, ihre Schenkel drückten sich gegen sein Bein, und da konnte er es nicht lassen, sich umzudrehen. Er sah Fan Moffat, die so tat, als sei sie ganz in den Anblick des Festzugs versunken und merke gar nicht, daß er neben ihr stand.

Fan Moffat war vor über einem Jahr Fan Troy geworden. Bruno Favorite und ihre anderen Verehrer waren tief enttäuscht, daß sie sie nun nie wieder als Camille sehen würden, wie sie in einem weißen Nachtgewand, das lange rote Haar vom Sterbebett bis auf den Fußboden fallend, einen gelegentlichen Blick ins Publikum warf und den Atem aushauchte.

Monatelang hatte Bruno sie zu überreden versucht, seine Frau zu werden, aber eines Tages heiratete sie im kleinen Speisesaal des Hotel de Mineral Green Troy und ging mit ihm auf Hochzeitsreise nach Europa. Sie verließ die Stadt oben auf dem Dach der Postkutsche thronend und hielt einen Riesenstrauß roter Rosen im Arm. Als sie zurückkehrte, waren Fans Koffer voller französischer Toiletten, und sie begann in ihrem neuen Heim Gesellschaften zu geben. Am Ende des ersten Empfangs flüsterte sie Morgan zu: «Bitte, sag deiner Frau, sie soll nett zu mir sein. Ich möchte, daß alle mich mögen.»

Inzwischen waren jedoch so viele Zeitungsberichte über Mr. und Mrs. Troy erschienen – über ihre Wohltätigkeit und ihre Feste, über ihren Charme und sein Geld –, daß ihr niemand mehr verübelte, Schauspielerin gewesen zu sein, und man schon anfing, ihre frühere Existenz vollkommen zu vergessen, wie in diesen westlichen Städten alles schnell in Vergessenheit geriet.

Susette ritt langsam vorbei. Sie saß auf einer Decke, auf der in silbernen Lettern die Worte standen ‹Die Zukunft von Butte›. Bei ihrem Anblick wurde Morgan so von Stolz und Freude übermannt, daß er Fan Troy vollkommen vergaß und laut Susettes Namen schrie, als habe er ein Megaphon vor dem Mund. Susettes dunkle Augen suchten nach ihm, fanden ihn, sie lächelte, und er verspürte das verrückte Verlangen, in Tränen auszubrechen. Er mußte tief Luft holen, um sich zu beruhigen. Susette verstand es, alle Sentimentalität, die er tief in den Winkeln seines Charakters versteckt glaubte, mit einem einzigen Blick, einem einzigen rätselhaften Lächeln hervorzuholen.

Susette war ein zierliches, lebhaftes Kind, das das ernsthafte Wesen seiner Mutter geerbt hatte. Aber sie besaß auch ganz persönliche, geheimnisvolle Eigenschaften, die ihn bezauberten und verwirrten, so daß er sich manchmal ironisch sagte, er mache diesem kleinen Mädchen eifriger den Hof, als er es jemals bei Felice getan hatte.

«Dein Büro war leer», murmelte Fan. «Ich bin gerade vorbeigekommen.»

Er beugte sich zu ihr und flüsterte spöttisch: «Ich muß Susette zu ihrer Mutter bringen.» Dann machte er sich los und ging erleichtert davon, denn auch Fan gehörte für ihn zu jenen beunruhigenden Frauen, die einen geheimnisvollen Zauber auf ihn ausübten.

Es war nicht leicht, Susette davon zu überzeugen, daß die Zukunft von Butte ihre Schuldigkeit getan hatte. Zuletzt setzte sie sich aber doch auf seine Schultern, und während Morgan sich durch die dichte Menge einen Weg zum Hotel de Mineral bahnte, hielt sie ihre Silberkrone fest und nahm jedes Kompliment mit artigem Lächeln entgegen.

Er fand Felice mit Flora auf der Hotelveranda und sah sie einen Augenblick eindringlich an, wie er es jedesmal tat, wenn er fortgewesen war, als wolle er sich überzeugen, daß sie sich nicht verändert hatte und daß sie ihn nach wie vor liebte. Er wartete, bis seine Familie sich in Felices Wagen auf den Heimweg machte, und begann dann mit einem Streifzug durch die Saloons. Er lud Freunde und Fremde zum Trinken ein und führte zwischendurch ernste Gespräche über die Zukunft von Butte, die, wie man ihm von allen Seiten gerührt versicherte, so reizend von seiner Tochter dargestellt worden war.

Am frühen Nachmittag wurde er unruhig und wollte unbedingt zur Yellow Medicine, als fürchte er, daß jemand in seiner Abwesenheit das kostbare Erdloch in Besitz genommen habe. Zur Yellow Medicine kamen jetzt viele Besucher, aber nur wenige durften in den Schacht hinabfahren. Morgan versicherte jedem mit nervöser Ungeduld und Bitterkeit, die Mine gehe längst nicht so gut, wie er es gehofft habe, die Ader laufe aus und er zweifle daran, daß sich unter der Wasserlinie überhaupt noch Erz befinde. Daraufhin zeigten die meisten keine große Neigung mehr, Geld in ein Bergwerk zu investieren, das sogar von seinem Besitzer für minderwertig gehalten wurde. Sie versuchten es dann lieber bei Lem Finney oder bei einem anderen, und Morgan freute sich darüber, als sei er wieder einmal einem gefährlichen Übel entronnen, sprang in seinen Förderkorb und glitt in die Dunkelheit hinab.

«Jemand hiergewesen heute morgen?» fragte er Shang Oliver und musterte ihn argwöhnisch. Oliver war seit fünf Jahren sein Vormann, und Morgan hatte großes Vertrauen zu ihm.

«Keine Menschenseele.»

«Die Stadt wimmelt von Fremden», warnte ihn Morgan. «Überall schnüffeln sie herum.»

«Ich weiß.»

«Halt die Augen offen», sagte Morgan noch einmal und ritt zur Stadt zurück.

Nach einer Stunde fiel ihm ein, daß er sich mit Felice und Flora Lem Finneys Ansprache anhören wollte. Er lief im Laufschritt nach Hause, fand aber dort nur das Dienstmädchen mit William und dem kleinen Peter, der wenige Wochen nach Petes Tod geboren worden war. Das Mädchen, fast noch ein Kind, das sie sich aus dem Osten geholt hatten, berichtete, die Damen seien vor einer halben Stunde gegangen. Er fand sie im Saal des Rathauses und konnte sich gerade noch rechtzeitig auf den Platz neben Felice setzen, als Lem Finney die Brille auf die Nase setzte und um Ruhe bittend die Hände hob.

Es war unerträglich heiß im Saal, Lem Finneys schrille Stimme dröhnte ihm in den Ohren, er rutschte unruhig auf seinem Stuhl hin und her und zerrte an seinem Kragen, warf schließlich Felice einen flehenden Blick zu und schlich hinaus. Erleichtert merkte er, daß Bruno mitkam, weil er zur Rennbahn hinausgehen wollte. Während sie durch das Tal schlenderten, erinnerte sich Bruno an den Sonntag, an dem sie mit Lily Jones um die Wette geritten waren. Er seufzte tief und schüttelte den Kopf. Sogar die Pferde seien heutzutage nicht mehr so schnell, behauptete er, man verschwende sein Geld nur, wenn man auf sie wette.

Bruno hatte sich vorsorglich zum Trost eine Flasche Whisky mitgebracht. Die beiden setzten sich ins Gras, ließen die Flasche von Zeit zu Zeit hin- und hergehen, beobachteten dabei die Rennen, wetteten und strichen ihre Gewinne ein. Plötzlich blickte Morgan in einem Anfall von klarem Bewußtsein herausfordernd um sich, als wittere er eine Gefahr, und stellte fest, daß er einen herrlichen Rausch bekommen hatte. Darauf ließ er Bruno sitzen und machte sich wortlos auf den Weg zur Yellow Medicine. Er war in der Stimmung, die ganze Belegschaft grundlos zu entlassen. Aber dann riß er sich zusammen, ging in ein Restaurant, verdrückte Riesenportionen und fühlte sich, als er das Lokal verließ, beinahe nüchtern genug, um nach Hause zu gehen und Felice zu fragen, wann sie zum Ball aufzubrechen gedenke.

Statt dessen kehrte er noch einmal ein und hörte ein paar Männer von einem Unglück sprechen. Ein kleines Mädchen aus dem Festzug war auf der Straße bei einem Verkehrsunfall umgekommen. Die Männer, die es ihm erzählten, weinten bitterlich und beschrieben den Anblick der zerschlagenen kleinen Glieder so lebhaft, daß er hastig nach Hause lief, um sich zu vergewissern, daß dieser Unfall nicht etwa Susette zugestoßen sei. Susette aber saß mit William und ihrem Vetter James beim Abendbrot und warf ihm einen ziemlich kritischen Blick zu, woraufhin er prompt wieder verschwand, weil er glaubte, sie mißbillige es, ihn betrunken zu sehen.

«Ich komme bald wieder», sagte er zu Felice, die im Schlafzimmer war und Flora frisierte. «Um wieviel Uhr möchtest du gehen?»

Doch ehe sie antworten konnte, war er schon wieder weg, ein wenig verwirrt, weil er sie lachen hörte. Sicher lachten sie über ihn, weil er so betrunken ausgesehen hatte, und er bereute es, sich ihnen so gezeigt zu haben.

Inzwischen fing es an, dämmrig zu werden. Es waren nur noch wenige Frauen unterwegs. Die Straßen gehörten den Männern. Sie schlenderten in Gruppen herum und redeten, bis es dunkel war und eine schwächliche kleine Rakete vom Feuerwerksstand aufstieg, die nur enttäuschtes Knurren und verächtliches Lachen auslöste. Der junge Mann, der mit dem Abbrennen des Feuerwerks betraut war, bat um Geduld, und dann züngelte unsicher eine grellblaue Flamme in die Luft, sank in sich zusammen und fiel als matter Sternschauer zur Erde. Wieder erhoben sich murrende, protestierende Rufe.

Mit einemmal ging Morgan davon, mit einer Miene, die so entschlossen und zielstrebig war, als wisse er jetzt endlich, was er an diesem Tag eigentlich vorgehabt hatte. Mit langen Schritten marschierte er dem Hügel zu, erklomm den Gipfel und blickte von oben auf die Stadt hinunter. In jedem Haus brannten gelbe Lichter, und die Hauptstraße war von kleinen Freudenfeuern erleuchtet. Von diesem Beobachtungsposten aus schien er Vergangenheit und Zukunft gleichermaßen überblicken zu können.

Er schwankte vor und zurück, sein Kopf fühlte sich seltsam leicht an, und sein Mund war zu einem wilden, triumphierenden Grinsen verzogen. Er beobachtete, wie die Raketen in den Himmel stiegen, gelb, weiß oder blau, und verspürte einen wachsenden Stolz, eine wachsende Zuversicht, die sich zu Arroganz und Eitelkeit steigerten, so daß er schließlich von seiner eigenen Großartigkeit überzeugt war. Er fühlte sich wie ein Koloß, der breitbeinig über der Stadt, ja, über den ganzen Rocky Mountains stand – ein Gigant, der seine erfolgreiche Arbeit inspizierte. Als er dort stand, verlor er vollkommen den Sinn für die Zeit. Er dachte nach über dieses neue Bild von sich selbst. Nie zuvor war eine Vision so klar und so deutlich gewesen wie in diesem Augenblick, da er die Gewißheit verspürte, daß er einen Baum mit den Fäusten entwurzeln, die Erde mit seinen Händen aufwühlen und ihr ihre Geheimnisse entreißen, die Berge mit einem Fußtritt sprengen könne.

Während er sich zufrieden und immer noch böse grinsend in seiner eigenen Größe sonnte, spürte er auf einmal Grausamkeit und heiße Verachtung für andere Menschen in sich wachsen.

Er begann sich zu drehen, sah sein Reich an, die Stadt unten und die umliegenden Berge, drehte sich langsam und schwankend weiter, ein Bein ungeschickt über das andere gekreuzt, so daß er ins Stolpern kam, fluchte und mit Mühe und Not das Gleichgewicht wiederfand. Da hörte er ein leises, diskretes Hüsteln und sah nicht weit entfernt einen anderen Mann stehen. Möglicherweise war er schon seit einiger Zeit da und hatte – falls Morgan seine Gedanken laut geäußert haben sollte – seine Worte mit angehört.

Unwillkürlich fuhr Morgans Hand an die Pistole, aber dann hörte er Lem Finneys Stimme: «Bist du es, Morgan?»

Kleinlaut und beschämt murmelte er: «Hallo, Lem! Wußte nicht, daß noch jemand da war.»

Langsam ging er zu Lem hinüber. Dabei dachte er, dies sei die beste Gelegenheit, Lem Finney umzubringen, ihn ein für allemal loszuwerden. Doch als er bei Lem angekommen war, steckten seine Hände tief in den Taschen, und er lächelte mit jener vielsagenden Skepsis, die automatisch in sein Gesicht trat, sobald er Lem Finney sah.

Seite an Seite sahen sie, wie wieder eine Garbe von gelben und blauen Lichtern gen Himmel schoß. Finney tat einen tiefen Atemzug, und Morgan, der ihn von der Seite ansah, sagte: «Gute Ansprache heute, Lem», obgleich er kein Wort von Lems Rede gehört hatte, nicht einmal in den wenigen Minuten, in denen er im Saal gewesen war.

Lem nickte, und Morgan musterte ihn verstohlen im schwachen Schimmer der Sterne. Er fragte sich, was Lem Finney hier oben wollte, wann er gekommen war und ob er ihn bei seinem albernen Tun beobachtet hatte. Vielleicht glaubte Lem, daß er in den Buckhorn-Schacht hinuntersteigen und die günstige Gelegenheit ausnutzen wollte, um sich ein paar Erzproben anzueignen und sie daheim in Ruhe zu studieren. Doch Morgan sprach diesen Verdacht nicht aus. Er sagte sich, er sei betrunken, Lem jedoch nicht. So standen sie weiterhin Seite an Seite, warteten, daß der andere aufbrach, bis Morgan listig grinsend sagte: «Ich möchte wissen, Lem, ob wir nicht beide dasselbe gedacht haben.»

«Ich habe daran gedacht», erklärte Lem, «daß dieser ganze verdammte Hügel aus Kupfer besteht und daß dies alles mir gehört – oder eines Tages gehören wird.» Er lächelte. «Hast du das auch gedacht?»

Morgan lachte laut auf, und beide gingen zur Stadt zurück. Als sie in belebtere Straßen einbogen, fiel ihm voller Entsetzen ein, daß inzwischen der Ball begonnen und er Felice nicht abgeholt hatte. Er ließ Lem

Finney einfach stehen und jagte davon, wand sich geschickt zwischen Gruppen betrunkener, lärmender Männer hindurch und prallte kurz vor dem Rathaus so heftig mit einer Frau zusammen, daß er sie in den Arm nehmen mußte, um sie beide vor einem Sturz zu bewahren. Es war Fan Troy, die sich schmollend erkundigte, wo er den ganzen Tag gesteckt habe. «Kein Mensch wird uns jetzt vermissen, Morgan.»

Er trat zurück und sah sie verständnislos an. Dann packte er sie bei den Schultern, schob sie beiseite, flüsterte: «Ich bin viel zu betrunken» und lief weiter.

Im Ballsaal war die Tanzfläche voller Menschen, so daß Morgan, der eifrig nach Felice Ausschau hielt, von dem Gewirbel ganz schwindlig wurde. Er schlängelte sich blindlings zwischen den Tänzern hindurch, blickte finster um sich, wenn er mit einem der fröhlichen Paare zusammenstieß, und fand Felice endlich am anderen Ende des Saales, wo sie mit Flora saß. Beide Frauen blickten überrascht auf, als er vor ihnen stand. Er fragte, was geschehen sei, denn Flora weinte bitterlich.

«Wir sind ganz allein!» klagte Flora und hob das feuchte Taschentuch vors Gesicht.

«Verzeiht. Es tut mir so leid!» Er strich Flora übers Haar, aber sie konnte sich nicht beruhigen. Nach einem Augenblick zwang er sich, Felice anzusehen. Vor Felice schämte er sich manchmal seiner Eitelkeit und Arroganz und versprach ihr im stillen Besserung, was er aber nie in die Tat umsetzte. Zu seinem Erstaunen lächelte Felice und schien über sein lädiertes Aussehen sogar belustigt. «Es tut mir leid», wiederholte er hartnäckig. «Ich wußte nicht, daß es schon so spät war.»

«Du weißt ja nicht, was passiert ist, Morgan!» jammerte Flora. «Douglas hat sich furchtbar mit Jake Finney geprügelt. Er hat ihn einfach beim Kragen gepackt und mitten auf der Tanzfläche ins rechte Auge geschlagen. Dann ist er noch auf mich losgegangen, weil ich ihn überreden wollte, aufzuhören. Mein Gott, der ganze Tag war furchtbar! Bitte, bring uns nach Hause!»

Morgan warf sich in die Brust, versuchte den Beschützer hervorzukehren und nahm beide Damen bei der Hand. Er küßte Felice auf die Wange, murmelte: «Ich bin so blau wie ein Veilchen. Bitte, sei mir nicht böse!» und dirigierte sie vorsichtig zur Tür, vorbei an den tanzenden Paaren, die einen rasenden Galopp aufs Parkett legten.

59

Als Pete Devlins Haus, wie es noch immer genannt wurde, fertig war, zog Jenny ein; aber sie verhielt sich dabei so teilnahmslos, daß es der Hilfe fast aller Frauen ihres Bekanntenkreises bedurfte, um diesen Umzug zu bewältigen. Trotzdem dauerte er mehrere Wochen. Und während die Freundinnen ihre eigenen Pflichten vernachlässigten, wanderte Jenny mit gleichgültiger und bekümmerter Miene von einem Zimmer ins andere, fuhr hin und her zwischen ihren beiden Häusern und fragte immer von neuem: «Aber was soll ich denn hier?»

Das Haus – von dem es allgemein hieß, es sei die schönste Villa im ganzen Grenzland, größer und imposanter noch als Lemuel Finneys oder Jeremy Flints – war ohne Zweifel viel zu groß für eine alleinstehende Frau, und doch hielten es alle für Jennys Pflicht, darin zu wohnen, wie Pete es gewünscht hatte.

Es war, wie ihre Freundinnen einstimmig sagten, ein Haus, um das man sie beneiden konnte, und hätte sie es vor sechs oder acht Jahren bewohnt, so hätten sie sie auch darum beneidet und hätten sich immer wieder in Vorstellungen und Träumereien ergangen über das Leben, das eine Frau wie Jenny Danforth in solch einem Haus führen mochte. Jetzt aber wußten sie natürlich, wie das Leben aussah, das sie dort führte.

Denn während der zwei oder drei Wochen, die sie benötigten, um den Umzug von einem Haus in das andere zu bewerkstelligen, gab es keinen Schrank, den sie nicht inspiziert hätten, und keine Schublade, die nicht durchwühlt worden wäre. Keines von Jennys Geheimnissen war an ihren aufmerksamen Augen vorbeizuschmuggeln.

Sie fühlten sich alle ein wenig enttäuscht, daß so gar nichts gefunden wurde, was man mit Recht als Geheimnis bezeichnen konnte – nur ein paar frühe Aquarelle, ein Muschelkästchen mit dem Granatring, den sie schon lange nicht mehr getragen hatte, und einem Zedernzweig, so alt und vertrocknet, daß er auseinanderfiel, als Erma ihn aufnahm. Sie meinte, es müsse der Zedernzweig sein, den Jenny am Tag ihrer Hochzeit mit Pete getragen hatte, oder vielleicht auch schon früher, bei jenem Weihnachtsball in Bannack. Es gab noch ein paar andere Andenken, ein Traumbuch, eine schwarze Maske und ein Tamburin, das alle wiedererkannten, und, als Bestätigung der Gerüchte, Leilas silberne Bürsten und Kämme, ihre Spielsachen und Kleider, der goldene Anhänger und – das einzige Andenken, von dem Marietta behauptete, es sei gar kein Andenken, sondern ein Geschenk von Matt – eine reich verzierte, mit Perlmutt eingelegte Pistole, in die das Jahr von Leilas Geburt eingraviert war. «Pete hatte sich einen Sohn gewünscht», erklärte Marietta. «Die Pistole wurde bestellt, bevor Leila geboren war.»

Und so war es ihnen schließlich doch möglich, Jennys Besitztümer zu untersuchen, wie sie es sich schon immer gewünscht hatten. Doch da sie nirgends etwas Interessantes entdecken konnten, verlief diese Suche für sie enttäuschend, denn jetzt sah es so aus, als sei die Legende von Jenny Danforth nur eine Erfindung gewesen und Jenny selbst nur eine einsame Frau, die langsam älter wurde und deren Leben nicht abenteuerlicher gewesen war als das jeder anderen Ehefrau auch. Allgemein herrschte, obgleich keine von ihnen es aussprach, das Gefühl, daß sie alle ein bißchen ärmer geworden waren, nun, da sie sich ihrer Neugier und ihres Argwohns selber beraubt hatten. Sie neigten dazu, die Schuld daran Jenny zuzuschieben, die eben einfach nicht hätte erlauben dürfen, daß man in ihren armseligen Schätzen herumkramte.

Trotzdem gab aber nicht eine von ihnen das Vorhaben auf, sondern sie alle widmeten sich dieser Aufgabe mit soviel Eifer, als erfüllten sie damit Petes letzten Wunsch aus seinem Testament, in dem er, wie alle wußten, seinen gesamten Besitz Jenny vermacht hatte, lediglich mit der Auflage, daß ihr Anteil im Fall ihrer Wiederverheiratung in der Firma Devlin Brothers stehenbleiben müsse. Doch Jenny, die jetzt etwa eine Viertelmillion Dollar wert war, der größte Teil davon in Grundstücken angelegt, deren Wert zweifellos noch steigen würde, hatte auch dafür nichts als ein Achselzucken gehabt und gemeint, darum solle nur Morgan sich kümmern.

Schließlich, an einem Spätnachmittag im Mai, banden sie die Kopftücher ab, zogen die Schürzen aus, rollten die Ärmel herunter und bewunderten ihr getanes Werk.

«Aber wo ist denn Jenny?» erkundigte sich Irene Flint. «Ich habe sie seit dem Mittagessen nicht mehr gesehen!»

Lisette lief durchs Eßzimmer in die Küche, wo Fong Chong das Geschirr spülte, dann in den ersten Stock hinauf, rief immer wieder Jennys Namen und wurde ganz plötzlich von Angst gepackt, denn ihr war der Gedanke gekommen, daß sich Jenny, falls sie jemals daran gedacht hatte, etwas Dramatisches zu tun, dafür bestimmt diesen Augenblick ausgesucht hätte. Doch als sie das Ende des Ganges im ersten Stock erreichte, öffnete sich eine Tür, Jenny kam heraus, drückte die Tür hinter sich leise ins Schloß und sah Lisette fragend an. Und auf einmal war Lisette überzeugt, daß Jenny sie doch allesamt hinters Licht geführt und hinter dieser geschlossenen Tür etwas verborgen hatte, obgleich sie ganz genau wußte, daß das unmöglich war, nachdem seit dem frühen Morgen zehn oder zwölf Frauen das Haus vom Dachboden bis zum Keller Zimmer für Zimmer gereinigt und eingeräumt hatten.

«Sie wollen gehen», berichtete Lisette hastig und schämte sich ihrer dummen Gedanken. «Hast du dich vor ihnen versteckt? Soll ich sagen, daß du Kopfschmerzen hast?»

Jenny lächelte, erstaunt über diesen Vorschlag. «Aber nein, Lisette! Ich bin nur heraufgekommen, um etwas einzuräumen. Dabei habe ich aus dem Fenster geschaut und Mrs. Honeybone gesehen. Sie ist mir bis hierher gefolgt.»

«Die alte Hökerin? Aber Tante Jenny, die treibt sich doch in der ganzen Stadt herum! Dann kann sich ja jeder einbilden, daß sie ihm folgt.»

«Nein, nicht so wie bei mir. Mich haßt sie wirklich.»

Lisette öffnete das Fenster einen Spalt und schaute hinaus. Auf der Straße stand breit Mrs. Honeybone in ihrem staubig-schwarzen Umhang und dem weißen Halstuch und spähte blinzelnd am Haus herauf. Behutsam schloß Lisette das Fenster wieder, wandte sich mit einem raschen, grimmigen Blick auf Jenny um, eilte die Treppe hinunter und aus der Tür, wo sie stehenblieb, Mrs. Honeybone, die sie verdutzt anstarrte, mit Röckeschwenken zu vertreiben suchte, wie eine Frau, die Hühner verjagt, und schrie: «Machen Sie, daß Sie wegkommen! Sie sollen verschwinden, haben Sie mich verstanden? Sofort!»

Sie war drauf und dran, auch noch die Stufen hinabzulaufen, doch da watschelte Mrs. Honeybone schon davon, während Lisette ihr nachsah, bis sie um eine Ecke verschwunden war, als sei es ihre Pflicht, Jenny vor allen drohenden Gefahren zu schützen, die sie umgaben. Dann lief sie ins Haus zurück, wo Jenny den Frauen mit einer kleinen Ansprache für ihre Hilfe dankte.

«Ihr seid alle so lieb gewesen! Ich kann euch gar nicht sagen, wie dankbar ich bin. Marietta, Erma, Blanch, Margaret – ihr alle, ich hätte nicht gewußt, wie ich ohne euch fertig werden sollte.» Hilfesuchend sah sie von einer zur anderen, als sei sie von einer unerwarteten Rührung übermannt worden. «Danke», murmelte sie bescheiden, und alle Frauen küßten sie auf die Wange und wünschten ihr Glück im neuen Heim. Doch als sich Jennys Augen mit Tränen füllten, hatten sie es auf einmal sehr eilig, nach Haus zu kommen, und drängten zur Tür hinaus.

Zum Abschied winkten sie dann noch einmal, und Jenny stand da, mit einem verlorenen, angstvollen Ausdruck auf dem Gesicht, und sah zu, wie die Frauen vergnügt in ihr eigenes Leben zurückkehrten, aus dem sie sie während der vergangenen Wochen herausgelockt hatte. Als Lisette, die Handschuhe überstreifend, herauskam, blickte Jenny sie flehend an.

«Willst du denn auch schon gehen?»

Lisette lächelte nicht, und plötzlich machte das Haus auf sie denselben riesigen und gewaltigen, leeren und deprimierenden Eindruck, den es auf Jenny zu machen schien, und sie verspürte den Wunsch, es so schnell wie möglich zu verlassen. «Ich muß, Tante Jenny. Leider. Zu Hause wartet viel Arbeit auf mich – alles, was ich bisher vernachlässigt habe.»

«Du wirst mich bestimmt nicht vergessen? Du kommst mich besuchen?»

Lisette, schon auf der untersten Stufe, wandte sich noch einmal um. «Natürlich werde ich dich nicht vergessen! Morgen nachmittag komme ich zu dir. Darf ich?»

«Aber Lisette!» protestierte Jenny. «Bis jetzt hast du mich ja auch nie gefragt.»

«Schön, ich werde es nicht mehr tun. Ich werde einfach kommen.»

Lisette schenkte ihr noch ein liebevolles Lächeln, das Jenny überzeugen sollte, daß sie sie liebte und ihr vertraute, dann lief sie, bevor Jenny sie zurückhalten konnte, hinaus. Der Wagen fuhr in schneller Fahrt davon, und Georgina begann, während sie Jenny noch einmal zuwinkten, weil sie immer noch auf der Veranda stand, sogleich von James Gordons Einladung zu sprechen.

James Gordon war vor einem Jahr aus England zurückgekehrt und hatte verkündet, er sei gekommen, um, wie er versprochen hatte, bei der Entwicklung des Landes zu helfen. In der Zwischenzeit hatte er die verschiedensten Expeditionen unternommen, doch weder in Alaska noch in Afrika ein Stück Land gefunden, das ihm so gut gefiel wie das, was sein alter Freund Zack Fletcher für ihn ausgesucht hatte, einen knappen Tagesritt von White Sulphur entfernt, mitten im Herzen des Grenzgebietes, ein richtiges Paradies, wie er behauptete, mit allen Tieren, die man nur jagen konnte – Hirsch und Elch, Bergschaf, Bär und Biber –, mit Bächen voll Forellen und mit weiten Ebenen voll Gras, so saftig, daß einem das Wasser im Mund zusammenlief, wenn man es nur ansah.

Sir James erzählte, einige der neuen Bücher gelesen zu haben, die in England veröffentlicht worden waren und die das große, reiche Rindergebiet des Westens beschrieben, wo niemand vermeiden konnte, so dumm er sich auch anstellen mochte, aus seinem Kapital eine Jahresrendite von mindestens zwanzig Prozent herauszuwirtschaften. Es hieß darin, jeder könne seine Herden auf uneingezäuntem, öffentlichem Land weiden und von dem saftigen Gras, köstlicher noch als ein Essen bei Delmonico's, dick und fett werden lassen; das Wetter sei so wunderbar und beständig, daß man, ohne nur einen Finger für seine Tiere zu rühren, nicht mehr als zehn Prozent von seinen Herden verlieren könne – ein unbedeutender Verlust, den schon der nächste Frühjahrszuwachs wieder ausgleichen würde; eine Investition von 150 000 Dollar würde innerhalb von zwei Jahren auf einen Wert von anderthalb Millionen anwachsen, und überdies könne man dort ein Leben führen wie ein mittelalterlicher Fürst, inmitten von Tausenden Morgen Land residieren, die einem zwar nicht gehörten, die aber auch keinem anderen gehörten. Die eigentliche Arbeit erledigten ungebärdige, doch arbeitsame junge Männer, die man in Texas anwerben und für 40 Dollar und ein paar Tomatenkonserven nach Norden locken könne.

Und dann, fuhr Sir James fort, habe er sich gedacht, von all dem sei vermutlich doch so viel wahr, daß man in dieses Unternehmen ein- oder zweitausend hineinstecken könne, denn Fletcher hatte ihm versichert, mit weniger anzufangen habe keinen Zweck, die Tage, da man ein paar Stück Vieh von einem Einwanderer kaufen und mit der Zeit eine Herde aufbauen konnte, seien zusammen mit den Goldwäschern verschwunden, und die Rinderzucht erfordere heutzutage, nicht anders als eine Silbermine, viel Kapital und harte Arbeit. Für die harte Arbeit allerdings wollte Sir James sich einen anderen suchen, wenn auch nicht gerade Zack Fletcher, denn der hatte genug mit seinen eigenen Herden zu tun.

Sir James hatte Georgina und Lisette eingeladen, mit den Kindern für zwei, drei Wochen zu ihm zu kommen. Seither quälte Georgina die Schwägerin, sie solle doch mitkommen und sich einmal ansehen, wie dieser Engländer lebte, der mit seinem Koch und seinem Kammerdiener, seinen Perserteppichen und seinem Weinkeller, seinen antiken Möbeln und seinen Abendanzügen in die Wildnis gezogen war. Als sich Lisette hartnäckig weigerte, hatte Georgina ihr vorgehalten, die Kinder, ihr Matt und ihre Cissy, Lisettes Frank und Polly, freuten sich schon so sehr darauf, daß man sie einfach nicht enttäuschen dürfe.

Gegen Ende Juli fanden sie sich schließlich an einem frühen Morgen mit den vier Kindern an der Poststation ein. Lisette war ungewohnt still und, wie es schien, unausgeschlafen, doch als der Kutscher, eine Whiskyflasche in der Hand, dahergeschwankt kam und Georgina flüsterte, sie hätten wohl doch lieber nicht fahren sollen – denn es war klar, daß ihnen eine jener halsbrecherischen Fahrten bevorstand, für die die Postkutschen berüchtigt waren, daß sie wahrscheinlich umkippen würden, vielleicht sogar in einen Fluß fielen oder gezwungen waren, auszusteigen und zu Fuß weiterzugehen, während die männlichen Passagiere unter wütendem Fluchen mithalfen, die Kutsche wiederaufzurichten oder einen steilen Hang hinaufzuschieben –, da wurde Lisette auf einmal wach und energisch, übernahm die Aufsicht über die Kinder, lächelte die Männer an, um ihnen die besten Plätze abzuschwatzen, und erklärte den Kindern die Sehenswürdigkeiten, an denen sie vorüberschaukelten und -holperten, während die Peitsche des Fahrers anspornend knallte und die Männer aus Flaschen tranken, die sie mit der Zeit immer häufiger aus der Tasche zogen.

Georgina saß mit geschlossenen Augen und zusammengebissenen Zähnen und warf Lisette nur hier und da flehende, abbittende Blicke zu. Lisette jedoch lächelte fröhlich, verwöhnte die Kinder, damit sie ruhig blieben, fütterte sie mit Vorräten aus einem Picknickkorb, während die übrigen Passagiere an den Poststationen feuchte Brötchen und ranzigen Speck essen mußten, und wurde immer munterer und zuversichtlicher. Wenn sie auf dieser Reise irgendwo Zack Fletcher begegnen sollte, sagte sie sich, dann war das auf keinen Fall ihre Schuld.

Sie hatte ihn seit jenem Morgen vor über fünf Jahren, als er gekommen war, um ihr zu sagen, daß er den Toten bei Matt erkannt habe, nur noch zweimal gesehen. Einmal, als sie mit Felice im Wagen fuhr, war er ein oder zwei Blocks weit neben der Kutsche hergeritten, hatte von seinen Rindern gesprochen und sie heimlich beobachtet, als wolle er feststellen, ob sie ihn haßte; und sie hatte sich so sehr geschämt, daß ihr Gesicht zu brennen begann und Tränen in ihre Augen traten, und Zack war rasch wieder davongeritten. Und dann, eines Tages, es war noch nicht lange her, war er ins Büro der *Helena Post* gekommen, um sich über einen Artikel zu beschweren, in dem er als Rinderbaron bezeichnet wurde, und Lisette hatte halb versteckt hinter den Druckpressen gestanden und zugehört, bis er sie dort entdeckte und sich verwirrt zurückzog, nicht ohne beim Hinausgehen die Tür hinter sich zuzuknallen.

Doch jene Begegnung im kalten, dunklen Wohnzimmer hatte für Lisette keineswegs mit einer echten Zufriedenheit und Erfüllung geendet, sondern sie einem Hunger und einer Unrast ausgeliefert, die sich von keiner logischen Überlegung vertreiben und auch nicht von dem Gedanken an die Treue, zu der sie verpflichtet war, unterdrücken ließen. Und seitdem war sie nicht mehr so sicher, daß sie Lisette Devlin, oder auch Lisette Mercer, wirklich so gut kannte, wie sie es geglaubt hatte.

James Gordon wohnte, wie er es zutreffend geschildert hatte, in einem Haus, das er als Jagdhütte bezeichnete, und wäre nicht das Kontobuch gewesen, das auf dem Wohnzimmertisch lag und in das Sir James gewissenhaft alle Tiere eintrug, die er erlegte, hätte es nicht die Tierköpfe an den Wänden gegeben, die Scheunen und das Schlafhaus für seine Angestellten, dann wäre niemand auf den Gedanken gekommen, daß sie sich mitten in einem Gebiet befanden, das immer noch, wie Georgina Lisette warnend erinnerte, Indianerterritorium war und wo, wie es hieß, noch zweitausend feindliche Rothäute frei herumstreiften.

Als sie dann eine Woche da waren, tagsüber jagten, ritten und fischten und schon bei Anbruch der Nacht zu Bett gingen, machte sich keiner von ihnen mehr Sorgen wegen der Indianer, und eines Abends beim Essen, als sie drei Gläser Champagner getrunken hatte, erklärte Lisette, dies sei endlich das richtige Leben für sie und nie könne sie wieder glücklich sein, wenn sie in einer Stadt eingesperrt leben müßte.

«Bitte, bedenken Sie», wandte Sir James daraufhin ein, «daß dies natürlich nur die englische Vorstellung einer Ranch ist. Wenn Sie dagegen eine echte sehen wollen, dann müssen wir zur Double Key hinüberreiten.»

«O nein, das werden wir nicht tun!» protestierte Lisette. «Wir werden schön hierbleiben.» Doch selbst nach ihrer Weigerung bettelten die Kinder immer noch weiter, die Double Key sehen zu dürfen, bis Lisette, die sich wunderte, woher die Kinder einen so sicheren Instinkt für gefahrvolle Unternehmungen hatten, ihnen strengstens verbot, noch ein Wort darüber zu verlieren.

Ein oder zwei Tage darauf, als sie am Spätnachmittag auf dem Balkon vor ihrem Schlafzimmer stand, hörte sie, daß sich auf der unteren Veranda zwei Männer unterhielten, und erkannte sofort, daß eine der

Stimmen Zack Fletcher gehörte. Erschrocken, als hätte sie nicht genau gewußt, daß die Double Key in der Nähe lag, spürte sie, wie ihr Herz in beunruhigender Hast zu klopfen begann, schlug die Hände vors Gesicht und überlegte verzweifelt, was sie jetzt tun sollte. Dann aber fand sie ihre Erregung doch übertrieben, beugte sich über das Geländer, weil sie hören wollte, was die Männer sagten, und lehnte sich so weit vor, daß sie beinahe das Übergewicht bekommen hätte. Die Männer sprachen jedoch nicht von ihr, sondern von Kühen, Stieren und Kälbern. Sie taten, als gehöre ihnen das ganze Land. Sie schienen Tausende von Rindern hier weiden und noch unzählige aus Westen, Süden und Osten hier auf die Prärien ziehen zu sehen, wenn die Regierung nur erst die Indianer in Reservate zurückgedrängt hätte und wenn es möglich wäre, das Vieh in Eisenbahnen zu den Märkten zu transportieren, so daß es sich nicht unterwegs den ganzen Profit wieder vom Leibe lief.

Sie hatten viel Lob für das Rind aus dem eigenen Land, eine kräftige, zähe Rasse, die alle charakteristischen Vorzüge ihrer Besitzer aufwies. Zack beschrieb Sir James die Schwierigkeiten, die er mit den hungrigen Rothäuten hatte. «Da kommen sie aus den Reservaten, mit Gewehren und Munition, die sie von den Whiskyschmugglern gekauft haben, und richten wahre Blutbäder unter unseren Rindern an. Neulich haben wir drei von diesen Schweinen erwischt – Tango einen, ich einen und Andy Stinger einen –, und wir haben sie da liegen lassen, damit sie verfaulten, ohne Hoden und ohne Haare, damit ihre Freunde endlich begreifen, daß wir es ernst meinen.»

«Nein, was Sie nicht sagen!» meinte Sir James, und Lisette sagte sich, dieser Mann müsse ein noch größerer Barbar sein, als selbst sie es sich vorgestellt hatte.

Doch als sie einen Augenblick später unter der Tür stand und hoffte, Zack Fletcher werde seine Zigarre verschlucken, wenn er sie sah, saßen sie immer noch lässig da, die Arme verschränkt, die Füße auf dem Geländer, und Zack erhob sich gemächlich und drehte sich so langsam zu ihr um, als hätte er die ganze Zeit gewußt, daß sie da war. Er zog den Hut, machte eine Verbeugung vor ihr, die auf James Gordon sehr höflich wirken mochte, die Lisette jedoch spöttisch und ironisch fand, und sagte: «Ja, guten Abend, Mrs. Mercer! Ich hatte mich gerade nach Ihnen erkundigt.»

Sie schüttelten sich die Hand und musterten sich prüfend. Zack Fletcher schien jene rührende Demut, die er früher einmal gezeigt hatte, abgelegt zu haben. Er wirkte stolz und äußerst selbstsicher.

Er trug schwarze Stiefel und Hosen, eine mit indianischer Perlstickerei verzierte Lederweste, und um seinen Hals war ein schwarzes Seidentuch geknotet – ein sehr formeller Anzug, den er vermutlich ihr zu Ehren angelegt hatte, obgleich er sie nach der ersten Begrüßung ebenso ignorierte, wie sie vorgehabt hatte, ihn zu ignorieren. Er warf ihr nur unter den blonden Brauen schnelle, schlaue Blicke zu, wenn er den Kopf gesenkt hielt, und sogar auch, wenn er scheinbar in eine andere Richtung schaute. Und als er sie bat, ihn auf der Double Key zu besuchen, da richtete er diese Einladung an Georgina und die Kinder, denen er erklärte, er lebe in einer so schönen Gegend, daß es unmöglich sei, bei ihrem Anblick nicht glücklich oder begeistert zu sein, selbst wenn man an ganz andere Dinge denke.

Und so machten sie sich am nächsten Morgen um halb fünf Uhr auf und ritten los, gefolgt von James Gordons Wagen, der das Gepäck hinterherbrachte. Als sie zur Mittagspause haltmachten, ging Sir James an den Fluß hinunter und fing rasch hintereinander mehrere Forellen, während Zack inzwischen ein Feuer machte und binnen kürzester Zeit den Kaffee fertig, den Fisch gesäubert und ihn in die Pfanne gelegt hatte. Die Kinder hatten sich jetzt alle vier in eine nahezu hysterische Begeisterung hineingesteigert, hatten sich ganz Zack Fletcher und seiner leidenschaftlichen Liebe zu diesem reichen, wilden Land verschrieben und waren, wie sich Lisette bedrückt einredete, ihr und Georgina auf immer verloren.

Aber es wollte ihr nichts einfallen, wie sie es verhindern könnte, daß er die Kinder und Georgina so für sich einnahm und sie selber gegen ihren Willen in seine Behausung entführte. Als das Mittagessen vorüber war, klagte Lisette über Kopfschmerzen, erklärte, sie werde jetzt lieber in der Kutsche fahren, und nahm auch Polly und Cissy mit, obgleich die beiden kleinen Mädchen einwandten, sie hätten keine Kopfschmerzen und sie fänden die Kutsche abscheulich.

Zack warf ihr einen ironischen Blick zu, als wolle er sie daran erinnern, wie verächtlich sie immer von den Frauen gesprochen hatte, die Krankheiten vorschützten. Die anderen galoppierten davon, winkten noch einmal, und Lisette hatte das Gefühl, von allen verlassen zu sein, für ein Vergehen verurteilt, das sie schon lange vergessen oder noch gar nicht begangen hatte. Während sie ununterbrochen damit beschäftigt war, Körbe und Koffer abzuwehren, und auf dem breiten Sitz herumgeworfen wurde, empfand sie Mitleid mit sich selber, weil sie wehrlos ins feindliche Lager geschleppt wurde, das in ihrer düsteren Vorstellung ebenso primitiv und gefährlich war wie sein Besitzer; und so wirkte die Ranch auch tatsächlich, als sie am späten Nachmittag zum erstenmal in ihr Blickfeld kam: eine Festung aus niedrigen, mit Grassoden gedeckten Blockhütten, die um einen offenen Innenhof standen, auf dem weder Gras noch Strauch oder Blume wuchsen.

Über der Haustür hing ein Hirschgeweih, auf dessen eine Sprosse ein menschlicher Schädel gespießt war, ein Amulett, das, wie sie annahm, das Hauswappen war.

Augenblicklich sprangen die kleinen Mädchen aus der Kutsche, die Brüder tauchten auf, um sie in Empfang zu nehmen, und dann rannten die vier fröhlich rufend und lachend davon und waren verschwunden, ehe sie ihre fünf Sinne so weit zusammengenommen hatte, daß sie sie zurückrufen konnte. Die Kutschentür stand offen, aber sie zögerte noch, auszusteigen, denn es schien ihr, als werde sie von neugierigen und kritischen Augen beobachtet, und dieses Gefühl verursachte ihr eine Gänsehaut. Als dann die Haustür so heftig aufgestoßen wurde, daß sie gegen die Wand krachte, fuhr sie zusammen, lachte aber verlegen, als sie Zack Fletcher eilig herauskommen sah. Er musterte sie einen Augenblick eindringlich und fuhr sie barsch an: «Du bist nicht krank. Hör auf zu schauspielern!»

Kleinlaut folgte sie ihm ins Haus, in einen Raum, der so dunkel war, daß sie nichts erkennen konnte. Nach einer Weile gewöhnten sich ihre Augen, und sie hatte den Eindruck, der Raum sei riesig. Seine Wände waren mit Tierfellen, Tiergehörnen und Tierköpfen geschmückt, so dicht an dicht, daß sie in eine Höhle geraten zu sein schien, wo jeden Augenblick eine der Bestien sie plötzlich anfallen konnte. An Möbeln gab es nur ein paar Bänke, Hocker und einen rohen Holztisch, ein Wandbett mit einem Büffelfell, mehrere hohe, eiserne Kerzenständer und einen Mitteltisch, auf dem sie eine Anzahl Musikinstrumente entdeckte – Mundharmonikas, Banjos und Gitarren –, Almanache, ein Damespiel, mehrere Kartenspiele und drei Kerosinlampen. In einem Halter über dem Steinkamin hingen Gewehre, und alles in allem bot der Raum eigentlich doch eher den Anblick eines Arsenals als den einer Höhle. Die Luft war geschwängert mit einem Geruch nach tierischem und menschlichem Schweiß, Leder und Waffenöl, und der Dunst aus Staub und Zigarrenrauch war so dick, daß man ihn fast mit dem Messer schneiden konnte.

Von seinem Platz neben dem Kamin erhob sich der Hund, ein riesiges Tier unbestimmter Rasse – Schäferhund, Collie und ein bißchen Wolf. Lisette bückte sich, um ihn schüchtern zu streicheln. Der Hund, erklärte ihr Zack, heiße Rocks und die Katze, die sich einen kleinen Sonnenfleck gesucht hatte, der durch die Scheiben hereinfiel, und dort zusammengerollt lag, die Pfoten unter den Körper gezogen, den Schwanz schützend um die Vorderpfoten geringelt und die schrägen Augen fast geschlossen, sei Kibosh.

Am anderen Ende des Raumes standen vier junge Männer, die jetzt, als Zack ihre Namen nannte, etwas verlegen wurden, höflich die Hüte zogen, «Guten Tag, Ma'am» murmelten und von ihrer Anwesenheit noch unangenehmer berührt schienen als sie von der dieser Männer, die aussahen wie gefährliche Piraten, magere, junge Burschen mit harten Gesichtern, keiner älter als zwanzig bis zweiundzwanzig – bis auf einen, der ungefähr an die Dreißig war. Der älteste, erklärte Zack, sei Andy Stinger, sein Vormann. Neben ihm stand Tango, doch mehr Namen erfaßte sie nicht, denn ihre Aufmerksamkeit konzentrierte sich jetzt auf einen Indianer, der, wie sie entdeckt hatte, in einer Ecke hinter den jungen Männern saß. Zack sah, wie sie ihn anstarrte, und sagte ihr leise, daß sie keine Angst zu haben brauche, denn das sei ein sehr alter Häuptling, voll Ehren und ohne Illusionen. Er heiße ‹Linke Hand› und komme manchmal, wenn er in der Reservation zu sehr hungern müsse, um einige Wochen bei ihm zu verbringen. Lisette warf ihm einen verzweifelten Blick zu, und er grinste mit ironischem Verständnis, ging weiter und sagte: «Komm mit!»

Sie folgte ihm mit einem nervösen Blick auf die jungen Männer, die beieinanderstanden, Zigaretten rollten und durch die Art, wie sie sich unterhielten, den Eindruck von Verschwörern machten, und trat hinter Zack in einen schmalen Gang, dessen Wände ebenfalls mit Gewehren und Tierfellen behängt waren. Von dort ging eine Reihe kleinerer Zimmer ab, die alle keine richtige Tür besaßen, sondern nur eine mit Leinwand oder einer Indianerdecke verhängte Öffnung. Aus einem dieser kleinen Gemächer tauchte auf einmal Georgina auf. Lisette lief erleichtert auf sie zu und rief: «Ach, Georgina, du bist hier!» Georgina machte ein erstauntes Gesicht, und Zack lächelte.

«Sind Sie fertig?» erkundigte sich Zack, und Lisette mußte feststellen, daß diese unverständliche Frage nicht an sie gerichtet war, sondern an Georgina.

«Sofort.»

«Würden Sie sich um sie kümmern?» fragte er dann noch, und Lisette dachte einen kurzen, schrecklichen Augenblick die Geschichten von weißen Frauen, die man Squaws zum Martern übergeben hatte.

«Gewiß», nickte Georgina, nahm Lisettes Hand und zog sie den Gang entlang, während Zack umkehrte und verschwand.

«Gott sei Dank, daß er fort ist!» flüsterte Lisette. «Und jetzt, wie kommen wir hier wieder raus?»

«Wie wir hier rauskommen?» wiederholte Georgina und sah sie verständnislos an. «Hier ist dein Zimmer.» Georgina hob einen Leinenvorhang und zeigte ihr eine der Zellen mit einem Bett, einem windschiefen Tisch, auf dem Waschbecken und Wasserkrug standen, einem Spiegel an der einen und mehreren Kleiderhaken an der anderen Wand. «Wir wollen ausreiten.»

«Ausreiten? Aber du bist doch den ganzen Tag schon geritten, Georgina! Wo sind die Kinder?»

«Irgendwo draußen. Sie wollten sich nicht hinlegen – das heißt, bis auf Cissy; die schläft wie ein Murmeltier. Willst du nicht mitkommen?»

«Auf gar keinen Fall! Ich finde dieses Haus gräßlich! Diese Kuhhirten, wo er die bloß aufgetrieben hat? Dieser alte Indianer, und dieses riesige, wilde Hundevieh! Sogar die Katze sieht aus, als ob sie wild wäre. Was werden die uns hier bloß zu essen vorsetzen? Na ja, ich kann's mir schon denken.» Sie rollte empört die Augen.

Georgina betrachtete sie einen Augenblick ernst, dann legte sie ihre Hand an Lisettes Wange, die wirklich heiß und gerötet war, und sagte fürsorglich: «Aber Liebes, du bist ja krank! Du hast dir irgend etwas geholt, aber sehr schlimm kann es nicht sein. Geh, leg dich zu Bett und schlaf ein paar Stunden, dann geht's dir gleich wieder besser.» Während sie das sagte, hatte Georgina Lisette schon den Hut abgenommen; jetzt schlug sie die Bettdecken zurück, klopfte die Strohmatratze auf, und Lisette warf einen sehnsuchtsvollen Blick hinüber, schauderte jedoch bei dem Gedanken, zwischen Decken liegen zu müssen, die vielleicht nach der letzten Benutzung noch nicht entlaust worden waren.

Und doch drängte es sie, sich im Bett zu verkriechen. Langsam begann sie sich auszuziehen; sie seufzte und hatte dabei das Gefühl, tatsächlich sehr schwach und leidend zu sein, und besprach ernsthaft mit Georgina, ob sie wohl etwas essen könne. Und dann legte sie sich ins Bett, das, wie sie zu ihrer Erleichterung feststellte, mit sauberen weißen Tüchern bezogen war, die einen angenehmen Geruch ausströmten, als seien sie in der Sonne getrocknet worden. Als Georgina sich dann über sie beugte, um ihr einen Kuß zu geben, schaute sie mit einem mitleiderregenden Ausdruck zu ihrer Schwägerin auf, als wolle sie fragen, ob sie den Tag wohl überstehen werde.

«Wir sind vor dem Dunkelwerden zurück. Schlaf ein bißchen. Hinterher ist bestimmt alles wieder in Ordnung.»

«Meinst du?» Sie lag und lauschte Georginas Schritten, die sich den Gang hinunter entfernten, dem Öffnen und Schließen der Tür, und dann war sie allein, starrte verwirrt an die Decke und fragte sich, wie es kam, daß sie nach fünfzehn Jahren in den Bergen auf einmal so zimperlich und mißtrauisch geworden war, wie sie es sonst nur von ihrer Kusine Suky erwartet hätte.

Sie konnte nicht schlafen und rieb mit der Faust die Fensterscheibe sauber. Draußen bot sich ihr ein Blick auf Hügel und Berge, die im sinkenden Licht des Nachmittags immer weiter zurückzuweichen schienen. Kaum hundert Meter entfernt wanderte rastlos ein zahmer Berglöwe auf und ab, in einem zerbrechlichen Käfig, der kaum stark genug wirkte, um Kibosh zu halten.

Sie runzelte die Stirn, schüttelte den Kopf und legte sich wieder hin. Nach ein paar Minuten hörte sie Jungenstimmen, der Berglöwe stieß ein furchterregendes Gebrüll aus, und durch ihr Spähloch sah sie Frank, Matthew und einen dritten Jungen, der ein bißchen älter war und einen Munitionsgürtel mit Pistole trug, die Fäuste schwingen und um den Löwenkäfig herumtanzen. Sie klopfte ans Fenster, und die Kinder verschwanden unter fröhlichem Gelächter in entgegengesetzter Richtung. Nur der ältere Junge drehte sich noch einmal um, zog seine Pistole, richtete sie auf die fauchende Katze, beschloß aber dann, doch nicht zu schießen, und folgte den anderen.

Sie legte sich hin, bestürzter noch als zuvor, und fragte sich, wem dieses Kind wohl gehören mochte, denn Zack hatte den Jungen niemals erwähnt. Einem Nachbarn vielleicht, falls es in diesem Landesteil überhaupt Nachbarn gab. Seufzend schüttelte sie noch einmal den Kopf.

Dann hörte sie klappernde Hufe, anscheinend ritt Zack mit seinen Gästen davon, um ihnen seinen Besitz zu zeigen. Doch durch ihr Fenster konnte sie niemanden sehen – nichts als den unruhigen Löwen, die dunkelnden Hügel und ein rotes Glühen auf der Erde, den Widerschein eines Sonnenuntergangs, den sie so gern betrachtet hätte, wenn sie bloß mutig genug gewesen wäre, aus dem Bett zu steigen.

Etwas später, als sie, die Nase an der Fensterscheibe, auf einen Ellbogen gestützt, dalag und darauf wartete, daß irgend etwas oder irgend jemand draußen auftauchte, hörte sie leise Schritte und sah, als sie sich neugierig umdrehte, ein junges Indianermädchen, das den Vorhang beiseite schob und ihre beiden Koffer hereinbrachte.

«Was willst du?» fragte Lisette.

Das Mädchen antwortete nicht, sondern öffnete, während Lisette zuschaute, die Koffer, hängte die Kleider auf und baute Haarbürsten, Cremetöpfe und Puderdosen auf dem Tisch auf. Sie sah nicht älter aus als fünfzehn, sechzehn, hatte eine platte Nase und sehr geschlitzte Augen, und das schwarze Haar, das in Schulterhöhe glatt abgeschnitten war, schwang bei jeder Bewegung rhythmisch mit. Sie trug ein fleckiges rotes Baumwollkleid und einen leuchtenden Schal, der Mittelteil ihres Haares war rot gefärbt, rote Kreise in Dollargröße zierten ihre Wangen, und Lisette sagte sich, daß sie bei ihren eigenen Leuten bestimmt als ein sehr hübsches Mädchen galt. Aber sie war kaum größer als anderthalb Meter, hatte runde Arme und kurze Beine und trug, wie alle Squaws, keine Wäsche unter dem Kleid, so daß bei jeder Bewegung die schweren Brüste bebten und ihr Gesäß wackelte. Lisette betrachtete sie mißbilligend, denn sie fand, es sei leichter zu erklären, warum das Mädchen auf der Double Key war, als zu erraten, warum Zack Fletcher sich einen Berglöwen hielt.

Lisette fragte das Mädchen nach seinem Namen, aber es warf ihr nur einen hastigen, scheuen Blick zu und war wieder verschwunden. Da sprang Lisette auf einmal kurz entschlossen aus dem Bett und zog sich an, während sie sich trotzig einredete, sie sei nicht krank und lasse sich nicht behandeln, als ob sie es wäre, sie würde jetzt hinausgehen und dieses Haus erkunden und selber sehen, was für ein Leben Zack Fletcher hier führte, mit zahmen Indianern und Schoßlöwen und bezahlten Desperados.

Sie stand vor dem Spiegel, strich sich Pomade auf die Lippen, stäubte sich Puder auf das Gesicht und lächelte selbstbewußt; dann prüfte sie den Sitz ihres Reitkleides, zog ihre Handschuhe an und machte sich voll Selbstsicherheit auf den Weg, war aber entsetzt, als sie entdecken mußte, daß aller Mut sie in dem Augenblick verließ, als sie auf den Gang hinaustrat. Sie blieb wütend stehen, weil sie zum erstenmal alle Qualen eines Greenhorns durchmachte, jener besonderen Art von Feiglingen, die sie von Herzen verabscheute.

Dann aber beschloß sie weiterzugehen, trat mit den Absätzen ihrer schwarzen Stiefel geräuschvoller auf als nötig, ließ ihre Reitgerte sausen, öffnete vorsichtig die Tür, spähte mißtrauisch in den großen Raum, ging, als sie ihn leer fand, tapfer hinein und schlenderte darin herum, während sie alles, was sie sah, mit Geringschätzung musterte.

Da sie bis hierher vorgedrungen war, ohne von dem Berglöwen angefallen oder von der Katze Kibosh angegriffen, ohne von dem alten Indianer skalpiert und von den wilden jungen Männern belästigt worden zu sein, wagte sie sich nach draußen, denn sie beabsichtigte, sich so vertraut mit diesem finsteren Ort zu machen, daß Zack, wenn er zurückkam, keine Möglichkeit mehr sah, ihr eine Überraschung zu bereiten.

Die Sonne war untergegangen und hatte am Horizont violette und purpurne Streifen hinterlassen, aber die lange Sommerdämmerung hatte erst begonnen, der Himmel war immer noch ziemlich hell, und die Luft war reglos und heiß. Ein sanfter Lufthauch ließ die Pappeln am Fluß unablässig flüstern und seufzen, ihre Blätter raschelten leise aneinander. Es war auffallend still. Als sie stehenblieb und überlegte, welche Richtung sie einschlagen sollte, begann irgendwo eine Mundharmonika zu spielen, schluchzend und bebend, eine traurige Melodie, die sie nicht kannte. Eifrig drehte sie sich um, denn sie erwartete, der Musikant werde sich zeigen, aber der Klang wurde schwächer und verstummte dann ganz, als sei der Spieler davongegangen oder habe das Interesse an seiner Musik verloren.

Einem plötzlichen Entschluß folgend, machte sie sich auf, um dem Berglöwen einen Besuch abzustatten. Doch als sie näher kam und sah, daß er ein Kaninchen zerriß, sich zu ihr umwandte und sie mit funkelnden Augen anstarrte, als könne er sie durch einen Blick schon vernichten, und dann einen Schrei ausstieß wie eine Frau in Schmerz und Verzweiflung, da fing Lisette an zu laufen und blieb nicht stehen und drehte sich nicht um, bis sie in sicherer Entfernung war, doch da hatte er sich schon wieder dem Kaninchen zugewandt und interessierte sich nicht mehr für sie.

Sie wanderte weiter, sog neugierig die Luft ein und roch den Duft von brutzelndem Fleisch und frisch gebackenem Brot. Wieder hörte sie die Mundharmonika, doch diesmal war das Schluchzen übertrieben und hatte sich in eine Art spöttischen Gelächters verwandelt, aber wieder verlor es sich in der Ferne und verklang. Auf der Suche nach einem Menschen, mit dem sie sprechen konnte, ging sie zur Küchentür und blickte hinein.

Da stand, mit einem Zopf, der fast bis zur Erde herabhing, der chinesische Koch und hantierte mit energischer Autorität an einem Herd mit einem riesigen, dampfenden Kessel darauf, in den er Fleischbrocken warf, die ihm von dem schweigend an seiner Seite stehenden Indianermädchen gereicht wurden. Der alte Indianer saß, trotz der Hitze in eine Decke gewickelt, mit gekreuzten Beinen auf dem Boden, und Lisette, der plötzlich flau wurde beim Anblick der Speisen, der Berge von ungespültem Geschirr und der Eimer voll Abfall, zog sich hastig zurück und machte sich wieder auf die Suche.

In der Schmiede fand sie einen Mann bei der Arbeit und blieb minutenlang an der Tür stehen und sah ihm zu, ehe er sie bemerkte und höflich den Hut zog. «Guten Tag, Ma'am.»

Lisette lächelte sehnsüchtig und hoffte, er werde sie hereinbitten. «Wohin sind sie geritten – Mr. Fletcher und die anderen?»

«Ich glaube, sie wollten sich die Gegend ansehen, Ma'am.»

«Sie wissen nicht, wann sie zurückkommen?»

«Zum Abendessen, würde ich sagen.»

Er begann wieder zu hämmern, und Lisette drehte sich um, als sei das ein Zeichen der Entlassung gewesen, und schlenderte langsam davon.

Sie überlegte, ob sie ins Haus zurückkehren sollte, und ging schon schneller, als sie dicht neben sich einen scharfen, trockenen Knall hörte, wie einen Pistolenschuß. Sie blieb wie angewurzelt stehen, und die Angst und das Mißtrauen vor diesem unheimlichen Ort schienen ihr auf einmal gerechtfertigt. Sie stand reglos und wartete. Wieder der trockene Knall, und dann erschien vor ihr im Staub eine dünne schwarze Linie, die sich wand und langsam zurückwich, an ihr vorbeiglitt mit den lethargischen Bewegungen einer Schlange. Als sie sich umdrehte und voller Verwunderung aufblickte, hörte sie eine Frauenstimme laut auflachen.

Der Knall war nicht von einer Pistole gekommen, sondern es war der Knall einer Viehtreiberpeitsche gewesen, die jetzt ganz langsam zurückgezogen wurde, bis sie in einer offenen Scheunentür verschwand. Und da stand auch eine schlanke Gestalt, die sie angrinste und ihr einen lässigen Gruß zuwarf. «Hallo! Habe ich Sie erschreckt?»

Einen Augenblick lang glaubte Lisette, einen der finsteren jungen Männer vor sich zu haben, die sie vorher gesehen hatte, erkannte dann aber, daß es kein Mann war, der da mit geschickten Bewegungen die Peitsche tanzen ließ, sondern eine Frau in schwarzer Hose und kniehohen schwarzen Stiefeln, grün-rot gewürfelter Weste über dem weißen Hemd und einem breitrandigen schwarzen Hut, unter dem das kurzgeschnittene braune Haar lebhaft schwang. Die Frau hob eine Harmonika an den Mund und blies ein paar Töne jener schluchzenden Melodie.

Dann steckte sie die Harmonika in die Tasche, warf die Peitsche fort und kam gemächlich herausgeschlendert, während Lisette sie so mißtrauisch beobachtete, als habe sie eine Wahnsinnige vor sich. Als sie noch etwa einen bis anderthalb Meter entfernt war, blieb sie stehen, warf Lisette einen schrägen Blick zu und meinte: «Für eine ehrbare Frau haben Sie aber verdammt viel Schneid!»

Lisette mußte lächeln. Zu ihrer Überraschung war ihre Angst ganz verschwunden, und sie konnte sich nicht einmal mehr besinnen, warum sie überhaupt Angst gehabt hatte; denn der Anblick dieser alten Freundin und Feindin, die sie noch nie persönlich kennengelernt hatte – obwohl sie ihr Bild sehr eingehend studiert und es dann mitten durchgerissen, nach ein bis zwei Jahren jedoch wieder zusammengeklebt hatte – schien ihr auf einmal neuen Mut zu verleihen. «Haben Sie mich für ein Greenhorn gehalten, Lily Jones?»

Lily riß die Augen auf. «Sie kennen mich?»

«Sie haben mir doch Ihr Bild geschickt, wissen Sie das nicht mehr?»

«O nein, das habe ich nicht! Ihrem Bruder habe ich mein Bild geschickt. Ihnen hätte höchstens Fletcher seines schicken können.»

Lilys Körper war noch immer so schlank und biegsam wie damals, als das Foto gemacht wurde, nur ihre gebräunte Haut wirkte ein wenig trocken, und um die Augenwinkel zogen sich kleine Fältchen, als hätte sie die Angewohnheit, gegen die grelle Sonne zu blinzeln. Aber sie besaß noch ihre alte, robuste Gesundheit und Vitalität, und als sie jetzt den Kopf schief legte, so daß das Haar wie schwere Seidenfransen auf ihre Schulter fiel, grinste sie mutwillig und sagte, als habe sie einen Hund oder ein Pferd begutachtet, zu Lisette: «Er hat nicht gelogen, Sie sind wirklich sehr hübsch!» Ob es aber Morgan oder Zack Fletcher gewesen war, der das gesagt hatte, erwähnte sie nicht.

Darauf wußte Lisette nichts zu entgegnen, sondern begann auf das Haus zuzugehen. Lily holte eine Zigarre aus der einen Westentasche, ein Streichholz aus der anderen, hob das rechte Bein, strich das Streichholz geschickt an ihrem Oberschenkel an und schlenderte, die Zigarre zwischen den Zähnen und beide Hände tief in den Taschen, gemütlich neben ihr her, wie ein kleiner Junge, der einen Spaziergang macht. Sie fragte Lisette, was sie von der Double Key halte und warum sie nicht mit den anderen ausgeritten sei, war aber, als sie keine Antwort bekam, durchaus nicht gekränkt, sondern fuhr fort zu erzählen mit einer hellen Stimme, die einen komischen Kontrast zu all ihrer forcierten Burschikosität bildete.

«Möchten Sie irgendwas über Fletcher wissen, ehe er zurückkommt?»

«Auf keinen Fall!» Lisette warf ihr einen raschen, wütenden Blick zu, traf aber auf Lilys schlaues Grinsen und ihre funkelnden grünen Augen, die sie von der Seite her ansahen.

«Ich interessiere mich nicht für Zack Fletcher – oder für das, was Sie über ihn wissen.»

Sie überquerten den Innenhof. Lisette hatte zwar beabsichtigt, in ihr Zimmer zurückzukehren, blieb aber vor der Haustür stehen, weil sie merkte, daß Lily sie noch immer mit schlauem, herausforderndem Lächeln beobachtete. Sie setzte sich auf einen der windschiefen Stühle, während Lily nicht weit von ihr Platz nahm, ihren Stuhl gegen die Hauswand kippte und einen Fuß aufs Knie legte. Lily zog eine flache Flasche aus der Tasche, fragte ironisch, ob Lisette auch einen Schluck wolle, und trank mit Behagen.

Nach einem Augenblick schob Lily, die offen und sehr gelassen ihren Blick auf Lisette ruhen ließ, den Hut aus der Stirn und erkundigte sich mit naiver Neugier: «Sie lieben Fletcher noch immer, nicht wahr?»

Lisette fuhr hoch, als habe ihr jemand kräftig den Zeigefinger ins Kreuz gestoßen. «Schweigen Sie!» forderte sie. «Sie kennen mich nicht, und Sie haben kein Recht, so etwas zu mir zu sagen!»

Lily kippte den Stuhl in einen noch gefährlicheren Winkel, trank einen weiteren tiefen Schluck und begann zu pfeifen; sie pfiff eine ganze Weile, bis sie schließlich sagte: «Na schön. Ist ja nicht mein Bier.»

Wenige Minuten darauf ging das Indianermädchen über den Hof; es hinterließ dieselben einwärts gekehrten Fußspuren, die Lisette überall entdeckt hatte, und schien sie nicht zu bemerken, bis Lily es ansprach. Da fuhr es erschrocken herum, blickte von einer zur anderen, erwiderte den Gruß und lief davon. «Das ist ‹Rote Perle›», erklärte Lily.

Lisette funkelte sie an, als Warnung, ja kein Wort mehr über ‹Rote Perle› zu sagen.

«Sie ist eine Krähenindianerin», fügte Lily gleichmütig hinzu, als interessiere Lisette sich brennend dafür. «Er hat sie vor drei Jahren gegen zwei Ponies eingetauscht, und nicht mal sehr gute. Aber von Fletcher können ja sogar die Yankees was lernen, wenn es darum geht, etwas zu verhökern, was nicht gebraucht wird. Sie ist sein Verhältnis», sagte Lily, klopfte die Asche von ihrer Zigarre und beobachtete Lisette aus den Augenwinkeln. «Und Sie sehen ja selber, sie ist viel hübscher als die durchschnittliche Squaw, obgleich sie wahrhaftig nicht besser riecht.» Lisette blieb sehr aufrecht und gerade sitzen, versuchte zu tun, als sei sie taub geworden, und Lily fuhr fort, als plaudere sie mit sich selbst oder mit einer alten, vertrauten Freundin. «Männer mögen Indianerinnen. Wollen Sie wissen, warum?»

«Nein.»

Doch Lily lächelte nur belustigt und gleichmütig. «Das ist eine verdammte Lüge – natürlich wollen Sie es wissen; also gut, ich werde es Ihnen erzählen. Sie sind wie Hunde, demütig und zum Gehorchen erzogen, und sie sind willig zu jeder Arbeit. Oh, sie schuften wie die Pferde, und sie beklagen sich nie, und sie sagen nicht viel, weil sie nicht ein verdammtes bißchen Lust haben, mit einem weißen Mann zu sprechen, selbst wenn sie ihn lieben. Hau?» imitierte Lily plötzlich die Antwort der Indianerin. «Ha?» fügte sie noch hinzu. Dann neigte sie den Kopf und machte mit dem Zeigefinger ein Zeichen. «*Mita kola*. Das ist alles. Vielleicht haben sie noch einen oder zwei andere Ausdrücke fürs Bett, oder vielleicht schweigen sie dabei auch. Jedenfalls, Sie haben mich nach ‹Rote Perle› gefragt, und das wär's. Sonst noch Fragen?»

«Nein.»

«Der alte Indianer ist ‹Linke Hand›, ein Schwarzfuß-Häuptling, aber das nützt ihm auch nicht mehr viel. Der chinesische Koch heißt Chee Shum. Ich bin Lily Jones, inzwischen haben wohl alle von mir gehört, und der Junge ist Johnny Lawler, mein Neffe.» Sie schien, als Lisette sie neugierig ansah, übermäßig stolz darauf, ihr diese kleine Überraschung bereitet zu haben. «Im vergangenen Mai ist er elf geworden, und der Teufel soll mich holen, wenn er nicht einen erwachsenen Mann ersetzt. Flucht in zwei Sprachen, kümmert sich um seine eigenen Angelegenheiten, kann Spuren lesen wie ein Apache und spielt großartig Poker. Kaut Tabak, bevorzugt aber seit einiger Zeit Zigarren.» Lily kniff, stolz auf diesen frühreifen Verwandten, ein Auge zusammen.

Lisette starrte sie an, entsetzter noch über Lilys Aufzählung der Fähigkeiten ihres Neffen als vorher, als sie erfahren hatte, was sie vom ersten Augenblick an geahnt hatte – daß ‹Rote Perle› Zack Fletchers Verhältnis war. «Aber was ist aus seiner Kindheit geworden?»

«Woher zum Teufel soll ich das wissen? Welches Kind wünscht sich denn eine Kindheit?» Lily betrachtete sie noch immer mit demselben Ausdruck unverhohlener Neugier und mit verächtlicher Belustigung, als beweise Lisettes Sorge um die Kindheit des Jungen nur, daß ehrbare Frauen überhaupt keinen Sinn für die wahren Werte hatten; und plötzlich schnippte sie mit den Fingern. «Da kommen sie!»

Weit draußen auf der Ebene war eine leichte Staubwolke zu sehen, und aus ihr löste sich jetzt eine galoppierende Reitergruppe; die helle Stimme eines Jungen stieß einen Rebellenschrei aus, der umgehend von Lily beantwortet wurde, die ihren Kopf zurückwarf und einen Laut ausstieß, der Lisette furchtsam erschauern ließ.

Lily drehte sich um, ihre grünen Augen blickten hart und eindringlich. «Werden Sie ihm von meinem kleinen Scherz mit der Peitsche erzählen?»

«Natürlich nicht. Glauben Sie, ich habe Angst vor Ihnen?»

«Werden Sie ihm sagen, daß ich Ihnen von ‹Rote Perle› erzählt habe?»

Lisette lächelte. «Lily Jones, Sie sind nicht annähernd so wild oder so unabhängig, wie Sie vorgeben, nicht wahr?» Lily machte ein so entrüstetes Gesicht, als sei ihre innerste Anständigkeit in Frage gestellt worden. «Wenn Sie die Wahrheit wissen wollen – ich habe fast ein wenig Mitleid mit Ihnen.»

Lily sprang auf. «Mitleid mit mir? Um Himmels willen! Der Teufel soll mich holen, wenn das nicht typisch die Beleidigung einer ehrbaren Frau ist!» Sie gab dem Geländer einen Tritt und machte auf dem Absatz kehrt. «Von mir aus können Sie zum Teufel gehen, Mrs. Mercer!» Ihre grünen Augen funkelten nicht weniger bösartig als die des Berglöwen, sie warf die Zigarre fort, spuckte über das Geländer, machte direkt unter Lisettes Nase eine obszöne Geste, lief polternd ins Haus und warf die Tür ins Schloß; und Lisette, erstaunt über diesen so leicht errungenen Sieg, brach in lautes Lachen aus und lief den anderen entgegen.

Zack kam mit raschen Schritten auf sie zu. Seine Miene war so besorgt, als glaube er, sie komme zu ihm gelaufen, um ihn um Schutz vor den zahlreichen Gefahren zu bitten, mit denen er sie allein gelassen hatte. Lisette jedoch lief an ihm vorbei, griff nach Polly und Frank, küßte das kleine Mädchen, musterte prüfend Franks Gesicht, um zu sehen, ob er genauso begierig danach war, seine Kindheit abzulegen, wie Lily Jones' Neffe, und ließ ihn, als er errötete und sich wehrte, als füge sie ihm in Gegenwart seines Freundes eine schwere Beleidigung zu, schnell los. Sie stieß, angesichts dieser ersten öffentlichen Zurückweisung durch ihren Sohn, ein kleines, verlegenes Lachen aus, schlenderte Arm in Arm mit Georgina zum Haus zurück, unterhielt sich vergnügt mit James Gordon und weigerte sich von Zack Notiz zu nehmen, so daß er gezwungen war, mit verwirrter und betretener Miene neben ihnen herzutrotten. Er schien zu erraten, daß Lily Jones seine Geheimnisse ausgeplaudert, seine Laster vor ihren Augen ausgebreitet und seine Abwesenheit ausgenutzt hatte, um ihn zum Narren zu machen, denn genau darauf ließ Lisettes gelegentliches Lächeln, das rätselhaft und zugleich unverschämt war, schließen.

Der Gong rief zum Essen, und Lily erschien an der Tür; ihr Gesicht war verdrossen und geistesabwesend, und als Zack sie heranwinkte, schien es, als sei sie mißtrauisch und zögere, dem Wink zu folgen; aber er schob sie energisch aus dem Hof und sprach im Gehen auf sie ein, während Lily in heftigem Protest mit den Armen gestikulierte und laut erklärte: «Nicht ein verdammtes Wort, Fletcher, auf Ehre – nicht ein einziges verdammtes Wort!»

60

Allegra stellte sich auf die Zehenspitzen und versuchte, zwischen den vorbeiströmenden Menschenmassen hindurch einen kurzen Blick auf Fergusons New Broadway Theater zu erhaschen, aber sie wollte nicht über die Straße gehen, um es sich aus der Nähe anzusehen. Sie war überhaupt scheu und zurückhaltend geworden und sprach über das Theater beinahe so, als sei sie hierhergekommen, um eine Ruine aus uralter Zeit zu besichtigen, einen Tempel, in dem nicht mehr gebetet wurde und bei dessen Anblick man auch kaum begreifen konnte, daß jemals in ihm gebetet worden war.

«Ist es nicht wunderschön?» fragte sie. «Eine richtige kleine georgianische Villa!»

Und so wirkte es tatsächlich, denn es bestand aus rotem Klinker und war mit weißem Marmor verziert. Eine Reihe weißer Säulen zog sich vor der Fassade her, und unter dem Gesims stand eine Marmorfigur, die mit einem traurigen, bezaubernden Lächeln herabschaute und mit den ausgebreiteten Händen auf die ihr zur Seite stehenden steinernen Masken der Komödie und der Tragödie deutete. Das Lächeln glich, wie jemand – nicht Ferguson – Allegra erklärt hatte, ihrem eigenen, aber die Statue war so klein, daß man sie von der Straße aus nicht erkennen konnte, und vom Innern des Gebäudes aus konnte man sie auch nicht sehen; wenn also Dyke Ferguson dies als persönliche Huldigung gedacht hatte, so mochte er das Geheimnis wahren, so lange er wollte.

«Tausend Plätze?»

«Zwölfhundert», verbesserte er sie ungeduldig, denn sie hatte ihn hier nun schon fast eine halbe Stunde lang festgehalten und kannte natürlich die Zahl der Plätze ebensogut wie er. «Komm, ich muß es dir zeigen!»

«Nein, nein. Noch nicht. Noch einen Augenblick – bitte! Eine Drehbühne?»

Doch er zog sie unerbittlich hinter sich her, und als sie mitten in dem Durcheinander von Pferdebahnen, Mietkutschen und Privatwagen steckten, klammerte sie sich an ihn, als seien sie in einen Wasserstrudel geraten. Dann ging es aber doch weiter, und als er dastand und mit den Schlüsseln hantierte, machte sie einen zweiten Fluchtversuch. Er jedoch hatte die Tür schon aufgeschlossen, schob sie hinein, schloß hinter ihr ab, riß ein Streichholz an und sah, daß sie kleinlaut und zitternd neben ihm stand.

«Da wären wir also.» Sie warf ihm einen resignierten und seltsamen Blick zu. «Ich möchte alles sehen.»

«Komm mit!» sagte er in geheimnisvollem Flüsterton, und sie schritten einen Gang entlang. Der Kerzenschein tanzte vor ihm her, und sie folgte ihm zögernd, sog den Duft nach frischer Farbe und neuem Holz ein wie ein Tier, das sich zuallererst durch die Nase mit einer fremden Umgebung vertraut macht. Er führte sie langsam weiter, bis er sich unvermittelt umdrehte. Als sie mit dem verzückten Ausdruck eines Mediums in Trance auf ihn zukam, ergriff er ihre Hand, und dann betrat sie die Bühne. «Nicht weitergehen!» warnte er sie, immer noch flüsternd, als wären sie Diebe, die in ein verlassenes Haus eingebrochen waren. «Warte!» Die Kerze verschwand, und Allegra schlug mit einem schwachen, protestierenden Aufschrei die Hände vor ihr Gesicht.

Doch dann füllte sich das Theater mit Licht; vorsichtig trat sie auf die Rampenleuchten zu und spähte mißtrauisch hinunter, weil sie argwöhnte, er habe sich dort unten versteckt, um sie unauffällig zu beobachten. «Dyke!»

«Hier bin ich!» rief er. «Siehst du mich nicht?»

Suchend mühte sie sich, mit dem Blick den Vorhang von Licht zu durchdringen und in das leere Theater hinabzuspähen, ein weites, mit karmesinrotem Brokat ausgeschlagenes Halbrund, in dem sich eine Reihe vergoldeter, mit karmesinrotem Samt bezogener Sitze hinter der anderen in allmählich ansteigendem Bogen erhob. Die Kristallkronleuchter warfen unsicheres Licht, ihre Prismen schleuderten Blitze, die ihr vor den Augen tanzten, als sie jetzt langsam den Kopf neigte und in einem Knicks versank, so tief, daß ihre Stirn schließlich ihr Knie berührte. Dann murmelte sie mit ergriffener Stimme: «O danke – vielen Dank!»

«Schon besser», hörte sie ihn irgendwo in der Nähe sagen, erhob sich rasch, entdeckte, daß er sie mit seinem vertrauten, sarkastischen Lächeln beobachtete, als wüßte er, daß sie ihm jetzt überallhin folgen werde, und zuckte die Achseln. Sie hätte wissen müssen, daß es ihr niemals gelingen werde, Dyke Ferguson zu bezwingen.

Hand in Hand stiegen sie von der Bühne herab, und er führte sie durch den Mittelgang. Gemessenen Schrittes geleitete er sie über den karmesinroten Samtläufer wie ein Monarch seine Gefährtin oder ein Bräutigam seine Braut. Sie war entzückt über dieses elegante kleine Theater, das ihr gehören würde, wenn sie erst einmal den Fuß auf die Bühne gesetzt hatte und unten das Publikum saß, während Dyke Ferguson dann nicht wichtiger war als Tap Doyle, der Laufjunge. Er ließ sie allein in einer Loge zurück, wo sie Platz nahm und ihren Mantel über die Rücklehne des Sitzes warf, als warte sie darauf, daß sie selbst auf der Bühne erschien. Er befahl ihr, dort zu bleiben, denn er habe noch andere Überraschungen für sie. Als er verschwunden war, lehnte sie sich auf die Samtkordel und starrte hinab auf die erleuchtete Bühne. In Gedanken sah sie eine ganze Prozession vorüberziehen – Lady Teazle mit fröhlichem, spöttischem Lachen, Lady Macbeth, die sich im Wahn die Hände wusch, Rosalinde, die keck vorbeihüpfte –, und jeder nickte sie zu wie einer alten Bekannten, grüßte Viola, Julia und Imogene. Ferguson weigerte sich immer noch, geringeren Damen Zutritt zu diesen Brettern zu gewähren, und blieb so hart wie eh und je gegen billige Komödien und importierte, französische Melodramen. Er duldete nicht, daß eine Kameliendame oder Frou-Frous seinen Tempel entweihten, sondern verlangte, wie er es immer getan hatte, daß die reichen New Yorker den Spielplan so akzeptierten, wie er ihn diktierte.

Jetzt seufzte sie und rutschte unruhig auf ihrem Sessel herum, dann lächelte sie einem unsichtbaren Begleiter mit jener erwartungsvollen Ungeduld zu, wie sie es bei den Damen gesehen hatte, während sie auf ihren Auftritt warteten, und genoß ein paar Minuten lang das herrliche Gefühl, daß nunmehr sie es war, die unterhalten sein wollte, die sich zum Richter erhob, sich gerührt oder gelangweilt zeigte, gähnte oder applaudierte, je nach der Laune, in der sie sich gerade befand. Denn ihr Vergnügen daran, sich vor den Zuschauern zu präsentieren, hatte allmählich nachgelassen, und es geschah jetzt nicht selten, daß sie einer Vorstellung mit so viel Unmut entgegensah, als hätte man sie gezwungen, jemandem ein Geschenk zu machen, der ihr Feind war und den wahren Wert des Geschenkes überhaupt nicht zu würdigen wußte.

Ferguson war nirgends zu sehen, doch hinter der Bühne ertönten Geräusche. Sie legte den Kopf auf die Arme und wurde von einer Woge der Einsamkeit überfallen. Warum hatte sie sich nur von ihm überreden lassen, nach Amerika zurückzukehren, in dieses scheußliche Land, an dem sie niemals die Tugenden oder Vorzüge hatte entdecken können, die für ihren Bruder anscheinend so offensichtlich waren? Denn Hoke O'Neil, der City Coroner, schien zu glauben, es unterliege einzig seiner Entscheidung, den Bürgern der Stadt Tod oder Leben zu schenken, und seinem Urteil, zu bestimmen, ob sie ehrenhaft oder unehrenhaft gestorben waren. Sie hatte ihn diesmal als verheirateten Mann und Vater eines kleinen Mädchens wiedergefunden, das er als Irin zweiter Ernte zu bezeichnen pflegte, ein kleines, quäkendes Wesen mit Namen Brenna, das, wenn es erwachsen war, zweifellos eine begeisterte Patriotin sein würde.

Im Theater wurde es still, und sie überlegte schon, ob Ferguson vielleicht auf und davon gegangen war und sie hier allein gelassen hatte, eingeschlossen für die ganze Nacht mit ihren Sünden des Hochmuts und der Eitelkeit, damit sie in dieser, ihrer wahren Umgebung in Ruhe darüber nachdenken konnte. Dabei mußte sie jedoch lachen, und der Ton klang mit so verblüffender Natürlichkeit durch den Raum, daß sie aufhorchte und gerade das Experiment wiederholen wollte, als sich die Bühne zu drehen begann. Die leere Fläche verschwand, glitt aus ihrem Gesichtskreis hinaus, und langsam schob sich an ihre Stelle die Dekoration für den letzten Akt von *Romeo und Julia*, die Grabkammer, mit steinernen Stufen, die in die Gruft hinabführten, mit Säulen, die scheinbar zu unendlicher Höhe aufragten, und Allegra sprang auf, klatschte begeistert in die Hände und lachte laut vor freudiger Erregung.

Ferguson kam auf die Bühne und starrte düster zu ihr herüber, als könne ihn kein noch so großes Lob für seine Mühe entschädigen. Dann warf er den Mantel ab, schleuderte den Hut zur Seite und begann umherzujagen, zog an Hebeln und Seilen und setzte das Meerestuch in schäumende Bewegung. Sekunden darauf fielen Schneeflocken, blieben in seinem Haar und auf seinen Schultern hängen, Wind heulte und pfiff, Regen strömte, Blitze zuckten, und Donner grollte, und dann blieb er endlich stehen, trocknete sich das nasse Gesicht und schüttelte den Kopf, als sei er selbst überrascht über diese körperliche Betätigung, denn gewöhnlich rührte er überhaupt nichts an, nicht einmal eine Souffliertafel, weil er der Ansicht war, ein Theaterdirektor, der bei derartigen Handreichungen gesehen werde, verliere an Autorität.

«Das wär's. Alles an diesem Theater ist moderner, schöner, praktischer und verdammt viel teurer als in jedem anderen Theater.

Dann ging er mit ihr ins Künstlerzimmer, und dort erkannte sie, wie sie es erwartet hatte, die alten Möbel, die vertraute Liste der Vorschriften, mit denen er ihr Leben lenkte, und zwar innerhalb des Theaters und außerhalb, und sie betrachtete sich in demselben Spiegel, in dem sie so oft schon, kurz ehe sie auf die Bühne ging, ihre Kostüme und Perükken geprüft hatte und wo sie nun Allegra Stuart prüfte, in ihrer purpurroten Samttoilette mit dem Nerzkragen und dem fliederfarbenen, mit weißen Seidenrosen besteckten Samthut. Dann aber merkte sie, daß er sie mit finsterer Miene betrachtete, als wolle er sie fragen, was in sie gefahren sei, daß sie da stehe und etwas anderes im Kopf habe als Fergusons New Broadway Theater.

Und nun entdeckte sie auch, daß noch eine andere Allegra Stuart im Zimmer war: das Porträt, das Augustus Adams kurz vor ihrer Abreise nach England angefertigt hatte. Ganz langsam ging sie auf diese fremde Frau zu, denn auf den ersten Blick gefiel sie ihr gar nicht.

Es war Lady Macbeth; das Haar hing ihr über Schultern und Brust herab, und ihr Blick verriet einen verzückten Stolz, der, wie Allegra fand, selbst auf dem Bild eher auf Wahnsinn als auf Ehrgeiz schließen ließ, obgleich Ferguson und Augustus Adams ihr beide versichert hatten, kein Mensch werde jemals dieses Porträt betrachten, ohne einzusehen, wie eng diese beiden miteinander verknüpft seien. Die Arme hatte sie über den Kopf erhoben, die Finger breit gespreizt in dem Bemühen, die goldene Krone zu halten, und man hatte den Eindruck, sie tauche aus einem Nebel auf, der so feucht war, daß ihr der Rock des graugrünen Gewandes an Körper und Beinen klebte; denn, so behauptete Augustus Adams, er habe in das Bild die feuchte Kälte des schottischen Hochlands hineingearbeitet und Lady Macbeth als physischen Bestandteil ihres Landes dargestellt.

«Das bleibt hier hängen, solange du bei mir spielst – und wenn du gehst, kommt das Bild meines nächsten Stars an die Wand.»

«Ich weiß.»

Ferguson war nämlich der Ansicht, daß sie ihn heiraten solle, denn er erwartete, daß Albert Montague weiterhin das tat, was er in den vergangenen acht Jahren auch getan hatte: daß er schwieg und sich fernhielt.

Wenn Montague sie gelegentlich in London besuchte, fühlte sie sich immer verpflichtet, ihn zu empfangen, weil sie fast abergläubisch davon überzeugt war, er könne ihr selbst jetzt noch einen wertvollen Rat für die eine oder die andere Rolle geben, mit der sie in letzter Zeit nicht ganz zufrieden gewesen war. Dann wanderte er auf und ab, versicherte ihr, seine eigene Provinztruppe sei erfolgreicher denn je und er sei lediglich in London, um die Bedingungen für einen Vertrag in der kommenden Saison zu besprechen. Nachdem er so sein gutes Fortkommen geschildert hatte, machte er sich daran, die Vorstellung, die sie am Abend zuvor gegeben hatte, zu kritisieren, hatte nicht weniger an ihrem Ausdruck, ihrer Stimme und ihren Bewegungen auszusetzen als damals, als sie noch zusammen lebten, und wollte sich nicht eher verabschieden, bis er mit ihr ein oder zwei wichtige Szenen durchgesprochen und sie sie zu seiner Zufriedenheit nachgespielt hatte.

«Wie ist es nur möglich», erklärte er ihr dann in vollem Ernst, «daß du alles vergessen hast, was ich dir mit soviel Mühe eingebleut habe?»

Er war fest davon überzeugt, daß er gerade noch rechtzeitig gekommen sei, um ihren Ruf zu retten, und daß ihre Lady Teazle ohne ihn in die Frivolität abgesunken und ihre Julia zu einem sentimentalen Backfisch geworden wäre. Und jedesmal, wenn er fort war, fragte sie sich, ob er nicht vielleicht recht hatte, wenigstens teilweise, denn es fiel ihr jetzt immer schwerer, sich einzureden, sie habe alles aus eigener Kraft geschafft und weder Albert Montague noch irgendein anderer habe etwas Entscheidendes zur Entwicklung der Allegra Stuart beigetragen.

Sie folgte Ferguson durch ein Labyrinth dunkler Gänge, in denen noch nicht jener vertraute Geruch nach Schweiß, Staub, Schminke und abgestandener Luft hing, und blieb vor einer Tür stehen, auf der sie undeutlich in schwarzen und goldenen Buchstaben ihren Namen erkennen konnte. Er machte eine drohende Gebärde, denn anscheinend machte ihn jedes neue Wunder, das er ihr zeigte, nur noch ärgerlicher.

Das Zimmer war größer als andere Garderoben, die sie bewohnt hatte, und mit Perserteppichen, maurischen Stoffen und gestreifter Seide ausgestattet. Es gab geschnitzte Wandschirme und durchbrochene Metallampen, über den Diwan schwang sich ein roter Seidenbaldachin, gehalten von gekreuzten Speeren, und die Wände waren mit Sarazenenschwertern geschmückt. Allegra stieß einen Freudenschrei aus, nahm Anlauf und landete mit einem Satz mitten auf dem Diwan, wo sie liegen blieb und ihm verzehrende Leidenschaft vorspielte, schließlich die Arme hinter dem Kopf verschränkte, ihm einen spöttischen Seitenblick zuwarf und feststellte: «Mein Porträt verschwindet, wenn ich gehe – und in meine Schlummerecke zieht Tamzene Twining ein.»

Er fuhr hoch, fluchte, wie er es sonst nur tat, wenn sie sich seiner Auffassung einer Szene entgegenstellte, stürzte hinaus, und dann hörte sie ihn den Gang hinunterlaufen, während er immer noch schrie: «Du verdammte, aufsässige Schlampe! Du irisches Weibsbild! Du selbstsüchtige, undankbare ...» Und so ging es weiter, bis sie ihn nicht mehr verstehen konnte. Doch gleich darauf drangen krachende, berstende Geräusche zu ihr herüber. Hastig lief sie hinaus auf die Bühne, denn sie hatte Angst, er könne zerstören, was er geschaffen hatte, noch ehe sie dort ihren ersten Triumph feiern konnte.

Fergusons Wutausbrüche waren zwar heftig, aber nur kurz und, wie sie festgestellt hatte, wohlkalkuliert. Auch jetzt fand sie ihn weit entfernt davon, die Säulen umzustürzen, wie sie gefürchtet hatte. Er schoß zwischen den Dekorationen und Scheinwerfern umher, um ihre Wirkung zu prüfen, und als er sie schüchtern am Rand der Bühne stehen sah, winkte er ihr befehlend zu, und sie kam langsam näher.

«Stell dich hierher. Genau da!» Er schob sie auf die Stelle, die er ihr zeigte, verlangte, sie dürfe sich nicht bewegen, und tauchte kurz darauf im Hintergrund des Theaters auf. «Paß auf, ich möchte, daß du etwas sagst; neulich hatte ich nämlich das Gefühl, von diesem Platz aus ein Echo gehört zu haben.» Er schnippte ungeduldig mit den Fingern. «Los, sag etwas!»

«Wenn's unbedingt sein muß.»

«Los, rede! Sprich mit mir, verflixt noch mal! Irgendwas, was dir gerade einfällt.» Er legte wie ein stocktauber alter Mann die Hand hinters Ohr, verzog das Gesicht zu einer Grimasse tiefster Konzentration und beugte sich wartend vor.

Allegra holte tief Luft, verschränkte die Hände und sprach sehr leise: «Meine Damen und Herren, ich danke Ihnen.»

Ferguson beugte sich weiter vor, schwerhöriger denn je. «Was war das?»

Sie hob die Stimme, und jetzt füllte sie das ganze Theater. «Meine Damen und Herren, ich danke Ihnen.»

«Das war schon besser. Weiter.»

«Darf ich Ihnen nun sagen, daß ich Ihren Applaus zum letztenmal entgegengenommen habe?»

«Was soll das?» erkundigte sich Ferguson erschrocken und sah sie prüfend an, als wolle er erraten, welchen Streich sie ihm jetzt spielen werde.

«Als unbekannte Fremde bin ich zu Ihnen gekommen», sprach sie mit ihrer vollen, zwingenden Stimme, die ihre Zuhörer jedesmal veranlaßte, aufmerksam zu lauschen, damit ihnen nichts Wichtiges entging. «Und jetzt habe ich das Gefühl, Sie alle schon immer gekannt zu haben. Von heute an», fuhr sie langsam und mit traurig-bittender Miene fort, «werde ich nie wieder auf der Bühne stehen, und da wir nun voneinander Abschied nehmen müssen, gestatten Sie mir, Ihnen zu sagen, daß Ihre Liebe und Ihre Großzügigkeit das Schönste in meinem Leben gewesen sind und daß es mir, ganz gleich, wie mein Leben weiter verläuft, immer ein Trost sein wird, zu wissen, daß die Kunst, deren bescheidene Vertreterin ich bin, lebendig bleiben wird, so lange die Menschheit existiert.» Sie machte eine Pause, breitete die Hände aus und neigte den Kopf. «Gott segne Sie.» Einen Augenblick blieb sie still stehen, ohne die kleinste Bewegung, bis Fergusons Stimme mit sonderbar schneidendem Ton aus dem leeren Zuschauersaal zu ihr heraufdrang.

«Verdammt noch mal, was sollte denn das bedeuten?»

Sie blickte freundlich lächelnd auf. «Meine Abschiedsrede», erklärte sie ihm und schien sehr munter und indifferent. «Gefällt sie dir? Ich könnte vielleicht noch das eine oder das andere hinzufügen – aber wahrscheinlich lasse ich sie, wie sie ist. Der Schluß gefällt mir besonders gut, denn wenn man in aller Öffentlichkeit sagt ‹Gott segne Sie›, dann fangen die Menschen immer an zu weinen.» Sie legte den Finger an die Lippen und dachte einen Augenblick darüber nach. «Weißt du, warum?»

Ferguson kam, die Hände in den Taschen, den Mittelgang entlanggeschlendert und blieb mit trotzig gespreizten Beinen stehen. «Du wirst niemals eine Abschiedsrede halten.»

«Aber gewiß werde ich das – das tut doch jeder! Manchmal glaube ich, daß das überhaupt die wichtigste Vorstellung ist, die ein Schauspieler jemals geben kann. Alles andere ist schnell vergessen, aber an eine Abschiedsrede denken die Menschen noch lange.»

«Und wann soll diese Abschiedsrede gehalten werden?»

Sie zuckte die Achseln. «Das weiß ich noch nicht genau, aber ich werde schon merken, wenn so soweit ist. Ich werde merken, wenn sie genug von mir haben, und ich hoffe zu Gott, daß ich es merke, bevor sie es merken. Danach kann ich jederzeit ruhig sterben.»

Er verschwand in der Orchesterversenkung und stand kurz darauf am Bühnenrand, von wo aus er sie heimlich und finster beobachtete, als denke er sich eine passende Strafe aus für das, was sie ihm angetan hatte. Schließlich fragte er: «Warum mußt du so oft vom Sterben sprechen?»

«Weil ich versuche, mich an den Gedanken zu gewöhnen. Ich will nicht vom Tod überrascht werden. Weißt du nicht mehr, wie es der armen Lemira gegangen ist?» fragte sie ihn mit melancholischer Stimme. «Sie hat so lange gelebt, bis sie alt und häßlich war, und dann ist sie schließlich an Tollwut gestorben, weil sie von ihrem Pudel gebissen wurde.» Ein teuflisches Lächeln verzerrte ihr Gesicht. «Es ist eine große Kunst, zu wissen, wann und wie man sterben muß, findest du nicht?»

Inzwischen war seine Bestürzung so groß geworden, daß er von ihr kein Wort überschwenglicher Dankbarkeit für sein Weihnachtsgeschenk mehr erwartete. Aber bis zum Eröffnungsabend des Theaters blieb er auf der Hut vor weiteren Fallen, und dann schüttelte er ihr, als sie von der Bühne kam, würdevoll die Hand und war anscheinend zu Tränen gerührt, denn seine Miene war noch verächtlicher als sonst. Er hütete sich nämlich noch mehr als sie vor offen gezeigter Zuneigung, weil er fürchtete, dadurch das labile Gleichgewicht zwischen Theaterdirektor und Star zu stören. Jedesmal, wenn sie zusammen ins Bett gingen, taten sie, als seien sie lediglich von einer zufälligen Lust übermannt worden, für die es weder Vergangenheit noch Zukunft gab. Später taten sie dann, wie auf eine wortlose Vereinbarung hin, als sei nichts geschehen.

«Und wenn ich nun nicht zu jenen Frauen gehörte, die du so sehr bewunderst», flüsterte sie, als sie an ihm vorbeiging, «was würdest du dann von mir halten?»

Eine halbe Stunde später sah sie ihn in der Nähe ihrer Tür herumlungern und schenkte ihm ein offenes, freundliches Lächeln und einen kurzen Gruß, als sehe sie ihn zum erstenmal. Dann begann sie die Hände zu schütteln, die sich ihr eifrig entgegenstreckten, erfüllt von einer glückseligen Verwirrung und Aufregung, die sie, vorübergehend jedenfalls, zu der Überzeugung bekehrte, daß die Amerikaner, was immer sie sonst auch von ihnen halten mochte, ihre eifrigsten Bewunderer waren.

Selbst Joshua Ching erschien und gab ihr einen zärtlichen Kuß, als hätten die langen Jahre ihrer Bekanntschaft sie schließlich zu seiner äußerst begabten Lieblingsnichte gemacht. Dann trat er zurück, um sie mit einem Lächeln zu mustern, das andeuten sollte, sie hätten gute und schlechte Zeiten zusammen überstanden und seien nun Kameraden geworden. «Wir haben Sie alle sehnlichst erwartet!»

«Wirklich?» Und dann flüsterte sie, mit einem Blick in die Runde, ob Ferguson auch nicht in der Nähe war: «Erzählen Sie mir von Ihrem Neffen!»

«Er ist draußen im Grenzland und gräbt nach Silber und Kupfer.»

«Er gräbt noch immer nach Silber und Kupfer?» Sie klopfte sich mit dem Finger ans Kinn und schüttelte den Kopf, als hätte sie erwartet, daß er inzwischen genug davon hatte. «Und es heißt, daß Amerika einem Boom entgegengeht?» Sie sprach das Wort mit einem weichen, doch explosiven Laut aus, hob sich auf die Zehenspitzen und spreizte die Finger einer Hand.

«Ja, so heißt es.»

«Das beste Jahr seit einer ganzen Generation, hat mir Ben Burnish gesagt.»

«Es sieht recht vielversprechend aus», gab Joshua zu.

Doch das, so versicherte ihr Hoke, sage Joshua Ching nur aus angeborener Vorsicht. Er zähle jetzt zu den reichsten Männern des Landes und wolle in Kürze zwei große Villen bauen — eine sei wohl inzwischen für ihn zu klein.

Hoke hatte sie in ihrem Haus in der East Fourteenth Street nahe der Fifth Avenue besucht, einem kleinen braungelben Haus aus dem Jahre 1830, das mit seinem säulengeschmückten Portiko einem griechischen Tempel glich, obwohl die Fassade in Höhe des ersten Stockwerks einen reich verzierten Eisenbalkon erhalten hatte. Die Front war vollkommen mit rankenden Glyzinien bewachsen – der eigentliche Grund, der sie zu dem Kauf veranlaßt hatte –, und sie freute sich jetzt schon auf das Umschlagen des Wetters und auf die dicken purpurnen Blütendolden, die dann auf Portiko und Balkon leuchten würden, während hinter dem Haus Geißblatt und wilde Kletterrosen ihrem Garten, falls sie den Gärtner zurückhalten konnte, jene Atmosphäre von Natürlichkeit und leichter Vernachlässigung verleihen würden, die ihr an einem Haus, das sie einmal in Italien gemietet hatte, so gut gefiel.

Drinnen jedoch herrschte eine kultivierte Harmonie, die Hoke beim ersten Blick genauso in Abwehrstellung versetzte, wie es früher ihre mittelalterliche ‹Burg› getan hatte. Während er in dem Salon mit seinem durch malvenfarbene Seidenvorhänge gefilterten Licht umherschlenderte, stieß er mit der Spitze seines blankgewichsten schwarzen Stiefels Sessel beiseite und musterte mit gekrauster Stirn ihre Bilder. «Kein Neo-Mittelalter mehr? Kein Eastlake?» Er sah sie an mit einem scharfen Blick, der sie erinnern sollte, er habe keines ihrer Worte vergessen. «Was ist es denn diesmal?»

«Venezianisch, 18. Jahrhundert.»

«Großer Gott!» Hoke schüttelte mißbilligend den Kopf. «Venezianisch! Das hier gefällt mir besser als das andere», erklärte er. «Nicht so groß, nicht so gewaltig. Trotzdem», fügte er hinzu, «man braucht eine Weile, bis man sich dran gewöhnt. Geld, wie?» sagte er dann und rieb bezeichnend die Fingerspitzen aneinander. «Das hier muß eine schöne Stange gekostet haben.»

«Na und?» gab sie zurück, schlug ein Bein über das andere, wippte mit ihrem Fuß und nestelte an ihrem Haar, während sie ihn vergnügt anlächelte. «Dieses Jahr lautet mein Vertrag auf einhunderttausend.»

Er starrte sie minutenlang mißtrauisch an, setzte sich dann aber und zog seinen Elfenbeinzahnstocher heraus, einen Strohhalm, an den er sich selbst jetzt noch manchmal zu klammern gezwungen war. «Einhunderttausend?» Er kniff die Augen zusammen, betrachtete blinzelnd die Bilder an der Wand, die für seinen Geschmack fast alle zu unbestimmt waren, und die Vasen voll Flieder – viel zuviel Flieder, fand er – und erklärte sodann mit einer Miene mitfühlenden Verständnisses: «Das ist nicht allzuviel – wenn man bedenkt, daß Joshua Ching es inzwischen fertiggebracht hat, so etwa vierzig Millionen zusammenzukratzen. Aber er mußte natürlich dafür auch einer Menge kleiner Stinktiere das Fell über die Ohren ziehen – mit meiner Hilfe.»

Doch Hoke war sehr stolz auf sie und fragte, ob er einmal seine Frau mitbringen dürfe, versicherte ihr aber rasch, Tessie habe keine Ahnung, daß sie seine Schwester sei. «Du brauchst dir meinetwegen bestimmt keine Sorgen zu machen, Betty. Wo, glaubst du, wäre ich wohl, wenn ich nicht gelernt hätte, den Mund zu halten?»

Eines Abends brachte dann Hoke seine Frau mit in ihre Garderobe, und Tessie schüttelte Allegra die Hand, ohne einen Blick in ihr Gesicht zu wagen, murmelte ein paar Worte, die zu wiederholen Allegra sie nicht bitten mochte, und stand ein paar Minuten lang unbeholfen herum, musterte stirnrunzelnd und verblüfft die seltsame Einrichtung der Garderobe dieser berühmten Schauspielerin und wirkte deutlich erleichtert, als Hoke sie wieder hinausführte; er brachte sie nicht noch einmal mit, obgleich er selber Allegra recht häufig besuchte, meistens zusammen mit Marquis McDuff, Oliver Foss, Richter Gill, Senator Stirt oder einem anderen Politiker.

Allegra hatte diesmal ganz neue Gewohnheiten mitgebracht. Sie gab keine üppigen Empfänge mehr, noch stellte sie sich in der Öffentlichkeit zur Schau, etwa bei einem Ausritt im Central Park oder beim Austernessen bei Dorlan's, sondern sie war versnobt, eigenbrötlerisch und überzeugt, sie sei jetzt viel zu bedeutend, um so leicht erreichbar zu sein. Außerdem machte sie es allen, aus Gründen, die sogar ihr selbst ein Geheimnis waren, immer schwerer, sie in ihrem neuen kleinen Haus aufzusuchen, weil sie nämlich dort, wie sie behauptete, Zeit brauche, um sich auszuruhen, zu lesen und sich zu erholen, und sich nicht von allen möglichen Besuchern zu jeder Tages- und Nachtstunde belästigen lassen könne.

Dafür hielt sie sich länger in ihrer Garderobe auf, ließ Speisen und Champagner servieren und bildete sozusagen einen eigenen Club, der bald in den Ruf geriet, sehr exklusiv, wenn auch ein wenig gemischt zu sein, und berühmt wurde für seine ausgezeichnete Küche, die jeden Abend, sobald das Publikum das Theater verlassen hatte, dorthingebracht und von ihrer Zofe Edana mit viel antikem Silber und französischem Porzellan, mit Weinkühlern und riesigen Leinenservietten aufgetischt wurde. Und während ihre Gäste aßen, schlenderte sie in ihrem weißen Flanellmorgenrock umher, setzte sich zu dem einen oder dem anderen und schien sich mit jedem in eine wichtige und geheime Konferenz einzulassen. Wurde es dann für sie Zeit zur Heimfahrt, so verschwand sie gewöhnlich allein, getarnt mit irgendeinem ausgefallenen Kostüm, sprang in die Mietdroschke, die auf sie wartete – ihr weinroter Landauer war zu bekannt –, und ließ ihre plaudernden, essenden Gäste allein, bis sie von selber merkten, daß sie verschwunden war. Und nicht einmal Dyke Ferguson wagte es, sie zu fragen, was denn der Sinn und der Zweck dieses Verhaltens sei und ob es überhaupt einen habe, aus Furcht, ihre nächste Vorstellung zu verderben. So saß sie häufig ganz allein in der Kutsche, gekleidet wie ein Straßenmädchen vom Haymarket in roter Perücke und hellrotem Seidenkleid, und lächelte vergnügt, erstaunt und erfreut darüber, daß sie so große Macht besaß.

Nicht alle jedoch, die sie in Amerika wiederzusehen hoffte, waren bis jetzt auch gekommen, und wochenlang blätterte sie ihre Post durch und suchte nach einem Brief, der in den Grenzgebieten aufgegeben worden war.

Dann, eines Tages im April, wurde in ihrem Haus eine Kiste abgegeben, die einen Sessel enthielt – vielmehr meinte Edana, es müsse ein

Sessel sein, denn es gebe keine andere Erklärung für dieses verrückte Monstrum. Allegra ließ ihn in ihren Salon schaffen, und als sie ihn sich ansehen wollte, fand sie dort nicht nur Edana, sondern auch Richard Peterson, ihren Sekretär, Mio, den Pudel, ihren französischen Koch und sämtliche anderen Mitglieder ihres Personals versammelt, die alle fassungslos dieses seltsame Gebilde aus dem Westen bestaunten, das mit bösartigem Humor und großer Erfindungsgabe zusammengesetzt war. Sein Rücken, die Armlehnen und die Beine bestanden nämlich aus den riesigen, gebogenen Hörnern der Texas-Stiere, während der breite Sitz mit blank poliertem schwarzem Leder bezogen war, und alle standen eine Weile schweigend um dieses Ungetüm herum, als argwöhnten sie, es könne lebendig oder gefährlich sein, musterten es mißtrauisch, während sie es umkreisten, legten nachdenklich den Finger an die Lippen und brummten dabei vor sich hin.

Schließlich sagte Edana mit vertraulichem Flüsterton zu ihr: «Wenn ich es wäre, Madame, ich würde mich lieber nicht hineinsetzen.»

Allegra jedoch berührte ganz leicht eine der Hornspitzen, um festzustellen, ob sie scharf waren, und nahm dann, trotz aller gemurmelten Proteste, lächelnd auf dem Sessel Platz. «Er ist sehr bequem. Stellt ihn in die Bibliothek. Ich werde ihn als Schreibtischsessel benutzen. Wo ist die Karte?»

«Es gibt keine Karte, Madame», erklärte Edana. «Sie erwarten doch nicht, daß mit so einem Ding eine Karte kommt, Madame!»

61

Zack stand an die Wand des Förderhauses der Yellow Medicine gelehnt, blickte hinaus über die Stadt, die sich zu seinen Füßen den Abhang hinabzog, und fand nur noch wenig Ähnlichkeit mit dem Camp, in dem er und Morgan zwei Jahre lang gelebt hatten. Aber das war natürlich fast dreizehn Jahre her, eine Ewigkeit hier im Westen, wo ganze Kulturen in weniger als zehn Jahren entstanden und wieder untergingen, ein Haus aus den Trümmern eines anderen entstand, Generationen heranwuchsen und wieder verschwanden, als sei ihre Lebensspanne zu der einer Fliege oder eines Käfers geschrumpft, Leute, die jedoch durch die geheimnisvollen Methoden entschwundener Kulturen ihre frühen mythischen Helden bewahrten, ihre uralten Feste und Religionslehren, gehütet von Männern wie Bruno Favorite und Amos Muspratt oder den weisen Frauen des Stammes wie Lily Jones und Queen Victoria Butler.

Denn das hier war eine ganz neue Stadt, an der er kaum noch etwas wiedererkannte, und wahrscheinlich gab es unter der neuen Bevölkerung auch nur sehr wenige Männer, die ihn wiedererkannten.

Sie war zwar keineswegs schöner geworden als früher, aber viel größer und dehnte sich jetzt aus, über den Umfang des ehemaligen Camps auf der Talsohle hinaus bis auf das höher liegende Gelände. Er war an mehreren einstöckigen Klinkerhäusern vorbeigekommen, aber die bevorzugte Bauart war doch immer noch das Blockhaus mit der falschen Fassade, und die Häuser waren, genau wie früher, in der planlosen Weise der Städte des Westens überall verstreut, da jeder Hausbesitzer sich mit seiner Familie als eine eigene, auf sein eigenes Grundstück begrenzte Gemeinde betrachtete, ohne Verpflichtungen den Nachbarn gegenüber. Und in jeder Straße lagen vor halbfertigen Gebäuden Stapel von frisch geschlagenem Holz als Beweis dafür, daß es jetzt keine Städte mehr gab, in denen lediglich zwei Schuppen und ein Wasserturm standen.

Das Camp galt immer noch als ein Silbercamp, Lisette aber hatte ihm versichert, das Kupfervorkommen sei weitaus größer, und dieses Kupfer sei es, das ihren Bruder zum reichen Mann machen werde. Und während Zack ihr skeptisch zuhörte, ein wenig gekränkt, daß sie einen anderen Mann lobte statt ihn, hatte sie stolz erklärt, daß Morgan einer der mächtigsten Minenbesitzer des Landes sein werde, denn er besitze alle Eigenschaften, die für einen erfolgreichen Bergmann unerläßlich seien: Zähigkeit und Einfallsreichtum, unendliche Geduld, nie nachlassende Energie und die Fähigkeit, nach überaus sorgfältiger Erkundung einen großen Einsatz zu wagen.

«Und er hat eine Bank», gab Zack zu bedenken. «Und reiche Freunde im Osten. Das ist doch wohl eher die Eigenschaft, die für einen Minenbesitzer am wichtigsten ist.»

Doch als Lisette ihn dann fragte: «Immer noch neidisch auf meine Familie, Zack?», machte er ein betretenes Gesicht und gab zu, daß Morgan, wenn diese Faktoren nicht gewesen wären, bestimmt eine andere Lösung gefunden hätte.

«Verdammt noch mal, er ist doch mein Freund!» hatte er protestiert.

Und jetzt stand er hier und wartete auf diesen Freund, den er kein einziges Mal mehr gesehen hatte, seit jenem Morgen vor acht Jahren, als er bei Cow Island an Land gegangen war, um sich mit ‹Linke Hand› zu treffen, und Morgan und James Gordon ihm zum Abschied zugewinkt hatten, während die ‹Shiloh› wieder hinaus in die Strömung steuerte. Er war voll Demut und grimmiger Selbstgerechtigkeit hergekommen, um eine Ansprache zu halten, die er so oft geprobt hatte, daß er fürchtete, er werde damit herausplatzen, sowie Morgan auftauchte, einfach den Mund aufmachen und verkünden, Lisette werde sich von Ralph Mercer scheiden lassen und statt dessen Zack Fletcher heiraten.

Er war sein Leben lang fest davon überzeugt gewesen, daß es das Schlimmste sei, was einem Mann passieren könne, sich in eine ehrbare

Frau zu verlieben und es sie merken zu lassen. Während der vergangenen Monate hatte er reichlich Beweise dafür gesammelt, daß dies nicht nur seine persönliche Überzeugung war, sondern die schlichte, aber grausame Wahrheit.

Er dachte daran, wie er sich vor kurzem, nach stundenlangem Warten in Ralph Mercers Haus gestohlen hatte, er dachte daran, wie er mit klopfendem Herzen und trockenem Mund näher geschlichen war, so ärgerlich über sich selbst, als habe er vor, einen Diebstahl zu begehen. Er hatte sich in letzter Zeit oft verdrießlich und niedergeschlagen gefragt, was eigentlich mit diesem Zack Fletcher los sei, den er jetzt kaum noch wiedererkannte.

Denn alles hatte sich für ihn verändert, seit jenem Morgen, als sie an seinem Frühstückstisch erschienen war. Nach ihrer in grämlicher Einsamkeit verbrachten Herfahrt hatte sie eine fast grausame Fröhlichkeit hervorgekehrt und zusammen mit den sechs oder acht seiner Männer, die an diesem Tag nicht draußen auf der Weide arbeiteten, munter geplaudert, während die Männer die Köpfe senkten oder stumm dasaßen. Und dann verlangte sie, daß er mit ihr hinausreite und ihr die Rinder und Wasserläufe zeige, die er am Vortag den anderen vorgeführt hatte. Von diesem Morgen an bis jetzt hatte er nicht mehr aufgehört, sich selbst über seine jetzige und frühere Lebensweise zu belügen, und das, obwohl er es immer mit dem Grundsatz der Sioux gehalten hatte, der besagte, ein Mann, der lügt, sei ein Schwächling.

Manchmal hatte er den Eindruck, sie sei sich durchaus dessen bewußt, was sie anrichtete, dann aber wieder glaubte er, sie habe nicht die geringste Ahnung; er beobachtete sie, obwohl er von Anfang an wußte, wie dieser Ritt enden mußte, einfach, weil es ihm Freude machte, sie anzusehen, und beglückwünschte sich zu der tugendhaften Geste, die er dann machen würde, indem er sie zu Georgina und den Kindern zurückbrachte, die zu diesem Zeitpunkt vermutlich beim Frühstück sitzen würden – nur wollte er das noch ein kleines bißchen hinauszögern, um die seltsame Genugtuung zu genießen, die Überzeugung, daß er jederzeit Herr über seine Sinne sei.

Kurz darauf war er jedoch überrascht, als er sich in scharfem Ton mit ihr sprechen hörte. «Warum bist du nicht mit deinem Mann in den Osten gefahren?» fragte er.

«Ich konnte die Kinder doch nicht allein lassen.»

Zack lächelte ironisch. «Du hast Verwandte überall in den Rocky Mountains – aber du konntest die Kinder nicht allein lassen.»

«Was ärgert dich daran, Zack? Wäre es dir lieber, wenn ich nach Albany gefahren wäre? Es wäre ja doch nur für ein paar Wochen gewesen.»

Und dann begann, wie er erwartet hatte, die Fragerei, und ganz gleich, was er sagte, sie stieß ein spöttisches Lachen aus, als bitte sie eine dritte Person, sich das anzuhören und ihr zu sagen, was daran wahr sei.

«Sie ist sehr hübsch, die kleine Squaw, nicht wahr?»

Sein Gesicht begann zu brennen, aber er hatte darauf nichts zu sagen und hoffte, damit sei das Thema ‹Rote Perle› erledigt.

«Sechzehn ist sie? Oder erst fünfzehn?»

«Ich nehme es an.»

«Und seit drei Jahren ist sie bei dir?»

«Ungefähr. Genau weiß ich es nicht mehr.»

«Aber was tut sie bei dir?»

«Sie hilft Chee Shum. Sie macht die Betten. Sie führt meinen Haushalt.»

«Und du? Du liebst sie?»

Er verzog das Gesicht zu einem Ausdruck, als leide er unerträgliche Schmerzen. «Ich – sie lieben? Ich habe sie aufgenommen, um ihrem Vater einen Gefallen zu tun! Die Stämme sind heute sehr arm, und Indianer sind immer hungrig – sie kommen, um sich etwas zu essen zu holen, und manchmal bleiben sie dann verdammt lange. Das ist alles.»

«Und was ist mit Lily Jones?»

«Lily Jones?» wiederholte er, als könne er sich nicht erinnern, wer Lily Jones sei. «Lily ist fast ihr ganzes Leben lang im Westen herumgezogen und hat sich überall verdammt lästig gemacht.»

«Und was hat sie in deinem Haus zu suchen? Sie sagt, daß sie schon mindestens drei oder vier Monate da ist.»

«Sie macht wieder mal eine Abschiedstour – ehrlich!» Er lachte laut auf. «Sie ist gekommen, um den Schauplatz ihrer Jugend noch einmal wiederzusehen, behauptet sie ... Die ist so willkommen bei mir, wie eine Klapperschlange im Mäusenest.»

«Aber in irgend jemand mußt du doch verliebt sein, Zack! Wer ist es? Komm, sag's mir!» Ihre Stimme war sanft und einschmeichelnd geworden, in ihre Augen trat ein glänzender Schimmer. «Ich möchte es wissen.»

Und plötzlich war er erleichtert, denn wenn er über die Liebe reden mußte, dann war er darauf vorbereitet, so ungezwungen wie möglich zu sein und nicht verlegener, als wenn sie irgendein anderes Thema angeschnitten hätte, für das er sich nicht interessierte. «Bist du der Ansicht, daß ein Mann immer in jemand verliebt sein muß? Glaubst du, er kann nicht einfach das Leben genießen?»

«Früher warst du einmal in mich verliebt – hast du das vergessen?»

«Zum Teufel, das ist aber eine sehr merkwürdige Art, so was zu sagen, Lisette!» schalt er und sah sie stirnrunzelnd an.

Sie ritten weiter, während Zack sie ununterbrochen beobachtete und feststellen mußte, daß seine Phantasie wieder einmal mit ihm durchging und er immer unruhiger wurde. Plötzlich verkündete er, es sei langsam Zeit, nach Hause zu reiten. Er zügelte sein Pferd, sah nach der

Sonne, blickte nach allen Seiten über die buschbewachsene Prärie und nahm sich fest vor, sie nicht mehr anzuschauen. Da erklärte sie auf einmal, sie sei müde, sie habe in der vergangenen Nacht schlecht geschlafen und müsse ein paar Minuten ausruhen. Als er das hörte, hatte er das Gefühl, jetzt sei sein Schicksal besiegelt, all seine guten Vorsätze seien zum Scheitern verurteilt. Ergeben breitete er unter einer Pappel eine Decke für sie aus, kauerte sich neben ihr auf die Absätze und betrachtete sie mit ernster Nachdenklichkeit.

Lisette riß sich den Hut vom Kopf und warf ihn zur Seite, zog die Handschuhe aus, löste die obersten Knöpfe ihrer Reitjacke und saß an den Pappelstamm gelehnt, während sie hinausblickte über das weite Land. Schließlich sah sie ihn mit einem Lächeln an, das so süß und traurig war, daß er erschrocken zurückfuhr. Dann berührte sie leicht seine Hand. «Wir haben dich gekränkt, Zack, nicht wahr?»

«Wer hat mich gekränkt?» fuhr er auf, wieder einmal von seiner Widerborstigkeit und Abwehrbereitschaft übermannt. Er merkte, daß er sich selbst mit Staunen und Mißbilligung beobachtete, aber einfach keine Kontrolle über sein Verhalten hatte.

«Wir alle. Mein Vater. Morgan wohl auch, obgleich er es bestimmt nicht wollte. Wir hielten so fest zusammen, und ich hätte tatsächlich weder dich noch einen anderen Mann geheiratet, wenn einer von ihnen dagegen gewesen wäre. Mein Wunsch, daß wir alle zusammenblieben, war stärker als jeder andere Wunsch, den ich hatte.» Sie sprach leise, sah ihn dabei aber nicht an, und er betrachtete sie mit einem zärtlichen und besorgten Ausdruck, dessen er sich überhaupt nicht bewußt war. Voll Freude stellte er fest, daß seine bösen Empfindungen für Matt Devlin vollkommen verschwunden waren und ein warmes Gefühl der Vergebung und Nachsicht zurückgelassen hatten, eine willkommene, herzliche und großzügige Zuneigung, die eine Wärme in ihm verbreitete wie ein Whisky. «Ich habe dich geliebt, Zack, aber ich brauchte dich nicht, weil ich ja sie hatte, aber jetzt habe ich sie nicht mehr.» Sie sah zu ihm auf. «Es hat aufgehört, einfach so, ganz plötzlich, nur weil Gabe Foster meinen Vater mit einem Mann verwechselte, den er haßte.» Sie schloß die Augen. «Mein Vater hat nie ausdrücklich gesagt, daß er nicht wollte, daß ich dich heirate, aber er hat andere Dinge gesagt – und ich wußte genau, was er damit meinte.»

«Er hatte recht», erklärte Zack und merkte, daß er wieder ärgerlich wurde. «Denn die vergangenen Jahre haben mich nicht viel zivilisierter gemacht, und die kommenden werden es wohl auch nicht mehr tun.» Er breitete die großen, kantigen Hände aus, deren Daumen, lang und nach außen gebogen, fast rechtwinklig zur Handfläche standen, schnippte dann scharf und energisch mit den Fingern und stand auf. Er ging ein Stück fort, weil er versuchen wollte, diesem schmerzhaften und drängenden Verlangen zu entrinnen, wanderte mehrmals auf und ab, sprach dabei mit lauter Stimme weiter und machte dann und wann eine wild drohende Bewegung mit der Faust. «Du hast immer gesagt, wenn einer von euch jemals den falschen Partner heiratet, würde er damit jedem von euch Schaden zufügen, und bei Gott, du hattest recht. Und ich war der Mann, den du damit gemeint hast, nicht wahr?»

«Aber es ist trotzdem geschehen. Pete hat die falsche Frau geheiratet.»

Er schritt das Flußufer entlang, warf ihr hier und da einen Blick zu und überlegte, ob sie vielleicht mehr wußte von dem, was zwischen Matt, Pete und Jenny vorgegangen war, als sie in diesem Moment über sich selbst zu wissen schien, denn sie saß immer noch da, träge an den Baumstamm gelehnt, den Kopf zurückgelegt und die Augen geschlossen. Unvermittelt ging er auf sie zu, entschlossen, sie auf die Füße zu ziehen und zu ihren Pflichten zurückzubringen, fiel aber statt dessen neben ihr auf die Knie, und sie schlug die Augen auf, lächelte ihn an und flüsterte seinen Namen, als sei er ein Zauberwort.

Ihre Hand legte sich um seinen Nacken, und dann lag er, obwohl er sich innerlich immer noch sträubte, auf ihr und fand sie diesmal so eifrig und bereitwillig, spürte, wie sie ihn mit so wildem Verlangen empfing, daß sie, als er sich endlich von ihr löste, minutenlang schweigend liegen blieben, ehe sie nüchtern und nachdenklich, aber auch ein wenig bedrückt, Vorbereitungen zum Heimritt trafen.

Und seit jenem Morgen hatte er gefürchtet, sie werde seine Geheimnisse entdecken, seine Laster herausfinden, sie von seinem Gesicht ablesen oder auf seiner Haut riechen, mit unfehlbarem Instinkt erraten, daß er noch immer von Zeit zu Zeit ‹Rote Perle› zu sich ins Bett holte und sich mit ihr genauso begeistert vergnügte wie bisher.

Tatsächlich begann Lisette schon bald einen seltsamen Einfluß auf ihn auszuüben, sogar aus der Ferne, denn auf der Stelle hatte er beschlossen, ‹Rote Perle› aus seinem Haus zu entfernen und sich wenigstens diese Versuchung aus dem Weg zu schaffen. Dann aber führte er seinen Vorsatz doch nicht aus, weil er sich sagte, daß eine Kapitulation die andere nach sich ziehen würde und daß es bestimmt nicht mehr lange dauern würde, bis Lisette ihn ganz und gar seiner Individualität und seiner Macht beraubt hätte. Denn Zack sonnte sich gern in dem Gedanken, wie die Indianer durch mühseliges, gefährliches Sammeln seine ganz persönliche Medizin entdeckt zu haben, und die trug er als Talisman immer bei sich: einen Beutel voller kleiner Dinge, die für andere ohne jede Bedeutung waren – das Fell und der ausgestopfte Kopf eines Wolfes, ein paar Elsternfedern und ein paar besonders geheime Ingredienzien, von denen nur er allein wußte. Er war überzeugt, daß ihm in dem Augenblick, da er diesen kostbaren Medizinbeutel einmal verlieren oder verlegen würde, ein furchtbares Ende bevorstand.

Er wollte sie auch nicht ins Vertrauen ziehen und bitten, den Beutel behalten zu dürfen, denn Frauen wie Lisette würden niemals daran glauben, daß sich ein Mann ganz von einem Bündel getrockneter Beifußstengel abhängig machen könnte. Daher sah er seine einzige Hoffnung darin, strikt abzuleugnen, daß er ein derartig abergläubischer Heide war, und sie wenn möglich zu überzeugen, daß er einzig und allein an das glaubte, was er mit eigenen Augen sehen und mit eigenen Ohren hören konnte. Lily Jones dagegen hing demselben mystischen Glauben an wie er. Bestimmt bedauerte sie ihn schon und sah insgeheim voraus, er werde bald sein unabdingbares Recht auf seine Verdammnis verspielen und mit ihm seine Fähigkeit, in allem, was er unternahm, erfolgreich zu sein.

Und dann, eines Tages, als er mit Lily ein bißchen länger als die anderen am Frühstückstisch sitzen geblieben war und Lily mit Genuß ihre Lieblingsspeise, Äpfel mit Sirup, vertilgte, sprach sie es aus, das heißt, er unterlegte ihren Worten jedenfalls diese Bedeutung. Lily hatte vor kurzem ein paar Tage in Milestown verbracht und, als sie zurückkam, die westliche Atmosphäre der Stadt gelobt und verkündet, daß dort das letzte Stück Grenzland sei. «Die Missionare haben das Feld besetzt, Fletcher», sagte sie düster, die Nase fast auf dem Teller, während sie mit einem Löffel den letzten Sirup zusammenkratzte. «Paß auf, es dauert nicht mehr lange, und du bist verheiratet.»

Zack sprang auf, schlug mit der Faust auf den Tisch und rief mit drohender Stimme so laut ihren Namen, daß Lily sich die Ohren zuhielt.

«Was hast du denn bloß?»

«Halt den Mund, Lily! Du redest zuviel.»

«Du hast die Nase voll von mir, nicht wahr?» entgegnete sie, streckte die Beine aus und betrachtete ihre Stiefel. «Du wünschtest, ich wär, wo der Pfeffer wächst. Gib's doch zu. Mich kannst du nicht beleidigen.»

«Du kannst von mir aus bleiben, so lange du willst», versicherte er großmütig und machte eine einladende Handbewegung.

«Soll ich ihn mitnehmen?»

«Lily, mich kannst du nicht hinters Licht führen. Du hast nicht mehr Lust, dir den Jungen an den Hals zu laden, als damals, als er geboren wurde.» Er machte eine rasche Geste. «Nimm ihn mit, wenn du willst. Er gehört dir, das wenigstens wissen wir genau. Aber das ist auch alles, was wir genau wissen, nicht wahr?»

Sie grinste und zeigte mit dem Finger auf ihn. «Das ist alles, was du genau weißt, Fletcher. Magst du ihn?»

«Natürlich mag ich ihn. Aber nicht, weil ich glaube, daß er mein Sohn ist.»

«Er könnte es sein.»

«Stimmt, könnte er. Aber genausogut könnte er einen anderen Vater haben. Das spricht nicht einmal gegen ihn. Im Gegenteil, es könnte höchstens ein Vorzug sein. Es würde mir gar nicht gefallen, wenn er von beiden Eltern schlechtes Blut geerbt hätte. Laß ihn hier – in zwei Jahren habe ich einen erstklassigen Cowboy aus ihm gemacht.»

«Erinnere ihn gelegentlich an mich, ja?»

«Das werde ich wohl müssen. Er selber wird sich höchstens noch eine Woche lang an dich erinnern, und warum auch nicht? Für ihn bist du nur seine Tante Lily, ein Mädchen, das Männerkleider trägt, Zigarren raucht und mit mir befreundet ist – mehr nicht. Willst du das jetzt vielleicht ändern und die Vergangenheit ein bißchen korrigieren, weil du allmählich älter wirst?»

Lily nahm eine Tasse, warf sie nach ihm und lief mit einem empörten Wutschrei aus dem Haus, während Zack boshaft über seine Grausamkeit lachte und das Gefühl hatte, er habe einen Teil seiner Wut auf Lisette abreagiert, indem er Lily verhöhnte. Denn Lily besaß trotz aller Verachtung für normale Frauen eine unausrottbare Eitelkeit und wollte nicht daran glauben, daß sie unter dem Klima, in dem sie lebte, nicht weniger gelitten hatte als unter ihrer Lebensweise. Sie tat, als sehe sie heute nicht ein bißchen anders aus als damals, als sie mit Gaius Jenkins und Charles Hamilton in Butte Einzug gehalten hatte.

Am anderen Morgen war sie verschwunden – ihrer alten Gewohnheit gemäß ohne ein Wort; und eines Tages würde sie ebenso unzeremoniell wiederauftauchen, ihren Zorn vergessen haben und voller Sentimentalität und Sehnsucht nach alten Erinnerungen sein – denn Lily war schon an dem Punkt angelangt, wo ihr die Vergangenheit besser gefiel als die Gegenwart und wo ihre zahlreichen Freunde und Liebhaber nur deshalb Bedeutung erlangten, weil sie sie schon so lange kannte. Und sie hatte ihm, wie er zu seiner Freude feststellte, Johnny Lawler dagelassen.

Der Junge lebte jetzt schon seit fast fünf Jahren bei ihm, seit damals, als Lily Zack nach St. Louis zu ihrer Schwester mitgenommen hatte, einer verheirateten Lawler, für deren Sohn sich Johnny hielt. Johnny machte sich stets energisch und entschlossen an seine Arbeit, bekam einen Lohn, den er ausgeben durfte, wie er wollte, konnte fast ebenso gut reiten und schießen wie Andy Stinger, bat niemals um eine Vergünstigung und klagte nicht über seine Jugend, sondern richtete sich in allem getreu nach dem Vorbild der Männer in seiner Umgebung. Und wegen dieser Eigenschaften schenkte ihm Zack seine aufrichtige Bewunderung und Freundschaft. Lisette jedoch, davon war Zack überzeugt, würde niemals verstehen, wieso er einen Jungen lieben konnte, der sein Sohn sein mochte oder auch nicht, und würde noch weniger verstehen, daß es für ihn keine Rolle spielte, wessen Kind dieser Junge war.

Je mehr er über das Leben nachdachte, das er zu führen gewohnt war, desto fester wurde seine Überzeugung, daß Matt Devlin recht gehabt hatte, als er vor zwölf Jahren meinte, er sei nicht der richtige Ehemann für Lisette. Jetzt war er es vermutlich noch weniger. Aber das befreite ihn keineswegs von jenen Anfällen von Eifersucht, unter denen er litt, seit Ralph Mercer zurückgekehrt war, und so unternahm er, um sich selbst auf die Probe zu stellen, zwei oder drei Reisen nach Helena, stattete Lisette dabei aber weder einen Besuch ab, noch ritt er an ihrem Haus vorbei.

Dagegen besuchte er jedesmal Irene Flint, denn Irene war sein erster Bankier gewesen und hatte ihm verschiedentlich ein paar tausend Dollar geliehen, wenn er eine Herde kaufen wollte und sich das Geld nicht von Lem Finney beschaffen konnte. Und eines Nachmittags begann Irene von den alten Zeiten zu sprechen, als sie noch Milly Matches war – eine Inkarnation, die sie des öfteren ihrer heutigen vorzuziehen schien. Dabei sprach sie dann auch, zwar nur andeutungsweise, aber mit spürbarer Bitterkeit, von Nella Allen und dem Schaden, den sie angerichtet hatte.

Zack blieb gewöhnlich ein bis zwei Stunden bei ihr, trank Whisky, während sie sich an Champagner hielt, und versuchte aus ihr herauszubringen, was sie mit ihren Andeutungen sagen wollte. Irene aber wurde verschlossen und schweigsam, gab lediglich ein paar rätselhafte Äußerungen von sich, die sie nicht näher erläutern wollte, und sagte, alles, was sie wisse oder zu wissen glaube, sei weiter nichts als reine Theorie. Endlich verabschiedete sich Zack, verwirrt und ziemlich betrunken, schlenderte hinab ins Zentrum der Stadt, kehrte ein, um noch etwas zu trinken, und ging schließlich mit raschen Schritten zu Nola Malachys Etablissement. Dort verlangte er laut die Madame zu sprechen, verstummte dann aber beschämt und blickte verlegen im ganzen Salon umher, als fürchte er, hier jemand zu treffen, der seinen Besuch in diesem Haus an Lisette verriet, Lem Finney vielleicht, denn Lem war einer der treuesten Kunden des Tivoli.

Während das Dienstmädchen verschwand, um Mrs. Malachy zu fragen, ob sie ihn empfangen wolle, wartete Zack mit finsterer, mürrischer Miene, beobachtete die Mädchen und ihre Freier und gratulierte sich dazu, daß er sich vor einiger Zeit schon von dieser öffentlichen Hurerei freigemacht hatte, obwohl er vor nicht ganz sechs Monaten noch ein Freudenhaus für einen lustigen und unterhaltsamen Ort gehalten hatte, wie ihn ein Mann sich nicht angenehmer vorstellen konnte, und obwohl sein Double Key-Brandzeichen die Tür eines solchen Hauses in Milestown zierte.

Er klopfte an die Tür von Nellas Wohnung, wo er sie schon häufig mit James Gordon besucht hatte, seit Green Troy nach Butte umgezogen war, und sie öffnete, lächelte ihm aber ein bißchen unsicher entgegen. Zack blieb einen Augenblick stehen und sog prüfend die Luft ein, die sie in letzter Zeit mit einem schweren und haftenden Parfum zu durchsetzen pflegte. Nella wanderte unruhig durch ihren Salon mit den orientalischen Wandschirmen, den Krügen voll Pampasgras, den vielen Spiegeln und dem Steindruck, mit dem schönen Titel *Die Löwenbraut*. Zack mußte jedesmal lächeln, denn das Bild stellte ein bestürztes junges Mädchen dar, das von einem nachdenklich blickenden Löwen auf dem Rücken davongetragen wurde, der immer so aussah, als wisse er nicht recht, was er mit ihr anfangen sollte.

Er packte Nellas Arm, ergriff ihr Kinn und bog ihren Kopf zurück. Aber sie schloß die Augen und hielt sie hartnäckig geschlossen, bis er sie wieder losließ. «Warum rauchst du das Zeug?»

«Weil ich es mag.» Sie lachte leise und wirkte zerstreut und gedankenverloren, schien ihn kaum und die Geräusche draußen, die stampfenden Schritte im Salon, das Banjo und das Klavier, das Türenschlagen im Korridor, überhaupt nicht wahrzunehmen. Sie machte den Eindruck, daß sie allein war in einer Welt, die ihr besser gefiel, einer Welt wie jene, die sie ihm vor sehr langer Zeit einmal beschrieben hatte, imaginäre Gefilde, wo sogar ihr Bruder Rick galant und freundlich war. «Eines von den Mädchen hat heute Gift geschluckt – Josie. Kanntest du sie?»

«Natürlich. Ist sie tot?»

Nella zuckte die Achseln. «Ja, sie ist tot. Was glaubst du, wozu sie es sonst genommen hat? Sie war krank.» Sie setzte sich und faltete die Hände über ihrem Leib. Diese Haltung wirkte sehr komisch an ihr; es sah so aus, als imitiere sie unbewußt die Frauen am Flußufer des Missouri, die auf ihren Veranden saßen, barfuß, Pfeife rauchend, mit einem Fuß pendelnd und die Hände über den Leib gelegt, der gewöhnlich von einer Schwangerschaft hoch gewölbt war. «Hast du in letzter Zeit einmal Lucy Carter gesehen?»

Zack runzelte die Stirn. «Ich hatte zuviel zu tun.»

Lucy Carter hatte ein paar Monate lang im Tivoli gearbeitet, und vor zwei Jahren hatte er ihr dann Geld geliehen, damit sie in Milestown ein Freudenhaus eröffnen konnte; daher war Lucy jetzt sein Privateigentum und eine Verpflichtung mehr, die er nicht so leicht abschütteln konnte. Sie war zweiundzwanzig Jahre alt und ein sehr hübsches Mädchen mit Fuchsaugen und einer komischen, spitzen Nase und trug eine blonde Perücke über ihrem schwarzen Haar, eine Verkleidung, die sie ablegte, sobald sie das Haus verließ, und die, wie sie glaubte, ihr Äußeres bis zur Unkenntlichkeit veränderte. Lucy hatte ihm in letzter Zeit häufiger Briefe geschickt, die sie mit violetter Tinte in einer zu ihrer Exaltiertheit passenden, verschnörkelten Schönschrift schrieb, und ihm gedroht, wenn er sich nicht zu ihr bemühe, werde sie kommen und ihn besuchen.

«Woher hast du das Zeug, Nella?» verhörte er sie, denn sie sah ihn immer noch mit einem gütigen, entrückten Lächeln an, das ihn in Wut versetzte.

«Fong Chong besorgt es mir. Er ist ein sehr gefälliger Chinese, er tut alles, um was man ihn bittet, serviert Tee, macht Botengänge ...»

«Spielt Briefträger?»

Nella schien einen Augenblick überrascht, aber dann lachte sie, schlug ein Bein über das andere und begann mit dem Fuß zu schaukeln, von dem der Seidenschuh lose herabhing und auf und ab wippte. «Briefträger? O ja, natürlich, das würde er sicher auch tun.»

Zack zog seinen Stuhl neben sie, und während sie langsam nickte und ihn mit einem geistesabwesenden Blick betrachtete, beugte er sich vor, die Ellbogen auf die weit gespreizten Knie gestützt, und starrte sie an, als hätte er große Lust, sie wie eine Gliederpuppe zu packen, ein paarmal kräftig zu schütteln und durch ein paar unsanfte Handgriffe wieder zurechtzurücken. «Hat er für dich den Briefträger gespielt, Nella?»

«Vielleicht. Warum?»

«Wohin hat er deine Briefe gebracht?»

Nella lächelte schlau. «Aber Zack! Glaubst du wirklich, ich würde dir eine Liste meiner Kunden geben?»

«Zu Pete Devlin?»

Nella dachte darüber nach. «Ja, auch zu Pete Devlin. Er ist in den letzten Jahren seines Lebens häufig hier gewesen. Wir sind sehr gute Freunde geworden, Pete und ich. Wir haben hier gesessen und geplaudert, und er hat mich zu seiner Vertrauten gemacht. Er haßte Jenny – überrascht dich das?»

«Und hat er dir gestanden, daß er Matt umgebracht hat?»

Nella stand auf und ging ein paar Schritte von ihm fort. «Gabe Foster hat Matt Devlin umgebracht. Das hast du mir selber erzählt. Er hat Matt mit Jim Lowry verwechselt und ihn erschossen. Nicht wahr, so hast du es doch gesagt?»

«Jawohl, so habe ich es gesagt. Aber es ist nicht wahr, Nella. Vor zwei Jahren habe ich nämlich festgestellt, daß Foster Lowry gefunden und schon getötet hatte, ehe er überhaupt ins Grenzland kam, also konnte er Matt Devlin gar nicht mit ihm verwechseln.» Zack winkte ihr, näher zu kommen, aber sie kam nicht, sondern blieb stehen, wo sie war, und betrachtete ihn mit trotziger, mißtrauischer Miene. «Fong Chong hat Pete, wie ich gehört habe, Briefe über seine Frau und Matt gebracht. Und jetzt, Nella, möchte ich, daß du mir erzählst, wer diese Briefe geschrieben hat.»

«Ich habe keine Ahnung, wer sie geschrieben hat. Warum willst du unbedingt mir die Schuld daran zuschieben? Warum sollte ich ihnen Schaden zufügen wollen? Sie waren sehr gut zu mir – eine Zeitlang.» Und plötzlich strahlte Nellas Gesicht zufrieden auf, als hätte sie ein schwieriges Rätsel gelöst und wollte dafür gelobt werden. «Mrs. Honeybone muß sie geschrieben haben. Bestimmt, Zack, sie muß es gewesen sein ... Nur eine Verrückte wie die würde so etwas tun.»

«Eine Verrückte – oder eine Rachsüchtige.»

Auf einmal jedoch verachtete er sich selber, denn die Briefe, von denen Fong Chong Irene Flint erzählt hatte, mochten tatsächlich von Mrs. Honeybone geschrieben worden sein, oder von Erma Finney, oder von irgendeiner anderen von Jennys neidischen Freundinnen, gewiß aber nicht von dieser passiven jungen Frau, die niemals den Willen oder auch nur die Erfindungsgabe besessen hatte, einmal zu ihrem eigenen Vorteil oder gegen den eines anderen Menschen zu handeln, sondern die stets duldete, daß man ihr die Entscheidungen abnahm, und die dann resigniert hinnahm, was man ihr zufügte.

Also murmelte er eine Entschuldigung und ging.

Während er in der kalten Luft dahinschritt, wurde er etwas nüchterner; er fragte sich, warum er nur vorgehabt hatte, Nella zum Eingeständnis ihrer Mittäterschaft an Matt Devlins Tod zu zwingen, und schüttelte mißbilligend den Kopf, denn er bereute, daß er so viel getrunken hatte und zu ihr gegangen war.

Er hatte beabsichtigt, die Stadt noch am selben Abend wieder zu verlassen, geriet aber mit einem Mann ins Gespräch, der kürzlich erst im Grenzgebiet eingetroffen war und einiges Geld für Rinder ausgeben wollte, und erwachte am nächsten Morgen im St. Louis Hotel, verwirrt und sehr melancholisch. Zunächst blieb er einige Minuten liegen, dann sagte er sich, daß er ein vielbeschäftigter Mann sei und daß er sich sputen müsse, wenn er behalten wolle, was er erworben hatte, nahm das Frühstück ein und eilte davon. Auf der Straße warf er ängstliche Blicke um sich, weil er erwartete, jeden Augenblick Lisette auftauchen zu sehen.

Und jetzt stand er wartend neben dem Schacht der Yellow Medicine, hörte, wie sich der Förderkorb, in dem sich zweifellos Morgan befand, an die Erdoberfläche zurückarbeitete, gähnte und reckte sich kräftig, eine Gewohnheit, an der er erkannte, wie sich sein Körper mühte, ruhig zu bleiben, und sagte sich düster: «Hier bin ich, sie hat die Medizin zerstört – jetzt ist es aus mit mir.»

Er blickte gerade in die andere Richtung, als hätte er die Maschinen nicht gehört, da ertönte neben ihm Morgans Stimme. «Ja, Teufel noch mal, das ist doch Fletcher!» Und dann schüttelten sie sich die Hände und grinsten ein wenig verlegen, murmelten und stotterten etwas und wirkten fast schmerzhaft erfreut über dieses Wiedersehen.

«Lange her», meinte Zack.

«Zum Donnerwetter, wie geht's dir?»

«Dachte, ich könnte mir mal mein Eigentum ansehen. Du hast mir doch geschrieben, daß ein Teil davon mir gehört.»

«Tut es auch.» Morgan boxte ihn übermütig vor die Brust. «Du verdammter, alter Bastard, warum bist du erst jetzt gekommen?»

«Zuviel zu tun», erklärte Zack kleinlaut. «Mit meinen Rindern.»

Er lächelte entschuldigend und war überrascht, als er in Morgans Ausdruck weder einen Verdacht entdecken konnte noch einen Vorwurf oder gar Feindseligkeit. Also wußte er entweder nichts von dem, was zwischen ihm und Lisette vorgefallen war, oder er wußte es und hatte nichts dagegen. Und dieser schöne Gedanke bewirkte, daß Zack über das ganze Gesicht zu strahlen begann, bis sie in den Förderkorb stiegen und er sich schalt, weil er sich heute anscheinend ebensosehr seinen Rauschträumen hingab wie Nella Allen.

Mit einem Ruck blieb der Korb stehen. Sie stiegen aus und gingen einen langen Stollen entlang, vorbei an Männern, die Löcher bohrten oder beladene Hunde zum Förderschacht schoben. Alle paar Meter blieb Morgan stehen, um die zerrissene Oberfläche der Strossen zu untersuchen und Erzproben aufzuheben, sie liebevoll in der Hand zu wiegen und sie Zack zu zeigen, als wären sie ein seltener, kostbarer Stein. Ganz in der Nähe begann es zu dröhnen, der schlüpfrige Boden bebte, und Zack hatte einen Augenblick lang das gräßliche Gefühl, die Grube werde einstürzen. Es behagte ihm gar nicht unter Tage, und er verspürte jedesmal eine abergläubische Furcht, wenn er so tief unter der Erde war, als sei er ins Reich des Teufels hinabgestiegen und müsse jeden Augenblick auf dessen Erscheinen gefaßt sein.

«Ich habe vierunddreißig Leute hier unten», erklärte ihm Morgan. «Wir fördern fünfzehn Tonnen pro Tag, manchmal auch mehr; wir haben einen Kapitalwert von zehn Millionen – was selbstverständlich nicht heißt, daß die Förderung schon jetzt derartig hoch geworden ist», fügte er, abermals grinsend, hinzu. «Ich habe sechshunderttausend hineingesteckt und ebensoviel wieder herausgeholt, aber das ist alles weg.» Er schnippte mit den Fingern und schien sehr stolz auf diese großzügige Geldverschwendung. «Nicht ein Cent ist übrig. In diesem Sommer muß ich wieder in den Osten fahren. Ich werde dir meine neue Aufbereitungsanlage zeigen, Zack. Stell dir vor: sechzig Stampfhämmer – und dann denk mal daran, wie es im ersten Winter aussah. Sechzig Stampfhämmer machen einen Lärm wie eine tosende Brandung, den verdammt schönsten Lärm, den du jemals gehört hast. Als ich anfing, die Anlage zu bauen, haben mich alle für übergeschnappt gehalten und mir prophezeit, ich würde mein letztes Hemd dabei verlieren, aber ich habe die Kosten schon fast wieder herein.» Er drehte sich um und legte Zack vertraulich die Hand auf die Schulter. «In der ganzen Welt gibt es kein so großartiges Abbaugebiet wie hier.»

«Aber», wandte Zack ein, «ihr habt ja da unten gar kein Wetter. Weder Tag noch Nacht, keinen Winter und keinen Sommer.»

Das jedoch schien Morgan für einen belanglosen Nachteil der Yellow Medicine zu halten, und er fuhr fort, seine Pläne für das Vordringen unter die Wasserlinie zu beschreiben. Bis auf eine Tiefe von etwa hundertundfünfzig Metern oder sogar bis zu drei- oder vierhundert Metern wollte er gehen, und offenbar war er bereit, sollte das Erz so tief unten liegen, wie er erwartete, bis in das Herz der Erde vorzudringen und höchstpersönlich das Rätsel zu lösen, das alle Geologen beschäftigte, die Frage nämlich, ob das Erdinnere ewiges Feuer oder ewige Flut enthielt.

Endlich kamen sie wieder hinauf an die scharfe, kalte Luft. Während der Förderkorb wieder hinabsank, sandte ihm Zack noch einen mißtrauischen Blick nach. Als sie davongingen, erklärte ihm Morgan, daß sie zunächst etwas trinken wollten, dann würde er ihn zum Mittagessen mit nach Haus nehmen, damit er Felice und die Kinder kennenlernte, und anschließend wollten sie noch den ehemaligen Halloway-Claim besichtigen, seine Aufbereitungsanlage mit den sechzig Hämmern, seinen Reverberierofen, sein chemisches Laboratorium und seine Schmelzen, und erst wenn sie das alles hinter sich hatten, würden sie Bruno Favorite besuchen, weil der sie nämlich vor Mitternacht nicht wieder ziehen lassen würde.

Zack protestierte, dazu habe er keine Zeit, er müsse sich wieder auf den Heimweg machen, und als er mit Morgan einen der sechzig Saloons betrat, die entstanden waren, wo es fünf Jahre zuvor nur Favorites Kneipe gegeben hatte, wollte Zack seinen Anteil an der Yellow Medicine an Morgan verschenken und versicherte ihm, wenn er Lust habe, seine Zeit in diesen stinkigen Löchern zu verbringen, so könne er seinetwegen alles behalten, was er da heraushole. Er selbst jedoch ziehe es vor, so lange wie möglich auf der Erdoberfläche zu bleiben. Doch Morgan warf nur den Kopf zurück, lachte herzlich und steuerte ihn an die Bar, ohne selbst dort den Arm seines Freundes loszulassen, als könne Zack sonst seine Drohung wahrmachen und ausreißen, ehe Morgan ihm all seine Errungenschaften gezeigt hatte.

«Nicht für die beste Silbermine im Grenzland würde ich meine Herden hergeben», erklärte Zack nachdrücklich, als sie den ersten Whisky getrunken hatten. «Irgendwie rieche ich Kuhmist lieber als das, was du da unten hast.»

Sie stießen an, tranken rasch, füllten die Gläser von neuem und vertieften sich in ein angeregtes Gespräch. Dann plötzlich setzte Morgan das Glas hin und verkündete, es sei Zeit zum Mittagessen.

Zack war verlegen bei der Vorstellung, Morgans Haus zu betreten, Felice und seinen Kindern gegenüberzustehen – denn er konnte sich Morgan nun einmal nicht als Ehemann oder Vater vorstellen und hätte es vorgezogen, diesen Teil von seines Freundes Leben zu ignorieren, damit er nicht wieder von den alten Gefühlen des Neides und Hasses geplagt wurde. Er begann sich herauszureden, behauptete, er sei nur gekommen, um die alte Freundschaft zu erneuern, und war schon, immer noch protestierend, auf der Straße, als Morgan ihn weiternötigte, ihn fest beim Ellbogen hielt und ihm erklärte, er könne nicht gehen, bis er seine Kinder kennengelernt habe.

«Himmel noch mal, du bist Bills Patenonkel! Habe ich dir das denn nie geschrieben?»

Er stieß wieder das fröhliche, herzliche Lachen aus, legte im Gehen gewaltsam einen Arm um Zacks Schultern, und Zack mußte in einer Art benommener Wut und Bewunderung feststellen, daß er regelrecht gekidnapt wurde. Er sagte sich grimmig, falls Morgan jetzt anfangen sollte, ihm alle Freuden des Ehelebens und der Vaterschaft zu beschreiben und die daraus resultierenden positiven Einwirkungen auf den Charakter eines Mannes, dann würde er ihn hier auf der Straße zusammenschlagen.

Doch Morgan dachte gar nicht daran, derartige Predigten zu halten, drängte ihn nur immer weiter und erzählte ihm, während sie eilig den Hügel hinaufschritten, daß Susette im kommenden Monat sechs Jahre alt werde, daß William dreieinhalb Jahre und Peter, das Baby, im vergangenen Oktober ein Jahr geworden sei. «Mein Gott, Fletcher, ich lasse dich einfach nicht fort, ohne daß du sie kennengelernt hast!»

Zack, ein wenig verblüfft, fragte mißtrauisch: «Hast du den Jüngsten nach Pete genannt?»

«Ja, Felice wollte es so. Sie hat Pete sehr gern gehabt, und er hat ihr leid getan. Als Jenny nicht mehr Klavier spielen wollte, hat Felice ihn begleitet, aber sie hat niemals die Hoffnung aufgegeben, daß Jenny uns eines Tages alle überraschen und wieder mit ihm spielen würde. Doch falls Jenny das jemals vorgehabt hat, so hat sie damit zu lange gewartet.»

Jetzt näherten sie sich dem Haus, einem zweistöckigen Klinkerbau mit weißem Zierat an Dach und Fenstern. Morgan ging immer schneller, als könne er es kaum abwarten, sie alle wiederzusehen, erklärte ihm, dies sei das dritte Haus, das sie in Butte bewohnten, und ging hinein, während Zack draußen stehenblieb, es nachdenklich betrachtete und nachteilige Vergleiche anstellte zwischen der gepflegten Sauberkeit dieses Heims und seiner eigenen, breit daliegenden, mit Tierfellen und Waffen vollgestopften Behausung. Dann tat er einen tiefen Atemzug, stürmte ins Haus, als verfolge er ein durchgegangenes Pferd, und überraschte Felice in Morgans Armen, so daß er am liebsten auf der Stelle kehrtgemacht und sich wieder verdrückt hätte; doch da kam sie schon auf ihn zu, so jung und so wehrlos glücklich, daß ihm keine Ausrede einfallen wollte, sondern daß er ihr gehorsam seinen Mantel überließ und duldete, daß Morgan ihm den Hut vom Kopf nahm. Dann sah er an der Tür ein kleines Mädchen stehen, das ihn beobachtete und lächelte, als wüßte es ganz genau, daß er ein verblüfftes Gesicht machen würde, wenn er es entdeckte.

Als Susette ihm vorgestellt wurde, machte sie einen Knicks, sah ihn offen, aber nur flüchtig an und schlug dann die Augen nieder, jedoch nicht aus Schüchternheit, sondern mit einem sicheren Instinkt für Koketterie. Ihr Bruder, blond wie Jonathan, aber mit dunklen Augen, kam energischen Schrittes auf ihn zu, machte eine Verbeugung, nannte ihn Mr. Fletcher und fragte, wie es ihm gehe. Zack beugte sich tief zu ihm hinab und schüttelte ihm ernst die Hand. Ein Dienstmädchen in geblümtem Baumwollkleid brachte Peter, das Baby, und Zack nahm ihn nach einem fragenden Blick zu Morgan auf den Arm, ging mit ihm ein paarmal auf und ab, während der Säugling mit gefurchter Stirn zu ihm aufschaute, gab ihn dann endlich dem Mädchen zurück, sah wiederum Morgan an und schüttelte fassungslos den Kopf.

«Deine Kinder», sagte er, ohne recht zu wissen, ob es eine Frage oder eine Feststellung war, denn er hatte das Gefühl, in Wahrheit hätten diese reizenden Kinder überhaupt nichts mit Morgan Devlin zu tun, sondern er müsse sie wohl gestohlen und sie als Geiseln behalten haben.

Susette kam näher, sah ihn mit nachdenklicher Miene an, bis Zack unter ihrem Blick nervös wurde, und sagte dann: «Mr. Fletcher, ich weiß alles von Ihnen.» Zack errötete bei diesen Worten, und sie fügte hinzu: «Sie sind der beste Freund meines Vaters, nicht wahr?» Wieder lächelte sie, und Zack betrachtete sie mit ehrfürchtiger Bewunderung, denn sie erinnerte ihn an Lisette, hatte die gleichen dunklen Augen, die gleiche schmale Oberlippe und die gleiche, sehr volle Unterlippe. Schließlich stieß er einen langen Seufzer aus.

«Ich hoffe es, Susette.»

Als William dann kam und ihn auszufragen begann, wissen wollte, wie viele Rinder er besaß, wie viele Cowboys im Sommer benötigt würden, und ob es bei ihnen in letzter Zeit einen Indianerüberfall gegeben hätte, wurde Zack immer trübsinniger, denn dieses kleine Mädchen und ihre zwei Brüder, Felice, das Haus und seine hübsche Einrichtung und der angenehme Duft guter Speisen aus der Küche hatten ihn und Morgen wieder einander entfremdet, so daß er allmählich immer langsamer und ausweichender antwortete, seinen Drink musterte, als habe er Grund zu mißtrauischer Vorsicht, von Zeit zu Zeit unbewußt, aber tief aufseufzte, als habe ihn eine furchtbare Erschöpfung gepackt, und zusehends nervöser, geistesabwesender und fast hysterisch wurde vor Sehnsucht, dieser Atmosphäre endlich wieder zu entkommen.

62

«Dahinter steckt mehr», sagte Ceda, als Anfang April Felices Brief eintraf, «als nur der Wunsch, mit den Kindern nach Europa zu fahren.» Und es dauerte nicht lange, da begann Ceda von Träumen über aufregende Ereignisse und Gewalttaten zu berichten, obgleich diese Träume nicht sehr deutlich waren und sie nicht mit Gewißheit sagen konnte, wer in sie verwickelt war, ob es Menschen waren, die sie kannte, oder nur Fremde. «Ich hoffe», sagte sie zu Susan, «es gibt keinen Streit zwischen Suky und Lisette. Schließlich haben sie sich seit sechzehn Jahren nicht mehr gesehen.»

«Warum sollte es Streit geben? Damals waren sie Kinder, jetzt sind sie erwachsene Frauen.»

Und dann war es so, daß Suky sogar ihre eigenen Pläne änderte, damit sie und Sarita mit demselben Schiff fahren konnten wie Felice und Lisette mit ihren beiden Töchtern, denn Suky wollte in Joshuas Auftrag Möbel, Teppiche, Stoffe und Bilder für die neuen Häuser einkaufen.

Morgan war weitergefahren nach Baltimore, und als sie am Ende der zweiten Maiwoche mit Robert ankamen, gab es ein Wiedersehen, so voller Tränen und Küsse, Gelächter und Komplimente, daß Ceda endgültig überzeugt war, daß ihre Träume zwar Streit vorausgesagt hatten, daß dieser Streit aber wenigstens nicht zwischen ihren beiden Lieblingsnichten stattfinden würde. Der eigentliche Zweck dieser Europareise jedoch blieb ein Geheimnis, denn weder Felice noch Lisette konnten einen triftigen Grund dafür angeben. Sie sagten lediglich, daß Morgan beschlossen habe, es sei Zeit, daß sie diese Pilgerfahrt unternähmen.

Suky bestand darauf, daß sie aus dem Fifth Avenue Hotel aus- und in ihr eigenes Haus umzogen, und jedesmal, wenn Ceda sie sah, lobte Suky irgend etwas an Lisette, ihre hübsche Figur, ihr Lächeln, ihr dichtes braunes Haar, von dem sie behauptete, daß Mr. Ducarcel daran eine Meisterleistung vollbringen werde, wenn er es unter die Finger bekomme, und dann legte sie Lisette sogar ihren eigenen Lieblingsschmuck an, eine Großzügigkeit, die Susan sich nicht erklären konnte, bis Ceda sie erinnerte: «Schließlich können sich die Mitglieder von Joshua Chings Familie heutzutage nicht mehr ohne passenden Schmuck in der Öffentlichkeit sehen lassen – und Felice hat den von ihrer Mutter.»

Sie waren kaum angekommen, da zeigte Suky ihnen schon die Häuser, die nun seit über anderthalb Jahren im Bau waren. Mit den drei kleinen Mädchen schlenderten sie durch weite Korridore und von Zimmer zu Zimmer, vorbei an zahlreichen Handwerkern, die auf hohen Gerüsten standen und Fresken malten oder Blumen- und Früchtegirlanden in Zierleisten und Türrahmen schnitzten, während Suky erklärte, dieses Zimmer werde im Stil Louis' XV. eingerichtet, jenes im Stil Louis' XVI., und Susette und Polly Sarita erklärten, es rieche modrig, genau wie in Tante Jennys Haus, als es noch neu war, doch jetzt, da sie es bewohne, sei der Modergeruch ganz verschwunden. Suky erwähnte zwar nie, wieviel das eine oder das andere gekostet hatte, Sarita jedoch vertraute ihren Kusinen an, daß Großvater Ching, wenn alles fertig sei, über zwei Millionen Dollar aufgewendet haben würde.

Kaum hatte sie das Geheimnis verraten, da kam auch schon Joshua Ching auf sie zu, angenehm duftend und gepflegt, in Gehrock, Eckenkragen und Ascotkrawatte, und Lisette und Felice liefen ihm erfreut entgegen, während Joshua, der die jungen Frauen und ihre Töchter zur Begrüßung küßte, bestürzt über diesen Beweis der dahineilenden Zeit war und Susette mitteilte, er habe sie zuletzt gesehen, als sie so klein war, daß er sie mit einer Hand tragen konnte, eine Behauptung, die Susette mit einem zweifelnden Lächeln quittierte.

Teilnehmend erkundigte er sich nach allen Verwandten im Westen, gab bei allem, was sie berichteten, seiner Anerkennung Ausdruck und erteilte zwischendurch immer wieder den Handwerkern Anweisungen. Dann ermahnte er Suky, alles zu tun, um ihrem Besuch den Aufenthalt angenehm zu gestalten, und machte sich eilig wieder auf den Weg, während Suky meinte, es werde wohl Zeit, einkaufen zu gehen, denn Lisette wie auch Felice hatten lange Wunschlisten mitgebracht, die ihnen von allen Bekannten noch in die Hand gedrückt worden waren.

Jeden Tag am Spätnachmittag fuhren sie in den Park, und während Susette und Polly ihre Schaukeln mit kräftigen Stößen in Bewegung setzten, so daß sie immer höher zu fliegen schienen, schwang sich Sarita träge vor und zurück, als werde sie von ihrem ersten Verehrer geschaukelt. Die Mütter schlenderten indessen über die Spazierpfade oder setzten sich in eine der kleinen roten Pagoden, die mit Türmchen und verschlungenem schwarzem Schnitzwerk verziert waren, und taten, als diskutierten sie Angelegenheiten von größter Bedeutung, die sich jedoch, wenn eines der Kinder nahe genug herankam, um mithören zu können, entpuppten als Plaudereien über Kleider und die Toiletten, die sie auf dem Ball tragen würden, den Nicholas Craig für seine Tochter Nicola gab.

Sukys Balltoilette war von Worth angefertigt worden, aber sie beauftragte ihre eigene Schneiderin, neue Toiletten für Felice, Lisette und Annabel herzustellen, überwachte jede Anprobe persönlich und sprach mit der Schneiderin nicht anders als mit Mr. Ducarcel oder dem Architekten, mit kleinen, andeutenden Gesten und wenigen Worten, die Mrs. Randolph korrekt interpretieren konnte.

Es sah tatsächlich so aus, als könne Suky gar nicht genug für ihre Kusine tun. Am Tag vor dem Ball gab sie noch ein Mittagessen für Damen, damit Lisette sich zwischen ihren und Felices Freundinnen und Verwandten nicht ganz so fremd fühlte.

Das Eßzimmer mit seinen weißen Brokatwänden und dem blauen Samtteppich war von Kerzen erleuchtet; Schalen voll Maiglöckchen schmückten die lange Tafel von einem Ende zum anderen, auf der Anrichte standen in silbernen Vasen weiße Rosen und Tuberosen. Kleine Gebinde aus weißen Rosenknospen, von denen weiße und blaue Seidenbänder herabhingen, lagen auf jeder Serviette und füllten das Zimmer mit jenem überwältigenden Duft, den alle Besucher in Gedanken mit Sukys Haus verbanden. In den Räumen war es warm genug für ein angenehmes Bad, die Speisen hätten, wären sie anderswo serviert worden, vielleicht ein bißchen zu reichhaltig oder zu anspruchsvoll dargeboten gewirkt, und alles in allem war hier eine Form der Verführung am Werk, die sie nur allzubald alle in ihren Bann schlug – und die auch ihre Ehemänner, wenn diese herkamen, allmählich immer entspannter und zufriedener machte, obgleich sie sich später nie mehr genau erinnern konnten, was es nun eigentlich gewesen war, das sie in diesen Zustand versetzt hatte.

Das Essen begann um halb zwei und war um halb drei erst bis zum Salat gediehen. Dazwischen lagen heiße Bouillon mit geeistem Sherry, gebratene Austern mit Sauterne, gedünstetes Rindsfilet mit Champagner, dann Hühnerkroketten mit noch mehr Champagner, bis sie vor dem Salat saßen, aufgehört hatten, über die finsteren Gerüchte einer Rückkehr der Turnüre zu diskutieren, und anfingen, über ihre Freundinnen zu reden.

Coral Talbot begann damit, daß sie erzählte, sie habe gehört, ein Mann, den sie alle kannten, habe seine Frau in ein Pflegeheim gesteckt, damit er ein Mädchen heiraten konnte, das jünger war als seine Tochter, und die arme Frau habe zwei Monate in diesem Heim bleiben müssen, bis seine Kinder ihn überreden konnten, sie wieder herauszuholen. Während sie sprach, strich Coral unablässig über die hellrote Feder, die sich über den Kopf ihres dunkelgrünen Samthutes bog, und lächelte. «Aber ja, es ist wahr, ihr könnt mir glauben! Ich habe es nicht erfunden.»

«Unmöglich!» erklärte Jemima Haldane. «Das gibt es nicht.»

Coral lächelte ihr zu. «O doch, das gibt es.»

«Ich habe die Geschichte auch gehört», bestätigte Suky. «Es handelt sich um denselben Mann, dessen Frau so tat, als hielte sie ihn für einen Einbrecher, und ihn mit einer Pferdepeitsche schlug. Davon haben wir doch alle gehört, nicht wahr? Und darum ist es wohl kaum verwunderlich, wenn er sie loswerden wollte.»

«Es kann sich kaum um denselben Mann handeln», warf Coral ein, erläuterte aber nicht, was sie damit meinte, und Jemima behauptete, von ihren Bekannten würde nicht eine einzige ihren Mann mit einer Pferdepeitsche schlagen.

«Das kann doch nur so ein Mädchen vom Ballett gewesen sein.»

Und weiter ging das Gespräch, über die eine häusliche Tragödie und die andere, über gekränkte, gedemütigte Ehefrauen, Gouvernanten, die nicht nur zur Kindererziehung ins Haus kamen, und Stubenmädchen, die ziemlich wenig Zeit in den Stuben verbrachten, über Opernsängerinnen und Schauspielerinnen; doch all diese Dinge waren in sicherer Entfernung geschehen, die Störenfriede waren in Häuser eingedrungen, die ein Stück weiter die Straße hinauf standen, und nicht in ihre eigenen. Und dann, als sie das Dessert hinter sich hatten und sich in warmem, mit Pfefferminz versetztem Wasser die Finger spülten, mahnte Alvita

Hallam: «Es ist ungerecht von uns, solche Geschichten weiterzuerzählen, selbst wenn sie wahr wären – und meistens sind sie das nicht einmal.»

«Aber die ganze Welt ist ungerecht, Alvita.» Coral lächelte und zuckte die Achseln über die Ungerechtigkeit der Welt. «Die Welt ist immer ungerecht.»

«Ja.» Christine Craig drehte an ihren Ringen und beobachtete, wie sie funkelten. «Es ist wahr», sagte sie nachdenklich. «Da existieren nun diese Frauen nur am Rande unseres Lebens – und fügen uns manchmal trotzdem mehr Schaden zu, als wir uns eingestehen wollen.»

«Aber das tun nicht nur die Frauen am Rande unseres Lebens», erwiderte Coral Talbot. «Es gibt eine Frau, die wir alle kennen und die seit vielen Jahren den Ehemann ihrer besten Freundin liebt – und er liebt sie auch.» Sie machte eine Handbewegung. «Gewiß, eine bekannte Modedame kann sich so manches erlauben, was einer unbekannten niemals verziehen wird.»

Felice, die unnatürlich gerade und steif dagesessen hatte, als habe sie Angst, eines von Sukys kostbaren Gläsern oder eine ihrer Vasen umzustoßen oder auf irgendeine andere Art die Ordnung dieses so perfekt gedeckten Tisches zu stören, sagte jetzt, aber nicht zu ihrer Mutter: «Ich glaube, das alles besteht nur in unserer Einbildung. Sogar schöne Frauen sind nicht immer so selbstsicher, wie sie aussehen – und nur allzuleicht werden wir mißtrauisch gegen diejenigen, die wir lieben und von denen wir abhängig sind.»

Als hätten diese Worte den Klatschgeschichten ein Ende gesetzt, hoben sie nunmehr die Tafel auf und sprachen von anderen Dingen.

Susan und Ceda brachten Coral Talbot nach Hause, und als sie sich mit einem ungewöhnlich strahlenden Lächeln von ihnen verabschiedet hatte, als bereite ihr der Streich, den sie ihnen an diesem Nachmittag gespielt hatte, ein ungeheueres Vergnügen, wandte sich Ceda an Susan. «Die Unverfrorenheit dieser Frau bringt mich noch eines Tages ins Grab!»

«Was ist denn mit dir, Ceda? Sie hat doch gar nicht über uns gesprochen! Ich möchte wissen, über wen eigentlich.» Susan, die seit einiger Zeit dazu neigte, Joshua zwar nicht zu vergeben, was er ihr hatte antun wollen, aber zu tun, als wäre es nie geschehen, blieb ruhig und indifferent; und das, fand Ceda, war sicherlich die beste, möglicherweise auch die einzige Lösung für diese unglückselige Episode. «Zwischenfälle dieser Art gibt es immer wieder. Alle wissen davon, aber niemand will es zugeben. Sieh dir zum Beispiel Jemima Haldane an: Verheiratet mit einer Null, aber sie nennt sich immer noch Lady Haldane – und all ihre Freunde ignorieren die Tatsache und tun so, als sei sie dazu berechtigt.»

«Das liegt aber nur daran, daß ihr Vater soviel Geld hat, Susan.

Die würden bestimmt nicht so tun, wenn Amos Cottrell ein armer Mann wäre oder auch nur in bescheideneren Verhältnissen lebte.»

Susan, die aus dem Fenster schaute, lächelte vor sich hin. «Aber wer ist die Frau, die ihren Mann gepeitscht hat? Ich muß unbedingt Suky danach fragen. Wo kann sie nur so etwas gehört haben? Und warum hat sie uns niemals davon erzählt?»

Susan beabsichtigte zwar, Suky danach zu fragen, sobald sie am nächsten Abend das Haus betrat, aber sie fand dort ein so hektisches Durcheinander, daß sich keine Gelegenheit ergab, mit ihr unter vier Augen zu sprechen. Alles eilte die Treppen hinauf und hinab, hinein in die Schlafzimmer, wo die Balltoiletten auf den Betten lagen und an den Kronleuchtern hingen, und wieder hinaus. Sogar die Zofen hatten sich von der Aufregung anstecken lassen, schossen mit ungewohntem Eifer umher, steckten ihre Nase in alle Türen und schleppten Tabletts voller Speisen die Treppe herauf, als müßten sie eine Kompanie Kranke versorgen.

Sarah und ihre Kusinen hatten Erlaubnis bekommen, aufzubleiben, und jede begutachtete die Toilette ihrer Mutter mit unnachsichtiger Strenge, kritisierte die Art, wie die Zofen die Schultern puderten, flüsterte Mrs. Randolph zu, sie müsse hier oder da etwas ändern, verteilte Lob und Tadel an Mr. Ducarcel, und alle drei waren um elf, als die Herren eintrafen, so in Ekstase geraten, daß sie fast wirkten, als hätten sie Alkohol getrunken.

Joshua und Steven kamen als erste und fanden die Damen um den Frisiertisch versammelt, vor dem sich Suky in einer weißen Tülltoilette über Lisette beugte und ihr mit liebevollem Stolz die Halskette aus Brillanten und Saphiren umlegte, die Joshua seiner Tochter zur Geburt seines ersten Enkels geschenkt hatte. Und als Suky die Schließe befestigt hatte, betrachteten sich die Kusinen im Spiegel, die Köpfe dicht nebeneinander, und lächelten, als habe jede von ihnen auf diese Gelegenheit gewartet, um die alte Rivalität endgültig zu ihren Gunsten zu entscheiden.

Minutenlang bemerkte niemand, daß Joshua und Steven eingetreten waren, so vertieft schienen alle in diesen Wettstreit der beiden Kusinen, doch dann sagte Joshua laut: «Ich war eigentlich immer der Meinung, daß Frauen den wichtigsten Teil ihres Lebens in der Öffentlichkeit verbringen.» Da wandten sie sich zu ihm um und sahen, daß er heiter-ironisch lächelte.

Annabel drehte sich im Kreis und zeigte ihm ihr Kleid, den Kranz aus weißen Rosen, den ihr Maxine für das Haar geflochten hatte, das Perlenarmband, das Suky bei ihrem ersten Ball getragen hatte, und fragte eifrig: «Wie findest du uns?» Und die anderen beobachteten ihn gespannt, als schrieben sie seinem Urteil prophetische Qualitäten zu; doch ehe er antworten konnte, kam Morgan im Abendanzug und nach Haar- und Ungarwasser duftend herein und blieb verblüfft stehen, als wolle er vor dieser geschlossenen Phalanx weiblicher Eitelkeit die Flucht ergreifen.

Felice ging auf ihn zu, sagte, sie hätten schon überlegt, ob er wohl immer noch in Baltimore sei, und Morgans Entschuldigung klang so ungeschickt, als habe er wirklich etwas zu verbergen; er behauptete, eine Erzfracht sei mit Verzögerung eingetroffen, hütete sich aber, Sukys Blick zu begegnen, denn er befürchtete, sie könne wissen, daß er sich nur so verspätet hatte, weil er nicht wollte, daß sie ihm Fragen stellte über Lisette. So unbehaglich war ihm zumute, daß er, als Philip erschien, diesem erleichtert die Hand schüttelte und einen Augenblick sogar vergaß, daß es sein Feind war, den er begrüßte.

Die Zofen brachten Umhänge, Parfum wurde auf Haar und Toiletten gesprüht, Suky unterhielt sich mit allen in ihrer freundlichen, unpersönlichen Art, mit der sie die verschiedensten Elemente zusammenzubringen und geschickt zu einem Bukett zu ordnen verstand, und schickte Annabel und Nancy mit Maxine voraus. Susan und Ceda verließen das Haus zusammen, und schließlich stand Morgan nun vor Lisette, die ihm aus dem Weg gegangen war, bis sie ihm jetzt gegenüberstand, in einem Kleid aus leuchtend gelbem Tüll, das Haar zu einer komplizierten Frisur aufgetürmt und Sukys Brillanten an Ohren und Hals; und er begann zu stottern wie ein verlegener Jüngling, der zum erstenmal einer schönen Frau ein Kompliment machen will.

«Ich hasse dich nicht, Morgan», flüsterte sie.

Er fuhr ein wenig zurück, ergriff dann aber ihre Hand und protestierte heftig. «Das weiß ich.»

Sie ging hinaus, den Arm um Felices Taille gelegt, und Felice, in ihrem rubinroten Kleid, geschmückt mit den Juwelen ihrer Mutter, das dunkle Haar aus dem Gesicht genommen und in japanischem Stil zu dicken, mit Brillantnadeln befestigten Rollen gekämmt, lächelte ihm über die Schulter hinweg zu und sah so schön, so fremd und so unerreichbar aus, daß er von neuem jenes Gefühl erschrockenen Staunens verspürte, das ihn überfallen hatte, als er zum erstenmal erkannte, daß er sie liebte.

Jetzt kam Suky auf ihn zu, doch er gab vor, sie nicht zu bemerken, jagte die Treppe hinab, fuhr mit Joshua Ching davon und versank in düsterem Schweigen, weil er sich einredete, Lisette habe ihm zwar versichert, sie hasse ihn nicht, aber im Grunde hasse sie ihn doch und es sei nicht unmöglich, daß er ihren Haß verdiente.

Seit jenem Abend, da sie ihn mit hinaufgenommen hatte in Jennys leeren Ballsaal, als habe sie ihm ein großes Geheimnis mitzuteilen, die Kerze hingestellt, in diesem riesigen Raum mit den tiefen Schatten und den roten Vorhängen vor ihm gestanden und ihm ihre Liebe zu Zack Fletcher gebeichtet hatte, war sie launisch und deprimiert gewesen, dann wieder fröhlich und liebevoll, genau wie damals, nach Matts Tod, denn immer schon hatten ungewöhnliche Sorgen und Aufregungen ihre natürlichen Charaktereigenschaften noch verstärkt. Er hatte sich auf einen der kleinen, vergoldeten Stühle gesetzt, die an der Wand entlang standen, die Arme verschränkt, mißtrauisch, noch ehe sie ein einziges Wort gesagt hatte, und sie beobachtet, die vor sich hinsummte, durch die ganze Länge des Saales walzte, bis sie in den Schatten am anderen Ende verschwand und dann wieder auf ihn zuwirbelte und ihm zulächelte, als sie vorüberflog; aber ihr Lächeln war unsicher gewesen, fast flehentlich, und urplötzlich hatte er gewußt, was sie ihm sagen wollte, und fand es nur seltsam, daß er es nicht schon vor langer Zeit geahnt hatte.

Sie sprach zu ihm von den Bedürfnissen, die die Pflicht überwogen, von dunklem Begehren, das sie ihm nicht erklären konnte oder auch nicht begriff, und von anderen geheimnisvollen Empfindungen, die seine Geduld auf eine harte Probe stellten, bis er sich mit wütender Miene zu ihr herumdrehte und fragte: «Wenn du unbedingt glaubst, daß du ihn heiraten mußt, warum zum Teufel hast du es denn damals nicht schon getan?»

«Aber du weißt doch genau, warum ich es nicht getan habe!»

«Dann, bei Gott, wirst du ihn jetzt auch nicht heiraten. Hast du mit Ralph gesprochen?»

«Ich dachte, das würdest du vielleicht tun.»

«Ich denke nicht daran! Und du tust es auch nicht!»

Niemals hätte er geglaubt, daß Lisette insgeheim dieselben machtvollen Sehnsüchte spürte wie er selber. Sie stand vor ihm, schlug die Hände vors Gesicht und schluchzte. Als er hinausging und ihr befahl, hierzubleiben, bis sie sich wieder sehen lassen könne, folgte sie ihm bis an die Treppe, stampfte erzürnt mit dem Fuß auf, knallte die Tür hinter ihm zu und riß sie wieder auf, um ihm zu sagen, daß sie ihn hasse. Seitdem hatte sie kaum ein Wort mehr mit ihm gesprochen. Aber sie hatte sich schließlich, nach langem Bitten von Felice, dazu bereit erklärt, den Sommer in Europa zu verbringen, und dieses altbewährte Heilmittel für unglückliche Liebe würde, so hoffte er, auch auf Lisette seine Wirkung nicht verfehlen.

Der Ball fand in Nicholas Craigs Remise statt, einem dreistöckigen Klinkerhaus mit Marmorfassade und Mansardendach, in dem er eine Anzahl Kutschwagen und Pferde hielt, die, wie man behauptete, über 200 000 Dollar wert waren. Sie standen in Mahagoniboxen mit Messingbeschlägen und Zementfußboden und hatten, wie die Zeitungen schrieben, alles, was sich ein Pferdeherz nur zu wünschen vermag. Im ersten Stock lag der Ballsaal mit zwei Springbrunnen in der Mitte, aus denen Champagner und Eau de Cologne sprudelten, und mit karmesinrotem Damast bespannten Wänden, und im zweiten Stock wimmelte es von Lakaien in goldener und silberner Livree, die nur darauf warteten, das mitternächtliche Souper zu servieren, so daß Nicholas Craigs Remise alles in allem als eine der schönsten Demonstrationen dessen galt, womit ein erfolgreicher Amerikaner der Neuzeit in dieser Stadt die mittelalterlichen Fürsten noch übertrumpfen konnte, die beim Betrachten all dieses Glanzes wahrscheinlich vor Neid erblaßt wären, wie einige von Craigs konservativen Freunden es auch wirklich taten.

Nicholas Craig und seine Frau standen auf der obersten Treppenstufe und baten ihre Gäste, Masken zu tragen, denn Nicola würde tief enttäuscht sein, wenn dieses nicht, wie sie es sich sehnlichst wünschte, ein richtiger Maskenball würde. Christine Craig sah aus wie immer – schön, müde und ein wenig verängstigt, während ihr Mann, in einem Abendanzug, der noch perfekter geschnitten war als der von Marquis McDuff, mehr oder weniger einem gütigen Dämon glich. Er schüttelte ihnen die Hände und grinste vor Freude und Stolz bei der Aussicht auf einen weiteren Abend des Triumphes über das ganze Gesicht. Das Orchester stimmte hinter einer Wand, die mit Farnen und Orchideen geschmückt war, die Instrumente, und die Gäste, die bereits eingetroffen waren, schlenderten hin und her, begrüßten Freunde und musterten Fremde mit jener verächtlichen Neugier, für die die Amerikanerinnen berühmt waren. Bis jetzt jedoch war der Saal trotz mehrerer hundert Einladungen, die verschickt worden waren, noch immer fast leer, während sich draußen die anfahrenden Kutschen stauten, weil sich die Damen weigerten, auszusteigen, solange der Regen nicht aufgehört hatte.

Als aber das Orchester dann einen Marsch anstimmte, kamen die Damen doch aus den Wagen, rafften Toiletten und Umhänge zusammen, und nun entstand ein solches Gedränge auf der Treppe, daß sie die Stufen nur langsam erklimmen konnten wie büßende Pilger und ihrem Ärger auf Nicholas Craig schimpfend Ausdruck verliehen, der anscheinend jeden geladen hatte, dessen Namen er irgendwo einmal gehört hatte. Den Ballsaal aber betraten sie dann mit tapferem Lächeln, erklärten Christine und Nicholas Craig, trotz ihrer zerdrückten Kleider, der Mensch liebe nun einmal das Gedränge, und es sei ihnen ein unvergeßliches Erlebnis gewesen.

Nicola, der man eingeschärft hatte, sie dürfe nicht eher tanzen, bis alle Freundinnen einen Partner hatten, stellte vor und erteilte Anweisungen, drohte jungen Männern und warnte sie, nur nicht zuviel zu trinken, denn auf ihrem Ball werde sie kein ausfallendes Benehmen dulden. Zwischendurch lief sie immer wieder zur Treppe, um nachzusehen, wer jetzt noch kam, bis sie, als Morgan eintraf, diesen am Arm ergriff und ihm ganz außer Atem erklärte: «Ich bin Nicola Craig, dieser Ball wird mir zu Ehren gegeben, und ich habe Sie vor zwei Jahren in Long Branch kennengelernt. Wo sind Annabel und Nancy?»

Sie war nicht ruhiger geworden seit damals, sondern schien im Gegenteil noch viel stärker von ihrer niemals erlahmenden Energie umgetrieben zu werden. Ihr Haar war noch immer so rot, ihre Augen waren noch immer so grün, ihre schneeweiße Haut war noch immer mit Sommersprossen bedeckt, und als Morgan ihr versicherte, sie müßten jeden Augenblick kommen, lächelte sie ihn mit jener erstaunlichen Süße an, die das Lächeln stets auf ihr Gesicht zauberte, und flüsterte: «Ich möchte mit Ihnen tanzen. Gehen Sie da entlang, damit meine Eltern uns nicht sehen – ich soll nämlich eigentlich warten, bis alle hier sind.» Vor ihm her lief sie zur Tanzfläche und schloß, als er den Arm um ihre Taille legte, verträumt die Augen.

Sie tanzten eine Weile, ohne daß sie ihn ansah oder sprach, dann blickte sie plötzlich auf und überraschte ihn dabei, daß er sie lächelnd beobachtete. «Sie erinnern sich doch noch an mich, nicht wahr?»

«O ja, ich erinnere mich!»

«Gewiß, ich bin seitdem ein bißchen erwachsener geworden.»

«Sie waren schon vor zwei Jahren ziemlich erwachsen.»

Sie lehnte sich zurück, musterte ihn und brach dann in lautes Gelächter aus, während er betreten die Stirn runzelte, denn er hatte den Eindruck, sie wisse genau, an was er sich in Verbindung mit ihr erinnerte, und im nächsten Augenblick schon war sie fort, eilte auf Nancy und Annabel zu, und alle drei standen beisammen und nickten in angeregtem Gespräch lebhaft und eifrig mit den Köpfen.

Dann war sie wieder bei ihm, schaute sich aber beim Tanzen ständig nach interessanten Neuankömmlingen um. Doch zwischendurch warf sie ihm noch einmal jenen raschen und rücksichtslos forschenden Blick zu, der ihn zu der Überzeugung brachte, die Illusion, die er an jenen beiden Tagen gehabt hatte, als er frühmorgens aus Sukys Zimmer gekommen war, die Illusion nämlich, daß irgend jemand im Flur herumschleiche, sei gar keine Illusion gewesen, sondern Nicola Craig. «Es gibt heute noch ein paar Überraschungen», vertraute sie ihm an, dann hielt sie plötzlich den Atem an und legte die Hand vor den Mund. «Oh!» rief sie und blieb so unvermittelt stehen, daß er in sie hineinstolperte. «Da ist sie – Mrs. Van Zandt! Auf Wiedersehen, verzeihen Sie, aber ich muß sie mir aus der Nähe ansehen!»

Die meisten Gäste hatten ihre Masken aufgesetzt, und deshalb nahm ihre Ausgelassenheit ständig zu. Die Musik schien lauter und schneller zu werden, und das war auch tatsächlich der Fall, denn Nicholas Craig hatte den Musikern entsprechende Anweisungen erteilt. Ununterbrochen strömten die Gäste die Treppen hinauf und hinab, in den Souperraum hinein und hinaus, zahlreiche Herren gingen die Pferde inspizieren, und als die Nachricht, es habe sehr heftig zu regnen begonnen, im Ballsaal die Runde machte, gab es als Antwort nur noch Gelächter, denn Toiletten und Frisuren waren unbeschädigt angekommen, und in welchem Zustand sie wieder nach Hause zurückkehrten, das spielte ja keine Rolle.

Nachdem Nicola davongelaufen war, um Suky aus der Nähe zu sehen, tanzte Morgan mit Ceda und Susan und ging dann hinüber zu Lisette, die heute abend so lebhaft war und so unparteiisch kokett, daß er sich schon beglückwünschte, denn ihre plötzliche Schwärmerei für Zack Fletcher schien nicht sehr dauerhaft gewesen und in der Zwischenzeit abgeklungen zu sein, ohne größeren Schaden anzurichten.

Als sie jedoch mit ihm tanzte, verschwand ihre Lebhaftigkeit, sie wurde schweigsam, und er beobachtete sie mit tiefer Sorge, als sei sie ein krankes Kind, bis er sie schließlich fragte: «Du bist doch nicht traurig?»

«Natürlich bin ich traurig, Morgan!» Sie schüttelte den Kopf, als wolle sie sagen, wie dumm es sei, ihr eine solche Frage zu stellen, aber ihr Lächeln war wieder liebevoll, und sie schien nicht weniger darauf bedacht als er, den ersten ernsthaften Streit, den es zwischen ihnen gegeben hatte, endgültig beizulegen. «Hast du geglaubt, es sei nur so eine Laune von mir?»

«Du kannst nicht so leben, wie Fletcher es tut, und schon gar nicht in einer derartigen Umgebung!»

«Dasselbe hat Mr. Talbot damals auch zu Felice gesagt, nicht wahr?»

Morgan war tief gekränkt, daß sie ihm unterstellte, er habe Felice jemals zugemutet, in einer so primitiven Umgebung zu leben, wie es die Double Key war, und rasch versuchte er sich zu rechtfertigen: «Felice wird nicht mehr lange dort leben müssen. Ich hoffe, daß ich sie bald hierher zurückbringen kann.»

«Bitte, reden wir nicht mehr davon, Morgan – sonst fange ich noch an zu weinen, und du weißt ja, daß Suky dann böse wird.»

Nicht lange darauf sah er, wie sie mit Philip tanzte, und jetzt glänzten auch ihre Augen wieder, während Philip in jener einschmeichelnden Art auf sie einsprach, mit der er, aus Gründen die Morgan unbegreiflich waren, jede Frau, der er sich näherte, unwiderstehlich bezauberte. Er behielt sie unauffällig im Auge, bis der Tanz endete, denn er verspürte wieder einmal den Wunsch, sich auf Philip zu stürzen und dessen Charme mit Stumpf und Stiel auszurotten, sein Gesicht mit ein paar kräftigen Hieben zu zerschlagen, ihn ein für allemal für den zerstörenden Einfluß zu strafen, den er in sein Leben getragen hatte. Es gab aber wohl keinen glaubhaften Grund für eine so heftige Züchtigung, darum machte er sich, nach einem drohenden Blick auf Philip, den dieser gar nicht bemerkte, auf die Suche nach Annabel.

Er fand sie im Gespräch mit drei jungen Herren, denn Nicola, Annabel und Nancy hatten eine Vorsichtsmaßnahme getroffen, vor der alle Eltern ihre Töchter immer wieder warnten: Sie hatten jeden Tanz zwei oder drei Partnern versprochen, eine Taktik, die zu vielen Duellen geführt haben mochte, zumindest aber zu tief verletzten Gefühlen. Rasch schritt Morgan auf die Gruppe zu. Seine Miene wirkte besonders grimmig und ernst, denn in Gedanken war er noch immer bei Philip

Van Zandt und der Abneigung, die er seit so langer Zeit gegen ihn hegte. Dann zog er Annabel ohne ein Wort mit sich davon, während sie noch im Fortgehen ihren Kavalieren zurief: «Mein Bruder. Bitte, entschuldigen Sie mich!»

Sie tanzten. Nicola Craig wirbelte an ihnen vorbei – zum zweitenmal, wie Annabel ihm erklärte, mit einem Mann, dessen braunes Haar und gekrauster Bart, vor allem aber seine grämliche Miene, ihm einen Zug verliehen, den junge Mädchen wahrscheinlich für melancholisch und romantisch hielten, denn auch Nicola trug einen fast kränklichen Ausdruck zur Schau, so als belaste er sie über jedes erträgliche Maß hinaus mit Problemen und geheimnisvollen Andeutungen. «Das», sagte Annabel in einem Ton feierlicher Bedeutsamkeit, «ist Mr. Tash. Alexander Tash der Zweite. Er ist Engländer, ein Freund von Mr. Craig. Alle Frauen sind ganz verrückt nach ihm. Er ist vierunddreißig», fügte sie noch hinzu. «Findest du das zu alt für Nicola?»

Morgan zuckte die Achseln – ihm war Nicolas Verhältnis zu diesem Engländer gleichgültig –, sah aber im nächsten Moment hastig auf, als eine blonde Dame in weißer, mit glitzernden Silberperlen bestickter Spitzentoilette, das Gesicht zur Hälfte hinter einer Maske verborgen, mit Nicholas Craig an ihnen vorübertanzte, die dunklen Augen unablässig auf Morgan gerichtet, der Annabel sofort herumschwenkte und dem anderen Paar folgte, obgleich sich die Dame jetzt mit Craig unterhielt, strahlend lebhaft geworden war und Morgan keine Beachtung mehr schenkte.

«Wer ist das?» erkundigte sich Annabel.

Morgan machte ein verwirrtes und fast erschrockenes Gesicht, als habe er jemand entdeckt, den er schon lange nicht mehr gesehen hatte und von dem er geglaubt hatte, er werde ihn nie wiedersehen. Er runzelte die Stirn. «Allegra Stuart, glaube ich.»

«Allegra Stuart? Bist du sicher? Ach, Morgan, kennst du sie? Bitte, bitte, stell mich ihr vor! Du mußt – ich will sie unbedingt kennenlernen! Sie hatte Goldpuder auf ihrem Haar, hast du das gesehen? Da drüben ist sie», berichtete Annabel, als Morgan sich umdrehte. «Sie geht zum Büfett hinauf.»

Brüsk und geschäftsmäßig, als habe er gerade einen Mann entdeckt, der ihm noch eine Menge Geld schulde, brachte Morgan seine Schwester zu Tante Ceda zurück, sah sich noch einmal unauffällig um, ob ihn auch kein Bekannter beobachte, drängte sich zur Treppe durch, warf einen verstohlenen Blick auf die Tanzenden zurück und eilte in den oberen Stock hinauf.

Sie saß weder an einem der kleinen Tischchen, noch musterte sie das kalte Büfett mit den Silberplatten voll herrlichster Leckerbissen und den goldenen Füllhörnern, aus denen die Früchte hervorquollen. Er ging langsam weiter, glaubte schon, sie sei ihm entwischt, bis er sie schließlich in einer Ecke fand, wo sie sich mit Nicholas Craig und – ein Streich der zürnenden Götter – Philip Van Zandt unterhielt, dem es ohne allerhöchste Hilfe niemals gelungen sein konnte, sie so schnell zu erreichen.

Morgan stand hinter ihr, während sie mit Craig plauderte, und wartete bescheiden darauf, daß sie sich umdrehte und ihn bemerkte. Der Klang ihrer vollen, samtenen Stimme verscheuchte im Bruchteil einer Sekunde jeden guten Vorsatz in ihm. Sie redete unbeirrt weiter, während Philip ihm immer häufiger böse Blicke zuwarf, die ihm das Recht absprachen, hier zu sein. Doch Morgans Kopf war wie benebelt, und er stand da wie in Trance und wartete demütig darauf, begrüßt oder entlassen zu werden, ganz wie es ihr gefiel.

Endlich drehte sie sich sehr langsam um und sagte, als Craig ihn vorstellte: «Ja, Mr. Devlin ist mir bekannt. Wir haben uns vor vier Jahren kennengelernt.»

Philip war, wie er erstaunt feststellte, verschwunden, Nicholas Craig verabschiedete sich, und Allegra lachte weich und schüttelte den Kopf. «So hatte ich es mir ganz und gar nicht vorgestellt! Ich wollte, daß wir uns im Künstlerzimmer wiedersahen, oder in meinem Garten, und ich wollte dir ein unwiderstehliches Lächeln schenken.» Sie machte ein trauriges Gesicht. «Und jetzt ist das alles verdorben. Wie schade!»

Ihre Augen ruhten leuchtend und funkelnd auf ihm, ihr Mund zeigte einen Anflug von Lächeln, aber die Maske vermittelte ihm den beunruhigenden Eindruck, daß sie vielleicht überhaupt nicht da war, und darum bat er sie nun: «Nimm das verdammte Ding da ab! Ich kann dich ja gar nicht sehen!»

«Aber ich kann dich so viel besser sehen.»

Und dann, gerade als er glaubte, ihr etwas sagen zu müssen, das er ihr schon lange hatte sagen wollen, etwas von so großer Bedeutung für sie beide, daß er es auf keinen Fall vergessen durfte, fuhr er herum, als habe er eine deutliche Warnung vernommen, ließ seinen Blick suchend umherwandern, fand aber niemand, den er kannte, und als er sich wieder zurückdrehte, war ihm die wichtige Mitteilung entfallen, und er konnte sich nicht einmal darauf besinnen, ob er hatte ernst oder heiter sein wollen, ob er von Liebe hatte sprechen wollen oder so tun, als sei dieses Wort nie zwischen ihnen gefallen.

«Komm, tanz mit mir», bat er und hörte sich, als sie an ihm vorüberging, leise flüstern: «Ich liebe dich.»

Sie ging zwei oder drei Schritte vor ihm her und hatte ihn deshalb wohl nicht verstanden, und als er ihr folgte, warf er nach allen Seiten drohende Blicke, denn überall, wo sie vorbeiging, erklangen bewundernd murmelnde Stimmen.

Am Fuß der Treppe drehte sie sich zu ihm um, doch gerade als er sie umfassen wollte, flog sie leichtfüßig vor ihm davon, so daß er sie quer über die Tanzfläche verfolgen mußte, durch ein Labyrinth von Musik und sich drehenden Paaren, während sie ihm winkte und wieder weiterlief und ihn nie nahe genug an sich herankommen ließ, daß er sie einfangen konnte, sondern ihn mit immer neuen, listigen Finten narrte. Dann aber, während er immer noch hinter ihr herjagte, tauchte in diesem Irrgarten, in dem sie Zuflucht gesucht hatte, Suky auf, die wenige Schritte entfernt mit Frederic Hallam tanzte. Sie warf ihm denselben unbestimmten, gleichgültigen Blick zu, den sie sonst nur für vergeßliche Bedienstete oder ein ungehorsames Kind hatte, und sein Lächeln verschwand, wich einem besorgten, schuldbewußten und ziemlich verärgerten Ausdruck, denn er fand es nicht schön von Suky, daß sie ihm das Spiel verdarb. Außerdem fragte er sich besorgt, was sie wohl auf seinem Gesicht gelesen hatte.

«Weißt du, wer das ist?» erkundigte sich Allegra. Er wollte ihr ziemlich steif mitteilen, es sei seine Kusine, sah aber, daß sie ihn mit ironischem Lächeln beobachtete. «Sie ist ein verzauberter Schwan – verdammt dazu, ihr Leben als Tochter eines reichen Mannes zu verbringen.» Er grinste, denn dies schien ihm eine sehr zutreffende Beschreibung für Suky, und sie fügte hinzu: «Ich war schon eifersüchtig auf sie, noch ehe ich dich überhaupt kannte. Ich bin sogar eifersüchtiger auf sie als auf deine Frau. Ist das nicht seltsam?»

Diese Erklärung gefiel ihm gar nicht, doch ehe er herausgefunden hatte, was ihn daran störte und wie er es korrigieren könne, fragte sie schon: «Wo ist sie eigentlich? Ich möchte sie gern sehen.»

Er drehte sich um und war erstaunt, daß er genau zu wissen schien, wo Felice gerade war. «Da drüben. Sie tanzt mit Van Zandt – zum zweitenmal schon heute abend», fügte er wie im Selbstgespräch noch hinzu. Er beobachtete die beiden mißtrauisch, weil er sah, daß Philip auf Felice einsprach und sie ihm mit leicht schräg gelegtem Kopf lauschte. Aber dann sah sie über Philips Schulter hinweg direkt zu ihm herüber und lächelte, als habe sie ihn schon lange nicht mehr gesehen; da wechselte er plötzlich die Richtung und tanzte hinüber ans andere Ende des Saals, wo er zwar Nicola bemerkte, doch die wenigstens war viel zu vertieft in ihren mürrischen Engländer, um sich um ihn zu kümmern.

«Sie ist wunderschön.» Allegras Stimme klang versonnen. Offenbar machte sie sich ihre eigenen Gedanken über Felice. «Aber so romantisch – und so voll Angst.»

«Voll Angst? Aber durchaus nicht!» entgegnete Morgan.

«Sie hat Angst, dich zu verlieren.»

«Das würde ihr niemals einfallen», behauptete er, denn wenn es auch zutreffen mochte, daß Felice fürchtete, ihn zu verlieren, so weigerte er sich jedoch, daran zu glauben, und sagte sich, ein solcher Verlust werde zumindest kein dauernder sein.

Allegra wurde schweigsam, und wenn er auch das Gefühl hatte, sie mit seiner hastigen Verteidigung Felices gekränkt zu haben, so wollte ihm doch keine Möglichkeit einfallen, wie er das wiedergutmachen konnte, und er lenkte sich damit ab, unter den Gästen Spione zu suchen. Da war Joshua Ching; er stand mit dem Rücken zur Tanzfläche, als sei diese Volksbelustigung für ihn ohne Interesse, und sprach mit Ben Burnish. Da tanzte Susan mit Amos Cottrell, und dort Nancy wieder einmal mit Robert; und jeder von ihnen fiel ihm so deutlich ins Auge, hob sich so klar aus der Masse der anderen Gäste hervor, daß es ihm vorkam, als seien von den fünf- bis sechshundert Menschen im Saal mindestens drei Viertel seine Verwandten.

«Und wir können nichts dagegen tun», flüsterte Allegra, und damit verließ sie ihn und verschwand in der Menge der herumschlendernden Paare, während er stehenblieb und überlegte, ob er es wagen sollte, ihr zu folgen. Ehe er jedoch einen Entschluß gefaßt hatte, ging sie mit Philip zur Treppe hinüber, stieg eilig hinab und war gleich darauf aus seinem Gesichtsfeld verschwunden.

Verstimmt drehte er sich um, überzeugt, daß der eine oder der andere es verstanden hatte, ihn um die wahre Bedeutung dieses Wiedersehens zu bringen, und stellte fest, daß seine Prüfungen an diesem Abend noch nicht vorüber waren, denn Coral Talbot kam auf ihn zu und sagte: «Bitte, geh doch und such mir William. Ich möchte nach Hause.»

Der nächste Tanz begann und endete, aber Morgan war noch nicht zurück. Und als dann Nicholas Craig im Laufschritt in den zweiten Stock hinaufeilte, wurden die Tanzenden von einer allgemeinen Unruhe ergriffen, und Ceda umklammerte Susans Arm. «Siehst du, Susan, ich hatte doch recht!»

Coral Talbot tauchte auf, doch als sie sie fragten, warum Nicholas Craig so hastig die Treppe hinaufgelaufen war, zuckte sie nur die Achseln. «Jemand hat ihm erzählt, daß oben im zweiten Stock ein Schlafzimmer abgeschlossen ist und daß sich drinnen zwei Männer prügeln, oder wenigstens kurz davor sind.» Noch während sie sprach, ertönte über ihnen ein Scharren und Poltern, das den Kronleuchter ins Wanken brachte, und mehrere Frauen schrien erschrocken auf, als glaubten sie, die Erde hätte angefangen zu beben.

«Da geht Joshua!» sagte Ceda.

Die drei Damen warfen sich einen kurzen Blick zu und schlossen sich dann der Prozession an, die sich auf die Treppe zuschob. Als sie oben ankamen, hatte Craig schon die Tür aufgeschlossen und bemühte sich, alle zu überreden, wieder nach unten zu gehen und weiterzutanzen. Er versicherte ihnen, es sei nichts, worüber man sich beunruhigen müßte, nur zwei hitzköpfige junge Männer, keine Knochen gebrochen, keine Augen oder Zähne ausgeschlagen, und dann kam William Talbot mit finsterer Miene auf sie zu und nahm Coral mit sich hinaus.

Einigen Herren war es gelungen, bis in das Schlafzimmer vorzudringen, wo Morgan und Philip bereits wieder die Jacken anzogen, ihre Haare in Ordnung brachten und sich gegenseitig nicht mehr Aufmerksamkeit widmeten, als wenn jeder von ihnen mit einem anderen Mann in einen Kampf verwickelt gewesen wäre. «Was zum Teufel hat das denn nun zu bedeuten?» erkundigte sich Nicholas Craig und schien betrübt, daß sie sich ausgerechnet diesen Abend ausgesucht hatten, um ihrer Feindschaft die Zügel schießen zu lassen.

Keiner von beiden antwortete, sondern beide beschäftigten sich eine Weile sehr intensiv damit, Krawatten neu zu binden, Westen zuzuknöpfen und sich den Staub von den Hosenbeinen zu klopfen, bis schließlich Morgan mit leiser, nüchterner Stimme zu Craig sagte: «Wir mögen uns nicht.»

Das rief Gelächter unter den Zuschauern hervor, und beide, Morgan sowohl als auch Philip, starrten sie wütend an, als seien sie nunmehr vereint im Kampf gegen diese außenstehenden Kritiker. «Es war eine Ehrenangelegenheit», erklärte Philip dem Gastgeber in demselben vertraulichen Ton.

Das jedoch veranlaßte Morgan zu der gemurmelten Bemerkung: «Ihr alten Familien könnt einem verdammt auf die Nerven gehen mit eurer Ehre, selbst wenn ihr gar keine mehr zu verteidigen habt!» Damit verließ er das Zimmer und drängte sich durch die Neugierigen, die sich diskret verzogen wie Taschendiebe.

Die Musik hatte wieder zu spielen begonnen, und über die Tanzfläche wirbelten die Paare. Doch wenn es Morgan auch vor einer halben Stunde noch so gewesen war, als sehe er, wo er auch hinblickte, nichts als vertraute Gesichter, so konnte er jetzt nur noch Fremde entdecken. Suky mußte den Ball verlassen haben, und zweifellos hatte sie Lisette und Felice mitgenommen. Darum schlich er sich um die Tanzfläche herum aus dem Saal, um das Haus so unauffällig wie möglich zu verlassen, weil er das Gefühl hatte, eine furchtbare Unschicklichkeit begangen zu haben, die man ihm niemals verzeihen würde.

In einiger Entfernung entdeckte er Christine Craig, die ein Gesicht machte, als wolle sie gleich anfangen zu weinen, und er ging auf sie zu, um sich bei ihr zu entschuldigen. Doch als er näher kam, lief sie in der entgegengesetzten Richtung davon, und Morgan, der glaubte, sie sei zu böse auf ihn, um ihn eines Wortes zu würdigen, ging verlegen weiter, bis er mit Annabel zusammenstieß. «Morgan, warum paßt du nicht auf, wo du hinläufst? Heute abend passiert aber auch dauernd etwas! Robert und Nancy haben sich verlobt, und Nicola ist mit Alexander Tash verschwunden. Wir können sie nirgends finden, und dabei haben wir überall gesucht!» Er gab sich Mühe, bei diesen Neuigkeiten ein ernsthaftes Gesicht zu machen, konnte aber nicht anders als lächeln bei der Vorstellung, daß Nicola Craig mit dem melancholischen Mr. Tash durchgebrannt war. Bald hatte die Nachricht von Nicolas Verschwinden die Runde im Ballsaal gemacht, und sein Streit mit Philip geriet bei dieser neuen Aufregung in Vergessenheit. «Unten wartet Felice auf dich», teilte Annabel ihm noch mit. «Ich fahre mit Tante Ceda nach Haus.»

An der Treppe traf er auf Joshua Ching, der den Eindruck machte, als sei er grimmig erfreut über die verschiedenen Überraschungen des Abends. «Bei dieser Katastrophen-Nachricht», meinte Joshua, «wird Nick Craig bestimmt nicht in dröhnendes Lachen ausbrechen!»

Felice stand wartend bei Steven und Letty, und Morgan führte sie eilig hinaus in eine von Brooks' Kutschen, und als sie dahinfuhren, starrte er auf die nassen, menschenleeren Straßen hinaus, dachte mit einem unbegreiflichen Groll auf Felice daran, daß es genauso stark geregnet hatte, als sie geheiratet hatten und anschließend zu seinem Hotel gefahren waren, ebenso nervös und einander fremd wie in diesem Augenblick, während er voller Entsetzen über die Tatsache nachgedacht hatte, daß er jetzt allein war mit einem unberührten Mädchen, für das er soeben die lebenslange Verantwortung übernommen hatte.

Doch diese Überlegungen wurden schon bald unterbrochen durch den Gedanken an Philip, denn sie hatten sich fest versprochen, den Kampf auszutragen, sobald sich die Frauen auf dem Weg nach Europa befanden. Mit Genugtuung dachte er daran, wie er Philip die Zähne einschlagen oder die Rippen brechen würde, obgleich auch Philip, wie er vorhin hatte feststellen müssen, nicht weniger flink und verbissen war als er, wenn auch vielleicht nicht so schnell bereit, für seine Ehre — eingebildet oder nicht – sein Leben aufs Spiel zu setzen.

Der Wagen holperte über das Kopfsteinpflaster, schaukelte sanft hin und her, und er lächelte bösartig vor sich hin. Im Geist sah er schon Philips blutüberströmtes Gesicht vor sich, dann plötzlich Allegra Stuart, die vor ihm hertänzelte, und schließlich Nicola Craig, die vielleicht gerade in diesem Augenblick eifrig ins Bett steigen mochte, fest entschlossen, alle Geheimnisse der Welt auf einmal zu lösen. Plötzlich schlug er sich heftig und triumphierend mit der Faust in die Handfläche und wandte sich mit wildem, herausforderndem Grinsen zu Felice um.

Er sah, daß sie ihn beobachtet hatte und daß ihre Miene kalt und vorwurfsvoll war, ein Ausdruck, der so ungewohnt an Felice war, daß sich sein Zorn nur noch steigerte. «Was ist nur in dich gefahren, Morgan? Warum hast du das getan?»

«Warum?» Er kniff die Augen zusammen, um sie in der Dunkelheit prüfend anzusehen, und dachte, wenn er ihr die Wahrheit sagen sollte, so müßte er ihr erklären, daß er Philip haßte, weil er ein unermüdlicher Wilderer in seinem Privatrevier war, weil er ihn in der Vergangenheit verfolgt hatte, in der Gegenwart verfolge und, soweit er es sagen konnte, auch in Zukunft noch verfolgen würde. Laut erklärte er ihr: «Weil ich den Mistkerl hasse. Ist das nicht Grund genug?»

63

Ein paar Tage lang war Allegra kapriziöser als sonst, litt unter Anfällen von Melancholie und kritisierte alles, was ihr unter die Augen kam, so daß die Kollegen ihr aus dem Weg gingen und sich fragten, was denn die englische Schauspielerin quäle, daß sie so widerborstig geworden sei.

Manchmal entschuldigte sie sich mit Geschenken und überwältigenden Demonstrationen ihrer Zuneigung, manchmal tat sie auch, als erinnere sie sich gar nicht daran, daß sie launisch gewesen war, und daraus schlossen die anderen, daß sie sich mitten in einer unglücklichen Liebesaffäre befand, denn es gab kaum etwas anderes, das eine Frau so reizbar, so verdrießlich, so unruhig und unzufrieden und im nächsten Augenblick so keck und fröhlich machen konnte; doch wer ihr Liebhaber war, das errieten sie nicht. Joist Barringer, behaupteten die einen, andere jedoch meinten eher, es sei wohl Ferguson selbst, denn neulich erst hatten sie gehört, wie sie sich über die Rolle der Desdemona stritten. Was immer es jedoch war, das sie so quälte, es wirkte sich nicht auf ihre Leistungen aus, und daher gab sie ihnen auch keine Waffe gegen ihre Anmaßung in die Hand.

Sie wanderte, in ihren weißen Frisiermantel gehüllt, in ihrer Garderobe umher, setzte sich zu dem einen Besucher und dann zu dem anderen, nie aber für lange, denn immer wieder ging sie zur Tür und spähte auf den Gang hinaus, als erwarte sie jemand, der nicht kam.

Eines Abends saß Joshua Ching bei ihr und unterhielt sich mit Ben Burnish über die Chicago-Central, die, wie er sagte, doch nicht die kräftige und gesunde Bahnlinie sei, die sie zu sein vorgab. «Im Grunde, Ben, ist sie nichts weiter als eine Seifenblase von Prosperität.» Und Joshua machte mit seiner Gabel eine Bewegung, als steche er in diese Seifenblase hinein.

«Es gehen seit einiger Zeit gewisse Gerüchte um», stimmte Ben zu, warf aber einen verlegenen Seitenblick auf Allegra, als sei es ihm peinlich, von ihr dabei erwischt zu werden, wie er sich von Joshua Ching Flausen in den Kopf setzen ließ.

Allegra schlenderte davon, weil sie sich für die Chicago-Central nicht interessierte, doch gleich darauf war sie wieder da und fragte: «Hat man eigentlich jemals die kleine Craig gefunden?»

«Ja, noch in der Nacht, oder vielmehr, am nächsten Morgen. Im Hoffman House.» Joshua lächelte.

«Mit diesem Engländer?»

«Es scheint so.»

«Verheiratet?»

«Darüber gehen die Meinungen auseinander – aber sie sind alle zusammen für den Sommer nach England gefahren. Eine Heirat soll, wie es heißt, mehr oder weniger notwendig, zumindest aber wohl ratsam sein.» Joshua zog die Augenbrauen leicht in die Höhe und breitete die Hände aus, als wolle er andeuten, die Schuld an diesen unglückseligen Geschehnissen liege nicht bei ihm; insgeheim schien er sich aber darüber zu freuen.

«Armer Nick!» Allegra lächelte boshaft. «Was wird wohl von der Chicago-Central noch übrig sein, wenn er wiederkommt?»

«Das bleibt abzuwarten. Aber mir scheint, daß Nick Craig mit all seinen Besitztümern ein wenig zu sorglos umgeht.»

Allegra stand da, die Arme verschränkt, klopfte sich mit dem Zeigefinger ans Kinn und machte ein nachdenkliches Gesicht. «Und Ihr Neffe? Ist er nach Hause gefahren, um noch mehr Silber und Kupfer auszugraben?»

«Noch nicht, glaube ich.»

«Aha, noch nicht», wiederholte sie und entfernte sich, zog sich hinter den Wandschirm zurück, betrachtete sich, vor ihren Gästen verborgen, im Spiegel und lauschte verächtlich ihrem Gespräch. Sie hatte sie alle von Herzen satt und wünschte, sie würden sie endlich allein lassen.

Sie nahm ihre Perücke ab und warf sie Edana zu, winkte ihr, sie möchte kommen und ihr behilflich sein, und von Zeit zu Zeit hob sie sich auf die Zehen und spähte über den Wandschirm hinweg. Sie hatte vor, sich anzuziehen und dann, wie sie es manchmal tat, ohne ein Wort zu verschwinden, doch dann sah sie Hoke neben Joshua Ching sitzen und in so vertraulicher Haltung auf ihn einreden, daß sie sich doch wieder den Frisiermantel anzog und leise zu ihnen hinüberging, weil sie unbedingt wissen wollte, wovon sie sprachen.

«Was erzählst du da, Hoke?»

Sie packte seinen Arm, aber Hoke schenkte ihr keine Beachtung. «Die Jungens haben gesagt, es wäre genau wie in alten Zeiten gewesen, als ein Kampf zwischen zwei Männern noch ein richtiger Kampf war und einer von beiden immer auf der Strecke blieb. Five Points war eine gefährliche Gegend, damals, als ich ein Junge war», fügte er prahlend hinzu. «Entweder, man lernte sich kräftig zu wehren, oder man blieb schön zu Hause.» Hoke schlug sich klatschend aufs Bein, und Mio, der Pudel, ließ ein empörtes Kläffen hören. «Wir haben versucht, die Sache geheimzuhalten, aber es hatte sich doch herumgesprochen, und als Devlin dann kam – so um halb sechs heute morgen –, waren die Jungens in voller Stärke angetreten und ließen ihn hochleben, als er aus der Kutsche stieg, was wohl heißen sollte, daß sie ihr Geld auf ihn gesetzt hatten und daß er sie lieber nicht enttäuschen sollte.»

«Ist jemand verletzt worden, Hoke?» Sie rüttelte an seiner Schulter. «Antworte doch!»

«Nimm dich zusammen, Allegra! Um Himmels willen, es sind doch Chings Verwandte, um die es geht, und nicht deine. Niemand ist verletzt worden, die ganze Angelegenheit ist im Sande verlaufen – ein

Jammer!» Er wandte sich wieder an Joshua. «Van Zandt bot ihm die Wahl der Waffen an, und Ihr Neffe sagte, er wollte mit dem Messer kämpfen.»

«Barbarisch», erklärte Joshua. «Ich habe ja immer gewußt, wenn ein Mann erst einmal ins Grenzgebiet geht, nimmt er Manieren an, die ihn auf immer für ein zivilisiertes Leben verderben.»

«Messer», dozierte Hoke, «sind keine schlechteren Waffen als andere. Jeder Mann hat seinen eigenen Kampfstil.» Allegra stieß ihn abermals an. «Na ja, aber der Höhepunkt war, daß sie in dem Augenblick, als Van Zandt in einer anderen Mietkutsche gefahren kam, dem ebenfalls zujubelten, woraufhin er im Gesicht so rot wurde wie ein Krebs und sagte, er denke nicht daran, sich in einen Kampf einzulassen, der schon im voraus gegen ihn entschieden sei. Devlin riß die Wagentür auf und sagte zu ihm, aber nur leise: ‹Ich wußte ja, daß du ein Feigling bist, und jetzt hast du den Beweis dafür geliefert!› Und damit fährt die Kutsche davon, und zurück bleibt der größte Haufen enttäuschter Iren, den Sie jemals zu sehen gekriegt haben. Aber Devlin haben sie noch mal hochleben lassen, für seine gute Absicht, und dann war Schluß. Wir haben noch etwas getrunken, und dann sind alle gegangen.»

Allegra warf beide Hände in die Luft, schüttelte verständnislos den Kopf und zog sich hinter den Wandschirm zurück. Im nächsten Augenblick aber war sie schon wieder da und sagte zitternd, sie könne nicht begreifen, wie so etwas in einem Land passieren könne, das sich als zivilisiert bezeichne.

«Das konnte Van Zandt anscheinend auch nicht. Ich hatte auf Devlin gesetzt – er ist flink wie ein Wiesel, und außerdem ein gerissener Bursche, wie es ein guter Kämpfer auch unbedingt sein muß», fügte er noch hinzu, und seine Augen funkelten vor Stolz, denn auch Hoke verdankte seinen Ruf als Kämpfer nicht weniger seiner Gerissenheit als seinem Geschick.

«Ist der Streit damit beigelegt?» fragte sie Joshua. «Oder werden sie noch einmal kämpfen?»

«Es ist durchaus möglich, daß das noch nicht alles ist. Aber ich glaube nicht, daß sie noch einmal kämpfen werden. Mein Schwiegersohn ist zwar kein Feigling, aber er ist, na, sagen wir mal, er ist vorsichtig und findet diesen westlichen Heroismus ebenso albern wie ich.»

«Es ist ein gottverdammter Jammer», murmelte Hoke. «Devlin hätte ihn fertiggemacht, das steht fest.»

«Und Sie hätten weder dem einen noch dem anderen nachgetrauert, nicht wahr?» fragte sie Joshua.

«Allegra, meine Liebe», erwiderte Joshua steif und reichte Edana seinen Teller mit abgenagten Knochen, «wir kennen einander doch wohl zu gut, um uns zu streiten; und außerdem ist dies nicht das erste Mal, daß Sie mich beleidigen.»

Allegra zuckte die Achseln und verschwand hinter dem Schirm, und als sie endlich wieder hervorkam, trug sie eine schwarze Seidentoilette mit einem Samtmieder, um den Hals eine kleine Rüsche aus schwarzen Straußenfedern und auf dem goldblonden Haar einen schwarzen Samthut. Sie lächelte die Männer eigenartig an, mit einem Ausdruck, der gleichzeitig Sanftmut und Trotz verriet. Edana reichte ihr einen Fliederstrauß, denn ihren Verehrern war eingebleut worden, daß das ihre Lieblingsblumen waren. Tap Doyle sammelte die Körbe mit dem Geschirr zusammen und eilte hinaus, Richard Peterson machte sich mit dem laut kläffenden Mio davon, und mit dieser Vorhut und den anderen im Gefolge schritt sie rasch durch die Gänge, blieb an der Haustür stehen, während Peterson die Herumlungernden zurückdrängte, ging dann noch immer mit demselben Lächeln zwischen ihnen hindurch, warf ihnen Handküsse zu und stieg mit Edana und dem Pudel in die Mietkutsche, die sie davontrug, ohne daß sie noch jemand gute Nacht gewünscht hatte.

Sie erwachte um zehn, blieb im Bett liegen, wo sie Kaffee trank und las, und ließ dann und wann ihren Blick flüchtig durch den kleinen Raum wandern, über die graziös geschwungenen und zart bemalten venezianischen Möbel, die in dem matten Licht der Junisonne glänzten, das durch die blaßgelben Seidenvorhänge hereindrang. Kurz darauf jedoch warf sie das Buch beiseite, stützte die Ellbogen auf die Knie und das Kinn auf ihre geballten Fäuste, griff dann in eine Schale voll Narzissen, zog eine heraus, drehte den Stengel zwischen den Fingern und sagte sich, sie sollte doch wohl viel zu vertraut sein mit tragischer Liebe in ihrer nachempfundenen Form, um sich auch im wirklichen Leben damit herumzuschlagen. Sie dürfe so etwas doch gar nicht mehr so tief empfinden, redete sie sich ein, und ganz gewiß werde sie eine unglückliche Liebe ebenso verarbeiten können wie eine glückliche, denn bisher hatte sie immer die Meinung vertreten, daß ohnehin kein großer Unterschied zwischen den beiden bestand – und nun sei es Zeit, dieses Argumentieren mit ihrem eigenen Stolz bleiben zu lassen, sich anzuziehen und in den Garten hinunterzugehen zu einem Spaziergang; aber sie blieb dennoch sitzen und kaute gedankenverloren auf dem Ende des Blumenstiels herum, obwohl er anfing, sehr bitter zu schmecken.

Dann klopfte Edana, und als sie die Tür öffnete, sah sie, daß das Gesicht der Zofe gerötet und diese selbst ganz außer Atem war, weil sie in so großer Eile die Treppe heraufgelaufen war. «Er ist da, Madame!»

Allegra, die träge eine Haarsträhne um ihre Finger wickelte, lächelte böse. «Von wem redest du da, Edana?»

«Mr. Devlin ist hier, Madame.»

«So?» Sie schaute Edana drohend an, denn wenn die Zofe auch vollkommen in ihre Geheimnisse eingeweiht war – entweder durch Lauschen oder durch eine Art liebenden Einfühlungsvermögens –, so durfte sie sich das doch auf keinen Fall anmerken lassen. «Warum hast du das nicht gleich gesagt? Richte ihm aus, daß ich sofort herunterkomme. Nein», korrigierte sie sich, «sag ihm, daß ich noch schlafe. Er muß sich einen Augenblick gedulden.»

«Jawohl, Madame.»

«Schick ihn so lange in den Garten, und frag ihn, ob er vielleicht Kaffee will.»

Sie blieb noch eine Weile still sitzen, fast so erstaunt, als hätte sie ihn nicht vor einer Woche auf Craigs Ball gesehen und gar nicht gewußt, daß er in der Stadt war; und dann hörte sie Schritte auf dem Gartenweg, schlich zum Fenster und spähte hinaus. Er sprach mit Edana, aber die Zofe verschwand gleich wieder, und er begann auf und ab zu wandern.

Dann war sie auf einmal eifrig damit beschäftigt, sich das Haar zu bürsten, das Gesicht zu waschen und ihre Zähne zu säubern, kämpfte mit einem weißen Morgenkleid aus Musselin, zog und zerrte daran herum, bis sie fast ebenso aufgeregt war wie damals im Opernballett mit ihren Kostümen, wo es ihr ständiger Angsttraum gewesen war, die Vorstellung könne beginnen und wieder enden, noch ehe sie überhaupt angezogen war, und dann dauerte es noch mehrere Minuten, bis jeder Knopf in die dazugehörige Schlinge gebracht worden war.

Sie hastete im Zimmer umher, suchte nach Schuhen und Strümpfen, lauschte auf seine Schritte und entdeckte, als sie in den Toilettenspiegel sah, mit einem kleinen, freudigen Schreck, daß diese ungezügelte Spontaneität ihr außerordentlich gut stand. So müßte Augustus Adams sie unbedingt einmal malen. Aber gewiß, das Kleid mit seinen kurzen Ärmeln, dem runden Halsausschnitt und den mädchenhaften blauen Bändern, ihr Haar, das lässig auf dem Kopf zusammengesteckt war, während nur eine Locke lose in ihren Nacken fiel, die ganze Aufmachung hätte nur halb so gut gewirkt, wäre nicht dieser Ausdruck brennender Erregung und unterdrückter Angst gewesen, der ihr da aus dem Spiegel entgegensah.

Sie sprühte sich Fliederparfum auf Haut, Haar und Kleid, bis sie von der Duftwolke niesen mußte, nahm einen spitzen Pinsel, um ihre Lider mit Kohle nachzuziehen, strich Rouge auf ihre Wangen und verteilte es mit einem Schwämmchen, und war einen Augenblick so vertieft in diese letzten Glanzlichter ihres Porträts, wie sonst nur, wenn sie letzte Hand an Rosalinde oder Julia legte.

Als dann aber die Schritte unten abbrachen, richtete sie sich erschrokken auf, lauschte, lief ans Fenster, um sich zu vergewissern, ob er über dieses lange Warten auch nicht böse geworden war und einfach verschwand, warf ihrem Bild noch einen kurzen, flehenden Blick zu, lief die Treppe hinab und blieb wartend in der offenen Tür des Eßzimmers stehen.

Er war unaufhörlich auf und ab gegangen, vielleicht, weil er ebenso unsicher und aufgeregt war wie sie, und als er sich jetzt umdrehte und rasch auf sie zugeschritten kam, erklang von einer nahen Kirche das Läuten einer Glocke, und Allegra hob verwundert den Kopf. «Oh, es ist schon wieder Sonntag!»

Er küßte sie zart und behutsam, als fürchte er, sie werde Einwände erheben. Sie trat einen Schritt zurück, musterte ihn verwundert, weil sie sich fragte, warum sie es zuließ, daß er kam, wann er wollte. Er hatte kein Wort von sich hören lassen, ihr nur diesen merkwürdigen Sessel geschickt, um den Edana noch immer einen großen Bogen machte.

«Ich weiß, sie sind fort», erklärte sie vorwurfsvoll. «Ich habe es heute morgen in der Zeitung gelesen. Bist du darum gekommen?»

Bei dieser Unterstellung zog er ein trauriges Gesicht und schob die Hände tief in die Taschen, wie es anscheinend alle Männer im Westen taten, wenn die Verlegenheit sie übermannte. «Nein, darum bin ich nicht hergekommen, Allegra. Ich bin gekommen, weil ich nicht mehr anders konnte.» Er lächelte bedrückt und schien gar nicht so sehr überzeugt, daß sie diese Entschuldigung akzeptieren würde. Dann hatte er plötzlich ihre Hand eingefangen und hielt sie fest und begann so bittend auf sie einzusprechen, mit soviel Eindringlichkeit, daß sie ihn mit zweifelnder Miene anhörte und dachte, daß sie auch diesmal nicht in der Lage war, sich wirksam zu verteidigen. «Weißt du, wo ich heute morgen gewesen bin? Ich bin durch diese ganze verdammte Stadt gelaufen, von Five Points bis zur Mall, und von einem Fluß zum anderen.»

«Warst du auch in der Bowery?» fragte sie liebevoll, denn der Gedanke, daß er ruhelos durch die Straßen gewandert war, während sie schlief, schmeichelte ihr.

«Ja, auch in der Bowery.»

«Und bist du an unserem Biergarten vorbeigekommen?»

«Ja.»

«Und jetzt bist du hier.» Sie lächelte ein wenig, als könne sie ihm vielleicht vergeben, doch dann fiel ihr noch ein anderer Vorwurf ein. «Aber du bist nicht in Fergusons New Broadway Theater gewesen.»

«Doch, bin ich», erwiderte er gekränkt. «Gestern abend.»

«Und du hast mich sagen hören: ‹Euch schenke ich mich, denn nur euch gehöre ich›?»

«Natürlich habe ich es gehört.»

«Und wußtest du, zu wem ich das sagte?»

«Ich war nicht sicher. Wie konnte ich auch?»

Sie musterte ihn aus den Augenwinkeln, ein wenig mißtrauisch angesichts dieses gefährlichen Wilden in seinem blauen Straßenanzug mit der getupften Krawatte und dem sauber gescheitelten schwarzen Haar, der einen leichten Duft von Eau de Cologne ausströmte und vor ihr stand und sie mit so zärtlicher Demut ansah, daß man den Eindruck hatte, er werde schon dankbar sein, wenn sie sich nur eine Strafe für ihn einfallen ließ. «Ich bin in den letzten Tagen auch unruhig gewesen», gab sie zu. «Weil ich immer darüber nachdenken mußte, warum du nicht kamst. Ich war nicht sehr glücklich.»

Er ließ sie nicht aus den Augen und beobachtete sie mit so tiefem Ernst, als befinde sie sich in einer rätselhaften Gefahr. «Ich will dich aber nicht unglücklich machen, Allegra. Das mußt du doch wissen.»

«Wirklich nicht?» fragte sie sehr behutsam, als habe sie einen unzuverlässigen Zeugen vor sich. «Das hast du aber getan.» Sie fing eine Weinranke ein, drehte das Ende um ihren Finger, neigte den Kopf und konzentrierte sich ganz auf dieses Spiel. «Und außerdem, was macht das schon? Ich bin es ja gewohnt, unglücklich zu sein. Ich würde mir komisch vorkommen, wenn ich einmal nicht unglücklich wäre.» Sie wickelte die Ranke wieder ab und ließ sie los, schenkte ihr mit weit gespreizten Fingern die Freiheit. «Ich würde mir wie eine Fremde vorkommen.» Die Nüchternheit, die in seinem Charakter lag, veranlaßte ihn, bei diesen Worten ein wenig zu lächeln, und da stieß auch sie ein spöttisches Lachen aus, das fröhlich und melodisch klang. Sie trat an den Tisch, auf dem Edana mit Kaffee, Toast und Marmelade das Frühstück angerichtet hatte, schenkte Kaffee ein und reichte ihm die Tasse, sah ihn dabei aber nicht an, sondern stand ein wenig abgewandt und blickte, während sie trank, auf ihren Garten hinaus. «Ich bin um zwei Uhr mit Ferguson verabredet. Bis dahin kannst du hierbleiben, wenn du magst.» Sie sah sich erstaunt um, denn er erhob keinen Einwand, sondern nickte, trank seinen Kaffee und stellte die Tasse hin. «Das war gelogen», gestand sie. «Aber was ist schon dabei? Wir können ja nicht erwarten, daß wir einander immer die Wahrheit sagen.»

Er beugte sich rasch über sie, aber sie war ihm schon ausgewichen, bevor er sie noch berühren konnte, und winkte ihm, mit ihr durch den Garten zu gehen. Die Sonne schien heiß auf sie herab, ließ sein Gesicht glänzen, und wenn er zunächst auch so tat, als bemerke er es nicht, zog er zuletzt doch sein Taschentuch heraus und wischte sich verstohlen über Stirn und Kinn, offensichtlich von irgend etwas geplagt, entweder von der Hitze oder von seinem schlechten Gewissen. Denn als sie plötzlich von Philip sprach, runzelte er die Stirn, trocknete sich abermals das Gesicht, stopfte das Tuch wieder in die Tasche und zog es gleich wieder heraus, als nehme die Hitze mit jeder Minute zu.

Auf einmal wandte er sich zu ihr um, eifrig und entschlossen, sie ins Vertrauen zu ziehen. «Ehrlich gesagt, Allegra, ich hatte mir schon gedacht, daß er zurücktreten würde – und dann hat er es ja auch getan.» Sie zog die Brauen hoch, weil sie das Gefühl hatte, das sei denn doch eine zu harmlose Erklärung. Und als sie ihm einen schrägen Blick zuwarf, stellte sie fest, daß er nachdenklich lächelte, weil er vielleicht an

Philips Gesicht dachte, in dem Augenblick, als ihm die Iren draußen vor der ‹Roten Zwiebel› zur Begrüßung zugejubelt hatten. «Ich glaube, ich habe ihm gezeigt, daß er den Mund nicht so weit aufreißen darf.»

Beim Anblick dieses heimlichen Lächelns galt ihre Sympathie auf einmal und ausschließlich Philip, für den sie sich doch selbst schon so viele und so verschiedene Strafen ausgedacht hatte, vor allem damals, als sie in jenes Haus in der Twenty-fourth Street eilte, wo sie mit ihm verabredet war. Sie griff nach einem Zweig, bog und drehte ihn, weil er zäh und widerspenstig war, bis es ihr gelang, ihn abzubrechen. Endlich hielt sie das Blütenreis in der Hand. «Das war doch alles nur ein Trick – du hattest gar nicht die Absicht, mit ihm zu kämpfen, nicht wahr?»

«O doch!» versicherte er ihr. «Natürlich!»

«Und du hast die ‹Rote Zwiebel› gewählt, damit der City Coroner auf Tod durch Unfall erkennen konnte, falls es dazu kommen sollte?» Ihr Lächeln war schlau, aber sie richtete es auf die Blüten, und nicht auf ihn.

Er machte ein verdutztes Gesicht, überrascht, daß sie seinen Schachzug durchschaut hatte; aber dann grinste er und schien sich kein bißchen zu schämen, daß er, wie sein Onkel Joshua Ching es formuliert hatte, auf immer für ein zivilisiertes Leben verdorben war. «Wir hatten daran gedacht. Aber es ist nicht dazu gekommen – und es wird auch nicht mehr dazu kommen. Was es auch war – wir haben es abreagiert.»

«Aha. Und daran glaubst du jetzt, wie?» Allegra verfiel in den irischen Dialekt und drohte ihm mit dem Blütenzweig. «Na ja, aber wenn ich an deiner Stelle wäre, ich würde da nicht so sicher sein. Vergiß nicht, daß ich diesen Herrn etwas besser kenne als du. Er wird dir das nachtragen, auch wenn er sich sagt, der Beste gewinnt – darauf kannst du dich verlassen. Du glaubst mir nicht? Na schön, reden wir nicht mehr davon!» Sie pflückte ein paar Veilchen, drückte die feuchte Erde wieder fest und tat das alles mit wütenden kleinen Bewegungen, so vertieft, als habe sie ihn ganz vergessen. Als sie sich erhob, ordnete sie ihren kleinen Strauß, bis er ihr gefiel, und dann fragte sie obenhin: «Bist du jetzt eigentlich so reich wie Joshua Ching?»

Da brach er in das erste aufrichtige Gelächter aus, das sie an diesem Tag von ihm zu hören bekommen hatte, und fing auf der Stelle an, ihr zu erklären, wie viele und wie große Schwierigkeiten er mit seinen Minen habe. Seine Erklärungen klangen, als sei er stolz auf diese Schwierigkeiten und erwarte dafür von ihr, daß sie ihn bewundere.

«Ich muß so oft an dich denken, Morgan», sagte sie so leise, daß er sich tiefer zu ihr hinabbeugen mußte. «Das ist dann immer wie ein schöner Traum, in dem man unendlich glücklich und gleichzeitig todtraurig ist.» Sie sah ihn zweifelnd an. «Verstehst du das?»

«Selbstverständlich.»

«Selbstverständlich!» wiederholte sie verächtlich.

«Aber ich verstehe es wirklich! Ich habe auch solche Träume.» Er streckte den Arm aus, und seine Hand glitt über ihren Arm, langsam, zögernd. Doch dann warf er einen Blick auf die Fenster der umliegenden Häuser, seine Hand wanderte wieder in seine Tasche, und er kehrte hastig zum Thema Kupferbergbau zurück. Dabei beobachtete er sie aufmerksam und ernst, als wolle er sicher sein, daß ihr auch nichts von all diesen aufschlußreichen Informationen entging. «Aber weißt du, Allegra, ob es nun Gold, Silber oder Kupfer ist, und ganz gleich, wieviel du darüber zu wissen meinst – glaube mir, es ist mehr Kunst daran als Wissenschaft und viel mehr Aberglauben als beides zusammen.» Sie sah ihn nicht gleich an, aber dann blieb sie stehen und schaute ihm mit ernster Miene direkt ins Gesicht, und er fuhr fort. «Die Alten, weißt du, die haben an Metallgötter geglaubt, die über die Minen gesetzt waren, um ihre Schätze zu hüten – und ich denke manchmal, daß sie gar nicht so unrecht hatten.» Er beobachtete sie genau, als gefalle ihm ihr Schweigen nicht, und dann legte er ihr leicht die Hand auf die Schulter. «Allegra?»

Sie sah ihn wieder nicht an, obwohl er schmeichelnd und um Entschuldigung bittend auf sie einredete. Als sie endlich den Blick hob, standen ihre Augen voll Tränen. Diese Entdeckung wirkte auf ihn, als habe er ihr ungewollt körperlich weh getan, und er bat sie um Verzeihung, als sei er es, der sie so traurig gemacht hatte. Während er sprach, spielte sie mit dem Blumenstrauß und überlegte, ob diese Tränen aus wirklichem Kummer entstanden waren oder ob sie nur dem unwiderstehlichen Drang aller Schauspielerinnen nachgegeben und sie gespielt hatte.

Sie hörte seine Selbstanklagen, seine Versprechungen und seine Besänftigungen mit einem Lächeln an, das eher traurig als skeptisch war, bis sie zuletzt neugierig zu ihm aufsah und flüsterte: «Die Zeit heilt alle Wunden — so heißt es doch. Glaubst du daran?»

«Nein.»

«Ich auch nicht.» Sie schlenderte weiter und warf ihm über die Schulter einen Blick zu. «Aber ich habe schließlich kein Recht, dir für die Wege des Schicksals Vorwürfe zu machen.» Denn sie hatte das Gefühl, die Zukunft sei allzu vollkommen vorausgeplant worden – nicht nur für ihn – und die Zeit, die ihnen zum Zusammensein übrigblieb, sei nicht geräumiger als dieser ummauerte Garten.

Sie sprach von Joshua Ching und seinem rasch anwachsenden Reichtum, meinte, es sei wohl nicht abzusehen, wieviel er noch zusammentragen werde, und zeigte ein wenig Mitleid mit Nicholas Craig, nicht weil ihm die Tochter durchgebrannt war, sondern weil er so dumm gewesen war, Joshua Ching in seinen Vorstand zu nehmen. Sie erzählte ihm, daß Joshua Ching vor anderthalb Jahren das *New York Journal* gekauft hatte, eine Nachricht, die Morgan mit Überraschung aufnahm, denn dieses Geheimnis war sorgsam gehütet worden, und daß Benjamin Burnish nun seine Marionette und sein Schuldner sei für ein schönes, neues Haus, das er besitze. Das alles schien sie auf grausame Art zu belustigen, und sie fuhr fort und sagte, daß Joshua Ching, seiner lebenslangen Gewohnheit treu, weiterhin auf dem soliden Fundament der Zerstörung aufbaue. «Wenn nicht die Knochen seiner Freunde und Feinde unter den Mörtel gemischt worden sind, glaubt er, es hält nicht zusammen.» Sie lachte leise und fragte, als sei es ihr eben erst eingefallen: «Wie lange wirst du in New York bleiben?»

«So lange es geht.»

«Und wie lange ist das?»

«Vier Tage, vielleicht auch fünf. Ich fahre nicht zu meinem Vergnügen zurück.»

«O nein, natürlich nicht!» bestätigte sie. «Du gehst, weil du zweiunddreißig Jahre alt und immer noch kein Millionär geworden bist.» Er schien zu einer Erklärung über seine vielen verschiedenen Verpflichtungen anzusetzen, aber sie hob die Hand und gebot ihm Einhalt. «So viele Menschen hängen von dir ab, dein Vorstand und deine Partner, deine Bankiers und deine Familie, ganz abgesehen einmal von all deinen Freunden. O Morgan, du brauchst es mir nicht zu sagen», versicherte sie mit überaus weiser Miene. «Ich weiß es ebensogut wie du. Na ja, ich habe noch nie einen Amerikaner getroffen, der sich nicht verpflichtet gefühlt hätte, zum Besten anderer Menschen reich zu werden. Er tut es niemals für sich selbst, hast du das schon einmal bemerkt? Er tut es für sein Land, vielleicht auch noch für Frau und Kinder. Manchmal tut er es sogar für sein eigenes Gewissen.» Sie warf ihm einen kleinen, listigen Blick zu, der ihn auf einmal kleinlaut machte und nach einer weiteren Entschuldigung suchen ließ, doch plötzlich tippte sie ihm auf die Schulter, stellte sich auf die Zehenspitzen und vertraute ihm an: «Aber ich kenne viele Mittel und Wege, um deinen Entschluß zu vereiteln. Ich kann machen, daß du alles vergißt.» Er lächelte, nickte zustimmend und zuckte die Achseln, als wolle er bestätigen, daß er ihr hilflos ausgeliefert sei und sie mit ihm machen könne, was immer sie wolle. «Ich habe einen unfehlbaren Zauber», behauptete sie, «du kannst mir nicht entkommen. Da, er hat ja schon angefangen zu wirken, fühlst du es nicht?» Einen Augenblick lag ihre Hand auf seinem Herzen. «Gleich wird es für dich zu spät sein.» Sie lachte, schaute ihn von der Seite an, um festzustellen, wie er diese Prophezeiungen aufnahm; doch obgleich er sie mit feierlicher Aufmerksamkeit ansah, stieß sie einen Seufzer aus, hob den Blumenstrauß an ihr Gesicht und sagte sehnsüchtig: «Ich wollte, es wäre wahr.»

«Aber es ist wahr! Ich liebe dich.»

Sie gab vor, darüber nachzudenken, dann blickte sie auf und sagte: «Na ja, und wenn du mich liebst, würde dir kaum jemand einen Vorwurf daraus machen können – wenn sie es wüßten. Was habe ich denn mein Leben lang anderes getan, als alle die Möglichkeiten zu studieren, mit denen ich die Menschen dazu bringen kann, mich zu lieben?» Sie legte den Kopf schief, und als er lachte, weniger, um ihr einen Gefallen zu tun, als anscheinend aus einer Vorahnung kommender Leiden, legte sie zutraulich ihre Hand auf die seine. «Hast du Lust, jetzt mit mir in den Park zu fahren?»

«Wenn du es möchtest.»

«Und wirst du heute abend hier bei mir essen?»

«Wenn du es möchtest.»

Da wurde sie auf einmal vergnügt wie ein Kind, dem eine besondere Überraschung versprochen wurde. «Wir werden hier draußen essen, an diesem Tisch. Bis dahin hat es sich abgekühlt, und ich weiß auch schon, was wir essen; ich habe es schon seit Monaten geplant!» Er sah sie so ernsthaft an, daß es schien, als habe ihr unfehlbarer Zauber bereits gewirkt, doch Allegra kümmerte sich nicht darum und hob, als sie davonging, warnend den Finger. «Warte auf mich, ja? Es dauert nicht lange.»

Im Schlafzimmer angekommen, schleuderte sie die Schuhe von den Füßen, schlug Edana die Tür vor der Nase zu und erklärte grob, sie brauche keine Hilfe. Sie lief ans Fenster, um zu ihm hinunterzusehen, begann, während sie ihn beobachtete, sich auszuziehen, stand auf einem Bein, um einen Strumpf abzustreifen, knöpfte mit der anderen Hand ihr Kleid auf und dachte die ganze Zeit darüber nach, wie sie es anstellen sollte, ihn zu umgarnen und zu bezwingen, obgleich sie genau wußte, daß das unmöglich und vielleicht auch nicht klug sein würde.

Sie trat vor den Spiegel und betrachtete, auf einmal wieder gequält von Erinnerungen und Vorahnungen, ihr Gesicht und nickte weise, während sie sich sagte: «Das nächste Mal werde ich klüger sein.» Da klopfte es behutsam an ihre Tür; sie fuhr zusammen, erschrocken, als hätte sie geglaubt, allein zu Hause zu sein, ging dann langsam, auf bloßen Füßen durchs Zimmer, das Kleid am Boden hinter sich herschleifend, und öffnete. Er sagte kein Wort; nach einem Augenblick jedoch legte sie ihre Hand an seine Wange und lächelte zärtlich zu ihm auf. «Wir wollen uns keine Vorwürfe machen, ja? Die Menschen verderben sich jede Freude, weil sie immer glauben, daß sie sie nicht verdienen.»

64

Lily zündete die Zigarre an, steckte sie ihm zwischen die Finger und lehnte sich wieder zurück; sie schlang die gefalteten Hände um ein Knie und sah nachdenklich zu, wie er rauchte, bis sie schließlich einen langen, leichten Seufzer ausstieß und den Kopf schüttelte. «Fletcher, du hast mehr Glück als Verstand!»

«Ach, halt den Mund, Lily!»

Er lag auf dem Rücken, in seiner schwarzen Hose, das blaue Flanellhemd offen über der nackten Brust, denn das Zimmer war heiß, und im Kamin loderte ein helles Feuer. Seine Stirn und seine Augen waren von einem Tuch bedeckt, aber den Mund hatte er zu einer bösen Grimasse verzogen, zynisch und grausam, als hasse er Lily, sich selbst und, wenn er es recht bedachte, die ganze übrige Welt.

«Aber es stimmt doch, das weißt du genau. Jeder andere wäre jetzt tot.»

«Aber nicht ich – ich bin ein Glückspilz. Ich bin nicht tot, ich kann nur nicht mehr sehen.»

«Du wirst es bald wieder können.» Sie beugte sich vor, die Ellbogen auf die Knie gestützt, und musterte ihn eine Weile nachdenklich und besorgt. «Was wolltest du eigentlich ganz allein da draußen auf den Weiden, Fletcher?»

«Nach meinen Rindern sehen – was sonst?»

«Aber du weißt doch, daß es ein besonders kalter Winter ist. Du hättest die Rinder ruhig sich selbst überlassen sollen oder Stinger und Tango hinschicken.»

«Die waren drüben auf der Musselshell! Das habe ich dir doch gesagt!» Zack stützte sich auf einen Ellbogen hoch und löste die Salzkompresse so vorsichtig von seinen Augen, als habe er Angst, die Haut könne sich mit ablösen. Sein Gesicht war verquollen und rotfleckig, und die Augenlider waren dick angeschwollen. Als er eine Zeitlang vergeblich versucht hatte, Lily anzusehen, stieß er wütend und verzweifelt einen zischenden Laut aus, warf sich aufs Bett zurück, klatschte sich mit einer unbeherrschten Bewegung die Kompresse wieder über die Augen und blieb steif ausgestreckt liegen, während nur seine Kinnmuskeln krampfhaft zuckten, als fluche er stumm vor sich hin.

Seit er vor fünf Tagen auf Gordons Ranch aufgetaucht war, erklärt hatte, er sei auf dem Heimweg von der Sun River-Weide in einen Schneesturm geraten, und ärgerlich gefragt hatte, warum Gordon um diese Tageszeit keine Lampen angezündet habe, hatte er kaum gesprochen, sondern nur mit zusammengebissenen Zähnen dagelegen und mit den Schmerzen gerungen, die qualvoller waren als alle noch so raffiniert erdachten Martern der Schwarzfuß-Indianer. Ihm war, als habe man ihm glühheißen Sand in die Augen gerieben. Die Schmerzen wurden von Tag zu Tag unerträglicher, so daß sich Andy Stinger und Gordon in vorsichtigem Abstand hielten und ihn, wenn der Salzumschlag gewechselt werden mußte, zuvor so respektvoll um Erlaubnis baten, als seien sie gekommen, um ihn zu fragen, ob er bereit sei, sich hängen zu lassen.

Immer wieder versicherten sie ihm, Schneeblindheit sei nur ein vorübergehendes Leiden; ein alter Kämpe wie er brauche sich darüber keine

Gedanken zu machen. Sie bagatellisierten seine Beschwerden, als sei es nichts Schlimmeres als ein verstauchter Daumen. Von der Tür aus, um die Flucht ergreifen zu können, falls er sich auf sie stürzen sollte, berichteten sie von Männern, die ebenfalls vom gleißenden Schnee erblindet waren, aber nach drei Wochen schon wieder so gut sehen konnten wie je zuvor – außer natürlich bei Nacht; das dauere leider ein bißchen länger. Zack hörte sich alles an – falls er tatsächlich zuhörte, denn niemand konnte sagen, ob er verstand, wovon sie sprachen, weil die Schmerzen ihn ganz benommen machten. Jedenfalls antwortete er nicht und nahm keine Notiz von diesem gespielten Optimismus. Er schien sie für ihre Versuche, ihn zu trösten, höchstens zu hassen. Denn wenn er blind bleiben mußte, wollte er weder ihr Bedauern noch ihr Mitgefühl.

Zack hatte sich strikt geweigert, sich auszuziehen, hatte erklärt, er werde in ein bis zwei Stunden wieder auf den Beinen und unterwegs sein, und wollte während der ersten drei Tage nicht einmal seinen Hut oder seine Stiefel ablegen. Er brüllte sie an, sobald sie sich ihm näherten, und tastete mit seinen großen Händen nach ihnen, als wolle er sie packen und mit den Köpfen zusammenstoßen.

Johnny Lawler und Andy Stinger ritten nach Helena, um einen Arzt zu holen, denn in der näheren Umgebung war keiner aufzutreiben. Zack brüllte, er brauche keinen Doktor, er werde sich selbst kurieren oder ewig blind bleiben, und drohte, das Haus zu verlassen, sobald ein Arzt den Fuß hineinsetzte.

«Hören Sie, Stinger», sagte Gordon, der ihnen hinausgefolgt war, «Sie könnten mal bei der *Helena Post* hineinschauen. Von der Schneeblindheit erwähnen Sie lieber nichts – aber geben Sie einen Bericht von dem Sturm und hören Sie, was Sie über die Schäden in den übrigen Grenzgebieten in Erfahrung bringen können.»

Lily traf ein, noch ehe Stinger und Johnny Lawler zurückgekehrt waren. Eines frühen Morgens kam sie ins Haus gestürmt, stapfte in ihren Büffellederstiefeln herum, fluchte, weil es so kalt war, und verlangte den Patienten zu sehen, denn die Nachricht von seiner Krankheit war bis nach Milestown gedrungen, wo sie, wie sie erzählte, geplant hatte, den Winter zu verbringen und mit einigen Freunden, die darauf warteten, daß sie ihr Vieh nach Norden treiben konnten, zu pokern. Statt dessen jedoch hatte sie nun auf all diese Annehmlichkeiten verzichtet und ihr Leben riskiert, und nun war sie da. Doch zuerst wollte sie einen Drink, Schinken, Eier, Bratkartoffeln und Zwieback, Buchweizenpfannkuchen mit Butter und schwarzem Sirup, und während sie aß, unterhielt sie sich mit James Gordon, schüttelte immer wieder den Kopf und schnalzte mitfühlend mit der Zunge.

«Wie konnte das nur einem Fachmann wie Fletcher passieren?» wandte sich Gordon an sie. «Es ist doch seit Wochen allgemein bekannt, daß dies der härteste Winter seit Jahren ist.»

«Wie das passieren konnte? Vielleicht hat er vergessen, einmal über die linke Schulter zu spucken.» Lily sah ihn mit einem bitteren kleinen Lächeln an, denn es geschah nicht oft, daß sie zugab, die Umstände könnten stärker sein als der Mensch. «Nur dann kann so etwas passieren, Gordon. Das wissen Sie ebensogut wie ich.»

«Na ja, kann sein.»

Sie war mit Gordon ins obere Stockwerk hinaufgegangen, und nun schlich sie auf Zehenspitzen durchs Schlafzimmer, so leise, daß sie schon eine Weile an seinem Bett stand, ehe er spürte, daß jemand da war. Da streckte er eine Hand aus, tastete suchend herum, schloß die Hand um ihr Bein und gab ihrem Schenkel einen derben Klaps, als wolle er feststellen, was für ein Wesen das war, das er da fühlte. Sie sprang erschrocken zurück und erhob wütenden Protest. Er fragte, warum sie gekommen sei, und ehe sie ihm noch antworten konnte, befahl er ihr schon, zu verschwinden oder wenigstens aus dem Zimmer zu gehen und ihn in Ruhe leiden zu lassen.

Sie aber bezog Posten auf einem Hocker in der Nähe der Tür, von dem aus sie immer wieder einmal das Wort an ihn richtete, von Milestown erzählte und von den alten Freunden, die sie dort getroffen hatte. Allmählich rückte sie immer näher, bis sie bei Anbruch der Nacht mit ihrem Hocker neben dem Bett angelangt war. Und als Gordons Haushälterin eine frische Salzkompresse brachte, war Lily es, die ihm die alte von den fiebrigen Augen nahm und eine neue auflegte. Zack jedoch blieb schweigend liegen, dankte ihr kein einziges Mal für ihre Hilfsbereitschaft, sondern befahl ihr, wann immer er an ihre Anwesenheit erinnert wurde, ihn allein zu lassen. Dieser Zack Fletcher, der hilflos und blind dalag, war nicht mehr derselbe Mann, den sie alle gekannt hatten, als er gesund war, er war empfindlich und eigensinnig, haßte sich selbst und haßte alle, die sich ihm näherten, und war so aufsässig und nachtragend, als sei dieses Unglück durch menschliche Bosheit über ihn gebracht worden.

Andy Stinger und Johnny kamen zurück und berichteten, die Ärzte hätten schon mehr Patienten, als sie versorgen könnten, aber einer von ihnen würde kommen, sobald er Zeit habe. Da wurde Zack auf einmal munter, rief Johnny zu sich, ergriff seine Handgelenke – sanft, nicht mit dem harten Griff, den er bei Lily anwandte – und redete mit einer Stimme auf ihn ein, die zu leise war, um für die anderen verständlich zu sein; als Johnny antwortete, winkte er ihn sogar noch näher zu sich heran, dann nickte er schließlich und ließ ihn gehen. Es war beschlossen worden, daß Andy Stinger und Johnny auf die Double Key zurückkehren sollten. Lily begleitete sie zur Tür, legte den Arm um Johnnys Schultern und erkundigte sich, wonach Fletcher ihn gefragt habe.

«Er wollte wissen, mit wem ich gesprochen habe, und ich habe gesagt, mit niemand.»

Lily runzelte die Stirn und musterte ihn argwöhnisch, zuckte aber schließlich die Achseln, denn wenn es hier ein Geheimnis gab, dann war es unwahrscheinlich, daß es ihr gelingen würde, es aus ihm herauszubekommen. Dann ritten die beiden davon, die Gesichter mit schwarzen Masken geschützt, damit ihnen nicht auch ein solches Unglück widerfuhr wie Zack Fletcher.

Später am selben Tag, als Lily sich bequem in einem der Armsessel von James Gordons hübsch eingerichtetem Schlafzimmer lümmelte, Mundharmonika spielte und auch dann und wann mit ihrer hellen, aber nicht sehr klangvollen Stimme ein paar unflätige Verse aus ihrem alten Lieblingslied *Joe Bowers* sang, als wolle sie Zack an bessere Zeiten erinnern, begann er über die Hitze zu klagen, denn das Feuer wurde ununterbrochen in Gang gehalten. Seit Johnny und Andy Stinger weitergeritten waren, machte er sich beständig Sorgen über das Wetter, wollte wissen, ob es noch schneite oder nicht, und schien überzeugt, daß sein Haus inzwischen bis an den Dachfirst eingeschneit war.

«Wie lange liege ich jetzt schon hier?»

«Fünf, sechs Tage, glaube ich. Wie lange, Gordon?»

«Morgen früh eine Woche.»

Zack verzog das Gesicht, als hätte man ihm gesagt, er liege schon monatelang oder ein bis zwei Jahre hier, und begann zu fluchen. Lily bebeobachtete ihn und lächelte verständnisinnig in sich hinein. Plötzlich trat sie an sein Bett, blieb einen Augenblick davor stehen, kniete dann nieder und sagte mit leiser, vertraulicher Stimme: «Ich weiß, warum du so verdammt interessiert bist am Wetter, Fletcher.» Zack lag reglos; es schien, als habe er sie nicht gehört. Sie flüsterte: «Glaube mir nur, sie kommt nicht! Ich kenne die Frauen besser als du.»

Noch ehe Lily zurückweichen konnte, hatte er sie an den Haaren gepackt und schüttelte ihren Kopf mit grausamer Freude hin und her, wie ein Hund, der sein Spielzeug malträtiert; dann versetzte er ihr einen deftigen Schlag auf die Kehrseite, so daß sie stolpernd zum Zimmer hinausschoß und nur an der Tür noch einmal stehenblieb und drohend die Faust nach ihm schüttelte.

Früh am folgenden Morgen zogen am westlichen Himmel Wolken auf, und der Chinook begann zu blasen, der schwarze Wind, der in kürzester Frist die Flüsse zum Überlaufen und die Dachrinnen zum Tropfen brachte; Pferde jagten wiehernd und übermütig ausschlagend umher, und Lily stieß die Schlafzimmerfenster weit auf. Draußen war ein Frühlingstag.

Gordon machte sich mit vier seiner Herdenaufseher auf, um seine entfernt gelegenen Weiden zu inspizieren und auch der Double Key einen Besuch abzustatten, denn Zack litt unter der quälenden Vorstellung, daß seine Männer jedes Tier, das noch laufen konnte, davontrieben und in versteckten Felstälern bis zum Frühling verbargen, es dann in seinen Büchern aber als erfroren eintrugen. «In ein paar Tagen bin ich wieder da», sagte Sir James und fügte, als er an Lily vorbeiging, hinzu: «Nein, wirklich, dieses Land hier ist sonderbar!»

Kaum war er draußen, da stieß Zack einen Wutschrei aus, riß sich die Kompresse herunter, schleuderte sie quer durchs Zimmer und sprang aus dem Bett, lauthals verkündend, er denke gar nicht daran, noch länger hier liegen zu bleiben. Doch als er gegen einen Sessel rannte und sich gerade noch festhalten konnte, ehe er der Länge nach hinschlug, duldete er doch, daß Lily ihn zum Bett zurückführte, warf sich dort auf den Bauch, Arme und Beine weit von sich gestreckt, und machte einen so niedergeschlagenen Eindruck, daß Lily sich ihren Stuhl wieder näher zog und begann, ihm auf der Mundharmonika vorzuspielen, eine traurige, schluchzende Melodie, die seine schwarze Verzweiflung offenbar linderte, denn nach einer Weile begann er ruhiger zu atmen und schien in Schlaf gefallen zu sein.

So saß sie auch eines Tages am Spätnachmittag wieder an seinem Bett, da öffnete sich plötzlich die Schlafzimmertür, und als sie sich umdrehte, sah sie eine Frau in bodenlangem Nerzmantel dort stehen, das Gesicht hinter so dichten Schleiern versteckt, daß Lily sie nicht gleich erkennen konnte.

Als dann Lisette die Schleier abnahm und beiseite legte, wurden Lilys Augen grün vor Staunen, und sie stand auf und murmelte verblüfft: «Na, so was!» Sie winkte Lisette ironisch grinsend einen Gruß zu und schlenderte, die Hände tief in die Taschen versenkt, durchs Zimmer, voll Neugier auf das, was nun kommen würde. Zack jedoch hatte sich nicht gerührt und glaubte wohl, Lilys Ausruf sei nur wieder einer ihrer üblichen Kommentare, die sie in letzter Zeit an sich selber zu richten pflegte, da er ja kaum mit ihr sprach. Lisette ging auf das Bett zu, blieb aber noch einmal stehen und sah zu Lily hinüber, die an den Türpfosten gelehnt stand, einen Fuß über den anderen gekreuzt und den Kopf schräg auf die Seite gelegt, während sie Lisette hinterlistig angrinste. «Ja, guten Abend, Ma'am», murmelte sie.

Zacks Körper wurde steif, und er legte die Hände vor sein Gesicht. «Wer ist da?» Lisette und Lily sahen sich an, und er wiederholte die Frage fast flehend. Dann brüllte er plötzlich: «Verdammt noch mal, Lily, sag mir sofort, wer da ist!»

Lisette berührte ganz leicht seine Hand. «Ich bin's, Zack.»

Lily zuckte die Achseln und warf Lisette einen letzten Blick zu, der eher mitleidig war als verächtlich; dann ging sie hinaus und schloß die Tür.

Sein Körper blieb steif, seine Hände preßten sich fester auf sein Gesicht, und als sie sich über ihn beugte, schien er es zu spüren, denn er drehte den Kopf und stieß einen schweren Seufzer aus. «O mein Gott! Lisette, wie kommst du hierher?»

Sie trat einen Schritt zurück, stand da, schaute auf ihn hinunter und wischte sich verstohlen die Tränen ab. «Mit der Postkutsche bis nach White Sulphur – und dann habe ich einen Mann gemietet, der mich hierhergebracht hat.»

«Das war sehr leichtsinnig von dir!» Zack zog die Lippen zurück, so daß seine Zähne zu sehen waren, was seinem Gesicht einen bösartigen und häßlichen Ausdruck verlieh. «Wenn nun das Wetter wieder umgeschlagen wäre? Wer hat dir gesagt, wo ich bin? Johnny?»

«Nein. Ich hörte, daß Johnny da war, aber ich habe ihn nicht gesehen.» Sie setzte sich auf sein Bett und strich ihm, während sie sprach, mit den Fingern über die Hände, als könne sie ihn dadurch bewegen, sich nicht mehr dahinter zu verstecken. «Die Zeitungen berichten von nichts anderem mehr. Männer sind auf den Weiden und in ihren Hirtenhütten erfroren, die Ärzte müssen Tag für Tag Amputationen vornehmen – und es heißt, wenn wir noch mehr solcher Stürme bekommen, sind bis zum Frühjahr sämtliche Rinder im Grenzgebiet tot.» Ihre Lippen streiften über seinen Handrücken, und er blieb zwar noch einen Augenblick reglos, packte dann aber auf einmal, nicht viel zarter, als er es bei Lily getan hatte, ihre Schultern und schob sie zurück.

«Du kannst nicht hierbleiben, Lisette!» Seine Stimme wurde laut. «Du hattest, verdammt noch mal, kein Recht, hierherzukommen! Niemand hat dich gerufen. Macht endlich, daß ihr verschwindet, ihr verdammten Weiber, alle zusammen! Laß mich in Ruhe, verstanden?» Er wandte sich ab, seine Stimme sank zu einem heiseren Flüstern herab, und es schien, als wolle er ihr endlich eine Wahrheit gestehen, die sie niemals erraten könnte, wenn er sie nicht aussprach. «Mich hat's schwer erwischt, Lisette. Mit mir ist es aus.»

Nach einem Augenblick beugte sie sich über ihn und legte ihren Mund auf den seinen. Er protestierte zwar nicht, zeigte aber auch keinerlei Reaktion. Dann umklammerte er in einem neuen Anfall unerträglicher Schmerzen ihr Handgelenk mit Daumen und Zeigefinger und preßte es so stark, daß sie einen leisen Schrei ausstieß und versuchte, sich loszumachen. Er lächelte und wirkte grimmig erfreut darüber, daß er einen kleinen Teil seiner Schmerzen auf sie übertragen hatte. Dann aber seufzte er auf und flüsterte: «Verzeih! Du kannst nicht hierbleiben. Ich weiß nicht mehr, was ich tue. Geh fort, Lisette, ich bitte dich!»

«Ich gehe nicht fort.» Sie strich ihm über das Haar. «Das weißt du doch.» Abermals wischte sie sich die Tränen ab und gab acht, daß sie dabei keinen Laut hören und keinen Tropfen auf ihn fallen ließ, denn Mitleid erregte ihn offenbar noch weit mehr als der Schmerz oder die Angst. Dann erzählte sie ihm alles, was sie über den Schaden gehört oder gelesen hatte, der durch die Stürme entstanden war, und schließlich berichtete sie noch: «Nella Allen ist tot.»

«Sie hat sich umgebracht.» Das fuhr ihm so unvermittelt heraus, als habe er es schon lange erwartet. «Nicht wahr?» Er wandte sich zu ihr um, und dann drehte er sich wieder weg, als sei er zutiefst beschämt über seine Sehnsucht danach, sie ansehen zu können.

«Nein. Oder vielmehr, man weiß es nicht genau.»

Und dann erzählte sie ihm, daß eines Morgens, es war schon über eine Woche her, ein zweirädriger Wagen mit geschlossenen Sturmblenden vom Tal her in die Stadt gerattert war, dessen Pferd so mit Reif bedeckt war, daß es aussah, als trage es ein Panzerhemd. Er hatte hier und da angehalten, bis er schließlich mit seiner langsamen, hin und her irrenden Fahrt zu einer Belästigung wurde. Niemand schien den Wagen zu lenken, und als es heller wurde und mehr Menschen auf die Straße herauskamen, bemerkten ein paar Männer, daß der einzige Insasse des Wagens eine Frau war, die sich wie ein Kind auf dem Sitz zusammengerollt hatte und ganz fest zu schlafen schien. Da es aber so kalt war, kam ihnen das doch wohl nicht ganz geheuer vor. Mehrere Männer liefen auf den Wagen zu, und einer sprang auch hinauf, so daß das Büffelfell, das Nella über sich gezogen hatte, herunterrutschte und alle sahen, daß sie nichts weiter trug als ein ärmelloses Seidenkleid und daß sie sogar einen ihrer tief ausgeschnittenen Schuhe verloren hatte.

Weiter berichtete Lisette, daß sich die Nachricht, Nola Malachy sei tot und steifgefroren wie ein Eisblock am frühen Morgen in ihrem Wagen gefunden worden, wie ein Lauffeuer durch die Stadt verbreitet hatte und daß um die Mittagszeit jede ehrbare Frau wußte, was Billy Church von Nellas Mädchen erfahren hatte: Sie habe am Abend zuvor ein bis zwei Pfeifen geraucht und sei dann hinausgegangen, um, wie sie gesagt hatte, frische Luft zu schnappen. Doch ob sie beabsichtigt hatte, sich umzubringen, oder ob sie nur zu lethargisch gewesen war, um sich über das, was sie tat, klar zu sein, das konnten sie auch nicht sagen. Ebensowenig konnten sie erklären, warum niemand sie zurückgehalten hatte; sie starrten ihn, als er sie ausfragte, nur mit verständnislosen Gesichtern an, als sei diese Frage ein wenig einfältig. Tagelang wurde von nichts anderem gesprochen, und die Leute überlegten hin und her, warum eine junge Frau, und sei es selbst Nola Malachy, ihr Leben so achtlos weggeworfen hatte.

«*Jede Stunde verwundet*», murmelte Lisette. «*Die letzte tötet*. Und jetzt ist es tot, das ängstliche kleine Mädchen, das damals, am ersten Abend, mit Shekel auf dem Arm zu mir kam, weil es hoffte, mit der Katze meine Freundschaft einzuhandeln.» Zack blieb still und bewegungslos liegen, während Lisette über seine Wange strich und den Kopf schüttelte. «Aber ich glaube nicht, daß sie sterben wollte. Es hat in diesem Winter so viele Unglücksfälle gegeben.»

«Aber bei ihr nicht. Sie hat sich umgebracht.»

«Das kann ich nicht glauben. Zack, weißt du, ich kann sie so deutlich vor mir sehen – so deutlich! –, wie sie da stand, in der Sonne, am ersten

Tag, als wir durch Virginia City fuhren. Ihr blondes Haar glänzte wie gelbe Seide, und sie wagte es kaum, mir zuzulächeln. Wie lange das schon her ist, nicht wahr? Fast siebzehn Jahre. Aber ist es nicht seltsam – jetzt ist sie für mich auf einmal gar nicht mehr Nola Malachy, sondern nur noch Nella Allen, und das wird sie von nun an wohl immer für mich bleiben.»

«Du meinst, jetzt, wo sie tot ist, bist du bereit, sie wieder als Freundin zu akzeptieren, nicht wahr, Lisette? Jetzt bist du bereit, ihr zu vergeben, daß sie dich enttäuscht hat – das wolltest du doch damit sagen, nicht wahr?» Zacks Stimme hob sich zu schneidender Schärfe, und er schlug zornig mit der Faust aufs Bett.

«Ich brauche Nella nicht zu vergeben; ich habe ihr niemals Vorwürfe gemacht. Die Vorwürfe habe ich uns gemacht.»

«Wem du auch Vorwürfe gemacht hast – für sie spielt das jetzt keine Rolle mehr, oder?»

«Aber für mich spielt es noch eine Rolle. Ich habe sie sehr liebgehabt.»

«Du hast sie liebgehabt, weil du Mitleid mit ihr hattest — ist dir das denn noch immer nicht klar? Und jetzt bist du auch nur hergekommen, um mich zu bemitleiden, nicht wahr?» Er warf die Arme empor, streifte Lisette an der Schulter, und seine Miene war teuflischer verzerrt denn je, als könne er seiner Verzweiflung nur noch durch wütende Tyrannei Luft machen. «Geh fort von hier, Lisette!» schrie er sie an. Er packte sie bei den Schultern, schüttelte sie heftig und benahm sich wie ein Mann, der tobsüchtig geworden ist, wahnsinnig vor Schmerzen und von der Gewißheit, daß er von nun an in einer lichtlosen Welt leben muß. Er brüllte sie an, ihn zu verlassen, hinauszugehen aus diesem Zimmer, aus diesem Haus, und dann, ebenso plötzlich, wie er gekommen war, ebbte der Anfall wieder ab. Er schlug die Hände vor das Gesicht, und sein ganzer Körper schüttelte sich krampfhaft, als habe er zu schluchzen begonnen.

«Ich will kein Mitleid!» warnte er sie.

Lisette ging im Zimmer umher, schürte das Feuer, betrachtete sich im Spiegel und behielt ihn dabei verstohlen im Auge, denn wenn er auch jetzt wieder ganz still dalag, so hatte sie doch das Gefühl, er könne jeden Augenblick in einen neuen Wutanfall ausbrechen und all seine Qual, all seinen Zorn an ihr auszulassen versuchen. Sie war jedoch überrascht, als er nach etwa zehn Minuten zornig lachte, sie zu sich heranwinkte und, als sie kam, ihren Arm ergriff, als habe er nicht vor einem Augenblick noch laut brüllend verlangt, daß sie ihn verlasse, sondern als fürchte er jetzt, sie könne versuchen, ihm zu entkommen.

«So, mit der Postkutsche bist du nach White Sulphur gefahren», sagte er langsam. «Aber wieso, zum Teufel, hat er dich eigentlich gehen lassen?»

Lisette beugte sich mit ernstem, besorgtem Gesicht über ihn. «Ralph hat mich nicht gehen lassen. Ich bin abgefahren, als er in Butte war, und habe ihm einen Brief hinterlassen.»

«So, du hast ihm einen Brief hinterlassen», sagte Zack nachdenklich, und schließlich lächelte er, obgleich das Lächeln ein bißchen drohend ausfiel. «Und was hast du ihm darin geschrieben? Daß du dich scheiden lassen willst? Daß du mich heiraten willst?» Er grinste, denn dies war eine Frage, auf die sie nicht antworten wollte, und abermals schüttelte er ihre Schultern. «Komm, sag's mir, Lisette!»

«Nein, Zack, das nicht. Wie könnte ich?»

Sie setzte sich neben ihn, und das drohende Lächeln blieb auf seinem Gesicht, als sei es dort festgeklebt. Erst als sie begann, sein Haar zu streicheln, ihn auf die Wangen und auf den Mund küßte, änderte sich sein Ausdruck allmählich und offenbar gegen seinen Willen, bis seine Miene weich und fast traurig wurde. Seine Hände suchten nach ihrer Brust, zögernd zunächst, doch dann öffneten seine Finger die Knöpfe, seine Handflächen strichen über ihre Brustwarzen, und plötzlich zog er ihr das Kleid über die Schultern herab und murmelte dabei, als habe er eben erst diese bittere Entdeckung gemacht: «Ich bin blind wie eine Fledermaus. Ich werde dich nie wieder ansehen können.» Er hielt ihre Arme gepackt, als wolle er sie mit seinen Fingern zerquetschen, und fragte: «Warum weinst du, Lisette? Weil ich ein so gottverdammter Lump bin?»

Doch als sie sich auf ihn legte, wurde sein Ausdruck triumphierend, seine Hände lagen auf ihren Brüsten, und er bewegte sich in immer schnellerem Rhythmus, getrieben von einem fanatischen Verlangen nach Erleichterung, und als der hektische Kampf vorüber war, hielt er sie immer noch fest und ließ sich dann in eine Entspannung sinken, die so groß war, daß er von einer Sekunde zur anderen in Schlaf zu fallen schien; Lisette sprang in etwas verspätetem Schrecken auf und lief hin, um die Tür zu verriegeln.

Wenige Minuten darauf erschien sie mit geglättetem Haar und geordneten Röcken im Flur, blickte vorsichtig nach links und nach rechts und ging dann rasch auf die Treppe zu.

Auf halbem Weg nach unten machte sie jedoch halt, denn da stand Lily Jones an das Treppengeländer gelehnt und blickte, wie es ihr in diesem dämmrigen Licht schien, mit weise-spöttischem Lächeln zu ihr herauf. Lisette lief weiter, an ihr vorbei, und war schon auf dem Weg in die Küche, als Lily sie einholte und sich ironisch erkundigte: «Na, hat sich sein Appetit ein bißchen gebessert? Meint er, daß er jetzt doch einen Happen essen kann?»

Lisette warf ihr einen kühlen Blick zu und ging weiter. Als sie jedoch wieder aus der Küche herauskam, ein mit einer Serviette bedecktes Tablett in den Händen, ging Lily neben ihr her und fragte mürrisch:

«Warum mußten Sie denn nur herkommen? Wir hatten uns gerade so gut vertragen!»

Lisette blieb stehen. «Was kann es Ihnen denn ausmachen, ob ich hier bin oder nicht? Sie lieben ihn doch nicht, oder?»

Lily machte ein erschrockenes Gesicht. «Um Himmels willen! Lieben – nein!» Sie gab einer Teppichecke einen wütenden Tritt und stampfte zornig darauf herum. «Ihr ehrbaren Frauen hängt mir zum Hals heraus! Wenn ihr euch mit einem Kerl ins Bett legt, dann ist das Liebe. Wenn er krank wird und dieser Lump tut euch leid, dann ist es ebenfalls Liebe. Ich liebe Fletcher nicht, und mehr noch, ich habe ihn niemals geliebt! Sind Sie jetzt endlich zufrieden?» Sie marschierte davon und verschwand in der Bibliothek, in der sie sich jedesmal verkroch, wenn sie schmollte oder wenn sie in der richtigen Stimmung war, um sentimentalen Erinnerungen nachzuhängen.

Als Lisette jedoch vier Tage im Haus war, schien Lily sich an ihre Gegenwart gewöhnt zu haben, und manchmal begann sie sogar ein kurzes Gespräch über Zack; nur ins Schlafzimmer ging Lily nicht mehr, denn sie hatte bemerkt, daß hinter der Tür entweder leise Stimmen zu hören waren oder eine gespannte Stille herrschte, die weder sie noch ein anderer jemals zu stören wagte.

Fast eine Woche war vergangen, als Lily von einem Nachmittagsritt zurückkam, auf dem sie mit einigen von Gordons Herdenaufsehern nach verlaufenen Rindern gesucht hatte. Die Weiden waren jetzt schneefrei und auf Meilen hinaus offen; sie setzte sich mit einer Kerosinlampe in die Bibliothek, trank ein Glas Whisky mit Wasser, las in *Die Elenden*, ihrem Lieblingsbuch, und war so vertieft, daß sie es kaum beachtete, als draußen Männerstimmen ertönten, die Haustür sich öffnete und rasche Schritte durchs Wohnzimmer kamen. In der Annahme, es sei James Gordon, der von seinem Ausflug zur Double Key zurückkehrte, lief sie hinaus, um ihn zu begrüßen, blieb aber in der offenen Tür stehen, denn vor sich sah sie einen Fremden, einen Mann, der fast so groß war wie Fletcher, in einen Büffelfellmantel gekleidet, den schwarzen Hut tief in die Stirn gezogen. Sie musterten einander wie Einbrecher, die durch Zufall in dasselbe verlassene Haus eingedrungen sind.

«Ich will zu Zack Fletcher», erklärte er. «Wo ist er?»

Lily, die Morgans Stimme sofort erkannte, legte das Buch auf einen Tisch, stellte behutsam ihr Glas daneben, murmelte vor sich hin: «Jetzt haben wir den Salat» und machte, daß sie hinauskam.

Morgan jagte die Treppe hinauf und schritt hastig den Flur entlang, hämmerte an jede Tür, stieß sie auf, schloß sie wieder, wenn er das Zimmer leer fand, und ging weiter zur nächsten. Aber die letzte Tür öffnete sich, ehe er sie erreicht hatte, und dort stellte sich ihm Lisette in den Weg, allerdings nicht schnell genug. Er schob sie brüsk beiseite und fand Zack Fletcher stehend vor seinem Bett, die Beine gespreizt, die Arme ausgestreckt, als wolle er jeden einfangen, der versuchte, an ihm vorbeizugelangen, mit einem Lächeln um den Mund, das aussah, als sei er von Sinnen.

«Devlin? Wo zum Teufel bist du so lange geblieben? Ich hatte dich schon vor Tagen erwartet!»

Morgan blieb stehen und musterte ihn eindringlich, denn Zacks Gesicht war furchtbar geschwollen und voller Blasen, und seine Augen funkelten mit einem Blick, der irgendwo an ihm vorbeiging, und als er zögerte, begann Zack langsam vorwärtszugehen und schwenkte dabei suchend die Arme.

«Devlin? Warum antwortest du nicht?»

Lisette fuhr herum und flüsterte: «Er kann dich nicht sehen.»

«Ich kann ihn ausgezeichnet sehen!» brüllte Zack. Er grinste noch immer, und jetzt sprach er mit einschmeichelnder Stimme, leise und überredend: «Antworte mir, Devlin!»

Zack warf sich mit einem Sprung vorwärts, der so gewaltig war, daß er ihn bis zu Morgan trug, und dann begannen sie stöhnend und keuchend miteinander zu ringen, bis Morgan auf einmal innehielt, Zack seinen Griff lockerte und beide sich ansahen. Ihr Atem ging heftig, aber sie lächelten sich ein wenig verlegen zu, denn anscheinend wußte keiner von beiden so recht, ob dieser Ringkampf nur Spaß gewesen war, wie damals, wenn sie an einem Sonntag in Virginia City oder in Butte miteinander gerauft hatten, oder vielleicht der Beginn eines Kampfes, der mit dem Tod enden mußte.

Lisette stieß ein kleines, hilfloses Lachen aus, das eher klang wie ein Schluchzen, und schlug die Hände vor das Gesicht, während Zack sich vorsichtig zum Bett zurücktastete, sich auf den Rücken warf, beide Arme hinter dem Kopf verschränkte, die Füße übereinanderschlug und tat, als sei das die Haltung, in der er sich auszuruhen pflegte. Er schien nun bereit zu sein, die Rolle als Gastgeber mit lässiger Großzügigkeit zu spielen, denn er befahl Lisette, ihnen etwas zu trinken und auch zu essen zu bringen, und fügte, als sie hinausging, hinzu, sie könne sich ruhig Zeit damit lassen.

Morgan hatte Hut und Mantel beiseite geworfen und saß jetzt auf dem Hocker, der Lilys Stammplatz gewesen war. Er beugte sich neugierig vor und blickte Fletcher gespannt ins Gesicht. Zack, der diesen Blick liebevoller Trauer, jenes Mitleid, das ihn erzürnte, wohl gespürt hatte, tastete nach seiner Kompresse und legte sie sich über Stirn und Augen. Leise brummte er dann: «Zu hell hier.» Aber das Zimmer war bis auf die brennenden Scheite ganz dunkel, und Morgan stieß, als er das hörte, unwillkürlich einen Seufzer aus, stützte die Ellbogen auf die Knie, senkte den Kopf und starrte mit gefurchter Stirn auf den Teppich. Schließlich tat Zack einen tiefen Atemzug und lächelte ein wenig, das gleiche zögernde, grimmige Lächeln, das jedesmal in sein Gesicht trat, wenn er diesen albernen Unfall, der ihm da zugestoßen war, zu bagatellisieren versuchte. «Ich bin kein so guter Patient wie du, Devlin. Ich liege hier und fluche auf jeden, den ich kenne.» Er wandte den Kopf und richtete sich ein wenig auf, legte sich dann aber wieder zurück, weil er einsah, daß keine noch so große Willensanstrengung ihm die Sehkraft zurückgeben konnte. «Was zum Teufel hast du eigentlich hier draußen bei uns zu suchen?»

«Ich will Lisette abholen.»

«So, Lisette willst du abholen», wiederholte Zack und tat, als müsse er nachdenken, offensichtlich belustigt und verwundert über diese so unwahrscheinlich klingende Erklärung für einen so weiten Weg in dem Wetter, das noch bis vor kurzem geherrscht hatte. «Kehrst du da nicht ein bißchen vor anderer Leute Tür?»

«Ich fürchte ja», gab Morgan kleinlaut zu.

«Aha, Mercer mochte nicht selber kommen, weil ihm das gegen seine Yankeewürde ging, und da hast du diese Aufgabe übernommen.»

«So ungefähr.»

«Dann nimm sie nur mit.» Zack schlug die Füße in der anderen Richtung übereinander, verschränkte die Arme über der Brust und fügte trocken hinzu: «Falls sie mitgeht. Aber wenn *du* sie darum bittest, dann glaube ich sogar, daß sie es tut.»

Abermals schwiegen sie. Morgan wirkte bedrückt von der Last der Aufgabe, die er auf sich genommen hatte und die wohl doch nicht so leicht war, wie er es noch vor wenigen Minuten geglaubt hatte. Zack wartete mit finsterem Lächeln und kam ihm nicht mit einem einzigen Wort zu Hilfe. «Er wird niemals in eine Scheidung einwilligen, Zack.»

«Nein, das wird er nicht», bestätigte Zack, und es klang nicht anders, als handle es sich um eheliche Schwierigkeiten von Menschen, die er nicht kannte und deren Sorgen ihn auch nicht kümmerten.

«Sie hat ihn im vergangenen September gefragt, als sie mit Felice aus Europa zurückkam.»

«Das hat sie getan?» erkundigte Zack sich höflich und zog die Mundwinkel herab, denn davon hörte er in diesem Augenblick zum erstenmal. «Und er hat gesagt», murmelte er gedankenverloren, «daß er sich wie ein Lump vorkäme, wenn er es duldete, daß sie mit Zack Fletcher, diesem Wilden, zusammen lebte, und es mit ansähe, wie aus seinem Sohn ein zweiter Johnny Lawler gemacht würde.»

«So ähnlich. Er sagt, es gebe mehr Männer, deren Frauen nicht nur sie, sondern noch einen anderen Mann liebten, und er zweifle nicht daran, daß er das ebensogut ertragen könne wie diese anderen.»

Zack lächelte mit säuerlicher Anerkennung für diese Yankee-Philosophie, doch dann machte er eine ungeduldige Geste, als wolle er dieses Thema aus seinen Gedanken verbannen. «Sag mal, Devlin, wie weit sind die Weiden schon frei?» Und Morgan begann ihm verdutzt zu erklären, wo die Verluste am größten waren, berichtete ihm vom Yellowstone-Tal, wo ganze Herden den Tod gefunden hatten, und bei diesem Thema blieben sie auch. Als Lisette wiederkam, erklärte Zack gerade, nach seiner Ansicht solle ein Mann, der in diesem Land einen Winter mit einjährigen Rindern oder mit einer ungenügenden Anzahl von Zuchtkühen und -bullen überstehen wolle, lieber die Finger vom Viehgeschäft lassen.

Dann unterhielten sie sich über die Schäden, die dieser Winter angerichtet hatte, und waren so ins Gespräch vertieft, als wäre Lisette gar nicht da, bis Morgan auf einmal aufsprang, hastig murmelte, es sei schon spät, es werde Zeit für ihn, sich auf den Weg zu machen, und bereits an der Tür war, sie aufmachen wollte, als er sich doch noch an Lisette erinnerte, die immer noch stumm neben dem Bett saß und die Hände im Schoß gefaltet hatte wie ein reumütiges Kind. Er zögerte einen Moment, um ihr Gelegenheit zu geben, etwas zu sagen, falls sie etwas zu sagen hatte, doch als sie schwieg, ging er hinaus und machte hinter sich leise die Tür zu.

Im Salon brannten mehrere Lampen, und kaum hatte er ihn betreten, da kam mit gesenktem Kopf und beinahe schüchtern lächelnd Lily Jones aus dem Eßzimmer herüber. «Hallo, Devlin! Ja, Teufel noch mal, wie geht's dir denn?» Sie streckte die Hand aus, und Morgan ergriff sie, doch als er sich bückte, um diese Erscheinung aus der Vergangenheit aus der Nähe zu betrachten, senkte sie ihren Kopf noch tiefer und versuchte sich loszumachen.

«Lily?»

Sein zweifelnder Ton jedoch veranlaßte sie, ihm einen verletzten und trotzigen Blick zuzuwerfen. «Natürlich, wer sonst? Habe ich mich so sehr verändert?»

«Aber du hast dich überhaupt nicht verändert!» versicherte er ihr allzu eilfertig.

Als Antwort aber strich Lily sich mit dem Zeigefinger der rechten Hand über den Mund – das Indianerzeichen für Lüge –, und auf ihrem Gesicht erschien ihr vertrautes, lustiges und keckes Lächeln. «Natürlich habe ich mich verändert. Willst du was trinken?»

Er wirkte erleichtert und überaus dankbar. «Aber gewiß, gern!»

«Das habe ich mir gedacht.» Von einem Tisch nahm Lily zwei volle Gläser, und sie stießen an. «Es war ein gutes Jahr – trinken wir darauf. Ein gutes Jahr», wiederholte sie mit knappem, energischem Nicken. «Eines der besten.» Denn Lily, so schien es, hatte ihr Leben in Jahre eingeteilt, die ihr gefielen, und Jahre, die ihr nicht gefielen, und das Jahr, das sie in Butte verbracht hatte, war, zusammen mit *Die Elenden*, *Jo Bowers* und John Powells Zeitungsbericht in ihren Medizinbeutel gewandert.

«Eines der besten», bestätigte Morgan und stellte erstaunt fest, daß er damit nur die Wahrheit gesagt hatte.

«Bist du mir immer noch böse?»

«Ich bin dir nie böse gewesen.»

«Weißt du, das habe ich mir beinahe gedacht – weil du die Yellow Medicine nach mir genannt hast.»

Morgan grinste und gab damit zu, daß der Name der Yellow Medicine von jenem Nachmittag stammte, da er mit Lily Jones um die Wette geritten war und sie ihm gesagt hatte, sie sei mit Jenkins und Hamilton in die Berge gekommen, um die gelbe Medizin zu suchen, die alle Beschwerden heile, die überhaupt geheilt werden könnten. Lily füllte die Gläser nach, und sie lächelten einander zu, herzlich und mit ein bißchen Sehnsucht nach den vergangenen Zeiten, und fragten sich, wohin jene Jahre entschwunden waren.

Dann erklärte Morgan plötzlich, er müsse nun aufbrechen. Lily lief neben ihm her, duldete nachsichtig seinen behutsamen Kuß und stand unter der Tür, fast ebenso verloren wie damals an jedem Morgen, wenn er und Zack zu den Claims hinausgeritten waren. «Auf Wiedersehen», sagte sie mit kleiner, trauriger Stimme, und als er sich noch einmal umdrehte, um ihr zum letztenmal zuzuwinken, schnippte sie mit den Fingern, als sei ihr etwas sehr Wichtiges eingefallen, und schrie: «Tut mir leid, daß ich euch nie den versprochenen China Chilo gekocht habe!»

65

Rose Michels dreißigster Geburtstag leitete eine schlimmere Krise ein, als Joshua sie je erlebt hatte. Es war fast, als trauere sie um einen Menschen, den sie zutiefst geliebt und nunmehr auf ewig verloren hatte, um jene Rose Michel, auf die unter den Tanzmädchen des *Black Crook* seine Wahl gefallen war.

Er hätte wahrscheinlich bald vergessen, wie alt sie war, sie aber erinnerte ihn so häufig daran, daß er begann, sie sorgfältig zu beobachten, immer wieder eine Gelegenheit suchte, um sie in hellem Licht zu betrachten, und nicht duldete, daß sie sich losmachte, bis er ihre Haut, ihr Haar und ihre Zähne mit der gleichen Aufmerksamkeit geprüft hatte, wie vor dem Kauf bei seinen Trabern Tamarack und Asia. Schließlich sagte er zu ihr: «Ich weiß nicht, warum du dir Sorgen machst, Rose. Du bist noch immer so schön wie bisher – im Gegenteil, die Reife hat dich womöglich noch schöner gemacht.» Unwillkürlich berührte er eine kleine Linie an ihrem Mund, und sie zuckte zusammen, als habe er sie geohrfeigt, wich vor ihm zurück und sah ihn mit flehendem, schuldbewußtem Blick an.

«Ich habe alles versucht, um diese schreckliche Falte loszuwerden!»

Sie rieb mit ihrem feuchten Taschentuch daran herum, als könne sie sie damit abwaschen. «Männer können so alt werden, wie sie wollen», erklärte sie bitter, «bei denen findet niemand etwas dabei!»

Sie warf ihm einen entschuldigenden Blick zu, doch Joshua lächelte, denn er machte sich nichts daraus, daß er bald sechzig wurde, nicht mehr als damals, als er erst dreißig geworden war; im Gegenteil, er fühlte sich jetzt viel wohler, denn damals, mit dreißig, hatte er sich für einen Versager gehalten, ein Mann, der noch nicht einmal 40 000 Dollar wert war, hatte Qualen des Ehrgeizes und der Verzweiflung gelitten, von denen kein Mensch etwas ahnte, die aber unaufhörlich an ihm fraßen und ihn mit so krankhafter Selbstverachtung erfüllten, daß er sich fest vorgenommen hatte, Selbstmord zu begehen, wenn er nicht reich werden sollte; aber nun war er es Gott sei Dank doch geworden. Zu Roses Rechtfertigung nahm er an, daß er, wäre er nicht so erfolgreich gewesen, das gleiche empfunden hätte wie sie jetzt, daher konnte er ihr die Verzweiflung nachfühlen, selbst wenn er den Begriff des Versagens nicht mehr so recht erfassen konnte, sei es nun das Versagen eines Mannes in seinem Beruf oder das Versagen einer Frau in ihrer Schönheit.

Aus diesem Grund versprach er Rose, als endlich der furchtbare Tag, der 19. November, gekommen war, sie dürfe das Haus ganz nach ihrem Geschmack renovieren lassen, denn jetzt, da seine zwei Häuser und die sie verbindende Gemäldegalerie die Neugierigen anzog, die durch die Zaunritzen spähten, um nachzusehen, wie weit der Bau gediehen war, konnte er ihr wohl doch nicht mehr gut einreden, daß er im Grunde ein sehr armer Mann sei.

Joshua betrachtete Samuel Sample, den Architekten, als seine persönliche Entdeckung und war angesichts der Möglichkeit, daß er für andere ebenfalls Häuser entwerfen könne, nicht weniger eifersüchtig als bei dem Gedanken, Rose könne eines Tages mit einem anderen Mann ins Bett gehen. Er hatte ihn auf einem Empfang bei Allegra Stuart kennengelernt, und als sie ihn als einen Architekten beschrieb, der wisse, wie man ein würdiges Haus entwerfe, meinte Joshua, seinen Mann gefunden zu haben; denn Allegra umriß seine eigenen Vorstellungen eines Hauses auf das Präziseste. Deshalb hatte er sich den Namen notiert und für späteren Gebrauch festgehalten, genau wie er es mit den Namen der Männer tat, deren Eisenbahnlinien oder Pferde er sich anzueignen hoffte.

Nun kletterte Joshua täglich, von Mr. Sample begleitet, über unfertige Treppen und Gerüste, hielt seinen Spazierstock fest in der Hand, während er Leitern erklomm und über Stöße von Balken hinwegstieg, und inspizierte jede Einzelheit der Handwerkerarbeiten mit dem gleichen aufmerksamen Mißtrauen, das er auch seinen Geschäften widmete. Er zeigte mit dem Stock auf alles, was ihm mißfiel, stellte Samuel Sample darüber zur Rede und sah mit grimmiger Miene, die Hände auf dem Rücken gefaltet, zu, wie der Architekt sich bemühte, ihm zu erklären, warum die Eßzimmerkamine nicht ziehen wollten.

Und tatsächlich gab es so viele Widrigkeiten, daß Joshua so manches Mal das Gefühl hatte, es müßten böse Kräfte am Werk sein, die ihn daran hindern wollten, die Früchte seiner Arbeit zu genießen, denn so, wie es jetzt aussah, war es durchaus möglich, daß er noch sterben würde, bevor alles ganz fertig war.

Doch diese schwermütigen Anwandlungen gingen meist schnell vorüber, da er sie bei sich selber ebensowenig duldete wie bei anderen. Die Häuser wuchsen langsam, aber beständig weiter. Suky hatte schon nahezu ein Jahr vor dem geplanten Einweihungsfest mit der Aufstellung der Gästeliste, dem Entwurf für die Dekorationen, dem Auswählen von Speisen und Musik begonnen und nur noch gezögert, ihr Festkleid in Auftrag zu geben, da nämlich die Zukunft der Turnüre noch immer nicht endgültig entschieden war.

Roses Haus wurde Anfang des folgenden Sommers fertig, und Joshua fand es sehr hübsch; der Salon hatte rote Seidenvorhänge bekommen, die mit schweren Seidenkordeln gerafft waren, die Sessel und Sofas waren mit rotem Samt gepolstert, und der weiche Brüsseler Teppich zeigte ein Muster aus Rosen und dornigen Ranken. Joshua war froh, daß er seine Besuche bei ihr, die er während der Renovierung eingestellt hatte, wiederaufnehmen konnte, denn seine Häuser würden frühestens in einem Jahr fertig sein, und die Wohnung im Fifth Avenue Hotel war schon seit langem für ihn nur noch ein gelegentliches Umkleidezimmer, ein Ort, wo er hin und wieder auftauchte, während er aber von Susan und Ceda verlangte, daß sie so taten, als komme er jeden Tag.

Während er darauf wartete, daß er die Ching-Häuser beziehen konnte, wie sie genannt wurden – denn kein Mensch schien sie als Ching- und Van Zandt-Häuser zu bezeichnen –, legte Joshua noch letzte Hand an das Bild seines Erfolges, setzte ihm noch einige Glanzlichter auf, um das Denkmal Joshua Ching würdig zu ergänzen.

Im Laufe der Jahre hatte Joshua in Ruhe zusehen können, wie seine Beteiligungen wuchsen, manchmal so schnell in die Höhe schossen wie Unkraut, und man sagte jetzt sogar von ihm, Joshua Ching sei ein Mann, dem es vom Schicksal beschieden war, Eisenbahnen zu besitzen und solche, die unter Zwangsverwaltung kamen, zu überwachen, so daß jede Gesellschaft, auf die er sein Augenmerk richtete, fast unmittelbar blaß und anämisch wurde, den Appetit verlor und eine Anzahl früher Symptome jener besonderen Krankheit entwickelte, die sie binnen kurzem dazu zwingen würde, sich unsicheren Fußes auf die Suche nach mitleidiger Unterstützung zu machen; und dann würde Joshua Ching hervortreten und ihr seinen hilfreichen Arm anbieten.

Vor noch nicht einem Jahr war die Chicago-Central eine starke und kraftvolle Gesellschaft gewesen, mit berechtigtem Stolz auf ihr Schienennetz in den Tälern des Missouri und Mississippi. Als aber ihr Besitzer nach England gegangen war, kamen auf rätselhafte Weise alte Berichte zutage, in denen die Mängel der Gesellschaft aufgezeigt wurden, und diese Berichte erschienen nicht nur im *Journal*, sondern in anderen Zeitungen ebenfalls, und das erregte so große Furcht und Empörung unter den Aktionären, daß sie sich eifrig bemühten, ihre Anteile abzustoßen, fast so, als hätte es sich herausgestellt, daß die Aktien mit einer ansteckenden Krankheit infiziert worden waren.

Joshua schrieb Nicholas Craig lange Briefe, in denen er ihm versicherte, die Zeitungsberichte besagten gar nichts, die Aktienverkäufe seien ohne jede Bedeutung, denn die Papiere wechselten ja nur den Besitzer, und schickte ihm so viele Berechnungen und Statistiken, daß Nicholas Craig wochenlang stumm und schweigsam über den Zahlen saß und anscheinend versuchte, aus ihnen klug zu werden. Doch schließlich sah Craig sich gezwungen, ansehnliche Summen aufzunehmen, und Joshua lieh sie ihm gern und erklärte, er hoffe, daß er sich durch seine Großzügigkeit die eigenen hohen Investitionen in der Chicago-Central erhalte.

An nahezu jedem beliebigen Tag konnte Joshua das *Journal* oder eine andere Zeitung zur Hand nehmen und lesen, daß Joshua Chings neue Häuser mit der sie verbindenden Gemäldegalerie und dem Garten dahinter in Kürze fertiggestellt sein würden und daß dann jeder Vorübergehende sich selbst ein Bild davon machen könne, was heutzutage mit zwei Millionen Dollar möglich sei, während jeder, der zu den oberen Zehntausend der Stadt gehöre, darauf hoffen dürfe, früher oder später ins Innere der Häuser zu gelangen und dann festzustellen, was man mit weiteren achthunderttausend machen könne. Und Joshua lächelte nachsichtig dazu, weil er fand, diese Übertreibung könne nicht schaden, denn der erfahrene Leser werde automatisch einen gewissen Betrag von der Summe abziehen, während die übrigen kaum den Unterschied zwischen einer Million und zwei Millionen erkennen dürften.

Die Reporter schlichen sich, wie Joshua genau wußte, an allen Arbeitern und Aufsehern vorbei, sahen sich überall um, machten Notizen und stellten unverschämte Fragen, und er beabsichtigte zwar, sie mit dem übrigen Unrat hinauskehren zu lassen, wenn er erst einmal eingezogen war, betrachtete sie aber inzwischen als notwendiges Übel, mit Hilfe dessen er es erreichen konnte, daß sich seine Freunde und seine Feinde, seine Bewunderer und seine Verleumder, seine Anhänger und die Anhänger, die diese wiederum um sich gesammelt hatten, an seinem Glanz bis zum Überdruß sättigen und dann vor Neid krank werden würden.

Er machte sich jetzt mehr oder weniger unsichtbar, zog es vor, nur mit Ebenbürtigen gesehen zu werden, Männern mit Geld, und überließ alles der Phantasie anderer Leute. Wenn er nach einem flotten Trab mit Tamarack und Asia die Bar von Bertholp's Hotel betrat, wurde er unweigerlich von Männern aufgesucht, die zwar Erfolg genug hatten, um dort Zutritt zu haben, aber doch nicht so erfolgreich waren wie er, und wenn sie ihn baten, ihnen doch sein Geheimrezept zu verraten, nahm er eine Haltung herablassender Würde an. «Nach meiner Erfahrung besteht der Erfolg eines Geschäftsmannes zur Hälfte in seiner Fähigkeit, den Markt richtig zu beobachten und zu beurteilen, ob eine Schwankung endgültig ist oder die Vorbereitung für einen Ring.» Dann zog er drohend die Brauen herab, um ihnen diese Maxime fest einzuprägen, und ging davon.

Wenn er gefragt wurde, warum er diese oder jene Nebenstrecke in Ohio oder eine Hauptstrecke in Indiana gebaut hatte, erwiderte er jedesmal, und zwar mit nachdrücklichem Ernst: «Ich bin bis in mein tiefstes Herz ein Gegner jeglichen Monopols.» Denn das, so hatte er festgestellt, war eine Bemerkung, mit der man jeden störenden Neubau einer Bahnlinie erklären konnte.

Jedesmal, wenn ein Reporter in sein Büro geführt wurde, fand dieser Joshua breitbeinig, mit vor der Brust verschränkten Armen und leicht gesenktem Kopf vor dem Fenster stehend, und genau in dieser Haltung, die Augustus Adams auf seinem Porträt festgehalten hatte, drehte Joshua sich dann langsam um und schenkte dem Eintretenden ein zurückhaltendes Lächeln. In dem Bericht über seine Karriere, den er mit leichten Strichen zeichnete, betonte Joshua dann, daß er nicht einen einzigen schwerwiegenden Fehler begangen, keine strafwürdigen Taten begangen und niemals das Vertrauen oder das Unglück eines anderen ausgenutzt habe, sondern statt dessen all seine Erfolge nur drei Eigenschaften zu verdanken habe, die er jedem ehrgeizigen jungen Mann nicht oft genug wärmstens ans Herz legen könne.

«Fleiß, Genügsamkeit und die Fähigkeit, den eigenen Vorteil zu wahren», erklärte Joshua, «sind Eigenschaften, ohne die kein erfolgreicher Geschäftsmann auskommen kann. Auch Ausdauer könnte ich noch hinzufügen. Vor allem aber darf er seine Interessen nicht verzetteln. Als ich einmal beschlossen hatte, mich den Eisenbahnen zu widmen, habe ich auf nichts anderes mehr einen Gedanken verschwendet. Ja, und die Fähigkeit, kleine Vergnügungen aufzugeben, auf Freuden zu verzichten, alles zu meiden, was doch nur Zeitverschwendung wäre – das ist die Atmosphäre, in der ein Mann leben muß, wenn er erreichen will, daß er mit allem, was er beginnt, Erfolg hat.»

Noch nicht sieben Monate war Nicholas Craig in England, als die Chicago-Central unter Zwangsverwaltung gestellt werden mußte. Zum Verwalter wurde der Haupt-Aktionär des Vorstandes ernannt: Joshua

Ching – obgleich er einwandte, er habe schon viel zu viele Verwaltungen übernommen und diese Aufgabe sei höchst undankbar. «Natürlich», erklärte er einem jener Reporter, «hoffe ich, die Verwaltung so bald wie möglich in Nicholas Craigs Hände zurücklegen zu können.»

«Aber Mr. Ching», wurde ihm vorgehalten, «das haben Sie mit den anderen Verwaltungen, die Ihnen übertragen wurden, doch nicht getan, nicht wahr?»

«Das», erwiderte Joshua freundlich, «lag aber nicht an mir. Die anderen Gesellschaften hatten keinerlei Aussicht, sich je wieder zu erholen, bevor sie unter meine Kontrolle gestellt wurden.» Das war natürlich die reine Wahrheit, aber außerdem waren die Schicksale dieser Gesellschaften inzwischen viel zu sehr ineinander verwoben, um jemals entwirrt werden zu können, so daß niemand die Behauptungen, die Joshua aufstellte, beweiskräftig widerlegen konnte.

Nicholas Craig jedoch war immer noch Präsident der Gesellschaft, und als er als Großvater eines kleinen Jungen, Alexander Tash III, zurückkehrte, fragte Joshua ihn immer wieder, ob er an der Chicago-Central nicht eine Besserung feststellen könne, denn sie wurde mit jenen Kurmitteln gepäppelt, für die Joshua Ching berühmt war: mit neuen Aktienausgaben; Verwandlung von Schuldbriefen in Aktien, die wiederum ein alarmierendes Absinken des Marktwertes verursachten; Anheben der Frachtsätze und durch Hochtreiben des Grundkapitals der Gesellschaft, das von Tag zu Tag zunahm.

«Ich schätze, daß ich etwa zwei Jahre brauche», vertraute Joshua seinen Brüdern an, «um aus Nick Craig meinen Satelliten zu machen; von da an kann er um mich herumsausen, so lange er will.»

Ende Mai waren die Häuser beinahe vollendet, und Joshua beglückwünschte sich, daß er das Rennen gewonnen hatte: die Talbots waren geschlagen, deren neues Haus erst seit einem Jahr im Bau war, die Hallams, die eben die Baugrube aushoben, Amos Cottrell und Hiram Marble und andere Bekannte. Die Millionäre befanden sich auf dem unaufhaltsamen Vormarsch die Fifth Avenue hinauf.

Als der letzte Anstreicher und Holzschnitzer das Haus verlassen hatte, strömten neue Armeen von Arbeitern herbei, die den schlammigen Boden des an die Gemäldegalerie anschließenden Gartens vorübergehend in einen Ballsaal verwandelten, und unter der Aufsicht einer gestrengen englischen Dame in *moiré antique* polierten fleißige Dienstboten die Fußböden und wachsten die Balustraden.

Täglich ging Joshua vom Dachboden bis zum Keller durch beide Häuser, fand mehr zu kritisieren als zu loben und schlenderte durch die Gemäldegalerie, stolz und erfreut, weil er wußte, daß sie ihn als einen Mann von Geschmack auswies, denn es befanden sich keine Fälschungen darunter, da Frederic Hallam Suky zu seinem eigenen Kunsthändler geschickt hatte; im Gehen zählte er seine Schätze auf: Rembrandt und Rubens, Hals und Holbein, Goya, Vermeer, Fragonard – der Fragonard gefiel Suky von allen am besten, denn einmal hatte sie die Bemerkung gemacht, sie wünschte, sie könne seine zarte Fröhlichkeit für ihr Fest ausborgen.

Um ihn herum wimmelte es von Arbeitern und Putzfrauen, doch Joshua war sich ihrer Gegenwart kaum bewußt. Gelegentlich hielt er einen von ihnen an, um ihn auf eine Nachlässigkeit aufmerksam zu machen, die er entdeckt hatte. Und geradeso wäre er vielleicht an einem frühen Maimorgen auch an Susan vorbeigegangen, ohne sie zu bemerken, wäre sie ihm nicht in den Weg getreten und hätte mit ziemlich ironischem Lächeln zu ihm aufgeblickt, als sei sie gespannt, was er bei dieser ungewöhnlichen Situation für Worte finden werde.

Es war auch wirklich so ungewöhnlich für sie, sich einmal irgendwo allein zu treffen – zwar mitten unter Möbelpackern und Tischlern, immerhin aber ohne Ceda und Suky –, daß sie sich einen Augenblick voller Verlegenheit anstarrten, als wären sie sich außerhalb der Saison in einem Hotel begegnet, Fremde, zusammengeführt nur durch einen Zufall.

Joshua begann ein vorsichtiges Gespräch, und einige Minuten lang unterhielten sie sich über das Fest, als sei es eine Feierlichkeit, die in einem fremden Land stattfinden sollte, ein Ritual, das zwar für die Eingeborenen eine gewisse Bedeutung besaß, dessen Sinn ihnen selbst aber verborgen blieb. Und während sie diskutierten, wurde Joshua gelöster, sein altes Gefühl grenzenloser Großzügigkeit ergriff wieder von ihm Besitz, und er erkundigte sich mit gutmütig-spottender Miene: «Na, Susan, wirst du dich wohl fühlen in deinem neuen Haus?»

Susan lächelte. «In meinem Haus, Joshua?»

Diese Worte und die Eigenart ihres Lächelns kränkten ihn mehr als alles, was Susan seit vielen Jahren zu ihm gesagt hatte, und Joshua machte eine stumme Verbeugung und ging davon, während er sich fragte, wie es nur kam, daß er eine Frau geheiratet hatte, deren Wesen mit einem so grundlegenden Makel behaftet war. Jede andere Frau hätte inzwischen bestimmt ein Gefühl triumphierender und sieghafter Überlegenheit entwickelt, das dem seinen in nichts nachstand; aber sie zeigte nicht eine Spur davon, nur diese eigensinnige Ironie und Hochnäsigkeit.

Sein Ärger hielt jedoch nicht lange an, nicht einmal ganz, bis er vor Roses Haus angekommen war – ein weiteres erfreuliches Zeichen dafür, daß er Susan fast ebenso gründlich aus seinem Bewußtsein gestrichen hatte, wie er es mit der Verbannung in ein Pflegeheim hatte erreichen wollen. Als er die Treppenstufen hinaufstieg, sagte er sich, es stehe Joshua Ching nicht schlecht an, wenn er ein bißchen Wohltätigkeit in das Leben derer bringe, die weniger glücklich gewesen waren als er.

Das war es übrigens auch, was ihn an diesem Morgen so früh hierherführte: er wollte noch mit Eugene sprechen, bevor der Junge mit seinen Spielkameraden zur Schule lief. Denn Joshua Van Zandt sollte im Spätsommer nach Deutschland fahren, um dieselben Schulen zu besuchen, die solche Wunder an seinem Onkel Steven vollbracht hatten, und obgleich Joshua Rose immer wieder daran erinnert hatte, daß er für ihren Sohn nicht verantwortlich sei, hatten die Pläne des jungen Van Zandt Joshua veranlaßt, darüber nachzudenken, daß es noch einen anderen Jungen gab, für dessen Ausbildung er sorgen mußte, auch wenn er sich immer noch fragte, was ein Junge wie Eugene Michel schon mit einer guten Ausbildung anfangen könne.

Joshua und Eugene begegneten sich häufig am frühen Morgen im Haus und gingen stets mit zurückhaltendem Gruß aneinander vorüber – fast wie zwei rivalisierende Liebhaber, dachte Joshua mit ironischer Belustigung. Während er an manchen Tagen in Eugene Michel einen guten Teil Joshua Chings entdeckte, sagte er sich an anderen, der Status als illegitimes Kind habe dem Jungen wohl doch zum Nachteil gereicht und er sei eher ein Michel geworden als ein Ching, und er mußte an das alte Sprichwort denken, daß große Väter nicht immer auch große Söhne haben. Trotzdem überlegte er eines Tages, daß er nicht eher in seinem Denkmal Einzug halten könne, als bis alle unerledigten Aufgaben in seinem Leben erfüllt waren. Darum war er an diesem Morgen nach seinem unangenehmen Zusammentreffen mit Susan hierhergekommen, um Rose zu sagen, sie solle Eugene zu ihm schicken und dann auf ihr Zimmer gehen.

Rose zog ein mißtrauisches Gesicht und glaubte vielleicht, der Augenblick, den sie seit nahezu vierzehn Jahren hinausgeschoben hatte, sei nun gekommen und sie und Eugene sollten aus Joshua Chings Leben hinausgestoßen werden; sie neigte ergeben den Kopf und ging hinaus. Eugene erhielt Anweisung, sich das Gesicht zu waschen und die Haare zu kämmen, seine Krawatte zurechtzurücken und zu Mr. Ching zu gehen, und bald darauf trat er ein und blieb wartend stehen, während Joshua tat, als bemerke er ihn nicht, und fortfuhr, zum Fenster hinauszuschauen. Zuletzt jedoch wandte er sich langsam um und sah, daß Eugene sehr gerade und aufrecht dastand, die Miene ernst und ein wenig trotzig, doch immer noch voll Respekt. Seine Mutter hatte ihm offenbar gesagt, er müsse sich heute vor Mr. Ching in acht nehmen.

Joshua nickte und lächelte, wenn auch nicht besonders herzlich, denn er hatte nicht die Absicht, Eugene auf den Gedanken kommen zu lassen, er könne ihn irgendwie ausnutzen. Als sie sich ansahen, wurde sich Joshua voller Behagen des Ehrfurcht gebietenden Anblickes bewußt, den er diesem kleinen Burschen darbieten mußte – er, in seinem gut geschnittenen Anzug, dem Haar und Bart, die inzwischen mehr weiß als blond geworden waren, mit seiner gesunden blühenden Gesichtsfarbe und seiner schlanken, aufrechten Figur, deren Haltung noch immer so kerzengerade wie früher war, denn Joshua fand, ein Mann, der sich gehenlasse, nur weil er allmählich alt wurde, sei ein Narr. Er begann mit leiser, nachdenklicher Stimme zu sprechen. «Eugene, wie alt bist du jetzt?»

«Ich werde am dritten Oktober zwölf, Sir.»

«Zwölf? – Hm», machte Joshua und widmete dieser Auskunft einige Überlegung. «Und hast du schon einmal darüber nachgedacht, welchen Beruf du ergreifen willst – das heißt, womit du dir dein Brot verdienen willst?»

«Jawohl, Sir, das habe ich.»

Joshua hatte erwartet, der Junge werde verlegen sein, unbehaglich von einem Fuß auf den anderen treten und kleinlaut sagen, er habe noch nicht darüber nachgedacht, und er fragte ihn jetzt mit einem Lächeln voll nachsichtiger Herablassung: «Welche Art Arbeit würde dich denn interessieren, Eugene?»

«Ich interessiere mich für Eisenbahnen, Sir.»

«Möchtest du zum Beispiel Lokomotivführer werden?»

«Nein, Sir. Ich möchte eine Eisenbahnlinie besitzen und leiten.»

«Warum?» fragte Joshua scharf, denn das Selbstbewußtsein dieses Jungen war beunruhigend, da es weit über das Maß dessen hinausging, was Joshua bei ihm für gerechtfertigt hielt.

«Weil ich ein reicher Mann werden will, Sir.»

Jetzt verzog Joshua das Gesicht zu einer kleinen Grimasse, streckte das Kinn vor, strich sich langsam den kurzgeschnittenen Bart und betrachtete Eugene mit skeptischer Neugier, als sei er in sein Büro gekommen und habe sich um eine Anstellung beworben. «Alle kleinen Jungen möchten gern reich werden, Eugene, und sie stellen sich das immer sehr leicht vor; doch glaube mir, das ist es keineswegs. Wie willst du es denn anfangen, ein reicher Mann zu werden und eine Eisenbahnlinie zu besitzen?»

«Ich will Ingenieur werden, Sir.»

Dieser Ehrgeiz, der so vernünftig war – denn tatsächlich würden die zukünftigen Eisenbahneigner mehr brauchen als die rücksichtslose Energie, deren es bedurft hatte, die Bahnlinien zu bauen –, veranlaßte Joshua zu einem etwas herzlicheren Lächeln. «Bist du auch schön fleißig, Eugene?»

«Jawohl, Sir.»

«Sehr brav. Und nun lauf, sonst kommst du zu spät in die Schule.»

Eugene machte eine knappe kleine Verbeugung. «Vielen Dank, Sir.»

Er schritt durch das Zimmer mit fast der gleichen Haltung, die Joshua selber einnahm, wenn er in Gedanken versunken war oder vor den Augen von Zuschauern die Rolle des Joshua Ching spielte, und Joshua blieb zurück mit dem Gedanken, daß dieser Junge einiges von seinem eigenen sicheren Instinkt geerbt haben mußte, der ihn die Bedürfnisse des Landes entdecken ließ, ehe das Land selber sich ihrer bewußt geworden war. Darum erklärte er Rose, er werde ihn im Herbst in ein Internat schicken und Eugene damit Gelegenheit geben, zu zeigen, ob er klug genug sei und ob er lernen könne oder nicht.

Rose war, vielleicht eher vor Erleichterung als aus dem Wunsch heraus, Eugene eine Ausbildung zukommen zu lassen, so demütig dankbar und streichelte Joshuas Hand, als halte sie eine religiöse Reliquie, daß Joshua prompt beschloß, er werde dieses Haus bis nach dem Fest meiden, denn die Einladungen waren bereits herausgegangen, und spätestens morgen oder übermorgen mußte Rose erfahren, daß sich Mr. und Mrs. Hoke O'Neil unter den zum Empfang Geladenen befanden.

Und da er dieses erste Fest als Symbol all seiner Triumphe, als den Höhepunkt seines gesamten Lebens ansah, wünschte er keine Ablenkung, sondern wollte frei sein, um sich mit ganzem Herzen der Bewunderung dessen hingeben zu können, was Joshua Ching in einer Welt, in der die meisten Menschen unbemerkt kamen und gingen, alles erreicht hatte.

Trotzdem drängten sich noch verschiedene Unannehmlichkeiten zwischen ihn und den vollen Genuß seiner Macht, die letzte sogar, als Joshua sich schon umkleidete, um hinüberzugehen in die neuen Häuser, in die in wenigen Stunden mehrere hundert Herren und Damen strömen würden, um ihm ihren Tribut an Staunen und Neid zu entrichten. Susan kam nämlich in sein Schlafzimmer, ein Territorium, in das einzudringen er niemals von ihr erwartet hätte, um ihm zu sagen, daß seine Nichte Lisette Devlin sich scheiden lasse und bald einen anderen Mann heiraten werde. Er sah sie an, mehr überrascht darüber, daß Susan um diese Stunde noch immer im Morgenrock war, als über das, was sie berichtete, und fragte: «Willst du denn nicht an unserem Fest teilnehmen, heute abend, Susan?»

«Ich brauche nur noch mein Kleid überzuziehen. Aber Joshua, denk doch daran, was das für Marietta bedeutet – wie tief unglücklich sie sein muß! Zuerst dieses furchtbare Geheimnis um Matts Tod, und nun dies!»

Joshua war damit beschäftigt, seine Krawatte zu binden, und fuhr trotz Susans tragischer Miene ungerührt damit fort. «Unsinn, Susan! Eine Scheidung im Grenzgebiet unterscheidet sich von einer Scheidung in New York nicht weniger als sich ein Mord im Grenzgebiet von ...» Er ließ den Satz unvollendet, denn Susan hatte ihm einen Blick zugeworfen, dem er entnahm, daß sie offenbar glaubte, er mache mit diesem Vergleich zwischen Matts Tod und der Scheidung seiner Tochter wieder einmal einen seiner grausam-ironischen Scherze, die einzige Art von Scherzen, die ihn überhaupt amüsierten, und damit hatte sie zweifellos recht. Aber er fand es durchaus nicht verwunderlich, daß Lisette, Matt Devlins Tochter, endlich gezeigt hatte, daß sie genauso eigenwillig und rücksichtslos war wie ihr Vater, daß ihr der Nervenkitzel über die Pflichten ging und daß sie zuletzt dem nachgegeben hatte, von dem sie gewiß überzeugt war, es sei ein unwiderstehliches Bedürfnis ihrer Natur. «Was geht es dich an?» fragte er Susan und machte eine unbestimmte Handbewegung. «Da draußen ... Komm nicht zu spät!» warnte er sie noch, und damit verließ er das Zimmer.

Er fand die Häuser, die noch vor kurzem erfüllt waren vom Klang der Hämmer und Sägen und von den Stimmen der Handwerker, in unnatürliche Stille versunken, und zögernd nur schritt er zuerst durch die Eingangshalle und die Salons seines eigenen Hauses und dann durch die Gemäldegalerie hinüber in das Haus der Van Zandts. Er stieß, wo er ging und stand, nur auf stoische, junge, für den Abend gemietete Iren, die ihm mit gleichgültiger Neugier nachschauten und sich offenbar kein bißchen von den Kleidern stören ließen, in die man sie gesteckt hatte: hellbraune Livreen mit Kniehosen und Seidenstrümpfen, glänzende Schnallen auf den Schuhen und weiß gepuderte Perücken auf den runden Köpfen; und einige von ihnen waren noch jetzt damit beschäftigt, die Gasflammen herabzudrehen und mit langen Wachsstöcken herumzugehen und die Kerzen anzuzünden.

In dem improvisierten Ballsaal, der größten Sommerlaube, die Suky jemals entworfen hatte, mit Wänden und Decke aus engmaschigem Gitterwerk, in das dicht bei dicht Tausende von weißen Rosen gesteckt worden waren, walzte ein Mann, der an einem Fuß eine Bürste und am anderen einen Filzpantoffel befestigt hatte, über den Boden, genau wie er es schon getan hatte, als Joshua früh am Morgen an ihm vorbeigekommen war, bis jetzt der Boden so strahlend glänzte, daß die Tänzer sich in ihm spiegeln konnten wie in der dunstig-bewegten Fläche eines Sees nach Sonnenuntergang. Auch hier wurden Kerzen entzündet, und Joshua überquerte die Tanzfläche mit vorsichtigen Schritten, um durch das Gitterwerk zum dunklen Himmel hinaufzuspähen, denn die Nacht war herrlich – warm, klar und voller Sterne –, und er konnte sogar von der Straße hinter der Außenwand der Gemäldegalerie das Gemurmel der Neugierigen herüberdringen hören, ein Geräusch, das klang wie das Rauschen einer fernen Brandung; doch bei diesem Geräusch wurde Joshua auf einmal so nervös und unruhig, daß er wie eine plötzliche Leere im Magen die Drohung eines Mißerfolgs spürte, denn er hatte auf einmal das Gefühl, die Neugierigen könnten am Ende doch nichts zu sehen bekommen.

Verärgert über seine Unsicherheit zwang Joshua einen Ausdruck auf sein Gesicht, der so undurchdringlich ruhig und würdevoll war, daß kein Diener, kein Gast, nicht einmal Susan oder Suky daran hätten erkennen können, wie beunruhigt er war. Er ging, um seinen Posten in der Eingangshalle zu beziehen, wo er einen verstohlenen Blick auf die Uhr warf und sah, daß es erst fünfzehn Minuten vor zehn war.

Die Gäste sollten zuerst sein Haus betreten und konnten dann durch die Gemäldegalerie in das der Van Zandts hinüberschlendern oder im Pavillon tanzen. Joshua richtete sich zu seiner vollen Größe auf und ließ gleichmütig den Blick über sein Werk hinwandern, das ihn jedoch, wie er jetzt feststellte, auf einmal mit Angst und Schrecken erfüllte. Die Halle war weit und rund, ihre Decke bildete eine hohe, mit blaßblauem Email überzogene Kuppel, an der goldene Sterne glänzten, die durch einen geheimnisvollen Trick von Samuel Sample sogar funkelten. Die Wände waren mit Girlanden von weißen Kamelien geschmückt, weiße Rosenbuketts in chinesischen Vasen standen auf römischen Säulen, und Joshua fand, daß alles in allem die Atmosphäre eines heidnischen Tempels am Tag eines Opfers oder einer Bußfahrt herrsche, und sein Unbehagen nahm ständig zu.

Gleich darauf hörte er Sukys Stimme und fuhr herum, unsagbar erleichtert, zu sehen, wie sie angeregt durch die Gemäldegalerie auf ihn zueilte, als müsse sie ihm, ehe es zu spät war, eine Nachricht von größter Wichtigkeit überbringen. Ihre weiße Toilette wehte bei jeder Bewegung, an ihrem Hals, im Haar und an den Armen blitzten seine Brillanten, und ihre Schönheit schien alles um sie herum zum Strahlen zu bringen, so daß Joshua auf einmal fest davon überzeugt war, daß jede seiner Unternehmungen Erfolg haben müsse, solange nur Suky daran beteiligt war.

Trotzdem sah sie bekümmert aus und streckte ihm, während sie auf ihn zukam, mit einer so rührenden Geste bittend die Hand entgegen, daß er still und bewegungslos stehenblieb. Dann griff sie nach seinem Arm, warf ihm abermals einen flehenden Blick zu und senkte den Kopf. Erst als Joshua leicht ihr Kinn berührte, blickte sie zögernd zu ihm auf.

«Was ist denn, Suky?» Erschrocken sah er ihr ins Gesicht. «Was ist denn geschehen?»

Suky schüttelte den Kopf, anscheinend verwirrt, dicht davor, in Tränen auszubrechen. «Ich weiß es nicht, Papa; ich weiß nicht, was es ist, aber den ganzen Tag habe ich schon ein so furchtbares Gefühl, und es ist immer noch nicht verschwunden. Ich habe das Gefühl, daß ich von heute abend an nie wieder genau wissen werde, was ich mir wünsche.»

Aber ob Suky nur schauspielerte oder ob diese Angst echt war, das festzustellen hatte er keine Gelegenheit mehr, denn fast im nächsten Augenblick schon schaute sie über seine Schulter und lächelte, und Joshua sah seine Brüder Samuel und Aaron mit ihren Frauen und Kindern hereinkommen. Er warf Suky noch einen fragenden Blick zu, aber sie schüttelte den Gästen bereits die Hand und lachte vergnügt, und als er merkte, daß die Musik zu spielen begonnen hatte – nicht den dröhnenden Marsch, den er vorgezogen hätte, sondern eine Weise, die von Suky bestimmt worden war –, ließ auch er sich von dem Frohsinn und der Beschwingtheit der Melodie anstecken und begann zu strahlen.

Susan stand neben ihm, und in einer Reihe begrüßten sie ihre Gäste, gaben sie weiter von Hand zu Hand, von Joshua zu Susan, von Susan zu Ceda und Suky, von Suky zu Philip, und von Philip zu Letty und Steven, bis sie endlich frei herumwandern, alle Stockwerke beider Häuser besichtigen, ja sogar Schränke, Badezimmer und Anrichteräume inspizieren durften, denn Joshua wollte ihnen beweisen, daß er keine Geheimnisse vor ihnen zu verbergen hatte – noch nicht.

Samuel und Aaron berichteten ihm mit gedämpfter Stimme, draußen hätten sich mehrere hundert Zuschauer versammelt, vor dem Haus gebe es eine Auffahrt von Kutschen, so dicht, daß nicht einmal Brooks sie entwirren konnte, gefälschte Einladungen würden vorgezeigt, und es seien so viele Brillanten und Worth-Toiletten zu sehen wie schon seit langem nicht mehr.

Doch ehe Joshua die Nachricht weitergeben konnte, kam die Prozession bereits auf ihn zu, ein Heer lächelnder Gesichter, blitzender Zahnreihen, weißer Hemdbrüste und halbnackter Busen, und obgleich er vor Herzlichkeit überströmte, hätten seine Besucher auseinandergenommen und verkehrt herum wieder zusammengesetzt worden sein können, er hätte den Unterschied nicht bemerkt. Die Musik wurde lauter, als die Stimmen drohten, sie zu übertönen. Parfum und der Duft der Blumenbuketts, die fast alle Damen trugen, erfüllte die Luft, bis es war, als müsse man darin ersticken, und von Zeit zu Zeit tauchte unter diesen Zahnreihen, diesen aus ihren Gesichtern herausgelösten Mündern und Augen, aus diesen Brillantketten und Hemdbrüsten ein vertrautes Gesicht vor ihm auf; dann wurde ihm voll Schrecken bewußt, daß eben jemand vorübergegangen war, den er kannte, und daß ihm nur noch zu hoffen blieb, er habe ihn auch beim richtigen Namen genannt. Zum Schluß stellte Joshua fest, daß an diesem Abend alle gekommen waren, deren Bekanntschaft er jemals, und sei es auch noch so flüchtig, gemacht hatte, bis auf Rose Michel und Milton De Groot.

Er war flüchtig erstaunt, Morgan Devlin mit seiner Schwester Annabel und den Talbots zu sehen, und erinnerte sich dann, daß er ihm gestern oder vorgestern begegnet war, als er mit Suky aus dem Wintergarten kam, und daß sie ein paar Minuten lang über die Bergwerke in Butte geplaudert hatten.

Als Morgan nun stehenblieb, um ihm die Hand zu schütteln, sah dieser ihn mit einem Lächeln an, in dem Joshua einen merkwürdigen Zug zu entdecken glaubte, obgleich es schon wieder erloschen war, ehe er diesen Zug näher identifizieren konnte, so daß Joshua aufpaßte und interessiert beobachtete, was wohl geschehen werde, wenn er zu Suky kam, aber nichts Ungewöhnliches an ihrer Begrüßung entdecken konnte. Nun ja, Morgan hatte dieselbe Art wie sein Vater, eine feierliche Gleichgültigkeit an den Tag zu legen, wann immer es ihm gefiel, den Eindruck zu erwecken, daß man in ihm einen Mann vor sich hatte, der zutiefst ernsthaft, nichtsdestoweniger aber jederzeit zu einer Gewaltanwendung bereit war, wie Philip im vergangenen Sommer am eigenen Leib hatte erfahren müssen.

Doch sogar Philips Hand schüttelte Morgan mit einer Miene aufrichtiger Herzlichkeit, und Joshua wandte sein Interesse beruhigt den Schwestern Van Zandt zu, in ihren weißen Seidenhauben recht ältlichen Damen, wie es ihm heute erschien, obgleich sie nicht einmal so alt waren wie er, und während er sich über ihre Hände beugte und murmelte, er freue sich, sie zu sehen, jawohl, er freue sich sehr, sie zu sehen, dachte Joshua selbstgefällig daran, daß die Damen Van Zandt von nun an seine Empfänge besuchen könnten oder auch nicht, ganz wie es ihnen gefiel, und daß weder er noch ein anderer von ihrer An- oder Abwesenheit jemals Notiz nehmen würde.

66

Zack Fletcher saß da und beobachtete seinen Gefangenen, der auf der unteren Koje saß, mit den Fingern gierig Tomatenfleisch aus einer Blechdose aß und Zack dabei nicht eine Sekunde lang aus den Augen ließ. Schon seit mehreren Tagen hielt er Homer Grimes in dieser Weidehütte gefangen, und zwar seit dem Tag, an dem Homer frühmorgens von seinem Schreibtisch im Redaktionsbüro des *Mountain Enquirer* aufgeblickt und gesehen hatte, daß Fletcher, die Pistole lässig in einer Hand, in der Türöffnung stand. Während Homer sich verzweifelt an seinen Sessel klammerte, zu verängstigt, um etwas zu sagen oder um Hilfe zu schreien, hatte Zack nur kurz genickt, eine Bewegung mit der Pistole gemacht und befohlen: «Grimes, kommen Sie mit!»

Dann war er mit ihm durch die Stadt geritten, aber es war noch so früh, daß niemand zu sehen war, dessen Aufmerksamkeit Homer hätte auf sich lenken können, und als sie die offene Landstraße erreichten, fielen sie in Galopp und galoppierten Stunde um Stunde, in einem Tempo, das Fletcher zwar angenehm zu finden schien, bei dem aber Homer ein Gefühl hatte, als würden ihm alle Knochen aus den Gelenken gerissen.

Sie überholten eine Postkutsche, die nach White Sulphur fuhr und an der Homer erkennen konnte, daß er vermutlich weiter nach Osten zur Double Key gebracht wurde. Dann und wann nickte ihnen wohl auch ein Reiter zu, an dem sie vorbeikamen. Einmal hielt Zack die Pferde an und sprach eine Zeitlang mit einem Mann über die Winterverluste im Grenzgebiet und über die Möglichkeit, sie durch den Frühjahrszuwachs an Kälbern wieder wettzumachen. Er antwortete auf die Frage des anderen, daß er inzwischen wieder recht gut sehen könne, nach Sonnenuntergang aber immer noch blind sei und wohl auch noch mehrere Monate lang bleiben werde, lachte dabei so richtig wild, warf Homer einen schnellen, einschüchternden Blick zu und sagte: «Aber es hat sich herausgestellt, daß ich verdammt großes Glück gehabt habe.»

So galoppierten sie den ganzen Nachmittag hindurch bis in den Abend hinein, schliefen ein paar Stunden und brachen dann wieder auf, und als Homer endlich sah, daß sie vor einer jener Weidehütten hielten, die überall auf den Ranches standen und in denen die Herdenaufseher den Winter verbringen oder sich auch nur ein paar Nächte oder Wochen lang aufhalten konnten, da begrüßte er dieses primitive Quartier mit so großer Freude, als hätte Fletcher ihn nach Hause zurückgebracht und ihn Rachels Obhut übergeben.

Die Hütte war so klein, daß Fletcher allein sie schon ganz auszufüllen schien, und sie enthielt nichts weiter als zwei Schlafkojen, einen dreibeinigen Schemel und einen windschiefen Tisch. Zack befahl ihm, Stiefel und Hose auszuziehen, warf alles zur Tür hinaus, drehte ihm, mit einer solchen Geschwindigkeit und Geschicklichkeit, daß Homer fast das Gefühl hatte, er sehe zu, wie dies alles einem anderen zugefügt wurde, die Hände auf den Rücken und schnürte ihm die Handgelenke zusammen; dann fesselte er seine Füße, stieß ihn auf das Bett und wandte sich zum Gehen, während er bemerkte: «Sie bleiben hier, Grimes, bis ich wiederkomme.»

Die Tür wurde ins Schloß geworfen, ein Vorhängeschloß knackte, und dann hörte Homer die beiden Pferde mit leisem Hufschlag über den Grasboden davontraben, denn keines von ihnen war beschlagen, und sie bewegten sich nahezu lautlos. Eine Zeitlang blieb er dann sehr friedlich und ruhig liegen und dachte bei sich, daß er bei diesem Überfall doch besser davongekommen sei, als er es füglich hätte erwarten können.

Als später das Vorhängeschloß wieder geöffnet wurde, begann sein Herz vor Schreck in rasendem, furchterregendem Tempo zu klopfen, denn er hatte keinen Hufschlag gehört, weil er benommen vor sich hindämmerte. Die Luft in der Hütte war inzwischen heiß und übelriechend, sein Körper schmerzte, sein Mund und seine Kehle waren so trocken, und er fühlte sich so von aller Welt verlassen, daß er begonnen hatte, vor sich hin zu murmeln, einmal betete und dann wieder fluchte.

Zack löste die Fesseln mit derselben unheimlichen Geschicklichkeit, mit der er sie vorher verknotet hatte, doch ehe Homer seine starren Muskeln richtig strecken und sich Arme und Waden massieren konnte, schnippte Zack schon ungeduldig mit den Fingern. «Ich hab nicht viel Zeit, Grimes. Los, holen Sie Wasser und machen Sie die Hütte sauber – aber schnell, Sie Kanaille!» Und Homer sah sich gezwungen, vorsichtig und in Strümpfen über das Gras zu laufen, in zwei Blechdosen so lange Wasser aus dem Bach zu schöpfen, bis er die Hütte gereinigt und sauber gewischt hatte, und erhielt zum Lohn eine Dose Tomaten.

Kaum jedoch hatte er angefangen zu protestieren, er habe noch Hunger, er könne diese Tortur nicht noch einen Tag und noch eine Nacht ertragen, da wurde er schon wieder verschnürt und auf die Koje geworfen, und sein Quälgeist verschwand ohne ein einziges Wort; und so ging es weiter, einen Tag, und dann noch einen, bis eine Woche verstrichen war, und dann beschloß Zack Fletcher aus irgendeinem geheimnisvollen Grund, zur zweiten Phase der Bestrafung überzugehen, und begann sich mit seinem Gefangenen zu unterhalten.

«Es scheint», las Zack aus einem Zeitungsausschnitt vor, «daß einige unserer Rinderbarone diese Bezeichnung allmählich ein bißchen zu wörtlich nehmen und daß ein Ausdruck, der anfänglich als humorvolles Kompliment gedacht war, für einen unserer Rancher zum Stichwort für einen neuen Lebensstil geworden ist.» Zack legte den Kopf schief und sah Homer an, als wolle er fragen, wo dieser die Worte schon einmal gehört habe, fuhr aber, als Homer ihn nur verwirrt anstarrte, mit Vorlesen fort. «Wir alle wissen, daß diese Herren sich jedes Stück Land aneignen, das ihnen ins Auge sticht. Wir wissen, daß sie den Kampf erklären, wann immer es ihnen paßt, und das ist zumeist der Fall bei ihren persönlichen Gegnern. Wir wissen, daß sie Indianer und Whiskyschmuggler beim ersten Blick abschießen, und wenn die Herde eines Barons in einem schlechten Winter zufällig erfriert, dann schiebt er die Schuld daran nicht dem Wetter zu, sondern einem einsamen Herdenaufseher, den er als Viehdieb bezeichnet, und dann geht der Herdenaufseher denselben Weg wie die Indianer und Whiskyschmuggler.» Zack faltete den Ausschnitt wieder zusammen, steckte ihn in seine Hemdtasche, paffte an seiner Zigarre, bis der kleine Raum dicht voll Rauch war, und nickte. «Los, Grimes. Wie geht es weiter?»

«Das weiß ich nicht, Sir. Wie denn?»

«Sie haben es doch geschrieben.»

«O nein, Sir!»

«Wer denn?»

«Das weiß ich nicht, Sir.»

«Lem Finney?»

«Nein, Mr. Finney nicht, Sir. Das kann ich Ihnen versichern. Mein Schwiegervater mischt sich niemals in die Angelegenheiten des *Mountain Enquirer.*»

Zack erhob sich, Homer sah ihn flehentlich an, und dann wurde er mit dieser unheimlichen Geschwindigkeit, an die Homer sich schon gewöhnt hatte, der Länge nach auf das Bett geworfen, an Handgelenken und Füßen gefesselt, und wieder war Zack aus der Tür, nachdem er nur noch gesagt hatte: «Ich gebe Ihnen zwei Tage Zeit, Ihr Gedächtnis ein wenig aufzufrischen.» Homer schrie, er könne es mit nur einer Dose Tomaten nicht mehr zwei Tage lang aushalten, und dann galoppierte das unbeschlagene Pferd mit gedämpftem Hufschlag davon und ließ ihn zurück, um über die Sünden nachzudenken, denen er seine

Gefangenschaft verdankte: den Zeitungsartikel, den zu schreiben ihm eine so große Genugtuung bereitet hatte, obgleich ihm Lem Finney strikt untersagt hatte, noch einmal etwas Ähnliches zu schreiben, sei es über Zack Fletcher oder einen anderen Rancher.

Während er dalag und Finger und Zehen bewegte, damit sie nicht gefühllos wurden, sah Homer die Ereignisse an sich vorüberziehen, als sei er dabeigewesen: Als er zum Mittagessen nicht nach Hause kam, war Rachel zu ihrer Mutter gelaufen. Gemeinsam hatten Erma Finney und Rachel dann das Büro des *Enquirer* aufgesucht und den Bescheid erhalten, daß Mr. Grimes an diesem Tag noch nicht aufgetaucht sei. Lem Finney war in Butte, darum wurde ein Telegramm abgeschickt, auf das die Antwort kam, er sei unten auf der Siebenhundertmetersohle der Buckhorn-Mine, aber Jake werde in ein bis zwei Tagen herüberkommen. Jacob war drei Tage später eingetroffen, hatte seine Schwester in hysterischer Aufregung vorgefunden, und in der Zwischenzeit hatte es nahezu jedermann in der Stadt und in den Bergen erfahren, daß Homer Grimes, Lemuel Finneys Schwiegersohn, spurlos verschwunden war; vielleicht aber befand sich auch unter jenen gleichgültigen Milch- und Eislieferanten, jenen betrunkenen und fluchenden Viehtreibern, denen sie auf ihrem Ritt begegnet waren, ein tapferer Mann, der ihnen sagte, daß er gesehen habe, wie Homer Grimes mit Zack Fletcher aus der Stadt geritten war.

Während der Tage und auch noch die halben Nächte lag er da und lauschte, hörte aber nichts als das Heulen der Coyoten, das Singen der Vögel und das Rauschen eines gelegentlichen Regenschauers, manchmal gemischt mit Hagel, der auf das Dach der Hütte herabprasselte, als liege sie unter Beschuß. Das versetzte ihn in noch größere Angst als Zack Fletchers unvermutetes Auftauchen.

Inzwischen war er nämlich sogar erleichtert, wenn Fletcher kam, begrüßte ihn freudig und machte sich mit großem Eifer daran, die Hütte auszuscheuern und zu fegen. Zack indessen ignorierte seine Begrüßung und blieb draußen stehen, bis der Gestank abgezogen war, blickte weit in die Ferne und rauchte eine Zigarre, und erst wenn die Hütte gründlich gesäubert war, nahmen sie wieder einander gegenüber Platz; dann hockte sich Homer auf die Koje und vertiefte sich in den köstlichen Genuß der Dose Tomaten – einer ganzen Dose für ihn allein! –, so daß es ihm vollkommen gleichgültig war, was weiter geschah.

Zack zog den Zeitungsausschnitt aus der Tasche und begann ihn zu studieren, und als er das tat, begannen, wie Homer bemerkte, die Muskeln an seinen Kinnbacken krampfhaft zu zucken. Er schien seinen Zorn kaum noch beherrschen zu können, und Homer seufzte und rollte die Tomatendose zur Tür hinaus, während er aufrichtig wünschte, er hätte es nicht für seine Pflicht gehalten, im *Mountain Enquirer* die Ehre seines ehemaligen Brotherrn Ralph Mercer zu verteidigen.

Gleich darauf begann Zack ihm wieder vorzulesen, genau von der Stelle an, bei der er vor zwei Tagen aufgehört hatte, während Homer lauschte und lächelte, um Zack zu verstehen zu geben, daß diese Worte nicht von ihm stammten. «Einer unserer Rinderbarone, der vor nicht langer Zeit noch ein Mann ohne besondere Bedeutung war, nennt jetzt 120 000 Stück Vieh sein eigen.» Zack warf ihm einen schnellen Blick zu. «Woher haben Sie diese Zahl, Grimes?» Homer breitete die Hände aus, und Zack las weiter. «Selbst wenn diese Zahl beträchtlich nach oben abgerundet wurde, haben wir guten Grund zu der Annahme, daß er auf drei verschiedenen Weiden nicht weniger als 300 000 Rinder hält und daß er, wie es heißt, in einigen Südstaaten noch weitere Herden besitzt. Weiterhin wird behauptet, wenn auch gewiß nicht in seiner Gegenwart, daß diese ganze riesige Herde die Nachkommenschaft eines einzigen Bullen sei, den er vor acht oder zehn Jahren aus seinem Heimatstaat Missouri hierher in den Norden mitgebracht hat.

Und nun», fuhr Zack fort, «hat dieser selbe Baron es für richtig gehalten, einem anderen Mann die Frau wegzunehmen. Er hat sie eines Tages von der Herde getrennt und sie zu seinen eigenen Weidegründen entführt, während ihr Mann nicht im Grenzgebiet war, und dort hält er sie fest, obgleich sie nicht sein Brandzeichen trägt. Es ist die Ansicht des *Enquirer*, daß dieser Art von Viehdiebstahl ein Ende gesetzt werden muß, bevor sie epidemische Formen annimmt und ein Mann mit einer hübschen Ehefrau nicht mehr in den Osten fahren kann, ohne befürchten zu müssen, daß er bei seiner Heimkehr den Corral leer findet. Im Interesse der Öffentlichkeit haben wir daher dieses Verbrechen zu Ihrer Kenntnis gebracht, und nun können wir nur noch hoffen, daß ein Strick, ein Telegrafenmast und die jungen Männer von Helena den Rest übernehmen werden.»

Zack schwieg, ohne Homer anzusehen, der ihn mißtrauisch beobachtete und nicht nur die Schmerzen in seinen Muskeln und Gelenken, sondern sogar den furchtbaren Durst und den Hunger vergessen hatte, der ihm inzwischen zu etwas Unabänderlichem in seinem Leben geworden zu sein schien; denn Zack Fletcher, das war ihm jetzt klar, hatte ihn hierhergebracht, um ihn zu töten, und Homer Grimes würde in einem flachen Grab enden, aus dem die Wölfe ihn wieder ausscharren würden, und diese Gewißheit ließ ihn erschauern und einen mitleiderregenden Angstschrei ausstoßen.

«Ralph Mercer hat Ihnen auf der Reise hierher in den Westen zwei- oder dreimal das Leben gerettet, weil Sie ein so gottverdammt dämliches Greenhorn waren. Er hat Sie an seiner Zeitung arbeiten lassen, Sie haben die Freundin seiner Frau geheiratet, und jetzt beweisen Sie ihm Ihre Dankbarkeit, indem Sie ihn lächerlich machen und seine Frau verleumden!»

«Nein, das habe ich nicht getan!» Homers Protest klang nur schwach.

«Sie sagen, Sie haben es nicht getan, Grimes; aber irgendein Lump muß es getan haben, das werden Sie doch wohl zugeben, nicht wahr? Und wenn ich diesen Kerl erwische – was glauben Sie, was ich mit dem machen werde?»

«Ich habe keine Ahnung, Mr. Fletcher. Aber es ist Ihr gutes Recht, etwas gegen ihn zu unternehmen.»

«Es ist mein Recht?» Zack lachte verächtlich über diese alberne Bemerkung. «In meinen Augen, Grimes, ist es sogar meine Pflicht! Ein Mann, der so etwas über die Frau seines Dienstherrn schreibt, verdient nicht, daß man ihn leben läßt – er hat einen Tod verdient, der der Erfindungsgabe eines Sioux alle Ehre machen würde, finden Sie das nicht auch?»

«Da haben Sie vollkommen recht.»

«Was, zum Beispiel, würden Sie tun, wenn Sie den Kerl erwischten, der so etwas über Ihre Frau geschrieben hat?»

Homer wollte es eigentlich ablehnen, sich in eine so blutrünstige Unterhaltung einzulassen, doch Zacks Gesichtsausdruck, zugleich verschlagen und tödlich drohend, überzeugte Homer, daß die beleidigenden Äußerungen – oder das, was Zack für beleidigend hielt – über seine Stellung als Rinderbaron und über Lisette Mercer ihn vorübergehend um den Verstand gebracht hatten. Aus diesem Grund begann Homer jetzt, um ihn bei Laune zu halten, zu überlegen, was er für eine angemessene Strafe hielt, und eine Zeitlang ergingen sich beide in Vorschlägen über die verschiedensten Martern: ausgerissene Zehennägel, ausgestochene Augen, herausgerissene Eingeweide und kleine Lagerfeuer auf Bäuchen, Oberkörpern und Geschlechtsteilen, an denen sich der Folterer wärmen konnte, während sie sein Opfer so knusprig und schwarz rösteten wie eine Kastanie.

Auf einmal jedoch kam Homer zum Bewußtsein, worüber sie sich da unterhielten; er stieß ein abgrundtiefes Stöhnen aus, als spüre er schon die erste Hitze auf seinem Bauch, das erste Reißen an einem Zehennagel, und dann brach er auf seinem Bett sitzend zusammen, wo er wieder einmal gefesselt und allein liegen gelassen wurde, während Fletcher ihn warnte, diesmal die Zeit, bis er zurückkam, gut zu nutzen, denn wenn er komme, erwarte er ein paar phantasievollere Vorschläge als heute.

«Töten Sie mich doch lieber gleich!» jammerte Homer, als die Tür abgeschlossen wurde, lauschte dem Hufschlag, der sich im hohen Gras entfernte, begann vor Verzweiflung zu schluchzen, denn seine Schmerzen waren stark und ließen nicht einen Augenblick nach, und als er dann wieder merkte, daß seine Fesseln gelöst wurden, hatte er das Gefühl, viele Stunden, wenn nicht sogar tagelang bewußtlos gewesen zu sein.

«Nun, Grimes», sagte Zack mit merkwürdig besorgter Stimme, die klang, als habe er ein krankes Kind oder Tier vor sich und überlege, was er zuerst tun solle, um es wieder gesund zu machen, «wo fangen wir an?»

«Das ist mir verdammt egal», murmelte Homer und erschrak, als er hörte, wie gleichgültig er mit diesen Worten sein eigenes Leben aufgab. Doch wenn er es recht bedachte, so hatte er nur die Wahrheit gesprochen, und darum wiederholte er es noch einmal. Während des langen Schweigens, das darauf folgte, lag er da, starrte auf Zacks Stiefel und nahm an, jetzt erwarte man wohl von ihm, daß er sich auf seinen Martertod vorbereite, doch seine vielen Schmerzen machten ihn diesem Gedanken gegenüber indifferent, und er fiel in eine Benommenheit, aus der er erst wieder durch eine plötzliche Bewegung von Fletchers Füßen und den Klang einer Frauenstimme geweckt wurde. Als er aufsah, hatte sich Fletcher, seine Pistole in der Hand, der offenen Tür zugewandt. Und nun war endlich sein Retter erschienen, denn dort stand Lisette, schaute mit ungläubigem Mitleid und tiefem Abscheu zu Homer herüber und richtete dann den Blick mit nahezu demselben Ausdruck auf Fletcher.

Fletcher steckte seine Pistole wieder ein, wahrscheinlich beschämt darüber, daß er sie überhaupt gezogen hatte, Lisette blickte von einem zum anderen, als sei ihr noch nicht ganz klar, wer von den beiden vom anderen gemartert wurde, und fragte schließlich Zack mit verwunderter Stimme: «Was machst du denn da mit ihm?»

Zack trug eine trotzige Miene zur Schau, ärgerlich, weil sie ihn erwischt hatte, und runzelte die Stirn, verzog sein Gesicht zu jenem furchteinflößenden Ausdruck, der, wie Homer fand, so gut zu dem Gesicht von Zack Fletcher paßte. «Ich unterhalte mich mit ihm», erwiderte Zack mit dem Eigensinn eines kleinen Jungen, der von seinem Lehrer dabei ertappt wird, wie er ein Tier quält.

«Warum hältst du ihn hier fest?»

Zack setzte sich wieder hin, als wolle er sie damit entlassen. «Ich werde ihm die Hoden abschneiden, wenn ich Lust dazu habe.»

Homer wimmerte, als er das hörte, zog das Büffelfell nach Indianerart um seinen Körper und wandte sich hilfesuchend an Lisette, die seine Klagen anhörte, als handle es sich um einen verärgerten Gast in einem schlecht geführten Hotel. «Ich bin mit Gewalt hierher verschleppt worden und jetzt schon, so weit ich es beurteilen kann, seit zehn Tagen hier eingesperrt, oder vielleicht auch seit zwölf.» Er starrte Lisette an, die in ihrem schwarzen Reitkleid dastand, während das blaue Seidentuch an ihrem Hut im sanften Wind wehte, und als er sprach, dachte Homer, daß sie jetzt fast genauso aussah wie damals, vor vierzehn Jahren, am Picknick des Vierten Juli, als sie ihre Gunst zwischen Ralph Mercer und Jacob Finney teilte und trotzdem immer auf jemand gewartet hatte, der nicht kam – auf Zack Fletcher, wie ihm jetzt klargeworden war. «Man hat mich an Händen und Füßen gefesselt, hilflos wie ein eingebundener Ochse am Bratspieß, und die ganze Zeit habe ich nichts zu essen bekommen als Tomatenkonserven – fast zwei Wochen lang nichts zu essen und nichts zu trinken als Tomatenkonserven, Mrs. Mercer!»

«Sag ja nicht Mrs. Mercer zu ihr, du Lump!» schrie Zack, und Homer duckte sich in sein Büffelfell, das er sich ängstlich über den Kopf zog.

Sanft sagte Lisette zu ihm: «Gehen Sie, Homer.»

«Gehen?»

«Nach Hause.»

Unsicher sah Homer zu Zack hinüber, der tat, als habe er nicht gehört, was sie gesagt, nicht bemerkt, daß sie sich seines Gefangenen bemächtigt und ihn entlassen hatte, noch ehe seine Strafe beendet war oder, falls Fletcher es wirklich ernst gemeint hatte, ehe sie überhaupt erst begonnen hatte. «Kann ich wirklich gehen, Mr. Fletcher?»

«Ja, gehen Sie. Verschwinden Sie! Aber wenn Sie Ihrem Schwiegervater erzählen, wo Sie gewesen sind, dann hole ich Sie mir, so wahr mir Gott helfe, zurück, und das nächste Mal werde ich Sie wirklich so rösten, wie ich es Ihnen angedroht habe!»

Homer erhob sich, noch immer in das Büffelfell gewickelt, und fragte verdrießlich: «Wo sind meine Stiefel und meine Hose?»

«Die hab ich irgendwo draußen hingeworfen; Sie können sie sich ja suchen.»

Homer tippte an seinen Hut, als er an Lisette vorbeikam, obgleich sie ihn mit einem so humorvollen und spöttischen Lächeln ansah, daß er den Verdacht hegte, sie habe ihn nicht so sehr um seiner selbst willen gerettet, als vielmehr nur wegen Fletcher, und während er in dem hohen Gras herumsuchte, standen sie da, unterhielten sich mit gedämpfter Stimme und sahen sich mit jener gespannten Konzentration an, die man wohl auf den Gesichtern von Liebenden findet, die nie genug voneinander bekommen können. Er war gekränkt, daß sie ihn offensichtlich so schnell vergessen hatten, daß sie in der Vertrautheit ihres unersättlichen Verlangens ganz isoliert zu sein schienen, und dies überzeugte Homer, daß Rachels Befürchtungen über Lisette doch gerechtfertigt waren; denn ihre Prophezeiungen waren alle eingetroffen, und niemand hatte vermocht, sie abzuwenden.

Endlich kam Homer zurück; sein Gang war so ungeschickt in den Stiefeln, daß es schien, als habe er mit ihnen ein unnatürliches Hindernis angelegt. Er warf das Büffelfell auf den Fußboden der Hütte, breitete es aber, als Zack ihn böse anschaute, über die Koje, räumte die Hütte so sauber auf, wie er es täglich zu tun gewöhnt war, und fragte, ob er jetzt gehen dürfe. Lisette lächelte wieder dieses wissende, spöttische Lächeln, das sie ihm immer zeigte, und Homer, der zu wissen glaubte, daß sie es eilig hatten, ihn loszuwerden, wagte es, kühner zu werden.

«Ich möchte mir eines der Pferde ausleihen, Sir. Es ist schließlich ein ziemlich weiter Weg.»

Doch Zack brach, wie er es eigentlich auch erwartet hatte, in sein unangenehmes Lachen aus und riet ihm: «Verschwinden Sie, Grimes, bevor ich mich anders besinne!»

«Die Poststation ist nicht weit von hier, Homer», beruhigte ihn Lisette, und bei diesen Worten von der Frau seines ehemaligen Brotherrn verbeugte sich Homer und machte sich wohl oder übel davon.

Er ging in die Richtung, die Zack ihm gewiesen hatte, obgleich es schon dunkel wurde und die Sonne untergegangen war, aber insgeheim nahm er sich vor, zur Hütte zurückzuschleichen und dort die Nacht zu verbringen. Als er sich weit genug entfernt glaubte, sah er sich vorsichtig um, doch Fletcher und Mrs. Mercer waren, obgleich die Pferde noch dastanden und grasten, nirgends zu sehen, also mußten sie wohl in die Hütte gegangen sein, wodurch sie ihm deutlich bewiesen, daß sie auf seine Meinung so wenig Wert legten, als sei er noch immer der Sohn des Butlers von Mercers. Er marschierte weiter, in Gedanken ununterbrochen mit diesen beiden beschäftigt, die sich ihre ungesetzlichen Freuden rücksichtslos nahmen und sie aus diesem Grunde zweifellos nur um so ausgiebiger genossen, und als er sie schließlich in ruhigem Schritt davonreiten sah, machte er halt und wartete, bis sie verschwunden waren.

Lisette machte eine Handbewegung, und Homer nahm an, daß sie Fletcher erklärte, welch furchtbare Folgen es gehabt hätte, wenn er dem Schwiegersohn von Lemuel Finney ein Leid getan hätte. Damit hatte er nicht einmal unrecht: Lisette sagte wirklich etwas Ähnliches.

Sie hatten schon darüber zu streiten begonnen, als Homer noch nach seiner Hose suchte, denn Zack war wütend, daß sie ihm nachgeschlichen war und über seinen Gefangenen bestimmt hatte, als befehle sie einem Diener, ihre Schuhe zu putzen. «Du hattest, verdammt noch mal, kein Recht, hier herauszukommen, Lisette! Und wie hast du mich überhaupt gefunden?»

Lisette lächelte keck zu ihm auf. «Ich hab's erraten.»

Sie waren sich beide dessen bewußt, daß Homer noch in der Nähe war, auf und ab lief, sich einen Weg durch das hohe Gras bahnte, das ihn wie ein Urwald von allen Seiten umgab, und obwohl jeder von beiden zu wissen schien, daß der andere auf Homers Verschwinden wartete, als habe diese unerwartete Begegnung wieder ein neues Verlangen hervorgerufen, begannen sie trotzdem, wie schon so oft, darüber zu diskutieren, ob Lisette wirklich das Recht hatte, in seine Pläne einzugreifen, nur weil sie der Ansicht war, er sei im Unrecht. «Hat Johnny dir verraten, wo ich bin? Ich habe diesem kleinen Bastard befohlen, den Mund zu halten, und bei Gott . . .»

«Es war nicht Johnny, schimpf nicht auf ihn! Du bist schon so oft um diese Zeit fortgeritten, und als Gordon gestern die Zeitungen brachte, war es nicht schwer zu erraten, wohin du geritten bist. Da bin ich dir eben gefolgt.»

«Warum bist du eigentlich so besorgt um Homer Grimes, Lisette? Im Grunde würde es dich doch nicht mal berühren, wenn ich ihm das Fell über die Ohren ziehen und es am Wandhaken aufhängen würde. Das weißt du, verdammt noch mal, ganz genau!» Er packte ihren Arm. «Sag mir, warum du hierhergekommen bist – sag mir, wen du zu schützen versuchst!»

«Da – er hat den zweiten Stiefel gefunden!»

Und wie um damit das Thema Homer Grimes zu beenden, wies Zack ihm nur noch die Richtung, die er einschlagen mußte, und als Homer ein Stück weit entfernt war, gingen sie in die Hütte und legten sich auf die Koje. Lisette schloß die Augen, erzitterte unter einem Schauder, der über ihren ganzen Körper lief, und stieß jenen leidenschaftlichen Seufzer aus, der Zack immer wieder in Unruhe versetzte, bis der Druck ihrer Arme und ihre Stimme, die selbstvergessene Worte flüsterte, Sorge und Zögern vertrieb und er wieder einmal von dem Verlangen ergriffen wurde, sie zu trösten, ihre bösen Vorahnungen zu beschwichtigen und sich selbst einzureden, daß sein Zorn lediglich aus der Angst komme, er könne sie eines Tages wieder verlieren.

Als sie ins Freie traten, war es fast dunkel, und als er ihr half, auf Paschas Rücken zu steigen, den Rücken des schönen schwarzen Wallachs, den er ihr als Hochzeitsgeschenk gegeben hatte, obgleich sie noch immer nicht wußten, wann diese Hochzeit stattfinden würde, sagte er drohend zu ihr: «Ich warne dich, Lisette – halt ihn im Schritt!»

Lisette lächelte, als wolle sie sagen, sie werde ihm schon den Gefallen tun. «Aber bei Frank habe ich erst zwei Monate vor der Geburt aufgehört zu reiten, und bei Polly sechs Wochen vorher!»

«Aber dies», entgegnete Zack voll Schärfe, «ist mein Kind.»

Er erwartete jetzt von ihr, daß sie vergaß, jemals mit einem anderen Mann verheiratet gewesen zu sein und ihm Kinder geboren zu haben, über deren Verlust sie tief traurig war, so wenig sie auch darüber sprach. Ralph hatte sie in den Osten zu seiner Mutter gebracht und Lisette versichert, sie werde sie niemals wiedersehen. Ja, es schien sogar, daß Zack jetzt noch mehr Gründe fand, ihr zu mißtrauen, als jemals zuvor, so daß er alles, was sie sagte, während er in der Finsternis dahinritt, die sich bei Anbruch der Nacht stets über seine Augen legte, sofort so interpretierte, als berge es eine augenblickliche oder zukünftige Gefahr für ihn selbst.

Während sie langsam dahinritten, hatte er das Gefühl, von ihr geführt zu werden und von ihr abhängig zu sein. Er war bedrückt und schweigsam, behauptete auch nicht mehr, es sei sein gutes Recht gewesen, Homer Grimes für das zu bestrafen, was Homer Grimes ihnen angetan hatte, und wurde wieder einmal von dem verzweifelten

Gedanken geplagt, er werde, wenn die Sonne aufging, ihren Schein nicht mehr sehen können. In solchen Augenblicken hielt er diese allnächtliche Heimsuchung der Finsternis, die er seit nahezu vier Monaten erdulden mußte, für dauernde Blindheit, für eine Strafe, vielleicht nicht einmal so sehr für die Verbrechen, die er begangen hatte, sondern für den widerstandslosen Verzicht auf seinen Medizinbeutel.

Er war auf jede erdenkliche Weise bemüht, sie von dem abzulenken, was sie seiner Ansicht nach jetzt denken und fühlen mußte, und war manchmal von einem so angstvollen Bestreben erfaßt, sie glücklich zu machen, daß er befürchtete, ebenso unzusammenhängend dahinzuplappern, wie er es wohl getan haben mußte, als er in James Gordons Schlafzimmer lag. Wenn er sie bat, ihm zu sagen, was er damals zu ihr gesprochen hatte, lächelte sie und berührte manchmal mit jener charakteristischen Geste seine Wange, um die er vor langer Zeit Morgan – oder sogar Nella Allen, im Grunde eigentlich jeden, den sie liebte oder bemitleidete – beneidet hatte, und versicherte ihm, sie könne sich nicht erinnern.

«Du hast fast immer phantasiert, Zack; es war kaum zu verstehen, was du gesagt hast.»

«Du hast kein Recht, es mir zu verschweigen», erklärte er mürrisch.

«Ich verschweige dir nichts. Ich weiß es einfach nicht.»

Nun, dachte er, was immer es auch gewesen sein mochte, es hatte keinerlei Folgen gehabt, und sie wäre jetzt wohl nicht bei ihm, wenn es das Kind in ihrem Leib nicht gäbe, das sie empfangen hatte, während er voller Angst vor der ewigen Dunkelheit dalag, an einem jener Tage oder in einer jener Nächte, an denen er von den Schmerzen der Schneeblindheit nur in einer Lust Erleichterung fand, die so übermächtig war, daß sie sie beide manchmal eher verzweifelt als getröstet zurückließ.

Doch kaum hatte sie Gordons Haus verlassen, offenbar einem Impuls gehorchend, der nicht weniger stark war als der, der sie drei Wochen zuvor hergeführt hatte, da verabscheute sich Zack bereits, weil er für kurze Zeit vergessen hatte, daß Lisette wahrscheinlich weit weniger ihren eigenen Wünschen nachgeben als vielmehr versuchen würde, die Wünsche anderer Menschen zu interpretieren.

Trotzdem machte er, als er auf die Double Key zurückkehrte und versuchte, mit der geringen Sehfähigkeit, die er inzwischen zurückerlangt hatte, leben zu lernen, Konzessionen, die niemals zu machen er sich geschworen hatte. Er machte den Anfang mit Lisettes möglicher oder tatsächlicher Eifersucht auf ‹Rote Perle›. Tagelang dachte er darüber nach, ob er ‹Rote Perle› zu ihrem Volk zurückschicken sollte oder nicht, sagte sich aber dann, daß ein Indianermädchen, das von einem weißen Mann nach Hause geschickt wurde, unter Umständen von den Squaws verhöhnt und von den jungen Männern des Stammes belästigt werde. Deshalb beschloß er, ‹Rote Perle› statt dessen Johnny Lawler zum Geschenk zu machen, eine Gabe, die Johnny im Augenblick vielleicht noch nicht ganz zu schätzen wußte, aber das konnte sich sehr bald ändern. Als nächstes entledigte er sich Lucy Carters, und danach fühlte er sich so unsagbar geläutert, daß er nach Helena ritt, um sich Geld zu leihen für den Kauf einer Herde, die die Verluste auf der Sun River-Weide ausgleichen sollte; aber er weigerte sich, zuzugeben, daß der eigentliche Zweck seiner Reise darin bestand, Lisette wiederzusehen.

Lem Finney und Jake waren nicht da, von den Devlin Brothers hatte er sich noch nie etwas geliehen, und so stattete er Irene Flint, seinem verständnisvollsten Bankier, einen Besuch ab und borgte sich von ihr 50 000 Dollar.

«Ich nehme an, die Frühjahrszählung wird auf der Sun River-Weide einen Verlust von zwanzig bis dreißig Prozent ergeben», berichtete er ihr und beobachtete Irene beim Sprechen genau, weil er sich fragte, was sie gehört oder erraten haben mochte und warum sie ihm keinen Wink gegeben hatte. «Aber vielleicht ist er doch nicht so hoch, denn es waren nur wenige Stiere und Kühe dabei. Am schlimmsten hat es die Burschen erwischt, die immer noch glauben, man könnte in diesem Klima eine Zucht großen Stils anfangen. Aber nach diesem Winter werden sie wohl einsehen, daß sie sich gründlich geirrt haben.»

«Vielleicht», sagte Irene. «Aber wenn ein Mann Optimist ist, schenkt er den Tatsachen, die das Gegenteil beweisen, keine Beachtung.»

Sie lächelte, und Zack glaubte sofort spöttische Belustigung über seine eigene unglückliche Lage daraus zu entnehmen, denn es gab kein Thema und kein Gespräch, in dem er nicht versteckte Hinweise auf Lisette Devlin und Zack Fletcher vermutete.

«Ich bin kein Optimist», versicherte Zack ihr grimmig.

«Ein Mann, der so erfolgreich im Viehhandel ist wie du?»

Zack runzelte finster die Stirn, preßte die riesigen Fäuste zusammen und entgegnete ihr mit einer Miene, als vertraue er ihr ein kostbares Geheimnis an: «Wenn ich ein Optimist gewesen wäre, ginge es mir jetzt noch immer nicht besser als damals, als ich ganz neu ins Grenzgebiet gekommen bin ...»

«... und Matt und Pete Devlin um eine Anstellung gebeten hast.»

Da sprang er, als habe Irene ihm eine ungeheuerliche Beleidigung zugefügt, auf die Füße, stülpte sich den Hut auf den Kopf und stürmte mit langen Schritten durchs Zimmer. «Auf Wiedersehen, Irene. Vielen Dank für das Darlehen; du bekommst es pünktlich in ein paar Monaten zurück, das weißt du ja.» An der Tür blieb er stehen, drehte sich noch einmal um und starrte sie mit vorwurfsvoller Miene an. «Du hältst mich wohl für einen verdammten Idioten, wie?»

Irene schüttelte den Kopf. «Nein.»

Als er das Vestibül durchquerte, sagte sie: «Lisette Mercer hat mich vor einigen Tagen gefragt, ob ich dich gesehen hätte», und Zack machte halt, um über diese Information mit verschlagener, mißtrauischer Miene nachzudenken; dann ging er hinaus und blieb noch einen Augenblick vor Jeremy Flints großem, achteckigem Haus stehen, wo das eiserne Reh auf dem Rasen lag und in dessen Observatorium sich Jeremy Flint, wie es hieß, damit amüsierte, durch sein Teleskop die Sterne zu betrachten, während seine Frau mit seinen Informationen Berechnungen anstellte, auf Grund derer sie ihm Ratschläge zur Führung seiner Bergrechtsprozesse und seiner Investierungen erteilte.

Und das, dachte er, trifft wahrscheinlich genauso zu wie das Gerücht über Mrs. Honeybones Fluch, der unfehlbar sei. Denn Mrs. Honeybone mochte zwar Jenny verflucht und damit das allmähliche Absterben ihres Lebens herbeigeführt haben, das sie ja alle deutlich vor Augen hatten, aber sie hatte keine Briefe an Pete Devlin geschrieben, denn Mrs. Honeybone konnte, wie er entdeckt hatte, nicht lesen und noch nicht einmal ihren Namen schreiben; und so war es gut möglich, daß ihr übler Einfluß auf Nella Allen, der an dem Tag begonnen hatte, da er Mrs. Honeybone sah, wie sie hinter Nella Allen her die Faust schüttelte, im Grunde die Ursache für sämtliche Unglücksfälle war, die allen so große Sorgen und so schwere Verluste gebracht hatten.

Zack mußte nun doch ein wenig lächeln über diese befremdlichen Gedankengänge und machte sich in flottem Tempo auf den Weg durch die Stadt. Er war gekleidet wie immer, wenn er beabsichtigte, sich eine größere Geldsumme zu leihen: in schwarzen Gehrock und schwarze, feine Wollhose, schwarze Seidenkrawatte und weichen weißen Hut, und in dieser nüchternen Uniform aller erfolgreichen Viehzüchter näherte er sich nunmehr dem Haus der Mercers, blickte sich vorsichtig nach allen Seiten um und trat, als Lisette ihm öffnete, eilig ein, als wolle er so schnell wie möglich das helle Tageslicht verlassen, dem er sich hier, vor ihrer Tür, so schutzlos ausgesetzt fühlte.

Er mußte jedoch feststellen, daß sie sich in den zwei Monaten, die vergangen waren, seit sie Gordons Haus verlassen hatte, einander wieder entfremdet hatten. Er musterte sie aufmerksam, betrachtete ihr dunkelrotes Seidenkleid und bemerkte, daß sie am kleinen Finger der rechten Hand immer noch Matts Ring trug, und das erweckte in ihm die Überzeugung, daß sie immer noch keine Entscheidung getroffen hatte, die für ihn erfreulich gewesen wäre.

Sie standen sich gegenüber, zwischen sich den großen Mitteltisch voller Alben und Lampen, Büchern und den vielen Kleinigkeiten, die in der einen oder anderen Form auf jede Frau, die er kannte, eine geheimnisvolle Anziehungskraft auszuüben schienen, nur nicht auf Lily Jones, die für solche Dinge die gleiche Verachtung empfand wie er.

«Geht es dir wieder besser?» fragte Lisette, und ihre Miene wurde liebevoll und traurig.

«Noch nicht ganz.»

«Du wirst aber bald ganz gesund werden?»

«Das weiß ich nicht.»

«Doch, das wirst du bestimmt. Ich habe mit Dr. Chaffinch gesprochen.»

«Was zum Teufel weiß denn dieser Quacksalber davon?» Es war nämlich Dr. Chaffinch gewesen, der, als er bei Gordon eintraf, Lisette wieder mit fortgenommen hatte, obgleich sie behauptete, der Doktor habe sie nicht beeinflußt. Lisette lächelte und deutete damit an, sie wisse sehr gut, was er gegen Dr. Chaffinch einzuwenden habe; dann zuckte sie die Achseln und setzte sich auf das Sofa vor den Fenstern, das ihn an die Rolle erinnerte, die dieses Möbelstück in ihrer gemeinsamen Vergangenheit gespielt hatte. Zack mußte seine Beine fest gegen den Tisch pressen, um zu verhindern, daß er an dieser großen und schweren Barrikade vorbei zu ihr hinüberstürzte. Durch das Dämmerlicht – vor seinen Augen schwamm das Zimmer in dickem Nebel – versuchte er zu ihr hinüberzusehen. «War dein Empfang sehr herzlich, als du hierher zurückkamst, Lisette?»

Lisette kreuzte die Füße, glättete ihren Rock, drehte nachdenklich an einem Ohrring und stieß schließlich ein leises Lachen aus, das ihn empörte. «Was für eine Frage!»

«Alles unverändert, wie?»

«O nein», versicherte sie ihm, fuhr fort, ihn anzulächeln, und drehte weiter an ihrem Ohrring.

«Er hat dich immer noch nicht um die Scheidung gebeten, nicht wahr?»

«Nein, und das wird er auch nicht tun. Das habe ich dir doch gesagt!»

«Er vergibt dir, weil er dich so sehr liebt, daß er den Verstand verloren hat – ist es das?»

Lisette lächelte immer noch, und auf einmal hatte er das Gefühl, sie wisse etwas, was sie ihm verheimlichte, aber die einzige Andeutung, die ihn das ahnen ließ, war dieses verlockende und ziemlich skrupellose Lächeln. «Er hat mir nicht verziehen, und ich glaube, er liebt mich auch nicht mehr – aber wie kann er mir die Strafe zukommen lassen, die ich nach seiner Ansicht verdiene, wenn er mich laufenläßt?»

«Wie hat er dich denn behandelt, in den letzten zwei Monaten?» fragte er sehr leise. «Genauso wie vorher, ehe du zu Gordon gekommen bist?»

Lisette wandte den Blick ab, seufzte, murmelte, vielleicht habe er es getan, vielleicht auch nicht, woher solle sie wissen, was diese Frage bedeute, und starrte schließlich mit einem Gesicht, so mürrisch und dickköpfig wie das eines gescholtenen Kindes, zu Boden. «Nein.»

Er hob die Stimme und machte eine heftige Handbewegung. «Antworte, Lisette! Du weißt genau, was ich meine!»

«Wenn du wissen willst, wo er schläft – er schläft in einem anderen Zimmer. Aber das tut er schon seit dem vergangenen September.»

Zack sah sie jetzt noch argwöhnischer an, aber dann lächelte er trokken und schien höhnisch darüber nachzudenken, wie ein Mann vor lauter Stolz so dumm sein könne, auf seine ehelichen Freuden zu verzichten, nur weil seine Frau ein oder zwei Wochen verreist gewesen war. «Seit dem vergangenen September», wiederholte er nachdenklich, hob die Augenbrauen und verzog seinen Mund zu einer Grimasse, die seiner Verachtung für einen solchen Mann Ausdruck verlieh.

Da wurde der Türklopfer bewegt, und er fuhr herum, in der Erwartung, Ralph Mercer auf sich zustürzen zu sehen, aber Lisette ging ruhig zur Tür und sagte leise: «Rachel und Georgina – wir wollen zum Mittagessen zu Anna Grace.» Im Vorbeigehen berührte sie seinen Arm und sah ihn mit einem spöttisch-verschwörerischen Blick an, als wolle sie sagen, er habe bis jetzt ihr Geheimnis nicht entdeckt, und nun sei es zu spät, es ihm mitzuteilen, nun müsse er es allein zu enträtseln versuchen.

Georginas Miene verriet offene Neugier, während Rachel anscheinend Zack gegenüber ebenso großes Mißtrauen zu hegen schien wie er zu ihr, und er schritt hastig durch das Zimmer, machte einen großen Bogen um die Damen, zog rasch den Hut und war schon aus der Tür, als sie sich noch in verwundertem Erstaunen ansahen und sich zu fragen schienen, was diese seltsame Erscheinung denn wohl zu bedeuten habe.

Rachel trat zu Lisette, die vor dem Spiegel stand und den Hut aufsetzte, und sie musterten sich argwöhnisch, bis Rachel sagte: «Lisette, wir beide sind doch schon sehr, sehr alte Freundinnen, nicht wahr?» Lisette war nicht zufrieden mit ihrem Hut, sie rückte ihn hierhin und dorthin, und zwischendurch schoß sie immer wieder einen empörten Blick zu Rachel hinüber. Doch Rachel schien diese Warnung nicht zu bemerken und führte jetzt ein Gespräch weiter, das sie am Vortag begonnen hatten. «Ich tue alles, was ich kann, um dich zu schützen. Ich streite alles ab, was mir über dich zu Ohren kommt – und nun muß ich ihn hier bei dir finden! Du zerstörst dein eigenes Leben, Lisette! Keine anständige Frau wird jemals wieder ein Wort mit dir sprechen.» Sie wollte noch näher an Lisette herantreten, aber Lisette floh rasch an das andere Ende des Zimmers.

«Laß mich in Ruhe, Rachel! Ich warne dich.»

«Wir werden zu spät kommen», warf Georgina schüchtern ein. «Wir kommen schon jetzt nicht mehr pünktlich.»

Doch weder Lisette noch Rachel achteten auf sie, und Lisette sagte: «Es ist so schwer, zu erkennen, wann wir recht tun und wann wir unrecht tun, nicht wahr, Rachel?»

«Das ist durchaus nicht so schwer, Lisette.»

Lisette lächelte ihr bedrückt zu. «Aber hast du noch nie erlebt, daß ein Mensch, den du liebst, etwas tut, was du schon immer für Unrecht gehalten hast – und du liebst ihn trotzdem weiter?»

Rachel runzelte die Stirn, erklärte dann aber mit großer Bestimmtheit: «Nein, das habe ich nicht. Und wenn so etwas geschähe, dann würde ich diesen Menschen auch nicht mehr lieben.»

«Du hast dich nicht verändert, Rachel, nicht wahr – in all diesen Jahren? Du denkst noch immer genauso wie an dem Tag, als wir auf dem Heimweg von der Schule Jenny Danforth besuchten und du in ihre Briefschatulle geschaut hast und so enttäuscht warst, als du sie leer fandest. Weißt du nicht mehr?»

Rachel ließ sich von der Erinnerung an jenes Erlebnis nicht im geringsten aus der Fassung bringen, sondern sagte mit einer Miene toleranter Freundlichkeit zu Lisette: «Mag sein, daß ich mich nicht verändert habe, Lisette. Aber vielleicht hatte ich auch keinen Grund dazu.»

Lisette lächelte unbestimmt, denn auf dieses Argument gab es keine Antwort. Dann machten sie sich auf den Weg zu Anna Grace.

Wenige Wochen später verbreitete sich die Neuigkeit in der Stadt, daß Ralph Mercer wieder in den Osten gefahren war und dieses Mal auch die Kinder mitgenommen hatte – um sie in die Schule zu bringen, hatte er gesagt; und als Rachel sich aufmachte, um die Bestätigung für das Gerücht zu erhalten, fand sie das Haus verschlossen und leer. Bald darauf wurde bekannt, daß Lisette zu James Gordon und nach ein paar Tagen weiter zur Double Key gefahren war und sich somit jeglicher Mitgefühlsäußerung von Rachels Seite entzogen hatte.

Doch kaum war sie angekommen, da wurde Zack schon von der beunruhigenden Erwartung gepackt, daß Lisette nun anfangen würde, ihn zu hassen, ihm die Schuld an allem zuzuschreiben, was sie verloren hatte, ihre Kinder und ihre Ehrbarkeit, und säuerlich sagte er sich, es sei nicht so sicher, welches von beiden ihr mehr bedeute.

Trotzdem begann er ein neues Haus für sie zu bauen, ein geräumiges Gebäude mit Kaminen, so groß, daß man einen halben Baumstamm auf einmal darin verbrennen konnte, und Lisette schmiedete Pläne, wie sie es einrichten wollte: mit Spiegeln und Indianerkopfschmuck, ausgestopften Büffel- und Elchköpfen, Fellen von schwarzen und grauen Bären und Wandteppichen aus Silberfuchs und Nerz, und alles erleuchtet von einem halben Hundert Kerzen. Es hatte den Anschein, als sei sie hellauf begeistert von dem Gedanken, mitten in dieser urzeitlichen Pracht zu hausen.

Wenn er mit Andy Stinger ausritt, um zu jagen und zu fischen, bestand sie darauf, mit ihnen zu kommen. Er mußte sie zwingen, nach dem Mittagessen an einem schattigen Platz zu schlafen, wo er sorgsam für sie eine Decke ausbreitete. Sie schrieb seine Geschäftsbriefe und fing auch an, seine Bücher zu führen. Das Haus war so sauber wie nie zuvor, und Chee Shum wurde dazu überredet, ein paar seiner Kochgewohnheiten zu ändern. Sie stellte keinerlei Fragen über Johnny Lawler und hatte anscheinend eingesehen, daß Johnnys Gewohnheiten im Alter von dreizehn Jahren fest eingefahren waren und daß jeder Versuch, ihm seine Zigarre, seine Flucherei, seine Vorliebe für zahme Berglöwen oder für seine gefährlichen Vergnügungen auszureden, zwecklos war, und bald schien sie, wenn Johnny ein wildes Pferd vor einen Wagen spannte und auf den Fahrersitz kletterte, nicht im geringsten daran zu zweifeln, daß er genau wußte, was er tat.

Am seltsamsten jedoch fand es Zack, daß sie und ‹Rote Perle› Freundschaft schlossen, das heißt, soweit es überhaupt eine Freundschaft geben konnte zwischen zwei Frauen, die kein Wort miteinander sprachen und lediglich lächelten, wenn sie sich trafen. Nicht selten fand er die beiden, wie sie zusammensaßen und lachten, als hielten sie die gleichen Scherze für komisch, und gelegentlich erschien ‹Rote Perle› jetzt sogar in der Kleidung einer weißen Frau oder mit einem Blumenhut, den sie, wie es Indianer zu tun pflegten, als schmückende Ergänzung zu ihrer Stammestracht trug.

All das war Zack so unbegreiflich, daß er von Zeit zu Zeit einfach versuchen mußte, einen Streit mit ihr vom Zaun zu brechen, weil er erwartete, in diesem Streit könne er sie zwingen, die vielen Verdächtigungen, die er gegen sie hegte, zu bestätigen. Lisette jedoch pflegte seine streitlustigen Einleitungen mit einem Lächeln zu beantworten, das verlangend war, wissend und ein wenig trotzig, und das er vor langer Zeit so unwiderstehlich gefunden hatte, und so verstand sie es, ihm auszuweichen, bis er ihr eines Morgens einen Brief von Morgan zeigte, der vor nahezu einem Monat in Albany aufgegeben und am Vortag von Gordons Aufseher gebracht worden war. Morgan schrieb, daß Ralph sich noch immer weigere, in eine Scheidung einzuwilligen.

Von tödlichem Zorn erfüllt bei dieser Nachricht, obgleich er im Grunde nichts anderes erwartet hatte, stürmte er hinaus in den schweren Juniregen, laut fluchend und mit einer Miene, die so unmenschlich böse und rachsüchtig war, daß alle, die ihn zu Gesicht bekamen, ihm hastig auswichen und sogar Rock, der Hund, in einem der Wirtschaftsgebäude verschwand. Mit langen Schritten eilte er über den schlammigen Hof, ohne anzuhalten, obgleich er Lisette hinter sich herplatschen hörte, und blieb erst stehen, als sie seinen Arm packte und sich ihm in Johnnys gelbem Regenmantel und -hut in den Weg stellte.

«Zack?» fragte sie, und es klang, als sei sie den Tränen nahe. «Der Brief ist vor vier Wochen aufgegeben. Vielleicht hat er es sich inzwischen überlegt.»

Zack beugte sich zu ihr hinüber. «Du willst die Scheidung nicht, stimmt's, Lisette? Du willst zu ihm zurückkehren – sobald es nur geht!»

«Aber das kann ich nicht mehr – das weißt du doch!»

«Du liebst ihn noch immer.» Er schüttelte sie kurz und leicht. «Du willst dich nicht von ihm scheiden lassen. Sag mir die Wahrheit, Lisette!»

Johnny Lawler lief mit einem Grußwort an ihnen vorbei, und Zack ließ sie unvermittelt los und zog ein verlegenes Gesicht, denn Johnny hatte ihm einen fragenden Blick zugeworfen und zweifellos bei sich gedacht, dies sei doch ein merkwürdiger Platz, den er sich da für einen Streit ausgesucht hatte.

Lisette sagte etwas, aber der Hutrand verbarg ihr Gesicht, und er beugte sich näher heran und legte lauschend den Kopf auf die Seite. «Eines Tages, vor ungefähr einem Jahr, genau weiß ich es nicht mehr, da ist mir auf einmal klargeworden, daß ich Ralph offenbar nicht mehr kannte und daß ich nicht einmal mehr wußte, ob ich ihn jemals gekannt hatte.» Sie warf einen schrägen Blick zu ihm hinauf, dann senkte sie den Kopf wieder. «Nur eines kann ich nicht recht verstehen: Ich war doch ganz glücklich mit ihm! Ist das nicht sonderbar?»

Zack nickte, und seine Wut war auf wunderbare Weise besänftigt. «Ich weiß», sagte er weich und war überrascht, daß das auch stimmte. «Geh wieder ins Haus, Lisette. Zieh trockene Kleider an. Versuch ein bißchen zu schlafen. Langsam!» warnte er sie, als sie im Laufschritt davoneilen wollte. Als sie verschwunden war, ging er weiter und traf bald auf Andy Stinger, mit dem er die Arbeiten besprach, die im Laufe des Tages erledigt werden mußten. Er schüttelte dann und wann noch den Kopf, weil er sich fragte, was in ihn gefahren sei, daß er so unvermittelt wild und böse geworden war, als habe jemand sein Leben bedroht.

Er war oft fort, manchmal ein bis zwei Tage lang, gelegentlich auch länger als eine Woche, ritt auf die Sun River- oder die Yellowstone-Weide hinaus, und als er einmal nach Milestown kam, um eine Fracht aus Nebraska abzuholen, hörte er dort, daß die Regierung zwei- bis dreitausend kriegerische Indianer zusammengetrieben hatte und nun beabsichtigte, sie zur Strafe in einen malariaverseuchten Landesteil umzusiedeln. Überall aus den Zeltlagern am Fluß stieg das pausenlose, klagende Geheul der Squaws zum Himmel auf, das Tag und Nacht nicht verstummen wollte.

Zack und Andy Stinger ritten zurück zur Double Key, tranken unterwegs aus ihren Taschenflaschen auf die Verschickung von ‹Regen-im-Gesicht› und seiner Bande und waren erstaunt, als sie feststellten, daß nun, da diese Gefahr gebannt war, doch etwas in ihrem Leben zu fehlen schien, denn, so gestanden sie sich ein, es mache sie ängstlich, mit anzusehen, wie die Zivilisation stetig und unaufhaltsam näherkroch.

«Wenn ein Land sicher wird», erklärte Zack mit auffallend düsterer Miene, «kommen die Reformer.»

Als sie die Double Key erreichten, war er noch immer entmutigt und mehr oder weniger betrunken, so daß er ein völlig verblüfftes Gesicht machte, als Johnny ihnen in einem so rasenden Galopp und so wild schreiend entgegengeritten kam, als bringe er Nachricht von einer verlorenen oder gewonnenen Schlacht, vom Ausbruch eines Krieges oder vom Brennen des Hauses; und dann, als er von dem Jungen mit sprechenden Grimassen beiseite gewinkt wurde, vernahm er mit benommener Ungläubigkeit die Kunde, daß Jeremy Flint Ralph Mercers Scheidung in Deer Lodge hatte eintragen lassen und man sie einige Monate zurückdatiert hatte.

Er winkte Andy Stinger, zu ihnen herüberzukommen, murmelte, sie müßten umkehren und nach Milestown zurückreiten, um einen Friedensrichter zu holen und ihn zur Double Key zu bringen, machte bei diesen Anweisungen ein finsteres Gesicht, weil er vor Johnny und Andy Stinger nicht zugeben mochte, wozu er einen Friedensrichter brauchte, und schickte sie dann auf den Weg, befahl aber Johnny, ein Stückchen vorauszureiten und ihm vorher Meldung zu erstatten, denn er wollte vorbereitet sein, wenn sie mit ihrem Opfer ankamen.

Lisette, nahm er an, würde tun, was alle Frauen taten, wenn die Hochzeit heranrückte: ein neues Kleid anziehen, das Haus mit Blumen schmücken, ein paar unumgängliche Trauer- oder Festgäste laden und jenen Ausdruck aufmerksamer Geschäftigkeit annehmen, den er verabscheute. Ja, er zog sogar einen melancholischen Vergleich zwischen dem jüngst erlittenen Freiheitsverlust der Indianer und seinem eigenen.

Sie aber erstaunte ihn abermals, denn sie wollte sich nicht im Haus trauen lassen, wollte keine anderen Trauzeugen als Andy Stinger und Johnny Lawler, wollte kein neues Kleid anziehen, sondern ihr schwarzes Reitkostüm, und bestand darauf, daß sie morgens, kurz nach Sonnenaufgang aufbrachen und dem Friedensrichter bis auf die weiten Prärieflächen entgegenritten, wo sie, wie sie erklärte, von nun an ihr Leben verbringen würden.

«Von heute an», erklärte sie ihm, «wird alles anders sein.» Und er vernahm diese Worte nicht ohne schlimme Vorahnung, denn zweifellos hatte sie damit recht.

Zuerst stießen sie auf Johnny und Andy Stinger, die hinter sich deuteten, wo der Friedensrichter, der diesen langen Ritt nur widerwillig angetreten hatte, in gemütlichem Zuckeltrab daherkam. Zack schickte die beiden davon und mußte sich dann beeilen, Lisette zu folgen, denn all seinen Warnungen zum Trotz war sie im Galopp vorausgejagt, legte aber, als er sie einholte, mit einer so vertrauensvollen und zärtlichen Geste ihre Hand in die seine, daß all sein Groll auf sie dahinschmolz, Tränen in seine Augen traten und er mit so großer Erleichterung vernahm, daß er nunmehr ein verheirateter Mann sei, als sei er aus einem Narkoseschlaf erwacht und erfahre, daß er eine lebensgefährliche Operation überstanden habe.

Wenige Tage darauf erschien Dr. Chaffinch auf der Double Key. Zack hatte ihn rufen lassen und überlegte nun, wie er ihn für die nächsten fünf Monate hier festhalten könne. Die beiden Männer wanderten eine Stunde lang zwischen den Wirtschaftsgebäuden hin und her und sprachen heftig gestikulierend aufeinander ein. Plötzlich packte Zack den Arzt mit einer drohenden Geste, so daß ein Zuschauer hätte annehmen können, er wolle ihn erwürgen. Zuletzt schickte er ihn zu Lisette hinein, die ihn im Flüsterton fragte, was denn nun eigentlich geschehen sei.

«Ihr Mann wünscht, daß Sie zu Ihrer Mutter und Jenny in die Stadt ziehen.»

«Damit Erma Finney und Rachel und alle anderen mich anstarren und sehen, wie dick mein Bauch ist? Ich denke gar nicht daran, Dr. Chaffinch! Das habe ich ihm auch unmißverständlich erklärt.»

«Dann will er, daß Sie in Butte bei einem Ihrer Brüder bleiben.»

«Nein. Ich bleibe hier.»

Dr. Chaffinch sah sie mit ernster Miene an. «Mein Kind, ich hoffe nur, daß Sie nicht allzu unglücklich werden. Sie haben einen sehr unbeherrschten Mann geheiratet. Ich nehme an, Sie wissen das.»

Und als er sie wenige Minuten darauf verließ, war Zack schon wieder da, lehnte mit verschränkten Armen, eine Zigarre im Mund, an der Hauswand, tat so erstaunt, als Dr. Chaffinch aus seiner Haustür kam, als habe er ihn noch nie gesehen. Dann ging er abermals neben ihm her, diesmal vertraulich den Arm um seine Schultern gelegt, obgleich er gewöhnlich einem Arzt ebensosehr mißtraute wie einem Rechtsanwalt oder einem Bankier. «Ich gebe Ihnen tausend Dollar für jede Woche, die Sie hier verbringen.»

«Aber Mr. Fletcher, Sie müssen doch verstehen, daß ich noch andere Pflichten habe! Und außerdem, glauben Sie mir, es ist nicht nötig. Ihre Frau ist kräftig, sie ist kerngesund; das Ganze ist eine Routineangelegenheit, genau wie bei den ersten beiden.»

Zack blieb unvermittelt stehen und blickte auf ihn herab. «Wann werden Sie wiederkommen?»

«Am ersten August, obwohl auch das eigentlich überflüssig ist.»

Dr. Chaffinch ging davon, und Zack tippte an seinen Hut. «Also gut, am ersten August, Sie alter Gauner – nicht einen Tag später!» Dann nickte er noch einmal sehr ernst und gewichtig. «Aber ich warne Sie – seien Sie pünktlich!»

67

Die Nachmittagssonne schien warm auf die Veranda; Jenny und Marietta, die auf dem Korbsofa saßen, nickten oder winkten gelegentlich einem Bekannten zu, der auf der Straße vorüberging. Aber niemand blieb stehen oder trat näher, denn Morgan war bei ihnen, und es sah aus, als handle es sich um einen Familienrat, der hier im Freien gehalten wurde, weil es ein so schöner Oktobertag war.

Sogar Erma Finney, die mit Rachel und ihrer Schwiegertochter Anna Grace im Wagen saß, fuhr zum erstenmal seit Menschengedenken an ihnen vorüber und schenkte ihnen nur ein förmliches Lächeln, vielleicht weil sie ihnen zeigen wollte, daß sie die Nachricht gehört hatte und mit ihnen fühlte; und Jenny hatte voll Bitterkeit bemerkt, jetzt sei Erma bestimmt bereit, Lisette zu vergeben oder zumindest zu bedauern. Denn Lisettes Baby war einen Monat früher zur Welt gekommen, als Dr. Chaffinch erwartet hatte, zu einer Zeit, als Zack nicht zu Hause war. Als Dr. Chaffinch ankam, war das kleine Mädchen schon tot.

Der Arzt hatte Marietta und Jenny bei seiner Heimkehr eine wilde Geschichte erzählt, daß Fletcher ihm die Schuld am Tode des Kindes zugeschoben habe und daß er die Indianersquaw, die Mrs. Fletcher versorgte, mit blutüberströmter Brust und ebensolchem Gesicht vorgefunden habe, weil sie sich das Fleisch mit den Fingernägeln aufgerissen hatte wie eine Squaw, die um ihr eigenes Kind trauert, und daß sie sich in einem der Wirtschaftsgebäude versteckt hielt, weil sie erwartete, Fletcher werde sie für ihre erfolglose Hilfeleistung umbringen.

Und, so erklärte Dr. Chaffinch weiter, mit einem Gesicht, als habe er den Schock dieser vier Tage auf der Double Key noch nicht verwunden, jetzt gebe es nichts mehr, was ihn noch überraschen könne, denn Fletcher benehme sich schlimmer als alle Indianer, die er jemals gesehen habe, und nur Lisette, sagte der Doktor, habe ihnen, ihm und der kleinen Squaw, das Leben gerettet. Schließlich habe sich Fletcher mit der Zeit so weit beruhigt, daß er ihm beim Abschied die Hand geschüttelt und ihm anvertraut habe: «Ich baue ein Haus in Helena, ganz in der Nähe von Petes Villa – und dort wird unser nächstes Kind zur Welt kommen.»

Dr. Chaffinch hatte geseufzt, als wolle er sagen, diese Heimsuchung habe Lisette selber auf sich geladen, und hatte sich von Marietta und Jenny verabschiedet, die während seines Berichtes reglos und schweigend dagesessen hatten.

Und genauso hatte sich Morgan an diesem Nachmittag verhalten; er hatte vornübergebeugt in seinem Sessel gesessen und zu Boden gestarrt, als schäme er sich, sie anzusehen, bis er auf einmal voll Zorn mit der Faust auf sein Knie geschlagen und heftig erklärt hatte: «Verdammt, das ist alles nur meine Schuld! Ich hätte nicht dulden sollen, daß sie bei Gordon blieb.» Er sah Marietta mit zusammengekniffenen Augen an, als wolle er feststellen, ob sie ihn für ebenso schuldig hielt wie er sich selbst. «Ich hatte die idiotische Idee, daß sie selber darüber entscheiden müsse – und sie wollte natürlich bei Fletcher bleiben.»

Er ging auf und ab über die breite Veranda, auf der Jenny und Marietta jetzt soviel Zeit verbrachten, umgeben von grünen Korbsofas und -sesseln, auf denen gestickte Kissen lagen, im Schatten von lustig gestreiften Markisen und umrankt von so vielen grünen Pflanzen, daß es für einen Wintergarten gereicht hätte. Sie hatten Bücher und Magazine, mit denen sie sich beschäftigen konnten, wenn sie sich nicht unterhielten, tranken Tee und aßen Kuchen, den sie auch an die Nachbarn verteilten, die kamen und sich ein paar Minuten zu ihnen setzten. Und jedesmal, wenn er sie in diesem Jahr, das seit Mariettas Einzug in Jennys Haus vergangen war, besuchte, hatte er sie mit heimlicher Neugier beobachtet, ein wenig schuldbewußt ob der Gedanken, die ihm dabei kamen, denn sogar jetzt noch konnte er kaum glauben, daß die beiden wirklich so freundschaftlich miteinander waren – oder auch so resigniert –, wie sie taten.

Jenny trug immer noch Tiefschwarz, Marietta jedoch bevorzugte Seidenkleider in dunklen Farben, wein- oder purpurrot mit weißen Organdykragen. Vielleicht waren diese hübschen Kleider der Grund, daß sie wie die Jüngere wirkte, obwohl sie zweiundfünfzig sein mußte, sieben Jahre älter also als Jenny. Oder es lag an ihrem Lächeln, das zwar nicht mehr so spontan war wie früher, aber es besaß, soviel Leid er auch darin zu entdecken glaubte, ein warmes Leuchten wie kein anderes, das er jemals gesehen hatte. Jenny hingegen sah unruhiger aus denn je, auch wenn sie jetzt diese Rastlosigkeit sorgfältig unterdrückte. Ihre strahlende Schönheit war glanzlos geworden, und die Neuankömmlinge konnten sich kaum noch vorstellen, wie faszinierend und unwiderstehlich Jenny Danforth einmal gewesen war.

Wieder wunderte Morgan sich über die scheinbare Harmonie und Gelassenheit der beiden. Es schien, als seien alle bösen Gefühle und aller Schmerz einem Bedürfnis nach menschlicher Gesellschaft gewichen. Sie hatten neue Interessen gefunden, und ihre Freunde gaben zu, daß sie in diesen beiden einsamen Frauen ein eindrucksvolles Vorbild an Ruhe und Heiterkeit sahen, diesen Witwen, die über ihren Büchern saßen und die Leibgerichte aller Bekannten kochten, so daß jeder, der zu einem Abendessen in Pete Devlins Haus geladen wurde, voll Vorfreude schon an die guten Dinge dachte, die er dort vorgesetzt bekommen würde. Sogar aus ihren häufigen Besuchen auf dem Friedhof schienen sie eine Art Feiertag gemacht zu haben, denn sie gingen zu jeder Jahreszeit dorthin und taten, als handle es sich um eine Pilgerfahrt, die sie vorher gründlich besprachen, um sich dann erst auf den Weg zu machen, beladen mit Kissen und Decken, vielleicht ein paar Büchern und einem Korb voller Gartengeräte, denn sie waren der Ansicht, der Gärtner halte die drei Grabstellen nicht so, wie sie gehalten werden müßten.

Und jetzt war Lisettes Baby tot, das Kind, das sie niemals hätte zur

Welt bringen dürfen, denn durch seine Geburt hatte sie auch Polly und Frank verloren. Auch daran schrieb Morgan sich die Schuld zu, denn er hätte während der langen Stunden, in denen er mit Ralph verhandelt hatte, irgendeine Möglichkeit finden müssen, den Schwager zu überreden, daß er Lisette die Kinder zurückgab. Aber es war ihm nicht gelungen. Gewiß, er hätte vielleicht Zack Fletcher dafür verantwortlich machen können, doch Zack wirkte auf ihn noch immer wie ein Fremdling, der aus einem fernen Land gekommen ist.

«Sie wird nie mit ihm glücklich werden», erklärte er Marietta und Jenny. «Es hat ihrem Wesen viel mehr entsprochen, Ralphs Frau zu sein.»

«Ich bin nicht ganz sicher, ob du damit recht hast», wandte Jenny ein, aber sie sprach sehr leise, als äußere sie nur ungern eine andere Meinung als er.

Abermals versanken sie in bedrückendes Schweigen, bis schließlich Marietta sagte: «Diese Dinge sind nicht die Folge eines Planes oder einer Absicht, Morgan. Lisette hat ihr ganzes Leben lang großes Glück gehabt. Sie ist noch jung – sie wird noch mehr Kinder haben.»

«Das ist nicht dasselbe», sagte Jenny langsam und blickte hinüber zu ein paar Nachbarskindern, die dort spielten. «Es ist etwas anderes, ob man ein Kind verliert, das erst wenige Stunden alt ist, oder ob man eines verliert, das man schon eine Weile hat großziehen dürfen.» Marietta und Morgan sahen sie an, denn es war so lange her, seit sie das letztemal von Leila gesprochen hatte, daß alle geglaubt hatten, sie werde sie nie wieder erwähnen; doch dann streckte Jenny ihnen die Hand entgegen, selber erstaunt, daß sie es ausgesprochen hatte, und schien sie um Verzeihung bitten zu wollen. «Ach bitte, ihr dürft mich nicht mißverstehen!»

«Ich weiß, was du sagen wolltest, Jenny.»

Marietta gab ihm einen Brief, der vor ein paar Tagen von ihrer Schwester gekommen war, und er las, daß Susan sich inzwischen daran gewöhnt hatte, im Louvre zu wohnen, wie sie die Häuser an der Forty-fourth Street nannte, daß Joshua junior im September nach Deutschland abgereist war und daß ein Mann namens Nicholas Craig seinen Traberzuchthengst Joshua Ching genannt hatte. Als Morgan das las, lachte er laut auf und meinte: «Das nenne ich wahrhaft berühmt sein!» Doch dann las er weiter, daß Suky wegen ihrer Schwangerschaft jetzt häufig das Bett hüten müsse, und dabei spürte er, wie sein Gesicht brennend heiß wurde. Er faltete hastig den Brief zusammen, gab ihn Marietta zurück und verkündete, er müsse jetzt gehen. Obgleich er schon seit Wochen wußte, daß Suky schwanger war, und sich gefragt hatte, ob dieses Kind möglicherweise das seine war, fand er es peinlich, in Gegenwart von Jenny und Marietta daran erinnert zu werden, und schämte sich, dort bei ihnen gesessen und mit so hitzigen Worten von seiner Verantwortung gegenüber Lisette gesprochen zu haben, während es doch so aussah, als könne er nicht einmal die Verantwortung für seine eigene Person tragen.

«Willst du nicht bleiben und mit uns essen, Morgan?»

«Ich kann leider nicht; ich muß zurück. Wir haben gerade eine neue Sohle in der Yellow Medicine aufgemacht – jetzt sind wir auf 130 Meter hinunter.» Er lächelte eifrig, weil er hoffte, sie von dem anderen Thema ablenken zu können, und beschrieb ihnen die reiche Kupferader, die er gefunden hatte. «In der kommenden Woche wollen wir den ehemaligen Halloway-Claim taufen», berichtete er, und seine Sorgen um Lisette, sogar seine Gewissensbisse im Hinblick auf Suky wichen schnell jener Begeisterung, die während der letzten Tage alle gepackt hielt, die schon länger in Butte lebten, und die auch bereits die Neuankömmlinge anzustecken schien. «Jonathan und Georgina wollen kommen – fahrt doch mit ihnen!» Er ergriff ihre Hände und sah die beiden Frauen bittend an. «Oder kommt mit den Flints, ja? Wollt ihr mir das versprechen? Ihr beide müßt einfach dabei sein!»

«Vielleicht, Morgan», entgegnete Marietta, schien aber jetzt schon zu wissen, daß sie die Fahrt nicht unternehmen würden. Sie ging mit ihm bis an die Verandatreppe, und als er auf den Stufen stand, ein wenig tiefer als sie, berührte Marietta seine Wange und streichelte sie sanft mit der gleichen Bewegung, die Lisette an sich hatte, wenn sie jemanden trösten wollte, und die auch – eine Tatsache, die er für ein ganz außergewöhnliches Zusammentreffen hielt – Allegra Stuarts Gewohnheit war. «Mach kein so trauriges Gesicht, Morgan! Man lernt, mit allem im Leben fertig zu werden.»

Sie lächelte, aber er konnte nicht antworten; er winkte ihnen zum Abschied nur liebevoll zu und schritt davon, drehte sich dann aber noch einmal um und blickte zum Haus zurück, das zwischen den vom frühen Frost gelb und rot gefärbten Büschen lag. Sie machten sich eben bereit, hineinzugehen; Jenny trug das Tablett mit der Teekanne und dem Geschirr, Marietta einen Korb mit Farnen, und als sie im Haus verschwanden, bog er im Laufschritt um die Ecke und lief in zornigem Kummer weiter, der bald jedoch dem sehnsüchtigen Verlangen wich, so schnell wie möglich wieder in seinen unterirdischen Abbauplätzen umherzustreifen, mit den Arbeitern zu sprechen und im Förderkorb von einer Sohle zur anderen zu fahren, so schnell, daß ein ungeübtes Auge in der Dunkelheit nur undeutlich halbnackte Gestalten erkennen konnte und nie erraten würde, daß dort in der Erde eine zweite Stadt heranwuchs.

Häufig hielt er sich in dem kleinen Labor auf, das er sich neben der Yellow Medicine erbaut hatte, und dort, inmitten seiner Sammlung von Destillierkolben und Retorten, umgeben von Dämpfen, vor denen Felice und Susette entsetzt flohen, wenn sie ihn einmal besuchen kamen, mischte er Chemikalien mit der Begeisterung eines mittelalterlichen Alchimisten, der darauf hofft, eines Tages Gold herstellen zu können. Zu allen Stunden erschien er bei den Schmelzen und Aufbereitungsanlagen, tauchte lautlos unter den Arbeitern auf und fand frohe Erfüllung in allem, was zu der Lösung dieses Geheimnisses beitragen konnte.

In ununterbrochener Folge kamen und gingen nun die Postkutschen und brachten Leute mit, die in den Zeitungen Berichte über die blühende Gegenwart und die blendende Zukunft des Camps gelesen hatten. Meist gingen sie sofort zu den Bergwerksschächten, wo sie nicht selten von Männern empfangen wurden, die ihnen den Zutritt zu ihren Schatzkammern verwehrten und ihnen mit aller Deutlichkeit erklärten, die Tage des leichten Geldmachens in diesem Camp seien vorüber. Die Tage des leichten Geldmachens hatte es niemals gegeben, aber sie wurden heraufbeschworen, um die gierigen Fremden abzuschrecken. Derart entmutigt, bestiegen die meisten Besucher die nächste Postkutsche und fuhren zurück.

Mit dem Ruhm, den die Erzminen errangen, wuchs auch die Arroganz ihrer Besitzer, und sie sagten zueinander, sie müßten sich gegen diese fremden Ausbeuter schützen, damit sie sich nicht eines Tages in kolonialer Abhängigkeit von der Wall Street wiederfänden.

«Sogar dem dümmsten Greenhorn», sagten sie gerne mit listigem, verächtlichem Lächeln, «ist allmählich ein Licht aufgegangen.»

An den Straßenecken und in den Saloons blühten die Gerüchte. Die Aktien der angesehensten Minen kamen nur in kleinsten Mengen auf den Markt, denn sie waren jetzt etwa das Zehn- oder sogar das Zwanzigfache ihres Nennbetrages wert. In mehreren Bergwerken war man bis unter die Grundwasserlinie vorgedrungen und hatte gefunden, daß das Erz, je tiefer man kam, immer ergiebiger wurde. Männer, die in den Osten fuhren, um Geld aufzutreiben, kamen mit den gewünschten Summen zurück, und das machte sie alle wachsam, denn östliches Kapital hatte die üble Angewohnheit, zu lange zu warten, um dann den Lohn der Arbeit eines anderen einzustecken. Sogar die Eisenbahn war schon im Bau.

Der größte Anteil an der schnellen Entwicklung der Minen wurde übereinstimmend Lemuel Finney und Morgan Devlin, den Besitzern der beiden Zeitungen der Stadt, zugeschrieben. Aber Morgan hatte noch einen besonderen Lobsinger in Bruno Favorite, der jedem, mit dem er sprach, eifrig versicherte: «Kein anderer als Morgan Devlin, mein Partner, hat damals den ersten Kanonenschuß abgegeben und damit die östlichen Kapitalisten aus ihrem Schlaf gerissen. Wo war Lem Finney, Gentlemen, damals, im Winter fünfundsechzig?» Die meisten konnten natürlich diese Frage nicht beantworten, daher erklärte ihnen Bruno, daß Lem während jenes entscheidenden Winters in Last Chance gewesen war und nach Gold gegraben hatte.

Während er eine köstlich duftende Zigarre nach der anderen rauchte, erzählte Bruno den Neulingen Geschichten aus den alten Zeiten in Butte, die inzwischen überall in den Bergen Verbreitung gefunden hatten, und wenn er mit diesen Geschichten fertig war, schloß er gewöhnlich, indem er sich mit einer Geste, die charakteristisch für Lem Finney war, die Hände rieb: «Oh, Lem Finney ist ein gerissener Bursche, das muß man ihm lassen! Aber nehmen Sie mal Morgan Devlin, meinen Partner. Ja, das ist ein Mann! Ist hier ins Grenzgebiet gekommen, als er erst fünfzehn war, und hat es ohne Hilfe von irgendeinem Menschen, ohne etwas im Hintergrund zu haben als seinen Schneid, seine Muskelkraft, seinen Grips und seinen Unternehmungsgeist, zum Eigentümer der wertvollsten Minen im ganzen Grenzgebiet gebracht, ganz abgesehen davon, daß er der Direktor von unseren reichsten Banken ist, hier und in Helena, der Eigentümer unserer einzigen zuverlässigen Zeitung und in spätestens vier bis fünf Jahren mehr Millionen wert sein wird, als Sie, meine Herren, zählen können.»

Morgan, dem diese Geschichten auf Umwegen zu Ohren kamen, nahm Bruno eines Tages beiseite. «Mit all meinem Schneid und meiner Muskelkraft, Bruno, hätte ich nicht das geringste erreicht, wenn nicht mein Vater und Pete so erfolgreich gewesen wären, das weißt du genau!»

Bruno zuckte die Achseln. «Glaubst du wirklich?»

«Und mit meinem Grips und meinem Unternehmungsgeist hätte ich keinen einzigen Schacht abteufen können, hätte ich nicht Freunde gehabt, die mir das Geld dafür zur Verfügung gestellt hätten. Das weißt du ebenfalls.»

«Möglich», gab Bruno widerwillig zu.

«Warum erzählst du dann überall diese Lügengeschichten herum?»

«Die Leute mögen das. Außerdem», flüsterte er geheimnisvoll, «glaube ich inzwischen selber dran.» Und wirklich hegte er gegen Lem Finney ein tief eingewurzeltes, aufrichtiges Mißtrauen, nur weil er in jenem furchtbaren Winter fünfundsechzig, aus dem sich alle späteren Ereignisse ergeben hatten, nicht bei ihnen gewesen war.

«Beim ersten Essen, das mir zu Ehren gegeben wird», entgegnete Morgan, «möche ich dich als Toastmeister haben.» Freundschaftlich legte er Bruno die Hand auf den Arm. «Das heißt, wenn Lem dich nicht vorher erschießt.»

Bruno runzelte gekränkt die Stirn, weil dieser Scherz ihm gar nicht gefiel. Sooft Morgan ihm auch versicherte, es sei sicher nur Einbildung gewesen, so oft bestand Bruno darauf, daß man auf dem Weg nach Deer Lodge, wo er aussagen sollte, auf ihn geschossen habe. Häufig glaubte er sogar noch jetzt sein Leben von verschiedenen Fremden bedroht, die er in der Stadt herumlungern sah und die womöglich von Lemuel Finney gemietet waren, um Morgan Devlins wertvollsten Zeugen für immer aus dem Weg zu räumen.

Lem Finney jedoch hatte Morgan zu der Entscheidung des Gerichts gratuliert und hinzugefügt: «Aber du weißt genausogut wie ich, Morgan, daß meine beglaubigten Abschriften der Deer Lodge-Akten beweisen, daß der Claim ein Jahr, vier Monate und achtundzwanzig Tage nicht bearbeitet wurde, während ich vier Mann habe arbeiten lassen. Die Wahrheit ist nämlich, daß Bruno Favorite dich im Stich gelassen hat — er hat dich vergessen, solange du fort warst, und hat sich erst wieder auf seine Pflichten besonnen, als du zurückkamst.» Lem sah ihn durch seine Brille an. «Wo ist der Mann, den er, wie er behauptet, gemietet hat? Du suchst ihn nun schon seit sieben Jahren und hast ihn immer noch nicht gefunden. Vielleicht existiert er überhaupt nur in Bruno Favorites Einbildung – hast du daran schon einmal gedacht?»

«Oder vielleicht ist er tot, Lem?» meinte Morgan, doch Lem lehnte diesen Gedanken ab, obgleich sein Lächeln Morgan mitteilen sollte, daß er sehr gut verstehe, was dieser damit sagen wollte.

«Es war niemand auf dem Claim, als ich zum erstenmal dort war, Morgan. Aber, na schön, jetzt gehört er dir, und ich wünsche dir Glück. Gegen Matt Devlins Sohn kann ich auf die Dauer keine Feindschaft hegen.» Und wie jedesmal, wenn er Matts Namen erwähnte, schlug Lem die Augen nieder und starrte auf seine Stiefel.

Ebenso inbrünstig leugnete Lem auch, daß es Fletcher war, den sein Schwiegersohn als Dieb von Rindern und verheirateten Frauen gebrandmarkt hatte. Homer Grimes war aus seiner Gefangenschaft in erbarmungswürdigem Zustand zurückgekehrt und hatte voller Entsetzen von seiner Leidenszeit bei diesem brutalen Rohling Zack Fletcher berichtet. Der Mann, den er in Wirklichkeit gemeint hatte, versicherte Lem Finney Morgan im Vertrauen, sei ein Rancher, der im Judith-Bekken lebte. Dann sprach Finney ganz allgemein davon, daß die Männer in den Grenzgebieten gesetzlos und gewalttätig wurden, während die Frauen ihrer angeborenen Unrast nachgaben, die sie in festgefügteren Gemeinden unter geduldigem Märtyrertum ersticken; und Morgan hatte gezwungenermaßen zugeben müssen, daß Lem damit wohl recht habe, denn derartige Mängel bei Frauen waren auf dieser Seite des Missouri keineswegs eine Ausnahme.

Trotz allen guten Willens zwischen ihren beiden Familien jedoch lud Morgan Lem Finney nicht ein, an der Tauffeier teilzunehmen, die er auf der Hundertdreißigmetersohle des ehemaligen Halloway-Claims am zweiten November um Mitternacht veranstalten wollte, teils weil er argwöhnte, daß Finney den Schacht nicht eher wieder verlassen würde, ehe er nicht eine Möglichkeit gefunden hatte, irgendwie Schaden anzurichten, mehr aber noch, weil er noch immer fürchtete, hereingelegt oder getäuscht zu werden und seine Kupferader, während Irene Flint schon die Taufworte sprach, vor seinen Augen verschwinden zu sehen wie eine gewaltige Schlange, die sich in der Erde verkriecht.

Jonathan und Georgina kamen schon mehrere Tage vorher. Dann traf James Gordon ein, mit der verlegenen Ausrede, sein Nachbar Zack Fletcher sei noch nicht aus Cheyenne zurückgekehrt und könne daher an der Taufe dieser Mine, an der er trotz allen Leugnens noch immer mit fünf Prozent beteiligt war, nicht teilnehmen. Irene und Jeremy Flint kamen mit der Nachmittags-Postkutsche, die unter dem Dröhnen eiliger Hufe die Brücke überquerte und vor dem Hotel de Mineral hielt, um die übliche Anzahl benommener und durcheinandergeschüttelter Neulinge abzuladen. Morgan sprang wie ein beglückter Liebhaber vor, um Irene herunterzuhelfen, während Jeremy, der in den vergangenen Jahren durch das Bemühen, seinen Ruf als Gourmand und Gourmet aufrechtzuerhalten, behäbig und schwer geworden war, den Kutscher mit seinem Stock bedrohte und erklärte, er werde dafür sorgen, daß die Gesellschaft keine Fahrgäste mehr bekomme.

«Um wieviel Uhr sollen wir da sein?» fragte Irene.

Morgan warf einen vorsichtigen Blick in die Runde, denn im Moment kamen ihm alle Fremden verdächtig vor, beugte sich nieder und sagte leise: «Halb eins, heute nacht. Dann hat die Schicht gewechselt, und es ist ruhig. Wartet nur, bis ihr seht, was ich gefunden habe!» fügte er mit drohendem Blick hinzu und verspürte abermals jene schreckliche Aufregung und entsetzliche Genugtuung, die ihm einen Triumph ankündigten – manchmal allerdings auch einen Mißerfolg.

Um kurz nach Mitternacht trafen sie einer nach dem anderen ein, fanden aber, als sie aus dem Förderkorb stiegen, niemanden vor, der sie empfing, so daß sie sich in einem Grüppchen zusammendrängten, die Damen in ihren leuchtend farbigen Seidengewändern und den langen Nerzmänteln mit etwas mehr als der bei gewöhnlichen Abendempfängen üblichen Fröhlichkeit und Sicherheit lachend. Nur Irene Flint schien kein bißchen beunruhigt zu sein bei dem Gedanken, daß sie so tief unter die Erde hinabgefahren waren, und Bruno Favorite sah aus, als sei er in seinem natürlichen Element.

Eine Ratte huschte an ihnen vorbei und verschwand in einer Felsspalte, von wo aus sie neugierig zu ihnen herausspähte, und Felice mußte Flora festhalten, damit sie nicht kopflos davonstürzte. Aber im nächsten Augenblick tauchte Morgan aus einem der Stollen auf, küßte die Damen, schüttelte den Männern, die ihm Geld geliehen hatten, die Hand und schlug vor, sie sollten alle die von ihm mitgebrachten Leinen-Staubmäntel überziehen.

«Aber das würde die Feier doch nur verderben!» protestierte Fan Troy, und sie versicherten sich gegenseitig, es sei viel schöner, wenn sie festlich aussähen, selbst wenn sie die Kleider hinterher fortwerfen müßten. Billy Church hielt in seinem Notizbuch fest, daß die Damen zu diesem historischen Ereignis in französischen Toiletten aus scharlachroter Seide und grünem Taft, purpurnem Moiré und schwarzgelb gestreiftem Satin, in ihrem schönsten Brillantschmuck, weißen Glacéhandschuhen und allerfeinsten Seidenschuhen erschienen waren.

Morgan flüsterte mit Joe Butts und Shang Oliver, mit denen er offenbar finstere Pläne ausheckte. Die Unterhaltung wurde lauter, man lachte häufiger, beobachtete aber dabei ununterbrochen die eifrige Debatte der drei Komplicen. Und dann waren Oliver und Joe Butts verschwunden, hatten sich aufgelöst in der Finsternis eines Stollens, und Morgan wandte sich mit beruhigender Stimme an seine Gäste, versicherte ihnen, es gebe keinerlei Grund zur Angst, denn er las ihnen das Unbehagen von den Gesichtern ab, die jetzt so furchtsam und beunruhigt dreinblickten, als hätten sie jede Hoffnung auf ein Entkommen fahrenlassen; dann nahm er Felice in die Arme, preßte ihren Kopf an seine Brust und hob, als Signal oder als Warnung, eine Hand.

Ein Blitz zuckte auf, es gab eine gedämpfte Explosion, der Erdboden bebte, und dann hörten sie das Prasseln von Steinen, die in der Ferne herabpolterten, während die Strecke sich mit Staubwolken füllte, so daß sich alle vor Husten schüttelten und die Herren zu fluchen begannen. Als sich der Staub langsam legte, sahen sie einander mit freudiger Überraschung an, denn siehe, sie waren immer noch da, und wenn sie von Morgan nicht getäuscht worden waren, so hatte auch keine Katastrophe stattgefunden.

«Seht ihr?» fragte er sie beruhigend und lächelte, um ihnen noch mehr Vertrauen einzuflößen. «Das war schon alles. Kommt mit.» Er nickte, winkte Irene Flint an seine Seite, nahm sie bei der Hand, und dann machten die beiden sich an der Spitze der Gruppe auf den Weg.

Jeder wurde mit einer Laterne ausgerüstet, und im Gänsemarsch drangen sie weiter vor, immer hinter Morgan und Irene her, die sie in langsamem, feierlichem Tempo durch die unheimlich stillen schwarzen Gänge führten, wo rußgeschwärzte Gestalten sich an die Wände drückten und schüchtern die Damen betrachteten, die an ihnen vorüberschritten.

Morgan und Irene unterhielten sich in dem leisen, erregten Ton zweier Liebender, die sich unvorstellbaren Freuden hingeben. Sie strichen mit ihren Fingern über die freiliegende Kupferader, die sich quer durch die Wand schlängelte, aufstieg vom Boden, die Strecke entlangmäanderte und sich dann aus ihrem Blickfeld hinaus in die über ihnen liegende Sohle hinaufwand, bis schließlich Irene ihrem Begleiter einen hingerissenen Blick zuwarf und selig flüsterte: «Mein Gott, Eisen- und Kupferpyrit!» Von Zeit zu Zeit blieb sie stehen, wühlte in den Gesteinsbrocken, wählte ein Stück, das ihre Aufmerksamkeit erregte, steckte es in ihren Retikül und überließ ihm wieder ihre Hand.

Die anderen folgten ihnen gehorsam, feierlich und stumm, die Damen verwirrt, wohl eher von der Atmosphäre der Mine benommen als von ihren Schätzen begeistert, während die Herren den Schluß bildeten und gewissenhaft von allem, was sie zu sehen bekamen, Notiz nahmen. Nur James Gordon machte hier und da eine Bemerkung und sagte gelegentlich: «Nein, so etwas! Donnerwetter!»

Endlich waren sie am Ziel ihres Marsches angelangt, in einer kleinen Kammer voll Rauch und Staub und trübem Licht, in der einige Arbeiter wie verschwommene Phantome in wahnwitzigem Tempo die Picken schwangen und plötzlich eine Öffnung von diesem Streckenabschnitt in den nächsten freigelegt hatten, in der andere Gesichter auftauchten und herübergrinsten. Die Damen versammelten sich nervös am Eingang zu dieser Kammer, deren Wände mit Nestern von Diamanten besetzt zu sein schienen, Ansammlungen von Kristallen, die blaue, grüne und rötliche Blitze schleuderten und im Licht der Laternen und Kerzen wie unterirdisches Feuer glühten. Alle waren sich darin einig, was hier freigelegt worden war, müsse ein Werk der Dämonen sein, denn es kam ihnen fremd und unheimlich vor.

Irene Flint hielt jetzt eine Champagnerflasche in der Hand, die Morgan aus einer mit Eis, Flaschen und Gläsern gefüllten Wanne genommen und ihr gereicht hatte; sie packte sie mit der Rechten wie eine Keule, trat auf die unregelmäßige Öffnung zu, die in den ehemaligen Muspratt-Claim hinüberführte, holte aus, schlug sie mit aller Kraft gegen die Felskante und verkündete: «Ich taufe dich – Milly Matches!»

Morgan und Douglas füllten die Gläser, die Bergleute aus dem Muspratt-Claim kamen herüber, um sich ihren Anteil zu holen, und dann brachte Bruno Favorite einen Toast auf seinen Partner aus, der mit seinem Schneid, seiner Muskelkraft, seinem Grips und seinem Unternehmungsgeist das erreicht hatte, was die größten Optimisten des Camps in ihren kühnsten Träumen für unmöglich gehalten hatten. Billy Church trat mit gezücktem Notizbuch auf Mrs. Flint zu und erkundigte sich: «Bitte, was bedeutet Milly Matches, Ma'am?»

«Sie haben noch nie von Milly Matches gehört?» fragte sie ihn ungläubig.

«Nein, Ma'am.»

«Na schön», sagte Irene, «dann werde ich Ihnen von ihr erzählen.» Die anderen schwiegen und lauschten gespannt, und Morgan und Douglas gingen umher und füllten die Gläser. «Milly Matches lebte in Bannack, damals, in jenem ersten Winter zweiundsechzig, als es noch höchstens vier- bis fünfhundert weiße Männer im Grenzgebiet gab, und nicht einmal fünfzig weiße Frauen. Morgan war noch nicht hier, aber sein Vater und sein Onkel und auch Mr. Flint und Mr. Troy waren schon da. Es heißt, daß sie ein Tingeltangelmädchen war – oder vielleicht auch noch etwas anderes –, aber auf jeden Fall war sie wunderschön, sie hatte flammend rotes Haar und blaue Augen, und alle Goldsucher liebten sie, wenn auch wohl nicht so sehr wegen ihrer Schönheit. Sie liebten sie, weil Milly Matches die Kranken pflegte, als einmal eine Typhusepidemie ausbrach.» Irene blickte umher in all die ernsthaften Gesichter, und ihr Lächeln war eine Spur ironisch. Aber dann nickte sie und schloß: «Was ja verdammt tapfer von ihr war, wenn man es recht bedenkt, denn die meisten ehrbaren Frauen wollten ihre Gesundheit nicht aufs Spiel setzen.»

«Was ist denn aus Milly Matches geworden, Ma'am?»

«Ja, was glauben Sie wohl? Sie hat Typhus bekommen.» Irene zuckte die Achseln. «Sie ist gestorben.»

«Donnerwetter! Nein, so was!» warf Sir James ein. «Hat Typhus bekommen und ist gestorben!» Er widmete dieser Tatsache einen Augenblick philosophischer Überlegung. «Nun, jetzt hat sie ihr Denkmal, nicht wahr?»

«Ja, jetzt hat sie ihr Denkmal», bestätigte Irene und schleuderte ihr Glas an die Wand. Jeremy folgte ihrem Beispiel, und eine Zeitlang hörte man nichts als das Klirren zerspringender Gläser. Dann plötzlich drängten sie alle hinaus, winkten den Bergleuten noch einmal zum Abschied zu, eilten durch die Strecke und wurden so hurtig hinaufgefahren, daß sie mit jenem ungläubigen Staunen, das jeden Fremden nach einem Besuch im Bergwerk überfällt, beim Verlassen des Förderhauses feststellten, daß die Nacht strahlend klar war, die Sterne funkelten und so nahe zu stehen schienen, daß Bruno Favorite tat, als wolle er einen vom Himmel pflücken. Und dann sahen sie ganz in der Nähe Amos Muspratt stehen, das Gesicht feindseliger denn je, obwohl Morgan ihn mit wohlwollendem Lächeln begrüßte und freundschaftlich auf ihn zuging, um ihm die Hand zu schütteln.

«Hallo, Amos! Wie nett, daß man dich auch einmal wiedersieht!»

«Hübsches kleines Fest, das ihr da unten gefeiert habt, mitten in der Nacht! Aber was hattet ihr denn da unten in diesem wertlosen Loch zu suchen?»

Morgan beugte sich mit ernster, geheimnisvoller Miene zu Muspratt herab. «Weißt du was, Amos? Du wirst vielleicht überrascht sein, aber ich habe beschlossen, noch einen Versuch zu machen, und ob du es glaubst oder nicht, ich denke, da unten steckt doch noch etwas.» Er tat verschmitzt, als sei er selbst überrascht von seinem unerwarteten Glück, und Amos machte ein Gesicht, als sei ihm plötzlich flau geworden. Dann wandte er sich wortlos ab, ging mit schwerfälligen Schritten den Abhang hinab und gestikulierte im Gehen mit den Armen, als stelle er sich selber Fragen, die er nicht beantworten konnte.

Die Einweihung der Milly Matches, Nachkomme jenes ersten, wertlosen Claims im Daylight Gulch, wurde im ganzen Camp als großes Ereignis gewürdigt, das ein wenig von seinem Glanz auf alle Einwohner warf. Nur Lem Finney blickte, als er Morgan seine Glückwünsche aussprach, drein wie ein Mann, der seinen Rivalen verdächtigt, in seiner Abwesenheit in sein Schlafzimmer eingedrungen zu sein. Als Morgan jedoch abermals einen Versuch machte, Homer Grimes' Humbug zu kaufen, die so günstig zwischen der Milly Matches und der Yellow Medicine lag, hob Lem abwehrend die Hand, empört über einen so unrealistischen Vorschlag, und erklärte, er habe fünfzigtausend und sechzigtausend Dollar abgelehnt und werde jetzt ebenso fünfundsiebzigtausend ablehnen.

«Ich brauche kein Geld, Morgan, das weißt du. Wenigstens nicht diese Art Geld. Und überhaupt, wer weiß denn, wie weit diese Ader geht, die du gefunden hast? Vielleicht durch den ganzen ehemaligen Muspratt-Claim bis in die Humbug hinüber?» Lem rieb sich kräftig die Hände. «Schließlich, Morgan, hast du ja vorerst einmal genug zu tun.»

Die Eisenbahn kam wenige Tage vor Weihnachten, das schönste Geschenk, das sie sich wünschen konnten, und genau das, wonach sie seit zwanzig Jahren schrien. Aber als sich ein paar hundert Einwohner der Stadt spät an einem kalten Abend auf dem noch unvollendeten Bahnhof versammelt hatten, stampften sie mit den Füßen und schlugen mit den Armen, verkrochen sich tief in ihre Büffelfellmäntel und knurrten böse, weil sie so lange hatten warten müssen.

Milestown hatte seit kurzem eine Bahnstation, Helena lag zwar noch abseits, die Butte-Minen aber würden ab jetzt leicht zugänglich sein; die Tage, da man das Erz über Entfernungen von mehreren hundert Meilen auf Ochsenkarren verfrachtet und von den Rindern den Profit heruntergetrieben hatte, weil man sie zu Fuß zu den weit entfernt liegenden Märkten schaffen mußte, waren vorbei. Aber sie hätten schon lange vorbei sein müssen, sagte man sich, und daher gab es viel Bitterkeit in der Stadt über die Raffgier der Eisenbahngesellschaften und viele Scherze über ihre Dummheit.

Der Zug näherte sich in vorsichtigem Tempo, und die Lokomotive pfiff ununterbrochen, während er in die Station einfuhr, seine Lichter erhellten kaum die Finsternis, und alles in allem wirkte er recht klein und bescheiden, längst nicht so eindrucksvoll wie die gewohnten blauen Frachtkarren. Mit einemmal verbreitete sich unter ihnen eine Art Heimweh, als nämlich irgend jemand das alte Viehtreiberlied *Joe Bowers* anstimmte. Hier und da wurde die Melodie von der wartenden Menge aufgenommen, dann aber wieder fallengelassen, weil die Leute fortfuhren, sich über die Habsucht der Eisenbahngesellschaft und ganz besonders über Lemuel Finney zu empören, der, wie es hieß, recht hübsch von seiner Freundschaft mit den Angestellten der Gesellschaft profitiert hatte und der auch jetzt mit vierzig bis fünfzig von ihnen im Zuge saß, während sie hier draußen in der schneidenden Kälte standen.

Vorübergehend wurde es still, als die kleine Lokomotive, eine Reihe von gelben Waggons hinter sich, vor ihnen anhielt und die Passagiere neugierig durch die erleuchteten Fenster spähten, ihre Gesichter an die

Scheiben drückten, als wollten sie wissen, welches verlassene Nest sie denn jetzt erreicht hatten.

«Los, kommt doch raus!» schrie eine Stimme. «Zum Teufel, schämt ihr euch vielleicht?»

Daraufhin kamen wohl zwanzig oder mehr Herren in Seidenhüten und Gehröcken, unter ihnen Lem Finney, auf den mit den Landesfarben geschmückten Bahnsteig heraus, liefen ein paar Minuten hin und her, anscheinend eher verwirrt als enttäuscht darüber, daß keine Hochrufe sie empfingen, daß keine Musikkapelle spielte und daß Lem Finney, als er entschlossen vortrat, auch nicht mit Beifall begrüßt wurde, sondern mit einem kurzen spöttischen Gelächter.

Und als Lem zu sprechen begann, entstand eine allgemeine Unruhe, die Leute begannen sich zu zerstreuen, und ein lahmer Hochruf, der unvermittelt erscholl, brach ab und erstarb in der Luft.

«Meine Damen und Herren, wir sind heute hier zusammengekommen, um die große Utah and Northern Railroad in unserer Stadt zu begrüßen ...»

Sie gingen auseinander, verschwanden langsam und dickköpfig in der Dunkelheit, während Lem Finney sie anflehte, den Angestellten der Utah and Northern ihren Respekt zu erweisen. Doch da war der Bahnsteig schon menschenleer, die Leute kehrten in die Stadt zurück, sammelten sich in Hotels und Saloons oder schwangen sich auf die Pferde, um das kleine Stück nach Butte City hineinzureiten.

«Eines ist sicher», sagte Morgan zu Bruno und Douglas, während sie den Männern, denen sie begegneten, freundlich zunickten, «heutzutage trifft sich alles in Butte – und alle sind gekommen, um hierzubleiben. Die Stadt hat sich ihren Platz auf der Landkarte erobert.»

Die Veränderung war, so schien es, mit der gleichen bestürzenden Geschwindigkeit gekommen, mit der ein Chinook dicke Schneedecken schmolz: Die Schächte drangen tiefer in die Erde, die Strecken wurden länger und sandten ein Netz von Stollen aus, in denen bei Tag und Nacht Bergleute arbeiteten, und alles in allem hatten die Minen jetzt so viele Männer angestellt, daß ständig genügend Arbeiter Feierschicht hatten, um Straßen, Saloons und Spielhallen zu füllen. Zu jeder Stunde rumpelten Erzwagen durch die Straßen, der Rauch der Schmelzen wurde immer dichter und beklemmender, blies den Gestank von Schwefel und Arsen über die Stadt und tötete Büsche und Bäume.

Hohe Eisenschornsteine und Erzhaufen, die im Freien ausgeglüht wurden, füllten die Luft mit dem Geruch nach faulen Eiern und Knoblauch, der in dichten weißen Wolken dahintrieb, die Augen reizte und Husten hervorrief, während aus den geräumigen, scheunengleichen Gebäuden, die jeden Minenschacht umgaben, schrilles Pfeifen drang, das mit seinem abscheulichen Ton aller Ohren zerriß, und donnernde Explosionen die Erde zum Zittern brachten, Geschirr klappern ließen und

Fensterscheiben zerschmetterten. Trotzdem aber war man sich darüber einig, daß ein Mann, der eine gute Ader sein eigen nannte, seinen Beruf verstand, ausdauernd und energisch war und eine gehörige Portion amerikanischer Arbeitswut besaß, unmöglich ohne Erfolg bleiben konnte.

Im Sommer wirbelten Wolken von Staub über die Stadt, setzten sich in Haare und Kleidung der Bewohner, krochen unter Türen und Fenstern hindurch, und wenn es regnete, versanken die Passanten bis über die Knöchel im Schlamm. Im Winter überzogen sich die unebenen Bohlen der Gehsteige mit einer Eisschicht, auf der sie ausrutschten, stolperten und manchmal kopfüber in Bergen von Unrat und Teichen von überfrorenem Matsch landeten. Niemals jedoch beklagten sie sich über diese Beschwerlichkeiten, sondern versicherten einander, derartige Mißgeschicke seien unerheblich in einer Stadt, die jetzt mindestens zwanzig Minen besaß, über die die ganze Welt staunte, und wo jeden Tag weitere Minen entstanden. Sie wurden nicht müde, jederzeit trotzig ihre Treue zu diesem Bergnest zu bekunden.

Sie hatten auch nichts dagegen, zu hören, ihre Stadt sei häßlich, sondern sie brüsteten sich offen mit allem, was sie getan hatten, um diese Landschaft zu ruinieren, die einstmals von einer seltsamen, düsteren Schönheit gewesen war, mit dem Kranz dunkler Hügel, die bis zum Nachmittag im Schatten lagen, ihrer Einsamkeit, die den Eindruck vermittelte, sie sei von unheimlichen, dem Menschen und all seinen Werken feindlich gesinnten Geistern bewohnt, ein Überbleibsel aus einer noch älteren Welt, vergessen, als die Erde umgeschaffen wurde, unverändert, so wie sie durch Eruption entstanden war.

«Sie ist häßlich», erklärten sie und kamen damit allen Anschuldigungen zuvor, «aber noch lange nicht so häßlich, wie sie sein wird, wenn unsere Minen erst richtig arbeiten.»

Und so dachten sie gar nicht daran, sich für die Verheerungen zu entschuldigen, die sie bis jetzt angerichtet hatten, sondern bagatellisierten sie sogar, sagten, das sei erst ein kümmerlicher Beginn, kaum mehr als ein bescheidener Hinweis darauf, wie erschreckend die Gegend erst in ein paar Jahren aussehen würde, und luden alle Kritiker ein, doch wiederzukommen, wenn die Milly Matches, die Buckhorn, die Yellow Medicine und die Humbug mit all ihren Nachbarn die Schändung der Natur vollendet haben würden, mit der im Augenblick ja erst ein schüchterner Anfang gemacht worden war.